Die Bibel und ihre Welt

Herausgeber: Gaalyahu Cornfeld

Mitarbeiter:
Shloma Ahitub, David Bahat, Gaalya Dagan, Peretz Dagan, Jack O'Dell, Israel Ef'al, Moshe Eilat, Prof. David Noel Freedman (Theological Seminary San Anselmo, San Francisco), Joseph Gefen, Dr. Raphael Giveon, Abraham Hurwitz, S. Lerner, Jacob Licht (Hebräische Universität, Jerusalem), J. Meshorer, Valery Mindlin, Joseph Naveh, Dr. Abraham Negev (Hebräische Universität, Jerusalem), S. Neufeld, Prof. Chaim Rabin (Hebräische Universität, Jerusalem), Dr. Uri Rappoport, Zion Shoer, Ephraim Stern, Dr. Haim Tadmor (Hebräische Universität, Jerusalem), Abraham Tweig, Dr. Moshe Weinfeld, M. Yeshayahu

Herausgeber und Bearbeiter der deutschen Ausgabe:
Prof. Dr. Dr. Gerhard Johannes Botterweck

Mitarbeiter:
Dr. Hans Ferdinand Fuhs, Robert Kümpel, Helmut Madl, Dr. Franz Josef Schierse, F. J. Stendebach (wissenschaftliche Mitarbeiter) – Dr. Friedrich Cornelius, Johannes Fischer, Helmut Madl, Gerhard Raabe, Dr. Franz Josef Schierse (Übersetzer)

DIE BIBEL UND IHRE WELT

Eine Enzyklopädie
zur Heiligen Schrift in zwei Bänden.
Herausgegeben von G. Cornfeld
und G. J. Botterweck

K-Z

Lizenzausgabe 1991 für
Manfred Pawlak Verlagsgesellschaft mbH,
Herrsching

Titel der Originalausgabe: Pictorial Biblical Encyclopedia

Umschlaggestaltung: Bine Cordes, Weyarn

Printed in Germany
ISBN 3-88199-881-0

K

Kalender

Gliederung: 1. Altorientalische Kalender. 2. Israelitische Kalender. 3. Frühjahrs- und Herbstkalender. 4. Monat und Monatsnamen. 5. Wocheneinteilung. 6. Der Kalender des Jubiläenbuches und der von Qumran. 7. Tage.

1. Altorientalische Kalender: Eine zivilisierte Gesellschaft, in der Steuern einzutreiben und regelmäßig religiöse Festzeiten einzuhalten sind, kann einen allgemein verbindlichen Kalender nicht entbehren.

Der Tag galt als Grundeinheit aller Kalender des Altertums. Erst die Monats- und Jahreseinteilung war problematisch. Die Umlaufzeit der Erde um die Sonne ($365^1/_4$ Tage) bildet das natürliche Jahr. Aber alle alten Völker des Nahen Ostens teilten ihre Kalender nach dem Mondzyklus ein, der stets 29 Tage und 12 Stunden dauert. Die alten Ägypter hatten als einzige einen Sonnenkalender; ihr Jahr umfaßte 365 Tage. Aber selbst sie kannten das Mondjahr, das jeweils in drei Jahreszeiten von je vier Dreißig-Tage-Monaten gegliedert war. Die in der Reihe der Monate nicht eingerechneten fünf »Zusatztage« wurden am Ende jeden Jahres angehängt.

Anfangs wurden Monats- und Jahresverlauf einfach empirisch fixiert, indem man sich nach dem Erscheinen des Neumondes richtete. Um aber Mißverständnisse zu vermeiden, wurde später die Länge der Monate auf abwechselnd 29 und 30 Tage festgelegt. Da aber das Mondjahr um 11 Tage kürzer als das Sonnenjahr war, verschob sich die offizielle Zeitrechnung im Vergleich zu den natürlichen Jahreszeiten immer mehr, so daß sowohl das Wirtschaftsleben als auch die religiöse Festtags- und Brauchtumsordnung durcheinander geriet.

Nach biblischer Überlieferung, wie sie etwa in der Schöpfungsgeschichte Gen 1, 14 zum Ausdruck kommt, wurde die Zeit nach dem Lauf der Sonne und des Mondes gemessen. So entsprach ein Tag dem einmaligen (scheinbaren) Umlauf der Sonne um die Erde und ein Monat einer Umkreisung der Erde durch den Mond. Ein Jahr war vergangen, wenn die Erde einmal um die Sonne gewandert war. Noch weiß man nicht sicher, wie diese Zeitrechnung in früheren biblischen Zeiten in Syrien und Palästina praktiziert wurde.

Die Babylonier hatten schon im 6. Jhdt. v. Chr. eine Lösung zur Beseitigung des Mißverhältnisses zwischen dem Sonnen- und Mondjahr gefunden. Jedem dritten Jahr fügte man einen Monat hinzu. Dieses wurde dann zum Schaltjahr erklärt, und der Monat Adar oder Elul wurde wiederholt (innerhalb eines Achtjahreszyklus gab es drei Schaltjahre). Diese Zeitrechnung wurde von den Persern übernommen, und von da gelangte sie auch zu den Juden (vgl. die biblischen Bücher Esra, Nehemia und Esther).

2. Israelitische Kalender: Die israelitischen Festzeiten (s. *Feste und Feiertage) waren innerhalb der Mondmonate genau festgelegt. Offensichtlich machte man gelegentliche Kalenderkorrekturen, damit diese an ihrem jeweiligen, der Jahreszeit entsprechenden Platz blieben. Man weiß jedoch nicht, wie diese Angleichungen vorgenommen wurden. Lediglich eine Textstelle, Num 9, 10, die sich auf das zweite oder nachgeholte Passah-Fest bezieht, enthält einen Hinweis, daß zusätzliche Tage in das Mondjahr von zwölf Monaten eingeschoben wurden. Die Babylonier fügten den Monat Adar oder Elul nach genau festgelegten Zeiträumen in das Jahr ein. Wenn das Mißverhältnis zwischen dem Sonnen- und dem Mondjahr allzu offensichtlich wurde, hat man nach Bedarf solche Korrekturen vorgenommen; dies wurde bei den Babyloniern wahrscheinlich, bei den Juden mit ziemlicher Gewißheit während der Zeit der Könige und der Restauration praktiziert.

Adar, der letzte Monat im Jahr, wurde verdoppelt. Die Priester waren für die Festlegung der Monate verantwortlich. Es scheint, daß gemäß jüdischem Brauch selbst noch nach der Zerstörung des Zweiten Tempels die Schaltjahre von den Rabbinern nach Bedarf bestimmt wurden. Wahrscheinlich richteten sie sich dabei nach der allgemein üblichen Praxis, wonach der Monatsanfang mit dem Erscheinen des Neumondes zusammenfallen mußte. Das damals angewandte Zeitrechnungssystem war auch nach der Zerstörung des Tempels noch in Übung, und die Oberhäupter gewisser Familien, wie etwa die des Rabbi Gamaliel, wachten besonders über dessen Beibehaltung, obwohl die eigentlichen diesbezüglichen Entscheidungen auch weiterhin dem Sanhedrin vorbehalten blieben (Rosch Haschana 25 a).

Abb. 430. Sonnenuhr der hellenistischen Epoche

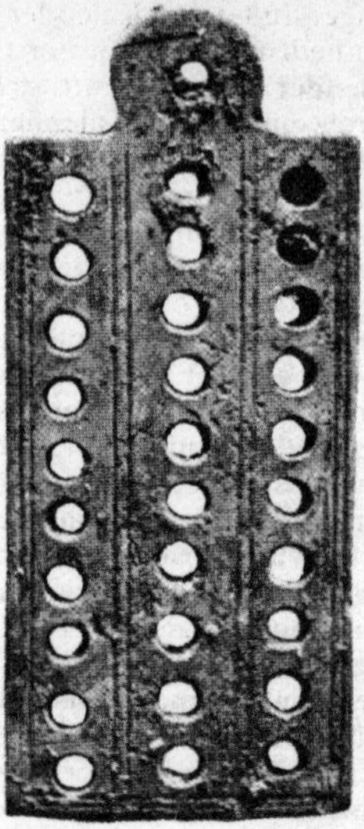

Abb. 431. Tablett aus der Zeit des ersten Tempels, das vermutlich zur Markierung der Monatstage diente

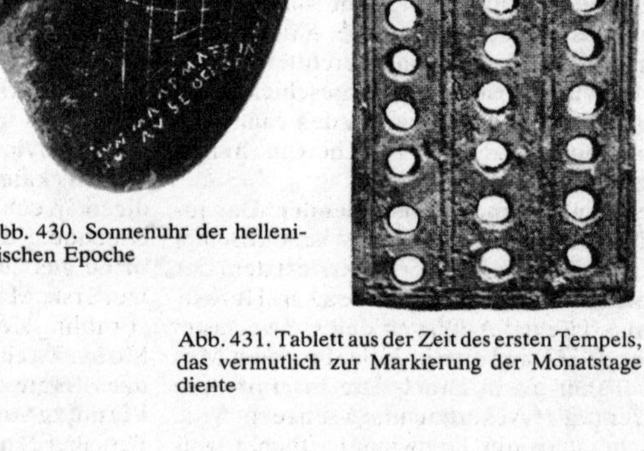

Abb. 432 a, b. Ägyptischer Obelisk (links); Sonnenuhr des Ahas (oben)

Mitte des 2. Jhdts. v. Chr. begann man, einen auf exakten mathematischen Berechnungen fußenden Kalender vorzubereiten (Sanhedrin 12 a). Aber erst im 4. Jhdt. n. Chr., zur Zeit des Patriarchen Hillel II., wurde ein solcher Kalender gebilligt, der die Festlegung von Daten ermöglichte, ohne daß man zuvor die Mondphasen durch Beobachtung bestimmte. Denn bis dahin mußte der Monatsanfang jeweils aufgrund des Zeugnisses zweier Augenzeugen, die das Erscheinen des Neumondes beobachtet hatten, durch den Sanhedrin proklamiert werden. Eine Kette von Leuchtfeuern, die der Reihe nach angezündet wurden, brachte die Kunde vom Neubeginn eines Monats durch das Land; später wurden Boten umhergeschickt. Der Sanhedrin entschied auch jedes Jahr darüber, ob Zeiträume zwischenzuschalten seien oder nicht.

3. Frühjahrs- und Herbstkalender: Das jüdische Jahr begann, dem israelitischen bürgerlichen Kalender (zumindest dem der Königszeit) nach zu schließen, im Herbstmonat Tischri. Aufgrund des Hinweises in 1 Kg 12, 33 war dies in Juda um einen Monat früher als in Israel. Die Inschrift von Gezer (vgl. *Ackerbau und Viehzucht), die anscheinend ein landwirtschaftlicher Kalender gewesen ist, führt die Reihe der Monate mit dem »Erntemonat« oder Herbstmonat an. Ein solches Jahr, das im Herbst anfing, entsprach offenbar den landwirtschaftlichen und ökonomischen Umständen. Es hat allerdings den Anschein, daß in der vorexilischen Zeit neben diesem bürgerlichen auch ein religiös-kultischer Kalender in Gebrauch war, demzufolge das Jahr im Frühling begann. Ältere Quellen (Ex 13, 4; 34, 18) scheinen eindeutig darauf hinzuweisen, daß dieser Frühlingskalender (von Nisan zu Nisan) wohl der ursprünglichere gewesen sein muß. Tatsächlich weisen auch die ältesten uns erreichbaren Zeugnisse auf einen Frühjahrskalender hin; aber es gab, zumindest zur Zeit der Könige, auch einen Herbstkalender. Die frühere Zeitrechnung wurde jedoch auch nach Einführung des Herbstkalenders nicht verdrängt, so daß die Monate immer nach dem Frühjahrskalender gezählt und oft auch ihre Stellung im Herbstkalender angegeben wurde. Beide waren während der Königszeit und auch später gleichzeitig in Gebrauch. Textstellen wie »im folgenden Jahre« (2 Sam 11, 1; 1 Chr 20, 1) und »als das Jahr um war« (1 Kg 20, 22.26) scheinen diese doppelte Zeitrechnung anzudeuten. In allen religiösen Vorschriften wird anscheinend der Frühling als Jahresbeginn angenommen. Der erste Feiertag des israelitischen Kultkalenders war das Passah-Fest, das Frühlingsfest, während das Fest der Lese (Ernte), die am 17. Tage des zweiten Monats begann, nach Ex 34, 22 »an der Wende des Jahres« zu feiern war. Das Sabbatjahr begann im Herbst »am zehnten Tage des siebten Monats« (Lev 25, 9). Das Neujahrsfest wurde im Herbst begangen. Nur einmal wird in der Bibel das Rosch Haschanah (Neujahr) erwähnt (Ez 40, 1). Anscheinend ist hier babylonischer Einfluß erkennbar. Wahrscheinlich hatte man auch jene Zählweise, wonach die Monate vom Frühling an gerechnet wurden, von den Babyloniern übernommen; vermutlich geschah dies mit der Übernahme der assyrisch-babylonischen Monatsnamen. Jedenfalls kam es niemals zu einem vollständigen Wechsel von einem zum anderen Kalender, sondern es wurden lediglich beide gleichzeitig nebeneinander geführt. Der erste Monat des Jahres blieb der Nisan (Frühling), obwohl das Jahr tatsächlich im Monat Tischri (Herbst) neu begann. Demnach folgte man zur Zeit der endgültigen Formung von Ex 12 (worin der Monat des Passah-Festes als erster Monat des Jahres festgelegt wird) dem Frühlingsjahr. Dies trifft ebenfalls auf die religiösen Festkalender zu, die in Lev 23; Num 28–29 und Ez 45, 18–25 erwähnt werden. Auch in Jer 36, 22 wird auf den neunten Monat als einen Wintermonat hingewiesen.

Eine Theorie lautet dahingehend, daß die Einführung des Frühjahr-Sonne-Mondkalenders nach 722 v. Chr. unter assyrischem Einfluß stattgefunden habe, als das Nordreich Israel assyrische Provinz wurde. Im Geschäfts- und Wirtschaftsleben wurde nach dem neuen Kalender gerechnet. Er beeinflußte jedoch auch merklich das religiöse Leben; und dies nicht nur in der nördlichen assyrischen Provinz Samaria, sondern auch – nach der von Josia durchgeführten Reform – in dem südlichen babylonischen Vasallenstaat Juda. Als man die babylonischen Monatsnamen übernahm, wurde dann natürlich auch das Frühlingsjahr beibehalten.

So war dann auch das Frühlingsjahr während der ganzen hellenistischen Epoche (vom 4. Jhdt. v. Chr. an) bei den Seleukiden in Gebrauch. Das Makkabäerbuch (1 Makk 9, 3.54; u. ä.) hält sich bei allen Hinweisen auf die jüdische Gemeinde an diese Zeitrechnung. Manchmal wird der Monat in der jüdischen Form nur mit einer Ordnungszahl angegeben, und manchmal wird daneben der babylonische Monatsname hinzugefügt (1 Makk 4, 52). Wurde aber die griechische Form des babylonischen Monatsnamens geschrieben, so ließ man für gewöhnlich die Ordnungszahl weg. Im allgemeinen findet man in der späteren Literatur Monatsnamen, während in den früheren Schriften die Ordnungszahlen überwiegen. Möglicherweise waren jahrhundertelang hebräische und babylonische Namen gleichzeitig in Gebrauch. Wenn das orthodoxe Judentum auch die babylonischen Monatsnamen anerkannte, so wissen wir aber doch aus den apokryphen Schriften (s. *Deuterokanonische Bücher), wie etwa aus dem Jubiläenbuch oder den Qumranschriften, daß gewisse religiöse Kreise sich energisch gegen die Einführung dieser Bezeichnungen gewehrt haben. Für die Rabbiner war die durch Kalenderkorrekturen im AT hervorgerufene Verwirrung stets ein Problem.

Bei den Ausgrabungen von Lachis und *tell el-fār'a* (Thirza) im südlichen Palästina fand man kleine Tafeln, die mit dreißig Löchern in drei Zehnerreihen versehen waren **(Abb. 431)**. Die Archäologen datieren die Täfelchen in die Zeit des Ersten Tempels. Man vermutet, daß sie gebraucht wurden, um die Tage des Monats zu verfolgen. Der berühmteste Kalenderfund bildet jedoch die aus dem 10. Jhdt. v. Chr. stammende Gezer-Tafel (s. *Ackerbau und Viehzucht). Sie enthält die Monatsnamen und gibt zugleich die für jeden Monat auszuführenden bäuerlichen Tätigkeiten an.

4. Monat und Monatsnamen: In den alten Reichen des Ostens gab es kein allgemeines System der Monatsbezeichnung, bis die babylonischen Namen unter Hammurabi in ganz Mesopotamien eingeführt wurden. Zuvor gebrauchte jeder sumerische Stadtstaat seine eigenen Monatsnamen. Heute heißt das hebräische Wort für Monat *ḥodeš*. Dieses Wort wurde im Altertum nur für den ersten Tag eines neuen Monats gebraucht; die ältere kanaanäische Bezeichnung *jeraḥ* (= Mond; zwölfter Teil des Jahres), galt dann für den Rest des Monats. Man neigte jedoch allgemein dazu, den Monat mit *ḥodeš* zu bezeichnen (zum Beispiel Ex 23, 15; 34, 18; Sam 6, 1; u. ä.). Im Text 1 Kg 6, 38 und 8, 2 ist dem Ausdruck *jeraḥ*, der zusammen mit den kanaanäischen Monatsnamen gebraucht wird, auch noch das Wort *ḥodeš* sowie die Ordnungszahl des Monats beigegeben; man wollte damit den kanaanäischen Ausdruck erklären. Mit der Zeit ließ man *jeraḥ* weg und setzte dafür *ḥodeš*. Beide Wörter bestätigen die Tatsache, daß der kanaanäische und biblische Monat eben mit dem Mondzyklus von 29 oder 30 Tagen identisch war. Die Bibel bezeichnet die Monate a) mit ihren alten kanaanäischen Namen, b) mit Ordnungszahlen (der erste, zweite und so weiter Monat des Jahres), c) später, in nachexilischer Zeit, mit den babylonischen Namen. Die alten Namen waren bis zum Exil sowohl in Juda als auch in Israel in Gebrauch: Die Bibel erwähnt allerdings nur vier davon, nämlich: *jeraḥ Ethanim* (1 Kg 8, 2), den siebten Monat, *jeraḥ Ziw* (1 Kg 6, 37), den zweiten Monat, *jeraḥ Bul* (1 Kg 6, 38), den achten Monat, und *ḥodeš Abib* (Ex 13, 4), den ersten Monat. Die Namen *Ethanim, Bul* und *Ziw* kommen auch in einer kanaanäischen Inschrift vor, welche die Namen von sieben der Monate aufzählt; *Abib* ist nicht darunter. Vielleicht hat die Bibel bewußt die kanaanäischen Namen wegen ihres heidnischen Anklangs vermieden und deshalb die Monate nur mit Ordnungszahlen bezeichnet. Das Wort *Abib* als Name des ersten Monats (Ex 13, 4; 23, 15; 34, 18; Dt 16, 1) bedeutet im Hebräischen »Ähre« von Korn oder Gerste, woraus das Speiseopfer der Erstlingsfrüchte des Jahres bestand, das Gott dargebracht wurde.

Man hat vermutet, daß *Ziw* »Monat der Blumen« (1 Kg 6, 1.37), *Ethanim* »Monat, in dem allein die Flüsse noch fließendes Wasser haben« (1 Kg 8, 2) und *Bul* »Monat der großen Regenfälle« (1 Kg 6, 38) bedeutet hat. Dies ist jedoch durchaus nicht sicher. Y. Aharoni glaubt einen weiteren Namen, *jeraḥ Zah*, für einen der Sommermonate gefunden zu haben. Bei *Arad wurde nämlich im Jahre 1962 eine Tafel ausgegraben, welche die Inschrift trägt *bšlš jr' z'h* (= im dritten Monat *Zah*). Das Wort *Zah* kommt auch in einem schwer verständlichen Jesajavers (18, 4) vor, wo es gewöhnlich mit »flimmernde Sonnenglut« übersetzt ist.

Während des Babylonischen Exils und nach der Restauration wurden die babylonischen Monatsnamen endgültig übernommen. Der Kalender sah wie in Tab. S. 823 dargestellt aus.

Die Bibel erwähnt nur sieben dieser Monatsnamen (s. oben); und selbst dann ist oft noch die Ordnungszahl der Monate beigefügt (zum Beispiel Est 3, 7). Die übrigen Monatsnamen sind lediglich aus nachbiblischer Literatur bekannt.

Die einzigen Monatsnamen, deren Bedeutung mit Gewißheit feststehen, sind *Tam-*

		entspricht ungefähr
1 Nisan	(Neh 2, 1; Est 3, 7)	März–April
2 Ijjar		April–Mai
3 Siwan	(Est 8, 9)	Mai–Juni
4 Tammuz		Juni–Juli
5 Ab		Juli–August
6 Elul	(Neh 6, 15)	August–September
7 Tischri		September–Oktober
8 Marheschwan		Oktober–November
9 Kislew	(Sach 7, 1; Neh 1, 1)	November–Dezember
10 Tebeth	(Est 2, 16)	Dezember–Januar
11 Schebeth	(Sach 1, 7)	Januar–Februar
12 Adar	(Est 3, 7; 13; 8, 12ff)	Februar–März

muz (nach dem gleichnamigen Gott), *Elul* (Reinigung und Versöhnung), *Tischri* (Hingabe) und *Marheschwan* (achter Monat).

5. Wocheneinteilung: Eine Siebentagewoche ist im Mondmonat nicht gut unterzubringen (da dieser nicht genau in Wocheneinheiten aufzuteilen ist). Vielleicht kam man bei der Beobachtung der Mondphasen auf die Monatseinteilung in Wochen. Bei den Israeliten wurde die Woche jedoch zur Zeiteinheit, die sich unabhängig von Monaten und Jahren zyklisch wiederholt. Bei den Assyrern und Babyloniern begann die Woche, die ebenfalls aus sieben Tagen bestand, am ersten Tag des Monats. Es gibt jedoch keinen Hinweis darauf, daß dies auch bei den Juden der Fall war. Damals störte man sich ebensowenig wie heute an der Tatsache, daß die Wochen nicht mit dem Monatsablauf übereinstimmten. Mit der wachsenden Bedeutung des Sabbat, der das Neumondfest als Ruhetag verdrängte, wurde auch die Woche immer mehr zur Grundeinheit jüdischer Zeiteinteilung. Der Sabbat ist eine den Juden eigentümliche religiöse Institution. Besonders in liturgischen Texten (s. *Feste und Feiertage) wird die Zeit häufiger nach Wochen als nach Tagen angegeben.

6. Der Kalender des Jubiläenbuches und der Kalender von Qumran: Die Sektenbewegungen innerhalb des Judentums richteten sich nach einem Sonnenkalender, der auf der Wochenzählung basierte. Nach dem Jubiläenbuch (s. *Deuterokanonische Bücher und Apokryphen) ergaben 52 Wochen ein Jahr von 364 Tagen, sieben Jahre bildeten eine Jahrwoche (gemäß dem Buch Daniel), und nach sieben Jahrwochen wurde ein »Jobeljahr« proklamiert. Die gleiche Zeiteinteilung findet sich im Henochbuch und in den Schriftrollen von *Qumran. Der Sonnenkalender von Qumran stand in Beziehung zur offiziellen soli-lunaren Zeiteinteilung. Trotzdem ergaben sich in der Praxis eine Reihe von Abweichungen. So fielen nach dem Sonnenkalender die Feste jedes Jahr auf den gleichen Wochentag: Pfingsten (das Wochenfest) fiel auf einen Sonntag, das Passah-Fest, der 15. Nisan und das Neujahrsfest auf einen Mittwoch. Andere Qumranhandschriften geben die Daten nach dem Sonnenkalender an, von dem man festgestellt hat, daß er den Mondphasen entspricht.

Die »Gemeinderegel« ermahnt die Mitglieder der Qumrangemeinde, »nicht ein einziges von allen Worten Gottes zu übertreten«. Damit ist gemeint, daß sie ihre Festzeiten nicht verschieben sollen. Diese Interpretation der Textstelle wird durch Hinweise von Pharisäern nahegelegt, die sich auf Neuerungen hinsichtlich älterer Priestervorschriften über die Festlegung kultischer Feiertage beziehen (s. *Qumran).

Die Ansicht einiger Wissenschaftler, wonach das System der Zeiteinteilung von Qumran mit dem alten Priesterkalender zusammenhängt, scheint durch einige Hinweise bestätigt zu sein. So vermutet A. Jaubert, daß die letzten Redaktoren des Pentateuch (s. *Bibelkritik) sowie Ezechiel und auch der Chronist denselben Kalender benutzt haben. Zum Beispiel führen sie die erstaunliche Tatsache an, daß die Sintflut genau ein Sonnenjahr (365 Tage) lang dauerte und Henoch 365 Jahre alt wurde.

7. Tage: Ägyptische Obelisken **(Abb. 432 a)** dienten als Sonnenuhren. Sie zeigten die Tageszeiten an, bestimmten den Mittag, und man konnte an ihnen auch den Lauf der Sonne durch die Jahreszeiten verfolgen. Die Babylonier teilten ihren Tag mit Hilfe der Sonnenuhr in gleiche Zeiteinheiten ein. Die Syrer haben diese Zeiteinteilung übernommen. Aber es findet sich im AT kein Hinweis, daß man Tag und Nacht in Stunden geteilt hätte. Statt dessen gibt die Bibel Phasen des natürlichen Tagesablaufes als Tageszeiten an: die Morgenröte, den Morgen, den Mittag, den Sonnenuntergang oder den Abend. So heißt es zum Beispiel Gen 24, 11: »abends um die Zeit, da die Frauen herauskommen, um zu schöpfen...«, oder (29, 7) »... es ist ja noch hoch am Tage...«, also früher Nachmittag, und so weiter. Die Mitte der Nacht wurde jedoch ausdrücklich als »Mitternacht« bezeichnet (Ex 12, 29; Ri 16, 3; Ruth 3, 8; Ps 119, 62).

Nur einmal wird in der Bibel eine Vorrichtung zur Zeitmessung erwähnt. Es ist die »Sonnenuhr des Ahas« (oder die »Stufen des Ahas«; 2 Kg 20, 9; Jes 38, 8), die nach Y. Yadin aus einer doppelten Stufenreihe bestand **(Abb. 432 b)**, die zum Dach des Hauses von König Ahas führte. Eine Stufenreihe führte ost-, die andere westwärts. Am Fuß jeder Stufenreihe befand sich eine niedrige Mauer. Stieg nun die Sonne über den Rand der östlichen Mauer, so warf sie deren Schatten auf die oberste Stufe. Dieser wanderte treppab, bis zum Mittag, wenn die Sonne direkt darüber stand und kein Schatten mehr geworfen wurde. Dann wanderte die Sonne westwärts und warf einen Schatten auf die gegenüberliegende Stufenreihe. Der Schatten wanderte nun während des Nachmittags bis zum Sonnenuntergang langsam treppauf. Ganz anders waren die späteren Sonnenuhren aus hellenistischer Zeit **(Abb. 430).**

Das Hauptmerkmal israelitischer Zeiteinteilung bestand darin, daß der Tag vom Abend zum Abend gezählt wurde – zumindest läßt der im Schöpfungsbericht immer wiederkehrende Satz: »Und es ward Abend und ward Morgen» darauf schließen –, während bei den Ägyptern der Tag von einem Morgen zum nächsten Morgen gedauert hat. Von alters her begannen die kultischen Feste am Abend (Ex 12, 18; Lev 23, 32; Jes 30, 29). Da der israelitische Kalender den Mondphasen folgte, begann auch der Monat abends. Die Zählweise der Tage änderte sich jedoch wahrscheinlich allmählich, so daß man den Tag von einem Morgen zum folgenden zählte. Für die vollen 24 Stunden gebrauchte man dann den Ausdruck »Tag und Nacht« oder ähnlich (Dt 28, 66 f; 1 Sam 30, 12; Jer 33, 20 u. ä.). Nach dem Wortlaut der Vorschriften für die Feier der Feste folgte eindeutig die Nacht auf den Tag und nicht umgekehrt. Einige Bibelwissenschaftler halten einen gleichzeitigen Gebrauch beider Zählweisen für möglich. Sie glauben, im religiösen Brauchtum habe sich die archaische Sitte, den Tag mit dem Abend zu beginnen, noch weiter erhalten, nachdem sie sonst längst abgeschafft war. Der Sabbat und die religiösen Festtage wurden nach dieser Zählweise festgelegt. Dieee Methode hielt sich in einigen nichtkultischen Angaben sogar bis in die neutestamentliche Zeit und bis ins spätere Judentum. R. de Vaux ist der Ansicht, man habe zwischen der Königszeit und dem Zeitalter des Nehemia (s. *Restauration und Perserzeit, Esra und Nehemia) damit angefangen, den Tag vom Morgen an zu zählen.

In alten Zeiten wiederum bezeichnete man als Tag den Zeitraum, in dem es hell genug war, um arbeiten zu können. Von daher war es dann richtig, Tage, an denen nicht gearbeitet wurde – wie Sabbat, Feiertage und das Versöhnungsfest –, am Abend zuvor zu beginnen, sobald mit der Arbeit aufgehört wurde.

Die Nächte waren in »Wachen« unterteilt. Die Israeliten kannten ebenso wie die Babylonier drei Wachen: die erste (Kl 2, 19), die zweite und die mittlere (Ex 14, 24; 1 Sam 11, 11). In neutestamentlicher Zeit hatte man inzwischen den römischen und ägyptischen Brauch von vier Nachtwachen (Mt 14, 25; Mk 13, 35) übernommen (s. *Ackerbau und Viehzucht 6; *Gesetz Israels 5 b).

Abb. 432 c. Jerusalem, Blick auf den Ölberg. Die Kirche aller Nationen am Fuß des Berges erhebt sich an der Stelle einer frühchristlichen Basilika aus dem 4. Jhdt.

Abb. 432 d. Die Klagemauer in Jerusalem an einem Freitag, um 1895

Abb. 432 e. Das Damaskustor, ehemals das nördliche Haupttor Jerusalems

Kanaan

Gliederung: 1. Geschichte. 2. Auswirkung der Geschichte auf die Kultur Kanaans. a) Vorisraelitische Zeit; b) Zeit des Niederganges.

1. Geschichte: Lange vor der israelitischen *Landnahme war Palästina einer viel größeren geographischen und kulturellen Einheit eingegliedert, dem Gebiet von Kanaan. Von westasiatisch-semitischen Völkern besiedelt, umfaßte Kanaan das ganze Gebiet von Syrien und Palästina, von der ägyptischen Grenze bis nach Ugarit in Nordsyrien.

Die Ausgrabungen in Byblos, Ugarit, Hamath, *Beth Sean, *Megiddo, *Gezer, Ai (s. *Bethel und Ai) und anderen Orten haben gezeigt, daß die kanaanäische Besiedlung dieses weiten Gebietes mindestens bis 3000 v. Chr. zurückreicht. Um 2000 v. Chr. nahmen die Volkszahl und die Zahl der Städte beträchtlich zu, im Zusammenhang mit der Ausbreitung der Amoriter, die sich zu dieser Zeit als Herrenschicht in einem großen Territorium von Mesopotamien (Babylon) bis Kanaan festsetzten. Sie waren in Kleinstaaten organisiert und waren in Kanaan, abgesehen vom nördlichen Landstrich, Satelliten der Ägypter. Ausnahmen: Aleppo, Qatna und Karkemisch lagen im mesopotamischen Einflußgebiet. Die nördliche Küstenzone – Byblos und Ugarit – kam in der Zeit des Mittleren Reiches (2050–1800 v. Chr.) unter ägyptische Oberhoheit. Die Ägypter bezeichneten Kanaan um diese Zeit als *Retenu.* Sie mischten sich wenig in die nnerpolitischen Angelegenheiten. Das Land war in eine Anzahl von Stadtstaaten aufgeteilt, und jeder hatte seinen eigenen Fürsten und sein eigenes Gebiet.

Zwischen 1720 und 1550 v. Chr. überwältigten die Hyksos (s. *Ägypten und seine Beziehung zu Israel) das ganze westliche Randgebiet von Asien. Danach nahmen die Pharaonen der XVIII. und XIX. Dynastie (1550–1200 v. Chr.) die Leitung der Küstengebiete von Syrien und Palästina in ihre Hand. Sie bezeichneten sie als Kanaan. Nur im Norden gewannen das Reich von Mitanni und die Hethiter im Wettstreit mit Ägypten die Obergewalt.

Aus der Zeit direkt vor dem Eindringen der Israeliten (14./13. Jhdt. v. Chr.) haben uns die Archive von Ugarit (s. *Kanaanäische Kultur und Ugarit) und die *Amarnabriefe reichhaltige Urkunden hinterlassen. Sie geben ausgiebig Zeugnis von den inneren Unruhen im ganzen Gebiet und dem Erlahmen der ägyptischen Herrschaft. Im 13. und 12. Jhdt. v. Chr. drangen von zwei Seiten neue Völker ein, einerseits die Israeliten (s. *Landnahme), andererseits die »Seevölker« (*Philister). Zugleich mit den Israeliten erschienen in den angrenzenden Gebieten die Moabiter, Edomiter, Ammoniter, Midianiter und Aramäer und setzten sich dort fest. Unter dem Druck dieser Invasionen zogen sich die Kanaanäer in den Libanon und den von ihm geschützten Küstenstreifen zurück. Diesem nördlichen Strich von Kanaan gaben die Griechen den Namen Phönikien, und man bezeichnet seine Einwohner heute als Phöniker. Die Bibel kennt den Ausdruck nicht. Sie spricht von den Phönikern als dem Volk von Sidon, Tyros oder Gebal (Byblos). Kanaanäer und Phöniker waren tatsächlich dasselbe Volk, und der Teil von Kanaan, den die Israeliten eroberten, war nur ein Stück Hinterland des eigentlichen größeren Kanaan.

Aus dem Blickwinkel der biblischen Geschichte lassen sich zwei wesentliche Abschnitte in der Geschichte der Kanaanäer unterscheiden:

2. Auswirkung der Geschichte auf die Kultur Kanaans:

a) Vorisraelitische Zeit: Der erste Abschnitt, vom 19.–14. Jhdt. v. Chr. (Mittlere Bronzezeit), war die Zeit der größten Ausdehnung Kanaans. Eine in den Grundzügen einheitliche Kultur erblühte in dem weiten Gebiet von Nordsyrien (einschließlich Ugarit) bis zum südlichen Wüstenrand von Palästina. Das Volk war in kleinen Stadtstaaten organisiert. Es hatte feste Wohnstätten, trieb Ackerbau, Handel und ein wenig Handwerk, übte den Kult in einem gemeinsamen Tempel aus und unterstützte die Tempelhierarchie. Diese städtische Lebensweise, die in scharfem Gegensatz zu den Gewohnheiten der Nomaden steht, herrschte in der ganzen Periode vor, die der Patriarchenzeit der Bibel entspricht. Die frühesten literarischen Urkunden aus dieser Zeit sind die archaischen kanaanäischen Götter-Mythen (s. *Kanaanäische Religion). Ihnen verdankt die spätere hebräische *Dichtung viele Anregungen (s. auch *Kanaanäische Städte).

b) Zeit des Niederganges: Der zweite Abschnitt der kanaanäischen Geschichte wurde durch die Kette der Invasionen eingeleitet, die im 13. und 12. Jhdt. v. Chr. das Gebiet des südlichen Kanaan, das heißt Palästina, verwüsteten. Diese Invasionen kennzeichnen einen politischen und kulturellen Zusammenbruch in Kanaan. Nach ihrem Abschluß waren die Kanaaäer größtenteils auf den engen Streifen von Phönikien zusammengedrängt und besaßen kaum viel mehr als ein Zehntel des Gebietes, das vorher unter ihrem kulturellen Einfluß gestanden hatte. Diejenigen Kanaanäer, die bei der Besetzung durch die Israeliten im Lande blieben, verschmolzen mit diesen, bewahrten aber ihre angestammte Kultur und Religion. Nachdem die Eindringlinge seßhaft geworden waren, gewann die alte Kultur des Landes allmählich Einfluß auf Leben und Lebensformen der Eroberer – der Israeliten wie auch der Philister. Wie groß ihr Einfluß auf die israelitische Kultur war, hat sich gezeigt, seitdem die einheimischen kanaanäischen Quellen entdeckt sind. Die spätere Entwicklung der israelitischen Religion, Gedankenwelt und Dichtungsformen geht oft auf Ideen zurück, die aus der verdrängten höher entwickelten Kultur entlehnt waren. Wieviel die Israeliten von der kanaanäischen Kultur lernten, ist den Artikeln *Kanaanäische Städte, *Geräte und Werkzeuge, *Töpferei, *Götzendienst in Israel sowie *Alphabet und Schrift zu entnehmen.

Kanaanäische Kultur und Ugarit

Gliederung: 1. Geschichte. a) Ausgrabungen; b) Westsemitische und ägyptische Einflüsse; c) Ugarits klassische Zeit; d) Internationale Beziehungen im 14. und 13. Jhdt. v. Chr. 2. Literatur von Ugarit. a) Bedeutung; b) Baal-Mythen; c) Legende von Danel und Aqhat (Danel-Aqhat-Epos); d) Keret-Epos. 3. Ugarit und die Bibel. a) Datierung; b) Vergleichspunkte; c) Gemeinsame literarische Traditionen; d) Gegensätzliche Vorstellungen; e) Nachhall der Mythen in der Bibel; f) Analogien zur Bibel; g) Zeugnisse über die soziale und wirtschaftliche Struktur Mesopotamiens. 4. Alphabetische Schrift von Ugarit.

Im 3. und 2. Jahrtausend v. Chr. lagen die Mittelpunkte der kanaanäischen Kultur in den Küstenstädten Byblos, Tyrus und in der alten Stadt Ugarit im nördlichen Phönikien. Die reich bezeugte Entwicklung von Ugarit und seine kulturelle Lebendigkeit können als Musterbeispiel für die Kultur des ganzen Gebietes dienen.

Der Name Ugarit war aus den akkadischen und ägyptischen Urkunden lange bekannt. W. F. Albright identifizierte es als erster mit *rās eš-šamra* und dem nahe dabei gelegenen Hafen *minet el-bēḍa.* Seinen Ansatz hat später die Entdeckung von Urkunden bestätigt, die den Namen der Stadt an Ort und Stelle verzeichnen.

In der Bibel wird Ugarit nicht ein einziges Mal erwähnt. Aber die Stadt und die in ihren Trümmern gefundenen Dokumente waren von ausschlaggebender Bedeutung für das heutige Verständnis der Bibel.

1. Geschichte: *a) Ausgrabungen:* Französische Archäologen unter der Leitung von C. F. Schaeffer begannen 1928 die Ausgrabung von Ugarit. Nach einer langen Unterbrechung durch den Krieg wurde die Arbeit wieder aufgenommen und sie wird wahrscheinlich noch viele Jahre in Anspruch nehmen.

Die untersten Schichten zeigen, daß die Stelle seit dem Ende der Jungsteinzeit (5. Jahrtausend v. Chr.) bewohnt war. Wer damals die Bewohner waren, läßt sich nicht feststellen, doch zeigen die Reste der Keramik aus dem Ende jener Epoche, daß sie zu der Bevölkerung des inneren Syriens und der oberen Euphrat-Gegend enge Beziehungen unterhielten. Während der chalkolithischen Zeit (4. Jahrtausend v. Chr.) entwickelte Ugarit unter starkem Einfluß aus Mesopotamien eine hohe Kultur. Die Stadt war ein Zentrum für die Verbindung zwischen Mesopotamien und der sonstigen Welt, besonders zu Kreta.

b) Westsemitische und ägyptische Einflüsse: Im folgenden Jahrtausend erlebte die Stadt zunächst eine Periode des Niederganges. Dann, mit der Ankunft einer neuen, westsemitischen Bevölkerung, gewann sie ihre Bedeutung zurück und wurde Anfang des 2. Jahrtausends v. Chr. Mittelpunkt des internationalen Handels und kulturellen Austauschs der umgebenden Länder. Wie das kanaanäische Reich von Byblos weiter südlich an der Küste unterhielt Ugarit die engsten politischen und wirtschaftlichen Beziehungen zu Ägypten. Mit ihm wirkte es bei der Abwehr der Hethiter zusammen (s. *Patriarchen, Geschichte). Bei der Hyksos-Invasion im 18./17. Jhdt. v. Chr. kamen neue, hurritische Elemente aus Ostsyrien in das Land, wurden aber von der Bevölkerung von Ugarit absorbiert. Die ursprüngliche westsemitische Bevölkerung behielt die Oberhand. Zur gleichen Zeit gab der Niedergang Ägyptens den Kanaanäern die Gelegenheit, eine eigene Kultur auszubilden, wobei sie die Einflüsse, die in den vorhergehenden Jahrhunderten aus Mesopotamien und Ägypten eingeströmt waren, verschmolzen und umformten.

Nach der Vertreibung der Hyksos aus Ägypten ein Jahrhundert später (um 1560 v. Chr.) verlegten die Ägypter eine Garnison nach Ugarit. Die Stadt wurde zur militärischen Basis der Ägypter für deren

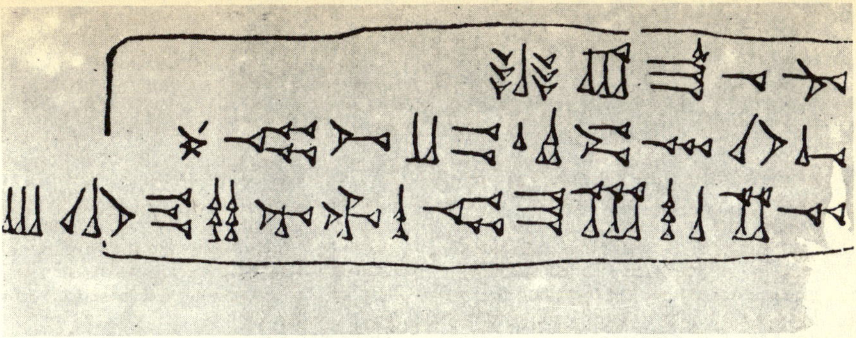

Abb. 433. Die Buchstaben des Keilschriftalphabets (von einer Tontafel aus Ugarit)

Abb. 434. Metallplatte mit Jagdszene (Ugarit, 15.–14. Jhdt. v. Chr.)

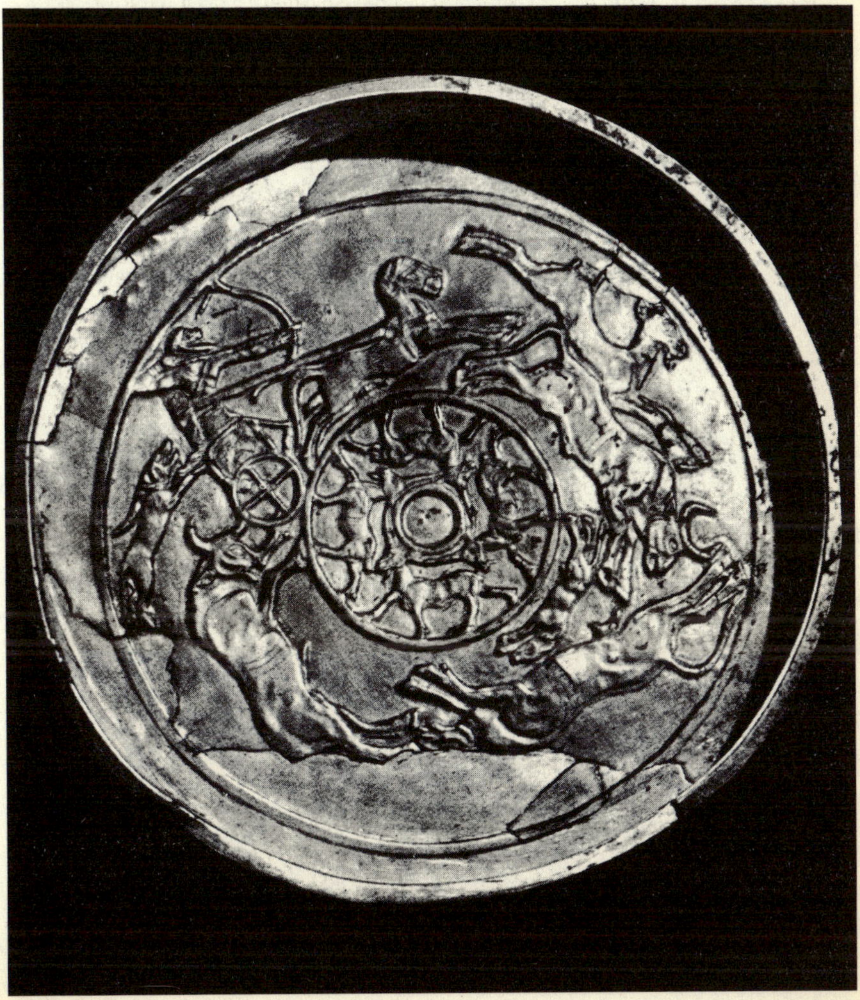

Abb. 435. Relief mit zwei Köpfen (Ugarit, 15.–14. Jhdt. v. Chr.)

Abb. 436. Deckel einer Elfenbeinbüchse (Ugarit, 15.–14. Jhdt. v. Chr.). Die Tracht der dargestellten Göttin ist mykenisch

Abb. 437. Tontafel aus Ugarit: Fragment der Baal-Mythen

Operationen zu Wasser und zu Lande im Norden. Diese Epoche sah das Reich auf dem Höhepunkt seiner Entwicklung.

c) Ugarits klassische Zeit: Die am gründlichsten durchforschte Schicht des alten Ugarit ist jene, die der Spätbronzezeit, dem 15. und 14. Jhdt. v. Chr., angehört. Es ist dies die klassische Zeit der Geschichte von Ugarit. Sein Handel dehnte sich damals über ein weites Gebiet aus, und seine Einwohnerzahl nahm beträchtlich zu. Große Vermögen sammelten sich an, die Kaufleute und Künstler strömten aus Syrien, Zypern, den griechischen Inseln und dem griechischen Festland in der Stadt zusammen. Eine Fülle von Fundmaterial stammt aus dieser Zeit: Paläste und großartige Privathäuser, Warenlager und zwei Tempel, die Baal und Dagon geweiht waren. Plastik, Keramik, Gold- und Silberarbeiten (eine Auswahl davon **Abb. 434, 435**), und vor allem eine Menge beschriebener Tontafeln: auf diesen beruht die besondere Bedeutung, die Ugarit heute zukommt (s. unten 2).

Seiner Lage nach war Ugarit den Einflüssen verschiedenster Länder ausgesetzt. Es war Durchgangspunkt für den Handel zwischen Mesopotamien und der phönikischen Küste, und – was noch bedeutender war – von Ägypten und den ägäischen Inseln. Viele Fundgegenstände sind entweder aus dem ägäischen Bereich importiert, oder dieser hatte die Handwerker der Stadt so stark beeinflußt, daß ihre eigenen Erzeugnisse von den importierten Waren nicht zu unterscheiden sind. Ein hervorragender Beweis dafür ist der Deckel einer kleinen Elfenbeinbüchse **(Abb. 436)** Man sieht darauf eine thronende Göttin, die zwei Ziegen füttert. Die Tiere stehen auf ihren Hinterfüßen und halten sich dadurch hochaufgerichtet, daß sie einen Vorderfuß auf den Thron stellen. Die Technik des Stücks ist mykenisch, ebenso die Tracht der Göttin: ein reich verzierter Rock, der den Leib oberhalb der Hüften nackt läßt, sonst nur Armbänder, Ohrringe, ein Halsband und eine Krone. Wahrscheinlich stellt die Figur die große Muttergöttin dar, die Beherrscherin des Tierreichs, die in der Kunst und Religion von Kanaan eine bedeutende Stelle einnahm (s. *Kanaanäische Religion). In viel späterer, hellenistischer Zeit kehrt das Motiv wieder, nur tritt dann an die Stelle der Göttin eine Dattelpalme. Eine solche Verwandlung einer Göttin in einen Baum treffen wir auch bei den Darstellungen der Aschera.

d) Internationale Beziehungen im 14. und 13. Jhdt. v. Chr.: In diesen Jahrhunderten entwickelte sich in Ugarit die Industrie der Purpurfärberei (ebenso in Tyrus und anderen phönikischen Städten). Viele der in Ugarit gefundenen Tafeln, die Handel oder Diplomatie betreffen, beziehen sich auf den ausgedehnten Purpurhandel. Von den anderen Naturprodukten waren nur die Fichten und Zedern des Libanon und Kasios von einigem Wert. Kanaan exportierte sie nach Ägypten, später zu König Salomo (s. *David und Salomo) und nach Mesopotamien.

Die große Fülle von Tontafeln und literarischen Texten gibt uns einen lebendigen Begriff vom täglichen Leben, dem Handel und der Politik von Ugarit (s. 3 g: Zeugnisse über soziale und wirtschaftliche Struktur). Sie stammen aus der gleichen Zeit wie die *Amarnabriefe, die ebenfalls die internationalen Beziehungen von Syrien und Palästina in helles Licht setzen. Aus den Amarnabriefen erfahren wir vieles über die Beziehungen von Ugarit zu seinen Nachbarländern.

Unter dem starken Druck der Hethiter war der König von Ugarit gezwungen, sich dem Hethiterkönig Suppiluliuma I. anzuschließen. Seine Hilferufe nach Ägypten waren unbeantwortet geblieben (s. Amarnabriefe). Schließlich gehörte Ugarit dem Bunde an, der unter hethitischer Führung gegen Ägypten (s. *Ägypten und seine Beziehung zu Israel) die Schlacht bei Kades schlug (Anfang 13. Jhdt. v. Chr.). Dann folgte eine lange Periode des Friedens zwischen Hethitern und Ägyptern, die Ugarit die willkommene Gelegenheit zu innerem Fortschritt bot. Jedoch der Einfall der Seevölker Anfang des 12. Jhdts. v. Chr. (s. *Philister) schnitt die ergiebigen Handelslinien von der phönikischen Küste nach dem ägäischen Meer und nach Ägypten ab. Das hatte einen Niedergang der Küstenstädte zur Folge, und das Reich von Ugarit wurde ein dünnbesiedeltes bedeutungsloses Randgebiet.

2. Literatur von Ugarit: *a) Bedeutung:* Die übersetzten Tafeln von Ugarit bieten uns die vollständigsten bisher bekannten Texte kanaanäischer Mythen. Vorher konnte man diese nur aus den späten Nachrichten des Philo von Byblos rekonstruieren, der in der zweiten Hälfte des 1. Jhdts. n. Chr. schrieb, aber nur aus zweiter Hand berichtete; außerdem hatte man Anspielungen in einigen schwer verständlichen Versen der Bibel. Jetzt, wo die Originaltexte zugänglich sind, können die Gelehrten die Mythen direkt studieren und die Beziehungen der

Bibel zu dieser älteren Literatur wissenschaftlich feststellen.
Diese Arbeit steht noch in den Anfängen. Manche Bibelforscher glauben, daß die ersten Übersetzer und Bearbeiter der unbekannten Sprache allzu zuversichtlich bei der Veröffentlichung ihrer Ergebnisse gewesen sind und daß eine Überprüfung allerlei Korrekturen bringen wird. Sicher wird bei fortschreitender Vervollkommnung der sprachlichen und sachlichen Auslegung der Tafeln genaueres Verständnis erzielt werden, so daß irrige erste Eindrücke und übereilte Auswertungen berichtigt werden können. Die ugaritische Literatur war das Ergebnis einer hoch entwickelten städtischen Kultur. Man kann sie nicht direkt mit der fast ebenso alten hebräischen Literatur vergleichen, die in einer halb nomadischen Lebensweise wurzelte und sich langsam mit der fortgeschritteneren städtischen und bäuerlichen Lebensart von Kanaan auseinandersetzte.
Quantitativ haben die literarischen Texte auf den Tafeln von Ugarit etwa den halben Umfang des Buches der Psalmen in der Bibel. Die bedeutendsten Texte sind die epischen Erzählungen von Göttern und legendären Helden; sie sind in gehobener Sprache abgefaßt (s. *Dichtung). Die wichtigsten von ihnen sind die Baal-Mythen, die Legende von Danel und Aqhat und die Erzählung von Keret.
b) Baal-Mythen: Die Tafel auf **Abb. 437** erzählt von einer Episode im Leben des Baal, der auch Hadad und Alijan Baal heißt. Sie berichtet: Nachdem Baal die Mauern seines Palastes errichtet hat, zündet er darin ein Freudenfeuer an, um große Mengen von Silber und Gold zu schmelzen. Wie so viele ähnliche Ereignisse in den Epen, dauert diese Tätigkeit eine Woche lang. Sechs Tage lang flammt das Feuer; am siebten verwandelt sich das Metall in Schalen und Blöcke, die von selbst die Wände des Palastes bekleiden und schmücken. In der Freude über die Vollendung seines Gold- und Silber-Palastes lädt Baal all seine göttlichen Brüder und Schwestern zu einem üppigen Gastmahl ein.
Andere Teile der Baal-Mythen berichten von dem Krieg zwischen ihm und seinem Todfeind Mot, wobei Baal von seiner Schwester Anat geholfen wird. El, der Göttervater und oberste Gott der Kanaanäer, schreitet schließlich ein und erlaubt Baal, sich einen Palast weit im Norden zu bauen. Der Kampf zwischen Baal und seinem Todfeind Mot geht weiter. Baal wird getötet. Anat kommt zu seiner Rettung, bestraft Mot und seine Helfer und bringt Baal ins Leben zurück. Er gewinnt die Herrscherstellung unter den Göttern. Diese Mythe ist natürlich ein Sinnbild des großen Kampfes zwischen Leben und Vernichtung und zeugt vom Sieg des Lebens. Näher behandelt sind diese und andere Themen der kanaanäischen Religion und Mythologie im Artikel *Kanaanäische Religion, *Dichtung.
c) Legende von Danel und Aqhat (Danel-Aqhat-Epos): In diesem Gedicht ist die eine Hauptfigur Danel, »ein rechtschaffener Mann«, der vor dem Tor sitzt (s. *Gesetz Israels) und »den Prozeß der Witwe schlichtet, sich der Sache der Waise annimmt« (eine Redensart, die mit dem Ideal der israelitischen Überlieferung in Ez 14, 14–17. 20, mit Noah und dem gerechten Mann, wie er in Job und viel später im Buch Daniel beschrieben wird, verglichen werden kann).
Danel, der sich einen Sohn wünscht, bringt den Göttern die entsprechenden Opfer dar und hat den Erfolg, daß Baal die Bitte dem Göttervater El vorträgt. El gewährt sie. Dieser Sohn Aqhat erhält von den Göttern Bogen und Pfeile, und sie sagen ihm das Schicksal eines Helden voraus. Aber er zieht sich den Zorn der Anat zu, und diese läßt ihn durch einen Minister Jatpun in Adlergestalt töten. Danel betrauert den Sohn sieben Jahre, dann gewährt ihm Baal die Tötung der Adler, bis er in einem die Überreste von Aqhat findet. (Es scheint, daß Aqhats Bruder den Mord gerächt und den Mörder Jatpun getötet hat.)
d) Keret-Epos: Es berichtet, wie König Keret mit seinem Heer gegen einen anderen König zieht und beim Friedensschluß dessen Tochter (oder Nichte), die schöne Hurrija, zur Frau erhält. Wie sie ihre Familie aufziehen, wird quasi als Vorbild eines guten Familienlebens geschildert, obwohl schließlich der älteste Sohn Keret entthronen will.
Unter den übrigen literarischen Werken seien drei kürzere Gedichte hervorgehoben: eines schildert die Hochzeit der Sonne und des Mondgottes und war offenbar zum Vortrag bei Hochzeitsfeiern bestimmt; ein anderes ist eine Festliturgie, die der Gottheit angestimmt wird; ein drittes ein Trauerlied für die Toten.
3. Ugarit und die Bibel: *a) Datierung:* Die ugaritischen Erzählungen erbringen einen sehr wichtigen Berührungspunkt zwischen kanaanäischer Kultur und der späteren Patriarchenzeit. Die Erzählungen sind, wie D.

N. Freedman sagt, »selbst das Endergebnis einer langen mündlichen, vielleicht auch schriftlichen Abfassung und Weitergabe durch mehrere Jahrhunderte. Sie sind jedenfalls keine Schöpfungen der ugaritischen Kultur des 14. Jhdts. v. Chr. Die Überlieferungen, aus denen das Keret- und das Danel-Epos entstanden sind, sind mehrere Jahrhunderte älter als die uns vorliegende Niederschrift, während das Quellenmaterial über Baal noch älter sein kann. Wenn also Entsprechungen in mehreren Motiven zwischen den Dichtungen aus Ugarit und den Erzählungen über die Patriarchen auf eine gemeinsame Zeit der Begebenheiten und Abfassung hinweisen, so ist das nicht das 14. Jhdt. v. Chr., sondern die erste Hälfte des 2. Jahrtausends. Aus dem vergleichenden Studium der Bibel und des ugaritischen Materials ergibt sich als Schlüssel das Verhältnis zwischen El und Baal ... Im kanaanäischen Epos hat Baal den El schon aus seiner Stellung als bedeutendste Gottheit des Pantheons verdrängt ... In der biblischen Überlieferung dagegen wird der Gott der Väter regelmäßig mit El gleichgesetzt ... niemals mit Baal; dieser wird nicht einmal erwähnt« (s. *Kanaanäische Religion).

b) Vergleichspunkte: Die große Verwandtschaft in Sprache und Stil zwischen der Literatur von Ugarit und der Bibel hat dazu geführt, eine Reihe von Annahmen über das Alter des Materials bestimmter biblischer Bücher zu berichtigen. Man kann zum Beispiel viele Parallelen zu einem so späten Buch wie Job aufweisen, und wenn Ez 14, 14; 28, 3 Danel erwähnt, so haben die Entdeckungen in Ugarit gezeigt, daß nicht der Daniel der Bibel, sondern der kanaanäische Held gemeint ist, der hier direkt aus Ugarit übertragen ist.

Um die Sprache und Kultur der Kanaanäer zu erläutern, haben die Gelehrten sich vor allem auf die Sprache und die literarischen Formen der Bibel gestützt. Umgekehrt haben die Erzählungen von Ugarit nicht nur den Inhalt der biblischen Texte, sondern auch ihre Formen erhellt.

Die ugaritischen Tafeln geben uns ein gutes Bild der Entwicklung der kanaanäischen Literatur jener Epoche, der die ältesten Phasen des AT verwandt sind. In ihren Formen haben beide viel gemeinsam. Sie teilen nicht nur beide die Hauptmerkmale der ganzen alten vorderasiatischen Literatur: die Art der Silbenmessung, des Rhythmus und des Versbaus, sondern sie haben überdies untereinander noch nähere Verwandtschaft in Ausdrucksformen, Syntax und literarischem Stil. Das geht soweit, daß man vermutet hat, der kanaanäische Dialekt von Ugarit und das Hebräische hätten sich parallel aus einer gemeinsamen Form des Altkanaanäischen entwickelt.

c) Gemeinsame literarische Traditionen: Außerdem setzen beide Literaturen eine literarische Überlieferung fort, die schon vor den ältesten Phasen des AT feste Form gewonnen hatte (s. oben 3 a: das Alter der ugaritischen Erzählungen). Es scheint, daß sich die Bibel an eine literarische Form halten konnte, die sich im Lauf von Jahrhunderten herausgebildet hatte. In Wortschatz und Stil haben die Epen von Ugarit auffallende Ähnlichkeiten mit den ältesten hebräischen Dichtungen: dem Lied der Mirjam (Ex 15), dem Debora-Lied (Ri 5), dem Segen des Moses (Dt 33) und den zu liturgischen Zwecken verfaßten Psalmen 29 und 68. Was die hebräische Dichtung den kanaanäischen Dichtern der Bronzezeit verdankt, ist kaum zu ermessen: sie entwickelten den Stil, der der hebräischen Poesie so viel von ihrer Anziehungskraft verleiht (s. *Dichtung, hebräische). Es gibt auch auffallende Ähnlichkeiten zwischen dem Prosastil der Kanaanäer und der akkadischen Dichtung, besonders in den Hymnen und Epen, die in älteste Zeiten zurückreichen.

Diese Ähnlichkeiten lassen ein gemeinsames kanaanäisch-literarisches Erbe erschließen, das die Israeliten stark beeinflußte und noch in viel späteren Werken, zum Beispiel bei Philo von Byblos im 1. Jhdt. n. Chr., Spuren hinterlassen hat.

Aufgrund der Entdeckungen des neuen Zweiges semitischer Forschung, der sich nach Ugarit nennt, mußte die Bibelkunde manche alte Meinung berichtigen, besonders was die hebräische Lexikographie und die Dichtung betraf. Wenn die Bibelkritik sich auf die Annahme stützte, es habe zur Zeit der ältesten biblischen Geschichte keine geschriebene Dichtung gegeben, so zwang das Auftauchen einer umfangreichen Bibliothek aus Kanaan aus der Zeit zwischen den Patriarchen und Moses dazu, diese Theorie aufzugeben oder zu berichtigen.

d) Gegensätzliche Vorstellungen: Die Tafeln aus Ugarit beschreiben Baal als den Wolkenreiter (hebr. *rokēb bā'arābōt*), Herrn des Regens (s. *Kanaanäische Religion). Ähnliche Ausdrücke verwendet die Bibel für Gott, doch mit einem Unterschied. Während alle anderen Religionen des Altertums in den verschiedenen Naturkräften die Machtbereiche verschiedener Gottheiten fanden, hatte in der monotheistischen Religion Israels Gott allein die Macht über die gesamte Natur. Die israelitischen Dichter verwendeten die kanaanäische Bildersprache und entliehen die Bezeichnungen für die Naturkräfte, aber sie wollten sie als verschiedene Aspekte eines einzigen Gottes verstanden wissen. Wenn der Psalmist schreibt: »Rühme den, der in den Wolken reitet« (Ps 68, 5) oder »Preise ihn, der hoch auf dem alten Himmel reitet« (Ps 68, 34), so wollte er in keiner Weise die Vorstellung des Reitens im buchstäblichen Sinn erwecken, wie es die kanaanäische Mythologie verstand. Die Israeliten hatten religiöse Vorstellungen, die anderer Art waren und einer anderen Theologie angehörten. Über die unterschiedliche Gottesauffassung in der Bibel und in der ugaritischen Literatur s. *Kanaanäische Religion.

e) Nachhall der Mythen in der Bibel: In der Dichtung und in den verwendeten Gleichnissen schließt sich die Bibel an eine alte Überlieferung an. Der Kampf zwischen dem Gott des Himmels und seinen Feinden und sein schließlicher Sieg kehren im Baal-Epos von Ugarit oft wieder und lassen sich ebenso aus zahlreichen Aussprüchen der biblischen und nachbiblischen hebräischen Literatur heraushören; nur ist im hebräischen und jüdischen Schrifttum der Gegenstand nicht der Streit zwischen den Göttern, sondern der Aufruhr der Geschöpfe gegen ihren Schöpfer und das Gericht über sie.

f) Analogien zur Bibel: Manche Wörter und Ausdrücke in der Bibel und Fälle, in denen offenbar die Grammatik nicht beachtet ist, haben der Forschung lange Zeit Rätsel aufgegeben. Jetzt zeigt die Entsprechung zu ähnlichen Ausdrücken in Ugarit, daß sie sich im Gefüge der kanaanäischen Sprache vollständig erklären lassen.

Die offensichtlichsten Beispiele sind Eigennamen der Bibel, so Leviathan (ugar. *Lotan;* Jes 27, 1), Rahab als Fürst des Meeres (Job 9, 13; 26, 12), Mot (hebr. »Tod«), El, Baal, Anat, Astoreth und Aschera. Diese waren uns längst vertraut durch die kanaanäischen Orts- und Volksnamen, aber erst die Tafeln aus Ugarit haben sie in den mythologischen Zusammenhang gerückt, der in der Bibel fehlt (s. *Kanaanäische Religion).

Nicht nur schwierige Stellen der Bibel hat die kanaanäische Mythologie klargestellt, sondern auch viele wohlbekannte Szenen mit neuem Sinn erfüllt. Das beste Beispiel sind wohl die berühmten Spottworte Elias gegen die Baal-Priester beim Streit auf dem Karmel: »Schreit laut, er ist ja ein Gott. Entweder ist er in Grübeln versunken, oder er ist fortgegangen, ist auf einer Reise, oder vielleicht schläft er und muß aufgeweckt werden!« (1 Kg 18, 27). Warum Elia diese Sätze wählt, wird viel klarer, wenn man die Tafel aus Ugarit (IV AB) daneben hält: da heißt es, daß 'Anat kommt, um Baal in dessen Tempel zu besuchen und durch einen Diener erfährt, Baal sei mit Bogen und Pfeilen fortgegangen, um in einem fernen Lande wilde Rinder zu jagen. Und auf einer anderen Tafel lesen wir, daß der Göttervater El seinen Söhnen ein Fest geben will, aber den Baal erst durch lautes Rufen wecken muß. Als Elia die Baal-Priester verspottete, benützte er Ausdrücke und Gleichnisse, die seinen Hörern geläufig und eben darum um so verletzender waren.

Oder ein anderes Beispiel: die wiederholte Mahnung der Bibel, »den Weg der Amoriter zu meiden«, wird durch einen Brauch der Amoriter aufgehellt: auf einer Tafel wird beschrieben, wie die Götter der Kanaanäer bei einer Mahlzeit das Fleisch eines Zickleins in Butter gebraten genießen – also genau das tun, was ein eigentümlicher biblischer Rechtssatz verbietet: »das Böcklein in der Milch seiner Mutter zu kochen«.

g) Zeugnisse über die soziale und wirtschaftliche Struktur Mesopotamiens: Außer den literarischen Texten haben die Schichten des 15. und 14. Jhdts. v. Chr. in Ugarit auch mehrere hundert akkadische Tafeln erbracht, deren Texte wirtschaftliche Verträge, diplomatische Briefe, rechtliche und wirtschaftliche Urkunden enthielten. Sie sind erst im letzten Jahrzehnt veröffentlicht worden und erhellen manche bisher unbekannten Aspekte der gesellschaftlichen Organisation von Ugarit. Sie beleuchten nicht nur die Geschichte des 14. und 13. Jhdts. v. Chr., sondern liefern auch wertvolle Aufschlüsse über die Atmosphäre der städtischen Kultur in den *kanaanäischen Städten, in der Zeit von der Landnahme bis zur Entstehung des israelitischen Königtums.

I. Mendelsohn hat gezeigt, daß Samuels abschätzige Darstellung der »Weisen eines Königs« (1 Sam 8; s. *Samuel, Bücher) in den akkadischen Texten aus Ugarit ihr Abbild hat. Da hören wir, wie der König seinen treuen Helfern Land schenkt, wie Fronarbeit »im Dienst des Königs« und Zehntzahlung geordnet wird. Der König von Ugarit konnte, wenn er wollte, jedem diese Steuerzahlung erlassen.

Die »alphabetischen« Texte aus Ugarit beziehen sich auf eine weitere sozialpolitische Gefahr, die *Chabiru, geschrieben *'prw*. Das neue Material bedarf noch vielfach der Entzifferung und Übersetzung. Es wird den Ugarit-Forschern gewiß neue Überraschungen bringen.

4. Alphabetische Schrift von Ugarit: Die Tempel, Paläste und Häuser aus der Zeit der höchsten Blüte von Ugarit (s. oben 1 a) geben ein in jeder Weise deutliches Zeugnis sowohl von seiner Wohlfahrt als auch von seiner materiellen und geistigen Entwicklung. Tatsächlich war die wirtschaftliche Lage so günstig, daß die Stadt eine große Zahl Schreiber ernähren konnte, aus deren Händen die erstaunliche Menge der dort gefundenen Urkunden hervorging. Neben Abschriften in den damals geläufigen Schriftsystemen schufen sie auch eine neue Schrift.

Unter den Hunderten von Tafeln aus Ugarit sind viele in akkadischer Sprache, einige in hurritischer; aber die größte Bedeutung für das Studium der Bibel hat eine besondere Gruppe von Tafeln, die in einer damals unbekannten Art Keilschrift beschrieben waren, und zwar offensichtlich in keiner dieser beiden Sprachen. Die auffallendsten Merkmale dieser neuen Schrift waren die Kürze der Wörter, der Gebrauch eines besonderen Zeichens als Worttrennung und vor allem die Tatsache, daß es, im Gegensatz zu der Unzahl verschiedener Keilschriftzeichen in der akkadischen Schrift, nur 30 Zeichen gab.

Ein französischer Gelehrter, C. Virolleaud, und der deutsche Forscher H. Bauer bemühten sich um die Erforschung der Schrifttafeln. Unabhängig voneinander entdeckten sie, daß die Tafeln verhältnismäßig leicht zu lesen waren, wenn man annahm, daß die Schrift alphabetisch sei. 25 Jahre nach ihrer ersten Entzifferung kam eine kleine Tafel zum Vorschein **(Abb. 433),** die offenbar aus der Schreiberschule stammte und die 30 Buchstaben des Alphabets verzeichnete. Im Artikel *Alphabet **(Abb. 68)** ist dieses Alphabet in moderne hebräische Buchstaben umgeschrieben, wobei allerdings die Reihenfolge etwas anders ist, als wir gewohnt sind.

Außerdem fand man in Ugarit dreisprachige Wörterverzeichnisse, auf denen in drei Kolumnen Akkadisch, Ugaritisch und Hurritisch nebeneinanderstehen. Auch sie dienten vermutlich den Schreibern, denn Ugarit war an einem Knotenpunkt des altorientalischen Verkehrs gelegen und darum eine vielsprachige Stadt.

Die Sprache der alphabetischen Tafeln war, wie man im voraus vermutete und dann bestätigt fand, dem Hebräisch der Bibel nahe verwandt. Die Sprache erwies sich als eine frühe Entwicklungsstufe des Kanaanäischen in nördlicher Mundart. Später jedoch vergaß man diese Art alphabetischer Keilschrift. Keilschrift ist nur für Schreiben auf Tontafeln geeignet. Als Papyrus und Ostraka (Scherben) an die Stelle der Tontafeln traten, mußte sich eine andere Schriftform entwickeln, die den neuen Schreibmaterialien besser angepaßt war. Man nennt sie die »phönikische Schrift«. Sowohl die Kanaanäer als auch die frühen Israeliten nahmen sie auf (s. *Kanaanäische Religion, *Kanaanäische Städte, *Phönikien und seine Städte, *Alphabet und Schrift).

Kanaanäische Religion

Gliederung: 1. Kanaanäische Mythologie. a) Eine Primitiv-Religion; b) Die Göttin Aschera; c) Ischtar (Aschtoreth-Astarte); d) El, der höchste Vater-Gott; e) Baal; (1) Der Baal-Anath-Zyklus; (2) Naturerklärung durch Mythen; (3) Baal als Vegetationsgott; (4) Baal-Zaphon; (5) Baal und Hadad. 2. Götterbilder und Plastiken. a) Ausgrabungen; b) Weibliche Tonplaketten (Statuetten); c) Statuen und Reliefs von männlichen Gottheiten; d) Figuren auf Säulenbasen und Teraphim. 3. Kultobjekte. a) Hölzerne Ascheren; b) Altäre und Masseben; c) Kanaanäische Tempel; d) Kult-Ausstattung in Hazoer; e) Kanaanäische Höhenheiligtümer; f) Schalen aus sieben Bechern. 4. Religion. a) Opferritual; b) Fruchtbarkeitsriten in Kanaan und ihr Vergleich mit dem babylonischen Kult; c) Kultische Prostitution und Eunuchen; d) Entartete Religion; e) Moloch und der Tophet; f) Zusammenfassung.

Im Gegensatz zum Reichtum der Quellen der ägyptischen und babylonischen Religion geben die Bibel und andere schriftliche Überlieferungen uns nur ein sehr skizzenhaftes Bild von der kanaanäischen Religion. Der Verfasser der biblischen Bücher waren zwar mit den Hauptgottheiten der Kanaanäer vertraut, aber ihre Schilderungen sind nicht objektiv (s. *Götzendienst in Israel).

Vor 1930 vermittelte zwar die klassische Literatur einige Auskunft, aber man wußte sehr wenig Konkretes über die Theologie Kanaans und seine einzelnen Göttergestalten. Seit diesem Zeitpunkt und hauptsächlich durch die Ergebnisse der französischen Ausgrabungen in Ugarit (s. *Kanaanäische Kultur und Ugarit) hat sich die Lage geändert, so daß das Bild heute deutlicher geworden ist.

1. Kanaanäische Mythologie: *a) Eine Primitiv-Religion:* Die Kanaanäer verehrten eine Vielzahl von Göttern. Diese waren einerseits die Schutzherren bestimmter Orte, andererseits besaßen sie zugleich eine bestimmte Funktion und Autorität. Die bisherigen Entdeckungen haben über die Beziehungen der Götter untereinander noch keine Klarheit erbracht. Man muß sie aus der Mythologie erschließen, die aber voll sinnbildlicher Anspielungen und für die heutigen Forscher noch keineswegs klar zu durchschauen ist. Wie W. F. Albright sich ausdrückt, enthalten die kanaanäischen Mythen »eine außerordentliche Veränderlichkeit von Persönlichkeit und Funktion, eine Veränderlichkeit, die es ungemein erschwert, den Bereich der verschiedenen Götter abzugrenzen und ihre Beziehungen zueinander zu bestimmen. Die Verwandtschaftsverhältnisse, ja das Geschlecht der Gottheiten wechseln verwirrend leicht«. Daraus schließt Albright, daß die Mythen der Kanaanäer »primitiver« und den ersten Ursprüngen näher seien als die Mythologien anderer semitischer Völker. Die beiden Hauptabschnitte der kanaanäischen Geschichte (s. *Kanaanäische Kultur und Ugarit 1), die vorisraelitische Zeit und die Verfallzeit, spiegeln sich auch in der entsprechenden Entwicklung ihrer Mythologie.

Die Hauptquelle für die alte Mythologie der vorisraelitischen Zeit vermittelt Ugarit. Unter den dort gemachten Entdeckungen seien die Epen von Baal und Anath, von Danel und Aqhat und die Erzählung von Keret hervorgehoben. Sie alle stammen aus dem 15. u. 14. Jhdt. v. Chr. (s. *Kanaanäische Kultur und Ugarit). Von dieser Tradition sind bei Philo von Byblos noch Reste zu finden. Dieser war ein phönikischer Gelehrter um 100 n. Chr., der versuchte, das Erbe seiner entfernten Vorfahren in seiner griechisch-römischen Umwelt zur Geltung zu bringen.

Er nennt als seine Quelle einen Priester aus Beirut namens Sanchunjaton, der, wie es scheint, im 7. Jhdt. v. Chr. gelebt hat und damit ein beträchtlich älterer und zuverlässigerer Zeuge ist als die klassischen Autoren. Philos Ausführungen lassen viele Einzelheiten im Dunkeln, aber die Funde von Ugarit haben sie jetzt weithin bestätigt und aufgehellt.

Während der nachfolgenden Verfallzeit haben sich die Kanaanäer weitgehend den Israeliten und Philistern politisch angeglichen. Die kanaanäische Religion hatte zwar an Ansehen viel eingebüßt, hielt sich aber noch durch Jahrhunderte in Palästina und Phönikien. Die alten Mythen und die Dichtungen, in denen sie ihren Niederschlag gefunden hat, können sich allerdings im Lauf der Zeit gewandelt haben.

Wenn man die alten kanaanäischen Epen, die späteren phönikischen Inschriften und die sonstigen archäologischen Funde vergleicht, so ergibt sich, daß die in der Bibel erwähnten kanaanäischen Gottheiten zur gleichen Götterfamilie gehören wie jene, die aus Alalach und aus den Phönikerstädten Tyrus, Sidon, Byblos und Ugarit bekannt sind. Die wichtigsten Göttinnen und Götter sind folgende:

b) Die Göttin Aschera: Sie ist die Gattin von El-Dagon und die Mutter vieler Götter. Die Urform der Mythe über sie war in der mittleren Bronzezeit (18.–15. Jhdt. v. Chr.) in Phönikien, Kanaan und Ägypten bekannt, also noch bevor die Legenden in Ugarit aufgeschrieben wurden (15. Jhdt.). Sie wurde als die oberste Muttergöttin angesehen. Zugleich war sie *Aṯirat-Jam,* die Aschera der See, die Göttin des Meeres und seiner Fischer. Man verehrte sie in Sidon und Tyrus als oberste Göttin. Nach M. Dothan war das Heiligtum aus der Patriarchenzeit (18.–16. Jhdt. v. Chr.), das man an der Küste bei *naḥḥarījjah* entdeckt hat (s. *Höhenheiligtümer), ihr zu Ehren errichtet. Es enthielt einige grob ausgeführte Figuren, die viel weniger durchgeistigt waren als die aus anderen heiligen Stätten. Auch bei anderen Ausgrabungen in kanaanäischen Städten kamen zahlreiche Aschera-Plaketten und -Amulette zutage. Die Plaketten unterscheiden sich in ihrem Stil. Oft trägt die Göttin die langen s-förmigen Locken, die das Abzeichen der großen ägyptischen Göttin Hathor sind, manchmal die zylinderförmige Krone, die man von den syrischen Göttinnen und Königinnen der Spätbronzezeit kennt (s. **Abb. 440, 443**), oder die gewöhnliche weibliche Haartracht.

Ebenso verschieden ist ihre Körperhaltung. Manchmal läßt sie die Arme seitwärts herunterhängen (s. **Abb. 448**), oder sie legt die Hände an die Brüste (s. **Abb. 442, 443**), auch trägt sie verschiedene Embleme mit angewinkelten Armen (s. **Abb. 446, 447**). Bisweilen sind auch beide Hände in verschiedener Haltung. Oft ist die Plakette mit Blumen verziert, dann wieder mit Schlangen (s. **Abb. 444, 445**). Die Haartrachten scheinen ohne Beziehung zu den wech-

Abb. 438. Aschera auf einem Löwen stehend (ägyptisches Relief, um 1100 v. Chr.)

Abb. 439. Dienerin des Ischtar-Kultes

Abb. 440

Abb. 441

Abb. 442

Abb. 443

Abb. 444

Abb. 440–448. Amulette und Plaketten der Göttin Aschera, die bei Ausgrabungen im kanaanäischen Raum gefunden wurden

Abb. 445

Abb. 446

Abb. 447

Abb. 448

Abb. 449. Relief aus Ugarit. Man neigt dazu, es als Darstellung des kanaanäischen El, des »obersten Vaters«, anzusehen

Abb. 450. Anath, Gemahlin oder Schwester Baals (ägyptische Stele)

Abb. 451. Mit Keule und Flammenspeer (Blitz) bewaffneter Gott, wahrscheinlich eine Darstellung des Sturmgottes Baal (Stele aus Ugarit)

Abb. 452. Der mesopotamische Sturmgott Hadad (Basaltkopf aus Karkemisch)

Abb. 453. Rescheph, der kanaanäische Gott der Unterwelt und der Pest

selnden Stellungen zu sein, aber viele Forscher behaupten, daß alle Bilder derselben Gruppe von Götterbildern angehören, die nur zeitlich und örtlich verschieden ausgestaltet seien. Sie stützen diese Ansicht durch die Parallele in Ägypten, wo die Verbindung zwischen der Natur eines Gottes und seiner Haartracht sowie seinen Emblemen viel durchsichtiger ist. Im Laufe der Spätbronzezeit übernahmen die Ägypter des Deltas etliche kanaanäische Gottheiten. Ein ägyptisches Relief aus dem Neuen Reich (1150–1090 v. Chr.) zeigt Aschera in besserer künstlerischer Ausführung **(Abb. 438).** Sie steht hier auf einem Löwen und hält in ihren Händen Blumen und eine Schlange. Die Blumen reicht sie mit ihrer rechten Hand dem ägyptischen Fruchtbarkeitsgott Min. Mit ihrer linken, der Unglückshand, bietet sie Rescheph, der den Todesgedanken verkörpert, eine Schlange. Die Inschrift lautet: »Qadesch, die Himmelsfrau, die Herrin aller Götter.« Das hat einen Nachklang in der Bibel. Jeremia (44, 17) schilt die israelitischen Frauen, weil sie Aschera als »Himmelskönigin« verehren.

Als Muttergöttin, so sagt die Mythe, hat Aschera alles Lebendige hervorgebracht, das Gute wie das Schlechte. Als Mutter der Götter wies sie jedem Gott seine Aufgabe zu, je nach seinem Charakter.

Im Laufe der israelitischen Eisenzeit werden die mythologischen Embleme, wie Hörnerkrone, ägyptische Locken und zylindrische Krone, weniger häufig. Diese auffallende Tatsache erklärt die moderne Forschung durch die Ankunft der Israeliten, denen die kanaanäischen Mythen fremd waren. Gleichzeitig verlor auch die kanaanäische Bevölkerung, soweit sie noch vorhanden war, weitgehend die Ehrfurcht vor ihren alten Überlieferungen. Die Aschera-Mythe geriet mit der von Ischtar (Astarte) und Anath durcheinander und sank auf die Stufe eines Aberglaubens herab, der sich mit den Symbolen der Fruchtbarkeit verknüpfte. Die phönikische Prinzessin Isebel führte den Kult der Aschera sogar am Hof von Samaria ein und brachte ein Gefolge von Priestern mit, um den Kult zu verbreiten. Aber dieses Aufleben war nur von kurzer Dauer (s. *Götzendienst in Israel).

c) Ischtar (Astoreth, griech. Astarte) war im mesopotamischen Glauben die Göttin der Fruchtbarkeit und der Liebe, aber zugleich auch Kriegsgöttin. Als sich durch die babylonischen und assyrischen Eroberungen der Einfluß Mesopotamiens in Syrien verstärkte, wurde sie überall in Syrien und danach auch in Israel bekannt. Sie wird auf einer Löwin reitend dargestellt, bewaffnet mit einem Schwert, dazu trägt sie eine geriffelte Krone, über der eine sternförmige Scheibe angebracht ist. Daraus kann man schließen, daß man sie dem Planeten Venus gleichsetzte (so verknüpften auch die Griechen Astarte mit Venus). Um diese Zeit hatte sich der Kult der Ischtar die phönikische Küste entlang bis nach Kanaan verbreitet und den alten Aschera-Kult in den Hintergrund gedrängt. Wohl fertigte man weiterhin Figuren der Muttergöttin an, teils in den herkömmlichen Formen, teils im phönikischen oder griechischen Stil. Der Name der Ischtar ist dagegen mehr als vierzigmal in den phönikischen und spätpunischen Inschriften enthalten, häufig auf Grabsteinen; die kultische Prostitution als ein magisches Mittel, die Fruchtbarkeit der Menschen, ihrer Herden und Ernten zu fördern, gehörte vornehmlich dem Astarte-Dienst an **(Abb. 439).**

Die Archäologen pflegen alle geheiligten Figuren als Astarte-Bilder zu beschreiben. Aber in vielen Fällen ist dies nach der heutigen Meinung falsch. Die archaischen Figuren der älteren Zeit stellen Aschera dar und nicht ihr späteres Gegenstück. In den Mythen von Ugarit ist Astarte (Ischtar) lediglich eine Begleiterin oder Dienerin des Baal.

d) El, der höchste Vater-Gott: Der »Schöpfer der Geschöpfe« und höchste Vater heißt »gütiger, gnädiger El«, »König«, manchmal auch »Stier El, mein Vater«, ein weit verbreitetes Bild männlicher Stärke. »El« ist das semitische Wort für »Gott«. Auch die Bibel verwendet dafür El und den Plural Elohim (s. *Patriarchen, Religion). In den Epen heißt es von El, er lebe an einem weit entlegenen Ort, »tausend Täler, zehntausend Felder« entfernt von Kanaan, am »Ursprung der flutenden Ströme«, inmitten der »Quellen der beiden Abgründe«. Wenn die Götter ihn um Rat fragen wollten, so mußten sie zu diesem abgelegenen Paradies reisen. In gleicher Weise wurde der babylonische Held Utnapischtim zur Unsterblichkeit an die »Quelle der beiden Ströme« versetzt, und im Buch Genesis liegt das Paradies an der Quelle von vier großen Strömen.

Eine andere Bezeichnung für El ist »Vater der Jahre«. Das macht ihn zum Gott der Zeit. In der griechischen Mythologie gibt es den Gott Kronos, dessen Name an Zeit (Chronos) anklingt und dessen Mythos vielleicht aus dem Osten stammt.

Ein gesprenkelter Stein aus Ugarit **(Abb. 449)** zeigt einen Gott mit wehendem Bart auf löwenfüßigem Thron. Seine Füße ruhen auf einem Schemel. Er trägt eine Tiara, Tunika und Mantel. Ein König oder Priester bringt ihm ein Opfer dar und der Gott nimmt, wie El in den Epen, die Gaben gnädig entgegen. Man hält das Bild für eine Darstellung des »obersten Vaters«.

Für das gewöhnliche Volk war El, so wie er beschrieben wurde, zu fern, obwohl er bisweilen wie andere Götter seine himmlische Hoheit ablegte und herabstieg, um die Rolle eines Helden in sehr irdischen Mythen zu übernehmen. Trotzdem begann das Interesse für ihn zu schwinden, und der volkstümliche Kult wandte sich seinen Kindern zu, die populär waren. Man nannte sie *ēlīm* oder *b · nē ēlīm*, die Göttersöhne.

Trotz einiger äußerer Ähnlichkeiten ist der »El« der israelitischen Patriarchen vom kanaanäischen El grundsätzlich verschieden (s. *Patriarchen, Geschichte).

e) Baal: (1) Der Baal-Anath-Zyklus: in den Epen scheinen die Namen und Rollen der Götter ständig zu wechseln, während das Hauptmotiv ziemlich dasselbe bleibt. Baal hatte an den verschiedenen Kultorten verschiedene Namen. Er heißt Baal-Hazor, Baal-Peor und Baal-Hermon. Er hat auch verschiedene Attribute, wie Baal-Berith von Sichem oder Baal-Zebub und Baal-Zebul.

Manche Forscher geben jetzt zu, daß sich alle diese Namen auf denselben hohen Gott beziehen, der alle lebensspendenden Kräfte der Natur in hohem Maße in sich vereinigt.

In Nordsyrien galt Anath als seine Gemahlin, während später in Palästina die Göttin Astoreth (Ischtar) seine Gattin wurde.

Sogar in den Epen ist Anath bisweilen gleichzeitig seine Schwester und seine Frau. An anderer Stelle ist sie eine liebende Schwester und eine tapfer kämpfende Jungfrau. In einem der Baal-Epen von Ugarit wird geschildert, wie Baal von Aschera (der alten Muttergöttin) und einer Anzahl von Ungeheuern, die sie geboren hat, getötet wird. Seine Freunde betrauern ihn, seine Schwester hingegen ist nicht nur von Trauer überwältigt, sondern auch zur Rache entschlossen. Sie hängt mit inniger Liebe an ihrem Bruder: »Wie das Herz der Kuh für ihr Kalb, wie das Herz der Schafmutter für ihr Lamm, so schlägt der Anath Herz für Baal.«

Noch typischer für Anath als ihre Darstellung in den Mythen ist die ägyptische Stele **(Abb. 450)**, die ihre grausame, rachsüchtige Natur betont. Sie liebte den Kampf. Eine andere Dichtung im Baal-Zyklus erzählt, wie sie in ihrem Blutdurst »niederschlug und mordete, von der Seeküste (im Westen, also von Sonnenuntergang) bis Sonnenaufgang« und in einer Nacht alles niedermetzelte. Sie füllte ihren Tempel mit Menschen und verrammelte die Tore. Dann warf sie schwere Tische und Hausrat auf sie. Sie watete in Blut bis zu den Knien, ja bis zum Hals: »Ihre Leber schwoll von Lachen, ihr Herz war voll Freude.« Zuletzt wusch sie ihre Hände im Blut – und schritt mutig zu neuen Taten (s. *Kanaanäische Kultur und Ugarit).

Trotz ihres blutdürstigen Wesens war gerade Anath noch mehr als irgendeine andere Göttin die Verkörperung von Fruchtbarkeit und Vitalität. So führt sie geradezu den Beinamen »Lebenskraft«. Wie volkstümlich sie in der Patriarchenzeit war (Mittlere Bronzezeit), verraten Ortsnamen wie Anathot, Beth-Anath u. a.

In der Bibel erscheint ihr Name nur gelegentlich in Tempel- und Ortslisten. Die Göttin selbst wird nicht erwähnt. Als die Bücher der Bibel ihre abschließende Gestalt erhielten, war sie vergessen. Manche Forscher meinen, daß Ischtar, die kriegerische Göttin, sie verdrängt habe.

(2) Naturerklärung durch Mythen: Die Mythen und Legenden über die Götter dienten dazu, die Wirkung der Naturkräfte zu erklären. Neben dem großen Epos, das den Lauf der Jahreszeiten behandelt, gab es Erzählungen über Rescheph, den Gott der Pest und der Unterwelt. Er wird als wilder Krieger in schwerer Rüstung und der asiatischen Kleidung der Zeit **(Abb. 453)** dargestellt. Andere Mythen handeln von Schulman oder Schalim, dem Gott der Gesundheit, und von Kothar, dem Gott des Kunsthandwerks.

Die weit überragende Gestalt unter den kanaanäischen Göttern war der große Sturmgott Baal. Sein Name bedeutet »Herr«, konnte also für viele verschiedene Götter und mannigfaltige Personen angewendet werden. In den altertümlichen Mythen von Ugarit ist Baal der Sohn des El, des obersten kanaanäischen Gottes. Später geriet der Vater über dem Sohn in Vergessenheit und Baal wurde der Name für den Hauptgott des Himmels, der Erde und der Fruchtbarkeit, parallel zum babylonischen Bel. Die Epen von Ugarit bezeichnen Baal als *Alijan* (»der Herrschende« oder »ich herrsche«) und als den »Erhabenen, den Herrn der Erde«. Sein

Reich währt »ewig, für alle Generationen«. Andere für jeden Gott verwendbare Bezeichnungen waren Melek (hebr. *mælæk* »König, Herrscher«), Adon (hebr. *'adōn* »Herr«). Diese Titel konnten ohne Zusatz stehen oder man verband sie mit einem Namen, der die Gottheit nach ihrer Eigenart kennzeichnete. So war zum Beispiel Melkart (*Melk* der *krt,* der »Stadt«) der Hauptgott von Tyrus und später von Karthago.

Nach den Epen hatte Baals Bruder Mot (»Tod«) die Herrschaft über die Scheol, die Unterwelt, während Baal in einer anderen Reihe von Mythen als der Schöpfergott erscheint; zum Beispiel wenn er Jam, den Meeresdrachen, erlegt (Jam heißt hebr. »das Meer«; s. *Genesis).

Höchstwahrscheinlich stellt eine Stele aus Ugarit **(Abb. 451)** den Regengott Baal dar. Der Gott schreitet über die Berge und trägt in der einen Hand eine Keule, in der anderen einen flammenden Speer, das Blitzgeschoß. In den Epen ist Baal der Sturmgott, der im Donner redet und dessen Stimme durch Himmel und Erde hallt. Das paßt sehr gut zu diesem »Baal des Blitzes«.

(3) Baal als Vegetationsgott: Das eindrucksvollste Epos aus Ugarit ist jenes von Baals Tod und Wiederbelebung. Man deutet dieses Epos gewöhnlich als eine mythische Erklärung für den Lauf der Jahreszeiten mit dem jährlichen Tod und dem Wiederaufleben der Vegetation. Es wurde vermutet, daß diese Mythe in einem Schauspiel aufgeführt wurde, um die Kräfte der Natur anzuregen und die Fruchtbarkeit von Boden, Vieh und Menschen zu gewährleisten. Baals Beiname »Sohn des Dagon« scheint ihn mit Dagon (»Getreide«) und Mot in den Fruchtbarkeitsmythen zu verbinden; doch haben andere Gelehrte die Richtigkeit solcher Auslegung der Mythe ernstlich bezweifelt, weil Mot »Tod« bedeutet.

In Kanaan und dem östlichen Mittelmeergebiet sind die Sommer heiß und trocken, aller Regen fällt im Winter, meistens während und nach heftigen Gewittern und Wolkenbrüchen. Baal war die Lebenskraft der ganzen Pflanzenwelt. Verschiedene Epen erzählen, wie Baal nach einem langen Kampf gegen seinen Bruder Mot, im ugaritischen Glauben der Gott der regenlosen Zeit und der Unterwelt, getötet wurde. Mit seinem Tod hörte alles Wachstum auf, und das Leben ermattete. Baals Schwester, die Jungfrau Anath, kam ihm zu Hilfe und tötete Mot. Sie spaltete ihn mit ihrem Schwert, worfelte ihn mit dem Sieb und verbrannte ihn im Feuer. Anschließend zerrieb sie in der Handmühle seine Asche und streute, was übrig blieb, auf das Feld. Danach brachte Anath Baals Leichnam auf den Gipfel eines heiligen Berges. Dort vollzog sie ein sympathetisches Ritual und brachte Baal als Getreidegott wieder ins Leben zurück. So konnte der Kreislauf des Lebens und des Wachstums von neuem beginnen: »Die Himmel regneten Öl, die Trockentäler schwammen von Honig.«

(4) Baal-Zaphon: Viele Berge, wie der Hermon, der Karmel und der Thabor waren Baal geweiht. In den ugaritischen Schriften heißt er Baal-Zaphon und man nennt den Zaphon, den Berg Kasios nördlich der Stadt, als Baals Wohnsitz. Die Phöniker brachten diesen Namen auf ihren Handelsfahrten in andere Gegenden. So gab es einen Ort Baal-Zaphon auf der schmalen Landzunge zwischen dem nördlichen Sinai und Palästina (Ex 14, 2. 9). Der Gott selbst trägt diesen Namen auf der berühmten phönikischen Opfertafel von Marseille (s. unten 4 a). Eine Inschrift aus der Zeit Ramses' II. aus dem nördlichen Transjordanien, die im Volksmund der Job-Stein heißt, nennt den Gott »El, der den Zaphon errichtet hat« (nach R. Giveon).

(5) Baal und Hadad: Zur Zeit der Niederschrift der ugaritischen Epen (15. Jhdt. v. Chr.) kam der Name Baal ausschließlich Hadad, dem regierenden Götterkönig, zu. Ihm unterstanden Gewitter und Regen, und folglich die Fruchtbarkeit der Erde und der auf ihr lebenden Wesen. Trotz gewisser Unterschiede zwischen beiden scheinen Baal und Hadad zwei verschiedene Ausprägungen derselben Gottheit zu sein **(Abb. 452** zeigt einen Basaltkopf Hadads aus Karkemisch).

Während Baal die Hauptgottheit der Kanaanäer wurde, war Hadad, akkadisch Adad, nicht oberster Herrscher über die mesopotamischen Götter. Gedanken an Tod und Auferstehung knüpfen sich nicht an ihn. Nach 1500 v. Chr. jedoch wurde Baal »der Herrscher« tatsächlich auch als der König über alle Götter anerkannt, der fern am Nordhimmel thronte. In hellenistischer Zeit hieß er Herr des Himmels *(Baal-šamem,* hebr. *Baal-šamajim).*

Reitende Götter: Ein weiterer Unterschied zwischen beiden bestand in der Art, wie ihre Verehrer sie darstellten. Die Götter Syriens stehen auf den ältesten Abbildungen auf Tieren: Hadad auf dem Himmelsstier, Ischtar auf einem Löwen. Das Wesen der Gottheit war ebensosehr durch das Tier ausgedrückt wie durch die Menschengestalt. Später, in einer vergeistigteren Zeit, erhielten auch die Bilder ein höheres Niveau, und dem Tier wurde eine geringere Rolle zugewiesen. Auf diesen Abbildungen hält der Gott es an einer Art Halfter (s. *Götzendienst in Israel).

2. Götterbilder und Plastiken: *a) Ausgrabungen:* Wie die Kanaanäer sich ihre Götter wirklich vorstellten, zeigen die Statuetten und Götterbilder, die in den unteren Schichten der kanaanäischen Städte Palästinas und der phönikischen (im nördlichen Kanaan gelegenen) Städte Syriens gefunden wurden. Doch diese Zeugnisse sind verwirrend, denn keine Abbildung oder Plastik einer kanaanäischen Gottheit trägt einen Namen oder eine Aufschrift. Offenbar waren die dargestellten Gottheiten so bekannt, daß es nicht nötig war, sie eigens zu bezeichnen. Doch sind die heutigen Forscher nicht mehr lediglich auf Vermutungen angewiesen. Wir können nach den archäologischen Gegebenheiten viele Tatsachen mit höchster Wahrscheinlichkeit feststellen.

Im Gegensatz zum alten Griechenland, Ägypten und Mesopotamien haben sich in Palästina und Syrien verhältnismäßig selten Darstellungen gefunden, die unbestreitbar religiöse oder mythologische Szenen darstellen. Noch seltener sind Steinskulpturen. Erst vom 12. Jhdt. v. Chr. an begegnen uns große steinerne Bilder, zu einer Zeit, wo die kanaanäische Religion und Kultur zu zerfallen begann. Die archäologischen Funde in den Tempeln bestehen in der Hauptsache aus anderen Gegenständen, nicht aus Götterbildern. Die Figuren und Statuetten stammen meist aus Privathäusern, wo sie als Schutz- und Hausgötter dienten.

b) Weibliche Tonplaketten: Von allen »Gleichnissen dessen, was oben im Himmel oder unten auf der Erde ist« findet man am häufigsten grobgefertigte Tonplaketten, meist von ovaler Form, mit einer nackten Frauenfigur mit betonten, ja übertriebenen weiblichen Geschlechtsmerkmalen. Sie sind zu Hunderten fast in allen ausgegrabenen Schichten vom 18. bis zum 5. Jhdt. v. Chr. zutage gekommen. Um der weitverbreiteten Nachfrage zu genügen, hatte sich ein System der Massenproduktion dieser Bilder entwickelt. Dabei wurden zwei Methoden der Herstellung angewandt. Entweder wurde der Rumpf auf der Töpferscheibe gedreht, die Brüste als Lehmklumpen zugefügt und der Kopf in einer Hohlform gebildet oder Kopf und Körper wurden in einer einzigen Hohlform gepreßt **(Abb. 456),** so daß am Rücken ein flacher Hintergrund als Unterlage blieb. Deswegen nennt man diese Bilder Plaketten, gewöhnlich »Astarte-Plaketten«. Manche sind aus Bronze gegossen, und bei diesen sind die Formen oft in die Länge gezogen.

Obwohl sie alle ziemlich ähnlich aussehen, scheint es möglich, daß ein Teil von ihnen als Votivgaben religiösen Zwecken diente, während dies bei anderen nicht der Fall war (s. unten 3).

Aber nicht alle Plaketten scheinen Göttinnen darzustellen und unterscheiden sich von den Aschera-Plaketten. Auf einigen sind die Hände seitlich angelegt, bei anderen bieten sie die vollen Brüste dar, mit der Geste der *dea nutrix* (der säugenden Muttergöttin). Dies ist auch die Stellung bei den stehenden Figuren **(Abb. 454),** die als Rundplastiken modelliert sind und in der Eisenzeit volkstümlich waren. Votivplaketten, die eine Frau in Wehen darstellen, die Hände über dem Unterleib gefaltet, mögen als magische Förderung der Fruchtbarkeit oder als Zauberhilfe bei der Geburt gemeint sein.

Es fällt den Gelehrten noch schwerer, die verschiedenen Plaketten zu unterscheiden. Es gibt solche, die als Götterbilder verehrt wurden, andere, die als Zaubermittel dienten, und einige, die die *q·dēšōt,* die heiligen Dirnen der kanaanäischen Tempel, abbilden. Nur eins ist sicher, daß sie zu einem wichtigen – religiösen oder magischen – Zweck benutzt wurden, sei es in den Tempeln oder zu Hause.

Bei allen bisherigen Ausgrabungen hat man keine Statue einer kanaanäischen Göttin in annähernder Lebensgröße gefunden. Auch scheinen die Frauenbilder keinen bestimmten Platz in den Tempeln innegehabt zu haben. Ganz wenige Figurinen sind aus Metall, entweder aus Bronze oder aus Blei. Die wichtigsten von ihnen stammen aus Gezer und *tell el-ʿağğul.* Bei der Figur aus Gezer **(Abb. 455)** sind die Ohren doppelt durchbohrt; andere Figuren tragen Hörner, so daß sie an die Kuhgöttin erinnern. Im übrigen besteht (anders als bei den männlichen Statuen) kein Unterschied zwischen diesen Statuen und anderen weiblichen Götterbildern. Trotz der realistischen Betonung der Sexualorgane beabsichtigten sie keine Erotisierung, sie waren Amulette für die Frauen.

c) Statuen und Reliefs von männlichen Gottheiten: Männliche Götterbilder sind seltener und einförmiger als die weibli-

Abb. 454a

Abb. 454b

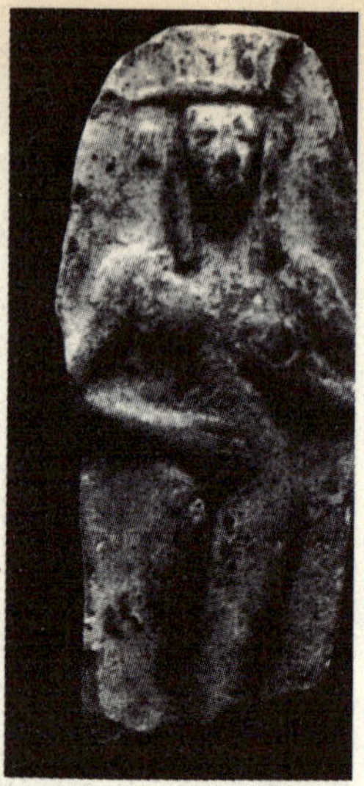

Abb. 455

Abb. 454–456. »Astarte-Plaketten«

Abb. 456

Abb. 457. Männliche Götterbilder aus Bronze. Abb. 458 (rechts). Metallfigur mit Befestigungsnägeln an den Füßen

Abb. 459. Weihrauchaltar aus den Gräbern von Maresa (Perserzeit)

Abb. 460. Stelen im Allerheiligsten eines Tempels in Hazor (13. Jhdt. v. Chr.)

Abb. 461. Ritualgeräte im Ausgrabungsbereich H von Hazor: Räucheraltar mit vierzackigem Stern, dahinter zwei irdene Gefäße, daneben zwei Opfertische mit eingelassener Vertiefung und ein Basaltbecken (umgekippt)

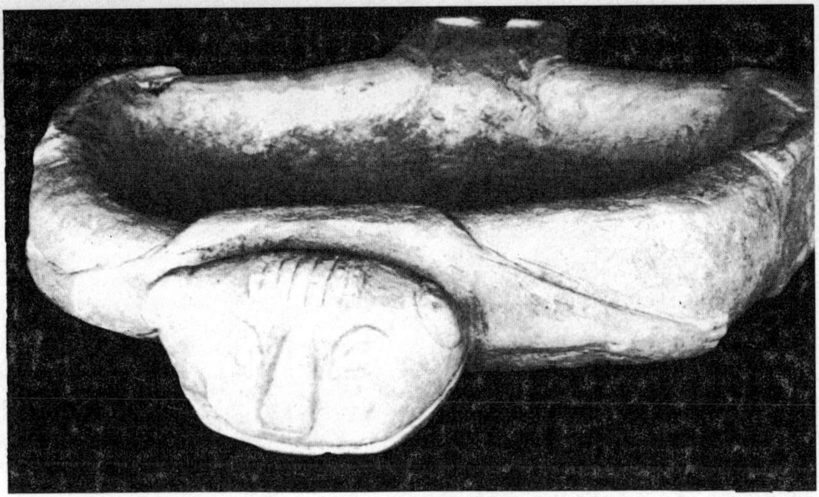

Abb. 462. Trankopferschale mit Löwenrelief (aus Kirjath-Sepher)

Abb. 463. Rundaltar (Mitte) des 6. Tempels von Paphos auf Zypern

chen. Im Gegensatz zu den weiblichen Idolen aus Kanaan und anderen Orten, wie auch zu den ägyptischen Darstellungen des Gottes Min, der mit aufgerichtetem Glied dargestellt wird, sind bei ihnen die Geschlechtsorgane nicht betont. Eine Ausnahme machen die Stierbilder. Der einzige Typus männlicher Figurinen, den man in Palästina findet, sind kleine Bronzestatuen von königlichem und kriegerischem Aussehen. Einige dieser Figuren tragen als Schmuck goldene Kleider oder Halsbänder **(Abb. 457).** Figuren dieser Art wurden auch manchmal in großen Krügen gefunden, in denen sie als Votivgaben oder Opfer dargebracht wurden. Bei anderen läßt die Fundlage vermuten, daß sie Hausgötter waren. Künstlerisch stehen sie in keiner Beziehung zu den Darstellungen männlicher Götterbilder auf Steinrelief. Wie auf den Reliefs können diese Götterbilder El, Baal oder Rescheph darstellen. Im Gegensatz zu den weiblichen Idolen ist es aber nicht möglich, die männlichen Statuen zu identifizieren. Man ist oft im Zweifel, ob sie überhaupt einen Gott darstellen oder nur irgendeinen Menschen. Aus vorgeschichtlicher Zeit hat man in Kanaan auch phallische Gebilde gefunden.

Die männlichen Idole sind gewöhnlich nicht aus Ton, sondern aus Metall hergestellt. Sie sind immer bekleidet und oft in sitzender Stellung dargestellt. Eines der besten Beispiele eines solchen »gegossenen Bildes« ist eine kleine Bronzefigur (25 cm hoch; s. **Abb. 457**) aus dem Megiddo der *Richterzeit (12.–10. Jhdt. v. Chr.). Sie ist mit Blattgold überzogen. Die Figur sitzt auf einem Thron, trägt kanaanäische Kleidung, eine hohe kegelförmige Mütze und Ohrringe. Wahrscheinlich stellt sie einen Gott dar. Viele andere Figuren zeigen ähnliche, auf Thronen sitzende gekrönte Götter und Göttinnen. Manchmal haben sie einen Becher oder eine Schale in der Hand. Die Metallfiguren waren massiv gegossen. Um sie zu befestigen, ragen aus ihren Füßen oder aus der Rückseite Nägel hervor **(Abb. 458).**

d) Figuren auf Säulenbasen und Teraphim: Der Körper von vielen handgeformten oder auf der Scheibe gedrehten Figuren besitzt als Basis einen schwach gehöhlten, sonst unten glatten säulenartigen Sockel.

Es ist möglich, aber durchaus nicht sicher, daß diese grobgeformten Pfeilerfiguren die Hausgötter darstellen, die man Teraphim nannte. Von ihnen erzählt Gen 31, 34, daß Rahel sie ihrem Vater stahl und in ihrem Kamelsattel versteckte. In einem anderen Bericht von weiblicher List (Sam 19, 13) sind sie groß genug, um den schlafenden David vorzutäuschen. Die Teraphim standen beim Volk hoch in Ehren, wurden aber trotzdem bei der Reform des Josia im 7. Jhdt. v. Chr. zugleich mit Götzenbildern und anderen Greueln verdammt.

Da sich solche Götterbilder in den kanaanäischen Schichten der alten Städte Palästinas finden, ist es sehr verständlich, daß die israelitischen Propheten, die inmitten dieser kanaanäischen Götterverehrung lebten, das heidnische Unwesen leidenschaftlich verdammten.

Zur Bedeutung und Verbreitung dieser Bilder s. *Götzendienst in Israel; *Kanaanäische Kultur und Ugarit.

3. Kultobjekte: *a) Hölzerne Ascheren:* Wo die Bibel von kanaanäischen Kultgegenständen spricht, erwähnt sie meistens die Aschera. Der Name bedeutet in der Sprache der Bibel teils eine Göttin, teils einen hölzernen Pfeiler, der in einem *Höhenheiligtum oder Tempel aufgerichtet war. Es ist nicht genau bekannt, um welchen Gegenstand es sich handelt. Wahrscheinlich war es irgendein hölzernes Sinnbild, ähnlich anderen westsemitischen Kultobjekten jener Zeit. Wie aus der Bibel hervorgeht, konnte man es niederhauen und verbrennen. Im Modell des *ṣit šamši* aus Susa (s. *Höhenheiligtümer) scheinen drei von den vier sichtbaren Pfosten Ascheren zu sein.

Hölzerne Ascheren waren bisweilen durch Handarbeiten geschmückt. Offenbar weist der Satz 2 Kg 23, 7 darauf hin: »Die Häuser der Kultdirnen ... wo die Frauen Umhänge für die Ascheren woben.«

Zur Zeit der Reform Josias hatte Ischtar (hebr. *'Aštorœt*) die Muttergöttin verdrängt. Aus diesem Grund besaß das Wort Aschera nur noch die Bedeutung: »Baum, heiliges Holz.« Erst durch die Entdeckung der Gedichte aus Ugarit hat Aschera ihre ursprüngliche Bedeutung zurückerhalten.

b) Altäre und Masseben (Pfeiler): Neben den Ascheren standen in den Höhenheiligtümern *maṣṣēbôt,* das sind Steinpfeiler oder Stelen, Becken aus Stein oder Ton, um darin Weihrauch zu verbrennen, auch Altäre für Weihrauch, die man *ḥammanîm* nannte (s. *Höhenheiligtümer). Letztere darf man nicht mit dem Opferaltar oder Brandopferaltar verwechseln (s. *Opfer). Es scheint, daß zu Beginn der Eisenzeit allmählich die Ständer aus Lehm durch die Weihrauchaltäre aus Kalkstein ersetzt wurden. Beispiele dafür sind die hörnergeschmückten Altäre aus *Megiddo und

*Lachis, bei denen an allen vier Ecken Vorsprünge aufragen. Andere Kalksteinaltäre besitzen jedoch keine Hörner. Im Heiligtum von *Beth-Sean aus der Eisenzeit befand sich eine große Zahl von Weihrauchständern, an denen oft in Relief eine oder mehrere Schlangen modelliert sind. Hier kamen auch in verschiedenen Schichten die Trümmer von Hausaltären zutage, einer davon mit der Figur einer nackten Göttin mit Tauben und zwei männlichen Gestalten verziert, die einen Löwen und eine Schlange bekämpften. Sie waren die Helden irgendeiner sinnlichen und blutrünstigen kanaanäischen Mythe in der Art der mythologischen Dichtungen aus Ugarit. Andere spätere Weihrauchaltäre aus der Perserzeit hat man in den Gräbern von Maresa im südlichen Judäa gefunden **(Abb. 459)**, wo sich im 4. Jhdt. v. Chr. Phöniker ansiedelten. Dieselben Gräber enthielten hohe dünne Metallständer, die man zuerst für Kandelaber hielt. Nach der Ansicht von W.F. Albright dienten sie jedoch auch zum Verbrennen von Weihrauch und waren zugleich Gegenstand kultischer Verehrung. Er bringt sie in Zusammenhang mit den Säulen Jachin und Boas zu beiden Seiten des Eingangs zum Salomonischen *Tempel, dessen Bauplan ja auch phönikischer Herkunft war.

Dinge wie die Weihrauchaltäre und Ständer lassen sich durch den Vergleich mit ähnlichen Funden von anderen Orten deuten. Unter den zahlreichen Kultgegenständen aus Megiddo (Ende des 11. Jhdts. v. Chr.) befinden sich Weihrauchständer, Altäre mit Hörnern, Becken und Kelche (s. *Opfer).

Andere von den Ausgräbern häufig gefundene Kultgegenstände sind Opferständer, Libationsschalen und Räuchergefäße. Sie können in demselben Kult gleichzeitig als Weihgaben und zu rituellen Zwecken gedient haben. Einige standen vielleicht rund um Gräber, in Tempeln oder dicht außerhalb von heiligen Stätten. Die rohbehauene flache Schale für Trankopfer mit dem Löwen-Relief **(Abb. 462)** stammt aus Kirjath-Sepher (*tell bēt mirsim;* auch Debir genannt).

c) Kanaanäische Tempel: Heiligtümer im Freien und *Höhenheiligtümer waren in Kanaan zur Bronzezeit sehr verbreitet. Aber es gab in der Spätbronzezeit auch überdachte Tempel. Man hat sie in *Ugarit, Tainat, Qatna und Byblos in Syrien festgestellt. In Palästina hat man zwei Tempel aus der Spätbronzezeit und drei aus der Eisenzeit ausgegraben, nämlich in *Beth-Sean, *Hazor, *Megiddo, *Lachis, *Sichem und Ai. Auch der Tempel von Nahariah datiert aus der gleichen Zeit. In Ugarit (s. *Kanaanäische Kultur und Ugarit) und *Megiddo lassen die verwandten Grundrisse und die Dicke der Mauern den Schluß auf die Existenz mehrstöckiger kanaanäischer Tempel zu. In Beth-Sean gefundene Hausaltäre aus Ton aus einer späteren Periode hatten ebenfalls mehrere Stockwerke. Einige Tempel aus Megiddo sind unter dem Stichwort *Megiddo beschrieben, ein anderer ausführlich im Artikel *Lachis.

Der Tempel von *Hazor (Schicht H) aus der Spätbronzezeit gehörte der letzten kanaanäischen Siedlungsperiode an. Er ist nach seinem architektonischen Plan und Aufriß einzigartig in Palästina und von besonderem Interesse als Vorbild für Salomos Tempel, selbst darin, daß in seiner Halle zwei Säulen standen, die an Jachin und Boas erinnern.

d) Kult-Ausstattungen in Hazor: Die Ritual-Geräte und Gegenstände aus dem Tempel in Hazor sind die vollständigste derartige Ausstattung, die bisher in Palästina gefunden wurde (s. *Hazor; Schicht H). Die charakteristischsten Gegenstände zeigt die Nahaufnahme von oben **(Abb. 461)**. Im Vordergrund ist ein Räucheraltar aus Basalt. Auf seiner Oberfläche auf der einen Seite befindet sich das Relief eines vierzackigen Sterns, des Symbols der Sonnengottheit, im Zentrum einer Scheibe quadratisch eingerahmt. Ein großes Basaltbecken mit ca. 80 cm Durchmesser lag nahe dem Altar. Zwei große Töpfe (im Hintergrund) standen in der Mitte des Allerheiligsten. Sie dienten als Behälter für Öl, Wein oder andere Flüssigkeiten, die für das Ritual nötig waren. Zwischen dem Altar und den Töpfen und links des Altars sind zwei Basalt-Tafeln, die eine Vertiefung an der einen Seite aufweisen. Sie dienten als Opfertische für die dargebrachte Flüssigkeit. Dazu kommen eine kleine Statue aus Basalt, ähnlich denen, die in anderen Tempeln in den verschiedenen Schichten von *Hazor gefunden wurden, Bronze-Figuren von Göttern und Göttinnen, Rollsiegel, *Siegel in Skarabäusform und einige eingravierte Siegel. Eine große Menge Keramik, auch Ritualgefäße, lag zerschlagen auf dem Boden und auf der steinernen Bank, die an der Mauer des Allerheiligsten entlang verlief.

Im Ausgrabungsbereich C von Hazor, der die kanaanäische Stadt des 13. Jhdts. v. Chr. repräsentiert, war ein kleines Heiligtum in einen Erdwall hineingebaut. Darin entdeckte man eine Reihe von Basaltstelen, darunter eine glatte aufrechtstehende Stele mit dem Sockelrelief eines Löwen und einer Gottheit. In einer anderen Gruppe von Stelen, die man im Allerheiligsten fand, trägt eine die Gravierung von zwei flehend zur Sonnenscheibe erhobenen Händen. Die Scheibe, von einem Halbmond umrahmt **(Abb. 460)**, ist das Symbol des Sonnengottes, dem der Tempel offenbar geweiht war. Links zeigt ein Basaltblock den Gott des Tempels. Er sitzt auf einem Stuhl, hält eine Schale in der rechten Hand, während dicht neben ihm ein Opferkessel steht.

e) Kanaanäische Höhenheiligtümer: In Gezer hat man Reihen aufrechtstehender Pfeiler oder Masseben gefunden, die im Freien standen; ebenso in *ḫirbet el-ʿader, bāb ed-drāʿ* und in *el-leǧǧun* in Moab, östlich des Toten Meeres. Diese Art Kult-Ausstattung war im 3. Jahrtausend v. Chr. geläufig. Das *Höhenheiligtum von Gezer wurde noch in der Spätbronzezeit benutzt, allerdings nicht mehr als Heiligtum im engeren Sinne, sondern als Grabkammer. Die Ausrichtung der Menhire läßt sich mit den gleichzeitigen Masseben in Ugarit oder der Stelenreihe in Assur vergleichen.

Höhenheiligtümer mit runden Altären (griech. *baítylos,* was aus dem kanaan.-hebr. *bēt-ēl* entstanden ist) sind in den phönikischen Siedlungen weit verbreitet, und zwar sowohl im Mutterland als auch jenseits des Meeres. Man sieht einen Bethyl in der Mitte der Darstellung des sechsten Tempels von Paphos auf Zypern **(Abb. 463)**, der aus der Römerzeit stammt. Tacitus berichtet: als Vespasian auf den Karmel ging, um das phönikische Orakel zu befragen, fand er einen Altar im Freien. Ein anderes Beispiel ist das Heiligtum des Baal-Hammon (des Baals von Karthago), das im Freien jenseits der Bucht von Karthago lag. Doch haben diese Höhenheiligtümer im Freien wenig erkennbare Spuren hinterlassen, denn wie in Israel vermochten sie den Unbilden der Zeit und den Zerstörungen durch Menschen nicht standzuhalten.

f) Schalen aus sieben Bechern: Ein in den heiligen Bezirken von *naḥharījjah,* *Megiddo und *Byblos sehr häufig gefundener Gegenstand ist ein Tongefäß, das aus sieben kleinen Bechern besteht **(Abb. 464)**. Es diente als Opfergefäß, um eine Flüssigkeit auf die *bāmā* (Höhenheiligtum) zu gießen. Bei den meisten Semiten war die Sieben eine heilige Zahl. Sie begegnet uns in der kanaanäischen Literatur, in der Heiligen Schrift und häufig bei Ausgrabungsfunden.

4. Religion: *a) Opferritual:* Unter den Ähnlichkeiten zwischen kanaanäischem und israelitischem Kult steht das Opferritual an erster Stelle. Es ist fast identisch. Zum Beispiel werden im dramatischen Streit zwischen Elia und den Priestern des Baal (1 Kg 18, 18 ff) die Opfer für die beiden rivalisierenden Götter in gleicher Weise zubereitet. Wenn die Propheten gegen heidnische Bräuche eiferten, so hatten sie keine Einwände gegen die Art, wie die Opfer dargebracht wurden, sondern dagegen, daß sie den falschen Göttern geopfert und an den falschen Orten vollzogen wurden. Die hebräischen Ausdrücke *šælæm* (Opfer) und *ʾāšām* (Schuldopfer) sind identisch mit den im Kanaanäischen vorkommenden Worten (s. *Opfer).

Bei der Ausgrabung der Kanaanäerstadt *Lachis, die die Israeliten Ende des 13. Jhdts. v. Chr. zerstörten, fand man in großer Zahl die Knochen von jungen Tieren und Vögeln. Die Knochen, es handelte sich um Schulterknochen und solche des rechten Vorderbeins, waren gekocht worden. Diese Stücke mußten beim »Friedopfer« neben dem Altar für die Priester beiseite gelegt werden. Das entspricht dem jüdischen Gesetz (Lev 7,32 f), nach dem dieser Teil des Opfertieres den Priestern gehört. In Marseille hat man eine phönikische Inschrift für Baal-Zaphon aus dem 3. Jhdt. v. Chr. gefunden, in der niedergeschrieben ist, was der Verehrer des Gottes bei den verschiedenen Opferarten dem Priester zu leisten hat. Der Teil des Opfertieres, den der Priester behalten soll, ist genau bezeichnet: »Wenn als Gesamtopfer ein Rind oder ein Ersatzopfer für ein Gesamtopfer dargebracht wird, so soll jeder Priester zehn Silberstücke erhalten. Bei dem Gesamtopfer sollen sie darüber hinaus außer dieser Zahlung 300 ... Fleisch zu erhalten haben. Beim Ersatzopfer erhalten sie Hals und Schulterstücke, während der, der das Opfer darbringt, Fell, Rippen, Füße und den Rest des Fleisches haben soll.« Das ist eine genaue Parallele zur Ritualvorschrift im Liviticus. In beiden Fällen waren arme Leute, die den Priestern nichts darbringen konnten, befreit.

Sowohl im kanaanäischen als auch im israelitischen Kult wurde das ganze Opfer oder ein Teil davon auf dem Altar verbrannt. Die Kanaanäer hatten aber viel größere Abwechslung im Opfer-Ritual als die Israeliten, auch mehr Abwechslung bei

Abb. 464. Siebenbecherige Opferschüssel

Abb. 465. Alabasterstatuette der wunderwirkenden Astarte aus Tutugi bei Granada, aus deren Brüsten Milch floß

Abb. 466. Statue eines »Tempelknaben« aus Lefkoniko auf Zypern

den dargebrachten Tieren: Ochsen, Widder, Mutterschafe, Lämmer, Zicklein, kleine Vögel, Tauben und sogar junge Hirsche wurden als Opfer dargebracht.
Die Alabaster-Statuette aus Tutugi bei Granada (7. Jhdt. v. Chr.) bringt uns eine besondere Seite des phönikischen Rituals vor Augen **(Abb. 465)**. Offenbar war dies eine wundertätige Statue. Sie stellt Astarte (Ischtar) dar: Diese sitzt auf einem Thron mit Sphinxen auf beiden Seiten (s. *Stiftshütte und Bundeslade). Unter ihre Brüste hält sie eine große Schale. Die Brüste sind hohl und haben ein Loch. Man konnte durch den Kopf Flüssigkeit eingießen. Die Löcher in den Brüsten waren mit Wachs verstopft, das bei geringer Erwärmung schmolz. So konnte zu einem geeigneten Zeitpunkt des Rituals Milch auf wunderbare Weise in die Schale fließen.
b) Fruchtbarkeitsriten in Kanaan und ihr Vergleich mit dem babylonischen Kult: Wie schon gesagt, basierte die kanaanäische Religion vielfach auf der Fruchtbarkeit. In den Epen benehmen sich die Götter wie Menschen: sie opfern, essen und vor allem: sie zeugen. Durch eine Art sympathetischer Magie konnte diese wichtigste Tätigkeit der Götter angeregt oder gar verursacht werden, wenn Menschen in den Tempeln ihnen ein Beispiel gaben.
Unter den Theorien, die den Sinn der kanaanäischen Mythen und deren Bedeutung für den Kult erklären sollen, stehen diejenigen der skandinavischen Schule im Vordergrund, wenn sie auch nicht allgemein Anerkennung finden. I. Engnell hat ausgeführt, daß die Mythen von Ugarit kultisch und rituell ausgerichtet seien. Die rituellen Akte an den Höhenheiligtümern wurden von der Rezitation der Texte begleitet, die deren Bedeutung auslegten. So war die Mythe zugleich ein Teil der Riten und deren Erklärung. Sie war nicht nur ein Märchen der Vergangenheit, sondern der Ausdruck für das, was das gegenwärtige Ritual bewirken sollte.
Im babylonischen Fruchtbarkeitskult gab es ein jährliches Fest, bei welchem ein Mann und ein Weib ausgewählt wurden, um den Gott und seine Gattin darzustellen. Ihre Heirat und Vereinigung, meinte man, bringe eine entsprechende Liebesvereinigung des Götterpaares zustande und fördere damit die Fruchtbarkeit im ganzen Gemeinwesen. Auch Tod und Auferstehung des Gottes hat man bei diesem Fest angeblich dargestellt (doch das hat sich jetzt als Übersetzungsfehler herausgestellt). Das war nicht nur eine dramatische Darstellung vom Tod der Natur und ihrer Neubelebung im Frühling, sondern zugleich ein Ritual, das die Ereignisse bewirken sollte, die es darstellte. Doch abgesehen von diesen Theorien ist bekannt, daß dieses Fest ausgiebiges Trinken und allgemeine Ausschweifung begleiteten. Trotzdem blieb es für ein Agrarvolk, dessen Leben hauptsächlich von einer guten Ernte abhing, ein wichtiges religiöses Ereignis. Wir haben aber kein direktes Zeugnis dafür, daß es diesen Kult auch in Kanaan gab.
c) Kultische Prostitution und Eunuchen: Trotzdem sind manche Gelehrte der Ansicht, daß dieser Glaube und sogenannte Fruchtbarkeitsriten in Kanaan eingedrungen sind und sich zum Brauch der Prostitution an den heiligen Stätten entwickelt haben, wobei Menschen die lebensspendende Wirksamkeit der Götter verkörperten. Das israelitische Gesetz (Dt 23,17 f) verbot streng solche Bräuche, aber sie waren in der Welt des Altertums weit verbreitet. Es gibt ein assyrisches Sprichwort: »Heirate keine Dirne, die sechstausend Gatten hat, keine Ischtar oder einem Gott geweihte Frau, deren Gunst keine Schranken kennt.« Gegen die allgemein herrschende kultische Prostitution wandten sich die Propheten mit immer neuer Entrüstung (zum Beispiel Hos 4,13 f). Es dauerte lange, bis das Verbot des Brauches praktisch wirksam wurde. Noch bei der Reform Josias im 7. Jhdt. v. Chr. heißt es: »Er riß die Häuser der Kultdirnen nieder, die sich im Haus des Herrn befanden« (2 Kg 23, 7).
Die Kult-Prostituierten, ob männlich oder weiblich, trugen im Hebräischen und im Kanaanäischen die gleichen Namen, und entsprechende Ausdrücke stehen in den babylonischen und hethitischen Urkunden. Die hebräische Urschrift macht dabei einen Unterschied in der Bezeichnung einer zum Tempel gehörigen Person und einer gewöhnlichen Dirne; aber dieser Unterschied geht bei der Übersetzung verloren. Die kultische Prostitution beider Geschlechter war anscheinend in Ägypten unbekannt, man fand sie dagegen überall in Mesopotamien und Kleinasien. Der kanaanäische Kult ließ es zu, daß die Priester häufig Eunuchen waren *(kumru, kômær)*. Ein Zeugnis dafür ist der »Tempelknabe« aus Lefkoniko auf Zypern aus dem 4. Jhdt. v. Chr. **(Abb. 466)**. Viel seltener waren die Eunuchen in Mesopotamien und ganz unbekannt wiederum in Ägypten.
d) Entartete Religion: Die Kanaanäer schrieben ihren Göttern keinerlei Moral

zu. Soweit man aus den Gesetzbüchern jener Zeit schließen darf, hielt man das Benehmen der Götter im allgemeinen für weit schlechter als das der Bevölkerung. Die kanaanäische Mythologie ist roher als jedwelche andere im alten Vorderen Orient. Außerdem zeigen die Zeugnisse der Bibel, daß der übliche Kult die entwürdigendsten Bräuche enthielt, die man damals kannte. Nicht nur die kultische Prostitution war üblich, sondern auch das Menschen- und Kindesopfer, welches die Ägypter und Babylonier längst abgelegt hatten. Auch der Schlangenverehrung huldigten die Kanaanäer in einem bei anderen Völkern unbekannten Ausmaße.

e) Moloch und der Tophet: Eine besondere Art von Heiligtum war der heilige Bezirk, den dic Bibcl »Tophet« nennt. Er gehörte zu einem kanaanäischen Brauch, der ins Tal Hinnom unterhalb der Südmauer von Jerusalem verpflanzt worden war, bis Josia ihn bei seiner Reform ausrottete: »Er verunreinigte das Tophet im Tal der Kinder Hinnoms, damit niemand mehr seinen Sohn oder seine Tochter als Opfer für Moloch verbrennen lasse« (2 Kg 23,10).

Das wichtigste Zeugnis für diesen Brauch hat das Heiligtum der Tanit in Salambo bei Karthago erbracht. Es beweist, was an vielen anderen phönikischen Siedlungsplätzen rund um das Mittelmeer ersichtlich war, daß die alten biblischen und römischen Nachrichten über kanaanäische (phönikische) Kinderopfer nur allzu wahr sind. Die Ausgräber fanden in Salambo tausend Urnen, die die verbrannten Überreste von Kleinkindern enthielten, meist von solchen, die noch nicht zwei Jahre alt waren. Andere enthielten die Asche von Vögeln und Kleintieren, die man später anstelle der Kinder zum Ersatz opferte. Es war ein sehr großes Heiligtum. Die untersten Schichten (8. Jhdt. v. Chr.) bestanden überhaupt nur aus diesen Urnen mit den Gebeinen verbrannter Kinder. Die Urnen lagen unter kleinen Steinkegeln. In späterer Zeit lagen mehrere Urnen unter einer Stele. Ähnliche Urnen kennt man auch aus einer noch ferneren Vergangenheit aus *Gezer. Eine Reihe von Gelehrten (O. Eißfeldt, R. Dussaud, C. Picard) sind der Ansicht, daß das Wort »Moloch« in früheren Zeiten das »Opfer« und nicht die Gottheit, der geopfert wurde, bezeichnete.

Es ist schwierig, die entarteten Kultbräuche der Kanaanäer mit ihrer lebensvollen Kultur in Einklang zu bringen. Vermutlich sind ihre religiösen Bräuche das Anzeichen einer inneren Dekadenz, die zugleich erklären würde, weshalb die Kanaanäer den eindringenden Israeliten nicht widerstehen konnten. Einige der entwürdigendsten Bräuche haben die späteren Kanaanäer, die Phöniker, unter dem Einfluß der iranischen und der griechischen Kultur vom 6. bis 4. Jhdt. v. Chr. anscheinend aufgegeben. Aber das Menschenopfer bestand fort. Die kultische Prostitution ging in späterer Zeit in Phönikien zurück. Die nackten Figuren auf den Plaketten werden allmählich dezenter ausgeführt. Wachsende Selbstbeherrschung läßt sich auch aus dem Vergleich der ugaritischen Schöpfungsmythe und der bronzezeitlichen Figuren mit den Schöpfungen der Eisenzeit erkennen.

f) Zusammenfassung: Der kanaanäische Kult hatte ein hochentwickeltes Opfersystem und eine Priesterschaft, die sich aus männlichen und weiblichen Tempeldienern zusammensetzte. Ihn begleitete gleichzeitig eine umfangreiche religiöse Literatur, die in Wortschatz und Stil viel auffallende Ähnlichkeit mit der hebräischen Dichtung aufweist. Nur daß in letzterer als Gleichnis verwendet wird, was dort Teil der Mythologie war.

Das Bild der kanaanäischen Religion bleibt, wie allgemein zugegeben wird, skizzenhaft. Viele Forscher nehmen an, daß die Kanaanäer bei ihrer Gottesverehrung im allgemeinen nur an die Fruchtbarkeit und die Gaben der Natur dachten. Neue Funde können unsere Perspektive berichtigen; was einstweilen bekannt ist, scheint das parteiische Bild der kanaanäischen Religion zu bestätigen, das die alttestamentarischen Schriften enthalten (s. *Höhenheiligtümer; *Kanaanäische Kultur und Ugarit).

Kanaanäische Städte

Gliederung: 1. Anlage und Gründung einer Stadt. 2. Befestigungsanlagen und tulūl. *3. Kanaanäische Städtenamen. 4. Verwaltung und soziale Struktur.*

1. Anlage und Gründung einer Stadt: Die »Städte« der Kanaanäer hatten mit mittelalterlichen oder neuzeitlichen Städten wenig gemein. Sie bestanden aus unscheinbaren Häusergruppierungen, aus denen sich vielleicht allein ein Tempel oder Palast heraushob. Ihre Bewohner waren zur Hauptsache Bauern, und der Ackerbau bildete die Hauptquelle ihres Lebensunterhalts. Gleichwohl dienten diese Städte einer Anzahl von Menschen als fester Wohnsitz und wiesen eine entwickelte Sozialstruktur auf – waren in der Tat Städte.

Abb. 467. Rekonstruktionsmodell von Megiddo. Rechts unten die Schichten der vorangegangenen kanaanäischen Stadt

Abb. 468. Belagerungsszene vor Kadesch am Orontes (Relief von der Außenseite der Säulenhalle in Karnak)

Solche relativ großen Gruppierungen konnten nur entstehen, wenn bestimmte Voraussetzungen gegeben waren. Am wichtigsten war in einem orientalischen Land wie Palästina eine Frischwasserquelle. Alle dort entdeckten alten Städte besaßen eine Quelle, wenn auch in der spätkanaanäischen Periode, d. h. in der späteren Bronzezeit (s. *Wasserversorgung), Zisternen und Auffangbehälter für Regenwasser aufkamen. An zweiter Stelle kamen Verbindungswege und Verteidigungsanlagen. Die kanaanäischen Städte waren durch Straßen miteinander verbunden, die Handel in gewissem Umfang ermöglichten, aber anderseits die Gefahr feindlicher Angriffe entschieden vergrößerten.

2. Befestigungsanlagen und *tulūl:* Daher wurden viele Städte auf leicht zu verteidigenden Bergkuppen erbaut, sofern dort die Wasserversorgung keine Schwierigkeiten bereitete und die Fläche groß genug war, um eine Entwicklung zu ermöglichen. Die Städte waren meistens befestigt. Beispielsweise stammen die Verteidigungsanlagen von *Jericho, der ältesten Stadt Palästinas und einer der ältesten der Welt, aus dem Neolithikum. Die Städte der frühen Bronzezeit hatten riesige Befestigungen mit 8 m dicken Mauern (so in *bēt jeraḥ* und *tell sēḫ aḥmedel-'arēnī).* Später, in der Hyksoszeit, wurden als weiterer Schutz künstliche, durch Steinmauern verstärkte Abhänge aus Erde und Schutt gebaut (so in *Lachis und *tell el-ǧerīše).* Die Unsicherheit der unruhigen Spätbronzezeit, die sich in den *el-'amarna*-Tafeln (s. *Amarnabriefe) widerspiegelt, führte zum Bau noch stärkerer Befestigungen.

Die Tatsache, daß riesige Bauvorhaben durchgeführt werden konnten, zeugt von einer straffen Sozialstruktur schon in den allerfrühesten Städten.

Ummauerte, von einer langen Kette von Einwohnergenerationen bewohnte Städte bilden *tulūl.* Werden sie zerstört oder verlassen, so sammelt sich überall innerhalb der Mauern und um ihre Fundamente herum Schutt an. Wird eine neue Stadt gebaut, so werden diese Schuttmengen aufgefüllt und planiert und die neuen Bauten auf einer höheren Schicht darüber errichtet. Hat sich dieser Vorgang mehrmals wiederholt, so nimmt der *tell* das bekannte Aussehen eines Hügels mit flacher Kuppe an; wenn der Archäologe dort gräbt, kann er zumindest die Fundamente – bisweilen sogar noch substantiellere Überreste – einer jeden Schicht der Stadt (s. *Kriegführung) finden. Ein rekonstruiertes Modell der Stadt Megiddo veranschaulicht dies **(Abb. 467)**. Die tieferen Schichten, unten rechts, sind kanaanäisch. Ausgrabungen von Städten wie *Megiddo, *Jericho usw. haben ein ziemlich klares Bild von der Anordnung der Befestigungen, Straßen und Gebäude der Kanaanäerstädte ergeben; die Einzelheiten hat man mit Hilfe ägyptischer und assyrischer Wandreliefs ergänzt. Derartige Reliefs, wie jenes, das die Belagerung der befestigten, in bergigem und waldreichem Gelände gelegenen Stadt Kadesch am Orontes **(Abb. 468)** in Syrien (von der Außenseite der Säulenhalle in Karnak) darstellt, zeigen typische Städte der späten Bronze- und der frühen Eisenzeit, zur Zeit der israelitischen Landnahme. Die Außenmauer – die eigentliche Stadtmauer – und ihre mit Zinnen versehenen Befestigungen sind ausführlich dargestellt. Die bärtigen Figuren weisen auf Kanaanäer. Unten ist ein Hirt mit seinen Stieren zu sehen.

3. Kanaanäische Städtenamen: Die kanaanäischen Städte machten im Laufe der Jahrhunderte viele Wandlungen durch. Dies wird klar aus einigen der Namen, unter denen sie uns bekannt sind. Einige Namen begegnen uns in der Bibel, einige in Keilschrifttexten und viele in ägyptischen geographischen Materialien und anderen Texten, die auch Namensverzeichnisse enthalten (so die »Ächtungstexte«, s. *Ägypten und seine Beziehung zu Israel). Einige Städte behielten nach der Landnahme ihre alten Namen, während andere neue Namen bekamen.

Die kanaanäischen Namen deuten auf einen unterschiedlichen Ursprung der Kanaanäer selbst. Neben semitischen Namen wie Jericho finden sich hurritische wie Ziklag oder Lachis und andere, die anscheinend eine semitische Form haben, aber möglicherweise aus dem Hurritischen übernommen wurden. »Fremdländische« Namen wurden von Kanaanäern durch Eindeutung umgeformt.

Viele Namen legen von den religiösen Bräuchen der Kanaanäer (s. *Kanaanäische Religion) Zeugnis ab. Es kommen vor: Baal, Astarte, Gad, Rescheph und Anat. Einige Ortschaften wurden nach der Hauptbeschäftigung ihrer Einwohner benannt: Kirjath-Gath (Weinkelter), Beth-Hakkerem (Haus oder Stadt des Weinbergs), En-Gannim (Brunnen der Gärten). Andere Namen halten ein Detail der Geographie, des Pflanzen- oder Tierlebens der Stadt fest.

Zuweilen erscheint derselbe Name in Palästina zweimal, woraus hervorgeht, daß eine Bevölkerung für die Dauer fortgezogen war: so, als die Daniten nordwärts zogen (s. *Richter) und ihrer neuen Niederlassung denselben Namen gegeben hatten.

4. Verwaltung und soziale Struktur: Zeugnisse für die Art und Weise, wie die Kanaanäerstädte verwaltet wurden, finden sich in biblischen Überlieferungen und in den Keilschrifttexten von *el-ʿamarna* und Ugarit. In der Spätbronzezeit wuchsen Stadtstaaten empor, in denen jede Stadt einen König hatte, der über sie und das umliegende Gebiet, einschließlich der Dörfer, Flecken und bisweilen der kleineren Städte, welche die Bibel »Töchter« der Hauptstadt nennt, herrschte. Städte wurden von Ältesten oder von einem König regiert, denen eine Aristokratie von »Streitwagenkriegern« (*marjannu*) von großenteils nichtsemitischer Abkunft zur Seite stand. Die untere Schicht bestand zum Teil aus halbfreien Leibeigenen (*ḫupšu*) und zum Teil aus Sklaven (s. *Sklaverei). Ein wirklicher Mittelstand fehlte anscheinend, und die kanaanäische Sozialstruktur schloß die Entwicklung unabhängiger Handwerke und Gewerbegilden aus. Es gab keine Bevölkerungsschicht, die in der Lage war, aus eigener Initiative Unternehmungen zu gründen, oder von der zu erwarten war, daß sie den Ehrgeiz aufbrächte, ihre Daseinsweise zu ändern und sich nach neuen Prinzipien zu entfalten. Die Wirtschaft eines jeden Kleinstaats unterstand der unmittelbaren Kontrolle von Königen oder Vornehmen, die den Handwerkern und Händlern und ihren Organisationen nur wenig Macht beließen. Ungeachtet umfänglichùr Verzeichnisse von Bevölkerungsklassen und Berufen in ugaritischen und mykenischen Inschriften (Linear B) blieben die Mitglieder der verschiedenen Gruppen somit unorganisiert (s. *Stadtanlage, israelitische; *Ausgrabungen; *Hellenistische Städte).

Keniter

Gliederung: 1. Herkunft. 2. Sozialer Stand. 3. Israel und die Keniter. 4. Die Keniterhypothese. 5. Die Rechabiter.

1. Herkunft: Die Keniter waren ein Stamm nichtisraelitischer Abkunft, der an den Grenzen Israels oder in seiner Mitte ein halbnomadisches Leben führte. Der Bibel nach hielten die Israeliten die Keniter anscheinend für einen sehr alten, von Kain – Adams Sohn – abstammenden Volksstamm. Die Genesis berichtet, Kain und seine direkten Nachkommen, die Ahnherren der Keniter (Num 24,21 f; Ri 4,11), hätten die Musik und die Metallbearbeitung ins Leben gerufen. Andere Hinweise auf Kain als den »Bruder« von Seth deuten ebenfalls auf die biblische Einschätzung des Alters der Keniter. Seth war Adams dritter Sohn und ein in ägyptischen und mesopotamischen Quellen des 19. und 18. Jhdts. v. Chr. erwähnter Stamm.

Die Keniter erscheinen in der Bibel zuerst als einer der vielen im Palästina der Erzväter ansässigen Stämme (Gen 15,18 f), wo sie sich wahrscheinlich im Gebiet östlich des Jordans konzentrierten, aber südwärts bis nach Midian (Nordwestarabien) zogen. Teile des Kenitischen Stammes einigten sich offenbar auf der Suche nach neuem Siedlungsraum innerhalb Palästinas mit den israelitischen Stämmen. Sie scheinen sich zur Hauptsache im Negeb niedergelassen zu haben und später im geeinten Juda aufgegangen zu sein (1 Sam 30,29). Die kenitische Sippe Heber ließ sich anscheinend während der Richterzeit in Nordpalästina nieder (Ri 4,11). Doch geben frühe ägyptische Quellen Ortsnamen in jenem Gebiet an, die die Vermutung nahelegen, daß sich die Keniter dort bereits im 15. Jhdt. v. Chr. angesiedelt hatten. In seinem Bericht über die Schlacht bei Megiddo (1479 v. Chr.) erwähnt Thutmosis III. einen in der Nähe gelegenen »Kinabach«, und es ist möglich, daß »Kina« das Wort »Keniter« widerspiegelt. Sollte dies zutreffen, so deutet ss wahrscheinlich darauf hin, daß die Keniter vor dem Eintreffen der Israeliten in Kanaan umherzogen (s. unten: Israel und die Keniter; vgl. den Hinweis auf Jaels Familie in Ri 4,17–22). Eine andere Möglichkeit wäre, daß sie ein Teil eines kenitischen Stammes waren, der früher als seine Stammesgenossen nordwärts wanderte und später in den Stämmen Benjamin und Asser aufging.

2. Sozialer Stand: Der Name »Keniter« kommt von *qajin* »Metallbearbeiter, Schmied, Handwerker«, wie auch »Speer, Lanze«. Man hat daher angenommen, daß Metellbearbeitung die berufliche Spezialität des Stammes war. Diese Vermutung findet eine Stütze in dem Vorkommen von Kupfer in vielen den Kenitern bekannten Gegenden – zum Beispiel auf der Sinai-Halbinsel (im alten Midian) und im südlichen Negeb. Nach W. F. Albright dürfte es kaum ein Zufall sein, daß in einer der ältesten Legenden der Proto-Hebräer Kain von Lamech abstammt und ihm die Einführung von Kupfer- und Eisenbearbeitung zugeschrieben wird. Dies bestätigen auch die genealogischen Tafeln, die die Abkunft der Hebräer bis zu ihren fernen Ahnen zurückverfolgen (Gen 4,19–22). Die Keniter waren offenbar nomadische Sippen von Schmieden, die in Zelten lebten und ihre Herden weideten. Untersuchungen über den sozialen und sakralen Status des Schmiedes in ähnlichen antiken und primitiven Gesellschaften haben uns Aufschlüsse über viele die Keniter betreffende biblische Traditionen gegeben. Obwohl die Handarbeit des Schmiedes unerläßlich zur Waffenherstellung ist, wird er von den Viehnomaden und Hirten wie ein Ausgestoßener behandelt und verachtet. Sehr viel größeres Ansehen genießt der Schmied unter den Bauern, die ebenfalls Handarbeiter sind. Er schmiedet nicht nur ihre Geräte, sondern ist ihr Freund, Berater und häufig ihr Priester. Da seine Arbeit von überlieferten Riten und Zeremonien begleitet wird, sieht man laut R. L. Forbes im Schmied häufig einen Magier. Seine Fähigkeit, Erze in Metalle zu verwandeln, scheint aus der Geisterwelt zu stammen, und selbst der Nomade, der ihn verachtet, fürchtet und respektiert seine magischen Kräfte. Auch in Phönikien nannte man einen »Eisenschmied« Magier, und im alten Java trug der Schmied denselben Titel wie der Priester.

In bestimmten primitiven Gesellschaften galt es als äußerst gefährlich, das Blut eines Schmiedes zu vergießen, da ihn die Geister, mit denen er arbeitete, beschützten. In gleicher Weise trugen die Keniter »Jahwes Zeichen« als Schutz gegen ihre Feinde (Gen 4,15,24). Möglicherweise wurden die Keniter wegen ihrer Sonderstellung als Schmiede nicht in die Kriege verwickelt, die überall um sie herum stattfanden (Ri 4,11 ff; 1 Sam 15,6).

3. Israel und die Keniter: Biblischen Traditionen zufolge unterhielten die Keniter zu den Israeliten stets außerordentlich freundliche Beziehungen. Moses, der Gesetzgeber Israels, heiratete eine kenitische Frau. Nach Num 10,29–32 bat Moses die Keniter, sich den Israeliten als Führer durch die Wüste zur Verfügung zu stellen, und anscheinend willigten diese ein und betraten Palästina zusammen mit den israelitischen Stämmen (Ri 1,16; 1 Sam 15,6). Die Anwesenheit von Kenitern und anderen mit den Hebräern verbündeten und im Besitz eines Gebietes im südlichen Kanaan befindlichen Stämmen spiegelt das Eindringen verschiedener Gruppen unmittelbar aus der Wüste um Kades (s. *Exodus, Buch) wider. Solche Gruppen, die möglicherweise schon Jahwe-Verehrer waren, wurden schließlich vom judäischen Staatswesen absorbiert. Der kanaanäische General Sisera, der Unterdrücker der nordisraelitischen Stämme, wurde von Jael, einer Keniterin, getötet (Ri 4,17–22; 5, 24–27). David war ebenfalls bemüht, sich das Wohlwollen der Keniter zu erhalten (1 Sam 27,10; 30,29), und in der ersten Zeit seiner Herrschaft über Südjuda unterstand ihm auch dieser Stamm.

4. Die Keniterhypothese: Wie groß der Einfluß der Keniter auf das Leben der Israeliten war, ist eine Frage, die schon seit langem ohne entscheidenden Erfolg diskutiert wird. Nach Ex 18,13 ff war das israelitische Gerichtswesen kenitischen Ursprungs. Höchstwahrscheinlich waren die Keniter diejenigen, die die Israeliten in die Hüttenkunde einführten, besonders in den Gebrauch des Kupfers des Negeb (s. oben 2).

Vor einigen Jahren wurde eine »Keniterhypothese« aufgestellt, nach der Israel die Verehrung Jahwes von den Kenitern übernommen haben soll. Nach dieser Theorie war Jahwe ursprünglich der kenitisch-midianitische Gott Jethros; der Hauptpriester seines Kultes führte seinen Schwiegersohn Moses in diese Religion ein. Moses gab sie in der Folge an ganz Israel weiter. Religiöse Faktoren müssen in dem Verhältnis zwischen Israel und den Kenitern zwar eine Rolle gespielt haben, doch vermögen die Hauptpunkte dieser Hypothese kaum zu überzeugen.

5. Die Rechabiter: Einige Forscher bringen die Rechabiter, die in der israelitischen Gesellschaft als religiöse Extremisten in Erscheinung traten, mit den Kenitern in Beziehung. Nach 1 Chr 2,55 scheinen die Rechabiter eine kenitische Sippe gewesen zu sein. Sie beteiligen sich an Jehus Auflehnung gegen die Dynastie Omris (s. *Israel und Juda 2c) sowie an der Ausrottung des Baalkultes in Samaria. Das chronistische Geschichtswerk verknüpft die beiden Gemeinschaften, deren Lebensweisen einander offenbar sehr ähnelten (s. *Landnahme), miteinander.

Klagelieder

Gliederung: 1. Verfasser. 2. Form und Inhalt. 3. Bedeutung und Entstehung.

Das Buch der Klagelieder (hebr. *'ēkā*, nach dem Anfangswort des ersten, zweiten und vierten Kapitels) ist die dritte der fünf Schriften der Hagiographa.

1. Verfasser: Der Talmud (Baba batra 16

a) und die aramäische Übersetzung (Jonathan ben Usiel) schrieben das Buch dem Propheten Jeremia zu. Die Version der Septuaginta enthält noch eine aus dem Hebräischen übersetzte Einleitung, aus der ebenfalls die Annahme herauszulesen ist, Jeremia habe nach der Zerstörung des Tempels Klagelieder geschrieben. Sowohl in der Septuaginta als auch in der syrischen und lateinischen Bibelübersetzung stehen die Klagelieder unmittelbar nach dem Buch Jeremia. Die jüdische Überlieferung hält ebenso wie die christliche den Propheten für den Verfasser. Die Überlieferung stützt sich dabei auf die Aussage im Text von 2 Chr 35,25, wonach Jeremia ein Klagelied auf Josia dichtete, das »in den Klageliedern« aufgezeichnet ist. Daraus kann man schließen, daß diese Literaturgattung von sehr früher Zeit an mit Jeremia in Verbindung gebracht wurde. Das Buch der »Klagelieder« enthält aber tatsächlich keinen Hinweis, der die Theorie unterstützen könnte, die ihn als Verfasser angibt. Heute nehmen die meisten Bibelwissenschaftler für das Buch eine Mehrzahl von Verfassern an.

2. Form und Inhalt: Das Buch ist eine Sammlung von fünf Klageliedern, die die Zerstörung des Tempels, den Verlust der Unabhängigkeit Judas, die Verwüstung des Landes und die Gefangenschaft seines Volkes beklagen. Die Lieder sind akrostichisch angeordnet. Demnach beginnt jeweils der erste Vers mit dem ersten Buchstaben des Alphabets, während die Anfangsbuchstaben der folgenden Verse das Alphabet fortsetzen und vervollständigen. Obwohl das fünfte Lied kein Akrostichon ist, hat es die gleiche Anzahl von Versen (nämlich 22) wie das 1., 2. und 4. Lied.

Der Form nach sind die ersten beiden Lieder im »Qina-Metrum« geschrieben, in dem eine lange Halbzeile von drei betonten Silben mit einer zweifach betonten kurzen Halbzeile abwechselt. Das Versmaß der übrigen Lieder ist so undeutlich, daß es fraglich ist, ob das Qina-Metrum durchweg in den Klageliedern verwendet wurde. Das fünfte Lied besteht aus gleichlangen Parallelzeilen. Die metrische Form und die alphabetische (akrostichische) Anordnung der Verse zeigen, daß die Klagelieder bewußt als kunstvolle Klagelitanei gedichtet wurden (s. *Dichtung, Hebräische).

Alle diese Lieder beklagen die Sünden, die Gottes Zorn hervorgerufen haben, die die Ursache des Unheils gewesen sind, das dieses Land befallen hat. Gottes Urteil wird angenommen, wenn auch die Lieder erkennen lassen, daß man die gnadenlose Durchführung des Strafgerichts für überstreng hält. Sie versprechen Reue und Umkehr und flehen um Vergebung und um die Wiederaufnahme des Gottesvolkes in die Huld des Herrn: »Erneuere unsere Tage wie vor alters!« (5,21.) Das dritte Lied ist im Gegensatz zu den anderen eher ein persönlicher Verzweiflungsschrei, der sich nur nebenbei auf das nationale Unglück bezieht. Das fünfte Lied ist wohl von allen der eindringlichste Bittruf um Hilfe und Erbarmen.

3. Bedeutung und Entstehung: Die Klagelieder sind von so großer Bedeutung, weil sie – abgesehen von ihrem rein literarischen Wert – ein Bild der Gedanken und Empfindungen vermitteln, die den Untergang Jerusalems begleiteten.

Soweit ersichtlich, wurden die fünf Klagelieder getrennt verfaßt, und zwar entweder von unmittelbaren Zeugen der Zerstörung Jerusalems, oder etwas später von solchen, bei denen diese Erinnerungen einen tiefen Eindruck hinterlassen haben. Die Bibelwissenschaft hält es für äußerst schwierig, eine verbindliche Antwort auf die Frage nach der Urheberschaft zu finden. Die einzelnen Lieder wurden sicher während des Exils in Babylon gesammelt und niedergeschrieben; sie wurden damals vielleicht als liturgische Gesänge für die Tage der Klage und des Fastens verwendet. Noch heute werden die Klagelieder in den jüdischen Synagogen am Vorabend des neunten Ab (des Tages der Zerstörung der beiden Tempel) gelesen. Die akrostichische Anordnung der Verse, die ein Memorieren erleichtert, deutet ebenfalls darauf hin, daß sie von Anfang an für den Gebrauch in öffentlichen Trauergottesdiensten bestimmt waren.

Kleidung

Gliederung: 1. Material und Herstellung. a) Material; b)Spinnen; c) Weben. 2. Die wichtigsten Kleidungsstücke. a) Schurz, Hemdkleid (Tunika) und Oberkleid (m·'īl); b) Mantel (Überwurf-śimlā); c) Kopfbedeckung; d) Fußbekleidung und Leder; e) Quasten und Gebetsschals. 3. Die Kleidermode im Wandel der Zeit: a) Frühzeit, Mittel- und Spätbronzezeit; b) Früheisenzeit; c) Späteisenzeit; d) Perserzeit und hellenistische Zeit; e) Römische und neutestamentliche Zeit; f) Kleiderfunde in Höhlen am Toten Meer.

Schon seit ältester Zeit (Gen 3,7) haben sich die Menschen Kleider gemacht. Kleider dienen verschiedenen Zwecken. Sie

schützen vor den Unbilden der Witterung (1 Kg 1,1), weisen ihren Träger aus (Gen 27,15; 37,33) und zeigen seine Stellung an (Est 6,8) oder können als magischer Zauber oder aufgrund religiöser Überzeugung getragen werden (Num 15,38). Überdies ist natürlich jede Art von Kleidung auch eine Form von Schmuck.
In der Bibel werden verschiedene Arten von Kleidungsstücken erwähnt, doch läßt sich allein mit Hilfe zeitgenössischer Denkmäler aus orientalischen Nachbarländern kein klares Bild von dem Aussehen der Gewänder gewinnen. Die Israeliten lebten in Ägypten und Babylonien in der Verbannung, wurden von den Griechen und Römern regiert und, was noch bedeutsamer war, lebten in einem Land, das eine natürliche Verbindung zwischen den Hauptkulturen der Alten Welt darstellte. Wenn auch Darstellungen der damaligen Kleidung in ausländischen Denkmälern selten sind, so ist doch gewiß, daß die Juden und nach ihnen die frühen Christen im großen und ganzen dieselbe Kleidung trugen wie die ihnen benachbarten Völker. Sie wußten, wie die Syrer, die Kanaanäer und Phöniker, die Assyrer und Babylonier, die Griechen und die Römer sich kleideten, und müssen durch die Kleidung dieser Völker beeinflußt worden sein.

1. Material und Herstellung: *a) Material:* Zur Herstellung von Kleidung dienten zuallererst Tierhäute (Gen 3,21; Hebr 11,37). Um aus den großen unförmigen Bälgen passende Gewänder zu verfertigen, schnitt man sie auf und nähte sie zusammen.
In biblischer Zeit waren die Grundtextilien Wolle (Spr 27,26) und Linnen (Spr 31,13; Lev 13,59). Das in den meisten deutschen Bibelübersetzungen mit »Seide« wiedergegebene Wort (Ez 16,13) muß eine andere Bedeutung haben, da die Seidenraupe damals in Palästina und den umliegenden Ländern unbekannt war. Es meint entweder feines Linnen oder irgendein ausländisches Kleidungsstück, vielleicht ein Umhängetuch.
b) Spinnen: Die Herstellung von Leinen aus Flachs (Lev 13,47) ist ein recht komplizierter Vorgang. Zuerst muß man den ganzen äußeren verholzten Teil der Stengel (nachdem er mürbe geworden ist) entfernen und die Fasern voneinander trennen. Ägyptische Tafeln zeigen, wie der Flachs in Wasserbottiche gepreßt wird, und Jos 2,6 erwähnt die zum Trocknen in die Sonne gelegten Flachsstengel. Die Fasern wurden dann zu Fäden gesponnen (Ex 35,25 f) und auf eine in der Hand gehaltene Spindel gewickelt, wie auf der griechischen Vase **(Abb. 469,** 6. Jhdt. v. Chr.) und auf der ägyptischen Malerei (**Abb. 470,** ca. 19. Jhdt. v. Chr.) zu sehen ist. Die Spindel bestand aus dem Wocken und der eigentlichen Spindel. Der Wocken ist ein Rohrstab, um den die zu spinnende Wolle oder der gekämmte Flachs gewickelt wird. Die Spindel setzt sich zusammen aus einer Stange, an der oben zum Festhalten des Fadens ein Haken angebracht ist, und dem Wirtel oder Ring **(Abb. 471)**, der unten die Stange beschwert und das Drehen der Spindel erleichtert. Beim Spinnen wird der Wocken in der linken Hand gehalten, mit der rechten der Faden ausgezogen, an dem Haken der Spindel befestigt und um diese gewunden, während die Spindel in eine drehende Bewegung versetzt wird, wodurch auch zugleich der Faden seine Drehung erhält und aufgewickelt wird. Die Wirteln waren aus Ton oder Stein gefertigt, und ihre große Anzahl, die bei fast allen Ausgrabungen gefunden wurde, bezeugt die allgemeine Verbreitung der Handspinnerei. Sie wurde eher von Hausfrauen (wie in Spr 31,19 beschrieben) denn gewerbsmäßig ausgeübt, während das Weben ein Gewerbe war (Ex 28,32; 2 Kg 23,7); **Abb. 472** zeigt griechische Frauen nicht nur beim Spinnen, sondern auch beim Weben.
c) Weben: Die Fäden wurden auf einem Webstuhl zu Tuch gewebt, der aus einem langen, von Pfosten oder auf irgendeine andere Weise gestützten Balken (1 Sam 17,7: Weberbaum) gefertigt war. Die »Ketten«-Fäden wurden an diesem Balken befestigt und durch Steine oder andere »Webstuhlgewichte« **(Abb. 473)** straffgehalten. Zur Herstellung des Tuches zog der Weber sein Weberschiffchen mit dem langen Einschlagfaden (»Schuß«) zwischen den gespannten Längsfäden hin und her (Job 7,6; Ri 16,14). Der biblische Webstuhl war vertikal, nicht horizontal, und gewebt wurde von oben nach unten. Anscheinend war dieser Webstuhltyp, den auch ein ägyptisches Modell **(Abb. 474)** illustriert, aus dem Mittelmeergebiet entlehnt. Das Wort für Kette (hebr. *š·tî*) kommt angeblich aus dem Mykenischen (s. *Geräte und Werkzeuge). Nach der Fertigstellung des Stückes wurden die Fadenenden zu Fransen verknotet, um ein Ausfasern zu verhindern. Nach all dieser mühseligen Arbeit sah es der Weber natürlich nicht gerne, wenn man den Stoff zerschnitt. Anstatt angepaßte Kleidungsstücke zu fertigen, schlug man die rechtek-

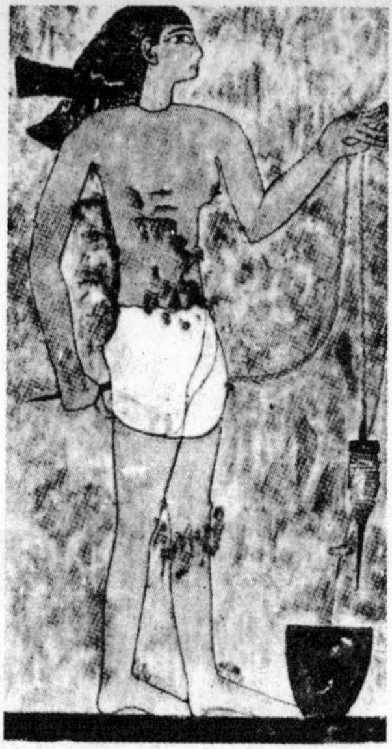

Abb. 469, 470. Frauen beim Spinnen. Griechische Vasenmalerei (6. Jhdt. v. Chr.) und ägyptisches Wandbild (ca. 19. Jhdt. v. Chr.)

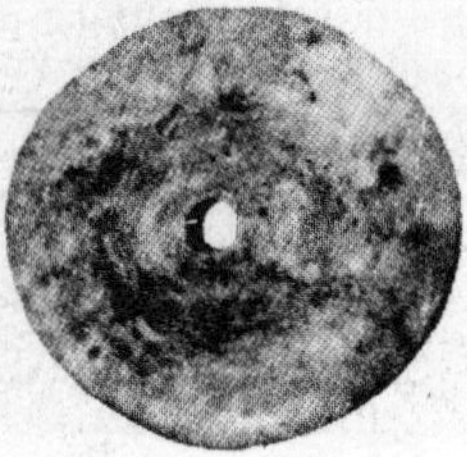

Abb. 471. Spinnwirtel

Abb. 472. Vase mit griechischen Frauen beim Spinnen und Weben

Abb. 473. Webstuhlgewichte zum Straffhalten der »Ketten«-Fäden

Abb. 474. Modelle ägyptischer Webstühle, die das horizontale und das vertikale Weben zeigen

Abb. 475. Färbereitröge aus Debir (8.–6. Jhdt. v. Chr.)

Abb. 476. Streitwagenkämpfer (babylonischer Grenzstein, ca. 1100 v. Chr.)

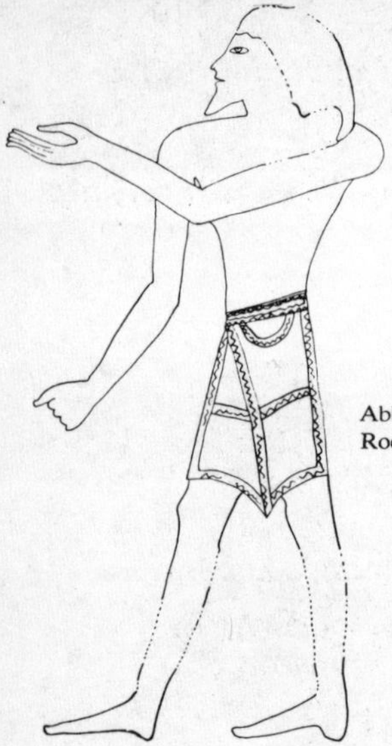

Abb. 477 (links). Rockartiges Lendentuch

Abb. 478–480. Gewänder, die auch mit dem hebräischen Wort für »Tunika« bezeichnet wurden

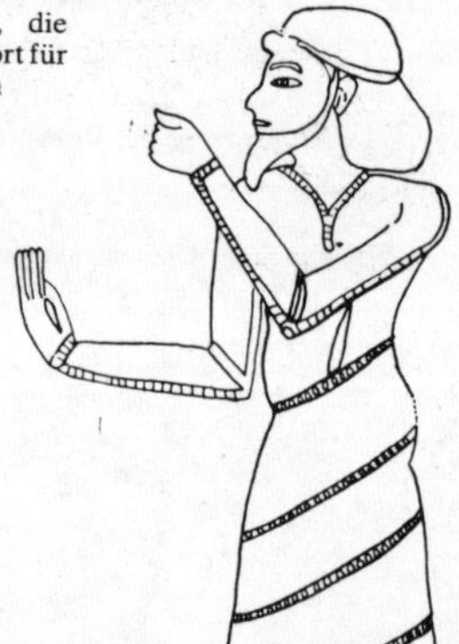

Abb. 481. Auf dieser ägyptischen Wandmalerei in *benī-ḥasan* tragen Frauen niedrige Stiefel, Männer Sandalen

Abb. 482. Reste einer Kindersandale aus den Höhlen von *naḥal ḥever* (2. Jhdt. v. Chr.)

Abb. 483. Juden mit Gebetsschal, der mit Quasten verziert ist

Abb. 484. Statue eines Amoriters aus Mari

Abb. 485. Kanaanäische Elfenbeinschnitzerei aus Megiddo

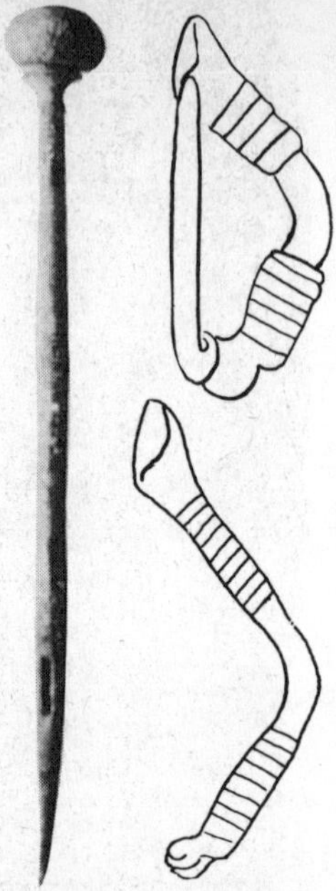

Abb. 486. Nadel (links) und Spangen (Fibeln) zum Festhalten der Kleidung (Megiddo)

Abb. 487. Ägyptische Darstellung von Kanaanäern des 12. Jhdts. v. Chr. in Tunika und Oberkleid

Abb. 488. Phönikische Grabstele

Abb. 489. Assyrerkönig Schamschi-Adad V. (823–809 v. Chr.)

Abb. 490. Der König von Byblos bei der Anbetung der Hauptgöttin seiner Stadt

Abb. 491. Adlige Römer; über der Toga trägt man hier noch einen Umhang, die Stola (Relief der Ara Pacis Augustae, 13–9 v. Chr.)

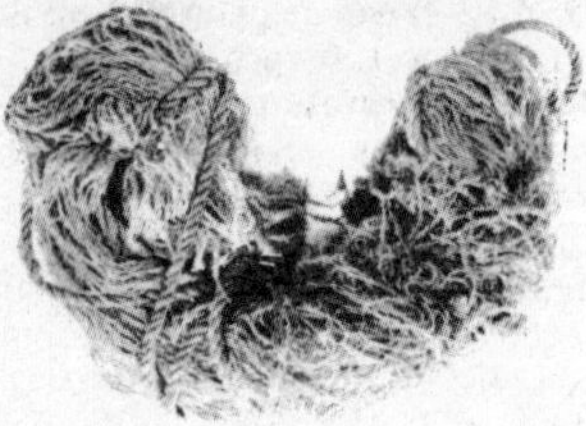

Abb. 492. Um einen Stein gewickeltes Knäuel, gefunden in *naḥal ḥever*

Abb. 493. Kleidungsreste aus den Höhlen von *naḥal ḥever*

kige Tuchbahn gewöhnlich um den Körper, samt den Fransen usw., wie unten erläutert (Tunika).

Berühmt wurde das feine Leinen, das die Ägypter herstellten; oft färbten sie die Fäden, um farbige oder gemusterte Stoffe zu weben, oder sie verzierten die fertigen Stoffe mit Stickerei. Die Israeliten müssen während ihres Aufenthaltes in Ägypten einige dieser Fertigkeiten erlernt haben, so daß sie später das heilige Zelt mit »blauem und rotem Purpur und Karmesin, mit Cheruben, wie sie der Kunstweber wirkt« errichten konnten (Ex 26,1). In der frühen Zeit wurde das Garn vor dem Weben in kalten Küpen, wie in denen der Anlage in Debir (8./6. Jhdt. v. Chr.; **Abb. 475**), gefärbt. In der nachexilischen Zeit benutzte man zum Färben von Geweben heiße Küpen, wie es außerhalb Palästinas allgemein üblich war.

2. Die wichtigsten Kleidungsstücke: Kleidungsstücke werden in der Bibel oft erwähnt, doch bezeichneten die dafür benutzten, in allen Büchern verstreuten Ausdrücke häufig verschiedene Gewänder. Zudem läßt ihre Übersetzung Einheitlichkeit vermissen.

a) Schurz, Hemdkleid (Tunika) und Oberkleid (m·'īl): Das früheste Untergewand war vermutlich das dicht am Körper anliegende, *'ezōr* genannte, rockartige Lendentuch (2 Kg 1,8; Jes 20,2; Jer, 13, 1 ff; Mt 3,4). Viele ägyptische Bilder **(Abb. 477)** zeigen ein solches um die Taille geschlungenes und mit einem Gürtel oder Riemen (*ḥagōrā*) befestigtes Kleidungsstück.

Für religiöse Funktionen wurde ein Hemdkleid oder ein Schurz, der um den Körper gewickelt war, getragen (1 Sam 2,18; 2 Sam 6,14). Man übersetzt diesen Terminus mit »Ephod«, doch meint dieses Wort eigentlich ein kunstvoll gearbeitetes Priestergewand (Ex 28,6–12; s. *Priester und Leviten).

Die gebräuchlichste Oberbekleidung war im allgemeinen die Tunika (*k·tōnæt,* griech. *chitón*; Joh 19,23). Diese Tunika (Hemdkleid) wurde hergestellt, indem man einfach ein rechteckiges Tuch in zwei Hälften zusammenlegte, die Seiten zunähte und Öffnungen für Kopf und Arme freiließ. Je nach Volk und Ort wurde sie offen oder geschlossen, mit oder ohne Ärmel getragen. Das hebräische Wort *k·tōnæt* und das griechische Wort *chitón* meinen auch Gewänder wie die auf den Tafeln wiedergegebenen **(Abb. 478–480)**. Der gebräuchlichste hebräische Ausdruck für ein Obergewand, das möglicherweise über der Tunika getragen wurde, ist *m·'il* (1 Sam 2,19; 28,14; 1 Chr 15,27); in Übersetzungen steht dafür oft fälschlich »Rock«. Offensichtlich wurde es auch von hochstehenden Personen getragen. Ein solches Gewand ist auf einem Grenzstein eines babylonischen Königs (ca. 1100 v. Chr.) dargestellt; allerdings war dieses kragenlos und hatte kurze Ärmel, die über den Ellbogen endeten **(Abb. 476)**. Später trug man, wie aus dem NT hervorgeht (Mk 6,9; Lk 3,11), offenbar gelegentlich zwei Röcke, wie unten erläutert.

b) Mantel (Überwurf-śimlā): In alttestamentlicher Zeit trugen die meisten Völker der biblischen Länder ein wollenes oder leinenes Umhängetuch oder einen Umhang, der über der Tunika ziemlich fest um den Körper drapiert wurde. Biblische Ausdrücke für dieses Gewand, das ganz verschieden übersetzt wird, sind: *śimlā* (Dt 10,18; 21,13; Ruth 3,3) und *śalmā* (Mich 2,8; 1 Kg 1,1). Die *ṣā'īf* (langer Schleier, Gen 24,65; 38,14), das weibliche Obergewand, wird offenbar durch ein phönikisches Relief, aus dem 4. Jhdt. v. Chr., das eine Frau und einen Priester darstellt, illustriert **(Abb. 488)**. Sie trägt das für gewöhnlich *himátion* oder *pallium* genannte Gewand. Das jüdische Gesetz (Dt 22, 5) macht deutlich, daß sich die weibliche Kleidung von der männlichen unterschied. Der *sādīn* (Ri 14,12) wurde nach S. Yeivin auch von Männern getragen und war entgegen früherer Vermutung kein ausschließlich weibliches Kleidungsstück. Möglicherweise ähnelte er dem Übermantel (*śimlā*), den z. B. König Jehu und sein Gefolge trugen, als sie König Salmanassar Geschenke darbrachten, wie auf dem schwarzen Obelisken des Salmanassar zu sehen ist **(Abb. 357, 358, 360)**.

Soldaten trugen dem Stil der verschiedenen Perioden entsprechende Rüstungen und Leder- oder Messinghelme (z. B. 1 Sam 17,5).

c) Kopfbedeckung; Die Bibel berichtet, daß der Hohepriester einen Kopfbund aus feinem Linnen in Form eines Turbans oder einer Mitra trug – die *ṣānīf* oder *kidaris* (Ex 28,39). Dieser Ausdruck wird verschieden übersetzt, doch erscheint er an verschiedenen Stellen und bezeichnet offensichtlich jedesmal denselben Kopfputz (Jes 3,23; 62,3; Sach 3,5; Job 29,14). Gewöhnliche Leute trugen ein durch eine dicke Schnur festgehaltenes Tuch auf dem Kopf, das an die arabische Kopfbedeckung, den *aǧǧāl,* gemahnt. Barhäuptig gehende Männer hielten ihr langes Haar mit einem Kopfband in Ordnung. Käppchen oder Turbane waren ebenfalls typisch. Soldaten und Bauern banden sich anscheinend einen einfachen Leinenstreifen um den Kopf und ließen ein fransiges Ende über dem rechten Ohr herabhängen.

d) Fußbekleidung und Leder: Im Altertum ging man im Hause im allgemeinen barfuß, doch draußen schützte man die Füße mit einer für gewöhnlich aus einer einfachen ungegerbten Ledersohle bestehenden Sandale, die mit Bändern oder Schuhriemen festgemacht wurde (Gen 14,23; Mk 1,7). Eine Sandale war das Billigste, was es gab (Am 2,6) – nur der Schuhriemen war noch weniger wert (Gen 14,23). Das ägyptische Grabbild in *benī-ḥasan* **(Abb. 481)** zeigt Männer mit Riemensandalen, während die Frauen weiche, niedrige Stiefel tragen, wie sie vor einigen Jahrzehnten noch in Westasien üblich waren. Auf dem schwarzen Obelisk des Salmanassar **(Abb. 357, 358, 360)** trägt Jehus Gefolge jedoch im Gegensatz zu den Assyrern Schuhe, die ihre Füße vollständig bedecken (vgl. Ez 16,10). In bestimmten Situationen mußten die Schuhe ausgezogen werden (Ez 3,5; Jos 5,15; 2 Sam 15,30). In späterer Zeit wurde die Fußbekleidung eleganter.

Ein gutes Beispiel für das Schuhwerk des 2. Jhdts. n. Chr. ist die in einer Höhle von *naḥal ḥever,* im letzten Schlupfwinkel der Partisanen *Bar-Kochbas, mit intakten Bändern gefundene Kindersandale **(Abb. 482).** In derselben Höhle wurden auch Lederstücke gefunden, die einstmals zu einem Kleidungsstück oder zu einer Tasche gehört hatten, und in der Nähe davon zwei von einem Übermantel stammende genähte Lederstücke.

e) Quasten und Gebetsschals: Die Juden mußten sich nach ihrem Gesetz (Num 15, 37–41; Dt 22,12) an den Zipfeln ihrer Kleider Quasten (*ṣiṣit* oder Fransen) machen und an der Zipfelquaste eine Schnur von blauem Purpur anbringen. Diese Tradition wird in Gestalt der *ṣiṣit,* die an den Zipfeln des *ṭallīt,* des großen, mit Fransen besetzten, vierzipfligen Gebetsschals **(Abb. 483),** angebracht werden, von frommen Juden noch heutigen Tages bei Gottesdiensten beachtet.

Der große *ṭallīt,* der für gewöhnlich aus Wolle gefertigt war, wurde nur beim Morgengebet, am Nachmittag und bei allen Bußtaggottesdiensten getragen. Ein besonderes Untergewand, das *'arba' kanfōt* (4 Zipfel) oder *ṭallīt qāṭān* (kleiner *ṭallīt*), wurde jedoch während des Tages ständig unter dem Obergewand getragen.

Den blauen Farbstoff für die Quasten lieferte die mediterrane Purpurschnecke *(murex),* die die Alten (zur Hauptsache die Phöniker) mit blauen und purpurnen Farbstoffen versah. Da sich aus der Verwendung von Schalentieren gewisse Schwierigkeiten ergaben, lehrte Talmud (Menahot 38a) später, alle Fransen dürften weiß sein. Ursprünglich hatte jedes männliche Kleidungsstück solche *ṣiṣit,* und ein eifriger Jude unterschied sich von den anderen dadurch, daß er sie trug. Später wurden sie jedoch nur als Untergewänder und in der Synagoge getragen.

3. Die Kleidermode im Wandel der Zeit: *a) Frühzeit, Mittel- und Spätbronzezeit:* Über die Art der Kleidung in Kanaan während der Patriarchenzeit und bis zur israelitischen Landnahme geben zeitgenössische mesopotamische Skulpturen und ägyptische Malereien Aufschluß. Nach S. Yeivin kleideten sich die Erzväter und ihre Familien wahrscheinlich ganz ähnlich wie die Amoriter von Mari und Mesopotamien. Eine Statue eines Mannes mit Namen Abi-Il (oder Abi-Hil) aus Mari **(Abb. 484)** zeigt ihn von der Taille abwärts in Pelz gehüllt. Die Göttin Ningal aus Ur wurde mit einem Kleid dargestellt, das aus einer Reihe von Wollbändern bestand, die übereinander um den Körper gewickelt waren. Das Grabbild von *benī-ḥasan* (19. Jhdt. v. Chr.), das die Karawane des Ibscha und seines Beni-Ammu zeigt, illustriert westasiatische Kleidung der früheren Mittelbronzezeit bis zur Hyksoszeit. Außer dem von einigen Männern getragenen rockartigen Gewand tragen andere ein gewebtes Kleidungsstück, das über die linke Schulter drapiert ist und den rechten Arm freiläßt, wie oben beschrieben (Tunika). Die Frauen tragen ein ähnliches Gewand, bei dem ebenfalls die linke Schulter bedeckt ist. Alle sind barhäuptig **(Abb. 481).**

Die Ägypter stellten an den Wänden der Grabmäler in Theben, auf dem Relief Sethos' I. in Karnak, den Reliefs Ramses' II. und den glasierten Ziegeln Ramses' III. von *medīnet hābu* **(Abb. 487)** »Syrer« – Völker der nordöstlich von Ägypten gelegenen Länder – dar; die Ziegel zeigen gutgekleidete Kanaanäer des 12. Jhdts. v. Chr. Die Figuren erscheinen auch auf den Amarna-Illustrationen. Alle tragen sie ein langes Untergewand (Tunika), das fast bis zu den Knöcheln reicht, und darüber einen lose über die Schultern gelegten Umhang *(m · 'īl).* Die Asiaten erscheinen hauptsächlich auf Darstellungen, welche die Ablieferung von Produkten oder Tributen

durch Vasallenstaaten der Ägypter zum Inhalt haben. Ausländische Kriegsgefangene sind ebenfalls dargestellt.
Eine Abwechslung in der Kleidung schuf man dadurch, daß man ein sariartiges Band (die *simlā* oder *śalmā*) um den unteren Teil der langärmeligen Tunika (oder des *k·tōnæt)* schlang. Das knöchellange *k·tōnæt* wies um die Ränder herum und auf einem vorn herablaufenden breiten Band häufig eine auffällige blaurote Verzierung auf. Darunter trug man ein Hemd. Hochstehende Männer trugen über dem *k·tōnæt* einen über der linken Schulter befestigten Mantel, Frauen dagegen eine zweite Tunika, die weiter und kürzer als die erste war, wie eine kanaanäische Elfenbeinschnitzerei aus Megiddo zeigt **(Abb. 485).**
Leider existiert kein zeitgenössisches Bild des »bunten Rocks«, wie ältere Bibelübersetzungen ihn nennen, der Josephs Brüder erzürnte (Gen 37, 23) und den Thamar trug (2 Sam 13, 18), wenn auch auf viele mögliche Modelle hingewiesen wurde. Die Zürcher Bibel bezeichnet das Kleidungsstück als »Ärmelrock«. Viele Gelehrte glauben, es sei eine Tunika oder ein langes, wallendes Gewand gewesen, dessen Stoff aus verschieden gefärbten Fäden gewebt war und das den auf dem oben abgebildeten ägyptischen Grabbild von *benī-ḥasan* dargestellten Gewändern ähnelte; einige der Tuniken sind dort aus vertikalen Streifen aus gewebtem oder gesticktem Stoff in hellen, vorherrschend blauen und roten Farben gefertigt. Nach anderer Vermutung war es vielleicht eine langärmelige Tunika, die bis zu den Knöcheln reichte.
b) Früheisenzeit (israelitische Zeit 1300 bis 930 v. Chr.): Die kanaanäischen Elfenbeinschnitzereien von Megiddo (12. Jhdt. v. Chr.) zeigen, daß sich die meisten Kleidungsstücke seit der vorangegangenen Periode wenig gewandelt hatten. Auf Hof- und andere Szenen darstellenden Elfenbeinschnitzereien tragen die Männer über einer bunten, mit geometrischen Mustern bestickten Tunika *(k·tōnæt)* langärmelige wallende Gewänder. Über den Gewändern ist die *śimlā* fest um den Körper gewickelt, wobei rechte Schulter und Arm freibleiben. Auf dem Kopf tragen sie dicht anliegende Kappen **(Abb. 485).** Die Frauen tragen ebenfalls lange, am Hals besetzte Gewänder *(śimlā).* Einige sind ärmellos, einige haben lose Ärmel und lassen die langen Ärmel der Untertunika *(k·tōnæt)* sehen. Einige werden vorne offen getragen; sie sind um die Säume herum mit Stikkerei verziert und mit langen, vorn herunterhängenden Quasten versehen. Eine Frau trägt über einem Kopftuch einen breiten, oben flachen Kopfputz wie eine Krone. Im Gegensatz hierzu ist die Sängerin barhäuptig; ihr Haar fällt ihr bis auf die Schultern. Möglicherweise stellt sie eine *q·dēšā* (Tempelpriesterin) dar. Nach einem assyrischen Gesetz mußte eine ehrbare Ehefrau ihren Kopf bedecken, ein unverheiratetes Mädchen dagegen mußte barhaupt gehen.
Die Elfenbeinschnitzerei stellt eine Hofszene dar; möglicherweise sagt sie daher für die gewöhnliche israelitische Kleidung der Zeit nicht sehr viel aus. Sie zeigt jedoch, daß die Gewänder der Eisenzeit nicht mehr mit Nadeln (**Abb. 486** mit Löchern) festgesteckt, sondern daß Fibeln (Spangen; **Abb. 486**) verwandt wurden.
Ägyptische Bilder aus dieser Zeit zeigen »syrische« Gefangene, die in Lendenschurzen arbeiten, welche an den Enden Quasten aufweisen **(Abb. 477).** Eine andere Elfenbeinschnitzerei aus Megiddo **(Abb. 476)** zeigt Soldaten, die lediglich mit einer kurzen Tunika bekleidet sind (s. Kleidung auf **Abb. 500–503, 534**).
c) Späteisenzeit (930–600 v. Chr.): Der schwarze Obelisk Salmanassars III. von Assyrien (9. Jhdt. v. Chr.) zeigt Salmanassar, wie er von Jehu, dem König von Israel (s. *Israel und Juda), Tribut entgegennimmt. Einige der Assyrer tragen Stirnbänder, llache Sandalen und lange, kurzärmelige Gewänder, die unten mit Fransen versehen und mit einer mit Quasten geschmückten Schärpe gegürtet sind. Andere tragen einen langen Rock und haben sich um Schultern und Taille mit Fransen versehene Umschlagetücher geschlungen; ihre Kleidung ähnelt der von Schamschi-Adad V. **(Abb. 489)** aus dem 9. Jhdt. v. Chr. Der Assyrerkönig trägt eine fezartige Kappe auf dem Kopf.
Die Israeliten tragen einen langen Rock oder eine Tunika – nahezu die gleiche Kleidung wie zu Beginn des israelitischen Zeitalters. Darüber tragen sie einen offenen, kurzärmeligen Umhang, der an den Schultern befestigt ist und längs den Rändern Fransen und Quasten aufweist. Einige von ihnen tragen Stirnbänder und andere, wie König Jehu, einen weichen, spitzzulaufenden Hut ähnlich der phrygischen Mütze. Alle tragen Schuhe, die den Fuß bedecken und an den Zehen nach oben gebogen sind. Auf der assyrischen Skulptur, die die Einnahme von *Lachis darstellt, tragen die gefangengenommenen jüdischen Männer entweder ein mäßig dicht anliegendes Ge-

wand, das den Hals eng umschließt (Job 30, 18) und fast bis zu den Knöcheln reicht, oder eine kurzärmelige Tunika und ein rockartiges Kleidungsstück des in früheren Epochen gängigen Typs. Sie tragen ein Kopfband, dessen Enden um die – häufig rasierten – Wangen hängen. Die Frauen haben sich einen Umhang um den Körper geschlungen, der einem langen Schleier ähnelt und die Stirn bedeckt. In *Zincirli* fand man ein Relief, das zwei Aramäer zeigt, die mit Quasten geschmückte Mützen tragen und sich über eine Untertunika ein langes, gefranstes Umschlagtuch um den Körper geschlungen haben; ein mit Quasten geschmückter Zipfel hängt über die rechte Schulter. An den Füßen haben sie Schuhe mit gebogenen Sohlen.

d) Perserzeit und hellenistische Zeit: Tuniken, Schärpen und lange, wallende Gewänder wurden, mit modischen Änderungen, nach wie vor getragen. Lockere, gegürtete Tuniken wurden mit langen, losen Ärmeln getragen. Eine Anzahl Perser wird mit Jacken und Hosen abgebildet, was vielleicht den Hinweis in Dan 3, 21 erklärt. Eine phönikische Grabstelle **(Abb. 488)** zeigt die Kleidung wohlhabender Leute jener Zeit. Anders als die Juden pflegten sich die Phöniker die Barthaare abzuschneiden. Sie trugen eine kleine Mütze mit flacher Unterlage und, wie ihre Nachbarn, die »nahtlose« Tunika. Letztere wurde aus zwei rechteckigen Tuchbahnen gefertigt, die nicht zugeschnitten, sondern über den Schultern und an den Seiten zusammengenäht wurden. Für Kopf und Arme ließ man eine Öffnung, und das Gewand war weit genug, so daß sich von selbst eine Art halber Ärmel bilden konnte. Ein Gürtel hielt die Falten in Ordnung und ermöglichte verschiedene Drapierungen. Bei dem hier wiedergegebenen Beispiel war es vorne, wo die besetzten Stoffränder zu sehen sind, sehr weit **(Abb. 488).** Nach Beschreibungen im rabbinischen Schrifttum (s. *Priester und Leviten) trug der jüdische Hohepriester offenbar ein ganz ähnliches Gewand. Ein derartiges Kleidungsstück war noch in neutestamentlicher Zeit allgemein gebräuchlich (Joh 19, 23). Eine lange weiße Linnentunika wurde das Hauptgewand des gewöhnlichen jüdischen Priesters der späteren Zeit. Sie hatte Ärmel, die für besondere Gelegenheiten an den Armen festgebunden wurden.

Ein König von Byblos wurde in Anbetung vor der großen Göttin seiner Stadt dargestellt **(Abb. 490)**; er trägt Barett mit flacher Unterlage, von dem zwei Bänder herabhängen, und ein dreieckig gefaltetes Umhängetuch, bei dem es sich vielleicht um das in Dt 22, 12 erwähnte Gewand handelt. Diese Vorschrift (Dt 22) wurde noch in neutestamentlicher Zeit beachtet (Mt 9, 20; 23,5).

Der Hellenismus hatte die griechische Art, sich zu kleiden, in das Land gebracht, und sie fand hauptsächlich in den oberen Schichten und städen lockeren Falten der klassischen Zeit um den Körper drapiert waren.

Antiochus Epiphanes zwang die jungen jüdischen Adligen, ebenso wie die *éphēboi* (Athleten) den *pétasos,* den mit Hermes in Verbindung gebrachten niedrigen, breitrandigen Hut zu tragen (2 Makk 4,12).

Die Frauen trugen in dieser Zeit im allgemeinen ein plissiertes, langes, wallendes Gewand mit oder ohne Ärmel, wie auf der attischen Vase aus dem 5. Jhdt. v. Chr. **(Abb. 472)** zu sehen ist, und darüber ein großes Umhängetuch, das *himátion,* das den Kopf bedeckte und elegant um den Körper drapiert war. Es ist nicht anzunehmen, daß sich die jüdische Frau anders kleidete. Kleine Mädchen trugen die gleiche Kleidung wie erwachsene Frauen, und die Schuljungen trugen ebenfalls ein über die rechte Schulter drapiertes *himátion.*

Bei der Feldarbeit trugen die Männer eine gegürtete Tunika mit kurzen, dicht anliegenden Ärmeln **(Abb. 478),** während für schwere Arbeiten oder auf dem Wasser das kiltartige Kleidungsstück ausreichte.

e) Römische und neutestamentliche Zeit: Die Kleidertrachten wandelten sich nach der hellenistischen Zeit nur wenig, doch bekamen sie einen römischen Einschlag. Der interessanteste Zug der griechisch-römischen Kleidung des 1. Jhdts. n. Chr. war die Art, wie eine lange Tuchbahn, die *chlamys,* wie die Griechen sie nannten, oder das *pallium* im Lateinischen, auf verschiedene Weise über die Tunika drapiert wurde. Eine besondere Abart des *pallium* war die *toga.* Ein römisches Relief aus dem Jahre 13 v. Chr., das eine religiöse Prozession darstellt (Ara Pacis Augustae), zeigt die typischen fließenden Gewänder römischer Bürger **(Abb. 491)**: lose Togen und auf verschiedene Weise als eine Art Mantel darüber getragene Stolen.

Die wohlhabenden und herrschenden Schichten in Palästina trugen zweifellos die gleichen Gewänder wie die römischen Patrizier, doch die Kleidung einfacher Leute – wie Jesu und seiner Jünger – war sehr viel schlichter. Offenbar gab es sechs Gewänder: ein unter der Tunika getragenes Leinenhemd, *ḥālūq;* die »ohne Naht gewobene« (Joh 19, 23) Tunika selbst; einen um die Taille geschlungenen Leinengürtel (Mt 3, 4); Ledersandalen für die Füße und ein vermutlich aus weißer Wolle gefertigtes Obergewand (Mk 9, 3) mit Quasten an den Zipfeln. Die jüdischen Lehrer gingen in jener Zeit nicht barhäuptig; Jesus trug daher vielleicht ein weißes leinenes, turbanähnliches *sudarium* (Schweißtuch). Das *sudarium* war eine Art Kopftuch und wird als Kopfbedeckung für die Verstorbenen erwähnt (Joh 11, 44; 20, 7).

f) Kleiderfunde in Höhlen am Toten Meer: Tuch- und Kleiderreste aus dieser Zeit wurden mit den übrigen Relikten der *Bar-Kochba-Partisanen in den Höhlen gefunden: verschiedene Stücke aus Leinen und gefärbter Wolle **(Abb. 493),** darunter sehr fein gewebte, sowie Netze **(Abb. 492)** und eine um einen Stein gewickelte Rolle feinen Zwirns.

Die in Syrien und Palästina während der neutestamentlichen Zeit getragenen Gewänder waren der Kleidung der Araber des 19. und 20 Jhdts. n. Chr. ganz unähnlich. Weit bessere Modelle bieten die Darstellungen von Orientalen in der Bildhauerei und Malerei der Griechen und Römer des klassischen Altertums.

Könige (Bücher)

Gliederung: 1. Aufbau und Inhalt. a) Einordnung im Kanon und Aufbau; b) 1 Kg 1–2 (Tod Davids und Thronbesteigung Salomos); c) 1 Kg 3, 1–11, 43 (Salomos Regierung); d) 1 Kg 12, 1–2, 17 (Die Zeit der getrennten Reiche Israel und Juda); e) 2 Kg 18–25 (Das Reich Juda). 2. Quellen. a) Chroniken, Annalen und Aufzeichnungen in Tempelarchiven; b) Prophetenerzählungen; c) Verwendung der Quellen aus dem Nordreich; d) Das Buch der Könige und die Schriftpropheten. 3. Die literarische Form. 4. Die Chronologie. 5. Entstehungszeit und Text. a) Datierungsversuche; b) Text. 6. Die deuteronomistische Geschichtsschau. a) Heilsgeschichte und Weltgeschichte; b) Der Fall von Samaria; c) Der Untergang Judas. 7. Das Buch der Könige und die zeitgenössischen außerbiblischen Quellen.

1. Aufbau und Inhalt: *a) Einordnung im Kanon und Aufbau:* Die Erzählungen des Buches der Könige nehmen im hebräischen Kanon den vierten und letzten Platz unter den Büchern der frühen Propheten ein. Ursprünglich waren die beiden Bücher, so wie die Bücher *Samuel, ein einziges. Sie schließen sich chronologisch an den Samueltext an und haben zusammen etwa die gleiche Länge; das erste Buch der Könige hat 22, das zweite 25 Kapitel.

Die historischen Berichte der beiden Bücher erstrecken sich über einen Zeitraum von etwa vier Jahrhunderten. Es lassen sich drei große Epochen unterscheiden:

(1) 1 Kg, Kap. 1–11: Die ersten beiden Kapitel führen den Bericht über die Herrschaft Davids, das Hauptthema des 2. Samuelbuches, zu Ende. Die Kap. 3–11 malen das Bild der Herrschaft Salomos über das vereinigte Königreich in strahlenden Farben. Hier erreicht das erste Buch der Könige seinen Höhepunkt. Mit einer chronologischen Aufzählung der Regierungszeiten der Könige des geteilten Reiches schließt das Buch.

(2) Die Kap. 1 Kg 12–2 Kg 17 befassen sich mit der Spaltung des Reiches und bringen getrennte Berichte über *Israel und Juda.

(3) In den Kapiteln 2 Kg 18–25 wird die Geschichte des Königreiches Juda allein fortgesetzt, nachdem das Nordreich von Samaria zerfallen war. Der Bericht endet mit der Beschreibung der Zerstörung Jerusalems und dem Exil der Judäer (s. *Exil, babylonisches).

b) 1 Kg 1–2 (Tod Davids und Thronbesteigung Salomos): Kap. 1 und 2, die eine Beschreibung der letzten Tage Davids und der Thronbesteigung Salomos geben, stammen möglicherweise nicht von dem Autor der übrigen Teile der Bücher der Könige. Ihr Ursprung ist auch nicht in den Kreisen zu suchen, denen die beiden Samuelbücher entstammen, da vom Ende des Samuelbuches kein kontinuierlicher Übergang zu den ersten Kapiteln von 1 Kg besteht (2 Sam 21–24 bilden einen Anhang zum zweiten Samuelbuch). Vielmehr schließen sich diese Kapitel an den Text von 2 Sam 20 an und vervollständigen den Bericht über die Herrschaft Davids. Demnach bilden 2 Sam 9–20 und 1 Kg 1–2 ein einheitliches Ganzes.

c) 1 Kg 3, 1–11, 43 (Salomos Regierung):

1 Kg	3	Beschreibung der Anfänge der Regierungszeit Salomos.
	4	Auszüge aus der Chronik der Könige.
	5–7	Bericht über Salomos Bautätigkeit.
	8, 1–9, 9	Bericht der Tempelweihe.
	9, 10–10, 29	Verschiedene Regierungsmaßnahmen und Begeben-

		heiten, besonders jene, die mit den ökonomischen Bestrebungen Salomos im Zusammenhang stehen.
	11	Niedergang des Reiches Salomos.

d) 1 Kg 12, 1–2, 17 (Die Zeit der getrennten Reiche Israel und Juda):

1 Kg	12, 1–24	Die Reichsspaltung.
	12, 25–14, 20	Jerobeam, König von Israel.
	14, 21–15, 24	Rehabeam, Abia und Asa (Juda).
	15, 25–16, 28	Nadab bis Omri (Israel).
	16, 29–22, 40	Ahab von Israel – einschließlich des Zyklus der Elia-Erzählungen.
	22, 41–50	Josaphat von Juda.
	22, 51–2 Kg 1, 18	Ahasja von Israel.
2 Kg	2, 1–25	Abschluß der Elia-Geschichten; die Nachfolge von Elisa.
	3, 1–8, 29	Der Elisa-Zyklus und die Regierung des Joram von Israel und des Joram und Ahasja von Juda.
	9, 1–10, 36	Jehu von Israel.
	11–12	Athalja und Joas in Juda.
	13, 1–25	Joahas und Joas von Israel.
	14, 1–29	Amazja von Juda und Jerobeam II. von Israel.
	15, 1–31	Asarja (Usia) von Juda; Chaos in Israel.
	15, 32–16, 20	Jotham und Ahas in Juda.
	17	Untergang des Nordreiches.

e) 2 Kg 18–25 (Das Reich Juda):

2 Kg	18–20	Die Regierungszeit Hiskias in Juda; die Belagerung Jerusalems durch Sanherib; Hiskia und Jesaja.
	21	Manasse und Amon.
	22, 1–23, 30a	Josia und die religiöse Reform (darin findet auch die deuteronomistische Reform ihren Abschluß).
	23, 30b–25, 7	Die letzten Könige von Juda und die letzten Tage von Jerusalem.
	25, 8–30	Der Zerfall des Staates Juda und das Exil. Die letzten Verse (25, 22–30), die über die Ermordung Gedaljas und das Schicksal Jojachins nach dem Tod Nebukadnezars berichten, können als spätere Anfügungen gelten.

Die Ereignisse in den Regierungszeiten der oben angeführten Könige – im Zusammenhang mit der israelitischen und der allgemeinen Geschichte – werden in den Artikeln *Israel und Juda, *David und Salomo, *Elia, *Elisa, *Amos, *Jesaja und *Jeremia behandelt, die den biblischen Bericht vor dem Hintergrund der damaligen Zeitsituation erörtern.

2. Quellen: *a) Chroniken, Annalen und Aufzeichnungen in Tempelarchiven:* Das Buch der Könige macht jene Entwicklung in der hebräischen Geschichtsschreibung erkennbar, die sich vom einfachen, sachlichen Bericht von Ereignissen zur Darstellung und gleichzeitigen Deutung der Geschichte gewandelt hat. Die Verfasser hatten Zugang zu den amtlichen Dokumenten, die in den königlichen Archiven (Chroniken) aufbewahrt wurden und *sefær dibrê ha-jāmîm* genannt werden. Diese werden für fast jede Regierungsperiode zitiert, von der Zeit Salomos (1 Kg 11, 41) bis zum Untergang Israels (2 Kg 15, 31) und Judas (2 Kg 23, 28). Es finden sich sowohl zur Zeit Davids als auch zur Zeit Salomos (2 Sam 8, 16; 20, 24; 1 Kg 4,3) sowie der späteren Könige von Juda (2 Kg 18, 18.37; 2 Chr. 34, 8) Hinweise auf die *mazkirîm* (= Archivare, Herolde; s. *Verfassung, Verwaltung und Staatsformen). Das war damals so Brauch. Die assyrischen und babylonischen Annalen und Chroniken sind heute bekannt, ebenso die der Hethiter und jene, die in Mari und Ugarit aufbewahrt wurden. Ähnliche Dokumente wurden anscheinend im Nord- und Südreich aufbewahrt. Wenn auch das Nordreich von den Assyrern zerstört wurde, so dürften doch wohl Abschriften angefertigt und erhalten geblieben sein, die dann dem judäischen Redaktor der Königsbücher zugänglich waren.

Die erste im Buch erwähnte Quelle ist die ›Chronik Salomos‹ (1 Kg 11, 41). Dann kommt die ›Chronik der Könige von Israel‹ (14, 19 u. ö.) und die ›Chronik der Könige von Juda‹ (14, 29 u. ö.; diese Chroniken sind nicht mit den biblischen Büchern der *Chronik zu verwechseln). Man weiß nicht,

was es mit diesen Chroniken auf sich hatte. Einige Gelehrte sind der Meinung, daß die »Chroniken der Könige« keine Hofberichte, sondern bekannte Werke waren, die man bei den Lesern der biblischen Schriften als bekannt voraussetzen durfte. Andere Exegeten stellen diese Ansicht in Frage und halten entgegen, daß selbst weithin bekannte Werke denen der königlichen Archive ähnlich gewesen sein mußten. Möglicherweise kamen sie in einem langsamen Entstehungsprozeß zustande und enthielten dann bis zu ihrer Vollendung offensichtlich genauere Einzelschilderungen als die kanonischen Bücher der Könige.
Neben diesen rein profanen Quellen scheinen die Verfasser der Bücher der Könige die in den Tempelarchiven lagernden Aufzeichnungen darin verarbeitet zu haben. So verrät der Stil des Textes 1 Kg 6–8, 13 (der Bau und die Einweihung des Tempels) einen deutlichen priesterlichen Einschlag. Die folgenden Abschnitte (8, 14–61; Salomos Rede an das Volk) lesen sich hingegen wie das Werk des Deuteronomisten (s. *Bibelkritik).
b) Prophetenerzählungen: Eine weitere sehr wichtige Quelle scheinen die im Nordreich entstandenen Berichte über die Taten und Sprüche der dort lebenden Propheten darzustellen. Es sind dies vor allem die ›Elia-Akten‹ (s. *Elisa) und die ›Elisa-Akten‹ (s. *Elisa). Die Erzählungen um diese Prophetengestalten wurden aus der Sicht des Nordreichs geschrieben, die nicht notwendigerweise mit der des judäischen Redaktors der Bücher der Könige übereinstimmte. Immerhin hat er einen beträchtlichen Teil ihrer Vorlagen in die Berichte über die Regierungszeit Ahabs und dessen unmittelbare Nachfolger hineinverarbeitet (1 Kg 17–2 Kg 9, mit einem Nachtrag in 2 Kg 13, 14–21). In diesen Prophetenlegenden ist auch die Geschichte von der Flucht Ben-Hadads enthalten (1 Kg 20) sowie der einzige Hinweis auf das Wirken des Propheten Micha (1 Kg 22). Vielleicht stellt der ganze Text 1 Kg 17 bis 2 Kg 10 einen zusammenhängenden Prophetenbericht dar, in den Aufzeichnungen bestimmter wichtiger Ereignisse eingestreut sind. Freilich ist es sehr schwierig, die Prophetenerzählungen von den historischen Zeitberichten zu unterscheiden. Man nimmt an, die Prophetenerzählungen seien etwa um die Zeit geschrieben worden, in der die Propheten gelebt haben. Diese Kapitel enthalten allerdings auch eine oder zwei Prophetenerzählungen, die Erzählung und homiletische Deutung verbinden (weitere Erläuterungen s. *Bibelkritik). Solche Passagen finden sich vor allem in 1 Kg 11, 29–39; 1 Kg 16, 1–4; 2 Kg 23, 15–20.
c) Verwendung der Quellen aus dem Nordreich: Die Spuren dieser älteren Quellen aus dem Norden, die vor allem in den Büchern der Könige erhalten geblieben sind, weisen in Richtung einer damals existenten einheimischen Literatur, die größtenteils beim Untergang Israels verlorengegangen ist. Der judäische Redaktor des Buches der Könige hat von diesen Vorlagen Gebrauch gemacht, insoweit es ihm die Frage beantworten half, wieso es zur Reichsspaltung kam und wie Gottes Wille und der dem auserwählten Volk verheißene Schutz im Einklang mit der leidvollen Geschichte des Nordreiches standen. Alles historische Material, das sich nicht auf die Lösung dieses Problems zu beziehen schien, wurde daher ausgeschlossen und geriet dann in Vergessenheit.
Trotz einiger gegensätzlicher Ansichten scheint zwischen den oben angeführten Quellen der Bücher der Könige und den hypothetischen J- und E-Quellen des Pentateuch keinerlei Verbindung zu bestehen (s. *Bibelkritik).
d) Das Buch der Könige und die Schriftpropheten: Prophetenerzählungen, die sich auf das Land Juda beziehen, sind besonders selten. Das bekannteste Beispiel einer solchen Erzählung ist die Geschichte von der Begegnung zwischen Jesaja und König Hiskia (2 Kg 18–20). Diese geschah zunächst während der Belagerung Jerusalems durch Sanherib (s. *Assyrien und Israel) und später während der Krankheit Hiskias. Als ein weiteres Beispiel kann auch die Ankündigung der Reform Josias durch einen unbekannten Propheten gelten (1 Kg 13, 2–10; 2 Kg 23, 15–20). In beiden Fällen geht es in erster Linie um das Heiligtum in Jerusalem.
3. Die literarische Form: Die Aufzählung und Behandlung aller Könige des gespaltenen Reiches richtet sich in diesem Buch nach einem ganz bestimmten Schema, das sich auf den Anfang und das Ende jeder einzelnen Herrschaftsperiode bezieht. Jeder König von Juda wird mit einer Formel vorgestellt, die seine Herrschaft in Übereinstimmung bringt mit der Königsfolge in Israel, sein Alter zur Zeit seines Regierungsantritts angibt, die Dauer und Bedeutung seiner Regierung festhält, den Namen seiner Mutter nennt und seine Regierung danach einschätzt, ob er Übles

beging oder »tat, was dem Herrn gefiel«. Das Kriterium für seine Regentschaft bildet der Grad seines reinen Jahwismus, d. h. ob unter seiner Herrschaft der Kult an den *Höhenheiligtümern gefördert oder unterdrückt worden ist.
Der Bericht über die Regierungszeit schließt ebenfalls mit einer feststehenden Formel, die sich auf die Quelle (»die Chronik der Könige« von Israel oder Juda) beruft, das Begräbnis des Königs festhält und den Namen seines Nachfolgers nennt. Die Könige des Nordreichs werden innerhalb eines ähnlichen Erzählungsrahmens behandelt, wenn auch die Einführungsformel weniger Einzelheiten enthält und gelegentlich auch Angaben über zeitgenössische fremde Herrscher und Ereignisse des Auslandes macht.

4. Die Chronologie: Die Länge der Regierungszeiten wurde auf zwei Arten berechnet. Die eine richtete sich nach dem ägyptischen Brauch, das Jahr des Herrschaftsantritts doppelt zu zählen – es war das letzte Regierungsjahr des verstorbenen Königs und das erste seines Nachfolgers. Die andere Methode war assyrisch-babylonischem Brauchtum entnommen und zählte das Antrittsjahr nur einmal, und zwar als das letzte Regierungsjahr des verstorbenen Herrschers. Das erste Regierungsjahr des neuen Königs begann formell erst am folgenden Neujahrstag (s. auch *Israel und Juda 6).
Durch den damals gebräuchlichen zweifachen *Kalender wird die genaue Datierung noch weiter erschwert. Im allgemeinen konnte man jedoch in neuerer Zeit die Abfolge der Ereignisse in einigermaßen befriedigender Weise rekonstruieren, und man ist sich innerhalb enger Toleranzgrenzen ziemlich einig. So hat man sich auf einige wichtigere Daten schon geeinigt, wie z. B. den Tod Salomos zwischen 931 und 922 v. Chr. (jedenfalls nicht früher und nicht später), Jehus Aufstieg um 842/1, den Untergang von Samaria zwischen 723 und 721, den Untergang Judas und Jerusalems um 597 und 587/6 (Abweichungen sind verhältnismäßig gering).

5. Entstehungszeit und Text: *a) Datierungsversuche:* Das 2. Buch der Könige schließt mit der Freilassung König Jojachins aus seiner Gefangenschaft; dies geschah um das Jahr 561 v. Chr. In der Annahme, das Buch sei nach dem Tod Jojachins verfaßt worden, sehen viele Wissenschaftler den Schlußbericht als einen Beweis dafür an, daß das Buch um die Mitte des 6. Jhdts. v. Chr. entstanden sei. Eine Reihe von Anzeichen deuten jedoch darauf hin, daß der größere Teil des Buches schon früher zusammengestellt worden sein muß. Demnach seien auch die letzten Verse (2 Kg 25, 22–30), die sich mit Ereignissen nach dem Tod Nebukadnezars befassen, als spätere Einfügungen zu betrachten, die nach dem Hauptteil des Buches entstanden sind. Diese Theorie wird noch durch die Tatsache bekräftigt, daß das letzte der vorausgehenden Ereignisse, das im Buch der Könige verzeichnet ist, um mindestens zwanzig Jahre vor der Freilassung Jojachins liegt. Dies deutet darauf hin, daß das Buch früher geschrieben, der Hinweis auf die Freilassung aber später hinzugefügt worden sein muß. Die wichtigsten Andeutungen über die Entstehung des Buches während der Königszeit sind jedoch in der offen dargelegten Absicht des Verfassers zu erkennen, das Volk vor den Fehlern der Vergangenheit zu bewahren – und schließlich auch in dem Publikum, das er anzusprechen scheint. So weisen z. B. hie und da vorkommende Formulierungen (1 Kg 8, 8; 9, 21; 2 Kg 2, 22 u. ö.) wie »bis auf diesen Tag« deutlich darauf hin, daß das Buch für Menschen geschrieben war, die vor dem Untergang Judas dort gelebt haben. Andererseits ist es natürlich richtig, daß der ursprüngliche Inhalt des Buches schon lange vor der letzten Redaktion oder Zusammenstellung vorhanden gewesen ist. Diese Formulierung könnte daher auch von der Vorlage und nicht vom Redaktor stammen.
Es gibt noch andere Beweise. Eine Theorie besagt z. B., der Text von 1 Kg 1–2 habe einen Zeitgenossen Davids zum Verfasser; zumindest handle es sich aber um einen objektiven historischen Bericht in klassischem Stil. Ähnlich verhalte es sich mit den Berichten über die Reichsspaltung (1 Kg 11, 26 bis 12, 24), den Aufruhr gegen Athalja (2 Kg 11) und Josias Reform (2 Kg 22–23), die alle den Charakter historischer Zeitberichte tragen. Außerdem ist die Erzählung im Text 2 Kg 18–20 auch bei Jes 36–39 wiederholt. Einige sehen in dieser Tatsache einen deutlichen Hinweis auf ihre Herkunft aus zeitgenössischen Niederschriften oder Chroniken. Hingegen vertreten andere die Ansicht, der gesamte Abschnitt sei – so wie er ist – in den Jesajatext eingefügt worden, wohin er jedoch nicht gehöre.
Diese Meinungsunterschiede erstrecken sich jedoch nicht über die Datierung des Vorgangs der endgültigen Zusammenfassung der verschiedenen Elemente zu einem

zusammenhängenden Buch. Die erste Fassung scheint aus den letzten Jahrzehnten des 7. Jahrhunderts v. Chr. zu stammen, da sich der Autor besonders mit Josia als einem zweiten David befaßt. Die Berichte nach dem Tod Josias sind verhältnismäßig kurz und lassen auf eine zweite Fassung um 585/580 v. Chr. und eine letzte um 560/550 schließen.

Da jedoch die letzte Fassung offensichtlich deuteronomistischen Charakters ist, läßt sich nach Meinung einiger Bibelwissenschaftler auch eine so späte Zeit wie die des Exils als Entstehungsdatum des Buches rechtfertigen (s. *Exil, babylonisches). Vertreter dieser Ansicht betrachten die Formulierungen »bis auf diesen Tag« als bewußte Zusätze, um die Berichte älter erscheinen zu lassen. Oder aber die Redaktoren könnten solche Formulierungen aus den früheren Vorlagen unverändert übernommen haben. Das ist bei vielen biblischen Vorlagen geschehen, und zwar aus Ehrfurcht vor den alten Überlieferungen. Im vorliegenden Falle könnte ebenso verfahren worden sein, obgleich die Endredaktoren der Bücher diesem ihre spätere Deutung mitgaben. Wenn sie nach dem Untergang des Reiches daran gearbeitet hätten, so hätten sie doch gewiß danach verlangt, dem Leser darzutun, daß ihr Volk deshalb vom Unheil betroffen wurde, weil es den Willen Gottes nicht so verstanden hatte wie die Kompilatoren.

b) Text: In einer Reihe von Fällen stimmt der Wortlaut der Bücher der Könige in der Septuaginta mit den Masoretentexten nicht überein (s. *Bibelkanon; *Bibeltext). Dies ist das Ergebnis verschiedener Faktoren. Einer dieser Faktoren ist darin zu sehen, daß die Übersetzer der Septuaginta sich einer noch gebräuchlichen vormasoretischen Textvorlage bedienten. Wie die Bücher Samuel stützt sich der Septuagintatext der Bücher der Könige auf eine andere vormasoretische Vorlage.

Keiner dieser Unterschiede wirkt sich jedoch besonders auf die Übersetzung aus. Der Sinn des Buches wurde im wesentlichen nicht verändert (s. auch *Chronik [Bücher] 3).

6. Die deuteronomistische Geschichtsschau: *a) Heilsgeschichte und Weltgeschichte:* Das Buch der Könige war nicht als bloße Aufzählung geschichtlicher Ereignisse gedacht, wie dies bei einer Chronik der Fall ist. Vielmehr führt es die historischen Tatsachen an, die aus der Sicht des religiösen Anliegens des Kompilators gedeutet werden. Der Deuteronomist wollte im Buch der Könige zeigen, wie Gott das Weltgeschehen leitet und wie der göttliche Wille durch die Menschheitsgeschichte erfüllt werden sollte. Dieser Standpunkt betont denn auch die unmittelbare Wechselbeziehung zwischen Sünde und Strafe, zwischen reuiger Umkehr und göttlichem Erbarmen. Dasselbe Geschichtsbild findet sich auch im Buch der *Richter und bei *Samuel. Dies führt zu einer Geschichtsschreibung, die nach heutigem Maßstab durchaus nicht objektiv ist. Die Ereignisse werden fast ausschließlich nach ihrer Bedeutung für den Kult und für das Gesetz sowie nach der Relevanz zum Grundanliegen des Deuteronomisten beurteilt. Demzufolge wird das Verhältnis zwischen moralischem Prinzip und der tatsächlichen Erfahrung überbetont, obwohl die Berichte sich im wesentlichen auf empirische Daten stützen. Es wird sogar ehrliche Selbstkritik nach den oben erwähnten Maßstäben geübt. So wird z. B. dargelegt, daß die Abspaltung der nördlichen Stämme von dem gottgewollten Vereinigten Königreich, das David zuwege brachte, schon grundgelegt wurde, als Salomo von Gott abfiel und »anderen Göttern diente« (1 Kg 11, 4–13, 32).

b) Der Fall von Samaria: Ebenso wird auch der Untergang des Nordreiches (2 Kg 17) als Gottesgericht gedeutet, weil Israel sich immer wieder an dem versündigt hatte, was der Deuteronomist als den wahren Glauben bezeichnete. Der Abschnitt 2 Kg 17, 9–23 stellt einen Kommentar des Redaktors zu der Katastrophe dar, der eine direkte Verbindung zwischen dem Untergang des Königreiches und der fortwährenden Sünde (d. i. Abfall von Gott) des Volkes, das auf den *Höhenheiligtümern in Bethel und Dan seinen Kult feierte und sogar die Goldenen Kälber anbetete, die Jerobeam aufgerichtet hatte (vgl. V. 16 ff), herstellt. Während der Erzähler den Königen von Juda nicht sehr häufig vorwirft, auf den *Höhenheiligtümern zu opfern oder den Kult dort zu fördern, richtet er diesen Vorwurf ständig gegen die Könige von Samaria. Der Lebenslauf fast jeden Königs wird im Satz zusammengefaßt: »er tat, was dem Herrn mißfiel« (s. auch *Götzendienst in Israel). Die nahezu ausnahmslose Verurteilung der Könige von Israel wird jeweils begründet mit dem Hinweis auf den »Weg Jerobeams ... und (die) Sünde, zu der er Israel verführt hatte« (1 Kg 15, 26.34; 2 Kg 3, 3 u. ö.). Die Anbetung der Goldenen Kälber Jerobeams war in den Augen des Verfassers der Bücher der Kö-

Abb. 494. Skulptur eines zyprischen Königs aus dem 6. Jhdt. v. Chr.

nige die große Sünde, die durch keine äußeren Leistungen abgeschwächt werden konnte.
c) Der Untergang Judas: Auch der Untergang des Reiches Juda wird auf den Abfall Salomos zurückgeführt; besonders die Greueltaten Manasses und seine Entweihung des Tempels haben dazu beigetragen. Ebenso wurden andere Könige von Juda verurteilt, weil sie die Höhenheiligtümer und die heidnischen Kulte geduldet hatten (1 Kg 15, 3; 2 Kg 8, 18.27 u. ö.). Selbst Könige, die sich verdient gemacht hatten (wie etwa Josaphat, Amazja, Asarja [Usia] und Jotham), konnten nicht mit vollem Lob bedacht werden, weil die Höhenheiligtümer noch weiterbestanden. Von diesem Standpunkt aus konnte Hiskia als der ideale Herrscher gelten, denn »er tat, was dem Herrn wohlgefiel«, und »er ist es, der die Höhenheiligtümer abgeschafft ... hat« (2 Kg 18, 3–7). Der einzige König, der ihm gleichkam, war Josia (2 Kg 22, 2). Allen anderen Königen wurde Nachlässigkeit in ihrem Eifer für den Tempel, den Bau selbst, die Priesterschaft und den Kult vorgeworfen.
Die Haltung verrät eindeutig deuteronomistischen Charakter (s. *Deuteronomium; *Israel und Juda 5). Das Buch Deuteronomium weist ganz deutlich darauf hin, daß der Gehorsam gegenüber dem Gesetz mit irdischem Wohlergehen belohnt wird, während jene unausweichlich Unglück erfahren, die sich ungehorsam zeigen. Es lag in der Absicht des deuteronomistischen Kompilators des Buches der Könige, die Wahrheit dieses Grundsatzes durch die Erfahrung aus der Vergangenheit zu demonstrieren und zu zeigen, daß dies auch in Zukunft so sein werde. Dieser Standpunkt beherrschte das ganze Werk, und dies sowohl in bezug auf dessen literarische Form als auch auf dessen Gegenstand.
7. Das Buch der Könige und die zeitgenössischen außerbiblischen Quellen: Man hat die historische Bedeutung des Buches der Könige in vollem Ausmaß anerkannt. Jedoch muß man das Geschichtsbild des Deuteronomisten in Betracht ziehen. Außerdem empfiehlt es sich, seinen Bericht durch das Studium außerbiblischer Quellen zu ergänzen und zu modifizieren. Der Bericht über die Regierungszeit Omris macht dies besonders deutlich (s. *Israel und Juda 2). So wissen wir aus zeitgenössischen Dokumenten aus Assyrien (s. *Assyrien und Israel) und aus anderen Quellen (z.B. dem Mesa-Stein; s. *Moab), daß Omri einer der glorreichsten Könige Israels war. Der Deuteronomist hat jedoch aufgrund seiner religiösen Einseitigkeit die Regierungszeit nur ganz beiläufig und kurz erwähnt (1 Kg 16, 21–28). Er bemerkt lediglich, Omri »wandelte ganz auf dem Wege Jerobeams, des Sohnes Nebats« und habe die Unterdrückung der Höhenheiligtümer vernachlässigt. Dieselbe Haltung hat aus Ahab fast den Inbegriff eines üblen Despoten werden lassen. Im Lichte neuerer Forschung erscheint seine Herrschaft trotz politischer Korruption und Glaubensabfall als eine Zeit wirtschaftlichen Wohlstandes und politischer Bedeutung (s. auch *Inschriften; *Siegel). Wir haben außer dem assyrischen Relief **(Abb. 360)** kein Bild eines israelitischen Königs. Die Königsdarstellung aus Zypern (6. Jhdt. v. Chr.) könnte jedoch ein Anhaltspunkt sein **(Abb. 494).**

Kosmologien

Gliederung: 1. Ägyptische Kosmogonie. 2. Sumerisch-babylonische Kosmogonie. 3. Ugaritisch-kanaanäische Kosmogonie. 4. Phönikisch-sidonische Kosmogonie. 5. Alttestamentliche Kosmologie. a) Schöpfungsbericht und Schöpfungsglaube; (1) Der priesterschriftliche Schöpfungsbericht; (2) Der Schöpfungsglaube des Jahwisten; (3) Der Schöpfungsglaube bei Deuterojesaja; (4) Schöpfung in der Weisheitsliteratur; b) Das Weltbild des Alten Testamentes.

1. Ägyptische Kosmogonie: Die ältesten ägyptischen Vorstellungen, wie sie den Kosmogonien in der Zeit bis zum frühen Alten Reich in Hermopolis, On und Memphis zugrunde liegen, lassen die Erde in der Tiefe eines trägen Urwassers ruhen. Dies chaotische Urwasser entstand in der Urzeit und bestand vor der Weltschöpfung. Wie sich aus dem Anklang des Namens Nun für das Urwasser mit dem Verbum *nnj* »müde sein« ablesen läßt, ließ man sich dabei wohl vornehmlich von dem Überschwemmungswasser des Nil, das die Erde überflutete, leiten. Aus diesem Urwasser taucht dann als Anfang der Dinge das Land als »hoher Hügel« oder »Urhügel« inselartig auf und eröffnet damit den Beginn der Welt; das Motiv vom Urhügel ist dem jährlich wiederholten Sinken der Nilschwelle abgelesen. Auf diesem Urhügel betreibt der Schöpfergott sein Schöpfungswerk. Die Erde ruht wie eine schwimmende Scheibe auf diesem Urmeer, das sich »zwischen Himmel und Gegenhimmel« erstreckt.
Dieser Wasser-Urstoff Nun ist zunächst

nur ein kosmisches Element; es wurde aber schon früh, vermutlich zuerst in der Theologie von Hermopolis, als Gott deifiziert und bildete in der Götter-Achtheit von Hermopolis zusammen mit Naunet das erste Götterpaar. Die männlichen Götter werden froschköpfig, die weiblichen dagegen schlangenköpfig dargestellt. Nun als »Vater der Götter« vor allen Göttern bringt dann mit Naunet den Weltenschöpfer Atum hervor, der nach älteren Vorstellungen aus dem kosmischen Urwasser aufgestiegen war.

Die Lehre von Hermopolis überliefert, daß aus einem Ei auf dem Urhügel der erste vogelgestaltige Gott entstand oder – vielleicht unter dem Einfluß von Heliopolis – der Sonnengott Re hervorgegangen sei, womit dann das Leben überhaupt auf der Erde begann. Nach einer anderen Überlieferung taucht der Sonnengott als Sonnenkind in einer Lotosblüte aus dem Urmeer auf, womit die Welt dann ins Dasein tritt. »Das meiste, was von Nun gesagt, und fast alles, was von Ur-Ei und Ur-Lotos erzählt wird, erklärt oder beschreibt nur den Umstand, daß vor der eigentlich relevanten Schöpfung etwas da war; darüber hinaus bilden Ei und Lotos bisweilen das Medium zwischen der Ursubstanz und der ersten Zeugung oder Schöpfung. Insofern darf man die Werdelehren als eine Art Hilfsmittel der Schöpfungstheologie betrachten, die die Wendungen von Gott, ›der von selbst entstand‹ oder ›der sich selbst erzeugte‹, aus bereitstehenden Naturmythen ergänzte« (Morenz).

Die Kosmologie von On-Heliopolis am Eingang des Deltas stellt Atum an den Anfang. »Sein Name bedeutet etwa der ›Nichtseiende‹, also eine Personifikation der Mächte des Chaos, zugleich kann er aber als der ›Vollendete‹ gedeutet werden« (Otto). Atum zeugt durch Selbstbegattung das erste Götterpaar und damit zugleich die Zweiheit der Geschlechter, indem er selbst den Samen – im Samen des Mannes war nach damaliger Auffassung das Kind geborgen – hervorlockt und ihn verschluckt, um später das Götterpaar Schu und Tefnut auszuhusten *(išš)* bzw. auszuspeien *(tf)*.

Die Trennung von Himmel und Erde geschah durch Schu, den Luftgott: Während ursprünglich die Himmelsgöttin Nut mit dem Erdgott Geb in ehelicher Gemeinschaft lebte, hat der Luftgott Schu die beiden getrennt, die Himmelsgöttin über den Erdgott Geb gehoben und sich als Träger unter Nut gestellt. So spannt sich Nut über die Erde, berührt mit Händen und Füßen die Erde und bildet mit ihrem Leib das Himmelsgewölbe, über das Sonne und Mond ihre Bahn ziehen. Die Sterne am Leib der Himmelsgöttin »gehen ein in den Mund und kommen wieder hervor aus ihrer Scheide«. Andere Vorstellungen fassen den Himmel als Kuh oder als Falke.

Eine wesentlich sublimiertere Vorstellung zeigt das sog. Denkmal memphitischer Theologie, das von König Schabaka um 700 v. Chr. nach alten Quellen auf einem Denkstein aufgezeichnet wurde: Während nach Vorstellungen von Heliopolis die Götter-Neunheit des Atum »entstanden sein soll durch seinen Samen und seine Finger«, entstand sie nach der Theologie des Schabakatextes »in Wirklichkeit durch die Zähne und Lippen in diesem Munde, der den Namen aller Dinge nannte ... Es entstand ja jedes Gotteswort aus dem, was das Herz erdachte und die Zunge befahl ... In Path, dem Stadtgott von Memphis, haben alle Gottheiten, die bei der Schöpfung mitgewirkt haben, ihre Gestalt, d. h. sie sind Erscheinungsformen des Ptah. So ist er als Gestalt des Urmeers Nun und der Naunet zugleich auch Vater und Mutter des Schöpfergottes Atum von On-Heliopolis. Ptah zeugt aber nicht wie Atum, sondern er denkt im ›Herzen‹, dem Organ des Verstandes, die Namen der Welt aus und ruft sie durch das Wort seiner ›Zunge‹ ins Dasein. Der höchste Herr, der ausschließlich den Namen Gott verdiente, ist Urheber des Universums, der alleinige Schöpfer, auch der anderen Götter. Die Schöpfung erfolgte durch seine Weisheit und auf seinen machtvollen Befehl. Er ist es, der die Welt erhält, und sein Wort bildet die Grundlage der Ethik« (Junker).

Die Frage nach der Erschaffung der Menschen hat die Theologen offensichtlich nicht sonderlich interessiert. Als Urheber der Lebewesen, insbesondere der Menschen, wird der widderköpfige Gott Chnum oder Chnubis verehrt: Er formt auf einer Töpferscheibe den Leib, bildet den Samen und legt ihn in den Schoß der Mutter.

2. Sumerisch-babylonische Kosmogonie: Nach dem babylonischen Weltschöpfungsepos *enuma eliš* (»als droben«), das am vierten Tag der Neujahrsfeier verlesen wurde, war im Anfang vor Himmel und Erde das Meer noch ungeschieden; Apsu, der Gott des Süßwassers und der Ströme, und Tiamat, die Göttin des Salzwassers und des Meeres, »mischten ihre Wasser noch miteinander«. Über der Erde wölbte sich der Himmel, Himmel und Erde sind aus dem Wasser hervorgegangen; Apsu ist der Vater der Götter. Wie es dazu kam, daß »Himmel und Erde, die beide fest zusammengeschlossen waren, aus dem Abgrund des Wassers sich hälfteten«, wird nicht gesagt. Apsu und Tiamat bringen ein neues Götterpaar hervor, Lachmu und Lachamu als Gottheiten der Tiefe, später als Seeungeheuer dargestellt. Schließlich erfolgt die Scheidung in »oberes« und »unteres« All; Anu, der Erstgeborene Ansarrs, wird Herr des oberen Alls, während Enki, der Sohn Anus, Herr des Ozeans wird, nachdem er Apsu getötet hat. Während im sumerischen Pantheon die drei Hauptgötter An als Herrscher des Himmels, Enlil als Herr des Luftraumes und der Erde und Enki als Herr des Meeres einander respektieren, berichtet *enuma eliš* von blutigen Götterkämpfen.

Der Süßwassergott Apsu fühlt sich durch die jüngeren Götter belästigt und beschließt auf den Rat seines bösen Veziers Mummu hin, die jungen Götter zu vernichten; diese aber werden durch Ea gerettet, der Apsu einschläfert und erschlägt. Als daraufhin Tiamat zum Rachekampf rüstet und elf Riesenschlangen und Meerungeheuer ins Leben ruft und Kingu die Leitung des Kampfes überträgt, da berufen die jüngeren Götter auf einer Götterversammlung Marduk, den Sohn des Ea, zum Rächer und tragen ihm für den Fall des Sieges das Königtum der Götter an. Marduk gewinnt den Kampf: »Da breitet Marduk sein Netz aus und umschließt Tiamat... Als Tiamat den Rachen aufsperrte, ließ er hinein den bösen Sturm, so daß sie die Lippen nicht wieder zu schließen vermochte. Die grimmigen Winde füllten den Bauch, ihr Herz wurde gelähmt, weit auf sperrte sie den Rachen. Da schoß er ab seinen Pfeil, riß auf ihren Leib, zerriß ihr Inneres, zerschnitt ihr Herz.«

Nach dem Kampf teilt Marduk den Rumpf der besiegten Tiamat: »Er spaltet sie wie eine Muschel (?) in zwei Teile, die eine Hälfte von ihr stellte er auf und machte sie zur Decke des Himmels. Er zog einen Riegel vor, ließ eine Wache Platz nehmen und gab ihr die Weisung, ihre Wasser nicht durchzulassen.«

Über die Einrichtung und Ordnung der Welt sind wir leider wenig unterrichtet, da von der fünften Tafel von *enuma eliš* nur der Anfang vollständig erhalten ist. Am siebten Tag des Monats soll der Mond die Krone zur Hälfte bringen, am *šabattu*-Tag aber der Sonne entgegentreten.

Die Erschaffung des Menschen ist nach Schmidtke mit einer gewissen Feierlichkeit umgeben, wird vorher geplant und mit den kleineren Göttern, den Anunna, besprochen. Doch der Mensch wird nicht als Einzelwesen, sondern als Kollektiv geschaffen; der sumerische Dichter denkt an das »Menschengewimmel« *(ǎ-dam)* in den Städten oder bei den Festen. Nach einer sumerischen Version wollen die Götter in Uzuma, wohl einem Heiligtum in Nippur, dem »Band Himmels und der Erde«, die beiden »Lamga-Götter schlachten und aus ihrem Blut die Menschheit schaffen«. *enuma eliš* berichtet ausführlicher von Marduks Entschluß: »Blut will ich binden, und Bein will ich entstehen lassen; aufstellen will ich Lulla, Mensch sei sein Name... Es soll ihm auferlegt werden die Bedienung der Götter; diese sollen ihre Versorgung finden.« Nach dem Willen der Götter soll »einer hingegeben werden, ihr Brüder! Er soll vernichtet werden, und es sollen gebildet werden die Menschen!« Weil Kingu die Tiamat zur Empörung und zum Kampf reizte, darum »überwältigten sie ihn, schnitten ihm auf das Blut. Mit seinem Blut schufen sie die Menschheit«. Nach Berossus, einem Priester des Gottes Bel-Marduk 300 v. Chr., wurde das Blut Bels mit Erde vermischt. Durch das Blut der Gottheit nahmen die Menschen teil am göttlichen Wesen, da im alten Orient das Blut als Sitz der Seele und des Lebens galt.

Der Dienst der Menschen für die Götter wird auch noch spezifiziert: »Für ewige Zeiten den Grenzgraben festzusetzen; Hacke und Tragbrett in ihre Hand zu legen; in die Tempel der großen Götter, ins erhabene Heiligtum es zu bringen.« Erwähnenswert ist noch, daß nach Abschluß der Schöpfung die Götter sich einen Tempel bauen; so errichtet sich z. B. Enki, der Herr des Apsu, einen Tempel aus Silber und Lapislazuli mit reichen Goldverzierungen.

3. Ugaritisch-kanaanäische Kosmogonie: In *rās šamra,* der aus ägyptischen und hethitischen Quellen bekannten Stadt Ugarit, 10 km nördlich von Laodizea-*Ladaqīje,* wurden Tontafeln mit konsonantischer Keilschrift in einem nordwestsemitischen Dialekt aus dem 14.–13. Jhdt. v. Chr. gefunden, die bedeutsame mythologische Texte enthielten.

Während der babylonische Tiamat-Mythos mit dem Kampf zwischen Marduk und Tiamat vor der Schöpfung der Welt einsetzt, setzt der ugaritische Baal-Mythos mit dem Kampf zwischen Baal und dem Meeresgott

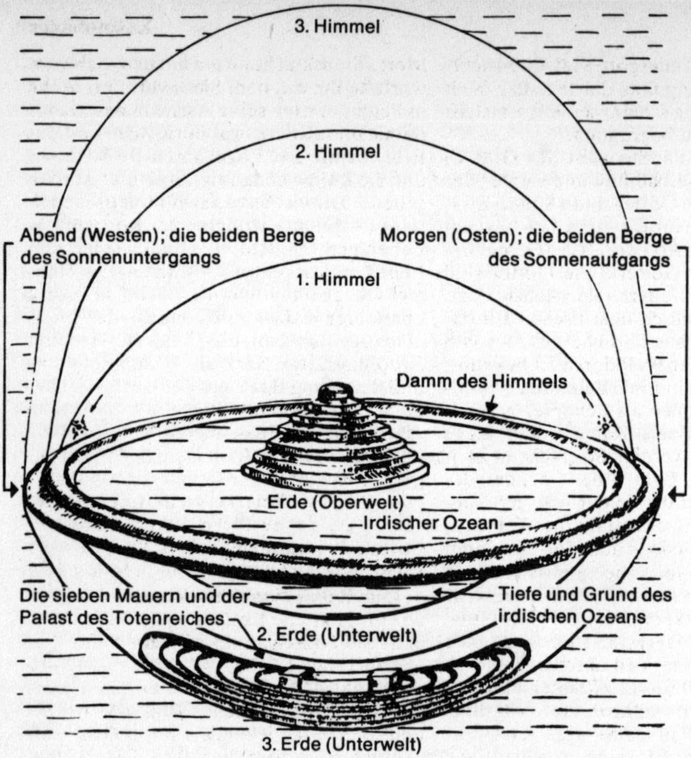

Abb. 495. Weltbild der Babylonier

Jam bzw. dem Todesgott Mot offensichtlich die Schöpfung und Existenz der Welt voraus. Baals Sieg scheint seine Herrschaft über die Erde zu begründen.
Im ugaritischen Pantheon ist der Gott El »Schöpfer der Geschöpfe« und »Vater der Menschheit«; die Götter sind »Söhne Els«, was ausdrücklich für Baal und Jam bezeugt ist. Ebenso ist Aschera, Els Gemahlin, »Schöpferin der Götter«, die Götter sind »Söhne Ascheras«, deren sie »siebzig« hat. Aus der kanaanäisch-ugaritischen Literatur ist aber kein ausführlicher Mythos von der Schöpfung der Welt durch El bekannt; der Gott El wird nur in Titeln oder hymnischen Prädikationen als Schöpfer geschildert, während Baals Kämpfe und Siege breit geschildert werden. So erscheint zwar El als Schöpfer, Baal – der Spender der Fruchtbarkeit für die Felder – als Erhalter der Welt; ohne Baal verfällt die Welt dem Tode. Man wird jedoch auch für Ugarit mit noch unbekannten theogonischen und kosmogonischen Mythen rechnen dürfen.
In einem Götterkampf um das Königtum erhebt sich der Meeresfürst Jam gegen die übrigen Götter und wird anscheinend vom Gott El mit der Formel »Richter Fluß, du sollst König sein!« inthronisiert. Als Baal sich dem Königtum Jams widersetzt, fordert dieser von El seine Auslieferung. Während El der Forderung Jams nachkommt (»Dein Sklave ist Baal ... der Sohn Dagans ist dein Höriger!«), tritt der Handwerksgott Koscher wa Chassis auf die Seite Baals und überreicht ihm für den Kampf gegen den Meeresfürsten Jam zwei Keulen, »Treiber« und »Vertreiber«. Baal obsiegt: »Jam ist wahrlich tot, Baal ist König!« In diesem mythischen Kampf suchten die Küstenbewohner die Veränderungen in der Natur zu erklären: »Wenn der Gott Baal See und Flüssen Widerstand entgegensetzt, wird es bedeuten, daß in einer Jahreszeit, die das Meer in besonderer Weise gegen die Küste anstürmen und die Flüsse über die Ufer treten läßt, reichliche Regen fallen« (Kaiser).
Schließlich kann Baal sich einen Tempelpalast bauen: »Ich allein (bin es), der König sein soll über die Götter, wahrlich herrschen soll über Götter und Menschen, der beherrschen soll die Menge der Erde!« Doch Mot, der Gott der sterbenden Vegetation und des Totenreichs, verlangt, daß Baal zu ihm herabsteige. Da klagen die Boten Baals: »Tot ist Alijan Baal (der ›übermächtige‹ oder ›siegreiche‹ Baal), gestorben ist der Fürst der Erde!« Doch Anath, Baals Gemahlin, nimmt Rache an Mot: »Sie schlachtete ihn mit dem Schwert, worfelte ihn mit dem Sieb, verbrannte ihn in Feuer, zerrieb seine Asche in der Handmühle und streute, was übrig blieb, auf das Feld, damit die Vögel ihren Teil fressen und die Keime endgültig vernichtet werden sollen.« Durch dieses »sympathetische Ritual« (Albright), wodurch der Korngott ins Leben gerufen wird, soll Baal wieder zum Leben zurückkehren. Als dann »die Himmel Öl regneten und die Bäche an Honig überlaufen«, da »weiß« man, »der übermächtige Baal lebt, der Fürst, der Herr der Erde, existiert«. Nach der Wiederbelebung und Befreiung Baals aus der Unterwelt beginnt »im siebten Jahr« ein Kampf zwischen Mot und Baal, in dem Mot dem Baal alles androht, was Anat dem Todesgott angetan. Als aber die Sonnengöttin Schapasch für Baal Partei ergreift, fürchtet Mot sich. – Da der restliche Text verloren ist, bleibt zu vermuten, daß Baal in diesem Kampf Sieger bleibt.
4. Phönikisch-sidonische Kosmogonie. Die alte phönikische Kosmogonie ist uns durch den phönikischen Gelehrten Philo aus Byblos (etwa 64–141 n. Chr.) überliefert, der angibt, das phönikische Original eines vor dem Trojanischen Krieg, also im 13. und 14. Jhdt., lebenden Phönikers Sanchunjaton übersetzt zu haben. Die in Ugarit gefundenen altphönikischen Tontafeltexte aus dem 14. Jhdt. v. Chr. mit den Gottheiten der Phöniker unterstreichen die Möglichkeit eines phönikischen Originals eines Sanchunjaton aus dieser Zeit, das Philo nach Eißfeldts Untersuchungen nicht übersetzt, wohl aber bearbeitet hat, wobei jenes Werk ihm vielleicht nicht mehr im Original, sondern in einer griechisch erweiterten und veränderten Form vorgelegen hat. Die verschollenen Schriften Philos sind uns zum Teil durch Eusebius in seiner ›Praeparatio Evangelica‹ erhalten.
Nach Philo von Byblos ist in der phönikischen Kosmogonie der Ursprung aller Dinge dunkle windige Luft und schlammiges düsteres Chaos, aus dem sich durch seine Liebe zu den eigenen Ursprüngen Mot, der Ursprung der Welt, bildet. Zunächst entstehen Lebewesen ohne Empfindung, dann aus ihnen vernunftbegabte. Mot aber formte sich in die Gestalt eines Eies und leuchtete auf mitsamt den Gestirnen. Da die Luft durchleuchtet ist und Meer und Erde erhitzt werden, entsteht das Wehen, die Wolke und der Erguß der himmlischen Gewässer, Donner und Blitze. Über dem Getöse erwachen die himmlischen Wesen, und schließlich bewe-

gen sich auf der Erde und im Meer männliche und weibliche Wesen.
Weiter heißt es, aus dem Wind Kolpias und dem Weib Bau, was Nacht bedeute, stammen Aion und Protogonos ab, und von diesen wieder Genos und Genea, die Einwohner Phönikiens. Bei einer Trockenheit hätten sie den Herrn des Himmels, Beelsamen, angerufen, der mit der Sonne verglichen werde. Weiter stammen von Aion und Protogonos ab Phos, Pyr und Phlox, deren Kinder wiederum seien die Berge gewesen. Diese phönikische Kosmogonie bei Philo von Byblos wird durch Nachrichten bei dem Neuplatoniker Damaskios bestätigt, der sich auf die sidonische Kosmogonie eines Aristotelesschülers Eudemos und auf die Kosmogonie des Sidoniers Mochos stützt.

5. Alttestamentliche Kosmologie: *a) Schöpfungsbericht und Schöpfungsglaube:* Der Schöpfungsglaube Israels hat in verschiedenen Entwürfen seinen je verschiedenen Niederschlag gefunden. Allen gemeinsam ist das präzise Kerygma vom Schöpfer Himmels und der Erde. Israels Geschichte ist mit dem Heilshandeln Gottes aufs engste verbunden und bedarf daher des urgeschichtlichen Proömiums zu seiner eigenen Rechtfertigung.

(1) Der priesterschriftliche Schöpfungsbericht (Gen 1, 1–2, 4 a; s. *Genesis) enthält die theologische reflexe Antwort auf das überkommene mythologische und enzyklopädische Wissen vom Kosmos. Das eigentliche Werk der Schöpfung ist kunstvoll pyramidenhaft auf die Erschaffung des Menschen hin gegliedert, im Ablauf eines Sechstagewerkes durch wiederkehrenden Refrain, »So ward Abend, und so ward Morgen: Tag x« rhythmisiert. An den ersten drei Tagen werden durch »Scheidung« die kosmischen Räume benannt bzw. gemacht: der Lichtraum durch die Scheidung des neugeschaffenen Lichtes von der Finsternis mit der Benennung von Tag und Nacht; der Himmels(Luft-)raum durch Scheidung der Wasser oberhalb und unterhalb des neugeschaffenen Himmelsgewölbes oder Firmamentes; der Erdraum durch Sammlung der Wasser unterhalb des Firmamentes mit der Benennung von Erde und Meer; als weiteres überhängendes Schöpfungsgeschehen erscheint am dritten Tage die Pflanzenwelt, die aus der Erde aufgrünt. An den nächsten drei Tagen werden die kosmischen Räume ausgestattet bzw. bevölkert, mit Sonne und Mond, Fischen und Vögeln, Landtieren und Menschen.
Offensichtlich war dem Verfasser oder der Tradition an dem Sechs-Tage-Schema bzw. dem Wochenschema mehr gelegen als an einer glatten Harmonie von Schöpfungstag und Schöpfungswerk. Auffallend ist eine angestrebte Entsprechung und Zuordnung der ersten drei Tage und der folgenden drei Tage:

Tag	Werk	Scheidung	Bevölkerung	Werk	Tag
I	1	Licht – Finsternis	Sonne, Mond, Sterne	5	IV
II	2	Wasser oben – Wasser unten	Fische, Vögel	6	V
III	3	Land – Meer	Tiere	7	VI
	4	Pflanzen	Mensch	8	

Die Spannungen und Ungereimtheiten zwischen den beiden Drei-Tage-Reihen sind kaum interpretierbar; sie lassen vermuten – so besonders die Aufteilung der beiden Scheidungen des Wassers –, daß das Tagesschema von außen an die Liste der Schöpfungswerke herangetragen worden ist und diese nach dem Kompositionsschema 1 + 1 + 2 gegliedert hat, wobei sich eine gewisse Entsprechung zwischen den kosmischen Räumen und der Ausstattung ergab.
Diese auf die Erschaffung des Menschen ausgerichtete Analyse und Konstruktion des Kosmos beginnt – gang analog dem Stilprinzip anderer biblischer und außerbiblischer Schöpfungsberichte – einleitend mit der chaotischen Urzeit und strebt der vollkommenen Endzeit zu, um im göttlichen *Sabbat die endgültige Heiligung zu erfahren. Stilkritisch ist bemerkenswert, daß die Erschaffung der kosmischen Räume breit und mythologisch formuliert ist; die Ausgestaltung und Bevölkerung dieser Welt wird mehr listenmäßig enzyklopädisch aufgezählt. Bei der Erschaffung des Menschen liegen beide Stilarten vor.
Das mythologische Kolorit wird deutlich aus den Kosmogonien Ägyptens und Mesopotamiens in ihren verschiedenen Ausgestaltungen, von denen das Weltschöpfungsepos *enuma eliš* sowie die Kosmologien von Heliopolis, Hermopolis, Memphis genannt seien. – Der listenmäßige Stil hat

seine ausführlichen Analogien in den Enzyklopädien, Tafelwerken und Listenwissenschaften Mesopotamiens und Ägyptens, von denen vor allem das Onomastikon des Amenophis genannt sei mit seiner aufschlußreichen Überschrift: »Anfang der Lehre . . . über alles, was da ist, was Ptah geschaffen und Thot aufgezeichnet hat, über den Himmel mit seinem Zubehör, über die Erde und was in ihr ist, was die Berge ausspeien und was die Flut bewässert, an allen Dingen, die Re bescheint, und an allem, was auf der Erde grünt.«

So stellt sich nach Hermann die Gesamtkomposition von Gen 1 als ein recht komplexes Gebilde dar. Aus der Fülle der Anregungen und verschiedenartigen Tendenzen, unter denen Schöpfungsvorstellungen und -berichte stehen konnten, hat der priesterliche Verfasser eine Darstellung von einmaliger Folgerichtigkeit in streng gegliedertem Aufbau geschaffen. Gen 1 entfaltet das Schöpfungswerk mit einer solchen Selbstverständlichkeit, in klassischer Kürze, daß bis auf den heutigen Tag dieser Bericht zu ernsthaftem Nachdenken auffordert. Aber diese scheinbare Selbstverständlichkeit und Knappheit steht in Wirklichkeit am Ende eines Weges, sie ist Zusammenfassung einer Summe von Erkenntnissen und deren Reduktion auf ihre Zentralgehalte. Die Anteile der Mythologie, der Listenwissenschaft, der lehrhaften Naturweisheit nach Art des Sargtextes und der Hymnik ergänzen sich dabei gegenseitig. Denn der Hymnus vermag den Mythus in sich aufzunehmen, aber ebenso die Naturweisheit und die ihr nahestehende Enzyklopädie der Listen zu verarbeiten. In Gen 1 erscheint der Mythus durch das Wissen überwunden; das Wissen aber, das auf der Analyse der Erscheinungswelt beruht, ist der Schöpfermacht Gottes untergeordnet und dient bei der Beschreibung seines Schöpfungswerkes dem höheren Ruhm des Schöpfers selbst. Darin kommt auch Gen 1 dem Wesen des Hymnus sehr nahe. So vereint sich auf dem ersten Blatt der Heiligen Schrift profanes Wissen und Erkennen, gewonnen aus Listenwissenschaft und lehrhafter Naturweisheit, mit dem Wissen um Gott zu vollkommener Einheit.

Nach von Rad (ATD I,50) ist »das Pathos von 1 Mos 1 . . . nicht in erster Linie das der Anbetung, Bewunderung oder des Dankes, sondern das der theologischen Reflexion. Die nüchterne Monotonie des Berichtes kommt eben von dieser radikalen Entäußerung zugunsten dessen, was der Glaube objektiv auszusagen imstande ist; aber gerade diese Entäußerung vermittelt auch in ästhetischer Hinsicht den Eindruck von verhaltener Kraft und lapidarer Größe«.

Kennzeichnend für den priesterschriftlichen Schöpfungsbericht ist die entdivinisierende und depotenzierende Betrachtung aller mythischen Kosmosgrößen.

Die priesterliche Lehre von der Schöpfung steht in schroffem theologischen Gegensatz zu allen theogonischen und kosmogonischen Mythologemen des Orients. Die mythologischen Revivals beziehen sich lediglich auf das Vokabular. Vorgefundene kosmische Mächte werden entdivinisiert und depotenziert.

Von einem urweltlichen Chaosdrachen Tiamat und einer nächtlichen Muttergöttin Bau der Phöniker oder einer chthonischen Gottheit Bau der Babylonier ist lediglich das fremdländische Wortidiom als »unveräußerliches Requisit priesterlicher Gelehrsamkeit« (von Rad ATD I,38) erhalten geblieben.

Selbst die Ausgangsschilderung am Anfang der Schöpfung, da die Erde wüst und leer war, selbst diese *rudis indigestaque moles* hat nichts mehr an sich von einer autonomen, gottfeindlichen Chaoswirklichkeit; es ist auch keine polemisierende »Karikatur des tellurischen Weltalls« (K. Barth III/1, 114). Sie ist auch nicht eine ungeschaffene Ur- oder Rohzuständlichkeit einer *materia prima,* noch eine geschaffene Chaosmacht, noch die Urerfahrung und Anfechtung des Glaubens ob des Gestaltlosen und Abgründigen, »aus dem Gottes Wille die Schöpfung herausgehoben hat und über dem er sie unablässig hält« (von Rad 38 f). Die entdivinisierten Namen sind zu Bezeichnungen für kraftlose Leere geworden (Zimmerli 35 f), oder »images successives du néant« (de Vaux 39); die spätere Erde war vorher in der Existenzweise des Amorphen, d.h. der Nichtigkeit und Nichtexistenz (Galling).

Besonders auffallend ist die Entgottung von Sonne, Mond und Sternen. Das Licht ist Kreatur! »Zwischen Gott und ihm steht das als Machtwort gesprochene Fiat!, dem es Dasein und Wesen verdankt« (Barth III/1,132 f). Es ist ein offenkundiger Protest gegen alle Sonnen- und Gestirnverehrung, wie wir sie in mythischen und hymnischen Aussagen des alten Orients, insbesondere Mesopotamiens und Ägyptens, mit ihren Prädikationen von der Würde und Hoheit und Göttlichkeit des Sonnengottes, Mondgottes, der numinosen und personifizierten Gestirne kennen (s.

*Astrologie und Astronomie). Dieses »Licht« ist vor der Sonne! Weder an die Erde noch an den Himmel oder das Firmament gebunden. Bei der Erschaffung der großen und kleinen Leuchte am Firmament des Himmels am 4. Tag werden Sonne und Mond nicht einmal mit Namen genannt. Völlig entdivinisiert und depotenziert sind sie Funktionäre Gottes zum Dienst für die Erde und ihre Bewohner. Nicht weniger als 11mal wird bei den Gestirnen – und nur bei ihnen – die Funktion des Dienstes angegeben. Sie sind degradiert zu Lampen und Zeitmessern! [Von den babylonischen Astrologen heißt es Jes 47,13: »Es mögen dir helfen, die den Himmel einteilen, nach den Sternen schauen, die Neumond um Neumond kundtun, was über dich kommen wird. Siehe, sie sind wie Stoppeln, das Feuer verbrennt sie, sie retten ihr Leben nicht aus der Gewalt der Flamme.«] Vgl. Job 31,26–28: »Wenn ich das Licht sah, wie es leuchtet, und den Mond, wie er herrlich einhergeht, und dann mein Herz sich heimlich betören ließ, daß ich ihnen Kußhände zuwarf...«

Ebenso sind die Tiere Kreaturen. Auch der Tierkult war im alten Orient weit verbreitet Die Schlange galt als göttliches Tier nicht nur in Ägypten und Babylonien, sondern auch in Kanaan (s. *Kanaanäische Religion; *Ägypten und seine Beziehung zu Israel; *Babylon und Israel). Vermutlich ist es eine Reaktion auf diese Vorstellung, wenn die Paradieseserzählung gerade die Schlange zum Widersacher Gottes stempelt.

Manche Gelehrte meinen, daß die Erschaffung des Menschen als Mann und Frau und der Auftrag und Segen zur Fortpflanzung betonten, daß die Geschlechtskraft zwar etwas Gottgewolltes, aber doch Geschöpfliches sei. Im alten Orient wurde die Geschlechtskraft bis zur Vergöttlichung sublimiert. Die Institution der Hierodulen war in Ägypten und Babylonien, vor allem an den kanaanäischen Tempeln allgemein verbreitet. Sakrale Prostitution ist Gemeinschaft mit »Geweihten« als Art sakramentaler Gemeinschaft mit der Gottheit.

Die Entgöttlichung und Entmachtung von Sonne, Mond, Sternen, Tieren, Sexus u. a. zeigt deutlich das entmythologisierende Zeugnis: Gott allein hat in freier Souveränität Himmel und Erde, d. h. die ganze Welt erschaffen, auf ihm eigene, wunderbare Weise. Israels Weltverständnis ist von der Allkausalität Jahwes entscheidend geprägt (vgl. von Rad, Weltverständnis 63). Die Welt ist also Schöpfung, Kreatur; kraft eines gebieterischen Aktes wurde sie ins Dasein gerufen, nicht als präkosmische oder kosmische Emanation. Stereotyp wird die besondere Gutheit betont: Gott sah, *wie* gut sie war! »Weil also die Welt für Israel als Schöpfung von Gott umgriffen und durchwaltet war, konnte die Welt nie als etwas für sich selbst Existentes, das auch einen Augenblick abgesehen von Gott verstanden war, angeschaut werden« (von Rad, Weltverständnis 63).

In fester Stereotypik wird das gebietende Wort des Schöpfungsaktes betont: Gott sprach, es werde, und es ward! Durch dieses Reden werden die Dinge ins Dasein gerufen; Sonne, Mond und Sterne zum Leuchten bestellt. Klassisch formuliert Ps 33,8 f: »Durch Gottes Wort wurden die Himmel gemacht und durch den Hauch seines Mundes all ihr Heer, er sprach, und es ward, er gebot, und es stand da.« Die sublimierte Vorstellung von der Schöpfung durch das Wort ist schon in der altägyptischen memphitischen Theologie belegt: Der Stadtgott von Memphis schafft nicht durch Zeugung mit Selbstbegattung, Same und Finger, sondern durch »Herz und Zunge«, die Kräfte des Verstandes und des Wortes. Er denkt die Schöpfung aus, ersinnt die Namen der Dinge und setzt sie ins Wesen, indem er ihre Namen ausspricht. Israel konnte die Wortschöpfung so hervorheben, weil es die Wirkung des sich stets verwirklichenden und durchsetzenden Wortes in seiner Geschichte seit den Tagen der Väter immer wieder neu erfahren hat. Indem Gott die Welt durch sein gebietendes Wort schafft, setzt er in souveräner Selbstmacht den Anfang der Kreaturen. Indem keine Materie genannt und verwendet wird, schafft er aus nichts, d. h. – nach einer Formulierung Bonhoeffers – es wird eine Gott vorgegebene negative Urmöglichkeit (»nichts«) als Unmöglichkeit ausgeschlossen.

Die *creatio in tempore* erreicht der priesterliche Schöpfungsbericht, indem er die Schöpfung in das große genealogische Gerüst seines Geschichtsaufrisses einordnet: »Dies sind die Entstehungsgeschichten von Himmel und Erde, als sie erschaffen wurden« (Gen 2,4 a). Diese Zeitlichkeit der Schöpfung kommt auch durch das altorientalische Kompositionsschema der Siebentagewoche zum Ausdruck. Das Schöpfungswerk mündet schließlich ein in den Segen des heiligen Sabbats, wodurch die letzte Ausrichtung der Schöpfung auf Gott hin dokumentiert ist.

Der Mensch wird von Gott erschaffen nach Gottes Bild und Ähnlichkeit. Worin die Gottebenbildlichkeit besteht, wird eigentlich im AT nicht klar; betont wird die Tatsache und der gnadenhafte Geschenkcharakter aufgrund seines freien Entschlusses. Doch die Funktion des gottebenbildlichen Menschen wird deutlich hervorgehoben: Sie sollen herrschen über die Fische des Meeres und über die Vögel des Himmels und über das Vieh und über die ganze Erde und über alle Kriechtiere, die auf Erden kriechen. Treffend bemerkt von Rad: »So, wie auch irdische Großkönige in Provinzen ihres Reiches, in denen sie nicht persönlich aus- und eingehen, ein Bildnis ihrer selbst als Wahrzeichen ihres Herrschaftsanspruches aufstellen, – so ist der Mensch in seiner Gottesebenbildlichkeit auf die Erde gestellt, als das Hoheitszeichen Gottes. Er ist recht eigentlich der Mandator Gottes, dazu aufgerufen, Gottes Herrschaftsanspruch auf Erden zu wahren und durchzusetzen« (S. 46).

Beachtenswert ist aber, daß die Zeugungsfähigkeit von der Gottebenbildlichkeit sorgfältig abgehoben und in ein besonderes Segenswort verlegt ist.

Schließlich ist die Stellung des Schöpfungsberichtes im priesterlichen Geschichtswerk aufzuzeigen: In P führt die Geschichte von der Weltschöpfung bis zur Errichtung der Stiftshütte. Von der Weltschöpfung über die Sintflutgeschichte zur Völkertafel wird eine universalistische Geschichte entfaltet, die dann über eine Genealogie zur spezifisch israelitischen Geschichte führt, zur Heilssetzung Gottes für Israel, zur Errichtung der Stiftshütte (s. *Stiftshütte und Bundeslade) und des legitimen Kultus. Der Verfasser hat seinen Standpunkt und Glauben am Ort der Stiftshütte im Kreis der Heilssetzungen und -ordnungen. Im Interesse einer theologischen Selbsterkenntnis Israels enthält die Urgeschichte ein Stück Ätiologie Israels; Israels Gott und Befreier ist der Schöpfer Himmels und der Erde, der Gott der Welt und der Menschheit. Wer Israel und seinen Gott verstehen will, der muß mit seinem Geschichtsdenken schon bei der Weltschöpfung einsetzen, denn dieses Israel hat in diesem Weltplan Gottes seinen Platz.

(2) Der Schöpfungsglaube des Jahwisten: Das jahwistische Erzählungswerk (s. *Bibelkritik) zeichnet die Geschichte Gottes mit der Menschheit als ein schrittweises Zerbrechen des Gottesverhältnisses: Die von Gott erschaffene Menschheit wird ungehorsam, sündig, entzweit sich und verfällt der Hybris. In dieses Tun bricht der göttliche Fluch: Mühsal der Arbeit, Tod über den Gott ungehorsamen Menschen, unstetes Irren über den Brudermörder u. a. Der Mensch mehrt in seinem Hochmut gegenüber Gott und in dem Haß gegen den Bruder über sich selbst den Fluch. Dann aber wird der Menschheit in der Berufung des Ahnen eine neue Verheißung zuteil: »Ich will dich segnen und deinen Namen groß machen, und du sollst ein Segen sein..., in dir sollen sich segnen alle Geschlechter der Erde.« Im Zeitalter des groß-davidischen Reiches (s. *David und Salomo) will der Jahwist wieder an den Anfang Jahwes mit Israel zurückführen, um so die Hybris der Zeit zu bannen.

In naiv-bildhafter Art wird die Erschaffung des Menschen aus dem Staub der Ackererde geschildert, so wie wir die Darstellung des ägyptischen Schöpfergottes Chnum an der Töpferscheibe kennen. Hinfällige, vorhandene Materie wird durch den Lebensodem Gottes zum Menschen. Diese Menschwerdung ist aber Schöpfung, Akt des eingreifenden Gottes. Für die Frage der Evolution läßt sich der Text weder positiv noch negativ in Anspruch nehmen.

Bei der Erschaffung der Frau aus einer Rippe des Mannes wird symbolisch gezeigt, daß sie wesensgleiche Helferin des Mannes ist: »Bein von meinem Bein und Fleisch von meinem Fleisch.«

Das Leben im Wonnegarten veranschaulicht das ursprüngliche Leben des Menschen in der Nähe und Freundschaft Gottes; die Ausweisung aus dem Paradies bedeutet Verlust dieser Nähe Gottes.

Der Urzustand wird hyperbolisch idealisiert: es herrscht voller Friede zwischen Mensch und Tier, die Erde ist von außergewöhnlicher Fruchtbarkeit; negative Erscheinungen (Kriechen der Schlange auf dem Bauch, Beschwerden der Mutterschaft, Mühsal der Arbeit, Tod u. a.) werden ätiologisch als Strafe für die Sünde aufgefaßt. Offensichtlich handelt es sich dabei um Bilder für die geistige Zerstörung, die die erste Sünde im Menschen bewirkte. Das theologisch-kirchliche Verständnis der besonderen Gaben der Paradieseszeit wird dem symbolhaften Charakter und der ätiologischen Darstellung mehr Rechnung tragen müssen.

(3) Der Schöpfungsglaube bei Deuterojesaja: Bei Deuterojesaja (s. *Jesaja), dem unbekannten Propheten des babylonischen *Exils, erfährt der Glaube an den Schöpfergott eine wesentliche Aktualisierung und Soteriologisierung. So läuft im Dispu-

tationswort die Beweisführung von den betont vorangestellten Schöpfungsaussagen zu solchen über Jahwes Handeln in der Geschichte bis in die Zukunft (Jes 44,24–28).

Hier werden die Gegenwart und die Zusage künftigen Heils durch die Berufung auf Gottes Schöpfungshandeln unterbaut; der Schöpfungsglaube steht in der hymnischen Tradition von den Heilstaten Jahwes: Schöpfung, *Auszug aus Ägypten, Errettung am Meer, *Landnahme. Der Schöpfungsglaube wird aktualisiert und Bestandteil des jetzt oder künftig geschehenden Heilshandelns Gottes.

In den Heilsorakeln wird mit dem Hinweis auf Gottes Schöpfungstat die Zusage der Hilfe und des Heils glaubhafter gemacht. Befreiung aus dem Exil, Heimführung, Wiederaufbau erscheinen angesichts der Schöpfungstat greifbarer und glaubhafter (Jes 43,1–7; 44,1–5).

Schließlich fallen Schöpfung und Erlösung aus Ägypten ganz zusammen als eine große Heilstat Gottes (Jes 51,9f).

Deuterojesaja holt den Schöpfungsglauben aus der Vergangenheit in die Glaubensaktualität hinein, zur Festigung und Stärkung des Glaubens und Hoffens in der Gegenwart und für die Zukunft (41,4). Die Schöpfung ist also integrierender Bestandteil der Heilsgeschichte und der Erlösungstat Gottes. Die Schöpfungstat ist Glied der Gnadenerweise und Heilstaten Gottes.

Dieser soteriologische Aspekt ist aber nicht eine prophetische Variante, sondern die ursprüngliche Konzeption aller hymnischen Prädikationen.

*(4) Schöpfung in der *Weisheitsliteratur:* Eine völlig andere und neue Perspektive bringen einige weisheitliche Texte. Während in der priesterlichen Theologie die Schöpfung zur Ätiologie Israels gehört, so daß man zum rechten Verständnis Israels und seiner Heilsgeschichte bei der Schöpfung einsetzen muß, geht es der Weisheit um das rechte intellektuelle Verständnis der Welt; der Weg von der Welt als Schöpfung zu Gott dem Schöpfer bleibt Geheimnis und gelingt nur über Israel.

Im Buche *Job wird die Schöpfung herangezogen, um das unvergleichliche Vermögen und Geheimnis Gottes anzuzeigen, vor dem sich der Mensch in Demut und Unwissenheit beugen muß (Job 38–41 u. ö.). Gottes Schöpfungstat ist von der Weisheit begleitet (Spr 8,22f); daher die Mahnung (8,32–36).

Nach Sir 24,3 geht die Weisheit aus dem Munde des Höchsten hervor und bedeckt die Erde wie ein Nebel. Nach dem Befehl des Schöpfers hat sie in Jakob ihr Zelt aufgeschlagen und in Israel Erbbesitz gewonnen (24,8).

Während also in der Weisheit das Interesse an der Heilsgeschichte erlahmte, war das Interesse den Schöpfungswundern zugekehrt. Da aber das Schöpfungs- und Weltgeheimnis sich dem erkennenden Menschen entzog, identifizierte man die kosmische Weisheit mit der an den Menschen ergangenen göttlichen Offenbarungskundgabe.

Paulus erinnert 1 Kor 1,21 auf einer höheren Ebene an dieses Paradox: »Weil die Welt – inmitten der Weisheit Gottes – Gott auf dem Weg der Weisheit nicht erkannt hat, so beschloß Gott durch die Torheit des Kerygmas die Glaubenden zu erretten.«

b) Das Weltbild des Alten Testamentes: In Anknüpfung an die kosmologischen und geographischen Vorstellungen des alten Orients hat das biblische Weltbild verschiedene Ausprägungen erfahren. In der Formel »Himmel und Erde« (Jes 1,1; 2,1.4a; Dt 3,24) ist wohl nur die Ganzheit des Kosmos in seinen beiden sinnenhaft wahrnehmbaren Hälften verstanden. Daneben begegnet eine triadische Vorstellung »der Himmel droben, die Erde drunten und das Meer unter der Erde« (Ex 20,4; vgl. Ps 115,15–17).

Die *Erde* dachte man als runde Scheibe (Jes 40,22; vgl. Job 26,10; Spr 8,27), die auf dem Urmeer (*t·hōm* Gen 49,25; Ex 20,4; Ps 24,2 u. ö.) ruhte und vom bitteren Strom des Meeres umspült war; die Quellen als »Augen« des Urmeeres (Gen 7,11; 8,2; Spr 8,28) fließen in Flüssen wieder ins Meer zurück. Die Erdscheibe stützt sich auf Fundamente (2 Sam 22,16; Jes 24,18; Ps 18,16 u. ö.) oder Säulen (1 Sam 2,8; Job 9,6) mit Sockeln (Job 38,6). Nach babylonischen Vorbildern wurde sie wohl von den Bergen oder einer Gebirgskette umgeben gedacht; jedenfalls werden die Berge auch Säulen (Job 26,1) oder Fundamente (2 Sam 22,8) des Himmels genannt, so daß man sich den Himmel oder das Firmament auf diesen Bergen ruhend vorstellen muß. – Das AT kennt aber auch eine viereckige Erde: man spricht von den vier Säumen der Erde (Jes 11,12; Ez 7,2; vgl. Mt 24,31; Apg 7,1), mit denen wohl die vier Winde irgendwie in Verbindung stehen (Jer 49,36; Ez 37,9). Nach Job 38,12f ergreift die Morgenröte die vier Enden der Erde und schüttelt von ihr wie von einem Teppich die Gottlosen ab.

Der *Himmel* (*šāmajim*) meint sowohl das

Firmament als auch den ganzen Kosmos oberhalb der Erde: Die Feste des Himmels gleicht einer dünngeschlagenen harten Glocke (*rāqia'* Gen 1,6) aus Erz (Dt 8,23) oder Eisen (Lev 26,19). An der Vorderseite des Himmelsgewölbes ziehen Sonne und Mond ihre Bahnen und leuchten die Sterne (vgl. *Astrologie und Astronomie); sie dienen zur Zeiteinteilung in Tag und Nacht. Zwischen Himmel und Erde fliegen die Vögel (Gen 1,26 u.ö.). Oberhalb des Firmamentes ist der Himmelsozean, von dem Regen, Schnee, Tau u.a. herabfallen. Der Himmel selbst ruht auf Säulen oder Fundamenten (s.o.). Nach Am 9,6 hat Jahwe im Himmel seinen Söller gebaut und sein Gewölbe auf der Erde gegründet. Hier thront er (Ps 103,19), erhört das Gebet der Menschen (1 Kg 8,30) und spendet Segen (Gen 9,25). – Daneben kennt das AT eine Vorstellung vom Himmel als Zelt. Vgl. Ps 104,2: »Du bist es, der den Himmel ausspannt wie ein Zelt, die Balken seiner Söller aufschlägt im Wasser, der die Wolken nimmt als Wagen und daherfährt auf den Flügeln des Windes.« Manche Gelehrte erklären die unterschiedliche Vorstellung so, daß nomadische Beduinen den Himmel als Zelt, Städter dagegen den Himmel als Haus oder Obergemach denken.

Das *Wasser unter der Erde* ist der Urozean oder die Chaoswasser der Urflut (Gen 7,11; 8,2; 49,25; Ps 69,35; 96,11 u.ö.); dieses Urmeer manifestiert sich in den unheimlichen Wassermassen des Meeres. Nach dem biblischen Schöpfungsbericht hat Gott die Urwasser in obere und untere Wasser geschieden (Gen 1,6f). – Auch die Unterwelt oder das Totenreich wird unterhalb der Erde angesetzt (Ex 15,5; Ez 26,19; 31,15; Sir 51,5) und oft mit den Wassern unterhalb der Erde und dem Urmeer (*t·hōm*) zusammengesehen (Ps 71,20; Ez 31,15; Jon 2,6). So kann dann auch die Unterwelt als Stadt mit Toren erscheinen (Jes 38, 10; Ps 9, 14; 107, 16, 18; Job 38,10).

Kriegführung

Gliederung: 1. Der Heilige Krieg. a) Israels Kriege – Jahwes Kriege; b) Rechtfertigung des Heiligen Krieges; c) Vorschriften zur Führung eines Heiligen Krieges. 2. Kriegstaktik. a) Verbesserung der Kriegstechnik; b) Befestigung von Städten und Lagern; c) Belagerungstechnik; (1) Belagerung durch ein reguläres Heer; (2) Überraschungsangriffe der Chabiru; (3) Angriff mit Sturmleitern; (4) Verwendung von Sturmböcken; (5) Tunnelbau; d) Der Angriff auf die Stadt; e) Kriegslist und Strategie; f) Gefechtstaktik; g) Überraschungsangriffe; h) Signale. 3. Organisation und Führung eines Krieges. a) Mobilisierung und Organisierung eines Heeres; b) Feldzüge; c) Das Lager. 4. Israels Kriege. a) Von der Landnahme bis zur Reichstrennung; b) Kriege der Reiche Israel und Juda; c) Die Makkabäerkriege und die Heeresorganisation der hellenistischen Zeit; d) Die jüdisch-römischen Kriege.

1. Der Heilige Krieg: *a) Israels Kriege – Jahwes Kriege:* Kriege waren in der Geschichte Israels von jeher häufig. Auch nach der Seßhaftwerdung der Israeliten in Palästina erfreute sich das Land nur kurzer Friedensperioden. Historisch kann man die zahlreichen Kriege hauptsächlich als Folge politischer Umstände betrachten, doch spiegelt die Bibel deutlich eine Auffassung von altisraelitischer Kriegführung als von etwas wesenhaft Religiösem wider. Der Gedanke eines Heiligen Krieges beherrscht viele Partien der biblischen Bücher und der in der Zeit zwischen der Abfassung der letzten kanonischen Bücher des AT und der der Bücher des NT entstandenen Schriften.

Für die Israeliten war der Krieg stets etwas von Gott Befohlenes, und denen, die auf ihn bauten, fiel der Sieg zu. In der Frühzeit und zu Beginn der Königszeit pflegte die Bundeslade die Truppen in der Schlacht als sichtbare Bürgschaft für Gottes Gegenwart zu begleiten (2 Sam 11,11; s. *Stiftshütte und Bundeslade), denn Israels Kriege waren die »Kriege des Herrn« (Num 21,14). Diese Haltung, die alle biblischen Kriegsberichte implizieren, wird in den Büchern *Deuteronomium und *Numeri ausdrücklich dargelegt. Der Herr der Heerscharen war der »Gott der Schlachtreihen Israels« (1 Sam 17,45), und Israels Feinde waren Gottes Feinde. Sie und ihre verderblichen Einflüsse galt es erbarmungslos zu vernichten, um das Überleben des »Bundesvolkes« zu sichern, das als Gottes besonderes Werkzeug zur Errettung der Welt auserwählt war. Überdies waren Bevölkerungen und Habe eroberter Städte sein rechtmäßiges Eigentum. In einer eroberten Stadt war alles unantastbar (auf hebr. *ḥēræm* = verboten) und mußte entweder Gottes unmittelbaren Beauftragten überantwortet oder als Opfer dargebracht werden (s. *Opfer). Alles, was Israel und seinem Gott feindlich war, sollte »dem Bann des Herrn verfallen sein« (Jos 6, 17.24), und nichts durfte übrigbleiben, was zu Götzendiensten führen und derart Gottes Plan vereiteln konnte (Dt 7,1–6).

Der religiöse Charakter des Krieges wird auch in dem Brauch sichtbar, durch sakrales Losorakel (Ri 1,1; 1 Sam 23,2) oder durch Prophetenspruch (z. B. 1 Kg 22,25) »den Herrn zu befragen«. Natürlich pflegten alle Heere des alten Orients ihren Gott um Rat zu fragen (s. *Magie, Wahrsagerei und Aberglauben), aber in dem theokratischen System Israels hatte dies eine besondere Bedeutung.

b) Rechtfertigung des Heiligen Krieges: Fast alle Völker der Alten Welt verbanden Krieg mit Religion. Ein Krieg wurde entweder auf Befehl der Götter oder mit ihrer Billigung begonnen und war von besonderen religiösen Riten begleitet. Die Griechen führten die Kriege der Amphiktyonie von Delphi in der Form von Heiligen Kriegen gegen alle Mitglieder, die die geheiligten Rechte des Apollon verletzten. Der moslemische Heilige Krieg oder *ğihad* erfüllte die jedem Gläubigen auferlegte Verpflichtung, seinen Glauben durchs Schwert zu verbreiten. Der Begriff *ğihad* ist dem Geist des Jahwismus jedoch völlig fremd. Bei den Israeliten bekam der Krieg zusammen mit allen übrigen Einrichtungen Israels seinen heiligen Charakter als Ergebnis des engen Verhältnisses zwischen Gott und seinem auserwählten Volk (s. *Erwählung und auserwähltes Volk). Überdies kämpfte Israel eher um die Bewahrung seiner nationalen Existenz als um die seines Glaubens. Seine Kriege waren folglich an sich keine »Religionskriege«. Von den meisten Kriegen der Alten Welt unterschieden sie sich dadurch, daß der Krieg eine heilige Handlung war, die ihre eigene Ideologie und ihre besonderen Riten besaß, nicht lediglich etwas, bei dem die Religion Nebensache war. Der religiöse Aspekt des Krieges dauerte in Israel bis zur Königszeit fort, und obwohl zuweilen modifiziert, wirkte er doch nach wie vor auf viele drängende ethische und moralische Probleme ein. Obwohl er unter bestimmten Umständen und zu bestimmten Zeiten einen weltlicheren Charakter annahm, wurde der Gedanke des Heiligen Krieges zur Zeit des Makkabäeraufstandes (s. *Hasmonäer) und in den beiden großen Kriegen gegen Rom (s. *Rom und die Juden) mit seiner ganzen ursprünglichen Kraft erneuert.

c) Vorschriften zur Führung eines Heiligen Krieges: Die Heiligkeit des Krieges und der Gottesstreiter brachte es mit sich, daß besondere Vorschriften zur Sicherung der unbefleckten Reinheit des »Lagers Jahwes« erlassen wurden (Dt 23,10–15). Diese gingen in dem Qumran-Text von dem »Krieg der Söhne des Lichts gegen die Söhne der Finsternis« (s. *Qumran) ein. Da der Krieg etwas Heiliges war (*qiddēš milḥāmā* = zum Kampf weihen; Jer 6,4; Jo 3,9), schlossen die Kriegsvorbereitungen zudem ein Opfer, für gewöhnlich ein Brandopfer (Ri 6,20.26), ein und hatten Schlachtrufe zumeist eine religiöse Bedeutung, z. B. »Schwert für den Herrn und Gideon« (Ri 7,18.20; s. auch *Numeri).

Kriegserklärungen waren nicht üblich. Ein Heerführer pflegte sein Lager im Feindesland aufzuschlagen, die Stärke seines Heeres zu demonstrieren und sodann Bedingungen zu stellen, bei deren Erfüllung er von Feindseligkeiten Abstand nahm (1 Sam 11,1 ff). Bisweilen kämpften nur ausgewählte Streiter (z. B. Goliath und David), oder ein Herrscher forderte einen anderen zum Kampf heraus (z. B. König Amazja von Juda den König Joas von Israel, 2 Kg 14,8–10); doch war dies ungewöhnlich.

Das Deuteronomium (20,10–20) legt Vorschriften für eine Belagerung fest; sie folgen vermutlich den damaligen Gepflogenheiten, vorwiegend jenen der Königszeit. Ehe die Israeliten mit der Belagerung einer Stadt in Feindesland beginnen, müssen sie ihre Friedensbedingungen anbieten. Werden diese angenommen und die Tore geöffnet, so darf die Bevölkerung zur Zwangsarbeit angehalten (nicht versklavt oder getötet) und die Stadt eingenommen werden. Weist sie die Bedingungen zurück, leistet Widerstand und wird besiegt, so können die Männer getötet und alle Frauen und Kinder sowie die gesamte Habe als Beute betrachtet und unter den Siegern aufgeteilt werden. Für die Städte von Fremden innerhalb des israelitischen Territoriums werden jedoch sehr viel härtere Maßnahmen angeordnet: »Du sollst nichts am Leben lassen, was Atem hat« (Dt 20,16).

Tatsächlich verhielten sich die Israeliten gegen die von ihnen Besiegten nicht grausamer als ihre Zeitgenossen, und die Behandlung, die sie nach dem Bericht von 2 Kg 15,16 einer eroberten Stadt angedeihen ließen, war immer noch weitaus weniger unbarmherzig als die berechnende Brutalität der Assyrer. Die Siegesbeute wurde unter den Soldaten aufgeteilt, wobei Offiziere Sonderzuteilungen erhielten (Ri 8,24 ff; 1 Sam 30,26 ff). Zur Bewachung des Lagers zurückgelassene Soldaten erhielten den gleichen Anteil wie die Kampftruppen – eine von David eingeführte, aber bezeichnenderweise Moses (Num 31,27) zugeschriebene Vorschrift (und vielleicht treffen beide Traditionen zu). Selbst wenn die Bevölkerung das Ende einer Belagerung überlebte, konnte einem besiegten Volk die Zahlung einer hohen Entschädigungssumme oder eines jährlich zu zahlenden Tributs auferlegt werden (z. B. 2 Kg 3, 4).

2. Kriegstaktik: *a) Verbesserung der Kriegstechnik:* Die Ursprünge der in der frühbiblischen Zeit angewandten Kriegstaktik, der Kriegsbräuche wie auch der Waffen (s. *Waffen und militärische Rüstung) sind im Vorderen Orient des 2. Jahrtausends v. Chr. zu suchen. In der alttestamentlichen Periode (genauer: in der mittleren Bronze- und frühen Eisenzeit) wurden zweirädrige Streitwagen eingeführt, die den Heeren eine unvergleichlich größere Beweglichkeit verliehen und viele Änderungen in der Taktik zur Folge hatten. Gleichzeitige Verbesserungen der Bogen und Pfeile bewirkten eine erhebliche Steigerung der Streitkraft. Diese beiden Entwicklungen führten dazu, daß sich kleine Länder und Völker auf die Verteidigung innerhalb befestigter Städte konzentrierten. Belagerungsmaschinen (s. *Waffen und militärische Ausrüstung) wurden infolgedessen verbessert, was wiederum die Einführung verschiedener Gegenmaßnahmen anregte.

Die biblischen Befehlshaber wandten alle üblichen Kriegsmethoden an: sie belagerten feindliche Städte: (1 Kg 20,1) und verteidigten sich gegen Belagerungen, führten Überfälle durch (1 Sam 14) und kämpften in offener Feldschlacht.

b) Befestigung von Städten und Lagern: Eines der typischsten Merkmale der Befestigungen von Städten und Lagern der mittleren Bronzezeit ist der vor den Befestigungen angelegte, zum Feind hin abfallende verputzte Böschungswall. In späterer Zeit betrug seine Ausdehnung zuweilen bis zu 30 m. Man nimmt an, daß diese Art militärischer Architektur von den Hyksos eingeführt wurde, die sich im 18. Jhdt. v. Chr. in Unterägypten (im Deltagebiet; s. *Ägypten und seine Beziehung zu Israel) festgesetzt hatten, die auch in Kanaan eingedrungen waren und sich nach ihrer endgültigen Vertreibung durch die Ägypter (1570 n. Chr.) an vielen wichtigen Plätzen an den Ostküsten des Mittelmeeres festsetzten.

Auf die Hyksos geht auch die Einführung von Streitwagen in die Kriegführung des alten Orients zurück, und man nimmt an, daß die befestigten Lager, die sie errichteten, dem Schutz ihrer Streitwagen dienten. Auch nach ihrer Festsetzung in Palästina waren die meisten kanaanäischen Städte zu klein, um eine größere Anzahl von Streitwagen samt Pferden unterzubringen; die Lager wurden auf diese Weise zu bedeutsamen, dauerhaften Bestandteilen der Landschaft. In Avaris (Nordägypten) hat man die Überreste eines ihrer wichtigsten Plätze entdeckt, eines Lagers, das Raum für 40 000 Mann und Hunderte von Streitwagen bot; die Beschreibung des *Josephus, der Manetho, einen älteren ägyptischen Historiker, zitiert: »Sie umgaben diesen ganzen Platz mit einem Wall, der groß und stark war«, bestätigt dies.

Tatsächlich waren die Lager zuerst von einer starken Mauer umgeben und außerhalb dieser von einem massiven Damm aus Sand (in Avaris), Erde oder mehrflächigen Blöcken (in Palästina). Jenseits des Dammes fiel das Vorfeld schräg ab (180 m in Avaris), häufig zu einem am Fuß befindlichen Graben. Derartige Glacis sind in *Askalon, *Lachis und *Hazor **(Abb. 306),** *tell el-ğerīše* **(Abb. 498)** bei Tel Aviv und an vielen anderen Orten Palästinas entdeckt worden. Vermutlich sollten sie u. a. Angriffe feindlicher Streitwagen gegen die Mauern (sei es eines Lagers oder einer befestigten Stadt) verhindern. Ein solches Glacis wurde auch außerhalb der israelitischen Stadt Gath (*tell šēḫ aḥmēd el-ʿarēnī*) entdeckt. Y. Yadin hat nachgewiesen, daß der Hauptzweck der Glacis darin bestand, die Mauern vor feindlichen Angriffen durch Sturmböcke und die anderen neu entwickelten Belagerungsmaschinen zu schützen (s. *Waffen und militärische Rüstung). Zur Überwindung des neuen Hindernisses pflegten mit Sturmböcken ausgerüstete Angreifer den Graben zuzuschütten und einen neuen Damm zu bauen, um den Bock an das obere Ende des Glacis zu führen, wo er auf die sehr viel dünneren Brustwehren und Innenmauern stieß. Diese unvermeidlich langsame und umständliche Operation erklärt die Notwendigkeit, gleichzeitig mit den Sturmböcken »Feuertürme« einzusetzen, um die angreifenden Soldaten durch einen unablässigen Pfeilhagel zu decken.

Anscheinend wurden die Glacis und andere verbesserte Verteidigungsmittel jedoch schließlich für alle Angreifer zu einem derart gewaltigen Hindernis, daß eine Stadt allmählich nur noch durch Einschließung und List zu bezwingen war. **Abb. 496** zeigt das Fundament des Turmes und der Wachtstube von *m · ṣad ḥašavjāhū*, das Kö-

Abb. 496. Grundmauern eines zerstörten Turmes von *m·ṣad ḥašavjāhū*. Das Kreuz bezeichnet die Wachstube

Abb. 497. Griechischer Bogenschütze mit Langbogen

Abb. 498. Reste des bei *tell elǧeriše* (in der Nähe von Tel Aviv) entdeckten Glacis

nig Josia zu Anfang des 7. Jahrhunderts v. Chr. eroberte. Das unter *Inschriften 4 k beschriebene Ostrakon **(Abb. 343)** wurde dort entdeckt.

c) Belagerungstechnik (hebr. *māṣōr*): Im allgemeinen konnten befestigte Städte auf folgende Arten angegriffen werden:

(1) Belagerung durch ein reguläres Heer: Die Blockade oder Belagerung durch ein reguläres Heer (diese schloß häufig auch sämtliche anderen Varianten ein) sollte die Verteidiger in ihren Mauern einschließen, verhindern, daß sie Nachschub oder Hilfe von außen erhielten, und ihre Gegenangriffe und Ausfälle abwehren. Die Angreifer exponierten sich dabei am meisten, und ihr Erfolg war der Lohn für ihre größere Tapferkeit und Ausdauer.

(2) Überraschungsangriffe der Chabiru: Die *Amarnabriefe (14. Jhdt. v. Chr.) berichten von einer Abwandlung, welche die für wirksamere Methoden nicht ausgerüsteten *Charibu gegen kanaanäische Städte anwandten: sie blockierten alle nach einer Stadt führenden Straßen und hinderten die Einwohner sogar daran, ihr Land zu bestellen. Die Charibu bewegten sich in kleinen Gruppen und waren den Opfern ihres Terrors häufig zahlenmäßig unterlegen. Eben diese Tatsache machte sie beweglicher als ein großes Heer, und ihre Überraschungsangriffe konnten in einer belagerten Stadt leicht chaotische Verhältnisse schaffen.

(3) Angriff mit Sturmleitern: Während einer anhaltenden Belagerung, aber auch unabhängig davon, pflegten Gruppen von Angreifern die Mauern mit Sturmleitern zu erklimmen und die Verteidiger direkt anzugreifen. Viele ägyptische und assyrische Reliefs veranschaulichen derartige Einsätze **(Abb. 500, 501),** die erheblichen Mut und Beweglichkeit forderten.

(4) Verwendung von Sturmböcken: Zur Erzielung von Mauerdurchbrüchen verwendete man Sturmböcke und Miniergeräte **(Abb. 860).**

(5) Tunnelbau: Untertunnelung der Mauern oder überraschendes Eindringen durch vorhandene Wasserleitungskanäle und Schächte, z. B. Joabs Angriff gegen Jebus (Jerusalem; 2 Sam 5,8).

(Für weitere Einzelheiten über die Befestigungen von Stadtmauern und -toren s. *Kanaanäische Städte; *Stadtanlage, israelitische; *Jericho usw. Der Artikel *Wasserversorgung behandelt auch die Wasserversorgung belagerter Städte.)

d) Der Angriff auf die Stadt: Biblische Berichte über Belagerungen erwähnen bei der Schilderung einer Bestürmung der belagerten Stadt häufig sämtliche aufgeführten Methoden. Vor der Mauer errichtete man einen Erdwall oder Damm als Rampe, von dem aus die Angreifer über die Wälle und in die Stadt gelangen konnten. Gleichzeitig gingen Pioniere daran, die Mauer zu unterminieren (z. B. Davids Belagerung von Abel-Beth-Maacha 2 Sam 20,15). Auch versuchte man, die Tore in Brand zu stekken (Ri 9,52).

Die Verteidiger pflegten ihrerseits durch Nahkampf, mit Pfeilen und groben Wurfgeschossen Widerstand zu leisten (Ri 9,53). Die Angreifer und ihre Stellungen wurden mit Steinen, Häckselballen und Brandkugeln beworfen (z. B. 1 Makk 6,13) oder mit feurigen Pfeilen beschossen (Eph 6,16). Soldaten, welche die Sturmleitern zu erklimmen oder die von den Angriffstürmen auf die Mauer führende Brücke zu passieren versuchten, wurden mit kochendem Öl übergossen. Im ›Jüdischen Krieg‹ gibt Josephus bei der Beschreibung der Belagerung von Jerusalem durch Nebukadnezar eine lebensvolle Schilderung aller dieser Maßnahmen, während 2 Kg 24 auf die furchtbare Not deutet, in die eine belagerte Stadt geraten konnte.

In der Königszeit ließen die Verteidiger israelitischer Städte vielleicht wie Usia »kunstvoll ausgedachte Maschinen anfertigen, die auf den Türmen und Zinnen aufgestellt wurden, um mit Pfeilen und großen Steinen zu schießen« (2 Chr 26,15). Die Forschung ist sich immer noch nicht einig, ob diese »Maschinen« Wurfmaschinen oder Katapulte wie die der Assyrer waren oder einfach Gestelle, die als Vorkragungen unmittelbar längs der Mauerränder angebracht waren wie die in der militärischen Technik des europäischen Mittelalters benutzten hölzernen Schutzwehren und es Bogenschützen und Soldaten ermöglichten, auf die Angreifer am Fuß der Mauer zu schießen, ohne sich ihren Geschossen auszusetzen. Auf den assyrischen Reliefs, welche die Belagerung der Stadt darstellen, weisen die Mauern von *Lachis solche Vorrichtungen auf. Das Zeugnis dieser Reliefs wird durch andere Inschriften Sanheribs erweitert, in denen er erklärt, wie er die judäischen Städte »durch die Aufführung von Erdrampen, das Heranbringen von Sturmböcken an die Mauern, durch Infanterieangriffe, Unterminierung, Breschen und Tunnels« (s. *Lachis) einnahm.

Angreifer, die sich einer belagerten Stadt über den die Mauern umgebenden Damm oder Graben (den *dājeq*) näherten, wurden durch die Schutzwehr oder den großen Belagerungsschild (die *ṣinnā*) geschützt. Ez 4,1–3 führt die Methoden des Belagerungskrieges auf, die er möglicherweise alle Nebukadnezar anwenden sah. Verschiedene ballistische Maschinen wurden während der Makkabäer- und Hasmonäerkämpfe ausgiebig benutzt (s. *Hasmonäer; *Waffen; 1 Makk 6,20.51–52; 11,20; 13,43 ff).

e) Kriegslist und Strategie: Wenn eine befestigte Stadt imstande schien, einer Belagerung Widerstand zu leisten, oder wenn ihre Feinde noch keine besonders wirksamen Angriffsmittel entwickelt hatten (wie es der Fall war, als die Israeliten die kanaanäischen Städte angriffen), war es wichtig, andere Möglichkeiten als einen Direktangriff ausfindig zu machen.

Für diese Art von Kampf brauchte man zuallererst Nachrichten über die feindliche Kräfteverteilung, die Gegebenheiten des Geländes sowie über mögliche Verstecke und geheime Zugänge. Spionage war für diesen Zweck schon vor dem 15. Jhdt. v. Chr. allgemein üblich. Ein Beispiel ist die Erzählung, wie Moses Kundschafter nach Kanaan entsandte (Num 13), ein weiteres die Entsendung von Kundschaftern nach Jericho (Jos 2) und Ai (Jos 7,2) durch Josua. Die Erzählung in Ri 1,22–26 ist ebenfalls ein instruktives Beispiel für die Beschaffung benötigter Nachrichten und ihre Nutzung durch Kundschafter.

Über die von den israelitischen Kommandeuren angewandte Strategie äußert sich die Bibel kaum. Aus außerbiblischen Quellen über die von Thutmosis III. bei Megiddo und von Ramses II. bei Kadesch (in Syrien; s. *Ägypten und seine Beziehung zu Israel) geschlagenen Schlachten ist ersichtlich, daß die Hethiter und Kanaanäer zumeist versuchten, den Feind aus seinen vorbereiteten Stellungen zu locken, und dann einen Überraschungsangriff mit Streitwagen machten, wobei die Hauptmasse des Heeres in Reserve blieb, um entweder bei einem Anfangserfolg nachzustoßen oder aber einen geregelten Rückzug zu ermöglichen.

Im 9. Jhdt. v. Chr. begann der Krieg Judas und Israels gegen Moab anscheinend mit einem Vormarsch durch das Land von Süden her (2 Kg 3,8–25), wobei man unterwegs keinen Stein auf dem anderen ließ. Eine ähnliche Strategie wandte David gegen die Philister (2 Sam 5,23) an.

f) Gefechtstaktik: Die Gefechtstaktik war je nach Zeit, Zahl der Streitkräfte und Art der Waffen verschieden. Die früheren Bewohner Kanaans setzten sich gegen Invasoren eher mit Bogenschützen als im Nahkampf zur Wehr. Die Israeliten bedienten sich während und nach der Landnahme sämtlicher üblicher Methoden der Kriegführung, wobei die Taktik im Einzelfall im wesentlichen davon abhing, ob Streitwagen eingesetzt wurden. In der Kriegszeit standen in einer größeren Schlacht, an der sowohl das Berufsheer wie Ausgehobene teilnahmen, die Berufssoldaten in den vordersten Linien, während die Ausgehobenen die Bereitschaftstruppen waren, die im Hintergrund blieben und als Reserve fungierten. Nach dieser Methode kämpfte David gegen die Ammoniter (2 Sam 11) und Ahab gegen die Aramäer (1 Kg 20, 15–20). Eine kompliziertere Taktik wird in 2 Sam 10,8–14 (Joabs Schlacht gegen die Ammoniter) und 1 Kg 22,31 (Ben-Hadads Anweisungen an die Obersten der Streitwagen vor der Schlacht bei Ramoth-Gilead) beschrieben.

g) Überraschungsangriffe: Ein Heer, das seinen Gegnern – an Zahl, Waffen oder Können – unterlegen ist, wird stets versuchen, sich durch einen unerwarteten Angriff einen Vorteil zu verschaffen. Zur Zeit der *Landnahme war Josuas Israelitenschar kein richtig organisiertes Heer und vermied nach Möglichkeit direkte Angriffe auf die befestigten kanaanäischen Städte. Statt dessen brachten die Israeliten die Verteidiger bisweilen dazu, ihre Mauern zu verlassen und in offener Feldschlacht zu kämpfen (vgl. 2 Kg 7,12). Meistens führten sie aber Überraschungsangriffe durch. So unternahm etwa Josua, als sich die verbündeten kanaanäischen Stadtkönige zum Angriff auf Gibeon zusammenschlossen, das mit den Israeliten einen Vertrag geschlossen hatte, mit seinem Heer vom Hauptlager Gilgal bei Jericho aus einen 30 km langen Nachtmarsch und überrumpelte die Kanaanäer. Der gleichen Taktik bediente er sich, um eine andere kanaanäische Allianz unter dem König von Hazor am »Wasser von Merom« (Jos 11,7) zu überrumpeln. Später waren Nachtangriffe eine Lieblingstaktik Gideons (Ri 7,17 ff). Eine solche Taktik war besonders wirksam in hügeligem Gelände, wo die Kanaanäer ihre Streitwagen nicht einsetzen konnten. Ein solches Gelände eignete sich auch sehr gut für erfolgreiche Angriffe aus dem Hinterhalt. Eine Gruppe Israeliten erweckte den Anschein, als fliehe sie vor ihren Feinden, und lockte diese so dorthin, wo das Hauptheer wartete, um sich von allen Seiten auf den Gegner zu stürzen (Jos 8,15–19; Ri 20,32–36). Dies war auch ein beliebtes Ablenkungsmanöver bei Angriffen auf Städte. Da die Angreifer zu fliehen schienen, setzten die Verteidiger ihnen in der Regel nach, und eine wartende Gruppe konnte sich dann auf das Stadttor stürzen. In einigen Fällen, wenn Überrumpelung ein Element der Schlacht bilden sollte, wurde die israelitische Streitmacht in drei Angriffsgruppen geteilt (Ri 7,16; 9,43; 1 Sam 11,11; 2 Sam 18,2), die den Feind einkreisen sollten. Oder ein Heer wurde in zwei Hälften geteilt, um Front und Rücken des Feindes gleichzeitig anzugreifen (2 Chr 13,13–15). Angesichts einer solchen Lage hielten fähige Generäle ihr Heer eng beisammen und kämpften an beiden Fronten, die sich wechselseitig unterstützten (2 Sam 10, 8–11). Melder zu Pferde oder zu Fuß hielten die Verbindung zwischen den beiden Truppenkörpern aufrecht.

h) Signale: Die Verbindung zwischen Städten und Heeren wurde auch durch Signale, beispielsweise durch auf Hügelkuppen entzündete Leuchtfeuer, aufrechterhalten, deren Rauch oder gleichmäßiges Licht weithin sichtbar war. Sie gaben mittels vorher verabredeter Zeichen Nachrichten weiter (Ri 20,38) oder dienten als Warnzeichen (Jer 6,1). In *Lachis gefundene Ostraka veranschaulichen, wie dieser Feuersignalcode von den Verteidigern der Stadt in den letzten Tagen des Reiches Juda benutzt und entschlüsselt wurde.

3. Organisierung und Führung eines Krieges: *a) Mobilisierung und Organisation eines Heeres:* Das frühisraelitische Heer bestand aus Einheiten, die die Stämme für einen bestimmten Feldzug zur Verfügung stellten. Nach der Schlacht kehrten die Soldaten ins Alltagsleben zurück. G. E. Mendenhall hat gezeigt, daß die Heereseinheiten oder *'ălāfîm* ursprünglich nicht wörtlich »Tausende« waren, sondern daß *'ælæf* = »tausend« eine Stammeseinheit meinte, die eine bestimmte Anzahl Krieger bereitstellen konnte. Dieser Nachweis hat die korrekte Interpretation der offensichtlich übertriebenen Zahlenangaben im Buch Numeri ermöglicht (s. *Volkszählung). Das Heer des Stämmebundes zählte demgemäß wahrscheinlich an die 6000 Mann (nicht 600-»tausend«, wie die Angabe in Num 26,51 zu besagen scheint). In der Praxis war die Anzahl der zu irgendeiner Zeit tatsächlich verfügbaren Truppen möglicherweise kleiner.

Zu jener Zeit wurde das Volk durch Boten, die man durch das Land sandte, zu den Waffen gerufen (Ri 6,35; 7,24) oder durch den Ruf des *šôfār* (Widderhorn, s. *Musik; Ri 3,27; 1 Sam 13,3). Später, in der Königszeit, scheint es, wurde die Trompete geblasen, und auf einem Hügel ein Panier (Banner, Mast oder Stange) aufgerichtet als Ruf an das Volk, zu den Waffen zu greifen oder sich zu versammeln (Jes 5,26; Jer 51,12.27). Wenn die Propheten vom Klang der Posaune oder von den Schlachtsignalen sprechen, so meinen sie die Ankündigung eines feindlichen Einfalls und die Aufforderung, das Land zu verteidigen (Jer 4,5 f; Hos 5,8; Am 3,6). Zudem begleitete oft Kriegsmusik die Soldaten auf ihrem Marsch (2 Chr 20,22).

Der Kern eines stehenden Berufsheeres wurde erstmals von David geschaffen, der seine früheren Gefährten als ständige Leibwache von 600 »gewaltigen Männern« (1 Sam 23,13; 30,9; 2 Sam 10,7) organisierte. Diese wurde zu einer regulären Armee erweitert, die auf der Schätzung des gesamten Volkes basierte (2 Sam 24) und von Söldnern, Krethern, Plethern und Gathitern (2 Sam 15,18) unterstützt wurde. Über die genaue Grundlage, auf welcher der König sein Heer organisierte und zusammenrief, sind keine Angaben überliefert. Es ist lediglich davon die Rede, daß ein König z.B. »seine ganze Streitmacht versammelte« (1 Kg 20,1.27; 2 Kg 3,6; 6,24). Für ein Berufsheer wäre dies eine Routineangelegenheit gewesen (s. *Verfassung, Verwaltung und Staatsformen); wie es sich mit den Wehrpflichtigen im einzelnen verhielt, bleibt dabei recht ungewiß (1 Sam 11,1–11; 17,2. 11–13; 28,4).

Die militärische Organisation des Heeres folgte einer Tradition, die bis zur Makkabäerzeit mehr oder weniger unverändert fortdauerte (s. *Verfassung, Verwaltung und Staatsformen).

Zur Erörterung der Signale und Schlachtrufe s. *Numeri und *Qumran.

b) Feldzüge: Weil man die Winterregen vermeiden wollte, war der Frühling, die »Jahreswende« (2 Sam 11,1; 1 Chr 20,1), die geeignetste Jahreszeit für Feldzüge. Die Bewegung von Heeren und Nachschubgütern war zu dieser Zeit einfacher, doch muß es gleichzeitig zu vielen Komplikationen geführt haben, wenn die Bauern gerade zur Zeit der schwersten Feldarbeit einberufen wurden. Die Assyrer begannen ihre Feldzüge zwischen April und Juni, und die Heere trafen in Palästina gewöhnlich gleich nach der Getreideernte ein. In der neubabylonischen Zeit begannen Feldzüge auch im Herbst oder noch später.

c) Das Lager: Die Errichtung des Lagers war eine bedeutsame Angelegenheit. Die israelitischen Lager werden meist als viereckig geschildert (Num 2), doch lesen einige Forscher aus 1 Sam 17,20; 26,5.7 heraus, daß sie rund waren. Die bronzenen Torbeschläge des Königspalastes in *balāwāt* zeigen assyrische Lager, von denen die meisten viereckig, einige allerdings rund sind **(Abb. 861).**

Das Lager war von einem *ma'gāl* (1 Sam 17,20; 26,5), einer steinernen Einfriedung, umgeben und wurde durch eine breite Straße mit je einem Tor an beiden Enden geteilt. Zudem wurde es ständig bewacht (Ri 7,8). Während einer Schlacht blieb eine Abteilung Soldaten zur Bewachung des Lagers (1 Sam 26,5.7) und »der Wagenburg« (1 Sam 25,13) zurück. Im Lager schliefen die Soldaten in Zelten oder Laubhütten (2 Sam 11,11; 1 Kg 20,12).

Im Hellenismus und in der Römerzeit folgten die jüdischen Militärlager dem zeitgenössischen Brauch und ähnelten wahrscheinlich sehr dem römischen Lager. Überreste eines solchen, einschließlich der steinernen Umgrenzung, sind noch heute am Fuß der Festung Masada zu sehen **(Abb. 692).**

4. Israels Kriege: *a) Von der Landnahme bis zur Reichstrennung:* Israels erste Kriege waren die der *Landnahme. Dem oberflächlichen Eindruck zufolge handelte es sich hierbei um einen konzentrierten Angriff auf das Ostjordanland, an den sich ein Siegeszug westlich vom Jordan anschloß, dessen Ergebnis sehr bald die unbestrittene Herrschaft über das Land war. Es scheint jedoch eher so gewesen zu sein, daß der größte Teil des Landes rasch erobert wurde, die Konsolidierung der Anfangserfolge aber nur in der zentralen Hochlandregion gelang und daß ihnen eine Zeit langwieriger, wechselvoller Kämpfe entlang der Grenzen folgte (s. *Landnahme; *Stämme Israels).

Die Kriege der Richterzeit gehörten einer späteren (vielleicht aber sogar der gleichen) Phase wie die Landnahme an. Die dabei geschlagenen Schlachten waren Verteidigungsaktionen und Grenzkämpfe gegen die Kanaanäer und andere Völker, von deren Territorien die Stämme Land zu gewinnen suchten. Die Kanaanäer behielten die Herrschaft über die fruchtbarsten Teile des Jesreel-Tals und Galiläas und griffen wiederholt, bis zur frühen Königszeit, die dort gelegenen israelitischen Siedlungen an (s. *Richter [Zeit und Buch]).

Die Regierungszeit Davids begann mit der Rückeroberung der an die Philister verlorenen Gebiete und brachte dann die Ausdehnung seines Reiches bis zu den idealen Grenzen des Gelobten Landes: im Norden gegen Aram, im Osten gegen Moab und Ammon und im Süden gegen Edom (s. *David und Salomo). Salomo vermochte das ererbte Reich zu einem blühenden, gut verwalteten Staat zusammenzuschmieden. Er führte keinen einzigen Krieg, doch gab es in seiner Regierungszeit offenbar die allgemeine Wehrpflicht; er rüstete das stehende Heer mit Streitwagen aus. Mag sein, daß seine Macht für die Abschreckung von Angreifern ausreichte, doch war er außerstande, seine Besitzungen zu schützen, als Aram und Edom von seinem Reich abfielen.

b) Kriege der Reiche Israel und Juda: Die Kriege, welche die Könige der beiden Reiche zum Schutz ihrer eigenen Position und der Sicherheit ihrer Grenzen führten, sind im Artikel *Israel und Juda beschrieben.

Zusammenfassend kann man sagen, daß die Militärgeschichte Israels und seiner Könige zur Zeit Davids mit einer kurzen Eroberungsperiode einsetzte; es folgte eine Reihe von bisweilen erfolgreichen, häufig unglücklichen Feldzügen und Schlachten, die zur Sicherung des Landes, seiner Grenzen, Handelswege und Besitzungen geschlagen wurden (s. *Israel und Juda; *Ausgrabungen). Die dabei angewandte Technik ist häufig durch Funde aufgehellt worden, die beim Freilegen der Schlachtfelder gemacht wurden – beispielshalber lieferten die Ostraka von *Lachis bis dahin unbekannte Tatsachen nicht allein über die Methoden der Verbindung und Nachrichtenübermittlung in der Zeit vor dem Fall von Jerusalem, sondern auch über die nach Ägypten beorderten Gesandtschaften sowie andere Einzelheiten (s. *Lachis; *Inschriften).

c) Die Makkabäerkriege und die Heeresorganisation der hellenistischen Zeit: Lange nach dem Ende der alttestamentlichen Zeit (von Daniel und möglicherweise einigen anderen Abschnitten des Alten Testaments abgesehen) führten die Juden eine neue Reihe von Kriegen, bei denen es um die Verteidigung ihrer nationalen Substanz ging. Die Makkabäerkämpfe (s. *Hasmonäer) begannen als Guerillaangriffe von Freischärlern unter der Führung des Judas. In dem Maße, wie sie Erfolg hatten, entwickelten sie sich zu einem nationalen Unabhängigkeitskrieg mit einem nach herkömmlichen Grundsätzen organisierten

regulären Heer (1 Makk 3, 55–56). Die Fronten blieben bei diesem Feldzug in ständiger Bewegung; Überraschungstaktik stand im Vordergrund. Die Operationen umfaßten ganz Palästina, und sie fanden gleichzeitig von der Gegend südlich von Hebron bis Galiläa, von der Mittelmeerküste bis Transjordanien statt. In Organisation und Taktik übernahmen die jüdischen Führer manches von ihren hellenistischen Feinden (vgl. etwa den griechischen Langbogenschützen **Abb. 497**), doch behielten sie viele der typischsten Züge früherer jüdischer Feldzüge bei. (So hatten sie beispielsweise weder Streitwagen noch Kavallerie und griffen den Feind nach Möglichkeit in den Bergen an, wo die örtlichen Streitkräfte aufgrund ihrer Vertrautheit mit der Landschaft im Vorteil waren.)
Nachdem Judas' Siege dem Volke Religionsfreiheit gesichert hatten, führten seine Brüder Jonathan und Simon es zu politischer Unabhängigkeit und errichteten schließlich das *Hasmonäer-Reich. Die regulären Truppen bezogen anscheinend seit der Zeit des Hasmonäers Simon einen regelmäßigen Sold (1 Makk 14,32). Die späteren Hasmonäer und besonders Herodes bedienten sich in beträchtlichem Ausmaß ausländischer Söldner; Veteranen wurden von den Erstgenannten offenbar mit Landzuweisungen in den eroberten Gebieten bedacht (s. *Landsitz).
Das beste Zeugnis für die militärische Praxis und Organisation in der Zeit des zweiten jüdischen Staatswesens ist die »Kriegsrolle« vom Toten Meer (s. *Qumran). Obwohl es sich um einen apokalyptischen Entwurf für die Führung des Endkrieges der Menschheit handelt, müssen die praktischen Details doch den zeitgenössischen Verhältnissen entnommen sein. In der Kriegsrolle besteht das Heer aus 24 000 Infanteristen und 6000 Kavalleristen; beide Waffengattungen sind in schwere (Haupt-)Einheiten, die aus erfahreneren (40 bis 50 Jahre alten) Soldaten bestanden, und in aus jüngeren Männern (im Alter von 30–40 Jahren) bestehende leichte oder Hilfseinheiten gegliedert. Anfänger (im Alter von 25 Jahren und darüber) dienten in Versorgungseinheiten (s. *Waffen und militärische Rüstung). Die Hauptgefechtsformation dieses Krieges der Endzeit wird als aus schwerer Infanterie bestehender »Turm« oder sich selbst schützendes Rechteck beschrieben (weitere Einzelheiten: s. *Qumran).

d) Die jüdisch-römischen Kriege: Für diese Zeit steht uns eine Fülle zeitgenössischer Quellen und Schilderungen zur Verfügung, in erster Linie Josephus' ›Jüdischer Krieg‹ und seine ›Jüdischen Altertümer‹, aber auch eine Anzahl römischer Historiker und Kommentatoren (s. *Rom und die Juden; *Waffen und militärische Rüstung 4e).
Zur Zeit der jüdischen Feste wurde die römische Garnison in Jerusalem durch zusätzliche Abteilungen verstärkt (s. *Jesus von Nazareth). Der große jüdische Aufstand, der mit der Vernichtung des jüdischen Staatswesens enden sollte, begann im Jahre 66 n. Chr. mit Zusammenstößen zwischen den Juden und den Soldaten der römischen Garnison. Die Erinnerung an die verhaßten römischen Truppen fand ihren Niederschlag in der jüdischen Literatur (s. *Deuterokanonische Bücher und Apokryphen; *Apokalyptik), wobei der Respekt vor der sprichwörtlichen Macht der Römer niemals die Überzeugung verdrängte, daß dieses brutale heidnische Heer aus der Welt verschwinden würde, sobald es Gott gefalle und der Messias komme. Zu ihrem Unglück erwies sich dieser Glaube der Juden als weitaus stärker als Mahnungen zur Vernunft und Mäßigung, und die Emotionen, die er erregte, ließen sie eine Trotzpolitik verfolgen, die mit einer Katastrophe enden mußte.

L

Lachis

Gliederung: 1. Ausgrabungen. 2. Lachis in vorgeschichtlicher Zeit. 3. Zeit der Patriarchen und der Kanaanäer. a) Lachis unter den Hyksos und den Ägyptern; b) Der kanaanäische Tempel. 4. Eroberung von Lachis durch Mernephtah oder Josua? 5. Lachis im Reich von Juda. 6. Sanherib vor Lachis. 7. Lachis unter Nebukadnezar. 8. Die Lachisbriefe. 9. Perserzeit.

Lachis, heute *tell ed-duwēr,* war während der ganzen Geschichte Israels eine der bestbefestigten Städte von Palästina. Von der *Landnahme bis zur Restauration (s. *Restauration und Perserzeit, Esra und Nehemia) nimmt Lachis einen hervorragenden Platz in der biblischen Geschichte ein, und seine Bedeutung geht auch aus den anderen Quellen, besonders assyrischer Herkunft, hervor. Es lag in der Sephela in den Vorbergen des jüdischen Gebirgszugs, strategisch günstig, und war die größte in der Reihe der Festungen, die den Zugang zum Gebirge bewachten. Seine Akropolis bedeckte 70 ha.

1. Ausgrabungen: Die Wellcome-Marston-Expedition unter Leitung von J. Starkey begann die Ausgrabung 1932. Sie wurde in sechs Arbeitsperioden bis 1938 fortgeführt. Dann erzwang die Ermordung Starkeys deren Abbruch. Bis dahin waren nur Schichten aus israelitischer Zeit aufgedeckt worden, und der Befund für frühere Zeiten blieb spärlich.

2. Lachis in vorgeschichtlicher Zeit: Die erste Besiedlung der Gegend begann in Höhlen nordwestlich vom *tell* in der chalkolithischen Zeit um 3500 v. Chr. In der Zeit der Städtebildung in Palästina übersiedelten die Bewohner etwa 1500 Jahre später nach dem Gipfel des Hügels, und die früheren Höhlenwohnungen wurden in Grabstätten verwandelt.

3. Zeit der Patriarchen und der Kanaanäer: *a) Lachis unter den Hyksos und den Ägyptern:* Lachis wurde in der Patriarchenzeit zum erstenmal befestigt. Der Zugang zu seiner mit einer Mauer umgebenen Höhe wurde durch ein steiles, weiß gepflastertes Glacis geschützt, das einen breiten Graben am unteren Ende aufwies. Dieses Verteidigungssystem deutet auf die Anwesenheit der Hyksos, die in Ägypten und Palästina vom 18. bis zur Mitte des 16. Jahrhunderts v. Chr. herrschten. Dann wurden sie vertrieben, und die Ägypter traten an ihre Stelle. Die Ägypter schleiften die alten Befestigungsanlagen, der Graben wurde aufgefüllt und an seiner Stelle ein kleiner Tempel erbaut. Zwischen 1480 und 1260 v. Chr. wurde der Tempelbau zweimal erneuert und vergrößert. Die reichen Funde in seinem Bereich und seine Lage außerhalb der Stadtmauer zeugten vom gediegenen Wohlstand und der Sicherheit jener Zeit.

b) Der kanaanäische Tempel: K. Kenyon (Archäologie im Heiligen Land 197 f) beschreibt den kanaanäischen Tempel von Lachis aus dem 15. Jhdt. v. Chr. **(Abb. 499)** und den Opferaltar folgendermaßen: »Der Grundriß des Tempels war einfach. Er bestand aus einem länglich rechteckigen Kultraum mit zwei angefügten Nebenräumen, von denen nur einer vom Kultraum aus zugänglich war. Bemerkenswerterweise war kein Innenraum oder Allerheiligstes vorhanden, wie es die israelitische Religion verlangte und wie es sich auch in weit älteren semitischen Heiligtümern fand. Das Dach wurde von Säulen, vermutlich aus Holz, getragen, die durch Basen in der Mittelachse bezeugt sind. Der Eingang war durch eine Wand abgeschirmt, die die Einsicht in den Kultraum verwehrte. Der Schrein bestand aus einer nur 30 cm hohen Bank mit drei an der Vorderseite vorspringenden rechteckigen Blöcken. Man vermutet, daß die Kultobjekte auf der Bank gestanden haben, während die Vorsprünge als Altäre dienten. Daß es drei sind, läßt auf die Verehrung einer Trias von Göttern schließen. Vor dem Schrein waren in der Mittelachse zwei Krüge in den Fußboden eingelassen; wahrscheinlich sind es Libationsgefäße, in die Trankopfer gegossen wurden. An dem einen Ende der Bank lag ein großer Haufen von Gefäßen, die offenbar dort zurückgelassen worden sind, als der Neubau entstand. Auch sie dürften als Behälter für Speise- und Trankopfer benutzt worden sein. Außerhalb des Tempels waren Gruben zur Aufnahme von Gefäßen, die einem ähnlichen Zweck gedient haben. An einer Wand des Kultraums befand sich eine niedrige Bank, die nach Analogie der in größerer Anzahl in den späteren Tempelbauten gefundenen Bänke der Ablage von Opfergaben gedient haben könnte.« Aus den Resten läßt sich schließen, daß in diesem Tempel und den Neubauten darüber

Rescheph, der kanaanäisch-syrische Kriegs- und Sturmgott, und vielleicht die Göttin Elath verehrt worden sind.
Aus dieser Spätbronzezeit stammt die erste urkundliche Erwähnung von Lachis. In einem der *Amarnabriefe aus dem 14. Jhdt. v. Chr. berichtet der König von Jerusalem, daß das Volk von Lachis mit den *Chabiru gemeinsame Sache gemacht und seinen König getötet habe. Eine Tafel aus dem benachbarten *tell el-ḥesi* hat dies bestätigt.
4. Eroberung von Lachis durch Merneph-tah oder Josua? Der dritte, letzte Tempel ist offenbar gewaltsam zerstört worden. Da man eine ägyptische hieratische (kursive) Inschrift auf einem Gefäß gefunden hat, die von den Ausgräbern auf rund 1200 v. Chr. datiert wird und die das 4. Jahr der Regierung des Pharao nennt, glauben manche Forscher, daß der Tempel bei einem Feldzug des ägyptischen Pharaos Mernephtah zerstört worden sei, dessen 4. Regierungsjahr 1220 v. Chr. war. Mernephtahs große Siegesstele, die seinen Sieg über Israel erwähnt (s. *Landnahme), datiert aus dem 5. Jahr seiner Regierung, also ein Jahr nach der Einnahme von Lachis.
Andere Forscher schreiben die Zerstörung von Lachis Josua zu und halten die genaue Beschreibung seiner Eroberung in Jos 10,1–5.31–33 für zuverlässig. Nachdem Josua die vereinigte kanaanäische Armee besiegt hatte, ließ er deren Anführer hängen und wies die Stadt dem Stamm Juda zu.
5. Lachis im Reich von Juda: Nachdem Lachis eine Zeitlang unbewohnt geblieben war, wurde es dann eine der bestbefestigten Städte Judas. Schicht IV enthielt einen Palast auf einer Plattform von 32 m im Quadrat, die aus einer Mischung von Erde und Steinen bestand. Das wird ein Beispiel für ein *millo'* (Aufschüttung) sein, wie es auch David in Jerusalem errichtete. Auf der westlichen Seite des *tell* fand man eine Mauer, die wahrscheinlich ursprünglich den Palastbezirk umgeben hatte, später allerdings von Palast B überbaut wurde.
Wahrscheinlich war es Rehabeam, der erste König von Juda (2 Chr 11,9), der Lachis und andere judäische Städte befestigte, und zwar zur Zeit, als der Pharao Sisak gegen Palästina zu Felde zog (925 v. Chr.). Vermutete Miß O. Tufnell ursprünglich, Palast A sei in die erste Zeit Rehabeams (Schicht V) vor der Zerstörungswelle durch den Pharao Sisak zu datieren und dieser dann zum Opfer gefallen, so scheint sie neuerdings eher für eine Ansetzung des Palastes A erst nach der Zerstörungswelle Sisaks zu plädieren. Schicht IV–III (900–700) sind auch noch die hintereinander auf der Stelle von Palast A errichteten Paläste B und C zuzuschreiben, ebenso der Bau einer 6 m breiten und auf einem Steinfundament errichteten Ziegelmauer von 2,5 m Höhe. Diese Mauer war in derselben Bauweise wie andere Mauern dieser Epoche aus Megiddo, Mizpa, Hazor u. ö. mit Vorsprüngen und Einbuchtungen als sog. Fleschenmauer (s. Ausgrabungen in Palästina 7c/3) erbaut. Etwa 16,5 m unterhalb dieser Mauer befand sich eine zweite, etwa 4 m breite Stützmauer, die den *tell* umgab. Die Datierung dieser Funde ist sehr schwierig. Gehören Palast A und die 1. Mauer der Zeit Rehabeams an, so dürfte Palast B zum Bauprogramm der Könige Asa (907–867 v. Chr.) und Josaphat (868–847 v. Chr.; 2 Chr 14,6 f) gehört haben. Die Stadt mit ihren zwei Mauern bestand bis zu Sanheribs Palästinafeldzug, also beinahe zwei Jahrhunderte.
6. Sanherib vor Lachis: Die assyrische Belagerung und Einnahme der Stadt und ihre Folgen sind Geschehnisse der alten Geschichte, die ungewöhnlich lebendig bezeugt sind. Die ganze Folge der Ereignisse ist auf einem großen Wandrelief in Sanheribs Palast zu Ninive **(Abb. 500, 501)** mit allen Einzelheiten abgebildet. Dieses gibt ein gutes Bild von der Bedeutung der Stadt zu jener Zeit als judäische Festung. Sanherib war ausgezogen (701 v. Chr.), um eine antiassyrische Koalition niederzuwerfen, die sich zwischen Syrien, Palästina und Ägypten unter Leitung des Königs Hiskia von Juda gebildet hatte.
Die Ägypter wurden bei Eltheke geschlagen, dann nahm Sanherib Askalon und Joppe und begann die Belagerung von Lachis (2 Kg 18,4).
Das Relief zeigt assyrische Soldaten in ihrer Kampfstellung: Lanzenträger mit runden Schilden und Helmen mit einem Kamm aus Bronze (ein solcher wurde in Lachis gefunden), Paare von Bogenschützen und Schleuderern, die Steine in ihren Händen tragen. Lachis war geschützt durch eine doppelte Mauer, die nach dem Prinzip von Vorsprüngen und Vertiefungen (Fleschenmauern) gebaut war – wie sie das Relief abbildet und die Ausgrabung bestätigt hat. Nach einer Beschießung mit Schleudersteinen und Pfeilen griffen assyrische Pioniere die Mauern durch unterirdische Gänge an, gedeckt von Belagerungsmaschinen **(Abb. 501),** die auf hölzernen Schienen das Glacis hinaufgeschoben wurden. Hinter den Türmen und ihren

Abb. 499. Reste eines in Lachis entdeckten kanaanäischen Tempels (15. Jhdt. v. Chr.)

Abb. 500–503. Die Belagerung und Erstürmung von Lachis durch die Assyrer (Wandrelief aus dem Palast des Sanherib zu Ninive)

Abb. 500. Assyrische Bogenschützen und Lanzenträger

Abb. 501. Im Schutz von Mauerbrechern, die das Glacis hinaufgeschoben werden, greifen die Assyrer an

Abb. 502. Die Stadt ist erobert, Teile der Bevölkerung verlassen sie

Abb. 503. Fern dem Schlachtfeld, vor seinem Zelt und seinem Streitwagen, erwartet Sanherib seine siegreich heimkehrenden Krieger, während sich die gefangenen Juden vor seinem Thron niederwerfen

Schilden warfen die Verteidiger Steine und Feuerbrände gegen die Belagerungsmaschinen, die zur Abwehr mit Wasser durchtränkt wurden. Nach dem Kampf ist die Übergabe der Stadt abgebildet **(Abb. 502)**: Die Bewohner verlassen in langen Gewändern die Stadt, beladen mit ihren Habseligkeiten, in der Nähe hängen drei gepfählte Leichen.

Abseits vom Kampf ist Sanherib abgebildet. Er sitzt auf seinem Thron vor seinem Zelt und Kriegswagen **(Abb. 503).** Er begrüßt seine siegreichen Soldaten, während sich die gefangenen Judäer vor ihm niederwerfen. Über seinem Kopf steht eine Inschrift, die lautet: »Sanherib, König der Welt, König von Assyrien, saß auf seinem Thron und musterte die Beute aus Lachis.« Die hügelige Gegend ist durch das Schuppenmuster angedeutet; auch Obstbäume und Weinstöcke sieht man. Während Sanherib vor Lachis lagerte, empfing er den Tribut von Hiskia (2 Kg 18,14–16), der Jerusalem und ganz Juda vor vollständiger Vernichtung rettete. Abgesehen von den Brandresten in der entsprechenden Schicht III gab eine große Grube, die mehr als 1500 Skelette, unordentlich aufeinandergeworfen, enthielt, Zeugnis von der Eroberung von Lachis. Starkey deutete sie als Abladestätte bei der Säuberung der Stadt nach dem Krieg. Es waren drei Schädel mit Trepanation darunter, ein interessantes Zeugnis für alte Heilverfahren. Eine Zisterne von 43 m Tiefe, die wahrscheinlich der belagerten Stadt Wasser bringen sollte, aber unvollendet gelassen wurde, ist ebenfalls aufgedeckt worden.

7. Lachis unter Nebukadnezar: Im Lauf des folgenden 7. Jahrhunderts wurde eine 3,70 m breite neue Steinmauer mit Tor errichtet. Im Torraum zwischen den Mauern befanden sich Wachträume. In einem dieser Räume wurden die Lachisbriefe gefunden. Zweimal zu Anfang des 6. Jahrhunderts, in Judas dunkelster Zeit, wurde Lachis angegriffen, zuerst 598–597 v. Chr. durch Nebukadnezar, der in Juda einfiel, um Jojakims Aufstandsversuch gegen die babylonische Herrschaft zu begegnen und als Gegenmaßnahme die Oberschicht der jüdischen Bürgerschicht nach Babylon ins Exil führte. Den zweiten Angriff reiht man in die endgültige babylonische Eroberung ein, 586 v. Chr., als Lachis offenbar die letzte Stadt war, die vor Jerusalem fiel. So berichtet die Bibel, und die Lachisbriefe bestätigen es (s. *Israel und Juda 5; *Inschriften; *Jeremia [Buch]).

8. Die Lachisbriefe (Ostraka): Die Ostraka aus Lachis, die wichtigste Entdeckung aus der letzten israelitischen Schicht (II), sind 21 beschriebene Ostraka, hauptsächlich Briefe, aber auch etliche Listen und Geschäftsaufzeichnungen. Sie befinden sich jetzt im Britischen Museum. Nur ungefähr ein Drittel konnte entziffert werden. H. Torczyner (Tur-Sinai) hat sie veröffentlicht. W. F. Albright schreibt über ihre Bedeutung: »Da sie die einzige Gruppe von Urkunden in klassisch-hebräischer Prosa sind, die wir kennen, sind sie ungewöhnlich wichtig für die Philologie, ganz abgesehen von dem Licht, das sie auf die Zeit Jeremias werfen.« Sie scheinen alle an Joasch, den Befehlshaber der Festung Lachis, gerichtet zu sein. Absender war Hoschajahu, der Befehlshaber eines Außenpostens nicht fern von der Stadt, dessen Lage nicht feststeht. Er ist nur ein einziges Mal namentlich genannt, aber die Beziehung der Briefe untereinander läßt den Schluß zu, daß er alle Briefe abgeschickt hat. Die Briefe lassen sich in die letzten Tage der Herrschaft Zedekias datieren, direkt vor der schließlichen Eroberung: Im Brief IV (s. *Inschriften) schreibt nämlich Hoschajahu: »Und laß meinen Herrn wissen, daß wir die Signale von Lachis beobachten nach der Anweisung, die mein Herr gegeben hat, denn Azeka ist nicht zu sehen.« Offenbar war Azeka schon gefallen, so daß Lachis und Jerusalem allein dem Feind noch widerstanden. Das ist die Lage, die Jer 34,7 beschreibt: »... als das Heer des Königs von Babel wider Jerusalem stritt und wider alle Städte Judas, die noch übrig waren, nämlich Lachis und Azeka.« Mit der Zerstörung von Lachis durch die Babylonier endete die Hauptperiode seiner Besiedlung.

Andere Stücke der Briefe lassen sich ebenfalls im Hinblick auf das Buch Jeremia auslegen und scheinen die dort gegebenen Nachrichten zu ergänzen. Die Briefe sprechen von einem Streit zwischen dem König und einem ungenannten Propheten. Dieser wird angeklagt, »die Hände des Volkes zu schwächen«, vermutlich, weil er gegen das Bündnis mit Ägypten gegen Babylonien predigte, also gegen die damalige Staatspolitik in Jerusalem. Das Buch Jeremia berichtet, daß er und der Prophet Uria wegen dieser Haltung offiziell vor Gericht gezogen wurden. Ein Brief aus Lachis berichtet eine gleiche Lage in bezug auf einen ungenannten Propheten. Man vermutet, daß dies der genannte Uria sein wird. Andernfalls würden drei Parallelfälle (Jeremia, Uria und der Prophet der Lachisbriefe)

eine ganze Partei erkennen lassen, die sich gemeinsam gegen die offizielle Politik richtete und dafür bestraft wurde.
9. Perserzeit: Die letzte Schicht von Lachis gehört in die Zeit der Wiederbesiedlung von Juda nach der persischen Eroberung. Es ist die Zeit des Nehemia (11,30) um die Mitte des 5. Jahrhunderts v. Chr. Auf der Burg wurde ein Verwaltungssitz errichtet, ein großes Gebäude diente dort offenbar als Amtssitz des Statthalters. Ein kleiner Tempel, nach Osten gerichtet und der Sonne geweiht, hat sich ebenfalls gefunden. Dieser blieb besucht, bis der Ort endgültig im 2. Jhdt. v. Chr. aufgelassen wurde. Die Einwohner der Gegend während der Römerzeit erbauten ihre Hütten bei *duwēr* südlich des *tell.*

Landbesitz und seine Übertragung

Gliederung: 1. Land. a) Feudalismus; b) »Verteilung« des Gelobten Landes; c) Familienbesitz; d) Rückkaufgesetz; e) »Erbe der Väter«. 2. Wandel der Besitzverhältnisse. a) Königszeit; b) Nachexilische Zeit. 3. Kauf und Verkauf, Neukaufsurkunden.
1. Land: Die Wirtschaft des Volkes des Alten Testaments beruhte auf der Landwirtschaft. Nur wenige Israeliten waren in Handwerk und Industrie tätig, und noch geringer war in alttestamentlicher Zeit die Anzahl der Händler (s. *Handel). Die Landwirtschaft war der wichtigste Wirtschaftszweig und daraus folgt, daß sämtliche ökonomischen Anschauungen von Verfahren und Begriffen, die mit Land und Ackerbau in Verbindung standen, geprägt waren; viele von ihnen waren dem gesamten Alten Orient gemeinsam, manche mehr den Israeliten eigentümlich (s. *Ackerbau und Viehzucht).
a) Feudalismus: Der Feudalismus der Nachbarvölker war in Israel unbekannt. In Ägypten gehörte das gesamte Land dem Pharao und den Tempeln (Gen 47,20–24) und wurde auf der Grundlage direkter Pachtzahlungen bewirtschaftet. In Mesopotamien war Lehensbesitz weit verbreitet. Der Kodex Hammurabi und die Gesetze der Hethiter nehmen Bezug auf die Schaffung von Lehensgütern und auf die dem König als Entgelt für Landzuweisungen zu leistenden Dienste. Zur Zeit der Hyksosherrschaft stellte in Palästina (18.–16. Jhdt. v. Chr.) die Aristokratie der Großgrundbesitzer die Wagenkämpfer (*marjannu* oder Ritter), welche die Streitwagen bemannten. Um sich ihrer fortdauernden Loyalität zu versichern, pflegten ihnen die kleinen »Könige«, welche die verschiedenen Städte des Landes regierten, ausgedehnte Güter zu übertragen, die sie ihren direkten Nachkommen vererben konnten. Man weiß nicht genau, ob dieses System nach der Vertreibung der Hyksos aus Kanaan und den angrenzenden Gebieten im 16. Jhdt. v. Chr. beibehalten wurde.
In Nuzi und in Assyrien wurden im 2. Jahrtausend v. Chr. Zuweisungen von Lehensgütern und Land durchs Los vorgenommen. Als die Israeliten in Kanaan eindrangen, wurde das Gelobte Land ebenfalls durchs Los unter den Stämmen aufgeteilt, obwohl ihnen ihr Land eigentlich auf Grund des Rechts – oder des Zufalls – der Landnahme gehörte.
b) »Verteilung« des Gelobten Landes: Die Aufteilung des gemeinsamen Besitzes in einzelne Grundstücke oder Bezirke – in denen sich die Clans tatsächlich bereits niedergelassen hatten (s. *Stämme) oder die sie erst noch erobern mußten (s. *Landnahme) – wird schematisch in Jos 6–12 berichtet. Jedoch läßt der wirklichkeitsnähere Bericht in Ri 1 erkennen, daß der Landnahme- und Verteilungsprozeß bei weitem noch nicht abgeschlossen war, befanden sich doch weite Strecken Kanaans nach wie vor in der Hand der eingesessenen Bevölkerung.
Israels Stellung zu Fragen des Landbesitzes gründete auf Theologie, und die schematische Darstellung in Josua drückte möglicherweise die israelitische Überzeugung aus, das Land Kanaan gehöre Jahwe, und zwar nicht nur ganz allgemein als seinem Schöpfer, sondern ausdrücklich als seinem Eroberer. Es wurde nach dieser Auffassung sodann Israel auf genau dieselbe Weise übertragen, wie andere Könige ihren Soldaten nach der Teilnahme an einem siegreichen Feldzug Land zuwiesen, auf dem sie wohnen und bauen konnten.
Diese Theorie scheint eine plausible Deutung der formalen Darstellung im Josuabuch zu liefern. Andere moderne Forscher glaubten jedoch, daß es sich bei dem im Josuabuch beschriebenen Ziehen von Losen für das Gelobte Land durch die zwölf *Stämme (13,6; 15,1; 16,1; 17,1; 18,6–9 u. ö. und Ri 1,3) um eine ideale Ausweitung eines Vorgangs auf das ganze Volk handelt, der in Wirklichkeit etappenweise auf der Ebene einzelner Sippen und der Familien, aus denen sie sich zusammensetzten, erfolgte (ausführlich beschrieben unter *Landnahme; *Josua und Richter [Bücher]). Beim gegenwärtigen Stand der Forschung bleibt ein endgültiges Urteil noch offen. Möglicherweise werden sich

beide Theorien im Lichte weiterer Entdekkungen als revisionsbedürftig erweisen.

c) Familienbesitz: Die Grundeinheit der Gesellschaft war in alttestamentlicher Zeit der Clan oder die Familie. Das Land, auf dem die gesamte Wirtschaftsstruktur fundiert war, galt nicht als das Eigentum von Einzelnen, sondern stets als Familien-(oder Clan-) Besitz. Ein Wandel trat in der Königszeit ein (s. unten 2 a).

Die Übertragung des Landes auf Fremde, die nicht zur Familie gehörten, war verboten. Um dieses zu vermeiden, galt die Vorschrift, daß Töchter den Besitz ihres Vaters erben konnten, wenn sie mit einem Angehörigen der väterlichen Familie verheiratet waren (Num 36,5–12). Die gleiche Absicht lag zwei anderen Gesetzen zugrunde: dem *Gesetz über das Jobeljahr* und dem *Rückkaufgesetz.* Nach ersterem durfte Land nicht auf immer verkauft werden, sondern nur bis zum Jobeljahr, in dem es an seine ursprüngliche Besitzer zurückfallen mußte (Lev 25,13–16). Die praktischen Auswirkungen dieses Gesetzes werden in der Bibel niemals erwähnt, und man kann mit einiger Gewißheit annehmen, daß es ein selten verwirklichtes utopisches Ideal darstellte (s. *Gesetz; *Ackerbau und Viehzucht; *Leviticus [Buch]). Im Gegensatz hierzu wird das Rückkaufgesetz nicht nur als Gesetz aufgeführt (Lev 25,25–34), sondern es werden auch seine Auswirkungen in einer Anzahl von Erzählungen sichtbar. Beispielsweise sollte *Ruths Ehe mit Boas »den Namen des Verstorbenen auf seinem Erbbesitz wieder aufleben lassen«, wobei Boas als der »Löser« Ruths und des Besitzes ihres ersten Mannes fungierte (Ruth 4,5). Dem Leviratsehegesetz, wonach ein Mann die Witwe seines Bruders heiraten mußte, lag offensichtlich die gleiche Absicht zugrunde (Dt 25,5), bezog es sich doch ausdrücklich auf »Brüder, die beieinander wohnen«, womit die auf einem einzelnen Familiengrundstück Wohnenden gemeint waren.

d) Das Rückkaufgesetz: Das in Lev 25 erläuterte Gesetz betrifft sowohl das Verbot des Verkaufs von Familienbesitz (25,23–24) wie die Verpflichtung der nächsten Verwandten, Besitz zurückzukaufen, den ein ärmerer Familienangehöriger zu verkaufen genötigt war (25,25–34). Überdies kann nach Lev (25,47–52) ein wegen Schulden in die Sklaverei Verkaufter in ähnlicher Weise von seinem Verwandten losgekauft werden. Diese Vorschriften gehören zu dem alten Stämmesystem und besonders zum dörflichen Leben und seinen Gebräuchen, die auch dann fortdauerten, als sich die ökonomische Grundlage des Lebens der Einwohner wandelte.

In der Reihenfolge der Verwandten kommt zuerst der Bruder, dann der Onkel und schließlich der Vetter väterlicherseits. Während bewegliche Habe innerhalb eines Jahres nach ihrer Veräußerung zurückgekauft werden muß, können Immobilien (Land) jederzeit zurückgekauft werden. Die Bibel enthält eine Anzahl Beispiele für Rückkäufe. Jeremia (32, 6–15 beschreibt, wie er das Feld seines Vetters Hanameel zurückkaufte, das außerhalb einer großen Stadt lag und daher zweifellos zum Erbgut der Familie gehörte. Man schließt hieraus, daß die Sitte des Rückkaufs bis zur Zerstörung des Tempels galt.

Während ein Verwandter ein Stück Land sofort zurückerwerben konnte – selbst bevor irgendein Verkauf tatsächlich stattfand –, konnte der Verkäufer persönlich sein eigenes Land erst zurückkaufen, nachdem es der Käufer einige Zeit in Benutzung gehabt hatte. Die Berechnung des Rückkaufpreises gründete sich auf das Gesetz über das Jobeljahr; dieses setzte voraus, daß Land nur für die Jahre bis zum nächsten Jobeljahr veräußert wurde. Um den Kauf wieder rückgängig zu machen, mußte der ursprüngliche Eigentümer daher lediglich den Wert des Landes während der restlichen Jahre bezahlen, d. h. den Kaufpreis abzüglich des entsprechenden Betrages für die Zeit, in der es der Käufer besessen hatte 25,26–27).

e) »Erbe der Väter«: Eine gute Illustration der Stärke der durch eingewurzelte Sitte und Tradition untermauerten Bindung des Bauern an seine Scholle ist die Erzählung von Naboth (s. *Elia). Naboth weigerte sich, sein Patrimonium (den Weinberg) an seinen König zu veräußern, war es doch »das Erbe meiner Väter« (1 Kg 21,1–4.6). Diese Bindung wurde durch die Sitte verstärkt, Familienmitglieder innerhalb des Familienbesitzes zu bestatten, der auf diese Weise zur Stätte der »Gräber meiner Vorfahren« wurde, in deren Mitte damals jeder begraben sein wollte (Jos 24,30.32; 1. Sam 25,1; 1 Kg 2, 34). Die Besitzrechte wurden weiter durch das Gesetz geschützt, das die Entfernung von Mark- und Grenzsteinen verbot (Dt 19,14; 27,17).

2. Wandel der Besitzverhältnisse: *a) Königszeit:* Die Errichtung der Monarchie und die sich anschließende Entwicklung sozialer Spannungen brachte die alten Vorschriften mit den wirtschaftlichen Realitäten in Konflikt. Das Stadtleben, der Binnen- und zwischenstaatliche Handel und die Anziehungskraft des Hofes und die zahlreiche Beamtenschaft erzeugten eine sich verbreiternde Kluft zwischen den Bauern, die das Land bestellten und davon lebten, und den reichen Aristokraten, die lediglich aus den Erträgnissen des Landes ihr Einkommen bezogen. Kleinbauern sahen sich gezwungen, ihren Besitz an ihre reichen Nachbarn – und Gläubiger – zu veräußern, und große, von Sklaven und gedungenen Knechten bestellte Güter traten allmählich an die Stelle einzelner Kleinbauernanwesen (vgl. Mich 2,2; Jes 5,8; s. auch *Ackerbau).

Pachthöfe – das System, bei dem der Bauer einen Teil (für gewöhnlich die Hälfte) seiner Bodenerträge als Pacht an den Besitzer abführt – waren in alttestamentlicher Zeit in Israel unbekannt. Der erste Hinweis auf die Pachtung von Grundbesitz findet sich in Jesu Gleichnis vom Weinbergbesitzer und seinen Pächtern (Mt 21,33–41) und in Urkunden aus dem Jahre 133 n. Chr., die in den Höhlen von *murabba'at* entdeckt wurden (s. unten 3; *Bar-Kochba), hat man Belege für dieses System gefunden.

b) Nachexilische Zeit: Nach Nehemia erfolgte eine Umkehr der vorangegangenen Entwicklungstendenz, das judäische Land wurde zur Hauptsache von Kleinbauern bewirtschaftet. Um dies herbeizuführen, hatte Nehemia die Annullierung sämtlicher Schulden und die Rückerstattung verkauften Ackerlandes an seine früheren Eigentümer verfügt (Neh 5). Der von Diodor (ca. 25 v. Chr.) zitierte Ägypter Hekataios von Abdera (ca. 290 v. Chr.) berichtete, in Judäa existiere ein Gesetz, das durch das Verbot des Verkaufs von Einzelgütern durch Private die Zusammenballung von Land in den Händen großer Gutsbesitzer auf Kosten der Kleinbauern zu verhindern trachte. Von der Makkabäerzeit an begegnen große Güter häufiger, doch schützten die Gesetze Judäas den jüdischen Bauern auch weiterhin. Ihm blieb das Schicksal erspart, das die italischen Kleinbauern in der zweiten Hälfte des 2. Jhdts. v. Chr. ereilte, als dem römischen Senat endlich die Annullierung der Gracchischen Gesetze gelang, die vorher den Verkauf von Kleinbauernstellen verhindert hatten; diese wurden daraufhin dem Großgrundbesitz der Senatoren einverleibt.

Durch die Eroberungen der *Hasmonäer wurden dem jüdischen Staat neue Landstriche hinzugefügt. Entgegen hellenistischem Brauch blieben diese nicht ausschließlicher Besitz der Krone (den Ptolemäern gehörte formell nach wie vor der gesamte Boden Ägyptens), sondern wurden nach A. Schalit als private Pachtgüter verteilt, wobei nur ein kleiner Teil Krongut blieb. Dieses Kronland wurde von Pächtern bewirtschaftet, die dem König die Pacht in Form von Naturalien entrichteten. Somit hielten die Hasmonäer es mit der alten jüdischen Tradition, wonach ein Jude allein Jahwe und keinem Mitmenschen, auch nicht seinem König untertan sein konnte. Da die hasmonäischen Herrscher wertvollen Besitz dennoch kaum verschenkt haben dürften, nimmt Schalit an, daß Landzuweisungen gegen die Verpflichtung, Wehrdienst zu leisten, vorgenommen wurden. Ein solches System böte eine Erklärung für die ständigen Kriege, die beispielsweise Alexander Jannäus und seine Nachfolger zur Hauptsache mit jüdischen Rekruten und nur wenigen ausländischen Söldnern führten. Es ist anzunehmen, daß die Soldaten für eine Belohnung in Form einer Landzuweisung nach Kriegsende kämpften. (Eine ähnliche Situation spiegeln möglicherweise die Verhältnisse zur Zeit Sauls und seiner Nachfolger wieder.)

3. Kauf und Verkauf, Neukaufsurkunden: In frühalttestamentlicher Zeit war das Kernstück eines Verkaufs ein vor Zeugen abgeschlossener mündlicher Vertrag. So kaufte Abraham die Höhle Machpela von dem Hethiter Ephron »in Gegenwart der Hethiter, aller, die im Tore seiner Stadt erschienen waren« (Gen 23,17–18), und Boas kaufte Elimelechs Grundstück (Ruth 4,4) in Gegenwart der im Tor Sitzenden »und der Ältesten meines Volkes«.

Außer der mündlichen Vereinbarung konnten noch andere Versicherungen abgegeben werden, doch war diese der grundlegende Vertrag. Das Buch Ruth weist darauf hin, daß der Verkäufer seinen Schuh auszog und ihn dem Käufer übergab (4,8). Tatsächlich wurde so nicht nur ein Verkauf besiegelt; es war dies auch ein uralter Brauch, durch den der nächste Verwandte von Ruths Mann von der levitischen Verpflichtung befreit wurde, Ruth zu ehelichen und sie so zusammen mit ihrem Besitz zu lösen. Boas war kein »nächster Verwandter« im Sinne dieser Gesetze (s. *Ruth; *Familie: Leviratsehe). Als das Buch verfaßt wurde, war diese Sitte außer Gebrauch und ihre Bedeutung in Vergessenheit geraten. In Nuzi (s. *Assyrien) pflegte der Verkäufer eines Stückes Land seinen Fuß von dem Land hochzuheben,

Abb. 504. Tonkassetten aus Mesopotamien, die Kaufurkunden enthielten; der Inhalt der Urkunde wurde außen wiederholt

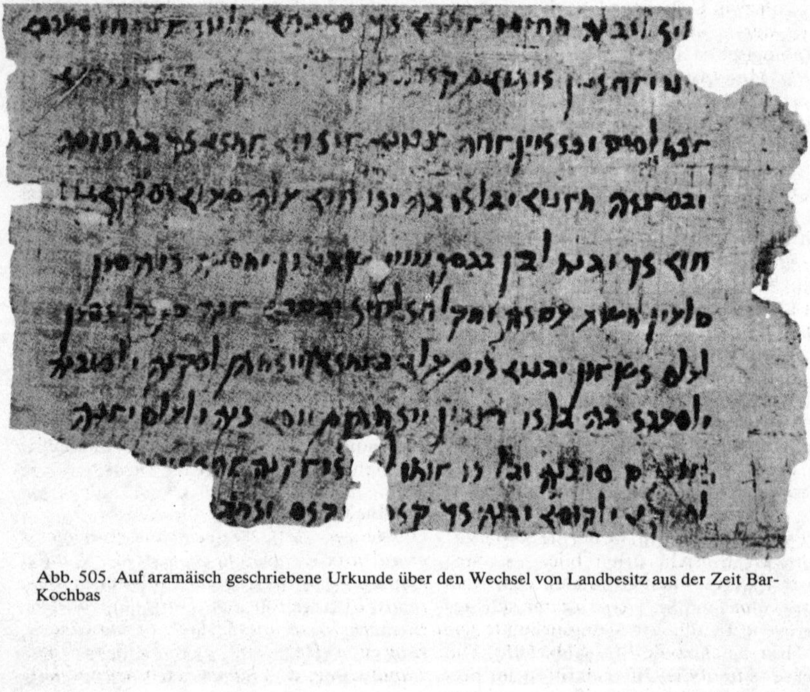

Abb. 505. Auf aramäisch geschriebene Urkunde über den Wechsel von Landbesitz aus der Zeit Bar-Kochbas

das er veräußerte, und ihn auf den Fuß des Käufers zu setzen. Wurden (um das Gesetz zu umgehen) fiktive Verkäufe getätigt, so übergab man anstelle von Geld häufig einen Mantel und ein Paar Schuhe als symbolische Bezahlung.

Die Schilderung, wie Jeremia den Acker seines Vetters kauft (Jer 32,6–15), ist eine ausführliche Illustration der Formalitäten solcher Transaktionen, so wie sie kurz vor der Zerstörung des Tempels üblich waren. Zu jener Zeit wurde zwar die Vereinbarung in Gegenwart der »im Wachthof« Sitzenden getroffen, doch auch eine Kaufurkunde (in zwei Exemplaren, einem versiegelten und einem offenen) aufgesetzt und von Jeremia als dem Käufer und von den Zeugen unterzeichnet. Beide Urkunden wurden sodann in einen irdenen Topf gelegt. Die Urkunden bestätigten jedoch nur die mündliche Abmachung und wurden für gewöhnlich in Form eines »Dialogs« abgefaßt: der Verkäufer machte dem Käufer einen Vorschlag, dem dieser beistimmte, worauf die förmlichen Folgen objektiv festgestellt wurden. In ähnlicher Weise stellen in Nuzi gefundene Kaufverträge ausdrücklich fest, daß sie nach der öffentlichen Bekanntgabe des Kaufs im Tor aufgezeichnet wurden. Für die Ausfertigung von zwei Urkunden läßt sich auch im Lichte der an anderen Orten gemachten archäologischen Funde eine Erklärung finden. In Mesopotamien wurden Verkaufsurkunden in eine Tonhülle (s. **Abb. 504**) gelegt, auf der Einzelheiten der Transaktionen eingezeichnet wurden. Erhoben sich später Fragen über den Verkauf, so konnte man auf die Hülle oder auf ein Exemplar der Urkunde zurückgreifen. Wurde ihre Richtigkeit in Zweifel gezogen, so konnte man die Hülle erbrechen und den ursprünglichen Vertrag einsehen. Im hellenistischen Ägypten verfuhr man ähnlich, und auch in Papyri aus dem Palästina des 2. Jhdts. n. Chr. hat man Belege für diesen Brauch gefunden. Die Gepflogenheit wird durch das Talmudschrifttum bestätigt. Offenbar wurde der Vertrag auf einen Papyrusbogen geschrieben, wobei man Platz frei ließ, damit auf demselben Bogen eine Kopie ausgefertigt werden konnte. Der Originaltext wurde sodann unterschrieben und der Papyrus aufgerollt, wobei die Kopie zur sofortigen Einsicht offen blieb (s. *Inschriften). Unter den Urkunden vom *wādi murabbaʿat* fand sich eine aramäisch geschriebene Landübertragungsurkunde aus der *Bar-Kochba-Zeit (s. **Abb. 505**). Die Rückseite trägt die Unterschriften der beiden vertragschließenden Parteien in griechischen und aramäischen Buchstaben (s. *Handel). Andere Urkunden erwiesen sich ebenfalls als zweifache Ausfertigungen von Kontrakten.

Aus alten babylonischen und assyrischen Urkunden geht hervor, daß es bei Käufen und Verkäufen lediglich darum ging, daß man sich über den Preis einig wurde. Jedoch hat man in den Archiven der Brüder Muraschu aus der 2. Häfte des 5. Jhdts. v. Chr. befristete Landverpachtungen in »Dialog«-Form gefunden. Einige Forscher vermuten, daß diese den früheren Gepflogenheiten in Judäa entsprachen und von den jüdischen Exilierten übernommen worden waren. Der ausländische Ursprung dieser Urkunden wird durch die Tatsache bezeugt, daß in der langen Tradition babylonischer Urkunden, von den frühesten Dokumenten bis zur Zeit der Seleukiden, nicht ein Beispiel eines in Dialogform ausgefertigten Landverkaufs gefunden wurde, während die »dialogische« Abfassung einer Verkaufsurkunde, besonders wenn es sich um Land handelte, bei den Juden von der alttestamentlichen bis zur talmudischen Zeit gang und gäbe war. Höchstwahrscheinlich führten die Juden diese Form der Urkundenabfassung in Babylonien ein, wo sie danach für alle Dokumente galt, außer wenn es sich um einen Verkauf von Land handelte. Landverkaufsurkunden wurden in einer umständlichen juristischen Terminologie abgefaßt, und die Schreiber hielten sich an den älteren Stil. Man darf allerdings auch nicht vergessen, daß Erzvätererzählungen wie der Bericht über den Verkauf der Höhle Machpela Spuren mesopotamischen Ursprungs aufweisen. Tatsächlich kehrte möglicherweise eine sehr alte Form der Abfassung von Rechtsurkunden mit den Exulanten zu ihrer ursprünglichen Quelle zurück. Es liegen Zeugnisse dafür vor, daß in Sumer in den frühesten Zeiten Landverkäufe in zwei durch eine Zwischenzeit voneinander getrennten Phasen abgeschlossen wurden: zuerst wurde der Preis bezahlt und dann das Land in Besitz genommen (s. auch *Darlehen und Schulden).

Landnahme

Gliederung: 1. Der geschichtliche Hintergrund und die Hauptprobleme der Landnahme. a) Grundzüge des biblischen Berichts; b) Gegensätzliche Darstellung in den Büchern Josua und Richter; c) Einwanderung von Hebräern in Kanaan vor der Landnahme; d) Chabiru, Hebräer und ka-

naanäische Stadtstaaten. 2. Die Etappen der Landnahme. a) Im Ostjordanland; b) In Südkanaan; c) Im Westjordanland; d) Im mittleren Kanaan; e) Ägypten und die Landnahme; f) Eroberung und Besiedlung des Nordens. 3. Der Vorgang der Besiedlung. 4. Hypothesen und Zusammenfassung.

Die israelitische Eroberung und Besiedlung von Palästina gehört noch immer zu den am heftigsten umstrittenen Problemen der biblischen Geschichte und ihrer Auslegung.

Die moderne Forschung nimmt an, daß die Darstellung des Exodus (s. *Auszug aus Ägypten) in der biblischen Überlieferung im großen und ganzen den Tatsachen entspricht. Diese Meinung wird erstens aus den außerbiblischen Geschichtsquellen des alten Orients gewonnen und sodann aus der Tatsache, daß die Bibel entgegen der allgemeinen Regel, nach der die nationalen Überlieferungen die Heldentaten und vornehme Abkunft hervorzuheben pflegen, von Knechtschaft, Unterdrückung und Flucht mit so handgreiflichen Einzelheiten berichtet, daß die ganze Erzählung den Anschein von Vertrauenswürdigkeit erweckt. Wenn man die biblische Erzählung in dieser Weise annimmt, so erheben sich Fragen z. B. über den Zeitpunkt der Knechtschaft, über die Zahl der Leute und Sippen, die tatsächlich am Auszug teilgenommen haben – Fragen, die weder durch die Literarkritik allein noch durch die spärlichen und vieldeutigen archäologischen Entdeckungen beantwortet werden können. Jedoch läßt sich auf beiden Wegen dem vermutlichen Ablauf der Dinge näherkommen.

1. Der geschichtliche Hintergrund und die Hauptprobleme der Landnahme: *a) Grundzüge des biblischen Berichts:* Die biblische Überlieferung unterstellt, daß der zusammengewürfelte Haufen von Menschen, der aus Ägypten entrann (Num 11, 4) den *Bund am Sinai als religiöse Verpflichtung auf sich nahm und von Anfang an unter dem Namen Israel in Sippen geordnet und sauber in zwölf Stämme aufgeteilt war. Diese zwölf halbnomadischen Stämme überdauern durch eine Reihe von Wundern die Wüstenwanderung – woraus hervorgeht, daß sie keine richtigen Nomaden, sondern dem Wüstenleben schlecht angepaßt waren. Sie waren offenbar ebensowenig ein starker Truppenkörper, um sich gegen andere Stämme der Gegend verteidigen zu können. Diese Überlegungen sprechen für die frühe biblische Überlieferung Gen 46,26, die von 70 Einzelpersonen, nicht Sippen, redet (s. *Auszug aus Ägypten; *Volkszählung; vgl. die dort gegebene Erörterung dieser Zahlen). Wie immer es sich damit verhält, an den frühen Stadien der Landnahme scheinen höchstens ein paar tausend Mann beteiligt gewesen zu sein; wenn auch eine hinreichende Anzahl, um noch zu Lebzeiten Moses' die beiden bedeutenden Reiche des Sihon und Og nördlich von Moab vernichten zu können.

Nach Moses' Tod geht die Erzählung im Buch *Josua weiter mit dem Überschreiten des Jordan (3,14 ff) und der Einnahme von Jericho (Kap. 6). Danach entwirft das Buch ein Bild von der systematischen, raschen Invasion der Israeliten, die das westliche Palästina überwältigten, mit der Einnahme von Bethel (8,1–29) festen Fuß in den zentralen Gebirgen des Landes faßten und Feldzüge durch Juda (9,1–10,42) und Galiläa unternahmen. Schließlich fand die Invasion (11, 1–15, 23) in der Festsetzung der Israeliten im ganzen Lande, von Beer-Seba bis Nordgaliläa, noch im Lauf der ersten Generation nach Moses ihren Abschluß. Niemand bezweifelt, daß die Erzählung, so wie sie vorliegt, die Dinge gewaltig vereinfacht. Trotzdem glauben viele Gelehrte, daß das Bild in seinen Grundzügen richtig ist. Um die Glaubwürdigkeit der Erzählung im Buch *Josua zu bestätigen, verweisen sie auf die Ergebnisse der Ausgrabungen, die in manchen Städten eine Zerstörung zum passenden Zeitpunkt beweist, die vielleicht den Israeliten zuzuschreiben ist.

Zwei Grundprobleme treten dabei auf: 1) War die Landnahme wirklich das Ergebnis eines einzigen, systematisch durchgeführten Feldzugs, wie das Buch Josua sie hinstellt, oder war sie ein langsamer schrittweiser Infiltrationsprozeß der einzelnen Stämme? 2) Folgte das Seßhaftwerden der Israeliten im Land der Eroberung, oder waren israelitische Elemente schon ins Land gekommen und hatten sich dort niedergelassen, bevor die staatliche Organisation der Kanaanäer auseinanderbrach?

Ein seltsamer Zug in der biblischen Erzählung ist, daß sie über die Eroberung des mittleren Palästina, des Gebiets zwischen Juda und Galiläa, abgesehen von der flüchtigen Erwähnung der Niederlagen etlicher Könige Jos 12,17 f. 24, kein Wort verliert. Die wichtigste Stadt dieses Gebietes war *Sichem, und obwohl diese den Kanaanäern offenbar nie entrissen wurde, findet dort die Zusammenkunft aller

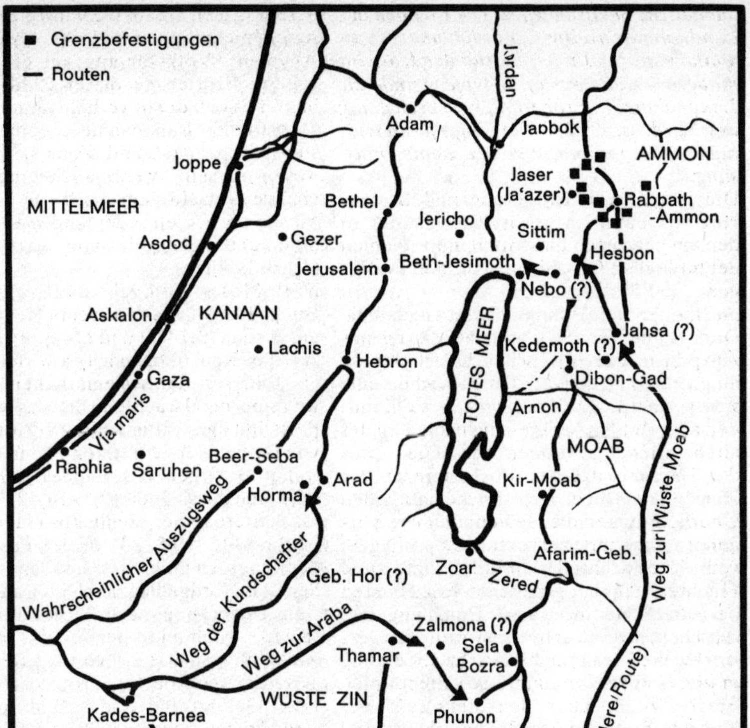

Karte 25. Der Zug nach Kanaan

Stämme zu den Zeremonien des Bundesschlusses statt, die Jos 8,30–35 beschrieben ist (vgl. auch Dt 27). Die Stadt wird Kap. 24 nochmals erwähnt beim Überblick über die Landnahme. Das legt die Vermutung nahe, daß in diesem Gebiet befreundete Stämme herrschten, mit denen die Eindringlinge einen Bund (d. h. eine religiös-politische Vereinbarung; vgl. Jos 24 für die Bundeszeremonien) schlossen und in ihm die Israeliten mit anderen Bevölkerungsteilen zusammenfaßten, die ihre Herkunft nicht von Flüchtlingen aus Ägypten herleiten konnten. Die Bibel weiß von keiner anderen Wanderung als jener aus Ägypten. Jeder Zuwachs zu den israelitischen Sippen muß also von gewissen Teilen der Bevölkerung stammen, die sich schon im Land befanden (s. *Sichem).

b) Gegensätzliche Darstellung in den Büchern Josua und Richter: Auf das Buch Josua folgt sogleich in Kap. 1 des Richterbuches die unumwundene Feststellung, daß die Israeliten beim Tod Josuas nicht im Vollbesitz des Landes waren. So läßt sich ein zusammenhängendes Bild vom Prozeß der Landnahme und Besiedlung nur gewinnen, wenn wir annehmen, daß die beiden Bücher verschiedene Stadien dieses Vorgangs darstellen. Mit Hilfe außerbiblischer Urkunden und archäologischer Zeugnisse versucht man die verschiedenen Schichten der Überlieferung in Einklang zu bringen (s. *Josua und Richter [Bücher]). Beim Studium der Quellen und archäologischen Zeugnisse, die sich auf den *Auszug aus Ägypten beziehen, ergab sich, daß nicht alle Israeliten Abkömmlinge der ehemals in Ägypten versklavten Sippen waren und daß sie nicht alle zum gleichen Zeitpunkt nach Kanaan gelangt sind. Außerdem hat die neuere Forschung dargetan, daß die frühere Meinung der Gelehrten, die Israeliten wären ursprünglich Nomaden (oder Halbnomaden) gewesen und hätten immer eine festumrissene Volksgruppe gebildet, Verwirrung gestiftet hat. Aufgrund der biblischen und der außerbiblischen Zeugnisse scheint es jetzt wahrscheinlich, daß sie keine Nomaden waren und daß die Zusammenfassung der zwölf Stämme sich nicht genau an Volksgrenzen hielt. Überdies waren die Stämme, die an der Eroberung und Landnahme unter Josua teilnahmen, nicht die ersten und einzigen Hebräer in Palästina.

c) Einwanderung von Hebräern in Kanaan vor der Landnahme: Ein Schriftstück aus Ägypten aus dem 13. Jhdt. (der Papyrus Anastasi A) nennt, wie es scheint, den Stamm Asser, und denselben Stamm erwähnt die phönikische Erzählung von König Keret, die auf Tafeln aus Ugarit aus dem 14. Jhdt. v. Chr. gefunden wurde, in der Gegend von Tyrus, also genau da, wo die Bibel ihn ansetzt (weitere Zeugnisse über die Chabiru aus den Amarnabriefen s. *Patriarchen, Geschichte; *Stämme Israels). Der Name *banū-jaminu,* der in Texten aus Mari auftaucht, hat manche Forscher auf »Benjamin« raten lassen; doch reichen die Gründe nicht aus, das so bezeichnete Volk mit dem israelitischen Benjamin gleichzusetzen. In ägyptischen Ächtungstexten aus dem 18. Jhdt. v. Chr. (s. *Ägypten und seine Beziehung zu Israel) tritt der Name *sebulun* auf. Und vor allem erwähnen die *Amarnabriefe, die wichtigste Quelle über Kanaan für die Zeit ein bis zwei Jahrhunderte vor der Landnahme, häufig die Tätigkeit der *Chabiru, welche die kanaanäische und ägyptische Herrschaft in Palästina untergraben.

d) Chabiru, Hebräer und kanaanäische Stadtstaaten: Die Amarnabriefe reden ständig von Angriffen auf die Autorität der Könige in Kanaan und ihrer ägyptischen Oberherrn durch Gruppen von »Chabiru«, die sich zugleich auf die am schlechtesten gestellte Klasse in der kanaanäischen Bevölkerung, die *ḫupšu,* zu stützen suchten. Diese Angriffe setzten sich durch die ganze Spätbronzezeit, d. h. in der zweiten Hälfte des 14. und ersten Hälfte des 13. Jahrhunderts v. Chr., fort, das nach einer Ansicht die Zeit der Landnahme sein könnte. Die Chabiru waren keine rassisch einheitliche Volksgruppe. Die Fürsten von Kanaan benutzen den Namen für alle Feinde, die ihre Herrschaft zu untergraben suchten. Sie reden von »Sklaven, die Hapiru geworden sind«.

Die Taktik der Chabiru bestand nach den *Amarnabriefen darin, den regierenden Fürsten zu ermorden und durch einen von ihnen selbst ernannten Regenten zu ersetzen. Dieser verdankte den Thron dann den Chabiru und würde ihre Sache begünstigen. Dazu kam der Versuch, alle Unzufriedenen in diesem Gebiet zur Abwehr gegen ägyptische Repressalien zu organisieren. Seltsamerweise war keine Rede von einer solchen Gegenwirkung. Die Ägypter sahen die Lage viel harmloser an, und auf jeden Fall konnte keine Geste, die sie machten, die allmähliche Ausschaltung der ägyptischen Hoheit über Kanaan, die unter Echnaton stattfand, stoppen (s. *Ägypten und seine Beziehung zu Israel).

Die Hauptschwierigkeit bei der Annahme,

die Chabiru des 14. Jahrhunderts v. Chr. seien mit den Leuten, die unter Josua in Kanaan eindrangen, identisch, ist in der Chronologie begründet: Die Amarnazeit liegt ein Jahrhundert zu früh. Immerhin haben wir in den Briefen eine wertvolle Erläuterung zu den Ereignissen des 13. Jahrhunderts v. Chr., und sie erlauben es, das Bild eines kurzen, grausamen Feldzugs durch das einer viel langsameren schrittweisen Infiltration im Ostjordanland und im westlichen Palästina zu ersetzen. Der Streit zwischen Israeliten und Kanaanäern hat das Vorbild der Chabiru und ihres Vorgehens gegen die Stadtherrscher in der Amarnazeit nachgeahmt. Im späteren Falle (13. Jhdt.) schuf eine religiöse Bewegung einen Zusammenhalt unter den verschiedenen sozialen Gruppen, der es ihnen ermöglichte, die politische Autorität der kanaanäischen Stadtstaaten der Spätbronzezeit von Palästina und Syrien niederzuringen.

Ungewiß ist noch, ob die »Chabiru« tatsächlich Hebräer aus einer früheren Periode waren oder Zusammenschlüsse besitzloser Einheimischer, die um Landbesitz und niedrige Steuern kämpften. Ihr Auftreten trägt alle Merkmale einer ethnischen Einheit, aber daraus geht nicht notwendig hervor, daß sie auch einen gemeinsamen Ursprung hatten. Einen Zusammenhang zwischen ihnen und den späteren Einheiten unter Josua scheint die Tatsache nahezulegen, daß die Chabiru sich offenbar zu einem viel früheren Zeitpunkt der Stadt Sichem bemächtigen konnten. So könnte die Erzählung, wie Simeon und Levi, Jakobs ältere Söhne, Sichem hinterlistig angriffen (Gen 39), ein Nachhall der Eroberung der Gegend durch die Chabiru sein und verständlich machen, wie sich die Israeliten dort, offenbar ohne die Stadt erst erobern zu müssen, festsetzen konnten.

Nach Ansicht von G. E. Mendenhall war die Lage in Kanaan zur Zeit der Landnahme dieselbe, wie sie öfter in der Geschichte begegnet, daß eine breite Bevölkerungsschicht die vorhandene politische Ordnung ablehnt und zugleich auf jeden Anspruch verzichtet, ihren Schutz in Anspruch zu nehmen. »Das Auftreten der kleinen Religionsgemeinde von Israel schied die Bevölkerung im ganzen Land in polare Gegensätze: die einen verbündeten sich mit den Eindringlingen, die anderen, vor allem die Könige und ihre Helfer, kämpften. Da die Könige besiegt und vertrieben wurden, entstand daraus die Überlieferung, daß alle Kanaanäer und Amoriter vertrieben oder niedergemetzelt worden seien; denn das einzige, was übrigblieb, war die überwiegende Majorität in jedem Gebiet – jetzt Israeliten genannt« (s. *Stämme Israels). Damit steht die Meinung von M. Noth in Einklang, daß zu Beginn des 12-Stämme-Systems kein statistisch ins Gewicht fallender Zuzug von auswärts und keine radikale Verdrängung der kanaanäischen Bevölkerung, abgesehen von den leitenden Schichten, stattgefunden habe. Kurz, die »Landnahme« war ein Aufstand der Bauern ohne Land gegen das Netz von eng ineinander greifenden kanaanäischen Stadtstaaten.

Daß die Israeliten nach ihrer Wüstenwanderung in kein fremdes Land kamen, wird allgemein anerkannt. Manche Gelehrte haben die Landnahme sogar als Rückkehr, als Wiedervereinigung mit verwandten Sippen dargestellt. Man kann sie auch als Entwicklung der sozialen Beziehungen auffassen, die schon zwischen Hebräern und Chabiru bestanden und die Besiedlung von Transjordanien, die Überquerung des Flusses und das Eindringen in Westpalästina wesentlich erleichterten. Oder die eindringenden Israeliten wurden entweder von verwandten Sippen, die niemals den Wohnsitz in Kanaan mit dem in Ägypten vertauscht hatten, oder von unzufriedenen Schichten der kanaanäischen Bevölkerung, wie den Bewohnern von Gibeon und Sichem, willkommen geheißen. Vielleicht trifft aber auch beides zu. In all diesen Fällen würde die Lage schnell ein beträchtliches Potential erzeugt haben, das dann seinerseits weitgespannte Bündnisse mit verwandten Gruppen herbeiführte und Zusammenstöße mit kanaanäischen Städten, zuerst südlich von Sichem, dann in Juda hervorrief.

2. Die Etappen der Landnahme: *a) Im Ostjordanland:* Die Bibel bringt zwei Versionen über das Betreten von Palästina durch die Israeliten. Num 13 f berichtet von einem Versuch, von Süden her in das Land einzudringen. Er wurde durch einen gemeinsamen Gegenangriff der Städte des Negeb unter der Führung des Königs von Arad zurückgewiesen. Die Israeliten wurden geschlagen und bis Horma, das nicht weit von *Arad liegt, verfolgt. An einer anderen Stelle, Num 21,1–3, wird eine zweite Schlacht bei Horma als großer Sieg der Israeliten dargestellt (s. **Karte 25**).

Der Zug der Stämme ostwärts, den Grenzen von Edom entlang, scheint die Lage vor dem 13. Jhdt. v. Chr., als Edom und Moab noch keine dauernde Besiedlung hatten,

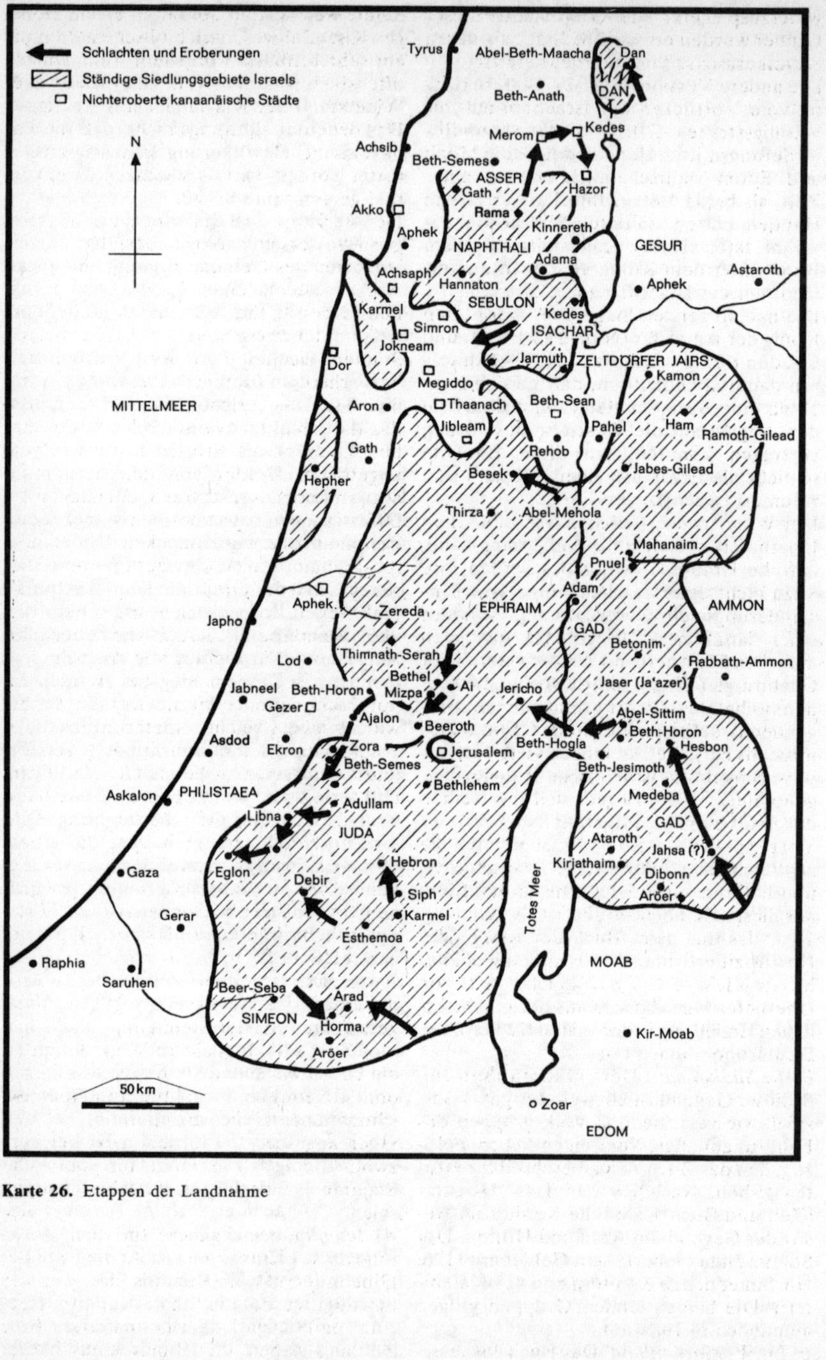

Karte 26. Etappen der Landnahme

widerzuspiegeln. Die Grenzstädte dieser Länder wurden erst im 13. Jhdt., als deren Bevölkerung seßhaft wurde, befestigt.
Die andere Version, Num 20,14 ff, berichtet vom Vorrücken der Israeliten auf der »Königsstraße« (20,17; s. *Straßen, Beförderungsmittel, Handelswege), die Moab und Edom wahrscheinlich erst zu einer Zeit, als beide Völker ihre Länder fest in Händen hatten, säumte. Wie schon erwähnt, taten sich die Kanaanäer zu einem Bund unter dem König von Arad zusammen, um die Israeliten zu bekämpfen.
Die nachfolgenden Siege über Sihon, den König der Amoriter (Num 21,21–26), und Og, den König von Basan (21,33–35), waren dadurch bedeutsam, daß sie den Israeliten eine Basis schufen, von der aus sie den Angriff auf die Westseite des Jordan vortragen konnten. An diese Berichte schließt die Erzählung über Bileam an (s. *Numeri [Buch]).
Der Widerspruch zwischen den biblischen Überlieferungen legt die Auffassung nahe, daß die Israeliten östlich des Jordan ihre Sitze nicht einer raschen Folge von Einwanderungswellen verdankten, sondern einer langsamen Besiedlung, die nach manchen Forschern mit dem Auftreten der Chabiru gleichzusetzen ist, wobei die einheimische Bevölkerung mit den eindringenden Israeliten verschmolz. Obwohl dies nirgends berichtet ist, mögen viele vorhandene Sippen die israelitische Religion angenommen und infolgedessen die Reihen der zwölf Stämme aufgefüllt haben. Dieser Vorgang wird außerdem bezeugt durch die zahlreichen vormosaischen Geschichtsüberlieferungen und Bräuche, die die Bibel aus dieser Zeit bewahrt hat; z. B. Num 21, 14 f, das aus dem ›Buch der Kriege des Herrn‹ zitiert, und das Triumphlied über Moab 21,27–30. Eine gleiche Art von Überlieferungen spricht aus der geschichtlichen Erzählung in den ersten Kapiteln des Deuteronomiums (1–4).
b) In Südkanaan: Der Infiltrationsprozeß in dieser Gegend ist ein weiteres gutes Beispiel, wie verschiedene Volksgruppen das Land unabhängig vom eigentlichen Feldzug, den das Buch Josua beschreibt, betreten haben. Nach Ri 1,16 ff (s. *Richter [Zeit und Buch]), sind die Keniter im Besitz der Gegend um Arad und Horma. Der Stamm Juda eroberte sein Gebiet mit Hilfe von Simeon, den Kenitern und den Kalebitern. Die beiden letzten Gruppen gingen allmählich in Juda auf.
c) Im Westjordanland: Das Buch Josua erzählt von einem großen Angriff auf die Städte westlich des Jordan in einem Heiligen Krieg Jahwes, nach biblischem Zeugnis ein sehr brutales Vorgehen. Teils war es offensiv, teils defensiv, doch brach es dem Widerstand der Kanaanäer das Rückgrat. Das bedeutet allerdings nicht, daß die kanaanäische Bevölkerung gänzlich ausgerottet worden wäre. Viele machten mit Israel gemeinsame Sache.
Der Bericht der Bibel wird durch die Ergebnisse der Archäologen bestätigt. In vielen Orten des Gebietes bezeugt eine dicke Aschenschicht eine Zerstörung durch Feuer im 13. Jhdt. v. Chr. Auffallenderweise fehlt diese gerade in den beiden Städten, die das Buch Josua am meisten hervorhebt, in *Jericho und Ai (s. *Bethel und Ai). Das Jericho der Spätbronzezeit, das die Israeliten vermutlich zerstört haben, ist durch die Erosion fast vollständig abgetragen. Weder von den berühmten Mauern noch sonst von Gebäuden oder Befestigungen aus der entsprechenden Zeit hat man etwas entdecken können. Die Ausgrabung von Ai (vermutlich *et-tell*) hat gezeigt, daß der Ort schon lange vor der israelitischen Invasion nicht mehr besiedelt war. Wahrscheinlich steht die Überlieferung über die Eroberung von Ai in Zusammenhang mit einem Sieg bei Bethel, das nur 2 km davon entfernt liegt. In Bethel wurde eine reiche spätbronzezeitliche Stadt im Lauf des 13. Jahrhunderts zerstört und kurz darauf in bescheidenerer Form und geringerem Umfang wieder aufgebaut. Trotzdem scheint die Überlieferung nicht etwa die beiden Orte verwechselt zu haben. Die israelitischen Bewohner von Bethel bemerkten die Existenz einer großen Ruinenstätte in ihrer Nachbarschaft und nannten sie hebräisch *hā'aj*, »Ruine«. Kanaanäisch hieß der Ort wahrscheinlich Beth-Awen. Die Israeliten erklärten die Ruine mit einer typisch volkstümlichen Schauergeschichte: mit der Steinigung des Achan (Jos 7,1.18 ff). In gleicher Weise knüpften die Israeliten an den Steinkreis von Gilgal, ohne Zweifel ein megalithisches Denkmal (Stonehenge), die Erinnerung an den Übergang über den Jordan, nach welchem zwölf Steine als Symbol für die zwölf Stämme Israels hier aufgerichtet worden seien.
d) Im mittleren Kanaan: Im Buch Josua folgt auf die Einnahme von Ai die Bitte der Gibeoniten um ein Bündnis, das, wenn es bewilligt wurde, die Städte Kephira, Beeroth und Kirjath-Jearim umfaßte. Eine Zeitlang haben die Bibelwissenschaftler diese Erzählung für eine reine Erfindung

gehalten, die erklären sollte, wieso sich im Gebiet von Benjamin Kanaanäerstädte befanden, deren Bewohner sozial schlechter gestellt waren als die der israelitischen Städte. Vielleicht stimmt das, doch sicher bleibt wahr, daß es Bündnisse zwischen den Israeliten und gewissen Gruppen der Kanaanäer gab. Zum Beispiel blieben die Bewohner von Thirza, Kephira und Sichem unbehelligt. Später wurden sie als Sippen von Manasse eingereiht (s. **Karte 26**). Viele Gelehrte glauben, daß dieser Abschnitt der Eroberung das Eindringen der »Rahel-Stämme« schildere, deren Führer Josua der Nachwelt in Erinnerung blieb, während andere Führergestalten vergessen wurden. Wie nun immer die Israeliten die Besitznahme von Gibeon und den umliegenden, davon abhängigen Orten erreichten, sie stellte eine Bedrohung für das kanaanäische Jerusalem dar. Folglich schloß dessen König ein Bündnis mit den Nachbarkönigen von Hebron, Jarmuth, Lachis und Eglon und fing Krieg gegen Gibeon an. Sein Ziel war vermutlich, das strategisch wichtige Gebiet zurückzuerobern, die Städte des Gibeon-Bundes in seine Gewalt zu bringen und das Fundament der israelitischen Macht zwischen Jericho und Bethel zu zerstören (s. **Karte 26**). In der darauffolgenden Schlacht siegten die Israeliten, und die eroberten Städte wurden daraufhin nach den Regeln des Heiligen Krieges (s. *Kriegführung) zerstört. Gerade die unerbittliche Gründlichkeit der Zerstörungen im 13. Jhdt. v. Chr. gestattet es, sie mit dem religiösen Fanatismus der Israeliten zu erklären. Eine der Städte, die auf diese Weise behandelt wurden, war *Lachis, wo die Ausgrabungen die zerstörten kanaanäischen Wohnungen und Tempel ans Licht gebracht haben. Dabei kam auch noch eine der wichtigsten Urkunden für die Datierung der Landnahme zum Vorschein, nämlich ein Ostrakon (beschriebene Tonscherbe) mit ägyptischer hieratischer Schrift, auf dem verschiedene Posten von Getreide verzeichnet waren, die die Bewohner im vierten Jahr eines ägyptischen Königs nach Ägypten als Tribut abgeliefert haben. Der König war höchstwahrscheinlich Mernephtah, der Pharao der Israel-Stele (1219 v. Chr.; s. *Auszug aus Ägypten), und das Jahr wäre dann 1220 v. Chr. Da das Ostrakon in den Ruinen von Lachis lag, mußte dies das Jahr sein, in dem die Stadt zerstört wurde. Eine Reihe von Tells im Gebiet der südlichen antiisraelitischen Allianz deuten offensichtlich auf Zerstörung um ungefähr die gleiche Zeit. *tell bēt mirsim* wurde bei der Ausgrabung mit Debir (Kirjath-Sepher) identifiziert, während man in *tell el-hesī* Eglon gefunden zu haben glaubt. Der Sieg brachte das ganze Gebiet der südlichen Niederung von Jerusalem bis zur Küstenebene in israelitischen Besitz und war entscheidend für die Besiedlung von Juda und Benjamin. Es scheint jedoch, daß man zwei Feldzüge unterscheiden muß, einen früheren gegen den Bund, an dessen Spitze der König von Jerusalem stand, und einen zweiten, bei dem die Städte der an der Küste gelegenen Sephela-Niederung, die nach dem Bericht der Bibel an jenem Bund nicht beteiligt waren, zerstört wurden. Die Bibel behauptet, daß auch *Jerusalem zerstört worden sei; aber es scheint nicht von den Israeliten, sondern von den Jebusitern eingenommen worden zu sein, von denen es David (s. *David und Salomo) später erobern mußte. Möglicherweise haben die Israeliten es erobert und danach wieder verloren; vielleicht haben sie es einfach zerstört und wieder verlassen, so daß die Jebusiter es später wieder aufbauen konnten. Archäologisch läßt sich eine derartige Zerstörung hingegen nicht nachweisen (s. *Jerusalem).

e) Ägypten und die Landnahme: Ein schwacher Punkt für die Israeliten in ihren neuen Gebieten war es, daß die Städte *Askalon, *Gezer, *Ekron und andere entweder stark genug waren, ihnen standzuhalten, so daß sie nicht erobert wurden oder zwar zeitweise besetzt wurden, aber dann wieder verlorengingen. Diese Ansicht hat jüngst D. N. Freedman ausgesprochen. Er weist darauf hin, daß z. B. Gezer unter den Eroberungen Josuas aufgezählt wird, während wir wissen, daß der Pharao Mernephtah es 1219 v. Chr. eingenommen hat. Dasselbe gilt wahrscheinlich von Askalon. Mit Asdod verhält es sich nach diesem Gelehrten folgendermaßen: Das Buch Josua (15,47) weist Asdod dem Stamm Juda zu, sagt aber nichts von einer Eroberung der Stadt; und es gibt tatsächlich andere Anzeichen dafür, daß das Philisterland im Gebiet der Landnahme nicht inbegriffen war. Aber bei den jüngsten Ausgrabungen an diesem Orte (1963) zeigte es sich, daß die letzte kanaanäische Stadt daselbst gegen Ende des 13. Jahrhunderts v. Chr. gewaltsam zerstört wurde. Es ist die radikalste Zerstörung, die der Ort in seiner ganzen Geschichte erlitten hat, und sie entspricht den Zerstörungen anderer Städte Palästinas durch die Israeliten. Danach war die Stätte offenbar verlassen, bis die Philister kamen und sie in der ersten

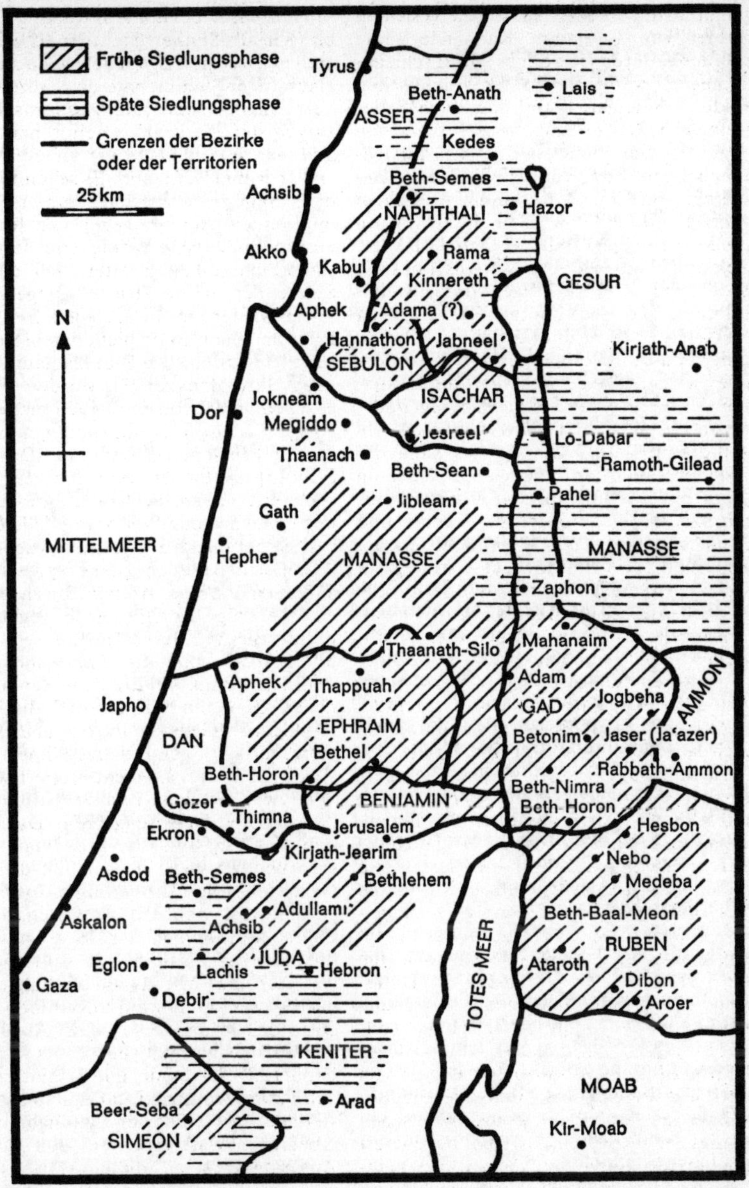

Karte 27. Die Perioden der Besiedlung

Hälfte des 12. Jahrhunderts v. Chr. wieder aufbauten.
Die Lage der Küstenstädte an der *via maris* (*Straßen, Beförderungsmittel, Handelswege), der Hauptverbindung zwischen Ägypten und dem Vorderen Orient, machte sie zu bedeutsam für die Ägypter, als daß ihr Schicksal diesen hätte gleichgültig sein können. Viele Gelehrte glauben, daß die Israeliten niemals bis an die beherrschenden Küstenstädte vorgedrungen sind, ebensowenig nach *Megiddo, Thaanach oder *Beth-Sean in der Ebene von Jesreel, den Zentren dessen, was vom ägyptischen Reich in Asien übriggeblieben war. D. N. Freedman jedoch vertritt an Hand der jüngsten Ausgrabungsergebnisse die Ansicht, daß sie diese allerdings nur für eine kurze Zeit überwältigt hätten. Es fällt auf, daß die Ägypter, als die Oberherren von Kanaan, keinen Versuch gemacht haben sollten, dem Vorgang der Landnahme Einhalt zu tun; doch abgesehen von der sehr zweifelhaften Andeutung auf der »Israel-Stele« Mernephtahs (s. *Auszug aus Ägypten; *Ägypten und seine Beziehung zu Israel) haben die Ägypter offenbar bis in die zweite Hälfte der Regierung Salomos (s. *David und Salomo) hinein nichts Ernsthaftes unternommen. Das mag auf Intrigen zurückzuführen sein, ja vielleicht haben die Ägypter zuweilen die Landnahme sogar unterstützt; aber andererseits werden sie die israelitische Eroberung wohl nie für mehr gehalten haben als eine Episode im ewigen Kampf zwischen der ansässigen Bevölkerung und den Nomaden der Umgebung. Damals schien sie kaum eine ernstliche Bedrohung der formalen Oberherrschaft Ägyptens über die Küstengebiete von Kanaan. Immerhin bezeugt die Israel-Stele Mernephtahs, daß die Ägypter 1219 v. Chr. gerade diejenigen Städte zurückeroberten, die die Israeliten in der Küstenebene erobert hatten. Die *via maris* war für die Ägypter lebenswichtig, und sie konnten es nicht zulassen, daß die Herrschaft über diese Straße in feindliche Hände geriet – mochte es sich um aufständische Kanaanäer oder nomadische Eindringlinge handeln.
Die Wanderungen der Nomaden waren in jener Zeit der großen Völkerverschiebungen an der Tagesordnung. Zum Beispiel drangen die *Keniter und der Stamm Jerahmeel ohne Zusammenhang mit den israelitschen Stämmen von Süden her in Palästina ein und verbündeten sich später mit ihnen. Viele Gelehrte argumentieren, daß Militärstreifen oder indirekte Einmischungen, die die Ägypter unternommen haben mögen, politisch zu bedeutungslos schienen, um sie auf ägyptischen Denkmälern zu erwähnen (wenn auch die Stele Mernephtahs von dergleichen Unternehmungen berichtet) – und für die Bibel religiös zu unwichtig gewesen wären, um aufgenommen zu werden. Die Frage muß also unbeantwortet bleiben.
Einige Städte des Südens, z. B. Bethel (*Bethel und Ai), wurden sogleich wieder besiedelt. Bei anderen verstrich eine Zeit zwischen der letzten kanaanäischen Schicht und der ersten israelitischen Niederlassung. Dies ist der Fall bei Ai, Mizpa, Beth-Zur und Silo. Von größerer Bedeutung ist es, daß neue Städte entstanden, so z. B. Geba, Rama und Gibea Benjamins (s. *Saul).
f) Eroberung und Besiedlung des Nordens: Später sahen sich die Israeliten einem Bunde von Königen des Nordens gegenüber, an deren Spitze der Herrscher von *Hazor (Jos 11) stand. Hazor, »vor Zeiten die Hauptstadt all dieser Königreiche«, wurde zerstört (*Josua und Richter [Bücher]), während andere befestigte Städte im Besitz der Kanaanäer blieben. Man pflegte die Geschichtlichkeit dieses Berichtes zu bestreiten, und die Gelehrten nahmen an, daß sich Israeliten zwar im Norden niederließen, aber nicht stark genug waren, die Kanaanäer aus ihren Hauptsitzen zu vertreiben. Die jüngsten archäologischen Forschungen in Galiläa, die Y. Aharoni durchführte, haben gezeigt, daß es dort schon vor der Hauptwelle der Landnahme im 13. Jhdt. v. Chr. oder früher israelitische Siedlungen in gewissem Umfang gab. Die Stämme (s. *Stämme Israels) Asser und Isachar z. B. waren beträchtliche Zeit früher im Norden angesiedelt. Die Stämme bevorzugten die Hügelgebiete abseits von den Hauptstraßen und von den Städten der Ebene, vermieden also *Hazor, Kades (später mit dem Beinamen »in Naphthali«), *Megiddo, *Beth-Sean u. a. Im Hügelland gibt es viele Plätze, meist kleine Siedlungen mit geringer Befestigung, in denen typische frühisraelitische Keramik zum Vorschein kam (s. *Töpferei). Später wuchs die Kraft der israelitischen Stämme, und sie begannen den kanaanäischen Städten der Gegend gefährlich zu scheinen. Diese werden auch gefürchtet haben, daß sich diese nördlichen Israeliten mit ihren Verwandten im Gebirgsland um Sichem oder sogar mit denen des Südens zusammentun könnten. Nach dieser Theorie erfolgte der Zusammenstoß

mit den Kanaanäern des Nordens erst, als Debora und Barak die Stämme Israels gegen Sisera und seine Truppen heranführten, wie Ri Kap. 4 f berichtet wird. Dieser Kampf fand weiter südlich bei Megiddo statt. Man nimmt an, daß der Bericht über diese Schlacht, besonders das Debora-Lied Ri 5, eine viel ältere Überlieferung bewahrt als die Quelle von Jos 11 über Hazor und darum das richtige Bild von den Ereignissen in dieser Gegend wiedergibt.
Diese Richtung der Gelehrten meint ferner, daß dieser Sieg den Israeliten nicht nur die Herrschaft über den Nordteil des Landes verlieh, sondern zugleich wichtig war, weil er die Einmütigkeit der Stämme unterstrich. Die Folge davon war, daß der Stämmebund nicht mehr durch das von den Kanaanäern verteidigte Tal von Jesreel zerrissen war, sondern sich auf dem Weg zur nationalen Einheit befand.
Y. Yadin hat diese Theorie scharf bekämpft. Seine Ausgrabungen in *Hazor haben bewiesen, daß die Stadt tatsächlich im 13. Jhdt. v. Chr. durch die Israeliten zerstört worden ist. Wenn man diese Erkenntnis als Beweis dafür nimmt, daß die Erzählung Jos 11 geschichtlich zuverlässig ist, so fällt der Sieg von Debora und Barak auf einen späteren Zeitpunkt, und die biblischen Erzählungen halten die richtige zeitliche Folge ein. Die beiden Ansichten schließen einander nicht notwendig aus. D. N. Freedman z. B. meint, daß es trotz der Widersprüche in den biblischen Erzählungen keine tatsächlichen Schwierigkeiten macht, eine Eroberung von Hazor durch Josua im 13. Jhdt. v. Chr. anzunehmen, der im 12. oder 11. Jhdt. die Schlacht bei Megiddo nebst einem weiteren Treffen bei Hazor gefolgt sei. Letzteres könnte allerdings eine Rückerinnerung an die früheren Ereignisse sein, namentlich da in Ri 5 weder Jabin noch Hazor erwähnt sind und dies Lied eine zuverlässigere Quelle für den Feldzug von Debora und Barak ist als Ri 4 (s. *Josua und Richter [Bücher] 4 d).
3. Der Vorgang der Besiedlung: Zusammenfassend ist zu sagen, daß man zwei Prozesse unterscheiden muß, die sich abspielten: sowohl Feldzüge als auch, nach Ansicht vieler Gelehrter, eine langsame Infiltration. Selbst als die kriegerischen Erfolge der eigentlichen Eroberung vorüber waren, setzte sich der Vorgang der Besiedelung fort. Bei vielen Stämmen verschlechterten sich sogar die Lebensbedingungen. Der Stamm Dan zum Beispiel wurde aus seinem »Erbanteil« verdrängt und suchte sich ein neues Gebiet im Norden. Die Stämme Levi, Ruben und Simeon waren zu schwach, um ihr Gebiet so zu behaupten und zu erweitern, wie es manche andere Stämme taten.
Die Geschichte der Landnahme offenbart sich als ein langwieriger Vorgang, und viele Widersprüche in der biblischen Erzählung sind daraus hervorgegangen, daß man Josua als nationalen Führer und Nachfolger des Moses darzustellen wünschte.
Nach den jüngsten Forschungen scheint es, daß die Landnahme schon in der Amarnazeit (s. *Amarnabriefe) im 14. Jhdt. v. Chr. begann und bis in das 12. Jhdt. andauerte, wobei Zeiten der militärischen Invasion und Zeiten der Vermischung mit dem ansässigen Bauerntum abwechselten. So fand keine plötzliche Verdrängung der Bevölkerung und kein Bruch in der Kontinuität der kanaanäischen Kultur statt, soweit deren Züge nicht den religiösen Pflichten gegen Jahwe zuwiderliefen. Gleichzeitig gab es Wanderungen von einzelnen Sippen oder Stämmen von einer Gegend in eine andere. Während der ganzen Periode läßt sich eine schrittweise Ausbreitung erkennen. Y. Aharoni z. B., von dem die **Karte 26** stammt, unterscheidet vier Siedlungsgebiete: die südlichen Stämme, Juda und seine Verbündeten Simeon, Kaleb und die Keniter; dann die Stämme der Mitte: Machir, Manasse, Ephraim und Benjamin nebst Dan an der Westgrenze; die Stämme von Galiläa, das sind Asser, Naphthali, Sebulon und Isachar; schließlich die Stämme östlich des Jordan: Manasse, Gad und Ruben. Die Gebiete der Stämme in der frühen Epoche und die Grenzen ihrer Ausbreitung sind auf der Karte schräg schraffiert, während die Randgebiete, bis zu denen sie sich später ausdehnten, und die Gebiete verbündeter Stämme, die nicht zum Zwölfstämmebund gehörten, lockerer gestrichelt sind. Zwischen diesen Stammesgebieten liegen die kanaanäischen Enklaven: im Süden Jerusalem und Gezer; nördlich vom Gebiet von Manasse die Stadtgebiete von Beth-Sean, Thaanach, Megiddo und Jokneam. Das westliche Küstengebiet ist noch in den Händen der Kanaanäer unter ägyptischer Oberhoheit. Den Ergebnissen der jüngsten Forschungen folgend, versucht diese Karte ein genaueres Bild des geschichtlichen Vorgangs zu vermitteln als die Überlieferung. Allerdings ist zur Zeit noch nicht Hinreichendes über die Landnahme und Besiedlung bekannt, um eine endgültige graphische Darstellung ihrer zeitlichen Folge zu ermöglichen.

4. Hypothesen und Zusammenfassung: Zwei Haupttheorien sind aufgestellt worden, um die Probleme zu lösen, die die verworrene Überlieferung in ihrer Beziehung zur bekannten geschichtlichen Umwelt aufgibt (s. oben). Die eine Denkrichtung sieht in der Landnahme einen Vorgang der allmählichen Niederlassung, wobei die vorhandene Bevölkerung sich in Parteien für und wider die Israeliten spaltete und so zu lokalen Kämpfen, Eroberung und weiterer Ausbreitung Raum gab; die endgültige Festlegung sei erst in der Frühzeit des Königtums erreicht worden, und damals erst sei die Abgrenzung der Stammesgebiete, wie sie im Buch Josua verzeichnet ist, tatsächlich durchgeführt worden.

Andere Gelehrte verwerfen diese Ansicht großenteils und halten sich genauer an den Bericht der Bibel. D. N. Freedman glaubt, daß die Eroberung ein viel größeres Gebiet betraf, als gewöhnlich angenommen wird, und daß die Israeliten später aus einer Reihe von Außenstellungen wieder verdrängt wurden, sich ins Hügelland von Juda zurückzogen und dort ihre Stellung festigten.

G. E. Mendenhall lehnt die These von Alt u. a. ab. Nach ihm waren die Israeliten Teile der autochthonen Bevölkerung Palästinas: Die Gruppe der aus der ägyptischen Knechtschaft geflohenen Leute hatte sich mit anderen zu einem »Bund« mit Jahwe zusammengeschlossen. Sie bildeten eine Aktionsgemeinschaft zu ihrem Schutz gegen die Unterdrückung durch die Stadtstaaten. Diese »Revolte« der Landbevölkerung gegen die Feudalschicht der Könige und Stadtstaaten im flachen Land war primär religiös-sozial bestimmt. Sie nahm mit der Beseitigung der Könige von Hesbon und Basan in Transjordanien ihren Anfang; im mittelpalästinischen Raum nimmt Mendenhall einen schnellen Umsturz ohne größere militärische Ereignisse an.

Darin jedoch besteht eine bemerkenswerte Einmütigkeit, daß keine dieser Theorien die andere notwendig ausschließt und daß die Feldzüge des Josua ein wichtiger Abschnitt in einem Streit waren, der sich viel länger hinzog und in dem jeder Stamm oder jede Stammesgruppe in ihrem Gebiet ihre Rolle spielte. Die archäologische Forschung hat die Zeit und die geographischen Verhältnisse der Landnahme und Besiedlung festlegen helfen, aber es können noch weitere Zeugnisse ans Licht kommen. Ausgrabungen in Ägypten, Mesopotamien sowie im Gebiet von Palästina selbst könnten z. B. vermuten lassen, daß noch mehr hebräische Sippen als bisher angenommen schon vor der Landnahme fest in Kanaan verwurzelt waren. Das eine ist schon deutlich, daß die Auswanderer aus Ägypten zur Zeit des biblischen Exodus nur eine Minorität von dem darstellten, was künftig Israel sein sollte. Sie mögen den Mittelpunkt abgegeben haben, um den sich die andern hebräischen Stämme, die schon in Kanaan waren, kristallisierten; aber diese Zusammenfassung hing offenbar in mancher Beziehung von den politischen und wirtschaftlichen Verhältnissen in Kanaan ab, die den Prozeß begünstigten. Den schöpferischen Antrieb zu der ganzen Bewegung gab die Persönlichkeit des Moses, der in der ersten Hälfte des 13. Jahrhunderts lebte, dessen Entschlußkraft und Genius aber seine Antriebskraft noch über seinen Tod hinaus ausübte.

Nach dem ursprünglichen Emporkommen der Israeliten unter seiner Führung folgte der langandauernde Vorgang des Eindringens in Palästina und der Ansiedlung, dessen Beginn im Ostjordanland nach der Ansicht von D. N. Freedman sich in den Siegen über Og und Sihon erkennen läßt. Im Lauf ihrer Wanderungen füllten die Israeliten ihre Reihen mit Zuzüglern und entfachten eine Bewegung, die sich wie ein Feuer über Kanaan verbreitete und im ganzen Land die Städte zerstörte. Binnen weniger Jahre, von etwa 1250–1225 v. Chr., verwüsteten sie den größten Teil des Landes. Doch gab es Ausnahmen, z. B. Sichem, wo der »Bund« von den Israeliten, die aus der Wüste kamen, in Gemeinschaft mit denen, die schon im Lande waren, erneuert wurde.

Viele Städte wurden nach der Zerstörung nicht sogleich wieder besiedelt – so *Asdod; andere wurden von nichtisraelitischen Bewohnern wieder aufgebaut. Die Israeliten selbst waren nicht imstande, das ganze Gebiet, das sie erobert hatten, zu halten, und wurden z. B. aus der Küstenebene durch die Ägypter wieder vertrieben. In anderen Gegenden zogen sie sich auf festere Stellungen zurück.

Dann folgten 200 Jahre Krieg und Streit, in denen die Philister große Gebiete des Landes in Besitz nahmen, bis endlich *Saul und David (s. *David und Salomo) in der Lage waren, die Herrschaft über das ganze Gebiet anzutreten und das Königtum von Israel aufzurichten.

Leviticus (Buch)

Gliederung: 1. Name, Aufbau und Verfasser. 2. Inhalt. a) Überblick; b) Weihe zum

Priesteramt; c) Unreinheit und Bewahrung der rituellen Reinheit; d) Der Doppelcharakter des religiösen Tabus; e) Der große Versöhnungstag; f) Das Heiligkeitsgesetz; g) Mahnrede, Abschluß des Heiligkeitsgesetzes. 3. Der allgemeine Charakter des Buches Leviticus. a) Frage nach dem historischen Hintergrund; b) Die Priesterschrift im Buch Leviticus; c) Der Gottesbegriff; d) Der »Sündenbock« (Azazel). 4. Entstehungszeit des Buches Leviticus und seine Überlieferungen.

Das dritte Buch des Pentateuch enthält Gesetze, die gemäß der biblischen Überlieferung von Moses seit dem Zug des Volkes Israel durch die Wüste auf die nachfolgenden Generationen übergegangen sind. Einige dieser Vorschriften richten sich an die Priester, andere jedoch gehen das ganze Volk Israel an.

1. Name, Aufbau und Verfasser: Der hebräische Name dieses Buches ist *wajjiqrā'*. Hieraus ist die literarische Tradition erkennbar, nach der ein Buch nach seinem Anfangswort oder dem wichtigsten Wort seines Einleitungssatzes benannt wurde. Zuvor war es als der Priesterkodex bekannt. Der Name *Leviticus* ist eine latinisierte Form der griechischen Bezeichnung, die die Septuaginta gebraucht und die soviel heißt wie: »das, was die Leviten betrifft«. Alle Priester waren Leviten (s. *Priester und Leviten); Leviticus ist daher eine sachgerechte Bezeichnung.

Wie es in alter Literatur oft üblich ist, findet sich im Buch selbst keinerlei Hinweis auf den Verfasser. Das Buch als Ganzes und jeder neue Gesetzesabschnitt (einige umfassen weniger als ein Kapitel) beginnen mit der Weisung Gottes an Moses, entweder zum Volk Israel oder zu Aaron und dessen Söhnen, also zu den Priestern, zu sprechen. Die alten überlieferten Bräuche, welche Opfer und »Heiligkeit« regelten, waren von eminenter religiöser Bedeutung. Wenn sie also als eine Moses unmittelbar von Gott geoffenbarte Vorschrift niedergeschrieben wurden, so war dies die machtvollste Bekräftigung ihrer unwandelbaren Gültigkeit und ihrer Heiligkeit. Das Buch beginnt: »Danach berief der Herr den Moses und redete mit ihm« – und schließt: »Das sind die Gebote, die der Herr dem Moses auf dem Berge Sinai für die Israeliten gab.« Die tannaitischen *Rabbiner verwendeten eine ähnliche Formel bei der Verkündung des sog. Mündlichen Gesetzes und in der Zusammenstellung der Gesetzesvorschriften *(halākôt)* in der *Mischna und ihren Anhängern (s. *Gesetz Israels).

Außer den Gesetzesvorschriften, die besonders die Priester betreffen, befassen sich auch jene Gesetze, die an das Volk im allgemeinen gerichtet sind, mit religiösen Kulthandlungen. Im Buch sind die Vorschriften dargelegt, wie der Gläubige – etwa der Sünder, der rituell Unreine oder einer, der sein ganzes Besitztum Gott geweiht hat – sein Opfer darbringen soll. Darüber hinaus gibt es noch Gesetzesvorschriften allgemeineren Charakters, wie etwa: »Du sollst einem Tauben nicht fluchen« (Lev 19, 14); aber auch diese sind in dem der Priesterliteratur eigenen Stil gehalten.

Heute sind die Bibelkritiker allgemein der Auffassung, daß fast das ganze Buch Leviticus nach der Dokumententheorie zur Vorlage der sogenannten P-Schriften (Priesterkodex) gehört (s. *Bibelkritik). Diese Art von Priesterschriften findet sich auch verstreut in den anderen erzählenden Büchern des Pentateuch sowie im Buch Josua; es macht jedoch den größten Teil des Buches Leviticus aus.

Die P-Quelle tritt besonders wegen der schematischen Form der Priesterschriften hervor. Die Vorlage besteht allerdings nicht aus einer einheitlichen Komposition, wie man gemäß der kritischen Theorie angenommen hatte (s. *Bibelkritik); vielmehr stellt sie eine Sammlung verschiedenartigen Materials dar, das wohl aus Priesterkreisen stammte. Es ist jedoch unwahrscheinlich, daß das Buch Leviticus ausschließlich die Schöpfung dieser Priesterschule ist. Man hält das Buch Leviticus allgemein für das Werk von Priesterredaktoren, die dem Buch viele alte Gesetzes- und Ritualvorschriften beigefügt haben.

2. Inhalt: *a) Überblick:* Die Anordnung der verschiedenen Gruppen von Gesetzen läßt keinerlei klares Schema erkennen. Im allgemeinen können die Vorschriften folgendermaßen gruppiert werden:

1.– 7. Kap.:	Opfergesetze
8.–10. Kap.:	Weihe der Priester
11.–15. Kap.:	Unreinheit und die Bewahrung der rituellen Reinheit
16. Kap.:	Der große Versöhnungstag
17.–25. Kap.:	Heiligkeitsgesetz (verschiedene Gesetze)
26. Kap.:	Zusammenfassung: Segen und Fluch
27. Kap.:	Die Ablösung von Gelübden und Zehnten

Es ist zweifelhaft, ob damit ein zusammenhängender Gesetzeskodex gemeint war. Einige Bibelwissenschaftler sind der Auffassung, das Werk sei aus Einzelvorschriften zusammengestellt worden, die ursprünglich getrennt aufgeschrieben worden waren. Andererseits deuten Wiederholungen und Widersprüchlichkeiten nach Ansicht der kritischen Schule darauf hin, daß die P-Vorlage im Buch Leviticus wiederum unterteilt werden kann in P^1 und P^2 usw. In diesem Zusammenhang ist es nicht Pedanterie, wenn der Text sich auch mit dem kleinsten Detail der religiösen Ritualvorschriften usw. befaßt, sondern geradezu eine wesentliche Voraussetzung für dessen Verständnis. Man hat auch schon darauf hingewiesen, daß inhaltliche Wiederholungen ein bekannter, charakteristischer Zug biblischer Textkomposition sind. So bringen die Kap. 1–5 Vorschriften zur Unterscheidung verschiedener Arten von *Opfern (Brandopfer, Speiseopfer, Heilsopfer, Sündopfer und Schuldopfer), während in den Kapiteln 6–7 damit übereinstimmende Anweisungen wiederholt und zusätzliche Anordnungen für den Priester – mit nur geringfügiger Abwandlung der Reihenfolge – gegeben werden. Nach orientalischer Art wird bei den Wiederholungen neben dem Opfer selbst besonders viel Wert gelegt auf die Beschreibung des Opfervorgangs, wie etwa Fragen um den Verbleib des Opferfleisches usw.

b) Weihe zum Priesteramt (Kap. 8–10): Der Abschnitt wiederholt die im Buch Exodus (Kap. 29) gegebenen rituellen Vorschriften. Der einzige Unterschied liegt darin, daß im Buch Exodus Moses beauftragt wird, den Ritus an Aaron und seinen Söhnen zu vollziehen, während das Buch Leviticus beschreibt, wie diese Anweisungen ausgeführt wurden und wie die Amtsübernahme der Priester vor sich ging. Die erstaunliche Ähnlichkeit der beschriebenen Riten untereinander und des beiden Texten gemeinsamen literarischen Stils deuten darauf hin, daß beide Berichte derselben Priesterschrift entstammen. Der Beschreibung der Weihe zum Priesteramt folgt im Buch Leviticus der Bericht vom Tod durch »Feuer ... von dem Herrn« von zwei der vier Söhne Aarons, Nadab und Abihu, die sich versündigt hatten, indem sie ein ungehöriges Opfer dargebracht und so das Gesetz verletzt hatten. Danach kommt ein Anhang, der betont, daß der Priesterdienst peinlich genau den kultischen Erfordernissen zu entsprechen hat.

c) Unreinheit und Bewahrung der rituellen Reinheit (Kap. 11–15): Der Begriff der Reinheit und Unreinheit im AT kann nur im Hinblick auf die Forschungsergebnisse auf dem Gebiet der vergleichenden Religionswissenschaft verstanden werden. Die diesen Begriffen zugrunde liegende Geisteshaltung geht auf die semitischen Ursprünge Israels zurück, die lange vor der mosaischen Gesetzgebung und deren Gottesbegriff liegen. Der primitive Mensch begriff Heiligkeit als etwas Physisches, ehe sie zur moralischen Haltung oder Gegebenheit wurde.

d) Der Doppelcharakter der religiösen Tabus: Heilige ebenso wie unreine Dinge hatten von sich aus und in sich selbst eine erschreckende übernatürliche Macht. Diese Kraft wirkte auf alles und jeden, der damit in Berührung kam. Eine solche Berührung konnte nur durch gewisse Riten wieder getilgt werden. Unreines und »Heiliges« waren gleicherweise tabu, »unberührbar«, und zwar in dem Sinn, daß beide von gewöhnlichem Gebrauch ausgeschlossen waren. So war »Unreinheit« in diesem Sinne nicht eine Angelegenheit physischer oder moralischer Befleckung, noch wurde durch die Weihe irgendeine moralische Kraft auf »heilige« Dinge übertragen. Beides waren ansteckende Zustände oder Stadien, die auf angemessene Art beseitigt werden mußten, bevor ein Mensch oder eine Sache wieder ins normale Leben zurückkehren durfte.

Demnach kamen sowohl Heiligkeit als auch Unreinheit durch Berührung zustande, und zwar Heiligkeit durch die Berührung mit einem Attribut Gottes, dem »Allerheiligsten«. Unreinheit konnte ebenfalls eine innere Anlage, etwas Irrationales oder Dämonisches sein.

So hatte auch die Unterscheidung zwischen reinen und unreinen Tieren religiösen und nicht hygienischen Charakter; letzteres trifft nämlich auf die Unreinheit der Mutter nach der Geburt eines Kindes zu. Der Gedanke an den Aussatz ging weit über die Krankheit als solche hinaus. Dies trifft ebenso für eine ganze Anzahl von unreinen Krankheiten, sichtbaren Infektionskrankheiten und Verunreinigungen zu, für die eine Reihe von verschiedenartigen Reinigungsriten an Körper und Behausung notwendig waren.

Die rituellen Reinheitsgesetze für das ganze Volk Israel schreiben im einzelnen vor, was man essen darf und was »tabu« ist, welche Gegenstände gegen Unreinheit anfällig sind und was dagegen zu tun ist; sie beschreiben andere Situationen, die zur Unreinheit führen, und wie der Priester die notwendigen Reinigungsriten zu vollziehen hat. Dies alles ist in Kap. 11–15 aufgeführt. Diese Gesetzesvorschriften scheinen an dieser Stelle eingefügt worden zu sein, um die unmittelbar davor geschilderten Umstände der Rache Gottes an den zwei Söhnen Aarons als Warnung zu gebrauchen, was wohl jene zu erwarten haben, die das Gesetz mißachten.

e) Der große Versöhnungstag: Kap. 16 nimmt den Faden der Erzählung »nach dem Tode der beiden Söhne Aarons« wieder auf mit der Darlegung der Versöhnungsvorschriften. In diesem Teilstück scheinen zwei Vorlagen zusammengefaßt worden zu sein, von denen sich eine mit der eigentlichen Versöhnung befaßt, während die andere die Gelegenheiten aufzählt, bei denen Aaron (oder der Hohepriester) das Allerheiligste betreten darf. Der komplizierte Versöhnungsvorgang soll einmal jährlich stattfinden, und zwar an einem Tag, an dem alle zu fasten haben und jegliche Arbeit ruhen muß. Später wurde dieser Tag zum *jôm hakkippurîm,* zum »großen Versöhnungstag« (s. *Feste und Feiertage).

f) Das Heiligkeitsgesetz (Kap. 17–25): Das Heiligkeitsgesetz ist ein Beispiel für das Fortbestehen einer der ältesten Gesetzessammlungen Israels, die in Übereinstimmung mit einer Interpretation des inneren Zeugnisses mindestens teilweise bis in die sinaitische Zeit zurückgehen könnte. Vom Ritual und anderen Anweisungen der Zeit vor der Landnahme her war die Entwicklung der Priesterschrift (P) ein langer und langsamer Prozeß. Obwohl diese Gesetzessammlung viele Berührungspunkte mit Ez 40–48 aufweist, kann dies nicht als Beweis dafür gelten, daß sie auch während des Exils in Babylon entstanden ist, sondern eher indizieren, daß Priester späterer Zeit archaische Quellen heranzogen. Dieses Stück, das eine andere Grundhaltung als das übrige Buch Leviticus widerspiegelt, könnte beinahe einen unabhängigen Kodex von Moral- und Ritualgesetzen darstellen. Es macht Gebrauch von einer Reihe wiederkehrender Phrasen, die das Wort »heilig« enthalten, die Heiligkeit Gottes betonen und Israel auffordern, ebenso heilig zu sein: »Ihr sollt heilig sein, denn ich bin heilig, der Herr, euer Gott.« Wie immer ist diese Betonung der Heiligkeit zwar als ein Aspekt des kultischen und ethischen Lebens nicht typisch für die priesterlichen Redaktoren in ihrer Gesamtheit, doch ist es eine Konzeption mit besonderem Appell an priesterliche Kreise.

Diese Gesetze selbst haben sehr wenig mit Priestern zu tun, sie befassen sich mehr mit dem Leben des gewöhnlichen Mannes; sie schreiben die verbotenen Heiratsgrade vor und verbieten den Inzest (einmal Kap. 18 und nochmals mit Strafbestimmungen Kap. 20); geben Anordnungen für das Verhalten seinen Nachbarn und einem Fremdling *(gēr)* gegenüber; gebieten, das Land jedes siebte Jahr (Sabbatjahr) brachliegen zu lassen, und geben Bestimmungen über die Behandlung der Sklaven. Dieser Abschnitt endet mit einem »Refrain«, der die Gesetze vom Beginn des Kap. 19 wiederholt; aber in umgekehrter Reihenfolge. Dies läßt vermuten, daß Kap. 17 und 18 entweder am falschen Platz stehen oder sonst nicht wirklich der Gruppe angehören, die mit Kap. 19 beginnen soll.

g) Mahnrede, Abschluß des Heiligkeitsgesetzes (Kap. 26): Das Gesetz kommt mit Segensverheißungen für alle, die die Vorschriften befolgen, und dem Fluch für alle, die sich widersetzen, zu einem beredten Schluß. Dies entspricht altem Brauch. Kap. 28 des Buches *Deuteronomium ist ebenso abgefaßt. Ein ganz ähnlicher Prolog ist der zum babylonischen Gesetzeskodex des Hammurabi, der aus dem 18. Jhdt. v. Chr. stammt (s. *Gesetz Israels).

Die Schlußworte des Heiligkeitsgesetzes (26, 46) lassen vermuten, daß es als Einzeltext bereits vorhanden war, bevor es dem Buch Leviticus einverleibt wurde. Nichtsdestoweniger haben die Verfasser des gesamten Buches noch ein weiteres Kapitel mit Gesetzesnovellen angefügt, das mit einer eigenen Schlußformel endet. Dies scheint ein Nachtrag zur ursprünglichen Gesetzessammlung zu sein, der viel später hinzukam. Hinweise auf eine derartige Praxis finden sich auch anderswo im AT, z.B. 2 Sam 21–24 (s. *Bibelkritik).

3. Der allgemeine Charakter des Buches Leviticus: *a) Frage nach dem historischen Hintergrund:* Wenn sich auch das Buch nicht mit der Geschichte, sondern mit Gesetzen befaßt, so hat es dennoch einen historischen Hintergrund. Es erhebt sich natürlich die Frage nach der Art dieses Hintergrundes. Es wurde gesagt, man habe hier das Israel aus den Tagen der Wanderungen am Sinai und auf dem Weg zum Gelobten Land vor sich. Diese Theorie findet im Buch selbst ihre Bestätigung. Die einleitenden Kapitel fahren mit dem Schluß des Buches *Exodus fort, während das nächste Buch, *Numeri, wiederum das Buch Leviticus fortzusetzen scheint. Dieser ganze Teil gehört zur Priesterüberlieferung. Die Schilderung der Weihe zum Priesteramt gehört aber auch zum historischen Rahmen. Der im Kap. 24 gegebene Hinweis auf die Steinigung des Sohnes »einer Israelitin, der einen Ägypter zum Vater hatte« wegen Gotteslästerung ist ebenfalls altes Überlieferungsgut. Aber selbst in diesen Erzählungen tritt der Gesetzescharakter deutlich hervor. Den Erzählungen folgen entsprechende Gesetzesvorschriften, die mit den Geschehnissen in Verbindung standen. Die Begebenheiten selbst wurden wahrscheinlich als Präzedenzfall für das entsprechende Gesetz angeführt. Dies spricht jedoch keinesfalls gegen deren historische Zuverlässigkeit.

Im Gegensatz zum oben Gesagten sind andere Bibelgelehrte der Ansicht, der Rahmen des Buches Leviticus sei künstlich arrangiert und die Geschehnisse selbst gäben kein historisch exaktes Bild von der Situation des Volkes in der Wüste. Immerhin verbreitet sich die Ansicht immer mehr (s. *Bibelkritik), daß gewisse Elemente aus den Priesterquellen viel älter sind, als die bibelkritische Schule annimmt. Es scheint lediglich festzustehen, daß die im Buch Leviticus aufgezeichneten Begebenheiten Teil eines Überlieferungsgutes sind, das treu bewahrt wurde. Wenn diese Berichte auch die Form historischer Aufzeichnungen haben, kann man heute nicht nachweisen, ob sich alles tatsächlich auch zugetragen hat.

b) Die Priesterschrift im Buch Leviticus: Die »Fünf Bücher Moses« (der Pentateuch) enthalten drei verschiedene Vorlagen: Leviticus, das Buch vom Bundesschluß im Exodus und den deuteronomischen Kodex. Das Buch Leviticus, das den Großteil des Priesterkodex enthält, unterscheidet sich in bestimmten Fällen von den beiden anderen. So scheint z. B. die Vorschrift über die Behandlung jüdischer Sklaven im Leviticustext (25, 46) mit der entsprechenden Anweisung des Buches Exodus (21, 6) nicht übereinzustimmen. Dann wird dem Leviticustext (17, 1 ff) über das nichtrituelle Schlachten von Tieren im Buch Deuteronomium (12, 20 ff) direkt widersprochen. Diese Tatsache läßt auf verschiedene Gesetzesauffassungen schließen, die zu verschiedenen Zeiten vertreten wurden. Da es sich jedoch bei allen drei um israelitische Gesetzessammlungen handelt, sind gewisse bei allen erkennbare gemeinsame Grundelemente vorhanden. Diese Tatsache läßt sich an Hand etwa der *lex talionis,* des »Auge um Auge«, nachweisen (Lev 24, 18 ff; Ex 21, 23 ff; Dt 19, 21; s. *Gesetz Israels).

c) Der Gottesbegriff: Das Buch Leviticus stellt einen Gott vor, der in seiner Heiligkeit weit weg vom Menschen ist und dennoch Vorschriften für den Gottesdienst und für den Weg zur Heiligkeit durch Überwindung der Sünde erläßt. Dieses erhabene Gottesbild ist nicht frei von einer überkommenen archaischen Sprache, die schon längst keine anthropomorphen Bezüge mehr hat. So muß das Opfer z. B. »zum lieblichen Geruch für den Herrn« (Lev 6,15) werden, und die Kulthandlung selbst wird lediglich von den Einzelheiten des Rituals her beschrieben. Hinweise auf die mit dem Opfer verbundenen religiösen Empfindungen fehlen gänzlich. Man braucht z. B. nur einmal die Anweisungen über das Opfer von Erstlingsfrüchten (Lev 2,14; 23,17 ff) mit der sehr schönen Schilderung der Opferfeier im Buch Deuteronomium (26,1 ff) zu vergleichen! Wenn sich der Leviticustext hauptsächlich mit äußerlichen Einzelheiten befaßt, so ist damit die religiöse und symbolische Bedeutung der Opferhandlung keinesfalls ausgeschlossen; dies wird deutlich in dem Hinweis auf die Ehre Gottes (9,23–24). Der knappe und förmliche Ton des Buches, der die Menschen der hellenistischen Epoche befremden mußte, inspirierte *Josephus, Philo und andere zu allegorischen Deutungen und ähnlichen Ausführungen über den Symbolgehalt jüdischer Kulthandlungen.

d) Der »Sündenbock« (Azazel): Im Textabschnitt über die Versöhnung tritt im Sündopferbock, der, mit den Sünden und der Schuld des ganzen Volkes beladen, in die Wüste getrieben, aber nicht getötet wird, der Gedanke der Stellvertretung, also ein Gemeinplatz anderer primitiver Religionen, zutage (vgl. auch Gen 22). Es bestehen auch Berührungspunkte mit uralten, religiösen Praktiken, die mit dämonischen Geistern zu tun haben, vor denen auch das Buch Leviticus (»Feldteufel«; 17,7) warnt. Auf diese Unklarheit über den Gegenstand eines uralten Brauches wurde erstmals von einem berühmten mittelalterlichen Bibelgelehrten, Ibn Esra, hingewiesen. Doch dieser Punkt bleibt auch heute noch dunkel. Man kann nicht wissen, ob die Priesterschulen im kultischen Ritual mehr als eine Symbolhandlung sahen. Zweifellos lebten die alten Vorstellungen unter dem einfachen Volk weiter. W. F. Albright hat den Gedanken geäußert, in der Frühzeit sei möglicherweise der Sündenbock mit heidnischen Feldgötzen (ursprünglich Dämonen) identisch gewesen, die auf dem Land, fern vom militanten Jahwismus (s. *Göt-

zendienst in Israel), noch immer verehrt wurden. Im späteren Ritus des Versöhnungsopfers wurden solche Gedanken ausgeschaltet, indem man den Bock tötete (s. *Feste und Feiertage).
Das Buch Leviticus scheint auch die dämonischen Aspekte Gott zuzuschreiben. Dies ist im Begriff des Heiligen enthalten, ein numinoser Aspekt Gottes, der echte Furcht im Menschen hervorruft. Gott ist ein Wesen, dem man sich nicht ohne größte Vorsicht nähern sollte, wie aus dem Fall der zwei Söhne Aarons zu ersehen ist. Die Einzelheiten der Darbringung von *Opfern deuten möglicherweise auf einen langen Entwicklungsprozeß hin von einem früheren, archaischen zu einem fortgeschritteneren Stadium.
4. Entstehungszeit des Buches Leviticus und seine Überlieferungen: Das Buch Leviticus schildert ein im allgemeinen späteres Entwicklungsstadium der Opferpraxis. Viele Bräuche und Vorschriften aus mosaischer und vormosaischer Zeit haben sich, eingefügt in den Gesetzessammlungen, auch in den neueren Fassungen erhalten. Daher ist es nicht leicht, diese alten Vorlagen aus dem Gesamttext herauszulösen; im Folgenden werden jedoch die auffallendsten Beispiele genannt werden.
Die Frage nach der Entstehungszeit des Buches Leviticus ist mit der nach dem Ursprung des gesamten Pentateuch verknüpft. Nach einer etwas extremen Ansicht einiger Kritiker soll das gesamte Buch erst nach dem babylonischen *Exil entstanden sein. Andere haben die verhältnismäßig späte Entstehungszeit, die man für die Priesterüberlieferungen anzugeben pflegte, in Abrede gestellt (s. *Bibelkritik) und haben aufgrund innerer Kriterien nachgewiesen, daß einige dieser Überlieferungen ein ehrwürdiges Alter aufweisen und bis in das Israel vor dem Königtum, also um etliches vor das 10. Jhdt. v. Chr., zurückreichen. Das Buch nimmt einen solchen Hintergrund für sich selbst in Anspruch. Das Vorhandensein archaischer Riten und uralter kultischer Traditionen (die nicht mehr verstanden werden) bringt dies zum Ausdruck. Demgegenüber weisen die Fluchsprüche am Ende des Buches auf die Exilszeit hin, da dieses Phänomen vor der assyrischen Periode (9.–7. Jhdt. v. Chr.) in der Geschichte des alten Orients unbekannt war.
Kap. 18 warnt im Zusammenhang mit den Tabus der Blutschande davor, daß das Land seine Bewohner »ausspeien« werde, wenn sie den Gesetzen nicht gehorchten. In den Fluchsprüchen Kap. 26 wird ein ähnliches Schicksal angedroht, wenn die Empfehlung, das Land alle sieben Jahre brachliegen zu lassen, nicht beachtet wird. Die verwüsteten Äcker werden sich ihres Sabbats zu erfreuen wissen. Ein solches Geschick kann wohl kaum vor der assyrischen Epoche angedroht worden sein; dadurch scheint das späteste sichere Entstehungsdatum für andere Abschnitte des Buches Leviticus festzustehen.
Andererseits beziehen sich dieselben Fluchsprüche in unkritischer Weise auf einen dezentralisierten Kult in Israel, und dies lange vor der Königszeit. Dadurch wird die Datierung des Buches noch mehr erschwert, denn während der assyrischen Epoche waren Gottesdienstfeiern außerhalb des Tempels von Jerusalem verboten. Offensichtlich handelt es sich bei den Fluchsprüchen um eine Mischung aus frühen und späteren Elementen.
Wie bereits erwähnt, stand *Ezechiel, Prophet und Priester aus der Zeit, da der erste Tempel zerstört wurde, merklich unter dem Einfluß des Buches Leviticus oder der Priesterschriften, die diesem als Vorlage dienten. Seine Sprache ähnelt nicht nur der des Buches der Heiligkeit (Heiligkeitsgesetz), sondern auch anderer Teile des Leviticustextes, einschließlich jener der Fluchsprüche. Dadurch scheint die Bedeutung der Überlieferungsströme innerhalb der Entwicklung religiöser Literatur im alten Israel dargetan zu sein. Ein Prophet, der das Wort Gottes direkt von oben zu empfangen glaubte, kann trotzdem gewisse Berührungspunkte mit einer bestimmten literarischen Schule aufweisen, wie etwa Ezechiel mit den Priesterkreisen und Jeremia mit denen, die das Buch *Deuteronomium hervorgebracht haben.

Lukasevangelium

Gliederung: 1. Verfasser. 2. Gliederung. 3. Inhalt. a) Vorwort; b) Geburt und Kindheit Johannes' des Täufers und Jesu; c) Beginn des Wirkens Jesu; d) Galiläische Wirksamkeit; e) Reise nach Jerusalem; f) Ereignisse der Passionswoche; g) Auferstehung, Erscheinungen und Himmelfahrt. 4. Abfassungszeit. 5. Quellen. 6. Zielsetzung und Theologie. 7. Stil.
1. Verfasser des Lukasevangeliums: Das 3. Evangelium wird seit alters Lukas, dem Reisebegleiter und »geliebten Arzt« (Kol 4,14) des Apostels Paulus zugeschrieben. Dieser Lukas, der nach dem Zeugnis des Kolosserbriefs ein Heidenchrist war, wird auch in den Pastoralbriefen (2 Tim 4,11)

als Gefährte des gefangenen Paulus erwähnt. Was sagt die kritische Einleitungswissenschaft zu der erstmals im Kanon Muratori (um 180 n. Chr.) niedergelegten Tradition von der Verfasserschaft des Lukas?

Mit großer Gelehrsamkeit hat man vor einigen Jahrzehnten den Nachweis erbringen wollen, daß sich die Lukasschriften (Evangelium und Apostelgeschichte) selber als Werke eines Arztes zu erkennen geben. Die Zahl der medizinischen Fachausdrücke sei auffällig groß und das Interesse für eine genauere Diagnose der Krankheiten nicht zu übersehen. Es dauerte jedoch nicht lang, bis ein anderer Gelehrter (Cadbury) die Schwäche der Argumentation aufdeckte: Alle von Lukas gebrauchten medizinischen Ausdrücke finden sich auch in der Septuaginta, bei Josephus, Plutarch und anderen hellenistischen Schriftstellern. Wenn Lukas in den Heilungsgeschichten die Krankheiten meist (nicht immer!) genauer beschreibt als seine Markusvorlage, so beweist dies nur, daß er eine bessere griechische Bildung genossen hatte, nicht aber, daß er Arzt war. Auch die andere Angabe der Tradition, Lukas sei ein Paulusschüler gewesen, läßt sich aus dem Text des Evangeliums nicht erhärten. Es muß sogar auffallen, daß typisch paulinische Vorstellungen wie die vom Sühnetod Christi zurücktreten (das Wort vom »Lösegeld« Mk 10,45 fehlt). Was sonst zum Erweis eines paulinischen Einflusses auf das dritte Evangelium angeführt wird, die Betonung des Glaubens oder der Sünderliebe Gottes, gehört zum Gemeingut christlicher Theologie in spätapostolischer Zeit. Eher könnte man vermuten, daß die Tradition sich Lukas zum Verfasser erkoren hat, um für das dritte Evangelium eine apostolische Autorität zu gewinnen.

Die Verfasserfrage ist schließlich nicht allein vom Evangelium her zu entscheiden. Da kein Zweifel besteht, daß die Apostelgeschichte von demselben Autor geschrieben wurde, konzentriert sich das Interesse der neueren Forschung auf die Frage, ob man sich dieses Buch als Werk eines Paulusgefährten denken könne. Die Antwort fällt, nach reiflicher Prüfung, meist negativ aus. Der Verfasser scheint zu Paulus nicht in unmittelbarer Beziehung gestanden zu haben. Sicher wissen wir nur, daß er ein Heidenchrist war und über ein großes schriftstellerisches Talent verfügte.

2. Gliederung: Der folgende Aufriß gibt ein gutes Bild von der Anordnung des Stoffes im dritten Evangelium:

a. 1,1–4 Vorwort
b. 1,5–2,52 Geburt und Kindheit des Täufers und Jesu
c. 3,1–4,13 Beginn des Wirkens Jesu
d. 4,14–9,50 Galiläische Wirksamkeit
e. 9,51–19,27 Reise nach Jerusalem
f. 19,28–23,56 Ereignisse der Passionswoche
g. 24,1–53 Auferstehung, Erscheinungen und Himmelfahrt

Die Anordnung des Materials folgt nur scheinbar einem besseren chronologischen Schema als Markus. In Wirklichkeit verfügte Lukas auch über keine genauere Kenntnis der historischen Abläufe. Seine Gliederung ist von einem dreiteiligen geographischen Rahmen bestimmt – Galiläa, Reise nach Jerusalem, Jerusalem –, und in diesen Rahmen hat er, sofern er nicht dem Markusevangelium folgte, seinen Stoff (Q und Sondergut) meist nach sachlichen Gesichtspunkten eingeordnet. Als künstlich geschaffen erweist sich besonders der Reisebericht (9,51–19,27), in den Lukas einen großen Teil seines Sonderguts, das ursprünglich wohl aus der galiläischen Wirksamkeit stammt, aufgenommen hat.

Das literarische Verfahren des dritten Evangelisten wird deutlicher, wenn man zum Vergleich das Matthäusevangelium heranzieht. Matthäus faßt das markinische Material in großen Blöcken zusammen und läßt ihm dann seine langen Redekompositionen folgen. Dagegen hat Lukas den Erzählungs- und Redestoff miteinander verwoben, Übergänge und Klammern geschaffen, so daß der Eindruck eines zusammenhängenden Berichtes entsteht. Unter dieser Rücksicht darf man mit einigem Recht sagen, Lukas habe das erste »Leben Jesu« geschrieben. Daß es aber schon zu seiner Zeit nicht mehr möglich war, eine historisch in allen Einzelheiten genaue Biographie Jesu abzufassen, beweist sein Evangelium zur Genüge.

3. Inhalt: *a) Vorwort:* Lukas hat seinem Buch nach dem Vorbild antiker Autoren ein Vorwort vorangestellt (1,1–4). Er widmet das Evangelium einem gewissen Theophilus (vgl. Apg 1,1) und weist auf frühere Versuche hin, Worte und Taten Jesu aufzuzeichnen.

b) Geburt und Kindheit Johannes' des Täufers und Jesu (1,5–2,52): Lukas hat in die ihm wohl aus Täuferkreisen überlieferte Kindheitsgeschichte des Johannes eine Kindheitsgeschichte Jesu eingearbeitet, so daß ein kunstreiches Diptychon entstanden ist: Auf die Ankündigung der Geburt des

Johannes (1,5–25) folgt die Verkündigung an Maria (1,26–38) und ein verbindendes Zwischenstück, der Besuch Marias bei ihrer Base Elisabeth (1,39–56) mit dem großartigen »Magnificat« (1,46–55). Die Geburt des Johannes (1,57–66) löst auch die Zunge seines mit Stummheit geschlagenen Vaters Zacharias zu messianischer Preisung, dem »Benedictus« (1, 67–79). Mit der Geburtsgeschichte Jesu (2, 1–20) endet die Gegenüberstellung zur Täuferlegende, und Lukas wendet sich nun einzelnen Überlieferungen aus der Kindheit Jesu zu: der Beschneidung und Darstellung im Tempel (2,21–40), dem Besuch des zwölfjährigen Knaben im Tempel (2,41–52).

c) Beginn des Wirkens Jesu (3,1–4,13): Dem öffentlichen Auftreten Jesu geht wie bei Markus ein Bericht über die Tätigkeit des Täufers voraus (3,1–20), dann folgt die Taufe Jesu (3,21–22), der Stammbaum (3,23–38) und die Versuchungsgeschichte (4,1–13).

d) Galiläische Wirksamkeit: Der Abschnitt beginnt mit zwei einleitenden Versen (4,14–15) und bringt dann gleich die Perikope von der »Antrittspredigt« Jesu in Nazareth (4,16–30), die bei Markus erst erheblich später kommt. Erst nach diesem programmatischen, die Verwerfung Jesu durch sein eigenes Volk vorwegnehmenden Geschehen schließt sich Lukas der Markusvorlage an: Heilung eines Besessenen in der Synagoge von Kapharnaum (4,31–37), Heilung der Schwiegermutter des Petrus (4, 38–39), Heilungen zur Abendzeit (4, 40–44). Die Berufung des Petrus, Jakobus und Johannes (5, 1–11) wird mit der Geschichte vom wunderbaren Fischfang (vgl. Joh 21) verbunden, dann folgt Lukas wieder seiner Markusquelle (mit zum Teil bedeutsamen redaktionellen Veränderungen): Heilung des Aussätzigen (5,12–16), Heilung des Gelähmten mit dem Streitgespräch über die Sündenvergebung (5,17–26), Berufung des Levi mit Zöllnermahl (5, 27–32), Fastenfrage (5, 33–39), das Ährenraufen am Sabbat (6,1–5), Heilung eines Mannes mit verdorrter Hand am Sabbat (6,6–11), Berufung der zwölf Apostel (6,12–16) und ein kurzes Summarium über die Heilungen durch Jesus (6, 17–19).

Mit der lukanischen Bergpredigt oder richtiger: Feldrede (6,20–49) beginnt die erste größere Einschaltung in die Markusfolge. Aus der Q-Quelle stammt auch die Geschichte vom Hauptmann von Kapharnaum (7,1–10), während die Auferweckung des Jünglings von Naim (7,11–17) zum Sondergut des Evangelisten gehört. Q-Tradition und Sondergut lösen sich auch im folgenden ab: die Anfrage des Täufers mit Jesu Rede über Johannes (7,18–35; vgl. Mt 11,1–19) und die Salbung Jesu durch eine Sünderin (7,36–50). Auch die ersten Verse des nächsten Kapitels über die Jüngerinnen Jesu (8,1–3) sind dem Evangelisten eigen und verraten sein auch in der Apostelgeschichte zu beobachtendes Interesse für wohlhabende und wohltätige Frauen.

Mit dem Gleichnis vom Sämann (8,4–18) nimmt Lukas den Markusfaden wieder auf, freilich nicht ohne einiges umzustellen und anderes auszulassen. So kommt erst jetzt der Kurzbericht über den Besuch der Verwandten Jesu (8,19–21), dann aber folgen gleich die Stillung des Seesturms (8, 22–25), die Heilung des besessenen Geraseners (8, 26–39), die Heilung der blutflüssigen Frau und die Auferweckung der Tochter des Jairus (8,40–56). Auch das 9. Kapitel bleibt zunächst noch der Markusquelle treu: die Aussendung der zwölf Apostel (9,1–10), die Speisung der Fünftausend (9,11–17) und – nach Auslassung mehrerer markinischer Perikopen – das Petrusbekenntnis (9,18–27) mit der ersten Leidensweissagung (9, 22), einige Sprüche über die Nachfolge Jesu (9, 23–27), die Verklärung Jesu (9, 28–36), die Heilung des epileptischen Knaben (9, 37–43), die zweite Leidensweissagung (9, 44–45), der Rangstreit unter den Jüngern (9, 46–48) und schließlich das Wort über den fremden Exorzisten (9,49–50).

e) Reise nach Jerusalem (9,51–19,27): Der Abschnitt beginnt mit dem Bericht über das ungastliche Samariterdorf, in dem Jesus keine Aufnahme fand (9,51–56). Auf drei kurz gerahmte Nachfolgesprüche (9,57–62) läßt Lukas seine Aussendung der siebzig Jünger folgen (10,1–16); ihre Rückkehr wird von einem Jubelruf Jesu begleitet (10,17–24). Anschließend wird auf die Frage eines Gesetzeslehrers nach dem größten Gebot hin das Gleichnis vom barmherzigen Samariter erzählt (10, 25–37), und die Geschichte über den Besuch bei Martha und Maria beendet das Kapitel (10, 38–42). Eine systematischere Anordnung des Stoffes verraten die nächsten Kapitel, in denen Lukas meist seine Q-Quelle ausschöpft: über das Gebet, mit der lukanischen Fassung des Vaterunsers (11, 1–12), über den Sinn der Dämonenaustreibung (11,14–26) und – nach einem Merkwort zum Hören (11,27–28) – über den Unglauben seiner Generation

(11,29–32), vom Auge als dem Licht des Leibes (11,33–36), Weherede gegen Pharisäer und Schriftgelehrte (11,37–12,1), Mahnungen zu furchtlosem Bekenntnis (12,2–12), Warnung vor irdischen Sorgen (12,13–34), Mahnungen zu Wachsamkeit und Treue (12,35–56) und zu rechtzeitiger Buße (12,57–13,5). Das Gleichnis vom unfruchtbaren Feigenbaum (13,8–9) deutet die Verzögerung des Jüngsten Gerichts als Zeichen göttlicher Geduld.

Auf die Heilung der gekrümmten Frau am Sabbat (13,10–17) folgen zwei Gottesreichsgleichnisse (13,18–21) und eine Warnung, den Eintritt durch die »enge Tür« nicht zu verpassen (13,22–30).

Einige Pharisäer warnen Jesus vor Herodes, aber Jesus läßt sich nicht beirren und setzt seinen Weg nach Jerusalem fort (13,31–35). Im nächsten Kapitel hat Lukas im Rahmen einer Mahlzeit, die Jesus bei einem Pharisäer einnimmt, verschiedene Überlieferungen zum Thema des Mahles zusammengefaßt: die Heilung eines Wassersüchtigen (14,1–6), Warnung vor Ehrsucht und Eigennutz (14, 7–14), das Gleichnis vom großen Gastmahl (14, 15–24).

Nach einem Abschnitt über den Ernst der Nachfolge Jesu (14,25–35) lesen wir die tröstlichen Gleichnisse vom verlorenen Schaf (15, 1–7), von der verlorenen Drachme (15,8–10), vom verlorenen Sohn (15,11–32). Das Gleichnis vom ungerechten Verwalter (16,1–9) leitet ein anderes Thema ein, den rechten Gebrauch irdischer Güter (16,10–31), wiewohl die angeführten Gleichnisse – auch das vom reichen Mann und dem armen Lazarus (16,14–31) – ursprünglich sicher einen anderen Sinn hatten.

Das 17. Kap. handelt von Sünde und Vergebung (17,1–4), vom Glauben (17,5–6), von der Pflicht zu dienen (17,7–10), von der Dankbarkeit (17,11–19) und vom Kommen des Gottesreiches (17,20–37). Dann nimmt Lukas wieder das Thema des Gebets auf, allerdings unter dem Gesichtspunkt der Gerechtigkeit Gottes: das Gleichnis vom ungerechten Richter (18, 1–8) und vom Pharisäer und Zöllner (18, 9–14). Die folgenden Perikopen schließen sich schon wieder der Markusüberlieferung an: Segnung der Kinder (18,15–17), die Geschichte vom reichen Jüngling (18, 18–27), vom Jüngerlohn (18, 28–30), die 3. Leidensweissagung (18,31–34), Heilung eines Blinden bei Jericho (18,35–43).

Sondergut ist die Geschichte vom Oberzöllner Zachäus (19,1–10), während das Gleichnis von den anvertrauten Minen (19,11–27) in stark abweichender Form auch von Matthäus erzählt wird.

f) Ereignisse der Passionswoche (19, 28 bis 23, 56): Lukas folgt bis 22,53 im wesentlichen seiner Markusvorlage: Einzug in Jerusalem (19, 28–44), Tempelreinigung (19, 45–48), Vollmachtsfrage (20, 1–8), Winzergleichnis (20, 9–19), Zinsgroschen (20,20–26), Auferstehungsfrage (20, 27–40), Problem der Davidssohnschaft (20,41–44), Warnung vor den Schriftgelehrten (20, 45–47), Scherflein der armen Witwe (21,1–4), Parusierede (21, 5–38), Verrat des Judas (22, 1–6), Vorbereitung des Passahmahls und Einsetzung der Eucharistie (22,7–23). Die Abendmahlsszene ist durch eine Mahnrede an die streitenden Jünger erweitert (22,24–38), es folgen Jesu Gebet am Ölberg (22,39–46) und die Gefangennahme (22,47–53). Von 22,54 ab hat Lukas stärker in den markinischen Text der Leidensgeschichte eingegriffen und ihn durch Sondergut bereichert. So läßt er die Sitzung des Synedriums erst am Morgen stattfinden (22,54–71) und berichtet als einziger von allen Evangelisten über ein Verhör Jesu durch Herodes (23,6–12). Für Lukas eigentümlich ist auch seine in den Kreuzweg eingefügte Jesusrede an die klagenden Frauen von Jerusalem (23,27–31) und das Gespräch der beiden Schächer mit Jesus am Kreuz (23,39–43).

g) Auferstehung, Erscheinungen und Himmelfahrt (24, 1–53): Die Auffindung des leeren Grabes durch die Frauen wird im Anschluß an Markus erzählt (24,1–11), doch tilgt Lukas den Hinweis auf galiläische Erscheinungen. Der Auferstandene gibt sich den Emmausjüngern (24,13–55) und den versammelten Jüngern in Jerusalem zu erkennen (24,36–49). Im Unterschied zur Apostelgeschichte schließt sich sogleich die Himmelfahrt an (24,50–53).

4. Abfassungszeit: Da Lukas von Markus abhängig ist, muß das dritte Evangelium nach dem zweiten geschrieben sein. Außerdem finden sich deutliche Anzeichen, daß Lukas auf die Zerstörung Jerusalems zurückblickt (Lk 21,20). Erscheint so ein Datum nach 70 als sicher, führen uns innere Kriterien noch weiter herab in die Jahre zwischen 80 und 90.

Die lange Zeit übliche Frühdatierung (um 60) wird nur noch ganz vereinzelt gehalten. Ihr Hauptargument, die angebliche Abfassung der *Apostelgeschichte vor dem Tode des Paulus (um 64), ist hinfällig, seit man die wirkliche Zielsetzung des lukanischen Doppelwerks erkannt hat.

5. Quellen: In seinem Prolog (1,1–4) weist Lukas selber darauf hin, daß er kein Augenzeuge der Ereignisse gewesen ist, sondern seine Kenntnisse schriftlichen oder mündlichen Quellen verdankt.
Die eine seiner Hauptquellen ist das *Markusevangelium, von dessen 661 Versen er etwa 350 übernommen hat. Da er mit seiner Vorlage oft sehr frei umgeht, scheint es unnötig, einen sogenannten »Urmarkus« zu postulieren.
Die zweite Hauptquelle (»Q«) läßt sich nur aus den etwa 240 mit Matthäus gemeinsamen Versen erschließen. Wir wissen nicht, welchen Umfang diese Quelle hatte und ob sie Matthäus und Lukas in derselben Version vorgelegen hat. Manches spricht dafür, daß Lukas noch die ursprüngliche Anordnung beibehalten hat, während er den Wortlaut oft freier gestaltet.
Wieweit das lukanische Sondergut auf schriftliche Quellen zurückgeht, können wir nicht sagen. Alle diesbezüglichen Quellentheorien sind spekulativ. Da uns die neuere Erforschung der Apostelgeschichte gezeigt hat, daß Lukas über ein hohes Maß literarischer Gestaltungskraft verfügte, müssen wir mit der Möglichkeit rechnen, daß manche – und gerade die einprägsamsten – Szenen des Evangeliums nicht aus schriftlicher oder mündlicher Überlieferung geschöpft wurden, sondern schriftstellerischer Intuition entsprungen sind. Dies dürfte wohl besonders für die Kindheitsgeschichte Jesu zutreffen.

6. Zielsetzung und Theologie: Lukas schreibt zu einer Zeit, da der Glaube für viele Christen fragwürdig zu werden droht. Die historischen Ereignisse um Jesus von Nazareth liegen schon lange zurück, und die nahe geglaubte Wiederkunft Christi läßt immer mehr auf sich warten. Kein Wunder, daß sich Zweifel an der »Zuverlässigkeit« (1,4) der kirchlichen Unterweisung regen.
Das dritte Evangelium will den Gläubigen helfen, ihr Leben auf ein festes Fundament zu stellen. Dieses Fundament kann aber nicht die Hoffnung auf eine baldige Wiederkunft Christi sein, sondern die begründete Überzeugung, daß Gottes Heil in Jesus von Nazareth bereits erschienen ist. Deshalb darf der greise Simeon beim Anblick des Jesuskindes den Ausruf tun: »Jetzt lässest du deinen Knecht, o Herr, nach deinem Wort in Frieden dahingehen; *denn meine Augen haben dein Heil gesehen*« (2,29–30). Deshalb werden die Jünger von Jesus gepriesen: »Selig die Augen, die sehen, was ihr seht!« (10,23). Statt in die Zukunft zu blicken und sich die Herrlichkeiten des Himmels auszumalen, sollen die Gläubigen in die Vergangenheit schauen und sich das Bild Jesu, ihres Heilands und Retters, fest einprägen.
Die Geschichte Jesu stellt aber für Lukas kein isoliertes Faktum dar; sie ist die Mitte einer umfassenden Heilsgeschichte, in die Gott vom ersten bis zum letzten Tag der Welt alles eingeplant hat. So verkündigt sich der lukanische Jesus gleich zu Beginn seines öffentlichen Wirkens als die Erfüllung alttestamentlicher Verheißungen (4,21), während Markus noch vom »Nahegekommensein der Gottesherrschaft« (Mk 1,15) spricht. Ist die Vergangenheit des Volkes Israel (und darüber hinaus der ganzen Menschheit) in Jesus zur Ruhe gekommen (vgl. den lukanischen Stammbaum: 3,23–38), die Zukunft der Welt hat in ihm, seinen Taten und Worten, erst eigentlich begonnen. Alles im Evangelium zielt hin auf das nachösterliche Zeugnis der Jünger. Lukas versteht das missionarische Zeugnis der Jünger nicht einseitig als religiöse Propaganda, sondern – nach dem Vorbild Jesu – als den vom Geist bevollmächtigten Versuch, die Welt, den Menschen wahrhaft zu heilen. Deshalb definiert er den Inhalt der christlichen Verkündigung als »Predigt der Buße zur Vergebung der Sünden« (24,47) und betont sehr stark den sozialen Charakter des Evangeliums.

7. Stil: Da Lukas für Heidenchristen schreibt und anscheinend auch gebildete Leser ansprechen will, bedient er sich im allgemeinen einer gepflegten griechischen Sprache. Oft verbessert er den unbeholfenen, semitisierenden Stil des Markus und tilgt mit Ausnahme des »Amen« alle fremdsprachigen Worte. Als ausgezeichneter Kenner der griechischen Bibel, der Septuaginta, kann er aber seinen Stil auch der alttestamentlichen Diktion anpassen. So hat Lukas ein Werk geschaffen, das den Eindruck historischer Glaubwürdigkeit vermittelt und bis heute noch nichts von seinem literarischen Reiz eingebüßt hat.

M

Magie, Wahrsagerei, Aberglauben

Gliederung: 1. Magie und Zauberei in Ägypten. a) Die Rolle der Magie; b) Träume; c) Wahrsagekunst. 2. Magie und Zauberei in Assyrien und Babylonien. a) Magie zu Schutz- und Heilzwecken; d) Wahrsagekunst oder Divination; c) Träume; d) Schwarze Magie; e) Astrologie; f) Wechselbeziehungen zwischen Magie, Aberglauben und Religion. 3. Israel und die Magie. a) Biblische Terminologie; b) Amulette; c) Nekromantie; d) Magier und Zauberer; e) Fremdländische Einflüsse; f) Wahrsagekunst und sympathetische Magie; g) Entscheidung durchs Los; h) Propheten gegen Wahrsager; i) Nachexilische und neutestamentliche Zeit.

Wenn man von der Magie sagen kann, sie stelle die primitivsten Versuche des Menschen dar, den Naturkräften seinen Willen aufzuzwingen, so kann man den Aberglauben als die Anerkennung seiner Begrenzung ansehen. Mit der Entfaltung menschlicher Sozietäten entwickelte sich auch ein kompliziertes System magischer »Kenntnisse«. Mit ihrer Hilfe stellte man fest, welche spezielle übernatürliche (oder okkulte) Wirkkraft in einem bestimmten Fall im Spiele war oder angewandt werden sollte und welche Zauberformeln, Gegenstände oder Handlungen zur Erzielung eines gewünschten Resultats notwendig waren. Diese Pseudowissenschaft bildete im Lauf der Jahrhunderte eine ganze Reihe von Sektionen aus: Zauberei im allgemeinen, Animismus, Nekromantie (Beschwörung der Totengeister), Umgang mit den Geistern, von denen man annahm, daß sie die Welt und alles, was darin ist, bewohnten, Schicksalsvorhersage durch die Opferschau (s. *Opfer), durch Beobachten der Wolken oder der Sterne (s. *Astrologie und Astronomie), durch Anstarren von Bällen, Holzkugeln und Kristallen, durch das Werfen von Stöcken und Abschießen von Pfeilen.

Magie wurde in der ganzen Alten Welt allgemein ausgeübt. Man betrachtet sie am zweckmäßigsten unter ihrem doppelten Aspekt der »schwarzen« oder bösen und »weißen« oder wohltätigen Magie. Bei der »schwarzen Magie«, die Schaden stiften will, handelt es sich um Dinge wie Verwünschungen, Beschwörungen, das Zerbrechen oder Beschädigen von Bildern oder anderen, die verhaßte Person (oder Völkerschaft) darstellenden Objekten und um den Umgang mit bösen Geistern, von denen man sich Unterstützung erhofft. Im Gegensatz dazu versuchte die »weiße Magie« entweder die schädlichen Auswirkungen schwarzer Magie abzuwenden oder sich der Hilfe der verborgenen Naturkräfte und -geister zugunsten des Bittstellers (oder des für ihn agierenden Magiers) zu versichern. Magie und Wahrsagekunst weisen in Ägypten, Mesopotamien und Israel jeweils bestimmte charakteristische Merkmale auf.

1. Magie und Zauberei in Ägypten: *a) Die Rolle der Magie:* In Ägypten wurde Zauberei wie anderwärts angewandt, um den Menschen Mut zu machen, wenn die Ursachen von Ereignissen unbekannt waren oder die üblichen Maßnahmen nicht gefruchtet hatten. Die Beeinflussung der okkulten Kräfte erfolgte nach komplizierten Formeln, die ein sorgfältiges Studium erforderten und auf welche die Priester ein faktisches Monopol besaßen. Die Zauberei war eng mit der Religion verknüpft. Sie wurde angewandt auf die Beziehungen zwischen Menschen, zwischen Göttern und Menschen und auf Staatsangelegenheiten. Seit dem Beginn des 3. Jahrtausends v. Chr. stand die Magie (ägypt. *ḥk'*) unter der besonderen Schirmherrschaft von Schutzgöttern, dem Gott der Weisheit, *Tehut,* und der Hauptgottheit *Isis.* Die »schwarze Magie« war von der offiziellen Praxis ausgeschlossen und verboten. Magie wurde allgemein verwandt, um den Lebenden auf Erden und den Toten im Leben nach dem Tode ihr Dasein zu erleichtern. Ihre Hauptzweige waren: Schutzmagie zur Abwendung von Schaden; Fruchtbarkeitszauber; Divination (Wahrsagekunst); Magie zu Schutz und Führung der Toten in der Unterwelt und schließlich die dem Bewirken von Wundern dienende Magie. Das Ritual schloß in allen Fällen sympathetische Magie ein, die das erwünschte Resultat imitierte (wie in der symbolischen Beschreibung des Totenbuches auf dem wiedergegebenen Papyrus aus der Ptolemäerzeit, **Abb. 506,** im einzelnen dargelegt), sowie passende Beschwörungsformeln und Zeremonien.

Die Zauberei betreibenden Priester stellten eine besondere Gruppe dar; ihre Kunst erlernten sie im »Haus des Lebens«, in dem die wertvollen Lehrbücher des Systems aufbewahrt wurden. Nach Abschluß ihrer Lehrzeit hatten sie für jede Gelegenheit den passenden Zauberspruch bereit und kannten sämtliche mit der Zauberei verknüpften Zeremonien und Traditionen. Sie wurden dann zu den in der Bibel erwähnten Magiern, hebr. *ḥarṭummîm,* ägypt. *ḥrj-tp.*

b) Träume: Die Ägypter befaßten sich auch mit Traumdeutungen. Träume spielen eine bedeutsame Rolle in der Josephserzählung, besonders die des Pharao und ihre Auslegung (Gen 41,8). Die Magier konnten die Deutungen vieler Träume in Handbüchern nachschlagen. In einem dieser Bücher, das aus dem 19.–18. Jhdt. v. Chr. datiert, sind die Träume nach den zukünftigen Ereignissen, die sie ankündigen, in einer Tabelle geordnet. Zuerst kommen die Träume, die Gutes verkünden, und danach die, welche auf Unheil deuten. Für die Deutungen gibt es eine feste Formel: »Tut jemand dies oder das, so ist es gut (schlecht) für ihn, und es ist ein Zeichen, daß ihm dies oder jenes widerfahren wird.« Das Buch enthält gleichfalls einen Zauberspruch gegen böse Träume samt einem Gebet an Isis.

c) Wahrsagekunst: Die Ägypter sagten auch unter Benutzung von Bechern die Zukunft voraus (Gen 44,4.5.15); sie übernahmen diesen Brauch von den Babyloniern. Einem mit Wasser gefüllten Becher wurde tropfenweise Öl zugesetzt und die Zukunft nach der Form vorausgesagt, die die Tropfen annahmen. Umgekehrt konnte man auch einen Tropfen Wasser in einen Becher voll Öl tun. Die Juden übten den gleichen Brauch in der Zeit der *Mischna, in der sie ebenfalls die Zukunft nach den Formen vorauszusagen pflegten, die sie in einem Glas Wein erblickten.

2. Magie und Zauberei in Assyrien und Babylonien: Zauberer, welche die gleichen Ziele wie die ägyptischen Magier verfolgten, wirkten in Mesopotamien bereits im 3. Jahrtausend vor Chr. Den sumerischen Magiern jener Zeit war es ebenfalls in erster Linie um die Erhöhung des Wohlergehens ihrer Mitmenschen zu tun, doch auch sie besaßen eine Anzahl von Formeln zur Abwendung der ungünstigen Auswirkungen schädlicher Zaubersprüche und Verwünschungen. Auch in Mesopotamien war die Zauberei ein hochspezialisierter Beruf, der ein langes Studium und ausgedehnte Kenntnisse voraussetzte. Die Durchführung magischer Rituale verlangte große Präzision der Bewegungen des Körpers, die genau auf die dabei rezitierte magische Beschwörung abgestimmt werden mußten. In Mesopotamien gliederte sich die Zauberei in folgende Hauptzweige:

a) Magie zu Schutz- und Heilzwecken: Sie diente hauptsächlich zur Heilung von Krankheiten, Austreibung von Dämonen (bösen Geistern) und so weiter. **Abb. 507** zeigt Schutzgeister, die einen Eimer und einen Tannenzapfen halten. Dieses Emblem wird häufig mit dem »heiligen Baum« verbunden (Nimrud-Relief, 9. Jhdt. v. Chr.). Ein *šurpu* (Feuersbrunst) genanntes Buch führt alle Sünden auf, die von Menschen begangen werden. Hatte jemand ein göttliches oder Sittengesetz verletzt, so konnte der Magier dort die Formel zur Lösung von dem Zauberbann finden. Vermutete jemand, ein Zauberer habe ihn mit einem Bann belegt, so ging er zu einem Magier; dieser verbrannte eine Wachsfigur des Zauberers und sprach dabei: »So wie diese Figur schmilzt, möge der Zauberer (oder die Hexe) schmelzen.«

Pazuzu **(Abb. 508)**, der »Greifer«, mit Klauen an Händen und Füßen, Adlerfittichen und verzerrten Gesichtszügen, ängstigte die Assyrer und Babylonier. Er bedrohte während ihrer ganzen Geschichte Leben und Gesundheit. Das hier abgebildete Amulett **(Abb. 509)** aus Karkemisch trägt auf einer Seite einen Zauberspruch gegen den weiblichen Dämon Lamaschtu. Es zeigt ihn auf einem wilden Esel stehend, Schlangen in den Händen haltend und einen Schakal und ein Wildschwein säugend.

b) Wahrsagekunst oder Divination beruht auf dem Glauben, daß jedes günstige oder ungünstige Ereignis im menschlichen Leben von sichtbaren Omina begleitet wird, die jeder dieser Kunst Mächtige, der somit die Zukunft vorauszusagen vermag, lesen kann. Die in Frage kommenden Omina wurden ebenfalls aufgeschrieben. Ein solches Buch bestand aus 170 Tontafeln, welche die Bedeutungen von Himmelsbeobachtungen (zum Beispiel eines Hofes um den Mond, einer Sonnen- oder Mondfinsternis), von atmosphärischen Phänomenen (zum Beispiel Gewittern), des Verhaltens bestimmter Vögel und Tiere wie Schlangen, Hunde, Mäuse und so weiter und die Besonderheiten von Menschen- und Tiergeburten – namentlich von anomalen – aufführten.

Eine der beliebtesten Wahrsagetechniken war die Leberschau bei Opfertieren (Hepatoskopie). Die »wissenschaftliche« Divination verlangte die sorgfältige Führung einer Liste aller beobachteten Omina und der im Zusammenhang mit ihnen auftretenden Ereignisse. Die genaue Protokol-

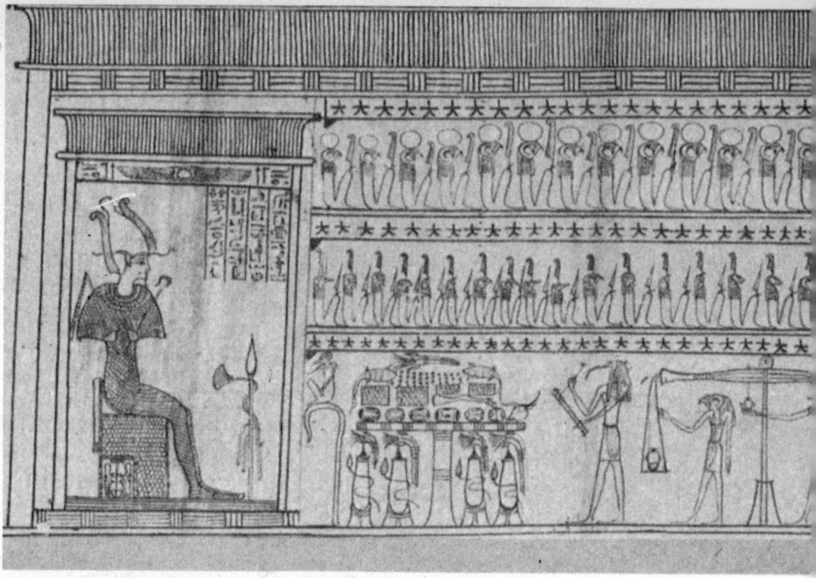

Abb. 506. Papyrus eines Totenbuches aus der Ptolemäerzeit

Abb. 507. Schutzgötter mit Eimer und Tannenzapfen (Relief aus Nimrud, 9. Jhdt. v. Chr.)

Abb. 508. Pazuzu, der »Greifer«, war die Verkörperung einer bösen Macht bei den Babyloniern und Assyrern

Abb. 509. Der weibliche Dämon Lamaschtu auf einem Amulett aus Karkemisch. Er steht auf einem Wildesel, hält in den Händen Schlangen und säugt einen Schakal und ein Wildschwein

Abb. 510, 511. Tonmodelle von Lebern, auf denen für jede Abweichung vom Normalen in jeder Region die Bedeutung der gefundenen Anomalie eingezeichnet war

Abb. 512. Zauberer mit Stab, an dessen Spitze eine Schlange erscheint

Abb. 513. Skarabäus mit Zauberer, der vor drei Göttern eine Schlange beschwört

Abb. 514. Mann mit vier Kälbern, der entweder einen Stab mit Schlangenkopf oder einen in eine Schlange verwandelten Stab trägt

Abb. 515. Griechische Inschrift aus Ephesos (6. Jhdt. v. Chr.) über die Omina des Vogelflugs

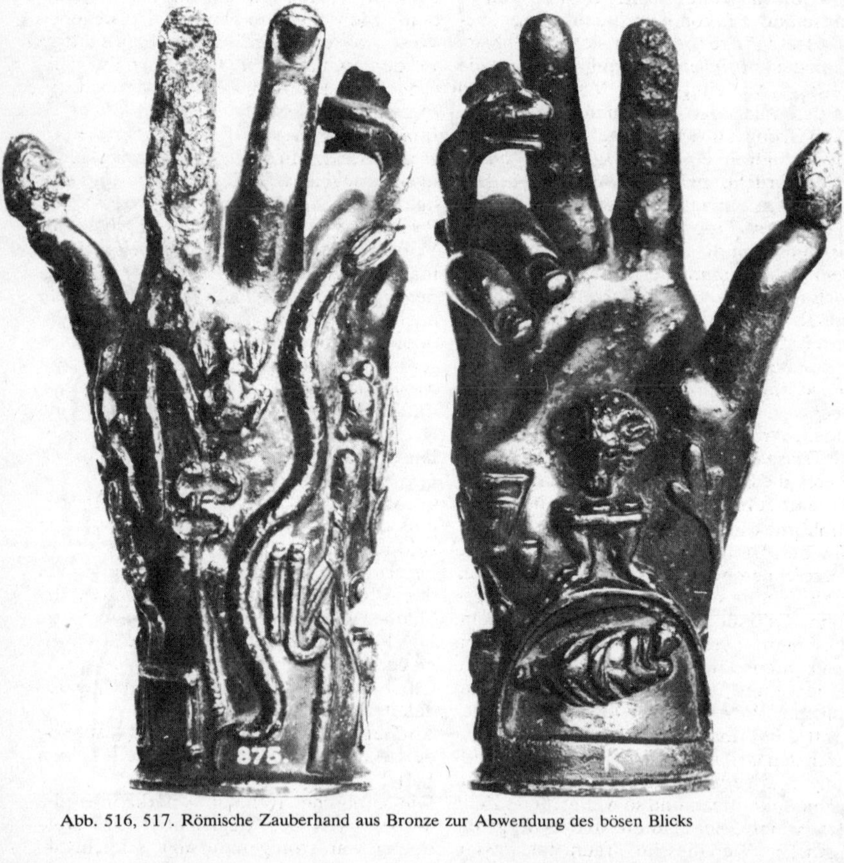

Abb. 516, 517. Römische Zauberhand aus Bronze zur Abwendung des bösen Blicks

lierung des Baus der Leber war daher ebenfalls notwendig. Da man sie nicht aufbewahren konnte, wurde von jeder ein Tonmodell, wie das in diesem Werk abgebildete **(Abb. 510, 511)**, angefertigt und die Ereignisse, die der Leberschau folgten, festgehalten. In Mari wurden 32 derartige Tonmodelle aus dem Beginn des 2. Jahrtausends v. Chr. gefunden (s. *Babylon und Israel). Es wurden auch Tonmodelle der Leber als allgemeine Anleitung für Wahrsager hergestellt, auf denen bestimmte Punkte, deren Beobachtung besonders wichtig war, markiert wurden. Von besonderer Bedeutung war die Wahrsagekunst vor dem Beginn und während eines Feldzuges. Eine lebendige Illustration hierzu findet sich bei Ezechiel (21,21): Nebukadnezar steht dort »am Scheideweg«, unschlüssig, ob er Jerusalem oder Rabbath-Ammon angreifen soll. Um zu einem Entschluß zu kommen, schüttelt er beschriftete Pfeile (oder läßt sie fallen), fragt dann die *terāfīm* um Rat und »beschaut die Leber«. Aus einigen der Mari-Urkunden wird deutlich, daß die Omina beträchtliche Verwirrung stiften konnten, zumal jede Einheit ihren eigenen Wahrsager hatte. Widersprüche zwischen ihren Auslegungen hatten einmal zur Folge, daß die eine Hälfte der Truppe zum Angriff schritt, während sich die andere zurückzog. In einem anderen amtlichen Schreiben heißt es: »Ich und Ibbi-Amurra haben in Agdamàtim den Feldzug gegen Warad-Ilišu vorbereitet, doch sind unsere Omina ungünstig. Ich habe sie meinem Gebieter geschickt. Möge mein Gebieter diesen Omina seine höchste Aufmerksamkeit zuwenden« (Jean, Archives Royales de Mari).

c) Träume: Große Aufmerksamkeit widmeten die Babylonier und Assyrer auch der Traumdeutung. Assurbanipals berühmte Bibliothek in Ninive enthielt viele Tafeln, die die Deutung verschiedener Träume verzeichneten. Insgesamt werden über 2000 Omina mit ihren Deutungen aufgeführt. Es finden sich auch Zauberformeln, die man aussprechen muß, um von schlechten Träumen befreit zu werden. Eine weitere Sammlung von Tafeln beginnt mit den Worten: »Der Gott Saphyr, der Gott der Träume.« Die Zeichen sind hier nach den im Traum vorkommenden Handlungen angeordnet: Essen, Trinken, Zusammenkommen und so weiter. Jede Zeile beschreibt einen Traum, und es folgt die Formel: »Wer dies im Traum tat, dessen Omina sind: . . .«.

d) Schwarze Magie war, wie in Ägypten, offiziell verboten und wurde nur von nicht zugelassenen Zauberern praktiziert. Den offiziellen Magiern oblag es, ihrer schädlichen Tätigkeit entgegenzuwirken.

e) Astrologie: Divination und Astralzauberei (s. *Astrologie und Astronomie) wurden in Babylonien von Spezialisten, den *ašipu* (hebr. *'ašif*), betrieben, die den Tempeln beigegeben und unter dem Schutz der Hauptgötter Ea und Marduk tätig waren.

f) Wechselbeziehungen zwischen Magie, Aberglauben und Religion: Auch in der institutionalisierten Religion findet sich in einer höheren Form noch im wesentlichen das gleiche Verhältnis zwischen Mensch und Übernatürlichem, wie bei magischen Vorstellungen. Der Unterschied besteht darin, daß die Magie die Geister unterjochen und dem menschlichen Willen dienstbar machen soll, während in der Religion ein Gott – zuweilen in Tempeln – als ein dem Menschen unbedingt überlegenes Wesen verehrt wird. Er muß besänftigt werden, und man muß Gebete an ihn richten. Versuche, ihn unter Druck zu setzen, sind ausgeschlossen.

Im Alten Orient war die organisierte Religion in vieler Hinsicht eine Angelegenheit institutionalisierter Magie. Geriet die Religion in Mißkredit – entweder weil sich die Priester zu weit von der breiten Masse des Volkes entfernten, zu intellektuell oder zu materialistisch wurden, das heißt die Forderungen nach Zehnten und Opfern ein allzu unvernünftiges Ausmaß annahmen, oder weil die sittlichen Normen des religiösen Verhaltens zu sehr absanken –, dann wandte sich das Volk aufs neue der Magie und dem Aberglauben als Ersatz für eine Religion zu, die ihre Bedeutung eingebüßt hatte. Man kann dieses Schema bis in die Gegenwart hinein beobachten. Nach wie vor kann man Beispiele von Völkern finden, die der Religion abtrünnig geworden sind und sich statt dessen dem Aberglauben zugewandt haben. Andere Religionen der Alten Welt räumten Magie und Aberglauben einen Platz in ihrem System ein. Die hier abgebildete griechische Inschrift **(Abb. 515)** aus Ephesos (frühes 6. Jhdt. v. Chr.) definiert die aus dem Vogelflug abgeleiteten Omina.

Im Gegensatz hierzu hatte die Ausübung der Magie in der Religion Israels keinen Platz.

Die biblische Religion anerkannte die Wirksamkeit der Magie, aber ihre Ausübung war streng untersagt. Gleichwohl steht fest, daß sich die israelitischen Massen von abergläubischen Vorstellungen und magischen Elementen in der einen oder anderen Form niemals gänzlich lösten.

In Zeiten religiöser Erneuerung schienen sie ausgerottet zu sein, doch blieben sie unmittelbar unter der Oberfläche des nationalen Lebens bestehen, bereit, beim geringsten Anlaß wieder hervorzubrechen.

3. Israel und die Magie: Offiziell sah das Judentum wie andere semitische Religionen den Aberglauben als tiefstehende Glaubensform an. Die Propheten und Gesetzestreuen verdammten ihn rundweg; sicheren Schutz vor Übeln, so lehrten sie, biete einzig der Glaube an den einen Gott und Gehorsam gegen Seinen Willen. Das mosaische Gesetz verbot nicht allein alle magischen Praktiken (Lev 19,26; Dt 18,10), machte Zauberei zu einem Kapitalverbrechen (Ex 22,18) und verwarf Bräuche, wie Totenopfer, denen man bei Nachbarvölkern begegnete; es wies auch darauf hin, daß diese Vorschriften Israel einer anderen Ebene zuordneten.

Andere Nationen mochten an Magier und Zauberer glauben. Die Propheten Gottes waren allein Israel zuteil geworden (s. unten).

Es kam jedoch vor, daß alte Bräuche in neuem Gewand fortlebten. So bestimmt etwa das Buch *Leviticus (19,9–10), daß zur Erntezeit die Ecken der Felder, die Nachlese und die abgefallenen Beeren in Weinbergen dem Armen und dem Fremdling überlassen werden sollen. Wahrscheinlich setzte diese Vorschrift einen alten Brauch fort, von der Ernte etwas für die Geister des Korns und anderer Feldfrüchte übrig zu lassen, um für das nächste Jahr einer guten Ernte gewiß zu sein. In ähnlicher Weise wurde den Kindern Israel geboten, sich an den Zipfeln ihrer Kleider mit blauen Fäden durchsetzte Quasten (*ṣiṣit*) zu machen (s. *Kleidung), nicht zur Abwehr böser Geister, sondern als Erinnerung an Gottes Worte. Die Juden befestigten (und befestigen heute noch) auch eine Mesusa *(m·zūzā)*, die eine Pergamentrolle mit einem Gebet enthielt, am Türpfosten. Das geht auf sehr viel ältere Gebräuche zurück, die wohl ein Haus und seine Einwohner beschützen sollten. Der jüdische Brauch, der vielleicht aus einem bewußten Gegensatz zu solchen magischen Praktiken entstand, wird damit begründet, daß er Israel an die Worte seines lebendigen Gottes erinnern soll.

a) Biblische Terminologie: Wegen ihrer fortdauernden Beschäftigung mit magischen Praktiken und Magiern enthält die Bibel eine Reihe von Ausdrücken, die mit Hexerei und Zauberei in Zusammenhang stehen. Ein Zauberer oder Hexer ist ein *kaššāf* (Ex 7,11; 22,18; Dt 18,10; Jer 27,9; 2 Chr 33,6; Dan 2,2); es gibt auch einen Spezialausdruck: *ḥarṭum* (s. oben 1). Das Wort *laḥaš* (= Wahrsager) wird in der Bibel auf denjenigen angewandt, der Beschwörungen singt oder flüstert. Es meint insbesondere Schlangenbeschwörung (Ps 58,5), während sich *ḥobēr* (= Zauberer; Jes 47,9.12; Ps 58,5) offensichtlich auf die Benutzung von Zauberformeln und magischen Amuletten bezieht. Im *Daniel-Buch wird das Wort »Chaldäer« sowohl in ethnischer Bedeutung gebraucht wie zur Bezeichnung einer bestimmten Klasse von Fachleuten auf dem Gebiet der Zauberei und Magie. Das NT nimmt häufig auf Magie und Hexerei Bezug (zum Beispiel Apg 8,9.11; 13,6.8). Beispielsweise waren die Weisen aus dem Morgenland (Mt 2) in Wirklichkeit eine Volksgruppe aus Medien, deren Name, wie der der Chaldäer, ein terminus technicus für einen Magier wurde.

Während viele Formen von Magie von der offiziellen Religion scharf bekämpft wurden, wurde die Divination (Wahrsagekunst) von ihr übernommen und war wenigstens in der Frühzeit ein bedeutsamer Aspekt der Religion.

b) Amulette: Zu den ausdrücklich verbotenen Formen von Magie gehörte auch das Tragen von Amuletten. Ihre Benutzung war weit verbreitet und offenbar unausrottbar; die Propheten verdammten sie nur, wenn sie den Glauben an andere Götter als Jahwe in sich schlossen. Eine kürzlich durchgeführte Ausgrabung förderte ein aus der Königszeit stammendes hebräisches Amulett gegen Nachtdämonen zutage. Unter den in der Liste weiblicher Schmucksachen in Jes 3,18–23 aufgeführten Gegenständen befindet sich das Amulett oder die »summende Muschel« *(laḥaš)*, das anscheinend bei der Schlangenbeschwörung eine Rolle spielte. Einige Forscher vermuten, daß diesen Gegenständen infolge hineingeflüsterter Zauberformeln eine besondere Kraft innewohnte. Nach anderer Vermutung kommt der Name von *naḥaš*, dem Wort für Schlange (im hebräischen werden die Buchstaben *l* [*Lamed*] und *n* [*Nun*] häufig ausgewechselt) und der Gegenstand hatte ursprünglich eine schlangenähnliche Form. Man weiß, daß die Kanaanäer Schlangen sehr verehrten, und bei Ausgrabungen sind viele Gefäße mit eingravierten oder aufgeprägten

Schlangen **(Abb. 445)** aus der kanaanäischen und israelitischen Zeit gefunden worden.
Ein weiterer Gegenstand in Jesajas Verzeichnis, die »Halbmonde« (*saḥronîm*), wurde als Verzierung für die langen Hälse von Kamelen benutzt und auch von den Midianiterkönigen getragen (Ri 8,21.26). Derselbe Jesajavers erwähnt »Kopfbänder« (*š·bîsîm*). Diese wurden durch die Ausgrabungen von Ugarit (s. *Kanaanäische Kultur und Ugarit) illustriert, wo man derartige Amulette fand, die in der ugaritischen Literatur denselben Namen tragen.
Über die weite Verbreitung der Zauberei unter den Völkern Kanaans geben uns die ugaritischen Epen reichen Aufschluß; sie tragen zur Erklärung der kompromißlosen Haltung der Bibel bei. Magische Praktiken schlossen Divination durch Beobachtung des Vogelfluges und der Bewegung der Sterne ein (s. *Astrologie und Astronomie). Diese und ähnliche Praktiken wurden verdammt.
c) Nekromantie: Die Bibel untersagte vor allem die Nekromantie (Totenbefragung): »Es soll in deiner Mitte keiner gefunden werden, der seinen Sohn oder seine Tochter durchs Feuer gehen läßt, kein Wahrsager, Zeichendeuter, Schlangenbeschwörer oder Zauberer, kein Bannsprecher oder Geisterbeschwörer, keiner, der Wahrsagegeister befragt oder sich an die Toten wendet« (Dt 18, 10.11). Nekromanten, die »Gespenster« und »Hausgeister« beschworen, waren augenscheinlich recht zahlreich, denn mehrere Könige bemühten sich, diese Praktiken auszurotten. Saul versuchte, Zauberern und Nekromanten das Handwerk zu legen, doch am Ende seines Lebens wandte selbst er sich an eine solche Frau (1 Sam 28,7–25). Der Drang, Ahnen und jüngst Verstorbene um Rat zu fragen, war in den Herzen der Menschen offenbar tief verwurzelt und setzte sich über obrigkeitliche Widerstände und direkte Verbote hinweg.
d) Magier und Zauberer: In der Erzählung von Moses am Hof des Pharao werden die ägyptischen Magier, die ebenfalls ihre Stäbe in Schlangen verwandeln konnten (Ex 7,11), erwähnt. Die Zeichnungen **(Abb. 512–514)** zeigen, daß dies ein bekannter Trick der ägyptischen Zauberer war. Oben senkt ein Magier seinen Stab, an dessen Ende eine Schlange erscheint; in der Mitte ein Skarabäus aus Tanis, der einen sich vor drei Göttern produzierenden Schlangenbeschwörer zeigt, und unten ein Mann oder Gott von einem Flachrelief in einem ägyptischen Tempel, der vier Kälber führt und entweder einen Stock mit einem Schlangenkopf oder einen in eine Schlange verwandelten Stock trägt.
Die Zauberer des Pharao konnten es auch mit Moses und Aaron aufnehmen, als sie das Nilwasser in Blut verwandelten (Ex 7,22) und als sie eine Froschplage über das Land kommen ließen (Ex 8,7), doch als sie die Mückenplage hervorbringen sollten (Ex 8,18), mußten sie sich geschlagen geben, und sie wurden mit allen übrigen Ägyptern von der Beulenpest befallen (Ex 9,11).
Sehr wenige Zauberer werden mit Namen genannt. Isebel galt als Zauberin (2 Kg 9,22), und Zauberer werden generell im Michabuch (5,12) erwähnt. Manasse, König von Juda, wird verdammt, weil er Zauberer förderte (2 Kg 21,6), und Ezechiel (Ez 13,17–23) weissagt den Frauen Weh, »die Zauber-Binden nähen für alle Handgelenke und Kopfüberwürfe machen für Leute jeden Wuchses, um Seelen zu erjagen!«
e) Fremdländische Einflüsse: Die Hinweise in den Prophetenbüchern auf Magie und Zauberei betreffen zumeist fremde Völker. Ein Beispiel ist die Weissagung des Deuterojesaja, Babylonien werde dem Unheil nicht entgehen: »... ob auch deiner Zauberei gar viel ist und stark deine Beschwörung« (Jes 47,5–15).
Ein weiteres Beispiel ist Daniels Erzählung: König Nebukadnezar ließ in seinem Palast junge jüdische Adlige in der Sprache und den Künsten der Chaldäer unterweisen (Dan 1,3–5), und als ihre Ausbildung abgeschlossen war, »fand sie der König allen Gelehrten und Beschwörern in seinem ganzen Reich zehnfach überlegen« (1,20). Sie waren es (und insbesondere *Daniel), die die Träume des Königs deuteten, welche den babylonischen Weisen ein Rätsel waren (Dan 2–4).
f) Wahrsagekunst und sympathetische Magie: Andererseits forderten die Könige von Israel und Juda, möglicherweise durch das Beispiel anderer Herrscher veranlaßt, vor dem Beginn von Kriegszügen oder Schlachten von den Propheten Orakel, die diese (*Elia, *Elisa und *Micha) auch lieferten. Ein Beispiel für derart benutzte sympathetische Magie ereignete sich, als König Joas von Israel (800–784 v. Chr.) den sterbenden Elisa aufsuchte. Elisa hieß Joas von einem Bogen Pfeile abschießen und damit auf den Boden schlagen als Omen des Sieges über die Syrer (s. *Elisa).
g) Entscheidung durchs Los: Zu den harm-

loseren Formen der von den israelitischen Priestern offiziell geübten Magie zählte die Einholung von Orakeln durch den *Ephod* und die *Urim* und *Thummim* (über die nur wenig bekannt ist). Eine Entscheidung zwischen alternativen Handlungsweisen suchte man zuweilen auch durch das Loswerfen. Im Altertum waren die Lose für gewöhnlich kleine Holzstücke oder Tierknochen, Steine, Pfeile oder Stricke. Die Entscheidung wurde dergestalt gesucht, daß man entweder die Lose hinwarf und eine Schlußfolgerung daraus zog, wie sie fielen, oder sie in einem geschlossenen Behälter schüttelte und dann eins auf gut Glück herauszog. Das Resultat galt den Juden wie den übrigen Völkern der Alten Welt als Gottes Wille (Spr 16,33).

Dieser Brauch war auch in Kanaan gang und gäbe gewesen. In einem Fragment aus Ugarit (s. *Kanaanäische Kultur und Ugarit) findet sich ein Hinweis auf den »glückhaften Rescheph«, der augenscheinlich damit zusammenhängt, daß dieser einen Bogen besaß, der ihm als Wahrsagewerkzeug diente. Das AT verzeichnet drei Fälle, in denen das Los befragt wurde, um zu entscheiden, wer für Gottes Zorn verantwortlich war: die Achan-Episode (Jos 7), der Streit zwischen Saul und Jonathan (1 Sam 14,38–45) und in der Erzählung von Jona (1,7), doch erfahren wir nicht, wie man beim Loswerfen verfuhr.

Am Versöhnungstag pflegte der Hohepriester das Los zu befragen, welcher von den beiden Sündenböcken »für den Herrn« geopfert und welcher für Asahel (»einen bösen Wüstengeist«; Lev 16,8; s. *Opfer) in die Wüste getrieben werden sollte.

Die Verwendung von Losen im religiösen Ritual deutet darauf, daß sie auch bei weltlichen Angelegenheiten benutzt wurden, vgl. Spr 18,18: »Das Los macht Streitigkeiten ein Ende, und zwischen Mächtigen entscheidet es.« Nach der *Landnahme wurde das Gelobte Land durchs Los unter den israelitischen Stämmen und ihren Clans aufgeteilt (s. *Volkszählung), und genauso verfuhr man bei der Zuweisung der Levitenstädte (Jos 21,4.6.10.20). Es finden sich auch viele Hinweise auf die Verlosung der einem besiegten Feinde abgenommenen Beute (Jo 3,3; Ob 11; Ps 22,18).

In der Erzählung von Esther ließ Haman das Los entscheiden, an welchem Tag die Juden ausgerottet werden sollten (Est 3,7), und in diesem Fall deutet der für die Lose verwandte Ausdruck *pūr* auf die benutzte Methode. Sie folgte einem assyrischen Brauch, bei dem man zwei Würfel rollen ließ, der eine, *aban ereši,* war der wünschenswerte, der andere, *aban la ereši,* der unerwünschte.

h) Propheten gegen Wahrsager: Viele Forscher haben auf die Ähnlichkeiten zwischen den frühen Berufspropheten und Wahrsagern und den inspirierten Propheten Jahwes verwiesen. Beide sagten die Zukunft voraus, häufig unter Benutzung sehr ähnlicher Methoden, doch zeigt die Entwicklung der inspirierten Prophetie, wie weit sie sich von der einfachen Wahrsagerei der Berufsprophetie entfernte. Magie, die mit Zaubersprüchen und Symbolen arbeitete und sich der okkulten Eigenschaften bediente, die man Pflanzen und anderen Dingen zuschrieb, wurde von den Propheten allgemein verdammt, obschon andere Magieformen zu dem Geist des Jahwismus angemessenen Symbolen sublimiert wurden. Prophetie im klassischen biblischen Sinn war ein wesentlicher Teil eines erhabenen, göttlich inspirierten Jahwismus, der selbst von den üblichen Praktiken der Volksreligion, die in Wahrsagekunst und Magie eine bedeutsame Rolle spielten, weit entfernt war. Da diese Praktiken häufig an die verbotene schwarze Magie grenzten oder sie einbezogen, wurden sie von den Propheten rundweg verdammt. Gleichwohl mußte dem Wunsch des Volkes, die Zukunft zu erfahren und sich göttlicher Hilfe bei den Unternehmungen der Einzelnen zu versichern – die Motive, die für gewöhnlich Divination und weiße Magie ins Leben rufen –, ebenfalls entsprochen werden. Die Propheten machten die Vorhersage zukünftiger Ereignisse, bei der sie sich häufig der alten Methoden der Wahrsagekunst bedienten, zum Medium der Offenbarung des »Wortes« Gottes oder der Botschaft an sein Volk (s. *Offenbarung).

Derartige Formen ließ man, wie viele Stellen des AT zeigen, durchgehen. Um ihren Vorhersagen größeres Gewicht zu verleihen, setzten sie auch den altvertrauten Omina ähnliche »Zeichen« fest. Diese Benutzung magischer Techniken wurde mit der Erklärung gerechtfertigt, solche Zeichen gebe Gott seinen wahren Propheten wie auch Scharlatanen. Die Ausübung göttlicher Macht in geringfügigen Angelegenheiten war nach ihrer Darstellung ein Beweis dafür, daß die Menschen Gott auch in bedeutungsvolleren vertrauen konnten (Ri 6,36; Ex 4,8; Jes 7,11).

Die Propheten nahmen ihre Verdammung der Magie als solche niemals zurück, doch wurde ein Unterschied gemacht zwischen Wahrsagung, bei der es lediglich darum geht, künftige Ereignisse im voraus zu erfahren, und wirklicher Magie, die sich zur Herbeiführung bestimmter Ziele übernatürlicher Hilfe zu versichern sucht.

i) Nachexilische und neutestamentliche Zeit: Das einfache Volk benutzte in Palästina weiterhin die Amulette und Zauberformeln, die in der ganzen alten Welt zum Schutz gegen Dämonen und böse Geister verwandt wurden, sei es, daß diese lediglich boshaft waren oder aber heimtückisch und gefährlich, wie Lilit, die kinderraubende Dämonenkönigin. Überall stieß man auf Aberglauben. So zeigt zum Beispiel die abgebildete römische bronzene Zauberhand **(Abb. 516, 517)** Symbole zur Abwendung des bösen Blicks.

Bei den Israeliten waren solche Zeichen jedoch nicht mit dem Glauben an heidnische Götter verknüpft. Die offizielle Religion, die übermäßiges Interesse für Engel sowohl wie für Dämonen mißbilligte, verwarf sie, was ihre Bedeutung im Leben der breiten Masse jedoch nicht minderte.

Die *Rabbiner lehnten diese Vorstellungen und damit verbundene alte Praktiken als »amoritische Sitten« ab, doch breiteten sie sich infolge persischer und babylonischer Einflüsse nach dem Exil und in der Talmudzeit sehr viel stärker aus. Hieraus ergibt sich zum Teil die Erklärung, warum der im NT so denkbar deutlich hervortretende Dämonenglaube im AT anscheinend eine ganz untergeordnete Rolle spielt. Auf den Einfluß der ägyptischen okkulten Wissenschaft im 1. Jhdt. v. Chr. und im darauffolgenden Jahrhundert weist auch die *Mischna hin. Nach dem Zeugnis des NT wurde sie von Juden wie von Zauberern praktiziert: Simon (Apg 8,9) und Elymas (Apg 13,8).

Die in den Glaubensanschauungen des jüdischen Volkes aufgenommenen Dämonen unterschieden sich jedoch von ihren ausländischen Vorläufern darin, daß sie nicht von Gott unabhängig und ihm nicht gleich sind. Statt dessen können sie nicht umhin, seine Überlegenheit anzuerkennen, und müssen ihm auf Geheiß gehorchen (s. Lk 10,17–19; Mk 3,22–23). Apg 19,18 f berichtet, daß bekehrte Zauberkundige in Ephesos unter dem Wirken des Paulus ihre Zauberbücher verbrennen.

Obwohl unser Wissen für eine Erklärung der Fortdauer von Aberglauben und okkulten Einflüssen im späteren Judentum noch nicht ausreicht, gibt die Stellung des AT zur Magie – besonders zur okkulten, schwarzen Magie – einige Hinweise. Tatsächlich stellt das AT die Macht der Magie niemals in Frage. Es erklärt sie nur für unerlaubt. Mit Verboten konnte man jedoch die Menschen niemals davon abbringen, an Magie zu glauben und sie zu praktizieren. Der Glaube an die Magie und die Zuflucht zu ihr ließen erst im Aufklärungszeitalter nach, als man ihre gesamte Grundlage auf rationale Weise zu entlarven und zu zerstören vermochte.

Die Verwerfung der Magie wurde somit nicht allein durch die dem nachexilischen Judentum gemeinsame Glaubensfestigkeit erreicht. Sie resultierte aus besserer Einsicht im Verein mit dem unnachsichtigen Widerstand, den die Führer Israels zu allen Zeiten volkstümlichen religiösen Praktiken entgegengesetzt hatten, in denen ein latentes magisches Element fortbestand.

Makkabäer

Volkstümliche Bezeichnung für eine Gruppe jüdischer Partisanen, die während des 2. Jahrhunderts v. Chr. für die Beseitigung der Fremdherrschaft und Religionsverfolgung in Judäa kämpfte. Bedeutung und Herkunft des Namens »Makkabäer« sind umstritten. Er wird auf Judas Makkabäus angewandt und, unexakt, auf andere Angehörige seiner Familie sowie auf die ganze Hasmonäerdynastie. Zur Geschichte des Makkabäeraufstandes, des Judas und der Hasmonäerdynastie s. *Hasmonäer.

Makkabäer (Bücher)

1. Das erste Makkabäerbuch: Das Buch umfaßt 16 Kap. und ist nur in griechischer Sprache erhalten, wurde aber sicher ursprünglich in Hebräisch verfaßt, zumal Origenes und Hieronymus noch ein semitisches Original kannten. Außerdem wird diese Ansicht durch die Ähnlichkeit mit dem Stil der alttestamentlichen Chronistik – unverbundene Aufzählung der Ereignisse (R. Hanhart) – bestätigt.

Das Buch bringt eine Geschichte der *Hasmonäer, des Makkabäeraufstandes und seines Erfolges. Das Buch ist ein authentischer Bericht von der Zeit der Hellenisierung in Jerusalem und dem Aufstand, der die Hasmonäer an die Macht brachte. Die Abfassungszeit des Buches ist etwa um 100 v. Chr. anzusetzen. Der terminus post quem ist um diese Zeit anzusetzen, da die Notiz 16,23 anscheinend den Tod oder den Ablauf eines beträchtlichen Teiles der Amtszeit des Johannes von Gazara voraussetzt. Terminus ante quem ist wahrscheinlich das Jahr 63 v. Chr., da besonders Kap. 8 von einer großen Sympathie des Autors für die Römer zu sprechen scheint. Als Heimat des Buches ist sicher Palästina, wahrscheinlich sogar Jerusalem anzunehmen. Die Übersetzung ins Griechische ist wohl bald nach der Fassung des hebräischen Originals zustande gekommen.

Die Theologie des ersten Makkabäerbuches ist ganz deutlich eine Geschichtstheologie. Die Ereignisse, die jetzt eintreten, erscheinen häufig als Wiederholung oder unmittelbare Fortsetzung der Geschehnisse zur Zeit der *Landnahme, der *Richter und der Anfänge des Königtums. Im Gegensatz dazu wurden jedoch die Ereignisse vom babylonischen *Exil bis zu der nun anbrechenden bedeutsamen Zeit totgeschwiegen. So erscheint die Wiedereinrichtung des jüdischen Staates nicht nur als Wiederherstellung des Zeitalters der Erhebung der Makkabäer, sondern als Wiedergeburt des alten, vorexilischen Israel. Zahlreiche Parallelen verbinden die Hasmonäer mit den Davididen. Jahwe ist es – wie der Begriff Himmel oder das alleinige Personalpronomen andeuten –, der im letzten das Geschick seines Volkes in Händen hat; er ist der eigentliche Retter Israels. Das mosaische Gesetz ist der kostbarste Besitz, »den man mit dem Schwert in der Hand und notfalls bis zum Tode verteidigen muß« (J. Nelis). Die neue Freiheit und die Macht, die nun plötzlich aus der alten Ohnmacht neu entstanden, erscheinen dem Autor des 1. Makkabäerbuches als Anbruch einer neuen Heilszeit.

Doch bei all der messianischen Hoffnung ist der Autor sich seiner Deutung doch nicht ganz sicher. Denn das Wort Gottes durch seinen unmittelbaren Boten, den Propheten, steht noch aus. Erst wenn Gott wieder seinen lebendigen Boten mit seinem Wort zu seinem Volk schickt, ist Israel wiederhergestellt, erst dann ist die letztlich doch noch herrschende Vorläufigkeit, die sich noch ausbreitende Ungewißheit in jenem Frieden eingetaucht, den nur Jahwe selbst vermitteln kann (D. Arenhoevel).

2. Das zweite Makkabäerbuch: Das Buch ist außer den beiden voranstehenden Briefen 1,1–2,18, die wahrscheinlich auf ein hebräisches Original zurückgehen (O. Eißfeldt), griechisch abgefaßt. Der unbekannte Verfasser gibt in 2,23 an, er wolle das fünfteilige Werk von Jason von Kyrene, einem Juden der nordafrikanischen Diaspora, zusammenfassen. Das Werk Jasons dürfte gegen Ende des 2. Jhdts. v. Chr. entstanden sein und scheint eng an einer seleukidischen Königschronik und an hohenpriesterlichen Annalen (J. Nelis) orientiert zu sein. Die Epitome des Buches ist etwa ein bis zwei Menschenalter später anzusetzen.

Das zweite Makkabäerbuch handelt über eine relativ kurze Zeit (175–161 v. Chr.). Sein Aufbau ist nach dem Geschichtsbild der göttlichen Bewahrung des Volkes in der Bewahrung des Tempelheiligtums in Jerusalem gestaltet (R. Hanhart) und bringt die Vorgeschichte der Makkabäerkriege von Judas Makkabäus unter Antiochus IV. bis zum Sieg über Nikanor 161 v. Chr.

Das zweite Makkabäerbuch gehört zu der in der damaligen hellenistischen Welt üblichen Gattung der pathetischen Geschichtsschreibung, gekennzeichnet durch lange Sätze mit endlos ineinandergeschachtelten Partizipien, durch bombastische Rhetorik, hitzige Reden, übertriebene Zahlenangaben und übermäßigen Gebrauch von Schimpfworten gegen die Feinde der jüdischen Orthodoxie (J. Nelis). Das Buch ist voll von Wundertaten und Schilderungen von großartigem Mut im Angesicht der Verfolgung. Diese Züge machten es später unter der Märtyrerliteratur sehr berühmt.

Dem Epitomator des 2. Makkabäerbuches ist das Exemplarische des Geschehens wichtiger als seine Tatsächlichkeit, und darin hebt sich das 2. Makkabäerbuch besonders vom ersten ab. Die Epitome erzählt ihre Geschichte nur als Beispiel, das die unveränderliche Struktur des Gottesstaates illustriert; das gegenwärtige Heil erklärt sich aus dem ewigen Wesen der heiligen Polis Jerusalem. Während 1 Makk die genau umgrenzte empirische, jüdische Gemeinde von Judäa sieht, erblickt der Epitomator von 2 Makk in demselben Staat nur den irdischen Teil eines größeren Ganzen, eines von Gott regierten Reiches, das irdische und überirdische Bereiche, Engel und Menschen, Lebende und Verstorbene umfaßt; eine Vorstellung, die der *Apokalyptik sehr nahesteht. Aus diesem Verständnis resultiert schließlich auch die Darstellung der irdischen Wirklichkeiten. Kommen diese in 1 Makk noch viel stärker aus sich selbst heraus zur Geltung – Gott greift nicht von außen ein, sondern läßt das Geschehen aus sich heraus, von sich selbst entwickeln –, so ist in 2 Makk Gott der »Allherrscher« (3,30), der »offenbare Herr« (15,34), seine Epiphanie erfüllt den ganzen Raum der Polis Jerusalem.

Daher kennzeichnet auch eine innere Distanz von der konkreten Ordnung des jüdischen Staates der Makkabäerzeit die Haltung des Epitomators von 2 Makk. Zwar steht er den Institutionen nicht ablehnend gegenüber, aber er betont bei aller Erfüllung der Gesetze doch besonders jene Wirklichkeit, die hinter diesen Ordnungen steht, Hingabe und Tapferkeit, mit denen diese Vorschriften zu erfüllen sind. »Alles Geschehen spielt sich ab zwischen der Allmacht Gottes und der Entscheidung des menschlichen Herzens« (D. Arenhoevel). Zum 3. und 4. Makkabäerbuch s. *Deuterokanonische Bücher und Apokryphen 2a/2, 2b/4.

Maleachi (Buch)

Gliederung: 1. Inhalt. 2. Der Tag Jahwes. 3. Stil. 4. Bedeutung Maleachis.

Das Buch Maleachi, im hebräischen Kanon die letzte der zwölf kleinen Prophetenschriften, ist zweifellos während der persischen Epoche entstanden. Das Buch spricht vom Pekah (dem Satrapen), der von den persischen Königen eingesetzt war, um die Provinzen ihres Reiches zu verwalten. Der Text erwähnt auch die Opfergaben und Zehnten, die für die Vollendung des zweiten Tempels (515 v. Chr.) darzubringen waren. Andere Hinweise deuten an, daß es zur Zeit Esras oder davor geschrieben wurde. Theorien, die als Entstehungszeit die hasmonäische Epoche vermuten, werden auf Grund der Hinweise durch Jesus Sirach (s. *Deuterokanonische Bücher und Apokryphen) widerlegt, der um 200 v. Chr. gelebt hat (also vor den Hasmonäern) und der alle zwölf kleinen Propheten erwähnt.

Die Mehrzahl der Experten nimmt an, das Buch Maleachi sei zur Zeit *Haggais und *Sacharjas, möglicherweise auch *Joels und *Obadjas, also vor Esra, vielleicht während der ersten Hälfte des 5. oder Ende des 6. Jahrhunderts v. Chr., entstanden.

1. Inhalt: Das Buch handelt von der Liebe Gottes und seiner Fürsorge für Israel (1,2–5) und von dessen Treulosigkeit gegen die Gesetze Gottes, die sich darin äußerte, daß lahme, kranke oder gestohlene Tiere geopfert wurden (1,6–14). Der Zehnte wird zurückbehalten (3,8–12), die Macht Gottes angezweifelt (3,13–15) und den angetrauten Frauen, »dem Weibe seiner Jugend«, die Treue gebrochen und »Töchter eines fremden Gottes« gefreit. Der Prophet zählt auch die Eigenschaften eines guten Priesters auf (2,4–9) und den Segen, den dieser ernten wird. Den leichtfertigen und unehrlichen Priester allerdings wird der Herr mit schwerem Fluch beladen (2,2–3.9).

2. Der Tag Jahwes: Nach dieser Mahnrede weissagt Maleachi über das Gericht, das der Herr über die übermütigen und sündigen Menschen am »Tag Jahwes« halten will, der »brennend wie ein Ofen« (4,1) kommen wird. An diesem Tag werden die Übeltäter, »Wurzel und Zweig«, zerstört. Den anderen läßt er hingegen sagen: »Euch aber, die ihr meinen Namen fürchtet, wird die Sonne der Gerechtigkeit aufgehen, die Heilung birgt unter ihren Flügeln« (4,2). Ehe jedoch dieser Tag kommt, so verheißt der Prophet, wird Gott seinen Gesandten schicken; er wird kommen »wie das Feuer des Schmelzers« (3,2), das das reine Metall vom Rückstand trennt – und wird die Priesterschaft (»die Söhne Levis«) richten und reinigen. Das Buch schließt mit der weiteren Versicherung, daß der Prophet Elia als Bote Gottes gesandt werden wird, um das Volk an seine Pflichten gegen Gott zu erinnern und so den Bannfluch Gottes abzuwenden (4,5–6; im hebr. Text 3,23–24).

3. Stil: Die Weissagungen werden in der rhetorischen Form des Dialogs zwischen dem Propheten und seinen Zuhörern oder zwischen Gott und seinem Volk vorgetragen. Jeder Dialog schließt mit einer Verheißung oder einer Mahnung.

Die Prophetie des Maleachi bekräftigt die Botschaft der großen vorexilischen Propheten. Er verkündet die väterliche, liebende Güte Gottes, seine Heiligkeit und Gerechtigkeit – aber auch sein furchtbares Strafgericht, das er über die Übeltäter hereinbrechen lassen wird. Anders jedoch als seine Vorgänger im Prophetenamt betont Maleachi ganz besonders das Gesetz als Grundregel des Daseins und verurteilt streng die Mißachtung irgendwelcher Gesetzesvorschriften. So setzt er den Sinn der Prophezeiungen direkt um in die konkrete Beobachtung einzelner Gesetze.

4. Bedeutung Maleachis: In vieler Hinsicht entspricht die Prophetie Maleachis vom »Tag Jahwes« der Behandlung dieses Themas bei anderen Propheten (s. *Joel). Gleichwohl, in Maleachis Vision wird der »Tag Jahwes« gesehen als ein reinigendes Gericht an Gerechten und Sündern, dem eine Erneuerung des Kults und des Lebens nach dem Gesetz folgt. Dieser Prophet schaut nicht das Ende der Tage, das infolge einer unmittelbaren Unwachsamkeit des Volkes hereinbricht. Er sieht ein Reich von Gerechtigkeit und die Erneuerung des eigentlichen Rituals, das von einer gereinigten Priesterschaft gefeiert (ausgeführt) wird. Der Anbruch des »Tages Jahwes« wird angezeigt durch den Engel des Bundes, der den Weg bereiten soll, bevor der Herr zu seinem Tempel zurückkehrt; bevor der große Tag anbricht, wird der Prophet Elia zurückkehren, um die Generation umzuformen und die Aussöhnung zwischen Vätern und Söhnen herbeizuführen. Himmlische Boten, die eine bedeutsame Rolle am Ende der Tage spielen, erscheinen erstmals in der Vision Maleachis vom Tag Jahwes und finden von nun an in der jüdischen Literatur Erwähnung (Ecclesiasticus, *Sirach und Esra 2; s. *Deuterokanonische Bücher und Apokryphen). Die Verbindung von Moses und Elia als Boten, die das Kommen des Messias (den Tag Jahwes) vorbereiten, verweist auf eine bedeutsame Entwicklung im nachexilischen Judentum. Sie war ein Teil einer bedeutenden Geistes- und Lebensbewegung, welche einen dauernden Einfluß auf die jüdisch-messianische Vorstellung ausübte (s. auch *Obadja; *Joel; *Haggai; *Sacharja).

Markusevangelium

Gliederung: 1. Verfasser. 2. Abfassungszeit. 3. Gliederung. 4. Inhalt. 5. Quellen. 6. Stil. 7. Zielsetzung und Theologie.

1. Verfasser: Nach dem Zeugnis des Papias (um 140 n. Chr.), das bei Eusebius erhalten ist, hat Markus, »der Dolmetscher des Petrus«, sorgfältig aufgeschrieben, was vom Herrn gesagt worden ist (Kirchengeschichte 3,39,14). Ohne Zweifel denkt Papias an den in der Apostelgeschichte erwähnten Johannes Markus, den Sohn einer wohltätigen Christin namens Maria in Jerusalem, in deren Haus ein Teil der Urgemeinde zusammenkam (Apg 12,12). Nach Kol 4,10 war er ein Vetter des Barnabas, der ihn auf die erste Missionsreise des Paulus nach Zypern mitnahm (Apg 13,5). Doch trennte sich Markus bald wieder von Paulus und kehrte nach Jerusalem zurück (Apg 13,13). Später zogen Barnabas und Markus allein auf eine Missionsreise, nachdem Paulus sich geweigert hatte, den wankelmütigen jungen Mann noch einmal mitzunehmen (Apg 15,36–39). In den Gefangenschaftsbriefen erscheint jedoch Markus wieder als Mitarbeiter des Apostels (Phm 24; Kol 4,10), während ihn der wahrscheinlich pseudonyme erste Petrusbrief in Beziehung zu Petrus stellt (»Markus, mein Sohn«: 5,13).

In neuerer Zeit mehren sich die Stimmen, die an dem Zeugnis des Papias Kritik üben. Von einer besonderen Beziehung des Evangeliums zu Petrus sei nichts ersichtlich, und der Verfasser scheine wegen seiner scharfen antijüdischen Polemik eher ein Heidenchrist gewesen zu sein. Auch verrate das Evangelium keine genaue Kenntnis der palästinensischen Geographie (vgl. Mk 7,31). Wer also »Markus« war, muß offen bleiben.

2. Abfassungszeit: Von Irenäus (adv. Haer. 3,1,2) erfahren wir, daß Markus sein Evangelium erst nach dem Tode des Petrus und Paulus geschrieben hat. Als unterste Grenze ergibt sich demnach die Mitte der sechziger Jahre. Ob man über das Jahr 70 hinausgehen darf, entscheidet sich hauptsächlich an der Auslegung der Parusierede. Die meisten Gelehrten sind der Ansicht, Markus blicke im Unterschied zu Lukas (vgl. Mk 13,14 mit Lk 21,20) noch nicht auf die Zerstörung Jerusalems zurück. Andere dagegen meinen, daß die ganze Parusierede erst durch die Unruhe ausgelöst worden sei, die der Untergang Jerusalems und seines Tempels in den christlichen Gemeinden hervorgerufen habe.

Als Abfassungsort nennt man gewöhnlich Rom und verweist auf die Vielzahl lateinischer Lehnwörter im Evangelium. Doch handelt es sich meist um militärische oder wirtschaftliche Fachausdrücke, die überall im römischen Reich bekannt waren. So käme auch jede andere heidenchristliche Gemeinde in Betracht.

3. Gliederung: Markus ist das kürzeste von den vier Evangelien, aber dies beruht nicht darauf, daß der Autor sich knapp und präzis auszudrücken versteht. Was Markus beschreibt, schildert er oft in aller Ausführlichkeit. Doch hat das Evangelium von vornherein seinen Umfang begrenzt, weil es sich mehr auf die Taten Jesu als auf seine Worte beschränkt. Außerdem fehlt eine Kindheitsgeschichte, das Evangelium beginnt gleich mit dem öffentlichen Auftreten Jesu. Besondere Probleme wirft der Schluß des Evangeliums auf. Die Verse Mk 16,9–20 sind ein Nachtrag von anderer Hand, weil man schon früh das Ende von Mk 16,8 als unbefriedigend empfand. Es gibt drei Möglichkeiten, den abrupten Schluß zu erklären: 1. Der ursprüngliche Schluß ist verlorengegangen; 2. Markus wurde, vielleicht durch den Tod, daran gehindert, sein Evangelium zu vollenden; 3. die »Unfertigkeit« des Evangeliums ist vom Verfasser beabsichtigt, weil nur die Wiederkunft Christi die Ostergeschichte zu Ende führen kann.

Das zweite Evangelium läßt sich, ganz

grob, in zwei große Abschnitte einteilen. Vom galiläischen Wirken Jesu berichten die Kap. 1–9, während die Kap. 11–16 den Ereignissen der Passionswoche in Jerusalem gewidmet sind. Das zehnte Kapitel dient gewissermaßen als literarische Brücke zwischen den beiden Hauptteilen. Obwohl das Evangelium die gesamte öffentliche Wirksamkeit Jesu umfassen will, ist die Hinordnung des Stoffes auf die Passion unverkennbar. Nicht zu Unrecht hat man deshalb das Evangelium eine »Passionsgeschichte mit ausführlicher Einleitung« genannt. Schon früh klingt das Passionsmotiv an (2,20; 3,6), um in den drei Leidensvorhersagen (8,31; 9,30–32; 10,32–34) breit ausgeführt zu werden.

4. Inhalt: Die ersten dreizehn Verse bilden eine Art Einleitung zur Geschichte des öffentlichen Wirkens Jesu: Auftreten des Täufers (1,1–8), Taufe Jesu (9–11), Versuchung in der Wüste (12–13).

Der geographische Rahmen des langen Abschnitts 1,14–7,23 ist Galiläa, vor allem Kapharnaum und der See Genezareth. Gleich zu Beginn beruft Jesus seine bekanntesten Jünger, Simon (Petrus), Andreas, Jakobus und Johannes (1,16–20). In Form eines Tagesablaufs schildert der Evangelist dann Jesu Wirken in Kapharnaum: Heilung eines Besessenen in der Synagoge (1,21–28), Heilung der Schwiegermutter des Petrus (29–31), Heilungen zur Abendzeit (32–34). Am Morgen entflieht Jesus der drängenden Menge und durchzieht ganz Galiläa (35–39). Die Heilung des Aussätzigen (40–45) ist situationslos überliefert, während das erste der fünf sogenannten »galiläischen Streitgespräche« wieder nach Kapharnaum verlegt wird.

Diese Streitgespräche (2,1–3, 6) spiegeln Debatten wider, die wahrscheinlich in judenchristlichen Gemeinden und in Auseinandersetzung mit jüdischen Gegnern entstanden sind. Es geht um folgende Themen: Sündenvergebung (im Anschluß an die Heilung des Gelähmten), Tischgemeinschaft mit Sündern (Berufung des Levi), Frage des Fastens, Beobachtung des Sabbats (Ährenraufen und Heilung des Mannes mit der verdorrten Hand). Das von Jesus aufgestellte Prinzip: »Der Sabbat ist um des Menschen willen geschaffen worden und nicht der Mensch um des Sabbats willen« (2,27) findet sich ähnlich auch bei einigen Rabbinern (vgl. Mechilta 104 a).

Nach einem der für Markus typischen Summarien (3,7–12) folgt die Berufung der Zwölf (13–19). Das Streitgespräch über den Sinn der Dämonenaustreibungen (22–30) ist eingefügt in einen Bericht vom Besuch der Verwandten Jesu (20–21. 31–35); sie halten Jesus für »von Sinnen« (d. h. nach damaliger Anschauung von einem Dämon besessen), und Jesus sagt sich von ihnen los, um seine Jünger als seine wahre Familie zu bezeichnen.

Das markinische Gleichniskapitel enthält nur drei Gleichnisse: vom Sämann (4,1–9) – anschließend die Deutung der Parabel (10–25) –, von der selbstwachsenden Saat (26–29) und vom Senfkorn (30–34).

Die Geschichte von der Stillung des Seesturms (4,35–41) leitet eine Reihe breit ausgeführter Wundererzählungen ein, in denen sich die göttliche Macht Jesu manifestiert: Heilung des besessenen Geraseners (5,1–20), Heilung der blutflüssigen Frau und Auferweckung der Tochter des Jairus (21–43).

Mit der Verwerfung Jesu in seiner Heimatstadt Nazareth (6,1–6) kündigt sich das Ende seines galiläischen Wirkens an. Die Aussendung der Zwölf (7–13) weist auf die nachösterliche Missionstätigkeit, und welcher Leser des Evangeliums müßte nicht, wenn er von der Enthauptung Johannes' des Täufers hört (14–29), schon an das Schicksal Jesu denken? Die Speisung der Fünftausend (30–44) ist mit der Geschichte vom Seewandeln Jesu (45–52) verbunden. Das Kapitel schließt mit einem Summarium (53–56).

Die Streitrede um Rein und Unrein (7,1–23) enthält scharfe Angriffe gegen die jüdischen Speisevorschriften, die *kaschrut.* Jesus stellt Gottes Gebote höher als menschliche Satzungen.

Der Abschnitt 7,24–9,50 zeigt Jesus – sofern geographische Angaben überhaupt gemacht werden – auf der Wanderung durch die Galiläa benachbarten Gebiete von Tyrus, Sidon oder der Dekapolis. Er heilt die Tochter der Syrophönizierin (7,24–30), einen Taubstummen (31–37), speist die Viertausend (8,1–10), verweigert den Pharisäern ein Zeichen (11–13) und warnt die Jünger vor dem Sauerteig der Pharisäer (14–21). Die Heilung des Blinden bei Bethsaida (22–26) kündigt an, daß sich die Augen der Jünger bald öffnen werden, damit sie erkennen, wer Jesus ist. Und in der Tat legt Petrus bei Caesarea Philippi ein Messiasbekenntnis ab (27–30). Offensichtlich genügt es aber nach Auffassung des Markus nicht, den Glauben an Jesus als den Messias Gottes zu bekennen, man muß dem leidenden und gekreuzigten Menschensohn nachfolgen. So folgt gleich anschließend die erste Leidensvorhersage mit der scharfen Zurückweisung des Petrus (8,31–33) und eine Ansprache über die Nachfolge Jesu zum Kreuz (34–38). Auch die Verklärungsgeschichte (9,1–13) bestätigt zwar, besonders durch die Erscheinung des Moses und Elias, die Messianität Jesu, verweist aber zugleich auf sein Todesschicksal.

Die Heilung des epileptischen Knaben (9,14–29) ist keine Wundergeschichte üblicher Art, sie steht im Zusammenhang der Jüngerbelehrung über Glauben, Auferstehung und Gebet. Im Rahmen der Jüngerbelehrung stehen auch die folgenden Perikopen: die zweite Leidensvorhersage (30–32), vom Rangstreit (33–37), vom fremden Exorzisten (38–41), über die Verführung zur Sünde (42–50).

Das 10. Kap. bedeutet, geographisch gesehen, einen Wendepunkt in der Darstellung des Evangeliums. Jesus beginnt seine Todesreise nach Jerusalem. Thematisch freilich wird die Jüngerbelehrung und Gemeindekatechese fortgesetzt: Verbot der Ehescheidung (10,1–12), Segnung der Kinder (13–16), Verhältnis zu den irdischen Gütern (17–27), vom Lohn der Jünger (28–31), dritte Leidensvorhersage (32–34), vom Knechtsdienst als dem wahren Großsein in der Gemeinde Jesu (35–45). Auch die Heilung des blinden Bartimäus bei Jericho (46–52) gipfelt in der Nachfolge auf dem Weg zum Kreuz.

Die Ereignisse der Passionswoche beginnen mit dem feierlichen Einzug in Jerusalem (11,1–11), der Reinigung des Tempels (15–19) und der Verfluchung des Feigenbaums (12–14. 20–26). Markus läßt dann seine fünf jerusalemischen Streitgespräche folgen: die Vollmachtsfrage mit dem Gleichnis von den bösen Winzern (11, 27–12, 12), die Frage der Pharisäer nach der Erlaubtheit der Kaisersteuer (12, 13–17), die Frage der Sadduzäer nach der Totenauferstehung (12,18–27), die Frage der Schriftgelehrten nach dem größten Gebot (12,28–34), die Frage Jesu nach der Davidssohnschaft des Messias (12, 35–37). Eine kurze Warnung vor der Ehrsucht und Habsucht der Schriftgelehrten (12, 38–40) und die Anekdote vom Scherflein der armen Witwe (41–44) schließen das Kapitel ab.

Das 13. Kap. fällt aus dem Rahmen des Evangeliums heraus. Es ist das einzige große Redestück, und es unterbricht die Schilderung der Passionswoche. Wahrscheinlich hat Markus diese »Abschiedsrede« Jesu aus aktuellem Anlaß zusammengestellt und in sein Werk eingefügt. Man könnte sich denken, daß gerade die Zerstörung des Tempels (13, 1–2) in den christlichen Gemeinden die Frage nach der Parusie und dem Weltende (13,3–4) wach werden ließ. Die Antwort, die der Evangelist im Namen Jesu gibt, will überhitzte Erwartungen dämpfen und zur Wachsamkeit aufrufen (13,5–13).

Das Mittelstück der Parusierede (13, 14–23) und die Schilderung der Wiederkunft des Menschensohnes (24–27) erinnern stark an bekannte Motive der apokalyptischen Literatur. Nicht ganz zu Unrecht hat man oft vermutet, der Evangelist habe hier eine jüdische oder judenchristliche Flugschrift, die das baldige Kommen des Menschensohnes ankündigte, in seine Jesusrede eingearbeitet. Seine Absicht war es aber – wie die Schlußmahnungen zeigen –, schwärmerischen Berechnungen des Jüngsten Tages entgegenzutreten und die Pflicht wachsamer Treue einzuschärfen (13,28–37).

Mit Kap. 14 beginnt die eigentliche Passionsgeschichte. Die Hohenpriester und Schriftgelehrten suchen nach einer Gelegenheit, Jesus ohne großes Aufsehen festzunehmen, und Judas bietet sich als Verräter an (14, 1–2. 10–11). Zwischen diesen alten Bericht hat Markus die Salbungsgeschichte (3–9) gestellt, eine symbolische Ankündigung des Begräbnisses Jesu. Nach der Vorbereitung des Passahmahls (12–16) kündigt Jesus den Verrat des Judas an (17–21) und stiftet dann das Mahl des Neuen Bundes (22–25).

Danach überstürzen sich die Ereignisse: Gebet und Todesangst im Ölberggarten (14, 26–42), Gefangennahme (43–52), nächtlicher Prozeß und Urteilsspruch des Synedriums (53–65), Verleugnung des Petrus (66–72). Am nächsten Morgen wird Jesus vor Pilatus angeklagt (15,1–5), der Statthalter bietet dem Volk seine Freilassung an, aber die aufgehetzte Menge fordert Barabbas, und Jesus wird zum Tod verurteilt (6–15). Römische Soldaten verspotten und mißhandeln den angeblichen Messiaskönig (16–20), und dann geht Jesus seinen Weg zum Kreuz nach Golgatha. Die Hinrichtung wird mit größter Nüchternheit berichtet, man spürt vor allem das Interesse der gläubigen Gemeinde an der Schrifterfüllung (21–41). Mit der Grablegung (42–47) hat die irdische Geschichte Jesu von Nazareth ein Ende.

Die letzte Perikope (16,1–8) macht noch einmal deutlich, daß die Auferstehungsbotschaft nur denen zuteil wird, die den

Gekreuzigten suchen. Wer glaubt, wird Jesus »in Galiläa« sehen. – Von den Problemen, die der abrupte Schluß des Evangeliums aufgibt, haben wir schon gesprochen (s. oben 3). Der Nachtrag (9–20) setzt die Kenntnis der drei übrigen Evangelien bereits voraus und bietet eine kurze Zusammenfassung aller Ostererscheinungen.

5. Quellen: Das Problem der Markusquellen wird sich wohl nie mit Sicherheit lösen lassen, da von den ersten schriftlichen Versuchen, die Jesustraditionen zu sammeln, nichts mehr erhalten ist. Daß es solche vormarkinischen Sammlungen gegeben hat, steht außer Zweifel. Mit großer Wahrscheinlichkeit hat Markus z. B. die fünf galiläischen und die fünf Jerusalemer Streitgespräche schon in einer Quelle vorgefunden. Desgleichen dürfte die Leidensgeschichte in ihrem Grundbestand vormarkinischen Ursprungs sein. Schwieriger zu beantworten ist die Frage, ob Markus die Logienquelle Q gekannt hat. Neuere Hypothesen, die Existenz eines Urmatthäus, von dem Markus abhängig wäre, zu erweisen, haben nicht überzeugt. Da wir uns aber vom Umfang der Logienquelle keine genaue Vorstellung machen können, muß es offenbleiben, ob nicht ein Teil des markinischen Materials aus einer Q-Version stammt, zumal Matthäus und Lukas erstaunlich oft in der *traditio triplex* gegen Markus zusammengehen. Jedenfalls wird die Frage nach den Quellen oder genauer: nach dem Verhältnis von Tradition und Redaktion im zweiten Evangelium die Forschung noch lange beschäftigen.

6. Stil: Der Verfasser des Evangeliums war kein Literat, seine Art, sich auszudrücken, steht dem Stil mündlicher Erzählung noch sehr nahe. Aber gerade dies verleiht seinem Werk eine unnachahmliche Frische und Lebendigkeit. Trotz mancher Aramäismen handelt es sich um eine original griechische Schrift; die Annahme einer Übersetzung aus dem Aramäischen, die von C. C. Torrey und anderen vertreten wurde, hat mit Recht keinen Beifall gefunden. Die Aramäismen erklären sich zur Genüge aus der Herkunft des Materials.

7. Zielsetzung und Theologie: Das Evangelium wurde ohne jeden Zweifel für Heidenchristen geschrieben. Jüdische Bräuche und Anschauungen werden dem Leser regelmäßig erklärt (vgl. 7, 3–4; 12, 18; 15, 42). Der Unglaube des jüdischen Volkes wird wiederholt scharf angeprangert (3,6; 7,6–8; 8,31; 9,31; 10,22; 12,12; 13,2; 14,41; 15,38). Jerusalem erscheint als der Ort, von dem die jüdische Verstockung gegenüber Jesus ausgeht (3,22; 7,1; 10,33; 11,18). Dies ist wohl auch der Grund, warum Markus das Wirken Jesu fast ganz auf Galiläa konzentriert. Galiläa ist für ihn offensichtlich die Landschaft des Heils, wo Jesus mit Macht gepredigt und unter gewaltigem Zulauf des Volkes Kranke und Besessene geheilt hat. Nach Galiläa will der Auferstandene seinen Jüngern vorangehen (14,28; 16,7), dort ist also der Ort endzeitlicher Offenbarung.

Im Zeitalter der liberalen Jesustheologie glaubte man, aus dem Markusevangelium eine allmähliche Entwicklung des Messiasbewußtseins Jesu herauslesen zu können. Dies hat sich längst als Irrtum erwiesen; der Jesus des zweiten Evangeliums steht von Anfang an im vollen Licht des nachösterlichen Christusglaubens. Was aber den Eindruck einer Entwicklung – nicht im Bewußtsein Jesu, sondern im Fortschritt der Offenbarung – hervorruft, das ist die von Markus seinem Stoff aufgeprägte Theorie des »Messiasgeheimnisses«. Jesus hat, so will der Evangelist seinen Lesern sagen, nicht gewollt, daß seine wahre messianische und göttliche Würde vorzeitig bekannt werde. Deshalb hat er den Dämonen, die er austrieb, und den Kranken, die er heilte, ein striktes Schweigegebot auferlegt (selbst in Fällen, wo sich die Heilung in aller Öffentlichkeit abspielt!), deshalb hatte seine Gleichnisrede den Sinn, die Botschaft zu verhüllen statt sie verständlicher zu machen (4,10–12.34). Merkwürdig aber ist, daß die Schweigegebote (1,34.44; 3, 12; 5, 43; 7, 36; 8, 26. 30; 9, 9) immer wieder übertreten werden, daß Jesus, der in die Einsamkeit flieht, nicht verborgen bleiben kann. Über den Sinn dieser markinischen Theorie ist viel gerätselt worden, und eine in jeder Hinsicht überzeugende Deutung steht wohl noch aus.

Obwohl das Evangelium neunzehn Wundergeschichten enthält, wird Jesus doch nicht einfach als Thaumaturg hingestellt. In den »Krafttaten« wird Gottes Macht epiphan, so daß die Menschen »erschauern« und »sich entsetzen« (1,22; 6,2; 7,37; 10,26 u. ö.). Jesu Dämonenaustreibungen und Krankenheilungen sind Zeichen, daß Gott seine Herrschaft wieder über einer heillosen Welt aufrichten will. Deshalb kann man auch nicht behaupten, daß die Wunder im Markusevangelium den ersten Platz einnehmen. Sie haben eine durchaus dienende Funktion, sie wollen die eigentliche Offenbarung des »Geheimnisses der Gottesherrschaft« (4,11) vorbereiten und veranschaulichen. Aus diesem Grund werden die Wundergeschichten immer seltener, je mehr sich Jesus seinem Leiden und Sterben nähert. In der Passionswoche, da es, menschlich gesehen, am nötigsten gewesen wäre, wirkt er kein Wunder mehr – es sei denn die symbolische Verfluchung des Feigenbaums (11,20). So fehlen in der markinischen Leidensgeschichte fast alle triumphalen Züge, mit denen die anderen Evangelisten das Sterben Jesu verklärt haben. Markus verschweigt und beschönigt noch nichts: weder die Feigheit und Treulosigkeit der Jünger noch die völlige Ohnmacht und Hilflosigkeit Jesu. Man hat wohl nicht zu Unrecht vermutet, daß Markus sein Evangelium für eine Gemeinde schrieb, die unter dem Eindruck der Neronischen Verfolgung stand. Dies würde nicht nur die Eigenart seiner Passionsdarstellung erklären, sondern auch die Tatsache, daß er wiederholt auf die Notwendigkeit der Kreuzesnachfolge hinweist (8, 34–38; 10, 38–39; 13, 9–13). Jüngerschaft kann es nur als Teilhabe am Leiden und Sterben Jesu geben.

Matthäusevangelium

Gliederung: 1. Verfasser. 2. Abfassungszeit. 3. Quellen. 4. Stil. 5. Gliederung. 6. Inhalt. 7. Zielsetzung und Theologie: Matthäus als »kirchliche« Schrift. a) die »Kirche«; b) Gottesvolk des Neuen Bundes; c) Katechetische Lehrschrift; d) Liturgischer Charakter; e) Immerwährende Gegenwart des Auferstandenen in der Kirche. 8. Matthäusevangelium und Qumran.

1. Verfasser: Die kirchliche Tradition hat das erste Evangelium dem Apostel Matthäus zugeschrieben. In Wirklichkeit aber gibt es für diese Ansicht kaum eine Stütze. Wenn der Apostel Matthäus, ein Augen- und Ohrenzeuge des Wirkens Jesu, das Evangelium verfaßt hätte, würde er sich bestimmt nicht in einem solchen Umfang dem Markusevangelium angeschlossen haben. Sollte er nicht fähig gewesen sein, aus eigener, unmittelbarer Anschauung zu berichten?

Die Tradition, die den Apostel zum Verfasser des ersten Evangeliums gemacht hat, geht augenscheinlich auf Papias, den »etwas beschränkten« (Eusebius) Bischof von Hierapolis (um 140), zurück. Vielleicht bezog sich die Überlieferung, die der Bischof von seinen Gewährsleuten erhalten haben will, ursprünglich überhaupt nicht auf unser erstes Evangelium, sondern auf eine aramäische Logiensammlung. Das Mißverständnis des Papias hat denn auch zu der unhaltbaren Meinung geführt, dem griechischen Matthäusevangelium liege ein hebräisches bzw. aramäisches Original zugrunde. So behauptete Irenäus in seiner historische Daten mit apologetischen Konstruktionen vermengenden Art: »Matthäus veröffentlichte unter den Hebräern ein Evangelium in ihrer eigenen Sprache, als Petrus und Paulus in Rom predigten und die Gemeinde gründeten« (adv. Haer. 3,1). Man hat sich gefragt, wie diese Tradition entstanden sein mag und ob sie nicht doch einen historischen Kern enthalte. Vielleicht war Matthäus Verfasser der aramäischen Logienquelle Q oder er hat alttestamentliche Testimonien zum Erweis der Messianität Jesu zusammengestellt? Oder hat er etwa gar ein ganzes Evangelium geschrieben, den sagenhaften »Urmatthäus«? Alle diese oft mit großem Scharfsinn vorgetragenen Hypothesen müssen reine Spekulationen bleiben, solange nicht eine aramäische Evangelienschrift gefunden wird, die sich als Werk des Apostels Matthäus zu erkennen gibt. Bis dahin ist es redlicher einzugestehen, daß wir weder wissen, wer unser erstes Evangelium geschrieben hat, noch wie Matthäus in den Ruf eines Evangelisten gekommen ist.

2. Abfassungszeit: Da Matthäus von *Markus abhängig ist, kann das Evangelium nicht vor 70 geschrieben sein, worauf auch der Zusatz im Gleichnis vom Hochzeitsmahl (22,7) hinweist. Die früheste Bezeugung bieten uns die Ignatiusbriefe (um 110), so daß sich die Jahre zwischen 80–100 als wahrscheinlichste Abfassungszeit empfehlen.

Als Abfassungsort nennt man gewöhnlich Syrien. Phönizien oder gar Palästina kommen weniger in Betracht. Die ersten Leser waren griechisch sprechende Christen meist jüdischer Herkunft.

3. Quellen: Die zwei literarischen Hauptquellen des ersten Evangeliums sind das Markusevangelium und die hypothetische Logienquelle Q (s. *Synotische Evangelien). Sehr wahrscheinlich hat Matthäus noch andere, kleinere Quellen verarbeitet, doch ist ihre Rekonstruktion äußerst schwierig. Man hat z. B. vermutet, daß die messianischen Beweistexte des Evangeliums aus einer besonderen Quelle stammen, und der Fund einer Testimoniensammlung unter den Handschriften von *Qumran hat die Möglichkeit einer solchen Quelle überzeugend dargetan. Andere Gelehrte möchten jedoch die Auswahl und Sammlung der alttestamentlichen Beweisstellen lieber dem Evangelisten selber zuschreiben, da die Frage der messianischen

Schrifterfüllung bei ihm einen so zentralen Platz einnimmt. Auch die sprachliche Untersuchung der Reflexionszitate hat zu keinen einheitlichen Ergebnissen geführt. So verzichtet man wohl besser darauf, für das Sondergut des Evangeliums irgendwelche schriftlichen Quellen namhaft zu machen. (Das verschiedentlich gebrauchte Sigel »M« ist nur eine Verlegenheitslösung.) Alles, was wir mit Sicherheit sagen können, ist, daß Matthäus aus dem breiten Strom katechetischer und missionarischer Traditionen geschöpft hat, mögen diese nun mündlich oder schriftlich weitergegeben worden sein.

4. Stil: Der literarische Stil des Matthäusevangeliums hält ungefähr die Mitte zwischen der schlichten, unbeholfenen Art des Markus und dem gepflegten Griechisch des Lukas. Eine Übersetzung aus dem Aramäischen erscheint schon deshalb ausgeschlossen, weil der Verfasser zahlreiche Verse wörtlich der Markusquelle entlehnt hat. Auch in dem mit Lukas gemeinsamen Redestoff finden sich viele gleichlautende Abschnitte. Die Wahl derselben, oft seltenen griechischen Ausdrücke läßt sich aber nur erklären, wenn beide Autoren eine griechische Quelle benutzt haben.

5. Gliederung: Der Vorzug des Matthäusevangeliums liegt in seiner klaren Kompositionstechnik. Wenn wir von den Kindheitsgeschichten (Kap. 1–2) und dem Passionsbericht (Kap. 26–28) absehen, weist das Evangelium fünf deutlich gegliederte Hauptteile auf. Jeder dieser Hauptteile beginnt mit einem Block markinischen Materials, auf den dann eine längere, hauptsächlich aus Q-Texten komponierte Rede folgt. Obwohl alle Reden mit der gleichen Formel schließen (»Und es geschah, als Jesus diese Worte beendet hatte«; vgl. 7,28; 11,1; 13,53; 19,1; 26,1), hat jede ihr eigenes, ausgeprägtes Thema. Auf diese Weise sind Leben und Lehre Jesu in ein zusammenhängendes, wenn auch künstliches Schema gebracht worden. Was freilich den geographischen und chronologischen Rahmen betrifft, so hat ihn Matthäus – im wesentlichen unverändert – von Markus übernommen.

6. Inhalt: Das Evangelium beginnt mit dem Stammbaum Jesu (1,1–17), der dem Nachweis der Abrahamskindschaft und Davidssohnschaft dient, d. h.: Jesus ist legitimer Erbe der dem Abraham gegebenen Verheißungen (vgl. Gal 3,16) und der Messias aus dem Hause Davids. Die Verse 18–24 berichten, vielleicht schon in apologetischer Absicht, von der jungfräulichen Geburt Jesu, und hier begegnet das erste »Reflexionszitat«, das die Erfüllung der »Immanuel-Weissagung« (Jes 7,14) anzeigt. Auch die Geschichte vom Besuch der Magier in Bethlehem will die Messiaswürde Jesu bezeugen und darüber hinaus auf die künftige Heidenmission hindeuten (2, 1–12). Dem alttestamentlichen Erfüllungsbeweis verdanken sodann die Geschichten von der Flucht nach Ägypten (13 bis 15) und vom Kindermord in Bethlehem (16–18) ihre Gestaltung. Die Rückkehr aus Ägypten erfolgt auf göttliche Weisung, und die Niederlassung in Nazareth wird wieder mit einem Schriftwort begründet (19–23).

Der *erste* größere Abschnitt des Evangeliums umfaßt die Kap. 3–7. Die mehr erzählenden Stücke sind zumeist aus dem Markusevangelium übernommen. So folgt auf den Bericht über das Wirken des Täufers (3, 1–12) die Taufe Jesu (13–17) und die Versuchungsgeschichte (4,1–11), die freilich wie bei Lukas durch das dreiteilige Streitgespräch mit Satan erweitert ist. Den Beginn der galiläischen Wirksamkeit schildern die V. 12–25.

Die Bergpredigt (Kap. 5–7), die erste und bedeutendste Redekomposition des Evangeliums, will wohl schon durch die Ortsangabe (5,1) zum Vergleich mit der mosaischen Gesetzgebung auf dem Berg Sinai herausfordern. In den Seligpreisungen (5,3–12) wird ein Bild des wahren Gottesvolkes entworfen (ähnlich verstand sich die Qumrangemeinde als die »Armen der Gnade« oder die »Armen des Geistes«), und vom hohen Selbstbewußtsein der christlichen Kirche künden auch die Sprüche über das »Salz der Erde« und das »Licht der Welt« (5,13–16). Jesu Haltung gegenüber dem Gesetz – wie sie Matthäus interpretiert – ist in 5,17–48 erläutert. Im Unterschied zum radikalen Verbot jeder Ehescheidung (Mk 10,11–12) gestattet Matthäus eine Trennung im Falle des Ehebruchs (5,32; 19,9), eine offensichtliche Anpassung der eschatologisch motivierten Weisung Jesu an die Verhältnisse des Alltags. Das Gebot, den Feind zu lieben, wird einer angeblich alttestamentlichen Satzung, den Feind zu hassen, entgegengestellt. Diese Antithese gab der Auslegung lange Zeit ein Rätsel auf, weil sich nirgendwo im AT ein ausdrückliches Gebot, den Feind zu hassen, findet. Dagegen werden die Mitglieder der Qumransekte aufgefordert, die »Söhne der Finsternis« zu hassen (1 QS 1,10 u. ö.). Vielleicht hat Jesus an dieses qumranische Gebot gedacht.

Von den Übungen der Frömmigkeit: Almosengeben (6,1–4), Gebet (5–15), Fasten (16–18), gilt der Grundsatz, daß sie »im Verborgenen« geübt werden sollen. Hier hat Matthäus auch das »Vaterunser« (9–13) eingefügt. Die nächsten Spruchreihen (19–34) warnen vor Habsucht und weltlichen Sorgen, während die Verse 7,1–5 wieder das rechte Verhältnis zum »Bruder« behandeln, hier wohl im Hinblick auf die innergemeindliche Bußdisziplin. Fragen des christlichen Zusammenlebens und der Beurteilung charismatischer Phänomene werden in 7,6–23 besprochen, und das Schlußgleichnis (24–27) schärft noch einmal die Notwendigkeit ein, Jesu Wort nicht nur zu hören, sondern vor allem zu tun. Den Eindruck der Bergpredigt beim Volk schildert Matthäus mit einer Mk 1,22 entlehnten Wendung (7,28–29).

Der *zweite* größere Abschnitt (8,1–11,1) stellt zunächst einen Zyklus von Wundergeschichten zusammen: Heilung des Aussätzigen (8,2–4), Heilung des Knechtes des Hauptmanns von Kapharnaum (5–13), der Schwiegermutter des Petrus (14–15), die Stillung des Seesturms (23–27), Heilung zweier Besessener im Land der Gadarener (28–34; vgl. Mk 5,1–20); es folgen drei der fünf galiläischen Streitgespräche: Heilung des Gelähmten (9,1–8), Berufung des Matthäus (9–13), Ablehnung des Fastens (14–17), und nach diesem Einschub wird die Reihe der Wundergeschichten fortgesetzt: Heilung der blutflüssigen Frau und Erweckung der Tochter des Jairus (9,18–26), Heilung zweier Blinder und eines besessenen Stummen (27–34). Die nächsten Verse (9,35–38) leiten schon zur Berufung der zwölf Apostel (19,14) und zur Aussendungsrede (10,5–11,1) über. Matthäus hat den markinischen Grundstock der Missionsrede (vgl. Mk 6,7–11) durch Worte aus Mk 13 und Q erweitert, um seine Leser besonders zur Standhaftigkeit in Verfolgungen aufzurufen.

Zentrales Thema des *dritten* Teils (11,2–13,52) ist das Kommen der Gottesherrschaft. Jesus beantwortet die Anfrage des Täufers mit dem Hinweis auf seine messianischen Wundertaten (11,2–6) und bestimmt die Stellung des Johannes in der Heilsgeschichte (7–19). Dem Weheruf über die unbußfertigen Städte Galiläas (20–24) schließt sich das »johanneische« Logion mit dem Heilandsruf Jesu (25–30) an. Matthäus trägt jetzt erst die zwei letzten galiläischen Streitgespräche nach, vom Ährenraufen am Sabbat (12,1–8) und die Heilung des Mannes mit der verdorrten Hand am Sabbat (9–14), auf die ein für ihn typisches längeres Reflexionszitat folgt (15–21). Das Beelzebub-Streitgespräch wird redaktionell mit einer Dämonenaustreibung eingeleitet und durch die Spruchreihe vom Jonaszeichen erweitert (12,22–45). Das Wort Jesu über seine wahren Verwandten (46–50) schränkt Matthäus im Unterschied zur missionarischen Weite der Markusfassung auf den Jüngerkreis ein.

Am Gleichniskapitel läßt sich die systematische Art des Evangelisten besonders gut studieren. Er stellt sieben »Himmelreichsgleichnisse« zusammen: vom Sämann mit Deutung (13,1–23), vom Unkraut unter dem Weizen (24–30), vom Senfkorn (31–32), vom Sauerteig (33), Deutung des Unkrautgleichnisses (36–43), vom Schatz im Acker (44), von der Perle (45–46) und vom Fischnetz (47–50). Während die vier ersten Gleichnisse der Volksmenge vorgetragen werden, sind die drei letzten als Jüngerbelehrung gekennzeichnet. Dementsprechend hat die Gleichnisrede zwei Abschlüsse (34–35 und 51–52).

Der *vierte* Teil reicht von 13,53 bis 18,35. Die erzählenden Texte mit den dazugehörigen Spruchgruppen sind im wesentlichen unverändert aus Mk 6,1–9,32 übernommen: Verwerfung in Nazareth (13,53–58), Enthauptung Johannes' des Täufers (14,1–12), Speisung der Fünftausend (14, 13–21), Seewandeln Jesu und des Petrus (14, 22–33), Summarium (34–36), Streitrede über die pharisäischen Überlieferungen und Reinheitsvorschriften (15, 1–20), Heilung der Tochter der Kanaanäerin (21–28), Summarium (29–31), Speisung der Viertausend (32–39), Zeichenforderung der Pharisäer und Sadduzäer (16,1–4), Warnung vor dem Sauerteig der Pharisäer und Sadduzäer (5–12), Messiasbekenntnis und Seligpreisung des Petrus (13–20), erste Leidensvorhersage (21–23), von der Nachfolge Jesu (24–28), die Verklärungsgeschichte (17, 1–13), Heilung des mondsüchtigen Knaben (14–21) und zweite Leidensvorhersage (22–23). Sondergut des Evangelisten ist die mit legendären Zügen ausgestattete Geschichte von der Tempelsteuer (24–27). Die in 17,27 als »Stater« bezeichnete Münze war nur in Antiochien und Damaskus zwei Doppeldrachmen wert; dies weist darauf hin, daß die Heimat des Matthäusevangeliums in Syrien, vielleicht in Antiochien, bestimmt aber im Osten zu suchen ist.

Die Jüngerbelehrung von Kap. 18 knüpft

an die markinische Perikope über den Rangstreit der Jünger (Mk 9,33–37) an und wendet sich dann den schwierigen Fragen kirchlicher Bußdisziplin zu. In diesen Zusammenhang hat Matthäus das Gleichnis vom verlorenen Schaf (18,12–14) und vom Schalksknecht (18,21–35) eingeordnet.

Der *fünfte* und *letzte* große Abschnitt des Evangeliums vor der Leidensgeschichte umfaßt die Kap. 19–25. Auch hier folgt Matthäus mit mancherlei Einfügungen bis 22,46 seiner Markusvorlage (Mk 10,1–12, 37): Lehrgespräch über die Ehescheidung (19, 1–12), Segnung der Kinder (19, 13–15), vom reichen Jüngling (19, 16–26), vom Lohn der Nachfolger Jesu (19, 27–30).

Sondergut ist das Gleichnis von den Arbeitern im Weinberg oder, wie es richtiger heißt, vom gütigen Arbeitsherrn (20, 1 bis 16). Dann wird der Markusfaden wieder aufgenommen: dritte Leidensvorhersage (20, 17–19), vom Ehrgeiz der Zebedäussöhne und ihrer Mutter (20, 20–28), Heilung zweier Blinder bei Jericho (20, 29–34).

In die markinische Darstellung des Jerusalemer Wirkens Jesu hat Matthäus nur ein Gleichnis aus dem Sondergut (von den zwei ungleichen Söhnen: 21,28–32) und eins aus Q (vom königlichen Hochzeitsmahl: 22,1–14) eingefügt. Sonst erscheinen die Perikopen in fast der gleichen Reihenfolge: Einzug in Jerusalem (21, 1–11), Tempelreinigung (21, 12–17), Verfluchung des Feigenbaums (21, 18–22), Vollmachtsfrage (21, 23–27), Gleichnis von den bösen Winzern (21, 33–46), Frage nach der Kaisersteuer (22, 15–22), Sadduzäerfrage nach der Auferstehung (22, 23–33), Frage nach dem ersten Gebot (22, 34–40), Frage Jesu nach der Davidssohnschaft (22,41–46).

Die große Warn- und Weherede gegen Pharisäer und Schriftgelehrte (23,1–36) knüpft an eine kurze Polemik des Markustextes (Mk 12,38–40) an. Sie zeigt, daß die Gemeinden des Matthäus in harter Auseinandersetzung mit dem Judentum stehen. Eine Wehklage über Jerusalem (23, 37–39) beendet das Kapitel.

An der Parusierede (24,1–44 = Mk 13) hat Matthäus nur einige redaktionelle Änderungen vorgenommen, ihr aber dann eine Reihe von Gleichnissen angefügt: vom guten und bösen Knecht (24,45–51), von den zehn Jungfrauen (25,1–13), von den anvertrauten Talenten (25,14–30), vom Endgericht (25,31–46). Diese Gleichnisse wollen die Gläubigen von einer übertriebenen apokalyptischen Naherwartung ablenken und ihnen die Pflichten christlichen Lebens einschärfen: Treue, Wachsamkeit, Arbeitseifer, Nächstenliebe in den Werken der Barmherzigkeit.

Die drei restlichen Kapitel (26–28) müssen bei unserer Einteilung des Evangeliums als eine Art Epilog aufgefaßt werden. In der Tat hat die Passions- und Auferstehungsgeschichte nicht das gleiche Gewicht wie im Markusevangelium, da Matthäus von Anfang an Jesus als den in seiner Kirche gegenwärtigen und lehrenden Herrn darstellt. Von 26,1–27,2 wird der Markustext mit kleineren Korrekturen und Zusätzen übernommen (Todesbeschluß der Hohenpriester und Ältesten, Salbung in Bethanien, Verrat des Judas, Vorbereitung des Passahmahls, Bezeichnung des Verräters, letztes Abendmahl, Gebet am Ölberg und Gefangennahme, Nachtsitzung des Synedriums mit Verurteilung Jesu, Überführung an Pilatus). Das Ende des Judas (27,3–10) ist in einer von Apg 1,16–20 abweichenden Version dargestellt. Sondergut oder, wohl richtiger, redaktionelle Zusätze des ersten Evangelisten sind die Episoden vom Traum der Frau des Pilatus (27,19) und vom Händewaschen des Pilatus mit der Selbstverfluchung des jüdischen Volkes (27, 24–26). Verspottung (27, 27–31), Kreuzigung (32–44), Tod Jesu (45–56) und Grablegung (57–61) folgen dem Markusbericht. Nur hat Matthäus die Zeichen des Todes Jesu um das Erdbeben und die Auferstehung der Gerechten (51–53) vermehrt. Von ihm stammt auch die Geschichte von der Grabeswache (27, 62–66).

In der Geschichte von der Auffindung des leeren Grabes (28,1–8) hat Matthäus die Erscheinung des Engels zu einer alttestamentlich stilisierten Theophanie ausgestaltet, um so wenigstens indirekt die Auferstehung Jesu zu schildern. Gleichsam als habe die Engelsbotschaft nicht ausgereicht, erscheint Jesus den vom Grabe zurückkehrenden Frauen selber und wiederholt die Worte des Engels (28,9–10). Zum Sondergut gehört auch die Geschichte von der Bestechung der römischen Grabeswache durch die Juden (28,11–15). Das Evangelium schließt, fast wie es begonnen, auf einem »Berg« in Galiläa. Der mit göttlicher Macht ausgestattete Menschensohn sendet seine Jünger in alle Welt und verheißt ihnen seinen immerwährenden Beistand (28,16–20).

7. Zielsetzung und Theologie: Das Matthäusevangelium hat nicht ohne Grund eine führende Stellung in der alten Kirche erlangt. Es ist eine seinem Wesen nach *kirchliche* Schrift, und dies aus mehreren Gründen:

a) Die »Kirche«: Als einziges von allen vier Evangelien verwendet Matthäus den Begriff »Kirche« (*ekklesía*). Während das Wort in 18,17 die Ortsgemeinde bezeichnet, meint es in der berühmten Stelle 16,18 die ganze von Jesus begründete Heilsgemeinde. In der wissenschaftlichen Exegese besteht heute weitgehend Einigkeit, daß Mt 16,17–19 ein redaktioneller Einschub des Evangelisten ist, der mit dem Felsenwort das unerschütterliche Vertrauen seiner Gläubigen zur Kirche Christi stärken will. Die Kirche ist von Jesus gestiftet und ruht auf dem Fundament der Apostel, vorab des Petrus – diese Überzeugung begegnet uns auch in anderen Schriften der spät- und nachapostolischen Zeit.

b) Gottesvolk des neuen Bundes: Matthäus bemüht sich, auch theologisch den Nachweis zu führen, daß die Kirche Christi das wahre Gottesvolk des Neuen Bundes ist. Durch ihren Unglauben schon gegenüber Johannes dem Täufer und erst recht gegenüber Jesus haben die Juden den Anspruch auf die Königsherrschaft Gottes verscherzt, jetzt wird »der Weinberg an andere Weingärtner verpachtet, die ihm die Früchte abliefern werden zu ihrer Zeit« (21,41), oder, wie es gleich danach unverschlüsselt heißt: »Das Reich Gottes wird von euch (d. h. den Juden) genommen und einem Volk gegeben werden, das dessen Früchte bringt« (21,43).

c) Katechetische Lehrschrift: Das Evangelium ist eine Lehrschrift, bestimmt für den katechetischen Gebrauch. Man könnte es fast das erste der kirchlichen Praxis dienende Handbuch nennen, das den Lehrern, Katecheten und Vorstehern Weisungen für die Ordnung des Gemeindelebens und Argumente für die Verteidigung des Glaubens an die Hand geben will. Anordnung und Gliederung des Stoffes verraten den guten Pädagogen, der Gedächtnisstützen bietet und das Verständnis durch Vergleichstexte fördert. Der Verfasser stellt wiederholt Dreier-, Fünfer- und Siebenergruppen zusammen, damit sich die Hörer den Text besser einprägen können.

d) Liturgischer Charakter: Nicht zu verkennen ist ferner der liturgische Charakter des Evangeliums. Wo Markus oft breit und anschaulich schildert, hat Matthäus streng stilisierte »Kultbilder« geschaffen. Die Gestalt Jesu als des in seiner Kirche gegenwärtigen und wirkenden Herrn rückt in den Mittelpunkt, die bei Markus noch unverständigen Jünger werden zu gläubigen Anbetern des Gottesohnes (vgl. Mk 6,52 mit Mt 14,53), in den Kranken und Leidenden, den Suchenden und Fragenden können sich die Leser des Evangeliums mit Leichtigkeit selber erkennen. So war das Evangelium von Anfang an besonders dazu geeignet, im Gottesdienst vorgelesen zu werden.

e) Immerwährende Gegenwart des Auferstandenen: Obwohl Matthäus wie alle anderen neutestamentlichen Schriftsteller an der Parusiehoffnung festhält, hat er doch sein Evangelium nicht mit einer Verheißung der Wiederkunft Christi, sondern mit einer Bekräftigung der immerwährenden Gegenwart des auferstandenen Herrn in seiner Kirche geschlossen. Deshalb kann er auch an mehreren Stellen die von Jesus verkündigte Gottesherrschaft mit der gegenwärtigen, sichtbaren Kirche gleichsetzen. Auf dem »Acker des Himmelreichs« gibt es noch »Unkraut« (13,24–30), beim »Hochzeitsmahl« des Gottessohnes finden sich Gäste ein, die kein hochzeitliches Gewand anhaben (22,11). »Himmelreich« meint also an diesen und anderen Stellen die auf Erden zusammengerufene Kirche aus Sündern und Heiligen. Das sektiererische Ideal einer schon auf Erden von allen Makeln und Runzeln befreiten, unbefleckten Heilsgemeinde hat Matthäus nicht geteilt.

8. Matthäusevangelium und Qumran: Nach der Entdeckung der Qumranschriften haben Exegeten und Historiker begreiflicherweise das NT durchforscht, ob sich in ihm nicht gleichartige oder zumindest ähnliche Anschauungen, Bräuche und Ausdrucksformen finden.

Da das Matthäusevangelium schon von der Tradition her als das judenchristliche Evangelium *par excellence* gekennzeichnet war, bot es sich in erster Linie zum Vergleich an. In der Tat haben die Qumrantexte zum besseren Verständnis mancher sprachlichen Wendungen des Evangeliums erheblich beigetragen. Die Parallelen gehen aber noch weiter.

Auch die Qumran-Essener verstanden sich als Gottesvolk der Endzeit, als das wahre Israel, mit dem Gott einen neuen Bund geschlossen habe. Sie fühlten sich nicht als Zuschauer, sondern als Mitspieler und Hauptpersonen im großen Drama der Heilsvollendung. Ihnen allein hatte Gott seine Geheimnisse durch den Lehrer der Gerechtigkeit geoffenbart, die anderen Ju-

den galten ihnen als verworfene »Söhne der Finsternis«. Um ihren exklusiven Anspruch zu begründen, suchten sie im AT nach Beweistexten und stellten sie in Florilegien oder Testimonien zusammen. Doch darf gleich hinzugefügt werden, daß Matthäus trotz mancher formaler Ähnlichkeiten das AT ganz anders interpretiert hat, als es in Qumran üblich war.
Es wäre jedoch maßlos übertrieben, den Verfasser des ersten Evangeliums einen zum Christentum bekehrten Essener zu nennen. Überhaupt haben viele volkstümlichen Darstellungen den falschen Eindruck erweckt, als hätten die Verfasser des NT und insbesondere Matthäus in weitem Umfang bei Qumran »Anleihen gemacht«. Die unbestreitbaren Ähnlichkeiten erklären sich ohne Schwierigkeit aus dem gemeinsamen Ursprungsmilieu, dem gemeinsamen alttestamentlichen Erbe, der hier wie dort vollzogenen Absonderung vom offiziellen Judentum, der in beiden religiösen Gruppen herrschenden Überzeugung, daß Gottes Heil nahegekommen sei. Damit sind aber die Ähnlichkeiten auch schon erschöpft.
Das Matthäusevangelium wartet nicht auf die Ankunft eines oder mehrer Messiasse, wie es die Qumransektierer taten. Es verkündigt, daß der Messias bereits gekommen ist, in der Person Jesu von Nazareth. Während man in Qumran die Mitglieder nach extrem strengen Grundsätzen aussonderte, tritt Matthäus für Geduld und Nachsicht mit menschlicher Schwäche ein: Gott werde selber am »Ende«, zu seiner Zeit, die Böcke von den Schafen und das Unkraut vom Weizen scheiden. Und noch eins: Dem Matthäusevangelium fehlt, trotz seines liturgischen Charakters, jedes Interesse an Fragen der priesterlichen Abstammung oder besonderer priesterlicher Riten, wie sie in Qumran für wesentlich gehalten wurden. So gibt es wohl einige Parallelen, aber von direkter Verwandtschaft oder gar Abhängigkeit kann keine Rede sein.

Medizin, Krankheit, Gesundheit

Gliederung: 1. Krankheit. a) Stellung der Bibel zur Krankheit; b) Dem AT bekannte Krankheiten; c) Aussatz und Fluß. 2. Medizinische Praxis. a) Ägypten und Mesopotamien; b) Medizinische Praxis im AT; c) Arzneien; d) Geisteskrankheiten; e) Öffentliche Gesundheitspflege in biblischer Zeit. 3. Medizin in der nachexilischen und neutestamentlichen Zeit. a) Kenntnis der Krankheiten; b) Anatomische und physiologische Kenntnisse; c) Frauenleiden; d) Geisteskrankheiten.

Ein Arzt, der die Bibel, besonders das AT, nach medizinischen Fakten untersucht, wird wenig Hinweise auf die damaligen Krankheiten und die benutzten Heilmittel finden. Ägyptische und babylonische Quellen sind z. B. sehr viel ausführlicher (s. unten). Einige Aufschlüsse über Israel kann man sich durch sorgfältige Auswertung der im AT, im NT und im talmudischen Schrifttum enthaltenen spärlichen Zeugnisse und durch einen Vergleich dieser Angaben mit dem Wissensfortschritt in den Nachbarländern verschaffen. Angaben über Krankheiten auf der einen Seite und die Ausübung der Heilkunst auf der anderen sind nicht unmittelbar miteinander verknüpft und werden am besten gesondert betrachtet.

1. Krankheit: *a) Stellung der Bibel zur Krankheit:* Die Stellung der Bibel zur Krankheit und ihrer Ursache ist ganz eindeutig. Leiden, Krankheit eingeschlossen, ist die Folge von Sünde und häufig die Strafe dafür. Der Kausalzusammenhang ist ein unmittelbarer und wird stark betont. »Wenn du dem Herrn, deinem Gott, treulich gehorchst und ... alle seine Satzungen hältst, so will ich keine von den Krankheiten über dich bringen, die ich über Ägypten gebracht habe; denn ich, der Herr, bin dein Arzt« (Ex 15,26); doch: »Wenn ihr meine Satzungen mißachtet... so werde ich Schreckliches über euch bringen: die Schwindsucht und das Fieber, daß euch die Augen erlöschen und das Leben hinschwindet« (Lev 26, 15–16). Hunger und Krankheit widerfuhren den Israeliten in ihrer Gesamtheit als Folge ihrer Vergehen (Jer 24,10; 32,24; Ez 14,13.9 und viele andere Beispiele), aber auch andere Nationen – die Philister (1 Sam 5,6) und die Assyrer (2 Kg 19,35) – konnten sich Gottes Strafe zuziehen.
Bisweilen konnte die Sünde eines einzelnen vielen Bestrafung bringen. 70 000 Mann sollen infolge von Davids Sünde an der »Pest« gestorben sein (2 Sam 24, 15–17). Um was für Heimsuchungen es sich im einzelnen handelte, wird kaum gesagt. Die überkommene Vorstellung von dem Zusammenhang zwischen Krankheit, Leiden und Sünde kommt in dem Disput zwischen Job und seinen »Freunden« klar zum Ausdruck. Ihr Standpunkt wird absichtlich übertrieben dargestellt, doch wendet sich Job mit wirkungsvollen Argumenten gegen die ganze Lehre (Job 19; vgl. 1,1–2.10). Auch in Jesaja (53) wird der

Sinn des Leidens ganz anders interpretiert.
b) Dem AT bekannte Krankheiten: Die als »Seuche« oder »Pest« bezeichnete Krankheit ist nicht leicht zu identifizieren. Die in 2 Sam 24,15 erwähnte »Seuche« wird ausdrücklich als »die Pest« (*dæbær*) bezeichnet, und die Philister wurden (1 Sam 5,6) offensichtlich von Beulenpest (*'ofæl*; vgl. Dt 28,27) heimgesucht. Außer diesen unterscheidet die Bibel ausdrücklich nur Krankheiten, deren Symptome für das Auge sichtbar sind: Aussatz (*ṣāra'at*); Geschwüre (*š·ḥîn*), an denen Job (2,7–8) und König Hiskia litten (2 Kg 20,7); Krätze und Skorbut (*gārāb* und *hāræs*; Dt 28,27). Alle diese Krankheiten waren normalerweise unheilbar – doch wird von wunderbaren Heilungen berichtet, und die Krankheit verschwand bisweilen auch von selbst.
Andere Krankheiten kann man nur aus Hinweisen auf Beinleiden, Kinderkrankheiten und Ruhr erschließen. Die in Dt 28 als Folgen von Sünde und Ungehorsam erwähnten Krankheiten schließen außer den Hautleiden ein: Pest (*dæbær*), Fieberfrost (*qadahat* oder »die Fieber des Landes«); Schwindsucht (*šaḥæfæt*); Entzündung (*dalækæt*) und Geschwülste (*'ofæl*). Hinzu kommen Wahnsinn (*šiggā'ōn*), Blindheit (*'ivvārōn*; Augenleiden gehören zu den häufigsten Krankheiten in den biblischen Ländern) und nicht näher definierte psychische Störungen (*timmāhōn-lebāb*).
Andere nicht spezifizierte Krankheiten werden erwähnt, die sich heute nur sehr schwer diagnostizieren lassen, z. B. das Leiden des Sohnes der Frau aus Sarepta, das Elia durch Mund-zu-Mund-Beatmung heilte (1 Kg 17,17–21).
c) Aussatz und Fluß (Lev 13–15): Diese werden als verwandte Zustände genannt und gelten im Unterschied zu den anderen in der Schrift erwähnten Krankheiten als Formen von Unreinheit (s. *Reinheitsgesetz), die sorgfältig zu ermitteln und sodann zu reinigen sind. Die Diagnose sollte nicht so sehr irgendeinen Heilungsversuch einleiten, sondern ihr Zweck war die Feststellung des Unreinheitsgrades.
Lev 13 zählt die Symptome auf, an denen man den Aussatz erkennen kann. Tatsächlich sind diese Zustände der klassischen Lepra (*elephantiasis graecorum*) nicht eigentümlich, sondern kommen auch bei anderen Hautkrankheiten vor. Der Ausdruck »Aussatz« wurde auf eine Reihe von infektiösen Hautkrankheiten und dermatologischen Erkrankungen angewandt, namentlich auf übertragbare, die sich in einem ländlichen Gemeinwesen für gewöhnlich rasch ausbreiten. Daß mit dem Wort für »Aussatz« vielerlei »unreine« Zustände bezeichnet wurden, geht aus seiner Anwendung auf Schimmel und Schwamm in Kleidern und Häusern hervor (Lev 14, 47–59).
Die Diagnose und Heilung oder vielmehr Reinigung des Aussatzes oblag den Priestern. Die Juden folgten hierin dem Brauch anderer Völker, bei denen die Priester regelmäßig Ärzte waren. Es gibt eine Anzahl Beispiele dafür, daß in Krankheitsfällen der Rat der Propheten eingeholt wurde (1 Kg 14,1–13; 2 Kg 1,2–4; 8,8–9; Jes 38,1).
Nach biblischem Gesetz (s. *Reinheitsgesetze) waren »unreine«, vom Aussatz (wahrscheinlich Schuppenflechte) befallene Personen von den Gesunden abzusondern, bis sie von den Priestern für »rein« erklärt wurden. Stellte der Priester am Ende der Isolierungsperiode fest, eine Heilung sei in der Tat eingetreten – er gab nicht vor, sie herbeizuführen –, so mußten die Kranken sich und die Kleider, die sie während ihrer Krankheit getragen, waschen und die von ihnen benutzten Gebrauchsgegenstände vernichten. Zur Zeit des Herodes gab es besondere »Aussätzigenviertel«, wo Priester sieben Tage lang Reinigungsriten an unreinen Personen vollzogen.
Fluß (*zôb* = krankhafte Absonderung der Geschlechtsorgane, ein häufiges Frauenleiden) wurde ebenfalls als eine Form von Unreinheit mit dem Aussatz in Verbindung gebracht. Bei Männern meint der Ausdruck wahrscheinlich Gonorrhöe oder Spermatorrhöe.
2. Medizinische Praxis: Die Bibel berichtet nirgendwo von Versuchen, die Ursachen von Krankheiten festzustellen, und beschreibt, von den wenigen erwähnten Fällen abgesehen, weder ihre Symptome noch ihren Verlauf. Die Ursache war den biblischen Autoren und ihren Zeitgenossen im allgemeinen völlig klar; die Krankheit war die Folge von Sünde, häufig die Strafe dafür. Dieser Einstellung begegnet man auch in ägyptischen und babylonischen Berichten, wenn sie auch einer Beschreibung der Krankheit sehr viel mehr Aufmerksamkeit widmen. Die Beschreibungen erscheinen für gewöhnlich in Verbindung mit Beschwörungen und Gebeten an die Götter um Heilung.
a) Ägypten und Mesopotamien: Ein anonymer sumerischer Arzt (Ende des 3. Jahrtausends) zeichnete seine wichtigsten Rezepte auf der in Nippur aufgefundenen Tafel **(Abb. 518)** auf. Es ist dies das älteste

uns bekannte Arzneibuch. Das assyrische und babylonische Schrifttum der *ašipu* (Magier; s. *Magie, Wahrsagerei und Aberglauben) enthält sehr viel Material über Krankheiten. Die meisten Krankheiten wurden entweder auf Dämonen zurückgeführt, beispielsweise auf die *lamaštu*, Geister der Verstorbenen, oder auf Würmer oder den Einfluß von Zauberern, wiewohl sich auch pragmatische Kenntnisse mit dem Aberglauben vermischten. Ein Relief **(Abb. 521)** eines assyrischen Exorzisten aus der Zeit Sargons III. (7. Jhdt. v. Chr.) zeigt in der Linken des Priesters Mohnkapseln. Der Opium liefernde Mohn war ein häufiger Bestandteil von Arzneien. Der ägyptische Bittsteller auf **Abb. 520,** ein Opfer der spinalen Kinderlähmung, bringt mit seiner Familie einem syrischen Heiligtum in der Hoffnung auf Heilung eine Spende dar.

Die Arzneikunde der Ägypter war weit entwickelt; das gleiche gilt von ihrer Beobachtung bestimmter Krankheiten. Bereits im 17. Jhdt. v. Chr. hatte man sehr viel ältere medizinische Kenntnisse aufgezeichnet; diese Sammlung ist als »Papyrus Edwin Smith« auf uns gekommen. Ein anderer berühmter medizinischer Traktat ist der Papyrus Ebers. Trotz der in ihnen enthaltenen Fülle von Zauberei und sympathetischer Magie zeugen sie auch von scharfsinniger Beobachtung der körperlichen Funktionen. Das Herz wurde als die Quelle der Lebensstoffe erkannt; vom Blutkreislauf hatte man allerdings keine Vorstellung. Der Papyrus Edwin Smith handelt über Diagnose und Behandlung von Knochenbrüchen, in der Hauptsache manuelle Behandlung, Ruhe, Diät und Kräuterarzneien. Die darin aufgezeichneten wissenschaftlichen Beobachtungen bekunden ebenfalls ein recht hohes Niveau. Man hat detaillierte Verzeichnisse von Kräuterarzneien gefunden, wenn sich auch von den darin genannten Pflanzen nur einige wenige identifizieren lassen. Für Diätkuren wurden Honig, Milch, Mehl, Öl, Essig und Wein verwandt. Unter den babylonischen Urkunden finden sich ähnliche Verzeichnisse.

In Babylonien wie auch in Ägypten glaubten die als Ärzte tätigen Priester, sie könnten Krankheiten mit Hilfe ihrer eigenen Kenntnisse, mit Arzneipflanzen und Magie oder Zauberei besiegen. Zaubertränke kannte man auch in Israel, obwohl die Magie in der biblischen Erörterung des Phänomens der Krankheit keine unmittelbare Rolle spielt. Sie bildet jedoch in der Antike die Grundlage für sämtliche medizinischen Kenntnisse und Praktiken.

Ebenso wie die Babylonier zur Heilung der Kahlköpfigkeit der überkommenen Beschwörung eine Art Alkoholmassage hinzufügten, benutzten die Hebräer bei der Behandlung eines Pestgeschwürs außer Gebeten ein Feigenpflaster (2 Kg 20,7). Im Laufe der Zeit rüsteten die aufgezeichneten Erfahrungen von Generationen babylonischer Ärzte und ihre verschiedenen Heilmittel einen Arzt mit einem beträchtlichen Wissen aus. Wenn man auch für gewöhnlich unwissenschaftlich argumentierte, waren die verordneten Arzneien doch häufig von Wert. Selbst wenn Umschläge, Puder und Wässer aus Safran, Senf, Kassie oder anderen Ingredienzien darauf abzielten, den Krankheitsdämon wegzulocken, so waren sie deswegen nicht weniger wirksam.

Assyrischen Texten zufolge waren die Ärzte im 8. Jhdt. v. Chr. weiter fortgeschritten und hatten sich von der Magie völlig losgesagt: »Leidet jemand an der und der Krankheit, so benutze die und die Arzneien, und er wird vielleicht genesen«, lauten für gewöhnlich ihre Rezepte. Von den Namen, die sie den in ihren Arzneien enthaltenen Pflanzen und Kräutern gaben, sind viele heute noch gebräuchlich: Kassie, Sesam, Zichorie, Krokus, Safran, Ysop, Narde, Myrrhe u. a. Das AT erwähnt sie nur als Ingredienzien für Weihrauch, Salböle oder Einbalsamierungsparfüms; aber im nachbiblischen talmudischen Schrifttum wird auch ihre medizinische Verwendung beschrieben.

Entwicklungen in Nachbarländern blieben auf das Leben der Juden nicht ohne Einfluß, besonders während des babylonischen Exils und danach. Der lange Lobpreis des Arztes, den ben Sirach zu Beginn des 2. Jhdts. v. Chr. verfaßte (Sir 38,1–15), zeigt, welche Stellung die Ärzte damals erlangt hatten. **Abb. 522** zeigt einen bronzenen römischen Arzneibehälter, **Abb. 519** ein bronzenes Aderlaßgefäß.

b) Medizinische Praxis im AT: Die Medizin erscheint größtenteils als eine Angelegenheit volkstümlichen Aberglaubens (z. B. glauben Rahel und Lea, Alraunwurzeln unter dem Bett ihres Mannes gewährleisteten Fruchtbarkeit, Gen 30,14–16). Der Ausdruck »Arzt« wird kaum benutzt (Ex 15,26 wendet ihn ausdrücklich nur auf Gott an), und seine übliche Verbindung mit »Magier« oder »Medizinmann« macht den Frommen das Ganze Thema verdächtig (z. B. 2 Chr 16,12; Job 13,4).

Abb. 518. Keilschrifttafel aus Nippur, auf der ein sumerischer Arzt Rezepte niedergeschrieben hat (Ende 3. Jahrtausend v. Chr.)

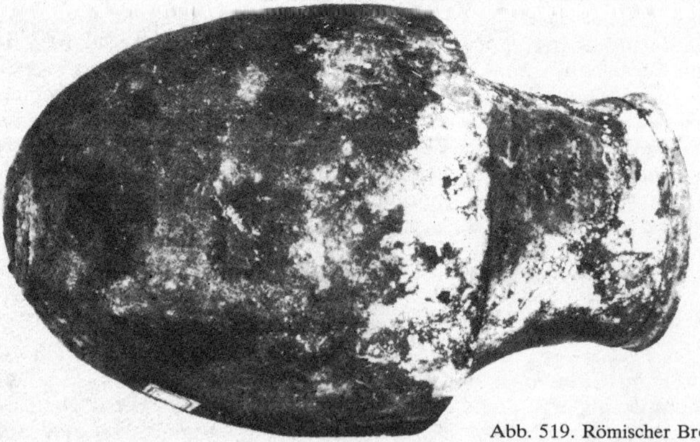

Abb. 519. Römischer Bronzeschröpfkopf

Abb. 520. Ein Opfer spinaler Kinderlähmung auf einem ägyptischen Relief. In der Hoffnung auf Heilung bringt der Verkrüppelte ein Opfer dar

Abb. 521. Assyrischer Exorzist aus der Zeit Sargons III. In der linken Hand hält der Priester Mohnkapseln

Abb. 522. Bronzener römischer Arzneibehälter

Abb. 524. Chirurgische Instrumente, mit denen bei Komplikationen das Kind im Mutterleib zerstückelt wurde

Abb. 523. Thermalbäder von Tiberias, die in Palästina den Ruf hatten, besonders heilkräftig zu sein

Abb. 525. Chirurgische Instrumente (Steinrelief aus dem Asklepieion in Athen)

Abb. 526. Chirurgische Instrumente aus Pompeji

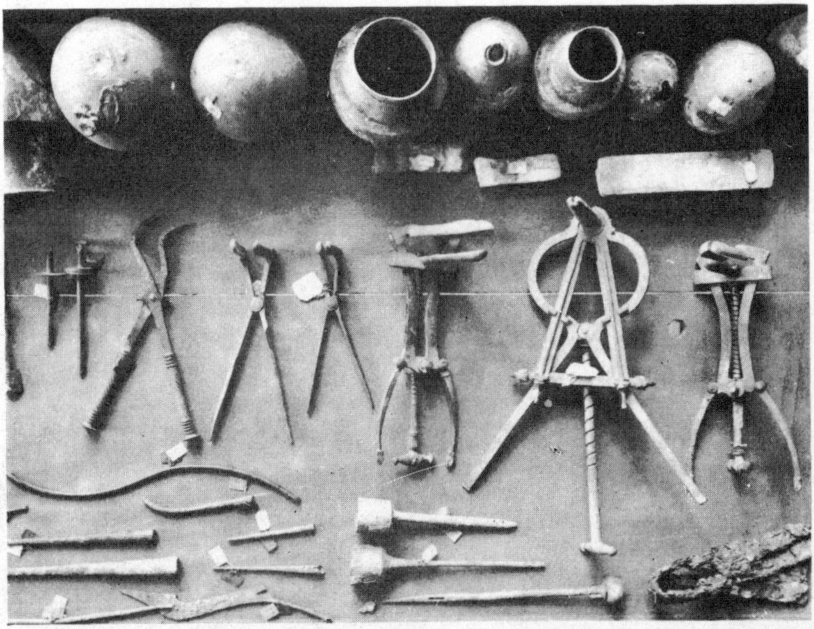

Die einzigen Heiler, denen man vertraute, waren die Priester und andere heilige Männer. Die Propheten stellten viele Diagnosen und führten viele Heilungen herbei (2 Kg 1,2–4), besonders Elisa, von dem es hieß, er habe unfruchtbares Land bestellbar (2 Kg 3,16) und brackiges Wasser trinkbar gemacht (2 Kg 2,20–22); er habe den am Hitzschlag gestorbenen Knaben wieder zum Leben erweckt (2 Kg 4, 18–35), Gift unwirksam gemacht (2 Kg 4, 38–41), Lepra geheilt (2 Kg 5) und den unmittelbar bevorstehenden Tod Ben-Hadads, des Königs von Damaskus, diagnostiziert (2 Kg 8,7–10). Auch Elia heilte (1 Kg 17,17), und Jesaja verordnete das Feigenpflaster für Hiskias Pestgeschwür.

Von den erwähnten Ausnahmen abgesehen, sind alttestamentliche Hinweise auf Krankheiten für gewöhnlich nicht sehr instruktiv. Nur gelegentlich läßt sich aus den geschilderten Symptomen eine bestimmte Krankheit oder Gruppe von Krankheiten erschließen.

c) Arzneien: Die beste Medizin war ein gottgefälliges Leben und ein fröhliches Herz (Spr 17,22). Gewisse Arzneien wurden jedoch angewandt, wenn auch nicht immer ausführlich beschrieben. Wunden und Entzündungen sollten durch Anwendung von Kataplasmen, Ölen und Verbänden behandelt werden (Jes 1,6; Jer 8,22; 51,8); aber die für solche Heilmittel benutzten allgemeinen Ausdrücke (*r·fû'ā; t·rûfā;* Spr 17,22) werden auf verschiedene Weise übersetzt. Überdies handelt es sich für gewöhnlich um allgemeine Hinweise. Jeremia (30,13) weissagt, einem sündhaften Israel werde kein »Heilmittel« zur Verfügung stehen; 46,11 vergleicht er Ägypten mit einer unheilbar kranken Frau, die sich vergeblich nach dem heilsamen »Balsam« von Gilead auf den Weg macht. Dieser berühmte Balsam war anscheinend ein schmerzstillendes Mittel. Der für viele Salben verwandte Balsam (*commiphora opobalsamum*) wurde in *Jericho und *En-Gedi angebaut. Ez 47,12 beschreibt die Vision des Propheten von Bäumen, die dereinst neben dem Toten Meer wachsen werden: ihre Früchte werden als Speise dienen und »ihre Blätter als Heilmittel«. Die Kaper wie auch die Alraune werden als Aphrodisiaka erwähnt (Gen 30,14; Sir 12,5). Aromatische Substanzen – Myrrhe, Anissamen, Raute und römischer Kümmel – werden als Ingredienzien von Parfüms und Einbalsamierungsflüssigkeiten erwähnt, nicht als Arzneien.

Die Schriften enthalten ferner eine Anzahl von Hinweisen auf die heilenden Eigenschaften von Gewässern, wie z. B. des Jordan, des Galiläischen Meeres, des Teichs von Siloah (Joh 9,7) und Bethesda und des Toten Meeres. Diese gehören anscheinend eher in das Gebiet der religiösen Glaubensanschauungen und der Magie als zur medizinischen Praxis.

d) Geisteskrankheiten: Geistesstörungen werden im AT für gewöhnlich als physische Leiden beschrieben. Die Ausnahmen kann man anführen. Eine ist der Fall des Königs Saul, eines begabten Herrschers, der zu Depressionen neigte: »ein böser Geist, vom Herrn gesandt, quälte ihn« (1 Sam 16,14 u. ö.). Später litt er an paranoiden Wahnvorstellungen und neigte zu Zornesausbrüchen, die für an dieser Krankheit leidende alternde Menschen typisch sind; vielleicht war dies auch ein Grund für seine wiederholten Angriffe gegen David (s. *David und Salomo). Der andere Fall einer offenbar exakten Beschreibung einer Geistesstörung ist der des Königs Nebukadnezar (Dan 4), dem »ein Tierherz« gegeben war. Obwohl die Geschichte von seinem Wahnsinn keine historische Grundlage hat und vielleicht die Juden daran erinnern sollte, daß Gottes Macht größer sei als die von Königen, bezog sie sich wahrscheinlich ursprünglich auf Nabonid, den letzten König von Babylon, der die letzten Jahre seiner Regierungszeit absichtlich fern von seinem Hof verbrachte. Unter den *Qumran-Texten wurde ein ›Gebet des Nabonid‹ entdeckt, das berichtet, der König sei »auf Geheiß des Allerhöchsten von einer schrecklichen Krankheit« befallen worden und habe, »von seinen Mitmenschen getrennt«, sieben Jahre in der arabischen Oase Teima zugebracht.

e) Öffentliche Gesundheitspflege in biblischer Zeit: Die im mosaischen Gesetz enthaltenen Hygienevorschriften standen unter den Völkern des alten Orients einzig da, wenn auch alle organisierten Gemeinschaften notwendig bestimmte sanitäre Vorschriften hatten. Viele Forscher sind der Ansicht, ohne ihre sehr strengen Praktiken hätten die Juden das Leben in der Wüste niemals überstehen können. Gleichwohl waren periodische Epidemien keinesfalls unbekannt (s. oben; *Numeri [Buch]; *Volkszählung), doch dämmte man sie mittels der Sondervorschriften ein (s. *Deuteronomium [Buch]), die Abfälle und Fäkalien, zu vermeidende und erlaubte Speisen betrafen, sowie durch die für bestimmte Krankheiten verfügte vierzigtägige Quarantäne und durch andere

Maßnahmen, wie Händewaschen vor dem Essen, denen eine offensichtlich religiöse Bedeutung zukam (s. *Reinheitsgesetze). In der ganzen zivilisierten Welt waren Wasservorräte (s. *Wasserversorung) stets von Bedeutung. Für die Hebräer, die sie zu allen Zeiten sorgfältig hüteten, waren sie besonders wichtig; sie wurden stets geschützt und saubergehalten (2 Chr 23, 3; 2 Kg 20,20).
Der Tod warf sanitäre Probleme auf; es wird häufig berichtet, wie man sich Leichen gegenüber verhielt (s. *Begräbnis). Grabungsfunde haben biblische Zeugnisse für Bestattungen fern von Wohnsiedlungen bestätigt (Gen 23,4–11). Um die Lebenden nicht zu verunreinigen, wurden die Toten außerhalb der Stadtmauer beerdigt. Allein Könige wurden in Familiengrüften begraben (1 Kg 2,10; 16,28). Am 6,10 deutet darauf hin, daß man nach einer besonders verheerenden Epidemie die Leichen verbrannte, und aus Dt 21, 22–23 geht hervor, daß die Juden die Leichen aufgehängter Verbrecher vor dem Einsetzen der Verwesung wegschafften und begruben.
3. Medizin in der nachexilischen und neutestamentlichen Zeit: *a) Kenntnis der Krankheiten:* Angaben in den nachexilischen Bibelbüchern, den *Deuterokanonischen Büchern und Apokryphen, im NT und bei Josephus deuten immer noch auf eine zwischen Empirie und Magie gespaltene Einstellung zur Krankheit und ihrer Behandlung hin. Wirkliche Fortschritte in Verständnis und Praxis der Medizin werden im Schrifttum der Mischna und des Talmud viel deutlicher sichtbar. Obwohl dies nach dem Abschluß der biblischen Periode kompiliert und herausgegeben wurde und daher weitaus jünger als die oben erwähnten Quellen ist, wurde es vermutlich von dem am Ende dieser Periode (2.–1. Jhdt. v. Chr.) vorherrschenden Standpunkt aus verfaßt.
Tob 6,7 wird die Verwendung einer Fischgalle zur Heilung eines Blinden erwähnt, nachdem Leber und Herz des Fisches bereits zur Teufelsbannung benutzt worden waren. Der barmherzige Samaritaner (Lk 10,34) behandelte Wunden mit Öl, Wein und Verbänden, wenn auch (Mk 5,26) derartige Arzneimittel häufig unwirksam blieben. Einer der wenigen biblischen Hinweise auf die Natur einer Krankheit ist Lukas' Erwähnung (14,2) des Wassersüchtigen; Lukas soll nach allgemeiner Ansicht Arzt gewesen sein.
Jesus war ein Heiler – hatte er doch Macht über die »bösen Geister«, die vor allem Geisteskrankheiten und Epilepsie verursachten (Mt 12,22; Lk 13,13). Er bewirkte auch viele Heilungen durch Handauflegen (Mt 9,29; Mk 5,17; 8,23–24; Joh 9,6 und viele andere Belege).
Das NT unterscheidet genau zwischen Kranken, die, wie es scheint, an Epilepsie litten, und den übrigen geistigen Verirrungen, die Jesus und später seine Jünger heilten (Apg 5,16). Im letztgenannten Fall wurden die »Besessenen« zu Sprachrohren des Dämons, der in sie eingedrungen war.
b) Anatomische und physiologische Kenntnisse: Aus dem talmudischen Schrifttum geht hervor, daß die anatomischen Kenntnisse der Juden auf der Beobachtung der zu Opferzwecken geschlachteten und sezierten Tiere beruhten (s. *Opfer). Dieses Schrifttum, das die in der ganzen nachexilischen Periode angesammelten Kenntnisse spiegelt, gibt reichen Aufschluß über das damalige Wissen vom menschlichen Körper und seiner Funktionsweise. Man glaubte, der menschliche Körper setze sich aus 613 Teilen zusammen, wobei man zwischen mit Muskeln und Gewebe bedeckten knöchernen Teilen und den Arterien, Nerven usw. unterschied. Die verschiedenen Organe wurden entsprechend ihren Funktionen klassifiziert: Verdauung, Atmung, Herz und Arterien, Gehirn und Hauptnerven. Über Befruchtung und die Entwicklung des Embryos wußte man auf Grund empirischer Beobachtungen Bescheid. Hautkrankheiten und Augenleiden wurden klassifiziert und die geeignete Medikation vorgeschrieben. Insektenstiche und Schlangenbisse wurden sofort ausgesaugt, aufgeschnitten oder ausgebrannt. Malaria wurde erkannt – wenn man auch ihre Ursache nicht kannte–, und die empfohlene Therapie schloß die Verlegung in Höhenluft ein. In der hellenistischen und römischen Zeit waren die Thermen von Tiberias berühmt (in der Nähe der heißen Quellen von Hamath, wo 1962 eine *Synagoge entdeckt wurde; s. **Abb. 523,** *Astrologie und Astronomie). Die Quellen von Gadara und von Kallirrhoë in Moab, die *Herodes I., der Große, in der Hoffnung auf Genesung aufsuchte, galten ebenfalls als heilkräftig. Die talmudischen Texte, die zweifellos nicht nur jüdische Traditionen, sondern auch viele aus Babylonien und anderen vorderorientalischen Ländern bezogene Kenntnisse und Praktiken enthalten, behandeln Krankheiten und Leiden sämtlicher Körperteile, vom Scheitel – gegen dessen »Jucken« Schwefel verordnet wird

– bis zu bewegungsunfähigen oder nicht gehfähigen Füßen. Die Rabbiner jener Zeit erkannten, daß viele Krankheiten, besonders Pest, Diphtherie und Ruhr, ansteckend sind. Sie warnten Gesunde davor, die Nahrungsmittel, Teller, Kleidung usw. Kranker zu benutzen, und verboten das Spucken in der Öffentlichkeit, wiewohl ungewiß ist, ob aus ästhetischen oder hygienischen Gründen. Sie kämpften gegen die Fliegen, die eine große Plage waren und die Abfälle unschwärmten, und lobten nichtjüdische Orientalen, die »nur die Hand küssen«. Öffentliche Versammlungen in Pestzeiten wurden ausdrücklich verboten.

c) Frauenleiden: Die bedeutsamsten Angaben in den späteren Schriften und in der talmudischen Literatur befassen sich mit Vorschriften (*halakôt*) über die Unreinheit von Frauen während der Menstruation und Niederkunft und ihre Reinigung (*ṭōhorā*). Diese Vorschriften geben einige Aufschlüsse über das vorhandene Ausmaß des Verständnisses für die Physiologie der Frau. Die Anatomie der Vagina und Gebärmutter wird zutreffend beschrieben; die Pubertät wurde richtig verstanden, während die Menstruation mit dem Saft der Reben verglichen wird. Zwischen Monatsfluß, Wochenbettfluß und Hämorrhagien wurde genau unterschieden. Geburtshilfemaßnahmen schlossen damals Kaiserschnitte in Nachahmung der römischen Praxis ein, wiewohl man bei Schwergeburten eher dazu neigte, das Kind zu entfernen und zu opfern, um die Mutter zu retten, deren Leben als das wichtigere galt. Das zur Zerteilung des totgeborenen Kindes im Mutterleib benutzte Instrument ähnelte dem abgebildeten **(Abb. 524),** das für viele im Vorderen Orient und in Indien benutzte typisch ist. Die Weisen widersprachen einer Abtreibung nicht, wenn sie zur Rettung der Mutter gerechtfertigt erschien. Es ist nicht unwahrscheinlich, daß von den chirurgischen Instrumenten, die auf dem im Asklepieion von Athen gefundenen Relief **(Abb. 525)** dargestellt sind – oder von den in Pompeji entdeckten und von römischen Ärzten benutzten **(Abb. 526)** –, viele im damaligen Palästina bekannt waren.

d) Geisteskrankheiten: Die Mischna enthält eine Anzahl Hinweise auf Idioten und die schwachsinnigen *šotte,* deren Zeugnis rechtsunwirksam ist. Resch-Lakisch sah Missetäter als Wahnsinnige an: »Niemand verletzt das Gesetz, außer wenn er von Wahnsinn befallen ist.«

Wie das NT weist auch der Talmud auf Epileptiker und Hysteriker hin und widerrät der Ehe mit ersteren. Andere Nervenleiden werden auf Erkrankungen des Gehirns oder der Wirbelsäule zurückgeführt.

Megiddo

Gliederung: 1. Expeditionen. 2. Anfänge Megiddos. 3. Megiddo am Anfang der mittleren Bronzezeit. a) Tempel; b) Ägyptische Ächtungstexte. 4. Glanzzeit, Zerstörung und Wiederaufbau. a) Geschichtlicher Hintergrund; b) Wiederaufbau; c) Zeugnis der Amarnabriefe. 5. Megiddo im 12. Jhdt. v. Chr. a) Funde; b) Wasserversorgung. 6. Israel in Meggido? 7. Meggido unter den israelitischen Königen. 8. Von der Assyrerbis zur Römerzeit.

Megiddo beherrschte den Paß von *wādi ʿāra,* der die große Verteidigungsgrenze an der alten Straße war, die Ägypten und Mesopotamien, Afrika und Asien miteinander verband. Seine Bedeutung als strategisches, wirtschaftliches und kulturelles Mittelglied zwischen den Ländern des Mittelmeeres und den weiter nördlich und östlich gelegenen Ländern bestand viele Zeitalter hindurch.

1. Expeditionen: Der Ort mit einem Umfang von $5^1/_4$ Hektar wurde vor dem Ersten Weltkrieg durch eine deutsche Expedition unter Schumacher, später durch das orientalische Institut der Universität Chikago 1925–1939 unter Leitung von Fisher, Guy und Lord ausgegraben. Zuerst bearbeitete die amerikanische Expedition die eisenzeitlichen Schichten auf der ganzen Oberfläche des *tell,* später wurde die Arbeit auf drei begrenzte Gebiete konzentriert: AA im nördlichen Stadtteil, wo sich das Stadttor und ganz in der Nähe der Palast der kanaanäischen Herrscher befand; BB der heilige Bezirk oder *témenos,* die einzige Stelle, wo man bis auf den gewachsenen Felsboden hinunterdrang; und CC an der Südseite, wo die Ausgräbung bald aufgegeben wurde **(Abb. 527).** Die Rekonstruktion im Modell zeigt die drei Gebiete **(Abb. 528).** Die obersten Schichten sind israelitisch, die unteren, rechts, kanaanäisch. Unter der Leitung von Y. Yadin fanden neuerdings in den Jahren 1960, 1966 und 1967 Ausgrabungen statt, aufgrund deren die ursprünglich der Salomonischen Zeit zugesprochenen Pferdeställe in die Zeit Ahabs zu datieren waren, ebenso ist die Fleschenmauer in dieser Zeit anzusetzen. Die Kasemattenmauer der Salomonischen Zeit ist sicher erst in dieser errichtet worden.

2. Anfänge Megiddos: Zwanzig Schichten wurden unterschieden, die eine ununterbrochene Besiedlung umfassen. Die älteste Schicht stammt von einer Ortschaft der neolithischen Zeit (die ungefähr um 4000 v. Chr. zu Ende ging). Darauf folgte ein chalkolithisches Dorf Ende des 4. Jahrtausends v. Chr. mit einem interessanten Heiligtum, 4 × 12 m groß, mit einem Altar, der nach Osten zu auf die Ebene von Jesreel gerichtet war, und einem Eingang gegenüber dem Altar an einer der Längsseiten. Die nächsten drei Schichten (XVIII–XVI) gehörten zu Städten der frühen Bronzezeit und wurden von den Ausgräbern zwischen 2500 und 1950 v. Chr. angesetzt, d. h. in die Zeit vor den Patriarchen. In Schicht XVII wurde ein großer Altar für Brandopfer aufgedeckt, der zu einer *bamā*, einer heiligen Höhe, gehörte (s. *Kanaanäische Religion; *Höhenheiligtümer). Die Bewohner der nachfolgenden Stadt Schicht XVI behielten die *bāmā* bei, veränderten sie aber in gewisser Hinsicht.

3. Megiddo am Anfang der mittleren Bronzezeit: *a) Tempel:* Megiddo XV gehört an den Anfang der mittleren Bronzezeit um das 19. Jhdt. v. Chr. Der runde Altar des Höhenheiligtums blieb erhalten, vermutlich aus Ehrfurcht vor dem Kult der Vorfahren. Bei gewissen Gelegenheiten wurde er weiterbenutzt. Jedoch enthielt diese Stadt drei neue Tempel. Zwei davon wurden zuerst gleichzeitig direkt nebeneinander errichtet. Dann wurde ein dritter, in spitzem Winkel zu den anderen beiden, über einer zerstörten Mauer des einen älteren erbaut. Dieser dritte ist der besterhaltene. Er besteht aus zwei Räumen: einem Altarraum und einer Vorhalle, die hintereinander liegen, der eine nördlich, der andere südlich. Der Altar ist ein Quader mit etwa 2,5 m Seitenlänge. Er besteht aus unbehauenem Stein, was an die biblische Vorschrift Ex 20,25 erinnert, doch anders als bei den israelitischen Altären führten vier Stufen auf ihn hinauf. Was von den Tempeln übrig ist, zeigt **Abb. 529,** links ist die runde *bāmā;* s. auch das Diagramm **Abb. 530.**

Nahe diesem Altar stand im selben Raum ein viel kleinerer Altar, woraus vielleicht hervorgeht, daß in diesem Tempel mehrere Gottheiten verehrt wurden oder der kleinere Altar der Gemahlin des Hauptgottes geweiht war. Der Altar konnte aber auch nur zur Ablage gedient haben. Vor den Altären standen die Basen von zwei Säulen, beide gut behauen, woraus man schloß, daß der Tempel ein zweites Stockwerk hatte. Die Vorhalle war wahrscheinlich ohne Dach. Man betrat sie durch ein Mitteltor. An ihrer Außenseite fand man die Basen von zwei weiteren Säulen. Diese hatten wahrscheinlich keine architektonische Bedeutung, sondern dienten als Symbole des Gottes und seiner Macht, wie Jachin und Boas am Tempel Salomos. Östlich des Altarraumes war ein Seitenraum, und es mag noch weitere Räume im oberen Stockwerk gegeben haben.

Die sehr dicken Mauern des Tempels lassen vermuten, daß er ebenso wie der Tempel von Jerusalem in Belagerungszeiten als Festung dienen konnte.

b) Ägyptische Ächtungstexte: In dieser und weiteren Schichten von Megiddo gibt es Spuren ägyptischer Besatzung. Das beste Zeugnis für die ägyptische Einmischung in Kanaan liefern die sogenannten Ächtungstexte des Sesostris III. (1878–1843 v. Chr.) und anderer ägyptischer Könige. Es sind dies hieratische (kursive) Inschriften, die die Fürsten verschiedener Städte oder bestimmter Volksgruppen nennen und die auf Tongeschirr oder Statuetten angebracht wurden **(Abb. 43),** die absichtlich bei einem magischen Ritual zerbrochen wurden, um auf diese Weise die genannten Feinde zu treffen. Da aus dieser Zeit andere geschichtliche Quellen über das Land Kanaan sehr spärlich fließen, sind diese Texte von großem Wert.

Aus der späteren, XIII. Schicht der Stadt (mittlere Bronzezeit) gab das Gebiet rund um das Stadttor die besten Aufschlüsse. Ein Teil der Stadtmauer, das Tor und die Stufen, die zu ihm hinaufführten, wurden aufgefunden.

4. Glanzzeit, Zerstörung und Wiederaufbau: *a) Geschichtlicher Hintergrund:* Es folgen die Städte XII bis X, die in die zweite Hälfte der mittleren Bronzezeit gehören (18.–15. Jhdt. v. Chr.), als die Hyksos Ägypten und Kanaan beherrschten. Sie entsprechen der Patriarchenzeit (s. *Patriarchen, Geschichte) und sind Zeugnisse für eine Glanzzeit Megiddos, wie es sie erst wieder zur Regierungszeit Salomos erreichen sollte.

Im Leben von Palästina herrschte in der Zeit direkt nach der Hyksosherrschaft (1720–1570 v. Chr.) eine beträchtliche Unruhe. Diese dauerte an bis eine besser organisierte Herrschaft unter Thutmosis III. aufgerichtet wurde (s. *Ägypten und seine Beziehung zu Israel). In seinen Annalen, die Thutmosis auf die Mauern des Amontempels in Karnak schreiben ließ, schildert er die entscheidende Schlacht bei

Abb. 527. Megiddo. Im ganzen sind zwanzig Besiedlungsschichten ausgegraben worden, wobei sich das Interesse der Ausgräber vornehmlich auf die Grabungen AA (im Norden des *tell,* wo sich die Stadttore befanden), auf BB (den heiligen Bezirk der Stadt) und CC (das von einem bestimmten Zeitpunkt an nicht mehr besiedelt wurde) konzentrierte

Abb. 528 (rechte Seite). Rekonstruktionsmodell von Megiddo, das für die israelitische Epoche die Ergebnisse in den drei Ausgrabungszentren veranschaulicht. Das darunterliegende Stratum ist kanaanäisch

A
A

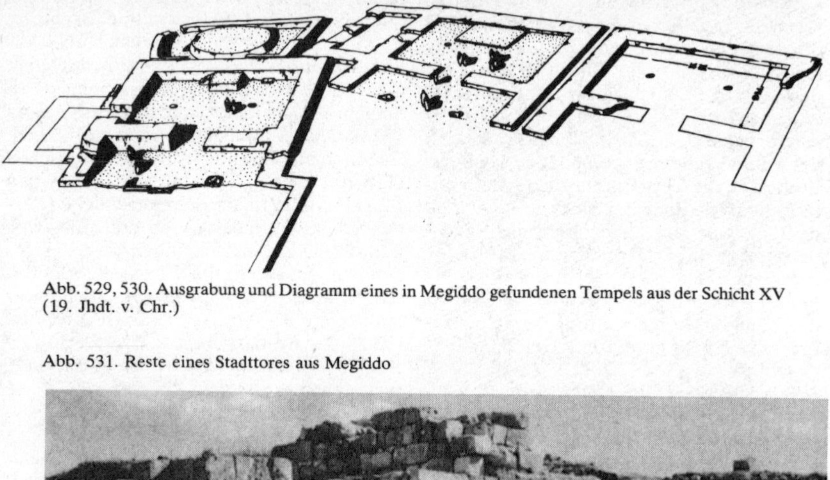

Abb. 529, 530. Ausgrabung und Diagramm eines in Megiddo gefundenen Tempels aus der Schicht XV (19. Jhdt. v. Chr.)

Abb. 531. Reste eines Stadttores aus Megiddo

Meggido 1479 v. Chr. Die Ägypter hatten einen starken Bund kanaanäischer Fürsten unter der Führung des Kanaanäerkönigs von Kades am Orontes gegen sich. Deren Streitkräfte waren im Tal Jesreel aufgestellt und erwarteten einen ägyptischen Anmarsch von Süden her. Der Pharao aber nahm statt dessen einen kürzeren Weg durch ein Tal nahe Megiddo, das er das Tal der *Keniter nennt. Auffallend ist die Erwähnung dieses Stammes in einem Gebiet weit im Norden dessen, was sonst als seine Heimat gilt (in der Geschichte von Debora gibt es vielleicht eine Nachricht über diese Gruppe, denn Sisera, der die kanaanäischen Streitkräfte befehligte, wurde von Jael, der Frau des »Keniters« Heber, getötet; s. *Richter; *Keniter).
Bei jenem früheren Zusammenstoß ließen die Kanaanäer ihre Kriegswagen im Stich und flohen vor dem ägyptischen Heer in die ummauerte Stadt von Megiddo. Der Sieg hätte sofort vollkommen sein können, wenn die ägyptischen Soldaten ihren Plünderungen Einhalt geboten hätten. So hatte der König statt eines Blitzfeldzuges eine monatelange Belagerung zu organisieren. Zuletzt wurde die Stadt eingenommen und zerstört. In der Inschrift von Karnak fügt der Pharao ruhmredig eine lange Liste der Beute bei, die die wirtschaftliche und militärische Bedeutung der Stadt zu jener Zeit deutlich anzeigt. Es überrascht nicht zu lesen: »Seine Majestät setzte nun die Fürsten aufs neue ein . . . Das Ackerland wurde in Felder eingeteilt, welche die Inspektoren der königlichen Verwaltung berechneten, um ihren Ertrag zu ernten« (nach Galling, Textbuch zur Geschichte Israels). Wahrscheinlich blieb infolge dieser Verwaltungsmaßnahmen Thutmosis' III. das Tal von Jesreel während einer langen Periode der biblischen Geschichte königliche Domäne.
Nachdem er den Widerstand des kanaanäischen Bundes gebrochen hatte, zog Thutmosis weiter an den Euphrat und legte damit die Grenze des ägyptischen Reiches in Westasien fest.
b) Wiederaufbau: Megiddo selbst wurde nach ungefähr demselben Plan wie Stadt IX wiederaufgebaut (Schicht VIII). Obwohl es keine ägyptische Besatzung erhielt, wie das benachbarte *Beth-Sean, wurde es ein Schlüsselpunkt der ägyptischen Herrschaft. Noch ist das gut gemauerte Stadttor zu sehen **(Abb. 531),** während im alten Tempelbezirk ein neuer Tempel mit sehr einfachem Grundriß, aber außerordentlich dicken und festen Mauern errichtet wurde. Dieser Tempel hat seine besondere Bedeutung als Zeugnis für die *kanaanäische Religion. Er bestand aus einer großen Haupthalle mit einer flachen Nische an der Rückwand, in der vermutlich das Kultobjekt stand. Es gibt keinerlei Entsprechung zum »Allerheiligsten«. Die Kultteilnehmer durften offenbar direkt vor die Gottheit treten. Zwei kleine Kammern auf beiden Seiten des Eingangs mögen als Räume für Priester oder Vorratskammern gedient haben. Dieser Tempel war jenem zur selben Zeit in Sichem gebauten ähnlich. Unter der Keramik dieser Schicht ist viel Importware aus dem ägäischen Gebiet, woraus hervorgeht, daß um diese Zeit die mykenische Kultur großen Einfluß auf Kanaan gewann.
c) Zeugnis der Amarnabriefe: Unter den Amarnabriefen (aus der 1. Hälfte des 14. Jhdts. v. Chr.) stammen etliche von Biridija, dem König von Megiddo. Sie geben uns ein lebhaftes Bild vom Leben in der Kanaanäerstadt zu einer Zeit, wo sie von allen Seiten her bedroht war und im ganzen Land beinahe Anarchie herrschte. Aus diesen Umständen erklärt sich, daß man unter dem Boden des Königspalastes in Schicht VIII einen Schatz gehortet fand **(Abb. 532, 533).** Dieser Hort von Gold, Edelsteinen, Elfenbein und kosmetischen Gefäßen nach bekanntem ägyptischen Muster enthielt auch Schmuckstücke (Perlen, goldene Diademe), so daß man vermutet, daß er einer der Damen des Hofes gehörte. Der gesamte Fund ist von unschätzbarem Wert für die Geschichte der Kunst und Kultur von Kanaan am Vorabend der israelitischen Eroberung.
5. Megiddo im 12. Jhdt. v. Chr.: *a) Funde:* In der nächsten Schicht, Megiddo VII, kam die Basis einer Statue von Ramses VI. zum Vorschein (ca. 1148–1142 v. Chr.). Es ist das das späteste Datum dieser Schicht. Das Schatzhaus des Königspalastes dieser Stadt enthielt eine große Zahl Elfenbeingegenstände, die von Eroberern, die Megiddo um die Mitte des 12. Jhdts v. Chr. überwältigten, zurückgelassen wurden. Unter diesen Stücken ragt besonders eine Elfenbeinplakette hervor, die die Feier eines Sieges darstellt **(Abb. 534).** Der kanaanäische Fürst ist zweimal dargestellt, einmal auf seinem Thron sitzend bei der Mahlzeit und einmal beim Heranführen von Gefangenen, die abgesehen von ihrer Kopfbedeckung nackt sind, ähnlich den ägyptischen Darstellungen von Beduinen (genannt *Šasu*). In einem ägyptischen Brief (Papyrus Anastasi I aus der Zeit Ramses' II.) wird über das *wādi ʿārā* bei Megiddo

Abb. 532

Abb. 532, 533. Elfenbeinarbeiten, die mit zu dem Schatz gehören, den man unter dem Fußboden des königlichen Palastes im Stratum VIII Megiddos entdeckte

Abb. 533

Abb. 534. Darstellung eines kanaanäischen Fürsten, einmal bei der Mahlzeit auf seinem Thron sitzend (rechts), zum anderen bei der Heimkehr von einem Feldzug (Nachzeichnung einer Elfenbeinschnitzerei aus Megiddo, Schicht VII)

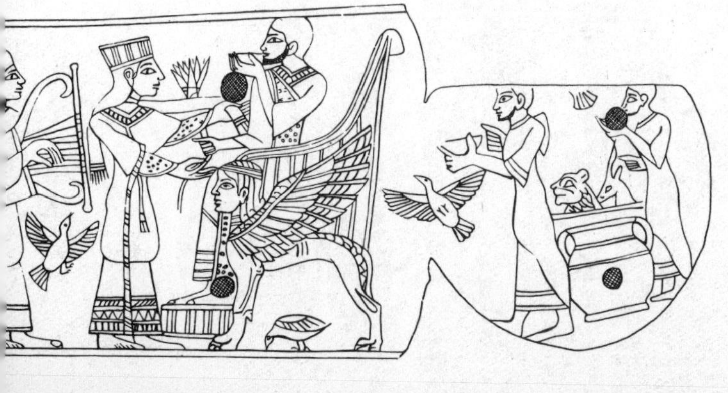

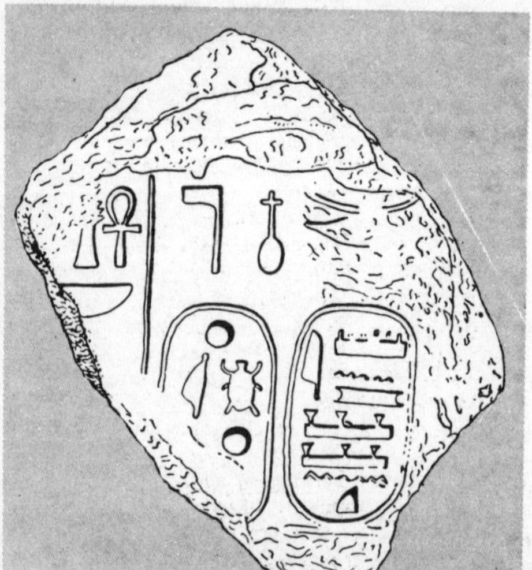

Abb. 535. In der Ausgrabungsschicht VII von Megiddo entdeckte man ein Wasserversorgungssystem für Notzeiten. Es bestand aus einem Schacht und einem langen Tunnel, der zu einer verborgenen Quelle führte

Abb. 536. Fragment einer Stele mit dem Namen Scheschonks I. (Megiddo, Schicht V)

Abb. 537–539. Pferdeställe in Megiddo; unten: Krippe und Rekonstruktion

gesagt, es sei »gefährlich, weil die Beduinen sich in seinen Büschen verbergen«. Die Plakette wird einen erfolgreichen Streifzug gegen sie verherrlichen.

b) Wasserversorgung: Schicht VII (nach K. Kenyon erst Schicht VI) enthielt auch ein System der Wasserversorgung **(Abb. 535),** nämlich einen Schacht von 30 m, der durch einen Tunnel von 60 m Länge zu einer Quelle führte. Diese großartige Ingenieurarbeit war dazu bestimmt, eine Wasserversorgung für Notzeiten zu schaffen – es gibt wasserreichere Quellen näher an der Stadt –, und ihr Plan entspricht dem in mykenischen Städten (s. *Wasserversorgung).

6. Israel in Megiddo? Das spätbronzezeitliche Megiddo VII wurde total zerstört. Eine 60–180 cm dicke Aschenschicht trennt es von der nächsten Schicht, in der die früheren Fundamente nicht wieder benutzt wurden. Diese Zerstörung mag eine Tat der Philister gewesen sein. Die biblischen Erzählungen geben keinen Anhalt für die Vermutung, daß die Israeliten sie ausgeführt hätten. Eine Zeitlang lag Megiddo als Trümmerhaufen verlassen, und sein Name wird kaum erwähnt. Zur Zeit der Debora war es offenbar keine befestigte Kanaanäerstadt mehr (s. *Richter). Dann aber wurde eine andere Stadt von verschiedenen Maßen auf der Stätte errichtet (Schicht VI). In ihrer Lebensweise waren deren Einwohner ihren Vorgängern ziemlich gleich. Megiddo blieb außerhalb des israelitischen Gemeinwesens in der Zeit des Stämmebundes. Vielleicht stand es damals unter Philisterherrschaft. Diese Schicht lieferte typische Philisterkeramik, aber es läßt sich nicht entscheiden, ob sie von einer Philisterherrschaft herrührt oder durch Handel nach Megiddo kam. Biblische und archäologische Zeugnisse lassen Philisterbesatzungen *Beth-Sean und *'affūle* (Ophel) zu dieser Zeit erkennen.

Dieser Abschnitt der Besiedlung von Megiddo scheint bis ungefähr 1000 v. Chr. gedauert zu haben. Dann wurde die Stadt wieder zerstört und blieb nochmals eine Zeitlang unbesiedelt. Ein Zeugnis, daß dies einem Eingriff der Israeliten zuzuschreiben wäre, fehlt, doch mögen sich die Israeliten die Herrschaft über das Gebiet während der Zeit, als die Stadt unbewohnt war, angeeignet haben.

7. Megiddo unter den israelitischen Königen: Obwohl die Bibel nichts davon berichtet, muß Megiddo dem Königreich Israel bei Davids Reichserweiterung nach Norden einverleibt worden sein. Doch scheint sich der israelitische Einfluß in der Stadt Megiddo V (10. Jhdt. v. Chr.) nicht sehr bemerkbar gemacht zu haben. Die Bewohner blieben bei derselben Lebensweise wie früher. Man hat eine Anzahl kanaanäischer Kultgegenstände (s. *Kanaanäische Religion) aufgedeckt.

Später wurde Megiddo eine der »Vorratsstädte, die Salomo besaß, die Städte für seine Streitwagen und seine Reiterei« (1 Kg 9, 19). Bei Salomos Verwaltungsreform wurde Megiddo die Hauptstadt des umfangreichen fünften Bezirkes. Als man Ställe **(Abb. 537)** und Krippen **(Abb. 538)** für 480 Pferde in dieser Schicht fand (s. auch die Rekonstruktion **Abb. 539**), dachte man natürlich zuerst an dieses biblische Zeugnis über Salomo. Spätere Forschung zeigte jedoch, daß sie tatsächlich wohl eher der Zeit von Ahab angehören (s. *Israel und Juda). Dessen Interesse für die Wagentruppe bezeugt die Bibel (z. B. 1 Kg 18, 5), und der assyrische Bericht über die Schlacht von Karkar 853 v. Chr. schreibt ihm 2000 Streitwagen zu, das größte derartige Aufgebot innerhalb des antiassyrischen Bundes. Das monumentale Stadttor **(Abb. 527, 531),** das in *Gezer und *Hazor seinesgleichen hat, bestätigte die Angabe der Bibel, daß Salomo und seine Nachfolger phönikische Baumeister anstellten.

Trotz ihrer Kasemattenmauern, ihrem gewaltigen Stadttor mit sechs Wachräumen und der nördlichen Festung wurde die Stadt Salomos (10. Jhdt. v. Chr., Schicht VA–IVB 926 v. Chr.) mindestens teilweise durch den Pharao Scheschonk I. (950–929 v. Chr.) zerstört, als dieser vergeblich versuchte, die ägyptische Vorherrschaft in Westasien wieder aufzurichten. Ein Bruchstück einer Stele, die seinen Namen trug, hat man in Megiddo gefunden **(Abb. 536),** was seine Behauptung auf der Inschrift in Karnak bestätigt, er habe Megiddo erobert (s. *Ägypten und seine Beziehung zu Israel).

Das Hauptmerkmal der Stadt, die hierauf wiedererstand (Schicht IVA), ist eine massive Stadtmauer, nach dem Prinzip von Vorsprüngen und Einbuchtungen (sog. Fleschenmauer) angelegt, die zum Teil auf den Resten der vorherigen Kasemattenmauer errichtet ist (s. *Stadtanlage, israelitische 1). Die Akropolis von Meggido (auf **Abb. 531** links hinten) bestand ebenso wie das *Samaria Ahabs und vielleicht *Jerusalem und *Lachis aus einer Gruppe von Regierungsgebäuden, die das Stadtbild beherrschten. Dort fand die erste deutsche Expedition das durch sein Löwenbild berühmte Siegel des Schema, eines Beamten

des Königs Jerobeam I., das dieser Zeit angehört **(Abb. 737).**
Bei dem Aufstand Jehus gegen Ahab wurde Ahasja, der König von Juda, in Megiddo getötet. Wahrscheinlich hat König Hasael von Damaskus die Stadt dieser Schicht (Megiddo IV A) zerstört.
Megiddo III, eine Stadt von bescheidenem Umfang, wurde erbaut, nachdem König Joahas von Israel die Städte zurückgewonnen hatte, die sein Vater verloren hatte. Es blieb noch immer ein bedeutsames Zentrum, und ein großes Getreidesilo (s. *Akkerbau und Viehzucht), das mit Lehmziegeln ausgemauert ist, deutet an, daß die Bauern des Jesreeltals regelmäßig ihre Steuern an den Stadthauptmann in Naturalien zu zahlen hatten.
8. Von der Assyrer- bis zur Römerzeit: Die Eroberungen Tiglatpilesars III. umfaßten auch Megiddo (734 v. Chr.) Eine neue Stadt (Schicht II) wurde die Hauptstadt des assyrischen Verwaltungsbezirks von Megiddo, von wo aus Galiläa regiert wurde. Als die Meder und Babylonier die Assyrer angriffen und schließlich 612 v. Chr. deren Reich zusammenbrach, wollte König Josia von Juda die Gelegenheit benützen, das nördliche Gebiet wiederzugewinnen. Ob er Megiddo befestigte oder nicht, jedenfalls wählte er es als Verteidigungsstellung, wo er der ägyptischen Armee entgegentrat, mit der Pharao Necho den Assyrern zu Hilfe kommen wollte und durch Palästina zog. Josia fiel im Kampf (609 v. Chr.; s. *Israel und Juda). Wieder lag der Ort verlassen, und erst in der Perserzeit nach 450 v. Chr., in der Periode des Esra und Nehemia, entstand dort wieder ein neues Dorf. Nach den Eroberungen Alexanders des Großen wurde Palästina ein Teil seines Reiches, und neue Ansiedler aus Syrien und Makedonien strömten nach Megiddo. Der Gipfel des Hügels, unter dem die alten Städte lagen, war zu klein für eine weitläufigere Besiedlung. So wurde eine neue Stadt ein Stück weit abseits gegründet, da, wo heute das arabische Dorf *el-leǧǧūn* liegt. Der Name stammt von der römischen Legion, die hier ihr befestigtes Lager aufschlug. Damit hatte die Geschichte von Megiddo ihr Ende erreicht, aber sein Name blieb von machtvoller Symbolik. In der christlichen *Eschatologie gilt der Hügel von Megiddo (hebr. *hār megiddō*), als der passende Ort für die letzte Schlacht der Weltgeschichte, wenn es Apk 16,14.16 heißt: »(Sie sind nämlich Dämonengeister, die Zeichen tun,) die zu den Königen des ganzen Erdkreises ausziehen, um sie zum Krieg am großen Tag des allmächtigen Gottes zu versammeln . . . an den Ort, der auf hebräisch Harmageddon heißt.«

Menschwerdung (Inkarnation)

Gliederung: 1. Jesu Geburt. 2. Der Anspruch Jesu. 3. Früheste neutestamentliche Interpretation. 4. Die apostolische Verkündigung und Paulus. 5. Paulinische Theologie. 6. Johannes. 7. Hebräerbrief. 8. Pastoralbriefe. 9. Jungfrauengeburt.
Die christliche Religion basiert auf dem Glauben an Jesus Christus als Gott und Mensch. Das ursprüngliche und noch immer fortbestehende Fundament des Christentums ist der Glaube an den apostolischen Bericht von Jesu Geburt, Leben und Tod und besonders von seinem eigenen Wissen um eine besondere Beziehung zu Gott. Für die Christen wurde in dem Menschen Jesus Gott Fleisch. Die Glaubwürdigkeit dieses Glaubens nachzuprüfen ist nicht die Aufgabe des Historikers; dieser kann aber die Ursprünge des Glaubens an die einzigartige Weise, wie Jesus in die Welt kam und sie wieder verließ (s. *Auferstehung), im Bericht des Neuen Testamentes aufspüren.
1. Jesu Geburt: Die Evangelien Matthäus' und Lukas' stellen keinerlei metaphysische Fragen nach Jesu übernatürlicher Geburt, sondern berichten einfach, daß er, ohne Zwischentreten eines menschlichen Vaters, durch einen übernatürlichen, schöpferischen Akt Gottes von einer Jungfrau empfangen wurde. Jesus ist also der »Sohn Gottes«, obwohl der christliche Glaube nicht von der Jungfrauengeburt abhängig ist. Weil der Messias aus Davids Stamm kommen mußte, dachten die Evangelisten, sie würden ihrer Sache dadurch eine größere Beweiskraft geben, daß sie einen Stammbaum brächten, der Jesu Herkunft von David und Abraham über Joseph nachweise. Diese Genealogie hat aber keinen Bezug zur Erzählung von der Jungfrauengeburt. Die Genealogie ist mit der Abstammung von David verknüpft, die Jungfrauengeburt hingegen mit den messianischen Zeichen Jes 7,14. Die Evangelisten oder Editoren ließen das Faktum, daß die Jungfrauengeburt mit der davidischen Abstammung in Widerspruch steht, unbeachtet. Die Erwartungen des Messias und seines Kommens (s. *Jesus von Nazareth) nahmen eine Vielfalt von verschiedenen Formen an. Grundlegend war die Vorstellung eines davidischen Messias, von dessen Persönlichkeit man annahm, daß sie göttliche und menschliche Attribute ver-

bände. Die *synoptischen Evangelien zeigen Jesus als den sittlich vollkommenen Menschen und glauben auch, daß er göttliche Eigenschaften besitzt. Die Ansicht der ersten Apostel ging nicht darüber hinaus. Später schien es Paulus, Johannes dem Evangelisten und dann den Heidenchristen, daß ohne eine Inkarnation die messianischen Erwartungen nicht erfüllt und die göttlichen Eigenschaften nicht gegenwärtig werden könnten. Von daher entstand die Vorstellung von einem präexistenten göttlichen Wesen, das in die Welt gekommen war. Matthäus und Lukas haben diese Vorstellung nicht.

Die legendenhaften Inkarnationen der heidnischen Religionen sind wahrscheinlich mehr als Ausdruck einer allgemein menschlichen Sehnsucht nach Vereinigung mit der Gottheit. Im Christentum erst wird Inkarnation fundamental.

2. Der Anspruch Jesu: Ausgangspunkt aller christlichen Theologie ist das historische Phänomen Jesus von Nazareth. Was Jesus gesagt, getan und gelitten hat, bildet die Grundlage des nachösterlichen Glaubens der Kirche, ihrer apostolischen Verkündigung und späteren theologischen Reflexion. Da sich in den mit einiger Sicherheit auf Jesus selbst zurückzuführenden Worten kein eindeutiges Zeugnis dafür findet, daß Jesus sich als menschgewordener Gott ausgegeben hat, haben viele Gelehrte den Inkarnationsglauben als eine spätere Eintragung des hellenistischen Christentums, vorab des Paulus und des Johannes, bezeichnet. Die neuere Diskussion um den historischen Jesus hat jedoch überzeugend nachgewiesen, daß Lehre und Wirken Jesu einen Anspruch enthalten, von dem aus ein legitimer Weg zur Theologie der Menschwerdung führt. Jesus war sich bewußt, mit seinem Wort Gottes Schöpferwillen in seiner ursprünglichen Reinheit zu verkünden und mit seinem Handeln Gottes Gnadenwirken gegenwärtig zu setzen. Es bleibt nur die Frage, ob die später formulierte Inkarnationslehre mehr besagen kann und will, als in diesem Anspruch des historischen Jesus enthalten ist.

3. Früheste neutestamentliche Interpretationen: Die Jünger hatten Jesus schon vor seinem Tod als Messias anerkannt. Die *Auferstehung gestaltete ihren Glauben an ihn um, und sie wurde nun die Mitte ihrer Verkündigung. Den Juden im allgemeinen fiel es sehr schwer, Jesus als Gott und Mensch anzunehmen, und selbst das NT ist sich über diesen Punkt nicht völlig klar. Die eigentliche Schwierigkeit liegt darin, ihn als Messias anzuerkennen und die Auferstehung anzunehmen. Das NT gibt ein Bild von den ersten Interpretationsstufen. Es überrascht in der Tat nicht, daß es kein allgemein angenommenes, festes Bild gab und daß man verschiedene Stufen eines Christusglaubens unterscheiden kann.

4. Die apostolische Verkündigung und Paulus: Als die Apostel ihr Missionswerk unter den Heidenvölkern begannen, hatte die konstante Wiederholung der Ereignisse aus dem Leben Jesu und die Verkündigung natürlich einen Einfluß auf ihr eigenes Denken. Allmählich gaben sie die Vorstellung, daß die Inkarnation nur eine vorläufige gewesen sei, zugunsten der Annahme einer zukünftigen, bedeutenderen Manifestation auf.

Das Hauptanliegen der apostolischen Verkündigung und vor allem von Paulus war nicht so sehr, die Art der Erscheinung Christi auf Erden, sondern vielmehr deren Bedeutung herauszustellen. Wenn Jesus der Sohn Gottes war, dann mußte er auch vom Himmel in einer Weise und zu einer Zeit, die von Gott zu seinem eigenen Zweck gewählt worden war, auf die Erde gekommen sein. In den ersten Briefen des Apostels Paulus spricht dieser von Christus vom personalen Gesichtspunkt aus, als einem, mit dessen Hilfe Gott eine Aussöhnung ausgeführt hat, und einem, der den Bruch, der durch die Sünde zwischen Gott und Menschen in die Welt gekommen ist, wieder geheilt hat. Die späteren Briefe und der Brief an die Hebräer sprechen unter einem mystischeren Aspekt von der Inkarnation.

Ein präexistenter Christus tritt an die Stelle des wiederkehrenden Christus. Mit der Vollendung der Inkarnation setzte Gott ihn »zu seiner Rechten in den Himmeln« und hat schon alles »ihm zu Füßen gelegt« (Eph. 1,20.22).

Für Paulus hat Christus die Bestimmung der Menschheit und damit des gesamten Universums als sein erster und letzter Grund erfüllt. Wie dem auch sei, das Kommen Christi hatte nicht das Werk der Inkarnation vollendet.

5. Paulinische Theologie: Das Paulinische Denken kreist vorzugsweise um die Heilsbedeutung des Todes und der Auferstehung Christi. Über die Art, wie Jesus in diese Welt gekommen ist und welcher »Natur« er war, macht der Apostel nur gelegentliche Andeutungen. Jesus ist Gottes »Sohn, der aus dem Samen Davids hervorgegangen ist nach dem Fleisch, der eingesetzt ist zum Sohne Gottes voll Macht nach dem Geiste der Heiligkeit kraft der Auferstehung von den Toten« (Röm 1,3–4). Hier erscheint die Inkarnation, das Dasein Jesu »im Fleisch«, nur als Vorbereitung auf die eigentliche Offenbarung des Gottessohnes in »Macht« und Heiligem Geist. So zeigt Paulus in seinen Briefen auch wenig Interesse an einzelnen Ereignissen des Lebens und Wirkens Jesu; und daß er den Umständen der Geburt Jesu keine Bedeutung beigemessen hat, geht aus Gal 4,4 hervor: »Als aber die Fülle der Zeit gekommen war, sandte Gott seinen Sohn, von einem Weibe geboren, dem Gesetz unterstellt.«

Näher an die Lehre von der Menschwerdung heran führt der (vorpaulinische?) Hymnus des Philipperbriefs: »Seid so gesinnt wie Christus Jesus, der, als er in Gottes Gestalt war, es nicht für einen Raub hielt, Gott gleich zu sein; vielmehr entäußerte er sich selbst, nahm Knechtsgestalt an, ward Menschen gleich. Und in seinem Aussehen erfunden wie ein Mensch, erniedrigte er sich selbst, wurde gehorsam bis zum Tode, ja bis zum Tode am Kreuz« (Phil 2,5–8). In ähnliche Richtung weist 2 Kor 8,9: »Erkennet daran die Gnade unseres Herrn Jesus Christus, daß er euretwegen arm geworden ist, obwohl er reich war, damit ihr durch seine Armut reich werdet.« Armut und Reichtum meinen hier das gleiche wie »Gottes Gestalt« und »Knechtsgestalt«. So schwer die Paulinischen Aussagen im einzelnen zu deuten sind, aus ihnen spricht noch kaum ein spekulatives Interesse an der metaphysischen Wesenheit Christi, sondern eine unmittelbar seelsorgliche Absicht: Die Philipper sollen in Selbstlosigkeit und Gehorsam der Gesinnung Jesu nacheifern, die Korinther sollen sich an der göttlichen Freigebigkeit Christi ein Beispiel nehmen und reichlich für die Jerusalemer Gläubigen spenden.

6. Johannes: Der Übergang zu einer kosmischen und mystischen Schau der Inkarnation hat bei Johannes seine Vollendung gefunden. Er mußte die Kluft, die zwischen den Judenchristen von Jerusalem Mitte 1. Jhdt. n. Chr. und dem platonischen Hellenismus von Ephesos wie der umliegenden Welt am Ende des Jahrhunderts bestand, überbrücken. Johannes versuchte das Christentum in diese verschiedenartige Welt zu stellen, und so wandelte er die Geschichte von Jesus in allegorische und symbolische Formen, um so die Schwierigkeiten zu beseitigen, die sich aus der griechischen philosophischen Spekulation ergeben hatten. Der Christus der Geschichte wurde verwandelt durch das Licht des Christus des Glaubens und bekam eine neue Gestalt. – Die hebräische Vorstellung des Terminus »Wort« geht zurück auf die Genesis, wo die Ursache der Schöpfung das »Wort« (*dabār*) Gottes war, das vom Beginn an bestand. Unter dem Einfluß von stoischem Gedankengut (s. *Hellenismus im Nahen Osten) modifizierten Philo und die alexandrinischen Juden-Philosophen diese Idee zur Konzeption des *logos* (Wort) als beides: Gottes gegenwärtige Schöpfermacht und das Werkzeug, durch das er wirkte. Johannes ging darüber hinaus, um eine Vorstellung von Christus als dem »Wort« (*logos*), das Fleisch ward, zu erreichen. Im Prolog zum 4. Evangelium wird Christus in seinem Handeln als das schöpferische »Wort« vor und während der Schöpfung beschrieben. Der Evangelist spricht von Jesus als dem fleischgewordenen »Wort«, das »sein Zelt unter uns aufgeschlagen hat«, um den Menschen offenbar zu werden. In dieser Beschreibung kehrt Johannes zum früheren Stil, eine abstrakte Vorstellung zu personifizieren, zurück.

Wenn Johannes »Fleisch« und nicht einfach »Mensch« schreibt, hat er gewiß polemische Gründe. Manche doketische Irrlehrer behaupteten, Jesus habe nur eine menschliche Seele – den göttlichen Lichtfunken –, nicht aber einen Fleischesleib angenommen. Allerdings meint der biblische Begriff »Fleisch« mehr als nur den materiellen Teil des Menschen, »Fleisch« ist der ganze Mensch mit besonderer Betonung seiner Hinfälligkeit, Sterblichkeit und sittlichen Schwäche. Dagegen ist die Deutung dessen, was Johannes unter dem Begriff »Logos« – der nur sehr unvollkommen mit »Wort« wiedergegeben wird – verstanden hat, immer noch umstritten, da der Logosbegriff außerhalb des Prologs nicht mehr vorkommt. Aus dem übrigen Evangelium scheint aber hervorzugehen, daß der Johanneische Logos kein bloßes Mittelwesen wie bei Philo sein will, sondern Gottes schöpferisches und heilbringendes Handeln in Person. Der Johanneische Christus offenbart sich mit der altorientalischen Theophanieformel: »Ich bin es.« Er ist Spender ewigen Lebens und alles dessen, wonach Menschen verlangen: Brot, Wasser, Licht, Geborgenheit, Freude. Wer ihn sieht, sieht Gott, den Vater.

7. Hebräerbrief: Der Hebräerbrief widmet der Menschwerdung des Gottessohnes größere Aufmerksamkeit als Paulus. Jesus erscheint hier als himmlischer »Bruder« der Menschen, der an Fleisch und Blut Anteil nimmt, um die im Todesgefängnis schmachtenden »Kinder« Gottes zu befreien. Er ist in allem den Brüdern gleich geworden und hat wie sie Versuchungen erfahren (2,11–18), »ausgenommen die Sünde«. Auch in diesen, an gnostische Vorstellungen vom himmlischen Urmenschen erinnernden Aussagen dient die Inkarnationslehre einem praktischen Zweck, der Aufmunterung müde und mutlos gewordener Christen.

8. Pastoralbriefe: In einer Zeit, da die Gestalt Jesu von Nazareth zum Gegenstand mythischer Spekulationen zu werden drohte, bekennt sich der Verfasser der Pastoralbriefe zu den »gesunden Worten unseres Herrn Jesus Christus« (1 Tim 6,3) und zu einem praktischen Christentum der guten Werke. Seiner Auffassung nach ist in Jesus die »Güte und Menschenfreundlichkeit Gottes« erschienen (Tit 3,4), die »heilbringende Gnade, die uns anleitet, der Gottlosigkeit und den weltlichen Lüsten zu entsagen und besonnen und gerecht und fromm in diesem Äon zu leben« (Tit 2,11–12). Diese Epiphanie-Christologie ähnelt stark der Art, wie die Evangelien, vor allem Markus, das Geheimnis der Person Jesu interpretieren. In Jesu Wort und Tat wird Gottes heilbringende, die Kräfte des Bösen überwindende Macht epiphan.

9. Jungfrauengeburt: Obwohl weder Paulus noch Johannes etwas über eine jungfräuliche Geburt Jesu berichten, haben sie den Glauben an die Menschwerdung Gottes verkündigt und theologisch begründet. Es ist deshalb unzutreffend, wenn verschiedentlich behauptet wird, die Menschwerdung Gottes habe sich nur auf dem Wege einer jungfräulichen Empfängnis vollziehen können. Gewiß sind die Verkündigungsgeschichten bei Matthäus (Mt 1,18–25) und Lukas (Lk 1,26–38) an dem Mißverständnis nicht ganz unschuldig, Jesus sei nur deshalb Gottes Sohn, weil er keinen menschlichen Vater gehabt habe. Lukas bringt die vaterlose Geburt Jesu und nennt Maria unmittelbar Jungfrau (Lk 1,27), während Matthäus die Nichtbeteiligung Josephs bei der Zeugung des Kindes berichtet und Maria mittelbar Jungfrau genannt wird (Mt 1,23). Die Überschattung durch den Geist (die Kraft) Gottes betont in besonderer Weise die Würde des so Gezeugten. Die Bezeichnung der Mutter als Jungfrau erfolgt in Verbindung und Erfüllung von Jes 7, 14. Obwohl Jesus im Zusammenhang der adamitischen Menschheit kommt, ist seine Geburt ein außergewöhnliches Zeichen dafür, daß in dieser Geburt Jesu die Menschwerdung Gottes und der Anfang der neuen Menschheit geschieht. – Die Frage der Gottessohnschaft hat mit dem biologischen Wunder einer Parthenogenese an sich nichts zu tun, da vollmenschliche Erzeugung und Gottes Vaterschaft auf zwei verschiedenen Ebenen liegen.

Micha (Buch)

Gliederung: 1. Inhalt. a) Kap. 1–3; b) Kap. 4–5; c) Kap. 6–7. 2. Stil. 3. Botschaft. 4. Die Sünde des Volkes und die soziale Ungerechtigkeit. 5. Micha und Jeremia. 6. Der Rest von Israel und Juda. 7. Micha und Jesaja.

Micha stammt aus Moreseth-Gath in der Sephela-Niederung von Juda. Er lebte eine Generation vor *Amos und war ein jüngerer Zeitgenosse des Propheten *Jesaja. Er wirkte als Prophet während der Regierungszeit der Könige von Juda, Jotham (etwa 743–733 v. Chr.), Ahas (733–727 v. Chr.) und Hiskia (727–698 v. Chr.).

1. Inhalt: Das Buch, das bei den kleinen Propheten an sechster Stelle steht, läßt sich in drei Abschnitte einteilen.

a) Kap. 1–3: Diese enthalten Weissagungen über das Gericht und die Strafe, die über Israel, seine Herrscher, die Propheten und das Volk kommen wird. Es sind Worte des unerbittlichen Strafgerichts (außer den wenigen Versen im Text von 2,12ff), und zwar über jenes an Samaria (1,2–9), die Wehklage über Juda (1,10–16), das Urteil über die Grausamkeit der Mächtigen. Er schließt mit einer gnädigen Verheißung der Rettung (2,12–13). Das dritte Kapitel, das des Propheten leidenschaftliche Anteilnahme an den Armen verrät, spricht über das dunkle Geschick, das Jerusalems Führer zu erwarten haben, von der Sünde seiner Richter und vom bösen Ende, das die volkstümlichen Propheten und Jerusalem selbst nehmen werden.

In jedem Abschnitt wird die gegenwärtige Korruption beschrieben, das drohende Strafgericht angekündigt und eine oder mehrere Visionen einer strahlenden Zukunft geschildert. Diese Ausführungen stellen keine drei zusammenhängenden Themengruppen dar, vielmehr handelt es sich um drei Zusammenfassungen der Hauptthemen der mündlichen Aussagen des Propheten. Zwar sind diese nicht chronologisch geordnet, aber jene, die seine Worte in ihrem Gedächtnis bewahrt und gesammelt haben, folgten einem allgemei-

nen Schema: Verderbnis, Gericht, Erlösung der Übrigen, Erhebung. Die einzelnen Äußerungen wurden jedoch nicht irgendwie miteinander verbunden.
b) Kap. 4–5 bestehen fast ausschließlich aus Zukunftsverheißungen. Jerusalem ist der religiöse Mittelpunkt der Welt (4, 1–5). Es wird Zeuge sein der Sammlung all derer, die verstreut sind, und der Wiederherstellung des Königtums nach großem Leid (4, 6–13). Dieses Bild erfährt in der eschatologischen Schau des Schützers von Juda, des Messias, eine nochmalige Steigerung (5, 1–6); es wird keine Kriege und keinen Götzendienst mehr geben (5, 7–17).
c) Kap. 6–7 sind eine Anklage Gottes gegen die Undankbarkeit dieses Volkes und eine Weissagung über die Strafe, die Unehrlichkeit im Handel nach sich ziehen wird (6, 1–16). Der Abschnitt 7, 1–7 ist eine Klage über die herrschende Verderbnis; der Text schließt im 8.–20. Vers mit einem Gedicht über den Sieg Sions über die Heidenwelt. Diese Aussage steht im Gegensatz zu den vorhergehenden Worten vom Gericht

2. Der Stil: Da zwischen den ersten und letzten Kapiteln stilistische Unterschiede erkennbar sind, haben einige Kritiker darzulegen versucht, daß lediglich die Verse 1, 2–2, 10 und Teile des 4. und 5. Kap. tatsächlich von Micha stammen; die anderen Abschnitte hingegen müßten einer späteren Epoche als dem 8.–7. Jhdt. v. Chr. zugeordnet werden. Im Text von 4, 8 ff finden sich Anklänge an die Exilszeit, wie etwa die Erwähnung Babylons (im 10. Vers). Einige halten diese Stelle jedoch für eine Randglosse, die die frühere Prophezeiung an eine spätere Epoche anzupassen versucht. Dagegen sehen andere Bibelwissenschaftler gerade in dem kraftvollen deskriptiven Stil des gesamten Buches, der das göttliche Strafgericht, das Erbarmen und die Zukunftshoffnung betont (ein in der klassischen Prophetenliteratur gebräuchliches Schema), sehr deutliche Hinweise auf einen einzigen Verfasser der ganzen prophetischen Schrift. In dem Buch scheint weder die Sprache noch der Gottesbegriff, noch der Stil mit der Verkündigungsweise der Propheten des 8. Jhdts. v. Chr. im Widerspruch zu stehen.
So scheint die naheliegendste Schlußfolgerung die zu sein, daß das Buch Micha der theologischen Denkweise der Prophetenkreise seiner Zeit entspricht, die auch in seinen Prophezeiungen zutage tritt. Da die Zusammenstellung der Bücher der zwölf kleinen Propheten vor dem Exil noch nicht vollendet war, kann es wohl kaum in seiner jetzigen Fassung vorher erschienen sein.

3. Die Botschaft: Über seine Liebe zu den einfachen und demütigen Menschen hinaus und die Andeutung, daß er in ländlicher Umgebung wohne, kennen wir keinerlei Einzelheiten aus dem Leben des Propheten Micha. Er fällt strenge Urteile über die Verderbnis in den Städten Israels, besonders in Jerusalem (4, 10). Ihm, wie auch Jesaja und Amos, fiel die wachsende Unterdrückung der Armen durch die reichen Grundherren auf (2, 1–2). Er bemerkte die Schwäche der religiösen Führer (2, 11) und die schreienden Ungerechtigkeiten, die von denen begangen werden, die eigentlich Stütze des Gesetzes sein sollten (3, 9–11). Möglicherweise verschlechterten sich die Zustände noch mehr während der Zeit, da die Assyrer Juda beherrschten und während des heidnischen Gegenschlages unter Ahas (s. *Israel und Juda 4). Eine Verleugnung des alten Bundesglaubens würde sicherlich auch die Mißachtung des Gesetzes (s. *Gesetz Israels) zur Folge haben, das dazugehört. Tatsächlich unterscheidet Micha auch nicht zwischen Israel und Juda (1, 5–9). Die falsche Frömmigkeit des verderbten Volkes, das noch immer dachte, »ist nicht der Herr in unserer Mitte? Es kann kein Unglück über uns kommen«, erschien ihm als Gipfel der Gotteslästerung (3, 11).
Er hingegen wies auf die Überlieferung des ursprünglichen Glaubens an Gott hin und drohte denen strengstes Gericht an, die Gott gegenübertraten mit »vieltausend Widdern« und ». . . ungezählten Bächen Öls . . .«, die es aber unterlassen hatten, ihm das darzubieten, was er gefordert hatte, nämlich: »nichts als Recht üben und die Güte lieben und demütig wandeln vor deinem Gott« (6, 7–8).

4. Die Sünde des Volkes und die soziale Ungerechtigkeit: Wie seine Zeitgenossen *Amos, *Hosea und *Jesaja, so betont auch Micha die absolute Gerechtigkeit Gottes und seine Grundforderung, daß auch der Mensch sich sowohl als einzelner wie auch in der Gemeinschaft ebenso der Rechtschaffenheit zu befleißigen habe. Micha befaßte sich allerdings weniger als etwa Amos und Hosea mit der Ausübung fremder Kulte, sondern eher mit sozialen Mißverhältnissen. Wenn er sich gegen die politischen und religiösen Führer des Volkes richtet, so sind auch die bestechlichen Priester mit eingeschlossen. Er sagte denen Unheil voraus, die andere unrechtmäßig um ihren Besitz bringen (3, 1–4), und drohte damit, daß Jerusalem wegen der Verderbtheit seiner Führer zerstört werde, da sie das Fundament des Staates untergraben hätten. Die politischen Führer unterstützten jedoch den offiziellen Kult, so daß man von daher kaum in der Lage war, die herrschende Schicht zu kritisieren, die großen Einfluß in der Öffentlichkeit ausübte. Durch die Betonung kultischer Äußerlichkeiten wird der Eindruck erweckt, als ob die Forderungen Gottes lediglich durch Opfer und Ritus erfüllt werden könnten. Seine Zeit, die Epoche der assyrischen Invasion, war eine Zeit sozialen und moralischen Tiefstandes, für den die offizielle Religion keine wirksame Gegenmaßnahme bot. Bitterkeit liegt in Michas Anklagen gegen die falschen Propheten, die »wahrsagen um Geld«, und die Priester, die Weisung geben »um Lohn« (3, 5 und 11).

Die zweite Hälfte des 8. Jhdts. v. Chr. sah das Ende einer Blütezeit des Doppelkönigreiches und den Anfang des unerbittlichen Drängens der Assyrer gegen Westen. Wie die anderen Propheten, so glaubte auch Micha, Gott werde sich dieses heidnischen Volkes bedienen, um sein sündiges Volk zu bestrafen. So sagte er auch die Verwüstungen im Nordreich und die Zerstörung seiner Hauptstadt Samaria durch Salmanassar V. voraus (1, 6–9; s. *Israel und Juda 4). Ebenso prophezeite er, daß die assyrische Invasion unter Sanherib lediglich das Vorspiel einer weit größeren Katastrophe darstelle.

5. Micha und Jeremia: Ein Jahrhundert nach dem Tod Michas erinnerte man sich an seine Weissagung vom Untergang Zions. Dies kam einem späteren Propheten, nämlich Jeremia, zugute, denn sein Bußruf wurde mit einer Unheildrohung in Verbindung gebracht. Man bedrohte ihn dafür, daß er eine solche Prophezeiung machte, mit dem Tod. Gewiß hätte man ihn getötet, wenn nicht »etliche Älteste des Landes« daran erinnert hätten, daß Micha genau dasselbe gesagt hatte: »Haben ihn da Hiskia, der König von Juda, und ganz Juda etwa getötet? Haben sie nicht den Herrn gefürchtet und ihn angefleht, so daß sich der Herr das Unheil gereuen ließ, das er ihnen angedroht hatte?« Sie bereuten (Jer 26, 18–19).

6. Der Rest von Israel und Juda: Micha glaubte, die Zerstörung des Reiches sei unausweichlich das einzige Mittel, um »Jakob« von seinen Sünden zu säubern und die letzte Rettung für einen »Überrest« herbeizuführen. Eine verderbte Religion und eine korrupte Gesellschaft konnte durch weniger drastische Mittel nicht mehr gesäubert werden (5, 10–15; vgl. Jes 2, 5–22). Die Zeit des Strafgerichts würde eine Zeit der Drangsal und des Leides sein, aus der sich keine Stimme der Hoffnung erheben werde (3, 6–7). Ihr würde die Schmach der Gefangenschaft inmitten fremder Völker folgen (5, 7–8). Wenn das Strafgericht auch unvermeidlich war, so war es doch die Voraussetzung für eine Wiederaufnahme in die Gnade und Huld Gottes. Micha oder die Prophetenjünger, die seine Worte bewahrten, verloren niemals den Glauben an die im Bund Davids enthaltenen Verheißungen. Wenn Micha auch denen nicht traute, die an den dauernden Bestand der Dynastie Davids glaubten, so verkündete er doch den kommenden Triumph Judas, den ein Fürst aus dem Stamme Davids herbeiführen würde. Dieser werde in Bethlehem geboren werden und auftreten, um die Kinder Israels zu weiden »in der Kraft des Herrn« (5, 2–6).

7. Micha und Jesaja: Mit dem Eintreffen dieses Ereignisses würde das Volk endlich von der Bedrängnis errettet werden. Schwerter würden zu Pflugscharen geschmiedet und Spieße zu Rebmessern: »Kein Volk wird wider das andere das Schwert erheben, und sie werden den Krieg nicht mehr lernen. Sie werden ein jeder unter seinem Weinstock und unter seinem Feigenbaum sitzen . . . Denn der Mund des Herrn der Heerscharen hat es geredet« (4, 3–4). Das heißt, wirtschaftlicher und sozialer Wohlstand könne nur durch den Gehorsam gegenüber dem Willen Gottes herbeigeführt werden. Diese messianische Botschaft steht bei *Jesaja (2, 1–4) in ähnlichen Worten.

Viele Textabschnitte im Buch Micha verraten den Einfluß Jesajas. Die Gedanken des älteren Propheten scheinen jedoch dem geistlichen Weltbild Michas für gewöhnlich fremd zu sein. Michas eigenes Weltbild wurde stark beeinflußt von den mehr nationalistischen älteren Überlieferungen des Bundes (Num 23, 24; 24, 8–9; Dt 32, 41–43). Micha betrachtet die Mißbräuche der Volksführer als Sünden gegen den Bundesgott. Wie es im Text 6, 1–8 heißt, hatte der Herr Klage gegen sein Volk geführt, weil es seine Wohltaten vergaß. Sie hatten geglaubt, die Bundesverpflichtungen könnten allein durch eifrigere Kulthandlungen erfüllt werden. Micha ging jedoch über Jesaja hinaus. Er weigerte sich, den im Staatsglauben enthaltenen religiösen Optimismus anzuerkennen, und drohte

Jerusalem und dem Tempel die völlige Zerstörung an (3,4–12). Er begegnete zwar Widerspruch, aber offensichtlich kamen seine Worte dem König Hiskia zu Gehör (Jer 26,18 ff), und der König tat Buße. Davon und vielleicht von anderen Gelegenheiten abgesehen, bei denen man ihm widersprach, wurde Hiskia im allgemeinen durch Michas Predigt ermutigt, seine Anstrengungen um eine Reform fortzusetzen. Zumindest jedoch haben die harten Vorwürfe des Propheten das Gewissen des Königs getroffen und ihn zur Buße bewogen. Offenbar hatten die Predigten des Propheten Jesaja eine ähnliche Wirkung.

Mischna

Gliederung: 1. Begriffsbestimmung. a) Begriff; b) Verhältnis zum Alten Testament und zum nachexilischen mündlichen Gesetz; c) Midrasch und Halacha. 2. Entwicklung der Mischna. a) Eigenart der rabbinischen Überlieferung; b) Hellenistische Rhetorik und die Methoden der rabbinischen Schulen; c) Vor und nach der Zerstörung des Tempels; d) Faktoren, die zur Kodifizierung führten; e) Bedeutung der frühen Abschnitte der Mischna; f) Veränderungen zwischen 70 und 140 n. Chr.; g) Rabbi Akiba und Rabbi Meir; h) Kodifizierung der Mischna durch Rabbi Juda ha-Nasi; i) Literarische Komposition der Mischna. 3. Inhalt. a) Die Traktate der Mischna; b) Verschiedene Methoden der Anordnung; c) Sprache der Mischna. 4. Tosefla und Baraita. 5. Der Talmud.

Die Mischna ist die formelle Kodifizierung aller wesentlichen Teile des im Judentum *mündlich* überlieferten Gesetzes.

1. Begriffsbestimmung: *a) Begriff:* Das Wort »Mischna« kommt von der hebräischen Wurzel *šnh,* die »wiederholen«, »überlieferten Stoff lernen« bedeutet. Der technische Begriff für das Rezitieren eines Schrifttextes war *miqra'* (»lesen« oder »vorlesen«). Den Unterschied zwischen beiden Wörtern erkennt man sehr deutlich an der von den Rabbinern festgelegten Terminologie. Die Schrift wird immer »gelesen« *(qarō);* die Mischna wird immer studiert *(šnh).*

Ursprünglich wurde der Begriff »Mischna« auf das ganze mündliche Gesetz angewandt. Es umfaßte sowohl die Interpretation und homiletische Auswertung der Schrift *(midrāš)* als auch die nicht im geschriebenen Gesetz enthaltenen ergänzenden Gesetze und Anordnungen *(halakā* = »Vorschrift«, »Gesetz« im Sinne von »traditionell anerkannte Interpretationen des geschriebenen Gesetzes«). Einige von diesen Gesetzen und Anordnungen waren aus einem Schrifttext abgeleitet (eine als *midraš halakā* bekannte Methode, s. u.); einige gehörten zu einer alten Überlieferung, die von einer Gelehrtengeneration zur anderen weitergegeben worden war und als »die dem Moses am Sinai gegebene Halacha« bezeichnet wurde. Andere waren auf der Grundlage einer aus dem Schrifttext gezogenen logischen Schlußfolgerung formuliert. Obwohl dieser umfassende Gebrauch des Wortes »Mischna« noch in der talmudischen Literatur begegnet, haben die Rabbiner den Begriff gewöhnlich gebraucht, um nur eine einzige *halakā* oder eine Reihe von halakôt zu bezeichnen. Die ›Mischna‹, wie sie heute bekannt ist, ist eine von Rabbi Judah ha-Nasi (der Patriarch oder »Fürst«) gegen Ende des 2. Jhdts. n. Chr. herausgegebene Sammlung. Um sie von anderen Sammlungen zu unterscheiden, wird sie auch »Unsere Mischna« genannt.

Der Begriff *mišnā* bezeichnet heute: a) eine einzelne Bestimmung des mündlichen Gesetzes; b) den gesamten Inhalt des überlieferten mündlichen Gesetzes, wie es sich am Ende des 2. Jhdts. n. Chr. entwikkelt hatte; c) die hauptsächlichsten Lehren irgendeines Tannaiten (= Gesetzeslehrer aus der Zeit bis etwa 200 n. Chr.; s. *Rabbiner; *Gesetz Israels).

b) Verhältnis zum Alten Testament und zum nachexilischen mündlichen Gesetz: Nach jüdischer Überlieferung soll Moses neben dem geschriebenen Gesetz des Pentateuch zugleich auch alle die für dessen anwendung notwendigen Erklärungen sowie den formellen Befehl erhalten haben, diese Erläuterungen als das »mündliche Gesetz« von Mund zu Mund weitergeben zu lassen. Dieser Glaube verschaffte dem mündlichen Gesetz die notwendige Autorität. Viele Gelehrte datieren die Anfänge des mündlichen Gesetzes in die Zeit kurz nach dem Exil, als die Thora erstmalig öffentlich vorgelesen und dem Volk erklärt wurde (vgl. Neh 8,1–9; Einzelheiten s. *Bibelkanon und *Bibeltext).

Dies war die »Periode der Schriftgelehrten« oder die der Mischna voraufgehende Periode, da man die *halakôt* in Verbindung mit dem geschriebenen Gesetz studierte, d. h. zusammen mit dem Vers der Thora, von dem sie abgeleitet werden konnten oder mit dem sie in Beziehung standen. Zum Beispiel wurde von dem Text Ex 16,29: »So bleibe denn ein jeder daheim, niemand verlasse am siebten Tag seine Wohnung«

die Bestimmung abgeleitet, niemand dürfe am Sabbat mehr als zweitausend Schritte weit außerhalb der Stadt- (oder Lager-) grenzen gehen.

c) Midrasch und Halacha: Die Methode, mit der man Vorschriften aus einem Schrifttext ableitete, ist als »midraschartige Halacha« bekannt; sie führte freilich zu zahlreichen Schwierigkeiten. Die verschiedenen Halachot oder Gesetze wurden der Versfolge in der Thora entsprechend zusammengestellt, aber die Vorschriften der Bibel sind oft nicht logisch geordnet, und die gleiche Vorschrift kann mehrmals an verschiedenen Stellen begegnen. So wurden die Halachot zu einer Sammlung von Bestimmungen, die ohne jede Rücksicht auf Inhalt und Gegenstand aneinandergereiht waren. Im Traktat *Bechorôt* zum Beispiel enthält der achte Abschnitt Bestimmungen, die aus Lev 27,26ff abgeleitet sind und die Weihe der Erstgeburt betreffen, während der aus Lev 27,32ff abgeleitete neunte Abschnitt vom Viehzehnten handelt. Wo eine Vorschrift mehrmals begegnet, benutzten die Rabbiner die verschiedenen Stellen, um Zusätze zum allgemeinen Gesetz anzubringen.

Es wurde bald notwendig, die verschiedenen Halachot in ein zusammenhängendes System einzuordnen. Außerdem forderten die rasch wechselnden Verhältnisse der nachexilischen Zeit neue, zusätzliche Gesetze, so daß sich die Zahl der Halachot, der Verfügungen *(taqqanôt)* und Dekrete *(gezerôt)* ständig vermehrte. Diese Bestimmungen hatten sehr oft kaum mehr eine Beziehung zu irgendeinem biblischen Vers und mußten deshalb gesondert gelernt werden.

Die unbefriedigende Situation führte dazu, daß die Halachot nach ihrem Gegenstand und nicht mehr nach dem entsprechenden Bibelvers geordnet wurden.

Eine der frühesten Methoden, die Halachot zu sammeln, war die Aneinanderreihung von Satzungen, welche die gleiche Form aufwiesen. So enthält das erste Kapitel des Traktats Megillah eine Reihe von vierzehn Bestimmungen, die nichts gemeinsam haben außer der Tatsache, daß sie alle mit den hebräischen Worten *ēn-bēn* beginnen. Es geht um die Unterschiede, die zwischen ähnlichen Dingen bestehen, z. B. zwischen Städten, die eine Mauer haben, und solchen, die keine haben; zwischen dem Sabbat und den Festtagen; zwischen Jerusalem und Silo, zwischen großen und kleinen *Höhenheiligtümern; Unterschiede im Gebrauch verschiedener Schriftarten und Sprachen (die Heilige Schrift kann in allen Sprachen geschrieben werden; Tephilin und Mezuza nur in Quadratschrift; s. *Alphabet und Schrift). Später wurden alle Vorschriften, die einem bestimmten Gegenstand galten, in einem ›Handbuch der Unterweisung‹ gesammelt. Manche dieser Handbücher oder *mišjanôt* blieben exegetische Kommentare zu den entsprechenden Abschnitten des geschriebenen Gesetzes, während andere nur Sammlungen von Vorschriften waren.

2. Entwicklung der Mischna: Wir wissen nicht genau, wann die Rabbiner begonnen haben, die Halachot schulmäßig zu lehren. Die ersten Anzeichen für ein systematisches Studium der Mischna stammen aus der Zeit des Jose ben Joezer (Mitte des 2. Jhdts. v. Chr.), der eines der ersten »Schulhäupter« unter den Gesetzeslehrern war, die über ein Jahrhundert dem Synedrium vorstanden (s. *Verfassung, Verwaltung und Staatsformen; *Rabbiner). Es ist nicht bekannt, ob Jose schon einen Vorgänger hatte. Nach der Zeit des Rabbi Jose gewann die Methode der Halacha ständig an Bedeutung, obwohl das System des halachischen Midrasch in den rabbinischen Schulen niemals ganz ausgestorben ist und sich Spuren von ihm in den Sammlungen der halachischen Midraschim erhalten haben.

Der Unterschied in der Methode wirkte sich auch im rabbinischen Schulwesen aus. Es gab Schulen, die der alten Midraschform folgten und die Vorschriften aus dem Bibeltext ableiteten. In anderen Schulen dagegen bevorzugte man die neue Form der Mischna und lehrte das Gesetz in mehr systematischer Weise, wobei die Bestimmungen thematisch geordnet dargeboten wurden. Die Periode von der Zeit der »Schulhäupter« bis etwa 200 Jahre nach der Zerstörung des Tempels (um 270 n. Chr.) ist deshalb als die »Mischna-Periode« bekannt, und die Schriftgelehrten dieser Zeit heißen die »Tannaiten« (Plural von *tannā*).

Die Tannaiten waren wandelnde Nachschlagewerke der Gesetzeskunde. Es war ihre Aufgabe, den gesamten im Schulunterricht benötigten Lernstoff im Gedächtnis zu haben und fast mechanisch wiederzugeben.

a) Eigenart der rabbinischen Überlieferung: Das in der Mischna gesammelte rabbinische Material dient hauptsächlich der Gesetzesauslegung (im Unterschied zum Traditionsstoff der Evangelien, wo die Erzählung vorherrscht und die Mnemotechnik des rabbinischen Unterrichts keine große Rolle spielt). Die rabbinische Auslegung war in der Frühzeit fast ganz darauf abgestellt, den genauen Sinn einzelner Gesetze festzulegen. Da man alles dem Gedächtnis einprägen mußte, nahm die Auslegung die Form einer stereotypen Reihe von Fragen an, die nacheinander zu jedem Gesetz gestellt wurden. Auch die Antworten waren in gleichlautende Formeln gekleidet, die immer wieder begegnen. Die rabbinische Überlieferung war eine Tradition von Lehrern, denen es oblag, das Gesetz zu lehren. So zeigt das tannaitische Material trotz beachtlicher Lehrunterschiede größte Einförmigkeit, was die literarische Gesalt angeht.

b) Hellenistische Rhetorik und die Methoden der rabbinischen Schulen: Der Kontrast zwischen den Methoden der rabbinischen Schulen und denen der hellenistischen Rhetorik wirft ein interessantes Streiflicht auf die kulturelle Entwicklung des Judentums während der letzten zwei Jahrhunderte vor Christi Geburt. Die rabbinischen Schulen schützten das nachexilische Judentum auf wirksame Weise vor der Verbreitung des hellenistischen Einflusses, aber ihre eigentliche Blüte und Ausgestaltung verdankten sie offensichtlich den Schulen hellenistischer Rhetorik. Außerdem ist der Erfolg der rabbinischen Schulen zum Teil darauf zurückzuführen, daß sie sich viele hellenistische Erziehungsmethoden zu eigen machten. Der Unterschied zwischen einem Schreiber oder Abschreiber und einem Rabbi oder Gesetzeslehrer hat eine gewisse Entsprechung im Unterschied zwischen einem gewöhnlichen hellenistischen »Grammatikos« und dem voll ausgebildeten »Sophistes«. In griechischen wie jüdischen Schulen wurden klassische Texte auswendig gelernt, und hier wie dort hatten die Studenten den Wunsch, einmal in der Lage zu sein, die Texte genau rezitieren zu können. Beide Schulen benutzten mnemotechnische Mittel und bedienten sich weitgehend der gleichen Lehrmethoden. Ob die Juden unmittelbar von den hellenistischen Schulen beeinflußt waren, ist eine offene Frage (s. *Rabbiner). Manche Gelehrte glauben, daß ein gemeinsames kulturelles Milieu ausreicht, um ähnliche Institutionen unabhängig voneinander entstehen zu lassen. Dem heutigen Menschen mag die literarische Art der Mischna esoterisch und abseitig vorkommen, zu ihrer Zeit waren ihre Methoden durchaus modern und allgemein anerkannt.

c) Vor und nach der Zerstörung des Tempels: Es ist irreführend, wenn gelegentlich behauptet wird, das Judentum habe vor und unmittelbar nach 70 n. Chr. ein einheitliches Lehrzentrum besessen und von ihm stammten die »Halachot«. Die genannte Zeit war vielmehr eine Periode lebhafter theologischer und juristischer Kontroversen zwischen den *Pharisäern und *Sadduzäern, zwischen dem Hause Hillels und der Schule Schammais (s. *Rabbiner), zwischen dem »orthodoxen« Judentum und den verschiedenen sektiererischen Strömungen. Die Essener, die Zeloten, die Judenchristen und die *Samaritaner, sie entwickelten und verteidigten ihre eigenen gesetzlichen Traditionen. Unter der Masse des einfachen Volkes (des *'am hā'āræṣ*), das seinen eigenen Bräuchen folgte und den Gottesdienst in seinen eigenen Synagogen feierte, gab es vermutlich eine Mehrheit, die den pharisäischen Lehren zuneigte, aber ihren Forderungen nach strenger Beobachtung des Gesetzes und der *miṣwôt* weniger Verständnis entgegenbrachte (s. *Gesetz). Alle Fragen, die den Lehrgehalt der Mischna und ihre Überlieferung betreffen, müssen im Zusammenhang mit dieser komplizierten Situation gesehen werden.

d) Faktoren, die zur Kodifizierung führten: Die Frage, ob es zu dieser Zeit schon verbindliche Halachot gegeben hat oder nicht, wird unter den Gelehrten noch diskutiert. Das orthodoxe Judentum folgt den Ansichten, die im Brief des Scherira Gaon (987 n. Chr.) ausgedrückt sind.

Nach H. Albeck wurde vor der Zerstörung des Tempels (70 n. Chr.) noch kein Versuch gemacht, vorhandene *mišnajôt* zu sammeln, noch habe es vor diesem Datum irgendeine offiziell festgelegte und verbindliche Ausgabe der von einzelnen Rabbinern vorgetragenen *mišnajôt* gegeben. Jeder Gesetzeslehrer habe *halakôt* in der ihm zusagenden Form gelehrt (gewöhnlich war es die, welche er selbst von seinem Lehrer gelernt hatte) und sich an die Methode gehalten, die ihm am zweckmäßigsten erschienen sei. Als sich dann die Schriftgelehrten nach der Zerstörung des Tempels in Jabne (Jamnia; s. *Rom und die Juden) niederließen, seien sie besorgt gewesen, die traditionelle Mischna der Gesetzeslehrer könnte mit dem Untergang der alten Institutionen und bisherigen Lebensformen verlorengehen. Umwälzungen, wie sie Palästina durch die Wirren des Jüdischen Krieges erfahren habe, seien häufig der Anlaß, Traditionen, die in ruhigen Zeiten ohne Schwierigkeit weitergegeben werden könnten, schriftlich niederzulegen. Die Rabbiner von Jabne hätten beschlossen, so zu verfahren und die verschiedenen *halakôt* in eine feste Ordnung zu bringen. Dadurch hätten sie die Grundlagen für die systematische Zusammenstellung der Mischna gelegt.

Andere Gelehrte nehmen an, daß auch die Bildung des NT und seine wachsende Anerkennung die Juden angespornt habe, ihr eigenes mündliches Gesetz zu kodifizieren und so das AT durch eine verbindliche Tradition zu ergänzen.

Ein stärkerer Antrieb war jedoch wohl die Umwälzung, die sich im Leben der jüdischen Gemeinde vollzogen hatte. Man denke an das Beispiel der Sekten: Diese hatten sich immer schon so unsicher gefühlt, daß sie ihre Satzungen von Anfang an schriftlich niederlegten. Die Essener mögen das Muster für alle abgegeben haben. Im Gegensatz dazu hatte sich das mündliche Gesetz lange Zeit gehalten, ohne daß auch nur ein Buchstabe niedergeschrieben worden wäre. Dafür gibt es eine Reihe von Gründen, und einer der wichtigsten ist, daß die mündliche Form der Weitergabe so eng mit seinem Wesen verbunden war. Es bestand aus verschiedenen Schichten, von denen jede neues Material, das von einer neuen Generation geschaffen war, enthielt. So stellte das mündliche Gesetz, aufs ganze gesehen, eine ständige Neuinterpretation der ihm zugrunde liegenden Textüberlieferung, die selbst unverändert blieb, dar. Es war der größte Erfolg der Pharisäer unter »Rabban« Jochanan ben-Zakkaj und der Akademie von Jabne (*Rabbiner), daß es ihnen gelang, noch während oder gleich nach dem Jüdischen Krieg und den Richtungskämpfen innerhalb des Judentums die Kodifizierung des geltenden Rechts einzuleiten.

Die in Jabne geleistete Editionsarbeit war naturgemäß nur ein Anfang. Man war sich unter den dort versammelten Gelehrten bewußt, daß das begonnene Werk, die *halakôt* zusammenzustellen, erst von späteren Generationen vollendet werden würde. Einige Reste ihrer Überlegungen sind im Traktat *Eddujot* erhalten (s. unten 3a/4). Nach Meinung zahlreicher Gelehrter (z. B. Rabbi David Zvi Hoffmann, J.N. Epstein und anderer) muß jedoch die Edition der Mischna schon zu einer Zeit begonnen haben, als die Akademie von Jabne noch nicht bestand. Sowohl aus nicht zur Mischna gehörigen Quellen als auch aus der Mischna selbst gehe mit aller Deutlichkeit hervor, daß die Anfänge der Editionsarbeit viel weiter zurückreichten. Von einigen Sammlungen könne man sogar beweisen, daß sie während bestimmter Perioden der Makkabäerzeit entstanden seien.

e) Bedeutung der frühen Abschnitte der Mischna: Frühe Texte haben sich hauptsächlich in den historischen Traktaten der Mischna erhalten (Middot, Tamid, Schekalim u. a.), die sich mit dem ehemaligen Tempel und den in ihm dargebrachten Opfern beschäftigen. Sehr wahrscheinlich wurden diese frühesten Abschnitte der Mischna unmittelbar nach der Zerstörung des Tempels aufgezeichnet. Vor dieser Zeit scheint man derartigen Stoff nicht auswendig gelernt zu haben. J. Epstein verlegt die Niederschrift der ältesten uns erhaltenen Mischnatexte in die Zeit während oder unmittelbar nach der Zerstörung des Tempels. Anderseits wird im Talmud (s. u.) ausdrücklich behauptet, daß manche Traktate wie *Middot* und *Tamid* von Gesetzeslehrern herausgegeben worden seien, die in der Zeit des zweiten Tempels gelebt hätten. Ferner ist aus verschiedenen Quellen (Baraita = Abot d'Rabbi Nathan, s. u.: Tosefta und Baraita) bekannt, daß viele Kompilationen des halachischen Midrasch und der Mischna von Rabbi Akiba, einem Zeitgenossen des Freiheitskämpfers Bar-Kochbas herausgegeben wurden.

Man darf also sagen, daß Sammlungen des mündlichen Gesetzes schon lange vor der Kompilation der Mischna, wie sie heute vorliegt, bestanden haben. Manche Tannaiten besaßen ihre eigenen Sammlungen von *halakôt.* Am bekanntesten von ihnen ist die Sammlung des R. Akiba, die von seinen vier bedeutendsten Schülern – R. Meir, R. Juda (ben Elai), R. Jose und R. Simeon ben Gamaliel II. – in getrennten Traditionen weitergegeben wurden.

f) Veränderungen zwischen 70 und 140 n. Chr.: G. Allon hat nachgewiesen, daß sich die jüdische Religion in den Jahren zwischen 70 und 140 n. Chr. rasch gewandelt hat. Es war die Zeit des Übergangs vom pharisäischen zum eigentlich rabbinischen Judentum, eine Periode ständiger Spannungen und Konflikte in Palästina. Das Judentum des Rabbi Akiba und seiner Anhänger in den Tagen Bar-Kochbas war nicht so konservativ wie das seiner pharisäischen Vorgänger und auch nicht so eng an ihre Tradition gebunden (s. *Rabbiner). Die neuen Zeiten und Verhältnisse forderten neue Bemühungen um die Traditionen des mündlichen Gesetzes. Viele Texte, die in den Schulen Hillels und Schammais dem Gedächtnis eingeprägt wurden, waren vergessen, oder man hatte sie zugunsten neuer, aktuellerer Formeln preisgegeben. Sogar die Namen der Gesetzeslehrer, die vor 70 gelebt hatten, waren bis auf wenige dem Gedächtnis entschwunden. Und wo sich ein Name erhalten hat, ist von der ihm zugeschriebenen Lehre kaum mehr etwas bekannt. Es gehört zu den wichtigsten Grundsätzen der Mischna und des Talmud, daß ein Ausspruch immer unter dem Namen dessen, der ihn getan hat, angeführt werden sollte. Die Tatsache, daß viele von den wenigen Halachot, die aus der Zeit vor 70 erhalten sind, anonym überliefert werden oder in einer neuen Sammlung Platz gefunden haben, scheint zu beweisen, daß nach der Zerstörung des Tempels ein revolutionärer Wandel stattgefunden hat.

g) Rabbi Akiba und Rabbi Meir: Der Wendepunkt in dem angedeuteten Prozeß scheint um die Zeit des Rabbi Akiba gekommen zu sein. Bis zu seiner Zeit war der Unterricht eine Sache des Hörens und Lernens gewesen. Nach ihm konnte das, was man gehört und gelernt hatte, ergänzt werden durch eigene Schlußfolgerungen. (Dies wird nicht berührt von der Tatsache, daß die Mischna des R. Akiba nach Prinzipien weitergegeben und gelernt wurde, die schon vor ihm in Geltung waren.) Dadurch ist es möglich, in der Überlieferung der Mischna zwischen frühen und späten Schulen zu unterscheiden.

Jedenfalls kann man leicht verstehen, daß die Rabbiner in den völlig veränderten Verhältnissen des 2. Jhdts. n. Chr. jene Traktate fast ganz neu gestaltet haben, die sich mit Fragen des täglichen Lebens befaßten. Aus diesem Grund enthält auch die heutige Mischna kaum noch eine Spur von der Mischna des R. Akiba. Seine Mischna ist ganz in den *mišnajôt* seiner Schüler aufgegangen. Einer dieser Schüler war Rabbi Meir; nachdem der Aufstand *Bar-Kochbas zusammengebrochen war, wurde er Mitglied des Synedriums von Uscha (s. *Rom und die Juden). Zu dieser Zeit lag ganz Judäa in Trümmern, und die auf den Ruinen von Jerusalem erbaute neue Stadt Aelia Capitolina durfte von Juden nicht betreten werden. So war die zweite Hälfte des 2. Jhdts. n. Chr. wieder eine der für die Erhaltung der jüdischen Kultur entscheidenden Phasen, und ohne die Arbeit des Synedriums von Uscha wäre diese Aufgabe wohl nicht geglückt. R. Meir gehörte zu den vornehmsten Mitgliedern der Versammlung. Ein hervorragender Redner, bekannt für seine Parabeln und Fabeln, erntete er weithin Beifall, und wenn andere Rabbiner sich seiner Ansicht nicht anschließen konnten, so lag dies daran, daß »seine Kollegen die Tiefe seiner Gedanken nicht auszuloten vermochten« (Erubin 13b). Die Mischna des R. Meir – mit den aus der Mischna des R. Akiba stammenden Elementen – wurde die Grundlage für die offizielle Kodifizierung der Mischna durch R. Juda ha-Nasi. Man stellte sogar den Grundsatz auf, daß jede Vorschrift, die in der Mischna anonym angeführt wird, aus der Sammlung des R. Meir entnommen sei (Sanhedrin 86 a).

h) Kodifizierung der Mischna durch R. Juda ha-Nasi: In der Zeit, da die Schüler R. Akibas als Lehrer wirkten, wuchs die Zahl der Akademien, es mehrten sich die Sammlungen der *mišnajôt* und folglich auch die Streitigkeiten um den Sinn der Halacha. Jeder Gelehrte erläuterte in seiner Schule seine eigene *mišnā*, und jede *mišnā* unterschied sich in vielen Punkten von der eines anderen Rabbi. Diese Situation wurde durch das Werk des R. Juda ha-Nasi beendet. Wie der Talmud berichtet, hatte er bei jedem einzelnen der Schüler R. Akibas studiert und sich entschlossen, eine einheitliche, endgültige Version der Mischna herzustellen, die alle halachischen Vorschriften enthalten und in allen Akademien als verbindlich anerkannt werden sollte. Ob R. Juda wirklich vorhatte, eine offizielle Version herzustellen, auf deren Grundlage gesetzliche Entscheidungen zu treffen waren, oder ob er nur die verschiedenen Traditionen der einzelnen Akademien zu sammeln wünschte, wird wohl immer Gegenstand gelehrter Auseinandersetzungen bleiben. Um die Ansicht des Talmud zu stützen, verweist man auf die Tatsache, daß R. Juda in seiner Mischna eine *halakā* häufig anonym zitiert, auch wenn er weiß, daß es sich um die – von vielen anderen bestrittene – Meinung eines bestimmten Gesetzeslehrers handelt. Auf diese Weise habe Rabbi Juda festlegen wollen, was nach seiner Ansicht die maßgebende *halakā* sei. Andere Gelehrte sind jedoch nach wie vor der Meinung, daß R. Juda mit seiner Mischna kein Gesetzbuch herausgeben, sondern nur eine umfassende Sammlung aller Gesetze veranstalten wollte.

i) Literarische Komposition der Mischna: Die Mischna des R. Juda basierte auf dem mündlichen Gesetz, das er vom R. Meir und dessen Kollegen gelernt hatte, sowie den Mischna-Sammlungen dieser Gesetzeslehrer. Dieses Material kombinierte er mit der *mišnā* seines Vaters, des Patriar-

Abb. 540. Krüge zur Aufbewahrung von Olivenöl

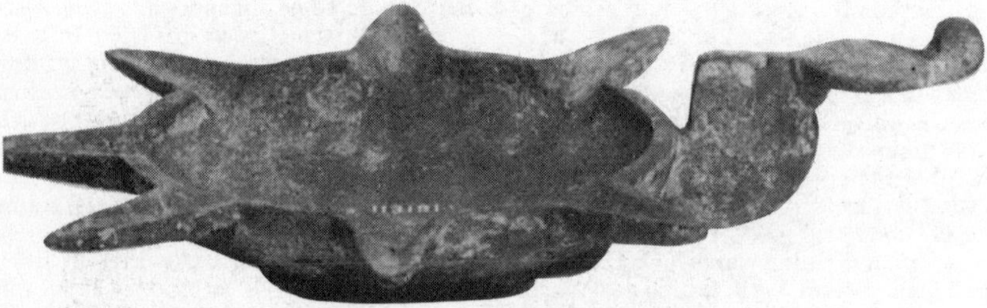

Abb. 541, 542 (rechte Seite). Lampe (2. Jhdt. n. Chr.) und Laterne

Abb. 543. Die römischen Ruinen der Thermen von Gezer

ר"ע מברטנורה עוקצים פרק א עיקר תוי"ט קכה

כל שהוא יד. העץ המחובר אל הפרי. ואדם אוחז בו בשעה שאוכל הפרי. כגון עוקצי תפוחים ענבים ואגסים. קרויין ידות. וכן עלים (א) שיש בראשו בשר. ואדם אוחז בעלים כדי לאכול הבשר שבראשו. הוי העלים יד לבשר: ולא שומר. לאפוקי חלק העוקץ הנוגע בפרי ודבוק לגרעין שאותו החלק שומר הוא לפרי: מיטמא. היד. ואע"פ שאינו ראוי לאכילה. אם נגעה טומאה באוכל דחשיב היד חבור לאוכל וכאילו הוא גוף אחד:

מסכת עוקצים

פרק א (א) כל שהוא יד. ולא שומר. מיטמא ומטמא. ולא מצטרף. שומר אע"פ שאינו יד. מיטמא ומטמא. ומצטרף. לא שומר. ולא יד. לא מיטמא. ולא מטמא: ב שרשי השום. והבצלים. והקפלוטות. בזמן שהן לחין. והפיטמא שלהן. בין לחה. בין יבשה. והעמוד שהוא מכוון כנגד האוכל. שרשי החזרים. והצנון. והנפוס. דברי ר"מ. רבי יהודה אומר שרש צנון גדול (ה). מצטרף. והסיב שלו. אינו מצטרף. שרשי המיתנא והפיגם. וירקות שדה. וירקות גנה. שעקרן לשתלן. והשדרה של שבולת. והלבוש שלה. ר' אלעזר אומר אף הסיג של רצפית. הרי אלו מיטמאים. ומטמאים, ומצטרפין: ג אלו מיטמאין. ומטמאין. ולא מצטרפין. שרשי השום והבצלים והקפלוטות. בזמן שהן יבשים. והעמוד שאינו מכוון כנגד האוכל. ויד הפרכיל. טפח מכאן וטפח מכאן. יד האשכול. כל שהוא. וזנב של אשכול שריקנו. ויד המכבד של תמרה (ו). ד' טפחים. וקנה של שבולת ג' טפחים. ויד כל הנקצרים ג'. ושאין דרכן לקצר. ידיהם ושרשיהן כל שהן. ומלעין של שבולין. הרי אלו מיטמאים. ומטמאין. ולא מצטרפין: ד אלו לא מיטמאין. ולא מטמאין. ולא מצטרפין. שרשי קולסי הכרוב. וחלפות

(א) שאין בו מוח. רש"י: (ב) משמע בין לטמא ובין ליטמא: (ג) וכ"ש העוקץ הנוגע ודבק בו כדלעיל: (ד) שא"ל למרו בתחלת העיון. לפי שבכל זרע אין ספק כי יזרע. הר"מ ועתוי"ט: (ה) גדול כו'. ביד דק שבקלי' הבצל הטמון בקרקע מן הלבון. הר"מ: (ו) המכבד כו'. ידוע' כי עוקצי התמרים יש להם קנה עבה כו' ונקרא יד המכבד לפי שהוא דומה יד המטאטאים

ומטמא. אם נגעה טומאה ביד נטמא האוכל אף ע"פ שלא נגעה הטומאה באוכל. ולמדוהו רבותינו מן המקרא דכתיב (ויקרא י"א) וכי יפול מנבלתם על כל זרע זרוע אשר יזרע וגו' טהור הוא לכם. לכל שנצרכים. כלומר כל דבר הצריך לאוכל מקבל טומאה כמותו וטמא ומטמא עמו: ולא מצטרף. אם היה אוכל פחות מכביצה שאין טומאת אוכלין בפחות מכביצה (ב) אין יד האוכל מצטרפת עמו להשלימו לכשיעור: שומר אע"פ שאינו יד. כגון קליפת הפרי (ג) שמור הוא שלא יפסד: מיטמא ומטמא ומצטרף. דכתיב על כל זרע זרוע אשר יזרע. ומאי אשר יזרע (ד). כדרך שבני אדם מוציאין אותן לזריעה החטין בקליפתן ושעורים בקליפתן. דהיינו עם השומר שלהן. למאי איצטריך קרא אי למיטמא ומטמא. השתא יד הפרי מיטמא ומטמא כדילפינן מלכם לכל שנצרכים. שומר מיבעיא. הא לא אתא קרא אלא למצטרף עמו. דיד אינו מצטרף עמו שומר מצטרף עמו: וכל שאינו לא יד ולא שומר. כמו שיער שבפירות: לא מיטמא ולא מטמא. ואין צ"ל שאינו מצטרף: ב והקפלוטות. כרתי אמיר בלי' ונקרא בערבי כורא"ת ובלע"ז פורו"ש: והפטמא שלהן. כמין פטמא של רימון שבראשן. והוי שומר ומצטרף: והעמוד שהוא מכוון כנגד האוכל. הוא הלב שבבצל שהזרע גדל בקלחו: ושרשי החזרים. הבהרס של חזרת היא חסא בלשון גמ'. וכן בערבי ובלע"ז לטוג"א: והנפוס. מין כרוב הוא אלא שעליו דומים לעלי הלפת: והסיב שלו. פי' הרמב"ם שבצדי ראש הלפת נולדים גידים דקים. כמו חוטין והחותכין אותן המוכרים ביד בשעה שמוכרין אותן ונשארין מהן והן נקראים סיב: והמינתא. כך שמה בלע"ז מינטא"א ובערבי נענ"ע: והפיגם. רוד"א בלע"ז ובערבי סדא"ב: שעקרן. כדי לשתלן במקום אחר: והשדרה של שבולת. קוט האמצעי. שהמוטים דבוקים בו: והלבוש שלה. והקרום שעל גרעין החטה. וכל אלו שומרים הן לפרי: הסיג של רצפית. אבק הנדבק על ראשי הירקות ודלוף בהם כקוצי עכבים. וגם הוא חשוב שומר לפרי. ואין הלכה כרבי אלעזר: ג מיטמאים ומטמאים ולא מצטרפים. לפי שהן ידות בלבד. ואינן משמרין את האוכל: ויד הפרכיל. כשהענבים כרותות עם הזמורה נקראים פרכול. לשון פרכילי ענבים: טפח מכאן וטפח מכאן. בזמורה שנקצצה והאשכלות תלוין בה. טפח מן הזמורה מימין לאשכול וטפח משמאל חשיב יד. טפי לא: יד האשכול. עוקץ האשכול שתלוי בזמורה. הוא יד האשכול: כל שהוא. אפי' ארוך הרבה: זנב האשכול. סופו של אשכול: שריקנו. שהוסרו ממנו גרעיני הענבים. אף הוא יד לענבים שבראשו שאוחזים אותו בזנבו ואף הוא שעורו בכל שהוא ואפי' ארוך הרבה: והמכבד של תמרה. מכבדות של תמרים. ובהן תמרים. שעור אורך היד שלהן להביא את הטומאה ארבעה טפחים אבל טפי לא: ומלעין של שבולין. זקן העליון של שבולת שיש בראשו כמין שערות של זקן: ד אלו לא מטמאין. שאין חשובין לא שומר ולא יד: קולסי כרוב. רמב"ם פי' ראשי הכרוב שיוצאים מהם גידים שמובנים (מסובכים נ"ל). ולכך מוכרי הכרוב

Abb. 544. Blatt aus der Mischna mit dem Traktat *Uqzîn*

chen Rabban Simeon ben Gamaliel, die auch schon manche *mišnajôt* der Schüler R. Akibas in ihrem ursprünglichen Wortlaut aufgenommen hatte.
Es gelang dem Rabbi, alle diese Elemente zu einem einheitlichen Werk zusammenzuschweißen, obwohl eine genaue Nachprüfung noch die verschiedenen Schichten entdecken kann (dies wurde die hauptsächliche Aufgabe der Mischnaforschung). Da sich in der Tosefta und den Baraitas viel von dem Material erhalten hat, das R. Juda für seine Arbeit zur Verfügung stand, lassen sich die Quellen der Mischna zu einem guten Teil feststellen. Der verwickelte literarische Entstehungsprozeß hat sich naturgemäß auch auf die Gliederung und den Inhalt der Mischna ausgewirkt.
Was die Gliederung betrifft, so sind die *halakôt* der gegenwärtigen Mischna im allgemeinen thematisch geordnet; man findet alle *halakôt,* die sich auf einen bestimmten Gegenstand beziehen, systematisch zusammengestellt, und *halakôt,* die von verwandten Gegenständen handeln, sind zu einem Kapitel vereinigt. Die 525 Kapitel der Mischna (unterteilt in Paragraphen, bekannt als *mišnajôt*) bilden 63 Traktate, die wiederum in sechs Hauptteile *(s·dārîm)* zusammengefaßt sind.
Die Beziehung dieses ungeheuer umfangreichen Materials zum Leben der jüdischen Gemeinde – war doch die Mischna bestimmt, dieses Leben zu regeln, und regelt es heute noch – kann in dem folgenden summarischen Überblick nur angedeutet werden.
3. Inhalt: *Die Traktate der Mischna: 1. Seder (Hauptteil, Ordnung) »Zera'îm«* (Feldfrüchte) enthält hauptsächlich religiöse Gesetze, die sich auf Ackerbau und Ernte beziehen. Er besteht aus elf Traktaten:
Berakôt (Preisungen), besonders über tägliche Gebete und die Art, wie sie verrichtet werden müssen.
Pea (die »Ecke des Feldes«), über die allgemeinen Abgaben und Zehnten, die von der Nachlese der Felder, Olivenhaine und Weinberge für die Armen aufgespart werden mußten (vgl. Lev 19, 9–10; Dt. 24, 19–22).
Demai, wie man sich Früchten gegenüber verhalten soll, von denen vielleicht der Zehnte für die Leviten oder für Hebeopfer der Priester (s. *Priester) nicht entrichtet wurde.
Kil'ajîm, über das Verbot, Pflanzen, Tiere oder Garne verschiedener Art, aber der gleichen Gattung miteinander zu vermischen. Hier wird die Erlaubtheit behandelt, Kohl, Zwiebeln und Kürbisse auf dasselbe Feld zu säen, verschiedene Tiere zusammen unter das Joch zu spannen oder Kleider aus verschiedenen Garnarten zu machen (vgl. Lev 19,19; Dt. 22,9–11).
Šebi'it, über Sabbatjahre und wie der Anbau zu erfolgen habe, um sie zu beobachten. Dieser Traktat enthält auch das Gesetz über die Freilassung von Schuldnern oder »Prosbul« (s. *Gesetz).
Terumôt, über Hebeopfer für die Priester und wie sie aufgehoben werden sollten (s. *Opfer; Num 18,8).
Ma'asrôt, über den für die Leviten bestimmten Zehnten von Feldfrüchten und der Ölkelter (vgl. Num 18,21–32). Olivenöl wurde in solchen Krügen (s. **Abb. 540**) aufbewahrt.
Ma'asēr Šenī, über den Zehnten, der in Naturalien oder in Geld jedes Jahr in Jerusalem verjubelt werden sollte (Dt 14,22–27).
Ḥalla, über Hebeopfer von Teigwaren, 1/24 vom gewöhnlichen Volk, 1/48 von Bäckern (Num 15,18–21).
Orla, welche Dinge man vermischen dürfe mit der Frucht von Bäumen während der ersten drei Jahre ihres Wachstums (deren Genuß oder Gebrauch verboten war; vgl. Lev 19,23).
Bikkurim, Darbringung der Erstlingsfrüchte (Dt 26, 1–11) und ihr Verhältnis zu Hebeopfern und dem zweiten Zehnten.
2. Seder Moēd (festgesetzte Zeit) enthält Gesetze über den Sabbat, Festtage usw. und zählt zwölf Traktate:
Šabbat, Bestimmungen, was man am Sabbat tun dürfe und was nicht, bezüglich Nahrung, Körperpflege, Handarbeit, Gehens innerhalb erlaubter Grenzen (2000 Schritte), Fütterns des Viehs und Bergung des Eigentums (vgl. Ex 20,10; 23,12; Dt 5,14); welchen Schmuck Mann oder Frau am Sabbat anlegen dürfen. Zur Beleuchtung mögen am Sabbat (wie an anderen Tagen) die pantoffelförmigen Lampen aus dem 2. Jhdt. n. Chr. **(Abb. 541)** oder Laternen der Art von **Abb. 542** gedient haben.
Erubîn, hier werden verschiedene Fingerzeige gegeben, wie lästige Sabbatvorschriften umgangen werden können; z. B. »wenn ein Priester eine Wunde am Finger hat, kann er sie im Heiligtum mit Bast umwikkeln, aber nicht anderswo«. Die Pharisäer griffen Jesus an, weil er am Sabbat heilte (Mt 12,10 ff; Mk 3,1 ff u. ö.). Der Traktat enthält ferner zahlreiche Gesetze verschiedenster Art, einschließlich über das Binden

von Gebetsriemen (*t·fillîn,* Phylakterien).
Pesaḥîm, über die Passahopfer, die Beseitigung des Sauerteigs, Schlachtung des Passahlamms, Gemeinschaftsmahl und Passahmahl (Ex 12; Lev 23,5 ff; Num 28,16 ff u.ö.).
Scheqalîm, über die Bezahlung der Tempelsteuer (ein halber Sekel), mit der die Kosten des Gottesdienstes im nachexilischen Tempel bestritten wurden (s. *Tempel); über die Verrichtungen im Heiligtum; über das Aufstellen der Zahltische für die Geldwechsler – vgl. die Darstellung auf einem römischen Sarkophag **(Abb. 411)** –, welche die Pilger mit den vorgeschriebenen »heiligen« Münzen, in denen die Steuer bezahlt werden mußte, versorgten. Ihre Anwesenheit in den Tempelhöfen ist durch die Tempelreinigung Jesu weltbekannt geworden. Manche in Palästina gefundenen Münzen aus der römischen Zeit spiegeln die Besonderheiten des Räucheropfers am Versöhnungstag wider. Es gab 13 Opferkästen, 13 Tische und 13 Tore im *Tempel.
Joma, über den Großen Versöhnungstag (s. *Festtage) und das Ritual des Hohenpriesters; Fortschicken des Sündenbocks; Fasten und Sühnemittel (Sündopfer, Schuldopfer, Buße usw.). Der Traktat spricht auch von Ausbesserungen am Tempel, die von der Königin Helena von Adiabene – einem parthischen Königreich, dessen königliche Familie sich samt dem Hof zum Judentum bekehrt hatte – veranlaßt wurden. Das Mausoleum, das sich diese parthischen Juden in Jerusalem erbauten, zeigt **Abb. 171.**
Sukka, über das Laubhüttenfest und den festlichen Strauß *lûlāb* **(Abb. 237)**, bestehend aus einem Palmzweig, einem Myrtenzweig, einem von einer Wasserweide und einer Zitrone (s. *Feste und Feiertage), und über die Wasserspende.
Besa, über das Verhalten an Festtagen. Der Traktat beginnt mit einem klassischen Disput zwischen den Schulen Hillels und Schammais, ob man ein Ei verwenden dürfe, das von einer Henne gelegt sei, die zum Schlachten (und nicht zum Eierlegen) bestimmt war, und das an einem Festtag oder an einem Sabbat getragen wurde.
Rōš-ha-šana, Bestimmungen über das Neujahrsfest.
Ta'anît, über Fasten und öffentliches Trauern.
Megilla, über das Lesen des Buches Esther und mit Büchern (bzw. Schriftrollen) zusammenhängende Fragen.
Moēd Qatan, welche Arbeiten auf dem Feld während der Tage zwischen dem ersten und dem siebten Tag des Passah- oder Laubhüttenfestes erlaubt sind.
Ḥagiga, über die Festopfer, die an den drei Wallfahrtsfesten (Passah, Wochenfest, Laubhüttenfest) dargebracht werden mußten (vgl. Dt 16,16 ff).
3. Seder Našîm: Gesetze über die Ehe, Scheidung und Gelübde; besteht aus sieben Traktaten:
Jebamôt, hauptsächlich über die Leviratsehe (Dt 25,5–10; s. *Familie).
Ketubbôt, über Eheschließung, eheliche Pflichten, Scheidung, Rechte der Kinder (Ex 22,16 u.ö.).
Nedarîm, Gelübde und welche Gründe zu ihrer Annullierung führen können (Num 30).
Nazîr, Bestimmungen über das Nasiräat (Num 6).
Gittîn, Scheidebriefe und Scheidungsgründe (Dt 24,1; s. *Familie).
Sota, über Frauen, die des Ehebruchs verdächtig sind; das Gottesgericht durch Bitterwasser und das Eifersuchtsgesetz (Num 5,11–31).
Qiddušîn, über den Erwerb eines Weibes (Verlobung und Heirat) und Erwerb von Eigentum (Waren und Grundbesitz).
4. Seder Nezikîn (Schaden), euphemistisch auch *»ješu'ô«* (Hilfswerke) genannt; Zivil- und Strafrecht in neun Traktaten:
Baba Qamma, Schäden infolge Diebstahls, Raubs und Unterschlagung (Ex 21, 33; 22,5 ff; s. *Gesetz).
Baba Meṣi'a, Bestimmungen über Fundsachen, Zinsen; Spekulation um Preiserhöhungen; Speisung der Arbeiter, Verpachtung von Feldern, erlaubte Handlungen auf oder an öffentlichen Plätzen u. a.
Baba Batra, Teilung gemeinsam verwalteten Eigentums; Verkauf von Eigentum, Waren oder Grundbesitz.
Sanhedrîn, Bestimmungen über Gerichtshöfe und Gerichtsverfahren (s. *Gesetz); Vorrechte des Hohenpriesters und des Königs; Todesstrafe durch Steinigung, Verbrennen, Enthauptung, Erhängen. Verfahren gegen einen widerspenstigen, andersdenkenden Lehrer.
Šebu'ôt, über den Eid (unbedachte Eide, Meineide, Zeugniseid); Bewußtsein, sich verunreinigt zu haben (Lev 5, 2 ff), Krieg.
Edujjôt, Erläuterungen späterer Rabbiner zu Aussagen älterer Gesetzeslehrer und gesetzliche Erklärungen zu Fragen, die zwischen den rabbinischen Schulen umstritten sind.
Aboda Zara, Vorschriften bezüglich Speisen, Gefäßen, Götzenbildern, Astrologie usw. Soll vor der Berührung mit Götzen-

dienern in Gasthäusern und bei der Hebammentätigkeit schützen.
Abôt (Sprüche der Väter oder *Pirqê Abôt*), eine Sammlung von Weisheitssprüchen und Lebensregeln, ausgestattet mit dem Gewicht der Überlieferung.
Horajôt, irrige Entscheidungen in Fragen des religiösen Gesetzes und die entsprechenden Sündopfer (Lev 4,13 ff).
5. Seder Qodašîm (heilige Angelegenheiten): elf Traktate über das Opferwesen und die Fragen des Tempelkultes:
Zebaḥîm, Tieropfer (Lev 1–4 u. ö.). Der Anteil der Priester. Die Geschichte der Stätten, an denen Opfer dargebracht werden konnten.
Menaḥôt, Opfermähler (Lev 2; 5,11); Dankopfer; Schaubrote (s. *Opfer).
Ḥullîn, Schlachtung von Tieren, die nicht zum Opfer bestimmt sind, und Vorschriften über das Essen von Fleisch und tierischen Produkten, einschließlich der Fragen um Terepha und Kasher, und das Gesetz, welches das Kochen von Fleisch in Milch verbietet (Ex 23,19; Dt 14,21).
Bekorôt, Weihe der Erstgeburt von Tieren (Ex 13,2.12; Lev 27,26; Num 8,16 u.ö.).
Arakîn, Schätzung eines Menschen in Geldwert nach Alter und Geschlecht, der Gott durch ein besonderes Gelübde geweiht ist (Lev 27,2 ff).
Temura, Auslösung oder Ersatz für ein Tieropfer (Lev 27,10.53).
Keritôt, besondere Sünden, die zur Strafe des »Ausgeschlossenseins von seinem Volk« führen (gemeint ist das Sterben ohne Nachkommenschaft im Alter von 20–50 Jahren).
Me'ila, Vergehen an geweihten Gegenständen (Num 5,6–8; Lev 5,15 ff).
Tamîd, das tägliche Morgen- und Abendopfer im Tempel (s. *Opfer; Ex 29,38–42; Num 28,3–10); Gebete und Segnungen.
Middôt, Ausmaße und Ausstattung des Tempels; Beschreibung des Saales aus behauenem Stein, wo das Synedrium tagte.
Qinnîm, über die Tauben, die von armen Frauen nach der Geburt eines Kindes als Sünd- und Brandopfer dargebracht werden mußten, oder von armen Leuten als Sühnopfer (Lev 12,8; 5,11).
6. Seder Toharôt (Reinheitsgesetze), zwölf Traktate, die sich hauptsächlich mit den Fragen ritueller Reinheit bzw. Unreinheit beschäftigen:
Kelîm, Grade der Unreinheit, denen Gefäße, Haushaltsgeräte, Kleider u. ä. unterworfen sein können (Lev 6,27; Num 19,11 ff).
Ohalôt, Unreinheit, die durch Berührung mit einem Leichnam erworben wird oder durch das Wohnen im gleichen Zelt oder Haus (Num 19,14).
Nega'îm, Vorschriften bezüglich des Aussatzes (Lev 13,14).
Para, das Ritual mit der roten Kuh (s. *Opfer).
Toharôt, von kleineren Befleckungen, die mit Sonnenuntergang unwirksam werden. Warnungen an einen gewissenhaften Pharisäer, sich zu hüten, daß nicht etwas von seinen Sachen unabsichtlich befleckt werde durch jemand, der des Gesetzes unkundig ist.
Mikwaôt, Bestimmungen über Tauchbäder. Solche Bäder müssen mindestens 40 se'a (etwa 525 Liter) »lebendigen« Wassers enthalten, d. h. solches, das unmittelbar aus Quellen, Bächen oder Flüssen geschöpft ist. **Abb. 543** zeigt Ruinen von römischen Bädern und Baderäumen im zeitgenössischen *Gezer; s. auch **Abb. 523.**
Nidda, Vorschriften für Frauen während der Menstruation und während und nach der Geburt (s. *Familie).
Makširîn, die sieben Flüssigkeiten: Wein, Honig, Öl, Milch, Tau, Blut, Wasser können trockene Nahrungsmittel unter ganz bestimmten Bedingungen unrein machen (Lev 11,34. 37–38).
Zabîm, über unreine Ausflüsse vom Körper (Lev 15) und Befleckungen, die durch sie verursacht werden.
Tebul Jom, über jemand, der ein Tauchbad genommen hat und doch für den Rest des Tages unrein bleibt, einschließlich der möglichen Befleckungen, die er verursachen kann.
Jadajîm, über die rituelle Unreinheit und das Reinigen der Hände (vgl. Mt 15,2–20; Mk 7,2 ff; s. *Bibelkanon; *Bibeltext).
Uqzîn, wie die Henkel von Gefäßen oder die Schalen und Kerne von Früchten betroffen werden, wenn das Gefäß oder die Frucht unrein wird.
Abb. 544 zeigt ein Blatt der Mischna aus dem Traktat *Uqzîn.*
b) Verschiedene Methoden der Anordnung: Obwohl die Traktate im allgemeinen thematisch geordnet sind, gibt es eine Reihe von Ausnahmen. Einige Sammlungen von *mišnajôt* stehen unter den Namen der für sie verantwortlichen Autoritäten, ohne Rücksicht auf die in ihnen behandelten Gegenstände. Gittin IV, 2–5.7 verzeichnet eine Liste von Verordnungen *(taqqanôt),* die von den Gesetzeslehrern »für das allgemeine Wohl« erlassen wurden. Andere *mišnajôt* sind aneinandergereiht, obwohl sie nicht mehr gemeinsam haben als eine

ähnliche Einleitungsformel, z. B. »X unterscheidet sich von Y nur in Z« (Megilla I,4–11).

Während in der modernen Mischna die Mehrzahl der Halachot unabhängig vom Schrifttext gelehrt wird, werden einige durch die Midraschmethode erläutert, und in diesen Fällen sind die entsprechenden Bibelverse zitiert. Diese Unterschiede erklären sich aus der Tatsache, daß die Mischna aus einer Vielzahl einzelner *mišnajôt* zusammengestellt wurde. Derselbe Umstand hat sogar dazu geführt, daß über bestimmte Gegenstände widersprüchliche *mišjanôt* aufgenommen wurden (d. h. die voneinander abweichenden Meinungen verschiedener Gelehrter). Selbst innerhalb einer einzelnen *mišnā* können Widersprüche enthalten sein, wenn diese aus zwei divergierenden Quellen zusammengesetzt ist.

Die Sorge des Rabbi Juda, die ursprüngliche Form und Sprache seiner Quellen nach Möglichkeit zu erhalten, hat anderseits auch dazu geführt, daß die Mischna eine Reihe von Dubletten aufweist. Wo eine einzelne *mišnā* sich auf mehrere Gegenstände bezog, hat sie der Rabbi nicht zwischen den entsprechenden Traktaten aufgeteilt, sondern sie jedesmal in vollem Wortlaut wiederholt (vgl. Ketubot VII,7 und Kidduschin II,5). Manche Gelehrte (besonders J.N. Epstein) sind der Ansicht, daß Rabbi Juda in seiner Mischna zahlreiche Veränderungen und Zusätze angebracht habe, aber von Neuformulierungen und radikalen Änderungen kann keine Rede sein.

Man hat auch viel darüber gestritten, ob Rabbi Juda die schriftliche Abfassung der Mischna angeordnet hat. Auf jeden Fall wurde sie noch zu seinen Lebzeiten niedergeschrieben, wenn auch nicht notwendig von ihm selbst. Trotzdem wurde sie im Schulbetrieb sehr wahrscheinlich weiterhin mündlich vorgetragen und auswendig gelernt. Das geschriebene Wort zog man nur heran, wenn Zweifel entstanden oder etwas in Vergessenheit geraten war.

c) Die Sprache der Mischna: Die Mischna ist in jenem nachbiblischen Hebräisch abgefaßt, das als die »Sprache der Gesetzeslehrer« *(lašon ḥakamîn* oder *lašon ḥazal)* bekannt ist. Es ist die Sprache, in der auch die Tosefta, die halachischen Midraschim und die hebräischen Abschnitte des Talmud geschrieben sind (s. *Sprachen).

4. Die Tosefta und die Baraita: Die Herausgabe der Mischna wurde nach Rabbi Judas Tod von seinen Schülern abgeschlossen, und diese waren auch dafür verantwortlich, daß die Mischna offizielle Geltung erlangte und alle anderen Sammlungen von *mišnajôt* verdrängte. Diese Sammlungen wurden später zu »außenstehenden« *mišnajôt* erklärt, im Aramäischen *barajatā* (sg. *baraitā*). Sie waren also nicht gänzlich vergessen. Teile von ihnen benutzte man in den Schulen weiterhin, um schwierige Stellen der Mischna zu erklären. Nur eine von diesen »außenstehenden« Sammlungen ist vollständig erhalten, die *Tosefta.* Von anderen Baraitas besitzen wir aber zumindest Fragmente im Talmud. Die Tosefta ist eine Sammlung von *baraitas,* die, wie der Name sagt *(tosæfæt* heißt »Zusatz«), die Mischna ergänzen will. Sie erklärt den Text der Mischna, gibt Gründe für ihre *halakôt* an, zitiert abweichende Meinungen, wo die Mischna nur einen anonymen Ausspruch bringt, und entscheidet gelegentlich auch anders als die Mischna. Manchmal führt die Tosefta die Lehre eines Rabbi an, während die Mischna die Meinung eines anderen wiedergibt. Manchmal nimmt sie *halakôt* und andere Einzelheiten auf, die von der Mischna weggelassen wurden.

Der Herausgeber der Tosefta ist nicht mehr zu ermitteln. Wahrscheinlich lebte er eine Generation später als Rabbi Juda (d. h. zu Beginn des 3. Jhdts. n. Chr.). Eine *Tosefta* gibt es fast zu jedem Traktat der Mischna, mit Ausnahme der drei Traktate *Tamîd, Middôt, Qinnîm,* vermutlich wegen ihres hohen Alters. Die als *Abôt d'Rabbi Nathan* bekannte *Baraita* stellt eine Art *Tosefta* zum Traktat *Abôt* dar.

5. Der Talmud: Die gelehrten Diskussionen und die praktische Handhabung des jüdischen Gesetzes in den Akademien Palästinas und Babylons während der Jahrhunderte nach Vollendung der Mischna sind aufgezeichnet in zwei großen Sammelwerken: im babylonischen und im palästinensischen Talmud.

Der Form nach besteht der Talmud zumeist aus Mischnazitaten, die mit einer »Gemara« verbunden sind, d. h. mit einem Kommentar und Zusätzen zum Mischnatext. Der Talmud ist nach der Schrift das vornehmste jüdische Gesetzbuch und bildet auch heute noch die Grundlage der religiösen Erziehung unter gesetzestreuen Juden. Näher auf seinen Inhalt einzugehen, würde die unserer biblischen Enzyklopädie gesetzten Grenzen weit überschreiten.

Moab

Gliederung: 1. Ursprünge. 2. Archäologi-

scher Befund. 3. Geschichte. a) Zeit der Landnahme; b) Nach der Landnahme; c) Davids Eroberungszüge; d) König Mesa; (1) Mesa-Stein; (2) Biblische Berichte und Mesa-Stein; e) Unter assyrischer Herrschaft; f) Moabs Untergang. 4. Religion. 5. Moabitische und ammonitische Herrscher.

Das Land Moab liegt östlich vom Jordan und Toten Meer, zwischen dem Hesbon im Norden und dem Zered im Süden **(Karte 25).** Im Westen wird es vom Toten Meer begrenzt; seine östliche Grenze bildet das allmählich zur Wüste Moab ansteigende Tafelland von Moab. Der Arnon teilt das Land in zwei Hälften, von denen die südliche höher, steiler und wilder als die nördliche Ebene ist. Zur Vermeidung häufiger Durchquerungen der Wadis, die sich von den Bergen westwärts erstrecken, verlief die alte Königsstraße (s. *Straßen, Beförderungsmittel, Handelswege) längs der Hochebene im Osten. Moabs natürliche Grenzen eröffneten nur nach Norden Expansionsmöglichkeiten, denn die östliche Wüste hatte nichts sonderlich Anziehendes.

1. Ursprünge: Die Moabiter waren mit den Hebräern eng verwandt. Zu einer kulturellen Annäherung zwischen ihnen und der Ruben-Gruppe (s. *Stämme Israels) kam es schon in einem frühen Stadium ihrer Ansiedlung. Nach einer Tradition von Gen 19,37–38 stammten die Moabiter und Ammoniter vom Abrahamneffen Lot ab. Dieser nahen Verwandtschaft wegen war es den Hebräern verboten (Dt 2,9), gegen die Moabiter Krieg zu führen. Dieses Unterlassungsgebot ist jedoch Teil einer Überlieferung, die offensichtlich nicht in den richtigen Zusammenhang gestellt wurde. Sie ist nicht mit den Überlieferungen der Zeit vor der *Landnahme verknüpft, und die Ereignisse zeigen, daß man sich gewiß nicht daran hielt (Jos 24,9; Dt 23,3 ff). Aus der Expansion in Südtransjordanien ansässiger hebräischer Stämme erwuchs eine erbitterte Feindschaft zwischen den beiden Völkern.

Die Moabiter scheinen im 13. Jhdt. v. Chr. mit der Besiedlung ihres Gebietes begonnen zu haben, um dieselbe Zeit, da die Hebräer in Transjordanien und Kanaan ansässig wurden (s. *Josua und Richter [Bücher]), *Landnahme, *Richter [Zeit und Buch]). Das Land hatte schon in der ferneren Vergangenheit einige Umwälzungen erlebt. Am Ende der Frühbronzezeit (23.–20. Jhdt. v. Chr.) scheinen Nomadeneinfälle eine Katastrophe für ganz Palästina herbeigeführt zu haben, und östlich des Jordan hörte jede Seßhaftigkeit faktisch auf. Während des 2. Jhdts. v. Chr. erholten sich Westpalästina und Nordtransjordanien und wurden von verschiedenen Neuankömmlingen, darunter den Amoritern (s. *Patriarchen, Geschichte), besiedelt. Auf Grund einer Oberflächenuntersuchung von Hunderten von Ortschaften in Transjordanien hat N. Glueck die Theorie aufgestellt, das Land sei, von einer Nomadenbevölkerung abgesehen, von ca. 1900 bis 1300 v. Chr. unbesiedelt gewesen. G. Lancaster Harding weist jedoch darauf hin, daß die kürzlich erfolgte Entdeckung von Gräbergruppen der Mittelbronzezeit auf dem Berg Nebo, in *nāʿūr* und *ʿammān* sowie die eines Tempels aus der Mittelbronzezeit in Ammān auf das Vorhandensein einer Stadtbevölkerung in dem an die Ebene Moab angrenzenden Gebiet zur Hyksos- und in der Spätbronzezeit (vor dem 13. Jhdt. v. Chr.) schließen lassen. Der nebenstehend abgebildete heilige Felsen **(Abb. 545)**, auf dem ein römischer Tempel errichtet wurde, war der Altar und die Gebetsstätte (s. *Höhenheiligtümer) eines sehr viel älteren ammonitischen Heiligtums. Merkwürdig ist, daß biblische Hinweise kein weiteres Zeugnis von Ereignissen im Ostjordanland zwischen der Zeit der *Patriarchen und dem *Exodus (s. auch *Auszug) geben und daß der archäologische Befund nach Ansicht vieler Forscher darauf deutet, daß das Gebiet während dieser Periode unbewohnt war. Der frühe Hintergrund des Exodus setzt ein vollbesiedeltes Edom, Moab und Ammon voraus – und diese Länder können in den ein oder zwei Generationen vor dem Auszug aus Ägypten unmöglich wieder besiedelt worden sein. Man nimmt nunmehr an, daß in den dem Auszug voraufgehenden Jahrhunderten mehrere Dauersiedlungen in dem Gebiet bestehen blieben. Dies würde anscheinend das frühe Volk – die späteren Moabiter und Ammoniter – und sogar die Edomiter mit halbnomadischen Völkern verknüpfen, die ein Zweig der nordwestsemitischen Amoriter waren (s. *Patriarchen, Geschichte 5 e). Ihre Landnahme brachte die Aufsaugung von Halbnomaden oder seßhafter Bevölkerung mit sich, die das Land zuvor als ihr Territorium betrachtet hatten. Die bekanntesten von ihnen waren die Sutäer *(šutū)*, ein halbnomadisches Volk, das vom 18. Jhdt. v. Chr. an häufig in Keilschrifttexten wie auch in den ägyptischen »Ächtungstexten« (als *šasu;* s. *Ägypten und seine Beziehung zu Israel; vielleicht die »Söhne Seths« von

Num 24,17) erwähnt wird. Mit der moabitischen Landnahme setzte der normale nationalhistorische Prozeß und der Aufstieg der neuen Städte ein, und das Land und seine Völker standen bis zum Zusammenbruch des Reiches im 6. Jhdt. v. Chr. (s. unten) in voller Blüte.

2. Archäologischer Befund: In Moab sind nur wenige Grabungen durchgeführt worden; eine Ausnahme bilden die in Dibon *(dībān)*. Die Ergebnisse waren dort enttäuschend, und es erfolgte keine eindeutige Schichtenbestimmung. An anderen Orten wie Madeba, Adar, *bālūʻa,* Kir-Moab (Kerak) und Hesbon hat man über der Erde durch Zufall die Überreste vieler Baulichkeiten gefunden. Diese deuten darauf hin, daß die moabitische Kultur der der anderen palästinischen Völker sehr ähnlich war. Die bedeutsamste epigraphische Entdekkung in Moab war die Stele Mesas (s. unten), die das hochentwickelte politische und kulturelle Niveau des Königreiches Moab im 9. Jhdt. v. Chr. widerspiegelt. In Moab gefundene keramische Erzeugnisse und Ritualgegenstände, darunter Figurinen, sind andererseits allen an der Westküste des Toten Meeres (Kanaan) gemachten Funden sehr ähnlich. Der früheste archäologische Fund ist die *bālūʻa*-Stele **(Abb. 547)**, ein großer, roh gestalteter schwarzer Basaltblock, in den drei menschliche Figuren gemeißelt sind. Letztere stellen offenbar zwei Götter mit einem König in der Mitte dar. Die Stele stammt aus dem 12. Jhdt. v. Chr. und ihr interessantester Bestandteil ist eine vierzeilige Inschrift, die Ähnlichkeit mit dem protosinaitischen Stil aufweist (s. *Alphabet und Schrift). Sie deutet darauf hin, daß die Stele aus einer fernen Periode der moabitischen Frühgeschichte stammt, von der kein Zeugnis auf uns gekommen ist. Außerdem hat man in Dibon ein Bruchstück einer Stele gefunden, und die wenigen darauf eingezeichneten Buchstaben haben Ähnlichkeit mit der Mesa-Inschrift. In dem Gebiet sind viele Siegel gefunden worden, die den Namen des Nationalgottes Kamos tragen. Eine jüngere Inschrift aus der Perserzeit wurde in einem arabischen Haus in Kerak gefunden; sie weist auf die Bewahrung moabitischer Elemente in der Bevölkerung nach der Zerstörung des Nationalreichs hin.

3. Geschichte: *a) Zeit der Landnahme:* Zu der Zeit, da die Moabiter im biblischen Bericht erscheinen (Gen 36, 35; Num 22–24), hatten sie sich gleich den Ammonitern im Norden und den Edomitern im Süden (Num 20, 14) bereits zu einem Königsstaat zusammengeschlossen. Im Gegensatz hierzu war Kanaan vor der hebräischen Landnahme in eine Anzahl kleiner Stadtstaaten aufgeteilt. Wir wissen nicht, wie es zur Errichtung der Reiche kam. Ihre Organisationsform erhellt aus der Tatsache, daß die Hebräer in Verhandlungen mit dem »König von Moab« eintraten (Num 22–24). Der lange Umweg um das edomitische und moabitische Territorium, den die Hebräer am Ende ihrer Wüstenwanderungen machten (s. *Numeri [Buch]), paßt ebenfalls zu der bekannten Tatsache, daß die Grenzen von Edom, Moab und Ammon im 13. Jhdt. v. Chr. im Osten zum Schutz ihrer Gebietshoheit durch eine Festungslinie gesichert waren. Die Hebräer umgingen diese Festungen, marschierten in weitem Bogen ostwärts, wurden im Bergland östlich von Moab vom König von Hesbon angegriffen und schlugen ihn aufs Haupt. Dieser König hatte vorher dem König von Moab eine schwere Niederlage beigebracht und den gesamten nördlichen Teil des Landes zerstört (Num 21, 26–30). Der Sieg der Hebräer über König Sihon von Hesbon machte sie zu Herren des ganzen Landes östlich vom Jordan zwischen Arnon und Jabbok **(Karte 25;** Num 21, 24 f). Durch weitere Siege setzten sie sich in den Besitz des größten Teils des ostjordanischen Berglandes (Num 21, 33–35; s. *Landnahme). Der Hintergrund der Geschichte von Balak, dem König von Moab (Num 22–24), spiegelt sich in den unsicheren Zeiten nach der Eroberung des Reiches Sihons durch Israel wider. Die Moabiter, denen es nicht gelungen war, die Niederungen nördlich des Arnon zurückzuerobern, begrüßten Sihons Niederlage und hofften, das an ihn verlorene Gebiet wieder in Besitz nehmen zu können. Doch fürchteten sie, Israel werde ihnen ihr Land wegnehmen. Balak schloß daher mit den midianitischen Stämmen Verteidigungsbündnisse gegen Israel. Nach der Überlieferung forderten sie Bileam, offenbar einen berühmten Seher und Propheten, auf, Israel zu verfluchen. Von Gott inspiriert, segnete dieser es statt dessen. Aus Num 24, 25 und Ri 11, 25 geht hervor, daß die Situation nicht zur Krise kam, abgesehen von einer Schlacht gegen die Midianiter, in welcher Bileam den Tod fand.

b) Nach der Landnahme: Während sich die Hebräer ganz allmählich in Kanaan seßhaft machten, nahmen die Königsstaaten Moab und Ammon an Stärke zu. Zu Anfang des 12. Jhdts. v. Chr. herrschte Eglon, König von Moab, 18 Jahre lang über Teile von Is-

Abb. 545. Heiligtum (heiliger Felsen, über dem ein römischer Tempel erbaut wurde) in Moab aus ammonitischer Zeit

Abb. 546. Kalksteinstatuen zweier Könige oder Götter aus Amman (9. oder 8. Jhdt. v. Chr.)

Abb. 547. Einer der ältesten moabitischen Funde ist diese Stele aus Basalt (12. Jhdt. v. Chr.)

Abb. 548 (rechte Seite). Die Mesa-Stele aus Moab (9. Jhdt. v. Chr.); sie berichtet von König Mesas Triumph über das Haus Omri in Israel

Abb. 549. Assyrisches Relief, das eine Schlacht zwischen assyrischen Truppen und kamelberittenen Nomaden schildert

rael (s. *Richter), bis Ehud ihn umbrachte (Ri 3, 12–30). In der Erzählung von Saul wird auf Moab nur einmal beiläufig Bezug genommen. Während seiner Regierungszeit »... stritt er wider alle seine Feinde ringsum, wider Moab, wider die Ammoniter, wider Edom ...«. Für Sauls Feldzüge gegen Moab, Edom und Ammon gibt es keine andere Quelle, und viele Forscher vermuten, daß der Hinweis an dieser Stelle vielleicht nur eine, auf zu Beginn der Königszeit unterworfene Völker bezügliche formelhafte Wendung ist und kein historisches Zeugnis für einen tatsächlichen Krieg.

Der Ruben-Stamm hatte sich im Frühstadium der *Landnahme östlich vom Jordan auf ammonitischem Gebiet angesiedelt (Num 32). Wie es ihm erging, ist ungewiß, aber im 11. Jhdt. v. Chr. waren diese Besitztümer in Transjordanien faktisch verschwunden, vermutlich infolge ammonitischer und moabitischer Raubzüge.

c) Davids Eroberungszüge: Zu Anfang seiner Regierungszeit eroberte David nach der Besiegung der Philister das Land der Moabiter, wobei er ihnen schwere Verluste beibrachte (2 Sam 8, 2), und machte sie danach tributpflichtig. Als sich Salomos Reich in der Mitte des 10. Jhdts. spaltete, blieb Moab ein Vasallenstaat des Nordreichs (Israel), aber nicht Judas, wiewohl Juda näher lag. Biblische Berichte über das darauffolgende Jahrhundert sind verworren; sie weisen auf eine Unterbrechung der israelitischen Herrschaft hin. Der zeitgenössische Stein des Mesa (s. unten d) deutet darauf hin, daß Omri, König von Israel (s. *Israel und Juda 2), die Herrschaft seines Reichs über Moab erneuerte (2 Kg 3, 4), das sie vermutlich zuvor abgeschüttelt hatte.

d) König Mesa. (1) Mesa-Stein: 2 Kg 3, 4 heißt es: »Mesa nun, der König von Moab, unterhielt eine Schafzucht und er entrichtete dem König von Israel 100 000 Lämmer und 100 000 Widder mit der Wolle«, d. h. dies war der von ihm gezahlte jährliche Tribut. Dies war der König, dessen in seiner Hauptstadt Dibon von ihm selbst errichtetes Denkmal im Jahre 1868 entdeckt wurde und, als man es entzifferte, das biblische Zeugnis über ihn bestätigte und ergänzte. Es brachte viel Licht in Moabs Geschichte und Religion.

Während Israel gegen Aram Krieg führte oder vielleicht zur Zeit der Schlacht bei Karkar (853 v. Chr.), empörte sich Mesa gegen Joram, Ahabs Nachfolger als König von Israel. Nach einem Anfangserfolg befestigte er die moabitische Grenze. Mit Unterstützung des Königs Josaphat von Juda und Edom begann Joram um 850 v. Chr. eine Strafexpedition (2 Kg 3, 6), die zunächst außerordentlich erfolgreich verlief (3, 24–26). Die Judäer und Israeliten nahmen fürchterliche Rache und verwüsteten Moab. Als sie die moabitische Stadt Kir-Moab (das moderne *kerak*) belagerten, suchte Mesa innerhalb der Stadtmauer Schutz. Als er in seiner Verzweiflung erkannte, daß ihn kein Mensch zu retten vermochte, wandte er sich an seinen Gott Kamos. Laut 2 Kg 3, 27 »nahm er seinen erstgeborenen Sohn, der nach ihm König werden sollte, und opferte ihn als Brandopfer auf der Mauer«, worüber die Israeliten dermaßen erschraken, daß sie »von ihm abließen und in ihr Land zurückkehrten«. Man versteht nicht recht, warum diese Handlungsweise Mesas die beschriebene Wirkung zeitigte. Möglicherweise hatte sie eine uns heute unverständliche Bedeutung. Dieser merkwürdige Vorfall spiegelt sich jedoch augenscheinlich nicht im Mesa-Stein wider und ereignete sich möglicherweise zu einem früheren Zeitpunkt. Nach dem Rückzug der israelitischen Streitmacht aus Kir-Moab verloren Joram und Josaphat die Herrschaft über Moab und danach über Ammon.

Der Mesa-Stein ist die einzige bisher in Moab gefundene zeitgenössische Urkunde, die auf 2 Kg 3 Bezug nimmt. Es ist dies eine große, von Mesa in seiner Hauptstadt Dibon *(dībān)* errichtete Stele mit einer Inschrift in einer dem Hebräischen der Bibel ähnlichen moabitisch-kanaanäischen Mundart. Der auf **Abb. 548** gezeigte Stein wurde von Beduinen – zur Erzielung eines höheren Erlöses durch stückweisen Verkauf – durch Erhitzen zum Zerspringen gebracht, doch war glücklicherweise von der Inschrift vorher eine Abschrift angefertigt worden, und heute steht der große Stein, restauriert und rekonstruiert, im Pariser Louvre-Museum. 1,13 m hoch und 70 cm breit, trägt er eine 34zeilige, in der ersten Person Singular verfaßte Inschrift, die mit einer etwas prahlerischen Aufzählung seiner Triumphe über das Haus Omris, des Königs von Israel, durch Mesa, König von Moab, beginnt. Der Inhalt ist hochinteressant, wenn man ihn mit dem Bericht im zweiten Königsbuch vergleicht. Die Inschrift lautet:

»Ich bin *Meša'*, Sohn des *KMS,* König von Moab, der Dibonite. Mein Vater war König über Moab dreißig Jahre, und ich wurde König nach meinem Vater. Und ich machte

dieses Höhen(heiligtum) für *Kamoš* in *Qeriḥo,* als Zeichen der Rettung, denn er errettete mich von allen Angreifern und ließ mich triumphieren über alle meine Gegner.
Omri war König von Israel, und er bedrängte Moab lange Zeit, denn *Kamoš* zürnte seinem Land. Und es folgte ihm sein Sohn. Und er sprach: Ich will Moab bedrängen. In meinen Tagen sprach er, aber ich triumphierte über ihn und sein Haus. Und Israel ist für immer zugrunde gegangen. Und es hatte sich *Omri* des ganzen Gebietes von *Madeba* bemächtigt und er wohnte darin während seiner Tage und der Hälfte der Tage seines Sohnes, vierzig Jahre. Und ich baute *Baal-Meon* (wieder auf) und errichtete die Zisterne darin. Und ich baute *Kirjaton* (wieder auf). Und die Leute von *Gad* wohnten seit jeher im Lande von *Ataroth* und der König von Israel hatte *Ataroth* für sich gebaut. Und ich griff die Stadt an und nahm sie ein. Und ich tötete alles Volk der Stadt als Darbringung für Kamoš und für Moab. Und ich brachte von dort den Altar ihres *DWD* und schleppte ihn vor *Kamoš* in *Qerejoth.* Und ich ließ dort wohnen die Leute von *Saron* und die Leute von *MḤRT.* Und *Kamoš* sprach zu mir: Geh, nimm *Nebo* (im Kampf) gegen Israel! Da zog ich bei Nacht los und kämpfte gegen es von Tagesanbruch bis Mittag. Und ich nahm es ein, tötete alles: 7000 Männer, Klienten, Frauen, Klientinnen und Sklavinnen, denn ich hatte sie dem *Aštar–Kamoš* (durch Bann) geweiht. Und ich nahm von dort die (Geräte?) Jahwes und schleppte sie vor *Kamoš.* Und der König von Israel hatte *Jahaṣ* gebaut und lagerte darin während seines Feldzuges gegen mich. Da vertrieb ihn *Kamoš* vor mir und ich holte aus Moab 200 Mann, alle seine Anführer. Und ich brachte sie nach *Jahaṣ* und nahm es ein, um es Dibon anzugliedern.
Ich habe *Qeriḥo* gebaut, die Mauer des Parks und die Mauer der Akropolis. Und ich habe seine Tore gebaut und ich habe seine Türme gebaut. Und ich habe den Königspalast errichtet und machte die Umfassungsmauern des Beckens für die Quellen inmitten der Stadt. Aber eine Zisterne gab es nicht inmitten der Stadt, in *Qeriḥo,* sondern ich sprach zu allem Volk: Macht euch jeder eine Zisterne in eurem Haus! Und ich habe die Gruben bauen lassen für *Qeriḥo* durch Gefangene Israels.
Ich habe *Aroer* gebaut und machte die Straße am *Arnon.* Ich habe *Beth-Bamoth* wieder errichtet, denn es war zerstört. Ich habe *Beṣer* wieder erbaut, denn es lag in Trümmern, mit 50 Mann aus *Dibon,* denn (die Leute von) ganz *Dibon* sind (meine) Untertanen. Und ich regierte (über?) 100 Städte, [anders in Galling, Textbuch: mit Hundertschaftsführern in den Städten], die ich dem Lande angegliedert hatte. Und ich baute (... *Made)ba* und *Beth-Diblathon* und *Beth-Baal-Meon* (wieder) auf und trug dort davon das ... Kleinvieh des Landes. Und (was) *Ḥawronān* (anlangt), (so) wohnte darin ... Und es sprach *Kamoš* zu mir: Steige hinab, kämpfe gegen *Ḥawronān*! Da stieg ich (hinab und kämpfte gegen die Stadt und nahm sie ein, und) *Kamoš* (wohnte) in ihr in meinen Tagen. Und ... von dort ... *ST SDQ* und ich ...« (Übersetzung aus: H. Donner – W. Röllig, Kanaanäische und aramäische Inschriften II [1964] S. 168 f).
(2) Biblische Berichte und Mesa-Stein: Der hier beschriebene erfolgreiche Feldzug gehört in dieselbe Periode wie 2 Kg 3. Mesas Gegner war Israel, und die Kriege, die er unter dem Schutz Kamos', des Gottes von Moab, führte, sollten Israel austreiben und die von Omri und Ahab eroberten Gebiete zurückgewinnen, einschließlich Ataroth, das, wie Mesa prahlt, lange zuvor von Gad besiedelt worden war. In Num 32, 3.34–35 wird es zusammen mit Jaeser und Dibon als Stadt der Gaditen genannt. Die göttlichen Gebote des Kamos gemahnen an die Antwort der Propheten Israels an den König, der sie vor dem Auszug in die Schlacht um Rat fragt: »Zieh hinauf nach Ramoth in Gilead, und du wirst Glück haben! Der Herr wird es in die Hand des Königs geben« (1 Kg 22, 12). Moabs Niederlage wie auch sein Sieg wird als Handlung des Kamos gedeutet (s. unten 4). Mesa nahm seine ihm durch Israel beigebrachte Niederlage als Zeichen dafür, daß sein Gott ihm zürnte, eine Auffassung, die auch regelmäßig in anderen Ländern begegnet. Die Einnahme von Nebo wird ebenfalls als Handlung des Kamos gedeutet. Diese Stelle ist der einzige außerhalb des eigentlichen Palästinas gefundene Text, der den Namen Jahwes erwähnt. Das biblische *ḥēræm* kannte man ebenfalls in Moab: als der Gott Mesa siegen ließ, »weihte« dieser ihm alle Einwohner der Stadt sowie die Gold- und Silberschätze einschließlich des Tempelschatzes. Mesas Vater trägt einen auf dem Namen Kamos basierenden theophoren Namen.
Auf dem Stein findet sich eine Anzahl Wörter in moabitischer Mundart, darunter *qīr* im Sinne von *qirjā* (Stadt). Diese Wör-

ter leben in der Bibel in den Namen der moabitischen Städte »Kir-Moab« (Jes 15, 1) und »Kir-Heres« (Jer 48, 31) fort **(Karte 37).**

Wie der Stein berichtet, konnte der Moabiterkönig augenscheinlich die Verteidigungsanlagen seines Landes später verstärken, so daß Amasja, König von Juda, in der Wüste Thekoa, seinem eigenen Territorium westlich des Toten Meeres, gegen die Moabiter kämpfen mußte, wo er sie aufs Haupt schlug. Moab wird in der Bibel kaum wieder erwähnt, obwohl es anscheinend während der Regierungszeit Jerobeams II. erneut unter die Herrschaft Israels kam. Auf seinen Niedergang während des 8. Jhdts. v. Chr. deuten auch Hinweise in 2 Chr 26, 8; Jer 49, 1; Am 1, 13 hin, die zu implizieren scheinen, daß der nördliche Bereich von Moab am Anfang des Jahrhunderts unter ammonitische Botmäßigkeit kam.

e) Unter assyrischer Herrschaft: Gleichwie die meisten umliegenden Nationen wurde Moab von der neuerlichen Expansion des assyrischen Machtbereiches unter Tiglatpilesar III. (745–727 v. Chr.) verschlungen. Anscheinend bot diese Aufsaugung beiden Seiten Vorteile. Die Assyrer gewährten den Moabitern Schutz vor Angriffen der Wüstennomaden (das Relief **Abb. 549** aus *nimrūd* schildert ein schicksalhaftes Treffen), während Moab zu weit vom Zentrum des Reiches entfernt zu sein schien, um Assyrien bedrohen oder es durch politische Intrigen gefährden zu können. Moab, Ammon und Edom waren Assyrien tributpflichtig und mußten sich die Überwachung durch Statthalter gefallen lassen. Zwischen 713 und 701 v. Chr. schlossen sich die Moabiter den Koalitionen syrischer und palästinischer Staaten gegen Sargon und Sanherib an, doch kapitulierten sie schließlich, zahlten Assyrien Tribut und durften nominell ihre Unabhängigkeit behalten.

f) Moabs Untergang: In den Kriegen Assurbanipals (s. *Assyrien und Israel) gegen die Araberstämme nahm Moab für die Assyrer Partei und zahlte ihnen weiterhin Tribut. Nach dem Zusammenbruch des assyrischen Reiches war es marodierenden Nachbarn preisgegeben. Nach einigen bezieht sich ein altes moabitisches Totenklagelied, das das Schicksal des Landes betrauert, auf diese Zeit. Es dürfte sich jedoch eher um ein Klagelied über den Raub moabitischen Gebiets durch Sihon (s. o.) handeln. Das Thema, wenn nicht gar das in Rede stehende Klagelied, wurde von Jeremia (Kap. 48) und Jesaja (Kap. 15) in ihren Weissagungen über das endliche Schicksal Moabs aufgegriffen. Diese Periode kündigte das Ende Moabs als eines autonomen Staates an; nach dem Ausgrabungsbefund trat es im 6. Jhdt. v. Chr. ein.

Josephus (Altertümer X, 9, 7) berichtet, Moabs Nachbar Edom sei an Nebukadnezar gefallen, und dieser habe kurze Zeit nach der Zerstörung des ersten Tempels gegen Moab und Ammon gekämpft. Der Zusammenbruch dieser Länder dürfte jedoch eher die Folge wiederholter Raubzüge der Wüstenstämme gewesen sein. Bei den späten Propheten hören wir zum letztenmal im Alten Testament von Moab. Ezechiel deutet Moabs Unterwerfung unter die Wüstenstämme als göttliches Strafgericht, hatte es doch Juda angegriffen, als dieses sich nach der Zerstörung des ersten Tempels in einer verzweifelten Situation befand.

Moab taucht kurz bei Josephus (Altertümer XIII, 14–15) wieder auf und in 1 Makk 9, 35 ff als abhängiges Gebiet des seleukidischen Reiches. Die frühen *Nabatäer hatten von dem Land Besitz ergriffen.

4. Religion: Von einigen wenigen Hinweisen in der Bibel und dem Bericht des Mesa-Steins abgesehen, gibt es nur sehr wenige Zeugnisse für die Religion der Moabiter. Der Hauptgott war anscheinend Kamos, dem sie in erster Linie ihre Verehrung darbrachten. Auf die Stätten, an welchen er und andere lokale Gottheiten vielleicht verehrt wurden, weisen Ortsnamen wie Baal-Peor, Bamoth-Baal, Beth-Baal-Meon hin; möglicherweise deuten sie auch darauf hin, daß man den Nationalgott als »Baal« bezeichnete. Die moabitische Religion ähnelte der der Nachbarvölker (Ammoniter und Edomiter). Der Mesa-Stein führt die Niederlage Moabs im Kampf gegen Israel auf Kamos' Zorn über sein Land zurück und Mesas Sieg auf die Gunst des Gottes. Der König weiht die Gefangenen seinem Gott. Einige Forscher haben aus dem Namen Ischtar-Kamos auf dem Mesa-Stein geschlossen, daß er Ischtar als Gemahlin des Kamos bezeichnet. Nach anderen ist dies ein zusammengesetzter Name, der Kamos mit dem männlichen Gott Ischtar identifiziert (s. *Kanaanäische Religion).

Stil, Kleidung und andere Züge der in Amman gefundenen beiden Kalksteinstatuen **(Abb. 546)** eines Königs oder einer Gottheit (9. oder 8. Jhdt. v. Chr.) erweitern unsere Kenntnis dieser Periode in beträchtlichem Maße.

5. Moabitische und ammonitische Herrscher:

Zeit	*Moab*	*Ammon*
Späte Bronzezeit, ca. 1550–1200 v. Chr.	Balak	Sihon (in Hesbon)
Frühe Eisenzeit, ca. 1200–950 v. Chr.	Eglon	Nahas Hanun Sobi
Späte Eisenzeit, ca. 950–549 v. Chr.	Mesa, ca. 850 v. Chr. Kamos Nadab Musuri	Sanibu Pudiel
Unter assyrischer Herrschaft		
Kamos Jehi	Ammi Nadab	
Kamos Haleth	Baalis	

Moses

Gliederung: 1. Charakter der Berichte über Moses. a) Jugend; b) Berufung; c) Moses in Ägypten; d) Der Auszug aus Ägypten; e) Der Name Jahwes. 2. Moses und die moderne Kritik. a) Bedeutung Moses'; b) Geschichtlichkeit; c) Mosaischer Monotheismus – oder nicht? d) Mosaische Religionsgemeinschaft; e) Moses als Apostel des Gottesbundes; f) Der Dekalog; g) Schlußfolgerung. 3. Der gegenwärtige Stand der Forschung. a) Die neuere Entwicklung; b) Der Name Moses; c) Der Eisodus nach Ägypten; d) Moses' Jugend und Flucht; e) Der Exodus; f) Die Theophanie am Sinai; g) In Kades; h) Einzug ins Ostjordanland und Tod Moses'.

1. Charakter der Berichte über Moses: *a) Jugend:* Die Geschichte von der Geburt und den ersten Lebensjahren des Moses wird in Ex 2 berichtet. Anders als sonst bei historischen Gestalten in der Bibel, wie etwa Simson oder Samuel, enthält dieser Bericht außer der Tatsache, daß seine Eltern dem Stamm Levi angehörten, keine genealogischen Einzelheiten. Späteres priesterschriftliches Gut (Num 26, 59) machte Moses' Mutter zur Tochter des Jakobssohnes Levi, doch muß sie in Wirklichkeit einige Generationen später gelebt haben. Diese spätere Quelle legte auch ihr und ihrem Mann die Namen Jochebed und Amram bei. Möglicherweise hießen sie wirklich so, doch ist diese Angabe sonst nirgendwo überliefert. Das Fehlen genealogischer Nachrichten im ältesten Bericht steht mit allen frühen Kapiteln des Buches *Exodus im Einklang, die bemerkenswert wenige Einzelheiten über das Leben der Hebräer in Ägypten berichten, außer daß sie die Härte ihrer Knechtschaft betonen. Moses' Name deutet auf ägyptische Erziehung. Er leitet sich wahrscheinlich nicht von dem hebräischen Wort *mâšah* »herausziehen« her, wie die biblische Erklärung lautet, sondern von ägyptisch *mesu* (von den Hebräern *Mosche* ausgesprochen), das mit dem ägyptischen Wort für Kind zusammenhängt und in Namen wie Thut-moses, Ra-mses usw. erscheint. Die Bibel berichtet (Ex 1, 15–2, 10), die Ägypter hätten die wachsende Zahl der Hebräer zu beschränken versucht, indem sie die Tötung aller neugeborenen Knaben verfügten. Moses' Mutter vermochte ihn zu verstecken, bis er drei Monate alt war; sie legte ihn sodann in einem Korb im Schilf am Nilufer nieder; dort fand ihn die Tochter des Pharao und zog ihn auf.

Dies ist der wesentliche Punkt der Geschichte seiner Jugend, denn der Verfasser wollte nachdrücklich betonen, daß Gott auf diesem unwahrscheinlichen Hintergrund einen *gō'ēl* (Befreier) für sein Volk bereitete, wobei er selbst eine ägyptische Prinzessin zum Überleben des Kindes beitragen ließ. Dieses Thema eines göttlichen Befreiungsplans erklärt wahrscheinlich die offenbare Symmetrie von Moses' Lebensgeschichte und Werdegang, der Tatsache

Abb. 550. Blick von der Spitze des Berges Pisga in das Land Kanaan

zum Trotz, daß die Erzählung im Pentateuch von späteren Herausgebern aus einer großen Menge unabhängiger Überlieferungen und Elemente zusammengetragen wurde. Mehrere Schulen biblischer Literarkritik haben interessante Rekonstruktionen der verschiedenen ursprünglichen mosaischen Stoffe erstellt, wie sie in den hypothetischen Urkunden E, J, D und P erschienen (s. *Bibelkritik). Man findet sie in allen maßgebenden Einleitungen in das AT. Die verschiedenen Theorien stimmen nicht miteinander überein, aber ihre wechselseitigen Widersprüche beeinträchtigen weder die Geschichtlichkeit Moses' noch die einzigartige Bedeutung seines Lebens und Wirkens.

b) Berufung: Sowohl die frühen als auch die späteren Überlieferungen berichten, daß Moses im Haus des ägyptischen Königs aufwuchs, sich aber, als er von seiner Herkunft erfuhr, für seine Stammesgenossen zu interessieren begann und aus Ägypten flüchten mußte, nachdem er einen Ägypter getötet hatte, den er einen hebräischen Sklaven hatte mißhandeln sehen. Moses fand in Midian Zuflucht, wo er bei Jethro, dem dorigen Priester, als Schäfer in Dienst trat und seine Tochter Zippora heiratete, die ihm zwei Söhne, Gersom und Elieser, gebar.

Am Horeb erschien Gott dem Moses zum ersten Mal in Gestalt eines Busches, der brannte, aber nicht verzehrt wurde (Ex 3, 2–4). (Spätere rabbinische Kommentatoren erblickten darin ein Symbol für das Volk als Ganzes.) Dort befahl Gott dem Moses, nach Ägypten zurückzukehren, um sein Volk in die Freiheit zu führen. Diese Phase der Erzählung schließt auch die Offenbarung des Namens Gottes ein (Ex 3, 13–15; weiteres s. unten 1 e).

c) Moses in Ägypten: Gehorsam dem Gebot des Herrn, kehrte Moses nach Ägypten zurück und bat, von seinem älteren Bruder *Aaron unterstützt, den Pharao, er möge die Israeliten aus Ägypten ausziehen und ihrem Gott in der Wüste opfern lassen. Zum Beweis ihres göttlichen Auftrags ließen sich Moses und Aaron auf einen, wie viele Forscher meinen, Prestigewettkampf mit den Hofmagiern ein und produzierten eine Reihe übernatürlicher Kunststücke, die die Überlegenheit einer Art von Magie über eine andere erweisen sollten (s. *Magie, Wahrsagerei und Aberglauben). Trotzdem schlug der Pharao ihnen ihre Bitte ab: die Israeliten müßten in Ägypten bleiben – und härter arbeiten. Daraufhin suchte Gott Ägypten mit den zehn Plagen heim (Ex 7, 14–10, 29). Entscheidend war nicht, daß die Plagen eintraten, sondern daß Moses sie voraussagte und seine Voraussagen sich jedesmal erfüllten, so daß die Ägypter annahmen, seine Magie sei stärker als die ihrige und er könne über die Kräfte eines mächtigen feindseligen Gottes gebieten. Dies sind alles Mutmaßungen. Die Überlieferung berichtet lediglich, die Überlegenheit Jahwes über die ägyptischen Götter sei in Wundern und den gewaltigen Taten des Auszugs aus Ägypten zum Ausdruck gekommen. Dieses Thema wurde in die Berichte von Moses und seiner Führerschaft eingeflochten.

Der Pharao ließ sich schließlich dazu bewegen, den Israeliten und ihren Familien den Auszug zu gestatten, doch bestand er darauf, sie müßten ihr Vieh zurücklassen. Dies, entgegnete Moses, sei unmöglich: ihre Herden müßten sie mitnehmen, da ihnen sonst keine Opfergaben zur Verfügung stünden. Als der Pharao unnachgiebig blieb, verkündete Moses den Tod der Erstgeborenen in ganz Ägypten (Ex 10, 24–26. 28–29; 11, 4–9), und der Pharao willigte endlich in den Abzug der Israeliten ein. Diese Episode bildet einen hervorstechenden Zug der traditionellen Passahfeier (s. *Feste und Feiertage).

d) Der Auszug aus Ägypten: Später, nachdem er sich abermals eines anderen besonnen, nahm der Pharao die Verfolgung der Hebräer auf, doch blieben er und sein Heer samt den Streitwagen im Schilfmeer, das die Hebräer zuvor sicher durchquert, stekken und versanken schließlich darin. Dieses Gewässer wird für gewöhnlich fälschlich mit »Rotes Meer« übersetzt (die Anwendung des Ausdrucks auf das Rote Meer geht auf die Septuaginta und vermutlich auf noch frühere Zeiten zurück). Ein See oder »Schilfmeer« kann sehr gut in oder nahe bei dem heute vom Suezkanal durchquerten Sumpfgebiet oder in der nordöstlichen Ecke der Sinai-Halbinsel gelegen haben (Einzelheiten s. *Auszug aus Ägypten).

Nach langen Märschen und einem schweren Kampf mit den Amalekitern führte Moses das Volk zum Berg Horeb auf der Sinai-Halbinsel. Dort schuf Moses auf den Rat seines Schwiegervaters Jethro hin ein Rechtspflegesystem (Ex 18), und dort wurden Moses die zehn Gebote von Gott offenbart; Moses gab dem Volk als Ergänzung hierzu einen vollständigen Gesetzeskodex. Ex 20–23 enthalten die ältesten, durch eine der frühesten Quellen (wahrscheinlich E) bewahrten Gesetze Israels.

Die gleiche Quelle berichtet auch die Zeremonie der Bundesschließung (Ex 24, 3–8, s. u.). Nach dieser oder vielleicht einer anderen Quelle vertraute Moses, als er den heiligen Berg hinaufstieg, das Volk der Obhut Aarons und Hurs an (Ex 24, 13–14). Während seiner Abwesenheit machte *Aaron ein goldenes Kalb, damit das Volk es verehre. Als Moses es bei seiner Rückkehr erblickte, zerbrach er die steinernen Tafeln und zerstörte das Bild, und Gott schickte als Strafe eine Plage, lenkte dann aber ein. Eine spätere Quelle (P) erzählt, Moses sei auf den Berg gestiegen (Ex 24, 15–18) und habe dort Anweisungen für die Aufstellung der Stiftshütte (s. *Stiftshütte und Bundeslade) und die darin zu übende Form der Gottesverehrung entgegengenommen (Ex 25–31, 17).
Die Geschichte der Wanderungen wird vom Buche Numeri im zweiten Jahr aufgegriffen. Als die Hebräer in Kades-Barnea weilten (der zentrale Punkt für die Wanderungen), wurde eine Zählung der wehrfähigen Männer vorgenommen, die auf dem Marsch verfügbar sein würden. Der Verfasser der Priesterschrift ergriff diese Gelegenheit, um über die Organisation der priesterlichen und levitischen Familien zu berichten (s. *Volkszählung).
In den ersten Jahren der Wanderungen geriet Moses häufig mit verschiedenen Gruppen des Volkes in Streit; einmal wollten sogar einige von ihnen nach Ägypten zurückkehren (Num 14, 1.3 ff.). Als die Kinder Israel in der Wüste Pharan lagerten und zwölf Männer zur Erkundung des Landes Kanaan ausgesandt wurden, sollten die Nachrichten, die sie heimbrachten, die Israeliten von einem Angriff abschrecken (Num 13, 31–33). Allein Josua und Kaleb gaben einen günstigen Bericht, weshalb nur sie das Gelobte Land betreten durften (Num 13, 30; 14, 6–24.30).
An dieser Stelle erfährt die Erzählung anscheinend eine Unterbrechung. Die Quelle E in Numeri berichtet, das Volk sei gegen Moses' Rat nach Kanaan vorgerückt und von den Amalekitern und anderen Landesbewohnern in die Flucht geschlagen worden (Num 14, 39–45). Die Erzählung wird in Num 20 mit dem Wunder des Wassers aus dem Felsen (20, 2–13), der Weigerung des Königs von Edom, den Israeliten den Durchzug durch sein Land zu gestatten (20, 14–21), dem Tode des Hohenpriesters Aaron am Berge Hor (20, 22–29) und der Nachfolge seines Sohnes Eleasar in seinem Amt (Dt 10, 6) fortgeführt.
Abgesehen von der Feststellung, daß die Generation, die aus Ägypten auszog, das Gelobte Land nicht schauen soll (Num 14, 22–23), schweigt sich die Bibel über die Ereignisse zwischen dem 2. und dem 39. Jahr des Exodus aus. Im 39. Jahr versuchte Moses erneut, die durch ihre Wüstenjahre gehärtete neue Generation nach Kanaan zu führen. Ihr erster Zusammenstoß mit den Kanaanäern bei Horma endete mit einem israelitischen Sieg (Num 21, 1–3). Sodann marschierten sie über Edom nach Moab, schlugen den Amoriterkönig Sihon (Num 21, 11–15. 21–24. 27–30), die Moabiter und die Midianiter und töteten Bileam (Num 22–24; 31, 1–12; s. *Numeri [Buch]). Die Eroberung von Basan (s. *Landnahme) festigte Israels Herrschaft über das Ostjordanland und verschaffte dem Volk eine Basis für den Angriff auf das Gelobte Land selbst. Nachdem er Josua (s. *Josua und Richter [Bücher]) zu seinem Nachfolger ernannt (Dt 31, 14 ff. 23), durfte Moses von der Höhe des Berges Pisga aus das Land Kanaan schauen, wo sich ihm wahrscheinlich im wesentlichen derselbe Anblick bot, den die von der gleichen Stelle aus aufgenommene **Abb. 550** zeigt. Danach starb er auf dem Berge Nebo in Moab und wurde dort bestattet (Dt 34, 5 f.); seine Grabstätte ist nicht bekannt.
e) Der Name Jahwes: Nach den Quellen, die im Buche *Exodus vereinigt sind, wurde der Name JHWH erstmals dem Moses in Midian geoffenbart, und Moses verkündete ihn den Israeliten in Ägypten. Ex 3, 6 und 6, 3 verbinden beide eindeutig Jahwe mit dem »Gott der Väter«, was darauf hindeutet, daß die Religion, die Moses predigte, für die Hebräer keineswegs etwas Neues war. Der Gott der Väter war El. Moses benannte El mit der neuen, vorher nicht derart gebrauchten Bezeichnung JHWH. Man kann Moses' Beitrag vielleicht als eine eindeutigere Feststellung des Bundesverhältnisses zwischen den Menschen und Gott und eine präzisere Definition Gottes als des Erlösers und der Israeliten als des auserwählten Volkes (s. *Erwählung und auserwähltes Volk) auffassen. Woher der Name JHWH selbst stammt, ist eine andere Frage.
Gottes Offenbarung seines Namens als das Tetragramm JHWH (ausgesprochen: *Jahwe*) ist der entscheidende Punkt der Berufung Moses' (Ex 3, 13–17). Das Wort scheint von dem Verbum *hjh* abgeleitet zu sein und kann mit »er ist« übersetzt werden oder, einem anderen Verbalstamm zufolge, mit »er erschafft, er bewirkt«. Laut Ex 3, 14 bedeutet der Gottesname »Ich bin

der Ichbin«, und zahlreiche Kommentare sind über diesen Text verfaßt worden. Das Verbum *hjh* erscheint jedoch immer in einem handlungsreichen Kontext – es bezieht sich niemals auf eine statische Situation oder Begebenheit wie ein einfaches »sein«. Seine Verwendung als Gottesname im Sinne von »Ich bin der Schöpfer« wäre eine zutreffende Beschreibung eines schaffenden, hervorbringenden Gottes. An anderer Stelle im Buche Exodus, in dem historischen Zusammenhang des Sinai, scheinen die mosaischen Formeln jedoch andere Eigenschaften und Attribute Gottes zu betonen: in Ex 33, 19 und 34, 6–7 seine Barmherzigkeit und Gnade gegenüber seinem Volk, das Thema des ganzen Buches, die die Bedeutung »Ich bin der Gnädige, der Mitfühlende« implizieren. Ex 34, 14 benutzt eine Formel, die für gewöhnlich mit Jahwe, der »eifersüchtige Gott«, wiedergegeben wird, was aber eine ungeschickte Übersetzung ist. »Denn er schafft Eifer« würde dem Original insofern eher entsprechen, als dies den Eifer impliziert, mit dem er Israel an sich bindet in einem ausschließlichen Verhältnis des Rechts und der Pflicht, des Urteils und der Gnade, aber auch des Versprechens und der Drohung.

2. Moses und die moderne Kritik: *a) Bedeutung Moses':* Frühere Forschungen haben derart viel von der Gesetzgebung und Entwicklung des Monotheismus von Moses in spätere Zeiten verlegt, daß Moses' eigene Rolle häufig beträchtlich verkleinert erscheint. Tatsächlich ist jedoch der Versuch, ihn auf eine nebelhafte, nur aus der Legende bekannte Figur zu reduzieren, in keiner Weise gerechtfertigt. Eine gründliche Bibelkritik hat die Gültigkeit der biblischen Überlieferungen über Moses dargetan. Heute besteht Einigkeit darüber, daß zu Moses' Zeit als Ergebnis seiner Botschaft und Führung eine neue Religionsgemeinschaft ins Leben trat, wenn auch Moses selbst schattenhaft bleibt.

Den Vertretern der gegenteiligen Auffassung (z. B. M. Noth) geht es darum, die Einzigartigkeit von Moses' Werk zu bezweifeln. Obwohl sich die Einzigartigkeit des Sinai-Ereignisses nicht leugnen läßt, wenn der historische Nachweis auch schwierig ist, gilt diesem Forscher die Überlieferung, daß Moses der »Gründer« des neuen Glaubens oder daß der Mosaismus als solcher eine neue Religion war, nicht notwendig als geschichtlich. Er führt die Überlieferungen auf einen deuteronomistischen Ursprung zurück und betrachtet sie als das Ergebnis der Kristallisation einer panisraelitischen Nationalreligion in späterer Zeit, nach der Ansiedlung in Kanaan. Die spätere Tradition übertrug diese Berichte und Glaubensanschauungen auf den fernen Hintergrund des Auszugs aus Ägypten und des Moses. Dieser Führer war daher mit dem Auszug aus Ägypten verknüpft, wenn auch nicht notwendigerweise mit dem Sinai-Ereignis und seiner Überlieferung. Diese extreme Anschauung, die Moses jegliche historische Existenz abzusprechen versucht, hat kaum noch etwas mit nüchterner Kritik zu tun. Die Theorie, daß die ihn betreffenden Erzählungen sämtlich Legenden seien, wird ebenfalls von der modernen Kritik als weder wissenschaftlich noch kritisch zurückgewiesen. Mag sein, daß nicht alle über ihn berichteten Einzelheiten Wort für Wort wahr sind, doch enthalten, genauso wie im Falle der Patriarchen (s. *Patriarchen, Geschichte), auch die Erzählungen über Moses einen beträchtlichen historischen Kern.

b) Geschichtlichkeit: Die Geschichte Israels setzte nicht plötzlich zur Zeit des Moses ein. Die Forschung hat nachgewiesen, daß der biblische Bericht bewußt simplifiziert wurde und daß Überlieferungen, die sich über ein halbes Jahrtausend erstrecken, hinter dem Buch Exodus liegen – oder rasch in die Folklore seines Volkes eingingen. (Für die Probleme der Ursprünge Israels s. *Patriarchen, Geschichte, und *Landnahme.)

Es ist oftmals schwierig, den historischen Kern, der sich aus den Überlieferungen herausschält, von der sie umgebenden Folklore und den vielen magischen Elementen zu trennen, mit denen sie durchsetzt sind (die Seuchen, die Wunder, der Durchzug durch das Meer usw.). Diese drücken die Überzeugung aus, daß Jahwe bei der Errettung seines Volkes tatsächlich anwesend und tätig war. Dies ist der Kern der Überlieferung, wenn sie sich auch nicht mit Tatsachen belegen läßt. Die vorherrschende Überzeugung von der Verläßlichkeit der Tradition führt viele Forscher zu der Annahme, daß die Ereignisse des Auszugs aus Ägypten und am Sinai als ihren Brennpunkt eine einzelne herausragende Persönlichkeit voraussetzen. Obwohl es sich nicht mit historischen Tatsachen beweisen läßt, meinen sie, daß das hebräische Volk von Moses völlig umgewandelt wurde. Zudem: Wiewohl die Umstände des Sinai-Ereignisses einer historischen Analyse nicht zugänglich sind, setzte der einzigartige Glaube der Hebräer an *einen*

Gott in ihrer Tradition einen individuellen Begründer des neuen Glaubens voraus. Es wird auf analoge Führergestalten im Christentum und im Islam hingewiesen.

c) Mosaischer Monotheismus – oder nicht? Im 19. Jhdt. bekannte sich der evangelische Theologe und Orientalist J. Wellhausen (s. *Bibelkritik) zu der Überzeugung, daß man die Moseszeit als »die eigentlich schöpferische Periode« der Geschichte Israels und als Ursprung seiner nationalen Geschichte ansehen könne. Sehr viel mehr Meinungsverschiedenheiten rief das Wesen der auf diese Weise geschaffenen Religion hervor – es ist auch heute noch umstritten. Einige Forscher sehen in Moses nicht den Schöpfer des neuen Glaubens. Gewiß, ein neuer Glaube trat ins Leben, doch läßt er sich in seinen Anfangsstadien schwer definieren. Um sich vollständig zu entwickeln und auch nur die Keime des ethischen Monotheismus hervorzubringen, brauchte er Jahrhunderte. Z.B. behauptet J. T. Meek, das Auftauchen und die Annahme der Idee eines Weltgottes setze eine Weltauffassung im politischen Sinne voraus. Zu Moses' Zeit war Israel ein zusammengewürfelter Haufe, der eben seine ersten Schritte auf dem Wege zur Volkseinheit tat. Auf einem solchen Hintergrund konnte die Idee eines allmächtigen Weltgottes kaum entstehen.

Anderseits definieren Oesterley und Robinson die von Moses verkündigte Religion als eine Religion mit der Losung »Jahwe ist der Gott Israels, und Israel ist das Volk Jahwes«, zu der sich eine Menge primitiven Aberglaubens gesellte. W. F. Albright hat behauptet, die Religion des Moses sei bereits das gewesen, was man gemeinhin Monotheismus nennt, und »der orthodoxe Jahwismus« sei sich »von Moses bis Esra im wesentlichen gleichgeblieben«. Viele Forscher haben dies jedoch bestritten. Der Streit dürfte kaum zu schlichten sein, denn die Fragen, um die es sich dabei handelt, gehen nicht nur den Historiker, sondern auch den Theologen an, und das ganze Thema scheint gegensätzliche Anschauungen über das Wesen der Religion heraufzurufen, d. h. es läuft auf ein Definitionsproblem hinaus. Die Gegner des mosaischen Monotheismus behaupten, der Ausdruck sei auf eine Religion, die keine philosophische Theologie besitze, nicht anwendbar. Die Religion Israels war nicht auf abstrakter Theologie fundiert. Sie gründete auf der Erinnerung an eine historische Erfahrung und auf ihrer Ausdeutung. Jahwe, so glaubten die Israeliten, habe sie mit Vorbedacht aus der Knechtschaft befreit und sie durch den Bund zu »seinem« Volk, im Sinne seiner Untertanen, gemacht (s. *Erwählung und auserwähltes Volk).

Ein anderes Argument lautet, Monotheismus müsse stets als ausdrückliche Leugnung anderer Götter in Erscheinung treten. »Götter« gab es in jedem heidnischen Tempel, und die wiederholten Brandmarkungen götzendienerischer Praktiken unter den Israeliten durch die Propheten deuten darauf hin, daß sie niemals so etwas wie eine monotheistische Religionsgemeinschaft im Sinne eines philosophischen Monotheismus bildeten. Ein weiteres Zeugnis ist die Stellung des vorprophetischen Schrifttums zu heiligen Stätten, zur Stiftshütte und zum Allerheiligsten. Alle alten sakralen Stätten, selbst ehedem den Kanaanäern heilige Orte, gingen als Orte, an denen Jahwe sich geoffenbart, in der Religion auf, ohne daß er an sie gekettet war oder geographisch auf sie beschränkt blieb. Die israelitische Religion war von jeglichem Polytheismus frei. Sie war gewissermaßen ein praktischer Monotheismus ohne die Stütze einer umfassenden philosophischen Rationalisierung.

Viele Forscher meinen, man solle sie besser als »Monolatrie« oder »Henotheismus« bezeichnen (= Verehrung eines einzigen Gottes bei gleichzeitiger Anerkennung der Existenz anderer Götter). Ihr göttlicher Status wurde diesen nur widerwillig zugebilligt, und die Israeliten bestritten solchen »Göttern und Götzen« die Kräfte, die ihre Anhänger für sie beanspruchten. Jahwe, den die Israeliten verehrten, ging über die Personifizierung der Naturkräfte, welche die polytheistischen Götter darstellten, weit hinaus. Jahwe war selbst der Gott der gesamten Natur, und er allein besaß die Macht, die Naturkräfte und die Weltgeschichte zu lenken und zu beherrschen. Es dauerte Jahrhunderte, bis man sich der ganzen Bedeutung dieser Geisteshaltung bewußt wurde; doch der Glaube an einen einzigen Gott, den Moses lehrte, enthielt sämtliche wesentlichen Elemente des vollentwickelten Monotheismus späterer Zeiten. Im Anfangsstadium verbot der mosaische Glaube die Anerkennung anderer »Götter« und schloß alle Formen von Synkretismus aus. Kulturelle Entlehnungen konnte er jedoch nicht ausschließen (und tat es auch nicht); einige von diesen erwiesen sich für Israels Entwicklung als segensreich, wiewohl es auch kultische Entlehnungen gab, die dem reinen Mosaismus entgegenwirkten (s. *Götzendienst in Israel; *Phönikien und seine Städte).

d) Mosaische Religionsgemeinschaft: Viele Forscher bezeichnen das frühhebräische Gemeinwesen als eine Bundesgemeinschaft. Gruppen, die auf der Grundlage einer Vereinbarung oder eines Bundes zwischen Menschen, aber nicht mit einer Gottheit, zusammenarbeiteten, waren vor Moses' Zeit häufig (s. *Gesetz Israels), doch waren solche Bundeszusammenschlüsse in der alten Welt im allgemeinen ephemer und unvorhersagbar. Nach einer anderen Theorie war das frühe Israel eine Ansammlung von Verwandtschaftsgruppen, die durch Blutsbande zusammengehalten wurde, doch hat man auch dies bestritten. Israel hatte vor dem 13. oder 10. Jhdt. v. Chr. keine zentrale Staatslenkung, und seine Geschlossenheit war in den ersten Jahrhunderten seiner Existenz ständig bedroht. Doch wurden Israel und seine Religion in den Stand gesetzt, starkem militärischem Widerstand zum Trotz und ungeachtet einer großen kulturellen Vielfältigkeit innerhalb des eigenen Gemeinwesens und eines ständigen Drangs zu religiösem Synkretismus zu überleben. Wenn die Kraft, welche die Gesetzesgemeinschaft schuf und erhielt, eine Religion oder ein Bund war, so müssen diese alles andere als »primitiv« gewesen sein (s. *Exodus [Buch] 7).

e) Moses als Apostel des Gottesbundes: Wellhausens »eigentlich schöpferische Periode« umfaßt etwas mehr als die Schaffung einer nationalen Gemeinschaft. Zusammen mit der nationalen Gruppe trat eine religiöse Tätigkeits- und Glaubensstruktur in Erscheinung. Nachdem Israel durch den Bund Jahwes Oberherrlichkeit zu seinen Bedingungen anerkannt hatte, nahm ein Geflecht spezifischer Elemente, das Traditionen, Geschichte, Gesetz und Kult vereinigte, Gestalt an. Jedes dieser Elemente muß seine eigene Geschichte gehabt haben, und dies gilt insbesondere von den religiösen Aspekten. Die Traditionen, die von Israels Religion aufgesogen wurden, umfaßten die der Patriarchen (s. *Patriarchen, Religion), des *Sabbats und des Passahopfers am Frühlingsvollmond in der Wüste (s. *Auszug aus Ägypten; *Exodus [Buch]), deren jede ihre eigene lange und verwickelte Geschichte hatte.

Es mag sein, daß die Begriffe »Bund« und »Auserwählung« in der Zeit der Wanderungen niemals formell ausgesprochen wurden, doch kann kein Zweifel daran bestehen, daß die an den Wanderungen Beteiligten glaubten, durch das vorsätzliche Eingreifen Jahwes von einem harten und bitteren Schicksal erlöst und durch das ihnen vertraute Mittel eines Bundes zu seinen Knechten und seinem dienstbaren Volk gemacht worden zu sein.

Es scheint somit, daß die Gemeinschaft selbst in der Moseszeit geschaffen wurde. Diese Gemeinschaft verkörperte Überlieferungen und Erfahrungen ihres Volkes, und diese verschmolzen zu einer religiösen Struktur. Die besondere Dimension kam dadurch hinzu, daß sich die Gruppe als eine zum Reiche Gottes gehörende »Heilige Gemeinschaft« erfahren hatte (s. *Bund; *Reinheitsgesetz; *Kriegführung) – ein Begriff, der der damaligen Welt völlig unverständlich gewesen wäre. Diese Bundestradition war der ausschlaggebende Faktor in der gesamten nachfolgenden Geschichte Israels, die allein im Kontext dieser Tradition verstehbar ist (s. Israel und Juda; *Richter [Zeit und Buch]).

f) Der Dekalog: Die Forschung hegt hinsichtlich der Kontinuität vormosaischer religiöser Traditionen kaum Zweifel, was ein sehr gutes Argument für die noch größere Annehmbarkeit der Überlieferungen der (schöpferischen) Moseszeit zu sein scheint. Die den frühen Ursprung des Dekalogs und des Bundesbuches betreffenden Fragen werden in den Artikeln *Exodus und *Bibelkritik ausführlich erörtert. Viele Forscher sprechen sich mit andersartiger Begründung für einen mosaischen Ursprung des ethischen Dekalogs aus.

Ein Vergleich des vertrauten Dekalogs von Ex 20 mit der anderen Gebotsreihe in Ex 34, 10–27 (dreizehn im vorliegenden Text, wenn auch möglicherweise einstmals zehn) zeigt, daß sich letztere mehr mit rituellen Fragen befaßt und zu einer agrarischen Gemeinschaft zu gehören scheint. Die Beweisführung setzt voraus, daß beide Fassungen im selben Entwicklungsablauf liegen, doch ist dies in Wirklichkeit eine bloße Hypothese. Wahrscheinlicher ist, daß beide Gesetzesreihen zwar nicht zeitlich miteinander zusammenfallen, aber parallel laufen und sich auf durchaus verschiedenartige Umstände und Bedingungen verschiedener, zu Israels Vorfahren gehörender Gruppen des frühen 12. oder des 11. Jahrhunderts v. Chr. beziehen. Tatsächlich würde Ex 20 etwas besser in die Wüstenzeit passen als Ex 34. (Die Dekaloge werden im allgemeinen der Quelle J der biblischen »Urkunden« zugeschrieben.) Daß sie schließlich im Buch Exodus aufgingen, berechtigt nicht zu der Vermutung, sie stell-

ten Phasen einer fortlaufenden Entwicklung dar.
g) Schlußfolgerung: Wir wissen nicht, ob Jahwe vor der Moseszeit verehrt wurde oder nicht. Falls ja, so dürfte Moses derjenige gewesen sein, der dem Jahwismus einen neuen Inhalt und eine neue Identität gab. Der Einfluß seiner inspirierten Persönlichkeit hob Israels Religion auf ein neues, höheres Niveau. Später, als die Propheten vor der Aufgabe standen, Degenerationserscheinungen in der Religion ihrer Zeit zu bekämpfen, gemahnten sie ihr Volk an die Idealzeit der mosaischen Religion. Der Bund mit Jahwe blieb der Mittelpunkt der mosaischen Religion. Er wurde zusammen mit vielen Elementen der mosaischen Tradition die Grundlage der Gebiets- und Gesellschaftsstruktur, wenn auch viele Dinge von den Siedlern in Kanaan den Notwendigkeiten der neuen Zeit angepaßt wurden.

3. Der gegenwärtige Stand der Forschung:
a) Die neuere Entwicklung: Seit den letzten Jahrzehnten hat sich in der Beurteilung der Geschichtlichkeit der Mosesgestalt vorsichtige Zurückhaltung durchgesetzt. Während E. Meyer 1906 noch die Ansicht vertrat, Moses sei überhaupt keine geschichtliche Persönlichkeit, sondern die Gestalt einer genealogischen Sage, und M. Noth 1948 nur in der Mosesgrabtradition »das Urgestein eines nicht mehr ableitbaren geschichtlichen Sachverhaltes« erkennen wollte, kommt S. Herrmann (Evangelische Theologie 1968) zu dem Schluß: »Es besteht kein Grund, Mose aus irgendeinem ›Thema‹ des Pentateuch auszuklammern.« Dahinter steht eine Wandlung im Verständnis der traditionsgeschichtlichen Methode (s. *Bibelkritik). Während noch M. Noth die vorgegebene Überlieferung in verschiedene Einzelkomplexe oder »Themen« zerlegte (er unterscheidet 5 Komplexe: Herausführung aus Ägypten, Hineinführung ins Kulturland, Verheißung an die Erzväter, Führung in der Wüste und Offenbarung am Sinai) und die Gemeinsamkeiten als Ergebnisse redaktioneller Angleichung ansah, will S. Herrmann davon ausgehen, daß die Überlieferung wenigstens in ihrem Grundbestand wahrscheinlich historische Zusammenhänge wiedergibt, die nicht willkürlich nach vorgefaßten überlieferungsgeschichtlichen Gesichtspunkten zerschnitten werden dürfen. Zumindest müsse man nämlich bei dem analytischen Vorgehen Noths erklären können, wieso und unter welchen Umständen die einzelnen Überlieferungskomplexe später zusammengefügt und einander angeglichen worden sind. Es sei keineswegs notwendig, anzunehmen, daß erst die Überlieferungsgeschichte heterogene Traditionen nachträglich miteinander verklammert habe; viel wahrscheinlicher sei, daß hinter der Gemeinsamkeit bestimmter Überlieferungen die reale geschichtliche Potenz unvergleichlicher Persönlichkeiten stehe.
b) Der Name Moses: Bei der Frage nach der historischen Gestalt des Moses wird zunächst vom Namen auszugehen sein. »Moses« ist ein im ägyptischen Neuen Reich (s. *Ägypten und seine Beziehung zu Israel) gängiger Name, eine Kurzform ohne theophores Element, abgeleitet von *mśj* »gebären, erzeugen«. Vollformen dieses Namens sind u. a. Thutmoses, Ahmoses, Ramses (= Re hat ihn gezeugt). Zudem war es üblich, wie S. Herrmann nachweisen konnte, daß nach Ägypten einziehende Ausländer (»Asiaten«, ägypt. *ʿ:m /ʿ:m.t*) zu ihrem Eigennamen einen ägyptischen Rufnamen erhielten. Die Kinder solcher Einwanderer, die in Ägypten geboren wurden, erhielten dagegen sogleich einen ägyptischen Eigennamen.
Die Tatsache, daß die biblische Überlieferung den Auszug Israels unter Führung eines Semiten mit ägyptischem Namen berichtet, dürfte daher auf eine hohe geschichtliche Wahrscheinlichkeit dieser Tradition hinweisen.
c) Der Eisodus nach Ägypten: Allerdings ist die Frage zu stellen, auf welchen Wegen die Hebräer zuvor nach Ägypten gelangt waren. Es spricht einiges dafür, daß der Eisodus nach Ägypten in Zusammenhang steht mit den großen aramäischen Stammesbewegungen in der letzten Hälfte des 2. Jahrtausends v. Chr. Nach S. Herrmann dürften die »Protoisraeliten« in Ägypten eine Gruppe von nach Südwesten versprengten Aramäern gewesen sein, die ähnlich wie die noch von Ramses III. bekämpften Schasu (ägypt. *s:św*) im ägyptischen Ostdelta Weideplätze suchten – während die aramäischen Schwesterstämme bereits ihre Landnahme im Norden Palästinas vollzogen. Vermutlich siedelte sich die Ägypten-Gruppe in der Nähe des *wādi ṭumilat* an, wurde aber dann von Ramses II. zum Bau seiner neuen Großraum-Residenz in Frondienst genommen (A. Alt). Nach relativ kurzer Zeit aber gelang es ihnen dann, sich aus der Macht des Pharao wieder zu befreien (vgl. *Ägypten und seine Beziehung zu Israel; *Auszug aus Ägypten).

d) Moses' Jugend und Flucht: Moses selbst dürfte während dieses Aufenthalts in Ägypten geboren sein. Die Schilderung seiner Errettung und Erziehung (Ex 2, 1–10) enthält zweifellos literarische Topik, verrät aber zugleich typisch ägyptisches Kolorit. Vielleicht ist Moses nach Adoption durch einen Ägypter zu einer leitenden Stellung in einem ägyptischen Hause aufgestiegen. Die Verbindung zu seinen Volksgenossen dürfte er dagegen nicht abgebrochen haben.

Der Anlaß für seine Ex 2, 11 ff überlieferte Flucht zu den Midianitern könnte illoyales Verhalten gegenüber den ägyptischen Behörden gewesen sein, weshalb er (wie auch von Sinuhe berichtet) für kurze Zeit das Land verlassen mußte. S. Herrmann faßt ein Zusammentreffen mit Midianitern nahe der Ostgrenze Ägyptens ins Auge, H. Schmid lokalisiert die Midianiter östlich des Golfs von Akaba. In jedem Falle müßte sich bei diesem Aufenthalt die Begegnung Moses' mit dem Jahweglauben vollzogen haben, als dessen Exponent er später auftritt.

Nach H. Seebass ist die Berufung des Moses unlöslich mit dem Jahwe-Namen verbunden. Jahwe scheint aber zugleich eine Orts- wie eine Gottesbezeichnung gewesen zu sein, die am vulkanischen Sinai haftete (H. Schmid), wie nicht nur das plötzliche Auftauchen des Sinai in dem deuteronomisch bearbeiteten Psalm Dt 33 oder die Anspielung des Dornbusches (*s·næh*) auf den Sinai-Namen vermuten lassen, sondern vor allem durch die Flucht Moses' nach Midian nahegelegt wird. Demnach befand sich der (vulkanische) Sinai in Nordwestarabien, östlich des Golfes von Akaba, während H. Seebass ihn auf der Sinai-Halbinsel lokalisiert. Nach H. Schmid ist die Verlegung der Berufung Moses' durch E an den Horeb sekundäre Projektion eines späteren Geschehens (Zusammentreffen mit Aaron und der »Wüstenfestgruppe«) in die Berufungsgeschichte. Dieser (nichtvulkanische) Gottesberg Horeb sei vom Sinai wohl zu unterscheiden und müsse in der Nähe von Kades-Barnea gelegen haben.

Inhaltlich dürfte der Berufungsvorgang (Ex 3) eine erstmalige Begegnung Moses' mit Jahwe und das durch diese Begegnung vermittelte (oder zumindest: gefestigte) Sendungsbewußtsein einschließen, mit der Herausführung der »Israeliten« aus Ägypten beauftragt zu sein.

Die anschließend eingeschobene Erzählung vom »Blutbräutigam« (Ex 4) geht nach H. Schmid auf eine alte midianitische Legende von der Beschneidung in der Hochzeitsnacht zurück. Moses sei durch diesen Ritus bei den Midianitern kultfähig geworden. Zudem dürfte die Tradition von der midianitischen Frau Moses' auf geschichtliche Familienbindungen zu den Midianitern hindeuten.

e) Der Exodus: H. Schmid unterscheidet beim Auszug zwei verschiedene Vorgänge: die Entlassung eines Volksteils durch den Pharao zur Feier eines Festes in der Wüste und die Flucht der Gruppe unter Moses, bei der sich dann das Meerwunder ereignete. Die sog. »Wüstenfestgruppe« zog in den Oasenbereich nach Kades. Möglich wäre auch, daß es sich dabei nicht um einen festen Verband, sondern um die Abwanderung einzelner Familien handelte. In Kades soll die Wüstenfestgruppe dann auf den Leviten *Aaron getroffen sein, der ihr Priester wurde.

Die »Mosesgruppe« hingegen sei von Moses im Namen Jahwes zur Flucht aus Ägypten aufgefordert worden. Die Fliehenden wurden dann von ägyptischem Militär verfolgt, aber durch das Meerwunder gerettet. H. Schmid lokalisiert es »am Sirbonischen See oder sonstwo im östlichen Nildeltabereich«, während die Bezeichnung »Schilfmeer« (= Golf von Akaba) vom weiteren Wanderweg der Mosesgruppe nach Midian her in den Text eingedrungen sei. Aufgrund einer literarkritischen Analyse des Mirjam-Liedes wird geschlossen, die Mosesgruppe sei wahrscheinlich aus Verzweiflung in den durch starken Ostwind trockengelegten See hineingeflüchtet, die nachfolgenden Ägypter dürften dann mit Pferd und Streitwagen in dem schlammigen Gelände steckengeblieben und von der rückkehrenden Wasserflut überrascht worden sein. Durch diese wundersame Errettung ist Moses zweifellos in den Augen seiner Gruppe endgültig als Beauftragter Jahwes legitimiert worden.

f) Die Theophanie am Sinai: Über die weitere Auszugsroute sind die Meinungen geteilt (s. *Auszug aus Ägypten). E. Osswald und W. Beyerlin lassen die Ausziehenden den Weg nach Kades nehmen; von dort habe dann eine Wallfahrt zum Sinai/Horeb auf der Sinai-Halbinsel stattgefunden, wo später eine nabatäische heilige Stätte war. M. Noth, R. Smend, H. Gese und A. Gunneweg sehen die Verbindung von Exodus und Sinaitradition als nicht ursprünglich an. H. Schmid postuliert einen Auszug zum vulkanischen Sinai in NW-Arabien östlich des Golfes von Akaba, im Gebiet der Midianiter, zu denen Moses ja schon bei seiner Flucht Verbindung aufgenommen hatte. Die Sinai-Theophanie (Ex 19 und 34) deutet auf vulkanische Phänomene hin. Die Stimme (*qôl*), mit der Gott zu Moses geredet hat, sei als »Donner« oder »Geräusch tektonischen Ursprungs« (H. Schmid) zu bestimmen, das Moses dem Volk in menschlicher Rede interpretiert habe. In diesem Erlebnis, daß Gott zwar gehört, aber nicht gesehen werden konnte, liege auch die Bildlosigkeit des Jahwe-Kultes begründet. Auch Beyerlin sah die Mittlerfunktion des Moses bei der Sinai-Theophanie als wesentlich an; Seebass stimmte ihm zunächst zu, änderte später jedoch seine Meinung, weil es eine »Sinaitheophanie gegeben hat, in der Gott direkt mit dem Volk geredet hat (Ex 20, 19 E; 20, 22 Bundesbuch) und nicht mit Mose (19, 9 a. 19 b)«. In diesem Rahmen ist auch anzunehmen, »daß dort die Moseschar, vielleicht durch eine *b·rît* (= Verpflichtung), als Volk Jahwes konstituiert wurde« (H. Schmid).

g) In Kades: Vom Sinai müßte die Mosesgruppe dann nach Kades gezogen sein. Die Ungewöhnlichkeit dieses Weges könnte man zur Not dadurch erklären, daß Moses vielleicht levitischer Abstammung war und Kades das ursprüngliche Zentrum der Leviten vorstellte. Wenn man weiterhin der Darstellung von H. Schmid folgt, die zur Zeit wohl die beste Erklärung gibt, so ist die Mosesgruppe dort auf die unter friedlichen Umständen ausgezogene Wüstenfestgruppe gestoßen. Schon Seebass hatte erkannt, daß Moses und *Aaron ursprünglich Vertreter zweier verschiedener Glaubensrichtungen gewesen sein müssen, die später miteinander verschmolzen. Während die Mosesgruppe den Jahweglauben mitbrachte, dürfte die Wüstenfestgruppe die Vätergötter (s. *Patriarchen, Religion) verehrt haben. Beide Glaubensformen waren aber einander nicht unbekannt. Trotzdem muß es zwischen ihnen zu nicht mehr genau verifizierbaren Auseinandersetzungen gekommen sein, wie u. a. die Traditionen vom aaronitischen Stier (Ex 32) und vom Konflikt des Moses mit Aaron und Mirjam (Num 12) nahelegen. Schließlich habe sich aber der Einfluß und Glaube der Mosesgruppe auch bei der vielleicht zahlenmäßig überlegenen Wüstenfestgruppe durchgesetzt, und zwar wesentlich aufgrund der dramatischen Rettungstat am Sirbonischen See und der eindrucksvollen Theophanie am Sinai. Mit dem Num 12 berichteten Übertritt der Leviten zu Moses scheint die Entscheidung gefallen zu sein. Moses wird hier abermals als Vermittler einer *b·rît* aufgetreten sein und »soziologisch konstitutive ›Worte‹« (H. Schmid, vgl. Ex 24, 3–8) verkündet haben.

h) Einzug ins Ostjordanland und Tod Moses': Nach dem Aufbruch von Kades ist von den Midianitern nicht mehr die Rede. Möglicherweise ist die von Kades aus nach Norden versuchte Landnahme durch Traditionen des Abraham-Gottes angeregt worden, die mit Mamre/Hebron verbunden waren. Der erste Landnahmeversuch im Süden des Westjordanlandes (Dt 1) mißlang; nach einem erneuten Aufenthalt in Kades zog Moses ins südliche Ostjordanland, zunächst nach Punon, von dort durch die moabitische Hochfläche. Hier wurde nochmals eine *b·rît* geschlossen (Dt 28), in Form einer Verpflichtung der dort ansässigen Israeliten auf den Namen Jahwes. Das Grab des Moses, nach H. Schmid ein am Fuße eines Berges gelegenes Höhlengrab oder ein Schachtgrab (s. *Begräbnis), dürfte in einem Tal gegenüber Beth-Peor liegen. Moses wäre dann vor Eintritt ins Westjordanland gestorben.

Die Tatsache, daß Moses sein Volk in ein Land gebracht hatte, das nicht den Vätern verheißen worden war, spricht deutlich für die geschichtliche Wahrscheinlichkeit.

Die Gestalt des Moses wird also in den wissenschaftlichen Untersuchungen der neueren Zeit stärker in die Nähe geschichtlicher Vorgänge gerückt als je zuvor. Moses wird ein charismatischer Führer semitischer Stammesgruppen gewesen sein, die nach einem Ägyptenaufenthalt eine Landnahme in Palästina versuchten. Zudem muß man in ihm den Begründer des Jahwe-Volkes sehen. Moses ist die Durchsetzung des Jahweglaubens bei den Israeliten und seine Verschmelzung mit dem Väterglauben zuzuschreiben. Zugleich könnte Moses die Grundgesetze des israelitischen Gottes- und Volksrechtes maßgeblich geformt haben. Wenn auch dem Urbestand der Mosesüberlieferung später einzelne Sondertraditionen und interpretierende Reflexionen angefügt worden sind, so daß die einzelnen Schichten sich heute nur schwer unterscheiden lassen, so bestätigt das im Grunde nur, daß die geschichtliche Person Moses' der vorgegebene Kern und Ausgangspunkt dieser Gesamtüberlieferung gewesen sein muß.

Münzen

Gliederung: 1. Perserzeit. 2. Hasmonäerzeit. 3. Herodianische Zeit. 4. Die Zeit der

Prokuratoren. 5. Erster Krieg gegen Rom. 6. Nach der Zerstörung des Tempels. 7. Bar-Kochba-Krieg.

Münzgeld war in Palästina bis zur Perserzeit (5. Jhdt. v. Chr.) unbekannt. Statt dessen wurden unter Benutzung von Waagen Gold- und Silbermengen abgewogen (s. *Gewichte und Maße). Die von den Juden überall benutzte Grundeinheit war der ungefähr 16,4 g wiegende (Ez 45, 12) Sekel. Dieser wurde später Äquivalent für vier griechische Drachmen.

1. Perserzeit: Obwohl bereits im 7. Jhdt. v. Chr. in Lydien (Kleinasien) und anderwärts Münzen geschlagen wurden, wird angenommen, daß man in Palästina erst von der Mitte des 4. Jhdts. v. Chr. an Münzen prägte. Nach Ausweis des archäologischen Befundes wurden jedoch am Ende des 6. Jhdts. v. Chr. Münzen in Palästina eingeführt. Während des 5. Jhdts. v. Chr. kamen persische und griechische Münzen in Umlauf, die sämtlich entweder in Silber oder in Gold in den griechischen und kleinasiatischen Großstädten und Handelsplätzen geprägt worden waren – nicht aber in Palästina selbst.

In Palästina wurden Münzen erstmals wahrscheinlich um die Mitte des 4. Jhdts. v. Chr. geprägt, zur Zeit des Niederganges der persischen Macht, als die von ihr abhängigen Staaten viele Zugeständnisse zu fordern und zu erhalten vermochten. Vor diesem historischen Hintergrund prägten die Juden Silbermünzen in Nachahmung phönikischer und griechischer Muster, von denen einige die Aufschrift *jhd (j·hhûd,* **Abb. 551 b**) trugen – die amtliche Bezeichnung der Provinz Judäa im Perserreich (s. *Persien und Israel). Es waren dies Nachahmungen athenischer Münzen. Auf dem Avers erschien statt der Göttin Athene eine orientalische Figur, aber der Revers zeigte die berühmte athenische Eule und daneben den Namen Provinz Judäa. Es ist nicht genau bekannt, ob diese Münzen von den persischen oder von jüdischen Behörden ausgegeben wurden. Eine andere, ebenfalls während der Perserzeit hergestellte Gruppe trägt den Namen der Stadt Gaza, des Prägeortes.

Als Alexander im Jahre 332 v. Chr. Palästina besetzte, brachte er eine große Anzahl von Gold-, Silber- und Bronzemünzen in Umlauf, die sämtlich seinen Namen trugen.

In der hellenistischen Zeit zirkulierten in Palästina ptolemäische und seleukidische Münzen, die in Syrien und Ägypten geschlagen wurden. Von Zeit zu Zeit wurden auch in Akko, Joppe, Gaza, Askalon und Jerusalem lokale Münzen geprägt.

2. Hasmonäerzeit: Als die *Hasmonäer Palästina vom seleukidischen Joch befreit hatten, kamen von jüdischen Herrschern geprägte jüdische Münzen in Palästina in Umlauf. Obwohl Antiochus VII. Sidetes laut 1 Makk 15, 6 dem Hasmonäer Simon das Recht verlieh, seine eigenen Münzen zu prägen, wurden die ersten hasmonäischen Münzen anscheinend während der letzten Jahre des Johannes Hyrkan I. (125–104 v. Chr.) geprägt, zu welcher Zeit nahezu ganz Palästina in jüdischer Hand war. Die Münzen der Hasmonäer spiegelten ihren nationalistischen Geist wider: sie zeigten althebräische Schriftzeichen und jüdische Symbole wie *cornu copiae* (Füllhorn), *'etrog* (Zitrone), *lulāw* (Palmzweig), Palme, Trankopferkelch, Früchte, Blatt- und Blumenmuster, Korngarben usw. Johannes Hyrkan brachte Bronzemünzen in Umlauf, die in althebräischen Buchstaben die Aufschrift »Johannes der Hohepriester und der Rat der Juden« *(J·hōḥānān hakkōhēn haggādōl w·ḥæbær hajj·hūdīm)* trugen. Die Rückseite zeigt ein doppeltes Füllhorn **(Abb. 552).**

Sein Sohn Aristobul I. (104 v. Chr.) gab ganz ähnliche Münzen in seinem eigenen Namen heraus. Alexander Jannäus (104–76 v. Chr.) folgte seinem Beispiel. Als er jedoch König wurde, begann er Münzen mit der Aufschrift »Jonathan der König« *(J·hōnātān hammælæk)* in Hebräisch und »Alexander der König« *(basiléōs Alexándrou)* in Griechisch zu prägen **(Abb. 553).** Unter seinem Nachfolger, Johannes Hyrkan II. (76–40 v. Chr.), blieben die Münzen unverändert, während der letzte Hasmonäerkönig, Mattathias Antigonos (40–37 v. Chr.), eine große Anzahl Bronzemünzen in verschiedenen Größen in Umlauf brachte. Eine von ihnen zeigte den siebenarmigen Leuchter des Tempels, der bisher noch niemals auf Münzen erschienen war **(Abb. 554).** Auf einer anderen ist auch der Schaubrottisch abgebildet. Seine Münzen trugen ferner eine zweisprachige Aufschrift: »Mattathias der Hohepriester und die Judengemeinde« in hebräischen und »Antigonos der König« in griechischen Buchstaben.

3. Herodianische Zeit: Während der Regierungszeit des *Herodes I., des Großen (37–4 v. Chr.), wurden Bronzemünzen in verschiedenen Größen und in großer Zahl herausgegeben. Sie trugen sämtlich nur die griechische Aufschrift »des Königs Herodes« *(basiléōs Heródou)* **(Abb. 555).**

Abb. 551a. Münzen aus Palästina nach phönikischen und griechischen Vorbildern

Abb. 551b. Münze mit der Aufschrift *Jehud*

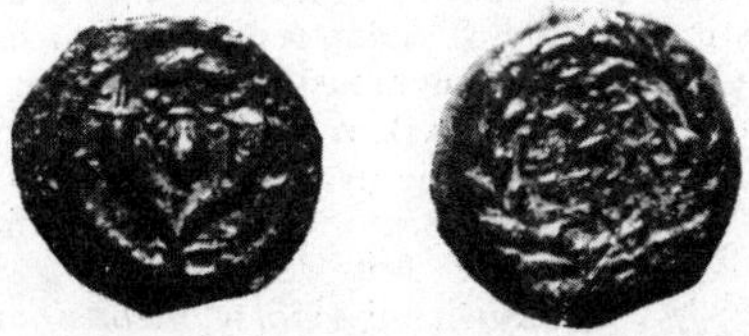

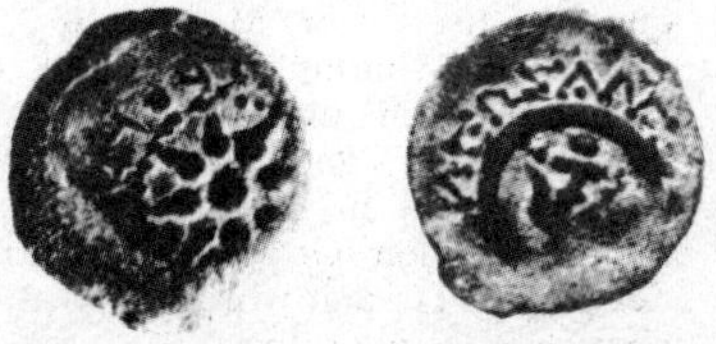

Abb. 552. Johannes Hyrkan I. (125–104 v. Chr.) brachte Bronzemünzen in Umlauf mit der Inschrift: »Johanan der Hohepriester und der Rat der Juden«. Die Rückseite zeigt ein doppeltes Füllhorn

Abb. 553. Unter Alexander Jannäus (104–76 v. Chr.) wurden Münzen mit folgender Inschrift geschlagen: »Jonathan der König (in hebräischen Buchstaben) – Alexander der König (in griechischer Schrift)«

Abb. 554. Bronzemünzen des letzten Hasmonäerkönigs Mattathias Antigonos (40–37 v. Chr.)

Abb. 555. Münzen des Herodes I. (37–4 v. Chr.)

Abb. 556, 557. Münzen des (links) Herodes Archelaus (4 v. Chr.–6. n. Chr.) und des (rechts) Herodes Antipas (4 v. Chr.–39 n. Chr.)

Abb. 558. Münzen der Nachfolger der Herodier Agrippa I. und Agrippa II.

Abb. 559. Münze aus den Jahren 6–12 n. Chr.

Abb. 560. Münzen des Pontius Pilatus (26–36 n. Chr.) mit vornehmlich römisch-heidnischen Emblemen

Abb. 561. Münzen des Antonius Felix (52–60 n. Chr.)

Abb. 562. Münzen aus der Zeit des ersten jüdischen Aufstandes gegen die Römer (66–70 n. Chr.)

Abb. 563. Römische Münzen zum Sieg über die rebellierenden Juden (70 n. Chr.)

Abb. 564. In Palästina geprägte Gedächtnismünzen anläßlich der Niederschlagung des Judenaufstandes

Abb. 565. Bar-Kochba, einer der Führer des zweiten Judenaufstandes, ließ jüdische Münzen prägen, die die Wünsche der Juden zum Ausdruck brachten: »Simon, Fürst von Israel«, »Jahr 1 der Befreiung Israels«, »Für die Befreiung Jerusalems« etc. Eine der Münzen zeigt die Fassade des zerstörten Tempels mit dem Thora-Schrein im Hintergrund

Abb. 566, 567. Münzen aus Aelia Capitolina

Die drei Söhne des Herodes, die im Jahre 4 v. Chr. beim Tode ihres Vaters dessen Nachfolge antraten, verwendeten ebenfalls rein griechische Aufschriften, aber keine Bildnisse. Der Ethnarch von Judäa und Samaria, Herodes Archelaus (4 v. Chr.–6 n. Chr.), setzte Bronzemünzen mit Seemotiven, wie ankernden Schiffen, in Umlauf, die in griechischen Buchstaben seinen Namen trugen: »Herodes der Ethnarch« **(Abb. 556).** Herodes Antipas **(Abb. 557),** Herrscher über Galiläa und Transjordanien (4 v. Chr.–39 n. Chr.), setzte den Namen seiner Hauptstadt Tiberias auf seine dort geprägten Münzen. Unter Herodes Philippus (4 v. Chr.–34 n. Chr.) wurden die Namen von Trachonitis, Basan und Golan verwandt. Er war der erste herodianische Dynast, der eine Menschenfigur auf seine Münzen setzte. Einige der in seiner Hauptstadt Paneas (Caesarea Philippi) geprägten Münzen zeigen die Gestalt des römischen Kaisers Augustus. Münzen der Nachfolger der Herodier Agrippa I. und Agrippa II. zeigt **Abb. 558.**

4. Die Zeit der Prokuratoren: Nach 6 n. Chr. wurde Judäa zu einer von Prokuratoren verwalteten römischen Provinz (s. *Rom und die Juden). Die römischen Prokuratoren waren kaiserliche Steuereinnehmer und nahmen ihren Sitz in Caesarea. Ihre Münzstätte befand sich vermutlich in Caesarea. Dort wurden die kleinen Bronzemünzen mit dem Namen des römischen Kaisers geprägt. Münzen wie die auf **Abb. 559** wurden von den Prokuratoren Coponius (6–9 n. Chr.) und Ambibulus (9–12 n. Chr.) unter der Regierung des Kaisers Augustus in Umlauf gesetzt. Sie weisen außer dem Namen des Kaisers auch charakteristische palästinische Embleme, eine Palme oder Getreideähren, auf. Unter Tiberius ließen die Prokuratoren Valerius Gratus (15–26 n. Chr.) und Pontius Pilatus (26–36 n. Chr.) Münzen schlagen. Gratus' Münzen trugen bekannte Embleme wie z. B. ein Weinblatt, eine Palme oder eine Amphora, doch Pilatus setzte Münzen mit eindeutig heidnischer Ausschmückung – römischen Ritualgefäßen, dem *lituus* oder dem *simpulum,* einem rituellen Zwecke dienenden Schöpflöffel – in Umlauf **(Abb. 560).** Der *lituus* war ein hornförmiger Krummstab, der dazu diente, auf der Erde den Raum abzugrenzen, innerhalb dessen die Priester ihre Beobachtungen der Opfervögel anstellten. Der letzte Prokurator, der Münzen in Umlauf setzte, war Antonius Felix (52–60 n. Chr.). Er regierte Palästina unter Claudius und dann unter Nero und benutzte für seine Münzbilder sowohl römische wie jüdische Symbole **(Abb. 561).**

5. Erster Krieg gegen Rom: Im Jahre 66 n. Chr. empörten sich die Juden gegen ihre römischen Herren. Vom Beginn des Aufstands bis zur Zerstörung des Tempels (70 n. Chr.) setzten die Juden von Jerusalem aus ständig Münzen in Umlauf. Die silbernen Sekel und halben Sekel trugen auf dem Leben in Palästina und dem Tempelritual basierende Embleme **(Abb. 562):** Kelch und Amphora, die zweifellos im Tempel benutzt wurden, Granatäpfel, *lulāw* (Palmzweig), *'etrog* (Zitrone), Weinblätter usw. Die Aufschriften lauten: »Jerusalem, die heilige (Stadt)«, »Für die (oder »Die) Befreiung Jerusalems«, »Die Befreiung Sions«. Nach der Zerstörung des Tempels sollten über 60 Jahre vergehen, ehe wieder jüdische Münzen geprägt wurden.

6. Nach der Zerstörung des Tempels: Während des ersten nachchristlichen Jahrhunderts hatte sich die Geldpolitik in Palästina ständig gewandelt.

Römische Münzen waren an die Stelle tyrischen (s. *Phönikien und seine Städte) und anderen gängigen Geldes getreten. Dieser Vorgang wurde nach dem Kriege abgeschlossen, und vom Jahre 70 n. Chr. an wurden nur noch römische Münzen benutzt. Die Römer prägten für ihre östlichen Herrschaftsgebiete besondere Münzen mit griechischer Beschriftung und während des 1., 2. und 3. Jhdts. zirkulierten in ganz Palästina in Antiochia oder Tyrus geprägte römische Tetradrachmen. Innerhalb des Landes gab eine Anzahl Städte, zur Hauptsache diejenigen, bei denen das Münzen eigenen Geldes schon traditionell war, wie Gaza, *Askalon und Akko, Münzen heraus. Als die römische Herrschaft absolut wurde, erhielten andere Städte dasselbe Privileg: *Caesarea am Meer, *Sichem, Sepphoris, Gadara, *Beth-Sean und andere. Später, im 2. und 3. Jhdt. n. Chr., wurde weiteren Städten das Recht verliehen, römische Münzen zu prägen und in Umlauf zu setzen.

Der römische Sieg über die Juden wurde durch die Prägung einer Reihe von Münzen gefeiert, die im ganzen Römischen Reich in Umlauf gesetzt wurden und die Inschrift *»Judaea (oder Judaca) capta«* trugen **(Abb. 563).** Sie zeigten ein gefangenes jüdisches Paar, eine Palme, verschiedene Kriegsbeutestücke, den siegreichen Caesar und ähnliche Symbole. Derartige Gedenkmünzen wurden auch in Palästina herausgegeben; ihr Prägeort war vermutlich Caesarea. Sie trugen in griechischen Buchstaben die Namen der siegreichen Kaiser Vespasian **(Abb. 564)** und Titus. Sie waren im späten 1. Jhdt. zusammen mit den in den römischen Städten ausgegebenen Münzen in Palästina in Umlauf.

7. Bar-Kochba-Krieg: Während des zweiten jüdischen Aufstandes unter *Bar-Kochba wurde eine Reihe von Silber- und Bronzemünzen herausgegeben, die den Aspirationen der Juden Ausdruck gaben und entsprechende Symbole trugen. Die Legenden lauten: »Simon, Fürst von Israel« (**Abb. 565,** Simon Bar-Kochba), »Jahr 1 der Befreiung Israels«, »Die (oder »Für die) Befreiung Jerusalems« usw. Eine der Münzen erinnert an die Fassade des zerstörten Tempels mit dem Thora-Schrein im Hintergrund. Sonst werden als Symbole hauptsächlich sakrale Ritualgefäße aus dem Tempel, Amphoren, Trompeten und andere Musikinstrumente, Palmzweige *(lulāw), 'etrog* (Zitrone), Palmen oder Weintrauben verwandt. Diese Legenden wurden häufig auf römische Tetradrachmen, Denare und andere kursierende Münzen aufgeprägt. Jüdische Handwerker entfernten die Bildnisse und ersetzten sie durch die neuen Symbole und Legenden. Das Ende des Bar-Kochba-Krieges setzte den jüdischen Münzen in Palästina ein Ende. Fortan benutzte man als Geld die in den römischen Großstädten herausgegebenen Bronzemünzen.

Offenbar schon bald nach der Niederschlagung des Aufstandes, als die Stadt in eine römische Kolonie, Aelia Capitolina **(Abb. 566, 567),** umgewandelt wurde, ließ Hadrian in Jerusalem eine Münze errichten. Während der nächsten 130 Jahre wurden über 200 verschiedene Münztypen geprägt. Eine ähnliche Anzahl wurde von drei anderen Städten herausgegeben: Caesarea, Akko und Sichem. Die meisten Münzen wurden in Palästina im 3. Jhdt. n. Chr. geschlagen, doch setzte ein kaiserliches Dekret der Prägetätigkeit im Jahre 268 n. Chr. schließlich ein Ende.

Musik

Gliederung: 1. Die Musik Israels. a) Tempelmusik; b) Profane Musik; c) Profane Volksmusik; d) Der Klang des šōfār; e) Signal zum Heiligen Krieg; f) Der Klang israelitischer Musik. 2. Musikinstrumente. a) Schlaginstrumente; b) Holzblasinstrumente; c) Saiteninstrumente.

1. Die Musik Israels: Eine der alten Genesisüberlieferungen, welche die Anfänge des Menschengeschlechts berichtet, erzählt, die Musik sei von Jubal zur gleichen Zeit erfunden worden, als seine Brüder Jabal und Thubal-Kain Viehzucht und Metallbearbeitung einführten. Die Musik nahm im Leben der Alten Welt einen sehr wichtigen Platz ein – in der Liturgie, zur Rhythmisierung von Gruppenaktivitäten, zur angenehmeren Gestaltung von Gemeinschaftsarbeiten und als Begleitung zu allen bedeutsamen Ereignissen im Leben des einzelnen wie der Nation.

Die Musik der Israeliten geht – wie so viele andere Elemente ihrer Kultur – in großem Ausmaß auf die Kanaanäer zurück (s. *Kanaanäische Kultur und Ugarit). Die Bildung gewerblicher Musikergilden, die zu Beginn der Königszeit unter David und Salomo einsetzte, erfolgte wahrscheinlich in Nachahmung einer kanaanäischen Gepflogenheit.

Das AT weist sowohl auf geistliche wie auch auf weltliche Musik hin.

a) Tempelmusik: In der frühen Zeit wurden sakrale Tänze und Gesänge anscheinend zur Hauptsache von Frauen dargeboten – z. B. von Mirjam (Ex 15, 20–21) oder von den Frauen, die David nach dem Sieg über Goliath willkommen heißen (1 Sam 18, 6–7). Später blieb die Teilnahme am Tempelkult auf die Männer beschränkt. In seinem Bericht über die Reinigung des Tempels zur Zeit Hiskias gibt das chronistische Geschichtswerk eine ausführliche Beschreibung der musikalischen Tätigkeit der Leviten: »Er ließ auch die Leviten beim Tempel sich aufstellen mit Zimbeln (**Abb. 568, 569** zeigen ein phönikisches Instrument aus dem 10. Jhdt. v. Chr.), Harfen (**Abb. 570** zeigt eine ägyptische Harfe aus dem 12. Jhdt. v. Chr.) und Lauten« (**Abb. 571** zeigt Lauten, die von Gefangenen der Assyrer getragen werden, 8. Jhdt. v. Chr., und **Abb. 574** eine auf eine in Megiddo gefundene Vase aus dem 12. Jhdt. v. Chr. gemalte palästinische Laute). »Und sobald das Brandopfer begann, begann auch der Gesang zu Ehren des Herrn, und die Trompeten stimmten ein unter der Führung der Instrumente Davids, des Königs von Israel. Und die ganze Volksgemeinde warf sich nieder, und der Gesang ertönte, und die Trompeten schallten... Und der König Hiskia und die Fürsten geboten den Leviten, dem Herrn zu Ehren den Lobpreis anzustimmen mit den Worten Davids und des Sehers Asaph; da stimmten sie mit Freuden den Lobpreis an, verneigten sich und beteten an« (2 Chr 29, 25–30). Die Parallelstelle des Königsbuches enthält diese Beschreibung nicht,

Abb. 568, 569. Phönikische Zimbeln (10. Jhdt. v. Chr.)

Abb. 570. Ägyptische Harfe (12. Jhdt. v. Chr.)

Abb. 571. Assyrische Gefangene, die Lauten tragen (8. Jhdt. v. Chr.)

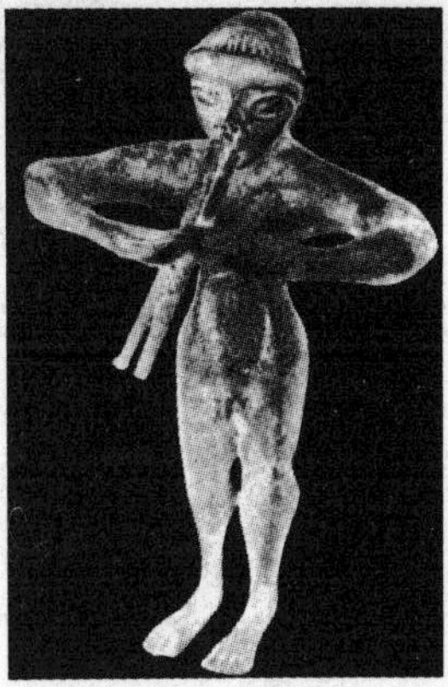

Abb. 572. Tonstatuette eines griechischen Knaben, der Doppelflöte spielt (7. Jhdt. v. Chr.)

Abb. 573. Leier auf einer griechischen Vase

Abb. 574. Palästinensische Laute auf einer Vase aus Megiddo (12. Jhdt. v. Chr.)

Abb. 575. Ägyptische Wandmalerei mit Orchester und Tänzerinnen

Abb. 576

Abb. 578

Abb. 577

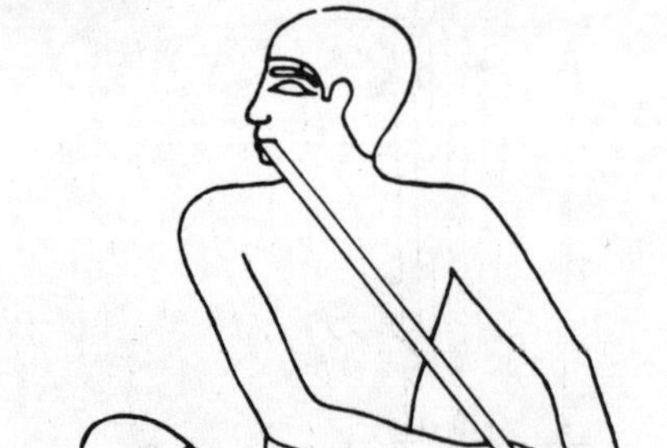

Abb. 579

Abb. 580

Abb. 581

Abb. 582

Abb. 576–582. Ägyptische Musikinstrumente

Abb. 583. Tamburin

Abb. 584. Sistrum (phönikisch, 10. Jhdt. v. Chr.)

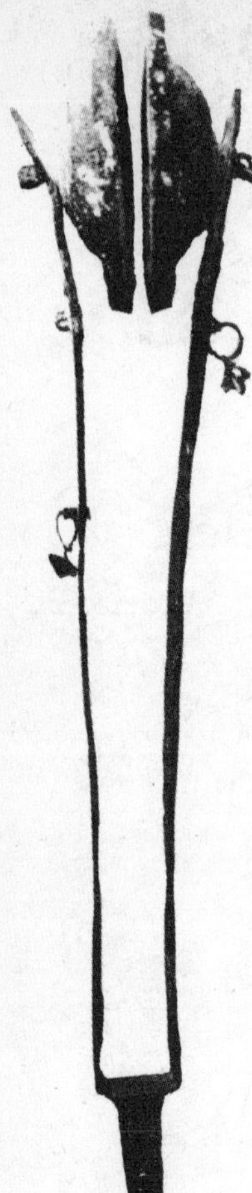

Abb. 585. Schellen

Abb. 586. Horn (spätrömisches metallenes Instrument)

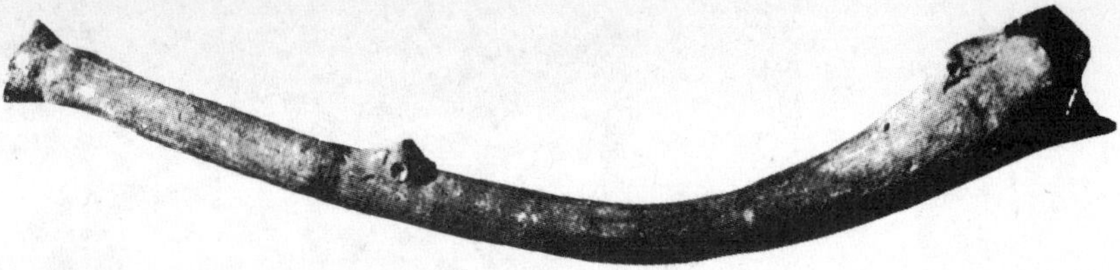

Abb. 587. Widder- oder Ziegenbockshorn (Holzblasinstrument)

Abb. 588. Trompeten (Detail vom Titusbogen)

Abb. 589. Leier mit Resonanzkasten aus Theben (15. Jhdt. v. Chr.)

Abb. 590. Römerin mit Kithara (1. Jhdt. v. Chr.)

woraus nach Ansicht einiger Forscher erhellt, daß sie die Organisation der Musikpflege vielleicht David fälschlicherweise zuschrieb und tatsächlich vielleicht die Situation im zweiten Tempel eher denn im ersten widerspiegelt (s. *Chronik [Bücher]). Andere Forscher sehen dieses Argument nicht als stichhaltig an und haben gegen die Zuschreibung an Hiskia nichts einzuwenden – zumal es an seinem Hofe bekanntlich königliche Sänger gab.

Im ersten Tempel war die Musik (Psalmengesang) nicht auf die Priesterschaft (die Leviten) beschränkt. Sie gehörte zum nichtpriesterlichen »äußeren« Kult. Die Sänger waren während dieser Zeit vielleicht Berufssänger, aber sie waren keine Leviten. Erst nach der Rückkehr aus dem Exil wurde die berufsmäßige Tempelmusik den Leviten und den Nachkommen Hemans anvertraut (Neh 12, 27.45 ff).

Die Schilderungen in der Chronik werden durch eine Anzahl näherer Angaben in der Mischna, besonders Sukkot V, 5, ergänzt, wo sich ein Bericht über das *simḥat bēt hašō'ebā* (Fest des Wasserschöpfens) findet: »und die Leviten mit Lauten und Harfen und Zimbeln und Trompeten und unzähligen anderen Instrumenten«. Dieser Text ist ebenfalls nachexilisch.

b) Profane Musik: Die einschmeichelnde Flöte *(ûgāb,* **Abb. 572,** illustriert durch das hier wiedergegebene, aus dem 7. Jhdt. v. Chr. stammende griechische Modell eines Knaben, der eine Doppelflöte spielt) oder die Oboe *(ḥālîl),* Leier *(kinnôr,* **Abb. 573)** und Trommel *(tôf)* wurden zur Begleitung von Liedern bei der Arbeit und für festliche Zusammenkünfte benutzt. In der Königszeit wurde die frühere ländliche Einfachheit durch ausländische Einflüsse und die Urbanisierung zerstört. Die Pracht des Orchesterklangs und raffinierte höfische und städtische Tanzmusik fanden, zum Teil unter ägyptischem Einfluß, Eingang (illustriert durch Wandmalereien, **Abb. 575**). An die Stelle der Flöte, veranschaulicht durch das abgebildete frühägyptische Instrument **(Abb. 576 bis 582),** und der Leier traten kräftigere Blas- und Streichinstrumente. Der königliche Hof beschäftigte wahrscheinlich schon vor Davids Zeit Musiker. Sie werden zum erstenmal in 2 Sam 19, 35 erwähnt, wo Barsillai bedauert, daß er seines Alters wegen »der Stimme der Sänger und Sängerinnen« an Davids Hof nicht mehr zu lauschen vermag. Im 8. Jhdt. v. Chr. führte Sanherib männliche und weibliche Musiker als Teil der Kriegsbeute aus Jerusalem fort, während Ps 137, 1–3 das babylonische Verlangen nach »Sionsliedern« bezeugt.

Musik als Begleitung zu einem luxuriösen und müßigen Leben wurde von den Propheten verdammt. Amos (6, 4–5) verspottet diejenigen, die auf Elfenbeinbetten liegen und auf ihrer Harfe klimpern. Jesaja (5, 11) sagte den Untergang derjenigen voraus, deren einzige Beschäftigung darin bestand, »dem Rauschtrank nachzujagen« und sich von »Laute und Harfe, Handpauke und Flöte« unterhalten zu lassen.

c) Profane Volksmusik: Von anderer Art war die profane Volksmusik, wie aus dem *Hohenlied erhellt. Auf die Lieder der Winzer und Kelterer wird auch in Jesajas Klage um Moab Bezug genommen (16, 10). Viel musiziert wurde natürlich bei Hochzeiten.

Das Hohelied dürfte viele dieser Lieder enthalten, und sie waren zum Singen bestimmt: Lied 2, 8 ist ein Ständchen zur Frühlingszeit; 7, 12 wurde bei der Obsternte gesungen; 4, 4 und 5, 10 ist ein Schwertertanz; 5, 12–16 wurde bei Hochzeiten mit Instrumentalbegleitung gesungen. Schon als Jakob aus Aram floh (Gen 31, 26–27), warf Laban ihm vor: »Warum bist du heimlich entflohen und hast mich getäuscht und mir nicht gesagt, daß ich dich mit Jubel und Gesängen, mit Handpauken und Harfen hätte geleiten können?« Musik vermochte zu erheitern; sie konnte auch trösten. Davids Spiel beruhigte *Saul, als der »böse Geist« über ihn kam (1 Sam 16, 23). Die starke emotionelle und psychische Wirkung der Musik ist ein hervorstechendes Thema in der antiken Literatur (z. B. die orphischen Mythen), das in späteren Legenden über David nachklingt und noch von arabischen Autoren des Mittelalters viel erörtert wird.

d) Der Klang des šôfār: Der Klang des *šôfār* (Widderhorn) war den Israeliten in allen Perioden ihrer Geschichte vertraut. Er rief das Volk zur feierlichen Versammlung, sein lauter Schall forderte Aufmerksamkeit für Kundmachungen, die Verkündung von Feiertagen und öffentlichen Veranstaltungen, Krönungen und natürlich für Rufe zu den Waffen und Alarme. Die Trompeten (s. unten 2) waren aus Metall. Man nahm an, daß sie bei den Gottesdiensten in der Stiftshütte und im Tempel die Aufmerksamkeit Gottes auf sich lenkten. Sie wurden dort häufig mit anderen Instrumenten vereinigt.

e) Signal zum Heiligen Krieg: Die Kriegsrolle von *Qumran ist eine wehmütige Rekonstruktion der Heldentaten der Vergan-

genheit. Hat die Trompete zu Gottes letztem Heiligen Krieg gerufen, so rüsten sie sich zur Schlacht. Ihr Heer ist gemäß den Vorschriften für das priesterliche Heerlager in der Wüste organisiert, doch geht die Schriftrolle auch bis zu einem gewissen Grade auf ein unter Herodes verfaßtes Militärhandbuch zurück. Bedeutsamer als die vorgeschriebene Taktik ist die Atmosphäre religiöser Verzückung, die im Lager herrscht und durch den Klang von *šôfār* und Trompeten, die die Erinnerung an Schlachtszenen aus Israels Vergangenheit wachrufen, noch gesteigert wird: »Von Leviten und Priestern geblasen, erschallen sie. Für den Ruf zu den Waffen: ein Tusch der Appelltrompeten; ein langgezogener Ton zur Formierung der Schlachtordnung; ein ruhiger und anhaltender Ton zum Vorrücken zur Front des Feindes; die Priester blasen mit den sechs Trompeten zur Leitung des Kampfes; die Priester sollen auf den Trompeten einen scharfen, schmetternden Ton blasen, um die Flanken zu leiten; und das ganze Volk soll mit dem Schall des Kriegslärms aufhören, aber die Priester fahren fort, auf den Trompeten zum Gemetzel zu blasen . . ., und die Priester sollen für sie in die Verfolgungstrompeten stoßen« (Kriegsrolle VII, 8–IX, 9).
Trat ein Rückschlag ein, so pflegten die Priester das Signal zum Rückzug zu geben oder die Krieger aufzumuntern und sie aufzufordern, »sich auf ihre Posten zu stellen. Die Priester blasen sodann auf den Trompeten ein zweites Mal Kriegslärm . . ., jeder erhebt seine Hand an seine Kriegswaffe, und die Priester blasen auf den Trompeten das Signal zum Gemetzel, und die ganze Mannschaft der Widderhörner bläst Kriegslärm, und die Infanterie wird mit dem feindlichen Heer handgemein« (Kriegsrolle XVI, 11–XVII, 5).
f) Der Klang israelitischer Musik: Es ist vielleicht leichter, an Hand des archäologischen Befundes und von Beschreibungen festzustellen, wie israelitische Musikinstrumente aussahen, als herauszufinden, wie sie klangen. Gleichwohl hat sich die Musikforschung einigen Aufschluß über den Rhythmus, die Notation und die akustischen Eigenschaften der alttestamentlichen Musik zu verschaffen vermocht, besonders der liturgischen Musik aus der Zeit des zweiten Tempels. Sie hat beispielsweise bestimmte musikalische Figuren vorläufig klassifiziert, die sich später zu traditionellen Kirchenmodi weiterentwikkelten, z. B. zum Gregorianischen Gesang. Die archäologische Evidenz hierfür wird durch die bemerkenswerte Ähnlichkeit zwischen frühkirchlichen Gesängen und den Weisen abgelegener jüdischer Gemeinden, die niemals mit dem Christentum in Berührung gekommen waren, unterbaut.
Die Reste der liturgischen und profanen Musik sind in den Gesängen und Liedern der jüdischen Gemeinden im Jemen, in Mesopotamien, Persien, Syrien und Nordafrika bewahrt worden, wo über 1300 Jahre lang Juden völlig abgeschlossen lebten. Der traditionelle liturgische Wechselgesang, der in vielen Psalmen (z. B. 13, 20, 38, 69, 89) verwendet wird, wurde in der Synagoge lange Zeit bewahrt, doch als der mittelalterliche *ḥāsān* seine Gemeinde beeindrucken wollte, begann er, die überkommenen Melodien auszuschmücken. Um den Sängern das Behalten ihrer Variationen zu erleichtern, wurden Zeichen oder »Akzente« eingeführt.
Das Buch der Psalmen, von denen viele sowohl vor als auch nach dem Exil in der Tempelliturgie verwendet wurden, gibt einige Aufschlüsse über den musikalischen Stil, in dem die einzelnen Psalmen deklamiert oder gesungen wurden. Leider haben sich die benutzten Ausdrücke, sei es, daß sie sich auf Musikinstrumente oder auf den Psalmtyp beziehen, als nahezu unverständlich erwiesen. Selbst die Septuagintaübersetzer mußten vor den meisten kapitulieren. Dies zeigt, daß die Überschriften bereits im 2. Jhdt. v. Chr. veraltet und unverständlich waren – obwohl sie jüngeren Datums sind als die Psalmen, die noch älter sein müssen.
Die am Kopf der Psalmen erscheinenden Wörter beschreiben offenbar ihren Charakter, z. B. *mizmôr* (Lied, *šîr* (Kult- oder Tempellied in den Psalmen), *miktām* (nach Mowinckel »Sühnepsalm«; Tourney: »geheimes Gebet«; H. J. Kraus: »Lied, das ein Geschehen unauslöschlich festhält«; vgl. Septuaginta *stēlografía*), maskîl (Kunstlied, Lehrgedicht?), *šîr hamma'alôt* (vielleicht Wallfahrerlied, Lied eines zurückkehrenden Exulanten oder eines auf den Tempelstufen stehenden Sängers). *Higgājôn* (hell erklingende Musik?) und *šiggājôn* (wilde oder stürmische Musik? vgl. akk. *šegû* »Klagelied«) gehören möglicherweise ebenfalls zu dieser Gruppe, wenn auch einige Forscher glauben, daß sich diese Wörter auf Musikinstrumente beziehen, die zur Begleitung der Sänger benutzt wurden. Auch über die Bedeutung von *gittît, neginôt* (nach Kraus »Klingen« eines Saiteninstruments), *neḥilôt* (viel-

leicht Blasinstrumente, vielleicht Flöte oder Schalmei), *'alāmôt* (nach Mädchenweise, Sopran?), *šemînît* (achtsaitiges Instrument, auf der 8. Saite, Oktav?), *mînîm* konnte man sich bisher noch nicht einigen (obschon allgemein Übereinstimmung herrscht, daß *mînîm* kein einzelner Gegenstand war, sondern eine Gruppe verwandter Instrumente meinte). Nach möglichen Bedeutungen dieser veralteten Ausdrücke wird noch immer geforscht. Allgemein ist man der Ansicht, daß zumindest einige von ihnen keine Instrumente, sondern Melodien oder Gesangsstile bezeichneten.

Eine andere Gruppe von Ausdrücken, z. B. *'al-'ajælæt hašaḥar* (die Hirschkuh der Morgenröte, Ps 22) hatte auf bekannte Lokalitäten Bezug, die eigens mit einer bestimmten Melodie indentifiziert wurden. Der Psalm, dem die Überschrift beigegeben war, sollte nach jener Melodie gesungen werden. Wahrscheinlich war der Name der Weise, wie in Kirchenliedern, von irgendeinem weltlichen Lied oder anderen Psalm übernommen, mit dem die Melodie anfänglich verknüpft war.

Selā bezeichnete, nach *diápsalma* der Septuaginta zu urteilen, einen Wechsel in der Musik, eine Pause oder das Heben der Stimme; andere denken an ein Wiederholungszeichen (Stieb), »da capo« (Stieb) oder an eine Aufforderung zur Verbeugung, vgl. arab. *salāt; lam · naṣṣēaḥ* meinte offenbar den Hauptmusiker oder Dirigenten (in der aramäischen Übersetzung wird das Wort durch ein Verbum wiedergegeben: »loben«; in der Septuaginta durch »auf ewig«). Man nimmt an, daß sich das in musikalischen Figuren des Orients noch heute gebräuchliche jüdische Modalsystem gegen Ende der Königszeit und in der nachexilischen Periode entwickelte. C. Sachs neigt der Ansicht zu, daß eine fünfstufige oder »pentatonische« Tonleiter vorherrschte, doch ist dies nicht gewiß.

2. Musikinstrumente: Die Deutung der Ausdrücke für Musikinstrumente bietet weniger Schwierigkeiten, wiewohl auch hier vieles dunkel bleibt. Beispielsweise sind einige Ausdrücke wie *nebæl* (Harfe) und *kinnôr* (Leier) austauschbar und werden in den früheren Übersetzungen miteinander ausgewechselt, obwohl sie ursprünglich Größenunterschiede oder Unterschiede in der Anzahl der Saiten bezeichneten. Andererseits kann man sich auf viele Feststellungen oder Erklärungen späterer Autoren offensichtlich nicht verlassen. Beispielsweise erklärt *Josephus feierlich, es habe in Palästina 500 000 Musiker gegeben! Obwohl wir nicht über Bildquellen verfügen, die eine Rekonstruktion der althebräischen Spielweise ermöglichen, geben uns ägyptische, assyrische, aramäische und griechische Bilder und Skulpturen zahlreiche zeitgenössische Beispiele an die Hand.

Im allgemeinen lassen sich die im hebräischen Schrifttum erwähnten Instrumente modernen Kategorien zuordnen:

a) Schlaginstrumente: tôf: Tamburin **(Abb. 583)**; *m · na'an'îm:* Handrassel (**Abb. 584:** phönikische Handrassel aus dem 10. Jhdt. v. Chr.); *meṣiltajîm* und *ṣelṣelîm*-Zimbeln **(Abb. 568, 569); Abb. 585:** *pa'amonîm:* Glocken oder Schellen; *šališîm:* noch nicht identifiziert (kleine Harfe oder Laute?).

b) Holzblasinstrumente: ḥālîl: Oboe oder Klarinette (?); *šôfār* oder *qæræn jobēl:* Widder- oder Ziegenbockhorn (**Abb. 587;** ähnlich dem heute in Synagogen benutzten); *'ugāb:* Flöte (im Aramäischen *abûbā); masrōkîtā:* Doppeloboe (nach C. Sachs); *qæræn:* Horn oder Trompete (**Abb. 586** zeigt spätrömische metallene Instrumente aus Spanien und Italien). *ḥaṣoṣerā:* Trompete oder Posaune (?); die Trompeten vom Tempel des Herodes **(Abb. 588),** auf dem Titusbogen (s. *Tempel) dargestellt, sind sogar noch länger als die auf jüdischen Münzen des 2. Jahrhunderts n. Chr. abgebildeten. Andere Münzen der Zeit zeigen Leiern. Interessant ist, daß sie paarweise erscheinen, wie in den Num 10, 2–10 gegebenen Anweisungen an Moses. Sie wurden entweder unisono oder antiphonisch von Priestern während der Gottesdienste im Tempel gespielt.

c) Saiteninstrumente: kinnôr: Leier, wie jenes aus dem 15. Jhdt. v. Chr. stammende Instrument aus Theben **(Abb. 589)** mit Resonanzkasten oder wie das griechische aus dem 7. Jhdt. v. Chr. **(Abb. 573);** *nebæl:* Harfe; *'āśôr:* Zither; *pesantērin* (offensichtlich nichtsemitisch): Psalterium (Hackbrett oder dreieckiges Saiteninstrument); *kātrôs: kithara* (auf **Abb. 590** von einer römischen Dame aus dem 1. Jhdt. v. Chr. gespielt); *sabkā:* wie eine Belagerungsmaschine, d. h. wie eine Leiter auf einem Boot geformte Harfe. Diese letzteren nichtsemitischen Namen tauchen nur bei der Beschreibung von Nebukadnezars Hof im Danielbuch auf. Dieses Buch erwähnt auch das Wort »*sampôneja*«. Es wurde für gewöhnlich als ein Instrument (Sackpfeife?) definiert, doch stellte sich kürzlich heraus, daß es eine mehr generische Bezeichnung war, wie in der Moderne »Symphonie« oder »Ensemble«.

Nabatäer (Geschichte, Kultur und Städte) *Gliederung: 1. Ursprünge der Nabatäer. a) Herkunft; b) Griechische und römische Zeugnisse. 2. Geschichte. a) Urbanisierung; b) Die ersten nabatäischen Könige; c) Konflikt mit den Hasmonäern; d) Nabatäas Aufstieg; e) Expansion in Arabien; f) Nabatäer und Römer; g) Römische Ambitionen; h) Annexion durch Rom. 3. Kultur. a) Sprache; b) Kunst; c) Religion; d) Landwirtschaft. 4. Städte der Nabatäer. a) Petra. (1) Geschichte, Lage und Bauweise; (2) Grabmäler; (3) Tempel und Heiligtümer; (4) Das römische Petra; (5) Orientalisch-hellenistisches Formengut; b) ḫirbet et-tannūr; c) er-rām; d) umm el-ǧimāl; e) Seia; f) Egra; g) Avdat (1) Allgemeiner Befund der Ausgrabungen; (2) Inschriften; (3) Badehaus; (4) Töpferwerkstätte und Keramiktypen; (5) Landwirtschaft; (6) Zerstörung und Wiederaufstieg Avdats.*

Die Nabatäer gehörten zu den nächsten Nachbarn des nachexilischen Juda, und ihr Reich war das interessanteste von den orientalischen Königreichen, welche die griechisch-römische Welt umgaben.

Expeditionen und einige Ausgrabungen ihrer Städte haben in den letzten Dezennien bewirkt, daß wir die Nabatäer und ihre Kultur heute besser kennen als irgendein anderes nordarabisches Volk jener Zeit. Während einer vom 4. Jhdt. v. Chr. bis zum 2. Jhdt. n. Chr. währenden Periode brachten die Nabatäer in der Tat die Wüsten zum Blühen, indem sie alte Kulturzentren wie Edom, *Moab und Ammon in dem Gebiet südlich und östlich des Toten Meeres und des palästinischen Negeb, zwischen dem Roten Meer und der syrischen Wüste (s. **Karte 28**) wieder zum Leben erweckten. Das Nabatäerreich wachte über die internationalen Karawanenwege dieses Gebietes, und dem Handel auf diesen Fernverkehrsadern der alten Welt (s. *Straßen, Beförderungsmittel, Handelswege; *Handel) verdankte es seinen Reichtum und seine Bedeutung.

1. Ursprünge der Nabatäer: *a) Herkunft:* Einige Gelehrte verknüpfen die Ursprünge der Nabatäer mit »Nebajoth«, Gen 25, 13; 28, 9; 36, 3 (vgl. 1 Chr 1, 29; Jes 60, 7), Ismaels Erstgeborenem und nach biblischer Genealogie Urvater aller Araber. Andere Gelehrte dagegen bringen die Nabatäer mit Nachkommen der Edomiter und mit den Völkern in Verbindung, von denen es Jes 42, 11 heißt, sie wohnten im edomitischen *sela'* (= Felsen), das die Griechen später »Petra« nannten (das ebenfalls »Felsen« bedeutet). Assyrische Chroniken aus dem 7. Jhdt. weisen auch auf *na-ba-'aatu* hin, womit Stämme aramäischer Abkunft gemeint sind, die um die südöstlich von Jordanien gelegene *wādi sirḫān*-Senke herum lebten. Diese Hinweise verknüpfen sie jedoch nicht mit Edom oder den daran angrenzenden Gebieten, und überdies erheben sich gegen diese Identifizierung schwerwiegende historische und besonders linguistische Einwände.

Zunächst einmal findet sich nach dem 7. Jhdt. v. Chr. nirgendwo ein Hinweis auf »Nebajoth«. Bedeutsamer ist, daß die nabatäischen Inschriften ihren eigenen Namen, *nbṭw* (Nebatu), mit dem emphatischen *ṭ (ṭēt)* schreiben, während die verschiedenen biblischen Formen von »Nebajoth« sämtlich mit t *(taw)* geschrieben sind. Jedoch nehmen der Grieche Diodoros von Agyrion (1. Jhdt. v. Chr.), der Römer Strabon, der ältere Plinius (frühes 1. Jhdt. n. Chr.) und Josephus (1. Jhdt. n. Chr.; Altertümer und Jüdischer Krieg) alle auf die Nabatäer unter der Gattungsbezeichnung »Araber« Bezug, obwohl sie keine Araber (s. *Araber, Arabien) waren. Überdies glauben viele Gelehrte, daß im 7. und 6. Jhdt. v. Chr., während des Zusammenbruchs der Großreiche Assyrien und Babylon, und schon zuvor, im gesamten Gebiet des fruchtbaren Halbmondes beträchtliche Bevölkerungsverschiebungen stattfanden. Vermutlich vermischten sich die Einwohner der später von den Nabatäern beherrschten Länder in Südostpalästina mit arabischen und schließlich nabatäischen Neuankömmlingen. Der Charakter ihrer politischen Expansion deutet auf die Oberherrschaft einer kleinen Gruppe von Händlern hin, die sich die transjordanischen Bauern dienstbar machten.

Die Frage der Ursprünge der Nabatäer ist nach wie vor umstritten. Man kann sie nicht bloß als die natürlichen Erben der Edomiter oder Amalekiter ansehen, die Jahrhunderte früher in derselben Gegend wohnten. Die Zeitlücke ist zu groß dazu.

Wirtschaftlich und geographisch waren die Nabatäer mit Nordarabien verbunden, und offenbar hatten sie ursprünglich einen halbnomadischen Hintergrund. Enge Bande verknüpften sie jedoch auch mit der

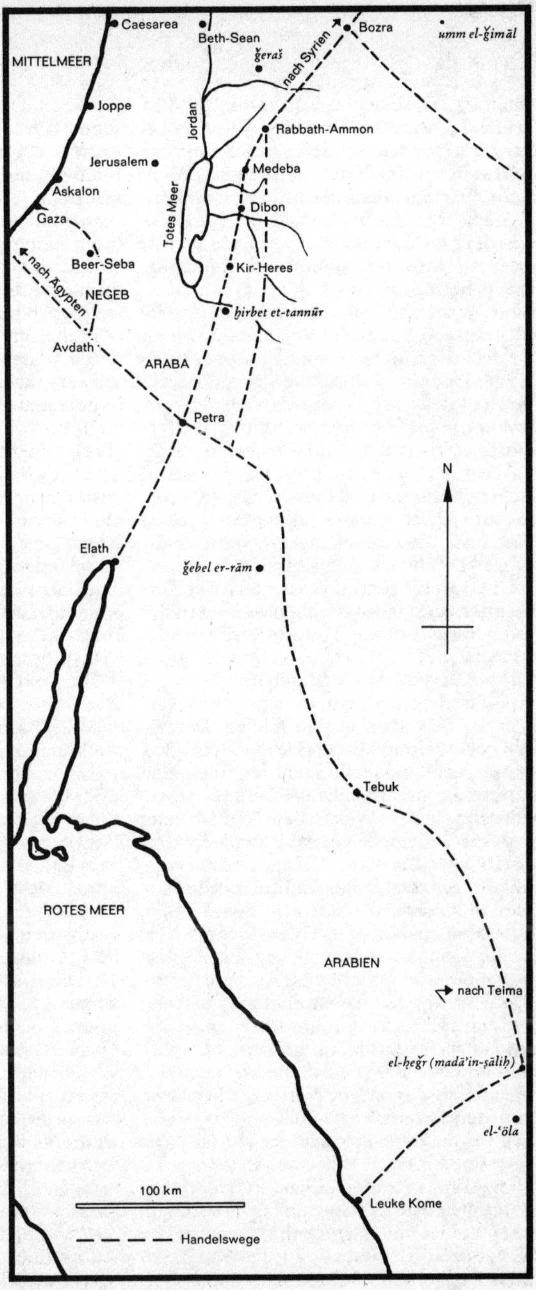

Karte 28. Handelswege der Nabatäer

Bevölkerung von Palmyra und Ituräa; so zeigt beispielsweise ihre Kunst starke Anklänge eher an die der Semiten des Nordens und Nordwestens (des Gebietes von Palmyra und Dura) denn an die der Südaraber (s. *Araber, Arabien). Sie schrieben aramäisch, doch ist die Sprache ihrer Inschriften zum Teil durch arabische Wörter und Namen verdorben. Das früheste Zeugnis für Sprache und Kultur der Nabatäer stammt vom Ende des 1. Jhdts. v. Chr. und ist, was ihre Ursprünge anbelangt, kaum beweiskräftig.

b) Griechische und römische Zeugnisse: Das früheste außerbiblische Zeugnis ist der Bericht des Diodoros von Agyrion, der die Nabatäer in den Ausgang der persischen Ära (spätes 4. Jhdt. v. Chr.) verweist, als das verfallende Reich die Macht über die peripheren Gebiete und die dort lebenden halbnomadischen syrischen und aramäischen Stämme nicht mehr auszuüben vermochte. Anscheinend betätigten sich die Nabatäer anfänglich als Agenten arabischer Händler, indem sie in ihrer Hauptstadt Sela (Petra) Waren aus Arabien lagerten und nach den Mittelmeerhäfen Gaza oder Raphia (Rhinocolura) weiterleiteten.

Diodor fügt hinzu, sie hätten mit für medizinische Zwecke bestimmtem Gummi gehandelt, was Spuren einer frühen Ausbeutung der Balsambaumhaine von *En-Gedi bei Jericho zu bestätigen scheinen (die *Josephus ebenfalls den Nabatäern zuschrieb). Aller Wahrscheinlichkeit nach war die Industrie von En-Gedi jüdisch; doch mag es durchaus sein, daß die Nabatäer östlich des Toten Meeres Balsam anbauten. Dieselben antiken Schriftsteller berichten auch, daß die Nabatäer aus dem Toten Meer den darin treibenden Asphalt gewannen. Hauptabnehmer dieses Produkts waren die Ägypter, die es seit der hellenistischen Zeit in großen Mengen für die Einbalsamierung ihrer Toten verwandten. Die Nachfrage nach Asphalt gab den Nabatäern zusätzliche wirtschaftliche und politische Bedeutung.

Diodor erzählt, die begeisterten Berichte über ihren Reichtum hätten Antigonos, einen von Alexanders Generalen, in dem Bestreben, ihr Territorium dem makedonischen Reich anzugliedern, veranlaßt, 312–311 v. Chr. von Syrien aus zwei Expeditionskorps in Marsch zu setzen. Der erste Versuch scheiterte kläglich, und nach dem zweiten gab sich Antigonos mit dem Tributangebot der Nabatäer zufrieden und zog sich zurück.

Wie alle Griechen verwechselte Diodor die Nabatäer mit den Arabern. Er beschreibt sie als Nomaden, die weder säten noch pflanzten, noch Häuser bauten, die Kamele und Schafe züchteten, in der Wüste Brunnen gruben und Weihrauch, Myrrhe und andere Gewürze zur Küste schafften. Ihm zufolge enthielten sie sich des Weins. Herodot (5. Jhdt. v. Chr.) berichtete gleichfalls (im Zusammenhang mit der Eroberung Ägyptens durch den Perserkönig Kambyses), »arabische« Könige hätten im Süden von Jenysos (möglicherweise das südlich von Gaza gelegene *ḫān-jūnis*) Handelsplätze am Meer gehabt. Es ist jedoch wenig wahrscheinlich, daß zwischen diesen »arabischen« Herrschern und den Nabatäern irgendeine Verbindung bestand.

2. Geschichte: *a) Urbanisierung:* Während der langen Hellenisierungsperiode im Vorderen Orient, in der Palästina und Transjordanien zunächst (3. Jhdt. v. Chr.) zum ptolemäischen Reich gehörten und dann dem Seleukidenreich angegliedert wurden (nach 200 v. Chr.; s. *Hellenismus im Nahen Osten), hört man nichts von den Nabatäern. Gleichwohl wirkte die neue Ausbreitung griechischer (hellenistischer) Kultur, Städte, Kunst und Architektur auf die Nabatäer ein, was sich am deutlichsten bei den Bauten von Petra zeigt. Zwischen dem 3. und den ersten Jahren des 2. Jahrhunderts v. Chr. muß sich das politische und materielle Leben der Nabatäer von Grund auf gewandelt haben. Wir verfügen über Zeugnisse für diesen tiefgreifenden Wandel ihrer nationalen Eigenheiten zwischen der griechischen und der römischen Periode, und die materiellen Belege werden durch schriftliche bestätigt. Der Römer Strabon (»Geographie«; 1. Jhdt. v. Chr.) und der ältere Plinius (»Naturalis historia«, 1. Jhdt. n. Chr.) haben Beschreibungen der Nabatäer als eines in festen Häusern wohnenden und Oliven und verschiedene Arten von Früchten anbauenden (s. unten Landwirtschaft) Volkes hinterlassen, die darauf hindeuten, daß Petra sich während des 3. und 2. Jhdts. v. Chr. allmählich zu einem großen mittelöstlichen Stapelplatz im Zentrum einer blühenden Zivilisation entwickelt hatte.

b) Die ersten nabatäischen Könige: Der erste nabatäische König, von dem die Geschichte berichtet, ist der als »Tyrann der Araber« bezeichnete Aretas I., zu dem sich der Hohepriester Jason von Jerusalem flüchtete, als ihn die Makkabäer während der Unruhen des Jahres 169 v. Chr. seines

Amtes entsetzten (2 Makk 5, 8 f; s. *Hasmonäer). Dieses verifizierbare Datum bildet die Grundlage für eine Chronologie der nabatäischen Könige (und erklärt, warum dieser Aretas »der Erste« heißt). Der Titel »Tyrann« besagt auch, daß Nabatäa zu dieser Zeit bereits ein unabhängiges Fürstentum war. Eine andere Quelle, Pompejus Trogus, stellt in der Epitome des Justinian (39, 5) fest, daß »Erotimos, König der Araber«, und sein Nachfolger Aretas II. (120–96 v. Chr.) das Nabatäerreich gründeten, das von Zeit zu Zeit Raubzüge nach Syrien und Ägypten unternahm. Akzeptiert man diese Feststellung, so mögen nach Ansicht vieler Gelehrter die inneren Wirren, welche die seleukidische Macht nach dem Tod Antiochus' VII. Sidetes (129 v. Chr.; s. *Hasmonäer) lähmten, die Gründung des Nabatäerreiches durch diese Herrscher ermöglicht haben. Andere Quellen aus der Zeit zwischen der Abfassung der letzten kanonischen Bücher des AT und der Bücher des NT bezeichnen die Nabatäer als ein den Juden gutgesinntes Volk. Als Judas Makkabäus und sein Bruder Jonathan den Jordan überquerten, um den Juden von Gilead Hilfe zu bringen (1 Makk 5, 25–27; s. *Hasmonäer), bereiteten ihnen die Nabatäer einen freundlichen Empfang. Als der syrische General Bakchides später Jonathan zeitweilig aus Judäa vertrieb, bat dieser seine »Freunde«, die Nabatäer, seine beträchtlichen Kriegsvorräte bei ihnen aufbewahren zu dürfen (1 Makk 9, 35).

c) Konflikt mit den Hasmonäern: Nach dem Erfolg des Makkabäeraufstandes und der Errichtung eines sich vom Mittelmeer bis östlich vom Jordan erstreckenden jüdischen Staates durch die triumphierenden hasmonäischen Monarchen hörten die guten Beziehungen zu den Nabatäern jedoch auf. Im Verlauf von Alexander Jannäus' Feldzug zur Beherrschung der südpalästinischen Küstenlinie wurde die Stadt Gaza – einer der wichtigsten nabatäischen Häfen – erobert. Fortan blieb den Nabatäern faktisch jeglicher Zugang zum Meer entlang der palästinischen Südküste nördlich der ägyptischen Grenze verwehrt. Der Seleukide Antiochus XII. versuchte gleichzeitig, die nabatäische Expansion im Norden zu begrenzen, in einem Gebiet, das infolge des Verlustes ihrer südlichen Häfen für die Nabatäer und ihren Handel überragende Bedeutung erlangt hatte. 88 v. Chr. besiegte Aretas III. Antiochus und bemächtigte sich der Stadt Damaskus und des ganzen umliegenden Gebiets. Sodann wandte er sich nach Süden, marschierte von Damaskus aus in das Zentrum von Jannäus' Reich und brachte ihm unweit der Festung Addida in der Küstenebene eine Niederlage bei. Die beiden Könige einigten sich sodann, und der Nabatäer trat den Rückzug an (Josephus, Altertümer 13). Einige Jahre später eroberte Jannäus zwölf nabatäische Städte in Moab und Idumäa, die sein Sohn, Hyrkan, jedoch wieder herausgeben mußte. Jannäus' Witwe, Alexandra Salome (s. *Hasmonäer), unterhielt gute Beziehungen zu den Nabatäern und schloß mit ihnen sogar einen Vertrag zur Verteidigung von Damaskus (75 v. Chr.).

d) Nabatäas Aufstieg: Während die Schwäche der hellenistischen Reiche den Nabatäern wahrscheinlich die Möglichkeit gab, über ihr ursprüngliches Territorium Edom hinauszugreifen, bietet sie an sich keine zureichende Erklärung für den Aufstieg des nabatäischen Staates. Das nördliche Transjordanien und das südliche Syrien wurden nacheinander erobert, und der Zug gipfelte in der Einnahme von Damaskus durch Aretas III. Die Auswirkungen dieser Erwerbungen lassen sich noch heute an den Überresten der materiellen Kultur der Nabatäer ablesen, welche die bereitwillige Absorption hellenistischer Einflüsse widerspiegeln. Die frühesten nabatäischen Münzen wurden nach einem hellenistischen Muster gestaltet, während sich die Könige, möglicherweise, um sich in die Gunst ihrer neuen Untertanen einzuschmeicheln, an die griechischen Ptolemäer erinnernde Namen, z. B. »Philhellene«, beilegten. Vermutlich stammen die hellenistischen, aus dem Felsen ausgehauenen Fassaden von Petra aus dieser Zeit.

Diese und andere Zeugnisse für die Entwicklung der nabatäischen Kunst unter hellenistischem Einfluß legen den Schluß nahe, daß sich die Herrscher und die Oberschichten in Petra zuerst hellenisierten. Dies geschah auch an vielen anderen Orten. Anderseits »war die gröbere Kunst von *ḫirbet et-tannūr,* Seia und *ḥaurān* das Werk ihrer Untertanen«, die in Transjordanien »die Äcker bestellten und Weizen, Öl und Wein anbauten« (M. Avi-Yonah). Die Übernahme – oder Ablehnung – der griechisch-römischen Kultur blieb jedoch freigestellt; sie wurde nicht, wie anderwärts im Vorderen Orient und in Palästina, als ein Teil der Politik einer Fremdherrschaft aufgezwungen.

e) Expansion in Arabien: Unter ihren frühen Königen (spätes 3. und frühes 2. Jhdt.

v. Chr.) dehnten sich die Nabatäer südwärts bis in das Gebiet nördlich von *heǧāz* in Südarabien aus und eroberten den am Roten Meer gelegenen Hafen Leuke Kome (das Weiße Dorf).
Ein wichtiges Provinzzentrum wurde dort in Egra (*mādā'in-ṣāliḥ*) errichtet. Im Laufe der Zeit stand dieses an Bedeutung nur noch Petra nach. Hatten die Nabatäer anfangs lediglich als Händler für die Araber fungiert, so begannen sie jetzt, Waren auf eigene Rechnung direkt von Arabien zu den Verschiffungshäfen am Mittelmeer zu transportieren.
Archäologische Untersuchungen im südlichen Transjordanien und in Nordarabien haben gezeigt, daß sich das nabatäische Herrschaftsgebiet am Ende seiner Expansionsperiode – allerdings mit Unterbrechungen – von diesem südlichen Punkt an der arabischen Küste des Roten Meeres aus nordwärts bis nach Südsyrien, ostwärts quer durch die syrische Wüste bis zum Euphrat und westwärts bis zum palästinischen Negeb und bis in die Nähe der Mittelmeerhäfen erstreckte (s. **Karte 28**). Die Herrschaft der Nabatäer über den Negeb bezeugt die große Zahl der dort gefundenen nabatäischen Tonwaren. Dies läßt sich nicht lediglich durch den ständigen Durchzug nabatäischer Händler erklären. Man hat große Mengen ihrer Töpferwaren an Orten gefunden, die weit von den Karawanenwegen entfernt liegen und keinerlei Verbindung damit hatten.
Im 1. Jhdt. n. Chr. hatten sie eine blühende Landschaft, einen ausgedehnten Handel und bedeutende Städte geschaffen oder wieder aufleben lassen. Ihre damalige Zivilisation hält einen Vergleich mit jeder anderen der jüngst hellenisierten vorderorientalischen Staaten aus. Ihr Einfluß spielte bei der Entwicklung von *ǧeraš* (*Gerasa) und anderer Zentren der Dekapolis (s. *Hellenismus und Naher Osten) eine Rolle. Das Ausmaß ihres Handels in jenem Gebiet erhellt aus den zahlreichen Münzen des nabatäischen Königs Aretas IV., die man in sämtlichen Städten der Gegend gefunden hat.
f) Nabatäer und Römer: Das Erscheinen der Römer in Syrien und Palästina hatte für die Nabatäer keine solche tragischen Auswirkungen, die es für die Juden zeitigte. Nach der Einnahme von Damaskus im Jahre 66 v. Chr. entsandte Pompeius zwar eine Streitmacht nach Petra, aber Aretas III. erkaufte sich mit 300 Talenten Silber seine Unabhängigkeit. Josephus fügt hinzu, das Abkommen zwischen den beiden Parteien sei von dem Idumäer Antipater (dem Vater des Herodes und Minister des Hyrkan von Judäa), der damals bei nabatäischen Freunden weilte und seinen Plan einer Machtübernahme in Judäa vorbereitete, zustande gebracht worden. Seit jener Zeit erscheint Nabatäa als von Rom abhängiger Vasallenstaat, wenn auch die Nabatäer selbst ihr Vasallentum immer nur als bloße Formalität ansahen. In der Zeit der Republik und in der Epoche der Bürgerkriege scheinen sie es nicht als schwere Last empfunden zu haben. Im Jahre 40 v. Chr., während des Krieges zwischen Rom und den Parthern, nahm Aretas' Nachfolger, Malichos I. (60–30 v. Chr.), jedoch unklugerweise für die Parther Partei. Marc Anton beauftragte *Herodes I., den Großen, die bisherige Ordnung wiederherzustellen und Malichos zur Abgabe seiner Steuern zu veranlassen, und ein verworrener Krieg endete mit einer Katastrophe für die Nabatäer. Herodes hatte eigene Ambitionen auf nabatäische Gebiete und ging nicht lediglich als Werkzeug der Römer vor. Zu seiner Zeit wurde Nabatäa von Obodas III. (30–9 v. Chr.) regiert, der sich von einem hochbegabten und skrupellosen Minister, Syllaios, beraten – und beinahe verdrängen – ließ. Die begrenzten Territorien der beiden Reiche waren zu klein, um die Rivalitäten zweier ehrgeiziger Plänemacher einzudämmen, aber die ihnen auferlegte *pax Romana* zwang Herodes und Obodas, ihren Kampf auf einen politischen, kalten Krieg zu beschränken, der zu jener Zeit die Form einer unaufhörlichen Folge von Anklagen und Gegenanklagen von Petra und Jerusalem vor dem römischen Senat und Kaiser Augustus annahm.
Das NT erwähnt nur einen nabatäischen König, doch war er einer der bedeutendsten: Aretas IV. (9 v. Chr.–40 n. Chr.), Herrscher über Damaskus zur Zeit der Konversion des Apostels Paulus (2 Kor 11, 32). Herodes Antipas von Galiläa heiratete Aretas' Tochter, ließ sich jedoch schon bald wieder von ihr scheiden, um Herodias, die Frau seines Bruders, zu ehelichen. Aretas besiegte später Herodes Antipas, was viele Juden als gerechte Strafe für seine Tötung *Johannes' des Täufers ansahen.
g) Römische Ambitionen: Die Waren des Fernen Ostens – die Gewürze, Edelsteine und Luxusgüter aus Arabien, Ostafrika und Indien – waren schon jahrhundertelang in das nördliche Mittelmeerbecken gelangt, bevor Strabon und Plinius d. Ä. den großen Reichtum untersuchten, der den Nabatäern durch ihr Monopol auf die-

sen hochwichtigen Handel und durch ihre Ausbeutung von Asphalt und Salz des Toten Meeres zugewachsen war. Ein solcher Reichtum stellte jedoch für die Römer eine große Versuchung dar. Sobald sie ihr Reich gesichert hatten, zeigten sie sich entschlossen, den Handel in die neuen römischen Handelsplätze abzuleiten.

In den Jahren 24/25 v. Chr. wurde eine Streitmacht zur Eroberung der *Arabia felix* (Jemen; s. *Araber, Arabien) ausgesandt, doch erlitt sie eine vernichtende Niederlage. Die Römer richteten sodann als Alternative zu den Landverbindungen neue Seewege ein; sie beförderten die Waren über das Rote Meer nach Ägypten, entluden sie und schafften sie über Land zu den Mittelmeerhäfen. Dies ging nicht ohne Schwierigkeiten ab – vor allem zählten dazu die vorherrschend nördlichen Winde des Roten Meeres. Gleichwohl erwies sich der Versuch als erfolgreich, und ein beträchtlicher Teil des Verkehrs wurde von den Landwegen abgeleitet. Hatte der Wohlstand der Nabatäer unter Aretas IV. (9 v. Chr.–40 n. Chr.) seinen Höhepunkt erreicht, so ging er infolgedessen unter der Regierung Malichos' II. (40–71 n. Chr.) und Rabels II. (71–106 n. Chr.) erheblich zurück. Durch den Rückgang seines Handels büßte Nabatäa auch seinen wichtigsten Anspruch ein, in dem Gebiet als Macht zu gelten. Seine zahlreiche Bevölkerung blieb jedoch erhalten. Eine Wirkung des durch äußere Faktoren herbeigeführten wirtschaftlichen Niedergangs war die Entwicklung der charakteristischen nabatäischen Landwirtschaft, die unter Rabel II. in weitem Ausmaß gefördert wurde. Sein Herrschertitel endet mit der Formel: »Der Lebensspender und Retter seines Volkes«. Mag sein, daß sich diese Formel nicht auf seine Handlungen bezog; doch erinnerte man sich ihrer später vielleicht,weil sie zutraf. Nach der Eroberung Judäas durch die Römer (im Jahre 63 v. Chr.) blieben die Nabatäer weitere 170 Jahre unabhängig. Obgleich sie durch die römischen Eroberungen ihre Herrschaft über Damaskus einbüßten, blieb das Gebiet weiter südlich – *ḥaurān* und der angrenzende Bereich, heute *ǧebel ed-drūz* genannt – in nabatäischer Hand. Sie erhielten ihr Reich bis zum schließlichen Verlust ihrer Souveränität im Jahre 106 n. Chr. verhältnismäßig intakt, und selbst danach bestand ihre Zivilisation unter römischer Herrschaft fort.

h) Annexion durch Rom: Ihre Souveränität büßten sie ein, als Cornelius Palma von Kaiser Trajan beauftragt wurde, Petra zu erobern (106 n. Chr.) und sodann das ganze Reich der römischen »Provinz Arabia« anzugliedern. Ein mit Petra konkurrierendes Provinzzentrum wurde in Bozra gegründet, einer mit Wasser gut versorgten Stadt in Transjordanien, wohin die dritte römische Legion verlegt wurde. Eine weitere Legion war im Süden des Landes stationiert; die Lager, die sie in *el-kerak* und Petra errichtete, sind noch heute zu sehen. Eine große Nord-Süd-Straße, die Palmyra und Damaskus mit Bozra und Akaba (am Roten Meer nahe Ezeon-Geber, dem heutigen *Eilat*) verbinden sollte, wurde unter Trajan begonnen und bis Egra *(madā'in-ṣāliḥ)* fortgeführt.

Der Bau der Straße bis Egra schob ebenfalls jeder weiteren Ausdehnung des Nabatäerreiches in jener südlichen Oase einen wirksamen Riegel vor. Die Hauptverkehrsader erhielt Seitenstraßen, und das ganze System bildete den *limes Arabicus,* der das Land erschloß und die Hauptstraße mit dem Überlandkarawanenweg und der zum Roten Meer und nach Ägypten führenden Land-See-Route verband. Die römische Besetzung wurde durch die Errichtung römischer Posten **(Abb. 591)** und Garnisonen überall im Land, von der Umgebung Petras bis zum südlichsten Punkt des nabatäischen Staates, verfestigt. Seine Souveränität war völlig untergraben worden. Zudem umgingen die neuen Straßen Petra und leiteten seinen Handel nach Palmyra und in die Städte der unter Trajan gebauten Straße von Elath nach Damaskus ab. Die Römer waren jedoch nicht daran interessiert, Nabatäa zu zerstören. Das Leben des Volkes ging unter der römischen Herrschaft, von der es in zunehmendem Maße ausgebeutet wurde, weiter. Im 2. und frühen 3. Jhdt. n. Chr. erlebte die nabatäische Kultur eine kurze Renaissance, auf die hier nicht weiter eingegangen werden kann. Die Nabatäer selbst gingen allmählich in neuen Völkerschaften, insbesondere heidnischen syrischen und arabischen Stämmen auf, die, ganz wie die frühesten Nabatäer einige Jahrhunderte zuvor, in aufeinanderfolgenden Wellen in das Gebiet eindrangen. Nach und nach trat in dem Gebiet an die Stelle der nabatäischen Sprache das Arabische, und die Nabatäer verschmolzen mit den hereinbrechenden Wellen der mohammedanischen Araber und verschwanden. Auf die nachrömische Periode ihrer Kultur wird weiter unten im Zusammenhang mit den Städten der Nabatäer näher eingegangen werden.

3. Kultur: *a) Sprache:* Die Nabatäer spra-

Abb. 591. Ruinen eines römischen Postens in Nabatäa

Abb. 592. Hadad-Zeus, die oberste Gottheit der Nabatäer (Relief aus *ḫirbet et-tannūr*)

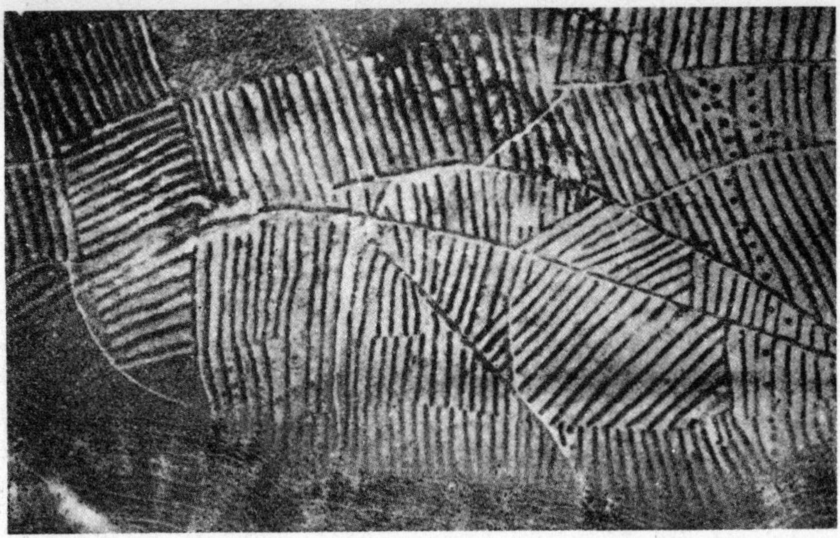

Abb. 593. Von nabatäischen Bauern angelegte terrassierte Felder (Luftbild von *qetsiōt* bei Nessana)

Abb. 594. Beschrifteter Steinblock aus der Nähe von Avdat, wahrscheinlich Altar des Regengottes Dusares

Abb. 595. Reste einer Weinpresse

Abb. 596. Steinbank mit Vertiefungen für die Krüge, in denen der Traubensaft zu Wein gegoren wurde

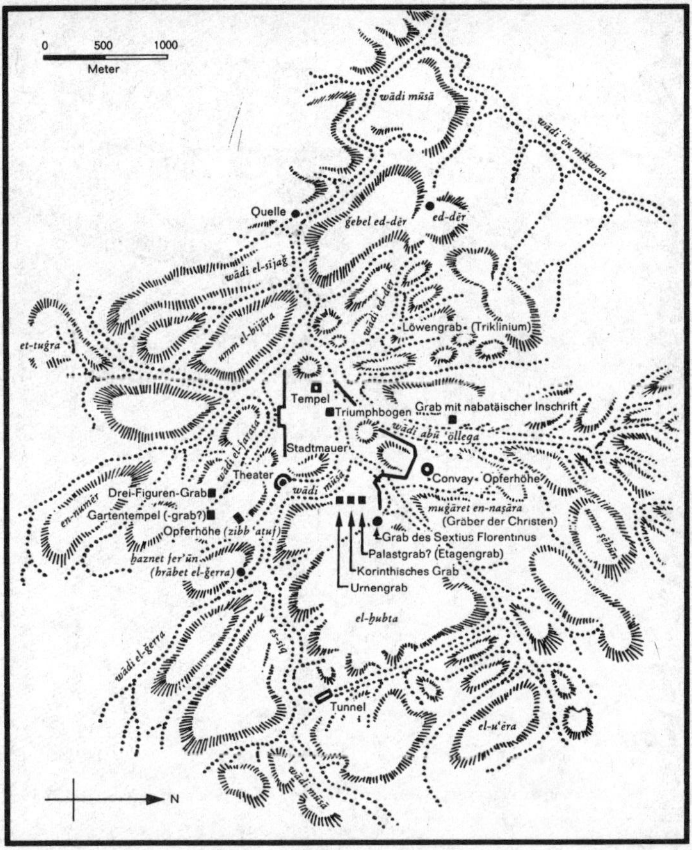

Abb. 597. Kartenskizze von Petra

Abb. 598. Felsenfort der Edomiter, das biblische Sela, über der Stadt Petra

Abb. 599. Die zwei Kilometer lange, schmale Schlucht, durch die man auch heute noch nur zu Fuß oder zu Pferd nach Petra gelangt

chen eine Art von Aramäisch, die ausgeprägte arabische Einflüsse aufwies. Wir kennen Tausende von in Stein gemeißelten Inschriften in nabatäischer Sprache, die insbesondere in Petra, *er-rām,* Egra, *ras en-naqab (naqab el-'arūd), umm el-ğimāl,* Bozra, *ğeraš,* im *ḥaurān,* im Negeb und auf der Sinai-Halbinsel gefunden wurden.
Ihre Schrift war vom Aramäischen abgeleitet und ähnelte dem nachexilischen Hebräischen, nur waren die Buchstaben sehr viel größer, und selbst bei dem auf Denkmälern benutzten Schreibstil waren einige Buchstaben verbunden. Die längste bekannte Inschrift ist in einigen, in einer Höhle an der Küste des Toten Meeres *(wādi murabba'at)* gefundenen nabatäischen Papyri, die sich als Handelsurkunden erwiesen, enthalten.
b) Kunst: Felszeichnungen, die man überall in Nabatäa gefunden hat, beinhalten Darstellungen sowohl der von den Nabatäern gezüchteten Tiere wie Kamele, Ziegen und, in fruchtbareren Gegenden, Schafe als auch der von ihnen gejagten Tiere, wie etwa des Steinbocks. Weiter finden sich darunter Kampfszenen mit Soldaten, die mit Schwertern kämpfen, Bilder von Jägern mit Pfeil und Bogen und friedlichere Darstellungen, z. B. tanzende Paare. (Töpferei, Architektur und Kunsthandwerk s. unter *Kanaanäische Städte; *Stadtanlage, israelitische.)
c) Religion: Die Hauptgötter der Nabatäer waren Dusares und seine Gemahlin Allat. Dusares bedeutet *Du-š-šarā,* »der (Gott) von *eš-šarā*«. Mit diesem *eš-šarā* dürfte nach M. Höfner die Gebirgsgegend zwischen Totem und Rotem Meer (das biblische Gebirge Seir oder Edom) gemeint sein, die noch heute diesen Namen führt und in der auch Petra, die Hauptstadt des Nabatäerreiches, lag. *Ḏū* muß hier die Relativpartikel *ḏ* oder *z* sein, die im Ugaritischen und biblischen Hebräischen zur Bezeichnung der Gottheit als »derjenige, welcher oder von usw.« benutzt wird. Dusares unterstand dem höchsten Gott, Hadad-Zeus, dem »Herrn des Himmels«, im Hebräischen unter dem Namen Baal-Schamaim bekannt; letzteren zeigt das Relief **(Abb. 592)** aus *ḫirbet et-tannūr* (s. *Hellenismus im Nahen Osten). Dusares war ein Fruchtbarkeitsgott – der Gott des Donners und des Regens, der Stiere und des Korns –, der seinen Ursprung in Mesopotamien oder den Randzonen Irans hatte. Dusares wurde mit Dionysos identifiziert und häufig von Weinbau und Weinsymbolen umgeben dargestellt.
Die Kultstätten des Dusares befanden sich auf »Höhenheiligtümern«, die an altsemitische Kulte gemahnten (s. unten Petra), während der Gott selbst durch einen Steinblock oder Obelisk dargestellt wurde.
Seine Gemahlin, Allat, war wahrscheinlich mit El und Elath verwandt und mit Atargatis, ebenfalls einer typischen Fruchtbarkeitsgöttin, unter Betonung ihrer besonderen Bedeutung für Fischfang und Getreide verbunden. Als Allat-Athena galt sie als die Schutzherrin der Quellen und des Wassers. Die Religion war im wesentlichen ein Fruchtbarkeitskult; jedoch wirkten auch sehr vielfältige Verbindungen und kulturelle Verknüpfungen mit. Griechentum und Orient trafen aufeinander und vermischten sich. In *es-suwēdā* (östl. von *ḥaurān* in Südsyrien) sind Statuen gefunden worden, die die nabatäische Trias zeigen: Allat-Athena, Hadad-Dionysos und Aphrodite-Atargatis.
Die frommen Nabatäer bezeigten ihren Toten große Verehrung (s. unten die Beschreibung der reich ausgestalteten Gräber von Egra und Petra, das größtenteils eine Nekropole war), und möglicherweise wurde außer der Hauptreligion des Dusares ein Totenkult praktiziert.
d) Landwirtschaft: Die Landwirtschaft entwickelte sich besonders in der späteren Periode der nabatäischen Zivilisation. Die verhältnismäßig große Bevölkerungsdichte des Landes – die, soweit bekannt, bisher größte in einem zur Hauptsache aus Wüste bestehenden Gebiet – erzwang die maximale Ausnutzung auch wenig rentabler Böden, die Entwicklung besonderer Fertigkeiten zu diesem Zweck und den Aufbau einer starken Streitmacht zum Schutz der Wüstenniederlassungen. Sichtbare Zeugnisse dieser Wirtschaftsform sind die sehr zahlreichen Zisternen, Reservoire, Dämme und Terrassen, die noch heute in den jetzt unproduktiven Gebieten zu sehen sind. Sie stammen aus der Periode vom 1. Jhdt. n. Chr. bis zur byzantinischen Zeit. Wasser war in solchen Gebieten die Hauptvoraussetzung für landwirtschaftliche Produktion. In der römischen und byzantinischen Zeit entwickelten die Nabatäer ein kompliziertes System zur Sammlung von Regenwasser in großen Zisternen – zunächst für den Gebrauch der Karawanenreisenden und -kamele –, später für die Bewässerung. Auf Überreste der von ihnen gebauten Zisternen, Reservoire und Dämme trifft man noch heute im unfruchtbaren Negeb – der früher schon genauso trocken war wie jetzt. Die in den wenigen

Abb. 600. Mittelhalle einer Grabanlage in Petra

Abb. 601. Das *ed-dēr,* ein Baudenkmal Petras aus dem 2. Jhdt. n. Chr. Die Fassade ist 50 m breit und 45 m hoch

Abb. 602. Gegend von *er-rām,* rund 160 km südlich von Petra

Abb. 603. Reste eines Tores in Petra (2. Jhdt. n. Chr.)

Abb. 604. Reste eines Privathauses in der Nabatäerstadt *umm el-ğimāl*

Abb. 605. Badehaus in Avdat

Abb. 606. Luftbild der teilweise rekonstruierten Grabungsstätte von Avdat

Abb. 607. Nabatäische Keramik (50. v.–ca. 200 n. Chr.)

Abb. 608. Brennofen einer Töpferwerkstatt in Avdat

Abb. 609. Nabatäische Zisterne

Wintermonaten fallende jährliche Regenmenge betrug – und beträgt – dort nicht mehr als 10 cm. Sie wurde durch Dämme, Terrassen und Kanäle gesammelt, um alles verfügbare Wasser den besseren Böden der Täler zuzuführen, die, sofern sie bewässert wurden, für eine Bebauung hinreichend fruchtbar waren. Kahle Bergabhänge wurden mit verschlungenen Mustern von Kiesreihen und -mauern bedeckt, die sämtlich dazu dienten, Regenwasser zu sammeln und es zu den unten liegenden terrassenförmig angelegten Feldern oder Zisternen zu leiten, wie die Luftaufnahme von *qetsiōt* bei Nessana **(Abb. 593)** zeigt. Soweit wie möglich wurden die Abhänge selbst durch sorgfältige Terrassierung, Ausnutzung eines jeden Wasserlaufs und den Bau eines Netzes von Verbindungskanälen kultiviert. Einiger Dämme wurde augenscheinlich auf beschrifteten Steinen, wie dem bei Avdat gefundenen **(Abb. 594),** gedacht, die, wie A. Negeb glaubt, als Altäre benutzt wurden, auf denen man Dusares Opfer und Gebete um Regen darbrachte. Von den Dämmen und großen Zisternen waren viele weit von den Siedlungen entfernt, was ein weiteres Zeugnis für eine umfassende Entwicklung der Landwirtschaft in römischer und byzantischer Zeit ist.

Gerste, Oliven, Weintrauben, Granatäpfel und Balsam wurden zusammen mit vielen der übrigen palästinensischen Feldfrüchte als Trockenklimafrüchte in den bewässerten und regenreichen Gebieten des südlichen Transjordanien angebaut (s. *Ackerbau und Viehzucht). Tatsächlich ist die Erforschung ihrer Anbaumethoden und Agrarprodukte noch nicht abgeschlossen, und genauere Angaben sind noch nicht möglich. Fest steht, daß die landwirtschaftlichen Unternehmungen der Nabatäer im 6. und 7. Jhdt. n. Chr. weiterentwickelt wurden. Weinpressen **(Abb. 595)** und -keller aus dieser Zeit und eine Anlage zum Früchtetrocknen (vielleicht von Trauben) zeigen die Bedeutung des Weinbaus und weisen auf einen möglicherweise berühmten Wein hin. Die frisch gepflückten Weinbeeren wurden in verputzten Bassins gekeltert, wobei der Saft in kleine, in der Mitte befindliche Vertiefungen lief. Von dort floß er durch eine Rinne in große Klärbottiche. Aus diesen wurde der Saft in große Weinkrüge umgefüllt, die man in Kellern und dunklen, kühlen Räumen aufbewahrte. Auf der abgebildeten Steinbank **(Abb. 596)** wurden in einem solchen Raum Krüge mit reifendem Wein abgestellt.

4. Städte der Nabatäer: Die großartigste nabatäische Stadt ist das südöstlich vom Toten Meer gelegene Petra; es bietet eindrucksvolle Beispiele für Kultur, Architektur, Kunst und Lebensweise der Nabatäer und erhellt auf lebendige Weise die Frühgeschichte des ganzen Volkes und Landes.

Außerdem hat man Überreste vieler anderer nabatäisch-römischer Städte und Tempel entdeckt und ausgegraben: im Ostjordanland die über einer früheren moabitischen Stadt gleichen Namens erbaute Stadt Diban; *ḫirbet et-tannūr, er-rām* und *umm el-ğimāl,* Egra *(madā'in-ṣāliḥ)* in Nordarabien, Seia im *ḥaurān* (Südsyrien). Im Negeb wurden bisher folgende Städte und Karawanenstationen entdeckt: *Avdat,* das für seinen nabatäischen und byzantinischen Staudamm berühmte Kurnub, Soubeita *(es-sbēta, ḥorbaṭ šivṭā),* Nessana, *('auğā el-ḥafīr),* Elousa *(el-ḫalaṣa, ḥorbaṭ ḥalūṣā),* wo die früheste nabatäische Inschrift (aus dem Jahre 170 v. Chr.) gefunden wurde, und *er-reḥēbe.* Mehrere repräsentative Beispiele dieser Städte sind weiter unten beschrieben.

a) Petra: Die »rosenrote« Stadt Petra mit ihren aus den unterschiedlich getönten Sandsteinfelsen herausgehauenen Grabmälern, Kultstätten und Palästen ist seit 1812 bekannt, als sie Burckhardt als erster wiederentdeckte. Sie ist seither von Horsfield, Wiegand, Weilzinger und W. F. Albright eingehend erforscht worden. Albright hat überzeugend nachgewiesen, daß alle bedeutenden Denkmäler dem Andenken der Toten gewidmete Mausoleen waren. Obwohl sie Kapellen enthielten, in denen die Götter verehrt wurden, waren sie doch keine Tempel (s. **Abb. 597**).

(1) Geschichte, Lage und Bauweise: Die frühesten Spuren menschlicher Niederlassung in diesem Gebiet stammen anscheinend aus dem Jungpaläolithikum (ca. 10 000 v. Chr.), als Felsunterkünfte in einem der Täler von Petra nur eine kurze Zeit in jedem Jahr von Menschen bewohnt gewesen zu sein scheinen. Auf eine neolithische Siedlung (5. Jahrtausend v. Chr.) deuten auch aus dieser Periode stammende Pfeilspitzen und Werkzeuge aus Feuerstein hin, die etwas nördlich des Geländes gefunden wurden. Spuren chalkolithischer oder bronzezeitlicher Siedlungen wurden nicht gefunden, obwohl die Stadt während dieser Jahre bekannt war. Im Zentrum von Petra stand das biblische »Sela«, *umm el-bijjāra,* die turmartige Felsenfestung der Edomiter **(Abb. 598),** um die herum sich das nabatäische Petra entwickelte. Einige

wenige Überreste aus der Eisenzeit wurden dort gefunden. Die Bibel (2 Kg 14, 7) berichtet, Amazja, König von Juda, habe die Zitadelle von »Sela« im Sturm erobert (ca. 800 v. Chr.).
Nach den in der Stadt durchgeführten Ausgrabungen scheint es, daß dem byzantinischen Petra (4. Jhdt. n. Chr.) folgende drei Siedlungsstufen vorangingen: eine frühnabatäische vom 4. bis zum 1. Jhdt. v. Chr., ein klassisches nabatäisches Stadium vom 1. Jhdt. v. Chr. bis zur Ankunft der Römer im Jahre 106 und danach ein römisches, das bis zum 3. Jhdt. n. Chr. währte. Petra liegt in einem völlig von den kahlen Bergen der südidumäischen Wüste eingeschlossenen Tal. Einzigartig ist der erregende Zugang zur Stadt durch eine 2 km lange, enge, gewundene Schlucht, *sīq* genannt **(Abb. 599)**, die man auch heute noch nur zu Fuß oder zu Pferde durchqueren kann. Mit einer einzigen Ausnahme wurden sämtliche erhaltenen Denkmäler der Stadt sowie ihre Wohnhäuser, Vorratshäuser und anderen Gebäude aus dem Felsen gehauen, wenngleich sie zeitweilig auch gemauerte Gebäude aufwies. Die Nabatäer hatten eine sehr charakteristische Art, den Stein zu behauen, und zwar bearbeiteten sie ihn mit einem Spitzhammer in einem Winkel von 45°. Das derart geschaffene Muster ist auf einzelnen Steinblöcken und auf den behauenen Felsen sichtbar.
(2) Grabmäler: Viele mit Zinnen versehene Pylongrabmäler stammen aus dem frühnabatäischen Stadium; ihre Fassaden ähneln ägyptischen Pylonen und werden von Giebelstufen ägyptisch-mesopotamischen Ursprungs gekrönt. Bei den klassischen nabatäischen Grabmälern sind die einfachen Pylonen mit hellenistischen Giebeln, Friesen und Simsen verziert.
Nahe dem Zugang zur Stadt steht die großartige rosenrote Fassade des *ḫaznet fer'ūn*, das Schatzhaus, ein im 2. Jhdt. v. Chr. aus dem Fels gehauenes Mausoleum, kein Tempel, wie man früher vermutete. Das Innere besteht aus einem großen zentralen und einem kleinen Raum an der Rückwand, zu dem drei Stufen hinaufführen, und je einem kleinen Raum auf den beiden Seiten der Portikus. Mehrere Skulpturen sind stark beschädigt; darunter befindet sich eine, die nach Ansicht einiger Fachleute die Göttin Isis darstellt. (Vgl. dies mit den monumentalen Grabmälern des Kidrontals; s. *Begräbnis 3 b.) Zu den ältesten Grabmälern zählt ein großes im *wādi abū 'öllēqa (wādi et-turkmānīje);* es stammt aus dem 1. Jhdt. v. oder n. Chr. und trägt über dem Eingang eine lange, interessante nabatäische Inschrift, die das Grabmal und seinen Inhalt dem Gott Dusares weiht und mit den Worten schließt: »nicht begraben werde in diesem Grab irgendeiner außer einem solchen, für den die Bewilligung eines Grabes in jenen Schriftstücken über die heiligen Stätten aufgeschrieben ist auf ewig«. Die Grabmäler von Petra bieten eine Fülle von Zeugnissen für die den Verstorbenen bezeigte Verehrung. Alle weisen einen großen Saal *(triclinium)* auf, in dem die Bestattungsfeierlichkeiten stattfanden **(Abb. 600)**.
(3) Tempel und Heiligtümer: Außer den Grabmälern enthält Petra eines der schönsten erhaltenen Beispiele einer Opferstätte im Freien, den an der höchsten Stelle innerhalb der ummauerten Stadt Petra freigelegten »Conway-High-Place«, einen Prozessionsweg um einen Felsen herum. (In Nord- und Südarabien findet man viele Parallelen hierzu. Neuestens will Parr darin einen hellenistischen Befestigungsturm sehen.) Er datiert aus der klassischen Zeit der Stadtgeschichte und war vom 2./1. Jhdt. v. Chr. bis zur christlichen Epoche, in der er zerstört wurde, in Gebrauch.
Zu den größten Denkmälern Petras zählt der um das 2. Jhdt. n. Chr. aus dem weichen Sandstein gehauene Tempel *ed-dēr*, dessen Fassade ca. 50 m breit und bis zum obersten Rand der den Bau krönenden Urne fast 45 m hoch ist. Der Innenraum ist wie üblich ganz schmucklos. In einer Nische der Rückwand befand sich ursprünglich ein Steinblock, der Dusares verkörpern sollte. Die Forschung ist sich nicht einig, ob dies ein größerer Tempel oder einfach eine Kapelle war. In christlicher Zeit wurde *ed-dēr* als Kirche benutzt **(Abb. 601)**.
(4) Das römische Petra: Zu beiden Seiten des *wādi mūsā* (Flußbett), westlich des Zugangs zur Stadt, liegt das wichtigste offene Gebiet von Petra. Südlich des Wadis ist ein Teil einer säulengesäumten römischen Straße freigelegt worden. Sie führte zu einem Bogen mit drei Durchgängen **(Abb. 603)**, der augenscheinlich im 2. Jhdt. n. Chr. errichtet wurde und mit typischen orientalisch-hellenistischen nabatäischen Steinmetzarbeiten, darunter charakteristischen Blumenmustern, verziert ist. Obwohl nur einige wenige Pflastersteine übriggeblieben sind, ist deutlich, daß die Straße zu einem römischen Bauwerk *qasr el-bint* führte, das der einzige erhalten gebliebene Steinbau in Petra ist. Augenscheinlich wurde es zu Beginn des 2. Jahrhunderts n. Chr. als römisches Verwal-

tungszentrum errichtet. Über seinen Charakter und seine Funktion ist jedoch nichts Genaues bekannt.
Die römische Besetzung wirkte sich für Petra selbst zunächst vorteilhaft aus und führte zu einem Wiederaufblühen der Stadt und ihres Lebens. Das große Theater am Stadteingang (frühes 3. Jhdt. n. Chr.) und die vielgeschossigen Grabfassaden datieren alle aus dem 2. und 3. Jhdt. n. Chr. Obwohl bescheidener, zeugt das Grab des Statthalters der Provinz Arabia, Sextus Florentinus, von der wachsenden Bedeutung der Stadt in der späteren Zeit. Ihre Vormachtstellung als eins der großen Zentren der östlichen Welt war jedoch bereits im Schwinden begriffen. Nachdem sie in byzantinischer Zeit ein kirchliches Zentrum geworden war, hörte sie im Mittelalter auf zu existieren.
(5) Orientalisch-hellenistisches Formengut: Ungeachtet all der einzigartigen Anziehungskraft und Bedeutsamkeit der Stadt können die Überreste von Petra doch für sich allein kein vollständiges Bild von der einheimischen nabatäischen Kultur und Kunst vermitteln. Die monumentalen, in den Felsen gehauenen Fassaden wie die Bauwerke und Bögen übernehmen zumeist hellenistische Architektur- und Ornamentierungsstile unter Verwendung einiger spezifisch orientalisch-nabatäischer Motive. Die mit Ornamentik verzierten Außenseiten der meisten Überreste sind jedoch so sehr dem Zerfall preisgegeben, daß sich die Art der verwandten Motive und Stile kaum noch bestimmen läßt. Das Zeugnis anderer bedeutender nabatäischer Zentren ist folglich mit in Betracht zu ziehen. Orte wie Egra *(madā'in-ṣāliḥ)* im äußersten Süden Arabiens, *umm el-ǧimāl* im Osten, *ḫirbet et-tannūr* und Seia im *ḥaurān* und andere dortige Siedlungsstätten verewigten die einheimische Kunst der Nabatäer, die im verfeinerten und hellenisierten Petra ein Schattendasein führte.
b) ḫirbet et-tannūr liegt im *wādi el-ḥesā* (Bach Zered), das in das Südende des Toten Meeres mündet. Nelson Glueck grub dort einen nabatäischen Tempel aus dem 1. Jhdt. v./1. Jhdt. n. Chr. aus. Der Tempel hat einen äußeren, gepflasterten Hof, in dessen Nordostecke ein großer Altar stand. Auf der Nord- und Südseite lagen eine Anzahl kleiner Räume, die wahrscheinlich den Priestern vorbehalten waren. Die Westseite wies eine eindrucksvolle, mit Säulen und Pilastern geschmückte Fassade auf, in deren Mitte sich der Eingang befand; dieser führte in das Heiligtum, das den Hauptaltar, auf dem Opfer dargebracht wurden, enthielt. Der Altar war ein Quader von etwa 2 m Höhe und 3 m Seitenlänge, dessen Seiten durch eine Reihe von herausgemeißelten Pilastern verziert waren. In einer der durch sie gebildeten Nischen stand eine Statue eines bärtigen Gottes mit einem kleinen Stier zu seinen Füßen. Möglicherweise stellte er den Gott Hadad-Zeus dar. Die Pilaster waren abwechselnd mit Blumenmotiven und Frauenköpfen in Hochrelief verziert. Es sind Köpfe einer Göttin mit verschiedenen Kopfbedeckungen. Auf einem Feld trägt sie Getreideähren und ist von den Tierkreiszeichen umgeben **(Abb. 119).** Auf einem anderen Feld wird sie von zwei Fischen gekrönt. Die Göttin ist anscheinend Atargatis. Sie und der männliche Gott stellen vermutlich die lokalen Varianten von Duschara und Allat dar. Sie datieren offenbar aus dem späten 1. Jhdt. v. Chr. – 2. Jhdt. n. Chr.
c) er-rām: Etwa 160 km südlich von Petra und 36 km östlich von Elath (s. **Karte 28**) stehen in der furchteinflößenden Schlucht von *er-rām* **(Abb. 602)** die Ruinen eines großen, Allat geweihten nabatäischen Tempels. Im 1. Jhdt. v. Chr., kurze Zeit vor der Eroberung durch die Römer, erbaut, ähnelt er in der Konstruktion dem Tempel von *ḫirbet et-tannūr*. Das Tal wurde durch eine Anzahl kleiner Quellen bewässert, und in der Nähe fand man die Ruinen verschiedener nabatäischer Gebäude und Dämme sowie nabatäische und thamudische Inschriften (s. *Araber, Arabien; *Sprachen der Bibel).
d) umm el-ǧimāl: Am Am Rand der syrischen Wüste, neben der Straße, die vom östlichen Transjordanien nach Bagdad führte, befinden sich die Ruinen einer weiteren verlassenen Nabatäerstadt. Wasser wurde während der Regenzeit in Zisternen, von denen jedes Haus eine hatte, gesammelt. Die Stadt wurde im 1. Jhdt. v. Chr. als Karawanenaußenposten an der Karawanenroute gegründet. Sie bestand während der ganzen Römerzeit und bis in die byzantinische Zeit hinein, in der dort nicht weniger als fünfzehn Kirchen gebaut wurden (seit dem 4. Jhdt. n. Chr.). **Abb. 604** zeigt ein Privathaus in der Nabatäerstadt.
e) Seia: H. C. Butler beschreibt Seia: »Keine städtische oder dörfliche Siedlung, wie die meisten Lokalitäten im Hauran, sondern ein altes Höhenheiligtum, geschmückt mit Tempeln, eingefriedeten Höfen, prächtigen Torwegen usw.« Eine

gepflasterte Römerstraße und ein äußeres Tor aus dem 2. Jhdt. n. Chr. sind mit den heiligen Stätten verbunden. Das Tor hatte viel mit den überwölbten Toren von Petra und *Gerasa *(ğeraš)* gemein und ist ein gutes Beispiel für die orientalisch-hellenistische Sonderform der nabatäischen Architektur.

f) Egra (madā'in-ṣāliḥ), eine große Oase in Nordarabien, war die zweitwichtigste Nabatäerstadt. Sie besitzt ebenfalls viele in den Felsen gehauene Grabmäler, auf deren Eingängen Reliefs eingemeißelt sind, die geometrische Dekorationen, Masken und Adler mit stilisierten Schwingen darstellen (s. *Araber, Arabien; **Karte 4**).

g) Avdat war eine weitere wichtige nabatäische Karawanenstation. Es lag 600 m über dem Meeresspiegel und ca. 110 km nordwestlich von Petra. Obwohl es nicht die gleiche Bedeutung wie Petra und die oben genannten Städte hatte, ist es ein gutes Beispiel für die nabatäische Stadtbildung und Zivilisation im Negeb.

Wasser ist ca. 4 km von der Siedlungsstätte entfernt vorhanden, doch ist es ein wenig bitter, und die Einwohner scheinen sich aus den Zisternen und Wasserauffanganlagen versorgt zu haben, die, wie überall im Lande, die durchschnittliche jährliche Regenmenge von 10 cm bis zum letzten ausnutzten.

(1) Allgemeiner Befund der Ausgrabungen: Die Ausgrabungen wurden im Jahre 1958 unter der Leitung von Prof.M. Avi-Yonah begonnen und 1959/60 von A. Negeb von der Hebräischen Universität in Jerusalem fortgesetzt. Ihre Ergebnisse haben einen ziemlich genauen Aufriß der Stadtgeschichte sowie die Rekonstruktion wichtiger Teile von *Avdat* ermöglicht.

Die erste nabatäische Siedlung wurde anscheinend zu Beginn des 3. Jhdts. v. Chr. auf dem westlichen Ausläufer der Bergkette an einer Kreuzung der von Petra und vom Roten Meer nach Gaza am Mittelmeer führenden Handelsrouten gegründet. Um die Wende des 1. Jhdts. n. Chr. wurde eine kleine Stadt erbaut, mit einer befestigten Akropolis auf dem Westausläufer, deren Flanken durch riesige Mauern abgestützt wurden. In der Nordwestecke der Akropolis stand anscheinend ein großartiger nabatäischer Tempel, von dem aber nichts weiter erhalten geblieben ist als in die spätere byzantinische Kirche eingemauerte Steine und Reliefs.

Heute zeigt das rekonstruierte *Avdat* **(Abb. 606)** im Westen die teilweise wiederaufgebaute Stützmauer mit den Überresten der byzantinischen Nordkirche in der Nordwestecke.Die Zitadelle und die zum Teil wiederaufgebaute Südmauer liegen im Osten; ihnen gegenüber im Süden die Ruinen der römischen Stadt. Die Ruinen der byzantinischen Stadt sind längs der Abhänge deutlich sichtbar, während man in der unteren rechten Ecke der **Abb. 606** ein ausgezeichnetes Beispiel eines byzantinischen Haus- und Kellerkomplexes wahrnimmt.

(2) Inschriften: Nabatäische Inschriften hat man auf kleinen weißen Marmortafeln und Bausteinen im Schutt unter der Akropolis gefunden. Es sind sämtlich Weihinschriften, von denen einige den Namen des Königs Aretas erwähnen (d. h. Aretas' IV.). Ein Haufen zerbrochener Töpferwaren ergab 20 000 bemalte, aus der Zeit vom Ende des 3. bis zur Mitte des 1. Jhdts. v. Chr. stammende Bruchstücke, darunter Figurinen in Tier- und Menschengestalt, Münzen und andere Stücke von Tonwaren, importiert aus Parthien, Rhodos und Megara in Griechenland.

(3) Badehaus: Am West- (unteren) Ende von *Avdat* fand man ein vollständig erhaltenes, überdecktes Badehaus. Es hatte ein 4,20 × 4,10 m großes und 1,35 m tiefes Kaltwasserbecken. Im Norden waren zwei Schwitzräume *(tepidaria)*, von denen die Überreste der Dampfheizungs- (hypokaustischen) Rohre noch zu sehen waren. Diese leiteten die Hitze in die *tepidaria*. Einer der Räume enthielt noch die Überreste von Kesseln aus gebrannten Ziegeln **(Abb. 605)**. Eine entfernte Ähnlichkeit hiermit weist das viel größere und schönere *tepidarium* der prächtigen Bäder in Italien auf.

(4) Töpferwerkstätte und Keramiktypen: Die Nabatäer verfertigten charakteristische Tonwaren; sie wurden auf der Scheibe gedreht, waren aber sehr fein gearbeitet und so dünnwandig wie Porzellan. Solche aus der klassischen nabatäischen und der frühen Römerzeit (50 v. Chr.–ca. 200 n. Chr.) stammende Töpferwaren **(Abb. 607)** sind in allen ihren Siedlungen im südlichen Transjordanien und weiter draußen gefunden worden. Die typischen Stücke sind leichte, innen mit Blatt- und Linienmustern in schwarzer oder brauner Farbe dekorierte Schalen.

In Avdat wurde eine Töpferwerkstatt, die erste, die man in einer nabatäischen Stadt fand, entdeckt. Der Betrieb enthielt einen Raum für die Bereitung des Tons; in einer Ecke stand dort ein großer Bottich, und auf dem Boden lagen noch Tonklumpen herum. In einem zweiten Raum befand sich eine Töpferscheibe und eine Bank zum Trocknen der gedrehten Gefäße und ferner ein 2 m hoher, zweistufiger und noch intakter Töpferofen **(Abb. 608).** Im Ofen fand man noch Stücke von ungebrannten Gefäßen, und überall lagen große Mengen nabatäischer bemalter und unbemalter Tonwaren herum. Die Werkstatt scheint von ca. 40/30 v. Chr. an etwa 150 Jahre lang in Betrieb gewesen zu sein, eine Schätzung, die durch Münzen, Lampen und andere dort gefundene Gegenstände bestätigt wird.

(5) Landwirtschaft: Um Ackerbau zu ermöglichen, wurde, wie in Petra und anderwärts, das Wasser äußerst sorgfältig gesammelt. Nabatäische Dämme wurden in vier Tälern unweit Avdat entdeckt; die dazugehörigen Trankopferaltäre standen noch daneben. Nach den Inschriften auf den Altären wurden die Dämme anscheinend in der Zeit zwischen 88/89 und 98/99 n. Chr. unter der Leitung eines gewissen Carmo von Leuten gebaut, welche die *benē saruta* hießen. Die abgebildete Zisterne **(Abb. 609)** kann als typisch bezeichnet werden.

(6) Zerstörung und Wiederaufstieg Avdats: Im Zuge der Einverleibung Nabatäas in das Römische Reich durch Trajan (106 n. Chr.) wurde diese erste Stadt Avdat völlig zerstört. Der gesamte Akropolisbezirk lag unter einer dicken Aschenschicht, und innerhalb der Akropolis wurden im Treppenareal viele Bronzefigurinen, Lampen, Schmuckstücke und Töpferwaren gefunden **(Abb. 606).**

Nach seiner Zerstörung trat Avdat in ein »dunkles Zeitalter« ein, das bis zur Mitte des 3. Jhdts. n. Chr. währte; danach wurde eine neue Stadt gebaut und gegen Ende des Jahrhunderts vollendet. Eine große Totenstätte aus dieser Zeit wurde aufgedeckt, und die noch nicht abgeschlossenen Ausgrabungen dürften weitere Einzelheiten enthüllen.

Noch später, im 6. und 7. Jhdt. n. Chr., erhob sich auf dem Gelände von Avdat eine bedeutende byzantinische Stadt mit prächtigen Kirchen, zu deren Bau viele Steine und Teile der früheren nabatäischen Gebäude benutzt wurden **(Abb. 606).**

Nahrungsmittel

Gliederung: 1. Nahrungsmittel und Speisen. a) Getreide; b) Hülsenfrüchte und Gemüse; c) Gewürze; d) Salz; e) Mittel zum Süßen; f) Früchte; g) Wein und Oliven; h) Milch und Milchprodukte; i) Fleischnahrung; k) Geflügel und Eier; l) Insekten und Fische; m) Verbotene Speisen. 2. Zubereitung. a) Arten der Zubereitung; b) Kochgeräte; c) Kochstellen und Backöfen; d) Mahlzeiten; e) Tischsitten.

1. Nahrungsmittel und Speisen: Die Eßgewohnheiten der frühen Israeliten spiegeln ihre allgemeinen Lebensbedingungen wider. Anfangs als Halbnomaden und später als Kleinbauern folgten sie dem Beispiel der Kanaanäer und anderer Nachbarvölker mit dem betonten Unterschied, daß den Israeliten ihr Gesetz gewisse Speisen verbot. Die Geschichte des Sinuhe (s. *Ägypten und seine Beziehung zu Israel) erzählt von einem ägyptischen Flüchtling in Kanaan zur mittleren Bronzezeit. Ein Wüstenscheich gab ihm Wasser und gekochte Milch, um seinen Durst zu stillen. Kanaan ist nach der Schilderung gesegnet mit Feigen, Trauben, Wein, Honig, Oliven, Obst, Gerste, Emmer (einer frühen Sorte von Weizen) und Vieh (vgl. Dt 8, 8). Nachdem Sinuhe der Schwiegersohn eines kleinen Fürsten geworden ist, berichtet er von täglicher Mahlzeit von Brot und Wein, ferner in Milch gekochten Speisen, gekochtem Fleisch, gebratenem Geflügel und Wild.

Obwohl die Lebensweise der Israeliten während der größten Spanne ihrer frühen Geschichte recht bescheiden gewesen sein dürfte, sollten sie später mit einem Überfluß an Getreide, Obst, Öl und Fleisch gesegnet werden (Dt 7, 13; 32, 14). Über die Hauptnahrungsmittel gibt der Bauernkalender aus Gezer aus dem 10. Jhdt. v. Chr. einige Aufschlüsse (s. *Ackerbau und Viehzucht). Er verzeichnet Gerste, Weizen, Spelt und Hirse als Getreidenahrung, daneben Oliven, Trauben, Feigen, Granatäpfel, Sesam und Gemüse. Die Hauptnahrungsquelle für jeden Haushalt war das eigene Feld, der Weinberg und Gemüsegarten. Die Hauptnahrung war Brot, das mit Wasser und Wein gegessen wurde. Oft stehen Brot und Wein als Ausdruck für Speise im allgemeinen, besonders bei rituellen oder zeremoniellen Mahlzeiten (Gen 14, 18; Dt 29, 6). Wein war Luxus, der entweder eine Festmahlzeit oder eine Auszeichnung für einen Teilnehmer der Mahlzeit anzeigte. Milch und andere Milchprodukte wurden viel genossen, als Zugaben dazu kamen, wenn erreichbar, Früchte und Gemüse. Die eigentliche Nahrung eines Durchschnittshaushalts war fast ganz vegetarisch. Außer in reichen Häusern kam Fleisch nur an Festtagen auf den Tisch, z. B. bei einer Hochzeit (Gen 29, 22; Ri 14, 10; Est 2, 18); bei Bewirtung eines verehrten Gastes (Gen 18); bei Opfermahlzeiten

beim Heiligtum (Sam 10, 5–9) oder an religiösen Feiertagen (Jos 5, 10).
1 Sam 25, 18 verzeichnet die Nahrungsmittel, die Davids Gefolgsleute auf ihrer Festung erhielten. 2 Sam 17, 28 verzeichnet für ihn und seine Helfer die Beschaffung von »Weizen, Gerste, Mehl, geröstetem Korn, Bohnen und Linsen, Honig und Butter sowie Schaf- und Kuhkäse«. Salomo konnte es vermeiden, viele Kriege wie sein Vater zu führen; nach 1 Kg 5, 2 f trieb er an seinem Hof eine sehr viel üppigere Lebenshaltung. »Salomo aber bedurfte zum Unterhalt täglich 30 Kor feines Mehl, 60 Kor gewöhnliches Mehl, 10 Mastochsen und 20 Weiderinder, 100 Schafe, dazu Hirsche, Gazellen, Rehe und gemästetes Geflügel.«
a) Getreide: Die Hauptnahrung der Israeliten in ihrer ganzen Geschichte blieb das Brot. Man bereitete es aus Mehl, sei es von Weizen oder von Gerste, das in einer Handmühle oder mit einem Reibstein gemahlen wurde. Die Mühle bestand aus zwei übereinanderliegenden Steinen (s. *Geräte und Werkzeuge), wie auf **Abb. 610, 611,** wo ein Reibstein und ein Mörser aus Gezer zum Schroten des Getreides zu sehen sind. **Abb. 612** zeigt eine drehbare Handmühle, wie sie noch in Gebrauch ist. **Abb. 613** eine große Mühle der Römerzeit, die mit Hilfe von Tieren betrieben wurde. Handmühlen der einfachsten Art hat man in vielen Ausgrabungsstätten der mittleren Bronzezeit gefunden. Der neueste Fund stammt aus *Arad, einer südlichen Festung der Könige von Juda. Nach dem Mahlen konnte das Mehl entweder Schrot *(qæmaḥ) oder Feinmehl (solæt)* sein. Was das Feinmehl auf dem Markt am Tor von Samaria zu Ende der Belagerung kostete, sagt 2 Kg 7, 1. 16. Aus dem Mehl wurde gewöhnlich gesäuertes Brot hergestellt, doch zur Zeit des Passahfestes aß man ungesäuertes Brot (Ex 12, 8; s. *Geräte und Werkzeuge). Das ungesäuerte Brot, das für die Passahfeier vorbehalten war, haben die Juden bis zum heutigen Tag beibehalten. Unter den Urkunden aus der jüdischen Militärkolonie in Elephantine in Ägypten gibt eine (Nr. 21, Cowley) im Namen des Darius, Königs von Persien, die Anordnung, das Fest der ungesäuerten Brote (Passah) einzuhalten (s. *Feste und Feiertage).
Anstatt Brot zu bereiten, konnte man das Korn auch roh essen (2 Kg 4, 42), indem man die Ähren in den Händen rieb, um das Korn von den Hülsen zu sondern (Dt 23, 25). An einem denkwürdigen Sabbat haben die Jünger Jesu Ähren vom Feld gepflückt, als sie hungrig waren, um sie roh zu verzehren (Mt 12, 1). Man konnte das Getreide auch rösten oder dörren *(qalî)*. Aus gedörrtem Getreide, Brot und saurem Wein bestand die Mahlzeit der Schnitter in der Erzählung von Ruth (2, 14). Und David brachte seinen Brüdern gedörrtes Getreide und Brot, als sie mit Saul zu Felde zogen (1 Sam 17, 17). Im Mörser zerrieben ergaben die Weizenkörner das geschrotete Korn (arabisch *burgol),* das Lev 2, 14. 16 erwähnt wird. Man trocknete es dann und kochte es. In der Frühzeit pflegte das ärmere Volk Gerstenkuchen statt Brot zu benützen (Ri 7, 13), und in neutestamentlicher Zeit waren offenbar Gerstenbrote und Fische eine übliche Mahlzeit (Joh 6, 9). Neben Weizen und Gerste aß man auch Hirse und Spelt (hebr. *kussæmæt;* Ez 4, 9), ebenso Mohrenhirse. Letztere, auch Emmer genannt (hebr. *doḥan,* akk. *duḫa),* ersetzte den ärmeren Bauern bei der Brotbereitung oft den Weizen. Ezechiel empfiehlt, ihn mit Weizen, Gerste und verschiedenen Pflanzen zu einem gemischten Teil zu verarbeiten. **Abb. 614** zeigt Gerstenbrote aus Theben, die 3500 Jahre alt sind.
b) Hülsenfrüchte und Gemüse (s. *Ackerbau und Viehzucht): Eine Mahlzeit, die nur aus Pflanzen bestand, »ein Gericht Gemüse« ohne Fleisch galt als eine recht armselige Kost (Spr 15, 17), obwohl sie, wie oben erwähnt, recht weit verbreitet war. Wenn die Menschen hungerten, wurden die Gemüse höher bewertet, z. B. verhandelte Esau sein Erstgeburtsrecht für einen Topf roter *'adāšîm,* Linsen (Gen 25, 29. 34). Wahrscheinlich war es ein Schmorgericht mit Zwiebeln und anderen Zutaten. Als die Israeliten sich über das spärliche Essen in der Wüste beklagten (Num 11, 5), dachten sie an die Fülle von Pflanzenkost, die sie in Ägypten gehabt hatten: »die Gurken, Melonen, Lauch, Zwiebeln und Knoblauch«. Alle diese wurden auch in Palästina angebaut. Vier verschiedene Arten von Bohnen werden genannt, dazu andere Gemüse wie Erbsen und Kichererbsen. An einer, zwei Stellen werden diese Gemüse herausgehoben und alle anderen übergangen. Daraus läßt sich schließen, daß grüne Gemüse nicht besonders hoch geschätzt waren und, soweit sie als Speise gebraucht wurden, auf den Feldern gepflückt wurden, wo sie wild wuchsen. Sicher gilt das vom Lattich, denn dieser war ursprünglich ein Bitterkraut, und seine süßen Abarten wurden erst in der späteren alttestamentlichen Zeit gezüchtet.

Abb. 610. Reibstein

Abb. 612. Handmühle

Abb. 611. Mörser

Abb. 613. Mahlstein aus der Römerzeit, der mit Hilfe von Tieren betrieben wurde

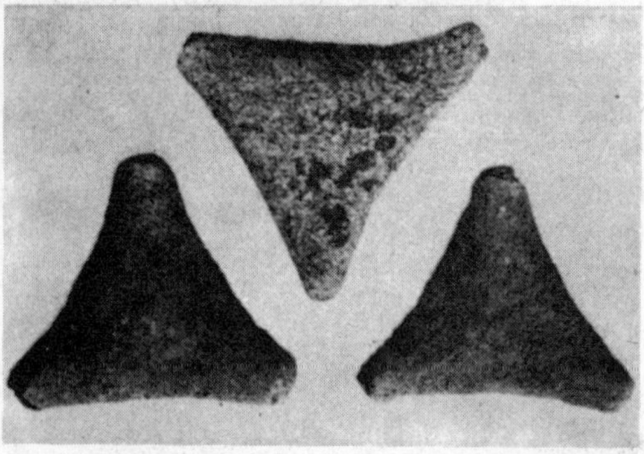

Abb. 614. Gerstenbrote aus Theben (3500 Jahre alt)

Abb. 615. Feigenkuchen

Abb. 616

Abb. 618

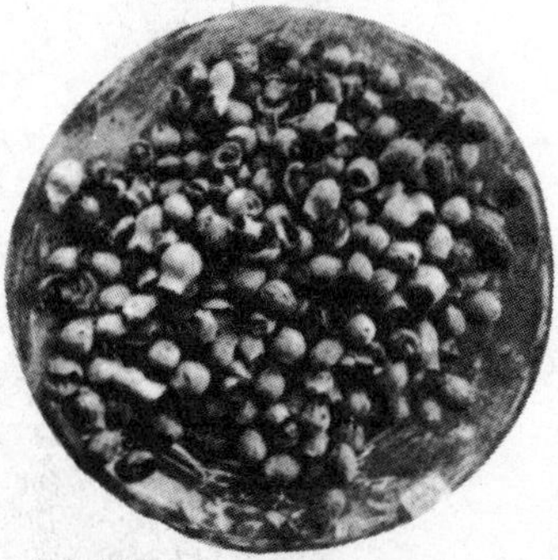

Abb. 617

Abb. 619

Abb. 620

Abb. 621

Abb. 616–621. Zutaten zur Verfeinerung der Speisen. Die abgebildeten Produkte stammen aus Pompeji, waren aber auch in Palästina bekannt: Piniensamen (616), Gewürz (617), Datteln (618) Johannisbrot (619), Walnüsse (620), Persimon (621)

Abb. 622. Fischfang in Ägypten

Abb. 623. Irdener Topf (1. Jhdt. v. Chr.)

Abb. 624. Mit Weinamphoren beladenes Dromedar (Terrakottafigur, hellenistische Zeit)

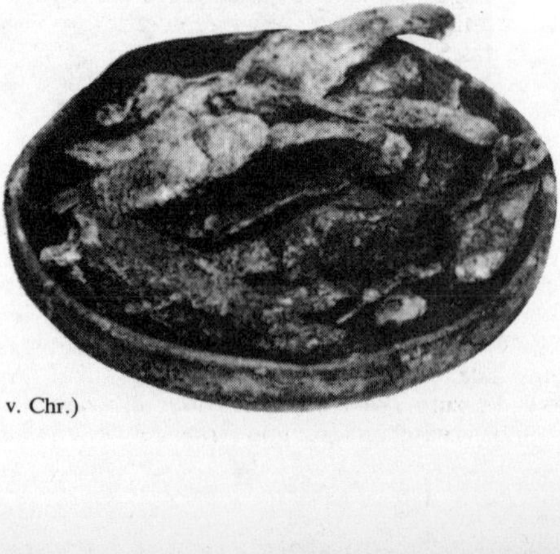

Abb. 625. Getrocknete Fische (13. Jhdt. v. Chr.)

Man pflückte noch viele andere Bitterkräuter, die offenbar nicht angepflanzt wurden, von den Feldern. Dazu gehörten Zichorie und Endivien (die zum Passahritual gehörten, Ex 12, 8); Rettich, Senfsamen (13, 31) oder Mandragora und viele andere. Man aß sie entweder roh oder gekocht. Die Traktate der *Mischna in Seraim, die den Landbau behandeln, geben ausführlichen Bericht über die große Anzahl von »Kräutern«, die man später anbaute und die zur Ergänzung von einfachen pflanzlichen sowie von Fleischgerichten zur Verfügung standen. Die Mischna Pesahim 2, 6, die die Zeiten nach dem Exil widerspiegelt, nennt fünf Arten Kräuter, die zum Passahmahl gebraucht werden können, nämlich Lattich, Zichorie, Pfefferminz, Schlangenwurz und Löwenzahn.

c) Gewürze: Die Gewürze waren immer hochgeschätzt, und der Gewürzhandel mit Arabien und dem Fernen Osten war von großer Bedeutung. Man hat vermutet, daß, bevor der Pfeffer bekannt wurde (der zuerst in der Mischna erwähnt wird), andere Samen, z. B. Koriander (Ex 16, 31), schwarzer Kümmel (Jes 28, 25), Origanum, oder die nachexilische Nigella (hebr. *qæzaḥ*, griech. *melanthion*) bei der Speisenzubereitung eine große Rolle spielten und auch im Land selbst wuchsen. Kapernbeeren (Ex 12, 8) aß man als Anregung vor der Mahlzeit und verwendete sie auch als Gewürz. Andere Kräuter, so namentlich Minze und Raute, wurden hauptsächlich zu Heilzwecken angebaut. **Abb. 616–621** zeigen getrocknete Produkte, die man in Pompeji gefunden hat, die aber auch in Palästina häufig waren: a) Piniensamen, b) Gewürz, c) Datteln, d) Johannisbrot, e) Walnüsse, f) Persimon. Jesus verurteilte das System der Pharisäer, gewisse Gewürze und Kräuter zu versteuern (Lk 11, 42), während sie die wesentlichen Tugenden vernachlässigten. In seinen Gleichnissen werden Gewürze und besonders das Senfkorn erwähnt (Mt 13, 31).

d) Salz: Das Salz spielte im Opferritual und für bestimmte Zeremonien eine besonders wichtige Rolle. Es stammte hauptsächlich aus den Salzbecken des Toten Meeres. Weil es dazu diente, die Speisen zu konservieren, galt Salz als Symbol der Dauer. So darf man den »Salzbund« (Lev 2, 13; Num 18, 19; 2 Chr 13, 5) als dauerhaften, unverletzlichen Vertrag auslegen, der für alle Zeiten gelten soll. Auf diese Weise kann das Salz, das bei jedem Opfer gebraucht wurde, zum Symbol des unwiderruflichen Bundes zwischen Gott und Israel geworden sein (s. *Bund). Forschungen aus letzter Zeit zeigen, welche Bedeutung Salz bei Riten und Verträgen hatte. Ein Element in dieser Symbolsprache scheint der Brauch zu sein, ein erobertes Gebiet mit Salz zu bestreuen, um seine dauernde Unfruchtbarkeit hervorzurufen. Das Wort für Salz im biblischen Aramäisch (Esr 4, 14) ist Synonym mit dem Ausdruck für Dauer und Hilfe. Darin mögen ähnliche Gedankenverbindungen und Riten zum Ausdruck kommen.

e) Mittel zum Süßen: Um die Speisen zu süßen, pflegte man Feigen oder den Sirup von Johannisbrot zu verwenden, da Zucker in der biblischen Zeit noch unbekannt war. Wo die Bibel Honig erwähnt *(d·baš),* ist wahrscheinlich, wie beim arabischen Wort *dibs,* Dattelhonig gemeint, vielleicht auch der Johannisbrotsirup. Der Johannisbrotbaum ist in Palästina weit verbreitet, obwohl er in der Bibel kaum erwähnt ist. Seine Schoten (griech. *keratia)* sind im Gleichnis vom verlorenen Sohn (Lk 15, 15) erwähnt. Solchen Honig verwendete man zur Bereitung von gebackenem Fleisch und zum Kochen (Ex 16, 31). Bienenhonig war für Simsons Familie eine Leckerei (Ri 14, 8 f). Später wurde er allgemein erhältlich (Ps 19, 10; Spr 16, 24).

f) Früchte: Palästina war mit einer vielfältigen Fülle von Obstbäumen gesegnet (Lev 19, 23 ff; s. *Ackerbau und Viehzucht). Gott versprach den Israeliten »ein Land voll Weizen, Gerste, Reben mit Feigen- und Granatbäumen, ein Land voll Ölbäumen und Honig« (Dt 8, 8), und bei intensivem Anbau erfüllte Palästina reichlich dieses Versprechen. Die Kundschafter, die Moses nach Kanaan sandte, berichteten, das Land sei reich an Granatäpfeln, Feigen und Weintrauben (Num 13, 24).

Feigen gehörten zu den wichtigsten Früchten. Die Feigenbäume wuchsen im ganzen Land, und sie werden oft mit dem Wein zusammen als Sinnbilder des Gedeihens angeführt: »Jedermann unter seinem Weinstock und unter seinem Feigenbaum« (1 Kg 9, 5; Mich 4, 4; Sach 3, 10). Die ersten Früchte, die besonders süß sind, galten als große Delikatesse (Jes 28, 4; Jer 24, 2), während man die Früchte, die später reiften, zu Kuchen von getrockneten Feigen verarbeitete *(d·belā;* 1 Chr 12, 40; 2 Kg 20, 7; s. *Ackerbau und Viehzucht, *Medizin, Krankheit, Gesundheit). **Abb. 615** zeigt einen Feigenkuchen.

Aus der Mischna geht hervor, daß man auch die Datteln teils frisch aß, teils wegen des bequemeren Transports zu Kuchen gepreßt verzehrte. Die Dattelpalmen (Ps 92, 12) waren eine Besonderheit des Gebietes um *Jericho und lieferten sowohl dem König Herodes wie Kleopatra reichen Gewinn (s. *Herodes I., der Große; *Rom und die Juden).

Es gab noch andere Fruchtbäume, z. B. Granatäpfel, Zitronen, Sykomoren (Maulbeerfeigen; Am 7, 14; s. *Ackerbau und Viehzucht), mehrere Sorten von Mandeln (Gen 43, 11; 30, 37; Jer 1, 11 ff) und Walnüsse (HL 6, 11).

g) Wein und Oliven: Die meisten Trauben, die in den Weinbergen wuchsen, wurden zu Wein verarbeitet. Das Land war vor allem ein Land des Weins und der Weinberge (2 Kg 18, 32). Dafür bieten die Funde von alten Weinpressen in ganz Palästina reichliche Zeugnisse (Genaueres darüber s. *Ackerbau und Viehzucht). Der Wein wurde gewöhnlich mit Wasser gemischt und war ein üblicher Bestandteil der Mahlzeit. Leichtere Weine mögen in alter Zeit auch unverdünnt getrunken worden sein. Nach dem Talmud wurde gewöhnlich ein Teil Wein mit drei Teilen Wasser gemischt, aber in neutestamentlicher Zeit mischte man dem leichteren Saron-Wein nur zwei Teile Wasser bei. Den asketischen Nasiräern (Num 6, 3) und Rechabiten war Wein in jeder Form verboten. Ihre Gelübde enthielten die Verpflichtung zur Enthaltsamkeit von Wein. **Abb. 624** zeigt die Terrakottafigur eines Dromedars, das Weinkrüge trägt (hellenistische Zeit).

Oliven pflanzte man zur Ölgewinnung. Öl war notwendig zu rituellen Zwecken, ersetzte in der Küche Butter und anderes Fett der modernen Zeit; in Salzwasser eingelegte Oliven waren eine beliebte Delikatesse und ein wesentlicher Bestandteil der Nahrung. Wie im alten Griechenland konnten Arbeiter und Soldaten jederzeit und auf lange Dauer von Oliven, Zwiebeln und Brot leben, aber die Hauptverwendung der Oliven war doch die Ölgewinnung. Reines Öl aus »zerstoßenen Oliven« (s. *Ackerbau und Viehzucht; *Geräte und Werkzeuge) war im religiösen Zeremoniell besonders für das Heiligtum (Ex 27, 20) notwendig und bildete einen wichtigen Artikel in Israels Steuersystem und Handel (1 Kg 5, 11). Eine Anzahl Topfscherben mit Inschriften aus dem 8. Jhdt. v. Chr., die in den Ruinen von *Samaria, der Hauptstadt des Nordreichs, gefunden wurden, waren in der Hauptsache Quittungen für die Lieferung von Wein und Öl (s. *Siegel; *Inschriften; *Stämme Israels).

h) Milch und Milchprodukte: Die Milch kam von Schafen, Ziegen und in geringerem Ausmaß von Kühen. Milchprodukte – Milch, Butter und Käse – waren ein regelmäßiger Bestandteil der Nahrung (Spr 27, 27; 30, 33; Job 10, 10). Jael gab Sisera Milch zu trinken, als er sie um Wasser bat (Ri 4, 19). David brachte »zehn Käse dem Oberst« im Regiment seiner Brüder (1 Sam 17, 18). Die »Butter« war wahrscheinlich ausgelassener und geläuterter Rahm (heute *samne* [oder *gi*] bei den Orientalen). Käse konnte man in Jerusalem im Käsemachertal (Typropoiion) kaufen (s. *Jerusalem).

i) Fleischnahrung: Fleisch war das am meisten geschätzte Nahrungsmittel. Man aß es bei festlichen Gelegenheiten und bot es besonders geehrten Gästen an (z. B. Abraham, Gen 18, 7, und Esau, Gen 25, 28). Das älteste Passahmahl bestand aus einem gebratenen Lamm (Ex 12, 8), das mit bitteren Kräutern und ungesäuertem Brot zusammen gegessen wurde (s. *Samaritaner). Zur Königszeit war für das ärmere Volk Fleisch ein Luxus, dagegen war es auf den Tischen der Reichen und natürlich der Könige (1 Kg 4, 22 ff) ein regelmäßiges Gericht.

Bis in die neutestamentliche Zeit war das beliebteste Gericht das gemästete Kalb (Gen 18, 7; 1 Kg 4, 23; Lk 15, 23) oder der im Stall gehaltene, gemästete Ochse (Spr 15, 17).

Ebenso war das Ziegenfleisch, besonders von jungen Zicklein, hochgeschätzt, doch wurde in nachexilischer Zeit ein Lamm mit schönem Fell vorgezogen. Das Zicklein wurde das häufigste Opfertier und also auch am häufigsten gegessen. Das veranschaulicht die Klage des älteren Bruders des verlorenen Sohnes, er hätte seinem Vater viele Jahre gedient und sei nie ungehorsam gegen sein Gebot gewesen; doch hätte er niemals auch nur ein Zicklein bekommen, »um mit meinen Freunden fröhlich zu sein« (Lk 15, 29).

Hauptsächlich war das Fleisch wichtig für den Dienst am Tempel, wo gewisse Teile eines Tieres als Brandopfer dargebracht wurden. Für den Gebrauch am Tempel waren als Tiere Rinder, Kälber, Ziegen, Widder und Lämmer des Fettschwanzschafes, Turteltauben und andere Tauben vorgeschrieben. Bestimmte Teile waren jedesmal den Priestern vorbehalten, das Übrige verzehrten die Opfernden (s. *Opfer; *Priester und Leviten).

k) Geflügel und Eier: Die Eier von »erlaubtem Geflügel« dienten zur Nahrung (Dt 22, 6). Bei gemästetem Geflügel waren offenbar Gänse und Hühner während der Königszeit und danach reichlich vorhanden (1 Kg 4, 23; Jes 10, 14; Lk 11, 12). Manche Gelehrte glauben, daß das Huhn erst im 7. bis 6. Jhdt. v. Chr. in den Vorderen Orient gelangt sei und in Palästina erst in der Perserzeit häufiger wurde, doch zeigt die Zeichnung eines Haushahns auf einem Siegel aus *tell-en-naṣbe,* 13 km nördlich von Jerusalem, aus der Zeit um 600 v. Chr., daß das Huhn schon früher bekannt war; es ist als Geschenk des Assyrerkönigs an den König von Ägypten schon im 15. Jhdt. v. Chr. erwähnt. Zu den Vögeln, die man verzehren durfte, gehörten auch Tauben, Rebhühner und Wachteln (s. auch *Gastfreundschaft).

l) Insekten und Fische: Bestimmte Insekten aus der Ordnung der Heuschrecken waren den Israeliten als Speise gestattet (Lev 11, 22 ff), und von *Johannes dem Täufer heißt es, er habe in der Wüste von Heuschrecken und wildem Honig gelebt (Mt 3, 4). Man beseitigte Köpfe, Flügel und Beine, röstete den Leib der Heuschrecke in ausgelassener Butter *(samne)* oder legte ihn in Salz ein.

Die Fischerei entwickelte sich während der Königszeit. Man fing die Süßwasserfische des Sees Genezareth und des Jordan (Jer 16, 16). Die Fischer hatten Netze in Gebrauch, ebenso wie das in Ägypten und Assyrien der Fall war **(Abb. 622).** Neh 3, 3 spricht von der Reparatur des Fischertors in Jerusalem und beklagt sich später (13, 16), daß »Fische und allerhand Waren« am Sabbat verkauft würden. Um diese Zeit hatten die Kaufleute von Tyrus (s. *Phönikien und seine Städte) einen beträchtlichen Handel mit getrockneten und geräucherten Fischen, die meist aus Syrien und Kleinasien stammten. Jesu Leben und Lehre hatte hauptsächlich in Galiläa seine Stätte, wo der See Genezareth der Mittelpunkt einer bedeutenden Fischereiindustrie war (s. *Jesus von Nazareth). Die Mehrzahl der Jünger Jesu, und vielleicht viele seiner anderen Anhänger, waren Fischer. Abgesehen von dem Verkauf von Frischfisch auf den lokalen Märkten wurden die Fische auch gesalzen und an der Sonne getrocknet, um mit ihnen in ganz Palästina zu handeln. Geräucherter Fisch war ein üblicher Reiseproviant. Beim Wunder Jesu, der Speisung von 5000 Leuten, muß man vermutlich an geräucherten Fisch denken (Mt 15, 32–38). Lukas spricht 11, 11 ff von Fisch und Eiern. **Abb. 625** zeigt getrockneten Fisch aus der Zeit um 1250 v. Chr.

m) Verbotene Speisen: Den Israeliten waren strenge Regeln auferlegt, nach denen bestimmte Speisen rituell unrein waren und deswegen nicht gegessen werden durften (Lev 11, 2 f; Dt 14, 4–20). Fleisch durfte nicht in Milch gekocht werden (Dt 14, 21), in absichtlichem Gegensatz zu den Kanaanäern, bei denen diese Art der Zubereitung beliebt war. Das Blut irgendeines Tieres zu genießen war absolut verboten (s. *Opfer), ebenso das Verzehren des Fetts, das die Eingeweide der Opfertiere bedeckt (Lev 3, 3 ff). Auch Obst von Bäumen, die noch nicht das vierte Jahr ihres Wachstums erreicht hatten, durfte nicht gegessen werden (Lev 19, 23 f).

Man durfte das Feld nicht bis in jeden Winkel abernten, ein kleiner Teil mußte nach der Vorschrift Lev 19, 9 als Anteil für den Armen stehen bleiben. Vielleicht war diese Sitte aber ursprünglich als Anteil für die Feldgeister gemeint (s. *Magie, Wahrsagerei und Aberglaube). Zwei verschiedene Sorten von Samen durften nicht untereinander gesät werden (Lev 19, 19; s. *Ackerbau und Viehzucht).

2. Zubereitung: Zur Zeit des AT gab es keine Küchen. Man kochte das Essen im Freien »vor dem Zelt« und in den Städten in den abgeschlossenen Höfen der Häuser (s. *Stadtanlage, israelitische) oder im Raum, wo man zusammenwohnte. Die Mahlzeiten wurden bald von den Männern, bald von den Frauen zubereitet (Gen 18, 7. 8), und es scheint, daß Männer und Frauen gemeinsam aßen (Dt 16, 14; 1 Sam 1, 4; Job 1, 4; Ruth 2, 14).

a) Arten der Zubereitung: Köche von Beruf *(ṭabbaḥîm* und *ṭabbaḥôt;* 1 Sam 8, 13; 9, 23) werden erwähnt, aber natürlich kamen solche nur in den reichsten Haushalten vor. Mehrfach hören wir von der Zubereitung von Fleisch, aber nur selten von Gemüsen (Gen 25, 29; 2 Kg 4, 38 f). Gewöhnlich kochte man das Fleisch entweder als Schmorgericht in einem irdenen Topf (Ri 6, 19 ff; Ez 24, 3–5) oder röstete es über dem offenen Feuer (Ex 12, 9). Bei den heutigen *Samaritanern wird das Passahlamm noch immer in der alten Weise zubereitet, nämlich über heißer Glut in einem Erdofen am Spieß geröstet, wobei dem Lamm ein Granatapfelzweig in das Maul gelegt wird.

Man salzte das Fleisch auch häufig ein, um es aufzubewahren (Lev 2, 13). Mit dem Fleisch zusammen wurden verschiedene Gewürze und Zutaten gegessen, wie sie im Vorderen Orient verbreitet waren.

Pfannkuchen bereitete man aus einem Mehlteig, der in einer schmackhaften Mi-

Abb. 626. Schaufel zum Rösten von Getreidekörnern

Abb. 627, 628. Teig wurde in einem steinernen Trog geknetet, wie es die tönerne Nachbildung zeigt (oben), oder gerollt wie in dem Modell aus Griechenland (5. Jhdt. v. Chr.)

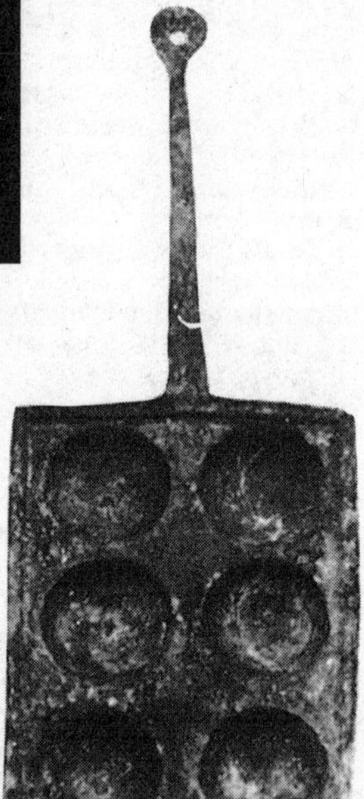

Abb. 629. Bratpfanne

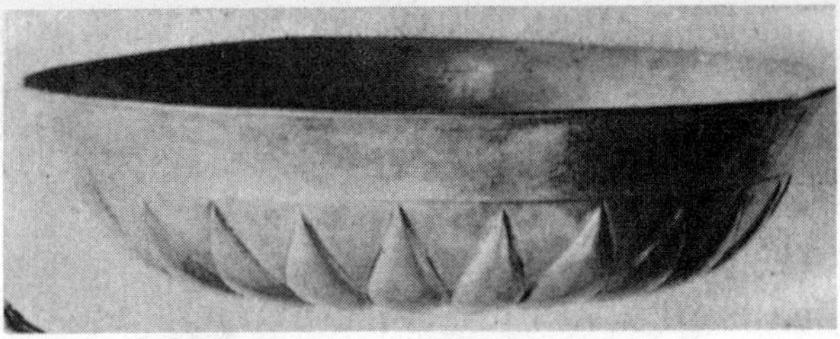

Abb. 630. Der *kijôr,* eine flache Pfanne

Abb. 631. Der *dūd,* ein Kessel

Abb. 632. Der *quallaḥat,* ein Topf

Abb. 633. Tragbarer Behälter aus Terrakotta zum Brotbacken, den man über das Feuer stellen konnte

Abb. 634. Strohmatte, auf der man in der Zeit vor dem Exil beim Essen saß

Abb. 635. Niedriger Holztisch, an dem gegessen wurde (Detail aus einer ägyptischen Malerei)

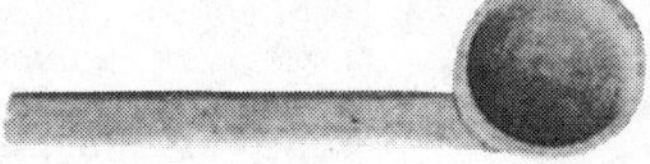

Abb. 636. Schöpflöffel

Abb. 637. Holztisch aus der mittleren Bronzezeit (gefunden in einem Grab in Jericho)

schung geknetet und in Öl (2 Sam 13, 8) oder auf heißen Steinen, die man aus der Glut des Feuers herausholte (1 Kg 19, 6), gebacken wurde. Bei den Ausgrabungen kamen viele Backpfannen zum Vorschein **(Abb. 238),** in denen der Teig für Brot und Kuchen gebacken wurde. Als Gideon den Engelboten ehren wollte (Ri 6, 19), bereitete er eine Mahlzeit von ungesäuerten Mehlkuchen und kochte Fleisch, das er in einen Korb *(sal),* die Fleischbrühe aber in einen Topf *(pārur)* gab. Ein solcher irdener Topf war gewöhnlich klein und sah aus, wie ihn **Abb. 623** (1. Jhdt. v. Chr.) zeigt.

Die Fische wurden über einem Kohlenfeuer geröstet, gewöhnlich an einem hölzernen oder eisernen Spieß; die Jünger Jesu jedoch aßen Fisch, der direkt auf der Kohle geröstet war. Daß man die Fische vor dem Kochen an der Sonne trocknete, zeigt **Abb. 625** aus dem 13. Jhdt. v. Chr. Nach der Mischna kochte man Eier entweder in der Schale oder buk sie in Olivenöl in einer Pfanne.

Getreide, sei es Weizen oder Gerste, röstete man auf einer Eisenplatte oder Schaufel **(Abb. 626),** um das geröstete Korn zu bereiten, von dem oben die Rede war. Man konnte es auch in einem Topf kochen, um eine grobe Grütze zu bereiten. Manchmal fügte man dem Korn noch andere Pflanzen hinzu, um ein Schmorgericht zu bereiten, zu dem man bisweilen noch ausgelassene Butter dazugab.

Das meistverwendete Fett war Olivenöl. In ihm wurden Gemüse, Fisch und Eier gebraten und feine Kuchen gebacken.

Die Witwe in Sarepta bereitete für Elia Kuchen aus einer Handvoll Mehl, das auf heißen Steinen gebacken und mit heißer Asche umgeben wurde (1 Kg 17,13 ff). Dünne Teigblätter bespritzte man mit Öl (Ex 29,2) und bestreute sie bisweilen mit Samen; gebacken wurden sie in einem irdenen Ofen. Manchmal wurden die Kuchen mit Honig gebacken (Ez 16,13.19); diese Honigkuchen schmeckten so gut, daß mit ihnen das Manna der Wüste verglichen wurde (Ex 16,31; Num 11,8).

Den Teig knetete man in steinernen Trögen, wie **Abb. 627** einen zeigt. Manchmal wurde der Teig ausgerollt wie auf der griechischen Nachbildung aus dem 5. Jhdt. v. Chr., **Abb. 628.**

b) Kochgeräte: Zum Backen und Kochen gab es eiserne Geräte, nämlich das Backblech, eine dünne, eiserne Platte, und die Bratpfanne **(Abb. 629;** Lev 2,5–7; Ez 4,3). Die gewöhnlichen Kochschüsseln und Töpfe waren ursprünglich aus gebranntem, unglasiertem Ton, Ritualgefäße und gelegentlich besondere Schüsseln hingegen aus Kupfer. Unter den verschiedenen erwähnten oder bei Ausgrabungen gefundenen Gefäßen findet man auch den *ṣîr,* einen »Fleischtopf« (Ex 16,3) von der Größe eines Schmelztiegels **(Abb. 212)** und wohl aus Bronze (1 Kg 7,40; Ez 24,3; Sach 14,21) gefertigt. Daneben benutzte man den *kijôr* – eine flache Pfanne **(Abb. 630)** –, den *dûd* **(Abb. 631)** oder Kessel und den *quallaḥat* oder Topf **(Abb. 632;** 1 Sam 2, 14; Jer 1, 13; 5; s. *Töpferei). In der Zeit nach dem Exil traten an die Stelle der gewöhnlichen, irdenen Gefäße in reichen Häusern glasiertes »Tafelgeschirr« (so nennt es die Mischna) oder metallene Schüsseln, bisweilen sogar aus Silber und Gold, wie gleichzeitige Stücke römischer Ware beweisen.

Messer, um das Fleisch zu zerschneiden, stellte man anfangs aus Feuerstein (Jos 5,2), später aus Bronze her. Gabeln waren, abgesehen von einer besonders großen dreizinkigen, mit der man die Fleischstücke aus dem Topf holte (1 Sam 2,13), nicht üblich. Andere Geräte und Trinkgefäße, die bei den Ausgrabungen zum Vorschein kamen, sind unter *Töpferei beschrieben. Schöpflöffel waren häufig **(Abb. 636).**

c) Kochstellen und Backöfen: Man kochte an einem offenen Herd, der teilweise mit Steinen zum Schutz gegen den Wind aufgebaut war. Die meisten ausgegrabenen Häuser haben im Boden, entweder in der Mitte des Raumes oder in einer Ecke, eine Vertiefung von wechselnder Größe, die deutliche Feuerspuren trägt. Offenbar war dies der Familienherd (Jes 30,14). Bisweilen wurden die Herde (Öfen) besser ausgebaut (Lev 11,35). In Mesopotamien reichen Kochherde wie etwa jene, die man gefunden hat, bis ins dritte und zweite Jahrtausend v. Chr. zurück. Bei den Ausgrabungen in Palästina, aus der Zeit der Reiche Israel und Juda, wurden runde Herde aus ungebranntem Ton, verstärkt durch Topfscherben, in großer Zahl gefunden. Sie maßen ungefähr 70 cm im Durchmesser. Der Backofen, in dem man Brot und anderes bereitete, war ein tragbarer Krug oder Behälter aus Terrakotta, den man über einem Feuer erhitzen konnte **(Abb. 633).**

d) Mahlzeiten: Die erste Mahlzeit am Tag war nur ein »Morgenbissen«, wie sich der Talmud ausdrückt, und bestand aus Brot und Oliven sowie einer Zwiebel oder anderer Frucht oder Gemüse, wie es eben die Jahreszeit brachte. Ein üppigeres Frühstück gab Anlaß zu Tadel (Pred 10,16). Das Mittagsmahl wurde nachmittags auf dem Feld oder daheim eingenommen und bestand aus Brot in Wein getunkt, einer Handvoll geröstetem Korn, einer »Schale von eingebrocktem Brot« (Bel und der Drache 1,33; s. *Deuterokanonische Bücher und Apokryphen) oder aus Brot mit geröstetem Fisch (Joh 21, 9. 13). Die Hauptmahlzeit des Tages wurde nach der Bibel und Josephus am Abend eingenommen, gewöhnlich kurz vor und nach Sonnenuntergang, ehe es ganz dunkel wurde. Dies ist die Zeit des »Abendmahls« bei Lk 14,17; 17,7 f.

e) Tischsitten: In der frühen Zeit saß das Volk zum Essen am Boden, auf Kissen, Strohmatten **(Abb. 634)** oder Teppichen. In der Zeit nach dem Exil pflegte man, wie die Mischna angibt, im Hause das Essen auf niedrigen »runden, viereckigen oder länglichen« Holztischen aufzutragen, während die Teilnehmer rund herum auf Lagern oder Diwanen saßen. Einen ähnlichen Tisch aus Ägypten zeigt **Abb. 635.** So scheint es auch in *Qumran gehalten worden zu sein. In vornehmen Häusern erhielt jeder geehrte Gast einen eigenen Tisch. **Abb. 637** zeigt einen hölzernen Tisch aus der mittleren Bronzezeit, den man in einem Grab in Jericho gefunden hat.

Numeri (Buch)

Gliederung: 1. Titel des Buches. 2. Allgemeiner Rahmen. 3. Quellen, Komposition und Abfassungszeit. 4. Inhalt und Stoff der drei Hauptteile. a) Am Berge Sinai; b) Vom Sinai nach Kades; (1) Num 10,11–12,15; (2) Auskundschaftung des Landes Kanaan; (3) Aufruhr des Korah, Dathan und Abiram; (4) Eingefügte gesetzliche Vorschriften;(5) Kades und die Eroberung des Ostjordanlandes; (6) Eingefügte Gesetze des zweiten Teils; c) In den Gefilden Moabs; (1) Bileam und seine Segenssprüche; (2) Abfall des Volkes; Eifer des Pinehas; (3) Eingefügte gesetzliche Vorschriften; (4) Verzeichnis der Wanderstationen und die Landnahme; (5) Verteilung des eroberten Landes unter die Stämme; (6) Levitenstädte und Freistädte.

1. Titel des Buches: Das vierte Buch des Pentateuch wird im Hebräischen *bammidbār* (In der Wüste) genannt, und zwar auf Grund seines fünften – und ersten charakteristischen – Wortes. In der nachbiblischen Literatur erscheint es auch unter der Bezeichnung *wajj·dabbēr* (Und er sagte), oder gelegentlich als das Buch Census (Verzeichnis), weil es zwei wichtige Verzeichnisse enthält. Von daher stammt auch der Name, den das Buch in der Septuaginta erhalten hat: Arithmoí, in der Vulgata wiedergegeben mit »Numeri«, dem jetzt im Deutschen üblichen Titel (neben ›Viertes Buch Mose‹).

Trotzdem verrät der ursprüngliche hebräische Name dem heutigen Leser noch etwas von der Eigenart des Buches. Sein verschiedenartiger und jeder thematischen Ordnung entbehrender Inhalt kann in der Tat als eine »wüste« Sammlung von Listen, Gesetzen, Traditionen und Legenden erscheinen, zusammengestellt von späteren Chronisten, die wohl den Wert ihres Materials erkannten, aber nicht in der Lage waren, es in seinen historischen Zusammenhang einzuordnen, da sie von den Ereignissen viel zu weit entfernt waren.

2. Allgemeiner Rahmen: Das in viele kleine Einzelstücke zerfallende Material des Buches ist in den allgemeinen Rahmen eines Berichts von der Wüstenwanderung des Volkes Israel gestellt. Der Bericht beginnt mit dem Frühling des zweiten Jahres nach dem Auszug aus Ägypten (Num 1,1) und endet mit den Ereignissen, die dem Tode Aarons »am ersten Tag des fünften Monats im vierzigsten Jahr nach dem Auszug« (33, 38) folgten. Die abschließenden Kapitel enthalten die Verfügungen, die an die Kinder Israel »in den Gefilden Moabs am Jordan gegenüber Jericho« (36,13) ergingen.

3. Quellen, Komposition und Abfassungszeit: Die Frage nach den Quellen des Buches Numeri läßt sich nicht ohne den Versuch, seine Entstehungsgeschichte zu erklären, beantworten. Nach einer weithin anerkannten Theorie wurde das Buch, neben anderen Priesterschrift-Dokumenten (P), während oder nach dem Exil von einem Kreis priesterlicher Schriftsteller verfaßt. (Die P-Quelle oder Priesterschrift – vgl. *Bibelkritik – enthält außer einigen Erzählungen hauptsächlich die mit dem Wüstenzug verknüpften Gesetzestexte; ihr Stoff ist über die Bücher *Exodus, *Leviticus und Numeri verteilt. Ein Teil des Materials ist sehr alt, anderes stammt aus recht später Zeit. Die endgültige Redaktion von P hat wohl erst nach der Rückkehr der jüdischen Gemeinde aus Babylon stattgefunden.) Gewöhnlich wird P als eine besondere Quelle des Buches betrachtet, die ein späterer Herausgeber mit Stoff aus J (Jahwist) und E (Elohist) verknüpft habe. Manche Gelehrte nehmen jedoch an, daß der Verfasser von P auch der Herausgeber des Buches gewesen sei. Auf dieser

Grundlage teilt man z. B. die Bileamgeschichte in die Abschnitte 22, 2–21. 35 bis 41 (E) und 22, 22–35 (J) ein. In den Kap. 23 und 24 wird jedoch eine Unterscheidung zwischen J und E fast unmöglich. Leichter zu unterscheiden ist immer P: Alles gesetzliche und statistische Material stammt aus dieser Quelle, während der Erzählungsstoff zwischen den Quellen J und E aufgeteilt wird. Da aber das P-Material wenig Einheitlichkeit zeigt, ist man versucht, es auch noch weiter zu unterteilen. Mag die endgültige Redaktion des Buches erst in nachexilischer Zeit erfolgt sein, das in ihm gesammelte Material ist zum Teil bedeutend älter. So stammen die Bileamsprüche wahrscheinlich schon aus der Zeit des Stämmebundes oder zumindest der frühen Königszeit (s. u.), und selbst dem priesterschriftlichen Material billigt man heute zunehmend ein höheres Alter zu (6. Jhdt. v. Chr.), als es in der Periode der klassischen Pentateuchkritik üblich war (s. *Bibelkritik; *Volkszählung und *Deuteronomium).

4. Inhalt und Stoff der drei Hauptteile: Folgt man dem geographischen und chronologischen Rahmen, so läßt sich das Buch in drei Hauptteile gliedern: a) die zehn ersten Kapitel (1, 1–10, 10 und Kap. 26); sie umspannen die Zeit vom ersten bis zum zwanzigsten Tage des zweiten Monats des zweiten Jahres nach dem Auszug aus Ägypten, einschließlich der Volkszählungen, der ersten in Kap. 1–4 und der zweiten in Kap. 26; b) die Wanderungen in der Wüste vom Sinai zu den Gefilden Moabs, eine Periode von etwa vierzig Jahren (10, 11–21, 35); c) Lagerung in den Gefilden Moabs (Kap. 22–36) mit der Bileamgeschichte, der Geschichte vom Eifer des Pinehas (25, 1–15) und dem immer wiederkehrenden Thema der Versuchung zum Götzendienst und der dafür auferlegten Strafe.

a) Am Berge Sinai (1,1–10,10): Das Buch beginnt mit der Zählung des ganzen Volkes (Kap. 1); es folgt die Lagerordnung der einzelnen Stämme mit ihren Feldzeichen, sie gilt auch für den Aufbruch (Kap. 2). Selbstverständlich handelt es sich bei dieser Lager- und Marschordnung um ein stilisiertes und idealisiertes Bild aus viel späterer Zeit. Das ganze Material trägt deutlich die Züge von P.

In Kap. 3 und 4 hören wir von der Musterung der Leviten und ihren besonderen Dienstpflichten. Eine zweite Volkszählung oder Musterung ist in Kap. 26 aufgezeichnet (s. *Volkszählung). Das Kap. 7 zählt die Opfergaben auf, die von den Stammesfürsten zur Einweihung des Zeltheiligtums dargebracht wurden, und Kap. 8 enthält Vorschriften über die Reinigungsriten der zum heiligen Dienst ausgesonderten Leviten. Von der Wolkensäule, die dem Heer der Israeliten bei Tag, und dem Feuerschein, der ihm bei Nacht voranzog, erzählt der Abschnitt 9,15–10,10.

In den Erzählungsrahmen haben spätere Bearbeiter des Buches eine Reihe von Gesetzen eingefügt und nach Möglichkeit eine passende chronologische Anknüpfung gesucht. Manchmal ist die Verbindung klar, so schließt sich z. B. das Gesetz über die Ausweisung von levitisch unreinen Männern oder Frauen aus dem Lager (5, 1–4) gut an die Lagerordnung von Kap. 2 an. Oder der priesterliche Segen (6, 22–27) und das Nachtragsgesetz vom Passah (9, 1–14) stehen in direktem Zusammenhang mit der Weihe des Heiligtums (Kap. 7). Die Verordnung über die silbernen Trompeten (10, 1–10) folgt dem Bericht von der Wolkensäule, weil die Trompeten ebenfalls das Zeichen für den Aufbruch des israelitischen Lagers geben sollten. In anderen Fällen bleibt jedoch die Verbindung unklar. So stehen die Gesetze bezüglich der Erstattung veruntreuten Eigentums (5, 5–10), bezüglich des »Eifersuchtsopfers« bei Ehebruchsverdacht (5, 11–35) oder bezüglich des Nasiräatsgelübdes in keinem logischen Zusammenhang mit der Rahmenerzählung.

b) Vom Sinai nach Kades (10,11–21,35): *(1) Num 10, 11–12, 15:* Der erzählerische Rahmen des zweiten Hauptteils – er gehört vermutlich zu P – schildert den Zug der Israeliten durch die Wüste von Sinai nach Kades (10, 11–21, 35). Hier werden die im ersten Teil aufgestellten Vorschriften über die Marschordnung in die Tat umgesetzt. Die Wolkensäule über dem Zeltheiligtum bestimmt den Zeitpunkt des Aufbruchs und den Ort der nächsten Lagerung (10, 11–12). Während nach P das Volk allein von der Wolkensäule geführt wurde, läßt der Abschnitt 10, 29–32 erkennen, daß Israel einen ortskundigen Führer durch die Wüste brauchte. Moses bittet seinen Schwiegervater Hobab, mitzuziehen und dem Volk als »Auge« zu dienen.

Die Bedeutung des Abschnitts liegt nicht nur darin, daß er die an Moses ergangene Offenbarung Jahwes in einem Land geschehen sein läßt, das von *Kenitern bewohnt war, sondern auch darin, daß er engere historische Beziehungen zwischen ihnen und den Israeliten andeutet. Nach

Ansicht von W. F. Albright waren sowohl die Keniter als auch die Vorfahren der Hebräer aus Gruppen des gleichen oder verwandten Typs zusammengesetzt. Die Keniter beanspruchten Midian als ihr Heimatland. Da sie Schmiede und Metallhandwerker waren, trugen sie wahrscheinlich auch zur Errichtung von Gruben und metallverarbeitenden Industrien in der südlichen Araba bei, und dies schon zu einem sehr frühen Zeitpunkt. Die Verbindung mit Israel – und der Metallbearbeitung – sollte sich bis in die Zeit der Monarchie fortsetzen (Ri 1, 16; 1 Sam 15, 6).

Auf die Verhandlung mit Hobab folgen zwei Sprüche, die das Aufheben und Niedersetzen der Bundeslade begleiteten (10, 35–36), offensichtlich zwei sehr alte, aus dem Geist kriegerischer Nomadenfrömmigkeit stammende Formeln. Vom Murren des Volkes und seiner Bestrafung bei Thabera (11, 1–3) und Kibroth-Hatta'awah (11, 4–23. 32–35) erzählt das 11. Kapitel. Dazwischen ist von der Geistbegabung der siebzig Ältesten die Rede (11, 24–30). Kap. 12 berichtet über die Auflehnung Mirjams und Aarons gegen Moses; Gott aber verteidigt den alleinigen Führungsanspruch des Moses, weil »er mit meinem ganzen Hause betraut ist«. Mit ihm rede Gott »von Mund zu Mund, nicht in Gesichten und nicht in Rätseln, und die Gestalt des Herrn schaut er« (12, 7–8). Diese beiden Kapitel gehören zu einer Traditionsschicht, die mit dem »Zelt der Zusammenkunft« (Ex 33, 7–11) in Verbindung steht und sehr altertümliche Züge aufweist.

(2) Auskundschaftung des Landes Kanaan (Kap. 13–14): Die meisten Gelehrten betrachten diese Erzählung als eine Kombination aus JE und P. In der P-Geschichte werden die Kundschafter ausgesandt, durchziehen das ganze Land (13, 1–17.21) und kehren nach vierzig Tagen (13,25–26) mit einem ungünstigen Bericht (13,32) wieder nach Kades zurück. Daraufhin beginnt das Volk zu wehklagen und wünscht sich nach Ägypten zurück (14,1–4). Auch die günstigeren Nachrichten, die Josua und Kaleb bringen, steigern nur den Widerstand des Volkes (14,6–10). Zur Strafe müssen die Rädelsführer des Aufruhrs sterben, und die Überlebenden verurteilt Gott, vierzig Jahre lang in der Wüste umherzuwandern, so daß keiner von den erwachsenen Israeliten, die Ägypten verlassen haben, das Gelobte Land betreten darf – mit Ausnahme Kalebs, des Sohnes Jephunnes, und Josuas, des Sohnes Nuns (14,26–39).

Diese P. zugeschriebenen Verse bilden eine zusammenhängende Geschichte. Der aus JE zusammengesetzte Bericht wird erst verständlich, wenn man einige Einzelheiten von P hinzufügt. Dann ergibt sich folgendes: Die Kundschafter ziehen in das Gebirge und in den Negeb bis nach Hebron, um die Beschaffenheit des Bodens und die Stärke der Befestigungen auszukundschaften (13,17–24); sie kehren mit dem Bericht zurück, das Land sei wohl fruchtbar, aber seine Bewohner seien zu stark und die Städte uneinnehmbar (27–29). Trotz der optimistischeren Einschätzung der Lage durch Kaleb (30) murrt das Volk und wünscht, nach Ägypten zurückzukehren (14, 1–4). Gott zürnt und schickt sich an, das ganze Volk auszurotten, aber Moses legt Fürbitte ein und erlangt die Verheißung, daß die Nachkommen der aus Ägypten ausgezogenen Israeliten das Gelobte Land betreten werden (14, 13–24). Gott befiehlt dann eine Rückkehr in die Wüste (14,25), aber das widerspenstige Volk versucht, vom Süden her in Kanaan einzudringen, was mit einer vernichtenden Niederlage bei Horma endet (14,39–45).

Widersprüche zwischen und innerhalb der beiden Berichte (so widerspricht z. B. 13,29 der Behauptung von JE, die Kundschafter seien nur bis Hebron gekommen; oder 14,9 spricht von der Furcht der Israeliten vor den Kanaanitern, ein Element, das zu JE und nicht zu P gehört) lassen vermuten, daß der Redaktor nicht mechanisch zwei selbständige Erzählungen nebeneinandergestellt, sondern verschiedene Traditionen miteinander verschmolzen hat.

(3) Aufruhr des Korah, Dathan und Abiram (Kap. 16): Auch dieses Kapitel verknüpft verschiedenartige Überlieferungen. Der älteste Teil der Geschichte ist die JE-Tradition vom Aufruhr des Dathan und Abiram aus dem Stamme Ruben gegen den Führungsanspruch des Moses und von ihrer Beschwerde, er habe sie aus einem Land, das von Milch und Honig fließe, herausgeführt. Zur Strafe und zugleich zum Beweis, daß die Autorität des Moses wahrhaft von Gott stamme, werden die Aufrührer, ihre Familien und ihre ganze Habe von der Erde verschlungen, »so daß sie mit allem, was sie hatten, lebendig hinunter in die Unterwelt fuhren« (16,33). Die P-Tradition hat es mit einer Revolte des Korah und 250 »Vorstehern der Gemeinde« gegen Moses und Aaron zu tun, und hier wird der Aufruhr niedergeschlagen, indem »Feuer vom Herrn ausging und

die 250 Männer verzehrte« (16, 35). Außerdem wird Korah als Levit bezeichnet, der seine Genossen gegen Aaron und dessen hohepriesterliche Vorrechte aufgewiegelt habe. (Es gibt eine – allerdings umstrittene – Theorie, daß die ältesten Überlieferungen praktisch keinen Unterschied zwischen Priester und Leviten machen; s. *Priester und Leviten.) Die gegenwärtige Form der Geschichte, die manche Widersprüche enthält, scheint zwei Überlieferungen zu verbinden, die ursprünglich nichts miteinander zu tun hatten: den aus wirtschaftlichen und politischen Gründen erwachsenen Widerstand einiger Sippen des Stammes Ruben gegen die Führung durch Moses sowie das Murren des Volkes wegen der Entbehrungen in der Wüste; und zweitens die religiösen Anliegen der Korahiten. Diese spätere Überlieferung spiegelt vielleicht Bemühungen der Sippe Korahs wieder, gewisse Rechte im Jerusalemer Tempel zu erlangen.

Die Korah-Geschichte ist ergänzt durch a) einen Bericht über den Ursprung des kupfernen Altares, eine Ex 27,1–2 widersprechende Tradition; b) die Geschichte von der das murrende Volk vertilgenden Plage, der durch das vom Altar genommene Räucherwerk Einhalt geboten wird (16,41–50) und c) das Grünen des Aaronstabes als Zeichen der Überlegenheit des Hauses und Stammes Aaron über das ganze Volk Israel (17,2–10).

(4) Eingefügte gesetzliche Vorschriften: Im Anschluß an diese Geschichte fügt der priesterliche Redaktor Bestimmungen über die Leviten und ihre Funktionen ein sowie über den »Dienst« Aarons und seiner Söhne im Zeltheiligtum (Kap. 18). Sie sollen ihres Priestertums walten »in allem, was es am Altar zu tun gibt, und drinnen hinter dem Vorhang« (18,7). Man hat wiederholt auf die Beziehung zwischen P und Ezechiel hingewiesen und vermutet, das Buch Numeri transponiere die Verhältnisse des ezechielischen Tempels auf das Zeltheiligtum der Wüstenzeit. Die Liste Ezechiels über die Pflichten der Leviten unterscheidet sich nur dadurch, daß sie die Priesterschaft als »Söhne Zadoks« statt als »Söhne Aarons« bezeichnet. Wahrscheinlich handelt es sich im Buch Numeri und bei Ezechiel um Parallelüberlieferungen, die aus einer gemeinsamen Quelle stammen und Verhältnisse des Jerusalemer Tempels und seiner Priesterschaft gegen Ende der Monarchie vor Augen haben.

(5) Kades und die Eroberung des Ostjordanlandes: In Kap. 20 wird vom Tod der Mirjam und ihrem Begräbnis berichtet (20,1), vom »Haderwasser«, das Moses aus dem Felsen herausschlägt (20,2–13), von der Weigerung Edoms, Israel durch sein Land ziehen zu lassen (20,14–21), und vom Tode Aarons auf dem Berge Hor (20, 22–29). Das Kap. 21 erzählt zunächst von einem Sieg der Israeliten über den König von Arad bei Horma (21,1–3). Die Geschichte fällt aus dem Rahmen, weil sonst immer wieder betont wird, die Israeliten hätten nach ihrer Niederlage bei Horma (14,45) nicht mehr versucht, Kanaan vom Süden her zu betreten.

Es folgt dann die Geschichte von der ehernen Schlange, wohl eine ätiologische Kultlegende (21, 4–9), die mit dem Schlangenbild zusammenhängt, das im Tempel bis zur Reform Hiskias aufgestellt war (2 Kg 18,4). Die **Abb. 638** zeigt einen ähnlichen assyrischen Kultgegenstand aus Nimrud. Anschließend wird der Zug des Volkes entlang der Grenzen von Moab geschildert, und hier finden sich zwei alte Lieder, eines aus dem ›Buch der Kriege Jahwes‹ (21, 14–15), das zweite ein Volkslied, das beim Brunnengraben gesungen wurde (17–18). Die letzten Abschnitte des Kapitels (21,21–35) berichten von den erfolgreichen Feldzügen gegen Sihon, den König der Amoriter, und Og, den König von Basan. Hier ist ein anderes altes Lied aufgenommen (27–30), das vielleicht sogar, wie bedeutende Gelehrte meinen, von den Amoritern stammt.

(6) Eingefügte Gesetze des zweiten Teils: Ohne irgendeinen Zusammenhang mit der historischen Rahmenerzählung sind folgende Vorschriften eingefügt: über Brand-, Schlacht- und Trankopfer (15, 1–21), über die Sühne für unwissentliche Gesetzesübertretung (15, 22–31), über Schändung des Sabbats (15, 32–36), über das Tragen von blauen Quasten an den Kleidern (15, 37–41). Der Redaktor versuchte eine Verbindung zu schaffen, indem er die Vorschriften mit der Formel einleitete: »Wenn ihr in das Land eurer Wohnsitze kommt, das ich euch geben will ...«; dies könnte eine Anknüpfung an die Kundschaftergeschichte (Kap. 13–14) sein. Viel klarer ist der Zusammenhang in den Texten, die sich auf Aaron und die Leviten beziehen (Kap. 18).

c) In den Gefilden Moabs; (1) Bileam und seine Segenssprüche (Kap. 22–24): Die Geschichte von Bileam, dem heidnischen Propheten des Königs von Moab, der Segen über Israel kündete statt Fluch, gehört ohne Zweifel zu den Höhepunkten des Buches Numeri. Das in Prosa geschriebene, aber von weit älteren poetischen Abschnitten unterbrochene Stück wird ganz zu JE gerechnet. Die beiden Erzählungsfäden lassen sich gleich zu Beginn von Kap. 22 unterscheiden. Nach E sendet Balak, der König von Moab, zweimal die Ältesten von Moab und Midian zu Bileam, damit er den eindringenden Israeliten entgegentrete und ihnen fluche; und nach anfänglichem Widerstand zieht Bileam mit den Ältesten zu Balak (22,2–21). In den Versen 22–34 reist Bileam aber nur mit seinen zwei Dienern, und von den Ältesten Moabs und Midians ist keine Rede. Dieser Abschnitt – incl. der Episode mit Bileams Eselin, die vom Engel des Herrn am Weitergehen gehindert wird und dann den Propheten zur Rede stellt, weil der sie geschlagen hatte – gehört zu J; er unterbricht den Erzählungsfaden von E, der in V. 35 wieder aufgenommen wird.

Die Geschichte berichtet dann, wie Balak den Seher Bileam viermal gedrängt habe, den Israeliten zu fluchen, und jedesmal habe Bileam, von Gott inspiriert, die Israeliten gesegnet. Die ersten drei Orakel (23,7–10.18–24; 24,3–9) sind Preislieder auf Israel und seinen Gott; das vierte (24,15–24) kündigt den Untergang anderer Völker an. Diese Gedichte geben der Auslegung schwere Rätsel auf. Neuere Kommentare finden in ihnen kriegerische Ereignisse aus der Zeit der Monarchie angedeutet, angefangen mit Sauls Sieg über Agag (24,7) und endend mit den Assyrern (24,22–24). So nimmt man meist an, daß die Orakel in der Zeit Davids entstanden sind und später noch einige Zusätze erfahren haben. W. F. Albright denkt freilich noch an ein weit früheres Datum (13.–12. Jhdt. v. Chr.); er beruft sich auf die stark archaische Sprache der Gedichte und möchte in ihnen einen Reflex des neuerwachten Nationalgefühls sehen, das Israel zur Zeit der Landnahme beseelt haben müsse. Die erste schriftliche Fixierung der Orakel ist aber auch nach Albright erst um das 10. Jhdt. v. Chr. erfolgt.

Bileam weist alle Attribute eines mesopotamischen Priesters, eines erfahrenen Wahrsagers, auf, und doch erscheint er in der Geschichte als Diener Gottes, der die Worte spricht, die Gott in seinen Mund gelegt hat, und der sich weigert, gegen Gottes Willen zu handeln. Am Ende der Geschichte heißt es: »Da machte sich Bileam auf und kehrte in seine Heimat zurück« (24,25); dies läßt vermuten, daß der Erzähler die Geschichte für abgeschlossen

Abb. 638. Assyrischer Kultgegenstand aus Nimrud (Nachzeichnung)

hielt. Später ist jedoch noch einmal von Bileam die Rede (31,16), und hier wird er beschuldigt, die midianitischen Frauen angestiftet zu haben, die Israeliten zum Götzendienst zu verführen; daß er im Krieg zwischen Israel und den Midianitern gefallen sei, wird kurz vorher (31,8; vgl. Jos 13,22) berichtet. Wahrscheinlich handelt es sich an diesen Stellen um eine andere, vielleicht sogar ältere Bileam-Tradition.

Wie viele andere Stücke des Buches Numeri bildet die Bileam-Episode eine in sich geschlossene Einheit, die zur Geschichte der Landnahme in keiner wesentlichen Beziehung steht. Sie möchte in erster Linie das Vertrauen Israels auf Gottes Schutz und Hilfe stärken, indem sie zeigt, wie selbst heidnische Seher dem Gotte Israels dienen müssen. Der heutige Leser wird vor allem an ihrer hochpoetischen Sprache Gefallen finden und ihren sehr altertümlichen Vorstellungen (z. B. von der Wirksamkeit des Fluches oder der redenden Eselin) Interesse entgegenbringen.

(2) Abfall des Volkes; Eifer des Pinehas (Kap. 25–27): Kap. 25 erzählt zunächst, wie die Israeliten mit den »Töchtern Moabs« Unzucht getrieben hätten und dadurch zum Götzendienst des Baal-Peor abgefallen seien. Gottes Zorn habe eine mörderische Plage über das Volk kommen lassen, und ihr sei erst Einhalt geboten worden, als Pinehas, der Enkel Aarons, einen abgefallenen Israeliten und dessen midianitische Buhlin mit einem Spieß durchbohrt habe (25, 1–15). Danach wird kurz auf den Krieg mit den Midianitern hingewiesen (25, 16–18). Von der in Kap. 26 aufgezeichneten Volkszählung haben wir schon oben (a) gesprochen.

Wie Josua zum Nachfolger des Moses eingesetzt wurde, berichtet Num 27,12–23. Der Erzählungsfaden wird dann erst wieder in Kap. 31 aufgenommen: Die Israeliten rächen ihre Toten an den Midianitern und schlagen ihr Lager im Lande Moab, gegenüber Jericho, auf. Diese beiden Episoden gehören zur Priesterschrift. Ergänzt und abgerundet wird die geschichtliche Darstellung durch den Bericht über die Verteilung des Ostjordanlandes. Da die Gegend für Herden geeignet schien, wurde das Land den Stämmen Ruben und Gad zugewiesen (Kap. 32). In diesem Kapitel sind viele alte Traditionen erhalten, die noch etwas von dem sehr differenzierten, allmählichen Prozeß der Landnahme wissen (32,1–16. 39–42). Als Ganzes freilich spiegelt der Bericht sicher spätere Verhältnisse wider (s. *Landnahme).

Auch die Geschichte von den Töchtern Zelophehads aus dem Stamm Manasse (27,1–11), denen das Erbrecht am Eigentum ihres Vaters zugesichert wird – während sonst nur männliche Nachkommen als erbberechtigt galten –, scheint ein sehr spätes Stadium israelitischer Landnahme vor Augen zu haben. Ostraka aus dem 9. Jhdt. v. Chr., die in Samaria, das damals zum Königreich Israel gehörte, gefunden wurden, haben gezeigt, daß der Grundbesitz eines Clans tatsächlich die Bezeichnung »Töchter Zelophehads« trug. Es scheint sich um kanaanäische Siedlungen gehandelt zu haben, die in das Stammesgebiet von Manasse eingegliedert wurden. Die in mosaische Zeiten zurückdatierte Geschichte von den Erbtöchtern sollte diesen Vorgang rechtlich sanktionieren. Ein Nachtrag zum Erbtöchtergesetz (Kap. 36) klärt die Frage, ob Stammesbesitz durch die Heirat einer Erbtochter in den Besitz eines anderen Stammes übergehen dürfe, mit der Bestimmung, daß Erbtöchtern nur eine Heirat innerhalb ihres Stammes gestattet sei.

(3) Eingefügte gesetzliche Vorschriften: Die Kap. 28 und 29 bieten einen Kommentar zu den in Lev 23 niedergelegten Festopfergesetzen. Das hier vorgeschriebene Ritual entspricht genau den liturgischen Bräuchen, wie sie im zweiten Tempel nach der Zeit Esras geübt wurden. Dies bedeutet jedoch nicht, daß die Opfergesetzgebung von Num 28–29 erst aus dieser Zeit stammen muß.

Von Gelübden, besonders solchen, die sich Frauen auferlegen, handelt Kap. 30. Im Anschluß an den Kriegsbericht über den Rachefeldzug gegen die Midianiter werden Vorschriften bezüglich der Beutestücke gegeben: wie sie zu entsühnen seien (31,21–24) und wie die in einer Liste zusammengestellte Beute verteilt werden solle (31,25–54).

(4) Verzeichnis der Wanderstationen und die Landnahme: Das in Kap. 33 gebotene Itinerar – von Ramses in Ägypten bis zu den »Gefilden Moabs« – ist ein Dokument von großer historischer Bedeutung. Manche der hier genannten Orte sind aus anderen Stellen des Pentateuch bekannt, aber die meisten von ihnen (18–35) werden sonst nirgends erwähnt, so daß man über ihre Lage nur Mutmaßungen anstellen kann. Vielleicht läßt sich aus dem Itinerar der Schluß ziehen, daß die Israeliten die Gefilde Moabs erreichten, ohne den Umweg über Edom oder Moab gemacht zu haben, aber auch dies ist nicht sicher. Ferner

hören wir nichts davon, daß sich die Israeliten im Grenzland der Amoriter gelagert und gegen die Könige Sihon und Og Krieg geführt hätten (21,21–35).
Aus diesen und anderen Gründen vermutet B. Mazar, die Israeliten seien in zwei Wellen nach Palästina gekommen. Die erste Einwanderungswelle, bestehend aus den Lea-Stämmen, die in Kades gelagert hätten, habe versucht, in das Land von Süden her einzudringen, sei aber vom König von Arad geschlagen worden. Die zweite Welle, aus den Joseph-Stämmen, sei für sich allein nach dem Ostjordanland gezogen, bevor noch die transjordanischen Königreiche errichtet gewesen seien, und habe dann unter Führung Josuas den Jordan überschritten. So verstanden, bietet das Kapitel nicht die Beschreibung einer einzigen Route, sondern eine Vermischung von verschiedenartigen Traditionen, die dem Redaktor noch bekannt waren, für uns aber nicht mehr erreichbar sind.
(5) Verteilung des eroberten Landes unter die Stämme: Kap. 34 legt die Grenzen Kanaans fest (1–15) und nennt die Namen der Männer, die für die Zuteilung des Landes in den einzelnen Stämmen verantwortlich waren (16–29).
(6) Levitenstädte und Freistädte: Kap. 35 befiehlt die Errichtung von 48 Städten für die Leviten (2–8) und sechs Freistädten für flüchtige Totschläger (11–15). Das Gesetz will die Auswirkungen der Blutrache mildern, indem es solche schützt, die einen Menschen aus Versehen getötet haben (16 bis 34; s. *Gesetz Israels).
Die genauen und den mathematischen Geist der Priesterschrift verratenden Vorschriften über die Levitenstädte werfen schwierige Probleme auf. Im Deuteronomium werden die Leviten als Menschen geschildert, die über das ganze Land verstreut sind, »mit keinem Erbbesitz unter ihren Brüdern« (Dt 18,1–2), abhängig von der Mildtätigkeit der Mitbürger. Man kann sich unmöglich vorstellen, daß ihnen, und zwar ihnen ganz allein, 48 Städte gehört haben sollen – je vier im Gebiet eines Stammes –, und dazu noch Weideland in deren Umkreis. Die sechs Freistädte – eine sehr alte Einrichtung – waren keine Levitenstädte, und die in unserem Kapitel hergestellte Verbindung zwischen beiden Institutionen ist künstlicher Natur. Nach der von W. F. Albright vorgeschlagenen Lösung des Problems wurden die Levitenstädte in der ersten Hälfte der Regierungszeit Salomos eingerichtet. Der traditionsfreudige amerikanische Gelehrte stützt sich vor allem auf die Liste der Levitenstädte in Jos 21 (vgl. 1 Chr 6,39–66), die trotz ihres priesterschriftlichen Rahmens in der Zeit der vereinigten Monarchie entstanden sein müsse. Viele der dort genannten Orte seien kanaanäische Städte, die erst gegen Ende der Herrschaft Davids und während der Regierungszeit Salomos zu Israel gekommen seien.
Andere Gelehrte, wie J. Kaufman und M. Haran, halten jedoch die ganze Einrichtung von Levitenstädten für eine Utopie, die nach der Landnahme, und bevor noch die Heiligtümer gebaut wurden, ausgedacht, aber niemals verwirklicht worden sei. Wenn man aber schon an ein künstliches Produkt denkt, sollte man lieber mit Wellhausen eine Entstehung in nachexilischer Zeit vorschlagen. Andererseits ist es trotz der unleugbar utopischen Züge recht unwahrscheinlich, daß die Angaben des Buches Numeri nur der Phantasie entsprungen sein sollten.
Es könnte sich z. B. bei den Levitenstädten um die Heimatorte der Leviten handeln, die nicht an den großen Heiligtümern beschäftigt waren und deshalb – wie es das Deuteronomium beschreibt – ohne festes Einkommen ihr Leben fristen mußten (s. *Priester und Leviten). Vielleicht hängt die Einrichtung auch mit der Reform des Josia und der Auflösung der Höhenheiligtümer zusammen oder schon mit der Gründung des Jerusalemer Tempels. Eine Fülle von Hypothesen, die noch vermehrt werden könnte. Das einzige, was wir aus anderen Quellen mit Sicherheit wissen, ist dieses: Sowohl David als auch Salomo haben in neueroberten Städten und Dörfern auch Leviten angesiedelt, und einige von diesen Städten erscheinen später in der Bibel als die Heimatorte priesterlicher Familien – aber nicht ausschließlich als solche.
Die in diesem Artikel aufgeworfenen Probleme, besonders die Fragen um Bedeutung und Entstehungszeit des priesterlichen Materials (P), werden in anderen Artikeln z. T. noch eingehender behandelt (s. *Bibelkritik; *Gesetz Israels; *Deuteronomium; *Priester und Leviten).

O

Obadja

Gliederung: 1. Inhalt. 2. Entstehungszeit.
Mit nur einundzwanzig Versen ist Obadja eines der kürzesten Bücher des Alten Testamentes. Im hebräischen Kanon erscheint er als vierter (in der Septuaginta als fünfter) der zwölf kleinen Propheten.
1. Inhalt: Das Buch enthält die »Vision« oder Prophetie des Obadja. Diese »Vision« besteht aus drei Teilen: Die Verse 1–9 sind ein Fluch über Edom. Obadja benutzt hier (V. 1–5) das Fragment einer viel älteren Prophetie (dasselbe Fragment verwendet schon Jer 49,7–16). Wellhausen nahm an, dieses Fragment stamme aus dem 5. Jhdt. v. Chr., als Edom durch arabische Stämme zerstört wurde; da aber von einer Verheerung durch Araber nicht die Rede ist, scheint der Abschnitt auf eine ältere Sammlung von »Völkerorakeln« zurückzugehen, von der uns nur einige Sprüche in späteren Propheten erhalten sind. (Vielleicht gilt dies auch von dem Fluch gegen Moab in Jes 16, der in Jer 48 eine Parallele hat.) Die Verse 10–14 zählen die Gründe für Edoms Untergang auf: Es habe voller Schadenfreude und Spott auf das vernichtete Juda herabgesehen und Juden, die sich durch Flucht hätten retten wollen, der Sklaverei ausgeliefert. Die Verse 15–21 beschreiben den Tag Jahwes, an dem das Gericht über die Völker, vor allem aber über Edom hereinbrechen werde. Der Leidenskelch, den die Juden so randvoll hätten trinken müssen, werde nun Judas Feinden gereicht. Das wiedererstandene und vereinigte Israel werde alle seine Feinde vernichten, und Judas Grenzen würden Edom im Süden, das Philisterland im Westen und im Norden und Osten Ephraim und Gilead bis jenseits des Jordan einschließen.
2. Entstehungszeit: Die Frage nach der Entstehungszeit steht in engem Zusammenhang mit der Frage nach der Einheitlichkeit des Buches. Vereinzelt wird eine Abfassung vor dem Exil angenommen. Die Prophetie beziehe sich auf die Befreiung Edoms von Judas Oberherrschaft während der Regierungszeit des Ahas (4 Kg 16, 6). Doch findet diese Theorie im Text kaum eine Stütze.
Als die Edomiter beim Untergang des Königreiches Juda im Jahr 587 v. Chr. die gute Gelegenheit nutzten und ihre Herrschaft auf Südjuda bis nördlich von Hebron ausdehnten, verschärfte sich die Feindschaft zwischen beiden Völkern. In der voraufgegangenen Periode hatten die Könige von Juda den Negeb durch Befestigungsanlagen gegen Edom zu schützen gesucht (s. **Abb. 639,** die Anlagen von *'ēn ġadian,* **Abb. 640,** das Tor einer anderen Festung). Nach dem Exil flackerte die alte Gegnerschaft zwischen den feindlichen Nachbarn wieder auf und dauerte fort, bis Edom während der Makkabäerzeit (2. Jhdt. v. Chr.) dem wiedererstandenen und unabhängig gewordenen Staat Juda einverleibt wurde.
Aus dem Buch Obadja spricht grenzenloser Haß gegen Edom, zugleich aber auch tiefe Niedergeschlagenheit über eine ungeheure nationale Katastrophe – also nicht nur über eine verlorene Schlacht. Zudem erwähnt der zweite Teil des Buches (V. 20) die »Exulanten aus Jerusalem, die in Sepharad (= Sardis oder Sardes in Kleinasien) leben«. So müßte zumindest der zweite Teil des Buches (V. 15–21) aus nachexilischer Zeit stammen. Doch scheint es uns nicht notwendig, den ersten Teil in die Zeit der Monarchie zu datieren.
Der Prophet Obadja lebte in der Zeit nach dem Exil. Seinen tiefen Haß gegen Edom kann man leichter erklären, wenn man 1,1–5 liest. Auch Maleachi schreibt von einem Tag des Gerichts, da Juda in seinem angestammten Land wiedererstehen werde (3; 4). Wir haben hier enge Parallelen zu Ob 15–21 (vgl. auch *Joel).
Es ist also am wahrscheinlichsten, daß Obadja kurz nach dem Exil, vielleicht zur gleichen Zeit wie das Buch *Maleachi und *Joel, entstanden ist (s. auch *Haggai, *Sacharja).

Offenbarung

Gliederung: 1. Biblische Geschichtsdeutung. 2. Art der Offenbarung. 3. Geoffenbarte Gotteserkenntnis. 4. Kosmische Offenbarung. 5. Magie und Wahrsagerei. 6. Gotteswort und Prophetie. 7. Offenbarung und Kult.
Unter der Bezeichnung »Offenbarung« versteht man eine Kundgabe Gottes, sei es in Worten oder Taten, sei es unmittelbar durch eine Mitteilung Gottes oder mittelbar durch die Botschaft eines Engels. Das Wort »Offen«barung setzt voraus, daß die Wahrheiten, Ratschlüsse oder Tatsachen, die Gott kundtut, bislang dem Menschen

Abb. 639. Ausgrabung der Festungsanlage von *'ēn ġadīan*

Abb. 640. Zerfallenes Tor einer Festung im Negeb

verschlossen, geheim und verborgen waren. Eine Offenbarung kann an einen einzelnen Menschen wie Moses oder die Propheten ergehen, sie kann auch, wie am Sinai, einer ganzen Gemeinschaft gegeben werden.
Im Alten Testament offenbart sich Gott auf verschiedenartige Weise. Die in verständliche Worte gekleidete Botschaft ist eine häufige, aber nicht die einzige Form der Offenbarung. Manchmal erscheint Gott selbst einem Menschen und spricht mit ihm von Angesicht zu Angesicht, öfters aber übersteigt die Offenbarung das normale Sinnesvermögen des Menschen. Dann erscheint Gott im Traum, oder der Mensch darf ihn in einer Vision schauen oder er wird sich der göttlichen Gegenwart in seinem Innern bewußt. Auf seiten des Menschen bedarf es keiner besonderen Voraussetzung, um einer Offenbarung gewürdigt zu werden. Die Männer, denen sich Gott im Alten Testament kundgab, waren nach heutigen Moralbegriffen keine Heiligen. Moses hatte einen Mord begangen, und David war ein Ehebrecher.

1. Biblische Geschichtsdeutung: Ein wesentliches Merkmal des biblischen Offenbarungsbegriffs ist seine Bezogenheit auf die menschliche Geschichte. Gott verkündigt keine zeitlosen Wahrheiten, sondern handelt in der Geschichte und für die Geschichte. In äußerlich oft unscheinbaren Ereignissen geschieht eine fortschreitende Enthüllung des göttlichen Heilsplanes, eine Auffassung, die besonders den Exodusbericht und die mit ihm zusammenhängenden Überlieferungen geprägt hat. Das Alte Testament setzt als selbstverständlich voraus, daß alles, was dem auserwählten Volk widerfährt, von Gott kommt, sei es Gutes oder Böses. Dies führt manchmal zu merkwürdigen Kurzschlüssen, als sei Gott unmittelbar für das verantwortlich, was durch Menschenhand oder durch Naturgewalten geschieht.
Dem heutigen Menschen verbietet es die moderne Naturwissenschaft, sich Gott so naiv und unmittelbar in allen Dingen am Werk zu denken. Aus dem gleichen Grund wirft auch der Offenbarungsbegriff des Alten Testaments viele Fragen auf. Wir können uns nicht mehr vorstellen, daß Gott von Mund zu Mund mit Menschen geredet haben soll, daß die Siege Israels über seine Feinde mit der anschließenden Niedermetzelung von Frauen und Kindern auf ausdrücklichen Befehl Gottes, also auf eine Offenbarung hin, erfolgt sein sollten oder daß Gott all die Opfer- und Ritualgesetze des Pentateuch selber dem Moses gegeben hat.
Eine Lösung dieser Schwierigkeiten, die jeden Bibelleser ernsthaft bedrängen müssen, ist darin zu suchen, daß der Begriff Offenbarung schon innerhalb des Alten Testaments verschiedene Entwicklungsstufen durchlaufen hat und erst – wenn überhaupt – durch Jesus von Nazareth seine endgültige Klärung erfährt. Jeder Text, der von einem Offenbarungsgeschehen berichtet, muß deshalb im Licht der gesamten Heilsgeschichte gelesen und von der endgültigen Selbstmitteilung Gottes in Christus her verstanden werden – sofern man das AT als Offenbarungsurkunde ernstnimmt.

2. Art der Offenbarung: In vielen Fällen läßt die Bibel göttliche Offenbarungen von wunderbaren Naturereignissen begleitet sein. Solche Wunder dürfen nicht mit der Offenbarung selber verwechselt werden, sie sind meist sogar nur literarische Stilmittel, um die Bedeutung des verheißenden oder drohenden Gotteswortes hervorzuheben. Nun läßt sich aber nicht leugnen, daß es gerade die Wundergeschichten waren, die der religiösen Phantasie jahrhundertelang Nahrung geboten haben und daß wir ihnen viele Meisterwerke der bildenden Kunst verdanken. Das eigentliche Wesen der göttlichen Offenbarung wird jedoch dem heutigen Menschen durch diese Begleitwunder oft mehr verstellt als erhellt. Die Frage, was Gott, wenn er sich geoffenbart hat, wirklich vom Menschen will, muß von jeder Zeit aus neu gestellt und beantwortet werden.

3. Geoffenbarte Gotteserkenntnis: Die Bibel bekennt sich zu dem Glauben an einen Gott, der sich selber dem Menschen geoffenbart hat. Ohne diese Überzeugung gäbe es keine Religion Israels, kein Judentum und kein Christentum.
Der biblische Gottesbegriff wird niemals abstrakt analysiert, wobei es schon fast zuviel ist, von einem »Begriff« zu reden. Gottes Dasein wird als selbstverständlich vorausgesetzt – die Bibel kennt keine Theogonie, aber eine Schöpfungsgeschichte der Welt und des Menschen –, Gottes So-Sein, sein Wesen, wird aus seinem Handeln ersichtlich. Alle menschlichen Vorstellungen, die man auf Gott überträgt – wie die Titel »Vater«, »König«, »Hirte« u. a. –, zeigen, wie nahe und vertraut man sich Gott denkt, ohne je seine weltüberlegene Transzendenz in Frage zu stellen.
Man begegnet an vielen Stellen des Alten Testaments der Formel »Gott kennen«; sie

meint nicht nur ein theoretisches Wissen von Gott, sondern vor allem ein lebendiges Verhältnis des Glaubens und der Treue gegenüber Gottes Gebot. Der Gedanke wird sehr klar ausgedrückt in Jud 2,10: »Und nach ihnen wuchs eine Generation heran, die Gott nicht kannte und nicht die Taten, die er gewirkt hatte für Israel.«

Wenn alle Offenbarung letztlich eine Selbstmitteilung Gottes ist, dann können viele als »Offenbarung« eingekleidete Texte des Alten Testaments nur eine sehr bescheidene Rolle im Prozeß der Selbstdarstellung Gottes spielen, falls sie nicht überhaupt nur als Kontrastbilder zu verwenden sind. Dabei ist nicht unbedingt gesagt, daß die Entwicklung zu einer reinen, von allen nationalen, irdischen und kultischen Interessen freien Gottesvorstellung immer dem zeitlichen Schema gefolgt sein müsse. Hinter sehr alten anthropomorph klingenden Aussagen verbirgt sich oft eine tiefere und echtere Erfahrung der Wirklichkeit Gottes, als dies in jüngeren Texten der Fall ist.

Das Neue Testament verkündigt den paradoxen Glauben, daß Gott sich nicht wie bei den Propheten *durch* Menschen, sondern *in* einem bestimmten Menschen, Jesus von Nazareth, endgültig und ganz offenbart habe (s. *Menschwerdung [Inkarnation]). Damit ist jeder Offenbarungsbegriff gerichtet, der sich einseitig an äußeren Phänomenen oder psychologischen Erlebnissen orientiert.

4. Kosmische Offenbarung: Schon das Alte Testament legt Wert darauf, den kosmischen, Himmel und Erde umspannenden Charakter des Offenbarungsgeschehens zu betonen. Am Sinai erscheint Gott in Feuer, Wolken, Donner und Blitz (Ex 19,16.18; Dt 5,19–23), zugunsten Israels läßt Gott sogar Sonne und Mond am Himmel stillestehen (Jos 10,12–14). Die ganze Erde soll erfüllt werden von Gottes Herrlichkeit (Num 14,21; Jes 6,3 u. ö.). Solche Aussagen begegnen in späterer Zeit besonders im Zusammenhang mit der Gerichtspredigt und der Ankündigung des »Tages Jahwes«. So wundert es nicht, daß die kosmischen Auswirkungen der Offenbarung (Erschütterung der Himmelskräfte, Herabfallen der Sterne, Verfinsterung von Sonne und Mond) zu einem stehenden Thema der apokalyptischen Literatur geworden sind (s. *Apokalyptik; *Johannesapokalypse). Daß es sich hier nicht, zumindest nicht im Sinne des Neuen Testaments, um kosmologische Belehrung über zukünftige Weltkatastrophen handelt, sondern um ein poetisches Stilmittel, das die Universalität und Endgültigkeit der göttlichen Offenbarung veranschaulichen will, dürfte heute weithin anerkannt sein.

5. Magie und Wahrsagerei: In allen Religionen der Antike war es Brauch, die Gottheit (oder die Götter) durch bestimmte Techniken zu befragen, um im Orakel eine die Zukunft deutende Antwort zu erhalten. Das mosaische Gesetz und die Propheten haben solche Praktiken zurückgewiesen oder zumindest sehr eingeschränkt (Num 23,23; Dt 18,10.11; 2 Kg 21,6 u. ö.). Anerkannt waren nur die »Urim und Thummim«, das priesterliche Losorakel (*Priester und Leviten). Wie viele Texte der Bibel verraten, hat freilich die israelitische Offenbarungsreligion (wie später das Christentum) immer wieder einen aussichtslosen Kampf gegen magische und abergläubische Vorstellungen im Volk und in der Priesterschaft führen müssen.

6. Gotteswort und Prophetie: Die Grundoffenbarung des Gotteswortes war im Alten Bund das am Sinai verkündete Gesetz. Außerhalb des Pentateuch ist die Bibel (materiell betrachtet) nicht so sehr »Gottes Wort« als ein Bericht über Gottes Taten und die Antwort, die von den Menschen auf sie gegeben wurde. Gottes Taten mußten jedoch gedeutet werden, und dies wurde die Aufgabe der von Gott gesandten Propheten.

Das Kennzeichen der Prophetie war die Einleitungsformel »Wort Gottes« oder »So spricht der Herr«. Die Propheten glaubten, nur Gottes Sprachrohr zu seinem Volk hin zu sein, und haben doch der göttlichen Botschaft ihren höchst persönlichen Charakter aufgeprägt. Sie waren keine Lehrer zeitloser Wahrheiten wie die etwa zeitgenössischen griechischen Philosophen, sie deuteten die Ereignisse ihrer eng begrenzten Erfahrung im Licht des göttlichen Heilsplanes für die Menschheit. Das Neue Testament hat an diese prophetischen Traditionen angeknüpft und die Ereignisse des Lebens und Leidens Jesu als endzeitliche Erfüllung des in »Gesetz und Propheten« vorherverkündigten Gotteswortes verstanden.

7. Offenbarung und Kult: Seit ältesten Zeiten gelten Kultstätten als die bevorzugten Orte göttlicher Offenbarung, wobei die Gründung des Heiligtums oft auf eine Theophanie oder auf besondere Anweisung der Gottheit zurückgeführt wird (z. B. Gen 28,10–22; Ex 25,40; 2 Sam 24,25). Im Extrem kann kultisches Denken sogar den Ausschließlichkeitsanspruch eines bestimmten Heiligtums behaupten: Gott könne oder wolle sich nur an diesem und keinem anderen Ort offenbaren. Israel wurde aber, nicht zuletzt durch die bitteren Erfahrungen des Exils, belehrt, daß Gott sich von denen, die ihn ehrlich suchen, überall finden lasse (Dt 4,29; Jer 29,13; Ps 32,6). Gottes Offenbarung ist nicht an einen besonderen, »heiligen« Ort gebunden (s. auch *Christentum, Frühgeschichte).

Opfer

Gliederung: 1. Opfer im Altertum. 2. Ursprung des israelitischen Rituals. a) Analogien zum kanaanäischen Ritual; b) Die Funktionen des Blutes im Opferritual. 3. Bedeutung des israelitischen Opfers. 4. Opferaltäre. a) Kanaanäische Altäre; b) Frühisraelitische Altäre; c) Altäre im ersten Tempel; d) Bedeutung des israelitischen Altars; e) Altäre im zweiten Tempel. 5. Opferanlässe. 6. Opferarten. a) Opfer als Tribut und Gabe; b) Warum wurde die Gabe zerstört? c) Brandopfer; d) Gemeinschafts- oder Friedopfer (zæbaḥ š·lāmīm). (1) Lobopfer und freiwilliges Opfer; (2) Votivopfer; e) Sühnopfer; f) Speise- oder Mahlopfer (minḥā); g) Trankopfer; h) Weihrauchopfer. 7. Menschenopfer. 8. Die Opferzeremonie. 9. Geschichte des Opfers. a) Von der Patriarchenzeit bis zum Exodus; b) Von der Landnahme bis zur Richterzeit; c) Unter der Monarchie; d) Opfer in der nachexilischen Zeit; e) Opferriten in der griechisch-römischen Zeit. 10. Prophetische Polemik gegen das Opfer. 11. Das Opfer im Neuen Testament. a) Die Bedeutung des Opfers im Neuen Testament; b) Christus als Sühne. 12. Die Schechitta und der traditionelle weltliche Schlächter.

Das Opfer stellte den Mittelpunkt des israelitischen Kults dar. Sowohl für die Israeliten als auch für die anderen Völker des Alten Orients war das Opfer das Wesensmerkmal religiöser Feiern. Ein Kult ohne Opfer wäre undenkbar gewesen. Daher überrascht es auch nicht, daß ein Vergleich zwischen dem Ritual der Israeliten und jenem der anderen nordwestsemitischen Völker viele gemeinsame Elemente aufzuzeigen vermag.

1. Opfer im Altertum: Über die Stellung des Opfers im Altertum des Nahen Ostens wurden schon viele Theorien aufgestellt. So basiert eine Richtung auf der Annahme, daß beim Stämmebund die Glieder eines Stammes mit dem Stammesgott verwandt waren, von dem man glaubte, daß er sich durch das ihm geweihte Opfertier unter ihnen befände. So sollte das Opfer die Beziehung mit dem Gott stärken und an seinem Leben Anteil geben dadurch, daß man das heilige Tier aß.

Eine zweite Theorie betont den »stellvertretenden« Aspekt des Opfers, d.h. das Opfertier stand irgendwie stellvertretend für den Opfernden, der das Opfer als Ersatz für sich selbst darbrachte. Mit der Auflegung seiner Hände auf das Opfertier übertrug er ihm seine eigenen Sünden und seinen Lebensgrund (der in seinem Blut saß). Mit der Tötung des Tieres wurden die Sünden weggenommen. Das Blut, das den Lebensgrund enthielt, wurde der Gottheit geweiht und am Fuß des Altares vergossen, um das Leben des Opfernden mit der Gottheit in Beziehung zu bringen und um das Band zwischen beiden wiederherzustellen.

Ein dritter Erklärungsversuch will das Opfer einfach als ein Gott geweihtes Mahl darstellen – dies war die Bedeutung des Opfers in Babylonien.

Keine von diesen Theorien bietet jedoch eine befriedigende Auslegung des israelitischen Glaubens und Opferbrauches, weil sie viel zu allgemein sind, um sich der monotheistischen Religion Israels und ihrem Gottesverhältnis anzupassen.

2. Ursprung des israelitischen Rituals: *a) Analogien zum kanaanäischen Ritual:* Die wesentlichen Elemente des israelitischen Opfers waren das *'ōlā* (das Brandopfer, das auf dem Altar verbrannt wurde) und das Gemeinschaftsopfer oder *zæbaḥ*. Wahrscheinlich haben die Israeliten diese von den Kanaanäern übernommen, als sie sich im Land niederließen, obwohl sie diese mit ihren eigenen alten Riten verbanden, welche noch die Verfügung über das Blut einschlossen (von den Kanaanäern nicht praktiziert). Es gibt keinen biblischen Beweis, der einen wesentlichen formalen Unterschied zwischen dem israelitischen und dem kanaanäischen Ritual nahelegen würde. Wenn die Propheten die kanaanäischen Bräuche verurteilten, so nicht etwa deswegen, weil die Kanaanäer ihre Opfer in der falschen Weise dargebracht hätten, sondern weil sie heidnischen Göttern an einem nicht genehmigten Heiligtum Opfer darbrachten. Die tiefgehende Ähnlichkeit zwischen kanaanäischem und israelitischem Opfer wurde durch den Nachweis der Archäologie vollauf bestätigt (s. *Lachis).

Unter vielen ähnlichen Beispielen aus Kanaan sind der steinerne Hausaltar von Gezer und der Räucheraltar von Thaanach zu nennen. Bedeutsamer noch ist der Beweis aus den ugaritischen Texten (14. Jhdt. v. Chr.). Diese beschreiben Opfer, die jenen der Israeliten sehr ähnlich sind, z. B. das *šrp,* ein Opfer, das zur Gänze verbrannt wurde, und das *dbḥ* oder *š · lāmīm* (Friedopfer), dem eine religiöse Zeremonie vorausgeht, um sich seinen Gott günstig zu stimmen, oder das *aṯm,* das kanaanäische Gegenstück zum biblischen *'āšām* (Schuldopfer). Mit einem Wort, wie die Israeliten brachten auch die Kanaanäer Brand- und Gemeinschafts-, Speise- und Räucheropfer dar. Doch trotz dieser Ähnlichkeiten ist R. de Vaux der Ansicht, daß Israel nicht alle seine Opferriten von den Kanaanäern übernommen hat, obwohl diese Ähnlichkeiten darauf hinweisen, »daß das israelitische Ritual mit dem Kanaans enger verwandt ist als mit dem mesopotamischen oder dem arabischen. Das Merkmal, welches das israelitische und das kanaanäische Ritual gemeinsam haben und das sie von anderen semitischen Ritualen unterscheidet, ist die Tatsache, daß bei den Tieropfern das Opfertier oder ein Teil des Opfertieres auf dem Altar verbrannt wird. Dieser Brauch existierte nicht in Mesopotamien oder in Arabien, wohl aber – wie die Bibel berichtet – bei den Moabitern und Ammonitern. Dieser Brauch ist also den westsemitischen Völkern eigentümlich.« Dieser Autor behauptet, daß der Brauch bereits vor der Ankunft der Israeliten in Kanaan existierte. Nichts weist jedoch darauf hin, daß sie ihn schon ausübten, als sie noch Nomaden waren. Die Opferform, welche die frühesten Israeliten kannten, blieb vermutlich im Ritus des Osterlammes erhalten (der bis heute noch von den *Samaritanern in der ursprünglichen Weise gefeiert wird), wobei kein Teil des Opfertieres verbrannt und das ganze Fleisch von der Gemeinde gegessen wird. Dieser Brauch weist mehr Gemeinsamkeiten mit den kulturellen Erscheinungsformen der westsemitischen Völker auf als mit jenen Mesopotamiens, wo die Riten, ein Tier zu verbrennen und das Blut zum Bestreichen zu verwenden, unbekannt waren.

Über die eine Gemeinsamkeit zur Zeit der Ansiedlung der Israeliten in Kanaan hinaus entwickelten sich die zwei Formen des Opferrituals bei den zwei Völkern unabhängig voneinander (s. *Phönikien). Die theologische Bedeutung, welche die beiden Völker ihren Opfern gaben, war in der Frühzeit wie auch später unterschiedlich. Das sieht man deutlich an späteren phönikischen Inschriften, die über Opfer berichten. Auch die biblischen Texte liefern keinen Beweis dafür, daß alle Fachausdrücke für das Opfer bei den Israeliten und Kanaanäern dieselben wären. Die Hauptunterschiede in der Form der Opfer kann man beim Vergleich des kanaanäischen Rituals (s. *Kanaanäische Religion 2) mit dem der Israeliten vor allem in der israelitischen Verwendung des Blutes der Opfertiere sehen.

b) Die Funktion des Blutes im Opferritual: Das Wort *dam* für Blut ist allen semitischen Sprachen gemeinsam, obwohl seine etymologische Wurzel dunkel ist. Unter den meisten semitischen Völkern (und unter vielen, die ursprünglich nicht semitisch waren) glaubte man, daß das Blut eines Körpers dessen Lebensprinzip enthielte. Für die Israeliten gilt: »... das Leben des Fleisches sitzt im Blut, und ich selbst habe es euch zur Verfügung gestellt auf dem Altar, damit ihr für euch selbst Sühne schafft, denn das Blut ist es, das kraft des (in ihm sitzenden) Lebens sühnt. Niemand unter euch darf Blut essen ... denn das Blut ist das Leben allen Fleisches ...« (Lev 17, 11 bis 14). In Gelehrtenkreisen diskutiert man über den Ursprung und die eigentlichen Gründe dieses Verbots, Blut zu essen, das sich im AT wiederholt findet und eines der Hauptgesetze des frühen Judentums ist. Einige Gelehrte meinen, die Tatsache, daß Gott Blut geopfert werden soll, mache dieses zu einem Tabu für den sterblichen Menschen. Wieder andere meinen, daß die Vorschrift, das Opferblut auszuschütten und das Blut eines Vogels oder Tieres, das getötet wurde und nicht für ein Opfer bestimmt ist, auf die Erde zu gießen (Gen 9, 4; Lev 3, 17; 7, 26 f; Dt 12, 23–25; 1 Sam 14, 32–34), ein Schutz gegen den kanaanäischen Brauch sei, das Blut für magische Zwecke zu verwenden.

Dies läßt vermuten, daß das Verbot, Blut zu essen oder zu verwenden, mit dem Glauben in Beziehung stand, das Blut sei das Leben des Opfertieres. Blut zu trinken bedeutet danach, an der Kraft des Opfertieres, das ursprünglich ein menschliches Wesen gewesen sein soll, teilzuhaben. In diesem Sinne ist ein magisches Element darin eingeschlossen. Wenn man aber ein magisches Mittel verwendete, um an der Kraft eines anderen Wesens teilzuhaben, so verstieß man gegen das Vorrecht Gottes, welcher der einzige war, der den Menschen die Eigenschaften, deren sie bedurften, zu geben vermochte. Die alten Riten, die sich mit der Verwendung des Blutes beim Opfer befaßten, fand man nicht bei den Kanaanäern, obwohl sie bei den Israeliten sehr wichtig waren, die Blut nur für ein besonders feierliches Ritual verwenden durften. Das Blut des Bundes wurde über das Volk (Ex 24, 8) und seine Söhne gesprengt (Lev 8, 30). Beim Sühnopfer (Sünd- oder Schuldopfer) war das Blut das Hauptelement, denn »das Blut leistet Sühne für ein Leben (wegen des Lebens, das dem Blut innewohnt)«. Bei Schuld- oder Sündopfern eines einzelnen wurde das Opferblut auf die Hörner des Altares gerieben. Bei Opfern, die man für die Sünden des Volkes oder für den Hohenpriester und die Gemeinde darbrachte, wurde es auf den Vorhang, der das Allerheiligste verbarg, gesprengt. Am großen Versöhnungstag besprengte man damit die Versöhnungsplatte, den Sitz der göttlichen Gegenwart. Im Gegensatz zur freien Verwendung von Opferblut bei den Israeliten machen die ägyptischen, babylonischen und assyrischen Riten kaum davon Gebrauch, obwohl es zwei Belege auf babylonisch-assyrischen Inschriften gibt, nach denen das Opferblut auf die Schwelle des Palasttores oder in die vier Himmelsrichtungen gesprengt wurde.

3. Bedeutung des israelitischen Opfers: In israelitischer Sicht war ein Opfer vorwiegend eine Gabe. Die Israeliten glaubten, daß alles, was zu einem Menschen gehört, etwas von dessen Persönlichkeit annimmt; wenn daher ein Mensch eine Gabe darbrachte, so gab er etwas von sich selbst weg. So eignete einer jeden Gabe quasi-sakramentaler Charakter. Es war auch nicht leicht, eine Gabe zu erhalten, denn wenn der Empfänger annahm, übernahm er damit eine persönliche Verpflichtung gegenüber dem Geber. Nach dieser Prämisse war das Opfer ein feierliches Sakrament – eine Gabe an Gott, die, wurde sie angenommen, gegenseitigen Nutzen sicherte. Moderne Theorien neigen dazu, diese Vorstellung, daß das Opfertier ein Ersatz für den Opfernden sei, abzulehnen. Sogar in Fällen von Sühn- oder Versöhnungsopfern scheint es, daß das Opfer wesentlich eine Gabe war, die Gott zum spezifischen Zweck der Sühne dargebracht wurde, obwohl das AT keinen Beweis dafür bietet, wie es sich das genauer vorstellte.

In seinen bedeutendsten Opfern enthielt der Jahwismus der Israeliten sowohl ein Element der Gemeinschaft mit dem Göttlichen als auch die Sühne der Sünden und die Darbringung der Gabe. In der Tat sind diese drei Elemente – Gemeinschaft, Sühne und Gabe – Aspekte des einen Opferaktes. Die Darbringung des Opfers kann von verschiedenen Motiven veranlaßt werden, und der Opferakt folgt verschiedenen religiösen Imperativen. Dennoch umfaßten diese drei Grundelemente in der goldenen Zeit der israelitischen Geschichte (beginnend mit der Monarchie), als die religiösen Vorstellungen Israels in seiner literarischen Tradition am deutlichsten formuliert waren, eine Menge untergeordneter Aspekte. Außerdem gab es neben dem Brandopfer, das zur Sühne für die Sünden dargebracht wurde, viele Opfer, die man gewöhnlich als »geringere« Opfer bezeichnete (nicht so in der Liturgie). Das waren die Speise- oder Mahl-, die Trank- und Weihrauchopfer, die unten beschrieben werden. Man sollte auch daran erinnern, daß die verschiedenen Opferriten und der Vorstellungskomplex, der sie umgab, einen langen Prozeß geschichtlicher Entwicklung und Veränderung durchmachten, der sich in der Bibel, obwohl nicht deutlich differenziert, widerspiegelt. Einige der Riten und einige Fachausdrücke, die diese beschreiben, gehen auf die Vorgeschichte Israels zurück, und es dürfte unwahrscheinlich sein, daß einige Kulthandlungen spezifisch mosaische oder jahwistische Neuerungen sind. Die Bibel berichtet von Opfern, welche die ersten Menschen (Gen 4, 3) und Noah (nach der Tradition der Vater aller Rassen) Gott darbrachten (Gen 8, 20).

Die Hauptquelle für die systematische Beschreibung von Arten und Ritual der verschiedenen Opfer ist das Buch *Leviticus, das aber auch die späteren vollständigen Formen der »Opferanweisungen« von Lev 1–7 einschließt. Diese gehören zu einem Teil des Pentateuch, der zusammen mit der Quelle P entweder kurz vor der Zerstörung des ersten Tempels oder in der ersten Zeit des zweiten Tempels (s. *Bibelkritik) seine endgültige Form erhielt. Die priesterlichen Redaktoren, die diese Anweisungen kompilierten, nahmen an, daß die Liturgie, die sie kannten, jener, die Moses in der Wüste eingeführt hatte und die seitdem bestand, glich. Trotzdem richtete sich ihr Bestreben nicht auf historische Genauigkeit oder auf die Entfaltung der vollen Bedeutung des Opfers. Um diese Aspekte des Opfers richtig verstehen zu können, muß man bei der Geschichte des Opfers von allen modernen Disziplinen der Bibelkritik und von der Archäologie Gebrauch machen. Dies erreicht man am besten dadurch, daß man die spätesten, nach dem Exil entwickelten Formen des Rituals bis auf seine Anfänge zurückverfolgt.

4. Opferaltäre: Der Altar (hebr. *mizbēaḥ*) war Opferstelle und Kommunikationsmittel zwischen Gott und Mensch. Was Gott gehörte, wurde auf den Altar gelegt und verbrannt. Höhepunkt des Opferrituals allerdings war die Aussprengung des Opferblutes.
Zur Zeit der Patriarchen konnte jeder, der einer Theophanie (göttliche Erscheinung: Gen 12, 7; 26, 24 f) gedachte, an einem Altar Opfer darbringen; nachdem sich die Israeliten aber in Kanaan niedergelassen hatten, wurde der Dienst am Altar in einem anerkannten Heiligtum Aufgabe der Priester (s. *Priester und Leviten). Mit der Entfaltung des Opferrituals erlangte auch der Altar eine größere Bedeutung.
a) Kanaanäische Altäre: Im vorisraelitischen Kanaan opferte man auf der flachen Oberfläche eines Felsens oder auf einem in einer bestimmten Form behauenen Fels. In Gezer hatte der Altar **(Abb. 641)** auf seiner Oberfläche Öffnungen, die zu einer Aushöhlung führten, in der man die Gebeine von Opfertieren fand. (Kanaanäische Heiligtümer und Felsaltäre werden in den Artikeln *Kanaanäische Religion 2 und *Höhenheiligtümer beschrieben.) In einem kanaanäischen Tempel aus *Hazor aus dem 13. Jhdt. v. Chr. fand man einen Altar, der aus einem riesigen viereckigen Block besteht und an einer seiner Oberflächen ein ausgehöhltes Becken aufweist. In vielen kanaanäischen Heiligtümern, die in die Zeit von 3000–14./13. Jhdt. v. Chr. zurückgehen, wurden aus großen Steinen und Lehm gebaute, gegen eine Rückmauer stehende Altäre gefunden. Das Höhenheiligtum oder *bāmā* hatte Altäre, die, wie etwa die große Plattform in *Megiddo (s. *Arad, **Abb. 95**), aus großen Steinen errichtet waren.
b) Frühisraelitische Altäre: Die frühesten, in der Bibel erwähnten Altäre von der Patriarchenzeit bis zur ersten Periode der Monarchie wurden aus Stein gebaut und standen außerhalb der Hauptheiligtümer. Ex 20, 24–26 schreibt vor, daß die Altäre entweder aus ungebrannten Ziegeln oder aus unbehauenen Steinen gebaut werden sollten. Auch sollten keine Stufen zum Altar führen, um den Altar nicht dem Profanen auszusetzen. Opfernde Priester trugen Lendenschurze, um nicht ihre Blöße zu zeigen, wenn sie auf den Altar stiegen. Dies stand in absichtlichem Gegensatz zu den kanaanäischen Altären, die Stufen aufwiesen und auf denen Fruchtbarkeitsriten gefeiert wurden.
Ex 27, 1–8; 38, 1–7; 30, 1–5 gibt eine Beschreibung der Brandopfer- und der Räucheraltäre, wie sie in der Wüste Verwendung fanden. Sie werden als kunstvolle Gefüge aus Akazienholz, die mit Bronze überzogen und zwei oder drei Ellen hoch waren (s. *Gewichte und Maße), beschrieben. Viele Gelehrte sind der Ansicht, daß solche Spezifizierungen wahrscheinlich die Praxis der davidischen Darstellung der Stiftshütte und nicht jene des Wüstenzeltes (s. *Stiftshütte und Bundeslade; *Tempel) widerspiegeln.
c) Altäre im ersten Tempel: Die Altäre des Salomonischen Tempels enthielten wahrscheinlich den bronzenen Brandopferaltar, der an der Vorderseite des Tempels stand (2 Kg 16, 14), und den Räucheraltar im *hekal* vor dem Allerheiligsten *(d·bīr* – 1 Kg 6, 20 f; s. *Tempel). Der ursprüngliche Brandopferaltar, der fünf Ellen hoch und fünf Ellen breit und mit Stufen versehen war, wurde von König Ahas durch ein neues Modell (2 Kg 16, 10–16), das bis zum Ende des Exils in Verwendung blieb, ersetzt.
Der Altar des ersten Tempels muß imposanter gewesen sein als ähnliche Altäre dieser Zeit, die anderswo, vornehmlich in *Arad, ausgegraben wurden. In *Megiddo wurde ein typischer Räucheraltar aus Kalkstein **(Abb. 642)** gefunden. Er hatte die Form eines viereckigen Säulenschaftes (Ex 30, 1–5) und wies auf seinen oberen Ecken vier Hörner auf. Das Blut der Opfertiere wurde zur Altarweihe oder bei Sühnriten auf die Hörner gerieben. Zudem konnte ein um Asyl bittender Flüchtling die Hörner des Altars umfassen (1 Kg 2, 28; s. *Priester und Leviten).
d) Bedeutung des israelitischen Altars: In anderen alten Religionen war der Altar ein Tisch, wo für die Gottheit Festmahlzeiten in Form von Opfern zubereitet wurden. Ein Beispiel dafür ist der rote ägyptische Granitopfertisch **Abb. 643** aus dem 18. Jhdt. v. Chr. Der Form nach war der Altar wahrscheinlich eine Plattform oder ein Tisch, auf dem der Gottheit die Gaben unter Bitten und Danksagung hingelegt wurden. Obwohl der israelitische Altar aus einem ähnlichen Glauben heraus entstand, bekam er eine viel komplexere Bedeutung: Er war das Mittel, wodurch der Bund mit Gott erhalten und erneuert wurde. Zur Zeit der Patriarchen errichtete man einen Altar, um einer wirklichen Erscheinung Gottes zu gedenken, oder man baute ihn an einem Ort, der dem Gott der Patriarchen geweiht war. Solche Altäre waren aber wesentlich nur auf Funktion ausgerichtet. Sie

Abb. 641. Altar aus Gezer

Abb. 642. Weihrauchaltar aus Megiddo

Abb. 643. Ägyptischer Opfertisch aus Granit (18. Jhdt. v. Chr.)

Abb. 644. Illustration zum Zeremoniell eines Sühneopfers (assyrisches Relief, 8. Jhdt. v. Chr.)

Abb. 645. Männer führen einen Stier zum Opfer (Wandmalerei aus Mari, 17. Jhdt. v. Chr.)

Abb. 646. Früchteopfer (ägyptische Malerei aus Theben, 14. Jhdt. v. Chr.)

Abb. 647. Früchteopfer (hethitisches Relief, 9. Jhdt. v. Chr.)

kennzeichneten einen Ort, an dem Gott erschienen war, aber sie hatten keine weitere symbolische Bedeutung.
Der Tempel war das Haus Gottes, und als solcher brauchte er einen Herd – eine Funktion, die der Altar erfüllte. Dieser Aspekt wird nicht ausdrücklich erwähnt, aber er wird offenbar aus der Vorschrift, auf dem Altar ein Feuer brennend zu erhalten (Lev 6, 12 f; 2 Makk 1, 18–36) und im Tempel eine immerbrennende Lampe aufzustecken (Ex 27, 20 f; Lev 24, 2–4). Während der Monarchie wurde der Altar einmal im Jahr am großen Versöhnungstag entsündigt und erhielt dadurch eine außergewöhnliche Heiligkeit (Lev 8, 15; 16, 18f).
e) Altäre im zweiten Tempel: Der Idealaltar, dessen Einzelheiten Ezechiel (Kap. 43, 13–17) beschreibt, ist in drei Stockwerken gebaut und behält fast die Größe des Salomonischen Altares bei, doch scheinen die Form des neuen Altares und die Namen der verschiedenen Teile sowie die Symbolik, die sie beinhalten, auf babylonisches Vorbild zurückzugehen. Dennoch gibt es keinen Beweis dafür, daß der nach der *Restauration gebaute Altar der Beschreibung Ezechiels nachgebildet wurde.
Wahrscheinlicher ist es, daß die Brandopfer- und Räucheraltäre des zweiten Tempels den in 2 Chr 4, 1; 29, 16 ff beschriebenen entsprechen, da der Chronist seine Beschreibung des Salomonischen Tempels auf die Ausstattung des nachexilischen Tempels, mit dem er sehr vertraut war, basiert zu haben scheint. Zuverlässigere Beschreibungen findet man in nichtbiblischen Quellen der hellenistischen Zeit. Josephus gibt einen Bericht darüber, und eine zweite Beschreibung finden wir im Aristeasbrief (s. dazu *Deuterokanonische Bücher). Diese beschreiben den Brandopferaltar als einen viereckigen Altar, 20 Ellen breit und 10 Ellen hoch, der aus unbehauenen Steinen nach der Vorschrift von Ex 20, 25 gebaut war und auch mit der Beschreibung der Chronikbücher übereinstimmt. Es gab auch einen Räucheraltar. Die Altäre wurden im Jahr 164 v. Chr., als Antiochus Epiphanes den Tempel plünderte, entweiht und wurden wiederaufgebaut, als der Tempel von den siegreichen Makkabäern zurückerobert und entsündigt wurde (1 Makk 1, 21.59; 4, 47; s. *Hasmonäer).
5. Opferanlässe: Das Opfergesetz zählt eine Reihe von gemeinschaftlichen und privaten Anlässen auf, an denen Opfer dargebracht werden mußten. Die bedeutendsten religiösen Feste erforderten besondere Opfer: das Passahfest oder Fest der ungesäuerten Brote, das Wochenfest oder das Fest der Erstlingsfrüchte und das Laubhüttenfest oder Fest der Lese (Ex 23, 14–17; 34, 18–23; Dt 16; s. *Feste). Auch an jedem Sabbat (Num 28–29), am Neujahrsfest (der erste Tag des siebten Monats), am großen Versöhnungstag (der zehnte Tag des siebten Monats), am ersten Tag eines neuen Mondes sowie täglich morgens und abends im Tempel mußten Opfer dargebracht werden. In späterer Zeit nahm das Passahopfer eher den besonderen Charakter eines Familienfestes als den eines nationalen Feiertages an (s. *Feste).
Andere Privatopfer wurden bei bestimmten Anlässen, wie z. B. bei freudigen Ereignissen (Dankopfer) oder bei traurigen, bei Sühne und Reue (Schuld- und Sündopfer) und bei der Erfüllung von Gelübden (Votivopfer) dargebracht. Auch bei Wallfahrten des Volkes nach Jerusalem wurden Opfer dargebracht.
Zu den Opfern an den verschiedenen Jahreszeiten gehörten jene, die Gott als Dank für die Fruchtbarkeit dargebracht wurden, z. B. die Opfer der Erstlingsfrüchte (Ex 23, 19; Num 18; Dt 15, 19 ff; 18, 4 u. ö.) und die Überreichung eines Teiges aus Schrotmehl an die Priester (Lev 23, 17; Num 15, 18–21; Ez 44, 30). Diese Opfer repräsentierten den Anteil Gottes an der Fruchtbarkeit der Erde; der Rest konnte danach vom Menschen gegessen werden. Aus dem mosaischen Gesetz und späteren prophetischen Geboten wird deutlich, daß man die Opferfeste als spontane Akte des Dank-Opfers der Gemeinschaft oder des einzelnen für die Gemeinschaft mit Gott betrachtete.
6. Opferarten: *a) Opfer als Tribut und Gabe:* Wie die Untertanen einem König Tribut zollten, um sich so seine Gunst und seinen Schutz zu sichern, so mußte jeder Mensch Gott, dem souveränen Herrn jeglichen Besitzes, der der einzige war, der dem Menschen in seiner Not helfen konnte, Tribut entrichten. Der Tribut, der so geleistet wurde – die Erstlinge der Ernte und der Herde –, war für die Existenz des Menschen wesentlich. Indem man die Gaben seinem Gott opferte – und hatte man sie einmal geopfert, so konnte man sie nicht mehr für säkulare, profane Zwecke verwenden –, beraubte man sich selbst eines realen Wertes, den die Gabe für den Opfernden darstellte. R. de Vaux ist der Ansicht, daß Gott, indem er die Gabe annahm, auch dem Geber gegenüber eine

Verpflichtung auf sich nahm. Die Gabe (hebr. *minḥā*) wurde Gott in einem Opfer dargebracht, d. h. sie wurde ganz oder teilweise auf dem Altar zerstört. Die Opfertiere wurden geschlachtet und verbrannt – einige Teile wurden als Teil des Rituals gegessen –; Speiseopfer und Weihrauchopfer wurden ebenso auf dem Altar verbrannt, die Flüssigkeiten aber weggeschüttet.

b) Warum wurde die Gabe zerstört? Die Gabe wurde vor allem deswegen zerstört, um sie für den Menschen unbrauchbar zu machen. Gott wurde durch die Zerstörung der Gabe, die ihm im Opfer dargebracht wurde, geehrt. Gefäße, die für Trankopfer dienten, wurden zerbrochen, die für Votivopfer verwendeten in eine Quelle, einen Brunnen oder in das Meer geworfen. Die Opfertiere wurden in der Regel vom Opfernden und nicht vom Priester getötet; das Wesen des Opfers bestand in der Schlachtung und der Zerstörung der Tierleiber. Die Schlachtung des Opfertieres war ein Akt der Vorbereitung auf den eigentlichen Opferakt, wie später die Handauflegung als Einführungsritus eine andere Form von Widmung darstellen sollte.

Hierauf wurde die Gabe zerstört, um sie in den Bereich des Göttlichen zu überführen. Nachdem man das Opfer auf den Altar gelegt hatte, der als eine Art Tisch für die Zerstörung des Opfers diente, mußte jener Teil, der Gott gehörte, so verbrannt werden, daß kein Stück davon für den Menschen übrigbleiben konnte. Man nahm gewöhnlich an, daß, wenn der Rauch des verbrannten Opfers gen Himmel stieg, der »besänftigende Duft« die Gottheit günstig stimmen konnte, doch entspricht dies nicht modernen Auffassungen. Die Ursprünge des Opfers liegen weit zurück in der Vorgeschichte Israels, die Symbolik des Opfers liegt wesentlich in der Zerstörung des Opfers durch Gott – eine Anschauung, die auf primitivste Vorstellungen zurückgeht.

c) Brandopfer: Das Brandopfer, *'ōlā*, bei dem das ganze Opfertier auf dem Altar verbrannt wird, ist die älteste und typischste Form des israelitischen Opfers (Gen 4, 4 f; 8, 20; 22, 2; Ex 10, 25; 18, 12; Ri 6, 26; 13, 16 u. ö.). Es blieb der Hauptakt bei jeder Feier oder bei jedem feierlichen religiösen Anlaß (1 Kg 3, 4) bis zur Zeit Esras (Esr 3, 2–4). Man brachte es unter Begleitung von Musikinstrumenten (s. *Musik) und Wechselgesängen dar. Auf dem Höhepunkt des Opfers ließen zwei Priester die Trompeten erschallen, und die Gemeinde neigte sich in Anbetung. Nehemia legte dem Volk eine Steuer auf, um für das tägliche Brandopfer, das morgens und abends dargebracht wurde, Geld aufzubringen (s. *Restauration 3 b).

Das ganz verbrannte Opfer betrachtete man als das vollkommenste Opfer, da niemand etwas davon für sich behalten durfte. Es war ein Opfertier, das Gott gefällig war, der – so nahm man offensichtlich an – als Gegenleistung die Sünden des Opfernden wegnehmen würde. Es ist möglich, daß Paulus das Wort »Sünde« in diesem kultischen Sinn gebraucht, wenn er 2 Kor 5, 21 sagt: »Er hat den, der von keiner Sünde wußte (= Christus), für uns zur ›Sünde‹ (*ḥaṭṭāt,* das Opfertier für die Sünde) gemacht, damit wir in ihm die Gerechtigkeit Gottes würden.« Wenn Opfer als Sühne für die Sünden des Hohenpriesters oder der ganzen Gemeinde dargebracht wurden (wie am großen Versöhnungstag), durften weder die Priester (denn sie waren als Glieder der Gemeinde ebenso Sünder) noch die anderen Gemeindemitglieder vom Opferfleisch essen. Der Großteil des Opferfleisches wurde sonst normalerweise vom Opfernden und von den Priestern gegessen. Die Priester aßen es im Zustand der Reinheit, als ein »hochheiliges Ding«.

d) Gemeinschafts- oder Friedopfer (zæbaḥ s·lāmīm): Durch das Essen eines Teiles des Opfers in einem religiösen Mahl glaubten die Israeliten eine Art Gemeinschaft mit Gott zu erlangen. Dieser Glaube ging so weit, daß sie mit Gott eins zu werden wähnten, aber diese Teilnahme am Mahl – eine Weise, Verträge untereinander zu bekräftigen, in einem Land, wo Gastfreundschaft so hoch gehalten wurde – deutete auf einen ähnlichen Vertrag, der zwischen den Opfernden und Gott gute Beziehungen erhalten oder erneuern sollte.

In vorislamischer Zeit luden die Araber jedes Stammesmitglied zu einer Feier ein, bei der ein Kamel geschlachtet wurde. Zum Teil geschah dies in dem Glauben, daß bei einem gemeinsamen Mahl, an dem alle Stammesglieder teilnehmen, auch Gott nicht fehlt. Das Wandgemälde von Mari (**Abb. 645**; s. auch *Babylon) aus dem 17. Jhdt. v. Chr. zeigt Männer, die einen Stier zu einem Opferritual führen.

Frühere Völker, die glaubten, daß ein Opfer ein Mahl sei, bei dem die Gottheit genährt und gestärkt würde, waren auch der Meinung, wenn die Opfernden einen Teil des Opfers äßen, würden sie mit der Kraft und der Gegenwart der Gottheit erfüllt. In Israel war eine solche Ansicht nicht möglich, da die Beziehung zwischen Jahwe und seinem Volk von einer ganz anderen Art war. Der eigentliche Zweck des Gemeinschaftsopfers war es, die Gültigkeit des Vertrages oder des Bundes zwischen Jahwe und den Menschen zu bestätigen oder anzuerkennen. Es war eher ein Mittel der Kommunikation als irgendeine Form mystischer Vereinigung. In der Frühzeit der Geschichte Israels war das Gemeinschaftsopfer jene Form, die bei besonders wichtigen Anlässen praktiziert wurde (Ex 20, 24; 24, 5; 32, 6; 1 Sam 11, 15). R. de Vaux ist der Ansicht, daß das israelitische Opfer im allgemeinen als ein Dankopfer angesehen werden kann.

Es gab drei Arten von Friedopfern: Lobopfer, freiwilliges Opfer und Votivopfer.

(1) Lobopfer und freiwilliges Opfer: Der Unterschied zwischen Lobopfer *(tōdā)* und freiwilligem Opfer *(n·dābā)* – ein aus Frömmigkeit und nicht aus Gebotserfüllung dargebrachtes Opfer – war nicht sehr deutlich. Solche Opfer konnten eine reiche Ernte, einen erfolgreichen Feldzug oder ähnliches zum Anlaß haben – diesen Brauch fand man im ganzen Nahen Osten. Das Opfer nahm die Form eines Festmahles an, denn während Blut, Fett und Teile der Eingeweide Gott vorbehalten bleiben und auf dem Altar verbrannt, zwei Teile (rechte Schulter und Brust) aber den Priestern vorbehalten werden sollten, wurde der Rest des Fleisches von den Opfernden in einer festlichen und religiösen Atmosphäre gegessen. Das Auflegen der Hände, die Schlachtung des Opfertieres und das Versprengen des Blutes wurden jedoch genauso ausgeführt wie beim Brandopfer *(ʻōlā)*. Solche Feierlichkeiten waren zugleich Fest und Opfer (vgl. Spr 17, 1), und Feste, die gar keine religiöse Bedeutung hatten, wurden auch nicht mißbilligt (1 Sam 9, 12 f). Teilnehmer an Opferfesten mußten sich strengen Reinheitsgesetzen unterziehen (Lev 7, 19–21; 1 Sam 16, 5), und es wurde vorgeschrieben (Lev 7, 32 ff), daß das ganze Fleisch am Opfertag aufgegessen werden mußte und nichts für den nächsten Morgen übrigbleiben durfte. Als die Opfer in das Kultgesetz aufgenommen wurden, verloren sie ihre rein sozialen Züge – die einzige bemerkenswerte Ausnahme war das Passahfest, das ein ausgesprochenes Familienfest war (Ex 12, 27; 34, 25).

(2) Votivopfer: Votivopfer *(nædær)* wurden als Erfüllung früherer Gelübde dargebracht (Lev 7, 16 f; 22, 18–23). Es war eher Funktion des Opfers, das Gebet zu unterstützen, als damit eine Bedingung für die Annahme eines Gebetes zu stellen. Der Unterschied im Kult war folgender: Beim Votivopfer mußte das Opfertier vollkommen und makellos sein – dies war bei den freiwilligen Opfern nicht unbedingt notwendig (Lev 22, 23); das Fleisch der Votiv- und freiwilligen Opfer konnte am nächsten Tag gegessen werden, das Opfertier eines Lobopfers mußte am Opfertag selbst gegessen werden (Lev 7, 15 f).

e) Sühnopfer: Die Sünden, die von einzelnen oder der ganzen Gemeinde begangen wurden, verlangten, bevor wieder gute Beziehungen zwischen Mensch und Gott hergestellt werden konnten, Sühne. Die Bedeutung der vorsätzlichen Zerstörung, die sich bei jedem Opfer fand, wurde beim Sühnopfer noch besonders hervorgehoben. Bei diesen Sühnopfern war die rituelle Verwendung des Blutes ausschlaggebend, und vom Fleisch wurde nichts gegessen, weil der Sünder, der die Gabe darbrachte, sich nicht vermessen konnte, ein Mahl mit Gott zu halten, bevor ihm seine Sünden vergeben wurden. Opfer dieser Art, die für die Sünden der ganzen Gemeinde dargebracht wurden, erlangten in Zeiten nationalen Unheils, als das Volk fühlte, daß Gottes Huld wegen seiner Sünden von ihm gewichen sei, eine große Bedeutung. Für diese Opferart gab es zwei Bezeichnungen: *ḥaṭṭāt* (Sündopfer) und *'āšām* (Schuldopfer), obwohl der Unterschied zwischen diesen beiden nicht immer deutlich ist. Die priesterlichen Redaktoren, die das Gesetz im Buch Leviticus, das den Kult im zweiten Tempel regelte, aufstellten, verstanden offensichtlich die Bedeutung der alten Ausdrücke nicht ganz. Eine Theorie geht dahin, daß beide Opferarten den *Bund mit Gott, welcher durch die Sünden der Menschen gebrochen worden war, wiederherstellen sollten. Das Sündopfer bezog sich auf Vergehen gegen Gott, das Schuldopfer auf die Sünden gegenüber dem Nächsten. Wenn der zugefügte Schaden jedoch in Geld berechnet werden konnte, mußte man als Strafe diesen Betrag zahlen plus ein Fünftel davon. Diese Strafe konnte dann dem Schuldopfer hinzugefügt werden. Die Strafe wurde entweder den Priestern (die Jahwe repräsentierten) oder der geschädigten Partei gezahlt. Sie war kein Teil des Schuldopfers, das nur in der Sühnung der moralischen Schuld bestand.

Dennoch kann diese Unterscheidung nicht in jedem Fall angewendet werden. So mußte z. B. eine Frau nach der Geburt ein Sündopfer (Lev 12) darbringen, ein Aussätziger jedoch, wenn er als rein erklärt worden war, ein Schuldopfer und ein

Sündopfer (Lev 14). In beiden Fällen richtete sich das Opfertier nach dem Stand des Sünders, von einem Stier, der für den Priester und die ganze Gemeinde, oder einem Ziegenbock, der für einen Herrscher geopfert wurde, angefangen, bis zu Tauben, Turteltauben oder sogar etwas Feinmehl, das für einen armen Mann (Lev 4–5; vgl. Num 15, 24; Lev 9, 15; 16, 5) dargebracht werden mußte. Vom übriggebliebenen Fleisch durfte der Sünder nichts essen. Die äußere Form dieses Rituals ist an einem assyrischen Relief aus dem 8. Jhdt. v. Chr. zu sehen **(Abb. 644).**

Ursprünglich waren diese beiden Opferarten wahrscheinlich voneinander verschieden, obwohl man es heute nicht mehr mit Sicherheit sagen kann. Es ist klar, daß man von keinem Opfer glaubte, es sei wirksam gegen Bundesbruch, d. h. gegen Sünden mit erhobener Hand. Dem Sündopfer für den Hohenpriester und für die ganze Gemeinde folgten besondere Zeremonien (Lev 4, 11–21), bei denen das Blut auf den Vorhang des Zeltes der siebenmaligen Begegnung gesprengt wurde. Das Opfer wurde völlig verbrannt und nichts davon gegessen.

f) Speise- oder Mahlopfer (minḥā): Der Terminus *minḥā* begegnet in der Bibel in der Bedeutung: einer ausländischen Macht Tribut entrichten (Ri 3, 15; 1 Kg 4, 21; s. *Tribut), weiter in der Bedeutung von Opfer (1 Sam 26, 19), besonders von Tieropfer (1 Sam 2, 12–16). Oft jedoch wird der Terminus *minḥā* für das Opfer von Feinmehl, das mit einem Brand- oder Friedopfer (Lev 2; Num 15, 1–16) verbunden war, gebraucht. Nach Lev 2 konnte das Mahlopfer in der Form von Mehl dargebracht werden. Das Mehl wurde mit Öl vermengt, und außerdem wurde Weihrauch darübergestreut (Lev 2, 1 f). Der Teig mußte gesalzen werden – manchmal wurde auch Wein hinzugefügt (2, 13; 23, 13) – und wurde entweder als Kuchen in einem Backofen, auf einem Backblech oder in einer Pfanne gebacken (s. *Nahrungsmittel). Auf keinen Fall durfte man Sauerteig oder Honig hinzufügen. Ein ähnliches Speiseopfer wurde von den Erstlingsfrüchten dargebracht (s. die Opferszene aus Theben/Ägypten 14. Jhdt., **Abb. 646,** und die hethitische Szene aus dem 9. Jhdt. v. Chr., **Abb. 647**). Ein Teil des Speiseopfers wurde auf dem Altar als »Gedächtnis« verbrannt. Was nicht verbrannt wurde, blieb ausschließlich den Priestern vorbehalten (Lev 2, 3). Das war auch der Fall bei den Schaubroten, dem »Heiligen Brot der Gegenwart«, die in der Regel vor dem Allerheiligsten aufgestellt wurden (Lev 24, 5–9; 1 Sam 21, 3–6).

g) Trankopfer: Obwohl das Opfergesetz nur von Trankopfern von Wein berichtet (Num 28, 7 u. ö.), scheinen im israelitischen Kult doch Trankopfer von Öl (Gen 28, 18), Wein (Gen 35, 14) und Wasser (1 Sam 7, 6) vorgekommen zu sein. Der orientalische Brauch wird dargestellt auf **Abb. 112:** Der König Assurbanipal gießt nach der Jagd vor einem Opfertisch und einem Räucheraltar ein Trankopfer aus (7. Jhdt. v. Chr.). Die Opferszene **Abb. 649** ist noch zwei Jahrhunderte älter.

Essig, Milch und Honig waren als Trankopfer ausdrücklich verboten, wahrscheinlich weil sie schnell verderben. Salz hingegen wurde bei allen Speiseopfern (Lev 2, 13) und bei Brandopfern (Ez 43, 24) verwendet. Weihrauch wurde den Speiseopfern hinzugefügt, um ihnen einen festlichen Charakter zu geben, wurde aber auch getrennt geopfert (Ez 30, 7).

h) Weihrauchopfer: »Duft«-(Weihrauch-) Opfer *(l·bōnā)* wurden offensichtlich in vorexilischer Zeit (Jer 6, 20; 41, 5) dargebracht. Der Brauch war auch bei vielen Nachbarstaaten Israels wohlbekannt, wie die Weihrauchaltäre von *Megiddo **(Abb. 642)** und von Thaanach **(Abb. 648)** zeigen. In der frühesten Epoche israelitischer Geschichte wurden offenbar tragbare Weihrauchgefäße (Lev 16, 12 ff; 10, 1) verwendet. Im Salomonischen Tempel gebrauchte man Werkzeuge ähnlich einer Schaufel und einer Schale, um die glühenden Kohlen und Spezereien zum Altar zu bringen (vgl. Ex 30, 34 ff; s. *Tempel).

7. Menschenopfer: Das Menschenopfer als höchster Ausdruck religiöser Hingebung war in der klassischen Zeit des Nahen Ostens auf die Nordwestsemiten, vornehmlich die Kanaanäer und Phöniker, beschränkt, die dieses bis ins 5. Jhdt. v. Chr. beibehielten (vgl. **Abb. 651** – das Gründungsopfer des kanaanäischen *Gezer). Auch die Karthager brachten Menschenopfer dar (s. *Kanaanäische Religion 2), von den Ägyptern und Babyloniern hingegen ist nichts dergleichen bekannt. In Zeiten großer nationaler Gefahr wollte man seine teuersten Besitztümer sowie seine Kinder opfern, um den Zorn der Götter zu besänftigen. Nirgendwo in der Bibel wird das Opfer von Feinden und Kriegsgefangenen erwähnt, wohl aber findet sich in einer Anzahl von Stellen das Kinderopfer (als Brandopfer). Dt 12, 31 berichtet vom kanaanäischen Brauch. Er wurde zwar in gewissen Perioden von den

Abb. 648. Weihrauchaltar aus Thaanach

Abb. 650 (rechts). Kinderopfer (Obelisk aus Karthago, 4. Jhdt. v. Chr.)

Abb. 649. Darstellung eines Trankopfers (assyrisches Relief, 9. Jhdt. v. Chr.)

Abb. 651. Menschenopfer in den Trümmern der Grundmauern des kanaanäischen Gezer

Abb. 652. Opferszene auf einer griechischen Vase: das Opfer wird über dem Altar verbrannt; links der Priester

Abb. 653. Opferszene auf einem römischen Relief

Abb. 654. Bäuerliches Opfer auf einem römischen Terrakottarelief

Israeliten übernommen, doch wurden solche Opfer nie Jahwe dargebracht. So wurde in der Tat diese Praktik wiederholt verboten (Lev 18, 21; 20, 2–5; Dt 18, 10), und es war in Zeiten religiöser Reform eine der ersten Handlungen, diese zu verdammen und zu verbieten (z. B. 2 Kg 23, 10). Kinder, vorwiegend die Erstgeborenen, wurden fremden Göttern geopfert, so besonders dem ammonitischen Gott Moloch (2 Kg 23, 10; Lev 18, 21) und dem kanaanäischen Baal (Jer 19, 5; 32, 35). Die hervorstechenden Beispiele solcher von der Bibel erwähnter Opfer sind wohl jene bedrängter Herrscher: der König von *Moab, der seinen Erstgeborenen opferte, um die Belagerung seiner Stadt abzuwenden (2 Kg 3, 27), Ahas und Manasse, die Könige von Juda, und Pekah, der König von Israel (2 Kg 16, 3; 21, 6; 2 Chr 33, 6). Doch diese Seuche war offensichtlich auch beim gewöhnlichen Volk verbreitet. Nach 2 Kg 17, 17 war das Exil der zehn Stämme des Nordreiches die Bestrafung für die Sünde, daß sie »ihre Söhne und Töchter als Opfer« verbrannten, und Jeremia erhebt gegen das Volk von Juda dieselbe Anklage (Jer 7, 31; 19, 5; 32, 35).

Ein eigener Altar für diese Opfer wurde im »Tophet«, im Tal von Hinnom nahe Jerusalem, aufgestellt (2 Chr 28, 3; 33, 6) und stand offensichtlich noch bis zur Reform Josias in Verwendung (2 Kg 23, 10). Die Propheten und biblischen Autoren verdammen diesen Brauch ohne Ausnahme (z. B. Jer 7, 31 ff; Ez 20, 26 u. ö.), und obwohl sie selten direkt davon berichten, ziehen sie es vor, ihn »durch das Feuer gehen lassen« zu nennen. Erst nach der Restauration starb dieser Brauch in Israel völlig aus.

Obwohl Kinderopfer auch unter nordwestsemitischen Völkern dargebracht wurden, übernahmen die Israeliten diesen Brauch fast sicher von den Kanaanäern (über seinen Platz in der kanaanäischen Religion und Kultur wird im Artikel *Kanaanäische Religion genauer gehandelt). Einen Beweis für die Fortdauer des Brauches bei den frühen Kanaanäern und den späteren Phönikern liefern zudem Inschriften aus dem 7. und 6. Jhdt. v. Chr., die auf Malta, einer phönikischen Kolonie, gefunden wurden. Diese Inschriften bezeugen das Kinderopfer im Mutterland und in Karthago, wo es von römischen Schreibern vermerkt wurde. Der Obelisk **Abb. 650** aus Karthago (4. Jhdt. v. Chr.) zeigt einen Priester, der ein Kind auf seinen Armen hält. Der Brauch des Kinderopfers schlug im israelitischen Kult nie tief Wurzel und blieb seiner ganzen Natur und Ausübung nach der israelitischen Religion fremd.

8. Die Opferzeremonie: Im vorgeschriebenen Ritual des Sünd- und Schuldopfers – nicht aber des Friedopfers – gab es sechs Stufen:

1) Der Opfernde bringt sein Opfertier an die Opferstätte, d. h. an den Eingang des Zeltes der Begegnung oder in den Hof des Heiligtums, nördlich des Altars.

2) Der Opfernde legt seine Hand oder seine Hände auf den Kopf des Opfertieres (Lev 3, 2.8 u. ö.) und bekennt seine Sünden. Im Falle eines Opfers für das ganze israelitische Volk legen die Führer der Gemeinschaft ihre Hände auf den Kopf des Opfertieres (Lev 4, 15).

3) Im Fall eines privaten Opfers wird das Opfertier vom Opfernden selbst, im Fall eines Opfers für die Gemeinde wird es vom Priester geschlachtet (Lev 16, 11; 2 Chr 29, 24).

4) Das Blut des Opfers wird an der nordöstlichen oder an der südwestlichen Seite des Altars in einer Schale gesammelt. Hierauf besprengt der Priester wenigstens bei Brand-, Fried- und Schuldopfern, alle vier Seiten des Altars (Lev 1, 5; 7, 2). War das Opfertier eine Turteltaube oder eine junge Taube (Lev 1, 15) mit wenig Blut, so wurde dieses an der Wand des Altares ausgedrückt. Das Blut der Schuldopfer wurde auf den Altar gesprengt oder rings um ihn vergossen.

5) Das Verbrennen: Außer dem Blut, welches ganz Gott gehörte, mußten in jedem Fall »alles Fett, das die Eingeweide bedeckt, ferner die beiden Nieren mit dem Fett daran« (Lev 3, 3 f) auf dem Altar verbrannt werden. Bei den Fried-, Sünd- und Schuldopfern wurden nur diese Teile verbrannt, beim *'ōlā* oder Ganzopfer, das für die Sünden des Hohenpriesters oder der ganzen Gemeinde dargebracht wurde, wurde das ganze Tier verbrannt, einzig die Leber wurde abgetrennt und den Priestern gegeben (Lev 7,4). Von den Speise- und Mahlopfern wurde nur ein bestimmter Teil, der »Teil des Gedächtnisses«, verbrannt (Lev 2,2 u. ö.).

6) Das Opferfest: Die nicht verbrannten Teile eines Opfers wurden bei einem feierlichen Fest gegessen. Beim Friedopfer fielen sie sowohl dem Opfernden und dessen Familie als auch den Priestern zu – davon beim Sündopfer dem Priester allein (Lev 7, 32). Der Priesteranteil an den Friedopfern (Lev 10, 14; 22, 10 ff), an den Erstlingsfrüchten und am Zehnten wurde als heilig

angesehen, doch durften die Priester und deren Familien ihn an jedem beliebigen reinen Platz in Jerusalem essen. Schuld- und Sündopfer (Lev 6, 26; 7, 6) sowie Speiseopfer galten als besonders heilig und durften von den Priestern nur im Zelt der Begegnung oder im Vorhof des Tempels gegessen werden.

9. Geschichte des Opfers: Die Geschichte des alttestamentlichen Opfers selbst – wie die Geschichte der israelitischen Religion, von der die Geschichte des Opfers ein wesentlicher Teil ist – kann in zwei große Abschnitte geteilt werden: 1) die Periode von Moses bis zum Ende der Monarchie (586 v. Chr.); 2) die Periode vom babylonischen Exil bis zur Zerstörung des Tempels im Jahr 70 n. Chr.

Heutige Gelehrte datieren das Zeugnis des Heiligkeitsgesetzes (s. *Leviticus) in verschiedene Epochen der vorexilischen Zeit, wollen es aber nicht, wie die Bibel selbst es beschreibt, in die früheste Epoche israelitischer Geschichte verlegen (s. *Bibelkritik). Um ein Bild von den verschiedenen, in der Frühzeit praktizierten Opferarten zu bekommen, muß auf die Überlieferungen, die im Pentateuch, in den Geschichtsbüchern und bei den frühen Propheten enthalten sind und allgemein als alt gelten, verwiesen werden. Natürlich gab es im Lauf der Jahrhunderte Änderungen und Entwicklungen, doch im wesentlichen blieb die Religion Israels unversehrt erhalten, und ihr Kult konnte das meiste von seinem altertümlichen Charakter bewahren.

a) Von der Patriarchenzeit bis zum Exodus: Die Kompilatoren der Bücher des Pentateuch nahmen es als Selbstverständlichkeit an, daß die Vorfahren der Israeliten schon vor ihrer Niederlassung in Kanaan Opfer dargebracht haben (Gen 12, 6–8; 15, 9–11; 22, 13; 31, 54). Die Patriarchenerzählungen berichten vom »Aufstellen eines Altares«, das gleichbedeutend war mit der Gründung eines Heiligtums. Im Buch Exodus finden sich alte Traditionen über Opfer, die in der Wüste dargebracht wurden (Ex 3, 18; 5, 3; 10, 25; 20, 24).

Gleichwohl scheint es aus dem wenigen, das wir sicher über die Religion der Patriarchen wissen, sehr unwahrscheinlich, daß ihre Riten viel mit denen späterer Jahrhunderte gemeinsam hatten.

Wie alle Halbnomaden im Nahen Osten werden auch sie Tiere als Opfer geschlachtet haben, die Art jedoch, in der sie das vollzogen, kann nur aus biblischem und archäologischem Befund erschlossen werden. Sogar das Passahfest bietet kaum ein beweiskräftiges Zeugnis, denn dieses Opfer nahm offensichtlich eine Sonderstellung ein und wurde nicht auf dem Altar dargebracht.

b) Von der Landnahme bis zur Richterzeit: Zur Zeit der Eroberung Kanaans wurden die Israeliten angehalten, drei Feste im Jahr zu beobachten (Ex 23, 14–17; s. *Feste), zugleich erhielten sie ihre ersten Opferanweisungen: »Du sollst das Blut meines Schlachtopfers nicht zusammen mit Gesäuertem darbringen, und das Fett von meinem Festopfer soll nicht bis zum anderen Morgen aufbehalten werden« (Ex 23, 18). Nach Ex 24, 5 wurden Jahwe in der Wüste Brand- und Friedopfer dargebracht; der Bund zwischen Jahwe und seinem Volk wurde bestätigt, als Moses die Hälfte des Opferblutes nahm und damit das Volk besprengte. Hierauf aß man das Fleisch der Gemeinschaftsopfer als Symbol der Bestätigung und Verwirklichung des Bundes.

Abgesehen von den besonderen *Festen, brachte man bei vielen persönlichen und nationalen Anlässen Opfer dar. In der ersten Zeit nach der Landnahme wurden solche Opfer und die sie begleitenden Feste an verschiedenen Orten begangen; oft wurden sie auf der nächsten *bāmā* gefeiert (1 Sam 9, 12 f; s. *Höhenheiligtümer).

Opferfeste waren ein wesentliches Charakteristikum von Wallfahrten (1 Sam 1, 3.21; 2, 19) und fanden zur Zeit der Richter wahrscheinlich am zentralen Stämmeheiligtum in Silo statt. Nach der Errichtung des Tempels in Jerusalem war dieser die bedeutendste und schließlich die einzige Opferstätte.

In Kriegszeiten oder in Zeiten nationaler Not wurden auch besondere Opfer dargebracht (z. B. Ri 20, 26; 21, 4). So brachte etwa Samuel während einer der ernstesten Krisenzeiten im Kampf gegen die Philister Jahwe ein Milchlamm als Ganzopfer dar (1 Sam 7, 9). Gideons Sendung begann mit einem Opfer (Ri 6, 28), und die Rückkehr der Bundeslade wurde auf ähnliche Weise gefeiert (1 Sam 6, 14 f). Die Krönung Sauls war von Gemeinschaftsopfern und von Freudenbezeigungen begleitet (1 Sam 11, 15), und als David die Bundeslade nach Jerusalem brachte, brachte er auch Brand- und Friedopfer dar (2 Sam 6, 17).

c) Unter der Monarchie: Der beste Beweis für das Opferritual zur Zeit der Monarchie stammt paradoxerweise aus der prophetischen Polemik gegen die Opfer. In 1 Kg 8, 62 ff wird außerdem berichtet, daß Salomo bei der Tempeleinweihung 22 000 Rinder und 120 000 Schafe und Ziegen geopfert habe, und nach 1 Kg 9, 25 war es ihm eine Selbstverständlichkeit, dreimal im Jahr Brandopfer und Heilsopfer darzubringen. 2 Kg 16, 10 erwähnt auch noch andere Opfer des Königs; den Bräuchen des gewöhnlichen Volkes wird im allgemeinen jedoch wenig Beachtung geschenkt.

d) Opfer in der nachexilischen Zeit: Das nachexilische Ritual setzte den Kult der Königszeit direkt fort. Weiterhin wurden Tiere, Pflanzenprodukte und Räucherwerk geopfert. Dennoch trat in dieser Zeit eine wichtige Änderung ein. Kamen zur Zeit der Monarchie am häufigsten Gemeinschaftsopfer vor, so wurde nach dem Exil das Brandopfer (*'ōlā,* Ganzopfer) die wichtigste Opferart (Esr 6, 16 ff). Zur gleichen Zeit zeichnete sich beim Sündopfer eine bedeutende Entwicklung ab, bis das Brandopfer selbst den Charakter der Sühne annahm. Das spiegelt sich in der Stelle Lev 1, 4 wider, die gegenüber der Priesterschrift (Quelle P) sekundär ist (s. *Leviticus).

Auch das Verhältnis zwischen dem Speiseopfer *(minḥā)* und dem Gemeinschaftsopfer wurde näher bestimmt. Zudem gab es beim Weihrauchopfer eine Änderung in der vorgeschriebenen Zusammensetzung der Kräuter und Spezereien. Dieses Opfer erhielt den Namen »Opfer der duftenden Kräuter« – *q·tōræt sammīm.*

e) Opferriten in der griechisch-römischen Zeit: Die Religionen der zeitgenössischen griechisch-römischen Welt beinhalteten die Beobachtung der *thysía,* die in mancher Hinsicht dem *zæbaḥ* oder Gemeinschaftsopfer der Israeliten glich.

Bei der *thysía* wurde ein Teil des Opfers feierlich der Gottheit dargebracht und auf dem Altar verbrannt. Der Rest wurde vom Priester und von der Gemeinde bei einem gemeinsamen Mahl gegessen. Die *thysía* war ein festes Element der vorhellenisch-mykenischen Kultur (2. Hälfte des 2. Jhdts. v. Chr.; s. *Ägäische Kultur) und wurde auch von den Griechen beibehalten. Die Gemeinde bestand bei der Darbringung der *thysía* nicht aus passiven Beobachtern, sondern aus aktiven Kultteilnehmern. Der Ritus begann mit der Lustration (Reinigungszeremonien) und mit dem Ausstreuen von Gerstenkörnern, darauf folgten Gebete in der Form von Gelübden und Danksagung. Den ersten Höhepunkt der Feier, die oft mit einer Prozession abgeschlossen wurde, bildete die Schlachtung des Opfertieres. Der eigentliche zentrale Akt der ganzen Feier bestand im feierlichen Verbrennen von Schenkelstücken des Opfertieres, die, wie aus der bemalten Vase **Abb. 652** ersichtlich wird, welche die Kultdiener zeigt, die das Fleisch mit fünfzackigen Gabeln anfassen (der Priester steht links), in Fett getaucht und mit anderen Fleischstücken bedeckt wurden. Auch Organe, die sich unter dem Zwerchfell befinden, wurden gegessen oder wenigstens berührt. Nachdem die Priester jene Teile, die der Gottheit gehörten, verbrannt hatten, wurde das gebratene Opfertier mit der Zugabe von Wein, Öl und Honig unter Musikbegleitung verzehrt.

Wie die kanaanäischen und israelitischen Opferarten stammt auch die *thysía* nach Ansicht vieler Gelehrter von alten Vorbildern des Nahen Ostens. Plattform und Altar der Opferstätte glichen der israelitischen *bāmā,* der Ritus der *thysía* hingegen ähnelte sehr dem israelitischen Gemeinschaftsopfer *(zæbaḥ)* und dem Brandopfer (obwohl verschieden vom *'ōlā*). Obwohl diese verwandten Bräuche sich bei jedem der späteren Völker weiterentwickelten, scheint die Ähnlichkeit zwischen ihnen doch einen weiteren Beweis dafür zu liefern, daß sie in den östlichen Kulturen des Mittelmeers (s. *Ägäische Kultur), die den Kanaanäern und Israeliten vorangingen, ihren Ursprung hatten.

Die *thysía* wurde bei den alten Griechen in zunehmendem Maße dargebracht, um den Göttern, die das Schicksal lenkten, zu danken. Im Lauf der Jahrhunderte prägte sich das Ritual weiter aus, und Neues kam hinzu. So ersetzten prachtvolle Tempel die bisher freistehenden Altäre, aber auch die spontanen Akte der Hingebung an die Götter wurden vom geregelten offiziellen Kult, den die verschiedenen *póleis* (Stadtstaaten) und Königreiche der griechisch-römischen Welt angenommen hatten, verdrängt. Dennoch behielten die verschiedenen Grundzüge der *thysía* ihre wesentlich religiöse Bedeutung. Das erklärt nach der Ansicht R. K. Yerkes' das lange Fortbestehen der *thysía* und ihre mühelose Vergeistigung in die Messe, den Kultmittelpunkt der Christenheit.

Die Griechen kannten auch besondere Riten gegen böse Geister; hier wurden die Opfertiere bei Nacht und bei absolutem Schweigen zur Gänze verbrannt. Diese Riten unterschied man aber sorgsam von der *thysía,* welche tagsüber als ein Kultakt für die gnädigen Götter des Olymps dargebracht wurde.

Das *'ōlā* oder Brandopfer war nur Israel eigentümlich und hatte unter den Völkern dieser Zeit keine Entsprechung. Seine be-

sondere Bedeutung als Totalhingabe des Opfernden an Gott kennzeichnet eine spezifisch israelitische Geistesentwicklung.
Die römischen Kulte wurden stark von der griechischen Religion beeinflußt, und während sie heimische italische Züge beibehielten, absorbierten sie auch andere nichtsemitische Kultureinflüsse. Alle römischen Opferriten waren darauf angelegt, sich die freundlichen Mächte geneigt zu machen, die feindlich gesinnten hingegen abzuwenden. Die Priester leiteten die Riten mit größter Genauigkeit nach einem Zeremoniell, das deren quasi-magischen Charakter bewahrte. Die wichtigsten Handlungen der Opferriten waren die feierliche Vorbereitung und Schlachtung des Opfertieres, ferner die genaue Untersuchung der lebenswichtigen Organe – um sich zu vergewissern, ob sie in tadellosem Zustand waren – und schließlich die Verbrennung des Opfertieres auf dem Altar. Der ganze Ritus wurde unter völligem Schweigen vollzogen, und um jeden Laut zu übertönen, begleitete man den Ritus mit Musik von Pfeifen (**Abb. 654:** die ländliche Szene eines Opfers auf römischer Terrakotta; **Abb. 653:** eine Opferszene auf einem römischen Sockelrelief). Wenn das Tier verbrannt war, so verlor es seine rituelle Heiligkeit und wurde zum Eigentum der Priester. Weil sich die römischen Kulte auf die Versöhnung der guten und Abwendung der bösen Geister ausrichteten, übernahmen sie nie ganz die griechische Opfervorstellung von einem Mahl, das mit den Göttern geteilt wurde. Doch behielten sie eine Zeitlang solche Riten von Opfermählern bei den jährlichen *feriae Latinae* oder bei den Festen der *fordicidia* und *parilia,* welche Reinigungsriten der Herden und der Ernte waren und im April gefeiert wurden, bei. Schließlich verschwanden diese Opfermahlzeiten wieder, ein Faktum, das nicht nur auf die römische Religion eine große Wirkung ausübte, sondern auch das Christentum noch beeinflußte.

10. Prophetische Polemik gegen das Opfer: Die Propheten der vorexilischen Zeit polemisierten oft heftig gegen das äußere Ritual des israelitischen Opferkultes, das eingehalten werden konnte, ohne überhaupt eine Beziehung zu einer geistigen Reinigung oder zum eigentlichen Sinn des Opfers zu haben (z. B. Jes 1, 11–17; Jer 6, 20; 7, 21–23; Hos 6, 6; Am 4, 4; 5, 21–27; Mich 6, 6–8). Diese Stellen dürfen nicht so ausgelegt werden, als ob die Propheten sich überhaupt gegen jegliche Art von Opfer gewandt hätten. Sie verurteilten ein Opfer, das zu bloßem Formalismus erstarrt war (vgl. Jes 29, 13), vor allem aber das Eindringen fremder Kultformen (z. B. Hos 2, 13). In den heidnischen Religionen betrachtete man das Ritual als die grundlegende religiöse Wirklichkeit, in Israel hingegen war es nur die Begleitung der eigentlichen religiösen Geschehnisse, nie aber das Wesen des Kultes. Nur in diesem Sinn haben die Propheten die Institution des Opfers angegriffen.
Die prophetische Botschaft über das Opfer und das Opferritual besagte, daß Gottes Urteil über sein Volk nicht durch äußere Formen abgewendet werden könne (1 Sam 3, 14; Jer 6, 19 f; vgl. Mich 3, 4). Die Propheten, die *Weisheitsliteratur und das *Gesetz betrachten das Opfer von verschiedenen Standpunkten, widersprechen aber einander nicht. Das Entscheidende ist, daß die genaue Einhaltung der Gesetze bei den verschiedenen Opferarten nicht das Ganze der israelitischen Religion ausmachte. Die Erfüllung der Verheißung Jahwes an Israel konnte nur durch Gehorsam allen Seiten des »Wortes« Gottes gegenüber erreicht werden. Nur eine aufrichtige Hinwendung der frommen Herrscher und des Volkes zu Jahwe konnte die Religion gegenüber allen heidnischen Einflüssen, die sie im Lauf der Zeit bedrohten, erhalten. Der Jahwismus und später das Judentum blieben deswegen bestehen, weil ihre Religion Gehalt hatte und nicht aus bloßem Ritual bestand. Die grundlegende Sorge der israelitischen Propheten und Lehrer um das Herz ihres Volkes hielt an durch die ganze Geschichte, und die Ehrfurcht, mit welcher das Volk auf sie hörte und ihre Lehren im Gedächtnis behielt, ist ein Beweis ihres Erfolges.
Als in der Zeit des babylonischen Exils der Priesterprophet Ezechiel sein Programm für die Zukunft aufstellte, lehnte er die Liturgie der Königszeit nicht ab, sondern setzte sie fort, entwickelte sie und traf Anweisungen für eine Zukunft, die ein Traumbild vom Ende der Tage war – das neue Zeitalter.

11. Das Opfer im Neuen Testament: *a) Die Bedeutung des Opfers im Neuen Testament:* Bis zur Zerstörung des Tempels von Jerusalem im Jahre 70 n. Chr. wurden dort weiterhin Opfer dargebracht. Sie waren daher ein wohlbekanntes Charakteristikum des Lebens zur Zeit Jesu und seiner Jünger und werden auch im NT öfter erwähnt (z. B. Mt 5, 23 f; 12, 3–5; 23, 16–22 parr.; 1 Kor 9, 13). Jesus hatte keine Einwände gegen das Opfer. Sogar nach seinem Kreuzestod brachten die Apostel weiterhin ihre Opfer dar (z. B. Apg 21, 23–26), obwohl die Vorstellungen über das Tieropfer in dieser Zeit einen Prozeß geistiger Entwicklung durchzumachen begannen. Noch bevor der Tempel und sein Altar in den Flammen untergingen, nahmen die Judenchristen (s. *Christentum, Frühgeschichte) dem Opfer gegenüber eine neue Haltung ein. Anstelle von Fleisch- und Blutopfern spricht das NT von geistigen Opfern (Joh 4, 24; Röm 12, 1; 15, 16; Phil 2, 17; 4, 18; 2 Tim 4, 6; Hebr 13, 15 f; 1 Petr 2, 5; Apk 6, 9; 8, 3 f). Der theologische Hintergrund dieser neuen Haltung wurde deutlicher, seitdem das Zeugnis von Qumran zu jenem der Schriften von Josephus und anderer über die Essener dazukam. Bei der Entwicklung des zentralen Themas der Zurückweisung des bestehenden Opferrituals schöpften die Christen vorwiegend aus den Schriften der Propheten, die ein Ritual um des Rituals willen verdammten. Ob nun die christliche Haltung direkt durch andersdenkende Gruppen – wie die Essener – inspiriert wurde oder nicht, kann nicht festgestellt werden. Die Theologie dieser Sekten bereitete jedenfalls den Grund für die Opfervorstellungen des NT (s. *Qumran; *Priester und Leviten).

b) Christus als Sühne: Der Sühnegedanke, der auf der alttestamentlichen Vorstellung der Sühnopfer beruht, ist ein sehr reales und wesentliches Element in der neutestamentlichen Einschätzung des Werkes Jesu und stammt wahrscheinlich von Jesus selbst. Abgesehen von sehr wenigen Ausnahmen glauben die meisten Gelehrten, daß dieser Sühnegedanke von der Vorstellung des »Schuldopfers des Knechtes *('æbæd)*« (Jes 53) beeinflußt wurde. Deuterojesaja sah den Knecht Israel als denjenigen, der sich für eine Erlösung der Welt opfert. Und diese Vorstellung ist ein Schlüssel für das Verständnis des Hintergrundes der christlichen Haltung gegenüber der Sühne Jesu.

Der Tod Jesu am Kreuz und das Werk der Sühne in seinem Leben wird im NT als das letzte und größte Opfer und als die eigentliche Sühne für den Menschen dargestellt. Er selbst, der vollkommene Mensch, war für die Sünden der ganzen Menschheit gestorben, und durch sein Blut wurden die Menschen von ihren Sünden befreit. Nach seinem Opfer war kein anderes Opfer mehr notwendig, denn »Christus, unser Passahlamm, ist geopfert worden ...« (1 Kor 5, 7). Christi Blut war es, das den »Neuen Bund« besiegelte (s. *Jesus; *Christentum, Frühgeschichte; *Paulus; *Bund).

Der Brief an die Hebräer (s. *Briefliteratur des NT), eine jüdisch-christliche Darstellung des Sühnegedankens in christlicher Zeit, zieht den Vergleich zwischen der Sühne im alten Bund, die wiederholt werden mußte und nie vollkommen sein konnte, und der absoluten und vollkommenen Sühne Christi. Christus wird hier mit dem Hohenpriester verglichen, der das Allerheiligste betritt und das Opferblut trägt, dabei aber nicht das Blut eines Tieres opfert, sondern sein eigenes. Die Haltung, die hier zum Vorschein kommt, impliziert eine gewisse Entwertung der alttestamentlichen Opfer, da ihre Wiederholung ein Zeichen ihrer Unwirksamkeit ist und zeigt, daß Tierblut für eine wahre Sühne nicht genügte. (Hebr 12, 2 f). Der alte Kult und der alte Sühnebegriff sind nur ein Schatten des Zukünftigen (Hebr 10, 1). – Zu einer ausführlichen Besprechung der Sühne im Werk Christi s. *Jesus; *Christentum, Frühgeschichte; *Paulus.

12. Die Schechitta und der traditionelle weltliche Schlächter: Im nachexilischen gesetzestreuen Judentum wurde das normale Schlachten von Tieren und Vögeln für den täglichen Bedarf *(š·ḥiṭā)* von Regeln bestimmt, die aus Opfervorschriften stammten. Ihrer Form nach folgten diese weltlichen Vorschriften sehr genau den Vorschriften der Bibel wie z. B. das Verwenden von bestimmten erlaubten Tieren und ihr sorgfältiges Ausblutenlassen, um den Genuß von verbotenem Blut zu vermeiden. Diese Form einer rituellen Schlachtung, die von einem eigens dazu bestimmten Schlächter, dem *šoḥēt,* durchgeführt wurde, kennt man heute noch beim *kašēr,* dem (rituell reinen) jüdischen Fleisch, obwohl es mit dem Opfer nichts zu tun hat.

Die ausführlichen Vorschriften über die *š·ḥiṭā* wurden zur Zeit des zweiten Tempels als Teil des mündlichen Gesetzes formuliert und im Talmud, der Tosefta, den jüdischen Gesetzbüchern und den rabbinischen Responsa, d. h. in einer umfangreichen Literatur, die nicht im Bereich dieses Buches behandelt werden kann, kodifiziert.

Die Zerstörung des Tempels brachte es mit sich, daß die Opfer in der jüdischen Religion durch Gottesdienste und Gebete in der Synagoge ersetzt wurden. Nur die *Samaritaner behielten den Brauch bei, an ihrem Passahfest ein Passahlamm zu opfern.

P

Patriarchen, Geschichte

Gliederung: 1. Patriarchenerzählungen in der Genesis. a) Abraham; b) Isaak; c) Jakob; d) Die Einschaltung der Josephgeschichte. 2. Die Stammbäume und ihre Bedeutung. 3. Theologischer Zweck der biblischen Erzählung. 4. Literarische Form der Erzählung. 5. Moderne Deutung. a) Quellen der Patriarchenüberlieferungen; b) Soziologische Beziehungen zur mittleren Bronzezeit; c) Die Patriarchen im Zusammenhang des frühen 2. Jahrtausends v. Chr.; d) Wanderungen der Halbnomaden; e) Die Patriarchen und die Völker ihrer Zeit. (1) Hanäer, (2) Benjaminiten, (3) Sutäer, (4) Amoriter, (5) Hurriter, (6) Chabiru; f) Das chronologische Problem. 6. Schlußfolgerungen.

1. Patriarchenerzählungen in der Genesis: Die Patriarchenerzählungen können in zwei Zyklen geteilt werden, der eine handelt von Abraham, Isaak und Jakob, der andere von Joseph. Der erste Zyklus besteht aus kurzen Traditionen, die an bestimmten Orten und heiligen Stätten von Kanaan haften, der zweite ist eine in sich abgeschlossene detaillierte Handlung, die in Ägypten spielt. Einige Einzelheiten der Josepherzählung haben durch den Fund von ägyptischen Texten eine Bestätigung erhalten. Die Geschichten von Abraham, Isaak und Jakob, namentlich der beiden letzteren, haben zwar wenig mit Ägypten zu tun, enthalten dagegen bemerkenswerte Analogien zur Kultur des nordwestlichen Mesopotamien, also zu den Amoritern und Hurritern.

a) Abraham: Nach der Erzählung der Bibel wanderte Tharah, der Vater des Abraham, aus dem Land Ur nach Harran. Man kann diesen Ortswechsel mit dem historisch erkennbaren, wirtschaftlichen Niedergang von Ur verknüpfen, der Ende des 3. Jahrtausends begann und mehrere Generationen anhielt; man darf dazu auf die Tatsache hinweisen, daß man in Ur und ebenso in Harran den Mondgott Sin verehrte (über die weiteren Stücke der Abrahamerzählung s. unten).

b) Isaak: Der auffallendste Zug der Erzählung über Isaak, den Sohn des Abraham, ist, daß er seinen Sohn Jakob nach Paddan-Aram im Tal des Habor in Westmesopotamien schickte, um ihn davor zu bewahren, ein Mädchen aus der kanaanäischen Umwelt zu heiraten. Isaak selbst war aus den gleichen Gründen mit einem Mädchen aus der gleichen Gegend verheiratet worden. Der Stamm Abrahams hatte sich nach der Bibel so gut in die Bedingungen seiner neuen Heimat eingefügt (Gen 26,12 ff), daß er eheliche Verbindungen mit der ansässigen Bevölkerung einging (Gen 26,34 ff).

c) Jakob: Jakob war der jüngere Sohn unter den Zwillingen, die Rebekka dem Isaak gebar; aber mit Hilfe seiner Mutter erlangte er das Erstgeburtsrecht seines Bruders. Dies verschaffte Jakob und seinen Nachkommen den Segen, den Isaak seinem älteren Sohn Esau, den die Bibel mit dem Stamm Edom gleichsetzt (Gen 36,1), zugedacht hatte. Jakob, der später den Namen Israel erhielt (Gen 32), floh aus Kanaan aus Furcht vor dem Zorn seines Bruders. Diese Erzählung von einem Bruderzwist symbolisiert den namengebenden Ursprung der beiden Stammesgruppen sowie das feindliche Verhältnis, das sich später zwischen den beiden Völkern entwikkelte.

Abgesehen davon, daß er Esau entrinnen wollte, hatte Jakob den Auftrag seines Vaters, sich eine Frau unter den Verwandten Abrahams in Paddan-Aram (Harran), der Heimat der Vorfahren jenseits des Euphrat zu suchen (Gen 27, 4–28, 7). Wenn auch sagenhaft eingekleidet, enthält diese Episode doch eine bedeutsame Stufe der Entwicklung der hebräischen Stämme in Kanaan und eines verwandten Stammes in Paddan-Aram und Aram-Naharaim. Die Verwandtschaft läßt sich mit ethnographischen und soziologischen Tatsachen bestätigen.

In Harran heiratete Jakob Lea und Rahel, die Töchter Labans, seines aramäischen Onkels, sowie Silpa und Bilha, die Mägde seiner Frauen. Aus diesen Vermählungen gingen zwölf Söhne hervor, die Stammväter der künftigen zwölf *Stämme Israels, und eine Tochter Dina (Gen 30 ff). Nach zwanzig Jahren Aufenthalt in Harran kehrte Jakob mit seiner jetzt umfangreichen Familie nach Kanaan zurück. So endete Jakobs Hochzeitsfahrt mit einer bedeutenden Wanderung verwandter Sippen, die sich einander anglichen und durch einen neuen, gemeinsamen Vertrag (*b·rît*) mit dem Gott Israels (*'ēl 'elōhē jisrā'ēl* Gen 33, 20; 35, 2–4) zusammengehalten wurden. Nach der Überlieferung der Bibel erhielt Jakob den Namen Israel, als er bei seiner Rückkehr den Jabbokfluß im Ostjordanland überschritt. An der Furt des Jabbok hatte er sein siegreiches Ringen mit einem himmlischen Boten zu bestehen. Möglicherweise trennte sich die Sippe Jakobs, die jetzt »Haus Israel« (*bēt jisrā'ēl*) hieß, von den anderen Zweigen der Familie Tharahs, nämlich den Stämmen Ismael, Ketura, Edom und den Abkömmlingen von Lot: Ammon und Moab. So einfach die Erzählung scheint, sie faßt doch einen vielgestaltigen, geschichtlichen Prozeß zusammen, der die Beziehungen zwischen den Vorfahren der Israeliten und den anderen Gruppen, denen sie sich verwandt fühlten, herstellte. Sie heirateten untereinander, trennten und vermehrten sich. Den schematischen Erzählungen der *Genesis liegen Erinnerungen an Stammeswanderungen zugrunde, auf die die Erzählungen der Bibel anspielen (s. unten 5). Außerdem enthält der Erzählungskreis über die Patriarchen verschiedene örtliche Überlieferungen über bestimmte Persönlichkeiten, nämlich Abraham, Isaak und Jakob, die alle später in das Epos von den Stammesvätern zusammengefaßt wurden. So zum Beispiel verbindet der Jakobzyklus Überlieferungen, in denen Jakob die Personifikation von Israel ist, mit Legenden über eine wirkliche, individuelle Persönlichkeit Jakob. Das tritt wahrscheinlich besonders in den Beziehungen zwischen Jakob und Esau zutage, die sowohl den Streit zwischen zwei Stämmen, Israel und Edom, als auch die persönlichen Beziehungen zwischen zwei streitenden Brüdern widerspiegeln. Nach der einen Tradition (Gen 30,43) ist es die zahlenmäßige Stärke des Hauses Israel, um deretwillen Esau es vorzog, zu einem Übereinkommen mit Jakob zu kommen und lieber einen Kampf mit Waffen zu vermeiden, obwohl er vierhundert Bewaffnete bei sich hatte. Nach der anderen Tradition (Gen 35) sieht das Bild ganz anders aus. Hier sind Esaus Absichten friedlich, und Jakobs Furcht erwächst aus seinem eigenen, schlechten Gewissen, wobei hervorgehoben wird, daß Esau Jakob freundlich begrüßte.

d) Die Einschaltung der Josephgeschichte: Die Erzählung über Jakob wird unterbrochen durch die von *Joseph in Ägypten und erst wieder aufgenommen, als Jakob in Ägypten auf dem Totenbett liegt. Auf seinem Totenbett, heißt es, adoptierte der Patriarch Josephs zwei Söhne, wobei er den jüngeren in seinem Segen begünstigte. Er sprach auch als Testament einen letzten Segen, in dem seine zwölf Söhne nach den Eigenschaften der Stämme, die von ihnen abstammten, geschildert sind. Zum Führer wird Juda ernannt, obwohl er nicht der älteste war; die Gründe lassen sich erraten. Manche Gelehrte meinen, daß sich der Segen in Erinnerung erhielt, weil die spätere Geschichte die Voraussage Jakobs erfüllte, während viele ähnliche vergessen wurden, weil sie sich nicht erfüllten. Andererseits ist es möglich, daß spätere Zeiten in dem Segen eine Rechtferigung für den Aufstieg dieses Stammes unter dem Hause David und für den späteren Gebrauch des Namen *j·hudim* (Juden), Plural von *j·huda* (Juda), als Bezeichnung des ganzen Volkes sahen. Die Erzählung über Jakob endet mit dem Bericht über sein Begräbnis in der heiligen Grabstätte des Stammes, in Machpela bei Hebron. Bei näherer Untersuchung scheint es wahrscheinlich, daß der biblische Redaktor zwei verschiedene Überlieferungsgruppen um denselben Jakob zusammengefügt hat.

2. Die Stammbäume und ihre Bedeutung: Die Quellen für das Zeitalter der Patriarchen enthalten etliche genealogische Erzählungen und (fragmentarische) Sagas. Aus diesen Hinweisen im AT geht hervor, daß nicht alle Überlieferungen, die im Wechsel der Generationen von Mund zu Mund weitergegeben worden waren, dem gegenwärtigen masoretischen Text (s. *Bibeltext) einverleibt wurden. Obwohl die Überlieferungen beim Prozeß der mündlichen Weitergabe unvermeidliche Veränderungen und Anpassungen erfuhren, blieben sie bei der Niederschrift im gegenwärtigen Bibeltext im Wesentlichen unverändert bewahrt.

Der Ausdruck Patriarchen ist eine Übersetzung des hebräischen *'abōt,* Väter, Ahnen. Es sind also wirkliche Menschen damit gemeint, nicht symbolische Personifikationen der späteren Stämme, die deren Namen trugen. Das hebräische Wort ist der alten Ausdrucksweise der Amoriter, wie man sie in den Mari-Texten aus Nordwestmesopotamien findet, verwandt. In den Stammbäumen der Genesis und anderer Teile des AT stehen die Patriarchen als eine allgemeine Gruppe, die den Stämmen der Söhne des Eber, den Aramäern, Ketura, Ismael und Edom verwandt war. Diese Stämme durchzogen oder bewohnten so ziemlich das ganze Gebiet, das an Palästina, Syrien, Mesopotamien und Babylonien grenzte.

Nach den Erzählungen der *Genesis sind die Patriarchen die Väter oder Brüder der meisten dieser Stämme. Erst in der nachbiblischen, hebräischen Literatur wird der Ausdruck Patriarchen auf Abraham, Isaak und Jakob eingeschränkt. Zweck der Erzählungen der Genesis über den genealogischen Zusammenhang scheint es zu sein, die Stellung der Vorfahren von Israel im Gesamtplan der Stammesbeziehungen aufzuzeigen. Aus dieser Darstellung ergibt sich zugleich, daß Palästina eine Erbschaft von Abraham, Isaak und Jakob ist.

3. Theologischer Zweck der biblischen Erzählung: Die Patriarchenerzählungen müssen im Zusammenhang mit dem Literaturtyp, zu dem sie gehören, gesehen werden. Sie werden uns nicht in der Gestalt von Stammeserzählungen über Kriege und Ereignisse dargeboten, sondern eher als Geschichten gewisser halbnomadischer Familien oder Sippen, deren Häupter in heiligem Gedächtnis gehalten wurden. Diese geheiligten Überlieferungen der Israeliten in Gen 12–50 sind der erste Abschnitt einer großen theologischen Geschichte, die in den ersten sechs Büchern der Bibel behandelt ist.

Als Erinnerung an die Geschichte des israelitischen Glaubens suchen die Patriarchenerzählungen nicht nur die Anfänge Israels an den Stammbaum Abrahams zu knüpfen, sondern auch die Erlösungstaten Gottes für die Vorfahren seines »auserwählten Volkes« (s. *Erwählung und auserwähltes Volk), darzustellen. Obwohl diejenigen, die diese Erzählungen niederschrieben, sich intensiv mit theologischen Betrachtungen über Gottes Absicht bei der Schöpfung und mit der Stellung des Menschen in der Geschichte und im Weltall befaßten, haben sie doch die Tatsachen nicht absichtlich verdunkelt; vielmehr bewahrten sie viele von diesen Überlieferungen in ihrer altertümlichen Form, auch dann, wenn der Sinn gewisser Einzelheiten vergessen war.

Die biblischen Redaktoren ließen sich durch ihren Glauben an den Gott Abrahams und ihre Anhänglichkeit an die Stammesüberlieferungen bestimmen, wichtige Abschnitte aus dem religiösen Leben der Patriarchen auszuwählen und bestimmte Tatsachen oder Berichte, die ihnen zentral zu sein schienen, zu unterstreichen (s. *Patriarchen, Religion).

4. Literarische Form der Erzählung: Ein kennzeichnender Zug der Patriarchenerzählungen ist der Nachdruck, mit dem sie das persönliche Leben der Vorväter in allen wechselnden Umständen hervorheben; ihre Betrübnis und Freude, ihre Daseinskämpfe, ihr geistiges Trachten, ihre Beziehungen zu den Nebenmenschen und ihre Treue zu ihrem Gott. Die Schwächen und Verfehlungen der Patriarchen werden ebensogut berichtet wie ihre Tugenden und Erfolge. Das macht gerade ihre Berichte besonders anziehend. Die Erzählungen setzen sich aus einer Reihe gesonderter Episoden zusammen, die um die Hauptpersonen gruppiert sind. Wie bei den epischen Dichtungen anderer Völker muß man annehmen, daß diese Erzählungen viele Generationen lang als Schätze heiliger Überlieferung bewahrt worden sind. In fast allen diesen Erzählungen lassen sich sehr alte Traditionen nachweisen, die, von Generation zu Generation weitergegeben, schließlich die endgültige Form erlangten, die wir im AT lesen.

Daß diese Sammlung von Erzählungen eine realistische Atmosphäre und die wesentlichen Tatsachen erhalten hat, macht sie zu einer wichtigen Urkunde für das Studium der Vergangenheit. Nur muß der Historiker imstande sein, zwischen Tatsache und theologischer Auslegung zu unterscheiden, wenn er sie benutzt.

Bis in jüngster Zeit waren alle Versuche, die Bibel geschichtlich auszuwerten, dadurch gehemmt, daß die Kunde von den altorientalischen Kulturen sehr gering war. Früher hatten die verschiedenen Forschungsrichtungen den geschichtlichen Wert der Erzählungen nur auf Grund einer Prüfung und nochmaligen Prüfung ihres Inhalts abgeschätzt, hatten aber wenig und höchstens oberflächliche Zeugnisse von außerhalb der Bibel, um ihre Hypothesen daran zu überprüfen. Heute können die Untersuchungen der Bibel sich auf die Entdeckungen der letzten 60 bis 75 Jahre stützen, die uns das Leben in der ersten Hälfte des 2. Jahrtausends v. Chr. in weitem Maße erhellt haben.

Unter den Kommentatoren neuerer Zeit geben O. Procksch, H. Junker und R. de Vaux die Geschichtlichkeit der Ereignisse, die das Buch *Genesis berichtet, in ihren Grundzügen zu. Sie arbeiten den Sondertyp der Patriarchenreligion heraus und werten den Inhalt des Buches nach den Überlieferungen und theologischen Deutungen, die mit der biblischen Erzählung Hand in Hand gehen.

5. Moderne Deutung: Hinsichtlich der Einschätzung der Bibel und besonders des Studiums der Patriarchenerzählungen unterscheiden sich drei moderne Forschungsrichtungen. Sie werden im Artikel *Genesis behandelt.

Die kritische Einstellung zur Bibel in der Forschung der ersten Hälfte dieses Jahrhunderts (s. *Bibelkritik) hat viele neue und ergebnisreiche Wege eröffnet, aber sie war notwendigerweise ohne zwingende Beweiskraft und Autorität. Heute können wir die biblischen Überlieferungen an den neuentdeckten historischen und archäologischen Daten messen und in die Zusammenhänge der Welt stellen, in der die biblischen Personen lebten. Wir können jetzt nach objektiv wissenschaftlichen Gesichtspunkten über die Geschichtlichkeit der Patriarchenerzählungen in positivem Sinn urteilen. Betrachten wir die verschiedenen Forschungsrichtungen, welche die historischen Grundlagen der Patriarchengeschichten zu bestimmen versuchen.

a) Quellen der Patriarchenüberlieferungen: Den Quellen über die Patriarchen haften ihrem Wesen nach gewisse Schwierigkeiten an. Eine solche Schwierigkeit besteht darin, daß die Überlieferungen, die einen geschichtlichen Kern enthalten, in der Gestalt von Prosadichtungen abgefaßt sind und umfassende Volksbewegungen hinter den Taten einzelner Persönlichkeiten verbergen.

Schon der Ursprung des Volkes Israel ist kompliziert. Theologisch gesehen stammte Israel von dem einen Mann Abraham. Der natürlichen Abstammung nach entstand das Volk aus vielen Sippen, worüber die Erzählungen von Abraham und seinem Neffen Lot Andeutungen geben. Beide standen an der Spitze recht beträchtlicher Stämme. Davon berichtet Gen 14, wonach Abraham in der Lage war, ein Aufgebot von 318 Soldaten zum Kampf gegen die mesopotamischen Fürsten aufzubieten (der Verlauf des Feldzuges ist auf der **Karte 29** eingezeichnet).

Die Nachkommen Abrahams zur Zeit des Jakob hatten sich zu großen Sippen erweitert, und als sie nach Kanaan zurückkehrten, waren sie imstande, die befestigte Stadt *Sichem zu zerstören (Gen 34). Während der gesamten Patriarchenzeit waren viele verwandte hebräische Stämme im ganzen Gebiet auf Wanderung begriffen (s. *Chabiru).

Eine weitere Schwierigkeit ist es, daß die Patriarchen am Rande der Kulturzonen jener Zeit lebten und in deren Gesellschaft nicht eingegliedert waren. Ferner wurde die Hauptmasse der Patriarchenüberlieferungen jahrhundertelang mündlich auf verschiedenen Wegen weitergegeben. Vor dem Aufstieg des Königtums war wenig davon niedergeschrieben.

b) Soziologische Beziehungen zur mittleren Bronzezeit: Archäologische Funde in Nuzi in Ostmesopotamien (s. *Assyrien und Israel) haben bedeutsame Verbindungen zwischen den Patriarchenerzählungen und dem Kulturleben der Hurriter ergeben, die am Anfang der mittleren Bronzezeit in der Gegend von Harran und Aram-Naharaim in Nordwestmesopotamien, nahe dem östlichen Syrien, lebten.

Nach der Überlieferung sind die Hurriter (s. *Assyrien und Israel) der Grundstock des Volkstums, aus dem die Patriarchen gekommen sein sollen; ihr Land war die Heimat von Abraham und Laban. Die hurritischen Inschriften auf Tontafeln aus Nuzi haben gewisse, rätselhafte Episoden der Bibel und dunkle Details in den Patriarchenerzählungen aufgehellt, die weder in spätere Zeiten der israelitischen Geschichte noch zum Leben der zeitgenössischen Westsemiten passen, wohl aber den hurritischen Sitten entsprechen. Dazu gehört die Erzählung, wie Abraham den Elieser adoptiert, ehe Isaak geboren ist (Gen 15,2; s. *Familie); ferner der Bericht über die Adoption Jakobs durch Laban auf sieben Jahre und über die Rechte, welche Jakob dadurch erhielt.

Aus den Tafeln von Nuzi haben wir erfahren, daß nach hurritischer Sitte ein Mann ohne Erben sich durch eine gegenseitige Übereinkunft zweier Familien einen Erben adoptieren konnte, um das Familienvermögen in der Hand eines gesetzlichen Erben zu bewahren, da Boden weder an Fremde gegeben noch verkauft werden konnte.

Daß Rahel Labans Teraphim stiehlt (Gen 31,19–35), erklärt sich aus dem Gesetz von Nuzi, nach welchem der Besitz des Hausgottes für das Recht an der Erbschaft teilzuhaben wesentlich war. Das Motiv Rahels kann der Wunsch gewesen sein, ihrem Mann einen Anspruch auf Labans Vermögen zu sichern. Daraus erklärt sich auch Labans Ärger über den Verlust der Teraphim (s. *Kanaanäische Religion 2).

Ferner hatte nach dem Gesetz von Nuzi eine kinderlose Frau die Pflicht, ihrem Gatten eine andere Frau zu verschaffen, aber es ist ihr verboten, ein Kind aus solcher Vereinigung zu vertreiben, wie das Sara gegen Hagar und Ismael tat (Gen 21,10; s. unten 5f).

c) Die Patriarchen im Zusammenhang des frühen 2. Jahrtausends v. Chr.: Bis vor kurzem glaubten viele Gelehrte, daß man die sogenannte geschichtliche Zeit des Volkes Israel erst in der Spätbronzezeit der zwei-

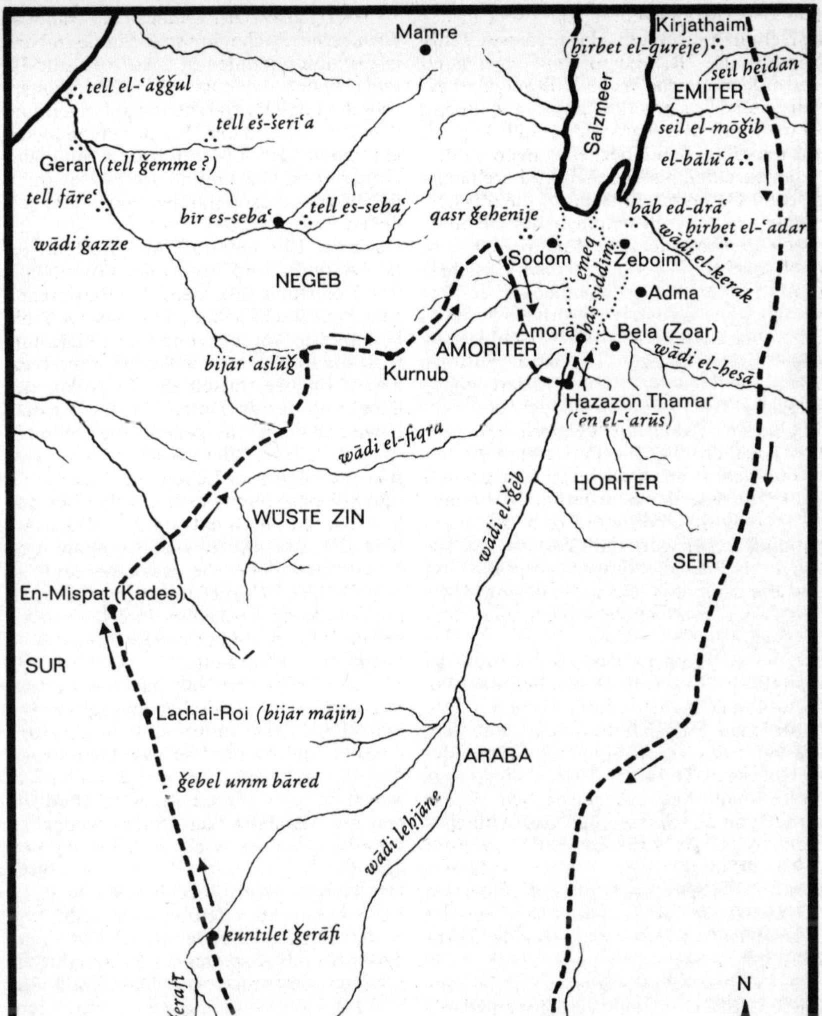

Karte 29. Feldzug Abrahams gegen die mesopotamischen Fürsten

ten Hälfte des 2. Jahrtausends v. Chr. beginnen lassen könnte. Nach der Meinung von W. F. Albright und E. A. Speiser lassen sich aber der Ursprung und die mündliche Formulierung der meisten Erzählungen der Genesis gut in die erste Hälfte des 2. Jahrtausends v. Chr. datieren. E. A. Speiser hat überzeugend dargetan, daß die Patriarchenerzählungen Überlieferungen und soziale Umstände enthalten, die mit den Verhältnissen späterer Zeit, in der sie niedergeschrieben sind, wenig zu tun haben. Es ist daher möglich, daß die Verfasser der Bibel die treibenden sozialen Faktoren im Leben der Patriarchen nicht mehr ganz verstanden. Speisers Theorie wird bestätigt durch Inschriften auf mesopotamischen Keilschrifttafeln, auf denen biblische Namen wie Serug, Tharah und Nahor auftreten. Die Namen in den Stammtafeln der Patriarchen (Gen 11, 20–26) haben mehr oder weniger deutliche Parallelen in außerbiblischen Quellen, aus denen hervorgeht, daß Personen existierten, die die Bibel in die Zeit der Patriarchen einordnet und die ihre Spuren in der israelitischen Geschichte hinterlassen haben.

Weitere Aufschlüsse gibt die »Völkertafel« Gen 10, auf die Gen 15, 19–21 zurückgreift und die in verschiedenen Formen auch sonst im AT wiederholt ist. Diese Völkertafel verzeichnet die frühen Einwohner von Palästina. Obwohl die Tafel erst später abgefaßt ist, sind Teile von ihr sehr viel älter.

Weiter spielt bei den Schlüssen auf die Umgebung der frühsten Israeliten die eheliche Verbindung zwischen dem Volk von Aram-Naharaim (Harran) und den Hebräern der Patriarchenzeit eine Rolle. Die Erzählungen der Genesis betrachten diese Heiraten als erlaubt und praktiziert, während Heiratsverbindungen mit den Kanaanäern verpönt sind. Diese Verschwägerung zwischen Israeliten und dem Volk Nordwestmesopotamiens und die freundlichen Beziehungen der unmittelbaren Nachkommen Abrahams zu ihren Verwandten im Gebiet von Harran bestanden nur in ferner Vergangenheit. Sie stehen in starkem Gegensatz zu der Beziehung zwischen Israel und Aram in späterer Zeit, namentlich seit der Zeit Davids.

d) Wanderungen der Halbnomaden: In der Patriarchenzeit lebten die Sippen der Hebräer in Art halbnomadischer Stämme sehr unterschiedlich vom wohlgeordneten bäuerlichen oder städtischen Leben unter dem späteren israelitischen Königtum. Die Genesis gibt Bilder aus dieser halbnomadischen Zeit, die einen Blick auf die soziologische Struktur im Zusammenhang mit dem damaligen Kanaan eröffnen. Das gibt eine neue Möglichkeit zur Erforschung der Patriarchenerzählungen.

Man weiß, daß im zweiten Viertel des 2. Jahrtausends v. Chr. hurritische und indogermanische Elemente in Kanaan einwanderten und sich besonders in den Küstenebenen niederließen (die Hyksos; s. *Ägypten und seine Beziehung zu Israel). Ihre materielle Entwicklung war ziemlich fortgeschritten. Sie besaßen Kriegswagen und andere, verbesserte Verkehrsmittel. Das führte auf der anderen Seite zur Errichtung einer Festungskette an der Küste und im Inland, von der eine starke Wirkung auf das soziale und wirtschaftliche Leben in Kanaan wie auch auf den Karawanenhandel aus den fruchtbaren Gegenden Westmesopotamiens ausging.

Der Handel wuchs ständig, und es ist möglich, daß Abraham und sein Stamm, dem Zug der Zeit entsprechend, seine wirtschaftlichen Verbindungen mit Kanaan schon entwickelt und gekräftigt hatte, ehe er dort seinen Sitz nahm. Bezeichnenderweise setzten Isaak und Jakob diese Politik der Handelsverbindungen fort. Nach dem AT besaß Abraham viele Sklaven, »ausgebildete Männer« (also Sklaven, die in seinem Hause geboren und zum Kriegsdienst ausgebildet waren), außerdem Herden von Rindern, Schafen, Eseln und Kamelen. Zu jener Zeit war der Esel das eigentliche Lasttier, das Kamel erscheint nur selten und vielleicht anachronistisch. Pferde werden nie erwähnt, weil sie erst später durch die Hyksos eingeführt worden sind (s. *Ackerbau und Viehzucht). Die Hebräer teilten ihre Zeit zwischen Landbau und Hüten der Herden. Das bedeutete, daß sie oft ihren Sitz wechseln mußten, um passende Weidegründe zu finden. Als Ergebnis neuerer Studien über Nomadentum und Halbnomadentum dieser Zeit, die wir A. Janssen, R. de Vaux und anderen verdanken, hat sich herausgestellt, daß die Patriarchen nicht mit den modernen, arabischen Beduinen vergleichbar sind. Auch die äußere Erscheinung der Halbnomaden wich, wie die Statuette eines syrischen Hirten aus dem frühen 2. Jahrtausend v. Chr. **(Abb. 22)** zeigt, sehr von jener der heutigen Beduinen ab. Die Kenntnis der Sitten und Lebensprobleme der Nomaden und derer, die sich im Übergang zum seßhaften Leben befanden, haben unsere Sicht, mit der wir die Geschichten der Patriarchen lesen, gewaltig verändert.

Die Hauptweidegebiete der Patriarchen und anderer halbnomadischer Stämme befanden sich im zentralen Hügelland und gelegentlich in den Steppen des Negeb (Sichem, Bethel, Hebron, Beer-Seba, Gerar, Rehoboth und Lachai-Roi waren die Mittelpunkte). Das Hügelland war dünn bevölkert und bot Raum genug für Wanderungen auf der Suche nach Weideland, das den Jahreszeiten entsprach.

Abraham kam in nahe Beziehungen zum Volk des Negeb und besonders des Hügellandes im mittleren Palästina. Weil es keine zentrale Autorität gab, mußten Wanderstämme wie die der Patriarchen mit jedem der vielen selbständigen Stadtkönige oder Fürsten ihre Verträge schließen, um sich vor Angriffen der einheimischen Bewohner oder räuberischer Stämme zu schützen. Aber die Halbnomaden pflegten in der Regel nicht unter der einheimischen Bevölkerung zu leben und paßten sich ihr trotz aller engen Beziehungen nicht an.

Das Hügelland war durchsetzt von befestigten Städten der Amoriter (dies ist der biblische Name für die Ureinwohner, die frühen Kanaanäer), die anscheinend von Weilern, bestehend aus Lehmhütten, umgeben waren. Die Amoriter zogen sich nur in Zeiten der Gefahr in die Festungen zurück. Während der sommerlichen Trauben- und Feigenernte lebten die Bauern in armseligen Hütten, eine Gewohnheit, welche die arabischen Bauern beibehielten und die auch für das israelitische Laubhüttenfest oder Sukkoth (hebr. *sukkot* = Hütten) charakteristisch ist.

Die Sinuhe-Erzählung aus Ägypten (20. Jhdt. v. Chr.) beschreibt eingehend die Lebensbedingungen unter den *b·nē-qedœm,* einem Zweig der Amoriter in Südostsyrien nahe der Heimat der Patriarchen. Eine Grabmalerei in *benī-ḥasan* gibt uns ein lebendiges Bild wandernder asiatischer Horden aus dem amoritischen Hinterland, die die östliche Grenze Ägyptens überschritten. Sie stammt etwa aus dem Jahr 1890 v. Chr. und zeigt, wie Ibscha und 37 Menschen seiner Sippe der *b·nē-'ammu* vor dem ägyptischen Grenzbeamten erscheinen **(Abb. 656;** auch *Ägypten und seine Beziehungen zu Israel und **Abb. 481).**

e) Die Patriarchen und die Völker ihrer Zeit: Keilschrifttexte aus der ersten Hälfte des 2. Jahrtausends v. Chr. haben das Leben und die Wanderung der Völker Westmesopotamiens, Ostsyriens und Palästinas aufgeklärt. Allerdings ist es manchmal nicht leicht, diese Texte in Übereinstimmung zu bringen und die darin erwähnten Gegenden zu lokalisieren (man betrachte die **Karten 6** und **34**).

Bei der Untersuchung dieser Texte unterschied J. R. Kupper sieben Gruppen, deren Leben und Geschichte in der ersten Hälfte des 2. Jahrtausends v. Chr. die Patriarchenerzählungen beleuchten.

Diese Gruppen sind die Hanäer, Benjaminiten, Sutäer, Amoriter, Hurriter, *Chabiru und *Aramäer.

(1) Hanäer: Sie waren Halbnomaden und begannen an den Grenzen des semitischen Amoriterreiches von Mari seßhaft zu werden (s. *Babylon und Israel). Sie entwikkelten dauerhafte Einrichtungen und hatten an den Ufern des Euphrat ihre Weideplätze. Ihre Hauptbeschäftigung waren Schafzucht und weitreichender Karawanenhandel. Gelegentlich nahmen sie auch an einem Raubzug teil. Ihre Führer heißen *šarru.* Das entspricht dem hebräischen *śar,* das ebenfalls Führer, Fürst bedeutet. Ferner regierte ein Rat der Alten oder Ältesten, *sugāgum* genannt, der aus den Häuptern der Sippen und Dörfer bestand. Diese Räte bildeten zugleich ein bestimmendes Element des Heeres, *gajum* genannt (dem hebr. Wort *goj* entsprechend), und vermischten sich nicht mit den übrigen Truppen.

(2) Benjaminiten: Sie werden in den Tafeln von Mari aus dem 18. Jhdt. v. Chr. beschrieben **(Abb. 655** zeigt eine Liste). Der Name ist abgeleitet von keilschriftlich *banu janūna,* »Volk des Südens«. Die Ähnlichkeit mit dem Namen des einen Sohnes von Jakob verleitet dazu, sie mit dem hebräischen Stamm geschichtlich zu identifizieren. Sie zeigt aber nur die Art der Zusammensetzung und Urbedeutung der biblischen und westamoritischen Namen. Die Lebensweise der Benjaminiten ist derjenigen der Hanäer eng verwandt; namentlich berichten die Texte aus Mari von Zusammenstößen mit den unruhigen Stämmen der *b·nē rabbājā* und der *b·nē śam'al,* »der Söhne des Nordens«.

(3) Sutäer: Sie lebten im Westteil der syrisch-arabischen Wüste an der Ostgrenze von Syrien. Mit ihren Angriffen auf die besiedelten Teile von Babylonien und Nordsyrien waren sie eine größere Gefahr als die Hanäer oder Benjaminiten, da sie größere Räume erfaßten. Man weiß, daß sie sich selbst als Söldner verdingt haben und später als unterworfenes Volk ihren Tribut an den Assyrerkönig Tukulti-Ninurta I. (13. Jhdt. v. Chr.) in Schafen zahlten.

R. A. Bowman vermutet aufgrund eines Vergleichs der biblischen und außerbiblischen Quellen, daß die hebräischen Patriarchen und ihre Sippen mit den Sutäern Mesopotamiens und Kanaans verwandt waren, während spätere Generationen nach Jakob mesopotamischer Abstammung waren und mit den nomadischen Aramäern, den Achlamu, die im mittleren Osten zuerst in der Amarnazeit (14. Jhdt. v. Chr. s. *Amarnabriefe; *Aramäer) auftreten, in Zusammenhang standen. W. F. Albright und J. R. Kupper glauben einen Zusammenhang zwischen den Sutäern und *b · nē šēt* (Num 24,17, Orakel des Bileam) und dem Stammbaum der *b · nē šēt* in Gen 4,25 zu erkennen. Dagegen seien sie wohl nicht mit den Tharahiten, den Vorfahren der Patriarchen, zu verbinden.

(4) Amoriter: Die Keilschrifttexte des 3. und 2. Jahrtausends v. Chr. bezeichnen die Völker Nordwestmesopotamiens und Nordsyriens als *'amurru,* d. h. Leute des Westens. Der Ausdruck wurde allgemein auf verschiedene Gruppen der Nordwestsemiten angewendet, wahrscheinlich auch auf die, aus denen später die Aramäer und Hebräer hervorgingen. Die Ägypter und die Assyrer nannten Syrien das Land der Amurru, während das eigentliche Palästina auf ägyptisch *haru* hieß. Das Amurru-Reich des westlichen Mesopotamien erreichte den Höhepunkt seiner Ausdehnung im 18. Jhdt. v. Chr. unter dem berühmten König Hammurabi (s. *Babylon und Israel). Die biblischen Texte sprechen nicht von einem Land der Amurru, erwähnen aber die Amoriter. Im 2. Jahrtausend v. Chr. verwendete man das Wort »Amoriter« in der akkadischen Sprache in einem geographisch-ethnischen Sinn zur Bezeichnung der Völker Syriens und Palästinas. Diesem Sprachgebrauch schlossen sich die Israeliten an, wenn sie die seßhafte Bevölkerung, mit der die Patriarchen oft zusammenstießen, bezeichnen wollten. In der biblischen Überlieferung gelten sie als die Urbewohner von Kanaan (Ez 16,3.45 erwähnt sie als die ersten heidnischen Bewohner von Jerusalem).

(5) Hurriter: Sie lebten in der ersten Hälfte des 2. Jahrtausends v. Chr. an den Ufern des Habor in Aram-Naharaim und anderen Teilen von Nordwestmesopotamien. Man darf sie nicht mit den Horitern, den Höhlenbewohnern im Negeb, verwechseln, wie es früher infolge des Mißverstehens eines biblischen Textes geschah. Um die Mitte des 2. Jahrtausends v. Chr. entstand ein hurritisches Reich, das bis an die Küste des Mittelmeers reichte. Die Hurriter, die einen beträchtlichen Anteil an der Bevölkerung des syrisch-kanaanäischen Reiches von Ugarit (s. Kanaanäische Kultur und Ugarit) bilden, sind in den ägyptischen Texten über die syrischen Feldzüge Thutmosis' III. und Amenophis' II. erwähnt. Wir wissen, daß eine hurritische Wanderwelle im 17. Jhdt. v. Chr. mit anderen indogermanischen Wanderungen zusammen Palästina erreichte. Diese Welle hat zwar noch andere Spuren in Palästina hinterlassen, aber der Name Hurriter wird Gen 36,20–30 im Zusammenhang mit den Stämmen von Seir (Edom; s. *Assyrien und Israel) genannt.

(6) Chabiru: Das halbnomadische Leben, wie es das Buch Genesis schildert, dauerte unter den verwandten hebräischen Gruppen und Sippen auch nach der Zeit Jakobs noch an. Diese Tatsache bezeugen die *Amarnabriefe. Die Chabiru (Apiru) waren halbnomadische Banden, die sich im Hügelland umtrieben und mit den Kanaanäern in Streit gerieten. Außerbiblische Inschriften, die sich auf die geschichtliche Rolle der Patriarchensippen beziehen, sagen nichts darüber, ob die vermutliche Gleichsetzung dieser Chabiru mit den Hebräern richtig ist (s. *Amarnabriefe; *Auszug aus Ägypten; *Chabiru).

Der Name Chabiru steht zuerst in einem Brief aus dem 18. Jhdt. v. Chr., den ein Provinzstatthalter an den König von Mari richtete. Darin berichtet er von Räubereien dieser Stämme. Chabiru werden auch als »Apiru« in Ugarit erwähnt sowie in der Inschrift auf der Stele des Königs Idrimi von Alalach (Nordsyrien) um 1500 v. Chr. **(Abb. 657).** Dieser syrische König verbrachte sieben Jahre der Verbannung »im Lande Kanaan« und blieb wiederum »sieben Jahre unter den Apiru«.

Anfang des 15. Jahrhunderts v. Chr. erwähnen ägyptische Nachrichten sie als Weinkelterer an der Grenze von Palästina. Sie sind auf einem Grabgemälde des ägyptischen Wesirs Rechmire (um 1460 v. Chr.; **Abb. 658**) dargestellt. Amenophis II. erwähnt sie im Zusammenhang mit seinem Feldzug in Palästina. Bei Thutmosis III. steht der Ausdruck *'pr.* Später sind sie in den *Amarnabriefen erwähnt (14. Jhdt. v. Chr.), und zwar als eine gefährliche, aufrührerische Bevölkerung, die die ägyptischen Vasallenkönige in Kanaan und Syrien bedroht. Sie treten nochmals im 12. Jhdt. v. Chr. auf.

Über die Aramäer und ihre Beziehungen zu den Patriarchen s. *Aramäer.

f) Das chronologische Problem: Die Zeit der Patriarchen genau festzustellen ist äu-

Abb. 655. Namenliste der Benjaminiten von Keilschrifttafeln aus Mari (18. Jhdt. v. Chr.)

Abb. 656. Ägyptische Grabmalerei (ca. 1890 v. Chr.): eine Sippe der Amoriter muß beim Grenzübergang vor dem Grenzbeamten erscheinen

Abb. 657. Stele des Königs Idrimi von Alalach (Nordsyrien; ca. 1500 v. Chr.). Die Inschrift erwähnt die Chabiru

Abb. 658. Grabgemälde des ägyptischen Wesirs Rechmire (1460 v. Chr.), das Chabiru darstellt

ßerst schwierig. Wenn man der biblischen Chronologie folgt, müßte man annehmen, daß die Patriarchenzeit Ende des 3. Jahrtausends oder Anfang des 2. Jahrtausends v. Chr. zu datieren ist, d. h. dem Einfall der Hyksos in Palästina und Ägypten (ca. 1720 v. Chr.) vorausgeht. Damit fiele sie in die Zeit des Mittleren Reiches von *Ägypten, die der Amoriterzeit in Syrien und Palästina entspricht.

Dieser Ansatz beruht hauptsächlich auf der Berechnung 1 Kg 6,1, daß das vierte Regierungsjahr Salomos (ca. 960 v. Chr.) 480 Jahre nach dem Exodus gewesen sei und daß der Aufenthalt in Ägypten 400 Jahre (Gen 15,13) oder 430 Jahre (Ex 12,40 f) gedauert habe. Damit fällt das Ende der Patriarchenzeit, d. h. die Einwanderung Jakobs und seiner Söhne in Ägypten, in das 19. Jhdt. v. Chr.

Wenn man die Angaben der Bibel über das Lebensalter der Patriarchen übernimmt, so dauerte die Patriarchenzeit über 200 Jahre (Abraham soll 75 Jahre alt gewesen sein, als er Harran verließ, und 100 bei der Geburt Isaaks; Isaak 60 bei der Geburt Jakobs und Jakob 130, als er nach Ägypten zog). Dann würde diese Zeit, wie oben angegeben, im 21. Jhdt. v. Chr. beginnen. Die biblischen Lebensdaten der Patriarchen als wirklich anzunehmen fällt jedoch schwer. Das Zeugnis der Gräber in Palästina zeigt, daß die Lebensdauer jener Zeit in der Regel nicht über 50 Jahre betrug, so daß die biblischen Altersangaben nur als symbolische Zahlen zu nehmen sind, die man den verehrten Vorfahren zuschrieb.

Manche Gelehrte schließen, daß die Josepherzählung (s. *Joseph) und die Einwanderung der Kinder Israel in Ägypten mit der Hyksoszeit zusammenfällt. Damit würde die Patriarchenperiode kurz vor dem Einfall der Hyksos in Palästina festgelegt. Ferner war diese Zeit vor den Hyksos die Ära der mesopotamischen Vorherrschaft in Kultur und Wirtschaft und die Zeit des politischen Aufstiegs der Amoriter. Dies gibt nach dieser Ansicht eine bessere Erklärung für die Wanderung der Patriarchen, die ebenso leicht ihre Wohnsitze wechselten wie die Kaufleute, von denen die Tafeln aus Mari erzählen. Weiter sind viele Namen bei den Amoritern häufig, die denen der Patriarchen analog sind. Letztere liefern einen Rahmen der Fürstennamen aus Palästina, die in den Texten aus der 12. und 13. ägyptischen Dynastie stehen (19.–18. Jhdt. v. Chr.). Außerdem muß man beim chronologischen Problem noch berücksichtigen, daß manche Sitten der Patriarchen sehr altertümlich sind. Sie sind im mosaischen Gesetz nicht anerkannt, sondern stehen dem babylonischen Gesetz näher, wie es im Gesetzbuch des Hammurabi niedergelegt ist. Die heutigen Gelehrten neigen dazu, die Rechtshandlungen der Patriarchen mit hurritischen Sitten, wie sie in den Nuzitafeln bezeugt sind, zu identifizieren. Es handelt sich dabei um folgende Rechtsbräuche:

1) die Gleichordnung von Schwester und Gattin wie Gen 20, 2. 5. 12;
2) das Recht der Frau, ihrem Gatten eine Konkubine zu geben; aber das Verbot für die Frau, das Kind der Konkubine zu verjagen; gegen dieses Recht verstieß Sara, als sie Hagar vertrieb (Gen 16,2–6);
3) Patriarchat, daß eine Frau die Erlaubnis ihres Bruders nötig hat, um zu heiraten, wie in der Erzählung von Rebekka und Isaak;
4) der Besitz von Teraphim als Zeichen für das Recht auf künftige Erbschaft. Dies steht hinter dem Diebstahl der Rachel, die Labans Hausgötter zugunsten ihres Gatten Jakob stiehlt;
5) Adoption zum Zweck der Übergabe eines Teils einer Erbschaft; davon handeln die Adoptionserzählungen von Abraham und Elieser (Gen 15,2) und von Ephraim und Manasse (Gen 48,5).

6. Schlußfolgerungen: Diese Übersicht hat versucht, die Überlieferungen der Genesis und die zahlreichen sonstigen Erwähnungen der Patriarchen in anderen Büchern der Bibel mit unserem heutigen Wissen aus den archäologischen Studien in Beziehung zu setzen. Die Schlüsse dürfen aber nicht als endgültig betrachtet werden. Obwohl man die zuverlässige historische Grundlage der Genesiserzählungen erkennen kann, muß man im Auge behalten, daß das Buch Genesis zu religiösen, nicht zu historischen Zwecken geschrieben wurde. Leider hatten die Sippen und Stämme, die diese Überlieferungen weitergaben, keinerlei Sinn für Geschichtswissenschaft und haben die Erinnerungen weder genau noch chronologisch zuverlässig überliefert.

Wenn es auch im Prozeß der Weitergabe der Patriarchenerzählungen Differenzen in Einzelheiten gibt, so zerstört das doch nicht ihren Wert als Quellen für die Geschichte der Stämme und ihrer Vorfahren. Die Patriarchenerzählungen sind keine zusammenhängenden Berichte, die man in eine chronologische Folge einordnen könnte, sondern eine Sammlung von Anekdoten, die komplexe Situationen widerspiegeln; einige davon haben eine ausgesprochen literarische Form, andere weniger; alle handeln jedoch von dem Vorgang, wie die Sippen der Patriarchen in Kanaan seßhaft wurden. Während die persönliche Existenz der Patriarchen noch nicht historisch bewiesen ist, hat sich die Umwelt in den Erzählungen als zuverlässig erweisen lassen. Die Erzählungen geben eine getreuliche Darstellung der Zeit, von der sie berichten, nämlich der westsemitischen Welt in der ersten Hälfte des 2. Jahrtausends v. Chr., wie die archäologischen Funde aus der mittleren Bronzezeit Palästinas beweisen. Außerdem behaupten die Gelehrten mit Zuversicht, daß die Wanderungen Abrahams mit den Völkerbewegungen jener Zeit zusammenhängen. Selbst die extremsten Bibelkritiker erkennen jetzt die zuverlässige Grundlage der Überlieferungen an, obwohl ein wirklicher Beweis noch fehlt.

Patriarchen, Religion

Gliederung: 1. Der Glaube an El. a) El Beth-El; b) El Eljon; c) El Schaddai. 2. Religiöse Bräuche und Vorstellungen. a) Masseben; b) Höhenheiligtümer; c) Höhenheiligtümer der Patriarchen; d) Religiöse Grundgedanken; e) Ein persönlicher Gott; f) Die Rolle der Verheißung in der Religion Israels; g) Anachronismus oder geschichtliche Erscheinung? 3. Verhältnis zur außerisraelitischen Religion. a) Der kanaanäische El-Kult und die Patriarchen; b) Unterschiede zur kanaanäischen Religion.

1. Der Glaube an El: Es genügt nicht nachzuweisen, daß die Patriarchen (s. *Patriarchen, Geschichte) historische Persönlichkeiten aus der ersten Hälfte des 2. Jahrtausends v. Chr. waren, man muß sie auch richtig in die frühe Geschichte der israelitischen Religion einreihen. Das enthält mehrere besonders verwickelte Probleme. Einerseits ist es für die ganze biblische Überlieferung ein Axiom, daß die Geschichte und der Glaube Israels mit Abraham anfingen, andererseits muß der Historiker fragen, ob das wirklich wahr ist und ob der Bericht der Genesis über Abrahams Leben und Religion doch mehr ist als eine Rückprojektion einer späteren Stufe israelitischen Glaubensgutes.

Das auffallendste Charakteristikum in der Religion der Patriarchen ist der Glaube an El unter verschiedenen Namen. In den meisten Stellen der Bibel ist El eher ein Ausdruck für Gottheit überhaupt als der Spezialausdruck für den Gott Israels. Im Buch Genesis jedoch wird dieser Terminus überall als Name des großen Hochgottes El gebraucht, den wir aus Ugarit (s. *Kanaanäische Kultur und Ugarit) kennen. So bedeutet das Wort in der Zeit der Patriarchen die Gottheit.

Die Vertreter einer bestimmten Schule der Bibelauslegung, namentlich A. Alt und M. Noth, bringen viele Beispiele aus dem Altertum für eine Art von Familiengottheit bei, die sich ein Patriarch als seinen persönlichen Gott erwählt hat, zu dem er in ein besonderes vertragsmäßiges Verhältnis (s. *Bund) tritt. Die biblische Überlieferung hat einen Gesamtnamen für solche Familiengottheiten bewahrt: »der Gott der Väter« oder »der Gott von Abraham, Isaak und Jakob«. Sie enthält aber auch Erinnerungen an Namen für diese Patriarchengottheit, die sie mit besonderen Attributen oder Manifestationsweisen verknüpfen. Am häufigsten sind: »El Eljon«, El Schaddai«, El Olam« und »El Elohei Israel«. Allen diesen ist das Wort El ein gemeinsamer Bestandteil.

a) El Beth-El: An der Spitze des Pantheons, das die Kanaanäer verehrten, stand ein Gott namens El. Sein Tempel *bēt'ēl* (Haus des El) befand sich in der Stadt Luz. Es wäre wohl zu begreifen, wenn die Patriarchen und ihre Nachkommen ihren einzigen Gott im Gott der Götter sahen, der zu *bēt'el* verehrt wurde. Damit wurde der Name El Beth-El gleichbedeutend mit der Allmächtige oder Jahwe. Es wurde der Ort, den ursprünglich die Kanaanäer heilig gehalten hatten, auch in der biblischen Überlieferung geheiligt. Das Buch Genesis setzt den heiligen Ort *bēt'ēl* (s. *Bethel und Ai) in Beziehung zu Abraham, der dort einen Altar (*maṣṣebā*) erbaute (Gen 12,8; 13,3), und zu Jakob, der daselbst einen Malstein errichtete und das Gelöbnis tat, daß diese Stätte als Gotteshaus dienen solle (Gen 28, 15–22; 35, 7. 16).

b) El Eljon: Dieser Name der Patriarchengottheit wird zuerst in der Erzählung, wie Abraham von Melchisedek, dem König von Salem und Hohenpriester des *'ēl'æljōn* (dem Höchsten), empfangen wird, erwähnt. Aus dem Eid, den Abraham dem König von Sodom leistete (Gen 14,22), läßt sich schließen, daß die frühen Israeliten im *'ēl 'æljōn* der Kanaanäer auch ihren eigenen einzigen Gott sahen. Er wurde in Salem (Jerusalem) verehrt, und das ist der erste Hinweis auf Jerusalem als eine heilige Stadt, wo auch die Heiden Gott verehrten (Gen 14). Die Israeliten gebrauchten die Bezeichnung *'eljōn* in Verbindung mit *'ēl* oder *'ælohîm* (Gott). Sie betrachteten ihn als den höchsten Gott, den Schöpfer des Himmels und der Erde.

c) El Schaddai: Obwohl man den Eigennamen der Gottheit der Patriarchen nicht sicher kennt, meinen viele Gelehrte, daß die Patriarchen ihren Gott als El Schaddai und nicht als Jahwe kannten. Der Name Jahwe wurde erst Moses geoffenbart: »Ich habe mich Abraham, Isaak und Jakob als El Schaddai offenbart; als Jahwe kannten sie mich nicht« (Ex 6,3). Moderne Richtungen der *Bibelkritik weisen diese Überlieferung der Priesterschrift (P) und dem Elohisten (E) zu. Diesen sei die Überlieferung eigentümlich, daß El Schaddai der Name Gottes bei den Patriarchen war, während Moses den Namen Jahwe eingeführt habe. Auf Grund dieses Verses und der Erwähnung von El Schaddai in den Patriarchenerzählungen sind in neuerer Zeit mehrere Theorien darüber aufgestellt worden, welche Rolle der Terminus El Schaddai im Glauben und Kult der Patriarchen gespielt habe.

In der erzählenden hebräischen Literatur, sowohl im Pentateuch als auch in Ruth, bezeichnet der Ausdruck *'ēl šaddai* oder *šaddai* speziell die göttliche Macht, die Fruchtbarkeit oder Unfruchtbarkeit (d. h. vollständige Vernichtung). Der Ausdruck scheint auf den Gott des Lebens, der das Leben gibt oder verweigert und gelegentlich zerstört, angewandt worden zu sein. Zwar kann El Schaddai der Familiengott der Patriarchen gewesen sein, doch folgt daraus nicht notwendig, daß der Monotheismus im heutigen Sinn des Wortes bis auf diese frühesten Israeliten zurückgeführt werden darf. Die Überlieferungen über El Eljon, die kanaanäischen Ursprungs sind, scheinen eine weniger einheitliche Auffassung der Gottheit anzuzeigen. Andererseits können die verschiedenen Namen für die Patriarchen nur verschiedene Aspekte desselben El bedeutet haben.

2. Religiöse Bräuche und Vorstellungen: Die neuen archäologischen Entdeckungen illustrieren verschiedene religiöse Bräuche und Vorstellungen über die Offenbarung der Gottheit in der Patriarchenzeit:

a) Masseben: Beispiele für den Massebenkult sind die Errichtung von Masseben durch Jakob bei Sichem und Bethel sowie die Errichtung einer Massebe durch Jakob als Zeugnis seines Vertrags mit Laban (Gen 31,44 f). Jakob nannte die Gottheit bei Sichem *'ēl' ælohē jisrā'ēl* (Gott, der Gott Israels; Gen 33,20) und die bei Bethel *'ēl bet'ēl* (Gott vom Haus Gottes).

*b) *Höhenheiligtümer:* Die Höhen oder heiligen Orte, an denen sich Gott den Patriarchen offenbarte, sind durch Naturobjekte gekennzeichnet: durch Bäume in Sichem, Beer-Seba, Hebron, durch Brunnen und Quellen in Beer-Seba und Lachai-Roi oder Steine in Bethel und Sichem. Bei Beer-Seba pflanzte Abraham eine Tamariske und nannte den Ort *'adonaj 'ēl 'olam* (mein Herr, Gott der Welt; Gen 21,33). Lachai-Roi, wo Gott sich Hagar offenbarte, wird benannt *'attāh 'el ro'ī* (du bist der Gott des Schauens; Gen 16,13). Manche Gelehrte haben irrtümlich behauptet, daß in dieser Verbindung der Gottheit mit Naturgegenständen ein primitiver, animistischer Glaube in der Religion der Patriarchen nachwirke. Diese Theorie übersieht aber die Tatsache, daß die Patriarchen den Ort, an dem die Offenbarung stattfand, nicht mit Gott gleichsetzten, sondern ihn als Erinnerung an das Ereignis ehrten. Die Patriarchen hielten keine bestimmten Feste oder Feiertage mit zugehörigen Opferriten; wir wissen vielmehr nur von den Zeremonien mit Trankopfern von Öl oder Wein an den neuerbauten Altären. Die Errichtung eines Altars war nicht notwendig, aber erwünscht. Diese Altäre waren die Vorläufer der Heiligtümer und Tempel und der Einsetzung einer Priesterschaft.

Die Höhenheiligtümer standen tatsächlich außerhalb der erwähnten Städte. Das weist auf die halbnomadische Sitte, am Rande der Siedlungsplätze zu zelten. Außerdem existierten diese Städte vor der Ankunft der Patriarchen.

c) Höhenheiligtümer der Patriarchen: Wenn man die Kultorte und heiligen Stätten, die die Patriarchen besuchten, genau betrachtet, so kommt man zu dem merkwürdigen Ergebnis, daß, während die Überlieferung die Heiligtümer von Sichem, Bethel und Beer-Seba in mehrfacher Weise mit den Patriarchen verknüpft, spätere Propheten und Religionsreformer den Kult der Höhenheiligtümer als heidnisch verwarfen. Die Kultriten an den örtlichen Heiligtümern bildeten eine wirkliche Gefahr für den Jahwismus, wie man an der nahen Verbindung der hebräischen Überlieferung über *'el berit* in *Sichem mit dem kanaanäischen *ba'al berit,* dem dort ein Tempel geweiht war, sehen kann. Aber es ist umgekehrt ebenfalls wahr, daß *'el bēt'el* und andere Gottesnamen, welche die Patriarchen anriefen, nicht untergeordnete lokale Götter bezeichneten, sondern lauter Manifestationen des höchsten Gottes El, den die Israeliten als ihre eigene Gottheit anerkannten. Jahwe (s. *Moses) wurde in friedlicher Verschmelzung mit El identifiziert und in denselben Heiligtümern verehrt. Der Name El blieb in Gebrauch und hat tatsächlich Jahwe in der nachbiblischen Literatur verdrängt, so z. B. in *Qumran. – Die Art der Grabkammern, die in der Patriarchenzeit üblich waren (vgl. Abrahams Familiengrab in Machpela bei Hebron), gehört ebenfalls zu den charakteristischen Zügen der Religion, in der sie lebten (s. *Begräbnis).

d) Religiöse Grundgedanken: Der Bund und die Beziehung, die er zwischen den Patriarchen und ihrem Gott herstellt, ist eine der Grundthesen der Genesis. Eine wichtige Kundgebung dieser Bundesbeziehung beschreibt Gen 15, wo sich Gott vor Abraham offenbart. Infolge dieses Bundes, der auch mit Abrahams Nachkommen erneuert wurde, nahm die Gottheit seine Familie oder Sippe in Obhut. Der Bund war für alle Zeiten geschlossen, die göttliche Verheißung gegenüber den späteren Patriarchen erneuert. Im Bund von Gen 15 gab Gott ein Versprechen an »sein Volk«. Am Sinai legte er diesem Volk auch Verpflichtungen auf. Als die Israeliten auf der Basis einer Bundeseinheit eine Nation zu bilden begannen, scheint ihr Denken noch von den Vorstellungen der Patriarchenzeit beherrscht gewesen zu sein (s. *Bund).

e) Ein persönlicher Gott: Für die Bundesbeziehungen in der Religion der Patriarchen ist die Vorstellung von einem persönlichen Gott, mit dem man in intimer Weise reden konnte, eine grundlegende Voraussetzung. Die biblischen Erzähler betonen, indem sie Gott an den verschiedenen Orten sich den Patriarchen offenbaren lassen, die Glaubensüberlieferung, daß Gott dartun wollte, wie er seinem auserwählten Volk (s. *Erwählung und auserwähltes Volk) auf allen seinen Wegen folge, über es wache und für es sorge. Dafür verlangte und erhielt er von diesem die unwandelbare Treue in guten und schlechten Tagen. Dieses Element der Religion der Patriarchen war nach der Meinung vieler Gelehrter nach Natur, Wesen und Theologie von dem Glauben der späteren mosaischen und Prophetenzeit verschieden.

f) Die Rolle der Verheißung in der Religion Israels: Die einzigartige Stellung der Patriarchen in der Entwicklung der israelitischen Religion ist viel wichtiger als ihre volksmäßige und sippenmäßige Abstammung. Die ganze Philosophie der biblischen Erzählung beruht auf der Voraussetzung, daß zwar Moses der tatsächliche Begründer des Volkes Israel sei, der dessen Glauben formuliert habe, der Ursprung von beiden aber auf Abraham zurückgehe. Dieser gilt als der »Ursprung der göttlichen Offenbarung« und als der erste, dem das Land Kanaan versprochen wurde. Das ist die fundamentale Überlieferung des Buches Genesis. Die Verheißung wird wiederholt an Abraham und seine Nachkommen, die dazu bestimmt sind, in Kanaan zu wohnen, um den Anspruch auf das Land aufrechtzuerhalten, und deren Eigenschaft, Gottes auserwähltes Volk zu sein, durch den Bund verbürgt wird, an dem Abraham und seine Nachkommen teilhaben.

Man kann die göttliche Verheißung auch in soziologischer Sicht betrachten und in die Zustände des Vorderen Orients im 2. Jahrtausend v. Chr. einordnen. Die Patriarchen waren Hirten ohne Bodeneigentum, die mit der seßhaften und städtischen Bevölkerung der Gegend in Beziehung standen und in gewissem Maße von ihnen abhängig waren. Obwohl die Patriarchen kein Land zu eigen hatten, strebten sie nach dessen Besitz, der natürlich eine Vorbedingung seßhaften Lebens ist.

g) Anachronismus oder geschichtliche Erscheinung? Die Stellung, die Moses als Mittelpunkt der Geschichte der göttlichen Offenbarung einnimmt, und seine schöpferische Einwirkung auf den israelitischen Glauben, verringern in keiner Weise die Bedeutung der Überlieferung im Buch Genesis, die die Patriarchen als Urheber der israelitischen Religion und Geschichte betrachtet. Obwohl in der biblischen Überlieferung der Name Jahwe schon in der ältesten Vorzeit verwendet ist, wird bei den Ereignissen am Sinai-Horeb (s. *Moses) dem göttlichen Namen und seiner Offenbarung eine neue, ungewöhnliche Bedeutung beigelegt. Wir dürfen also den normativen Jahwismus nicht in die Patriarchenzeit zurückdatieren.

Obwohl theologisch kein Gegensatz zwischen der Verheißung an die Patriarchen und der späteren Jahwereligion besteht, setzte doch der Jahwismus erst mit Moses ein. Ex 6,2 wird ausdrücklich gesagt, daß Jahwe zwar der Gott war, der den Patriarchen erschienen war, ihnen aber noch nicht unter diesem Namen bekannt war. Alle Berichte über die Zeit vor dem Exodus stimmen darin überein, daß die Patriarchen Gott unter verschiedenen Namen verehrten. Die späteren Redaktoren des Buches Genesis, die Gott als Jahwe verehrten, schreiben die spätere Form ihres Glaubens nicht den Patriarchen zu. Nach diesem Schlüssel konnten die Gelehrten das Wesen der Patriarchenreligion aus den komplexen Erzählungen des Buches Genesis herausschälen. Früher haben viele Gelehrte Verheißung und Bund als eine Rückprojektion des späteren Jahwismus aufgefaßt; die Forschung der neuesten Zeit jedoch legt nahe, daß man die Religion der Patriarchen in Zusammenhang mit dem betrachten muß, was wir von der Religion des 2. Jahrtausends v. Chr. wissen, in der sie eine charakteristische Sonderart darstellt, wenn auch sehr unähnlich den heidnischen Religionen dieser Zeit und weit abseits vom Animismus (Polydämonismus) der anthropologischen Handbücher. Die Patriarchenreligion, wie das Buch Genesis sie beschreibt, ist nicht Anachronismus, sondern eine geschichtliche Erscheinung.

3. Verhältnis zur außerisraelitischen Religion: *a) Der kanaanäische El-Kult und die Patriarchen:* Was an Kult der Patriarchen in den Erzählungen berichtet wird, steht den Kultübungen der Kanaanäer sehr nahe. Als die Patriarchen in Kanaan einwanderten, kamen sie offenbar in Berührung mit verschiedenen Kultstätten und übten Kulte, die nach Meinung von vielen Gelehrten eine gewisse Ähnlichkeit mit denen hatten, die in den örtlichen Heiligtümern schon in Übung waren. Man brachte vorwiegend Tieropfer dar (Gen 15, 22), zu denen man keiner organisierten Priesterschaft bedurfte. Trotzdem, wie groß auch die Ähnlichkeiten sein mögen, die Patriarchenreligion der Hebräer richtete sich an die Gottheit der Vorfahren der Patriarchen, die ihnen bekannt war, ehe sie Kanaan betraten, und war darum nicht mit den lokalen kanaanäischen Kulten identisch.

Die Verehrung des El, die im Glauben der Patriarchen vorherrschte, hat Beziehungen zu den örtlichen Kulten von Kanaan wie auch in weiterem Kreise zu den Hyksos, Amoritern und anderen westasiatischen Semiten. Der Kult des El als obersten Gottes war ursprünglich nicht rein monotheistisch. Wir kennen El als Haupt des kanaanäischen Pantheons aus den ugaritischen Quellen in einer polytheistischen Religionsform. Ihm war eine ganze Reihe von anderen, kosmischen Mächten untertan, für die in der israelitischen Religion und in der Genesis kein Platz ist.

Wenn wir verschiedene kanaanäische Kultmittelpunkte vergleichen, z. B. *Meggido, *Beth-Sean und *Gezer, kommen wir jedenfalls zum Schluß, daß diese Orte schon heilige Stätten waren, als die Patriarchen ankamen. Sehr wahrscheinlich war Jerusalem, in den *Amarnabriefen *uru-salim* genannt, solch ein Kultzentrum. Eine Beziehung der Patriarchen zu Jerusalem ist allerdings aus Genesis nicht abzuleiten. Die Stadt erscheint nur im Bericht über den El-Kult, den der Hohepriester Melchisedek ausübte, zu dem Abraham in Beziehung trat (Gen 14).

b) Unterschiede zur kanaanäischen Religion: Die Religion der Patriarchen war eine Sippenreligion, die auf dem Bund der Patriarchen beruhte. Ihre Sippe war die vom schützenden Gott, der in dieser Sippe verehrt wurde, adoptierte Familie. Das ist nicht identisch mit dem späteren Monotheismus Israels. Ob die Patriarchenreligion keine »geschnitzten Bilder« besaß, wissen wir nicht – die Religion des Laban besaß solche (Gen 31,17 f). Und doch unterschied sie sich gewiß in vielen wichtigen Seiten vom üblichen Polytheismus der Kanaanäer und Mesopotamier.

Obwohl in der biblischen Überlieferung der Gott der Väter regelmäßig mit El, dem Haupt der kanaanäischen Götterwelt, gleichgesetzt wird, wird er niemals mit Baal identifiziert. Außerdem werden andere Götter in den Erzählungen der Genesis über die Patriarchen überhaupt nicht erwähnt.

Die kanaanäische Religion war ihrem Wesen nach polytheistisch und richtete sich auf die Verehrung einer großen Zahl von Göttern (s. *Kanaanäische Religion). Im Gegensatz dazu scheint der Kult der Patriarchen sehr einfach gewesen zu sein. Er enthält, wie es scheint, keinerlei Fruchtbarkeitsriten oder Orgien kanaanäischer Art. Gott gab zwar den Segen der Fruchtbarkeit (Gen 49,25), war aber in keiner Weise ein Fruchtbarkeitsgott (s. *Götzendienst in Israel).

Wenn man die Ziele der personalen Religion der Patriarchen mit den mesopotamischen Religionen vergleicht, so tritt noch ein anderer großer Unterschied hervor. Die Patriarchen glaubten, daß ihre Nachkommen gewisse, von Gott verheißene Wohltaten empfangen würden. So bezog sich Religion auf einen Segen, der von Geschlecht zu Geschlecht weiterwirken würde. Der mesopotamische Brauch und das mesopotamische Schrifttum dagegen hoben den persönlichen Ruhm und Erfolg nationaler Helden hervor und ließen die Nachkommen für sich selbst sorgen.

Paulus (Saulus) von Tarsus

Gliederung: 1. Leben und Sendung. a) Herkunft; b) Verfolgung der Judenchristen;

c) Bekehrung und erstes Wirken; d) Das Problem der Heidenmission.. 2. Missionsreisen. a) Erste Reise; b) Zweite Reise; c) Dritte Reise; d) Paulus und der Messiasgedanke; e) Paulus und die palästinensischen Judenchristen; f) Universalität des Heils. 3. Die paulinischen Gemeindebriefe. 4. Paulinische Theologie. a) Erbsünde; Paulus und das Gesetz; b) Erlösung und Auferstehung; c) Das wahre Israel; d) Parusie; e) Hellenistische Einflüsse; f) Sakramentenlehre; g) Paulus und der Talmud. 5. Gefangenschaft und Tod.

1. Leben und Sendung: Soweit ein einzelner Mensch überhaupt einer ganzen Bewegung Richtung und Form geben kann, war Paulus die einflußreichste Persönlichkeit unter den Männern der apostolischen Zeit. Seine Bekehrung kann als das bedeutendste Ereignis in der Geschichte des jungen Christentums bezeichnet werden, ohne Paulus wäre die Kirche, ihre Theologie und Verfaßtheit, nicht das, was sie geworden ist.

Dieser Eindruck ist, vielleicht etwas einseitig, schon durch die Darstellung der Apostelgeschichte, unserer Hauptquelle für die ersten Jahrzehnte des frühen Christentums, hervorgerufen worden. Ihr Verfasser, ein Mann der spätapostolischen Zeit, konzentriert sein ganzes Interesse auf Paulus und die Heidenmission, während andere bedeutende Persönlichkeiten der Urkirche kaum erwähnt und wichtige Ereignisse mit Stillschweigen übergangen werden. Auch kann das Bild, das die Apostelgeschichte von Paulus und seiner Missionstätigkeit zeichnet, weder als vollständig noch als in jeder Hinsicht zuverlässig gelten. Ein größerer Quellenwert kommt den paulinischen Briefen zu, die zwar für eine äußere Biographie nicht viel beitragen, uns aber die innerste Seele des Menschen und Apostels Paulus offenbaren.

a) Herkunft: Paulus, mit seinem hebräischen Namen Saulus, wurde in der hellenistischen Stadt Tarsus in Kleinasien geboren, wo – wie überall im kleinasiatischen Raum – eine wohlhabende und kulturell hochstehende jüdische Gemeinde beheimatet war. Als Zeltweber, d. h. wohl als Bearbeiter und Zuschneider von Lederhäuten (Apg 18, 3), verdiente er sich später seinen Lebensunterhalt auf den großen Missionsreisen durch Kleinasien und Griechenland (s. **Karten 2** und **3**).

Nach Apg 22, 3 soll Paulus ein Schüler Gamaliels (des Älteren) gewesen und in Jerusalem das Gesetz nach strengster pharisäischer Auslegung studiert haben. Die neuere Kritik hegt einigen Zweifel an dieser Angabe und bestreitet insbesondere, daß Paulus jemals ein ordinierter Rabbi gewesen sei. Sicher ist nur, daß der Apostel vor seiner Bekehrung dem Pharisäertum angehörte (Phil 3, 5). Doch scheint es, daß er seiner nonkonformistischen Art entsprechend auch innerhalb des orthodoxen pharisäischen Judentums eine Sonderstellung eingenommen hat. Seine haßerfüllte Verfolgung der Judenchristen steht jedenfalls in auffälligem Kontrast zu der toleranten Haltung Gamaliels (vgl. Apg 5, 34–39).

Seit der Entdeckung der Qumranschriften hat man wiederholt auf die z. T. frappanten sprachlichen und sachlichen Parallelen zwischen den paulinischen Briefen und der *Qumran-Literatur hingewiesen. Auf welche Weise Paulus mit essenischem Gedankengut in Verbindung gekommen ist, läßt sich aber bei der Dürftigkeit unserer historischen Kenntnisse nicht sagen. Eine vorsichtige Beurteilung ist auch deshalb geboten, weil vieles, was heut als »qumranisch« gilt, einfach Gemeingut des apokalyptischen Judentums war (Dualismus, Geisterlehre).

In der Ehefrage scheint Paulus tatsächlich eine ähnliche Haltung wie die Sektierer eingenommen zu haben, daß nämlich die für die »Endzeit« und den »neuen Äon« Berufenen nicht heiraten sollten: »Ich meine nun, das sei gut um der bevorstehenden Not willen, daß es für einen Menschen gut ist, so (unverheiratet) zu sein . . . denn die Gestalt dieser Welt vergeht« (1 Kor 7, 26. 31).

b) Verfolgung der Judenchristen: Der Pharisäer Paulus war der ehrlichen Überzeugung, daß die Judenchristen eine ernste Gefahr für die Religion seiner Väter darstellten, und so beteiligte er sich an ihrer Verfolgung. Nach dem Martyrium des Stephanus, mit dem ihn Lukas in eine wohl nur literarische Verbindung bringt, tritt er als Verfolger der Christengemeinde von Damaskus auf. Dorthin waren viele der aus Jerusalem vertriebenen Judenchristen geflohen und hatten unter der liberalen Judenschaft manche Anhänger gefunden.

c) Bekehrung und erstes Wirken: Auf dem Wege nach Damaskus hatte Paulus die Erfahrung seines Lebens: »Da stürzten wir alle zur Erde nieder, und ich hörte eine Stimme in hebräischer Sprache zu mir sagen: Saul, Saul, was verfolgst du mich? Es ist schwer für dich, gegen den Stachel auszuschlagen« (Apg 26, 14). Wie immer man auch die Erscheinungsberichte der Apostelgeschichte beurteilen mag, an der Tatsache einer plötzlichen, wunderbaren Bekehrung besteht kein Zweifel. Paulus selbst war überzeugt, den auferstandenen, erhöhten Herrn gesehen zu haben (1 Kor 15,8; vgl. 9,1; Gal 1,15–16). Darauf gründete er seinen Anspruch, Apostel zu sein und die gleichen Vorrechte genießen zu dürfen wie die Zwölf und andere Auferstehungszeugen. Die Damaskusvision erklärt auch (zum Teil wenigstens), warum Paulus den vom Tode auferstandenen Herrn und nicht das Wirken des irdischen Jesus zum Mittelpunkt seiner Heilsverkündigung gemacht hat. Der Glaube an die den Tod überwindende Kraft der Auferstehung Christi wurde die Grundlage des christlichen Lebens in den von ihm gegründeten Gemeinden (Phil 3, 10).

Erstes Wirken: Nach einer kurzen Zeit der Zurückgezogenheit und Selbstbesinnung kehrte Paulus nach Damaskus zurück und blieb dort drei Jahre. Seine Predigt des Evangeliums rief bei Juden und Judenchristen größtes Erstaunen hervor, hatte man ihn doch als glühenden Christenhasser kennengelernt.

Bald zog der Neubekehrte auch die Aufmerksamkeit der Behörden auf sich. Man versuchte ihn festzunehmen (37/38 n. Chr.), aber er entkam nach Jerusalem, wo er mit den führenden Männern der Urgemeinde kurz zusammentraf. Nur mit dem ebenfalls »hellenistischen« Judenchristen Barnabas trat er in engere Verbindung. Barnabas war es auch, der ihn neun oder zehn Jahre später nach Antiochien holte, um dort beim Aufbau der Gemeinde mitzuwirken. In der Zwischenzeit hatte sich Paulus in Tarsus aufgehalten, und außer dieser Tatsache wissen wir nicht, was er während dieser immerhin recht langen Periode seines Lebens getan hat.

In Antiochien finden wir Paulus unter den führenden Männern der jungen Gemeinde (Apg 13,1). Von dort aus ging er einige Jahre später mit Barnabas und Johannes Markus auf seine erste große Missionsreise (s.u.).

d) Das Problem der Heidenmission: Jesus hatte fast ausschließlich unter Juden gewirkt und keinen einzigen Heiden in seinen Jüngerkreis berufen. Auch die Jerusalemer Urgemeinde wandte sich mit ihrer Bekehrungspredigt zunächst nur an Juden. Bald jedoch bildete sich innerhalb oder neben der palästinensischen Urgemeinde eine besondere Gruppe von griechischsprechenden, »hellenistischen« Judenchristen die meist aus der Diaspora stammten und in manchen Fragen der Gesetzesbeobachtung und des Umgangs mit Heiden eine liberalere Haltung einnahmen. Wie die pharisäischen Juden, die eine eifrige Mission unter den Heiden betrieben und den Synagogen viele Proselyten oder »Gottesfürchtige« gewannen, fanden die hellenistischen Judenchristen nichts dabei, den neuen Glauben auch unter Heiden zu predigen. Zunächst ließ man jedoch nur solche Heiden zur Taufe zu, die sich bereits vorher dem Judentum als Proselyten angeschlossen hatten. Von einer eigentlichen Heidenmission im späteren Sinn konnte noch keine Rede sein.

Die palästinensische Urgemeinde forderte, daß sich alle aus dem Heidentum kommenden Taufbewerber vorher beschneiden lassen müßten. Mit der Beschneidung waren sie verpflichtet, als Juden zu leben, d.h. die rituellen Speisevorschriften und alle anderen Gesetze zu beobachten. Man berief sich wohl auch auf das Jesuswort: »Geht nicht auf eine Straße der Heiden und gehet nicht in eine Stadt der Samariter, sondern geht vielmehr zu den verlorenen Schafen des Hauses Israel!« (Mt 10, 5–6). Die Frage, welche Voraussetzungen ein zum Judentum bekehrter Heide erfüllen mußte, ist lang und viel unter den Schriftgelehrten debattiert worden. Meist vertrat man die Auffassung, das Judentum sei unteilbar. Die Proselyten müßten entweder ganz Juden werden oder an der Schwelle zum Judentum stehenbleiben. Für solche »gottesfürchtige« Heiden, die den Schritt zum Volljudentum nicht wagten, waren die sog. sieben »Noachischen Gebote« verpflichtend (Verbot des Götzendienstes, von Mord, Raub, Unzucht sowie einige Speisevorschriften).

Selbstverständlich stand Paulus auf seiten der hellenistischen Judenchristen, und auch er bemühte sich, das Evangelium unter den mit der Synagoge verbundenen Proselyten oder »Gottesfürchtigen« zu verbreiten. Solche Taufbewerber waren dem mosaischen Gesetz und seinen Bräuchen nicht so ergeben wie gebürtige Juden. Dies mußte allmählich zu einer Lockerung der streng jüdischen Lebensgewohnheiten innerhalb der christlichen Gemeinden führen und den Weg zur eigentlichen Heidenmission ebnen.

2. Missionsreisen: *a) Erste Reise:* Von Seleukia aus, dem Hafen von Antiochien, segelten Paulus und Barnabas nach Zypern, wo Barnabas herstammte (Apg 13). Sie landeten in Salamis, durchquerten die ganze Insel bis nach Paphos, dem Zentrum der römischen Verwaltung und predigten überall vor Juden und Heiden. Wie die Apostelgeschichte berichtet, soll sogar der römische Prokonsul Sergius Paulus, »ein verständiger Mann«, der Botschaft des Apostels Gehör geschenkt haben (Apg 13, 7). Eine bei Soloi, nördlich von Paphos, aufgefundene Inschrift scheint zu bestätigen, daß Sergius Paulus um 46–48 n. Chr. auf Zypern war.

Von Paphos kehrten Paulus und Barnabas auf das Festland zurück und predigten im pisidischen Antiochien sowie in den Städten der Provinz Galatien (s. **Karte 2**). In Antiochien wandten sie sich zunächst an die Juden, hatten jedoch bald einen so großen Erfolg bei Proselyten und Gottesfürchtigen, daß sie sich die Feindschaft der Juden zuzogen und die Stadt verlassen mußten. Auf der Haupthandelsstraße nach Syrien wanderten sie sechzig Meilen in südöstlicher Richtung bis Ikonion (Apg 14, 1–6), aber auch aus dieser alten Stadt wurden sie bald vertrieben. In Lystra heilte Paulus einen Mann, der von Geburt an gelähmt war, was die begeisterte Bevölkerung veranlaßt haben soll, ihn und Barnabas als Götter zu verehren. Nur mit Mühe habe der Apostel das Volk davon abbringen können, Barnabas, den man für Zeus hielt, und ihm, der als Hermes angesehen wurde, zu opfern. Trotzdem sei er kurz darauf von derselben Menge – auf Betreiben der Juden – gesteinigt und für tot liegen gelassen worden. Anschließend besuchten die Missionare noch Derbe und kehrten dann über Lystra, Ikonion und das pisidische Antiochien an den Ausgangspunkt ihrer Reise, nach Antiochien in Syrien, zurück. Dort berichteten sie über ihre Erfolge und hörten von der Krise, die inzwischen in der Gemeinde ausgebrochen war (s. *Apostelgeschichte).

In Antiochien waren einige streng gesetzlich denkende Judenchristen aus Jerusalem eingetroffen und hatten im Namen des Herrenbruders Jakobus die Forderung erhoben, daß alle Heidenchristen beschnitten werden müßten. Auch sollte man von ihnen die Beobachtung des jüdischen Zeremonialgesetzes verlangen. Paulus sah nicht nur die Existenz der antiochenischen Gemeinde, sondern auch sein ganzes Missionswerk bedroht. Während einer großen Hungersnot, im Jahre 49 n. Chr., kam Paulus nach Jerusalem, um die Streitfrage Jakobus und den führenden Aposteln, Petrus und Johannes, vorzulegen. Schließlich wurde ein Kompromiß angenommen, das der Herrenbruder Jakobus in die Worte gefaßt haben soll: »Deswegen urteile ich meinerseits, man solle denen, die sich aus den Heiden zu Gott bekehren, keine Schwierigkeiten machen, sondern ihnen nur vorschreiben, daß sie sich von den befleckenden Berührungen mit den Götzen und von der Unzucht und von Ersticktem und von Blut enthalten. Denn Moses hat von alten Zeiten her in jeder Stadt seine Verkündiger, da er in den Synagogen an jedem Sabbat vorgelesen wird« (Apg 15, 19–21).

Von einer zusätzlichen Beobachtung des Zeremonialgesetzes ist keine Rede mehr, und Paulus erwähnt in seinem Parallelbericht (Gal 2) nicht einmal diese »Jakobusklauseln«. Man nimmt deshalb meist an, daß die in Apg 15 enthaltene Vereinbarung ursprünglich nicht die Frage der Heidenmission entscheiden, sondern das Zusammenleben von Juden- und Heidenchristen in einer späteren Zeit regeln wollte. Auf jeden Fall erwies es sich immer mehr als unmöglich, die sich so rasch entwickelnde Heidenkirche in den Grenzen ihrer jüdischen Vergangenheit festzuhalten.

b) Zweite Reise: Paulus besuchte zunächst die während der ersten Reise gegründeten kleinasiatischen Gemeinden und wandte sich dann westwärts nach Nordgriechenland. In Philippi, einer römischen Militärkolonie, wo es nur wenige Juden und nicht einmal eine Synagoge gab, entstand eine blühende Gemeinde, mit der Paulus zeit seines Lebens in herzlicher Freundschaft verbunden blieb. Sein Brief an die Philipper, geschrieben wohl während der Gefangenschaft in Rom, ist ein bewegendes Dokument dieses Einvernehmens. Es scheint auch, daß die Gemeinde von vielen inneren Wirren verschont blieb, die anderorts durch das Zusammenleben von Juden- und Heidenchristen hervorgerufen wurden.

Trotzdem mußten sich Paulus und seine Gefährten auch in Philippi vor den Behörden verantworten, weil sie »Gebräuche verkündigten, die anzunehmen oder auszuüben uns als Römern nicht erlaubt ist« (Apg 16, 21).

Philippi war die erste der großen Städte an der Via Egnatia, die von der Ägäischen Küste nach Rom führte. Siebzig Meilen weiter lag Thessalonike, wo Paulus sich »drei Wochen« (Apg 17, 2) lang aufhielt und in der Synagoge predigte. Die beiden Thessalonicherbriefe, die ältesten seiner Briefe überhaupt, wurden noch während derselben Missionsreise vermutlich von Korinth aus geschrieben und zeigen, daß die Gemeinde in der Mehrzahl heidenchristlich war. Den Höhepunkt seines Aufenthalts in Athen bildet die vom Verfasser der Apostelgeschichte mit großer Kunst und Sorgfalt komponierte Areopagrede (Apg 17, 22–31). Paulus stellt sich hier als ein den griechischen Weisen durchaus ebenbürtiger »Philosoph« vor.

Von Athen, wo der missionarische Erfolg nicht sehr groß gewesen zu sein scheint, begab sich Paulus nach Korinth und blieb dort etwa achtzehn Monate. Unterkunft und Arbeit fand er bei dem aus Rom vertriebenen judenchristlichen Ehepaar Aquila und Priscilla. Welch tiefen Einblick Paulus in die Verhältnisse der korinthischen Gemeinde gewonnen hatte, erfahren wir aus seinen beiden in späteren Jahren geschriebenen Korintherbriefen. Während seines Aufenthalts gab es einige Auseinandersetzungen mit den Juden, die ihn sogar vor den Richterstuhl des Prokonsuls Gallio brachten (Apg 18, 12–17).

Moderne Reisende, die den Spuren des Apostels durch Kleinasien und Griechenland folgten, finden noch kaum etwas von den alten hellenistischen Städten, deren Namen durch die paulinischen Briefe unsterblich geworden sind. Von den meisten sind nur Ruinenfelder übriggeblieben, Reste von Tempeln, Marktplätzen und Theatern, wie das Bild des Theaters von Ephesos **(Abb. 83)** zeigt. Die Häfen, wo er sich einschiffte oder an Land ging, haben sich mit Sand gefüllt und liegen jetzt meist einige Kilometer von der Küste entfernt. Aber wenn auch die Städte, die Paulus besuchte, unter dem Schutt der Jahrhunderte begraben sind, ein Blick auf die Landkarte zeigt, welche enormen Entfernungen er und seine Gefährten zurückgelegt haben und wie viele Gefahren sie überstehen mußten.

c) Dritte Reise: Über Caesarea kehrte Paulus nach Antiochien zurück; doch sehen wir ihn schon bald wieder auf Reisen. Über Tarsus und die galatischen Gemeinden zog es ihn nach Ephesos, der Metropole Kleinasiens, wo er für zwei Jahre sein »Hauptquartier« aufschlagen sollte (s. **Karte 3**).

Ephesos war die Hauptstadt der römischen Provinz Asia, ein Handelszentrum, das durch seine günstige Lage an der Mündung des Kaystros als Umschlagplatz zwischen West und Ost diente. Es war eine reiche, hoch kultivierte Stadt, deren Artemistempel zu den »sieben Weltwundern« der Antike zählte. Die Stadt beherbergte auch zahlreiche Silberschmiede, die kleine Tempelchen als Andenken oder Amulette herstellten. Einer von diesen, Demetrius, wiegelte das Volk gegen Paulus auf, weil dieser gesagt habe, »was mit Händen gemacht werde, das seien keine Götter« (Apg 19, 26). Der »Aufstand der Silberschmiede« – oder was sich sonst in Ephesos ereignet haben mag – brachte Paulus in höchste Lebensgefahr, wie aus dem bald darauf geschriebenen zweiten Korintherbrief hervorgeht (2 Kor 1, 8–11).

Um diese Zeit scheint sich Paulus entschlossen zu haben, nach Rom zu gehen (Apg 19, 21). Der Brief, den er an die »Römer« schrieb, ist sein längster und bedeutendster. Damals muß die römische Gemeinde schon lange bestanden haben, und Paulus konnte sie erst sechs Jahre später besuchen, und auch das nur als Gefangener.

Am Ende dieser langen, von vielen Wechselfällen begleiteten Missionsreise kam Paulus über Ptolemais dann nach Caesarea, wo er bei dem Evangelisten Philippus einkehrte. Dort kündigte ihm ein christlicher Prophet seine bevorstehende Verhaftung in Jerusalem an (Apg 21, 11–13). Aber auch dies konnte den Apostel nicht abhalten, sein während der dritten Missionsreise begonnenes Kollektenwerk für die Jerusalemer Urgemeinde zu Ende zu führen.

d) Paulus und der Messiasgedanke: Als sich der Schwerpunkt kirchlichen Lebens allmählich von Palästina nach der Diaspora und dem westlichen Mittelmeerraum verlagerte, erfuhr der Messiasglaube, auf den sich das Judenchristentum gründete, eine bedeutsame Veränderung. Die traditionellen jüdischen Erwartungen hatten sich auf einen rein nationalen Messias aus dem Hause Davids gerichtet. Schon Jesus wollte nichts von dieser politischen Messiasidee wissen, und sein Kreuzestod hatte es vollends offenbar gemacht, daß sein Werk nicht durch bewaffneten Aufruhr, sondern nur durch Gehorsam und sühnende Liebe weiterzuführen war. So wurde die Gestalt des leidenden Gottesknechts (Jes 53) zu einem besseren Ausdruck seiner Sendung als der durch politisch-nationale Erwartungen vorbelastete Messiasbegriff.

Paulus und seine Nachfolger haben an dieser christologischen Lehrentwicklung einen wesentlichen Anteil genommen. Bei den Diasporajuden waren die nationalen Aspekte der Messiaserwartung ohnehin nicht sehr ausgeprägt. So war es leichter, Jesus als ewigen, präexistenten »Gottessohn« zu verkündigen und ihn als Erlöser der gesamten Menschheit, ja des ganzen Kosmos zu feiern. Damit mußten die Zeremonialgesetze des Judentums von selbst an Bedeutung verlieren, und von den Brüdern Jesu, die in Jerusalem unter den Judenchristen höchstes Ansehen genossen, mochten Christen, die in Jesus ein göttliches Wesen verehrten, lieber nicht reden.

e) Paulus und die palästinensischen Judenchristen: Was wir von den palästinensischen Judenchristen des 1. Jhdt. n. Chr. wissen, scheint darauf hinzudeuten, daß sie den Kreuzestod Jesu nicht zum zentralen Thema ihrer Predigt gemacht haben, wie es z. B. Paulus tat. Für sie war Jesus der Mittler eines neuen Gesetzes, der »Heilige Gottes«, der eine höhere Gerechtigkeit gelehrt hatte, die das mosaische Gesetz übertraf, es aber nicht abschaffte. Die theologischen Unterschiede, die zwischen den christlichen Gemeinden Palästinas und Paulus herrschten, hat der Apostel vielleicht selbst am besten formuliert, wenn er Gal 2, 21 in der Auseinandersetzung mit dem Judenchristentum sagt: »Wenn Gerechtigkeit durch das Gesetz käme, dann ist Christus umsonst gestorben.«

f) Universalität des Heils: Die liberale Einstellung des Apostels zum jüdischen Gesetz trug ihm den Widerstand der Jerusalemer Führungsschicht ein. Es waren Männer, die zu keinen Konzessionen in der Frage des jüdischen Zeremonialgesetzes bereit waren und vielleicht auch noch nicht ganz vergessen hatten, was der palästinensischen Kirche durch die Verfolgung des Paulus angetan worden war. Viele mögen ihm weiterhin mit Mißtrauen begegnet sein und Zweifel an der Aufrichtigkeit seiner Bekehrung gehegt haben. Die sogenannten »Judaisten«, mit denen er an verschiedenen Orten in Konflikt geriet, bildeten eine extreme Gruppe, zu der man weder die Altapostel noch den Herrenbruder Jakobus rechnen darf. Paulus sah viel klarer als diese Fanatiker, daß es unmöglich war, in der hellenistischen Welt von Sklaven und Tagelöhnern die Beobachtung des Sabbats, der Festtage und der Speisevorschriften zu verlangen. Auch die Annahme der Beschneidung bildete für viele, die sonst dem Judentum nahestanden, ein unüberwindliches Hindernis. Paulus hat seine Lösung des Problems nicht willkürlich erfunden, er hatte auch nicht die Absicht, es den Menschen möglichst leicht zu machen. Er war selber ein strenggläubiger Jude, und ihm ging es allein um die theologisch richtige Lösung: »So sei euch nun kund, ihr Brüder, daß euch durch diesen Vergebung der Sünden verkündigt wird; und von allem, wovon ihr durch das Gesetz des Moses nicht gerechtgesprochen werden konntet, wird durch diesen jeder, der glaubt, gerechtgesprochen« (Apg 13, 38–39). Mit dem Kommen des Messias waren die rituellen Forderungen des Gesetzes abgeschafft. Es bestand keine Notwendigkeit mehr, das jüdische Gesetz den Heiden aufzuerlegen, da diese durch Christus gerettet worden waren – nicht als Juden, sondern als Heiden.

3. Die paulinischen Gemeindebriefe: Nach dem Apostelkonzil von Jerusalem, das die Rechtmäßigkeit der Heidenmission grundsätzlich anerkannt hatte, verkündigte Paulus das Evangelium in den Provinzen Galatien, Asia, Achaia und Makedonien. Gleich ob jüdischer oder heidnischer Herkunft, den Christen stellten sich zahlreiche neue Probleme, die einer Klärung bedurften. Es ging um Fragen des Glaubens,der religiösen Praxis, der Gemeindeordnung, der Bußdisziplin und des Verhältnisses zu den heidnischen Mitbürgern.

Die paulinischen Briefe wurden geschrieben, um diese und viele andere Fragen zu beantworten. Sie wurden öffentlich in den Gemeindeversammlungen vorgelesen, vielleicht schon bald abgeschrieben und an andere Gemeinden versandt.Sammlungen paulinischer Briefe waren wohl schon in den letzten Jahrzehnten des 1. Jhdts. n. Chr. verbreitet. Für den Historiker liegt ihr Wert hauptsächlich darin, daß sie – zwischen 50–64 geschrieben – die ältesten schriftlichen Dokumente des Christentums darstellen. Sie bieten nicht nur einen autobiographischen Bericht vom Leben und der »Christuserfahrung« eines Mannes, der zu den bedeutendsten Gestalten der Weltgeschichte zählt, sie gewähren uns auch Einblick in das Leben, die Sorgen und Hoffnungen der frühesten christlichen Gemeinden. Während das Bild, das die Apostelgeschichte von Paulus zeichnet, mehr erbaulich wirkt, steht in seinen Briefen der wirkliche Mensch und Theologe Paulus vor uns. Die Briefe (s. *Briefliteratur) lassen sich nach ihrer vermutlichen Entstehungszeit folgendermaßen ordnen:

Erster und zweiter Thessalonicherbrief; in ihnen verteidigt Paulus sein apostolisches Wirken gegen die Vorwürfe jüdischer Gegner. Die Briefe wurden zwischen 50 und 52 in Korinth, gegen Ende der zweiten Missionsreise, geschrieben. (Die Echtheit von 2 Thess ist allerdings umstritten.)

Galaterbrief; er wendet sich wohl nicht, wie man früher annahm, an die Gemeinden der römischen Provinz Galatia, Ikonium, Lystra, Derbe, pisidisches Antiochien (süd-

galatische Theorie), sondern an Gemeinden der eigentlichen Landschaft Galatien (nordgalatische Theorie). Der Brief ist das leidenschaftlichste Dokument des sog. »Judaistenstreites«; Paulus verteidigt sein gesetzesfreies Evangelium gegen alle legalistischen und ritualistischen Verfälschungen.
Erster und zweiter Korintherbrief; geschrieben von Ephesos bzw. Makedonien aus während der dritten Missionsreise. Paulus tadelt die Korinther wegen ihrer Spaltungen, ruft sie zur Einmütigkeit auf, gibt ihnen Antwort auf praktische Fragen des christlichen Lebens, verteidigt sein Apostelamt gegen pneumatisches Schwärmertum und judaistische »Superapostel« und ruft zu großzügiger Beteiligung am Kollektenwerk für die judenchristliche Muttergemeinde in Jerusalem auf.
Römerbrief; ähnelt, zumindest in seinem ersten Teil, mehr einem theologischen Traktat. Paulus legt den ihm noch unbekannten römischen Christen sein Evangelium dar und kündigt seinen Besuch an.
Philipperbrief, Kolosserbrief, Philemonbrief; geschrieben vermutlich während der römischen Gefangenschaft (um 60–64 n. Chr.). Abgesehen vom Kolosserbrief, der an eine dem Apostel unbekannte Gemeinde geschrieben ist und gegen eine jüdisch-gnostische Irrlehre polemisiert, handelt es sich um die persönlichsten Briefe, die wir aus der Hand des Apostels besitzen.
Epheserbrief und Pastoralbriefe; ihre Echtheit ist umstritten. Während der Epheserbrief vielleicht um 80 n. Chr. von einem Paulusschüler nach dem Vorbild des Kolosserbriefes verfaßt wurde, stammen die Pastoralbriefe wohl erst aus dem 2. Jhdt. Daß in ihnen echte Fragmente von Paulusbriefen verarbeitet seien, ist nicht sehr wahrscheinlich (s. *Briefliteratur).
4. Paulinische Theologie: Jesus hatte das Gesetz neu interpretiert und ihm den ursprünglichen Willen des heiligen Schöpfergottes gegenübergestellt. So konnte er »Gesetz und Propheten« auf den einen Grundsatz zurückführen: »Du sollst den Herrn, deinen Gott, lieben und deinen Nächsten wie dich selbst!« Die Pharisäer dagegen lehrten, daß jedes Gebot des Gesetzes aus sich selbst verbindlich sei. Hinzu kam noch etwas Wichtiges: Jesus verwarf das den Pharisäern heilige mündliche Gesetz, die »Überlieferungen der Väter« (s. *Jesus).
Die judenchristliche Urgemeinde verkündigte den Tod und die Auferstehung Jesu, ohne über die Konsequenzen dieses Geschehens allzu tief nachzudenken. Man lebte wie bisher nach dem Gesetz und wartete auf die Wiederkunft des Messias Jesus in Herrlichkeit. Erst der schriftgelehrte und spekulativ begabte Pharisäer Paulus erkannte, daß mit dem Kommen des Evangeliums das Gesetz in Frage gestellt war.
a) Erbsünde; Paulus und das Gesetz: Die Lehrer des Judentums predigten das Gesetz (Thora) als einen Weg zur Gerechtigkeit. Paulus bestritt dies. Für ihn war die Thora nur eine vorläufige Einrichtung, die dem Menschen seine ganze Sündhaftigkeit und Hoffnungslosigkeit demonstrieren sollte. Das Judentum sah die Situation des Menschen nicht so pessimistisch an, sondern billigte dem freien Willen die Fähigkeit zu, sich zwischen der Herrschaft Gottes und der Macht des Bösen zu entscheiden (s. *Pharisäer). Wenn sich der Mensch bemühe, das Gute zu tun, müsse ihm Gott helfen, das Böse zu überwinden.
Paulus hatte aus eigener Erfahrung gelernt, daß alle Beobachtung des Gesetzes die Macht der Sünde nicht brechen könne. Das Heil, die Erlösung von Sünde und Tod, war nur zu erwarten, wenn Gott selber persönlich eingreife und der Herrschaft der Unheilsmächte ein Ende mache. Vor Damaskus waren dem blindwütigen Verfolger der Jünger Jesu die Schuppen von den Augen gefallen: Der, den er als Todfeind des Gesetzes haßte, war Gottes Sohn, war der Erlöser, der das, »was dem Gesetz unmöglich war«, bewirkt und »die vom Gesetz geforderte Gerechtigkeit erfüllt« hatte (Röm 8, 3–4).
Von nun an konnten alle, die mit Jesus durch den Glauben verbunden waren, an seinem »Tod für die Sünde« Anteil haben. Noch mehr, sie konnten durch die Taufe »dem Gesetz sterben«, um »für Gott zu leben« (Gal 2, 19).
b) Erlösung und Auferstehung: So wurde die Botschaft von der Erlösung durch Jesu Tod und Auferstehung das Zentrum des paulinischen Evangeliums. Wie Jesus vom Tod zum Leben erweckt worden war, so waren alle Gläubigen in der Taufe mit Christus gestorben und hatten die Anwartschaft auf ein neues, von der Sklaverei der Sünde befreites Leben erhalten. Dieses von Gott geschenkte Leben war aber nicht nur ein Hoffnungsgut, das sich bei der Parusie voll offenbaren werde; jetzt schon, in dieser Welt, wohnte der Heilige Geist in den Herzen der Gläubigen und befähigte sie zu einem neuen Wandel. Gewiß war Paulus zu seinen tiefen theologischen Einsichten vor allem durch eine intensive in-

nere Erfahrung gekommen; aber neben der persönlichen Erfahrung standen die unübersehbaren pneumatischen Phänomene im Leben der ersten Gemeinden. Unser individualistisches Zeitalter kann sich kaum eine Vorstellung machen, wie wesentlich für Paulus das Erlebnis der vom Gottesgeist erfüllten Gemeinden mit all der Fülle und dem Reichtum charismatischer Gaben gewesen sein muß. Hier liegen auch die Wurzeln seiner Lehre von der Kirche als dem »Leib Christi«, die – an die bekannte stoische Lehrfabel vom Leib und seinen Gliedern anknüpfend – zum gemeinsamen selbstlosen Dienst in gegenseitiger Verantwortung und Liebe aufrufen will. Paulus war überzeugt, daß auch ein krankes und schwaches »Glied« des Leibes Christi mit Hilfe der anderen Glieder wieder »heil« und gesund werden könne (vgl. 1 Thess 5, 14; Gal 6, 1).
Christus, der ohne Sünde war, hat zur Sühne für die Sünden der Menschheit gelitten. Mit seinem Tod am Kreuz ist das Gesetz abgeschafft worden. Seine Auferstehung hat allen Menschen das Heil gebracht, gleich ob Juden oder Heiden. Man hat gesagt, für Paulus sei die Auferstehung an die Stelle getreten, die im sektiererischen Judentum der Taufe vorbehalten war. Tatsächlich hat Paulus die christliche Taufe eng mit dem Tod und der Auferstehung Jesu verknüpft (Röm 6). Eine nicht minder bedeutungsvolle Rolle spielt die Auferstehung in der eschatologischen Konzeption des Apostels. Christus ist als »Erstling der Entschlafenen« auferweckt worden (1 Kor 15, 20), alle anderen werden ihm folgen. Sein Auferstehungsleben ist der Prototyp des zukünftigen Lebens all derer, die »Christi« sind (Phil 3, 21).
c) Das wahre Israel: Paulus war zu der Überzeugung gekommen, daß man das »wahre Israel« nur mehr in den Anhängern Jesu, der christlichen Kirche, finden könne. Das »Israel nach dem Fleisch« sei wegen seines Unglaubens gegenüber Jesus verworfen worden und habe seine Erwählung verscherzt. Von nun an entscheide nur noch der Glaube und nicht die Gesetzesbeobachtung über das zukünftige Heil. Jesus habe alle Menschen von Sünde und Tod erlöst und sie alle gleich gemacht. Für die Heiden gebe es keine Schranke mehr, wenn sie Gott nahen wollten. Deshalb konnte Paulus sagen: »Da ist nicht Jude noch Grieche, da ist nicht Sklave noch Freier, da ist nicht Mann und Weib; denn ihr alle seid *einer* in Christus Jesus. Wenn ihr aber Christus angehört, seid ihr ja Abrahams Nachkommenschaft, Erben, gemäß der Verheißung« (Gal 3, 28–29). Paulus blieb in seinem Herzen jederzeit ein Jude, er hat sich innerlich nie von seinem Volk gelöst; deshalb hoffte er auch, daß einmal die Zeit kommen werde, da die Juden durch Gottes Erbarmen zusammen mit den Heiden das Evangelium annehmen und wieder in ihre alten Rechte als Gottes auserwähltes Volk eingesetzt werden würden.
d) Parusie: Auch wenn Paulus in mancher Hinsicht von den Anschauungen des Judenchristentums abwich, so teilte er doch mit ihm die Erwartung der Parusie, des kommenden Messiasreiches: »Denn der Herr selbst wird unter einem Befehlsruf, unter der Stimme eines Erzengels und unter dem Schall der Posaune Gottes vom Himmel herabkommen, und die Toten in Christus werden zuerst auferstehen; danach werden wir, die Lebenden, die Übrigbleibenden, zugleich mit ihnen entrückt werden in Wolken, dem Herrn entgegen in die Luft; und so werden wir allezeit beim Herrn sein« (1 Thess 4, 16–17). In seinen späteren Briefen hat Paulus die Parusieverkündigung nicht mehr so stark in den Vordergrund gestellt; die Hoffnung aber, daß der Herr wiederkommen werde, hat ihn nie verlassen.
e) Hellenistische Einflüsse: Die geschichtliche Leistung des Paulus besteht nicht zuletzt darin, daß er die christlichen Glaubenslehren in einer Weise formuliert hat, die auch gebildeten Hellenisten – Juden und Heiden – verständlich und annehmbar war. Wie weit er mit der griechischen Philosophie vertraut war, ist freilich umstritten. Jedenfalls hatte er die Lehrvorträge der kynischen und stoischen Wanderprediger *(diatribē)* im Ohr, wie manche Passagen seiner Briefe beweisen.
Auch eine gewisse Bekanntschaft mit den heidnischen Mysterienreligionen darf man Paulus wohl nicht absprechen. Überall im Mittelmeerraum gab es Kulte, in denen das Sterben und Auferstehen von Vegetationsgottheiten begangen wurde. Es ist durchaus möglich, daß sich Paulus – bewußt oder unbewußt – von den Vorstellungen und Ausdrucksformen dieser Mysterienkulte beeinflussen ließ.
Sprachliche und inhaltliche Analogien bedeuten jedoch nicht unbedingt, daß der aus alttestamentlich-jüdischen Wurzeln stammende christliche Glaube sich im paulinischen Christentum zu einer heidnischen Mysterienreligion gewandelt habe, wie im Zeitalter der religionsgeschichtlichen Er-

forschung des NT wiederholt behauptet wurde. Die neuere Exegese hat überzeugend nachgewiesen, wie sehr Paulus trotz mancher hellenistischer Züge dem jüdischen Denken verhaftet blieb.
Manche Begriffe, die man früher als eindeutig »hellenistisch« erklärt hat, sind jetzt in der Qumranliteratur nachgewiesen, so daß Paulus seine Terminologie auch aus dem sektiererischen Judentum geschöpft haben kann. So bezeichnet z. B. das in der Qumranliteratur häufige Wort »Mysterium« das eschatologische Heilshandeln Gottes – eine durchaus jüdische Vorstellung.
f) Sakramentenlehre: Der neue Glaube verlangte vom Menschen nichts mehr – und nichts weniger – als die völlige Überantwortung des gesamten Lebens an Jesus, den Messias und Gottessohn. Dies bedeutete für Paulus die »Freiheit in Christus«, eine Freiheit, die er durch keine Riten und Zeremonien einzuengen wünschte. Trotzdem hat auch Paulus seine Gemeinden als organisierte soziale Gebilde gegründet, als »Kirchen«. An Stelle der zahlreichen Vorschriften des jüdischen Gesetzes wurden nur zwei Riten eingeführt, die Sakramente der Taufe und der *Eucharistie. Obwohl Paulus durch seine Theologie erst eigentlich den »sakramentalen« Charakter dieser beiden Riten herausgestellt hat, wollte er doch nie als deren Urheber gelten. Er hat selber schon die Taufe empfangen (Apg 9, 18), und von der Eucharistie erklärt er ausdrücklich, daß ihm der Ritus »vom Herrn her«, d. h. wohl von der judenchristlichen Urgemeinde überliefert wurde (1 Kor 11, 23).
g) Paulus und der Talmud: In der talmudischen Literatur wird Paulus nirgendwo deutlich erwähnt, obwohl viele rabbinische Aussprüche als Antwort auf die paulinische Gesetzes- und Rechtfertigungslehre verstanden werden können.
5. Gefangenschaft und Tod: Bei seinem letzten Besuch in Jerusalem (um 61 n. Chr.) überbrachte Paulus die Spenden der heidenchristlichen Gemeinden für die Armen der Urgemeinde. Trotzdem scheint es erneut zu Spannungen mit dem judaistischen Flügel der Urgemeinde gekommen zu sein. Wie sich die Dinge im einzelnen abgespielt haben, ist aus der Darstellung der Apostelgeschichte, unserer einzigen Quelle, nicht mehr mit Sicherheit zu entnehmen. Jedenfalls wurde Paulus unter dem Verdacht, einen Heiden(christen) in die inneren Höfe des *Tempels mithineingenommen zu haben, verhaftet und bald nach *Caesarea gebracht, wo sich sein Prozeß mehr als zwei Jahre hinschleppte. Da der Prokurator Festus geneigt schien, den Gefangenen wieder an die Juden auszuliefern, was für ihn den sicheren Tod bedeutet hätte, sah sich Paulus gezwungen, an das kaiserliche Gericht in Rom zu appellieren. Man weiß nicht genau, ob diese römische Gefangenschaft gleich mit einem Todesurteil endete oder ob Paulus noch einmal freigelassen und erst zu einem späteren Zeitpunkt wieder verhaftet wurde. Auf jeden Fall wurde er um das Jahr 67, als ganz Palästina sich gegen Rom erhoben hatte, enthauptet und auf der Straße nach Ostia, etwa drei Meilen von der Stadt entfernt, begraben. Das NT berichtet nichts über sein Martyrium. Erst die apokryphen Paulusakten (Ende des 2. Jhdts. n. Chr.) wissen Einzelheiten zu erzählen, deren historischer Wert jedoch fragwürdig ist (s. *Apostelgeschichte).

Persien und Israel
Gliederung: 1. Von den Anfängen bis zum Reich der Meder. a) Anfänge; b) Das Königreich der Meder. 2. Das Reich der Perser. a) Aufstieg Persiens; b) Achämenidenfürsten. 3. Kyros II. und das persische Weltreich. a) Revolte Kyros' II.; b) Ausbau des Reiches durch Siege über Lydien und Babylon; c) Kyros' Religionspolitik; (1) Herold des Gottes Marduk; (2) Befreiung der Juden. 4. Darius und das persische Weltreich. a) Kambyses II. erobert Ägypten; b) Darius, der Erbauer des persischen Weltreichs; c) Die Organisation des persischen Weltreichs. 5. Von Artaxerxes bis zum Untergang des Reiches. a) Artaxerxes I., Esra und Nehemia; b) Autonome Verwaltung in Judäa; c) Die Juden von Elephantine; d) Untergang Persiens. 6. Die persische Kultur. a) Die persische Sprache; b) Die Königspaläste; c) Persien und Jerusalem; d) Die persische Religion; e) Die Juden in Persien; f) Die Juden im Partherreich.
1. Von den Anfängen bis zum Reich der Meder: *a) Anfänge:* Die ersten schriftlichen Berichte über die Völkerschaften des Hochlandes von Iran datieren erst aus dem 9. Jhdt. v. Chr. Aus anderen Zeugnissen geht jedoch eindeutig hervor, daß die Besiedlung des Gebietes zwischen dem Tigris und dem Industal in prähistorischer Zeit, und zwar schon im 5. und 4. Jahrtausend v. Chr. begonnen hatte. Im 2. Jahrtausend v. Chr. lebten im Hochland von Iran iranische (indo-europäische) Nomaden, und zwar handelte es sich um einen südlichen

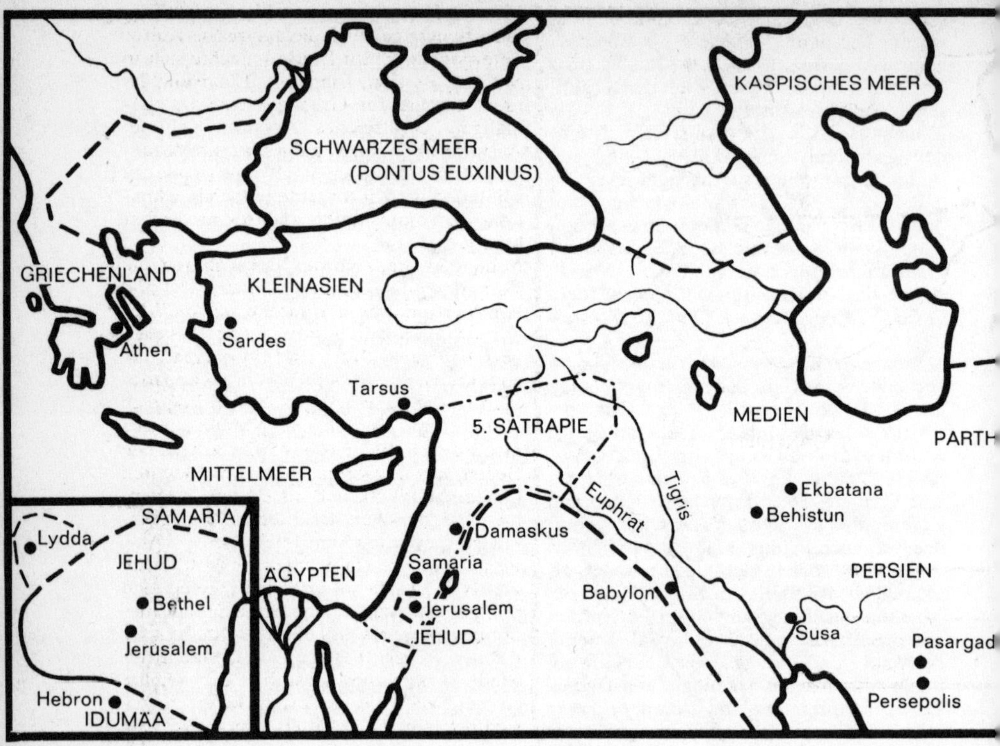

Karte 30. Westasien zur Zeit der Meder und Perser

Zweig dieser Völkergruppe, die aus den Steppen südlich und östlich der Kaspischen See in das Land gekommen waren.

Die Perser waren nicht das erste Volk, das im Hochland von Iran ein regelrechtes Reich (beziehungsweise eine eigene Kultur) geschaffen hatte. Vor ihnen lebten dort schon die Meder, ein Volk, das mit ihnen ethnisch und kulturell verwandt war. Das Land der Meder umschloß den Nordwesten des Hochlands von Iran westlich der Kaspischen See und südlich des Zagrosgebirges (das heutige Aserbeidschan und Teile des persischen Kurdistan; s. **Karte 30**). Dies Gebiet gehörte zum Territorium eines alten westasiatischen Reiches, von dessen Geschichte aber nur sehr wenig bekannt ist. Man weiß lediglich, daß während der Regierungszeit Salmanassars III. (859–824 v. Chr.), dessen Truppen über das Land herfielen, die Meder bereits hier aufgetaucht waren. Salmanassar hatte es auf Tribut und vor allem die Vollblutpferde abgesehen, für die die Ebene nordöstlich von Assyrien berühmt war. Spätere assyrische Könige folgten Salmanassars Beispiel. Schamschi–Adad V. (824–811 v. Chr.) fegte über 1200 Städte und Ortschaften der Meder hinweg und legte dem Land schwere Tribute auf; seine Nachfolger trieben es nicht viel besser. Asarhaddon (681–669 v. Chr.) zwang seine medischen Vasallen, in einem Vertrag (s. die Keilschrifttafeln **Abb. 659** aus dem Jahre 672 v. Chr.) die Thronfolge seiner Söhne in Assyrien und Babylon zu unterstützen (s. *Assyrien und Israel 6; *Gesetze Israels 2f).

Als die assyrische Großmacht in der zweiten Hälfte des 7. Jhdts. v. Chr. allmählich zerbrach, erhoben sich die Meder wider sie.

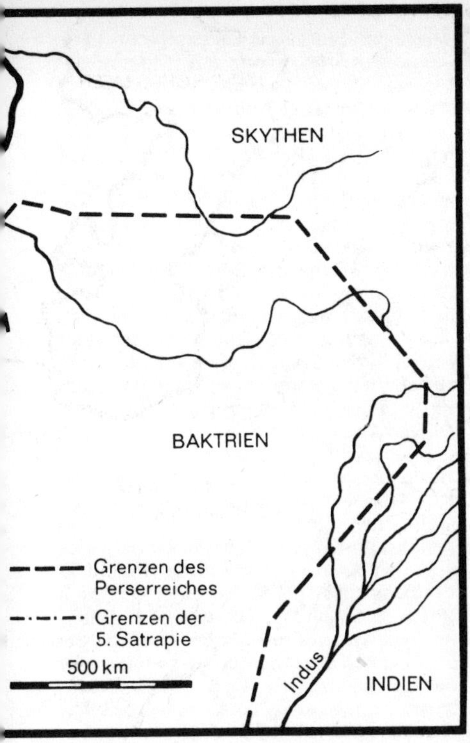

Mit der Gründung eines unabhängigen Königreiches schüttelten sie die Oberherrschaft Assyriens endgültig ab.

b) Das Königreich der Meder: Es gelang den Medern, sich unter der Führung eines einzigen Herrschers zu einer Nation zusammenzuschließen. Herodot berichtet, die neue Dynastie habe sich gerühmt, von Dejokes, dem Gründer von Ekbatana (der Hauptstadt Mediens), abzustammen. Unter dem ersten König dieser Dynastie sagte sich Medien von der assyrischen Oberherrschaft los. Der nächste König, Phraortes, konnte sich die Perser, die damals südlich und östlich von Medien ansässig waren, unterwerfen. So entstand eine neue politische Kraft, die sich schließlich unter ihrem dritten König Kyaxares I. im Verein mit Babylon gegen die Assyrer wandte und im Jahre 612 v. Chr. Ninive zerstörte.

Mit der Zerstörung ihrer Hauptstadt war jedoch nicht zugleich die assyrische Kultur untergegangen. Ihr Einfluß machte sich in Medien, Persien, Elam (s. *Elam und Israel) und anderen Grenzgebieten des ehemaligen Großreiches Assyrien geltend. Assyrien hatte längst aufgehört, im Vorderen Orient politisch noch eine Rolle zu spielen, seine Kultur lebte jedoch in Ekbatana und einer Reihe anderer medischer Städte fort.

Nach dem Fall Ninives übernahmen die Babylonier die Kontrolle über das Tiefland von Mesopotamien, während sich die Meder im Hochland nördlich von Assyrien verschanzten. Ihr Einflußbereich erstreckte sich im Westen bis nach Kappadokien in Kleinasien. Kyaxares' Königreich grenzte im Norden an Nebukadnezars Großreich Babylon (604–562 v. Chr.). Die Beziehungen zwischen beiden Mächten blieben friedlich, und als es zum Zusammenstoß zwischen den Medern und Lydiern in Kleinasien kam (590–585 v. Chr.), riefen jene die Babylonier als Mittler an. Der Halys wurde als Grenze festgelegt und der Friedensschluß durch die Heirat des Sohnes Kyaxares' mit einer Tochter des lydischen Königs besiegelt. Die Macht der Meder – oder zumindest ihr Ruf – reichte so weit, daß die exilierten Juden zuversichtlich hofften, Medien würde Babylon zerschmettern (Jes 13, 17; 21, 2; Jer 51, 11. 28).

2. Das Reich der Perser: *a) Der Aufstieg Persiens:* In assyrischen Quellen aus dem 9. Jhdt. v. Chr. wird das Land *Parsua* erwähnt. Dieses lag offensichtlich südlich von Armenien, und obwohl manche Gelehrte glauben, es sei das Stammland der Perser gewesen, gibt es doch keinen überzeugenden Beweis für die Richtigkeit dieser Annahme. Die früheste eindeutige Erwähnung Persiens, das heißt des Landes östlich und südlich von Elam, taucht in den Annalen Assurbanipals (Mitte des 7. Jhdts. v. Chr.) auf, wo es heißt, er habe Tribut von Kurasch, dem König von Parsumasch – gemeint ist Kyros I., ein Vorfahr Kyros' II., des Großen –, empfangen.

Von ihren eigenen Problemen in Anspruch genommen und aus Furcht vor Assyrien hielten sich die Perser vom politischen Geschehen in Westasien fern. In der Mitte des 6. Jhdts. v. Chr. begannen sie jedoch eine wichtigere Rolle in der Geschichte zu spielen.

b) Achämenidenfürsten: Zu Beginn des 7. Jhdts. v. Chr. tauchte östlich von Elam (s. *Elam und Israel) eine neue Dynastie persischer Fürsten auf, die sich nach ihrem ersten Fürsten Achaimenes benannte. Nach der späteren Überlieferung folgte auf Achaimenes dessen Sohn Teispes, der die aus Keilschriftdokumenten des 3. und 2. Jhdts. v. Chr. gut bekannte Provinz Anschan (südöstlich von Susa) eroberte. Teispes wurde vom Mederkönig Phraortes unterworfen, konnte aber später die Kontrolle über die Persien genannte Landschaft erlangen. Auf Teispes folgten Kyros I. und Kambyses I.; Persien blieb jedoch weiterhin ein Vasall Mediens.

3. Kyros II. und das persische Weltreich: *a) Revolte Kyros' II.:* Kyros II. (559–530 v. Chr.) festigte zunächst seine Stellung in Persien, dann erhob er sich gegen die Vorherrschaft Mediens. Im Jahre 551 v. Chr. stürzte er Astyages, den letzten Mederkönig. Er eroberte Ekbatana, die medische Hauptstadt, brachte die Meder völlig unter seine Kontrolle und machte sich zum »König der Meder«. Mit diesem Akt begründete er eine Konförderation von Persern und Medern in seinem Reich. Persische und medische Bräuche und Gesetze wurden miteinander verschmolzen (vgl. Dan 6, 8. 15), die Perser übernahmen die Kultur der Meder, deren Religion, militärische und politische Organisation, Waffentypen sowie deren Kleidung und Sitten. Im neugeschaffenen Reich saßen viele Meder auf verantwortungsvollem Posten, und Ekbatana sowie Susa (Schuschan) in Elam wurden die Hauptstädte des neuen persisch-medischen Reiches.

b) Ausbau des Reiches durch Siege über Lydien und Babylon: Kyros war es gelungen, sein Reich zu einer Weltmacht zu machen. Er wandte sich nun gegen Kroisos von Lydien, dem Amasis von Ägypten und möglicherweise auch Nabonid (oder dessen Regent Belsazar) von Babylon zu Hilfe kamen. Im Jahre 547 v. Chr. besiegte Kyros den Kroisos und nahm dessen reiche Stadt Sardes (*Sepharad* bei *Obadja, V. 20) ein.

Schließlich zog Kyros im Jahre 539 v. Chr. gegen Babylon zu Felde. Am 29. Oktober eroberte sein General Gubaru (Gobyras) Babylon, und Kyros konnte im Triumph in die Stadt einziehen (vgl. Dan 5, 28ff; s. *Babylon und Israel). Mit diesem Sieg wurde Persien die führende Macht im Vorderen Orient. Kyros unternahm noch eine Reihe von Feldzügen und festigte durch sie Persiens Stellung in Westasien. Einer der Titel, die er sich selbst gab, lautete »König von Babylon und König der Länder«.

c) Kyros' Religionspolitik: (1) Der Herold des Gottes Marduk: Als Kyros in Babylon – das ohne Blutvergießen kapituliert hatte – einzog, wurde er von den Priestern der heiligen Stätten Babylons wärmstens begrüßt. Er bestätigte erneut die Privilegien, die ihnen in den Tagen Nabonids, des letzten Königs von Babylon (s. *Babylon und Israel), entzogen worden waren, und machte der unpopulären Politik dieses Königs ein Ende. Einer Inschrift auf einem Zylinder **(Abb. 687)** zufolge nannte sich Kyros der Herold des Gottes Marduk, eine Bezeichnung, die damals als feste Formel in Gebrauch war. Er ließ die von Nabonid nach Babylon gebrachten Götterbilder wieder in den Tempeln der besiegten Völkerschaften aufstellen und bat diese um Fürbitte für ihn bei ihren nationalen Gottheiten Marduk und Nabu.

(2) Befreiung der Juden: In seinem Aufruf an die jüdischen Exulanten in Babylon (Esr 1, 1–4) erscheint Kyros als Herold »des Gottes, der in Jerusalem wohnt« (V. 3) und gewährt ihnen, »das Haus des Herrn« wiederaufzubauen. Dieser Aufruf steht in Einklang mit seiner Politik einer religiösen Wiedergutmachung, wie er sie auch Babylon und anderen eroberten Ländern gegenüber verfolgte. So wurden zum Beispiel die Kultgegenstände, die aus dem Jerusalemer Tempel weggenommen worden waren, den Juden zurückerstattet. Ferner berichtet Esr 1, 1–7, daß ein Dekret allen Juden, die es wünschten, die Rückkehr nach Jerusalem erlaubte. Der zweite Text über dieses Dekret (Esr 6, 2–5) erwähnt jedoch nichts von einer allgemeinen Genehmigung zur Rückkehr, enthält lediglich Bestimmungen über den Wiederaufbau des Tempels aus Mitteln des königlichen Schatzes und über die Rückerstattung der heiligen Gefäße. Es ist darum möglich, daß Sesbazar (Esr 5, 14), Fürst von Israel, in Wirklichkeit gar nicht vom König zum Gouverneur der Provinz Judäa ernannt worden war, sondern daß eine königliche Kommission, der auch jüdische Führer und Fürsten angehörten, nach Jerusalem entsandt wurde, um den Wiederaufbau des Tempels zu beaufsichtigen.

Kyros herrschte bis 530 v. Chr. Vorher hatte er noch in Pasargadae, nördlich von Persepolis, eine neue Metropole errichtet.

4. Darius und das persische Weltreich: *a) Kambyses II. erobert Ägypten:* Unter Kambyses (Kanbuzi) II. (530–522 v. Chr.) dehnte sich das persische Weltreich bis zum Mittelmeer und nach Nordafrika aus. 525 v. Chr. eroberte er Ägypten und organisierte es als persische Satrapie.

b) Darius, der Erbauer des persischen Weltreiches: Auf Kambyses II. folgte Darius I. (522–486 v. Chr.), ein Herrscher, der kein direkter Abkömmling der Achämeniden war. Sein Vater Hystaspes war unter den beiden vorangegangenen Königen Satrap von Parthien und Hyrkanien in Nordpersien gewesen. (Der Machtbereich eines Satrapen ähnelte dem eines Vasallenkönigs). Eine ganze Kette von Rebellionen und Aufständen überall im Weltreich, in deren Verlauf der männliche Nachkomme des herrschenden Zweiges der Achämeniden getötet worden war, hatte Darius' Thronbesteigung überhaupt erst möglich gemacht. Die ersten Jahre seiner Regierung gingen damit hin, seine Stellung gegenüber anderen Thronanwärtern zu behaupten. In den Provinzen herrrschten Aufruhr und Terror. Die Juden nahmen an keiner offenen Rebellion teil, ihre geheimen Hoffnungen und Wünsche äußerten sich jedoch in einem starken Aufschwung messianischer Erwartungen (vor allem in den Schriften der Propheten *Haggai und Zephanja).

Als Darius seinen Königsthron fest in der Hand hatte, machte er sich daran, das Weltreich neu zu organisieren, eine Tat, die ihm bei vielen Gelehrten den Ehrentitel eines »Erbauers des Weltreichs« eingebracht hat. Ein Relief **(Abb. 661)**, das man in seiner neuen Hauptstadt Persepolis fand, zeigt ihn auf seinem Thron, während er den Kronprinzen Xerxes (vielleicht der Ahasveros des Buches *Esther) empfängt.

c) Die Organisation des persischen Weltreichs beruhte auf Prinzipien, wie sie in der Alten Welt bisher unbekannt waren. Kyros hatte eine straffe, wirksame Zentralregierung eingeführt, gelegentlich gewährte er jedoch den Vasallenkönigen unter seiner Kontrolle weitgehende Autonomie in internen Angelegenheiten. Das Weltreich war in Satrapien und Unter-Satrapien eingeteilt. Jeder Satrapie stand ein Satrap vor, der im allgemeinen Mitglied einer der sechs aristokratischen Familien Persiens war, von Fall zu Fall konnte es auch eine angesehene Persönlichkeit aus der einheimischen Bevölkerung sein. Der Satrap hatte innerhalb der Grenzen seines Gebietes fast unumschränkte Gewalt, wurde jedoch von Zivil- und Militärbeamten, die unmittelbar der Zentralregierung verantwortlich waren, beaufsichtigt. Jeder Satrap wurde zu gewissen Tributleistungen aufgefordert und hatte eine vorgeschriebene Zahl von Soldaten für die Armee des Königs zu stellen. Im allgemeinen ließen die persischen Herrscher die angestammten Religionen, die Sprache und das kulturelle Leben in den verschiedenen Satrapien unangetastet. Darius verbesserte die Verwaltung der großen Satrapien (es gab 21 oder nach Ansicht mancher Gelehrter 29 oder 31) und machte die Satrapen zu Mittlern zwischen dem König und der einheimischen Bevölkerung. Er reorganisierte die Armee, verbesserte das Rechtssystem, schuf eine königliche Post innerhalb des Weltreiches und gab Münzen heraus. Die Herrscher der Satrapien und Vizesatrapien (der nach Völkerschaften gegliederten Provinzen oder *medinta*) behielten ein beachtliches Maß an interner Autonomie, und vielleicht liegt hier der Grund für die relative Stabilität, derer sich das Weltreich bis zum Ausgang des 4. Jhdts. v. Chr. erfreute. Diese Organisationsform machte es einer kleinen, schwachen Gemeinschaft wie den Juden möglich, zu überleben und ein hohes Maß an innerer Unabhängigkeit zu bewahren.

Aufs Ganze gesehen, war es Darius gelungen, ein großes, festgefügtes Reich zu schaffen. Eine Niederlage brachte der Versuch, die griechischen Peloponnes zu erobern. Die persische Streitmacht wurde von einem kleinen griechischen Heer im Jahre 490 v. Chr. bei Marathon geschlagen. Persien war nie imstande, die Griechen zu unterwerfen.

5. Von Artaxerxes bis zum Untergang des Reiches: *a) Artaxerxes I., Esra und Nehemia:* Die Lage der Juden verbesserte sich beträchtlich in der Zeit Artaxerxes' I. (465–424 v. Chr.). Er ernannte Esra zum Mittelsmann für die Interessen der Juden am königlichen Hof (Esr 7, 12ff) und entsandte diesen offiziell nach Jerusalem mit dem Auftrag, den Juden in Jerusalem zu helfen, nach ihren altehrwürdigen Gesetzen zu leben und sie in allen religiösen und weltlichen Belangen zu führen (s. das bei Esra zitierte königliche Dekret). Esra wurde vom König ermächtigt, das Leben der jüdischen Gemeinde nach den Vorschriften der Thora zu organisieren. Das königliche Edikt machte die Thora zum offiziellen, anerkannten Gesetz des Landes (Näheres s. *Restauration und Perserzeit, Esra und Nehemia).

Eine noch weitreichendere Verbesserung für die Juden brachte die Ernennung Nehemias, Artaxerxes' »Mundschenken«, zum Gouverneur von Judäa. Mit seinem Einfluß beim König erreichte er den Wiederaufbau der Jerusalemer Stadtmauern und die Neuorganisation der jüdischen

Abb. 659. Keilschrifttafel eines Briefwechsels zwischen Medern und Asarhaddon aus dem Jahr 672 v. Chr.

Abb. 661. Relief aus dem Palast Darius' I. (522–486 v. Chr.) in Persepolis: Darius empfängt den Kronprinzen Xerxes

Abb. 660. Der persische Königsthron wird auf diesem Relief von der Armee getragen

Abb. 662. Relief aus dem Königspalast in Persepolis: Soldaten und tributtragende Vasallen

Gemeinde (Neh 2, 3–8; s. *Restauration 3 und Perserzeit, Esra und Nehemia).

b) Autonome Verwaltung in Judäa: Über die Beziehungen zwischen Judäa und Persien in bezug auf die Verwaltung des Landes während des letzten Jahrhunderts persischer Herrschaft (4. Jhdt. v. Chr.) ist praktisch nichts bekannt. Nach A. Schalit sank Judäas Stellung von einer *medinta* zu einer untergeordneten Provinz innerhalb einer größeren Satrapie herab. Dieser Wechsel scheint sich während der letzten Jahre unter Artaxerxes und unter Darius II. vollzogen zu haben. Wie es dazu kam, weiß man jedoch nicht.

Das Vorkommen von Münzen mit der Aufschrift *jhd* (*J^ehud*), eine symbolische Bezeichnung für die Provinz Judäa, und Inschriften mit demselben Namen oder mit *jršlm* (Jerusalem) aus der persischen Epoche (s. *Inschriften) lassen nach E. L. Sukenik und W. F. Albright den Schluß zu, daß die Provinz Judäa als eine hierokratische Gemeinschaft oder eine nationale Einheit gesehen wurde mit besonderen dem Volk und den Hohenpriestern verliehenen Vorrechten in der Verwaltung des Landes einschließlich dem Recht, eigene Münzen zu prägen (s. Art. *Münzen).

Artaxerxes I. starb bald nach Abschluß der von Nehemia und Esra in Judäa durchgeführten Reform. Auf ihn folgten Xerxes II. (424 v. Chr.), Darius II. (423–404 v. Chr.), Artaxerxes II. (404–358 v. Chr.), Artaxerxes II. Ochus (358–338 v. Chr.) und Darius III. (336–331 v. Chr.).

c) Die Juden von Elephantine: Im Gegensatz zur Dürftigkeit der historischen Zeugnisse über die palästinensischen Juden hat die Entdeckung der Papyri von Elephantine (s. **Abb. 77**) uns interessante Einblicke in das Leben der jüdischen Militärkolonie in Oberägypten verschafft. Diese Dokumente schließen eine Korrespondenz zwischen den Kolonisten und dem Hohenpriester in Jerusalem über die Feier des Passah ein. Sie berichten auch, daß es durch Intrigen der Ägypter zu antijüdischen Krawallen gekommen und bei diesen Tumulten der Tempel zu Elephantine zerstört worden war. Die Juden baten daraufhin Bagoas, den persischen Gouverneur von *J^ehud* (Judäa), sowie den Gouverneur von Samaria um Vermittlung bei den ägyptischen Behörden. Ihre Bitten hatten Erfolg und man gestattete ihnen den Wiederaufbau des Tempels (s. *Ägypten und seine Beziehung zu Israel 6).

d) Untergang Persiens: Das persische Weltreich dehnte sich von Indien bis zum Süden Ägyptens aus, doch ruhte es auf sehr schwankenden Fundamenten. Die verschiedenen Nationalitäten waren den eigentlichen Persern an Zahl weit überlegen, und es fehlte die tragende Idee, die die Vielfalt zu einer einheitlichen Gemeinschaft hätte zusammenschweißen können. Im ausgehenden 5. und im 4. Jhdt. v. Chr. gab es keine starke Zentralgewalt, und die persische Armee war keine wirksame Streitmacht mehr. Sie rekrutierte sich zum Teil aus den verschiedenen Völkerschaften des Reiches, ihr Rückgrat stellte jedoch ein hauptsächlich aus Griechen gebildetes Söldnerheer dar. Wie ein Jahrtausend später das römische Weltreich, so war auch das persische Reich zu einem überalterten, brüchigen Gebilde geworden, das jedem disziplinierten Gegner als leichte Beute zufallen mußte: im Falle Persiens der makedonischen Armee unter Alexander, die klein an Zahl war, aber von erfahrenen und mutigen Männern geführt wurde.

6. Die persische Kultur: *a) Die persische Sprache:* Um 650 v. Chr. schrieb man die indoeuropäische Sprache der Perser in einer Art Keilschrift, die ein System von 51 einzelnen Silben benutzte. Später übernahmen die Perser für die gesamte Verwaltung ihres Reiches die aramäische Sprache und Schrift, die dann zur lingua franca für ganz Westasien wurde (s. *Alphabet und Schrift).

b) Die Königspaläste: Das Leben am Hof eines persischen Königs ist im Buch *Esther gut skizziert, aber erst die zahlreichen archäologischen Funde in den Ruinen von Persepolis, Susa und anderen persischen Städten haben uns ein historisch getreues Bild von der Pracht und Größe persischer Paläste vermittelt. Der königliche Palast von Persepolis, von Darius erbaut, ist ein Denkmal für die Kunst und Kultur der Perser. Zum Palast kamen die Delegationen der unterworfenen Völker, um dem Herrscher ihren Tribut zu entrichten, ein Vorgang, der in dem Apadana oder der Halle der hundert Säulen in einem Relief verewigt ist, einem Bauwerk, das für Audienzen diente und für die zeremonielle Parade des berühmten Regiments der Unsterblichen. Der östliche Aufgang zum Apadana war mit Reihen von Skulpturen verziert, die Ränge der Soldaten und Tributträger darstellten **(Abb. 662)**. Das Apadana wurde unter Darius begonnen und unter Xerxes I. vollendet. Das Dach ruhte auf 36 Säulen, von denen vier noch erhalten sind. Der Thron der Könige wird gewöhnlich dargestellt, wie er von den Abgesandten aller Völker des Reiches getragen wird. Auf **Abb. 660** wird er von der Armee des Reiches getragen (s. *Esther). Die Stadt Persepolis wurde von Alexander dem Großen niedergebrannt, nachdem er die Macht gestürzt hatte, deren großartiges Symbol diese Stadt gewesen war.

c) Persien und Jerusalem: Von diesem politischen Hintergrund fällt auf die Ereignisse in Jerusalem kaum Licht. Unter der Herrschaft des Kambyses kontrollierte der Satrap von Abar-Nahara (*ēbir-nāri,* der »Provinz jenseits des Flusses« Euphrat) das Gebiet vom Euphrat bis Ägypten (s. **Karte 30**; Abar-Nahara war die 5. Satrapie), Kambyses scheint von Kyros' Edikt über den Wiederaufbau des Tempels nichts gewußt zu haben und versuchte, die Ausführung des Werkes zu verhindern (Esr 4). Man richtete jedoch ein Gesuch an Darius, und dieser ordnete vermutlich eine Nachprüfung an. In Ekbatana (der alten Hauptstadt des Kyros) fand man eine Kopie des Ediktes. Darius bestätigte daraufhin die Anordnungen seines Vorgängers und wies sogar persische Beamte an, beim Wiederaufbau tatkräftige Hilfe zu leisten. Ferner genehmigte er eine Zuteilung von Salz für den Tempel und befreite die Juden von der hohen Salzsteuer, die er seinen übrigen Vasallen auferlegte (s. *Verfassung, Verwaltung und Staatsformen 3).

Manche Gelehrte sehen den Hauptgrund für die weise Politik des Kyros und vor allem des Darius in ihrer Zugehörigkeit zur toleranten Religion des Zoroaster (s. unten d.).

Unter Darius' Nachfolger Xerxes I. (486–465 v. Chr.) gab es in Abar-Nahara schwere Aufstände. Einige Gelehrte nehmen an, es habe sich um die Zeit gehandelt, da Judäas Feinde, seine Nachbarn (und die Samaritaner), Jerusalem angriffen und seine Mauern zerstörten.

d) Die persische Religion: Die alten Perser verehrten Naturgötter, und zwar Fruchtbarkeits- und Astralgottheiten. Den Dienst versahen Priester, die alle dem Stamm der Magi (persisch *maguš*) angehörten. Zu Beginn des 6. Jhdts. v. Chr. gründete der Prophet Zoroaster, auch als Zarathustra und unter anderen Namen bekannt, eine neue Religion, die auf dem Prinzip »Tue das Gute und hasse das Übel« beruhte. Er führte die Idee eines einzigen Gottes, Ahuramazda, des »gerechten Meisters der Gerechtigkeit« ein, der durch das reinigende Feuer und Wasser symbolisiert wurde, und seines Gegenspielers, des Erzdämons Ahriman, der alles Böse repräsentierte. Charakteristisch für diese Religion waren ihre ethischen Belehrungen und ihre Toleranz gegenüber anderen Göttern und Glaubensüberzeugungen.

Die iranische Religion lehrte, daß es Aufgabe des Menschen sei, für Gerechtigkeit und für das Gute zu kämpfen, und zwar sowohl durch ein wahrhaftiges und rechtes Verhalten als auch durch produktive Arbeit. Auf rituelle Reinheit wurde größter Wert gelegt, dagegen forderte man keine asketische Selbstverleugnung. Die Lehre schloß auch den Glauben an ein individuelles Gericht nach dem Tod und eine endgültige Ära der Erlösung ein, in der »am Ende der Zeiten« das »Gute des Lebens, der Reinheit und der Wahrheit« siegreich sein und in Ewigkeit fortdauern werde. Jesaja trat diesem Glauben entgegen (45,6f u.ö.), doch steht außer Frage, daß der Einfluß persischen Glaubensgutes in der Folgezeit auch im Judentum spürbar wurde, vor allem in der Lehre über *Engel und Dämonen. Persischen Einfluß verraten auch die Bücher *Daniel, *Tobias und die apokalyptischen Apokryphen (s. dazu *Deuterokanonische Bücher). Er wird ferner erkennbar in der dualistischen Theologie der *Qumran-Schriften (dem Kampf zwischen dem Guten und dem Bösen), in ihrer Lehre von der Kosmischen Ausweitung der Macht Satans und vom Königtum Jahwes, aber auch im Neuen Testament. Die Frage, wieweit dieser Einfluß reichte, wird von den gelehrten verschieden beantwortet. Einige halten ihn nur für sehr oberflächlich; er habe sich hauptsächlich im Bereich der Vorstellung und der Bildersprache ausgewirkt. Wenn es aber tiefere theologische Einwirkungen gegeben habe, dann seien die meisten Spuren vom gesetzestreuen Judentum später wieder getilgt worden.

Allerdings hatte sich die ursprüngliche Religion Zoroasters zur Zeit der Achämenidenkönige längst in eine Vielfalt von synkretistischen Kulten aufgelöst, die mehr den Dualismus zwischen dem Guten und dem Bösen betonten als die ursprüngliche Vorstellung von einem universalen göttlichen Herrscher. Ein positiver Kern dieses Glaubens wird jedoch in der wohlwollenden Religionspolitik des Kyros und Darius I. deutlich.

e) Die Juden in Persien: Das Leben der Juden in Judäa war während der zwei Jahrhunderte (538–333 v. Chr.), da ihr Land von einem Satrapen regiert wurde, sowohl in politischer als auch in kultureller Hinsicht mit dem Geschick des persischen

Weltreichs verknüpft. Im eigentlichen Persien war eine starke Kolonie von Juden entstanden (s. *Esther, [Buch]). Das Buch Esther spricht von ihnen als von einer einflußreichen Gruppe innerhalb der Bevölkerung von Susa, aber auch in allen 127 Provinzen des Reiches (1, 1). Diese Angabe steht in Widerspruch zu den 31 Satrapien, deren damaliges Bestehen als historisch einigermaßen gesichert anzusehen ist (unter Xerxes wurde ihre Zahl auf 20 reduziert). Die Zahl 127 kehrt bei Dan 6, 2 wieder, wo aber vermutlich dieselbe Tradition weitergegeben wird.

f) Die Juden im Partherreich: Über ihre Geschichte ist nur wenig bekannt, doch lebte wohl bereits im 4. Jhdt. v. Chr. eine größere Anzahl von Juden in Parthien. Sie blieben dort auch in der Folgezeit, als die Parther Mesopotamien, das ehemalige Babylon und Medien zwischen 250 und 225 v. Chr. überrannten. Dieses Gebiet hatten sie den Seleukiden entrissen und behaupteten sich während der ganzen hellenistischen und römischen Epoche auf dem ehemals persischen Territorium. Um die Vorherrschaft im Nahen Osten führten die Parther beständig Krieg mit Rom. Sie fanden es mitunter politisch klug, sich mit jüdischen Fürsten zu verbünden. Im Jahre 40 v. Chr. setzten sie Antigonus Mattathias (s. *Hasmonäer) wieder auf den Thron von Judäa, und die Juden des römischen Weltreichs sahen die Parther irrtümlich als ihre möglichen Befreier an.

Die Parther gewährten ihren jüdischen Kolonien ein beträchtliches Maß an Autonomie, und unter ihrer Herrschaft begann die Blütezeit der berühmten rabbinischen Schulen in Mesopotamien.

Unter der Dynastie der Sassaniden erlangte Persien seine Unabhängigkeit wieder, und von 225 n. Chr. an waren auch die alten jüdischen Niederlassungen in Babylon und Persien der Sassanidenherrschaft unterworfen. In dieser Epoche wurde der babylonische Talmud kompiliert – ein klarer Beweis, daß jüdisches Leben in Persien weiterbestand und sich kraftvoll entfaltet hatte (s. auch *Assyrien und Israel; *Babylon und Israel; *Elam und Israel).

Pharisäer

Gliederung: 1. Unzulänglichkeit der Quellen. 2. Organisation und Lebensweise der Pharisäer. 3. Eigenart und Lehre. a) Der Zehnte; b) Rituelle Reinheit; c) Die Ethik der Pharisäer; d) Das mündliche Gesetz; e) Parteistreitigkeiten mit den Sadduzäern; f) Soziale Vorstellungen der Pharisäer; g) Die Theologie der Pharisäer; h) Erziehung und intellektuelle Erneuerung. 4. Fortbestand der pharisäischen Bewegung.

Im Judentum des letzten Jahrhunderts vor und des ersten Jahrhunderts nach der Zeitenwende waren die Pharisäer die führende und einflußreichste Partei. Ihre Interpretation des mosaischen Gesetzes und ihre Art, wie sie es auf die Erfordernisse des Alltags anwandten, beherrschte die religiöse und politische Szene gegen die Opposition der *Sadduzäer und der extremen Sekte der Essener (s. *Qumran; *Gesetz Israels).

Der hebräische Name *p·rušim* meint wohl eine abgesonderte Gruppe, die auf rituelle Reinheit bedacht war und den Kontakt mit dem gemeinen Volk mied, doch herrscht über die Herkunft des Namens keine Übereinstimmung. Strenge Trennung von anderen Gemeinschaften war auch der Grundsatz der Essener und anderer Sektierer (s. *Qumran). Kultische Reinheit war ein wesentliches Element des Judentums überhaupt, obwohl über die Handhabung bei Essenern und Pharisäern beträchtliche Meinungsunterschiede bestanden. Die Letzteren lebten inmitten des Volkes, während die Essener sich in kleinen Gemeinschaften zusammenschlossen und von den übrigen Juden absonderten. Auch in den Methoden, wie die Reinheit zu verwirklichen sei, gab es keine Übereinstimmung. Die einen führten die Vorschriften im Alltagsleben inmitten ihrer Umgebung aus, die anderen abgeschieden von der Welt, das heißt im wesentlichen auf mönchische Weise, während die Pharisäer mehr die missionarische Aufgabe sahen und Zeugnis für ihren Glauben ablegten.

Wie die jüdischen Parteien entstanden sind, ist unklar. Die Pharisäer führten ihre Lehre auf die *Chasidäer und andere Gruppen, die den Makkabäeraufstand unterstützt hatten, zurück. Heute sind viele Gelehrte der Ansicht, daß sich letztlich alle Parteien von den Chasidäern herleiten, nur daß jede sich andere Ziele der Chasidäer zum Leitbild erkor.

1. Unzulänglichkeit der Quellen: Die hauptsächlichsten Quellen für unsere Kenntnis der Pharisäer und Sadduzäer sind die Werke des Flavius *Josephus und die Sprüche der tannaitischen *Rabbiner, wie sie uns in der *Mischna, im Talmud und Midrasch erhalten sind. Eine zusätzliche – wenn auch voreingenommene – Informationsquelle ist das Neue Testament. Keine der Quellen bietet uns jedoch ein ausgewogenes Bild. Die talmudischen Schriftsteller waren entweder nicht imstande oder nicht willens, alle sozialen und politischen Faktoren, die während der fraglichen Periode mitwirkten, zu berücksichtigen. Sie konzentrierten sich bei allen Fragen auf ihre gesetzlichen Aspekte und betrachteten alles als Erörterung der Halacha (Weisungen, die für alle Fragen des zivilen und religiösen Gesetzes gegeben wurden). Neuere Entdeckungen und Untersuchungen haben unsere Kenntnis bereichert, so daß sich die moderne Wissenschaft ein umfassenderes und genaueres Bild von den Pharisäern machen kann.

2. Organisation und Lebensweise der Pharisäer: Josephus nennt die Zahl von 6000 *ḥaberīm* (Mitgliedern), was den Schluß nahelegt, daß es sich um eine von den Massen abgesonderte, exklusive Organisation gehandelt hat. Wegen der vielen minutiösen Vorschriften, die ihre Lebensweise bestimmten und zugleich ihre rituelle Reinheit garantierten, lebten sie in getrennten Ortschaften oder bildeten in den Städten streng abgeschlossene, isolierte Gemeinschaften. Obgleich dadurch eine Kluft zwischen ihnen und all jenen entstand, die von einer peinlich genauen Observanz gegenüber dem Gesetz nichts wissen wollten oder zumindest die Vorschriften sorgloser handhabten, mieden die Pharisäer nicht den Kontakt mit der Umwelt, im Gegenteil, sie waren eifrig bestrebt, die Massen mit ihren Traditionen und ihrer religiösen Observanz mehr und mehr vertraut zu machen.

Die Lebensweise der Pharisäer forderte totale Unterwerfung unter jede noch so beiläufige Bestimmung des mosaischen Gesetzes bezüglich der rituellen Reinheit. Um ein *ḥābēr* (Mitglied) zu werden, mußte ein Kandidat erst das Gelübde der Reinheit und Heiligkeit ablegen, eine zweistufige Probezeit durchmachen und sich einer *ṭ·bīlā* (einem rituellen Bad) unterziehen. Erst dann hatte er Anspruch darauf, am rituellen reinen Mahl der Bruderschaft teilzunehmen. S. Lieberman und Ch. Rabin bemerkten, daß dieses Ritual sehr enge Parallelen zu dem der Qumransekte aufweist, andere Gelehrte sind jedoch der Ansicht, daß die Sekte zu viel strikterer Observanz verpflichtet war. Zudem wandten die Pharisäer nicht wie die Essener dem Leben der Nation den Rücken. Sie nahmen auch am Tempelgottesdienst teil, was die Essener für sich ablehnten (s. *Qumran).

3. Eigenart und Lehre: *a) Der Zehnte:* Ein Beispiel für pharisäische Genauigkeit war die Beobachtung der Vorschrift (Num 18,26), Gott den Zehnten (ein Zehntel) jeder gekauften oder gegessenen Nahrung zu opfern. Um auch nur die Möglichkeit eines Fehlers auszuschließen, zahlten die *ḥaberīm* den »Zehnten des Zehnten« auf jede Ware, die sie kauften, und weigerten sich zu essen, wo der Verdacht bestand, daß der Zehnte nicht entrichtet worden war, das heißt in den Häusern des einfachen Volkes (des *'amm hā'āræṣ*). Diese Praxis wird – wenn auch abschätzig – im Neuen Testament erwähnt. Jesus sei in das Haus eines Pharisäers eingeladen worden, aber diese hätten sich entrüstet, weil er »mit Zöllnern und Sündern«, das heißt mit den *'amm hā'āræṣ* Mahl gehalten habe.

b) Rituelle Reinheit: Die Pharisäer beharrten auf strikter Beobachtung der Reinheitsvorschriften beim Mahl. Sie betrachteten es als Sünde, die rituell reine Nahrung beflecken zu lassen, zum Beispiel durch die Berührung mit einer unreinen Person. Darüber hinaus mußten alle benutzten Gefäße einschließlich der luxuriösen Glas- und Metallgefäße, die wohlhabende Juden in hellenistischer Zeit eingeführt hatten, den Vorschriften der Schrift genügen, sonst wären sie von den Pharisäern für unbrauchbar erklärt worden. Zum Beispiel nahmen die Pharisäer freiwillig ihre gewöhnlichen Mahlzeiten unter den gleichen strengen Reinheitsgesetzen ein, wie sie für Priester niedergelegt waren, die das Hebeopfer (*t·rūmā*) darbrachten oder Teigwaren im Heiligtum opferten (s. *Opfer). Außerdem war die levitische Reinheit der Kleidung vorgeschrieben, wenn man an den gemeinsamen Mahlzeiten der *ḥaberīm* teilnehmen wollte.

c) Die Ethik der Pharisäer: Dies sind nur einige Beispiele für die Hingabe, mit der die Pharisäer die Forderungen religiöser Observanz bis in kleinste Details beachteten. Für sich allein betrachtet, scheinen solche Regeln nicht mehr als sinnlose Einschränkungen des Tagesablaufs zu sein. Richtig beurteilt, muß man die Hunderte von Geboten jedoch in Zusammenhang mit dem Mühen des Pharisäers um persönliche Reinheit und Heiligkeit vor Gott sehen. die Pharisäer forderten von ihren *ḥaberīm* ein viel höheres Maß an Liebe und Vergebung als von den übrigen Mitbürgern. Ihren großen Einfluß, den sie als Gruppe erlangten, verdankten sie aber ihren ethischen Grundsätzen. So hatten sie Vorschriften für das häusliche, das wirtschaftliche und das soziale Zusammenleben. Zur Zeit, als diese Vorschriften formuliert wurden, bezogen sie sich auf die

vorhandenen Umstände und dienten als Richtschnur für das Leben der Gemeinschaft. Heute dagegen stehen viele dieser *hālākōt* völlig außerhalb dessen, was für einen modernen Menschen erstrebenswert ist.
Jüdisches Leben wurde als eine Einheit, als ein Ganzes empfunden, das in der Gemeinde erst seinen eigentlichen Ausdruck finden sollte. Die Pharisäer und die Rabbinen billigten keineswegs eine asketische Zurückgezogenheit (wie die der Essener oder *Qumransekte). Für sie bedeutete das gewöhnliche Leben, ob im Werk oder in der Ruhe, inmitten der Familie und der Nachbarschaft, auch Dienst vor Gott. In diesem Sinn bezogen sich die *miṣwōt* auf das alltägliche Leben. Ihre Einhaltung heiligte den Menschen, und im Gehorsam konnte er wirklich geistliche Befriedigung finden. Diese fromme Art des »Lebens unter dem Gesetz« (s. *Gesetz Israels) wurde ein besonderes Charakteristikum des nachexilischen Judentums, besonders nach der Makkabäerzeit. Noch mehr als Treue zum Tempelkult wurde treues Festhalten am Gesetz zum eigentlichen Angelpunkt jüdischen Lebens. Dies machte das sonst unbegreifliche Phänomen, daß sich nach der Zerstörung des Tempels (70 n. Chr.) das normative Judentum wieder reorganisierte (s. *Rabbinen), überhaupt erst möglich.
Die Pharisäer waren eine Gruppe von Menschen, und es gab auch unter ihnen Gute und Schlechte. Und wie allem Sterblichen Unzulänglichkeit anhaftet, bestand auch bei ihnen unvermeidlich ein Mißverhältnis zwischen vorgesetztem Ziel und tatsächlicher Ausführung. Im Licht der heutigen *historischen* Erkenntnisse sowie nach sorgfältiger Analyse aller vorhandenen Quellen finden sich moderne Wissenschaftler, und zwar sowohl christliche als auch jüdische, bereit, diese Gruppe gegen den jahrhundertealten Vorwurf der Heuchelei und Scheinfrömmigkeit zu verteidigen. Man sieht in den Pharisäern heute Menschen, die wie alle mit Fehlern und Schwächen behaftet waren, doch als religiöse Gemeinschaft unsere Anerkennung und Hochschätzung verdienen.
d) Das mündliche Gesetz: Die Pharisäer glaubten fest, daß das mosaische Gesetz eine immer gültige Offenbarung sei. Moses habe das geschriebene Gesetz am Berge Sinai zur gleichen Zeit erhalten wie die mündlich überlieferten Gesetze (*hālākōt*). Deshalb hielten sie sich auch für berechtigt, das mosaische Gesetz den sich wandelnden Bedingungen einer immer vielschichtiger werdenden Gesellschaft anzupassen. Diese mündlichen Gesetze (s. *Gesetz Israels; *Mischna) waren ihrer Ansicht nach für die Nation nicht weniger lebensnotwendig als das geschriebene Gesetz (die Thora), und sie mühten sich, das Leben der Nation in den Rahmen der Halacha einzubeziehen. Eine so elastische Interpretation des Gesetzes versetzte sie in die Lage, auch neue Gegebenheiten innerhalb des Lebens der Gemeinde zu berücksichtigen. Sie legten großen Nachdruck auf den Sinn und den Geist, die hinter jeder Forderung standen, und erklärten so zum Beispiel, daß hinter dem rachsüchtigen »Aug' um Aug'« (*lex talionis*) der Schrift nur die Absicht stehe, daß ein Opfer in dem Umfang zu entschädigen sei, als es Schaden erlitten habe, und dies mag auch der ursprüngliche Sinn der Forderung gewesen sein. Solche Neuerungen blieben nicht ohne Einfluß und wirkten sich bis in die Gestalt des modernen orthodoxen Judentums aus. Die alten pharisäischen Ideale der Reinheit und ihre Art, Feste zu feiern, haben sich fast unversehrt bis zum heutigen Tag erhalten.
e) Parteistreitigkeiten mit den Sadduzäern: Die Frage nach der richtigen Interpretation der Bibel brachte die Pharisäer in direkten Konflikt mit den *Sadduzäern, vor allem als die Pharisäer ihre Interpretationen für die Nation als Ganzes einschließlich ihrer Gegner für verbindlich erklärten. Die Sadduzäer lehnten das mündliche Gesetz der Pharisäer und deren elastische Auslegung des geschriebenen Gesetzes ab und forderten statt dessen eine exakte Einhaltung des Buchstabens des mosaischen Gesetzes. Sie übten die absolute Kontrolle über den Tempel und seine Verwaltung aus und fürchteten, daß der Einfluß der Pharisäer und deren Neuerungen ihre Vorrechte schmälern könnten. Die Pharisäer fürchteten dagegen, daß eine Machtergreifung der Sadduzäer zur Anarchie führen und in zivile und religiöse Streitigkeiten ausarten könnte. Die zwischen beiden Parteien bestehende Kluft, die sich in vielen Lebensbereichen auswirkte, wurzelte in grundlegenden sozialen Differenzen.
f) Soziale Vorstellungen der Pharisäer: Die Pharisäer hatten mehr Verständnis für menschliche Schwächen und waren gegen außergewöhnliche Härte in der Bestrafung. Sie waren die Partei der Mittelklasse, der Kaufleute und Handwerker sowie der Gelehrten und Gesetzeslehrer. Sie befaßten sich mit dem einfachen Volk und vertraten zum Beispiel in der Auseinanderset-

zung mit den Sadduzäern, wer für das tägliche Brandopfer des Tempels aufzukommen habe, einen mehr demokratischen Standpunkt. Sie traten nämlich dafür ein, daß jeder Tempelbesucher jährlich einen halben Sekel zu zahlen habe und die Kosten aus diesem Fundus getragen werden sollten. Die Pharisäer widmeten auch dem Weltjudentum mehr Aufmerksamkeit als die Sadduzäer, deren Horizont auf den Tempel und darum auf die Grenzen Palästinas beschränkt war. Aber die Tempelsteuer war praktisch von fast allen Juden in der ganzen Welt zu zahlen.

Um den Glauben im Volk zu verwurzeln, legten die Pharisäer großen Nachdruck auf die Feier der Feste zu Hause – besonders die feierliche Begehung des Passah um den Familientisch – und führten Volksbräuche ein wie den Wasserschöpfungsritus im Tempel am Sukkoth (Laubhüttenfest; s. *Feste und Feiertage), der von den Sadduzäern mit Geringschätzung betrachtet wurde, weil er nicht biblischen Ursprungs war. Bemerkenswert ist auch, daß es die Pharisäer waren, die den Schwerpunkt des großen Versöhnungstages vom hohenpriesterlichen Ritual im Tempel auf die Beobachtung der vorgeschriebenen Bußwerke in der Gemeinde verlagerten.

g) Die Theologie der Pharisäer schloß das Problem des Guten und des Bösen, der Unsterblichkeit der Seele, der Endzeit (s. *Eschatologie) und die Frage nach dem Sinn des Leidens ein. Die Pharisäer glaubten an die Auferstehung von den Toten und an ein Leben nach dem Tod; sie teilten auch den im Volk verbreiteten Glauben an die Ankunft des Messias und den Tag des Gerichts – Überzeugungen, die von den Sadduzäern ins Lächerliche gezogen wurden. In ihre Theologie nahmen sie manche volkstümlichen Anschauungen auf (wie z. B. den Engel- und Dämonenglauben), dagegen geboten sie den wild um sich greifenden Auswüchsen der apokalyptischen Literatur Einhalt (s. *Apokalyptik).

Der Wille Gottes grenzt den freien Willen nicht ein. Dem Judentum waren der in den orientalischen Religionen verbreitete Fatalismus und Determinismus ganz fremd. Die Pharisäer glaubten, daß Gott mit der Welt seine eigenen Ziele verfolge, doch glaubten sie auch, daß der Mensch für seine Entscheidung zwischen Gut und Böse selbst die Verantwortung trage, je nachdem, ob er Gottes Wille befolge und mit ihm mitwirke oder ob er ihn zurückweise. Sie verteidigten die Idee eines »kommenden Äons«, in dem jedermann Lohn oder Strafe nach seinem persönlichen Tun empfangen werde.

h) Erziehung und intellektuelle Erneuerung: Das Judentum war die einzige alte Religion, die sich darangab, die Laien zu unterwiesen, ein Ziel, das sich später auch das Christentum setzte. Der Gedanke hat seine Wurzeln im Alten Testament, wo die Belehrung des Volkes heilige Pflicht eines jeden Familienoberhauptes ist. Das Volk zu unterweisen war unter der Regierung des Herodes für die Pharisäer ein Weg, um eine solide nationale Grundlage für die hebräischen Traditionen zu schaffen. Sie arbeiteten darauf hin, jedem Knaben in ihrem Land eine Schulerziehung zu geben. In jeder Ortschaft wurde ein *bēt-midrāš* für Erwachsene errichtet. Sie dienten als Stätten des Studiums, für gemeinsame Zusammenkünfte, aber auch für den Gottesdienst. Erst nach der Zerstörung des Tempels und vor allem vom 2. Jhdt. n. Chr. an wurden Synagogen allein für gottesdienstliche Zwecke erbaut.

Dieses öffentliche Erziehungsprogramm war der Grundstein für die großen Akademien etwa eines Hillel und Schammai. Das Studium der Schriften und ihre Erforschung brachte eine Fülle von Interpretationen, Lehrentscheidungen und Kommentaren, die später in die *Mischna und den Talmud einmündeten, hervor.

J. Klausner ist der Ansicht, daß diese außergewöhnliche intellektuelle Aktivität der Pharisäer eine Folge ihrer politischen Isolierung unter *Herodes war.

4. Fortbestand der pharisäischen Bewegung: Einer der Hauptgründe für den größeren Einfluß der Pharisäer war ihre großzügige Interpretation des Gesetzes. D. Daube ist der Ansicht, daß ihnen fortschrittlichere Methoden zu besserer Kenntnis der Schrift verholfen haben, und diese verdankten sie wenigstens zum Teil der hellenistischen Rhetorik.

Als die Partei der Pharisäer immer stärker wurde, klammerten sich die Sadduzäer um so verzweifelter an den Buchstaben des Gesetzes und suchten unter dem Dach des Tempels Schutz. Als aber der Tempel und die Stadt Jerusalem im Jahre 70 n. Chr. den Römern zum Opfer fiel, lag die Zukunft des Judentums als Religion allein auf den Schultern der Pharisäer. Ihre Beweglichkeit und ihre ethischen und sozialen Grundsätze bildeten die Grundlage, auf der das Judentum weiterbestehen und die vielen Prüfungen und Nöte der folgenden Jahrhunderte überdauern konnte. Mit Abwandlungen lebt die Bewegung der Pharisäer ungebrochen im gesetzestreuen Judentum bis auf den heutigen Tag fort (s. *Rabbinen; *Gesetz Israels; Leben unter dem Gesetz; *Mischna; vgl. auch die Kontroversen zwischen Jesus und den Pharisäern in *Jesus von Nazareth).

Philister

Gliederung: 1. Die Philister in der Bibel. 2. Geschichte der Philister. a) Ursprung und Urheimat; b) Die Seevölker und Ramses III.; c) Archäologische Zeugnisse; d) Beziehungen zu Griechenland in der Eisenzeit; e) Das Zeugnis der Sarkophage; f) Eigennamen als Herkunftsmerkmal. 3. Religion der Philister. 4. Städte der Philister. 5. Philisterkultur und Israel. a) Bildliche Darstellungen; b) Keramik; c) Mykenische, zyprische, ägyptische und israelitische Einflüsse auf die Kultur der Philister; d) Sarkophage in Menschengestalt; e) Metallhandwerk; f) Anpassung an die Kanaanäer.

1. Die Philister in der Bibel: Während die Erwähnungen der Philister und der Orte, die mit ihnen verbunden sind, in vormosaischen Erzählungen des Pentateuch irreführen, tritt geschichtlich gesehen dieses Volk zuerst in der Richterzeit ins Licht der Bibel. In der Erzählung von Samgar (Ri 3,31) lesen wir, daß dieser mit einem Ochsenstachel 600 Philister getötet habe. Viel wichtiger ist der Bericht über den Kampf zwischen Philistern und dem Stamm Dan im selben Buch. Er ist als Märchen gestaltet, das von den Heldentaten des Simon berichtet (s. *Richter), der ohne einen Mithelfer kämpfte und schließlich den Tod erlitt, woraufhin ein großer Teil des Stammes nach Norden abwanderte. Die Tätigkeit des Samuel (s. *Samuel »letzter Richter«) und *Saul war in der Hauptsache vom fortgesetzten Kampf der Stämme Israels gegen ihren wichtigen Feind beansprucht. Die Philister töteten Saul und Jonathan am Berg Gilboa, der ihrem Hauptsitz in der südlichen Küstenebene ferne lag. Die Feindschaft gegen die Philister war ein wichtiger Faktor, um ein Nationalbewußtsein unter den vorher gespaltenen Stämmen zu erwecken und neue Formen nationaler Einheit zu schmieden. Im Kampf gegen sie entwickelten sich auch neue Formen von *Kriegführung und *Waffen. Die Philister hatten in der Eisenbearbeitung in Palästina eine gewisse Monopolstellung inne. Vorher scheinen die Hethiter im alten Orient das Eisenmonopol gehabt zu haben.

Sobald David (s. *David und Salomo) das Königtum erlangt und das Volk geeint hatte, wandte er sich zum Kampf gegen die Philister und schlug sie entscheidend. Nach diesem Ereignis waren sie sehr geschwächt und werden später in der Bibel nur flüchtig erwähnt.

2. Geschichte der Philister: Nach Am 9,7 und Jer 47,4 waren die Philister von Kaphtor gekommen, »einer Insel im Meer«. Man sieht darin Kreta, wenngleich das hebräsiche Wort Insel auch zusätzlich die Bedeutung Küstenland hat.

a) Ursprung und Urheimat: Man nimmt allgemein an, daß sie ihren Ursprung auf den ägäischen Inseln hatten. Seit 1950/51 ein neues Element – die Wiederaufnahme der alten Gleichsetzung Philister–Pelasger – in die Diskussion gekommen ist, plädiert man in weiten Kreisen (Albright, Mitchell u. a.) für die Gleichung Philister – Pelasger. Allerdings sind die griechischen Quellen über die Pelasger sehr verworren, so daß etwa Eduard Meyer diese Gleichsetzung fast ganz verwirft. Nach Homer (Ilias II, 840) wurde das südliche Troja von lanzenschwingenden Pelasgern bewohnt, und Herodot, der aus Halikarnassos in Karien stammte, führt sowohl Jonier als auch Äolier auf pelasgische Herkunft zurück. Allerdings ist es sehr wahrscheinlich, daß seine »Küstenpelasger« in Wirklichkeit den Joniern in Jonien vorausgehen und nicht im Peloponnes, wie Herodot bemerkt. Die onomastischen Daten der im Bericht des Wenamun begegnenden Namen Waraktir (*wr/lktr/l*), Waret (*wr/lt*) und Makamar (*mkmr/l*) sowie die biblischen Namen Goliath (lyd. *alyattes* oder *walwatta*) und Achis verraten südwestanatolische, d. h. luwische Herkunft. Kurz gesagt, die Philister sind eine Art Pelasger, und ihre Sprache war ein luwischer Dialekt. Die deutschen Sprachforscher verlegen ihren Ursprung nach Venetien oder nördlich davon.

Die Frage nach dem Ursprung der Philister ist eng verknüpft mit der Geschichte ihrer Ansiedlung an der Küste von Kanaan, die kurz nach dem Eindringen der Israeliten in das Land vor sich ging (s. *Landnahme). Die Philister kennen wir hauptsächlich aus ägyptischen Urkunden. »Seevölker« überfluteten die Küsten Ägyptens, Palästinas und Syriens. Sie kamen von den Inseln des ägäischen Meeres, von den Küsten von Libyen und aus dem östlichen Mittelmeer. Einige kamen zur See über Kreta, einige von der Küste Westasiens nördlich von Kanaan. Sie überrannten die einheimischen Kulturen des Vorderen Orients, namentlich das Hethiterreich in Kleinasien und die Fürstentümer von Ugarit und Tyrus (s. *Kanaanäische Kultur und Ugarit). Damit beginnt ein dunkles Zeitalter barbarischer Einfälle. Der Einfall der Seevölker scheint demnach in die Zeit zu gehören, in der der mykenische Bund auseinanderbrach, gleich nach der Zeit des trojanischen Kriegs. Die Griechen datieren die Gründung ihrer Kolonien in Kleinasien in die Zeit des trojanischen Kriegs und setzen so diese vorhellenischen Wanderungen in der ersten Hälfte des 12. Jahrhunderts v. Chr. an. Das verbindet die nachfolgenden Wanderungen nach Ägypten und Palästina mit den Stämmen der homerischen Sage (s. *Ägäische Kultur und ihre Wirkung auf Palästina).

b) Die Seevölker und Ramses III.: Von Kleinasien wandten sich die Wanderscharen gegen das ägyptische Reich. Sechs Jahre lang, vom 5. Jahr des Ramses III. angefangen (ca. 1193 v. Chr.), schlugen immer neue Wogen an das Tor von Ägypten. Der Pharao verzeichnet als Namen seiner Feinde: die Peleset (*pr/lst*), d. h. die Philister, die Weschesch (*wašeše*), Denen (*danuna*), Scheklesch (*šekr/luše*) und Tjekker (*tjik[k]al/r*). Um etwa 1175 v. Chr. hatte Ramses ihnen endgültig an seinen Grenzen Halt geboten und errichtete eine Reihe von Denkmälern, um diesen Triumph zu verewigen. Das Bild einer Seeschlacht **(Abb. 663)** ist ein Teil des Reliefs von *medīnet hābu*. Ägyptische Bogenschützen greifen vom Deck des Schiffes die Seevölker an, die bartlos sind und eine hochbefiederte Kopfbedeckung tragen. Einige von ihnen fallen ins Wasser.

Die Ägypter taten nichts dagegen, als die Eindringlinge sich wandten und die Bewohner der Küstenorte von Kanaan angriffen. Die Philister zerstörten die spätbronzezeitlichen Städte, die sie vorfanden und errichteten ihre eigenen Sitze in Gaza, *Askalon, *Asdod, *Ekron und Gath. In der Folge erhielt das ganze Gebiet ihren Namen.

Spätere Reliefs Ramses' III. in *medīnet hābu* zeigen die gleichen Seevölker mit einer andersartigen Kopfbedeckung als Söldner in der ägyptischen Armee. Ihr Land war vermutlich für die Ägypter ein erwünschter Pufferstaat, der sie vor den unruhigen Kanaanäern und, was wichtiger war, vor Angriffen aus den mesopotamischen Reichen weiter im Norden schützte. Die beiden bisherigen ägyptischen Verwaltungssitze in Gaza und *Beth-Sean wurden von Philistern und anderen Seevölkern besiedelt. Man vermutet, daß diese beiden Gruppen sich vereinten. Nachdem sie das getan hatten, waren sie ein überlegener Gegner für die hebräischen Stämme, die ihnen zu Ende der *Richterzeit und während der Zeit *Samuels und *Sauls entgegentraten. Nicht nur waren die Philister erfahrenere Kämpfer, sondern ihr Monopol an Eisen- und Metallarbeit gab ihnen einen überwältigenden Vorteil der Bewaffnung. Die Tatsache, daß in Friedenszeiten »alle Israeliten zu den Philistern hinunterzogen, wenn jemand eine Pflugschar, Haue, Beil oder Sense zu schärfen hatte« (1 Sam 13, 20), war eine weitere Weise, wie die Philister ihre Nachbarn ausbeuteten und beherrschten. (Man nimmt allgemein an, daß die Eisenbearbeitung im hethitischen Gebiet von Kleinasien entwickelt worden ist; s. *Geräte und Werkzeuge.)

Etwa zwei Jahrhunderte lang breiteten sich die Philister von ihrem Hauptsitz in der Küstenebene zum judäisch-benjaminitischen Gebirgsland hin aus. Wie es scheint, haben sie *Gezer erobert und von diesem Stützpunkt aus versucht, Ephraim nördlich von Benjamin zu erobern. David überfiel sie und schlug sie nach Gezer zurück (2 Sam 5,25; 1 Chr 14,16), und nachdem er sein Reich aufgerichtet hatte, kämpfte er wieder gegen sie (1 Chr 20,4). Zwar ist das Schicksal von Gezer bis in die zweite Hälfte der Regierung von Salomo dunkel, doch scheint David den größten Teil des Philisterlandes seinem wachsenden Reich tributpflichtig gemacht zu haben. Die Philister hörten auf, eine bedeutsame Rolle in der Geschichte von Israel zu spielen. Wenige Jahrhunderte behaupteten sie noch ihre Unabhängigkeit. In der persischen und hellenistischen Zeit breiteten sich Siedler aus Tyrus, Phönikien und von den Inseln des Mittelmeers im Philisterland aus und beherrschten dort Kultur, Wirtschaft und politisches Leben. *Askalon und *Asdod wurden berühmt für ihren Handel mit Griechenland und Italien. Seit Herodot ist der Name für den Südteil der Küste von Syrien, den Sitz der Philister, Palästina oder Syria Palästina. Die römische Verwaltung unter Hadrian dehnte den Namen offiziell auch auf das ganze, innere Judäa aus. Das alte Philistergebiet an der Küste behielt seine Bedeutung durch die ganze römische, byzantinische und arabische Zeit. Zur Zeit der Kreuzzüge war es ein Teil der »Herrschaft *Askalon«.

c) Archäologische Zeugnisse: Die biblische Archäologie hat einige ihrer reichsten Funde im Gebiet der Philister gemacht.

Abb. 663. Relief von *medinet hābu:* Seeschlacht zwischen Ägyptern und Philistern

Abb. 665. Relief von *medinet hābu* (Nachzeichnung): Landschlacht zwischen Ägyptern und »Seevölkern«

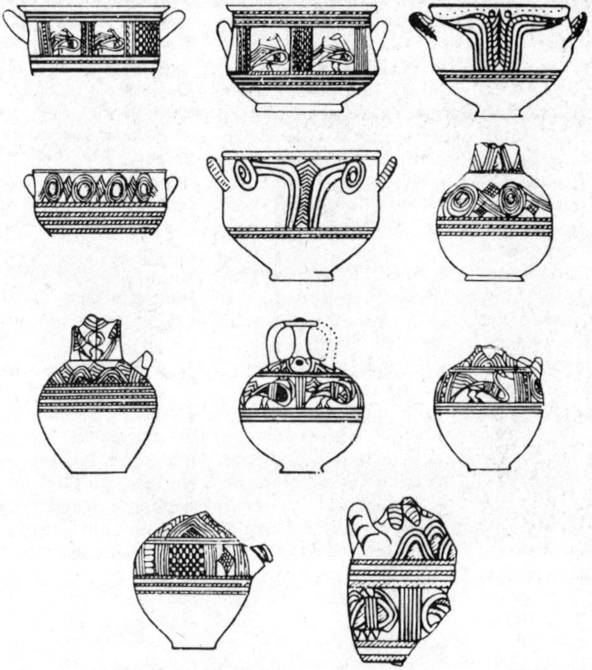

Abb. 664. Keramik der Philister, die deutlich den Einfluß von Mykene zeigt

Die Ausgrabungen in der Küstenebene (in *Askalon, Gaza, *Asdod) ergaben eine bestimmte Art von bemalter Keramik in allen früheisenzeitlichen Schichten (ca. 1200 bis 1000 v. Chr.). Man nennt sie Philisterware. Typisch für die Philisterkeramik sind die Krüge und Schalen mit zwei Henkeln und von bräunlicher Farbe mit einem weißgrauen Anstrich, auf den mit schwarzer und roter Farbe geometrische Zeichnungen oder Schwäne, die sich putzen, gemalt sind **(Abb. 664)**. Geschirr gleicher Art erbrachten andere Ausgrabungen, aber um so seltener, je weiter die Entfernung vom Stammland der Philister war. Töpferware dieser Art fand sich im Hügelland von Juda und Ephraim, in *Beth-Sean und sogar in *Megiddo und *'affūle*. Das ergänzt die biblischen Berichte, wonach die Philister die Höhen von Ephraim und Beth-Sean besetzt hatten (1 Sam 10,5; 13,3 f; 31,10). Dagegen fehlen Funde im Negeb.

d) Beziehungen zu Griechenland in der Eisenzeit: An allen östlichen Küsten des Mittelmeers von Kilikien bis Ägypten hat man mykenische Keramik und ihre örtlichen und orientalischen Nachbildungen aufgefunden (s. *Ägäische Kultur). Die Philisterkeramik ist dieser mykenischen Ware nahe verwandt. Fast dieselbe Töpferware lieferte die Ausgrabung von *Enkomi* auf Zypern. Man datiert sie zwischen 1225 bis 1175 v. Chr. und hält sie für verwandt mit der mykenischen Ware von Argos in Griechenland. Diese keramischen Funde lassen vermuten, daß enge Beziehungen zwischen den Philistern und Griechenland während der Eisenzeit bestanden. Zum gleichen Schluß führte der Fund von Geräten, die zu Anfang des ersten Jahrtausends v. Chr. ins Philisterland importiert wurden, von korinthischer Keramik aus dem 7. Jahrhundert v. Chr. und verschiedenen Gefäßen und Gegenständen aus Attika, die im 6. und 5. Jhdt. v. Chr. nach dem Philisterland kamen.

e) Das Zeugnis der Sarkophage: Ein weiteres auffälliges Anzeichen für Verbindungen mit dem Ausland ergeben die tönernen Sarkophage in Menschengestalt mit einem menschlichen Gesicht auf dem Deckel **(Abb. 183)**. Oft überragen den Kopf die gleichen Federn, die auf den ägyptischen Reliefs von *medīnet hābu* den Kopfputz der Philister bilden. Ferner sind in Verbindung mit diesen Särgen und mit Philisterkeramik zweizinkige Lanzenschuhe gefunden worden. Sarkophage der beschriebenen Art hat man in *tell fāre'* im südlichen Palästina und in *Beth-Sean ausgegraben. Diese Särge und die Beigaben sind typisch für das Gebiet von Ägypten, des ägäischen Meeres und für Zypern. Daraus hat namentlich T. Dothan geschlossen, daß Ramses III. nach Beth-Sean vielleicht eine Garnison von Philistern gelegt hat, nachdem er die Seevölker zurückgeschlagen hatte. Er erbeutete bei seinen Feldzügen eine große Zahl von Gefangenen. Gewöhnlich wurden diese in seiner Armee eingestellt und als Garnisonen in verschiedenen Festungen stationiert, die er in Kanaan unterhielt (s. *Beth-Sean). Manche Forscher glauben, daß sie mit den Philistern des Küstenlandes im Bunde waren, wie es die biblische Erzählung dartut. Offenbar waren es die Philister, die Saul überwanden und später von David vertrieben wurden.

f) Eigennamen als Herkunftsmerkmal: Eine andere Quelle für Schlüsse über den Ursprung und die Verwandtschaft der Philister ergeben die überlieferten Eigennamen, zum Beispiel Achis, der Name eines Königs von Gath (1 Sam 21,10). Diesem Namen begegnet man auch in Kilikien, während auf einer ägyptischen Schreibtafel die entsprechenden Namen *Akesch* für einen Mann und *Akeschet* für eine Frau erscheinen. Andere Philisternamen jedoch sind semitisch, und das scheint den Eindruck zu bestätigen, daß die Philister nach ihrem Einfall in Südkanaan nur eine dünne Herrscherschicht der Bevölkerung bildeten, die eheliche Verbindung mit den überwundenen Kanaanäern einging und deren kulturelles Erbe antrat. Ausdrücke aus der Philistersprache sind *kôba'* für Helm, hethitisch *kupaḫi,* und *seren* Fürst, das mit dem griechischen Wort *týrannos* verbunden ist. Wahrscheinlich ist *týrannos* ein Lehnwort, das vom hethitischen *tarwana* »Richter« kommt.

3. Religion der Philister: Die Philister haben offenbar ihre Götter mit denen von Kanaan gleichgesetzt oder gänzlich Kultur und Religion der Kanaanäer übernommen. Wie auf die Israeliten kann der einheimische Kult auf sie gewirkt haben (s. *Götzendienst in Israel). Während jedoch die Israeliten diese Kulte in der Ausdrucksweise ihrer eigenen Religion umdeuteten und die heidnischen Heiligtümer mit Überlieferungen der Patriarchenzeit verknüpften, haben wir kein Zeugnis von einem solchen Vorgang bei den Philistern. Sie verehrten Astarte (Aschtoreth, **Abb. 109**) und Dagon (s. *Kanaanäische Religion). Ein Kult, der speziell den Philistern anzugehören scheint, wenn auch der Gottesname kanaanäisch ist, galt dem Baal-Zebub (Beelzebub), dem Baal der Fliegen (2 Kg 1,2 u. 6). Manche Forscher haben diesen Fliegengott mit dem *Zeus myiagros,* dem fliegenvertreibenden Gott, in Verbindung gebracht und vermuten, daß die ganze Religion der Philister aus dem Gebiet der Ägäis übernommen ist. In Wirklichkeit war der Name Baal-Zebub wahrscheinlich eine überlegte, satirische Entstellung durch die Israeliten, die der Erzähler in der Bibel festhält. Der ursprüngliche Ausdruck war offenbar Baal-Zebul, das bedeutet »Erhabener« oder »Fürst«. Der Ausdruck ist ein Titel des Baal in den Epen von Ugarit.

4. Städte der Philister: Die Philister beherrschten fünf Städte der Küstenzone: Gaza, *Asdod, *Ekron, *Askalon und Gath. Nach dem Zeugnis der Bibel und der Ägypter waren sie ähnlich befestigt. Das Askalon der frühen Eisenzeit muß nicht unbedingt an der Stelle der hellenistischen Stadt gelegen haben, wenn auch in deren Nähe. Es gibt ein berühmtes ägyptisches Relief, auf dem eine Belagerung von Askalon detailliert dargestellt ist. Die Ausgrabung von Asdod hat erst 1962 begonnen. Vom alten Gaza ist wenig bekannt und die Ausgrabung zur Zeit unmöglich. Die Ruinenstätte von *tell el'aǧǧūl,* die Petrie als Altgaza bezeichnete, ist in Wirklichkeit das biblische Beth-Eglaim. Neuerdings hat man vermutet, daß Ekron am *ḫirbet el muqanna'* südlich von *Gezer gelegen war. Die bedeutendste der Städte, Gath, hat man noch nicht genau lokalisieren können. Der Ansatz am *tell šēḫ aḥmed el-'arēni,* aufgrund dessen die neue Stadt daselbst den Namen Kirjath-Gath erhielt, ist nach Ausgrabungen jüngster Zeit aufgegeben worden. Ebenso wird Gath mit *'arāq el-menšīje* (Abel) oder *tell eṣ-ṣāfi* identifiziert. Neuestens schlagen Bülow und Mitchell *tell en-naǧīle* für Gath vor. In der Geschichte Davids sind noch andere Städte erwähnt, die vom Fünfstädtebund abhängig waren, z. B. *Ziklag* nordöstlich von Beerseba.

Die fünf Städte standen in einem Bund, geführt vom König von Gath. In jeder regierte ein Fürst mit dem Titel *seren.* Der Bund war die zusammenfassende Organisation, die neben den eisernen Waffen den Philistern die Überlegenheit über die nur lose verbundenen hebräischen Stämme gab. Die Bedrohung durch die Philister war der unmittelbare Anlaß dafür, daß die Israeliten ihre politische Verfassung änderten und von dem Stämmebund zur Leitung durch eine dauernde Zentralgewalt unter Führung von Samuel und *Saul übergingen (s. *Ägäische Kultur; *Landnahme).

5. Philisterkultur und Israel: *a) Bildliche Darstellungen:* Die Philister waren eines der Seevölker, die in mehreren ägyptischen Reliefs dargestellt sind. Die wichtigsten solcher Reliefs sind diejenigen von *medīnet hābu,* auf denen die Feldzüge des Ramses III. zu Lande und See gegen sie abgebildet sind **(Abb. 663, 665).** Wir sehen hier die Seevölker mit Waffen ausgerüstet, die teilweise denen der homerischen Helden gleichen und überdies den Waffen des Goliath entsprechen, wie die Bibel sie beschreibt (1 Sam 17,4–7). Die Soldaten trugen einen ledernen Brustpanzer, der mit metallenen Schuppen bedeckt war, einen breiten Gürtel um die Hüften und einen Rock, der mit Saum fast bis zu den Knien reichte. Ihre Helme waren aus Metall, doch hing ein Stück Leder hinten herab, um den Nacken zu schützen. Ein Riemen um das Kinn hielt ihn fest. An dem Metallband, das rund um den Kopf ging, war ein dichter Busch von Federn befestigt, der an die Helme der homerischen Krieger erinnert. Solche federbesetzten Helme trugen viele Seevölker, aber sie sind besonders für die Philister kennzeichnend, während die Helme mit metallenem Kamm für die Scherden (evtl. die späteren Sarden) charakteristisch waren. Die Philister trugen große, runde, gewölbte Schilde aus Metall oder aus Holz mit Metallbeschlag und mit einem Griff an der Innenseite. Wie die homerischen Helden führten sie eine lange, schwere Lanze. Die Seevölker besaßen leichte Wurfspeere und ein kurzes, gerades, spitzes Schwert, offenbar zum Stechen (s. *Waffen und militärische Rüstung).

Ein Relief, das einen Landkampf abbildet **(Abb. 665),** zeigt uns auch die Gestalt der Wagen, mit deren Hilfe die Seevölker ihre Wanderungen ausführten. Er war aus Brettern verfertigt mit massiven hölzernen Rädern ohne Speichen, die durch Metallreifen zusammengehalten wurden und mit einem Dübel an der Achse befestigt waren. Vor die Karren waren Ochsen gespannt, doch ist von dem Riemenwerk nur ein Lederstreifen um den Nacken der Tiere zu sehen. Von einer Deichsel ist keine Spur zu finden (s. *Geräte und Werkzeuge). Die schweren von Ochsen gezogenen Karren erinnern an den Philisterkarren, der mit Kühen bespannt war, in welchem die Bundeslade nach Beth-Semes zurückgebracht wurde (1 Sam 5,10–14; s. *Samuel). Die Philister fochten nur zu Fuß. Sie gebrauchten keine Kriegswagen. Diese scheinen ih-

nen noch unbekannt. Trotzdem waren sie imstande, die Kanaanäer zu besiegen, die doch vermutlich Kriegswagen hatten, wie uns das Debora-Lied lehrt, aber ein unkriegerisches Volk waren (s. *Kanaan). Die Philister gliederten sich in kriegerische Haufen, die als starker Kampfbund organisiert waren. Diese vorzüglichen Kampftruppen schlugen sich bis zum südlichen Palästina durch, nachdem sie mit der ägyptischen Reichsarmee und Flotte schwere Zusammenstöße gehabt hatten. Dann bildeten sie eine Oberschicht, die die eingeborenen Kanaanäer regierte.
Das Relief von der Seeschlacht **(Abb. 663)** zeigt ein Schiff der Philister mit Mast und großem, eingerolltem Segel und einem Mastkorb zum Ausblick. Die Schiffe sind recht geräumig mit hohem Bug und Heck, auf dem sich das Steuerruder befindet. Offenbar waren es Segelboote; von Rudern ist keine Spur zu sehen. Man erkennt die Besatzung als Philister am Federbusch auf dem Kopf.
b) Keramik: Bis vor kurzem war die Bibel die einzige Quelle, aus der wir etwas über die Kultur der Philister erfuhren. Neuerdings haben die Ausgrabungen in der Sephela von Palästina (der südlichen Ebene) und dem nordwestlichen Negeb (dem Hauptgebiet der Philister und ihrer Verbündeten) die Hinterlassenschaft der Philister, namentlich Keramik und Gräber, aufgedeckt.
Eine bestimmte Sorte der Keramik in Palästina hat man als Philisterware bezeichnet (s. *Töpferei) aus folgenden Gründen: 1. wegen der Zeitstellung im 12. und 11. Jhdt. v. Chr., das ist die Zeit der Philisterherrschaft in Westpalästina; 2. der räumlichen Verteilung wegen. Alle Keramik dieser Art, die man gefunden hat, stammte aus Philistersiedlungen und ihrer Umgebung: Dor, Megiddo, *'affūle,* Beth-Sean, das ein vorgeschobener Posten der Philister war, *tell-ğerīše, tell qasīle,* Jaffa (Joppe), *'āzōr, tell en-naṣbe,* *Gezer, *Beth-Semes, *tell eṣ-ṣāfī,* Beth-Zur, *Lachis, *tell el-hesī, tell bēt-mirsim, tell ğemme, tell el-fare'* südlich von Gaza, *Asdod, *Askalon, *tell el-'ağğūl* (Beth-Eglaim), *ḫirbet muqanna'* (Ekron) und *tell mōr* bei Asdod.
c) Mykenische, zyprische, ägyptische und israelitische Einflüsse auf die Kultur der Philister: In jüngster Zeit hat T. Dothan aufgrund zusätzlicher Materialien aus neuen Ausgrabungen versucht, die verschiedenen Einflüsse zu unterscheiden, die auf die Philisterkeramik gewirkt haben. Einstweilen lassen sich vier Beeinflussungen unterscheiden: mykenische, zyprische, ägyptische und israelitische.
Die Einwirkung von Mykene läßt sich am besten an der Form der Philistergefäße erkennen. Wie ihre Vorbilder hat die Philisterkeramik oft die Gestalt von Kratern, Pyxiden, Steigbügelkannen, dreihenkligen Krüglein und kleinen, flachen Schüsseln (**Abb. 664;** s. *Ägäische Kultur). Viele Schmuckmotive von den Philistergefäßen – Spiralen, konzentrische Kreise, rhombische Muster, Malteserkreuze und der wohlbekannte Vogel, der seine Federn putzt – haben ihren Ursprung in Mykene, ebenso die Gepflogenheit, die Schulter des Gefäßes mit Schwarz und Rot auf weißem Grund zu bemalen (s. *Ägäische Kultur; *Töpferei).
Zyprischer Einfluß ist ebenfalls an den Formen der Philistergefäße abzulesen. Aus Ägypten stammt lediglich ein kleiner Krug mit weitem Hals, auf welchem ein stilisierter Lotos gemalt ist. Ein Bruchstück dieser Art wurde in Asdod gefunden. Lokaler palästinensischer Herkunft ist ein »Bierkrug«, ein Krug mit Sieb, um den Satz des Getränkes zurückzuhalten. Diese Gefäße bestätigen das lebendige Bild der Trinkgewohnheiten der Philister, das in der Samson-Erzählung aufscheint (s. *Richter [Zeit und Buch]).
Die typische Philisterkeramik verschwindet in der zweiten Hälfte des 11. Jahrhunderts v. Chr. Ihre letzte Entwicklungsstufe stellt eine Gruppe von tiefen Schalen dar, die in *tell qasīle* und *tell el-ğerīše* bei Tel Aviv zutage kamen. Diese gleichen noch der Philisterware, zeigen aber viel stärkere Verknüpfung mit anderen, gleichzeitigen Stücken aus Israel. Andererseits zeigten die Ausgrabungen von Asdod, daß dort die spätere Philisterware in eine andersartige Asdodware überging, so daß der Drang nach charakteristischen Lokaltypen hervortrat.
Man hat vermutet, das Zusammentreffen so vieler verschiedener Kultureinflüsse, die an der Keramik der Philister sichtbar werden, zeige mehr, was sie im Lauf ihrer Wanderung aufgenommen haben, während ihnen eine festgewurzelte, heimische Überlieferung fehlte. Im Lauf des 11. Jahrhunderts v. Chr. wurden diese angelernten Bräuche durch neue Einflüsse ihres jetzigen Landes weggewischt. Schließlich verlor die Keramik alle unterscheidenden Merkmale und die Philister paßten sich darin wie in anderen Künsten ganz den lokalen Gewohnheiten an.
d) Sarkophage in Menschengestalt: Ver-

gleicht man den Inhalt der Philistergräber in Palästina mit dem anderer Stämme der Seevölker in Ägypten, so kommt man zu ähnlichen Schlüssen. Die menschengestaltigen Särge aus Ton, die sich in diesen Gräbern befanden, schreibt man gewöhnlich auf Grund ihrer Dekoration den Philistern zu.
F. Petrie entdeckte im südlichen *tell el-fāre'* (Saruhen) eine Gruppe von fünf reichen Gräbern, die er »Fürstengräber der Philister« nannte. Zwei darunter enthielten tönerne Särge in Menschengestalt aus der Zeit zwischen 1150 bis 1050 v. Chr. Die Gräber enthielten außerdem Keramik des Philisterstils, gemischt mit ägyptischer und israelitischer Ware. Gleiche Zusammenstellung und Mischung der Stile findet man in Ägypten, besonders in *tell jehīje, nebeše, anībe* und sonst. Nach T. Dothan gehörten alle diese Gräber Söldnern aus den Seevölkern, die ägyptischen und israelitischen Einflüssen unterworfen waren. Bei den Tonsärgen scheinen die Philister eine wohlbekannte ägyptische Sitte abgewandelt zu haben, so daß man die Gräber in Israel, in denen sich solche befanden, den Philistern zuschreiben darf.
Ein anderes sehr beweiskräftiges Anzeichen für den Ursprung der Philisterkultur gab die Entdeckung von gehämmertem Goldblech mit Löchern für Draht, das dazu bestimmt war, das Gesicht des Toten zu verdecken. Eine entsprechende Sitte ist aus den Gräbern von Mykene im Peloponnes aus dem 15. Jhdt. v. Chr. und von Enkomi auf Zypern aus dem 14. und 13. Jhdt. v. Chr. belegt. Ähnliche Funde hat man in einem Grab in *tell ḥalāf* in Mesopotamien gemacht. Daß die Philister denselben Brauch beobachteten, läßt vermuten, daß die Wurzeln ihrer Kultur im selben Gebiet, dem ägäischen Meer, zu suchen sind.
e) Metallhandwerk: Nach dem Bericht der Bibel hatten die Philister im Metallhandwerk, namentlich der Eisenverarbeitung, ein Monopol (1 Sam 13,19 ff) sowohl für Ackergeräte als auch für Waffen. Die archäologischen Entdeckungen haben das bestätigt. Eisen- und Kupferschmiedehandwerk entwickelte sich genau an den Orten, wo die Philister die Oberhand hatten, z. B. in *tell qasīle* an der Mündung des Jarkon, in *tell ǧemme,* Beth Semes usw. An anderen Orten, wo man ihren Einfluß wahrnimmt, stellten die Philister wahrscheinlich nur einen kleinen Teil der Bevölkerung, die militärische Führerschicht. Die oben erwähnten Gräber enthielten auch Speerschuhe, und auf den Reliefs von *medīnet hābu* sehen wir die verschiedensten eisernen Waffen in den Händen der Seevölker. Über den Ursprung ihrer Kenntnis der Metallbearbeitung sind die Forscher verschiedener Meinung. Manche trauen es den Seevölkern (den Philistern) zu, diese Kunst bei ihrer Wanderung durch Kleinasien gelernt zu haben, wo sie an der Vernichtung des Hethiterreiches ihren Anteil hatten, da Anatolien das damalige Hauptgebiet der Metallverarbeitung umfaßte. Das Hethiterreich ging durch den Angriff der Phrygier zugrunde. Phrygier und Seevölker können verwandt sein oder der gleichen Wanderbewegung angehören.
f) Anpassung an die Kanaanäer: Im Laufe der Zeit paßten sich die Philister den Lebensbedingungen ihres neuen Landes an. Sie vermischten sich mit den ansässigen Kanaanäern und nahmen allmählich deren Sprache, Religion und Kultur an. Ende des 10. Jahrhunderts v. Chr. scheint dieser Prozeß abgeschlossen. Man hat vermutet, daß diese rasche Anpassung nur darum möglich war, weil ihre eigene Überlieferung selbst eine Kulturmischung war. Wahrscheinlicher geht es darauf zurück, daß die Bräuche der Unterworfenen ungestört blieben. Die Philister waren nur eine militärische Schicht von geringer Zahl, während die einheimische Bevölkerung im wesentlichen ihr Leben weiterführen konnte und allmählich die Oberschicht aufsog. Dieses westliche Volk mit seiner fortgeschrittenen metallischen Ausstattung muß zum israelitischen Leben der Zeit vor und während des Königtums wichtige Beiträge geliefert haben. Die Philister hatten eine starke militärische Organisation, mit der ihre gesellschaftliche und politische Organisation Hand in Hand ging. All dies gab die Grundlage für die Organisation des israelitischen Staates unter David, der zuerst Vasall der Philister war und später Philister als Söldner einstellte.
Die Archäologie hat uns noch kein sehr klares Bild von den Philistern und ihren Städten gestaltet. Und eben deswegen können noch keine allgemeinen Unterscheidungen zwischen Eigentümlichkeiten gemacht werden, die den Philistern und die den Nichtphilistern zugehören.
Gleich der Anfang ihrer Wanderung schnitt die Philister von ihrem ägäischen Ursprungsgebiet ab, und die Erbschaft, die sie mitbrachten, hielt den verschiedenen, neuen Einflüssen, denen sie begegneten, nicht lange Stand. Schon um 1200 v. Chr. hatte das ägäische Gebiet allen direkten Einfluß auf ihre Entwicklung verloren und

später wurden ihre eigenen, ursprünglichen Charakterzüge ebenfalls durch die Eigentümlichkeiten der neuen Umgebung ersetzt (s. noch *Ägäische Kultur und ihre Wirkung auf Palästina).

Phönikien und seine Städte

Gliederung: 1. Geschichte. a) Ursprünge; b) Phönikien und Ägypten; c) Beziehungen Phönikiens zu Israel; d) Die assyrische Bedrohung; e) Vasall Babylons; f) Aufstieg Sidons; g) Seleukidenzeit. 2. Kultur und Zivilisation. a) Handel; b) Schiffsbau; c) Purpur- und Glas-Industrie; d) Elfenbeinschnitzerei; e) Architektur und Skulptur; f) Literatur; g) Religion; h) Schreibkunst. 3. Phönikische Städte. a) Byblos; b) Tyrus und Sidon. 4. Phönikische Kolonien. a) Handelsplätze am Mittelmeer; b) Tarsis. 5. Karthago.

1. Geschichte: *a) Ursprünge:* Den Namen Phönikien trug ehemals der nördliche Teil des Küstenstreifens am Ostufer des Mittelmeeres, vom Golf von Iskenderun und der Orontesmündung im Norden bis Dor (direkt bei dem heutigen Hafen Haifa) im Süden. Bis zum 13. und 12. Jhdt. v. Chr. war dies Gebiet ein Teil des viel größeren Landes *Kanaan. Im Gefolge der Völkerwanderungen und -invasionen dieser Zeit wurde das alte Kanaan unter Aram (Syrien) im Norden, Israel (einschließlich Juda und Galiläa) in der Mitte, und dem Philisterland an der Südküste aufgeteilt. Die Kanaanäer wurden auf einen Küstenstreifen zurückgedrängt **(Karte 10)**, der sich von Arvad bis Tyros etwa 200 km weit erstreckte, weniger als halb so viel als die östliche Mittelmeerküste von Raphia bis Ugarit, die sie ehemals beherrscht hatten. Später stießen sie der Küste entlang nach Süden bis Jaffa vor, aber nur auf einem engen Streifen an der Meeresküste entlang.
Kanaan trug seinen Namen nach der Purpurfarbe, die man dort aus der Purpurschnecke bereitete. Diese war eines der ältesten und wichtigsten Ausfuhrprodukte des Landes. In den Amarnabriefen wird Kanaan *kinaḫḫu* geschrieben, das heißt »rot«. Gleichartig nannten die Griechen das Restgebiet von Kanaan Phönikien, was eine rote Farbe bedeutet. Im Lauf der ganzen Geschichte des Altertums war es das Purpurland. Es ist kein geschichtlicher Bruch zwischen Kanaan und Phönikien. Die Namensveränderung sagt nur aus, daß sich der politische Zustand und Gebietsumfang geändert hat.
Infolge der Invasion in ihr Land haben die Kanaanäer neun Zehntel des Gebietes verloren, auf dem ihre Wirtschaft und ihre Kultur beruhte. Von der Not getrieben, richteten sie sich in ihrem gebirgigen Hinterland ein und nützten nunmehr die reichen Hilfsquellen der Wälder auf dem Libanon aus: Bauholz, besonders Zedernholz, und anderes. Sie erbauten sich Dörfer in den Bergen und sicherten sich gute Wasserversorgung, indem sie große Zisternen gruben, die sie mit Gips und gelöschtem Kalk abdichteten (s. *Wasserversorgung). Aber hauptsächlich trieb sie ihre Begabung und Energie aufs Meer hinaus. Sie erbauten sich eine Kauffahrteiflotte und errichteten Handelskolonien rings an den Küsten des Mittelmeers. Die Funde von Eisenerz setzten sie in Stand, ihre Schiffe auszurüsten und ihre Matrosen zu bewaffnen, ohne damit auf andere Völker angewiesen zu sein. Die Phöniker wurden alsbald die großen Seeleute und Händler des Altertums. Die Griechen haben nie bestritten, daß sie die Künste des Friedens von den Phönikern gelernt hatten. Funde der jüngsten Zeit haben diese Überlieferung bestätigt. Phönikische Einflüsse gleicher Art auf die Israeliten hat man in großer Zahl nachweisen können (*Geräte und Werkzeug). Die sehr eigenartige Kultur der Phöniker ist es wert, nicht nur als Fortsetzung ihrer kanaanäischen Vorfahren studiert und untersucht zu werden.

b) Phönikien und Ägypten: Während die Vorgeschichte und Frühgeschichte von Phönikien (Nordkanaan) mit dem südlichen Kanaan in materieller Kultur, Sprache (westsemitisch) und Religion sehr viel gemeinsam hat, gibt es einen wichtigen Unterschied. Schon in der Zeit des alten Reiches in Ägypten (2778–2423 v. Chr.) bestand eine engere Handelsbeziehung und Verkehrsbeziehung zwischen den ägyptischen Häfen und denen von Nordkanaan als zu den näher liegenden Handelsplätzen in Palästina. Folglich war der ägyptische Einfluß im Norden viel stärker und schlug tiefere Wurzeln und versiegte nie ganz. Die ältesten Inschriften, die man in Phönikien gefunden hat, sind ägyptische Urkunden aus dem großen Handelsplatz in Byblos (s. unten 3 und *Alphabet und Schrift).
Ebenso stand Phönikien in naher Beziehung zu dem ägäischen Gebiet, besonders zu Kreta und Mykene, sowie zum Hethiterland in Kleinasien. Einflüsse aus allen diesen Richtungen erreichten Phönikien früher und intensiver als Palästina. Ägypten aber übte dauernd den wichtigsten Einfluß auf das phönikische Leben aus.

Die *Amarnabriefe verdeutlichen den Streit der Stadtstaaten von Tyrus, Sidon, Byblos (Gebal), Beirut und Akko untereinander und gegen die amoritischen Eindringlinge. Die Phöniker blieben mindestens formal unter ägyptischer Herrschaft bis zum Sieg Ramses' III. über die Seevölker (ca. 1190 v. Chr.; siehe *Ägypten und seine Beziehung zu Israel; *Philister). Dieser Sieg vertrieb die Philister und Seevölker aus dem ägyptischen Delta. Desto mehr wandte sich ihre Kraft gegen Palästina und die Länder des Nordens. Der ägyptische Einfluß in Asien war damit sehr schwach geworden. Die phönikischen Stadtstaaten nutzten diese Gegebenheiten aus, warfen das ägyptische Joch ab und machten sich unabhängig. Sie bildeten einen Bund, zuerst unter der Leitung Sidons, später von Tyrus. In der Bibel heißen die Phöniker gewöhnlich Sidonier.

Den Tiefpunkt erreichten die Beziehungen Phönikiens zu seinem früheren Herrn unter der Regierung des Pharao Herihor (ca. 1085–1054 v. Chr.). Der Bericht des Ägypters Wen-Amun, der etwa 1080 v. Chr. geschrieben ist, beleuchtet recht gut die neue Lage. Wen-Amun war im Dienst des Tempels von Karnak nach Byblos geschickt, um Holz für den Bau einer Kultbarke des Gottes Amun einzukaufen. Die Zedern des Libanon, Phönikiens wichtigstes Ausfuhrgut, pflegte man an die Küste herunterzubringen und nach Ägypten zu verfrachten, das an Holz jeder Art arm war. Die Frachtschiffe hießen bezeichnenderweise Byblosschiffe.

Wen-Amun betrat Phönikien über Dor, wo zu dieser Zeit die Tjeker *(ṯkr)* wohnten, ein Seevölkerzweig (s. *Philister 2 b). Dort wurde ihm das ganze Silber und Gold geraubt, das er bei sich trug, um das Holz zu bezahlen. Schließlich erreichte er Byblos über Tyrus und begann Verhandlungen mit König Zakar-Baal, der die ägyptischen Forderungen ablehnte: »Ich bin nicht euer Diener noch der Untertan von dem, der euch sandte.« Erst als Wen-Amun eine entsprechende Zahlung geleistet hatte, kam der Vertrag zum Abschluß.

Die Erzählung gibt ein gutes Bild der politischen Lage in Westasien in den wenigen Jahrhunderten nach dem Zusammenbruch des ägyptischen Reiches bevor die assyrischen Mächte den leeren Raum ausfüllten. Wie Israel im Süden, so war auch Phönikien in der Lage, die kurze Zeit auszunützen, in der der auswärtige Druck aussetzte, um sich im Inneren politisch und kulturell zu entwickeln.

c) Beziehungen Phönikiens zu Israel: Natürlicherweise waren die beiden kleinen Nachbarstaaten auf vielerlei Gebieten in engem Austausch. In der Bibel heißt der Teil von Phönikien um Byblos Gebal. Das ist die richtige Namensform (Jos 13,5). Es bildet einen Teil des »Landes, das noch übrig war«, das heißt, das die Israeliten zu Josuas Zeit nicht erobern konnten. Zur Zeit, als das Königtum in Israel errichtet wurde, dachte man nicht mehr an weitere Eroberungen im Norden, sondern zwischen David und Hiram, dem König von Tyrus (980 bis 936 v. Chr.) bestanden gute Beziehungen. Hiram war es, der in Tyrus besonders die Häfen und den Überseehandel förderte und in Schwung brachte (s. unten 3). Er baute einen großen Teil der Stadt um und errichtete den Tempel des Melkart *(melqqart* bedeutet dem Buchstaben nach König der Stadt und war der Name des Unterweltgottes). Als Salomo den Tempelbau in Jerusalem begann, schloß er mit Hiram einen Vertrag über die Lieferung des Baumaterials (besonders Zedernholz) und von erfahrenen Handwerkern. 1 Kg 5,32 berichtet: »Die Bauleute Salomos und die Bauleute Hirams und die Männer von Gebal behieben und bereiteten das Bauholz, die Steine, das Haus zu bauen.« Sie wurden mit Weizen und Öl entlohnt, aber der große Aufwand, der nötig wurde, zwang Salomo zu einem weiteren Schritt, der etwas undeutlich 1 Kg 9, 10–14 berichtet wird. Nach dieser Erzählung verpachtete Salomo zwanzig Städte in Westgaliläa in der Gegend von Akko an Hiram um 120 Goldtalente. Es war eine fruchtbare Gegend von Palästina, und die Orte waren wahrscheinlich für Hiram von bedeutendem strategischem und wirtschaftlichem Wert, während ihr Verlust für Israel eine spürbare Verarmung und einen schweren Schlag für Salomos Ansehen bedeutete. So erklärt sich vermutlich der Widerspruch des Berichtes in 1 Kg (wo zuerst gesagt ist, daß Hiram sich über die Armut dieser »Städte von Kabul« beklagte, und dann, wieviel er dafür zahlte) und der Abweichung im späteren Bericht 2 Chr 8,2, wo aus Hiram Huram geworden ist und wo er die Städte an Salomo gibt. In Wirklichkeit ist der Name der gleiche, denn (A)hiram und (A)huram sind nur verschiedene grammatische Formen desselben Wortes. Hiram nahm auch an Salomos Schiffsexpeditionen nach Ophir von Ezeon-Geber (Elath) aus teil, und sicher waren die Phöniker auch an der Ausbeutung der dortigen Kupferminen beteiligt. Auf Hiram folgten

Abb. 666. Relief an den Bronzetüren des Königspalastes Salmanassars aus *tell balāwāt*

Abb. 667. Elfenbeinschnitzereien aus Phönikien (Nachzeichnung)

Abb. 668. Bottiche oder Küpen aus Byblos; man bewahrte darin die zu kultischen Zwecken benutzte Purpurfarbe auf

Abb. 669. Gläserner Lekythos aus *baqbūq* in Tyrus

Abb. 670. Sarg des Königs Eschmunazar von Sidon (4. Jhdt. v. Chr.)

Ithobaal (Ethbaal), Baal-Zur und dann Abd-Astart. Diesen setzte eine Gruppe verschworener Edelleute ab und ersetzte ihn durch einen Prinzen Ithobaal, der zugleich Priester der Astarte war. Er hatte zugleich die Herrschaft über Tyrus und Sidon und ist geschichtlich berühmt als Vater der Isebel, die Ahab, den König von Israel, heiratete. Ihre Tochter Athalja heiratete Joram, den König von Juda, so daß die phönikischen und jüdischen Königshäuser eng verbunden waren. Die Ehebande wurden durch Handels- und Kulturverbindungen ergänzt. Mochten die Propheten nur gegen heidnische Einflüsse eifern (s. *Israel und Juda; *Kanaanäische Religion). In den ausgegrabenen Palästen von *Samaria geben die schönen phönikischen Elfenbeinzierate beredtes Zeugnis über den Luxus, der mit der fremden Königin am israelitischen Hof einzog.

d) Die assyrische Bedrohung: Die friedliche Entwicklung Phönikiens fand ihr Ende durch die Eroberungen Assyriens im Westen. Tatsächlich hatte Assyrien schon früher einmal Phönikien angegriffen. Tiglatpilesar I. (1112–1074 v. Chr.), machte sich die Stadt Arvad untertan. Aber der Angriff des Assurnasirpal II. (883–859 v. Chr.) leitete eine lange Zeit assyrischer Herrschaft ein. Auf den Kolossen von Kalach berichtet er: »Zu dieser Zeit empfing ich den Tribut der Könige der Meeresküste, der Tyrier, Sidonier und Gebaliten und der Stadt Arvad, die mitten im Meer liegt: Silber, Gold, Blei... leuchtend gefärbte Wollgewänder, Elfenbein...« (s. *Assyrien und Israel).

Assurnasirpals Sohn Salmanassar III. (858–810 v. Chr.) kämpfte gegen einen Bund von zwölf Königen, darunter Ahab von Israel (s. *Assyrien) die berühmte, unentschiedene Schlacht von Karkar (853 v. Chr.). Fünf Jahre später, 848 v. Chr., siegte er in der Schlacht von Hamath und verzeichnet den Tribut, den er erhielt (unter anderem von Jehu »Sohn des Omri«) auf dem schwarzen Obelisken **(Abb. 357, 358)**. Die äußerst prunkvollen Bronzetüren des Königspalastes in *tell balāwāt* bei *nimrūd* trugen eine ähnliche prahlende Inschrift, darin auch gesagt wird: »Ich empfing den Tribut an Schiffen von den Bewohnern von Tyrus und Sidon« **(Abb. 666).**

Auch Inschriften des Tiglatpilesar III. (744–727 v. Chr.) berichten Tributzahlungen von »Menahem von Samaria, Hiram von Tyros, Sibittibi'ili von Byblos« und später 150 Goldtalente von einem anderen Herrscher von Tyrus Mathanbaal (»Metenna«). Als der Assyrer starb, erwachte bei vielen kleinen Herrschern des Westens die Hoffnung auf Befreiung und trieb sie zum Aufstand, fast sicher von Ägypten ermutigt. Hosea, der Sohn des Ela, König von Samaria, und Luli, König von Tyrus und Sidon, nahmen beide daran teil, aber die Assyrer schickten neue Armeen zu Strafzügen gegen sie. Salmanassar V. begann die Belagerung von Samaria und die Stadt mußte sich 722 v. Chr. Sargon II. (722–705 v. Chr.) ergeben. Durch seine Lage auf einer Insel geschützt, erwies sich Tyrus auch für die Assyrer als harte Nuß. Es hielt zwanzig Jahre lang stand. Erst 701 v. Chr. eroberte es Sanherib. Luli floh nach Zypern.

Sanherib setzte einen neuen König von Sidon ein, der wieder Ithobaal hieß, aber unter dem nächsten assyrischen Herrscher Asarhaddon brach der Aufstand in Phönikien wiederum los. Ein neuer König, Abdimilkut, empörte sich 678 v. Chr. gegen die assyrische Macht. Nach der Niederlage versuchte er wie Luli über das Meer zu entkommen, aber eine Prismeninschrift des Asarhaddon berichtet, man habe ihn gefangen »wie einen Fisch«.

Der Assyrerkönig schloß einen Vertrag mit Baal, König von Tyrus, der in Wirklichkeit die Unterwerfung von Tyrus in sich schloß und die Waren aufzählte, die als Tribut nach Assyrien zu liefern waren. Vom ägyptischen Pharao Taharka aus der 25. Dynastie angestachelt, wagte Baal noch einmal einen Aufstand, aber wie so oft zuvor trug die Streitkraft Assyriens den Sieg davon. Eine Stele aus *Zincirli* (dem alten Sam'al) zeigt Taharka und Baal an Ketten gehalten vom König von Assur **(Abb. 49)**. An dieser Abbildung ist bemerkenswert, daß der König von Tyrus so viel größer als der von Ägypten gezeichnet ist, wo doch zu dieser Zeit die Größe Macht und Bedeutung anzeigt.

Die Lehre war vergeblich. Unter Assurbanipal (669–628 v. Chr.) erhob sich Tyrus wiederum, und obwohl er Sidon auf dem Festland einnahm, war er nicht imstande, den Inselhafen von Tyrus zu erobern. 612 brachte der Zusammenbruch des assyrischen Reiches eine kurze Atempause der Unabhängigkeit für Phönikien, aber das war ein kurzes Zwischenspiel. Die Städte verbanden sich wiederum mit Ägypten gegen Babylonien und nahmen am Feldzug des Necho II. teil, der in der Schlacht von Karkemisch (605 v. Chr.) geschlagen wurde. Darauf errichtete Nebukadnezar wieder die Fremdherrschaft über Phönikien.

e) Vasall Babylons: Die so selbstbewußten Phöniker waren der neubabylonischen Herrschaft so wenig geneigt wie vorher der assyrischen und wiederum wurden sie Opfer der ägyptischen Intrigen. Apries aus der 26. ägyptischen Dynastie (588–568 v. Chr.), der »Hophra« der Bibel aus der Zeit Zedekias, schürte einen neuen Aufstand in Westasien und noch einmal traf die Phöniker die Wucht des Gegenangriffs. Nebukadnezar belagerte Tyrus 13 Jahre lang, bis es 574 v. Chr. fiel. An die Stelle des Ithobaal II, setzte er Baal II, und nach dessen Tod 564 v. Chr. kam Tyrus wie Karthago unter die Regierung erwählter Suffeten oder Richter.

f) Aufstieg Sidons: Als Kyros, der neue persische Eroberer, die Gebiete Babyloniens an sich nahm (538 v. Chr.) wurde Phönikien ein Teil der 5. Satrapie des *persischen Reiches. Im Krieg der Perser gegen die Griechen folgte das Volk von Sidon seinen persischen Herren, wie es seinem eigenen See- und Handelsinteresse entsprach. Dadurch stieg Sidon an Bedeutung über seine Schwesterstadt Tyrus empor. Ein Sidonier wurde Admiral der persischen Flotte, die großenteils aus phönikischen Trieren und Besatzungen bestand. Von ihnen stammte die Flotte des Xerxes, die die Griechen bei Salamis 480 v. Chr. vernichteten. Später aber wurde Sidon in die Intrigen der Satrapen gegen die persische Regierung verwickelt, und 346 v. Chr. zerstörte Artaxerxes III. nach einem Aufstand der Sidonier unter Tabnit die Stadt mit ihren Einwohnern und Reichtümern durch einen großen Brand.

Als Alexander der Große seinen Kampf gegen das Perserreich durchführte, griff er nach seinem Sieg bei Issos (333 v. Chr.) Phönikien an. Arvad, Byblos und Sidon ergaben sich. Die Tyrier versuchten, neutral zu bleiben, aber Alexander belagerte die Stadt und nahm sie nach sieben Monaten ein (332 v. Chr.). Der Dammweg, den er dabei vom Festland von Tyrus zu der Insel hin erbaute, steht bis zum heutigen Tag, nur ist er jetzt von Schwemmsand eingehüllt.

g) Seleukidenzeit: Die phönikische Seeherrschaft war schon lange zuvor durch den Aufstieg des griechischen Handels, der Seefahrt und Kolonisation im vorherigen Jahrhundert dahingeschwunden (s. *Hellenismus im Nahen Osten). Die Einnahme von Tyrus durch Alexander bedeutete nur den Schlußpunkt des direkten phönikischen Einflusses im Mittelmeer. Die Griechen und die phönikischen Kolonien rissen die Führerschaft im Handel an sich, während das Mutterland ein Teil, zuerst des seleukidischen, dann des Römerreiches wurde. Auch da behielten die Häfen eine beträchtliche Autonomie, was ihrem Handel und ihrer Industrie sehr zugute kam. Im Lauf des 3. Jahrhunderts v. Chr. breiteten sich die Sidonier nach dem Inneren des Landes aus und errichteten eine Kolonie in Maresa (Marissa) im südlichen Palästina. Viele Inschriften und namentlich die hellenistischen Grabmalereien sind gute Beispiele für die Mischung der einheimischen phönikischen und der hellenistischen Kultur dieser Zeit **(Abb. 324)**. Schon vorher hatte eine Kolonie aus Tyrus in *Jerusalem dem Tyropoiontal den Namen gegeben; allerdings ist die Erklärung umstritten.

2. Kultur und Zivilisation: Von den Schicksalen dieses kleinen Landstreifens am Rand des Mittelmeers hat vieles sein Gegenstück im umgebenden Gebiet. Wenige Ereignisse darunter hatten eine dauernde Wirkung auf die Entwicklung des Alten Orient. Die Bedeutung Phönikiens beruht vielmehr auf seiner eigenartigen Kultur und auf der Weise, wie es diese Kultur durch Handel über die Welt des Altertums aussäte.

a) Handel: Viele alte Schriftsteller schildern Phönikien (zum Beispiel Herodot), aber die farbenprächtigste Beschreibung seiner Städte und ihres Handels steht bei Ez 27. Fast ein Jahrhundert lang, während Griechenland noch ein Häuflein sich befehdender Stadtstaaten war und die römischen Reichsträume noch weit in der Zukunft lagen, hatten die Phöniker den internationalen Handel und besonders das Geldwesen der alten Welt in ihren Händen. Das Elfenbein von Indien ebenso wie das Zinn von England und die Edelsteine von Tartessos (Tarsis, vielleicht bei *Cadiz* an der spanischen Küste), die Luxusgüter der damaligen Zivilisation gingen alle durch die Hände der Phöniker.

Ihre Heimat lag in der Mitte zwischen Ägypten und den Reichen von Westasien und Mesopotamien. Von da aus sandten sie Kolonien und Handelsstützpunkte in die ganze, damals bekannte Welt. Sie waren die ersten Seeleute, die Afrika umsegelten und an der Westküste dieses Erdteils Handelsniederlassungen errichteten. Die Verbindungen mit den Handelskolonien rings um das Mittelmeer und in den Hauptstädten der alten Reiche gaben ihnen das Monopol des internationalen Geldwesens in

Tausch und Geldwechsel. Sie gaben lang- und kurzfristige Kredite gegen entsprechende Sicherheiten, Zinsen und Pfänder. Für ihre Schiffe erbauten und verbesserten sie die Häfen, so daß sie sicher und angenehm bei allen Wetterlagen waren. Die Pharaonen, die mesopotamischen Herrscher und die Perserkönige mieteten sich ihre Handelsflotten. Die Stärke der Phöniker war, daß sie sich ganz auf den Handel und nicht auf Machtgewinn richteten. Schwach waren sie infolge ihrer verhältnismäßig kleinen Zahl, ihrer Vernachlässigung des Feldbaus, aus der sich ergab, daß ihnen eine breitere landwirtschaftliche Wirtschaftsbasis in Zeiten der Not fehlte. Von ihrer sozialen Organisation ist zwar wenig bekannt, aber man nimmt an, daß sie das kanaanäische System fortsetzten, wenngleich es in der persischen und griechischen Zeit Züge von deren Zivilisation annahm.

b) Schiffsbau: Die Phöniker hatten Holz in reichstem Umfang zur Verfügung. Sie führten Zedern, Eichen und Zypressen aus, besonders nach Ägypten, und erbauten ebenfalls aus diesen Hölzern verschiedenartige Schiffe in den phönikischen Häfen. Es gab Byblos-Schiffe, die zwischen diesem Hafen und Ägypten hin und her fuhren, und Tarsis-Schiffe, solide gebaute Handelsschiffe, die Eisenerz aus Spanien, Kupfer aus *Ezeon–Geber (Eilat)* und Gold aus Ophir brachten (s. *Schiffahrt).

c) Purpur- und Glas-Industrie: Außer für Schiffsbau und Holz war Phönikien noch für zwei andere Industrien berühmt. Die eine war die Bereitung der Purpurfarbe aus der Purpurschnecke, die dem ganzen Gebiet den Namen gab. Dicht südlich von Sidon hat man einen großen Hügel gefunden, mehrere Meter hoch, der ganz aus Schneckenschalen bestand, alle in einer ganz bestimmten Weise durchbrochen, um den gelben Saft herauszudrücken, der die Eigenschaft besaß, Textilstoffe purpurfarben einzufärben. **Abb. 668** zeigt die großen Tongefäße, in denen die Purpurfarbe aufbewahrt wurde. Man hat sie im Tempel des Rescheph in Byblos gefunden. Sie dienten zu kultischen und anderen Zwecken. Ferner gab es die Glasbereitung. Im Gegensatz zur landläufigen Überlieferung haben die Ägypter und nicht die Phöniker das Glas erfunden, aber die Phöniker entdeckten die Kunst der Glasbläserei und besaßen ein Monopol in der Bereitung durchsichtiger geblasener und gegossener Gläser. Ein Beispiel ist der gläserne Lekythos **(Abb. 669)** aus *baqbūq* in Tyrus. Der Platz hat seinen Namen von der Industrie: *baqbūq* bedeutet phönikisch und hebräisch Flasche.

d) Elfenbeinschnitzerei: Elfenbeinsachen aus Phönikien verbreiteten sich über die ganze Welt. Man hat sie nicht nur in Samaria gefunden, sondern bis nach *arslan-taṣ* und *nimrūd* (s. *Assyrien und Israel). Ägyptische und ägäische Einflüsse verbinden sich mit einheimischen kanaanäischen Überlieferungen zu einem eigenen phönikischen Stil dieser Elfenbeinarbeiten, deren Herstellung eine ertragreiche Industrie ergab. Die ursprüngliche Grundlage war die Kunst des Holzschnitzens, aus der die Elfenbeinschnitzerei hervorging. Holz gab es in Phönikien die Menge. Aber im ersten Jahrtausend v. Chr., aus dem die Elfenbeinarbeiten stammen, waren die Zwergelefanten **(Abb. 667)** vollständig ausgestorben, die ehemals in Mesopotamien und Ostsyrien umhergestreift waren. Das Rohmaterial an Zähnen mußte aus Afrika und Indien eingeführt werden.

e) Architektur und Skulptur: In der Architektur und Skulptur unterscheidet sich Phönikien von den anderen Gegenden Kanaans nur durch den stärkeren Einfluß Ägyptens und der ägäischen Welt. Tatsächlich kamen die ägyptischen Einflüsse in die biblische Welt mehr durch das phönikische Handwerk als über die Landwege, die Palästina mit dem Nil und seinem Delta verbanden (s. *Straßen, Beförderungsmittel, Handelswege).

f) Literatur: Abgesehen von einer Anzahl Inschriften, die hauptsächlich religiöse sowie Handels- und Gedenkzwecke hatten, hat man in Phönikien sehr wenige literarische Reste entdeckt. Auf den Sarkophagen der späteren Könige haben sich einige Biographien erhalten, zum Beispiel die lange Lebensbeschreibung des Eschmunazar von Sidon (4. Jhdt. v. Chr.), die auf seinem Sarg steht **(Abb. 670)**. Bei der häufigen Zerstörung der phönikischen Städte wurden vermutlich die rein literarischen Werke vernichtet. Diese Spärlichkeit der Überreste war es, weshalb die Bibliothek kanaanäischer Mythen und Epen, die man in Ugarit entdeckte (s. *Kanaanäische Kultur und Ugarit), so bedeutungsvoll war. Diese Literatur hat auch die Zuverlässigkeit der anderen alten Quellen über die phönikische Literatur bestätigt. Sanchunjaton nämlich schrieb in Berytos (heute *bērut*) im 7. Jhdt. v. Chr., aber nur Zitate bei Philo von Byblos sind von seinem Werk übriggeblieben (s. *Hellenismus im Nahen Osten). Abgesehen von diesen beiden Quellen ha-

Abb. 671. Reste eines Tempels des Rescheph (18. Jhdt. v. Chr.)

Abb. 672. Goldaxt (13. Jhdt. v. Chr.), die dem Gott Rescheph geweiht war

Abb. 673. Befestigungswerke in Byblos aus einer Schicht, die in die zweite Hälfte des 3. Jahrtausends v. Chr. datiert wird

Abb. 674, 675. Sidon und Tyrus, zwei phönikische Städte, die im Laufe der Geschichte immer eine politische Einheit bildeten

Abb. 676 a, b. Unterste Ausgrabungsschicht (8.–7. Jhdt.) des Tanit-Heiligtums in Salambo bei Karthago. Unten: zweite Schicht (7.–4. Jhdt.)

ben wir nur schwache Andeutungen über religiöse Bräuche und die Mythologie der Phöniker in der biblischen Erzählung von Isebel und ihren Baalspriestern sowie archäologische Zeugnisse über phönikische Religion aus Karthago und den anderen Kolonien (s. *Kanaanäische Religion).

g) Religion: Neben der in ganz Kanaan und Phönikien geübten Religion (s. *Kanaanäische Religion) blühten besonders die Kulte der Baalat und des Rescheph in Byblos und an anderen Orten. Siehe den Tempel des Rescheph aus dem 18. Jahrhundert v. Chr. **(Abb. 671)** und die Goldaxt **(Abb. 672)**, die aus den Votivgaben für den Gott aus dem 13. Jahrhundert stammt. In der Fassung der kanaanäischen Mythen, wie sie Philo wiedergibt, ist die Baalat von Gebal die Gemahlin des Hauptgottes El. Auf der Stele **Abb. 490** ist König Jehumelek von Byblos zu sehen, wie er eine Spende für seine Göttin, die »Frau von Byblos«, darbringt. Der Kult des Adonis, des jungen Gottes, den ein Eber tötete und der jedes Jahr ins Leben zurückkehrte, stammte aus Byblos und war in klassischer Zeit hoch angesehen. Er ist eine Weiterentwicklung des alten Tammuzmythos, bei welchem Adonis der Sohn des mythischen Königs Kinyras von Zypern ist. Kinyras ist abzuleiten von kanaanäisch *kuni-aræṣ* »Schöpfer der Erde«, doch nennt ihn Strabo König von Byblos.

h) Schreibkunst: Das älteste »Papier« (Papyros) kam nach Griechenland als Exportgut von Byblos, und die Alten glaubten fälschlich, daß es dort erfunden sei (s. *Alphabet und Schrift). Um dieser Meinung willen wurde der Name der Stadt auf Wörter wie *biblíon* (d. h. Buch), Bibliographie und die Bibel, das Buch vor allen anderen, übertragen. Mit besserem Recht dürfen die Phöniker die Erfindung der alphabetischen Schrift für sich beanspruchen. Mögen sich die Gelehrten darum streiten, ob die phönikische Schrift wirklich der erste Versuch der Menschheit war, alphabetisch kursiv zu schreiben, so steht ihre Wirkung auf die spätere Geschichte außer Frage. Die Griechen lernten das Alphabet von den Phönikern. Durch phönikische Kaufleute und Kolonien drang die Kultur und später die religiöse Gedankenwelt der Phöniker und Palästinas in den Westen.

3. Phönikische Städte: *a) Byblos:* Weil die Bibel Tyrus so sehr hervorhebt, ist Phönikien im allgemeinen meistens als das Land der Zwillingsstädte Tyrus und Sidon bekannt. In Wahrheit war die Stadt Byblos sein Haupthafen, ist seine bedeutendste Trümmerstätte. In der Bibel (Jos 13,5 und Ez 27,9) heißt Byblos aber Gebal. Das ist wahrscheinlich eine viel ältere Form des gleichen Namens. Ägyptisch lautet der Name der Stadt *kepen,* was eine genaue Übernahme des alten Stadtnamens Gebal oder Gubal ist, denn die Ägypter hatten kein Zeichen für *l* und schrieben oft *k* für semitisch *g.*

Die erste Siedlung dort wurde um 5000 v. Chr. in der Jungsteinzeit errichtet. In der chalkolithischen Zeit folgte eine Reihe von Städten, eine auf die Ruinen der anderen gebaut. Die Befestigungen **Abb. 673** entstammen einer Schicht aus der zweiten Hälfte des 3. Jahrtausends v. Chr. Schon zu Beginn der dynastischen Zeit in Ägypten um 3000 v. Chr. bestand ein lebhafter Handel zwischen dem Hafen und dem Reich am Nil. Schon damals machen sich ägyptische Einflüsse in Kunst, Religion und Gebrauchsgegenständen bemerkbar. Ägyptische Inschriften aus Byblos nennen als ersten den Herrscher Cha-Sechemui, nach Manetho der letzte König der 2. Dynastie. Sie nennen auch Cheops, Chefren und Mykerinos im Tempel der Baalat von Gebal, der Frau von Byblos. Die vielen Weihegaben, die die ägyptischen Könige in diesen Tempel stifteten, zeigen deutlich, daß sie Byblos als einen Teil des ägyptischen Gebietes betrachteten. In der ersten Zwischenzeit Ägyptens wurde die Stadt durch Feuer zerstört. Es ist dies die Zeit der Amoritereinfälle und der Gründung der 1. Dynastie Babyloniens (s. *Babylon und Israel). Inschriften aus Byblos aus dieser Zeit lassen auf eine Amoriterherrschaft schließen; sie baut die Stadt wieder auf und errichtet auf den Tempelruinen neue Tempel.

Die ägyptische Herrschaft über Byblos wurde offenbar während des mittleren Reiches von Ägypten, der 12. Dynastie, wieder aufgerichtet. In *Tōd* in Oberägypten hat man Kästchen mit dem Namen Amenemhet II. (1938 bis 1904 v. Chr.) gefunden. Darin war ein reicher Schatz von Luxuswaren aus Silber und Gold in der typisch syrischen Mischstilart ägäischer und asiatischer Einflüsse gearbeitet. R. Drioton hat vermutet, daß dieser Schatz einen Tribut des Königs von Byblos an den Pharao darstellt. Etwas später wird Byblos wiederum unter den Feinden Ägyptens erwähnt, die in den ägyptischen Ächtungstexten verflucht werden (s. *Ägypten und seine Beziehung zu Israel, *Inschriften). Sie stammen aus dem Ende der 12. Dynastie.

Byblos spielt auch in der ägyptischen Mythologie eine Rolle. In einer Fassung der Erzählung von Isis und Osiris wird der ermordete Osiris in einen Sarg getan und dieser ins Meer gestürzt. Er wird bei Byblos an den Strand gespült und wächst in einen wunderbaren Baum ein, den der König von Byblos als Pfeiler in seinen Palast einbaut. Isis hört vom Schicksal des Osiris und gelangt nach Byblos, um ihn aus dem Pfeiler zu befreien. Dies ist zwar eine ziemlich späte Abwandlung des alten Mythos, aber es werden sich immerhin darin die uralten Beziehungen zwischen Ägypten und Phönikien, besonders Byblos spiegeln.

Eine Zeitlang erlangte Byblos seine Unabhängigkeit zurück. Der Name Jantinamu für einen seiner Herrscher kommt in den Archiven von Mari vor (18. Jhdt. v. Chr.; s. *Babylon und Israel), ebenso auf einer Reihe von Skarabäen aus Byblos selbst. Auch nachdem Thutmosis III. nach der Vertreibung der Hyksos aus dem Delta (1570 v. Chr., s. *Ägypten und seine Beziehung zu Israel) die ägyptische Herrschaft wiederhergestellt hatte, blieb Byblos wie die meisten Kanaanäerstädte unter der Regierung örtlicher Vasallenfürsten. Viele *Amarnabriefe stammen von einem Fürsten Rib-Addi von Byblos, den die Angriffe der Amoriter bedrängten. Auch ein Felsrelief Ramses' II. aus dem 4. Jahr seiner Regierung (1286 v. Chr.) an der Mündung des *nahr el-kelb* (Hundefluß) zwischen *bērut* und Byblos verherrlicht die ägyptische Herrschaft. Der Name desselben Pharao hat sich auf Gegenständen aus dem Grab, das den berühmten Sarg des Ahiram enthält, gefunden (s. *Alphabet und Schrift). Doch zeigen die Zeugnisse, daß dies Grab mehrmals benützt worden ist. Etliche keramische Stücke aus ihm datieren aus dem 10. Jahrhundert v. Chr. und die Schrift ist dem Mesa-Stein **(Abb. 548)** so nahe verwandt und den Verzierungen auf einigen Elfenbeinstücken aus Megiddo, daß manche Forscher auch die Ahiram-Inschrift in das 10. Jahrhundert v. Chr. datieren. Nach Ramses II. verringerte sich der ägyptische Einfluß in Byblos wie auch im übrigen Phönikien und lebte nur kurz in der Zeit der 22. Dynastie wieder auf. So ist unter den Funden eine Statue von Schoschenk I. (dem Sisak der Bibel, 950–929 v. Chr.). Der König Abibaal von Byblos hat sie der Baalat Gebal geweiht. Ähnlich ist offenbar die Porträtbüste von Osorkon I., Schoschenks Nachfolger, (929–893 v. Chr.) der Göttin von Byblos von einem späteren Herrscher Elibaal geweiht. In diesen Inschriften zeigt sich das Ansehen, das die Pharaonen in dieser Gegend genossen, obwohl offenbar weder Schoschenk noch sein Nachfolger Nordphönikien erobert oder auch nur kriegerisch heimgesucht hatten.

Nach dieser Zeit scheint Byblos an Bedeutung und Wohlstand zurückgegangen zu sein im Vergleich zu andern phönikischen Hafenstädten, bis die Zeiten der persischen und griechischen Herrschaft das soziale und religiöse Leben dort wieder aufleben sahen.

b) Tyrus und Sidon: Die Zwillingsstädte Sidon auf dem Festland **(Abb. 675)** und Tyrus auf einer Insel **(Abb. 674)**, deren Überreste hier in Luftaufnahmen gezeigt werden, bildeten wahrscheinlich im Lauf der phönikischen Geschichte stets eine politische Einheit, bis die Assyrer in Sidon eine eigene Dynastie einsetzten. Vorher, nämlich in der Erzählung von Wen-Amun und im Bericht der Bibel über Hirams Geschäftsbeziehungen zu David (2 Sam 5,11) und Salomo (1 Kg 5,15 ff) wurde nur Tyrus der Erwähnung wert gehalten. In älterer Zeit sind die Ausdrücke tyrisch und sidonisch tatsächlich gleichbedeutend. Nachdem die Seevölker (s. *Philister) 1198 v. Chr. Tyrus zerstört hatten, erstand es als sidonische Siedlung neu und stieg zu seinem späteren Vorrang auf als Sitz der Regierung von Sidon, namentlich unter Hiram. Solange die Seevölker die Küste von Syrien und Palästina in Händen hatten, waren die Sidonier auf ihren winzigen Gebietsstreifen beschränkt. Aber nachdem David die Philistermacht zerstört hatte (um 990 v. Chr.), begann die Ausdehnung Sidons in größerem Maßstab.

4. Phönikische Kolonien: Die Ruhepause in den Streitigkeiten der Mächte über Westasien endete mit dem Wiederaufstieg des assyrischen Reiches (Ende des 9. und Anfang des 8. Jhdts. v. Chr.). Der assyrische Druck auf das phönikische Hinterland, der den Handel zu unterbrechen drohte, kam zusammen mit der immer wachsenden Regsamkeit der dorischen Griechen auf den Meeren. Ihr zu begegnen, gründeten die Phöniker Kolonien am ganzen Mittelmeer.

a) Handelsplätze am Mittelmeer: Anfangs nur Anlegeplätze für die Schiffe der Phöniker, entwickelten sich ihre Kolonien im mittelländischen Meer zu größeren Handels- und Geldplätzen. Zuerst wurde zweifellos ein solcher Platz in Zypern eingerichtet, die »Neustadt«, womit gewiß Kition gemeint ist. Josephus zitiert aus

Menander, daß das Volk von Kition sich gegen Hiram I. (969–936 v. Chr.) erhob. Und die zahlreichen Inschriften auf der Insel beweisen eine starke phönikische Durchdringung.
Als nächstes kam die Errichtung von Handelsfaktoreien im ägäischen Meer, dann vom 10. Jhdt. v. Chr. an koloniale Tätigkeit im westlichen Mittelmeer. Dazu gehörte die Errichtung von Erzverhüttungsstätten in Sardinien und Spanien. Im ganzen scheint sich die Kolonisation in folgender Reihenfolge vollzogen zu haben: Zypern, Malta, Sizilien, Sardinien, Karthago in Nordafrika, Cadiz und Tarsis in Spanien.
b) Tarsis: Auf akkadisch bedeutet Tarsis Erzhütte, und als Bergbau- und Verhüttungsplatz erbauten die Phöniker ihre Kolonie Tartessos in der Gegend von Cadiz in Spanien und eine andere mit ähnlichem Namen in Sardinien. Die Art, wie diese Minen und Hüttenwerke ausgebeutet wurden, läßt sich aus der Analogie der großen Kupferschmelze in Ezeon-Geber (Elath) erschließen, die mit Sklavenarbeit betrieben wurde und wo die Phöniker mit Salomo zusammenwirkten.
5. Karthago: 814 v. Chr. wurde die »Neustadt«, phönik. *Qarthadašt,* gegründet. Karthago hatte eine ideale Lage an der Nordküste von Afrika, Sizilien gegenüber, auf halbem Wege von Phönikien zur Straße von Gibraltar und den weit entfernten Küsten von England, Irland und Westafrika. Nach der Legende hat Dido, die Urenkelin des Königs Ithobaal von Tyrus, des Vaters der Isebel, die Besiedlung begonnen. Mit einem Gefolge tyrischer Adliger, die ihrem Bruder, dem Stadtherrscher, widerstrebten, floh sie aus ihrer Heimatstadt, nachdem der König ihren Gatten ermordet hatte (**Abb. 676a** zeigt einen Teil der untersten Schicht des Tanit-Heiligtums in Salambo, einem Vorort von Karthago, aus dem 8. bis 7. Jhdt. v. Chr.; **Abb. 676b** eine Urne und eine Stele aus der zweiten Schicht, 7. bis 4. Jhdt. v. Chr.). Alsbald nach seiner Gründung blühte Karthago gewaltig auf. Gestützt auf ein fruchtbares Hinterland wurde es die phönikische Hauptstadt im mittleren Mittelmeer und löste schließlich den Zusammenhang mit Tyrus. Auch dann blieb Karthago durch seine Beziehungen zu den westlichen Gegenden ein Hauptstützpunkt für die Ausbreitung der punischen, das heißt westphönikischen Kultur und Zivilisation. Heutzutage ist vor allem seine Rolle als der Gegner Roms in Erinnerung. Aber lange bevor Hannibal und seine Elefanten ihren berühmten Übergang über die Alpen vollzogen (Ausgang des 3. Jahrhunderts v. Chr.), hatte sich Karthago einen bleibenden Platz in der Geschichte der Zivilisation erworben.
Der Aufstieg Roms führte unvermeidlich zum Kampf mit Karthago, der in den punischen Kriegen ausgefochten wurde. Nach dem ersten punischen Krieg (264–241 v. Chr.) hatte Karthago Sizilien verloren und in der Folge fiel auch Sardinien an Rom, so daß Karthago nur sein spanisches Reich behielt. Während die Römer auswärts Fuß faßten, setzte sich Hannibal gegen Italien in Bewegung, um sie in ihrem Kernland selbst, direkt in Rom anzugreifen. Aber trotz all seiner Elefanten und seinem langen, gewagten Marsch über die Alpen wurde er schließlich zurückgeschlagen. Nach nochmaliger Niederlage in seinem Heimatland 202 v. Chr. mußte er einen demütigen Frieden akzeptieren. Noch ein halbes Jahrhundert lang konnte Karthago seinen friedlichen Handel im Mittelmeer aufrechterhalten. Die Stadt selbst und Nordafrika gediehen. Dann brach ein neuer Krieg mit Rom aus. Karthago wurde 146 v. Chr. zerstört und die Gebiete, die es beherrscht hatte, in römische Provinzen verwandelt.
Trotzdem widerstand die punische Kultur in Nordafrika noch weitere hundert Jahre römischem Einfluß und blieb in Blüte. Die Volkssprache dort nannte man neupunisch. Als Rom nach hundert Jahren Karthago wieder aufbaute, besiedelten es Nordafrikaner, die diese neupunische Sprache redeten und die alten, phönikischen Gottheiten unter neuen, römischen Namen verehrten.

Prediger (Buch)
Gliederung: 1. Inhalt. 2. Verfasser und Entstehungszeit. 3. Hellenistischer Einfluß. 4. Kohelet und die Weisheitsliteratur. 5. Kohelet und Job. 6. Der Prediger und die Weisheit des Nahen Ostens. 7. Das rabbinische Judentum und Kohelet.
Das Buch Prediger oder Ecclesiastes (im Hebräischen »Kohelet«, was soviel heißt wie »Sprecher« oder »Vorsitzender« einer Versammlung; man hat es mit dem aus dem Griechischen kommenden Wort »Ecclesiastes«, d. h. der in der Versammlung von Amts wegen das Wort führt, übersetzt) ist einer der Texte aus den »Hagiographa« (Schriften), die den dritten Hauptteil der Bibel bilden. In den Synagogen wird dieser Text zum Laubhüttenfest vorgelesen.
1. Inhalt: Das Buch Kohelet ist unter den

vierundzwanzig Schriften des *Bibelkanons vielleicht die nonkonformistischste. Man hat es einmal sehr treffend als das »Hohelied der Skeptiker« bezeichnet.

Das Buch ist in zwölf Kapitel gegliedert, in denen die düstere Philosophie eines Pessimisten dargelegt wurde, für den im Leben »alles so nichtig... alles umsonst« (1,2; 12,8) ist. Er sucht im Vergnügen, im Skeptizismus und in einem letzten Glauben an Gott einen Ausgleich. Das Buch stellt nicht lediglich eine Sammlung unzusammenhängender Vorschriften dar. Vielmehr ist es von einem großen Grundgedanken getragen, und sowohl seine Prosateile als auch seine lyrischen Stellen dienen einem gemeinsamen Anliegen. Freilich setzt das Verständnis dieses Buches die Kenntnis mehrerer bedeutender Gedichte und Abschnitte voraus.

Manche betrachten das Buch als das Werk eines einzigen Verfassers. Der »Prediger« als Autor untersucht verschiedene menschliche Errungenschaften. Aus ihm spricht eine praktische Weisheit, die die Vergänglichkeit der irdischen Dinge durchschaut (1, 4–11) und an die Existenz des Bösen glaubt (1, 12–18). Er weiß um das Vergnügen und um den Reichtum – und um dessen letzte Leere (2, 1–11). Für ihn ist Arbeit eine »Plage«, die nicht glücklich macht (2, 12–26). Alles wird mit Sicherheit im Tod sein Ende finden (3, 1–27). Sodann wendet er sich den Geheimnissen des Lebens zu (4, 1–16): dem Reichtum (5, 1–20), dem Lebensende (6, 1–12), der Sündhaftigkeit des Menschen und dem Selbstbetrug des Ruhmes, der durch Weisheit und Wissen erlangt wurde (7, 1–29), der Unerforschlichkeit der göttlichen Vorsehung (8, 1–9, 18), der Unordnung dieses Lebens (10,1–20) und den Täuschungen der Jugend und des Alters (11, 1–12, 7). Am Ende all dessen heißt es dann: »Wie ist alles so nichtig! spricht der Prediger. Es ist alles umsonst!« (12, 8).

Die letzten Sätze, die den Abschluß des Buches bilden (12, 9–14) sind in der dritten Person abgefaßt und spiegeln eine plötzliche Wende zu einem optimistischen Ausblick wider. Dies widerspricht dem Geist des ganzen übrigen Buches so sehr, daß manche Wissenschaftler annehmen, diese Sätze seien von einem späteren Redaktor als Kommentar zum Leben der Hauptfigur angehängt worden. Auch andere Textstellen (1,1.2; 7,27;12,8) deuten die Arbeit eines solchen Redaktors an; und vielleicht stammt auch die Klage »Des vielen Büchermachens ist kein Ende« von diesem Redaktor. Der Redaktor suchte in der pessimistischen Philosophie des Predigers nach religiösen Lehren (s. unten); wahrscheinlich hat er aus diesem Grunde zum Schluß gesagt: »Fürchte Gott und halte seine Gebote! denn das ist jedes Menschen Sache« (12,13). Dadurch scheint er versucht zu haben, dieses Buch auf die Grundlinie der Bibel zurückzuführen.

2. Verfasser und Entstehungszeit: Der Name »Salomo« wird im Buch zwar nie ausdrücklich erwähnt, aber der Autor gibt den Inhalt für »die Worte des Predigers, des Sohnes David, des Königs zu Jerusalem« (1, 1) aus. Heutzutage halten die Wissenschaftler diese Angaben für die Andeutung eines Pseudonyms. Über den tatsächlichen Verfasser und seine Lebenszeit weiß man nichts.

Allgemein ist man sich darin einig, daß das Buch Prediger schon vorlag, als Jesus ben Sirach seine »Weisheit« schrieb (etwa um das Jahr 200 v. Chr.), die später in der Vulgata den Namen »Ecclesiasticus« erhielt (s. *Deuterokanonische Bücher und Apokryphen). Textvergleiche zwischen beiden Büchern (z. B. Pred 8, 14 und Sir 1, 13) scheinen zu beweisen, daß Jesus ben Sirach mit dem kanonischen Werk schon vertraut war. Zudem wurden Fragmente einer Schriftrolle des Kohelet **(Abb. 677)** bei *Qumran gefunden. Diese bedeutenden Fragmente stammen aus der Zeit um 150 v. Chr. Der Text ist mit dem des Buches nicht identisch und läßt gewisse Entwicklungen erkennen, die darauf hindeuten, daß die ursprüngliche Abfassung des Buches etwa 150–200 Jahre früher stattgefunden haben muß. Es ist nicht überraschend, daß dieses bei den übrigen biblischen Handschriften in Qumran gefunden wurde. Diese Tatsache kann jedoch als zusätzliches Zeugnis für die Popularität des Predigers in der nachexilischen Zeit betrachtet werden.

Das Buch Kohelet ist ganz im Stil der *Weisheitsliteratur abgefaßt. Die Sprache seiner Prosaabschnitte gleicht dem Mischna-Hebräisch, und in den lyrischen Passagen verrät es einen so starken Einfluß von »Königs-Aramäisch« (s. *Restauration und Perserzeit, Esra und Nehemia), daß eine Reihe Gelehrter den Text als eine Übersetzung aus der aramäischen Originalsprache betrachtet. Diese Wissenschaftler sind der Ansicht, das Buch sei in der Perserzeit entstanden. Man findet im Ecclesiastes tatsächlich eine Reihe von Wörtern, die vom Persischen abgeleitet sind. Demgegenüber wies M. J. Dahood starke Anzeichen eines phönikischen sprachlichen Einflusses nach. Tatsächlich ist kein anderes Buch der Bibel nach Form und Inhalt der phönikischen, persischen, ägyptischen und babylonischen Literatur so verwandt wie dieses.

3. Hellenistischer Einfluß: Während des 4. und 3. vorchristlichen Jahrhunderts war griechisches Gedankengut vorherrschend. Auch die Juden konnten sich seinem Einfluß nicht entziehen. Kohelet war mit ziemlicher Sicherheit vom fragenden hellenistischen Geist infiziert. Ja, er äußert sogar Zweifel an dem herkömmlichen jüdischen Glauben, daß Gott die Gerechten belohnen werde (2, 15 ff; 8, 9–14; 9, 2–6). Das ganze Buch ist durchsetzt von der Geisteshaltung der stoischen und epikuräischen Schule. Diese Verbindung hat manche Wissenschaftler zu der Annahme veranlaßt, das Buch sei am Vorabend der hellenistischen Epoche entstanden. Denn zu dieser Zeit war der griechische Einfluß bereits sehr beträchtlich (s. *Hellenismus im Nahen Osten). So könnte man wohl das 4. Jhdt. als Entstehungszeit des Buches betrachten, wenn dies auch bei weitem nicht allgemein anerkannt ist.

4. Kohelet und die *Weisheitsliteratur: Die Schrift hat die Form eines Tagebuches, das von einem jener »Weisheitssuchenden« stammt, wie sie in der Folklore vieler Völker auftauchen. Die autobiographische Schreibweise dürfte jedoch lediglich als literarisches Stilmittel zu gelten haben. Der Autor gibt vor, er habe sich gesagt: »Wohlan, versuch's einmal mit der Freude und genieße!« (2, 1.) Dann wandte er sich der »Weisheit« zu (2, 12). »Und wiederum sah ich all die Bedrückungen, die unter der Sonne geschehen« (4, 1). Daher kommt er zu dem Schluß, »das Geschick der Menschenkinder ist gleich dem Geschick des Tieres; ein Geschick haben sie beide. Wie dieses stirbt, so sterben auch jene« (3, 19). Demnach wäre es für den Menschen das beste, sein Leben zu genießen, solange es währt. Eine solche Philosophie steht in krassestem Gegensatz zu den Lehren der Bibel (z. B. Num 15, 39–40). Allerdings liest man auch, »daß die Weisheit die Torheit so weit übertreffe, als das Licht die Finsternis übertrifft. Der Weise hat seine Augen im Kopfe, der Tor aber geht im Finstern« (2, 13–14; s. *Weisheitsliteratur). Kohelet scheint einer jener berufsmäßigen »Weisheitslehrer« (*ḥokmā*) gewesen zu sein, deren Lehren so ernst genommen wurden, daß die Weisen selbst den Priestern und Propheten an Ansehen gleichka-

Abb. 677. Manuskriptfragmente mit Teilen des Kohelet, des Buches der Prediger, gefunden bei Qumran

men. Die Entwicklung ihrer jeweiligen Schriften vollzog sich allerdings in verschiedenen Bahnen. Der Autor des Buches Ecclesiastes gehört nun innerhalb dieser Kreise einer besonderen Gruppe von »Weisen« an, die sich sehr intensiv mit grundsätzlichen Fragen befaßt hatten. Wenn man die Widersprüchlichkeiten im Buch selbst und das Wesen seines Gottesglaubens und seine Moralgrundsätze im Lichte der verschiedenen Strömungen innerhalb der alten kosmopolitischen *Weisheitsliteratur betrachtet, dann mögen diese nicht mehr allzusehr befremden. Kohelet predigte durchaus nicht die Unmoral. Aber seine Erfahrung des täglichen Lebens schien das rechtgläubige Gotteswalten einer starken Belastungsprobe zu unterziehen.

Einst neigten Bibelwissenschaftler dazu, aufgrund der einem aufmerksamen Leser sofort auffallenden Widersprüche und Ungereimtheiten, an eine mehrmalige und gründliche Rezension des Buches zu glauben. Diese Theorie kann jedoch irreführen. Der Verfasser war kein wissenschaftlicher Philosoph nach heutigen Begriffen. Er war wohl ein reifer Mann (bzw. Männer), der sich dem Einfluß der weltweiten Kultur gegenübergestellt sah und nun einem ebenso reifen und erfahrenen Publikum seine persönlichen Glaubenszweifel äußerte. Der Text trägt nicht nur agnostische, zynische oder reformatorische Charakterzüge; ebensowenig war er allein stoischem oder epikuräischem Geist verhaftet. Hier werden Fragen über die menschliche Existenz gestellt, die schon vorher und zu allen Zeiten die Geister bewegt haben. Da diese Gedankengänge nun aber in einer solch dramatischen äußeren Gestalt dargeboten werden, konnte das Buch auch mit einer Antwort schließen, die als Lösung einen unerschütterlichen Glauben an Gott und die Beobachtung seiner Gebote propagiert. Dieser Schluß erklärt, wieso es trotz der ungewöhnlichen Form des Buches und eines Teiles seines Inhalts möglich war, diese im Kanon der Heiligen Schrift zu belassen. Dadurch finden auch manche Widersprüche ihre Lösung und lassen es als ein einheitlicheres Ganzes erkennen, als es zunächst den Anschein haben mag.

Unter den jüdischen Denkern der nachexilischen Zeit und ebenso unter den Schriftgelehrten, die die Avantgarde zeitgenössischer jüdischer Kultur ausmachten, war die Weisheit Kohelets sehr beliebt. Dies mag auch erklären, wieso das Buch in den Kanon aufgenommen wurde.

5. Kohelet und Job: Recht interessant ist ein Vergleich zwischen der Haltung Kohelets und der eines anderen Weisheitsbuches: *Job. Bei Job heißt es: »Ich kleidete mich in Gerechtigkeit« (29, 14) und »rettete den Armen, der um Hilfe schrie« (29, 12); »Auge wurde ich dem Blinden« (29, 15). Denn dies hielt er für die richtige Lebenshaltung.

Kohelet predigt die Nächstenliebe – aber nur, wenn er auf Erwiderung hoffen konnte: »Schicke dein Brot übers Wasser, so kannst du es wiederfinden, sei's auch nach vielen Tagen« (11, 1).

Übernatürliche Werke, an die Job seine Hoffnungen geknüpft hatte, galten ihm nichts. Er verschaffte sich »Sänger und Sängerinnen und, was die Wonne der Menschensöhne ist, Frauen in Menge« (2, 8). So bekennt er auch: »Was irgend meine Augen begehrten, das entzog ich ihnen nicht, und keine Freude versagte ich meinem Herzen« (2, 10). Doch es war Job, der in äußerster Verzweiflung aufschrie und die Gültigkeit der gesamten sittlichen Ordnung leugnete; damit ging er weit über den Pessimismus und die Ablehnung der göttlichen Lebensordnung Kohelets hinaus. Die wiederholten Äußerungen Kohelets über die Enttäuschungen der Gerechten, denen kein Lohn zuteil wird, scheinen die Gedankengänge Jobs widerzuspiegeln. Sie lassen vermuten, daß er von dem älteren Buch des Dulders Job beeinflußt war (vgl. z. B. Job 21, 32–33).

Das Grundanliegen Kohelets (wie auch anderer Weisheitsautoren des Nahen Ostens) ging dahin, den größtmöglichen Vorteil oder Gewinn aus diesem Leben zu ziehen. Weisheit galt ebenso als wirtschaftliches wie philosophisches Desiderat. Und darin vor allem bekundet sich der spezifisch hebräische Wesenszug dieser an sich viel weitläufigeren Literaturgattung.

Kohelet liegt jedoch daran, seinen eigenen Gottesbegriff darzulegen. Für ihn ist Gott ein Wesen, das allzu erhaben ist, als daß es sich um die Kleinlichkeit menschlichen Tuns kümmerte. Die Grundstimmung des Buches ist eher vom Pessimismus als von Treue und Vertrautheit geprägt. »Gott ist im Himmel, und du bist auf Erden, darum mache nicht viele Worte« (5, 1). So ist auch die immer wieder durchbrechende Verzweiflung, es sei »besser der Tag des Todes als der Tag der Geburt« (7, 2) vor dem Hintergrund der »Nichtigkeit« dieser Welt zu sehen und nicht etwa als ein Zeichen der Hoffnung auf ein besseres Jenseits zu deuten.

6. Der Prediger und die Weisheit des Nahen Ostens: Die Weisheitsbücher des Alten Testaments sind eigentlich eher internationalen als ausschließlich hebräischen Charakters (s. *Weisheitsliteratur). Der extreme Pessimismus und das unablässige Infragestellen des orthodoxen Glaubensgutes rücken den Prediger ganz in die Nähe einiger der »Weisheits«-Überlieferungen des ganzen Nahen Ostens, insbesondere Ägyptens und Mesopotamiens. Ecclesiastes scheint, wie viele andere Werke jüdischer Weisheitsliteratur, eher der profanen als der religiösen Literatur anzugehören. Denn es enthält Ratschläge, wie man erfolgreich sein kann; und dies ohne offenkundige religiöse Motivation. Das Buch ist jedoch trotz seines Gegensatzes zum herkömmlichen biblischen Glauben keinesfalls ein areligiöses Werk. Kohelet versucht ebenso wie andere jüdische Lehrer, die Überlieferungen und Weisheitsvorschriften dem durch das jüdische Gesetz und das Brauchtum vorgegebenen Lebensziel anzugleichen.

7. Das rabbinische Judentum und Kohelet: Die *Mischna und die spätere rabbinische Literatur stellen die Autorität des Predigers wegen seines Skeptizismus und seines kompromißlosen Pessimismus in Zweifel, da sie glauben, es könnte dadurch eine Häresie heraufbeschworen werden (Midrasch Kohelet Rabba 1, 3). Wenn es heißt, daß »unsere Lehrer geneigt sind, Ecclesiastes der Dunkelheit zu überantworten« (Babyl. Talmud Schabbat 30, 72), so mag dies die allgemeine Stimmung wiedergegeben haben. Doch gegen Ende des 1. Jahrhunderts n. Chr. wurde das Buch auf der Synode zu Jamnia nach längerer Diskussion in den Kanon aufgenommen. Dazu kam es teils auf Grund der Überlieferung, wonach König Salomo der Verfasser sein soll, und teils, weil das Buch bei den Juden der griechisch-römischen Periode in hohem Ansehen stand. Dadurch blieb ein wichtiges Glied in der Kette der nachexilischen jüdischen Glaubensentwicklung erhalten.

Um jedoch die Grundhaltung des Buches mit der jüdischen Tradition in Einklang zu bringen (und auch die Annahme der Urheberschaft des Buches durch den Verfasser des *Hohen Liedes und der *Sprüche zu rechtfertigen), haben Schriftgelehrte der nachbiblischen Zeit ein Targum (Auslegung) zu Ecclesiastes verfaßt (s. *Bibelübersetzungen). In dieser »Apologie« des Ecclesiastes wird sein Pessimismus auf die allgemeine Dekadenz unter König Salomo zurückgeführt. Sein Skeptizismus sollte andeuten, daß das Studium der Thora die einzig lohnende Beschäftigung für den Menschen ist. Und seine Aufzählung der Annehmlichkeiten dieses Lebens bringt man mit sittlichen Werten und sittlichem Handeln in Verbindung.

Priester und Leviten

Gliederung: 1. Das Priesteramt. a) Funktionen; b) Opferdienst; c) Einsetzung des Priestertums; d) Erblichkeit des Priestertums; e) Stellung des Hohenpriesters. 2. Der priesterliche Stamm Levi. a) Sonderstellung der Leviten in Israel; b) Leviten und Priester. 3. Unterschiede zwischen Priestern und Leviten. a) Der Entwicklungsprozeß; b) Historische Rekonstruktion. 4. Nachexilische Verhältnisse. a) Restauration; b) Einkünfte der Priesterschaft. 5. Das Priestertum in hellenistischer und hasmonäischer Zeit. a) Kultische Gewänder; b) Politische Stellung; c) Der Hohepriester; d) Hasmonäische Hohepriester; e) Hohepriester der neutestamentlichen Zeit. 6. Qumrangemeinde. a) Priesterliche Gemeinde; b) Priesterliches Ideal. 7. Jesus als Hoherpriester.

1. Das Priesteramt: Die Priester *(kohen,* pl. *kohanîm)* galten als Spezialisten für den Gottesdienst und andere religiöse Angelegenheiten. Als geheiligte Männer waren sie verpflichtet, die rituellen Akte zu vollziehen, deren Ausübung ungeweihten Laien verboten war und sogar gefährlich werden konnte (Num 1, 53; 2 Sam 6, 7).

a) Funktionen: Die Funktionen der israelitischen Priester waren: Gott in einem Heiligtum zu dienen (Num 8, 26; Dt 10, 8); zwischen Gott und den Menschen durch verschiedene Kulthandlungen, besonders die Opfer (Lev 1, 5–9 u. ö.) und das Verbrennen von Räucherwerk (Ex 30, 7–9), zu vermitteln; Orakel zu erteilen und sie zu deuten (Dt 33, 8; 1 Sam 14, 18 f u. ö.; s. *Magie, Wahrsagerei und Aberglauben); Reinigungsriten zu vollziehen (s. *Reinheitsgesetze); zwischen harmlosen und ansteckenden Formen des Aussatzes zu unterscheiden (Lev 13; s. *Medizin, Krankheit, Gesundheit); das Volk mit besonderen Formeln zu segnen (Num 6, 22–26; Dt 10, 8) und es in seinen kultischen Pflichten zu unterweisen, d. h. in der Thora (Lev 10, 11; Hag 2, 11; Mal 2, 6–7). Auch die Erhaltung, der Schutz und die Bewachung der Heiligtümer war den Priestern anvertraut. Heiligtümer sowie Priester- und Levitenstädte galten auch als Zufluchtsstätten für Totschläger, die der Blutrache verfallen waren (Ex 21, 12–14; Num 35; Jos 21, 13–19; 1 Kg 2, 28; s. *Gesetz Israels).

b) Opferdienst: Aufgabe der Priester war es, das Blut des Opfertieres in direkten Kontakt mit dem Altar zu bringen und den Gott vorbehaltenen Teil des Tieres dort zu verbrennen. Der Priester war im wortwörtlichen Sinn ein »Diener des Altars«, und alle seine zusätzlichen Funktionen standen mit dem Altardienst in irgendeiner Verbindung. Wenn der Priester am Altar ein Opfer darbrachte oder Räucherwerk verbrannte, handelte er als Stellvertreter der Menschen vor Gott. Wenn er ein Orakel erteilte, übermittelte er eine Botschaft von Gott. Wenn er die Thora auslegte, gab er Gottes Gesetz und dessen Deutung weiter. Der Priester war der Mittler – geheiligt kraft seines Amtes, aber sonst nicht auf andere Weise ausgesondert von Gott und auch nicht unbedingt mit einem Charisma begabt.

Im alten Israel wurden Priester noch nicht »ordiniert«. Sie begannen mit ihrem Dienst, ohne vorher durch besondere Riten geweiht worden zu sein. Es bedurfte keiner besonderen Übertragung der Amtsgnade oder priesterlichen Gewalt. Das Priestertum beruhte nicht auf Berufung wie bei den Propheten. Es war ein Amt, das man erben konnte oder zu dem man bestimmt wurde. Die Inhaber des Amtes waren heilig und geweiht, weil sie die profane Welt verlassen und einen geheiligten, für den Dienst Gottes ausgesparten Bezirk betreten hatten. Zu ihrer Bedienung und zu den gewöhnlichen Arbeiten im Heiligtum wurden Personen herangezogen, die durch ein Gelübde dem Heiligtum übereignet waren (z. B. der Knabe Samuel, 1 Sam 2, 11); es gab auch Tempelsklaven, eine Einrichtung, die nach Esr 8, 20 aus davidischer Zeit stammte, und eine bestimmte Gruppe von Leviten, die sich mit niederen Diensten begnügen mußten.

c) Einsetzung des Priestertums: Nach priesterlicher Überlieferung war das Priestertum eine mosaische Einrichtung (Ex 32, 25–29) und das ausschließliche Vorrecht des Stammes Levi (Dt 10, 8; 33, 8–11). Jahwe selbst habe, so hieß es, den Stamm Levi zu seinem Dienst in den Heiligtümern erkoren. Es gibt aber auch eine andere, ältere Tradition, die besagt, daß Priester, ohne göttliches Eingreifen und ohne unbedingt dem Stamme Levi anzugehören, von Menschen in ihr Amt eingesetzt werden konnten. Noch in der Zeit der Richter wurden Nicht-Leviten zu Priestern bestellt, wie die Geschichte des Micha zeigt (Ri 17, 5; s. *Richter), obwohl ein Levit als geeigneter galt (Ri 17, 10–13). Später behaupteten alle Priester und Angestellten des Tempels, levitischer Abstammung zu sein.

d) Erblichkeit des Priestertums: In der Antike waren die meisten Berufe erblich. Für das Priestertum war die Erblichkeit von besonderem Vorteil: sie garantierte eine ordnungsgemäße Erhaltung der Heiligtümer und die ununterbrochene Bewahrung von Traditionen. Überall in der antiken Welt, in Ägypten, Assyrien, Phönikien, Griechenland und den arabischen Ländern, war das Priestertum ein erbliches Amt, seine Privilegien und Verpflichtungen wurden von Generation zu Generation weitergegeben. Innerhalb der allgemeinen Kategorie von »Priestern« entwickelte sich ein System von streng abgestuften Klassen, so daß besondere erbliche Privilegien nur bestimmten Familien vorbehalten blieben. Auf dieser Grundlage gelang es den Priestern – vor allem in Ägypten –, in politische Machtstellungen aufzusteigen und beträchtlichen Reichtum anzuhäufen.

In Israel scheint die Entwicklung mit der Einsetzung des erblichen Priestertums nach dem *Auszug aus Ägypten begonnen zu haben. Doch sind die biblischen Texte, die sich mit der Geschichte des Priestertums beschäftigen, nicht klar, und es bleiben viele ungelöste Fragen. Im allgemeinen setzt die Bibel voraus, daß bestimmte Zeremonien und Riten ausschließlich von den Nachkommen Levis (eines der Söhne Jakobs) vollzogen werden durften. Nach der Landnahme gab es priesterliche Familien, die mehrere Generationen lang den Dienst an einem Heiligtum versahen. Doch waren sie nicht an einen bestimmten Ort gebunden, da jedes Mitglied des Stammes Levi – zumindest in der Theorie – gleicherweise berechtigt war, den Dienst vor Gott auszuüben.

Wie das AT berichtet, hatte Aaron, der Bruder des Moses und der »erste« Priester des israelitischen Volkes, vier Söhne: Nadab, Abihu, Eleasar und Ithamar. Die beiden ersten starben kinderlos, zur Strafe, weil sie, ohne dazu ermächtigt worden zu sein, ein Brandopfer dargebracht hatten. Deshalb wurde der dritte Sohn, Eleasar, nach dem Tode seines Vaters Hoherpriester (Num 3, 2–4). Alle späteren Hohenpriester erhoben den Anspruch, Abkömmlinge Aarons über Eleasar oder Ithamar, den jüngsten Sohn, zu sein. Der erste Hohepriester des Jerusalemer Tempels, Zadok, führte seinen Stammbaum auf Eleasar zurück, und die meisten späteren Priester des Tempels leiteten sich von Zadok her. Die am Heiligtum des Zwölfstämmebundes in Silo diensttuenden Priester erklärten Ithamar, den vierten Sohn Aarons, zu ihrem Ahnherrn. Auf jeden Fall galten alle Priester als »Söhne Aarons« oder als »Söhne Aarons des Priesters«, d. h. als Nachkommen Aarons. Angehörige des Stammes Levi, die keine aaronitische Abstammung nachweisen konnten, waren vom Priesteramt ausgeschlossen (Num 18, 7).

Angeblich schon in davidischer Zeit (1 Chr 24) wurden 24 Priesterklassen eingerichtet, davon entfielen 16 Klassen auf die sich von Eleasar herleitenden Zadokiden und acht auf die Nachkommen Ithamars. So war der Vorrang der Zadokiden gesichert. Von Salomo an bis in die Zeit des Antiochus Epiphanes (s. *Hasmonäer) führten die Hohenpriester ihren Stammbaum auf Zadok zurück, und nur wer in direkter Linie geboren war, konnte für das Amt gewählt werden.

e) Stellung des Hohenpriesters: In vorexilischer Zeit war der Hohepriester einfach der erste unter den Priestern. Er war das Haupt der Priesterschaft, aber er hatte noch nicht die weltlichen und priesterlichen Funktionen inne, deren sich die nachexilische Hierarchie erfreute. Seine Stellung erfuhr durch die Errichtung des ersten *Tempels eine starke Aufwertung. Seitdem brauchte er nicht mehr mit der Bundeslade in die Schlacht zu ziehen, wie es seine Vorgänger zur Zeit des Stämmebundes getan hatten. Wenn wir dem Talmud Glauben schenken dürfen (Sota 48 a), erteilte er auch keine Orakel mit Hilfe der Urim und Thummim mehr. Als dann in viel späterer Zeit noch die Aufgabe, das Gesetz zu lehren und zu interpretieren, auf andere Amtsträger (die Schriftgelehrten, s. *Gesetz Israels) überging, beschränkte sich seine priesterliche Tätigkeit auf die Darbringung bestimmter Opfer.

2. Der priesterliche Stamm Levi: *a) Sonderstellung der Leviten in Israel:* Der Stamm Levi nahm in der israelitischen Gesellschaft einen besonderen Platz ein. Die Leviten wurden bei der Volkszählung nicht mitgezählt, ihnen wurde auch kein Stammesgebiet zugewiesen wie den anderen Stämmen, die sich in Kanaan niederließen. (Diese Maßnahme sollte vielleicht verhindern, daß die Leviten eine ähnliche wirtschaftliche und politische Vorherrschaft gewännen wie die ägyptische Priesterschaft). Statt dessen erwartete man, daß sie von der übrigen Bevölkerung durch Liebesgaben, Opfer und Zehnten unterhalten würden, während den Priestern ein Zehntel des levitischen Zehnten und ein Anteil an den Opfern zustand (Dt 10, 9; 14, 27; Num 18, 21–29 u. ö.). Wiederholt wird eingeschärft, daß die Leviten »keinen Erbbesitz in Israel« haben dürften, eine Vorschrift, die in offensichtlichem Widerspruch zu dem Gesetz über die Levitenstädte (Num 35, 2–8) steht. Dort heißt es, daß man den Leviten Städte und Weideland im Gebiet der anderen Stämme anweisen solle, eine in dieser Form sicher utopische Vorstellung (s. *Numeri 4 c).

b) Leviten und Priester: Obwohl alle Priester Leviten waren, waren doch nicht alle Leviten auch Priester. Die zur Hierarchie gehörenden »Söhne Aarons« sammelten sich um das Heiligtum, den Tempel von Jerusalem. Bevor aber in Jerusalem ein Tempel erbaut wurde und noch lange nachher (s. *Deuteronomium; *Israel und Juda), bestanden anderswo Kultstätten und Heiligtümer, wo andere Priester und Leviten den Dienst versahen. An diesem Zustand änderten die starken Zentralisierungsbestrebungen in Juda und Israel zunächst auch nur wenig. Wie die Priesterschaft im Nordreich, in Israel, organisiert war, wissen wir nicht genau. In den Heiligtümern von Dan und Bethel durften auch Priester, die nicht zum Stamme Levi gehörten, Dienst tun. Als Josia Bethel und die *Höhenheiligtümer zerstörte, wurden die dort amtierenden Priester zu niedrigeren Diensten degradiert. Noch vor der Reform des Josia scheint sich bereits de facto eine Unterscheidung zwischen den Priestern der Hauptheiligtümer und denen, die in den Provinzen Dienst taten, angebahnt zu haben. Die Existenz der örtlichen Kultstätten bedeutete für die größeren Heiligtümer ein vermindertes Einkommen, und dies trug zweifellos zur Feindseligkeit zwischen den verschiedenen Priesterschaften bei. Außerdem erfreuten sich die Priester und Leviten der Heiligtümer eines höheren sozialen Ansehens als ihre unter den Stämmen verstreuten Amtsbrüder. Diese Situation spiegelt sich im Deuteronomium wider, das zum Teil aus der Zeit nach der Kultreform stammt; dort scheint vorausgesetzt zu sein, daß manche Leviten nicht am Zentralheiligtum verwendet werden konnten und deshalb in ihren Heimatstädten, vermutlich von der Mildtätigkeit ihrer Mitbürger, leben mußten (Dt 12, 18; 26, 12). Trotzdem behielt jeder Levit sein priesterliches Recht, zum Heiligtum zu kommen und »Dienst zu tun im Namen des Herrn, seines Gottes« wie alle seine Brüder, die Leviten, und gleichen Anteil an den levitischen Einkünften zu erhalten (Dt 18, 6–8).

3. Unterschiede zwischen Priestern und Leviten: Im Deuteronomium wird der Unterschied verwischt, aber bei Ezechiel und in anderen späteren Büchern des Alten Testaments, die zum Teil oder ganz aus priesterlichen Kreisen stammen, werden Priester und Leviten deutlich auseinandergehalten. Bei Ezechiel wird das Recht auf das Priestertum ausschließlich einem bestimmten levitischen Clan zugesprochen (den Zadokiden; im Buch Numeri den Aaroniden), während anderen Leviten geringere Hilfsdienste im Heiligtum zugewiesen sind. Im Buch Numeri (1, 50; 3, 8) gelten sie als Träger und Pfleger des Bundeszeltes und seiner Geräte. Nach Ez 44, 6–18 dürfen allein die Söhne Zadoks »dem Altare dienen«, während die Leviten, die Jahwe »untreu geworden sind«, weil sie an kleineren Heiligtümern die Israeliten »bei ihren Götzen bedient haben«, nun für ihre Verschuldung büßen müssen. Ihnen sind nach der Reform des Josia die unansehnlichen Arbeiten im Tempel übertragen wie das Schlachten der Opfertiere (aber nicht die priesterliche Darbringung), das Bewachen der Tempeltore und die Bedienung des zum Gottesdienst versammelten Volkes. Der Verfasser der *Chronik-Bücher betrachtet sie jedoch als wichtiges Element der israelitischen Kultgemeinde, sie werden eingeteilt in Sänger (1 Chr 6, 31–47 u.ö.), Torhüter (1 Chr 9, 17–27), Verwalter der Vorräte und aller gottesdienstlichen Geräte (1 Chr 9, 28–32). Unter gewissen Umständen war es den Leviten sogar gestattet, an Stelle der Priester zu fungieren oder ihnen Hilfsdienste zu leisten.

Die Unterschiede zwischen Priestern und Leviten waren das Ergebnis einer langen historischen Entwicklung. Den Verlauf der Ereignisse zu rekonstruieren, ist auf Grund der alttestamentlichen Texte kaum mehr möglich. Nur eins dürfte klar sein, daß die genaueren Vorschriften, die den Dienst der Priester und Leviten voneinander abgrenzen, aus späterer Zeit stammen und erst nach dem Exil ihre endgültige Fassung gefunden haben.

a) Der Entwicklungsprozeß: Es gibt im AT eine Reihe von Anzeichen, daß die Spannungen zwischen »Priestern« und »Leviten« allmählich zugenommen haben. Manche Texte schreiben dem Stamm Levi als ganzem priesterliche Vorrechte und Würden zu (Dt 33, 8–11; Jer 33, 18–22; Num 35), andere dagegen sprechen nur von den »Aaroniden« (Num 16–17; 1 Chr 23, 13). Älter und mehr anerkannt scheint der gesamtlevitische Anspruch gewesen zu sein. Andererseits geht aus den historischen Büchern des Alten Testaments mit einiger Sicherheit hervor, daß bestimmte Familien ein erbliches Recht auf das Priestertum in verschiedenen Heiligtümern besaßen. Da sich die Aussagen oft widersprechen, ist es fast unmöglich, ein lückenloses Bild von der geschichtlichen Entwicklung des israelitischen Priestertums, seiner Organisation, seiner Funktionen und gesellschaftlichen Stellung nachzuzeichnen. Die Redaktoren und Herausgeber der biblischen Bücher fanden alte Texte vor, die sich sowohl gegenseitig widersprachen als auch mit der Situation, wie sie sich inzwischen entwickelt hatte, nicht übereinstimmten. Diese Herausgeber wußten, daß nur den Leviten das Recht zustand, liturgische Funktionen zu vollziehen, und zugleich hegten sie am Vorrang der Jerusalemer Priesterschaft keinen Zweifel. Selbstverständlich nahmen sie auch an, daß beide Privilegien auf die älteste Periode der israelitischen Geschichte zurückgehen müßten, ohne zu beachten, ein wie langer Entwicklungsprozeß sich inzwischen vollzogen hatte. Die genealogischen Listen von 1 Chr 5 und 6 sind ein Versuch, die widersprüchlichen Traditionen zu vereinbaren und einander anzugleichen, und derartige Versuche finden sich in den meist nach dem Exil herausgegebenen Texten noch öfter. Es war jedoch unmöglich, alle Widersprüche zu beseitigen.

Mit großer Wahrscheinlichkeit war die Scheidung zwischen den beiden priesterlichen Elementen zur Zeit der *Restauration endgültig vollzogen. Im Tempel des Esra und Nehemia (und danach) gab es keinen Streit mehr über die Vorrangstellung der aaronitischen Priester und die Aufgaben der Leviten als Sänger und Torhüter. Um diese Zeit wurde der Tempeldienst auf alle Priester und Leviten neu verteilt, man zählte 24 Priesterklassen oder Abteilungen, die abwechselnd den Dienst verrichten sollten. Der Chronist (1 Chr 24–26) datiert freilich diese Organisation in die Zeit Davids und Salomos zurück.

b) Historische Rekonstruktion: Nach der klassischen Pentateuchkritik (Graf, Wellhausen) sind die priesterschriftlichen Quellen des Alten Testaments, d. h. das Heiligkeitsgesetz des Buches *Leviticus und die aus priesterlichen Kreisen stammenden Bücher *Numeri und *Deuteronomium, erst lange nach dem Exil entstanden. Vertreter dieser Urkundenhypothese nehmen meist an, es habe in sehr früher Zeit einen weltlichen Stamm Levi gegeben, der aber zu Beginn der Königszeit praktisch ausgestorben sei. Die verschiedenen amtierenden Priestergeschlechter hätten sich jedoch auf levitische Abstammung berufen und sich selbst die Fiktion eines geheiligten Stammes geschaffen. Bis zu der Josianischen Reform (s. *Israel und Juda 3 h) habe man noch nicht zwischen Priestern und Leviten unterschieden. Dazu sei es erst gekommen, als der Tempel von Jerusalem zur einzigen legitimen Kultstätte für die ganze Nation erklärt wurde und die Priester, die bis dahin an den örtlichen Heiligtümern fungierten, zu der schon wiederholt erwähnten niedrigen Stellung degradiert worden seien.

Ezechiel habe dann die Situation legitimiert, indem er diesen Leviten besondere Aufgaben zuwies und die Unterscheidung zwischen ihnen und den Priestern theologisch begründete. Er sei in diesem Punkt kein Neuerer gewesen, sondern habe nur bereits bestehende Verhältnisse geordnet. Seine Regelung sei von den Gründern des nachexilischen Tempels angenommen und von den Verfassern der Priesterschrift (P) in die Frühzeit Israels zurückprojiziert worden.

Diese Theorie enthält gewiß manche richtigen Einsichten, doch läßt sie noch viele Fragen unbeantwortet, und man hat auf verschiedenen Wegen versucht, sie zu verbessern.

Ein Punkt ist besonders aufschlußreich: Als Esra das Volk musterte, das mit ihm von Babylon nach Jerusalem zurückkehren wollte, fand er unter ihm wohl Priester, aber keinen einzigen Leviten. Nur mit großer Mühe gelang es ihm dann, 38 Leviten zur Rückkehr und zum Dienst am wiedererstandenen Heiligtum zu bewegen (Esr 8, 15–20). Die Verwendung von Leviten für besondere Tempeldienste und ihre untergeordnete Stellung, die sie übrigens in nachexilischer Zeit immer wieder zu verbessern trachteten, müssen schon auf eine längere vorexilische Praxis zurückgehen. Vermutlich war dies auch der Grund, warum sie sich weigerten, nach Jerusalem zurückzukehren.

Eine andere Frage, über die viel diskutiert wurde, betrifft die historische Zuverlässigkeit der Chronikbücher. Das erste Chronikbuch räumt den Leviten einen wichtigen Platz ein und leitet ihre Stammbäume mit großer Sorgfalt von den drei Söhnen Levis Gersom, Kahath und Merari ab (1 Chr 6, 1–32). Viele Gelehrte sehen darin nur einen wohlüberlegten Versuch, die Ansprüche der Leviten zu stützen und »historisch« zu begründen, wie dies zum Teil auch das Buch Numeri getan habe. Andere beurteilen den Quellenwert des in den Chronikbüchern verarbeiteten Materials weit positiver, wenn sie auch zugeben müssen, daß viele Einzelheiten stark idealisiert worden sind.

Die genaue Abgrenzung zwischen Priestern und Leviten hat sich wohl erst allmählich im Bereich des Jerusalemer Tempels entwickelt. In den kleineren Lokalheiligtümern der früheren Zeit bestand kein Anlaß, zwischen verschiedenen Klassen des Kultpersonals zu unterscheiden. Es gab auch Leviten, die nicht an einem Heiligtum bedienstet waren und die kein Land besaßen und denen trotzdem das anerkannte Recht zustand, kultische Funktionen auszuüben (vgl. die Geschichte Michas; Ri 17, 7–13). Vielleicht waren diese Leviten Abkömmlinge der Wächter des tragbaren »Zeltes« aus der nomadischen Vorzeit Israels. (Die Leviten galten als Träger der Bundeslade). Als der öffentliche Gottesdienst im Zentralheiligtum immer vielfältigere Formen annahm, zog man diese Leviten mit der Zeit zu nicht-priesterlichen kultischen Dienstleistungen heran. Durch die Reform des Königs Hiskia und besonders die Josianische Reform wurde die Stellung der Jerusalemer Priesterschaft wesentlich verstärkt.

Seit den Tagen der Monarchie entstand eine priesterliche Gesetzgebung, die alle Privilegien des Klerus bis in die kleinsten Einzelheiten hinein regelte. Dies gilt von Num 18 und vor allem von Lev 7, wo der Anteil der Priester an den verschiedenen Opfergaben, die nicht auf dem Altar verbrannt wurden, festgelegt ist. Wie bei Ezechiel haben die Priester Anspruch auf das Beste von den Erträgen des Landes, auf die Erstlingsfrüchte, alle Erstgeburt und alles, was als *ḥērœm* (Weihegabe) dem Heiligtum gelobt wurde. Wenn das Erstgeborene ein Kind oder ein »unreines« Tier ist, muß es in Geld ausgelöst werden. Den Leviten werden ausdrücklich die Zehnten von Korn und Wein zugesprochen, ein Zehntel davon war an die Priester weiterzugeben. Alle diese Vorschriften setzen den Tempelgottesdienst in Jerusalem voraus und können deshalb nicht aus der vormonarchischen Zeit stammen.

4. Nachexilische Verhältnisse: *a) Restauration:* Nach Ausweis der Bücher Chronik, Esra und Nehemia bemühte man sich, bei der Organisation des wiedererbauten

Tempels die Traditionen der vorexilischen Zeit fortzusetzen. Die Stellung der im Tempel bediensteten Leviten wurde verbessert. Ihr Ansehen wuchs beträchtlich, seit sie die Lehrer und Richter der aus dem Exil zurückgekehrten Juden geworden waren. Obwohl nur vier priesterliche Familien nach Jerusalem zurückgekehrt waren, wurde die Einteilung in 24 Klassen wiederhergestellt; dazu kamen 24 »Wachen«, die aus Laien gebildet waren.

b) Einkünfte der Priesterschaft: Man hat nicht den Eindruck, daß sich bezüglich der priesterlichen Einkünfte etwas Wesentliches gegenüber der vorexilischen Zeit geändert hätte. Von jeher erhielten die Priester ihren Anteil an allen Opfern, die Jahwe dargebracht wurden (Ex 23, 19; 34, 26). Nach einer Vorschrift von Dt 14, 22–29 sollte jedes dritte Jahr der Zehnte nicht zum Heiligtum gebracht, sondern zur Unterstützung der Armen und der nichtbeamteten Leviten verwendet werden. Spätere Regelungen des Deuteronomiums (z. B. 18, 1–15) betreffen nur die Einkünfte der Priester am Zentralheiligtum; doch durften die Leviten aus den Provinzen nach Jerusalem kommen und ihren Teil beanspruchen (18, 6–8). Dies wird auch von Ezechiel bestätigt; er weist den Priestern einen Anteil an allen Opfern, allen Gaben, die dem Tempel gelobt wurden, und das Beste von den Erstlingsfrüchten, in Geld oder Naturalien, zu.

Da die Zehnten oft nicht bezahlt wurden, versuchte man, die Vorschriften von Num 18 schärfer zu handhaben. Maleachi und Nehemia berichten über Mißbräuche, die zu ihrer Zeit herrschten, und Nehemia führte ein System ein, das den Leviten gestattete, persönlich die Zehnten einzusammeln, unter Aufsicht der Priester. Die Einsammlung wurde so organisiert, daß die Zehnten in besondere zentrale Vorratshäuser gebracht werden mußten, um dort an die Leviten verteilt zu werden. Diese Praxis hielt sich bis zur Makkabäerzeit, von da an wurden die Zehnten sofort auf der Tenne ausgezahlt. Es scheint, daß sich die Anzahl der Abgaben im Laufe der Zeit verdoppelt, wenn nicht gar verdreifacht hat. Neben dem Viehzehnt sollte ein »zweiter« Zehnt (Dt 14, 22–26), der in eine Geldspende für das Heiligtum umgewandelt werden konnte, und der dritte oder Armenzehnte (Dt 14, 28–29) – dieser nur alle drei Jahre – entrichtet werden. Wer alle Abgaben mit freudigem Herzen zahlte, galt als Vorbild der Frömmigkeit wie Tobias (Tob 1, 6–8), und die *Pharisäer betrachteten es als eine Ehrenpflicht, den Zehnten auch noch für die kleinsten Gartenfrüchte zu entrichten (Mt 23, 23). In hellenistischer Zeit wurde ein Teil der levitischen Zehnten an die Priester gezahlt, um ihren schon sprichwörtlich gewordenen Reichtum noch zu vermehren.

5. Das Priestertum in hellenistischer und hasmonäischer Zeit: Nehemia berichtet, daß zu seiner Zeit die Zahl der Priester 4289 betragen habe. Nachdem die Hasmonäer alle hellenistisch gesinnten aus dem Amt entfernt oder umgebracht hatten, war die Zahl bedeutend geringer. Die griechischen Historiker Hekataios und Aristeas, die zu dieser Zeit Palästina besuchten, waren höchst beeindruckt, mit welcher Pracht der Hohepriester vor dem Volk auftrat und wie diszipliniert 700 Priester im Tempel, ohne Lärm oder Hast, den Gottesdienst feierten.

a) Kultische Gewänder: Zunächst hatte der Hohepriester auch nur das einfache Priesterkleid getragen, mit der Zeit aber wurde sein Ornat immer prächtiger. Aus rabbinischen Zeugnissen geht hervor, daß sein »Ephod« zu einem langen Kleidungsstück geworden war, das er über seinen anderen Gewändern trug (s. *Kleidung). Wie die Priestertracht zur Zeit der persischen und hellenistischen Herrschaft aussah, können wir am besten an Darstellungen aus *Phönikien erkennen, das kulturell eng mit den Juden verbunden war.

Obwohl der griechische Einfluß sich seit dem 4. Jhdt. v. Chr. immer stärker bemerkbar machte, hat er doch niemals die angestammten Gebräuche und Sitten völlig verdrängt. Der Ornat dieses phönikischen Priesters **(Abb. 678)** z. B. wird sich von der gewöhnlichen Amtstracht der Jerusalemer Priesterschaft kaum unterschieden haben. Über die Gewänder des Hohenpriesters lassen sich nur Vermutungen anstellen. Im Laufe der Jahrhunderte haben Zeichner immer wieder versucht, mit mehr oder weniger Erfolg, einen möglichst wirklichkeitsgetreuen Eindruck von der Tracht des jüdischen Hohenpriesters zu vermitteln; aber ihre Darstellungen sind trotzdem wohl kaum im letzten genau.

b) Politische Stellung: Die Regierungsform der restaurierten jüdischen Gemeinde in Judäa, die man gewöhnlich als »Theokratie« (nach der Gott die unmittelbare Quelle aller politischen Macht und Autorität ist) bezeichnet, war in Wirklichkeit eine Priesterherrschaft, eine hierarchisch gelenkte Verwaltung. Nicht nur die geistliche und soziale Führung des Volkes lag in den

Abb. 678. Phönikischer
Priester im Ornat

Händen von Priestern, auch in politischer und wirtschaftlicher Hinsicht bildeten sie die stärkste und reichste Klasse in Jerusalem. So war es kein Wunder, daß der Priesterschaft auch viele Gegner erwuchsen, wie z. B. die Sektierer von *Qumran, die der herrschenden Jerusalemer Priesterklasse jede göttliche Legitimation abstritten, weil diese nicht von den Zadokiden abstammte. Dagegen trat die Partei der *Sadduzäer für die bestehenden Vorrechte des Kultpersonals ein, gehörten ihr doch die mächtigsten und reichsten Familien des Jerusalemer Priesteradels an.

c) Der Hohepriester: Von der Zeit des Nehemia an (s. *Restauration und Perserzeit, Esra und Nehemia) wurde der erste Priester des Jerusalemer Tempels zum Haupt der ganzen jüdischen Gemeinde ernannt; sein Titel war »Hoherpriester Israels« *(hakkōhēn haggadôl)*. Als die persische Herrschaft endete und die hellenistische Zeit begann, war der Hohepriester zur führenden Persönlichkeit in Judäa aufgestiegen, er nahm einen Platz ein wie in anderen Staaten der König und übte auf fast allen Gebieten eine unumstrittene Autorität aus. Der Prozeß hatte während der Restauration begonnen, als Serubabel, das weltliche Haupt der Gemeinde aus davidischem Haus, seine Machtbefugnisse mit dem Hohenpriester Jesua teilte und in kurzer Frist völlig entmachtet wurde. Die Hohenpriester standen an der Spitze eines der hellenistischen Herrschaft unterstehenden, aber verhältnismäßig selbständigen politischen Gebildes. Im 3. Jhdt. v. Chr. war der Hohepriester den Ptolemäern gegenüber der einzige Repräsentant seines Volkes, und er allein war dafür verantwortlich, daß die Abgaben eingesammelt und an den ägyptischen König in Alexandrien gesandt wurden.

Dreihundert Jahre lang etwa, von der Restauration an gerechnet, hatten Mitglieder der zadokidischen Familie das hohepriesterliche Amt bekleidet. Der letzte »legitime« Inhaber des Titels war Onias III. (175–172 v. Chr.). Als er gestorben war, erschlich sich sein Bruder Jason das Amt auf unrechtmäßige Weise, nämlich durch Bestechung des syrischen Königs Antiochus Epiphanes (s. *Hasmonäer). Jason war einer der Vorkämpfer in den Bestrebungen, das jüdische Volk zu hellenisieren, eine Tendenz, die gerade beim höheren Tempelklerus wegen seiner engen Beziehungen zu den hellenistischen Oberherren weit verbreitet war. Eine Zeitlang wurde das Amt des Hohenpriesters zum Spielball politischer Intrigen und Machtkämpfe. Als der makkabäische Aufstand losbrach, richtete sich der Zorn des Volkes nicht nur gegen die syrischen Verfolger der israelitischen Religion, sondern fast noch mehr gegen die hellenistisch eingestellte Priesterschaft von Jerusalem. Der nationale Aufschwung, der dem Sieg der Makkabäer folgte, brachte auch dem Amt des Hohenpriesters neue Macht und Größe. In ihm verkörperte sich von nun an die ganze jüdische Nation, er wurde ihr Führer, begabt mit all dem geistlichen Ansehen und der Bedeutsamkeit einer geheiligten Tradition. Der erste Inhaber des Amtes nach dem Sieg über die hellenistisch gesinnten Juden und ihre syrischen Verbündeten war Jonathan, der Makkabäer, ein Mitglied des hasmonäischen Geschlechts, das sich nicht auf zadokidische Abstammung berufen konnte.

d) Hasmonäische Hohepriester: Im Jahre 152 v. Chr. wurde Jonathan, es war am Laubhüttenfest (Sukkoth), mit den hohepriesterlichen Gewändern bekleidet und in sein Amt als Hoherpriester und Führer der Nation (Ethnarch) eingeführt. Auf ihn folgte sein Bruder Simon, der ebenfalls beide Funktionen innehatte. Im Jahre 140 v. Chr. wurde das Hohepriestertum als Erbrecht auf Simon und dessen Nachkommen übertragen, so daß nun die Hasmonäerdynastie formell begründet war. Simons Enkel, Johannes Hyrkan, nahm zu all der geistlichen und weltlichen Machtfülle, die ihm schon als Hoherpriester zu eigen war, auch noch den Titel eines Königs an. So herrschten die letzten Hasmonäer (Alexander Jannäus und seine Söhne) über Judäa als Hohepriester und Könige. Während das Ansehen, das sich ihr Haus in den heroischen Tagen der Makkabäerkriege erworben hatte, und ihre eigenen späteren militärischen Erfolge ihnen weithin die Unterstützung des Volkes als weltliche Herrscher sicherte, stand ihr Hohespriestertum auf schwankendem Grund. Den Traditionalisten im Volk galten die hasmonäischen Hohenpriester, da sie nicht zadokidischen Ursprungs waren, als Usurpatoren. Die einflußreiche Partei der *Chasidäer und ihre Nachfolger, die *Pharisäer, betrachteten sie als illegitim und verweigerten ihnen in religiösen Angelegenheiten den Gehorsam. Am extremsten unter den frommen Sekten waren die Essener und die Gründer der *Qumran-Gemeinde; sie verwarfen die Hasmonäerherrschaft insgesamt, zogen sich aus dem Leben der jüdischen Gemeinde zurück, mieden jeden

Kontakt mit dem Jerusalemer Tempel, den sie durch das ungesetzliche Priestertum entweiht glaubten, und brachten der gesamten Jerusalemer Priesterschaft haßerfüllten Abscheu entgegen.

e) Hohepriester der neutestamentlichen Zeit: Der letzte Fürst und Hohepriester aus der Hasmonäerdynastie war Antigonus Mattathias (s. *Rom und die Juden). Als er vom König Herodes (ebenfalls einem Usurpator, aber mit geringeren geistlichen Ambitionen) abgesetzt wurde, hörte das Hohepriestertum auf, erblich zu sein, es unterstand von nun an den weltlichen Herrschern, zuerst Herodes und schließlich den Römern. Zwischen 37 v. Chr. und 70 n. Chr. amtierten nicht weniger als 28 Hohepriester, die aus verschiedenen priesterlichen Familien genommen waren. Nur der letzte, Pinehas ben Harta, wurde vom Synedrium gewählt, wie es die Rabbinen vorgeschrieben hatten. Die Familien, aus denen Hohepriester hervorgingen, bildeten eine priesterliche Aristokratie, die im NT so oft erwähnten »Hohenpriester«. Der bekannteste Hohepriester der neutestamentlichen Zeit ist Joseph Kaiphas, er wurde vom Prokurator Valerius Gratus eingesetzt und von Vitellius, dem Legaten von Syrien, abgesetzt, amtierte also zwischen 18–36 n. Chr. Noch einflußreicher aber war sein Schwiegervater Annas (Hananja), der zwischen 6-15 n. Chr. Hoherpriester war und dessen fünf Söhne alle die gleiche Würde erlangten. Nach der Zerstörung des Tempels gab es auch keine Hohenpriester mehr, abgesehen von einem kurzen Wiederaufleben des Amtes in der Person des Hohenpriesters Eleasar, als Bar-Kochba über ein unabhängiges Judäa herrschte (135–137 n. Chr.; s. *Bar-Kochba).

Einen Hohenpriester gibt es bis zum heutigen Tag noch in der kleinen samaritischen Gemeinde in Sichem *(nablūs)* und in Israel (s. *Samaritaner). Der Tempel von Leontopolis in Ägypten, der zur Zeit der Makkabäer von der legitimen Linie der Oniaden begründet wurde, hatte auch einen erblichen Hohenpriester, doch erlosch sein Amt schon während des 1. Jahrhunderts v. Chr. Die Sektierer von Qumran behaupteten, daß ihr Gründer, der Lehrer der Gerechtigkeit, aus der zadokidischen Linie stamme.

6. Qumrangemeinde: *Priesterliche Gemeinde:* Die Essenerbewegung hat, wie man annimmt, ihren Ursprung in den Wirren der Makkabäerzeit, als das Amt des Hohenpriesters und die Kontrolle über den Jerusalemer Tempel zum Streitobjekt verschiedener Priestergeschlechter wurden. Als die Hasmonäer siegreich blieben, gaben die Anhänger der geschlagenen zadokidischen Partei den Kampf auf und zogen sich in die Wüste zurück. Sie hatten die Hoffnung verloren, die bestehende Kultorganisation des Jerusalemer Tempels ändern zu können, aber sie hielten Ausschau nach der kommenden Heilszeit, da Gott endlich eingreifen werde, um das gesetzmäßige Priestertum wiederherzustellen. Sie betrachteten sich als die Vorhut der künftigen Restauration, als Bannerträger der Wahrheit und Reinheit, als den Kern der endzeitlichen Gottesgemeinde. Auf dieser Basis organisierten sie ihre apokalyptische Gemeinschaft und wurden so zu einer der zahlreichen Sekten des schismatischen Judentums. Die Gruppe, die Qumran gründete und dort lebte, hatte vor allem das Ziel, jede Einzelheit des Gesetzes, wie es von der zadokidischen Hierarchie Qumrans interpretiert wurde, gewissenhaft zu erfüllen. Dabei waren die Sektierer viel strenger als die *Pharisäer, aber dies war ihnen nur möglich, weil sie sich von aller Welt abgesondert hatten und nichts mehr mit der offiziellen Religion des Judentums zu tun haben wollten.

Die offensichtlich priesterliche Gemeinde von Qumran wird von vielen Gelehrten als die zentrale Leitung oder das Elitekorps der weitverbreiteten essenischen Bewegung betrachtet. Nicht alle Essener waren so exklusiv wie die Qumransektierer, viele lebten unter dem palästinensischen Volk als hochangesehene und geschätzte Mitbürger. Solche Essener scheinen auch am politischen und religiösen Leben des Landes Anteil genommen zu haben. Später beteiligten sich manche von ihnen am Aufstand gegen Rom (s. *Rom und die Juden). Qumran wurde von Priestern geleitet, die nach einer triumphalen Rückkehr in den Jerusalemer Tempel Ausschau hielten. Dort würden sie die rechtmäßigen Bräuche wiederherstellen, wie sie die Thora für den letzten Heiligen Krieg vorgeschrieben habe. Der Erzfeind ihres Gründers, des »Lehrers der Gerechtigkeit«, war der »Frevelpriester«, vermutlich jener Hohepriester, der das Jerusalemer Heiligtum entweiht und die Sekte verfolgt hatte.

b) Priesterliches Ideal: Die Gründungsgeschichte der Qumransekte wird in der ›Damaskusschrift‹ erzählt. Gott habe für die Männer, die in seinen Bund eintreten, »ein festes Haus in Israel gebaut, wie noch keines gestanden hat seit ehedem bis jetzt«

(CD 3, 19 f). Die Endzeit vorwegnehmend, war die Gemeinde als priesterliche Theokratie organisiert. Den Priestern gebührte in allen Dingen der Vorrang, sie leiteten die Versammlungen und führten den Vorsitz bei den rituellen Mahlzeiten. Tatsächlich war das gesamte Leben der Gemeinde auf priesterliche Ideale ausgerichtet. In Qumran glaubte man die rechtmäßige Hierarchie zu besitzen und das »wahre Israel« zu sein. Alle kultischen und juridischen Fragen wurden von den Priestern entschieden, den »Söhnen Aarons«, während sich die Laien um die weltlichen Angelegenheiten kümmerten. Die Gemeinde war ausgesprochen hierarchisch und nicht demokratisch aufgebaut, geleitet wurde sie von einem Rat, dem zwölf »Männer«, d. h. Laienälteste, und drei Priester angehörten.

Die Haupttätigkeit der Gemeinde bestand im Studium, der Aufbewahrung und Vorbereitung von Dokumenten, die sich mit dem Priestertum und seinen Funktionen beschäftigten. Ein Priester war der *dōrēš hattōrā,* der Ausleger des Gesetzes, und als idealer Priester galt einer »wie Aaron oder Zadok«.

Die Gemeinde strebte nach vollkommener ritueller Reinheit, jedes Mitglied mußte das Heiligkeitsgesetz des *Leviticus beobachten, das ursprünglich nur für Priester gedacht war. So nahmen sich die Laien priesterliche Lebensformen zum Vorbild. Die vollständige Unterordnung aller Mitglieder unter die Autorität der Priester trug wesentlich dazu bei, daß diese oligarchische Gemeinschaft nicht auseinanderfiel und eine relativ lange Zeit existierte. Hinzu kam, daß die Sektierer eine Ideologie gefunden hatten, die dem Zeitgeist außerordentlich entgegenkam: Sie verbanden apokalyptische Anschauungen mit einer skrupulösen Beobachtung der traditionellen Gesetze ihrer Religion. (Weitere Einzelheiten s. *Qumran.)

Bis zu welchem Grade die Gemeinde vom Toten Meer das früheste Christentum beeinflußt hat, ist eine Frage, die sich nicht eindeutig beantworten läßt, weil die in Qumran bezeugten Anschauungen und Organisationsformen nicht notwendig Sondergut dieser essenischen Gruppe zu sein brauchen. Deutlicher sind auf jeden Fall die vielen Unterschiede zu Qumran. In den frühen christlichen Gemeinden gab es noch keine Priester *(kohanîm)* im alttestamentlich-jüdischen Sinne. Die Jerusalemer Judenchristen besuchten weiterhin den Tempel und dachten nicht daran, sich wie die Qumransektierer eine eigene Priesterschaft zu organisieren. Zwischen den zwölf Aposteln und den zwölf Laien, die in Qumran die Gemeinde leiteten, sind oft Vergleiche angestellt worden, aber zu den drei Priestern, die im qumranischen Gemeinderat offenbar eine führende Rolle spielten, gibt es keine Entsprechung. Auch die Bischöfe *(epískopoi)* und Ältesten *(presbýteroi)* der frühchristlichen Gemeinden waren sich nicht bewußt, die Tradition des alttestamentlichen Priestertums fortzusetzen.

7. Jesus als Hoherpriester: Unter den apokalyptischen Schriften des Judentums (s. *Apokalyptik) gibt es ein ›Testament Josephs‹, das Beziehungen zu Qumran und vielleicht auch zum Judenchristentum verrät. In dieser Schrift wird der messianische Priester »das Lamm« genannt, und ihm wird der Vorrang vor dem königlichen Messias (dem Messias Davids) zugesprochen. Möglicherweise besteht eine Verbindung zwischen dieser Gestalt und dem Lamm der *Johannesapokalypse. In den Evangelien wird Jesus zwar wiederholt als Prophet und Messiaskönig bezeichnet, als Priester dagegen nie. Wir haben auch keinen Anhaltspunkt, daß sich Jesus etwa selbst als den »idealen Priester« der Endzeit betrachtet habe. Erst der in spätapostolischer Zeit geschriebene Hebräerbrief (s. *Briefliteratur des NT) nennt Jesus den von Gott eingesetzten »Hohenpriester nach der Ordnung des Melchisedek« (Hebr 5, 10 u. ö.). Er ist der »große Hohepriester, der die Himmel durchschritten hat« (4, 14). Mit dem alttestamentlich-jüdischen Priestertum, gleich welcher Abstammung, hat das himmlische Melchisedek-Priestertum Jesu nur gewisse entfernte Analogien gemeinsam, die der schriftgelehrte Verfasser des Briefes nach dem dialektischen Schema von Entsprechung, Überbietung und gänzlicher Andersartigkeit entfaltet. Das Sühnopfer Christi am Kreuz, dem »himmlischen Heiligtum«, hat alle weiteren Opfer auf Erden überflüssig gemacht. Nun ist das, was die levitische Kultordnung vergeblich und mit ungeeigneten Mitteln anstrebte, »ein für alle Mal« verwirklicht: Das Gottesvolk des Neuen Bundes kann, dem Gewissen (und nicht nur dem Fleische) nach gereinigt, Gott wohlgefällig dienen (9, 14; 10, 19–23; 12, 28). Dieser neue, »himmlische« Kult bleibt an den »Weg« gebunden, den der Hohepriester Jesus durch sein Blut »einweiht« und so den Gläubigen jederzeit zugänglich gemacht hat, den Weg der Schmach und des

Leidens (13, 10–15). – Was den Autor des Hebräerbriefes veranlaßt hat, das christliche Heilsgeschehen in kultischer Begrifflichkeit zu interpretieren, wissen wir nicht genau. In neuerer Zeit haben vor allem jüdische Gelehrte versucht, die eigenartige Christologie des Briefes mit den messianischen Erwartungen der Qumran-Essener in Verbindung zu bringen, offenbar aber ohne Erfolg. Wahrscheinlicher ist der Brief ein relativ frühes Zeugnis für das am Ausgang der neutestamentlichen Zeit einsetzende Bemühen christlicher Theologie, sich den reichen Schatz kultischer Traditionen durch eine pneumatische Exegese des Alten Testaments zu erhalten und für das Selbstverständnis der Kirche fruchtbar zu machen.

Psalmen

Gliederung: 1. Herkunft, Geschichte und Stellung im Kanon. 2. Das Problem der Überschriften. 3. Inhalt und Aufbau des Psalters. a) Einteilung des Psalters; b) Eigenart der Psalmen; c) Psalmen und Liturgie; d) Kanaanäischer Einfluß im Buch der Psalmen; e) Psalm 29 und die ugaritische Dichtung. 4. Datierung. 5. Zusammenfassung.

1. Herkunft, Geschichte und Stellung im Kanon: »Moses gab Israel fünf Gesetzbücher, David gab Israel fünf Psalmenbücher« (Midrasch »Schocher Tov« zu Ps 1, 2). Die jüdische Überlieferung schreibt die Dichtung aller Hymnen des Buches der Psalmen, die im jüdischen wie auch im christlichen Gottesdienst eine so große Bedeutung haben, sämtlich »dem lieblichen Psalmisten Israels«, David, zu. In Wirklichkeit verhält es sich jedoch viel weniger einfach.

Der historische König David konnte unmöglich alle Psalmen in ihrer heutigen Form gedichtet haben, und dies ebensowenig, wie man annehmen kann, daß Moses die Thora geschrieben hat. Tatsächlich gehört jedoch zum Hauptgegenstand der Psalmenforschung das wohl wahrscheinlichste Entstehungsdatum dieser Lieder. Und es gibt kaum eine Epoche in der jüdischen Geschichte, die Bibelwissenschaftler nicht in dem einen oder anderen Psalm wiederzuerkennen geglaubt haben, und zwar vom Anfang der Zeit der Könige (etwa um 1000 v. Chr.) bis zur Makkabäerzeit (kurz vor Beginn der christlichen Ära).

Neueren alttestamentlichen Forschungen ist es gelungen, zu einer zusagenderen Beurteilung des in den Psalmen reflektierten Lebensstils zu gelangen. Sie haben auch gezeigt, daß die Kultformen im alten Israel den Hintergrund der Psalmen bilden und zudem teilweise daraus rekonstruiert werden können. Dieser neue Gesichtspunkt, der im wesentlichen der formgeschichtlichen Methode entspricht (s. unten 3; *Bibelkritik), bezieht sich nicht nur auf die Psalmtexte, sondern auf ihre übrigen Aspekte: die historischen, sozialen, religiösen, kultischen usw. Jedem dieser Gesichtspunkte kommt im Hinblick auf die Klassifizierung nach literarischen Kategorien die gleiche Bedeutung zu. Diese Klassifizierung ermöglicht denn auch eine genauere Datierung jedes einzelnen Psalms.

Das Buch der Psalmen als solches stellt eine Sammlung religiöser Gedichte dar, die weitgehend liturgischen Charakter haben. Sie sind zum Singen gedacht und sollten von Musik und Tanz begleitet werden (s*Musik). Der Psalter steht im hebräischen Kanon am Anfang der letzten Gruppe der »Schriften«, wenn er auch in nichthebräischen Bibeln vor den Propheten plaziert ist.

2. Das Problem der Überschriften: In den meisten Fällen steht über dem einzelnen Psalm ein Titel oder eine Überschrift, wie z. B. Ps 4: »Dem Chormeister, mit Saitenspiel. Ein Psalm Davids.« Jedoch beziehen sich nicht alle auf David. Ps 77 kündigt sich an mit den Worten: »Ein Psalm Asaphs«; Ps 84 mit: »Ein Psalm von den Korahiten« und Ps 88: »Ein Lied des Esrahiten Heman«. Zudem bezieht sich der 137. Psalm ausdrücklich auf die Zeit der babylonischen Gefangenschaft: »An den Strömen Babels, da saßen wir und weinten.« Selbst die 73 Psalmen (von insgesamt 150), die den Titel »An David« oder »Ein Psalm Davids« führen, müssen nicht notwendigerweise auch von David gedichtet worden sein. Einige Wissenschaftler glauben, es sei dadurch eine Widmung des Liedes an David ausgesprochen oder angedeutet, daß der Psalm »nach Art Davids« geschrieben sei. Demzufolge wäre David lediglich als der Autor von nur ganz wenigen der Lieder zu betrachten. Anscheinend war David tatsächlich ein genialer Dichter. Dies geht schon aus den Klageliedern Davids um Saul, Jonathan und Abner sowie aus dem Lied 2 Sam 23 hervor. Es scheint auch möglich, daß man das Lied in 2 Sam 22 zu Recht David zugeschrieben hat. Demnach würde man zu weit gehen, wenn man behaupten wollte, David könne keinen der Psalmen selbst gedichtet haben - selbst wenn man nicht mit Sicherheit sagen kann, dieser oder jener bestimmte Psalm der heutigen Fassung des Psalters stamme von ihm.

Bezeichnenderweise hat die Echtheitsfrage um die Psalmtitel eine der leidenschaftlichsten Kontroversen der biblischen Forschung ausgelöst. Auf der einen Seite stehen die Wissenschaftler, die in den Überschriften genaue Aussagen über Tatsachen sehen, die freilich in der Zeit der Entstehung der Septuaginta mißverstanden wurden, da ihre ursprüngliche Bedeutung in der Ära des zweiten Tempelbaus schon in Vergessenheit geraten war. Dieser Theorie liegt die Annahme eines frühen Ursprungs sowohl der Psalmen selbst als auch der Titel zugrunde. Gelehrte, die die Echtheit der Titel bezweifeln, weisen andererseits darauf hin, daß ungeachtet der Verwendung einiger Psalmen in der Tempelliturgie, während der Ära des zweiten Tempelbaus die Tendenz bestand, die Zusammenstellung des Tempelrituals David zuzuschreiben, und dazu hätten auch einige Psalmen gehört. Nach dieser These wäre der Brauch, David als Verfasser der Psalmen zu betrachten, nicht älter als der zweite Tempel.

Der Sinn der musikalischen Termini und anderer Begriffe, die in den Psalmtiteln vorkommen, werden in dem Artikel über *Musik erörtert. Es sei darauf hingewiesen, daß in einer Reihe von Fällen zwischen dem hebräischen Text und den frühen Übersetzungen Widersprüche bestehen. Einige Psalmen, die in der einen Fassung keine Titel haben, erscheinen in anderen Versionen sämtlich mit dem Namen ihrer Verfasser. So erscheint z. B. der in der Septuaginta mit »An David« bezeichnete 95. Psalm in der hebräischen Textfassung ohne Titel. Es ist besonders bemerkenswert, daß rabbinische Quellen gelegentlich die Verwendung ganz bestimmter Psalmen innerhalb der Liturgie nachweisen. Obwohl die Überschriften im (traditionellen) hebräischen Masoretentext nicht vorhanden sind, so enthalten dennoch die den Psalmen in der Septuaginta beigegebenen Titel die gleichen Angaben. So wird z. B. der 24. Psalm gemäß seiner Septuaginta-Überschrift dem Gebrauch am ersten Wochentag zugeordnet, während auch die Mischna (Tamid 7, 4) berichtet, der Psalm sei von den Tempelchören zu der Zeit gesungen worden. »Am ersten Tag (der Woche) sprachen sie: ›Des Herrn ist die Erde und was sie erfüllt.‹«

Man muß in Betracht ziehen, daß die griechischen und die aramäischen Bibelübersetzer im jüdischen Leben fest verwurzelt waren (s. *Bibelübersetzungen) und sich von anerkannten literarischen und interpretatorischen Traditionen leiten ließen, die den rabbinischen Überlieferungen sehr ähnlich waren. Es gibt andere Psalmenübersetzungen, die anscheinend von frühen Christen stammen.

3. Inhalt und Aufbau des Psalters: *a) Einteilung des Psalters:* Der Psalter ist in seiner heutigen Form in fünf Bücher unterteilt: 1–41; 42–72; 73–89; 90–106; 107–150. Jedes der vier ersten Bücher schließt mit einem Loblied, und auch der letzte Psalm ist eine Doxologie. Diese Unterteilungen sind jedoch offensichtlich künstlich und wahrscheinlich später gemacht worden. Vielleicht wollte man den Psalmen die Struktur des Pentateuch geben. Bei näherer Betrachtung zeigen sich andere Gliederungen, die vermuten lassen, daß eine Anzahl von ursprünglich unabhängigen Sammlungen im vorliegenden Psalmenbuch zusammengefaßt sind.

Der erste Hinweis auf diese früheren Sammlungen ist in jenen Psalmüberschriften zu suchen, die sich auf Personen beziehen:

Ps 1–2 haben keinen Titel

Ps 3–41; 51–65; 68–70 und 86 sind mit »von David« betitelt

Ps 42; 44–49; 84–85; 87 tragen die Bezeichnung: »Ein Psalm der Korahiten« (eine Tempelsängergilde)

Ps 73–83 heißen »Psalm Asaphs« (eine andere Tempelsängergilde)

Ps 89 wird Ethan, dem Esrahiten, zugeschrieben

Ps 120–134 sind »Wallfahrtslieder« – und der Rest, nämlich

Ps 90–119 und 135–150, hat entweder gar keinen Titel, oder die Überschriften sind von einem zum anderen Psalm verschieden.

Die Tatsache der Unterscheidung der Psalmen nach dem darin gebrauchten Gottesnamen – Jahwe oder Elohim – kann als ein Hinweis darauf gelten, daß der Psalter aus einer Anhäufung verschiedener ursprünglich selbständiger Sammlungen besteht. Nach derselben Methode haben die Schulen der *Bibelkritik den Pentateuch als Ganzes nach verschiedenen literarischen Überlieferungsströmen aufgeteilt, d. h. nach den Quellen J (jahwistisch) und E (elohistisch). Eine Aufteilung des Psalters nach dem gleichen Schema führt zu dem sehr bemerkenswerten Ergebnis, daß in den Psalmen 1–41 das Wort »Jahwe«

272mal, »Elohim« aber nur 15mal vorkommt. Dagegen tritt in den Psalmen 42–83 das Wort Elohim 200mal und das Wort Jahwe nur 43mal auf.

Man nennt daher die Ps 42–83 den »Elohistischen« Psalter, weil hier hauptsächlich der Gottesname Elohim gebraucht wird. Man erklärt diese Tatsache damit, daß es sich bei den Elohistischen Psalmen um eine frühere Sammlung handelt, die selbst aus einer Reihe verschiedener Quellen stammt. In diesem Abschnitt ist eine Gruppe von Davidspsalmen (51–70; s. oben) enthalten; er scheint mit der Feststellung im Text von 72, 20 zu schließen: »Zu Ende sind die Gebete Davids, des Sohnes Isais.« Dies trifft gewiß nicht auf den Psalter als Ganzes zu, wohl mag dies jedoch für die frühere Sammlung der Fall gewesen sein. Kein Psalm zwischen 73 und 89 trägt den Namen Davids. Die Psalmengruppen der »Korahiten« und die von »Asaph« sind ebenfalls im Elohistischen Psalter enthalten. Man nimmt an, daß diese Sammlung durch die Hinzunahme der Psalmen 84–89 erweitert wurde.

b) Eigenart der Psalmen: Die formgeschichtliche literarische Analyse der Psalmen wurde besonders von H. Gunkel durchgeführt, der als erster auf die Notwendigkeit hinwies, die Psalmen unter folgenden Gesichtspunkten zu betrachten: 1. ihre literarischen Typen, 2. die Umstände (»Sitz im Leben«), die die Entstehung der einzelnen Psalmen verursacht haben. Er machte vergleichende Studien der Psalmen, indem er sie Seite um Seite der religiösen Literatur aus Alt-Ägypten und Mesopotamien gegenüberstellte. Auf Grund dieser Methode kam die formgeschichtliche Schule zu dem Ergebnis, daß die Psalmen vorwiegend aus kultischen Kreisen kamen und viel älter sind, als man nach früheren Forschungen angenommen hatte. Ursprünglich stellten sie wohl kaum einen Ausdruck persönlicher Frömmigkeit dar. Es handelte sich vielmehr um Dichtungen, die als Bestandteil der Liturgie an örtlichen vorexilischen Lokalheiligtümern gesungen werden sollten. Jeder Psalmtyp konnte so einem bestimmten Ritual des Heiligtums zugeordnet werden. Auf der Grundlage dieser Analyse des literarischen Typus und des wahrscheinlichen Hintergrunds eines jeden Psalmes unterschied Gunkel fünf verschiedene »Gattungen«: Hymnen (95), Volksklagelieder (11), Königshymnen (45) individuelle Klagelieder (22) und individuelle Danklieder (18). Wie die meisten Klassifikationen, so enthalten auch diese einen Abschnitt für »Vermischtes« oder eine Kategorie für die vielen Beispiele von Mischformen.

Gunkel gab zu, daß die meisten Psalmen, trotz erkennbaren Einflusses durch entsprechende kultische Kreise von außen, doch unabhängig voneinander geschaffen wurden. Im Ganzen gesehen verraten sie eine tiefere Spiritualität als die zeitgenössischen religiösen Schöpfungen des Nahen Ostens. S. Mowinckel von der skandinavischen Schule weitete die Theorie noch aus und ist der Ansicht, man wisse, daß die meisten Psalmen bewußt für den Gebrauch innerhalb des Rituals komponiert worden seien. In vieler Hinsicht bedeutete dies ein Gottesdienst von nicht geringem Niveau. Die Verfasser der Gedichte sind wohl hauptsächlich unter dem Tempelpersonal, also den kultischen Propheten und anderen Tempelbediensteten, zu suchen, die mit Musikergilden, wie der von Asaph, in Verbindung standen (vgl. 1 Chr 25, 1 ff).

c) Psalmen und Liturgie: Die Verse einiger Psalmen beziehen sich direkt auf den Kultritus; z. B. Ps 116, 13: »Ich will den Becher des Heils erheben« – oder Ps 50, 14: »Bringe Gott Dank als Opfer dar«. Es herrscht noch immer keine Klarheit darüber, ob diese Psalmen von vornherein für die Liturgie gedacht waren oder ob es sich um unabhängige Dichtungen handelte, die erst später für kultische Zwecke bearbeitet wurden. S. Mowinckel, der wohl als überzeugtester Verfechter jener Theorie gilt, wonach die Psalmen schon zur Zeit ihrer Entstehung Bestandteil der Liturgie waren, wendet sich gegen die Ansicht, daß etwa die Psalmen 93, 95–99 und die anderen sogenannten »Königspsalmen« auf den Begriff des universalen Königtums Gottes hinweisen, wie er bei Deutero- *Jesaja (Jes 40–45) dargelegt wird. Demgegenüber ist er mit vielen anderen der Meinung, diese und andere offensichtlich ähnlich angelegte Psalmen seien ursprünglich Bestandteil der Kultfeiern zu Ehren des Königtums Gottes gewesen, die jeweils im Herbst zum jüdischen Neujahrsfest im vorexilischen Tempel zu Jerusalem abgehalten wurden. Demgemäß war in diesen Festfeiern auch eine Zeremonie zur »Krönung Gottes« enthalten, die dem babylonischen »Kult-Drama« ähnlich war, welches die Krönung des Gottes Marduk versinnbildete (s. *Babylon und Israel). Alle »Königspsalmen«, die mit den Worten beginnen: »Der Herr ward König«, hätten demnach zu diesem Ritual gehört, innerhalb dessen vermutlich auch die Bundeslade, die als Symbol des

Sieges Gottes über die Könige der Erde und die Mächte der Finsternis galt, in den Tempel gebracht wurde. Dann erneuerte Gott seinen Bund mit dem Volk Israel und dem Hause Davids. Was die Entstehungszeit des Buches angeht, muß dieser Theorie zufolge der größte Teil des Psalters bereits zur Zeit des ersten Tempels vorhanden gewesen sein. Denn eine Zeremonie, in der, wie man annehmen darf, auch der König von Israel eine bedeutende Rolle spielte, ist nur in diesem Zeitraum denkbar. Selbst wenn die Psalmen wirklich nicht von David gedichtet worden wären, so könnte die Erwähnung seines Namens doch als gültiges Zeugnis im Hinblick auf ihr ungefähres Alter betrachtet werden.

S. Mowinckel sah sich im Verlauf seiner Suche nach einem »Sitz im Leben« innerhalb der frühen historischen Epoche dazu veranlaßt, in der Anzahl der Psalmen irgendeinen magischen Sinn herauszufinden. Wenn man den Psalter als Ganzes mit zeitgenössischen literarischen Bräuchen im Nahen Osten vergleicht, so könnte das Psalmenbuch weniger als Ausdruck des Lobpreises und der Anbetung gelten, sondern vielmehr als eine Sammlung von wirksamen Bannsprüchen angesehen werden, die aufzusagen waren, um magische Kräfte frei zu machen. In der damaligen Zeit glaubten Leidende, daß Krankheit und anderes Elend durch Zaubersprüche von Feinden verursacht worden seien. So könnten Hinweise auf »Übeltäter« sich in Wirklichkeit auf Zauberer beziehen, die solchen bösen Zauber ausüben. Demnach stellt ein großer Teil der Psalmen ein Kompendium von Beschwörungsformeln dar, deren volle Wirksamkeit von der Mitwirkung des Zauberpriesters abhängig war. Diese Ansicht ist allerdings nicht sehr weit verbreitet. Es dürfte denn auch sehr unwahrscheinlich sein, daß Psalmen, die für keinen höheren Zweck gedichtet wären, denn als Zauberspruch zu dienen, schließlich in eine Liturgie übernommen wurden, die Jahrhunderte überlebt hat und die zudem noch die einer Religion (nämlich der jüdischen) war, die –besonders zur Zeit des zweiten Tempels – jeglichen Anklängen von Zauberei und Magie durchaus ablehnend gegenüberstand (s. *Magie, Wahrsagerei und Aberglauben). Die Segens- und Fluchformeln der Psalmen mögen irgendwelche urtümlichen Vorstellungen widergespiegelt haben, die ihren Ursprung in magischen Ideen hatten, doch zur Zeit der Könige und der klassischen Propheten und offensichtlich auch in der Entstehungszeit der Psalmen hatten diese alten Formeln kaum noch mehr als einen metaphorischen Inhalt.

Wenn die formgeschichtliche Schule darauf besteht, daß die Psalmen vor dem Hintergrund ihrer Verwendung in der Liturgie zu begreifen sind, so hat sich dieser Ansatzpunkt – trotz Übertreibungen, Spekulationen und manch willkürlichen Rekonstruierens – dennoch als recht fruchtbarer Aspekt erwiesen, unter dem alttestamentliche Schriften zu betrachten sind.

d) Kanaanäischer Einfluß im Buch der Psalmen: Viele Bibelwissenschaftler nehmen eine frühe Entstehungszeit der Psalmen an. Sie verwerfen aber die ganze Theorie vom »Neujahrsfest« und auch eine magische Interpretation als Erklärung für das frühe Erscheinen der Psalmen im Leben und im Kult der Israeliten. Diese Haltung erklärt sich aus der heutigen Tendenz, die Forschungsergebnisse der Archäologie und anderer Hilfswissenschaften, die sich mit Kultur und Literatur des ganzen Vorderen Orients der biblischen Zeit befassen, mit in die sehr frühe Datierung einer ganzen Reihe biblischer Schriften einzubeziehen und von da her zu begründen. Die Funde aus Ugarit (s. *Kanaanäische Kultur und Ugarit), die aus dem 14. Jhdt. v. Chr. stammen, waren für diese Einstellung besonders bedeutsam, zumal sie bewiesen haben, wie weit die linguistischen Traditionen und Formen zurückreichen, die in den Psalmen und vielen anderen biblischen Büchern vorherrschen. Außerdem wurde damit überzeugend dargetan, daß diese Überlieferungen aus dem Lande Kanaan stammten, bevor das Volk Israel sich dort angesiedelt hatte.

e) Psalm 29 und die ugaritische Dichtung: F. M. Cross hat auf den vorwiegend epischen Charakter der Ugarit-Dichtung hingewiesen. Wenn auch unter den noch erhaltenen Ugarit-Texten Kehrreime und lyrische Passagen zu finden sind, so stellt doch keiner ein typisches Beispiel eines kanaanäischen Kultpsalms dar. Dagegen hat man im biblischen Psalm 29 viele Elemente gefunden, die sowohl hinsichtlich des Wortschatzes als auch gewisser stilistischer Züge vieles mit ugaritischen Epen gemeinsam haben. Da in den ugaritischen Texten lyrische Dichtung vollständig fehlt, scheint der 29. Psalm eine wirkliche Lücke in unserer Kenntnis kanaanäischer Literatur zu schließen (d. h. aufgrund der oben angezeigten Ähnlichkeit). Viele betrachten daher den 29. Psalm als eine israelitische Fassung eines viel älteren kanaanäischen Hymnus (s. *Dichtung, hebräische). Das linguistische Argument, demzufolge die Psalmen bald nach den archaischen kanaanäischen Vorbildern abgefaßt worden sind, ist jedoch nicht zwingend. Dichter pflegen oft archaische Sprach- und Ausdrucksformen zu gebrauchen, d. h. sie »archaisieren« bewußt ihre Ausdrucksformen. Im allgemeinen dürfte es nicht ganz leicht sein – wenn auch nicht unmöglich –, zwischen Archaik und Archaisieren zu unterscheiden. Das Kriterium hierfür bildet fast immer der korrekte Gebrauch der Formen. Archaismen verraten sich durch gewisse Irrtümer in allen Sprachen. Trotzdem läßt die Sprache der Psalmen in sich noch keine zuverlässigen Rückschlüsse auf die Entstehungszeit zu.

4. Datierung: Ganz ähnlich ist es, wenn man versucht, Parallelen zwischen dem Buch der Psalmen und dem Text des Deutero-*Jesaja (Jes 40–55, während der babylonischen Gefangenschaft entstanden) zu finden, und dann entscheiden will, welcher Text von welchem beeinflußt ist. Das überzeugt aber noch nicht ganz. Denn es ist ja immerhin möglich, daß beiden eine dritte gemeinsame Quelle zugrunde liegt. Andererseits kann man selbst ohne eine solche gemeinsame Quelle niemals mit Sicherheit sagen, welcher als der ursprüngliche Text zu gelten hat und welcher sich darauf gestützt hat. (Dies wurde zur Genüge durch die sich gänzlich widersprechenden Ergebnisse bewiesen, zu denen verschiedene Wissenschaftler in diesem Punkt gelangt sind.)

Ein anderer Weg führt über den Versuch, die Psalmen nach der religiösen Entwicklung zu datieren, die sich anscheinend darin spiegelt. Theologische Überlegungen dieser Art pflegen sich jedoch viel zu sehr auf bestimmte Theorien und Vorurteile zu stützen, die der Wissenschaftler selber aufgestellt hat und hegt. Da man sich über den genauen Verlauf der Entwicklung des jüdischen Glaubens (s. *Bibelkritik) nicht wirklich einig ist, scheint eine Datierung der Psalmen nach ihrem Gottesbegriff – zumindest im Augenblick – keinen objektiven Maßstab abgeben zu können.

Man hat auch darauf hingewiesen, daß dem historischen Kontext der Psalmen im Hinblick auf ihre Datierung nur sehr begrenzte Bedeutung beizumessen ist. Wenn sich auch einige wenige historische Hinweise und Anspielungen finden lassen, so kann man damit das tatsächliche Entstehungsdatum der Psalmen nicht bestimmen – höchstens den *terminus ante quem* (den frühest möglichen Zeitpunkt). Wie bereits erwähnt, bezieht sich Ps 137 ausdrücklich auf die babylonische Gefangenschaft. Doch hiervon abgesehen sind historische Andeutungen für gewöhnlich viel zu allgemein gehalten, als daß sie eine bestimmte geschichtliche Epoche erkennen ließen. Man hat bei Qumran eine Schriftrolle mit Psalmen aus dem 1. Jhdt. v. Chr. gefunden, die jedoch vom kanonischen Buch beträchtlich abweicht. Von der Art her, wie sich das NT auf die Psalmen bezieht und davon Gebrauch macht, scheint es jedoch unwahrscheinlich, daß im 1. Jhdt. n. Chr. noch Hinzufügungen gemacht wurden. Andererseits gibt es keine zwingenden Beweise dafür, daß die Psalmen in nachexilischer Zeit auch nur in annähernd der gleichen Form wie der gegenwärtigen existiert hätten. Anscheinend stellen die Psalmen des Psalmenbuches lediglich die bedeutendsten Beispiele einer ganzen Literaturgattung aus verschiedenen Psalmengruppen dar, deren Entstehung sich über den Zeitraum von den Anfängen der Besiedlung Kanaans bis hin zur Epoche lange nach dem Exil erstreckt. Viele der Psalmen sind zweifelsohne sehr alt. Nach Ansicht von D. N. Freedman können selbst die übrigen nicht später als kurz nach dem Exil entstanden sein (5. Jhdt. v. Chr.). Ihre Zusammenstellung und ihre Auswahl mag vielleicht bis zum 3. oder 2. Jhdt. v. Chr. gedauert haben. Die Reihenfolge und die Zusammenstellung in der Septuaginta-Fassung aus dem 2. Jhdt. stimmt praktisch mit dem hebräischen Text überein, was beweist, daß das Buch bis 200 v. Chr. ziemlich abgeschlossen gewesen sein muß. Die (nichtkanonischen) Qumranpsalmen sind ganz anders geartet, obwohl sie in Nachahmung des kanonischen Psalters entstanden sind. Daher scheinen sie die Ansicht zu bestätigen, wonach die echten kanonischen Psalmen in eine viel frühere Zeit zu datieren sind.

5. Zusammenfassung: Offensichtlich wurden die verschiedenen Psalmengruppen und Einzelpsalmen zu verschiedenen Zeiten niedergeschrieben und waren von vornherein nicht als Teile einer einheitlichen Liedersammlung angelegt. Man kann das Buch als eine sorgfältig aus einer Reihe von Hymnen und Psalmensammlungen, wie etwa die »Wallfahrtslieder« (120 bis 132) oder die »Lieder Asaphs« (73–83 sowie 50), zusammengestellte Anthologie betrachten, deren Einzelwerke zu verschiedenen Zeiten und sehr wahrscheinlich auch an verschiedenen Orten entstanden sind. Sie stammen teils aus dem Nordreich, teils aus dem Südreich. Ps 80 z. B. soll nach Ansicht vieler Experten im Nordreich Israels verfaßt worden sein. Die Endredaktion des Buches scheint während der Zeit des zweiten Tempels vorgenommen worden zu sein. Die Schriftfunde von *Qumran, die selbst aus jener Zeit stammen, haben die Theorie widerlegt, wonach viele der Psalmen der Makkabäerzeit zugeordnet werden könnten. Ihre Sprache unterscheidet sich deutlich von der der Psalmen, die bereits existiert haben müssen. Zudem gibt es keinerlei Beweise dafür, daß der Psalter während der Zeit des ersten Tempels zusammengestellt worden sei. Ebensowenig läßt sich die Autorschaft Davids beweisen. Die Überlieferung, die aus David den »lieblichen Psalmisten« gemacht hat, scheint die gleiche zu sein, die auch Salomo zum Verfasser des Buches der Weisheit gemacht hat. In jedem der beiden Fälle scheint es mit der Wesensart des Königs vereinbar gewesen zu sein, seinen Namen mit dem entsprechenden Buch in Zusammenhang zu bringen: Salomo mit einem Weisheitsbuch und David, den Harfenspieler, mit einer Sammlung von Hymnen und Gedichten. Was jedoch die Datierung jedes einzelnen Psalmes in seiner jetzigen Fassung betrifft, so muß auch diese, wie es scheint, warten, bis neue Kriterien entdeckt werden, die der Kompliziertheit des Problems Rechnung tragen.

Q

Qumran

Gliederung: 1. Entdeckung der Handschriften. 2. Art der Handschriften. a) Altes Testament und Apokryphen; b) Originalschriften der Sekte. 3. Bedeutung der Handschriften. a) Bibeltexte und hebräische Literatur; b) Sektierer und zeitgenössisches Judentum; c) Heutige Aufbewahrung der Handschriften. 4. Wer schrieb die Handschriften? a) Die Essener; b) Die Essener und Qumran. 5. Die Qumransiedlung. a) Geschichte; b) Beschreibung der Niederlassung; c) Ein Kloster? d) Der Lehrer der Gerechtigkeit; e) Der Frevelpriester. 6. Theologische Lehren der Qumrangemeinde. a) Der Neue Bund; b) Die zwei Wege; c) Der neue Äon; d) Die Armen ('æbjōnīm). 7. Sakramente. a) Taufe und Heiliger Geist; b) Tempelkult und Opfer; c) Idee eines geistlichen Tempels; d) Liturgische Bedeutung des Gemeinschaftsmahles; e) Messianismus. 8. Qumran und das Christentum. a) Gemeinsame Grundlagen; b) Christliches Gemeindemahl; c) Christliche Taufe; d) Gemeindeordnung; e) Dualismus zwischen Gott und dem Bösen; f) Der Neue Bund; g) Schlußfolgerungen.

1. Entdeckung der Handschriften: Die erste Höhle, in der Handschriften gefunden wurden, entdeckte ein Ziegenhirt ganz zufällig im Jahre 1947 nahe der Nordwestspitze des Toten Meeres. Während der nächsten neun oder zehn Jahre förderte eine dramatische Serie von Entdeckungen unzählige Fragmente ans Tageslicht, die zu mehr als 600 Handschriften gehörten und in einer Gruppe von elf Höhlen rund um Qumran verborgen waren. Ein langer, mühsamer Prozeß der Entzifferung, Veröffentlichung und Übersetzung begann, ein Prozeß, der längst noch nicht abgeschlossen ist, so daß wir vielleicht in einigen Jahren noch mehr über die Handschriften, ihre Verfasser und ihre Beziehung zu zeitgenössischen Bewegungen theologischer und literarischer Art wissen werden.

2. Art der Handschriften: Es handelt sich bei den Qumranfunden um eine große Sammlung religiöser und theologischer Schriften – auch einige wenige weltliche Dokumente sind dabei –, die aus der Zeit zwischen ca. 200 v. Chr. bis 70 n. Chr. stammen. Diese reichhaltige Bibliothek wurde aus Sicherheitsgründen in den Höhlen versteckt. In der Höhle 1 fand man die Schriftrollen in irdenen Krügen, die luftdicht abgeschlossen waren; die Rollen selbst waren in mehrere Lagen Tuch eingewickelt, das man vielleicht mit Öl imprägniert hatte. Von den elf Höhlen, die Handschriften enthielten, war Höhle 4 die reichste: Dort wurden Tausende von Fragmenten, die zu mehr als 300 verschiedenen Manuskripten gehörten, entdeckt (s. **Abb. 680**).

a) Altes Testament und Apokryphen: Die Schriftrollen enthalten Fragmente von allen Büchern des hebräischen Kanons des Alten Testaments mit Ausnahme des Buches Esther. Unter ihnen befinden sich zwei relativ vollständige Handschriften des Buches Jesaja. Wir besitzen auch Fragmente schon bekannter apokrypher und apokalyptischer Schriften in hebräischer und aramäischer Sprache. Hierzu gehören das Buch Tobias, die hebräische Version des Jubiläenbuches und die aramäische Fassung des Henochbuches, Schriften, die man bisher nur aus Übersetzungen kannte. Wahrscheinlich haben die Sektierer noch nicht so scharf zwischen kanonischen und apokryphen Büchern unterschieden, zumal der Kanon des Alten Testaments erst später von den *Rabbinen festgelegt wurde. Alle Prophetie mag ihnen wohl als Gottes Wort erschienen sein. Aus der Zahl der entdeckten Fragmente scheint nach Ansicht mancher Gelehrter hervorzugehen, daß man in Qumran für Jesaja und die kleineren Propheten Nahum und Habakuk eine größere Verehrung hegte als für Jeremias oder Ezechiel. Besonders in der Prophetie Habakuks meinten die Sektierer ihre eigene Geschichte nachlesen zu können.

Doch ist ein endgültiges Urteil über die Bevorzugung einzelner alttestamentlicher Bücher erst möglich, wenn alle Fragmente identifiziert sein werden.

b) Originalschriften der Sekte: Am interessantesten für den Historiker sind jene Schriften, die aus den Kreisen der Sektierer selber stammen. Viele von ihnen waren bisher unbekannt, und gerade diesen verdanken wir unsere meisten Kenntnisse über die Qumrangemeinde. Zu ihnen gehören: Die *Sekten-* oder *Gemeinschaftsregel* (1 QS und 1 QSa), sie ist unsere Hauptquelle für Einzelheiten der Gemeindeordnung und mancher theologischer Sonderanschauungen; die *Loblieder* oder *Thanksgiving Hymns* (1 QH), eine hymni-

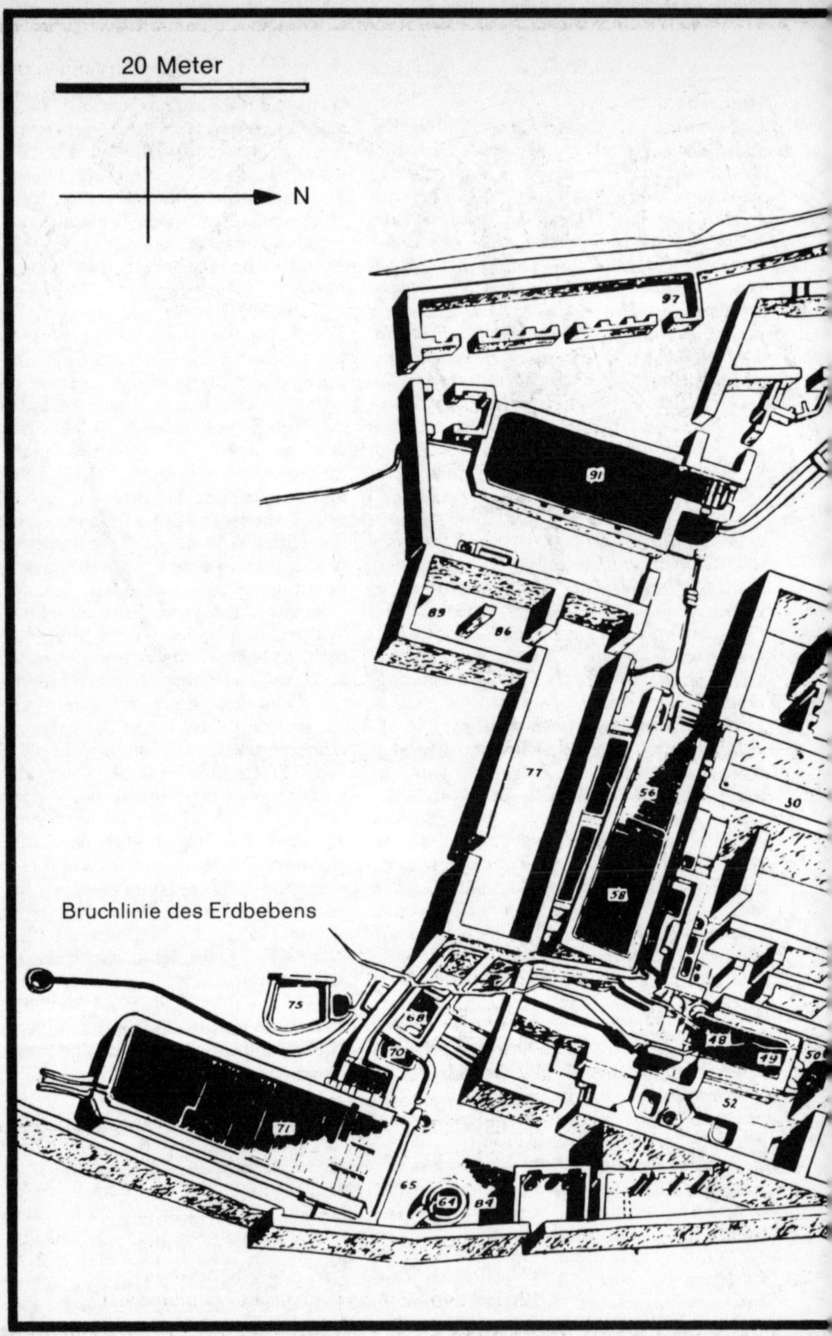

Karte 31. Die Ruinen von Qumran nach den Ausgrabungen (Skizze nach den Plänen von P. Covasnon, P. de Vaux, P. du Buit und Oliver Unwin)

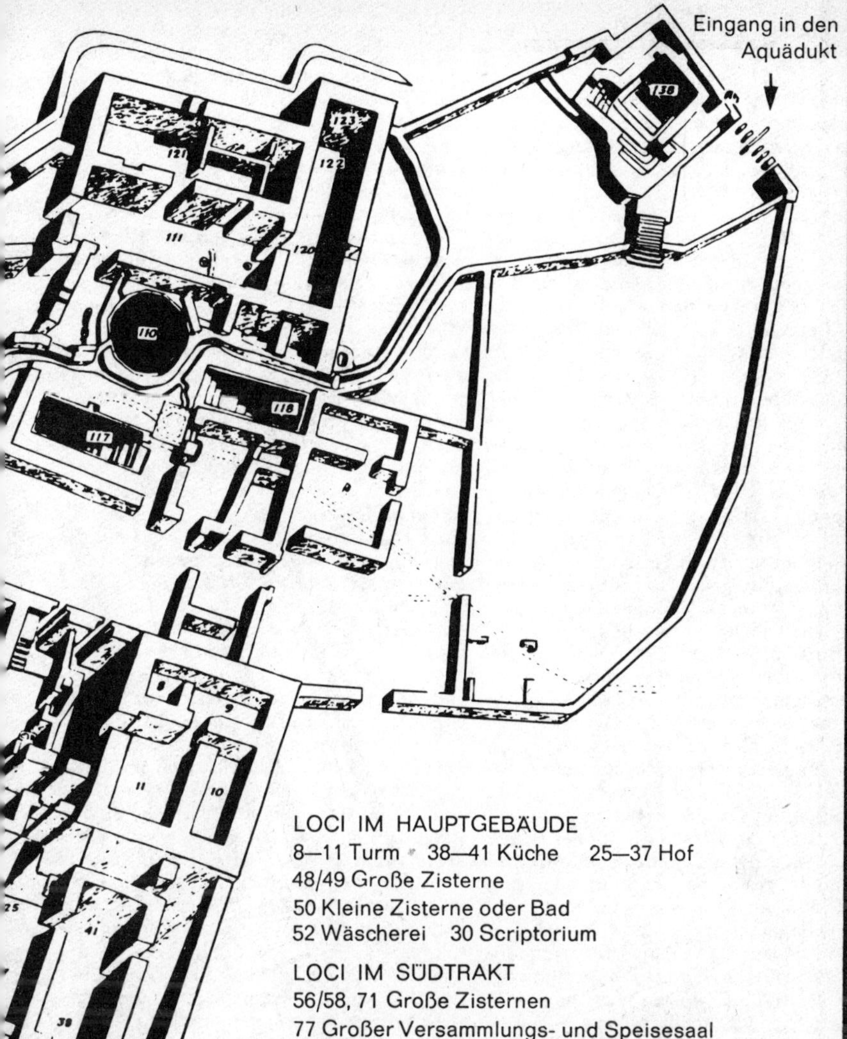

LOCI IM HAUPTGEBÄUDE
8—11 Turm 38—41 Küche 25—37 Hof
48/49 Große Zisterne
50 Kleine Zisterne oder Bad
52 Wäscherei 30 Scriptorium

LOCI IM SÜDTRAKT
56/58, 71 Große Zisternen
77 Großer Versammlungs- und Speisesaal
86/89 Anrichteraum für den großen Saal
64, 65, 70, 75, 84 Einrichtungen für die Töpferwerkstätte
75 Lehmwäscherei 64 Töpferofen 68 Bad (?)

LOCI IM WESTTRAKT
138 Bad (?) 91, 117, 118 Große Zisternen
110 Wiederbenützte Zisternen der israelitischen Zeit
111 Hof 120, 121, 122, 123 Vorratsräume
120 Hort von Silbermünzen 97 Stallungen (?)

sche Formulierung der qumranischen Theologie; die *Kriegsrolle* (1 QM), die den endzeitlichen Krieg der Söhne des Lichts gegen die Söhne der Finsternis beschreibt; ein *Genesis-Apokryphon,* eine erweiterte Fassung einiger Geschichten der Genesis in aramäischer Sprache; manche Züge lassen einen gemeinsamen Hintergrund mit anderen apokryphen »Midraschim« vermuten, besonders mit dem Hennochbuch; die bereits seit 1896 bekannte Damaskusschrift (CD); *Kommentare* zu alttestamentlichen Büchern wie *Habakuk, Nahum,* den *Psalmen, Hosea, Jesaja, Micha* (1 QpHab, 4 QpNah, 4 QpPs usw.); die Interpretation liest in den Bibeltexten die Geschichte und Theologie der Sekte hinein; *Testimonia* (Gesetze, liturgische Texte, Gebete, Segenssprüche, Florilegien); eine *Beschreibung des Neuen Jerusalem;* ein Midrasch zum apokryphen *Buch Moses;* astronomische Beobachtungen zum Henoch- und Jubiläenbuch sowie zu anderen Schriften, die sich mit Kalenderfragen befassen, zumeist in Fragmenten (**Abb. 679** zeigt die in Höhle 4 gefundene kleine Sammlung alttestamentlicher Testimonien, d. h. messianischer Belegstellen). Wir wissen nicht, ob die Sektierer ihren Originalschriften die gleiche Autorität zuerkannt haben wie der inspirierten Schrift. Wahrscheinlich war dies nicht der Fall, da sich nur Kommentare zu biblischen Büchern, nicht aber zu den Sektenschriften gefunden haben. Trotzdem nahmen diese Originalschriften einen wesentlichen Platz im Leben der Gemeinde ein.

Die *Kriegsrolle,* dic den »Krieg der Söhne des Lichts gegen die Söhne der Finsternis« beschreibt, gehört zu den interessantesten Entdeckungen. Sie enthält eine Reihe von Anweisungen für einen idealen messianischen Feldzug, der mit der Eroberung des Landes beginnen und 60 Jahre später mit der Eroberung der ganzen Welt enden soll. Die Rolle macht recht genaue Angaben über die beteiligten Streitkräfte, ihre Bewaffnung, die Signaltrompeten und Feldzeichen. Der Kampf wird zwischen den »Söhnen des Lichts« (den Sektierern, Israel oder den Stämmen Levi, Juda und Benjamin) und den »Söhnen der Finsternis« ausgetragen, d. h. den traditionellen Feinden Israels, den Kittäern (*kittūn*). Zuerst mögen die Hellenisten und Griechen gemeint gewesen sein, hier aber wohl die Römer, denn die Rolle erzählt, daß der Feind seine Waffen verehre und seinen Feldzeichen Opfer darbringe – wie es die römischen Soldaten taten.

Typisch ist, daß die Söhne des Lichts ihr Feldlager nach einem mosaischen Vorbild organisieren und besonderen Wert auf »Reinheit«, d. h. Enthaltung von jeglicher geschlechtlichen Betätigung, legen sollen. Diese Einstellung spiegelt alte sexuelle Tabus wider, die in verschiedenen Schichten des Alten Testaments zum Vorschein kommen. Viele Qumransektierer scheinen tatsächlich ehelos gelebt zu haben, wie die sehr seltenen Funde von weiblichen Skeletten und das völlige Fehlen von Kinderskeletten anzeigen. Allerdings sollte man mit diesem archäologischen Argument etwas vorsichtig sein. Neuere Forschungen haben ergeben, daß die Ehelosigkeit tatsächlich mehr die Ausnahme als die Regel war. Wahrscheinlich waren nur die leitenden Männer der Gemeinde zu einem ehelosen Leben verpflichtet, während den übrigen Mitgliedern verschiedene Formen sexueller Enthaltsamkeit freigestellt waren. Vor allem galt dies für die Essener, die anderswo lebten.

Die *Damaskusschrift* wurde offenbar von den Qumransektierern geschrieben; sie erzählt von der Gründung einer Sekte, die möglicherweise von den frühen *Chasidäern oder einer anderen nonkonformistischen Gruppe während der *Hasmonäer-Zeit abstammt. Man nimmt allgemein an, daß die Qumransektierer das Damaskusdokument geschrieben haben, um ihrem Protest gegen die herrschende priesterliche Führungsschicht Ausdruck zu geben. (Zumindest haben sie die Schrift so verstanden, falls sie nicht direkt von ihnen stammt.) Die betreffende Sekte legte sich den Namen »Söhne Zadoks« bei (Zadok war der Hohepriester in den Tagen Davids und Salomos) und zog sich nach »Damaskus« zurück. Ihr Führer und hochgeehrter Lehrer war als der »Stern« bekannt. »Damaskus« scheint eher eine allegorische Bezeichnung als eine wirkliche Ortsangabe zu sein. Allerdings halten andere Gelehrte (z. B. J. T. Milik) das Dokument für die Gemeinderegel eines Nebenzweiges der Essener oder mehrerer essenischer Gruppen, die tatsächlich in oder nahe bei Damaskus gelebt hätten. Die hier gegebenen Vorschriften ähneln sehr den disziplinären Weisungen der »Gemeinschaftsregel« von Qumran. Auch die Söhne Zadoks treten in einen »Neuen Bund ein und warten auf das Kommen der Königsherrschaft Gottes, wenn »die Herrlichkeit Gottes für Israel offenbar werden wird . . . und alle Frevler ausgerottet werden«. In den Qumranhöhlen wurden Fragmente, die zu mehreren

Abschriften des Damaskusdokuments gehören, gefunden. Inhaltlich war der größte Teil der Schrift durch eine 1896 gemachte Entdeckung in der Geniza der Esra-Synagoge von Alt-Kairo bereits bekannt, doch konnte man sich von ihren Entstehungsverhältnissen kein rechtes Bild machen.

3. Bedeutung der Handschriften: *a) Bibeltexte und hebräische Literatur:* Einer der Hauptgründe für die außerordentliche Bedeutung der Funde liegt auf dem Gebiet der Textgeschichte des Alten Testaments. Die Schriftrollen bieten den ältesten Bibeltext, der uns erhalten ist. Bisher besaßen wir – von einigen Papyrusfetzen abgesehen – nur den masoretischen Text, der erst im 9. und 10. Jhdt. n. Chr. redigiert wurde. Nun verfügen wir über alttestamentliche Texte, die ein volles Jahrtausend früher geschrieben sind und nur in ganz wenigen Kleinigkeiten von der masoretischen Rezension abweichen. Eine Ausnahme bildet das Buch Samuel, dessen Textgestalt der Septuaginta nahesteht. Auch viele andere Fragmente des Pentateuch und des Buches Jeremia stimmen mit der griechischen Übersetzung oft überein (s. *Bibelkritik).

Zugleich haben die Schriftrollen uns Möglichkeiten an die Hand gegeben, andere, nichtkanonische Bücher der damaligen Zeit weit besser zu verstehen. Dies gilt besonders von der apokalyptischen Literatur (s. *Apokalyptik), deren Anschauungen von den rabbinischen Lehrern (s. *Rabbinen) der *Mischna und des Talmuds weithin verurteilt oder zumindest mit Stillschweigen übergangen wurden.

b) Sektierer und zeitgenössisches Judentum: Die Qumransektierer waren nur Teil einer größeren Widerstandsbewegung innerhalb des Judentums, die sich gegen die Jerusalemer Priesterschaft richtete. Da die Qumrangemeinde aber ihren Mitgliedern sehr strenge Forderungen auferlegte, blieb sie zahlenmäßig klein und konnte sich mit den *Pharisäern nicht an Einfluß messen. Die Essener und Qumransektierer hatten mit den Pharisäern vieles gemein, doch verlangten sie eine viel strengere Beobachtung der geringsten Kleinigkeiten des mosaischen Gesetzes. Trotzdem gibt es Gelehrte, die in den Sektierern eine pharisäische Gruppe sehen.

Als sich das Pharisäertum zum normativen rabbinischen Judentum entwickelte, blieben manche Eigentümlichkeiten, die den Pharisäern und Sektenleuten gemeinsam waren, erhalten, während die Sonderüberlieferungen der Essener und anderer nonkonformistischer Bewegungen keinen bleibenden Eindruck auf das Judentum hinterlassen haben. Ob und in welchem Umfang essenische Traditionen vom Christentum übernommen wurden, soll am Ende dieses Artikels geprüft werden.

c) Heutige Aufbewahrung der Handschriften: Durch die Bemühungen des jüdischen Gelehrten E. L. Sukenik gelangten einige Handschriften in den Besitz der Hebräischen Universität von Jerusalem. Sukenik war es auch, der als erster eine Auswahl aus den gefundenen Texten veröffentlichte. Andere Schriftrollen gingen in die Vereinigten Staaten, wo sie von M. Burrows, W. H. Brownlee und anderen publiziert wurden. Doch hat sich die Regierung von Israel erfolgreich bemüht, die Rollen zurückzukaufen. Ein weiterer Teil der Funde ist im Besitz des »Jordanian Department of Antiquities« und wird dort von einem internationalen Gelehrtenteam untersucht.

4. Wer schrieb die Handschriften? Schon bald nach der Entdeckung der Schriftrollen wurde es klar, daß sie in irgendeinem Zusammenhang mit der jüdischen Sekte der Essener stehen müßten, von der man sich bisher kein deutliches Bild hatte machen können.

a) Die Essener: Offenbar waren die Essener Menschen, die in abgeschlossenen Gemeinschaften lebten, Selbstverleugnung übten und sich einer strengen Disziplin unterwarfen, um sich auf das kommende Weltende vorzubereiten (s. *Eschatologie). Aus alten Quellen – aus *Josephus, Philo, Eusebius und aus der ›Naturgeschichte‹ Plinius' d. Ä. – wußte man um ihre Existenz und daß sie die »dritte Sekte« des Judentums darstellten (neben den *Pharisäern und *Sadduzäern). Die alten Quellen berichteten auch, daß ihre Zahl ca. 4000 betragen habe, daß sie in einzelnen Gruppen über ganz Palästina verstreut gelebt und ihr Zentrum nahe *En-Gedi (am Toten Meer, südlich von Qumran) gehabt hätten. Als äußeres Zeichen ihres Strebens nach Reinheit seien sie in weiße Gewänder gekleidet gewesen und hätten sich häufig ritueller Waschungen unterzogen.

Sie verwarfen privates Eigentum und lebten in Häusern, die der Gemeinschaft gehörten. Abgesehen von einigen wenigen »verheirateten Essenern« blieben die meisten ehelos und lehnten es ab, Kinder zu zeugen. Dadurch blieb ihre Zahl klein, doch nahmen sie Kinder auf, Waisen und andere, sowie Proselyten aus dem Judentum. Der Aufnahme ging eine strenge Probezeit voran. Wenn ein Kandidat nach

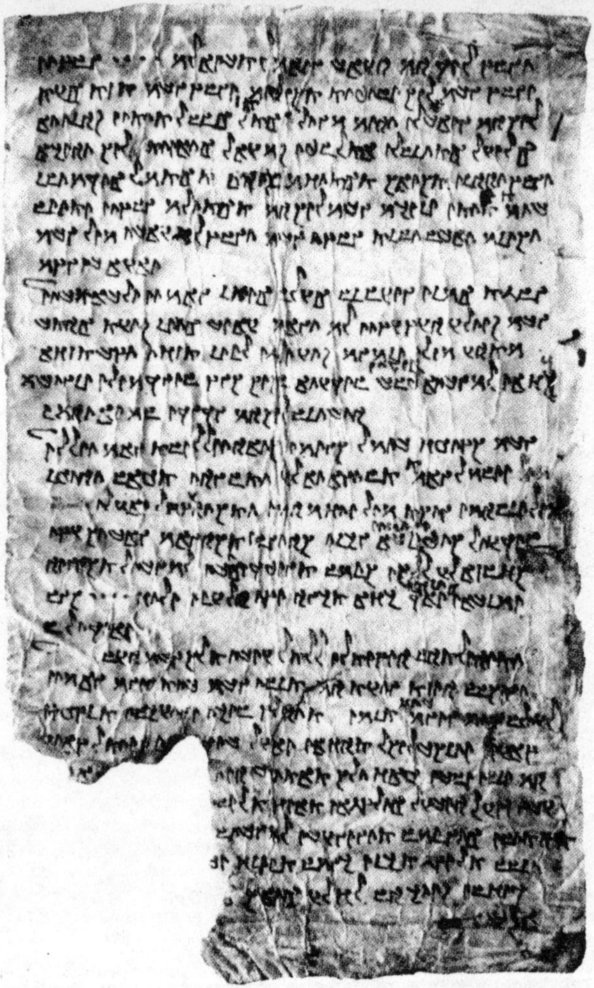

Abb. 679. Handschrift aus der Höhle 4 von Qumran, die zur Sammlung der alttestamentlichen Testimonien, d. h. zu den messianischen Belegstellen, gehört

Abb. 680. Die Höhlen von Qumran

Abb. 681. In Qumran gefundene irdene Schüsseln

gründlicher Prüfung zugelassen wurde, mußte er schwören, in Übereinstimmung mit den sittlichen Grundsätzen der Sekte zu leben und sich »von der Gemeinde der Männer der Bosheit« zu trennen. Obwohl sie friedliebend waren und den Krieg verabscheuten, kämpften sie doch heroisch gegen die Römer, und einige Führer des Aufstandes stammten sogar aus ihren Reihen.

b) Die Essener und Qumran: Wenn man auch die Essener mit den Qumransektierern nicht voll gleichsetzen darf, so gibt es doch zwischen beiden Gruppen mehr Ähnlichkeiten als Unterschiede. In beiden Fällen handelt es sich um heilige Gemeinschaften, die das Reich Gottes auf Wegen suchten, die von den Vorstellungen der zeitgenössischen religiösen und weltlichen Führerpersönlichkeiten in Jerusalem abwichen. Beide Gruppen betrachteten sich als von Gott erwählt, die künftige Heilsgemeinde der Endzeit zu sein, und beide zogen hinaus in die »Wüste«, um »den Weg des Herrn zu bereiten« und die Wiedergeburt eines »Neuen Israel« zu beschleunigen. Wegen dieser und noch mancher anderer Übereinstimmungen nimmt man heute zumindest an, daß die Sektierer von Qumran Essener waren, aber vielleicht ein fortgeschrittenes Entwicklungsstadium der essenischen Bewegung widerspiegeln.

5. Die Qumransiedlung: *a) Geschichte:* Als Qumran ausgegraben wurde, fand man die Ruinen eines großen Gebäudes und in der Nähe über tausend Gräber, die ebenso wie die Höhlen Fragmente der Schriftrollen enthielten. Auf Grund der Radiokohlenstoffdatierung (Carbon-14-Test), die man an den Geweben vornahm, in die die Schriftrollen gewickelt waren, sowie aus Münzen- und Keramikfunden – ganz abgesehen von den paläographischen und sprachlichen Indizien, welche die Handschriften selbst zur Verfügung stellen – ist es möglich geworden, die verschiedenen Siedlungsperioden der Qumrangemeinde mit annähernder Genauigkeit zu bestimmen.

Münzenfunde lassen darauf schließen, daß Qumran zuerst um 110 v. Chr., während der erfolgreichen Regierungszeit des Johannes Hyrkan (s. *Hasmonäer), besiedelt wurde. Der ursprüngliche Kern der Gemeinde scheint eine Gruppe von Priestern gewesen zu sein, die sich aus Protest gegen den »frevelhaften« religiösen Führungsanspruch der *Hasmonäer in die »Wüste« zurückzogen. Bei Qumran fanden sie die zertrümmerten Reste einer israelitischen Festung, die seit der Eroberung Judas durch die Babylonier vor 500 Jahren verlassen dagelegen hatten. Dort errichteten sie daraufhin ihre Niederlassung.

Manche Gelehrte datieren die Besiedlung um ein paar Jahrzehnte später. Es ist jedoch durchaus möglich, daß die Sektierer hauptsächlich deshalb die Abgeschiedenheit aufsuchten, weil sie sich weigerten, das hasmonäische Hohepriestertum anzuerkennen. Für sie waren Priester, die nicht von Zadok abstammten, Usurpatoren. Sie betrachteten das Heiligtum in Jerusalem als entweiht und den *Kalender, den die hasmonäischen Eindringlinge eingeführt hatten, als unorthodox. (Die Sektierer selbst folgten einem Sonnenkalender, wie er ähnlich im Buch der Jubiläen propagiert wird.)

Im Jahre 31 v. Chr. wurde die Siedlung aufgegeben. Anlaß war vielleicht ein Erdbeben, das die Gebäude zum Teil zerstört hatte. Möglich wäre aber auch, daß die Sektierer aus ihrer freiwilligen Verbannung zurückkehrten, um wieder aktiv am Leben ihres Landes teilzunehmen. Wie dem auch sei, zu Beginn des ersten nachchristlichen Jahrhunderts finden wir Qumran wieder aufgebaut. Die Schreiber der Schriftrollen lebten hier bis zur Zerstörung der Gebäude durch die Römer im Jahre 68 n. Chr. In dieser Zeit wurden vermutlich die meisten Handschriften in den Höhlen und Gräbern versteckt. Doch gehören viele Fragmentenfunde auch in die frühere Siedlungsperiode. Die Römer benutzten die Niederlassung eine Zeitlang als Festung und zwischen 132–135 n. Chr. wurde Qumran wieder bewohnt, diesmal von jüdischen Widerstandskämpfern, die sich unter *Bar-Kochba gegen Rom erhoben hatten. Danach blieb Qumran völlig unbewohnt, bis es nach dem Zweiten Weltkrieg plötzlich zum Mittelpunkt eines weltweiten Interesses wurde.

b) Beschreibung der Niederlassung: Solange die Sektierer in Qumran wohnten (ca. 100 v. Chr. bis 68 n. Chr.), umfaßte die Niederlassung ein Gebiet, das sich etwa drei Kilometer nach Norden und drei nach Süden, von Qumran aus gerechnet, entlang der Klippen zum Toten Meer erstreckte. Um das Zentralgebäude lebten die Mitglieder der Sekte in Höhlen und Zelten. Es gab gemeinsame Vorratslager und große Zisternen, ein gemeinsames Bewässerungssystem, eine Töpferwerkstatt mit zwei großen Brennöfen und eine »Schreibstube«.

Das Hauptgebäude (s. **Karte 31**) scheint

rechteckig gewesen zu sein, 37,5 Meter auf jeder Seite lang, und war an der Nordwestecke mit einem Verteidigungsturm versehen. Um dieses Zentrum lagen Nebengebäude wie ein Refektorium (Speisesaal), Küche und Vorratskammern. Stapel von über tausend irdenen Schüsseln, die in der Vorratskammer **(Abb. 681)** aufgefunden wurden, lassen vermuten, daß in Qumran zeitweise zahlreiche Pilger verpflegt werden mußten. Ein unbeschädigter zylindrischer Krug – **Abb. 683**; er gleicht denen, die zur Aufbewahrung der Schriftrollen dienten – wurde ebenfalls gefunden. Andere Räume, in denen die Überreste von Wandbänken entdeckt wurden, mögen Gemeinschaftsräume gewesen sein, die zum Gebet, zur Meditation oder zum Unterricht dienten **(Abb. 684).**
Das »Scriptorium«, wo zumindest einige der Qumranhandschriften niedergeschrieben wurden, befand sich im ersten Stockwerk des Gebäudes. Es enthielt noch die Reste eines schmalen Tisches **(Abb. 682)** von fünf Metern Länge, eine Steinbank, ein Waschbecken für die Hände mit kleinen Einbuchtungen rund um den Rand und schließlich zwei Tintenfässer, eines aus Bronze, das andere aus Ton, und eines enthielt noch einen Rest von eingetrockneter nichtmetallischer Tinte. Vom Fuß des Wasserfalls im *wādi qumrān* wurde Regenwasser durch einen Aquädukt herangeführt und in sieben mächtigen Zisternen gespeichert **(Abb. 686).** Innerhalb der Niederlassung wurden auch sechs kleinere Becken oder Bassins gefunden (s. **Karte 31**).
c) Ein Kloster? Die Niederlassung der Qumrangemeinde war kein »Kloster« im heutigen Sinne. Sie war, wenn man es genauer definieren will, das religiöse Zentrum einer Sekte. Die Mitglieder dieser Sekte, die von ihren Wohnsitzen draußen im Lande nach Qumran wallfahrteten, führten wahrscheinlich kein so streng-asketisches Leben und waren wohl auch in der religiösen Erkenntnis nicht so weit fortgeschritten.
d) Der Lehrer der Gerechtigkeit: Die Qumransektierer bereiteten sich durch ständiges und eifriges Studium der Thora auf das Kommen des Messias und der messianischen Zeit vor. Sie taten dies unter der Anleitung ihres Stifters, des Lehrers der Gerechtigkeit. Man nimmt an, daß diese Persönlichkeit um 110 v. Chr., als Qumran das erste Mal besiedelt wurde, gelebt und gewirkt hat. Die Sektierer glaubten, daß ihm Gott die Mysterien der Thora und der prophetischen Schriften unmittelbar geoffenbart habe und daß sie zu den Mitgliedern des Gottesreiches gehören würden, wenn sie ihm und seiner Lehre die Treue hielten. So folgten sie seiner Interpretation der Schrift, entwickelten sie zu einer esoterischen Wissenschaft und hüteten sie als kostbares Geheimnis. Obwohl der Lehrer der Gerechtigkeit niemals mit einer der in den Handschriften erwähnten messianischen Gestalten identifiziert wird, sahen die Sektierer in seinem Auftreten die Gewähr, daß die messianische Zeit kurz bevorstehe. In der Damaskusschrift wird das Kommen des Messias 40 Jahre nach dem Tode des Lehrers der Gerechtigkeit erwartet.
e) Der Frevelpriester: Aus den Qumranschriften scheint hervorzugehen, daß der Lehrer der Gerechtigkeit von seinem Feind, dem Frevelpriester, umgebracht wurde, doch klingt dies wenig glaubhaft. Vom Frevelpriester heißt es, er sei ursprünglich ein treuer Diener Gottes gewesen, habe sich aber auf unrechtmäßige Weise bereichert und die Gemeinde des Bundes verfolgt. Zur Strafe würden er und die »letzten Priester von Jerusalem« in die Hände der Feinde, der Kittäer, d.h. hier wohl der Römer, fallen. Es ist bisher noch nicht gelungen, die beiden Persönlichkeiten, den Lehrer der Gerechtigkeit und den Frevelpriester, mit Sicherheit zu identifizieren, obwohl eine Fülle von Vorschlägen gemacht wurde. Die in den Qumranschriften geschilderte Situation paßt zu jedem Zeitabschnitt zwischen dem Beginn der Hasmonäerherrschaft und dem Auftreten *Herodes' des Großen.
6. Theologische Lehren der Qumrangemeinde: Die Gemeinde war eine Genossenschaft von Priestern und Laien, die nach den göttlichen Gesetzen leben wollten, wie sie in der Thora und den Prophetenschriften niedergelegt waren. Ihr Ziel war es, jenen Grad von Heiligkeit und Gerechtigkeit, Güte und Barmherzigkeit zu erreichen, den der alttestamentliche Gott von seinen Gläubigen forderte.
a) Der Neue Bund: Die Sektierer glaubten, das Ende der Welt werde noch zu ihren Lebzeiten kommen. Wenn »diese« Welt vergehe, werde ein neues Israel aus dem »Rest« des alten Israel geschaffen werden und ein Neuer Bund, eine *b·rīt t·šūbā* (Bund der Umkehr), werde den alten Sinaibund ersetzen.
b) Die zwei Wege: Die Qumransektierer sahen die Welt beherrscht von zwei Mächten oder Geistern, dem Fürst des Lichts

Abb. 682. Schreibtisch aus dem Skriptorium im Hauptgebäude von Qumran

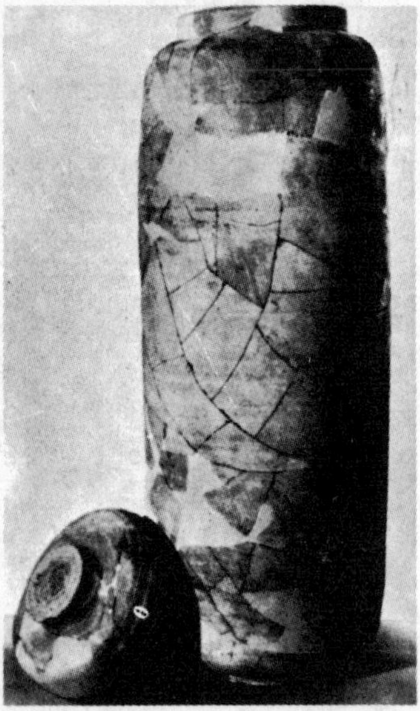

Abb. 683. Zylindrischer Tonkrug, gleich denen, worin man die Schriftrollen bewahrte, aus dem Hauptgebäude von Qumran

Abb. 684. Räume in Qumran mit Resten von Wandbänken; wahrscheinlich Gemeinschaftsräume

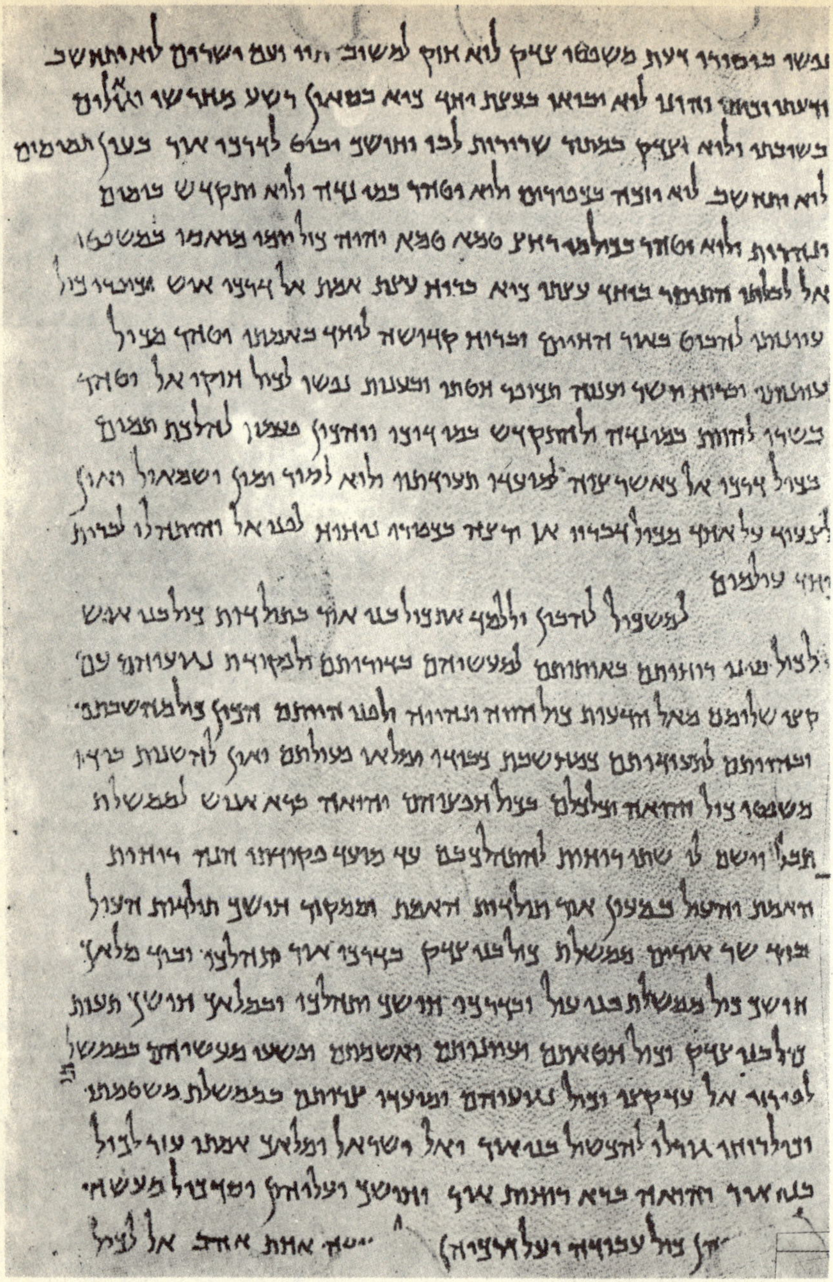

Abb. 685. Handschrift mit der Gemeinschaftsregel, die den Taufspruch für neue Mitglieder der Sekte von Qumran enthält

Abb. 686. Über einen Aquädukt wurden die gelegentlichen Niederschläge vom Wasserfall des *wādi qumrān* in Zisternen geleitet. Eingang zu einem der sieben großen Wasserreservoirs

und dem Engel der Finsternis. Sich selber hielten sie für von Gott erwählte »Söhne des Lichts«, während alle übrigen Menschen »Söhne der Finsternis« seien.

c) Der neue Äon: Durch ihre asketische Lebensweise hofften die Qumran-Essener das Kommen des Gottesreiches zu beschleunigen. Im neuen Äon würden alle in dieser Welt bestehenden Ungleichheiten aufhören, und Gottes Geist werde volle Einmütigkeit herstellen.

d) Die Armen ('æbjōnīm): Die Qumranfrommen nannten sich die »Versammlung der Armen«, ein Ehrentitel, hinter dem eine lange alttestamentliche Tradition steht. Auch die Judenchristen wußten sich als die von Gott bevorzugten »Armen« *('æbjōnīm)* und »hatten alle Dinge gemeinsam«, eine Vorwegnahme des Lebens unter der Gottesherrschaft (s. *Christentum, Frühgeschichte).

Sie meinten fest, nun, da die Prophetie und die direkte Offenbarung durch Jahwe aufgehört hatte, seien sie die Erwählten mit einer weiterlaufenden Offenbarung ausgezeichnet, und sie übertrugen deren Botschaft an ihre Gemeinschaft. Ihr Wissen darum, das neue auserwählte Volk zu sein, begabte sie mit ungeheuren geistigen Kräften, einem großen Selbstvertrauen und einem Sinn für ihre Berechtigung bzw. die Gnade ihrer Erwählung. Obwohl sie nur eine kleine Kommunität waren, erwies sich ihr schließlicher Einfluß auf die neuen religiösen Gruppen der ersten Judenchristen dadurch als bedeutungsvoll für die geistigen Werte der westlichen Kultur.

7. Sakramente: *a) Taufe und Heiliger Geist:* Wenn ein Kandidat der Qumrangemeinde für geeignet befunden wurde, ein »Erwählter Gottes« zu werden, wurde er feierlich getauft: »Und dann wird Gott durch seine Wahrheit alle Werke des Menschen läutern und wird sich einige aus den Menschenkindern reinigen, indem er allen den Geist des Frevels aus dem Inneren ihres Fleisches tilgt und sie reinigt durch heiligen Geist von allen gottlosen Taten. Und er wird über sie sprengen den Geist der Wahrheit wie Reinigungswasser (zur Reinigung) von allen Greueln der Lüge und dem Sich-Wälzen in unsauberem Geist, um die Rechtschaffenen zu unterweisen in der Erkenntnis des Höchsten und der Wahrheit der Söhne des Himmels und klug zu machen, die vollkommen im Wandel sind. Denn sie hat Gott erwählt zum ewigen Bund ...« (1 QS 4, 20–22; s. das Blatt aus der Gemeinschaftsregel **Abb. 685**).

Wenn die Taufe wirksam sein sollte, mußte ihr jedoch eine aufrichtige Umkehr vorangehen. Wie die Propheten und Weisheitslehrer glaubten auch die Sektierer, daß die Sünde das Fleisch in der gleichen Weise beflecke wie »unreine« Gegenstände. Das Fleisch durch die Taufe zu reinigen, ohne zuerst die Sünde bereut zu haben, war völlig zwecklos. Die Erlösung des Leibes kommt durch den »Geist« und die so erworbene innere Reinheit.

Mit Hilfe des in der Taufe mitgeteilten Heiligen Geistes erlangten die neuen Mitglieder der Gemeinde eine Kenntnis göttlicher Geheimnisse.

Den Sektierern galt ihre Wassertaufe als eine Vorstufe zu der endzeitlichen Geisttaufe. Ähnliche Vorstellungen hat vielleicht auch Johannes mit seiner Taufe verbunden, während das NT in der christlichen Taufe bereits das eschatologische Sakrament, die Geistestaufe, sieht (vgl. Joh 3, 4–7).

Zwei der in Qumran entdeckten Zisternen hatten Treppen, die von allen Seiten zum Wasser hinunterführten. Man hat deshalb vermutet, diese Becken hätten als Baptisterien gedient. Es ist jedoch sehr unwahrscheinlich, daß der Ritus des Tauchbades im Trinkwasser der Gemeinde vollzogen wurde. Die Taufen hat man wohl eher an einem Ort gespendet, wo lebendes (fließendes) Wasser vorhanden war, bei *'ēn feš̱ḫa,* am oder im Jordan, ein paar Kilometer nördlich von Qumran.

b) Tempelkult und Opfer: Es ist bekannt, daß andere jüdische Sekten in Palästina und im Ostjordan ihre Taufriten als Ersatz für die Teilnahme am Opfergottesdienst im Tempel ansahen. Auch die Essener verwarfen, wie Josephus berichtet, die im Tempel dargebrachten Opfer. Ihre Ablehnung war aber nicht grundsätzlicher Natur, sondern durch den Gegensatz zur Jerusalemer Priesterschaft bedingt. Wie die altisraelitischen Propheten waren sie der Überzeugung, ein Opfer könne Gott nur wohlgefällig sein, wenn zuvor die sittlichen und rituellen Gesetze eingehalten würden. Bei den Ausgrabungen wurden zwischen oder bei den Gebäuden zahlreiche kleinere oder größere »Gräber« mit Tierknochen gefunden, die in Krügen sorgfältig beigesetzt waren. Man hat vermutet, daß es sich um Reste von sakralen Mahlzeiten handelt oder daß in Qumran eigene Opfer, vielleicht auf einem Altar, wie er von Moses in der Wüste errichtet worden war, dargebracht wurden (s. *Priester und Leviten).

c) Idee eines geistlichen Tempels: Ohne Verbindung mit dem Tempel – dem Mittelpunkt des Judentums – entwickelten die Sektierer eine eigentümliche Haltung gegenüber den gesetzlich vorgeschriebenen Opferriten. Einmal werde die Zeit kommen, so hofften sie, da ihre Priester nach ihren eigenen Riten die Opfer in einem zukünftigen, gereinigten Tempel darbringen würden. Zugleich verstanden sie sich selbst, ihre Gemeinde und ihren streng rituellen Lebenswandel als einen »geistlichen Tempel«, der dem steinernen Tempel in Jerusalem weit überlegen sei. Ähnliche Vorstellungen begegnen auch im NT (Eph 2, 19–22; 1 Petr 2, 5).

d) Liturgische Bedeutung des Gemeinschaftsmahls: Im Mittelpunkt des Gemeindelebens stand das gemeinschaftliche Mahl, das als rituelle Vorwegnahme des eschatologischen Siegesmahls, bei dem der Messias anwesend sein werde, gehalten wurde. Man nahm das Mahl mittags und abends in *tōhorā* (Reinheit) ein. Zum Gemeinschaftsmahl waren nur Vollmitglieder zugelassen, die ihre zweijährige Probezeit mit Erfolg bestanden hatten. Die Sektenregel gibt genaue Anweisungen für das Mahl und die dabei einzuhaltende Sitzordnung: »(Dies ist die Sitzo)rdnung der Männer des Namens, der zur Versammlung Berufenen, für den Gemeinschaftsrat, wenn geboren wird [zeugt?] (. . . [Textlücke?]) der Messias, mit ihnen komm(en der Priester, das) Haupt der ganzen Gemeinde Israels und alle Fa(milienhäupter der Söhne) Aarons, der Priester, (die) zur Versammlung (Berufenen), die Männer des Namens und sitzen vo(r ihm, ein jeder) nach seiner Würde. Danach si(tzt der Mess)ias von Israel, und vor ihm sitzen die Häupter der Ta(usendschaften Israels, je)der nach seiner Würde, entsprechend (seinem) Po(sten) in ihren Lagern und je nach ihren Lagerstationen, und alle Häupter der Va(terhäuser der Gemei)nde mit den Wei(sen der heiligen Gemeinde[?]) sitzen vor ihnen, jeder nach seiner Würde. Und (wenn sie) sich (zum) gemeinschaftlichen (Ti)sch zusammenfinden (oder um den We)in (zu trinken) und der Tisch der Einung bereitet und (der We)in zum Trinken eingeschenkt) ist, soll niemand seine Hand nach dem ersten Teil des Brotes und (des Weines) vor dem Priester ausstrecken, denn (er se)gnet den ersten Teil des Brotes und des Weines, (und er streckt) seine Hand zuerst nach dem Brote aus. Dan(ach str)eckt der Messias von Israel seine Hände nach dem Brot aus, (und danach seg)net die ganze Gemeinde der Einung, je(der nach) seiner Würde. Nach dieser Bestimmung sollen sie verfahren bei der Zur(üstung, wenn) sie sich zu (mindestens) zehn Männ(ern zu)sammenfinden« (1 QSa 2, 11–22).

Die liturgische Vorwegnahme des messianischen Festmahls entspricht einer alten jüdischen Tradition. Ein gemeinsames Mahl, gleich ob im Familienkreis oder mit Freunden und Gästen, ist niemals etwas »Profanes«, sondern immer ein religiöser Ritus.

e) Messianismus: Es ist nicht ganz klar, ob man in Qumran zwei Messiasse erwartete, einen davidischen König und einen zadokidischen Hohenpriester (in diesem Fall meint »Messias Israels« offenbar den königlichen, davidischen Messias); oder ob der »Messias aus Aaron und Israel« eine einzige Gestalt darstellt. In der Ratsversammlung von Qumran scheint es allerdings zwei leitende Persönlichkeiten gegeben zu haben, einen Laien und einen Priester, die nach gewöhnlicher Auffassung den Messias aus Israel und den Messias aus Aaron repräsentierten. Auch läßt sich nicht genau sagen, wie sich die Sektierer das Kommen des Messias und seinen Sieg über die »Söhne der Finsternis« vorgestellt haben. Vielleicht erwarteten sie, das Himmelreich werde eine Fortsetzung der militärischen Erfolge auf Erden sein. Erst wenn Israel über alle Feinde triumphiert habe, werde das neue Zeitalter anbrechen.

8. Qumran und das Christentum: Schon bald nach der Entdeckung der Schriftrollen erkannte man, daß die Funde auch auf dem Gebiet der neutestamentlichen Exegese zu wichtigen Erkenntnissen führen würden. Es wurden sogar Stimmen laut, die eine Revolution des traditionellen christlichen Geschichtsbildes ankündigten und in Qumran den unmittelbaren Ursprung des gesamten Christentums erkennen wollten. Ein solcher Panqumranismus mag als erste Reaktion auf die sensationellen Funde verständlich gewesen sein, mit ernsthafter wissenschaftlicher Forschung hat er nichts gemein.

Das Christentum hat niemals seine jüdische Herkunft verleugnet. Es bedeutet deshalb keinen Angriff auf seine Ursprünglichkeit, wenn man die Wurzeln besser kennenzulernen wünscht, die es mit dem zeitgenössischen Judentum, also auch mit Qumran, verbinden.

a) Gemeinsame Grundlagen: Für die Qumransektierer wie für Jesus und die ersten Christen war die Schrift des Alten Testaments das Offenbarungsbuch Gottes. In

der Schrift las man oder hörte sie bei den gottesdienstlichen Versammlungen, mit den Worten der Schrift betete man, nach den Weisungen der Schrift richtete man sein Leben ein. Kein Wunder, wenn also in den Qumranschriften und im NT oft die gleichen Schriftstellen zitiert werden, wenn gleiche Vorstellungen, Begriffe und Bräuche begegnen.
Jesus und seine ersten Anhänger lebten wie die Qumransektierer in einer Zeit, die »erfüllt« war von messianischen Hoffnungen und apokalyptischen Träumen. Wenn auch in Qumran viele apokalyptische Schriften gefunden wurden, darf man doch sicher nicht annehmen, daß nur hier, in essenischen Kreisen, solche Bücher abgeschrieben, gelesen und verbreitet worden sind. Gemeinsame oder ähnliche endzeitliche Erwartungen müssen deshalb nicht unbedingt eine Abhängigkeit des Christentums von Qumran besagen. Außerdem unterscheidet sich gerade der Messiasglaube der ersten Christen sehr deutlich von den messianischen Vorstellungen der Sekte. Was man in Qumran von zwei oder gar drei Heilsbringern (priesterlicher, davidischer Messias und der »Prophet wie Moses«) erwartete, das glaubten die Christen in der Person Jesu bereits gekommen.
b) Christliches Gemeindemahl: Die Feier der Eucharistie war in neutestamentlicher Zeit noch Bestandteil eines Gemeindemahls. Angesichts des Dunkels, das über der Frühgeschichte des christlichen Abendmahls liegt, war es verlockend, in den rituellen Mahlzeiten der Qumransekte den Ursrpung der Eucharistie zu suchen. Inzwischen ist man auch hier in der Beurteilung der wirklichen oder angeblichen Übereinstimmungen viel nüchterner geworden. Das Essenermahl beruhte auf dem alten und in fast allen Religionen verbreiteten Glauben, daß der Genuß von Opfergaben den Priester und die Gläubigen in eine innige Verbindung mit der Gottheit eintreten lasse. Auch das christliche Sakrament hat diese religiöse Urvorstellung aufgenommen, ihr aber einen ganz neuen Sinn gegeben: Gott selbst hat sich für den Menschen geopfert und gewährt ihm im heiligen Mahl Anteil an seinem unzerstörbaren Leben.
c) Christliche Taufe: Auch das christliche Taufsakrament unterscheidet sich in wesentlichen Punkten von den qumranischen Riten. Im Christentum ist die Taufe ein einmaliger, unwiederholbarer Akt, der den Menschen für immer zum Glied der Kirche macht. Die essenischen Waschungen wurden, wie es scheint, häufig wiederholt, sie waren ein Symbol ritueller Reinheit und bußfertiger Gesinnung, ohne die ein Leben in der Gemeinde nicht möglich war. Für die Christen war die Taufe noch mehr, sie war das Sakrament der Sündenvergebung, das heilbringende Zeichen unverdienter, göttlicher Gnade.
d) Gemeindeordnung: Sowohl die Qumrangemeinde als auch die Urgemeinde von Jerusalem erhoben den Anspruch, das wahre Israel zu sein. Auch in den Organisationsformen sind manche Ähnlichkeiten vorhanden, die sich aber vielleicht aus der Natur der Sache ergeben haben. Die Qumrangemeinde wurde von einem Rat, der aus fünfzehn Mitgliedern bestand (zwölf Laien, drei Priester), geleitet, während wir über die Verfassung der Urgemeinde nicht viel Sicheres wissen. Wenn die Zwölf, wie man gewöhnlich annimmt, auch mit den organisatorischen Aufgaben betraut waren, fehlt in der christlichen Gemeinde immer noch die Entsprechung zu den drei qumranischen Priestern. Näher liegt es vielleicht, im qumranischen *m·baqqēr* oder *paqqīd* (Aufseher), dem der Damaskusschrift zufolge die disziplinäre Leitung der Gemeinde obliegt, ein Vorbild des christlichen Bischofs zu sehen. Auch der *m·baqqēr* galt als »Vater in Gott« und »Hirte seiner Herde«. Was die in der Urgemeinde geübte Gütergemeinschaft betrifft, so fällt ein Vergleich mit Qumran schon deshalb schwer, weil die Jerusalemer Christen sicher nicht in einer Niederlassung zusammengelebt und gearbeitet haben. Es bleibt die Frage der Ehelosigkeit, die wohl bei Paulus und im nachapostolischen Christentum, aber – soweit wir wissen – noch nicht in der Urgemeinde eine Rolle gespielt hat.
e) Dualismus zwischen Gott und dem Bösen: Das NT teilt mit Qumran die Auffassung, daß die Welt und der Mensch Schauplatz eines gewaltigen Kampfes zwischen Gott und dem Satan, zwischen den Engeln des Lichts und den Geistern der Finsternis sind. Über die Herkunft dieses (biblisch modifizierten) Dualismus gehen die Meinungen auseinander. Wahrscheinlich haben nach dem Exil manche iranischen Vorstellungen im Judentum Eingang gefunden und besonders die apokalyptische Literatur beeinflußt. Man braucht deshalb auch in diesem Punkt keine unmittelbare Beziehung zwischen Qumran und dem Christentum anzunehmen.
f) Der Neue Bund: Der prophetische Gedanke eines Neuen Bundes (Jer 31,31–34)

hat sowohl in Qumran als auch im NT das theologische Selbstverständnis der Gemeinde befruchtet. Trotzdem besteht auch hier ein fundamentaler Unterschied: Beim qumranischen Neuen Bund bleibt das Gesetz vom Sinai die Grundlage des Gottesverhältnisses, und der Geist wird nur dazu verliehen, daß die »Männer des Bundes« alle Vorschriften des Gesetzes bis in die kleinsten Einzelheiten erfüllen können; im neutestamentlichen Verständnis ist durch Jesu Blut ein Bund geschlossen worden, der vom Gesetz befreit und die noch vor dem Gesetz gegebenen Verheißungen Gottes erfüllt.

g) Schlußfolgerungen: Wichtiger als die Behauptung oder Bestreitung einzelner Parallelen und Abhängigkeiten ist die Gesamtwirkung, die von den Qumranfunden auf die neutestamentliche Wissenschaft ausgegangen ist. Man hat sich gezwungen gesehen, den jüdischen Mutterboden des Christentums wieder ernster zu nehmen, und hat erkannt, daß die von Jesus ausgelöste Bewegung nicht die einzige war, die den damaligen Juden Rettung vor dem künftigen Gericht und Gottes Heil bringen wollte.

Andererseits hat die intensive Beschäftigung mit den Qumranschriften auch wiederum die Originalität und Andersartigkeit der christlichen Botschaft schärfer hervortreten lassen. Es ist deshalb nicht zuletzt Qumran zu verdanken, wenn in der heutigen christlichen Theologie zwei Fragen nicht mehr zum Verstummen kommen: Was hat Jesus von Nazareth eigentlich gewollt? und: Wie verhalten sich Gesetz und Evangelium, Altes Testament und Neues Testament zueinander?

R

Rabbiner

Gliederung: 1. Name und Aufgabe. 2. Hillel und Schammai. a) Die Schule Hillels; b) Hillels »Goldene Regel«; c) Die Schule Schammais; d) Die Bedeutung der beiden Schulen. 3. Rabbinisches Judentum. a) Die Akademien; b) Die Tannaiten und die Mischna; c) Pharisäismus und normatives Judentum.

1. Name und Aufgabe: »Rabbi« ist ein Titel oder eine Anrede und bedeutet im Hebräischen »mein Lehrer«. Der Titel wurde im 1. Jhdt. n. Chr. üblich und war an sich für Lehrer reserviert, die zu Mitgliedern des Sanhedrins ernannt waren. Man ehrte mit ihm aber auch Gelehrte, die sich auf Grund ihres Wissens und ihrer Frömmigkeit das Recht erworben hatten, das Gesetz auslegen zu dürfen. In diesem Sinne wird Jesus ebenfalls mit »Rabbi« angeredet. Die Aufgaben, wenn auch nicht der Titel, eines Rabbi waren seit der ersten Hälfte des 2. Jahrhunderts v. Chr. festgelegt. Fünf Gelehrtenpaare (genannt *zugōt*) – das letzte waren Hillel und Schammai – übten bis zum Ende des 1. Jahrhunderts v. Chr. die rabbinischen Funktionen autoritativer Lehrtätigkeit aus (s. *Mischna). Talmudischer Überlieferung zufolge (Hagiga 2,2) führten sie den Vorsitz im Sanhedrin. Auf diese *zugōt* folgten mehrere Generationen von Rabbinen der tannaitischen Ära und der Zeit, in der der palästinensische Talmud entstand. Die Gelehrten der babylonischen Judenschaft wurden als *rab* (Lehrer) angeredet.

2. Hillel und Schammai: Das letzte und bekannteste der fünf Gelehrtenpaare, die beiden großen Lehrer Hillel und Schammai, gelten auch als bedeutende Initiatoren unter der ersten Generation tannaitischer Rabbinen. Sie lebten in Palästina gegen Ende des 1. Jahrhunderts v. Chr., während der Regierungszeit *Herodes' I., des Großen. Hillel, genannt der »Ältere«, war in Babylon geboren und hatte sich nach Palästina begeben, um sich dort weiter fortzubilden. Er studierte an den Akademien des vorhergehenden Rabbinenpaars und erwarb sich dort das für einen Gesetzesgelehrten notwendige Wissen. Hillel eignete sich sehr rasch die akademischen Methoden der Forschung und Gesetzesauslegung an, so daß er, als die Zeit gekommen war, zum *nāśî* (Vorsitzenden) des Sanhedrins ernannt wurde. In dieser Eigenschaft formulierte er die berühmten sieben Regeln, die späteren Generationen als »Hillels Middot« bekannt geworden sind. Seine Regeln sind ein deutlicher Beweis, wie stark der zeitgenössische jüdische Schulbetrieb von den sprachlichen und grammatischen Leitsätzen der griechisch-römischen Rhetorikschulen geprägt war.

Hillel war keine trockene Gelehrtennatur, die sich nur mit der Weitergabe des überlieferten Wissensstoffes begnügte, er bestand vielmehr darauf, daß es jeder Generation erlaubt sein müsse, aus ihrem Studium der Thora neue Einsichten abzuleiten. So schrieb er neue *halākōt*, um das Gesetz den veränderten Bedingungen seiner Zeit anzupassen. Trotzdem verwarf er die überkommenen Traditionen nicht. Als Jurist hatte Hillel in seiner Generation nicht seinesgleichen. Ihm ging es darum, die eigentliche Intention einer Schriftstelle herauszuarbeiten und nicht nur ihren buchstäblichen, engbegrenzten Sinn. Obwohl nur wenige Entscheidungen unter seinem Namen angeführt werden, wissen wir, daß die Abgabenordnung des *prosbul* (s. *Gesetz Israels) von ihm stammt.

a) Die Schule Hillels: Als Student hatte sich Hillel durch Handarbeit seinen Lebensunterhalt verdienen müssen. Infolgedessen nahm er jeden, auch den ärmsten, in seine Akademie auf und mißbilligte die Exklusivität, die auf der Schule seines Freundes und ideologischen Widersachers Schammai herrschte. Im Unterschied zu diesem war Hillel für seine Demut und Milde bekannt. Niemals vergaß er seine geringe Herkunft und hielt zeitlebens Verbindung mit dem einfachen Volk. Seinem sozialen Bewußtsein verdankten die Juden viele Reformen. Die von ihm gegründete theologische Schule war als das »Haus Hillel« bekannt.

b) Hillels »Goldene Regel«: Hillels Taktgefühl und Geduld waren sprichwörtlich. Als einmal ein Heide zu ihm kam und fragte: »Was, in aller Kürze, lehrt das Judentum?«, verstand er sofort, daß der Mann die wesentliche Botschaft des Judentums und nicht rituelle Details hören wollte, und antwortete: »Was dir verhaßt ist, tu deinem Nächsten nicht an! Das ist die ganze Thora, alles übrige ist Auslegung. Nun geh und lerne das!« (Talmud, Schabbat 31 a.) Jesus hat diese Goldene Regel in positive Form gekleidet (Mt 7,12) und ihr

dadurch eine neue Nuance gegeben.
Während Hillel und Schammai, was das Gesetz betraf, nur in drei Punkten verschiedener Meinung waren (Edujot 1, 1), gerieten sie über praktische Fragen oft genug in Streit. In gesetzlichen Angelegenheiten drang die Ansicht Hillels gewöhnlich durch, und der Richtung, die er eingeschlagen hatte, wurde kein Widerstand entgegengesetzt. Nach der Zerstörung des Tempels im Jahre 70 n. Chr. machte Rabbi Johanan ben Sakkaj, ein Schüler Hillels, die liberalen Auslegungen Hillels für alle tannaitischen Rabbinen verbindlich. So wurde die Tradition Hillels vorherrschend, und ihr folgten auch alle »Patriarchen« (Vorsitzende der jüdischen Gemeinde), die bis ins 5. Jhdt. n. Chr. in Palästina amtierten.
c) Die Schule Schammais: Schammai war ein vortreffliches Gegenstück zu Hillel. Er repräsentierte das konservativere Element im Land, und als erfolgreicher Maurermeister, der reich geworden war, neigte er dazu, die Interessen der Begüterten wahrzunehmen. Während Hillel schon zufrieden war und Gott dankte, wenn er genügend Brot für den Tag hatte, fand Schammai nichts Anstößiges daran, einen Marktbesuch zu empfehlen, wie ihn nur ein wohlhabender Mann machen konnte. Es wäre jedoch ungerecht, sich Schammai als einen schroffen und unhöflichen Menschen vorzustellen. Fremde konnten allerdings leicht entmutigt werden, weil er oft kurz angebunden war und ihm der Sinn für Humor fehlte. Trotzdem hatte er ein freundliches Wesen, und er war berühmt für seinen Ausspruch »Empfange jedermann huldvoll« (Abot 1, 15). Aus seiner Schule stammten auch die »höflicheren« Regeln für den Umgang mit Frauen.
Schammai sah die Gefahren voraus, die dem Judentum durch die von Herodes unterstützte römische Vorherrschaft drohten. Er erließ deshalb viele Vorschriften, die es den Juden unmöglich machen sollten, sich mit Heiden zu verbrüdern. Auch neigten seine Schüler zu rigorosen Entscheidungen in religiösen Dingen. Vielleicht ist Schammai mit dem Pharisäer Sameas identisch, der im Jahre 47 v. Chr. den Sanhedrin gegen den Einschüchterungsversuch des Herodes auf den Plan rief (s. *Herodes I., der Große). Nur wenige halachische Lehren sind unter seinem Namen überliefert, und auch die Namen seiner Schüler werden nur ganz selten erwähnt.
d) Die Bedeutung der beiden Schulen: Die Einwirkung der beiden großen Gesetzeslehrer auf ihre Zeit und auf das Judentum überhaupt war erstaunlich. In ihren Akademien herrschte eine rege geistige Tätigkeit, und es gab kaum einen Gegenstand, über den man nicht debattierte. Mögen viele dieser Diskussionen auch theoretisch und scholastisch gewesen sein, zumal nachdem Rom immer mehr die gesetzgeberische Gewalt an sich gerissen hatte, so bereicherten sie doch den Schatz jüdischer Überlieferungen und stellten für alle künftigen Zeiten beispielhaft klar, welchen Sinn das Thorastudium habe.
Als sich in den Tagen des Herodes und seiner Nachfolger die Regierungsgewalt immer weniger um das gewöhnliche Volk und seine Anliegen kümmerte, wurden die Akademien zu Führern des Volkes, man nannte sie »die Väter des Universums«. Die großen Rabbinen bildeten noch keinen eigenen Berufsstand. Entweder waren sie wohlhabende und unabhängige Männer, oder sie verdienten sich ihren Lebensunterhalt als Kaufleute und Handwerker. So waren sie ganz und gar eingefügt in die Gemeinde, der sie als Gelehrte und Lehrer dienten.
3. Rabbinisches Judentum: Die pharisäische Tradition der vorchristlichen Jahrhunderte wurde von den Nachfolgern Hillels und Schammais fortgeführt. Diese Rabbinen, die frühen Tannaiten, stellen den Beginn des rabbinischen Judentums dar. Ihre Autorität beruhte auf dem sich ständig erweiternden mündlichen Gesetz, das die Schrift interpretierte und ergänzte. Während der Zeit des zweiten Tempels wurde dieses mündliche Gesetz von den pharisäischen Rabbinen und der Mehrheit der Bevölkerung gestützt. Die *Sadduzäer und Essener (s. *Qumran) erkannten es jedoch nicht an, da sie ihre eigenen Traditionen bezüglich der Auslegung des geschriebenen Gesetzes besaßen. Als diese Sekten nach dem Fall Jerusalems und der Zerstörung des Tempels verschwanden, gewann das pharisäische Gesetzesverständnis allgemeine Anerkennung, und das mündliche Gesetz wurde in den verschiedenen Akademien studiert (s. *Pharisäer; *Mischna).
a) Die Akademien: Die Akademien, die während dieser Zeit in Blüte standen, waren keine Inseln weltabgeschiedener Gelehrsamkeit, sie berieten und erließen Gesetze, die das Leben der ganzen jüdischen Gemeinde beeinflußten. Eine Methode, die Bibel zu interpretieren, bestand darin, den Text seinem Wortlaut nach genau zu studieren und seinen Sinn zu erheben. Ein anderes System war das des *d·raš* (s. *Bi-

belkritik), eine homiletische Entfaltung der im Text enthaltenen Bedeutungen. Diese Methode, die auf das jüdische Leben der damaligen Zeit einen ungeheuren Einfluß ausübte und auch heute noch das orthodox-jüdische Schriftverständnis weitgehend bestimmt, folgte nicht immer der Logik des modernen Denkens. In Angelegenheiten des zivilen und religiösen Rechts war es jedem Lehrer erlaubt, seine eigene Interpretation vorzutragen. Doch wurde gelegentlich der Sanhedrin angerufen, damit er in strittigen Fragen entscheide. Obwohl diese Entscheidungen in der Praxis vermutlich anerkannt wurden, hörte man doch nicht auf, die zurückgewiesenen Ansichten in der Theorie weiter zu lehren. In allen Akademien trug man das geschriebene Gesetz nach systematischen Gesichtspunkten geordnet vor.

b) Die Tannaiten und die Mischna: Viele Gelehrte zeichneten Teile des mündlichen Gesetzes (s. *Gesetz Israels) für sich persönlich auf. Der berühmteste tannaitische Gelehrte des 2. Jahrhunderts n. Chr. war Rabbi Akiba, dessen Aufzeichnungen von seinen vier bedeutendsten Schülern in getrennten Überlieferungen weitergegeben wurden: Rabbi Meïr, Haupt der neuen Akademie von Uscha in Galiläa; Rabbi Jose ben Halafta, Mitglied derselben Akademie und Haupt der Akademie von Sepphoris in Galiläa; Rabbi Simon ben Jochaj, der große Mystiker; und Rabbi Juda ha-Nassi, »Patriarch der palästinensischen Judenschaft« und Redaktor der *Mischna. Er war nach vier Generationen großer Lehrer, die auf Hillel und Schammai gefolgt waren, der letzte. Mit seinen Schülern bildet er bereits den Übergang zur Periode amoräischer Lehrer, jener Rabbinen, die den Talmud kompilierten.

Es waren die tannaitischen Gelehrten und die Tausende ihrer Anhänger, die den Geist des Judentums am Leben erhielten, als mit der Niederlage *Bar-Kochbas der jüdische Nationalismus zusammengebrochen war. Als dann im Jahre 140 n. Chr. die judenfeindlichen Dekrete Hadrians wieder aufgehoben wurden, erweckten die Tannaiten die jüdische Gemeinde in den Städten und Dörfern Galiläas zu neuem Leben.

c) Pharisäismus und normatives Judentum: *Mischna und Talmud enthalten die Vorschriften des jüdischen Gesetzes, wie es vom rabbinischen Judentum verstanden und angewandt wurde. Im Laufe der Zeit ist das rabbinische Judentum gleichbedeutend mit dem normativen Judentum der abendländischen Geschichte geworden, und heute wird es vom orthodoxen Flügel des Judentums repräsentiert. Obwohl die politische Geschichte des Judentums im Jahre 70 n. Chr. zeitweilig zum Stillstand kam, hat es doch keinen Bruch in der Entwicklung der pharisäisch-tannaitisch-rabbinischen Tradition gegeben. Die Tannaiten und Rabbinen waren die Pharisäer einer späteren Zeit, und sie führten eine kontinuierliche Entwicklung zu Ende, die bereits in den zwei letzten Jahrhunderten vor Christus begonnen hatte.

Die Rabbinen beschäftigten sich mit allen Fragen des täglichen Lebens. Sie glaubten, daß Gott den Menschen die Thora (sowohl das geschriebene als auch das mündliche Gesetz) gegeben habe, damit sie ihr Leben nach deren Vorschriften einrichten könnten. Zu diesem Zweck mußte aber das Gesetz richtig verstanden und interpretiert werden. Die Rabbinen sahen es ferner als ihre Aufgabe an, ihrem staatenlosen Volk einen neuen Lebensinhalt zu geben, um so seine Fortexistenz, unabhängig von anderen, materiellen Faktoren, zu sichern. Nur weil es gelang, dem Volk den Glauben an das Gesetz als der eigentlichen Grundlage des Judentums zu erhalten oder wiederzugeben, konnte es den Verlust des Tempels und der nationalen Unabhängigkeit überleben. Ungeachtet aller kulturellen, geistigen und materiellen Einflüsse, denen die Juden inmitten einer ihnen meist feindlichen Umgebung ausgesetzt waren, bauten sie sich ihr Leben und ihre Gemeinschaft auf dieser festen Grundlage des Gesetzes und seiner gewissenhaften Beachtung wieder auf. (Weitere Einzelheiten s. unter *Pharisäer *Gesetz 6; *Mischna; der in nachbiblischer Zeit entstandene Talmud wird in dieser Enzyklopädie nicht behandelt.)

Reinheitsgesetze

Gliederung: 1. Begriffserklärung: Unreinheit und Reinigung. 2. Unreinheit oder Tabu? 3. Reinigungsriten in der Antike. a) Ägypten; b) Mesopotamien; c) Religionsgeschichtlicher Vergleich. 4. Riten. a) Riten nach der Schwere des Falles; b) Priester; c) Heiliger Krieg; d) Opfer und Waschungen; e) Reinigungswasser und Asche einer roten Kuh. 5. Reinheitsvorschriften im exilischen und nachexilischen Judentum. 6. Rabbinische Gesetze, Qumran. 7. »Reinheit des Herzens« im NT.

Die Begriffe »Unreinheit« und »Reinheit« sind sehr eng miteinander verwandt. Vorschriften über rituelle Reinheit und Unreinheit spielen in allen Schichten der biblischen und rabbinischen Gesetzesüberlieferung eine höchst bedeutsame Rolle.

1. Begriffserklärung: Unreinheit und Reinigung: Der biblische Begriff »Unreinheit« (*ṭum'ā*) bezeichnet sowohl den Zustand der Befleckung als auch einen Gegenstand, der die Ursache der Befleckung ist. In beiden Fällen verbietet das biblische Gesetz die Berührung. Jeder Kontakt mit einem Menschen oder Gegenstand, der sich im Zustand der Unreinheit befindet, muß vermieden werden.

Einige Ursachen der Unreinheit bei Mensch, Tier, Pflanze oder Gegenständen sind im AT klar definiert: Götzendienst; Geschlechtsverkehr unter Mißachtung religiöser Vorschriften (Gen 34; Lev 18, 24–30; Dt 24, 4 u. ö.); Hautkrankheiten beim Menschen (Lev 13, 1–59); Schäden oder Verfärbungen durch Moos oder Mehltau an Häusern oder Gefäßen (Lev 14, 34–53); Berührung eines toten Tieres (Lev 11, 24–31. 39) oder eines menschlichen Leichnams (Num 19, 11–20); Ausflüsse aus den Geschlechtsorganen, einschließlich der nächtlichen Pollution, des Coitus interruptus, d. h. der Sünde Onans, und der Menstruation (Lev 15, 2–26). Andere Gründe, archaischen Ursprungs (Lev 14, 2–9. 10–32), werden nicht näher erläutert. In allen diesen Fällen ergibt sich ein Zustand der Unreinheit, der zwar nicht deutlich verurteilt wird, aber durch besondere Reinigungsriten beseitigt werden muß.

Unreinheit oder *ṭum'ā* wurde als gleichbedeutend mit *ḥēṭ'* (Sünde) definiert. Den Gegensatz bildete der Reinigungsritus der *ṭōhorā* (Reinigung). Um die *ḥēṭ'* zu beseitigen, waren Sühne und Reinigung notwendig, und es ist auffällig, daß das Verb für diese rituellen Akte, *ḥiṭṭē'* oder *ḥithaṭṭē'* (reinigen oder gereinigt werden) von derselben Wurzel (*ḥēṭ'*) abgeleitet ist.

Die Thora verpflichtet einen Juden nicht, sich vor einer Befleckung seines Leibes zu hüten, aber die befleckte Person befindet sich in einem Zustand der Unreinheit, so daß sie jeden Kontakt mit heiligen Dingen, sei es im Familienkreis (z. B. ein Opfer: Num 9, 6; 1 Sam 20, 26), sei es in der Gemeinde, vermeiden muß. So gilt das Essen heiliger Speisen im Zustand der Unreinheit als todbringende Sünde (Lev 15, 31).

Die alten Israeliten betrachteten alle fremden Völker als unrein. Ihr Land, so sagte man, sei durch den Götzendienst befleckt (Lev 18, 25–30; Esr 9, 11). Infolgedessen war jeder, der aus einem fremden Land kam, unrein und mußte sich reinigen lassen, bevor er in die israelitische Gemeinde eintreten konnte.

Diese Vorschriften wurden auf Gegenstände, Werkzeuge und andere Dinge (Num 31, 20–24) ebenso angewandt wie auf Personen (Ex 12, 43–48; Num 9, 10–14), und aus ihnen erklärt sich auch die *Beschneidung von Ausländern, die in die jüdische Volksgemeinschaft aufgenommen werden wollten.

2. Unreinheit oder Tabu? Für das moderne Empfinden sind Unreinheit und Heiligkeit unvereinbare Gegensätze, in antiken Religionen bestand aber zwischen beiden Zuständen ein geheimnisvoller Zusammenhang: das Unreine sowohl als das Heilige waren »unberührbar«. Ein Mensch, der sich durch Kontakt mit einem Leichnam befleckt hatte, durfte nicht berührt werden und mußte sich reinigen – aber ebenso ein Priester, der ein Opfer oder einen anderen heiligen Ritus vollzogen hatte. Sowohl Unreinheit als auch Heiligkeit waren Zustände, die eine formelle Rückkehr zur normalen Existenzweise, d. h. zu einer normalen »Reinheit« erforderten.

Da man sich Unreinheit oder Heiligkeit durch Berührung zuzog, mußte die Berührung mit Wasser »weggewaschen« werden. Die rituelle »Reinigung«, die auf eine Berührung der Bundeslade zu folgen hatte, unterschied sich nicht wesentlich von der, die einen Mann von der Befleckung durch einen Leichnam oder eine Frau von dem »unreinen« Zustand der Geburt befreite.

Aus diesem merkwürdigen Zusammenhang zwischen Unreinheit und Heiligkeit geht ganz klar hervor, daß die Reinheitsvorschriften und andere biblische Gesetze (z. B. über die »unreinen« Speisen; s. *Nahrungsmittel) ihre Wurzeln in primitiven Tabus haben. Man findet im AT noch Spuren dieses Ursprungs, und es wird kein Versuch gemacht, die Tabus irgendwie zu rechtfertigen. Vermutlich haben die israelitischen Gesetzgeber alte Stammesgewohnheiten nicht einfach abgeschafft, sondern sie in ihre Reinheitsgesetzgebung miteingeschlossen, auch wenn sie die mit ihnen verknüpften Vorstellungen verwarfen.

Die von der Bibel vorgeschriebenen rituellen Reinheitsgesetze haben im Zusammenhang des israelitischen Glaubens einen neuen Sinn erhalten. Sie wollen die Unterschiede zwischen Israel und seinen Nachbarn erklären, sie wollen einen Wall gegen das Eindringen fremder Sitten aufrichten, sie wollen die alles übersteigende Heiligkeit Jahwes ständig ins Bewußtsein rufen und dem auserwählten Volk seine Verpflichtung einschärfen, seine Heiligkeit sorgsam zu wahren. So bilden die Reinheitsgesetze (Lev 11–16) in der Endredaktion des Buches *Leviticus eine natürliche Ergänzung zum Heiligkeitsgesetz (Lev 17–26), wir haben hier gleichsam die negativen und die positiven Aspekte der von Gott geforderten Heiligkeit zusammengestellt.

3. Reinigungsriten in der Antike: Die Vorschriften über Unreinheit und Reinigung haben ihre Wurzeln in Vorstellungen, die den israelitischen Stämmen und den sie umgebenden Völkern gemeinsam waren. Man kann die Gesetze in zwei Kategorien einteilen: 1. sanitäre und hygienische Maßnahmen; 2. religiöse Übungen, die sich auf das Verhältnis zur Gottheit beziehen.

Die sanitären oder hygienischen Maßnahmen gehen meist von dem Gedanken aus, daß Krankheiten und andere Schäden von bösen Geistern verursacht werden. Deshalb spielen bei der Heilung oder der Beseitigung von Schäden magische Handlungen, Zaubersprüche und Beschwörungen eine große Rolle (s. *Magie, Wahrsagerei und Aberglauben).

a) Ägypten: Die Ägypter hatten komplizierte Reinigungsriten, denen sowohl der Mensch als auch die von ihm benutzten Gegenstände unterworfen waren. Außerdem war man im alten Ägypten außerordentlich gewissenhaft, was die Reinigung der Toten betraf. In beiden Fällen sollten die Riten eine Beleidigung der Götter abwehren. Waschungen und Tauchbäder waren von großer Wichtigkeit.

Besonders strenge Reinigungsvorschriften galten in Ägypten für die Priester. Sie mußten ihr Haupt scheren, in Linnen gekleidet und beschnitten sein. Der König wurde jeden Morgen in seinem Ankleideraum rituell gereinigt. Ähnliche Riten mußten die israelitischen Priester vollziehen, bevor sie das Zeltheiligtum betreten durften (Lev 8, 6).

b) Mesopotamien: Bei den Sumerern, Babyloniern und Hethitern gab es ebenfalls besondere Reinigungsriten. Die Hethiter hatten ein sehr kompliziertes Ritual für die Priester. Alle diese Völker kannten hochentwickelte Riten zur Beschwörung und Austreibung von Krankheiten, zur Reinigung von Sklaven und Fremdlingen (*gērīm* im Hebräischen) innerhalb der Gemeinschaft (s. *Familie).

Die Reinheitsgesetze für Männer, die an religiösen Riten teilnahmen, und die Reinigungszeremonien für Aussätzige und für Frauen nach der Geburt (am Ende der Zeremonie mußte auch das neugeborene Kind sorgfältig gereinigt werden) waren den in Israel geübten Bräuchen sehr ähnlich.

Diese Gesetze sollten die Beziehung zwischen einem Knecht und seinem Herrn, d. h. zwischen dem Priester und der Gottheit, festlegen. Von den Priestern wurde nicht nur ehrfürchtige Unterwerfung unter die Gottheit verlangt, sondern auch rituelle Reinheit aller Dinge und Personen, die mit ihnen in Zusammenhang standen. Eine solche Einstellung verrät ein entwickeltes ethisches und soziologisches Bewußtsein, unbeschadet der den Riten zugrundeliegenden magischen Anschauungen.

c) Religionsgeschichtlicher Vergleich: Die biblischen Vorstellungen von Unreinheit und Reinigung schließen zwei Faktoren ein, den hygienischen und den religiösen Gesichtspunkt. So haben die Begriffe und Vorschriften des mosaischen Gesetzes viel Gemeinsames mit weitverbreiteten volkstümlichen Anschauungen, obwohl im Pentateuch und allen anderen Schichten des Alten Testaments das religiöse, monotheistische Element überwiegt. Das mosaische Gesetz grenzt seine eigene Haltung gegenüber rituellen Bräuchen von der aller anderer Gesetzbücher ganz klar ab. Die Reinheitsvorschriften stehen hier in Zusammenhang mit dem Tempel und seinem Kult, sie sind ein Beispiel für die Ehrfurcht, die der Gläubige seinem Gott schuldet (Lev 21, 1–8; 1 Kg 6–8 u. ö.). Wo es sich um hauptsächlich hygienische Vorschriften handelt, läßt das jüdische Gesetz wesentliche Elemente der Magie wie Zaubersprüche und Beschwörungen beiseite. Krankheit, so lehrt das AT, kommt nicht von einem bösen Geist, sondern vom Ungehorsam gegenüber Gott und der Botschaft seiner Propheten (Ex 15, 25–26; Num 12; Dt 24, 8–9; 2 Kg 5). Hierin beweist das biblische Gesetz seine Einzigartigkeit als monotheistisches Zeugnis.

4. Riten: *a) Riten nach der Schwere des Falles:* Die zur Beseitigung der Unreinheit vorgeschriebenen Riten waren je nach Schwere des betreffenden Falles verschieden. Gewöhnlich schlossen sie eine Wartezeit ein, während der jede besondere Tätigkeit untersagt war. Der Hauptunterschied betraf die Länge der Wartezeit: ein Tag, drei Tage, sieben Tage, vierzehn Tage, dreiunddreißig Tage, vierzig Tage, sechzig Tage und sogar achtzig Tage (Lev 12, 4–5). Am Ende der festgesetzten Frist mußte sich die zu reinigende Person in rituell reinem Wasser baden und ihre Kleider waschen sowie in vielen Fällen ein *Opfer darbringen.

b) Priester: Da die Priester ihren Lebensunterhalt hauptsächlich von Opfern und anderen kultischen Übungen im Heiligtum bestritten, waren sie und ihre Familien besonders strengen Reinheitsvorschriften unterworfen. Diese Gesetze sind in Lev 21, 1–15 zusammengestellt. Ähnliche Bestimmungen galten für das Nasiräat. Ein Nasiräer, der durch Berührung mit einer Leiche unrein geworden war, mußte zur Sühne ein Friedopfer, ein Sündopfer und ein Brandopfer darbringen. (Num 6, 13–20); dazu kamen später noch zusätzliche *Opfer.

Opfertiere und Speiseopfer waren geweiht und »heilig«; von ihnen durften die Priester nur unter besonderen Bedingungen und im Zustand höchster Reinheit, wie sie von Leviten gefordert wurde, essen (Lev 22, 2–9). Auch die Priester mußten sich sorgfältig vor Befleckung durch einen Leichnam in acht nehmen.

c) Heiliger Krieg: Soldaten, die an einem »heiligen Krieg« teilnahmen (Num 31), waren als »Volk Jahwes« geheiligt und hatten die Pflicht, rituell rein zu sein. Diese Verpflichtung erstreckte sich auf ihr Lager (s. unten: Rabbinische Gesetze, Qumran) und auch auf die Kriegsbeute; sie galt als »heilig« oder *ḥēræm,* war dem profanen Gebrauch entzogen und einem heiligen Zweck vorbehalten. Bevor die Krieger mit ihrer Beute in das normale Leben zurückkehren konnten, mußten sie »entheiligt« werden. Dazu mußten sie sich sieben Tage lang außerhalb des Lagers aufhalten, und dann, nachdem sie ihre Kleider gewaschen und selber ein Tauchbad genommen hatten, durften sie wieder das Lager betreten.

d) Opfer und Waschungen: *Opfer spielten im Ritual der Reinigung und »Entheiligung« eine bedeutende Rolle (s. auch *Priester und Leviten).

Gleich, ob Opfer erforderlich waren oder nicht, Waschungen verschiedener Art gehörten immer zu den Reinigungsriten. Gefäße, Kleider oder Personen, die durch Berührung mit etwas Unreinem befleckt waren, mußten in Wasser gewaschen werden. In gleicher Weise mußten aber auch Dinge, die in Kontakt mit etwas Geheiligtem geraten waren, in Wasser gewaschen werden. So war z. B. Fleisch, das als Opfer dargebracht worden war, heilig, und der Topf, in dem es gelegen hatte, mußte gescheuert und gespült werden, während ein irdenes Gefäß zerbrochen werden mußte (Lev 6, 28). Eine ähnliche Vorschrift galt für den Hohenpriester: Wenn er aus dem Allerheiligsten gekommen war, hatte er unverzüglich seine Kleider zu wechseln und seinen Leib zu waschen.

Nach der Menstruation mußte eine Frau sich selbst durch ein rituelles Bad im »lebenden« (d. h. fließenden) Wasser einer Quelle oder eines Flusses reinigen (zum ursprünglichen Sinn des traditionellen *miqwē:* s. unten 6).

e) Reinigungswasser und Asche einer roten Kuh: Die ernsteste Befleckung ergab sich aus der Berührung mit einem Leichnam. In diesem Fall war ein besonders kompliziertes Reinigungsritual vorgeschrieben. Der »Unreine« mußte mit »Reinigungswasser« besprengt werden, d. h. mit »Quellwasser«, dem die Asche einer unter besonderen Riten verbrannten roten Kuh beigemischt war (Num 19). Der roten Farbe und der Asche eines verbrannten Tieres wurden von vielen primitiven Völkern magische Kräfte zugeschrieben. Wahrscheinlich war dieses Ritual bei den Israeliten ein volkstümliches Überbleibsel aus heidnischen Zeiten, das, einmal unter die offiziellen religiösen Riten aufgenommen, Seite an Seite mit ihnen fortbestand.

Nach dem alttestamentlichen Text, der die Einrichtung in die Wüstenzeit verlegt, mußte die junge Kuh »außerhalb des Lagers« verbrannt werden. In Jerusalem wurde die Zeremonie auf dem Ölberg vollzogen, und anschließend mußte sich jeder Beteiligte reinigen. Der Ritus hatte nichts mit Opfern zu tun, obwohl die Verbrennung als Sündopfer bezeichnet wird (Num 19, 17). Spätere Generationen fanden die ganze Zeremonie unbegreiflich und suchten nach verschiedenen Erklärungen. So sagte man, die rote Kuh, deren Farbe die Sünde versinnbildliche, sei zur Sühne für den Kult des Goldenen Kalbes geschlachtet worden.

5. Reinheitsvorschriften im exilischen und nachexilischen Judentum: Während und nach dem Exil zeigten die Juden ein zunehmendes Interesse an der Reinheitsgesetzgebung, wie sie in Lev 11–16 zusammengestellt ist. Die Furcht vor Befleckung wurde fast zu einer Zwangsvorstellung. So vermehrten die nachexilischen Gesetzgeber des Priesterkodex (s. *Leviticus) die Reinheitsvorschriften und legten für jeden Fall von Unreinheit das richtige Heilmittel fest. Alte Traditionen, die in den frühen Teilen des Gesetzes eingebettet waren, wurden dem nachexilischen levitischen System eingegliedert. Dieses priesterliche

Material des Buches Leviticus gibt deshalb eine exilische Kompilation der vorexilischen Theorie und Praxis wieder.
Wie in der Vergangenheit legalisierten die Gesetzgeber Bräuche und Riten, die der Unterscheidung zwischen der jüdischen Gemeinde und ihren Nachbarn sowie als Bollwerk gegen fremde Einflüsse dienen sollten.
In der nachexilischen Zeit beobachtete das gewöhnliche Volk die rituellen Reinheitsgesetze nicht mehr so sorgfältig. Abergläubische und magische Anschauungen, wie sie unter den Nachbarn Israels sehr verbreitet waren, fanden sogar bei frommen Juden Eingang (vgl. Tob 6; *Magie, Wahrsagerei und Aberglauben). Aus Jes 3, 3 geht freilich hervor, daß solche Praktiken schon in vorexilischer Zeit geübt wurden. Auf der anderen Seite gingen die *Chasidäer, gefolgt von den *Pharisäern, in der Beachtung der Reinheitsvorschriften noch viel weiter als die levitischen Zeremonialgesetze. Sie mühten sich sogar um eine größere Reinheit als sie von den Priestern gefordert wurde, wenn diese das hochheilige Speiseopfer im Tempel aßen (s. *Gesetz Israels). Der Begriff *ṭōhorā* erhielt allmählich folgende Bedeutungen: die Reinigung der Gemeinde, die besondere rituelle Reinheit der kultischen Mahlzeiten einer pharisäischen *ḥaburā* (Genossenschaft) und vor allem die geistliche Reinheit des Herzens.

6. Rabbinische Gesetze, Qumran: Die Reinheitsgesetze wurden von der *Mischna, vom Talmud und später von Maimonides in ein System gebracht.
Spätere jüdische Gesetze schreiben für die Reinigung fließendes Wasser oder das *miqwē* vor, ein Bassin von festgelegter Mindestgröße, gefüllt und nochmals gefüllt mit einer vorgeschriebenen Menge »lebenden« Wassers. Zwei derartige Bassins wurden in *Qumran entdeckt.
Nach der Zerstörung des Tempels entfielen selbstverständlich alle Reinigungsriten, die mit dem Tempel zusammenhingen. Heutzutage werden die Reinheitsgesetze auch noch von frommen Juden beobachtet, und zwar 1. von Frauen nach der Menstruation, 2. von Thoragelehrten, 3. von besonders frommen Leuten und Mystikern; viele von ihnen nehmen täglich ein Tauchbad in dem *miqwē*. Ein solches Tauchbad vor dem Sabbat zu nehmen, ist ein weitverbreiteter Brauch. Jede jüdische Gemeinde ist gesetzlich verpflichtet, ein *miqwē* zu unterhalten.
Ein anderer wichtiger Brauch, der in der Mischna (Traktat Jadajim) behandelt und noch heute beobachtet wird, ist das rituelle Waschen der Hände vor dem Gebet und vor Mahlzeiten, bei denen Brot gereicht wird. Dieses Händewaschen geschieht mit Wasser, das aus einem Gefäß zweimal über jede Hand gegossen wird. Die Hände der Priester werden vor dem priesterlichen Segen von Leviten gewaschen.
Die pharisäischen Reinheitsgrundsätze wurden in der rabbinischen Halacha erweitert, und der Begriff *ṭōhorā* diente fortan zur Bezeichnung der rituellen Reinheitsgesetze im allgemeinen. Das Wort ist auch der Titel des sechsten und letzten Hauptteils der *Mischna, der sich mit Reinheitsgesetzen beschäftigt. Das »Ritual Papanikri« (Mischna, Joma 6, 8) beschreibt den langen und komplizierten Ritus für die Reinigung einer Frau nach der Geburt, ein Ritual, das an die Vorschriften des Buches Leviticus erinnert.
Der rabbinische Begriff *ṭōhorā* wurde auch im engeren Sinn gebraucht, um die rituelle Waschung eines Leichnams vor dem Begräbnis, an sich ein alter jüdischer Brauch, zu bezeichnen (s. *Begräbnis).
Die Einstellung der Qumransektierer gegenüber der *ṭōhorā* ähnelt sehr der pharisäischen Haltung, obwohl man in Qumran gewisse Unterschiede in den Reinigungsriten betonte (s. *Qumran).

7. »Reinheit des Herzens« im NT: Im NT schließt der Begriff der Reinheit wie bei den Pharisäern und den Qumransektierern sittliche Integrität, Aufrichtigkeit des Wollens und das Fehlen niedriger Gedanken ein. Am klarsten kommt dieser »Geist« der Reinheit in Ps 51 zum Ausdruck, in dem ein kranker und sündiger Mensch, der die Hand Gottes auf sich lasten fühlt, um Erbarmen schreit und seine Schuld bekennt. Er bittet um die Reinigung, die der fromme Jude durch rituelle Waschungen zu erlangen hoffte, und gelobt, ein Künder der Großtaten Gottes zu werden – in aller Demut –, wenn sein Herz wieder rein werden kann.
Besonders nach der Zerstörung des Tempels hatten die Rabbiner die pharisäische Reinheitslehre in einseitig ritualistischer Weise weiterentwickelt. Dagegen betonte das NT mehr die innerliche, spirituelle Seite der Reinheit. Die Evangelien sagen uns, daß Jesus die Schriftgelehrten und Pharisäer verurteilt habe, da sie »unerträgliche Lasten auf die Schultern anderer Menschen legten« (Mt 23, 4) und sie so am Eintritt in die Gottesherrschaft hinderten (Mt 23, 13). Nach Jesus ist die einzige Un-

reinheit, die den Menschen befleckt, sein moralisches Versagen (Mt 15, 10–20). Jesus beurteilte den Menschen nach den Motiven und der inneren Überzeugung, nicht nach der äußeren Beobachtung eines Rituals. Die Pharisäer strebten an sich sowohl nach innerer als auch nach äußerer Reinheit, daß sie aber in diesem Bestreben nicht immer erfolgreich waren, kann man aus der Tatsache ersehen, daß sie mit Jesus und seinen Jüngern zumeist über Fragen der Reinheit in Streit gerieten.

Jesus und in seiner Nachfolge das ganze NT sind der festen Überzeugung: »Selig, die reinen Herzens sind, denn sie werden Gott schauen« (Mt 5, 8). Wenn unbeflecktes Wasser rein ist, wenn hundertprozentiges Gold aus der Erde, unbearbeitet und noch nicht geprägt, reines Gold ist, dann ist das Herz, das sich fraglos den Geboten Gottes hingibt, ein reines Herz.

Der in spätapostolischer Zeit an eine im Glauben müde gewordene Christengemeinde geschriebene Hebräerbrief stellt die levitischen Reinigungsriten dem Sühnopfer Christi gegenüber. Es waren »Fleischessatzungen«, die einzig »in bezug auf Speisen, Getränke und mancherlei Waschungen bis zur Zeit einer besseren Ordnung auferlegt« waren (Hebr 9, 10). Jetzt aber hat das Blut Christi »unser Gewissen gereinigt von toten Werken, so daß wir dem lebendigen Gott dienen« (9, 14). Der Brief spricht also den alttestamentlichen Reinheitsgesetzen nicht jeden Wert ab. Aber seit Christus, der Hohepriester des Neuen Bundes, erschienen ist, haben sie ihren Zweck erfüllt und müssen einer »besseren« Kultordnung weichen.

In manchen christlichen Kreisen wurden schon früh asketische Tendenzen wach. Vielleicht unter essenischem Einfluß gab es Leute, die ein Verbot der Ehe und die Enthaltung von bestimmten Speisen forderten (1 Tim 4, 3). Zur Zeit der Verfolgung mag wohl auch die alte Vorstellung vom »Heiligen Krieg« manche Gläubigen bewogen haben, ehelos zu bleiben oder auf den ehelichen Verkehr zu verzichten. Im allgemeinen herrschte aber unter den Christen eine gesunde, humane Einstellung gegenüber den Fragen des Ehe- und Familienlebens (vgl. die »Haustafeln« der *Briefliteratur des NT).

Der Geschlechtsverkehr als solcher galt noch nicht – wie in späteren Zeiten – als unrein, sofern er die Grenzen der Sitte und Moral achtete.

Restauration und Perserzeit, Esra und Nehemia

Gliederung: 1. Der Fall Babylons. a) Der wirkliche Belsazar; b) Kyros; c) Das Edikt des Kyros. 2. Die erste Rückkehr. a) Die zurückgekehrte Gemeinde; b) Messianische Träume; c) Darius als Sieger über seine Gegner; d) Die Juden und die 'ammē hā'āræṣ; e) Die Feindschaft der Samaritaner. 3. Die zweite Rückkehr. a) Problematik; b) Nehemia; c) Esra; d) Der erneuerte Bund. 4. Die Esra- und Nehemialiteratur. a) Das Buch Esra; (1) Kap. 1 bis 6; (2) Kap. 7–10; b) Das Buch Nehemia; (1) Auszüge aus den Memoiren; (2) Abschnitte, die nicht zu den Memoiren zählen. 5. Struktur der Gemeinde. a) Knesseth-Gedolā; b) Hohepriester; c) Johanan. 6. Das letzte Jahrhundert persischer Herrschaft.

Während der fünfzig Jahre babylonischer Gefangenschaft blieben die exilierten Juden eine streng abgesonderte Gemeinschaft. Sie hielten an ihren alten Traditionen fest und bewahrten die Hoffnung auf eine Rückkehr nach Sion. Das über sie hereingebrochene Unglück hatte ihren Glauben an den einen, wahren Gott und das Vertrauen auf seine Führung und Sorge nicht schmälern können, im Gegenteil, ihre Religion ging aus der Prüfung gestärkt und geläutert hervor. Dies spiegelt sich vor allem bei Deuterojesaja wider, wo jüdischer Nationalismus und der Glaube an die Universalität des göttlichen Heils miteinander verbunden werden. Deutlicher als die früheren Propheten hob er hervor, wie tief die Kluft zwischen dem einen Gott sei, der Israel als sein eigen erkoren habe, und den nicht existierenden Göttern der Heiden, die diese, in Irrtum befangen, anbeteten.

1. Der Fall Babylons: Das Weltreich Babylon (s. *Babylon und Israel) war von zwei Seiten bedroht: von den Medern und von der wachsenden Macht Kyros', des neuen persischen Eroberers. Kyros besiegte die Armeen der Meder und nahm deren Herrschaftsgebiete in Besitz. Dann zog er siegreich durch den Nahen Osten und gewann seinem Großreich noch die griechischen Staaten in Kleinasien hinzu. Als er sich nach Süden wandte, um Babylon anzugreifen, hatte sein Ruhm schon ein solches Ausmaß erlangt, daß er die Stadt ohne einen einzigen Pfeilschuß einnehmen konnte. Dies wird im Zylinder des Kyros **(Abb. 687)** berichtet, wo auch davon die Rede ist, daß er alle von seinen babylonischen Vorgängern Gefangengehaltenen in ihre Heimatländer zurückgeschickt habe.

a) Der wirkliche Belsazar: Vom babyloni-

Abb. 687. Siegeszylinder des persischen Eroberers Kyros, auf dem unter anderem berichtet wird, daß Kyros alle Gefangenen der Babylonier in ihre Heimatländer entließ

Abb. 688. Felseninschrift bei Behistun, die den Sieg Darius' I. über die rebellierenden anderen Thronbewerber schildert

schen Herrscher, den Kyros so leicht besiegte, erzählt auch das Buch *Daniel. Es ist die berühmte Geschichte vom nächtlichen Gastmahl des Belsazar, in dessen Verlauf eine Schrift an der Wand erscheint, die dem fröhlich zechenden König das Gericht über Babylon vorhersagt.

Belsazar (babyl. *bēl-šarra-uṣir*), der Sohn des Königs Nabonid, war eigentlich nie selbst König. Während der letzten zehn Herrschaftsjahre seines Vaters, als dieser sich in der arabischen Wüste aufhielt und dort den Versuch unternahm, ein neues Reich im Mittleren Osten aufzubauen, führte er die Regierung als Regent. So hat die Bibel nicht ganz unrecht, wenn sie von ihm als dem letzten König Babylons vor der Eroberung durch die Perser spricht.

b) Kyros: Die Bibel beurteilt Kyros sehr wohlwollend. Obwohl er Realist und ein brillanter Diplomat war, glaubte er fest, vom Gott Marduk beauftragt worden zu sein, die Welt zu erobern und dann die verschiedenen, nach Babylon verschleppten Götter wieder in ihre rechtmäßigen Heiligtümer zurückzuführen. Das war eine für die Juden sehr bedeutungsvolle Politik, versprach sie ihnen doch ihre Rückkehr nach Sion.

Die Juden erblickten in Kyros auch ein Instrument des göttlichen Heilswillens. Deuterojesaja besingt ihn als »Gottes Hirte« und »Gesalbter« (ein Begriff, der sonst nur für die Könige von Israel verwendet wird) und spricht von ihm als vom Vollstrecker des göttlichen Willens in der Geschichte (Jes 44, 28; 45, 1 f.13).

Einige seiner humanitären Eigenschaften – für einen Herrscher der damaligen Zeit einmalig – sind auf seine religiöse Einstellung zurückzuführen (s. *Persien und Israel). Die alten Perser beteten Naturgottheiten an wie Fruchtbarkeits- und Himmelsgötter. Zu Beginn des 5. Jahrhunderts v. Chr. führte der Philosoph Zarathustra die Verehrung des Ahuramazda ein, des guten Gottes, des »gerechten Herrn der Gerechtigkeit«. Im Gegensatz zu anderen zeitgenössischen Kulten tolerierte Ahuramazda die Existenz »fremder« Götter, die als seine »Gehilfen« fungierten. Von da her wird die von Kyros verfolgte Religionspolitik verständlich; sie gestattete allen unterworfenen Völkern, ihre eigenen religiösen Bräuche beizubehalten und ohne größere Einmischung ihrem gewohnten Leben nachzugehen. Der Eroberer Kyros war somit zugleich der erste »Befreier«, der den von ihm besiegten Völkern ihre nationalen und religiösen Rechte ließ. Die frühen griechischen Historiker beurteilen Kyros als einen der aufgeklärtesten und tolerantesten Herrscher der Geschichte, und sie hatten für diese Ansicht gute Gründe. Kyros scheint begriffen zu haben, daß es nutzlos ist, den Menschen fremde Traditionen aufzuzwingen. Er suchte Ruhm und Macht durch die Treue und Anhänglichkeit seiner Untergebenen zu erwerben, nicht aber durch Furcht.

Das von Kyros (538–530 v. Chr.) gegründete Weltreich bestand zwei Jahrhunderte bis zum Aufstieg Alexanders des Großen. Die Armeen des Reiches waren eine wirksame Streitmacht; sein Verwaltungssystem, das über Nachrichtenverbindungen zwischen den verschiedenen Ländern durch schnelle Wagen verfügte, machte eine Überwachung und Kontrolle des weitgespannten Weltreichs möglich.

c) Das Edikt des Kyros: Im Jahr nach dem Fall Babylons (538 v. Chr.) versammelten sich die Juden, um die Proklamation des Königs, die ihnen ihre Rückkehr erlaubte, anzuhören (Esr 1, 2–4; eine Parallelversion des Ediktes erscheint im selben Buch in aramäischer Sprache). Nach eingehenden Verfügungen über den Wiederaufbau des Tempels fährt das Edikt fort: »Die Kosten aber sollen aus der königlichen Kasse bestritten werden. Auch die goldenen und silbernen Geräte des Gotteshauses, die Nebukadnezar aus dem Tempel zu Jerusalem weggenommen und nach Babylon gebracht hat, sollen zurückgegeben werden, und es soll jedes Stück wieder in den Tempel zu Jerusalem an seinen früheren Ort gelangen; du sollst es im Gotteshaus niederlegen!« (Esr 6, 4 f.) Neuere archäologische Entdeckungen haben nachgewiesen, daß Form und Stil des Ediktes, von dem die Bibel berichtet, mit authentischen Edikten persischer Könige übereinstimmen, ferner, daß Aramäisch die übliche Diplomaten- und Verkehrssprache im westlichen Teil des Perserreiches war. Das Kyrosedikt der Bibel scheint somit ein historisches Dokument zu sein.

2. Die erste Rückkehr: Dennoch ist es unwahrscheinlich, daß unmittelbar darauf ein regelrechter Exodus von Juden aus Babylon stattgefunden haben soll. Nach einer so langen Zeit hatten sich viele von ihnen in ihrer neuen Umgebung gut eingerichtet, eine Tatsache, für die zahlreiche babylonische Tontafeln Zeugnis geben. Darüber hinaus war die Reise lang und gefahrvoll, und die Verhältnisse in Juda standen sehr ungünstig.

Während der nächsten fünfzehn Jahre

kehrten jedoch viele Juden zurück, an ihrer Spitze Sesbazar, der vierte und jüngste Sohn König Jojachins, der aus Juda deportiert, aber sowohl in jüdischer als auch in babylonischer Sicht rechtmäßiger Herrscher von Juda geblieben war. Die babylonische Liste der ins Exil geführten Söhne König Jojachins (s. *Exil, babylonisches) enthält aber keinen Sesbazar. W. F. Albright vermutet daher, daß der Name eine andere Schreibweise für den in 1 Chr 3, 18 erwähnten Senazar, einen Sohn Jojachins, sei und beide Namen nur eine verderbte Wiedergabe des babylonischen Namens Sin-ab-usur darstellten. Dieser erscheint als Sanabassar im Buch Esra und bei *Josephus. Aber unter welchem Namen auch immer, ein Prinz aus davidischem Hause führte seine Landsleute wieder nach Juda heim (s. *Exil, babylonisches).

Am Anfang des Buches Esra (2, 64–67) wird die Rückkehr der Exilierten beschrieben, und zwar von etwa 50 000 Menschen, Männern, Frauen und Kindern, Dienern und sogar »200 Sängern und Sängerinnen«. Die Zahl der Heimkehrenden ist in Wirklichkeit sicher nicht so hoch. Der Abschnitt scheint auf einer Volkszählung zu beruhen, die bei Nehemia erwähnt wird, aber erst einige Generationen später erfolgte. Die Liste scheint während eines längeren Zeitraumes revidiert worden zu sein und stellt ein Gesamtverzeichnis der tatsächlich bis zur Zeit Esras und Nehemias aus Babylon Zurückgekehrten dar. Die Gesamtzahl stimmt also mit der Endzahl der Zeit Esras und Nehemias überein (s. unten).

a) Die zurückgekehrte Gemeinde: Den heimgekehrten Exulanten stand in Judäa nur ein sehr kleiner Streifen Land zur Verfügung: entlang der Wasserscheide, bis ca. 40 Kilometer nördlich von Jerusalem und im Süden bis Beth-Zur. Um 522 v. Chr. betrug die gesamte Bevölkerung dieses Gebietes wohl kaum 20 000. Die *Samaritaner, Jerusalems nächste Nachbarn, standen den zurückgekehrten Juden mit offener Feindseligkeit gegenüber, und selbst die ansässigen Juden scheinen ihnen wenig Entgegenkommen gezeigt zu haben. Eine der ersten Handlungen der zurückgekehrten Gemeinde war der Wiederaufbau des Brandopferaltars nach altem Vorbild auf der Stelle, wo der alte Altar gestanden hatte. Die Arbeit wurde in Angriff genommen und nach Esr 3, 2–6 an einem Tag – sieben Monate nach der Rückkehr – vollendet. Offenbar räumte man nur die Steine von der ehemaligen Mauer weg und richtete die Stätte ein wenig auf. Dann wurde die Arbeit eingestellt, entweder weil sich die Samaritaner einmischten oder aber weil im Volk selbst das Interesse mangelte.

b) Messianische Träume: Die Weltlage war während der ersten Jahre nach der Rückkehr der Juden sehr verworren. Nach dem Tode des Kambyses (530–522 v. Chr.) herrschte im persischen Reich ein allgemeines Durcheinander, und erst nach einem Interregnum von einem Jahr gelang es Darius, den Thron für sich zu sichern. Darius der Große scheint bald nach seiner Thronbesteigung (522 v. Chr.) Serubabel (*Zēr-bābili* = »Sproß aus Babylon«, ein sehr verbreiteter babylonischer Name), der ein Sohn von Jojachins ältestem Sohn und ein Neffe Sesbazars war, zum Gouverneur von Juda ernannt zu haben. Serubabel weigerte sich, sich an der Flut von Aufständen zu beteiligen, die einige Jahre vor und ein oder zwei Jahre nach der Thronfolge Darius' I. (ca. 522–486 v. Chr.) das persische Weltreich erschütterten. Diese Haltung verdroß die Propheten *Haggai und *Sacharja, die mit aus dem Exil zurückgekehrt waren. Haggai ermunterte die Juden, die Wiederaufbauarbeiten am Tempel in Angriff zu nehmen (August 520 v. Chr.), und einen Monat später wurde das Werk begonnen. Bis zum Jahre 520 v. Chr waren die starken internationalen Spannungen beseitigt, und nach Sacharjas Bericht herrschte dann wieder Ruhe. Eine Zeitlang jedoch schien es, als würde der Aufruhr zum Erfolg führen, und Haggai prophezeite frohlockend den Fall des persischen Reiches. Er hieß Serubabel den »Erwählten Gottes« und meinte damit wohl einen gesalbten König aus dem Hause David. Haggai erhoffte sich offenbar, daß die Vollendung des Tempels auch das davidische Königtum und die Herrlichkeit Judas herbeiführen würde, wahrlich die Erfüllung messianischer Träume, denen die Juden immer nachgehangen hatten. Die Erkenntnis, daß Serubabel nicht der Messias war, bereitete den Juden eine herbe Enttäuschung, deren Widerhall noch Jahrhunderte später zu spüren war und in den apokalyptischen Schriften (s. *Apokalyptik) Ausdruck fand.

Fünf Jahre später (515 v. Chr.) war der Tempel trotz erheblichen Widerstandes von seiten syrischer Beamter und der Samaritaner wiedererstellt. Obwohl er sicher nach den Plänen des Salomonischen Tempels errichtet worden war, konnte er sich mit dessen Pracht keineswegs messen. Über sein Aussehen und seine Ausstattung

sind keine Einzelheiten bekannt (vgl. *Herodes I., der Große).
c) Darius als Sieger über seine Gegner: Der Aufruhr, der das Reich fast zu zerreißen schien, wurde erfolgreich niedergeschlagen, und Darius I. saß mächtig und unbesiegbar auf dem Thron des persischen Weltreiches. Zum Gedächtnis an seinen Sieg ließ er eine Inschrift in einen Felsen bei Behistun über der Karawanenstraße einmeißeln **(Abb. 688),** welche ihn mit seinem Fuß auf dem Nacken des darniederliegenden Anführers der Rebellen, Gaumata, zeigt; ferner sind neun andere gefesselte Gefangene zu sehen, über die er das Urteil spricht, während er selbst unter dem Schutz der geflügelten Sonnenscheibe, dem Symbol Ahuramazdas, steht. Nach seinem Sieg zog Darius auch die Juden wegen ihrer Haltung, die sie während der Unruhen eingenommen hatten, zur Rechenschaft. Serubabel verlor seine Stellung – ob er tatsächlich aus seinem Amt entfernt wurde oder nur eines natürlichen Todes starb, ist allerdings ungewiß –, und statt seiner wurde ein Gouverneur vom persischen Hof eingesetzt. Die inneren Angelegenheiten Judas fielen fortan in den Zuständigkeitsbereich des Hohenpriesters. Der erste Hohepriester nach dem Exil war Jesua. Juda scheint als theokratische Gemeinde unter der Führung Jesuas und seiner Nachfolger weiterbestanden zu haben, bis etwa ein halbes Jhdt. später Esra und Nehemia als persische Beauftragte die Verwaltung übernahmen. Darius verfolgte eine ähnliche Politik wie seine Vorgänger. Er gestattete den Juden, als kleine Provinz innerhalb der fünften Satrapie des Perserreiches eine relativ selbständige Existenz zu führen. Während der nächsten sechzig Jahre verdoppelte sich die Einwohnerschaft des Landes fast, und die Beziehungen zwischen der eingesessenen Bevölkerung und den heimgekehrten Exulanten normalisierten sich allmählich. Über die Geschichte dieser Jahrzehnte wissen wir nur sehr wenig. Die Hauptquelle sind die Bücher Nehemia und Esra (die den historischen Hintergrund der Restauration zeichnen, aber auch autobiographisches Material enthalten). Sie werden in zahlreichen Einzelheiten von den Elephantinepapyri (s. *Ägypten und seine Beziehung zu Israel) und den Jojachintafeln (s. *Exil, babylonisches; **Abb. 226**) bestätigt.
d) Die Juden und die 'ammē hā'āræs: Die Hohenpriester versuchten, die Nation zusammenzuhalten, indem sie die ehemaligen Bewohner Jerusalems und der angrenzenden Provinzen mit den aus dem Exil heimgekehrten Juden verschmolzen. Heiraten und sonstige soziale Beziehungen zwischen der jüdischen Gemeinde und ihren Nachbarn, *'ammē hā'āræṣ* oder »Landvolk«, waren längst üblich geworden. Die Familie Sanballats, des Gouverneurs der Provinz *Samaria, wurde durch Heirat mit der hohenpriesterlichen Familie verschwägert, und auch in niedrigen sozialen Schichten knüpften sich ähnlich enge Bande. Darüber hinaus wirkten sich die Bräuche der Landbevölkerung auch auf die Volksreligion und die sozialen Gepflogenheiten aus. Diesen recht aggressiven kulturellen Einflüssen war nur schwer zu widerstehen. Die Memoiren Esras und Nehemias gebrauchen den Ausdruck *'ammē hā'āræṣ* als Bezeichnung für die nichtjüdischen Einwohner Palästinas (oder die Nachkommen von ihnen und den Israeliten, die im Land verblieben waren), die das Werk der Restauration behinderten und die Mischehen gefährdeten. Ferner war der Jahweglaube eines Sanballat oder eines Tobias, des Gouverneurs von Ammon in Transjordanien, nicht die orthodoxe Religion der aus Babylon zurückgekehrten Juden. Wieweit die ersten Rückkehrer ihre jüdischen Genossen in Palästina als treue Anhänger des mosaischen Gesetzes ansahen, wissen wir nicht, die spätere jüdische Gemeinde sonderte sich jedenfalls von ihnen ab.
e) Die Feindschaft der Samaritaner: Obwohl der Tempel wiedererstellt war, blieb Jerusalem noch weithin ein Trümmerfeld und war den Angriffen räuberischer Banden aus Arabien, Edom und Ammon schutzlos preisgegeben. Bemühungen, die Stadtmauern und Befestigungsanlagen wieder aufzubauen, wurden zunächst von samaritischen Beamten vereitelt (s. *Samaritaner). Später, vielleicht zur Zeit einer neuen Rebellion gegen Persien durch einen gewissen Megabyzos, wurden rings um Jerusalem Mauern errichtet. Persische Beamte und feindlich gesonnene Nachbarn der jüdischen Gemeinde klagten diese jedoch am persischen Hof des Aufruhrs an, woraufhin ein neues königliches Edikt die Zerstörung des Walles forderte und die Befestigung Jerusalems verbot.
3. Die zweite Rückkehr: *a) Problematik:* Im dritten Quartal des 5. Jahrhunderts v. Chr. rückte das Schicksal Judäas und der Juden wieder einmal in den Blickpunkt des babylonischen und persischen Interesses. Ranghohe Juden am persischen Hof wünschten sich den heimkehrenden Juden

anzuschließen. Die Zeit war reif für einen weiteren Schritt auf dem Weg zu einem Wiedererstehen Sions. Der Anstoß kam aus Babylon in Person Esras und Nehemias. Ob diese beiden Zeitgenossen waren und, wenn nicht, wer von ihnen der erste war, sind Fragen, über die in der Wissenschaft noch heftig debattiert wird. Angesichts der Papyrifunde in Elephantine und der Jojachintafeln (s. *Exil, babylonisches) kommt W. F. Albright zu dem Schluß, daß Nehemia in das dritte Quartal des 5. Jahrhunderts v. Chr. (450–425 v. Chr.) zu datieren sei und Esra kurz danach. Seiner Ansicht nach kehrte Esra im Jahre 428 v. Chr. nach Juda zurück, gegen Ende der Regierungszeit Artaxerxes' I. (465–424 v. Chr.). Das Datum der Rückkehr Esras nach Jerusalem ist so unbestimmt, weil der biblische Text mehrmals behauptet, seine Rückkehr habe im siebten Jahr »des Königs Artaxerxes« stattgefunden, ohne diesen Artaxerxes näher zu bezeichnen. Wenn es sich um Artaxerxes I. handelte, dann würde dies die eine Theorie stützen, die Esras Ankunft in Jerusalem ins Jahr 458 v. Chr., also vor Nehemia, setzt. Wenn Esra im siebten Jahr Artaxerxes' II. kam, würde seine Entsendung in das Jahr 398 v. Chr. fallen, was uns allerdings sehr spät erscheint und eine Reihe von kaum zu lösenden Problemen aufwirft.

Anderseits legt der Zusammenhang der Ereignisse und der literarischen Quellen (vor allem die Bücher Nehemia und Esra; über ihren Inhalt s. unten) den Schluß nahe, daß Nehemia eine Aufgabe vollendet hat, die Esra begonnen hatte. Dies ist die traditionelle Auffassung, obwohl auch sie recht problematisch ist.

b) Nehemia: Nehemia war ein Mann von außergewöhnlichen Fähigkeiten und starker persönlicher Ausstrahlung. Er stieg in das hohe Amt eines Mundschenken Artaxerxes' I. (in den Büchern Esra und Nehemia *'artaḥšaśtā* genannt) auf. Wahrscheinlich wurde er im Jahre 445 v. Chr. zum Gouverneur *(tiršātā)* ernannt. Bei seiner Ankunft in Jerusalem war er über den Zustand der Heiligen Stadt tief erschüttert. Anfang August 439 v. Chr. begann er die großen Stadtmauern wiederaufzubauen. Dank seiner Anstrengungen und einer Massenaushebung aus allen Teilen Judäas stand der Wall in 52 Tagen. Die Befestigungsanlagen (Zinnen, Türme, Tore usw.) waren nach Josephus zwei Jahre und vier Monate später, das heißt im Dezember 437 v. Chr., vollendet.

Nehemia widmete sich dann sozialen Reformen, er führte die Einhaltung des Sabbats wieder ein und ordnete einen allgemeinen Schuldenerlaß für die Armen an. Die Führer des Volkes verpflichteten sich, die Bestimmungen bezüglich des Tempels zu beachten und ihren Zehnten zu zahlen. Als Sicherheitsmaßnahme für Jerusalem wurde ein Zehntel der Bevölkerung, vor allem Priester, reiche Bürgersleute, Beamte und Kaufleute, beordert, ihren Wohnsitz in der Stadt zu nehmen. Auch um Jerusalem herum wurden andere Städte von neuem besiedelt. Ausgrabungen in Bethel haben nachgewiesen, daß die Stadt bis zum Ausgang des 6. Jahrhunderts v. Chr. bewohnt war und dann von einem großen Brand zerstört wurde. Später war sie wieder bewohnt, doch den Höhepunkt der Besiedlung erreichte sie nur im 4. Jhdt. v. Chr. Vermutlich kamen unter Nehemia Lydda und andere angrenzende Städte zur Provinz Judäa (s. **Karte 30**).

Die Gesamtbevölkerung betrug nach der in Neh 7 verzeichneten Volkszählung ungefähr 50 000, davon waren 42 000 freigeborene Juden.

Nach zwölf Jahren kehrte Nehemia nach Susa zurück, um über sein Verwalteramt Bericht zu erstatten und den König zu überreden, ihn erneut nach Jerusalem zu entsenden.

c) Esra: Es ist möglich, daß etwa um die gleiche Zeit Esra seine schicksalhafte Reise nach Jerusalem antrat. Wenn er tatsächlich im siebten Jahr Artaxerxes' I. eintraf (458–457 v. Chr.; s. oben), dann war er ein Zeitgenosse Nehemias, obwohl eine andere Theorie seine Mission viel später ansetzt. Sein größter Beitrag, den er für das Judentum leistete, war die Einsetzung der Thora zur normativen Richtschnur des israelitischen Glaubens. Esra war Priester, Mitglied der führenden Priesterfamilie der Zadokiden, und »Schriftgelehrter« im jüdischen Sinn, das heißt ein Mann, der sein Leben dem Studium und der Interpretation des Gesetzes, der Thora (s. *Gesetz Israels) widmete. Zu einer Zeit, als Artaxerxes I. an stabilen Verhältnissen in Palästina sicher sehr interessiert war, wurde Esra beauftragt, ein Verwaltungssystem einzuführen, das für alle Juden in Judäa und überall im Weltreich die eigenen religiösen Gesetze als verbindlich erklärte. Sein Titel lautete »der Schreiber (königliche Sekretär), der ein vollkommener Gelehrter im Gesetz des Himmelsgottes ist«. Das bedeutete, daß er einen der höchsten Ränge in der persischen Hierarchie einnahm.

Mit etwa 1760 Landsleuten einschließlich

Priestern, Leviten, Sängern, Torhütern (levitische Aufseher) und anderen, die sich den Juden angeschlossen hatten, machte sich Esra auf die Karawanenreise nach Judäa. Er trug eine Rolle der Thora (des Pentateuch) mit sich, die in Babylon in annähernd ihrer heutigen Form herausgegeben worden war.

Gestützt auf das königliche Dekret von Esr 7, 12 ff hatte Esra nur das eine Ziel, das religiöse Leben neu zu beleben und die Thora zur anerkannten Richtschnur der Juden zu machen. Sein Auftrag war es, den Bund wiederaufzurichten und das Volk zu einem ernsthaften Versuch zu bewegen, fortan alle Gebote des Gesetzes einzuhalten. Als ersten Schritt forderte er, alle Mischehen aufzulösen und fremde Frauen und ihre Kinder aus ihren Häusern zu entfernen. Dieses Verlangen verursachte naturgemäß heftigen Aufruhr in der Bevölkerung, und Esra beschwor das Volk mit Fasten, Beten und leidenschaftlichen Appellen, von seinem kosmopolitischen Verhalten abzulassen und sich wieder ganz dem Gesetz des Moses zuzuwenden. Esra und die gläubige Elite in der Gemeinde wollten nicht erst aktiven Widerstand gegen fremde Einflüsse nötig werden lassen, das Volk sollte Kontakte überhaupt vermeiden und ganz abgesondert seinem orthodoxen Glauben leben.

d) Der erneuerte Bund: Schließlich führten Esras Bemühungen zum Erfolg. Das Volk versprach, die fremden Frauen wegzuschicken und forderte einen neuen *Bund. Damit endet das Buch Esra. (Die Beziehungen zwischen den Büchern Esra und Nehemia geben uns ein schwieriges literarisches Problem auf; s. dazu unten 4.)

Der Erzählungsfaden wird vom Buch Nehemia aufgenommen. Hier wird berichtet, wie Esra zunächst die Priester und Führer des Volkes gewann. Diese ordneten an, daß sich das Volk in Jerusalem versammeln solle. Bei einer feierlichen Zusammenkunft, einer »großen Versammlung« des Volkes im Tempelhof, wurde das Gesetz vorgelesen. Mischehen wurden gelöst, und das Volk verpflichtete sich, in Zukunft nach der Thora zu leben. Insbesondere erkannten die Juden die Autorität der Thora an. Sie versprachen, keine Mischehen einzugehen, den Sabbat und das Sabbatjahr zu halten und ihren Tempelzehnten zu zahlen (Neh 8–9).

Durch diese Entscheidungen wurde die Verfassung der jüdischen Gemeinde geschaffen. Fortan erkannte man einen Juden, wo immer er lebte, an seinem Festhalten an der Thora. Jüdische Nationalität war weniger eine Angelegenheit der territorialen Angehörigkeit als der ethnischen Zusammengehörigkeit, das heißt gemeinsamer Abstammung, Religion und Kultur.

Dem Talmud zufolge hat Esra den Kanon der alttestamentlichen Schriften aufgestellt. Ihm und seinen Begleitern werden auch viele alte Gesetze zugeschrieben (s. *Gesetz Israels). Wieweit allerdings der Talmud mit seinen Behauptungen recht hat, sei dahingestellt. Mit der Einführung der Thora als gültiger Richtschnur für das Judentum hat Esra jedoch den Weg gewiesen, auf dem archaische Opferbräuche dem Ritual des Tempelgottesdienstes angepaßt werden konnten – was einen großen Beitrag zur Erhaltung jüdischer Traditionen bedeutete. Ferner schreibt man Esra noch die Einführung der hebräischen Quadratschrift (s. *Alphabet), die genaue Abgrenzung des Pentateuchtextes (s. *Bibelübersetzung) und die Einrichtung der großen Synagoge *(k·nēsæt g·dōlā)* zu (s. *Verfassung, Verwaltung und Staatsformen).

4. Die Esra- und Nehemialiteratur: Wer die Esra-Memoiren herausgegeben hat, ist eine vieldiskutierte Frage. C. C. Torrey verneint eine Herausgeberschaft Esras und behauptet, der Autor der Chronikbücher habe die Memoiren verfaßt. Er fand im Stil der Bücher so viele Ähnlichkeiten, daß er die jüdische Tradition, wonach der Verfasser der Chronikbücher mit dem Autor der Bücher Esra und Nehemia identisch sei, bestätigt sah. W. F. Albright kam dagegen zu dem entgegengesetzten Schluß, daß Esra die Chronikbücher geschrieben habe (s. *Chronik). Neuere biblische Untersuchungen sind zu dem Ergebnis gelangt, daß die Chronikbücher zu Beginn des 4. Jahrhunderts v. Chr. in ihrer endgültigen Form herausgegeben wurden. Die Beziehungen zwischen den Büchern Esra und Nehemia und dem Autor der Chronikbücher sowie die sich daraus ergebenden literarischen Probleme s. *Chronik 9.

a) Das Buch Esra: Das Buch gliedert sich in zwei Hauptteile: Kap. 1–6 und 7–10.

(1) Kap. 1–6 bezieht sich auf die Rückkehr der Exulanten und den Wiederaufbau des Tempels, also auf die Jahre 539–636 v. Chr.

Kap. 1 berichtet, wie der Herold des Königs den Aufruf des Kyros den versammelten Juden vorliest und wie diese sich dann, geführt vom Hohenpriester Jesua und Serubabel, einem Prinzen aus königlichem Geblüt, auf die Reise nach Jerusalem machen. Kap. 2 zählt die Namen der Rückkehrer und ihre Spenden für den Wiederaufbau des Tempels auf. Diese Liste erscheint noch einmal in Neh 7, 6–33 a, einem Bevölkerungsregister der Subsatrapie Juda (Jehud) im 5. Jhdt. v. Chr. Kap. 3 beschreibt die Errichtung des Brandopferaltars an seinem alten Platz und die Grundsteinlegung des Tempels zu einem viel späteren Zeitpunkt. In Kap. 4 wird berichtet, wie Widersacher aus benachbarten Völkern das Werk zu hindern versuchen. Das Buch gibt den Schriftwechsel zwischen Rehum und Simsai von Samaria mit König Artaxerxes wieder. Daraufhin erfolgte ein amtliches Dekret, daß der Tempelbau einzustellen sei. Trotzdem berichtet 5, 1–5 von den ernsten Mahnungen der Propheten *Haggai und *Sacharja, den Tempel zu vollenden. Danach wurde das Aufbauwerk wieder tatkräftig in Angriff genommen, obwohl persische Beamte – Thatthenai, der Gouverneur der Provinz, und Sethar-Bosnai sowie dessen Gefolge – erneut beim König Beschwerde führten, dieses Mal bei Darius, der inzwischen auf Kyros und Kambyses gefolgt war. Sie hatten jedoch keinen Erfolg (6, 1–12). Im März 515 v. Chr. war der Tempel vollendet (6, 13–22). Über die genaue Reihenfolge der in Kap. 4 und 5 berichteten Ereignisse herrscht große Unklarheit, doch ist man sich einig, daß es sich im einzelnen um historische Geschehnisse handelt.

(2) Kap. 7–10 handeln von Esras eigener Tätigkeit und stellen in der Hauptsache Esras Bericht über seine Erlebnisse in Jerusalem dar; inzwischen sind mehr als sechzig Jahre nach dem Wiederaufbau des Tempels vergangen. Die Geschichte wird im Buch Nehemia (7, 73 b–10, 39) zu Ende geführt.

Zunächst erzählt Kap. 7, wie Esra mit einem namhaften Gefolge Babylon verläßt und sich nach Judäa aufmacht. Diese sogenannten Esra-Memoiren sind teils in der ersten Person Singular, teils in der dritten Person Singular geschrieben. Esra hatte von Artaxerxes den speziellen Auftrag erhalten, der jüdischen Gemeinde bestimmte Verordnungen für das religiöse und soziale Leben aufzuerlegen. Das persische Dekret erkannte darüber hinaus das mosaische Gesetz als geltendes Recht für die Gemeinde von Judäa an (s. *Persien und Israel).

Kap. 8 zählt die Häupter der Familien auf, die mit Esra Babylon verlassen hatten, und berichtet über ihre Ankunft in Jerusalem. Kap. 9 handelt von den fremden Frauen, die mit israelitischen Männern verheiratet waren, und gibt Esras Bußgebet wieder. Eine Versammlung des ganzen Volkes wurde einberufen (Kap. 10), und diese ernannte eine Kommission, die sich der Angelegenheit annehmen und die betreffenden Ehemänner veranlassen sollte, ihre Frauen zu verstoßen (s. *Familie 2). Der Rest von Kap. 10 enthält eine Liste der Männer, die fremde Frauen geheiratet hatten, und hier wird das Buch abrupt beendet.

b) Das Buch Nehemia: Das Buch ist zusammengestellt aus Memoiren, die wahrscheinlich von Nehemia selbst stammen, und anderen Abschnitten, die von seiner Tätigkeit berichten, aber nicht seinen Memoiren entnommen sind.

(1) Auszüge aus den Memoiren: (a) 1, 1–7, 4: Dieser lange Abschnitt ist durchweg in der ersten Person Singular geschrieben und stellt einen authentischen Auszug aus Nehemias persönlichen Memoiren dar. In diesen schreibt er

1, 1–11 wie er von der Bedrängnis, die in Jerusalem herrscht, hört;

2, 1–20 wie er nach Jerusalem kommt und den Wiederaufbau der Stadtmauern organisiert;

3, 1–32 zählt die Namen der Bauleute auf;

4, 1–7, 4 berichtet von der Mühsal, die das Volk beim Aufbau überwinden mußte, und wie das Werk trotz aller Beschwernis vollendet wird.

Der Wortlaut von Neh 5, 14 läßt vermuten, daß der Bericht in seiner gegenwärtigen Form erst einige Jahre nach den Ereignissen niedergeschrieben wurde.

7, 5 bietet eine Einleitung in eine genealogische Liste der aus dem Exil zurückgekehrten Juden, die auch in Esr 2 erscheint (s. unten 2).

(b) 11, 1–2 ist die Fortsetzung des Abschnittes 7, 1–4 und erzählt von den bevölkerungspolitischen Maßnahmen Nehemias für die Stadt Jerusalem.

(c) 12, 27–43 bezieht sich auf die Einweihung der Stadtmauern und die Reorganisation der Tempeldienste. Diese Erzählung gehört in den Zusammenhang von 6, 15–19.

(d) 13, 4–31 ist wieder ein Auszug aus den Memoiren und gibt Einzelheiten der Reformen Nehemias wieder, die er bei seinem zweiten Besuch in Jerusalem etwa zwölf Jahre oder gar länger nach dem ersten Aufenthalt durchgeführt hat.

(2) Abschnitte, die nicht zu den Memoiren zählen: (a) 7, 6–73a ist die Liste der Männer, die mit Serubabel zurückkehrten. Nehemia bezieht sich auf sie für Verwaltungs-

zwecke. Dieselbe Liste bringt mit geringfügigen Abweichungen Esr 2. Sie scheint der früheren Periode zuzugehören.

(b) 7, 73–10, 39: Dieser lange Abschnitt unterbricht die beiden Hauptteile der Memoiren (s. oben), um in 8, 1–18 von der Verlesung und Darlegung des Gesetzes und in 9, 1–10, 39 von der Buße des Volkes, der Bundeserneuerung und dem Gehorsamsversprechen zu berichten. Dieses Material gehört offensichtlich in den Zusammenhang von Esr 7–10. Wie das Buch Nehemia, so ist auch das Buch Esra teils in der ersten, teils in der dritten Person geschrieben. Man vermutet deshalb, daß dieser Abschnitt in Nehemia Teil des gleichen literarischen Materials wie Esra ist. Neh 9, 6–37 bringt das Gebet, das Esra bei der Bundeserneuerung gesprochen haben soll. 9, 38–10, 39 enthält die Vorschriften des neuen Bundes, denen das Volk zustimmte, und 10, 1–27 zählt die israelitischen Führer auf, die das Übereinkommen unterzeichneten.

(c) 11, 3–36 und 12, 1–26 sind Bevölkerungslisten der Einwohnerschaft Jerusalems. Die erste war wohl ein zeitgenössischer Bericht aus den Tagen Nehemias, gehört jedoch nicht eigentlich zu den Memoiren. Die zweite (12, 1–26) ist eine Liste der Priester und Leviten, die mit Serubabel zurückkehrten.

(d) 12, 44–13, 3 erzählt Einzelheiten über einige religiöse und Verwaltungsmaßnahmen aus der Zeit Nehemias und wahrscheinlich (12, 47) Serubabels. Dieser Teil schließt mit einem kurzen Bericht über eine Verlesung aus dem Gesetz, die zur Folge hatte, daß alle Fremden »aus Israel ausgesondert« wurden. Über die Chronologie dieser beiden Notizen herrscht einige Unklarheit.

5. Struktur der Gemeinde: *a) Knesseth-Gedolā:* Die talmudische Tradition betrachtet diese Körperschaft, die in Fragen der Religion und des Gesetzes die höchste Autorität darstellte, als Bindeglied zwischen den letzten Propheten und den ersten *Rabbinen, die dem Sanhedrin vorstanden. Die Knesseth-Gedolah kann man vielleicht mit der »großen Versammlung« des Volkes identifizieren, die, angeführt von Esra, die Autorität des Gesetzes anerkannte. Zusammensetzung und Mitgliederzahl der Knesseth-Gedolah wechselten von Zeit zu Zeit. Nach der Tradition zählte sie 120 Männer, die aus den führenden Lehrern ausgewählt wurden. Es heißt, daß sie den Haupttext der herkömmlichen Liturgie aufgesetzt haben.

b) Hohepriester: Vom ersten Inhaber des Amtes nach der Restauration – Josua – bis zur Zeit des Antiochus Ephiphanes (s. *Hasmonäer) gehörte der Hohepriester zum Geschlecht Zadoks, des ersten Hohenpriesters des salomonischen Tempels (s. Priester und Leviten). Als Serubabel von der politischen Szene verschwand, betrachtete man Josua und seine Nachfolger als das geistliche und weltliche Haupt der Nation sowie als Vertreter des Volkes vor Gott. Im Prinzip gab man jedoch nie die Hoffnung auf eine Wiederkehr des davidischen Königtums auf. Der persische Gouverneur bekleidete lediglich einen Verwaltungsposten. Der Gedanke, daß der Hohepriester zugleich das Haupt der Nation sein müsse, faßte im Volk immer mehr Fuß, bis er in der Makkabäerzeit (2. Jhdt. v. Chr.) zum unangefochtenen Prinzip wurde.

Der Chronist des Buches Nehemia überliefert uns in 12, 10–11 eine Liste der Hohenpriester von Josua bis Jaddua, der das Amt beim Tode Darius' II. (405 v. Chr.) innehatte. Zur Zeit, als Nehemia in Jerusalem weilte, war Eliasib, der Enkel Jesuas, Hoherpriester. Eliasibs Sohn Johanan wird in der Zeit Esras als Hoherpriester erwähnt (10, 6), doch scheint dies nicht mit den historischen Tatsachen übereinzustimmen. Vermutlich handelt es sich um den Johanan aus der Zeit des Nehemia (12, 22–26).

c) Johanan: Johanan wird eigens in einem in Elephantine, im südlichen Ägypten (s. *Ägypten und seine Beziehung zu Israel), gefundenen aramäischen Papyrus erwähnt. Man entnimmt diesem Schriftstück, daß die dort ansässigen jüdischen Kolonisten – persische Söldner – an Bagoas, den persischen Gouverneur von Juda, einen Brief sandten, in dem sie sich auf einen früheren, an Johanan adressierten Brief beziehen, der jedoch unbeantwortet geblieben war. Die Gemeinde von Elephantine bat Bagoas um Hilfe beim Wiederaufbau ihres Tempels, den die Ägypter zerstört hatten. Ein auf Papyrus in aramäischer Sprache geschriebener Brief aus dem Jahre 411 oder 408 v. Chr. ist in **Abb. 77** wiedergegeben. Es handelt sich um einen der in Elephantine gefundenen Briefe. Nach Josephus gelang es Johanans Bruder Jesua, der mit den *'amme hā'aræṣ* und den Samaritanern verschwägert war, Bagoas' Gunst zu erringen, so daß dieser ihm das hohepriesterliche Amt versprach. Johanan erschlug jedoch seinen Bruder im Tempel. Auf diese Bluttat reagierte Bagoas mit harten Strafen, die er sieben Jahre lang über die

jüdische Gemeinde verhängte. Während dieser Zeit blieb Johanan anscheinend Hoherpriester in absentia. Er lehnte den Wiederaufbau des Tempels von Elephantine ab, Bagoas gab jedoch dem Ersuchen der dortigen Judengemeinde statt.
Johanan verlor alle Ämter und seinen Anhang in Juda und wurde bald darauf durch seinen Sohn Jaddua ersetzt. Für das nächste Jhdt. fehlt uns eine Liste der Hohenpriester. Ihre späteren Nachfolger während der hellenistischen Zeit können wir dank Josephus und den Makkabäerbüchern wieder zurückverfolgen.

6. Das letzte Jhdt. persischer Herrschaft: Die Archäologie hat uns noch andere Zeugnisse für die großzügige Handhabung der persischen Herrschaft in Palästina geliefert. Wie viele Münzenfunde beweisen, erhielt das jüdische Volk mit der Annahme der neuen Verfassung zugleich das Recht, Steuern zu erheben und Münzen zu schlagen. Dafür wählten die Juden die griechische Drachme als Vorbild und fügten über die griechische Figur die Buchstaben *jhd* für *Jehud* oder Juda hinzu (s. *Münzen; *Inschriften). Griechischer Einfluß war zunehmend auch in der jüdischen Literatur und materiellen Kultur spürbar (s. *Hellenismus im Nahen Osten). Nach den Eroberungen Alexanders (332 v. Chr.) sollte das Griechentum der Welt eine neue Ära – zum Guten wie zum Schlechten – bringen (s. *Hasmonäer; s. die Artikel über *Hellenismus).

Richter (Zeit und Buch)

Gliederung: 1. Landnahme und Assimilation. 2. Der Stämmebund. 3. Die charismatischen Rettergestalten. a) Othiniel; b) Ehud; c) Samgar; d) Debora und Barak; (1) Traditionsgeschichte von Ri 4; (2) Das Deboralied; (3) Das Verhältnis von Kap. 4 zu Kap. 5; (4) Das Deboralied und altorientalische Parallelen; e) Gideon; f) Abimelech; g) Jephtha; (1) Bedrohung durch die Ammoniter; (2) Jephthas Tochter; (3) Streitigkeiten zwischen den Stämmen; (4) Traditionsgeschichte; h) Simson; (1) Ein volkstümliches Epos; (2) Traditionsgeschichte der Simsonüberlieferungen. 4. Die eigentlichen Richter. 5. Die Chronologie des Richterbuches. 6. Entstehung des Heiligtums in Dan. 7. Die Freveltat von Gibea.

1. Landnahme und Assimilation: Die größte soziale und politische Einheit Israels zur Zeit der Landnahme war der Stamm. Die auf materiellem Reichtum basierende soziale Schichtung, wie sie im feudalen Kanaan bestand, war unbekannt. Die Stämme lebten zumeist isoliert und waren häufig miteinander verfeindet: häufige Angriffe von seiten ihrer Nachbarn oder fremder Unterdrücker waren die Folge. Trotz mancher Rückschläge bewirkte ein zwei Jahrhunderte währender Ansiedlungsprozeß jedoch eine allmähliche Umgewöhnung von einer halbnomadischen an eine seßhafte Daseinsweise; die Israeliten wurden Bauern, und das Land wurde in kleine Parzellen aufgeteilt. Einige moderne Forscher vermuten, daß dies ein langwieriger Prozeß war, andere, daß er sehr schnell abgeschlossen war. Überdies hatten nach der neuesten Auffassung, der »soziologischen« Lösung von E. Mendenhall (s. *Landnahme), viele der Israeliten seit der Patriarchenzeit immer in Kanaan gelebt. Der Konflikt, welcher zur »Landnahme« führte, sei soziologischer Art gewesen, Teile der autochthonen Bevölkerung Palästinas erhoben sich gegen die etablierte, legalistisch-städtische Gesellschaft. Der Antrieb und die Aktionseinheit der Revolte war nach dieser Ansicht jedoch religiöser und nicht primär politischer Natur. Allmählich kam es in dieser Zeit zu einer Assimilation an die meist in den befestigten Städten wohnenden Kanaanäer. Die Wirkungen der kanaanäischen Kultur auf die israelitischen Lebensgewohnheiten sollten in der Königszeit zu einem ernsten Problem werden (s. *Kanaanäische Kultur und Ugarit).
Über die tatsächliche Dauer der Landnahme gehen die Meinungen heute auseinander, wobei man sich zur Hauptsache auf die Darlegungen des Richterbuches beruft. Man kann dartun, daß die Landnahme ein langwieriger Vorgang war, eher durch unabhängige Aktionen einzelner Stämme, als durch eine Reihe gemeinsam durchgeführter Feldzüge gekennzeichnet. Nach dieser Auffassung stellt das Buch eher eine Sammlung von Stammesüberlieferungen als eine Nationalgeschichte dar (territorial- und traditionsgeschichtliche Lösung – A. Alt, M. Noth u. a.). Andere neuere Forschungen haben jedoch Belege für einen gemeinsamen, in einem begrenzten Zeitraum durchgeführten Angriff beigebracht (archäologische Lösung – W. F. Albright, K. Kenyon).

2. Der Stämmebund: Während der Richterzeit bildeten die zwölf Stämme Israels eine durch das Bundesgesetz zusammengehaltene lose Konföderation, einen Städtebund oder eine »Amphiktyonie«. Außer seiner militärischen Aufgabe oblag dem Bund auch die Leitung der von früheren

Generationen ererbten kultischen und religiösen Einrichtungen. Seinen kultischen Mittelpunkt erhielt er auf diese Weise im Zentralheiligtum; doch dürfte für diese früheste Zeit Israels noch kein Zusammenhang zwischen Lade und amphiktyonischem Zentralheiligtum bestehen. So ist es sehr unsicher, ob die Lade überhaupt in Sichem, Gilgal und Bethel gestanden hatte. Wahrscheinlich ist die Ladenotiz von Sichem Jos 8, 30 ff nur wegen ihrer Rolle in Jos 3; 4; 6 aufgenommen worden (M. Noth, R. Smend); Jos 3; 4 beweist für Gilgal nur (die Meinung des Erzählers), daß die Lade bei der Landnahme mitgeführt wurde und so hier anwesend war; kaum aber, daß sie dort lange gestanden hätte; die Erwähnung der Lade in Bethel hingegen dürfte auf einen Epigonen von P zurückzuführen sein, der die Opfer von Bethel durch eine Herbeiholung der Bundeslade zu rechtfertigen suchte (K. Budde, R. Smend). Sicherlich hat die Lade in Silo gestanden, und im Laufe der Zeit dürfte Silo das ursprüngliche amphiktyonische Zentralheiligtum Sichem so zurückgedrängt haben, daß Silo die amphiktyonische Rolle Sichems übernahm und dann erst eigentlich die Lade als Sonderheiligtum des Hauses Joseph mit ihrem Sitz in Silo in den Amphiktyonenbesitz überging (R. Smend).

Obwohl der biblische Bericht den Eindruck erwecken könnte, als sei zunächst einmal Gesamtisrael an den Vorgängen in der Wüste beteiligt gewesen, habe unter Josua Palästina erobert und als habe man es im Deboralied mit einem Restbestand gesamtisraelitisch-amphiktyonischer Kampfgemeinschaft zu tun, so stimmt dieses Bild doch bei näherem Betrachten der Texte nicht. Wenn es schon nachweisbar ist, daß Palästina nacheinander von einzelnen Gruppen und Stämmen »erobert« wurde, so haben auch an der Schlacht an den Wassern von Megiddo keineswegs alle Bestandteile Israels am Kampf teilgenommen. Es werden nur Ephraim, Benjamin, Machir, Sebulon, Issachar und Naphthali als am Kriegszug beteiligt erwähnt, Ruben, Gilead, Dan und Asser tragen den Spott wegen ihres Fehlens davon; trotzdem insgesamt also erst 10 Namen. Ebenso sprechen die anderen Kriegszüge der großen Rettergestalten immer nur von territorial- bzw. stammesmäßig abgegrenzten Unternehmungen. »Es ist also über jeden Zweifel erhaben, daß an den Jahwekriegen der Richterzeit, auch abgesehen von der Deboraschlacht, nur einzelne Verbände beteiligt waren, nicht aber ganz Israel« (R. Smend). Erst durch Sauls Königtum und das, was es mit sich brachte, war die Partikularität gebrochen und der gesamtisraelitische Heerbann nur noch eine Frage der Zeit.

3. Die charismatischen Rettergestalten: Eine Aufteilung, wie sie bisher gängig war, in sog. »Große« und »Kleine« Richter ist ungenau und trifft die Sachlage eigentlich nicht ganz. Erst in späterer Zeit, erst im deuteronomistischen Geschichtswerk erfolgte die sekundäre Übertragung des Richtertitels auf die charismatischen Führer des Jahwekrieges und wurde damit der alte Dualismus der vorstaatlichen Zeit etwas verdeckt. Das deuteronomistische Geschichtswerk übernahm also die Formel, »er richtete Israel«, von den eigentlichen Richtern, Ri 10, 1–5; 12, 7–15, sowie von Samuel (1 Sam 7, 15–17) und übertrug diese Bezeichnung schließlich auch auf Othniel, Debora, Simson, Eli und Samuel. Endlich entstand durch Ri 2, 16–19 und die Überschrift des Buches ›Richter‹ der Eindruck, als seien auch Ehud, Samgar, Barak, Gideon und Abimelech als Richter verstanden worden (W. Richter). Eine Personalunion beider Ämter ist also nirgendwo belegt; die Fälle, bei denen Retter- und Richteramt in einer Hand (wenn auch nacheinander) zu liegen scheinen, sind textlich nicht auslotbar und verweisen eher auf sekundäre Verbindung.

Drohte einem Stamm eine Krise oder Gefahr, so stand jedesmal ein »Retter« auf, um als göttlich inspirierter Befreier die Führung des betreffenden Stammes zu übernehmen. Seine Autorität gründete sich nach biblischer Überlieferung auf bestimmte persönliche Eigenschaften (Charisma), die seinen Mitmenschen vor Augen führten, daß Jahwes »Geist« in ihn gefahren war (*ṣālaḥ* = durchdringen), und dies machte ihn unwiderstehlich in der Schlacht. Die Überlieferung bagatellisiert ihre Wechselfälle jedoch nicht, wie die Geschichten von Gideon und Simson zeigen. Die Retter hatten in den meisten Fällen keine judikatorischen Funktionen und waren allein für ihre militärischen Fähigkeiten bekannt. Sie hatten kein Daueramt inne, und ihre Macht war weder absolut noch erblich. Sie standen eine bestimmte Zeitlang an der Spitze ihres eigenen Stammes oder gelegentlich auch einer Stämmeallianz. Ihr »Amt« ist nicht zu verstehen als eine Regierungsform ..., sondern als eine situationsbedingte und – begrenzte Auftragsbedingung – ein ausschließlich charismatisches Amt, dessen Besetzungsunterbrechungen also letztlich zu seinem Wesen gehören« (M. Buber).

a) Othniel: Der erste Richter, Othniel, der »Bauer«, vom Stamme Juda, befreite Israel von der achtjährigen Unterdrückung durch Kusan-Risathaim, einen nicht identifizierten König von Aram-Naharaim (s. *Aramäer). Einige Forscher halten die Erzählung für eine Legende, doch A. Malamat setzt den westmesopotamischen König mit einem semitischen Usurpator gleich, der im 12. Jhdt. in Ägypten eindrang. Othniel (vermutlich als Stammeseponym) eroberte Debir für seinen »Bruder« Kaleb, womit wahrscheinlich ein verbündeter Stamm gemeint ist. Interessant ist die Verbindung gerade des ersten Retters mit der Überlieferung der Landnahme, indem durch die Näherbestimmung »Kalebs Bruder« vielleicht auf die Überlieferungen über Kaleb (Num 13, 30; 14, 6–9; 26, 65; 32, 12) angespielt wird.

b) Ehud: Nach einer anderen Episode wurde König Eglon von Moab, ein weiterer »Unterdrücker« Israels, von Ehud zur Strafe dafür, daß er in das Gebiet des Stammes Benjamin eingedrungen war, getötet. Hier wird der »verwegen-listige Streich eines einzelnen im Gesamtkonflikt zweier Stämme geschildert«; das Interesse scheint kein politisches oder religiöses zu sein, auch Nachahmung scheint es nicht wecken zu wollen; aus ihr spricht nur die »Freude am gelungenen Attentat an einem Mächtigen«; das eigene Stammesbewußtsein wird gestärkt, »ohne daß doch eigene Taten verlangt werden. Einen lokalen Haftpunkt wird man der Erzählung kaum entnehmen können« (W. Richter).

c) Samgar: Die Erzählung von Samgar ben Anath scheint später eingefügt worden zu sein, möglicherweise um die Zahl der Richter auf die klassische Zwölf zu bringen (s. *Stämme Israels), doch muß man mit dieser Annahme vorsichtig sein. V. 31 ist nicht sicher als redaktionell erkennbar, »da er keine typischen Redewendungen des Redaktors enthält« (Richter). W. Richter plädiert aber doch für eine Rückführung auf das Deuteronomistische Geschichtswerk und stimmt Buddes Vermutung (auch vertreten von Winkler, Burney, Myers und Power) zu, der Name sei aus Ri 5, 6 entnommen und »für den ganz ähnlich klingenden Schamma ben Age eingetreten, welcher wohl auch kein israelitischer Name und doch Held Davids war« – die Verwandtschaft mit dem Helden Davids ist auffällig –, »durch den sogar Jahwe rettete«. Wahrscheinlich wollte man mit diesem Vorhaben »einem in der alten Tradition Ri 5, 6 als Vertreter Israels erkannten Helden auch einen eigenen Platz geben, wozu ihm ... das Kleid geschneidert und auch in der Chronologie ein Zeitraum, wenn auch nicht mit ausdrücklicher Nennung, offengehalten wurde« (W. Richter).

d) Debora und Barak: Ri 4 und 5 enthalten die epische Erzählung von Debora. Ihre Entstehungszeit ist ungewiß. Viele Forscher datieren die Episode auf Grund biblischer oder archäologischer Zeugnisse in das Ende des 12. oder den Beginn des 11. Jhdts. v. Chr. Debora sah sich einem Bund von Stadtkönigen, unter der Führung Jabins von *Hazor, dem befestigten Zentrum des kanaanäischen Königreiches Galiläa, gegenüber; dieser hatte die nordhebräischen Stämme unterjocht. Zwischen Kap. 4 und 5 klafft ein Widerspruch, da das Lied Jabin und Hazor überhaupt nicht erwähnt. Zu ihrem Befehlshaber erwählte Debora Barak ben Abinoam, wenn auch Strategie und Sieg der israelitischen Heere nach der Überlieferung ihr Werk waren.

(1) Traditionsgeschichte von Ri 4: Nach der eingehenden Studie von W. Richter erfolgte die Überlieferung von Ri 4 in 5 Stufen. Als älteste Stufe sieht Richter die vorliterarische Erzählung der Jaeltat (V. 17 a. 18–22) an, die wahrscheinlich von jeher in einem Erzählungskranz existiert hat und bei den zitierten Stämmen, die wohl Bezug zum Thabor hatten, erzählt wurde. Die nächste Stufe, ein »Bericht« (V. 10. 12–16), gestaltet den Kernteil des Erzählungskranzes nach dem Schema »Heiliger Krieg«. Das Interesse an der einzelnen Tat und den individuellen Zügen geht im Typischen auf, die Vergangenheit mit ihren von Gott und Menschen getragenen Erfolgen wird Leitbild für die Gegenwart.

Die folgende Stufe, V. 4 a. 6–9. 17 b, »eine konstruierte Erzählung als theologische Geschichtsbetrachtung«, will zunächst eine »geographische Weitung des Gesichtsfeldes« herbeiführen; dann aber wird hier vor allem die Rolle Deboras hervorgehoben und werden deren prophetische Züge eingeführt. Der Verfasser führte außerdem die fremde Heber-Tradition und mit ihr die Person des Königs Jabin und den Raum von Hazor ein.

Im folgenden wurden die V. 2. 7 hinzugefügt. Diese Tradition scheint an die Tradition Jos 11 anzuknüpfen.

Schließlich erfolgte die Hinzufügung der V. 4 b. 5, die vielleicht der Redaktion des deuteronomistischen Geschichtswerkes zugeschrieben werden, aber auch erst aus späterer Zeit stammen kann.

(2) Das Deboralied: Ri 5, das eigentliche »Lied«, ist eins der frühesten biblischen Epen und in der Literatur der alten Welt von unerreichter Dramatik.

W. Richter kommt auf Grund seiner sehr gründlichen Analyse der Texte zu folgender Überlieferungsgeschichte:

Die Gesamtgattung des eigentlichen Liedes V. 6–30 ist die eines Werbeliedes. Das Lied ist in sieben Abschnitten gezeichnet – von denen der erste die Notzeit schildert, der zweite stellt dieser die Siegesfeier gegenüber, der dritte bringt die Stammesnennung, der vierte die Schlacht, der fünfte und sechste Abschnitt fügen das Fluch- und Segensmotiv hinzu, der siebente schließlich mit der Palastszene bietet eine Anknüpfung in den gegensätzlichen Frauen. Mit diesem Lied soll also die Verantwortung unter den Hörern geweckt werden. W. Richter vermutet, daß dem Verfasser bei der Abfassung seines Liedes eine Siegesfeier vor Augen stand, die er jedoch nicht vollständig schildern wollte, deren Aufbau seinem Lied aber als Gerüst dienen sollte. Richter nimmt weiterhin an, der Mangel an Frömmigkeitsinteresse sowie das »sachliche Reden über Jahwe in der dritten Person ohne besondere Betonung« impliziere kaum einen kultischen Sitz im Leben. Eher gebe V. 11 den Ort des Vortrages an.

Dieses Werbelied sei in später nachdavidischer Zeit durch den Anbau der V. 3–5. 31 abgerahmt und in einen »Hymnus eines einzelnen« eingebaut worden. Bedeutsam für diese Rahmung ist das Zurücktreten der kriegerischen Elemente. Das Lied wird Beispiel für das rechte Verhalten Jahwe gegenüber. Das Interesse an Jahwe und seinem Heil tritt in den Vordergrund. Als Tradierungsort der Rahmengattung dürfte Jerusalem anzunehmen sein. Pluralische Imperativzusätze im Hymnenstil und V. 2 seien der gottesdienstlichen Weiterverwendung dieses Hymnus zuzuschreiben. Den Abschluß der Überlieferungsgeschichte bilde die Einordnung des Hymnus, »nun als Siegeslied der Debora (und des Barak) 5, 1 in das Richterbuch, die wohl schon vor dem Verfasser des deuteronomistischen Geschichtswerkes geschehen ist, jedoch die Existenz des Retterbuches voraussetzt« (W. Richter).

(3) Das Verhältnis von Kap. 4 zu Kap. 5: Sowohl Entstehung als auch Tradierung der beiden überlieferungsgeschichtlichen Komplexe Ri 4 und 5 sind in verschiedener Weise erfolgt. »Das Werbelied Ri 5, 6–30 und die alte Erzählung Ri 4, 17 a. 18–22 sind unabhängig voneinander entstanden und beide unmittelbar zu den Ereignissen« (W. Richter). So ergeben sich auch die sachlichen Differenzen innerhalb dieser Überlieferungen aus der verschiedenen Gattung und dem verschiedenen Ziel. Von der Tradierung der einzelnen Komplexe wurde schon gesprochen. Während das Werbelied wahrscheinlich ursprünglich im Nordreich gesungen, dann aber in Jerusalem tradiert wurde, ist die Tradierung des Prosatextes wohl im Nordreich geschehen. Der Bericht hatte die Gestalt Baraks hervorgekehrt, die weitere Umgestaltung in theologischen Kreisen bereitete eigentlich erst die empfundenen Spannungen zum Deboralied. Debora wurde zur Prophetin und zentralen Figur, die die Geographie durcheinandergebracht und die Zahl der Feinde verstärkt hat.

(4) Das Deboralied und altorientalische Parallelen: Das Deboralied weist eine Reihe von Anklängen an die kanaanäische Mythologie auf; so etwa spricht es davon, daß Gott inmitten von Stürmen und Erdbeben von Seir auszieht, um sein Volk zum Siege zu führen. Dieses Bild hat unmittelbaren Bezug auf die kanaanäische Mythologie und Bildersprache, wo etwa der Gott des Sturmes, der blitzschleudernde Baal-Hadad auf einer Stele aus *rās eš-šamra* (Ugarit – *Wörterbuch der Mythologie, Tafel VI, Abb. 8 – Syrien*) als Krieger mit einer Keule in der Rechten und einer den Blitz symbolisierenden Lanze in der Linken, anscheinend auf einem Gebirge stehend, dargestellt wird. Der konische Helm trägt zwei Stierhörner, Symbole der Macht und Fruchtbarkeit, der Gott scheint – seiner Haltung nach – in den Kampf zu ziehen oder zum Schlage auszuholen.

Eine inschriftliche Parallele aus Ugarit könnte das Fragment II, 1 a, eine Erwähnung der Wunderwaffen *jagariš* (er wird vertreiben) und *'ajammer* (ich werde vernichten), mit deren Hilfe Baal den Meeresgott Jam zu besiegen vermag, darstellen:

(11) »Kuscharu, eine Doppelkeule bringt herbei und nennt ihre Namen: – Dein Name.

(12) *jagariš!, jagariš,* vertreibe Jam, vertreibe Jam von seinem Thron,

(13) den Strom von seinem Herrschersitz! Du sollst stürmen von der Hand des Baal, wie ein Ad-

(14) ler von seinen Fingern. Schlage die Schulter des Fürsten Jam, zwischen die Hände

(15) den (Richter) des Stromes! – ...
(18) Kuschara, eine Doppelkeule bringt herbei und nennt ihre Namen:
(19) – Deine Name sei *'ajammer! 'ajammer* stürze Jam, stürze Jam
(20) von seinem Throne, den Strom von seinem Herrschersitz! Du sollst anstürmen
(21) von der Hand des Baal, wie ein Adler von seinen Fingern; schlage das Haupt
(22) des Fürsten Jam, zwischen die Augen den Richter des Stromes! Es senke sich Jam,
(23) und er beuge sich zur Erde!« (nach A. Jirku, Kanaanäische Mythen und Epen aus Ras Schamra-Ugarit).

Eine Darstellung einer Wettergottheit, vielleicht Hadads, fand sich auch in *arslan taş*. Der Gott steht auf einem Stier, hat je ein Blitzbündel, als Pfeile stilisiert, in seinen Händen und einen Bogen um die Schulter (s. **Abb. 689;** vgl. den Artikel *Kanaanäische Religion).

Der Typus der Wettergottheit ist spezifisch kleinasiatisch und bekam im hurritisch-hethitisch-syrischen Bereich eine spezifische Vormachtstellung. So etwa stand an der Spitze der hurritischen und großreichshethitischen Götter ein Wettergott. Die Attribute dieser hurritisch-hethitischen Wettergottheiten sind auch bereits Keule (als Symbol des Donners) und Blitzstrahlen. Die Entwicklung des Blitzes geht dabei vielleicht, wie E. v. Schuler annimmt, vom W-förmigen Hieroglyphenzeichen als schriftliche Repräsentation des Wettergottes zum dreistrahligen Blitzbündel. Der Wettergott erscheint auch als Schlachthelfer des Königs. A. Götze bringt ein Beispiel von einem Wettergott, der seine Keule schleudert und sie auf die Feinde niederfallen läßt. Eroberte Städte müssen diesem Wettergott nach ihrer Verwüstung anheimgegeben werden. Als Schlachthelfer tragen diese Gottheiten auch den Namen »Wettergott des Heerlagers« (E. v. Schuler). In ziemlich ähnlicher Weise paßt die in der archaischen Form von Ps 68, 4–5 wiederholte Metapher von Ri 5, 4 zu Hinweisen auf den »mächtigen Baal« (*ba'al 'alijn*) in den kanaanäischen Epen aus Ugarit (s. *Kanaanäische Kultur und Ugarit). Doch endet die Ähnlichkeit dort, wo die Begriffe differieren. Wie aus dem Deboralied erhellt, wurde der Sieg trotz der großen Tapferkeit einiger Stämme allein und unmittelbar dadurch errungen, daß Gott die Kriegswagen der Kanaanäer ertränkte, genauso wie er in der Erzählung vom Durchzug durch das Schilfmeer in Ex 14, 25–28 die Ägypter hatte untergehen lassen.

e) Gideon: Die Richtertätigkeit Gideons begann zu einer Zeit, als die Stämme unter grausamen Überfällen der Midianiter und ihrer an den Rändern der Wüste, östlich vom Jordan, ansässigen Verbündeten zu leiden hatten. Mit einer Schar von 300 kampferprobten Kriegern, die Gott aus einer weitaus größeren Anzahl von Freiwilligen ausgewählt hatte (die Zahl 32 000 in Ri 7, 3 ist eine Übertreibung), führte Gideon eine Reihe von für ihre Brutalität bemerkenswerten Überfällen durch und besiegte die Eindringlinge bei Harod. Es wird berichtet, die Israeliten hätten ihrem siegreichen Führer die Königswürde angeboten, die Gideon aus Prinzip mit den Worten ablehnte: »Ich will nicht über euch herrschen, und auch mein Sohn soll nicht über euch herrschen; der Herr soll über euch herrschen« (8, 23).

Problematisch ist die Verbindung Gideon (hebr. *gid'ōn* = Haudegen?, Noth: mit verletzter Hand) und Jerubbaal (hebr. *j·rubba'al*, Noth: Baal möge sich groß, möge sich als Herr zeigen). H. Haag nimmt an, daß die Verbindung Gideons mit Ophra sekundär sei und erst von daher stamme, daß Gideons Berufungsgeschichte mit der Heiligtumslegende von Ophra verbunden wurde. H. Haag folgt mit dieser Ansicht in etwa W. Richter, der nach Eißfeldt in 6, 24 vermutet, der Name »Jahwe ist *šālôm*« sei eine Umdeutung eines in Ophra haftenden kanaanäischen Gottesnamens auf Jahwe. Viel vorsichtiger als Haag argumentiert W. Richter bei Ri 8, 24–27 a, über dessen »Traditionswert sich wenig ausmachen« lasse. Richter spricht bei beiden Abschnitten wohl von den dem Autor des »Retterbuches« vorausliegenden Traditionen mit »eigenen Themen, eigenen Einflüssen und eigenen Traditionsgeschichten«, woraus sich zwar manche Unausgeglichenheiten und Spannungen, aber keine Dubletten ergäben (gegen Haag ZAW79 [1967] S. 309). Auch die Ansicht W. Richters, die Verknüpfung der beiden Namen Gideon und Jerubbaal in 6, 32; 7, 1; 8, 29. 31 sei durch den Verfasser des Retterbuches selbst geschehen, der dadurch die Gideonmit der Abimelechtradition verbinden wollte, ist wahrscheinlicher als die Feststellung Haags, diese Verknüpfung sei »einer späteren Phase der Tradition« zuzuschreiben. Die beiden Personengruppen Joas – Gideon, Jerubbaal – Abimelech hatten bis zu deren Zusammenordnung durch den Verfasser des »Retterbuches« nichts miteinander zu tun.

f) Abimelech: Keine dem Verfasser des

Abb. 689. Darstellung einer Wettergottheit, vielleicht Hadads, aus *arslan taş*

Retterbuches vorliegende Tradition verriet offensichtlich einen Bezug der Abimelechtradition zu Gideon, ja nicht einmal die lokale Verbindung von Ophra und Sichem ist vorher belegbar. Weder Israel noch einer seiner Stämme werden hier aktiv. Die Abimelechtradition scheint überhaupt älter zu sein als die Gideonüberlieferung, so etwa verweist der Name *'abî mælæk* ([mein?] Vater ist Melech) gut in frühe Zeit, und auch der Versuch H. Revivs, das politische Regime Sichems mit demjenigen der Amarnazeit unter Labaju zu vergleichen, scheint gar nicht so abwegig.

Jedenfalls scheinen sich die Abimelechgeschichten bei den Israeliten großer Beliebtheit erfreut zu haben, so daß sie der Verfasser des Retterbuches in seine Komposition aufnahm. Er dürfte Gideon und Jerubbaal identifiziert, Jerubbaal zur Gänze, Abimelech hingegen nur zur Hälfte israelisiert haben (Abimelech entstammte nach 7, 1 einer Verbindung Gideons mit einer sichemitischen Nebenfrau). Abimelech wird also nach W. Richter gewählt, weil seine Gestalt beliebt, seine Erzählungen weit verbreitet sind (2 Sam 11, 21) und weil er zugleich eine Art König seines Kleinreiches ist. Die vorliegenden Traditionen aber werden »sofort uminterpretiert, und Abimelech wird als abschreckendes Beispiel dargestellt; die Absicht gibt die Fabel und den Rahmen an: für ein als besonders blutig dargestelltes Königtum (9, 5). Dann konnte Abimelech aber nur nach Gideon und dessen Ablehnung einer Dynastie eingeordnet werden. Das verweist darauf zu achten, wie wichtig dem Verfasser die sachlichen Anliegen seines Werkes sein müssen« (W. Richter).

g) Jephtha: (1) Bedrohung durch die Ammoniter: Als die Gileaditer von den Ammonitern angegriffen wurden, wandten sie sich an Jephtha, einen Freibeuter von zweifelhafter Herkunft, der aber als fähiger und tapferer militärischer Führer galt. Die Ammoniter forderten – als Geschenk ihres Gottes Kamos – östlich vom Jordan gelegenes Land, das auch von Gilead beansprucht wurde. Die die Gepflogenheiten der Zeit spiegelnde biblische Erzählung läßt erkennen, daß die Israeliten den Geist des Anspruchs nicht in Frage stellen wollten, aber darauf bestanden, ihr Gott sei der einzig wahre Gott, und ihm gebühre der Vorrang.

(2) Jephthas Tochter: Ri 11 berichtet, Jephtha habe, bevor er in die Schlacht zog, gelobt, im Falle seines Sieges solle, wer immer ihm bei seiner Rückkehr aus der Tür seines Hauses zuerst entgegenkomme, dem Herrn als Brandopfer dargebracht werden. Das erste menschliche Wesen, das ihm entgegentrat, war seine einzige Tochter, und mit ihrem Einverständnis erfüllte er sein Gelübde. Nach einigen Gelehrten bedeutete dies nicht notwendig, daß sie als menschliches Brandopfer dargebracht, sondern daß ihr Frauentum geopfert und sie als Tempelprostituierte Gott geweiht wurde. Dies würde mit dem damaligen kanaanäischen Brauch übereinstimmen (s. *Kanaanäische Religion). Diese Auffassung wird jedoch von anderen bestritten, die diese Interpretation angesichts der eindeutigen Feststellung des Textes: »als Brandopfer (*'olā*) darbringen« für gesucht erachten. Zudem sei dann die zweimonatige Frist zur Beweinung ihrer Jungfrauschaft überflüssig, da Jephthas Tochter ihr Geschick ja dann noch lange genug im Heiligtum habe beweinen können.

(3) Streitigkeiten zwischen den Stämmen: Es war dies auch eine Zeit heftigster Auseinandersetzungen zwischen den Stämmen. Unter Jephtha kämpften die Gileaditer gegen die Ephraimiten und töteten (laut Ri 12, 6) 42 000 von ihnen. Die Stämme waren durch Entfernung wie durch die dazwischenliegenden kanaanäischen Stadtstaaten hinreichend isoliert, so daß sie ihre charakteristischen Dialekte entwickelt hatten. Fliehende Ephraimiten wurden in dieser Erzählung an ihrer Aussprache des Erkennungswortes *šibbolæt* erkannt (sie sagten: *śibbolæt*).

(4) Traditionsgeschichte: Das ursprüngliche »Retterbuch«, nach Richter die Verse 3, 13. 27–29; 4, 6 a. 6–9. 11. 17 b; 6, 2b–5. 11 b–17. 25–27 a. 31 b. 32. 33 f; 7, 1. 9–11 a. 22. 23 f. 25; 8, 3. 4. 10–13. 22 f. 29. 31; 9, 1–7. 16 a. 19 b–21. 23 f. 41–45. 56 f enthaltend, scheint also mit 9, 56 f geschlossen, aber nicht mehr die folgenden Traditionen des Richterbuches enthalten zu haben. Das deuteronomistische Geschichtswerk hat nun die Liste der kleinen Richter 10, 1–5; 12, 7–15 sowie den Abschnitt 10, 6–16 hinzugefügt (die Richterlisten entstanden in der königlichen Annalistik). Die ursprünglichen Jephthaüberlieferungen 11, 1–11. 34 f wurden durch nicht zu Jephtha gehörende vorkönigliche Traditionen (11, 37–40) sowie durch das spätkönigliche Anti-Moab-Pamphlet (11, 15–26) und die Lokalspannungen (12, 5. 6 a) zur heutigen Form bereichert und schließlich vom deuteronomistischen Geschichtswerk durch die theologische Einleitung 10, 6–16 angeschlossen.

h) Simson: (1) Ein volkstümliches Epos: Simson (*šimšōn,* nach Noth: »Sonne [nkind]«) kam aus dem Stamme Dan (Ri 13–16). Nasiräer von Geburt, war er wegen seiner Stärke und Tapferkeit berühmt. Das Epos seiner Krafttaten und seines Liebeserlebnisses mit Delila war ursprünglich vielleicht eine Dorfgeschichte, die das soziale Leben und die Streitigkeiten in dieser Zeit der ersten Kontakte zwischen den hochzivilisierten *Philistern und der Landbevölkerung der Israeliten spiegelte. Die in ihren fünf an der Küste gelegenen Stadtkönigtümern unangreifbaren, mit Kriegswagen ausgerüsteten (s. *Samuel, letzter »Richter«) Philister drangen ständig in das Gebiet des schwachen Stammes Dan im Norden ein. Das über nur wenig Waffen und keine Kriegswagen verfügende Israel war ihnen hilflos preisgegeben. Das Richterbuch konnte daher nicht berichten, daß die Daniten einen »Richter« fanden, der sie vom Feind zu befreien vermochte. Statt dessen erzählt es von einer Reihe verzweifelter Partisanenangriffe, die sich um einen einzelnen charismatischen, mit herkulischen Kräften ausgestatteten Helden konzentrierten. Simson war nicht der Anführer seines Stammes im Kriege, aber er gab sein Leben für sein Volk hin. Seine Geschichte ergab mit ihrer Mischung von Sinnlichkeit und Heldenverehrung eine sehr reizvolle Liebes- und Rachegeschichte. Die Forschung hat auf die Bedeutung der Symbole der Erzählung hingewiesen. Simsons Stärke hing von seinem langen Haar ab, wie der Sonne Kraft in ihren Strahlen liegt; er wurde an seine Feinde verraten, als Delila (*delīlā*) – ihr Name bedeutet entweder »Nacht« – *lailā,* oder nach Noth: »herabwallende Locke« – sein Haar abschnitt; geblendet und gedemütigt rächte er sich dennoch an seinen Peinigern, indem er die Mittelsäulen des Tempels von Gaza faßte und der ganzen Versammlung sowie sich selbst den Tod brachte.

(2) Traditionsgeschichte der Simsonüberlieferungen: Die »Simson-Geschichten« dürften zunächst einen mündlichen Erzählungskranz gebildet haben, der verschiedenste kulturgeschichtliche Einzelheiten wie etwa Brautwerbung (14, 1–9), Haltung zur Mischehe (14, 3), Rätselspiel beim Hochzeitsmahl (14, 10–20), Stellung des Brautführers (14, 20–15, 8), Nasiräat (13; 16; 17) sowie Lokaltraditionen und eine Tradition über einen Kultort (15, 9–19; 13, 19 f) enthielt.

Ob das deuteronomistische Geschichtswerk bereits die Simson-Geschichten gekannt hat, oder ob diese erst später eingefügt wurden, ist noch nicht endgültig geklärt. M. Noth zählt wohl V. 1 zum deuteronomistischen Geschichtswerk, da ihm diese Notiz für die Chronologie der Zeit zwischen den Richtern und Samuel 1 Sam 7, 7 bzw. 1 Sam 7, 2 wichtig zu sein scheint (vgl. unten 5), meint aber dann, daß den »Simson-Geschichten jede Spur einer Arbeit von Dt fehle und sie erst nachträglich dem Werke von Dt eingefügt wurden«. Auf Ri 13, 1 sei also sofort 1 Sam 1, 1 gefolgt.

Hingegen wird neuerdings angenommen, daß das deuteronomistische Gechichtswerk doch bereits die Simson-Geschichten umfaßte (W. Richter, L. Thum). So etwa vermutet Richter, daß die Zahlenangaben Ri 13, 1; 15, 20; 16, 31 vom Verfasser des deuteronomistischen Geschichtswerkes stammen und auch die Einordnung Simsons als Retter, d. h. Simson dürfte wohl auch für Dt kein »vollgültiger Retter« sein, denn er »fing an« zu retten. Eine ausführliche Darstellung der Simson-Tradition steht noch aus.

4. Die eigentlichen Richter: Die sechs mit sehr wenig Einzelheiten in Kap. 10, 1–5 und 12, 7–15 erwähnten »kleinen Richter« waren wahrscheinlich zivile Führer der Stämme im mittleren Teil des Gebirges Ephraim, dem Gebiet von Issachar und Manasse. Später reichte ihre richterliche Autorität möglicherweise bis Galiläa. Nach Ansicht von M. Noth wurden sie »kleine Richter« zum Unterschied von den anderen »großen Richtern« genannt, die aufstanden, um Israel vermöge ihrer charismatischen Kraft von seinen Feinden zu retten. Man weiß nicht, ob die »kleinen« Richter durch Abstimmung gewählt oder der Reihe nach ernannt wurden, doch scheint ihre Mandatszeit einige der authentischsten chronologischen Daten über die der Bildung des Königsstaates vorausgehende Periode zu liefern.

Der erste der sechs war Thola vom Stamm Issachar; er wirkte zusammen mit Gideon vom Stamm Manasse. Sein Nachfolger, Jair, gehörte zu Gilead, einem halben Stamm von Manasse. Die beiden Richter verknüpfen die Schicksale der nordöstlichen Stämme Issachar und Manasse mit denen des Hauses Joseph (s. *Stämme Israels). Auf diese beiden folgen Ibzan, Elon und Abdon, die in Ri 12, 8–16 aufgeführt werden.

Die beiden Richterlisten sind formal fast gleich aufgebaut: Sukzession, Dauer der Richtertätigkeit über Israel, Angaben über den Reichtum des Richters, seine Herkunft, seinen Tod und den Ort des Grabes. Die Abweichungen von diesem Schema dürften als sekundär zu gelten haben. Das älteste Schema eines Richters bei Samuel (1 Sam 7, 15–17 und 25, 1) muß unabhängig von der Richterliste existiert haben. W. Richter plädiert für gemeinsame Herkunft der Richterlisten und der Daten über die Könige beider Reiche aus der königlichen Annalistik, wo das Samuelschema und die Richterliste den Bezug auf »Israel«, die jüngere Richterliste zudem in Anlehnung an die Sukzession der Könige eine Stilisierung der Abfolge von Richter erhält. Diese Komposition ist vielleicht von amphiktyonischem Interesse geleitet (K. D. Schunck), doch läßt sich eine »zentrale Funktion der Richter in der vorköniglichen israelitischen Amphiktyonie ... nicht nachweisen. Ihre Tätigkeit steht vielmehr im Zusammenhang mit der wachsenden Bedeutung der Städte infolge der allmählichen Niederlassung der Israeliten in ihnen, die zur Anpassung der im Lande altüberkommenen Ordnungen (Haus, Sippe, Stamm), Ämter (Älteste) und Vorstellungen (Eigentum, Recht) an die städtischen Gegebenheiten zwang« (W. Richter). Eine ähnliche Institution fand sich in den Texten aus Mari (*šāfiṭu* als Stammesautorität), Ugarit (*ṯfṭ* parallel zu *mlk*-König), in phönikisch-punischen Inschriften (Suffeten) und auch im AT für Moab Am 2, 3 (E. Jenni).

5. Die Chronologie des Richterbuches: Das im Richterbuch angegebene chronologische Gerüst muß an der in 1 Kg 6, 1 angegebenen Zahlenangabe »im 480. Jahre nach dem Auszug der Israeliten aus Ägypten, im vierten Jahr der Herrschaft Salomos über Israel« gemessen werden. Die überzeugendsten Lösungen bieten M. Noth und W. Richter. Beide sehen in dieser Chronologie ein rahmendes Werk des deuteronomistischen Geschichtswerkes, beide stimmen in der Annahme der Dauer der Wüstenwanderung – 45 Jahre – und jener der Königszeit bis zum 4. Jahr Salomos 1 Kg 6, 1 – 46 Jahre – überein, ebenso noch in der Annahme der Zahlen der Retterzeit Ri 3, 8. 11. 14. 30; 4, 3; 5, 31; 6, 1; 8, 28 – resultierend aus Not- und Ruhezeit – 253 Jahre. Auch die Dauer der Richterzeit – der eigentlichen Richter Thola, Jair, Ibzan, Elon und Abdon Ri 10, 2. 3; 12, 7. 9. 11. 14 nehmen beide gemeinsam an – 74 Jahre. Noth und Richter differieren jedoch wesentlich bei den Zahlenüberlieferungen Jephtha Ri 10, 8, Simson Ri 13, 1; 1 Sam 4, 18 b und 1 Sam 7, 2. Während Noth die Zeitangaben Ri 9, 22 (3 Jahre Herrschaft des Abimelech), 10, 8 (Richterzeit des Jephtha 18 Jahre) und 13, 1 (40 Jahre Bedrängnis durch die Philister) zusammenrechnet, die Angabe 1 Sam 4, 18 b als sekundär erklärt und die Notiz Ri 13, 1 durch die Angaben Ri 16, 31 und 1 Sam 7, 2 aufteilen möchte, so daß also die Richterzeit Simsons an die Ereignisse 1 Sam 4–6 heranreicht und insgesamt 481 Jahre herausbringt, erweist W. Richter Ri 9, 22 und 10, 8 als Zusatz. Ri 13, 1 kann zwar nicht als Zusatz erkannt werden, doch vermutet Richter, daß 10, 8 und 13, 1 nichts mit der Chronologie zu tun haben, denn die »Richter sind nach Sukzession im Amt datiert und bedürfen zur Bestimmung nicht der Notzahl«. In beiden Zahlen »soll nur die Größe der Not ausgedrückt werden«. Richter kritisiert sodann das Ergebnis Noths über 1 Sam 7, 2 und Ri 16, 31; der Zeitraum des »Nicht Befragens« in 1 Sam 7, 2 passe nicht zur Notiz von der Notzeit Israels, zudem habe 1 Sam 4, 18 b mit Ri 16, 31 – was ja auch von Noth angenommen wird – gemeinsam, daß die Todesnachricht der Richterformel vorausgeht. Richter kommt bei seiner Zahlenangabe auf insgesamt 480 Jahre.

Aus diesem chronologischen Gerüst aber soll eines deutlich werden: Die Arbeit des Verfassers des deuteronomistischen Geschichtswerkes ist nicht vom Richterbuch allein her zu verstehen, sondern »nur vom Ganzen dieses Werkes aus, das die Königs- und Landnahmezeit mit eingeschlossen haben muß und ein nahes Verhältnis zur 2. deuteronomischen Einleitung hat« (W. Richter).

6. Entstehung des Heiligtums in Dan: Eine der abschließenden Episoden des Richterbuches berichtet von der Gründung des danitischen Stammesheiligtums, die im Anschluß an die Wanderung des Stammes nach Norden erfolgte. Die Simson-Episode (s. oben 3 h) dient als Vorspiel zu der Schutzlosigkeit der durch die schwerbewaffneten Fußsoldaten und Kriegswagen der Philister obdachlos gemachten Daniter. Micha, ein wohlhabender und einflußreicher Danit, machte sich ein Götzenbild oder *t·rafîm* und ein *'ēfōd,* das ihm Orakel liefern sollte, und ernannte einen Leviten zum Priester. Der größte Teil des Stammes wurde durch die Philisterinvasion gezwungen fortzuziehen und sich im Gebiet um die Kanaanäerstadt Lachis neuen Boden zu gewinnen (Ri 18, 27–29). Als ihnen der Priester ein günstiges Orakel gab, nahmen sie ihn und die Kultgegenstände mit und wiesen ihm in der eroberten Stadt, die sie Dan (in späterer Zeit eines der beiden bedeutenden Kultzentren außerhalb Jerusalems) umbenannten, einen Platz an. Der Priester war Jonathan, ein Sohn von Gersom, der vielleicht Moses' Sohn war. (Diese Unklarheit ist eine der Schwierigkeiten, die die alten Genealogien bereiten.) Jonathan und seine Söhne wurden die Priester des neuen danitischen Stammesheiligtums. Bezeichnenderweise steht im hebräischen Text über dem Namen *Mošæh* ein *n*, der sich somit *M·naššæh* schreibt. Dies war offensichtlich ein Versuch, die unangenehme Tatsache zu verbergen, daß ein seine Abstammung von dem großen Führer herleitender Priester an einem Heiligtum amtierte, das von der biblischen Überlieferung mißbilligt wurde.

7. Die Freveltat von Gibea: Diese ungewöhnliche Erzählung (Ri 19–20), mit der das Richterbuch schließt, berichtet, wie die Nebenfrau eines Leviten durch Benjaminiten der Stadt Gibea geschändet wurde, so daß sie starb. Der erzürnte Levit zerteilte ihren Leichnam in zwölf Stücke und sandte jedem Stamm eins als Aufforderung zur Vergeltung. Von einem ähnlichen Ereignis wird in 1 Sam 11, 5 ff berichtet. Hier zerstückelt Saul – interessanterweise ist hier wieder von einem Gibea die Rede – ein Joch Ochsen und sendet die Fleichstücke in Israel herum mit den Worten: »Wer nicht auszieht hinter Saul her, dessen Rindern soll es ebenso ergehen.« G. Wallis schließt aus dieser Stelle, daß es dann Ri 19, 29 ff heißen müsse: »Wer nicht auszieht zur Ächtung des Frevels Benjamins, dem – oder dessen Weibe – soll es ebenso ergehen!«

Ähnliche Vorstellungen des Kampfaufrufes wie in Ri 19, 19 ff und 1 Sam 11, 5 ff, begegnen auch sonst in der altorientalischen Umwelt. So etwa berichtet ein Text aus dem Briefarchiv von Mari davon, daß ein Verbrecher im Gefängnis getötet und sein Kopf im Land herumgeschickt werden solle. Zweck des Unternehmens soll die Erweckung der Furcht bei den Angesprochenen sein, es könnte ihnen selbst so ergehen, sowie dann das schnellere Aufgebot zum Kampf. Als gleichnishafte Drohung gegen einen Vertragsbrecher bzw. Untreuen erscheint eine ähnliche Gleichsetzung zwischen dem Kopf eines Widders, der geopfert wird, und dem Kopf des potentiellen Vertragsbrechers in einem Vertrag zwischen Assurnirari von Assyrien (753–746) und Mati-ilu von Bit-Agusi.

Aus dem beduinischen Raum weiß A. Musil einen Fall von Gleichnishandlung zum Aufgebot von Hilfstruppen zu berichten. Die Ehre des Zeltes Dschijab ibn Kejsumas wurde verletzt. Zwar wird hier weder der Leib eines Tieres noch der eines Menschen zerteilt und als abschreckendes Beispiel ausgesandt, sondern die Teile eines Zelttuches, mit dem vorher 9 Stuten bedeckt wurden – als Zeichen der Verunehrung und Hilfsbedürftigkeit –, aber es ist gut möglich, daß diese Handlung als Ersatz für die Schlachtung der Stuten selbst anzusehen ist (G. Wallis).

Es ist deutlich, daß eins der Stücke, von denen Ri 19, 29 ff berichtet, auch für Benjamin bestimmt war. Die Stämme schlossen sich gegen Benjamin zusammen und rotteten den Stamm nahezu aus. Schließlich gewannen menschliche Gesichtspunkte die Oberhand, und die überlebenden Benjaminiten durften sich Frauen von jenseits des Jordan nehmen, um ihren Stamm wieder aufzufüllen.

Das Richterbuch endet mit der aufschlußreichen Bemerkung: »Zu jener Zeit gab es noch keinen König in Israel; ein jeder tat, was ihn recht dünkte« (21, 25). Die Befugnisse der Sippen- und Familienoberhäupter waren noch nicht im nationalen Interesse eingeschränkt worden.

Die Traditionen Ri 17–21 gehören anerkanntermaßen nicht zum Werk des deuteronomistischen Geschichtswerkes, sondern sind eine spätere Erweiterung, die dazu diente, das Buch Richter klar von 1 Sam abzutrennen.

Die Ruinen vieler wiederholt zerstörter Dörfer und Städte des 12. und 11. Jhdts. liefern einen lebendigen archäologischen Kommentar zu den chaotischen Verhältnissen, die während dieser Periode obwalteten. Die Erzählung von *Ruth hat ebenfalls die Richterzeit im Auge.

Rom und die Juden

Gliederung: 1. Das Eingreifen der römischen Macht. a) Erste Kontakte; b) Römische Ausdehnungspolitik; c) Römische Besetzung Palästinas; d) Julius Caesar und die Rechte der Juden; e) Gegensätze in der Diaspora; f) Das Haus des Herodes und Rom; g) Palästina unter den Prokuratoren; h) Die Zeloten und die »letzten Tage«. 2. Der erste jüdische Aufstand. a) Veranlassung; b) Anfänglicher Sieg; c) Der Feldzug in Galiläa; d) Parteikämpfe der Zeloten in Jerusalem; e) Rivalität um den Kaiserthron; f) Die Einnahme Jerusalems; g) Fortdauer des Widerstandes; h) Die letzten Tage von Masada. 3. Der Todeskampf im 2. Jhdt. n. Chr.

a) Veranlassung; b) Der zweite Krieg gegen Rom – Bar-Kochba; c) Spätere Entwicklung. 4. Zeittafel.

1. Das Eingreifen der römischen Macht: Die Römer sahen in den Juden nur ein kleines Volk wie andere im großen Reich. Ihre Haltung den Juden gegenüber war politisch bestimmt, ein Teil der allgemeinen Reichspolitik. Umgekehrt sahen die Juden Rom im Rahmen ihrer eigenen, besonderen Haltung gegenüber der übrigen Welt, und diese Haltung war ein Teil im Gesamtzusammenhang der jüdischen religiösen Entwicklung, ihrer Hoffnung und Lebensweise.

a) Erste Kontakte: Die ersten Beziehungen zwischen Rom und den Juden wurden während des Makkabäeraufstandes angeknüpft und schienen vorteilhaft für beide Seiten. Rom gab den aufständischen Juden moralische Unterstützung, wie es der gesamten, seleukidenfeindlichen Politik Roms entsprach. Es kam zu einem Vertragsabschluß mit dem römischen Senat (161 v. Chr.), und der Vertrag wurde von späteren, hasmonäischen Herrschern (s. *Hasmonäer) regelmäßig erneuert. Man kann die jüdische Begeisterung für ihre Helfer aus der warmen Beschreibung römischer Eigenschaften in 1 Makk ablesen (8, 1–16; s. dazu *Deuterokanonische Bücher), das offenbar unter der Regierung des Johannes Hyrkan, des ersten unabhängigen Hasmonäerfürsten, abgefaßt ist. Als jedoch im Jahre 139 der Hasmonäer Simon eine Gesandtschaft nach Rom schickte, wurde ihr befohlen, die Stadt zu verlassen, vielleicht weil sie religiöse Propaganda unter dem heidnischen Freundeskreis der bestehenden jüdischen Gemeinde in Rom gemacht hatte.

b) Römische Ausdehnungspolitik: Schon Generationen bevor die Römer Syrien betraten, hatte die hellenistische Kultur das Interesse der führenden Römer auf sich gezogen (s. *Hellenismus im Nahen Osten). Zuerst genügte es ihnen, daß diese kulturelle Durchdringung ungehindert weiterging. Aber gegen Ende des 1. Jahrhunderts v. Chr. änderte sich die römische Politik. Die Römer verlangten von den unterworfenen Völkern, daß sie sich den römischen Vorstellungen von geordneter Gesellschaftsentwicklung anpaßten. Auch waren die Römer nicht blind für die Vorteile, die die Herrschaft über die reichen, hellenistisch-orientalischen Staaten und ihre ergiebigen Handelswege und Karawanen brachte.

Der Niedergang der Macht des Seleuki-

Karte 32. Das römische Weltreich im 1. Jhdt. v. Chr.

denreiches (s. *Hasmonäer) führte zu einer Welle von Aufständen der unterworfenen orientalischen Völker, die sich Unabhängigkeit von ihren hellenistischen Herren zu erringen hofften. Wären sie sich selbst überlassen geblieben, so hätten sie Erfolg haben können. Es mischten sich jedoch die römischen Legionen ein unter der Führung des energischen und erfahrenen Generals Pompejus. Zum Schluß dieses Feldzugs im Nahen Osten war der römische Traum eines östlichen Reiches Wirklichkeit geworden, und unter dem Schutz der römischen Legionen war die hellenistische Kultur in Syrien, Palästina und Kleinasien nach Osten bis zum Euphrat fest verschanzt. Pompejus war nicht nur ein Eroberer. Indem er Männer in den eroberten Ländern einsetzte, die bereit waren, mit Rom zusammenzuarbeiten, schuf er eine politische Organisation, die das Reich jahrhundertelang zusammenhielt.

c) Römische Besetzung Palästinas: Während Pompejus Syrien besetzte, war in Palästina Bürgerkrieg zwischen zwei hasmonäischen Rivalen, Aristobul II. und Hyrkan. Sie wandten sich an Pompejus als Schiedsrichter. Dieser überlegte, welcher von beiden sich wohl eher Rom gefügig zeigen würde, und erklärte sich für Hyrkan. Um aber Aristobul zu schlagen, der sich in der Burg von Jerusalem verschanzt hatte, mußte Pompejus seine Legionen aus Syrien heranführen und den Angriff persönlich leiten. Dabei wurde der Tempel entweiht (s. *Hasmonäer).

Die römische Einmischung machte der territorialen Ausdehnung der Hasmonäer ein Ende, ebenso der Bekehrung der Gegenden östlich und westlich des Jordans zum Judentum, soweit sie noch außerhalb des jüdischen Staates waren. Statt dessen erkannte der Römer die Unabhängigkeit der hellenistischen Gebiete innerhalb des Landes an, und die hellenistischen Städte in der Dekapolis und an der Küste, die von den Hasmonäern angegriffen worden waren, erhielten ihre frühere Unabhängigkeit zurück. Daß Pompejus die nationale Souveränität der Juden verwarf und die heidnischen, hellenistischen Elemente der Bevölkerung von Palästina förderte, zerstörte bald die alten Freundschaftsbeziehungen zwischen Rom und den Juden. Aristobul und seine Söhne konnten vom Exil aus eine Reihe von Aufständen gegen die Römer anstiften, die alle mit großer Härte niedergeworfen wurden. Immerhin erkannten die Römer das jüdische Recht auf Autonomie unter eigenen Führern an, beließen den Hyrkan als Hohenpriester und Ethnarchen, dem Caesar den ehrgeizigen Minister Antipater, den Idumäer, zur Seite setzte.

d) Julius Caesar und die Rechte der Juden: Die Spannung zwischen Rom und dem jüdischen Staat in Palästina wirkte sich nicht auf die römische Politik gegenüber den zahlreichen jüdischen Gemeinden in anderen Reichsteilen aus (s. *Hellenismus und jüdische Diaspora). In Rom und dem übrigen Italien wuchsen die jüdischen Niederlassungen und entwickelten sich, ohne daß der Staat sich einmischte. Als Julius Caesar in Rom zur Macht kam, bestätigte er den Juden ihren rechtlichen Sonderstatus als Gruppe und Volk mit bestimmten Bürgerrechten und einzigartigen Privilegien, nämlich der Befreiung vom Heeresdienst und von der Pflicht, am Sabbat vor einem Richter zu erscheinen. Spätere römische Herrscher haben diese Sonderstellung bestätigt, sie blieb der Diaspora noch lange nach dem Fall von Jerusalem, 70 n. Chr., erhalten.

e) Gegensätze in der Diaspora: Obwohl die Römer die gesetzlichen Rechte der Juden im Reich aufrechterhielten, hatten diese sich der Diaspora mit einer wachsenden Abneigung der heidnischen Bevölkerung der hellenistischen Städte auseinanderzusetzen. In Alexandrien, wo eine der bedeutendsten jüdischen Gemeinden der Diaspora bestand (s. *Hellenismus im Nahen Osten), führte der gegenseitige Haß, angefacht von bösartiger antijüdischer Propaganda, unter der Regierung des Gajus Caligula zu blutigen Auseinandersetzungen. Der römische Legat Flacus, der die Griechen Alexandriens begünstigte, brachte den Streit vor den neuen Kaiser Claudius. Dieser riet zur Toleranz und verlangte, daß die Griechen die jüdischen Rechte achteten. Das blieb die römische Politik, sofern sich damit der Frieden im Reich aufrechterhalten ließ (s. **Karte 32**).

f) Das Haus des Herodes und Rom: Als *Herodes I. als Nachfolger seines Vaters Antipater König der Juden wurde (37 v. Chr.) befestigte er seine Stellung durch betonte Ergebenheit gegen Rom und hielt enge Kontakte zu den Juden der Diaspora. Herodes gewann die Stellung eines *amicus et socius populi Romani* (Freund und Verbündeter des römischen Volkes), aber seine Untertanen teilten seine freundschaftlichen Gefühle ganz und gar nicht. Alle Versuche des Herodes, sein Reich dem römischen Imperium einzufügen, fachten nur den Haß der Juden gegen ihn selbst an und gegen Rom und die hellinistische Kultur, die es repräsentierte. Sie weigerten sich, den Kaiser als ihren Oberherrn und den Hellenismus als ihre Kultur zu akzeptieren. Und sie ließen sich nie überzeugen, daß die römischen Legionen zu ihrem Schutz im Land standen (s. die Zeittafel am Ende dieses Artikels).

g) Palästina unter den Prokuratoren: Nach dem Tod des Herodes (4 v. Chr.) wurde sein Reich unter seinen drei Söhnen geteilt, die als Ethnarchen unter römischer Aufsicht regierten. Zehn Jahre später (6 n. Chr.) hörte die formelle jüdische Unabhängigkeit auf, und Judäa wurde direkt der Herrschaft eines römischen Statthalters (Prokurators) unterstellt. Die Prokuratoren (s. die chronologische Tafel im Anhang) herrschten als unabhängige Regenten mit unumschränkter Verwaltungshoheit und dem Recht über Leben und Tod über die jüdische Bevölkerung (römische Bürger konnten überall im Reich jederzeit das Gericht des Kaisers anrufen, wie *Paulus das später tat). Der jüdische Sanhedrin (s. *Verfassung, Verwaltung und Staatsformen) war für die zivile Rechtsprechung verantwortlich, aber die Prokuratoren, die zugleich die Finanzbeamten des Kaisers waren, konnten bei Steuersachen sich einmischen und taten es auch.

Die Prokuratoren machten *Caesarea am Meer zu ihrer Residenz, nach hellenistischem Muster, und erschienen in Jerusalem nur zu den Zeiten der großen Feste. Vornehmlich als Steuerverwalter eingesetzt, verstanden sie die Juden und ihre Art nicht und hatten wenig oder gar keine Sympathie für sie. Sie richteten sich nach der allgemeinen Reichspolitik, begünstigten die heidnischen Bewohner der hellenistischen Städte und zogen sie der jüdischen Bevölkerung vor. War auf diese Weise das Verhältnis zwischen den Bevölkerungsgruppen schon gespannt, so führten häufige Verletzungen jüdischer religiöser Empfindlichkeit mehrfach zu Krawallen. Streitfragen, die den Römern unwichtig schienen, waren für die Juden oft von grundlegender Bedeutung. Das schlagendste Beispiel ist Caligulas Versuch, seine eigene Statue im Tempel aufzustellen. Das war nur einer von vielen Vorfällen, die die Juden als grundlose Angriffe auf ihren Glauben und ihre Einrichtungen ansahen (s. *Johannes der Täufer, *Jesus von Nazareth).

Zu der brisanten politischen Lage kamen gleichzeitig zunehmende wirtschaftliche Schwierigkeiten für die Volksmasse, die infolge der Zwangsbesteuerung durch die Prokuratoren noch schwerwiegender wurden. So ist es durchaus zu verstehen, daß so viele Juden in messianischen Hoffnungen und eschatologischen Erwartungen den einzigen Ausweg aus unerträglichen Leiden sahen.

h) Die Zeloten und die »letzten Tage«: Die Beziehungen zwischen Rom und Judäa waren in eine Sackgasse geraten. In ihrer Hoffnung, die Juden ihrem Reich einordnen zu können, wurden die Römer dauernd enttäuscht. Die Juden ihrerseits erwarteten sehnsüchtig ein göttliches Eingreifen, das sie und die Welt von der Römerherrschaft befreien würde. Wer die Fremdherrschaft nicht ertragen konnte, der wandte sich hilfesuchend an die politisch-religiöse Partei der Zeloten. Diese versprachen, daß Gott seinem auserwählten Volk helfen werde, die Usurpatoren zu überwinden, die göttliche Rechte in Anspruch nahmen und sich herausnahmen, über sie zu herrschen. In einem »Krieg der letzten Tage« sollten die irdischen Reiche, das heißt die Römer, überwältigt und Gottes messianisches Königtum aufgerichtet werden (s. *Eschatologie, *Qumran).

2. Der erste jüdische Aufstand: *a) Veranlassung:* Inzwischen wuchs die Spannung zwischen der grollenden Bevölkerung und dem Regime, dessen Korruptheit und Unterdrückungsmethoden sich immer mehr steigerten. Sie kam zum Ausbruch in offenen Konflikten zwischen Juden und Heiden innerhalb des Landes. Die Stadtbevölkerung von Caesarea, soweit sie nicht jüdisch war, versuchte, den jüdischen Einwohnern alle Bürgerrechte abzusprechen. Die Sache wurde Kaiser Nero vorgelegt, und als sechs Jahre später bekannt wurde, daß er sich zugunsten der Heiden entschieden hatte, war dies einer der Funken, die den schwelenden Aufstand zum Ausbruch brachten. Neros ausdrückliche Verkündung einer antijüdischen Politik erfolgte am Ende einer vierjährigen, zunehmend tyrannischer werdenden Herrschaft der Prokuratoren (62–66 n. Chr.). Als der letzte Prokurator, Gessius Florus, den Tempelschatz beschlagnahmte, kam es schließlich zum offenen Aufstand. Gleichzeitig führte der Streit in der Gemeinde von Caesarea zur Niedermetzelung der dortigen Juden. Unter dem Führer der Zeloten, Eleasar ben Hananja, ergriff das Volk die Waffen, machte sich zum Herrn von Jerusalem, vernichtete die verbliebenen römischen Soldaten und forderte trotzig die ganze Macht Roms heraus.

Im Vertrauen auf Gott und mit dem erlö-

Abb. 690. Darstellung eines römischen Kaisers im Feldlager

Abb. 691. Relief am Titusbogen in Rom: nach dem Fall Jerusalems im Jahre 70 n. Chr. werden die erbeuteten Kultgeräte des Tempels im Triumphzug Titus' zur Schau gestellt

Abb. 692. Blick auf die Überreste der römischen Lager, die zur Belagerung Masadas errichtet wurden

Abb. 693. Masada, Palast des Herodes

senden Gefühl der Befreiung vom Druck haben die Juden sieben Jahre lang mit hervorragender Tapferkeit und Begeisterung gekämpft, aber die Übermacht war zu groß. Rom stand auf der Höhe seiner Macht, und über das Endergebnis gab es niemals Zweifel.

b) Anfänglicher Sieg: Die erste Reaktion auf die Erhebung kam vom römischen Statthalter in Syrien, dem der Prokurator von Judäa unterstand. Er marschierte mit einem Heer von 30 000 Mann gegen Jerusalem, wurde aber zurückgeworfen und bei Beth-Horon entscheidend geschlagen.

Der Sieg gab den Juden Zeit, ihren Widerstand vorzubereiten. In den verschiedenen Distrikten setzten sie Militärgouverneure ein. Galiläa wurde dem Kommando des Joseph ben Mattathias unterstellt, dem späteren Geschichtsschreiber Flavius *Josephus. Er überliefert, daß er energische Vorbereitungen traf, daß aber die Hilfsquellen nicht ausreichten. Die rasch ausgehobenen Heeresabteilungen waren zwar recht tapfer, aber vollständig ungeübt, und es gab keinen Nachschub an Waffen und militärischer Ausrüstung. Man kämpfte zum Teil mit römischen Beutewaffen (s. *Waffen und militärische Rüstung; *Kriegführung). Die Landesverteidigung wurde soweit als möglich gesichert, trotz der sich anbahnenden Spannungen zwischen den militärischen Befehlshabern aus den verschiedenen religiösen und politischen Lagern.

Nach Josephus scheint man Hilfe von den Juden jenseits des Euphrats erwartet zu haben, d.h. aus der Diaspora außerhalb des Römerreiches. Innerhalb des Reiches wollte ohnehin kein Jude den römischen Schutz aufs Spiel setzen, indem er sich offen den Aufständischen anschloß. Es entschloß sich jedoch keiner der potentiellen Verbündeten zur Hilfe, auf die die Juden gehofft hatten. Auch das Partherreich, der größte Feind Roms, hielt sich abseits und gratulierte schließlich Titus zu seinem Sieg. Josephus beschrieb später den jüdisch-römischen Krieg als »den größten, der je zwischen Städten oder Völkern ausgetragen worden ist«. Das sieht wie eine Übertreibung aus, aber die Zahl der Legionen, die zur Niederschlagung des Aufstandes eingesetzt werden mußte, ist beachtlich. Allein, auf sich selbst angewiesen, hielten sich die Juden von Palästina durch »apokalyptischen Fanatismus« (F. M. Cross) und durch das Vertrauen auf die Hilfe Gottes, der einst die Makkabäer über ein anderes mächtiges Reich hatte siegen lassen.

c) Der Feldzug in Galiläa: Im Frühling des Jahres 67 n. Chr. formierte Vespasian, der fähigste römische General, in Ptolemais (Akko) ein Heer von 60 000 Mann gegen die Juden. Der erste Angriff traf wie erwartet Galiläa. Dessen Hauptort, Zipporin (Sephoris), ergab sich ohne Gefecht, wodurch die umliegenden Städte ihres Schutzes beraubt wurden. Die Römer trafen auf Widerstand bei der Festung Jotapata, die Josephus kommandierte. Sie hielt sich 47 Tage lang, bis sie schließlich infolge von Erschöpfung und Verrat fiel. Andere Orte leisteten einen ähnlich heldenhaften Widerstand, konnten aber am Endergebnis nichts ändern. Als Vespasian seine Truppen ins Winterquartier führte, war Galiläa verwüstet, viele Tausende waren umgekommen, 40 000 in Jotapata, 5000 im Dorf Jaffa bei Nazareth, 11 000 in Sichem. Weitere 30 000 Menschen waren als Sklaven verkauft worden. Josephus hatte den Kampf aufgegeben und sich Vespasian angeschlossen.

d) Parteikämpfe der Zeloten in Jerusalem: Während Galiläa überwältigt wurde, brach in Jerusalem und den südlichen Gegenden, wo die Zeloten starken Zustrom hatten, der innere Zwist aus. Der Zelotenführer Johanan von Gischala (Jüdischer Krieg II, 21, 1; IV, 2, 1) begann eine Schreckensherrschaft mit dem Ziel, die Autorität des Sanhedrin und der sadduzäischen Führer zu untergraben. Anfänglich dem Volk durchaus genehm, wurde Jerusalem seiner bald überdrüssig und wandte sich im Frühling 68 n. Chr. einem neuen Führer, Simon bar Giora (Jüdischer Krieg VI, 6,2; VI, 7,3), als seinem Befreier zu. Dieser griff mit einem Heer von mehreren tausend Mann aus den ländlichen Bezirken des Südens die Streitkräfte Johanans in Jerusalem an und trieb sie auf das Gebiet rund um die Tempelzugänge zusammen. Im Tempel focht eine dritte Gruppe unter dem Priester Eleasar ben Simon gegen beide Parteien und übte das Tempelritual auch während des Kampfes noch aus. Zwischen den drei feindlichen Gruppen setzte sich der Bürgerkrieg zum Teil fort, während Vespasian ein weites Gebiet rings um die Hauptstadt in Besitz nahm, von Samaria im Norden östlich über Jericho bis Hebron und den Negeb im Süden. Jerusalem war abgeschnitten. Mit der Einnahme von Jericho eng verknüpft ist der römische Angriff auf die Gemeinde in *Qumran.

e) Rivalität um den Kaiserthron: Da starb Nero in Rom. Weil ihn das dortige Geschehen mehr anging, ließ Vespasian seinen

Feldzug in Judäa stoppen und wartete. Ein unbehaglicher Frieden kehrte ins Land zurück, aber die römischen Soldaten blieben in ihren Lagern und den eroberten Städten. Unterdessen regierte im Herzen des Reiches das Chaos: drei Kaiser fochten um den Thron. Galba und Otho marschierten Ende 68 n. Chr. nach Rom. Im Januar 69 wurde Otho zum Kaiser ausgerufen, aber von (Aulus-Vitellius) geschlagen. Dann wurde im Juli 69 Vespasian mit Unterstützung seiner Legionen Kaiser. Vitellius wurde geschlagen und noch im selben Jahr von den Truppen getötet. Vespasian fuhr nach Rom und überließ nun den Feldzug in Judäa seinem Sohn Titus (**Abb. 690** zeigt eine Szene in einem römischen Lager: den Kaiser und seine Offiziere).
Titus verbrachte den Winter damit, seine Armee neuzuordnen. Im März 70 begann er den Angriff auf Jerusalem.
f) Die Einnahme Jerusalems: Eine große Armee, vier römische Legionen mit entsprechenden Auxiliartruppen, marschierte in mehreren Säulen von verschiedenen Seiten auf Jerusalem – gleichzeitig mit den Pilgerscharen, die zum Passahfest in die Heilige Stadt strömten: Am Vorabend des Festes traf Titus vor der dritten Mauer Jerusalems ein und schlug sein Lager auf dem Berg Skopus im Nordosten auf.
Die Römer bereiteten den Angriff vor. Die Juden rüsteten sich zur Verteidigung. Der Bürgerkrieg hatte die Stadt sehr geschwächt; im Anblick der drohenden Gefahr setzten die rivalisierenden Parteien nun ihre Gegensätze hintan und wandten sich vereint gegen den Feind. Trotzdem war nach 15 Gefechtstagen eine Bresche in die äußere Mauer geschlagen (s. *Waffen und militärische Rüstung; *Kriegführung). Die Verteidiger, die Einwohner und die vielen Festpilger zogen sich zurück, zuerst in den inneren Mauerring, dann in die Festung der Oberstadt, die durch die Türme der Antonia und die anderen Befestigungen des Herodes bewehrt war. Dort wurden sie eingekreist. Titus errichtete eine Quadermauer von 7,2 Kilometer Länge um die Festung herum. Dadurch konnte den Eingeschlossenen keine Nahrung zugeführt werden, und keiner konnte entkommen (s. *Jerusalem).
Noch einen weiteren Monat lang hielten sich die Verteidiger gegen die wiederholten Angriffe der Römer, obwohl Hungersnot und Krankheit schwere Verluste brachten. Dann folgte der letzte Angriff. Trotz zäher Verteidigung nahmen die Römer den Turm Antonia und zerstörten ihn. Der letzte Zufluchtsplatz war der Tempel selbst. Dort sammelten sich die Juden zum Endkampf. Eine Woche lang hielten die Tore den römischen Sturmböcken stand. Schließlich ließ Titus sie durch Feuer brechen. Er hatte angeordnet, daß man den Tempel unversehrt lassen sollte; aber da der Vorhof des Tempels zu militärischen Zwecken gedient hatte, hielten sich die römischen Soldaten nicht an den Befehl. Am 10. Tag des Monats Ab (August) 70 n. Chr. ging der Tempel des Herodes in Flammen auf, und die Legionen riefen den Titus zum Imperator aus. Auf dem Titusbogen in Rom ist der römische Sieg dargestellt, zusammen mit den Trophäen aus dem Tempel **(Abb. 691).**
Ein Rest der Zeloten verteidigte sich in der Oberstadt noch eine weitere Woche lang – ein aussichtsloser Kampf. Nach fünf Monaten harter Belagerung hatten die Römer die Trümmerhaufen, die ehemals Jerusalem waren, vollständig in ihrer Hand. Nur ein Teil der Westmauer und drei Türme des Herodes erinnerten noch an die stolze Stadt. Dort quartierten die Römer ihre Garnison ein. Wer von den Einwohnern noch übrig war, wurde niedergemacht, in Gefangenschaft geschleppt oder als Sklave verkauft. Hunderttausende waren in dem großen Krieg umgekommen.
g) Fortdauer des Widerstandes: Wieder wurde ein römischer Statthalter in Caesarea eingesetzt, aber im Süden und Osten dauerte der Widerstand der Zeloten fort. Zwei Brennpunkte, Herodeion und Machaerus, unterlagen den schwerfälligen, aber unerbittlichen römischen Belagerungen. Schließlich fiel auch Masada, das auf dem Gipfel eines unzugänglichen Berges lag, mit Aussicht auf das Tote Meer, ein Stützpunkt der Zeloten seit 66 n. Chr., die sich in 140 kleinen Kammern eingenistet hatten. Die Römer begannen die Belagerung 72 n. Chr. mit der Errichtung von Lagern am Fuß des Berges, deren Spuren noch erhalten sind **(Abb. 692)**; ein weiteres entstand auf den Anhöhen, von wo man die Festung überschauen konnte. In aller Ruhe erbauten die Römer einen Damm, um Soldaten und Belagerungsmaschinen auf die Kasemattenmauer der Festung emporzuführen. Rund um eine der Kammern hat man Hunderte von römischen Wurfkugeln, Steinkugeln in der Größe von Grapefruits, aufgeschichtet gefunden. Die römischen Belagerungsmaschinen hatten die Geschosse gegen die Verteidiger geschleudert, und diese sammelten sie, um sie gegen die Römer zurückzuwerfen.

Rom und die Juden

Römische Republik		Palästina	
67–60 v. Chr.	Feldzüge des Pompejus im Orient	66–63	Aristobul II. Priesterkönig
		63	Pompejus setzt Hyrkan als Ethnarchen ein
60	Erstes Triumvirat: Pompejus, Crassus, Caesar	55	Aufstand in Palästina Gabinius schreitet ein
49–44	Bürgerkrieg und Caesars Diktatur	47	Caesars Feldzug durch Palästina nach Ägypten
43–42	Zweites Triumvirat: Antonius, Lepidus, Octavian	40–37	Antigonus, der letzte Hasmonäer-König
		40	Herodes Gegenkönig
		37	Herodes nimmt Jerusalem ein
31	Schlacht bei Actium: Octavian besiegt Antonius		
Römisches Kaiserreich			
27	Octavian, jetzt Augustus genannt, ordnet das Reich		
			Herodes, König von Palästina, vergrößert sein Reich
		7? v. Chr.	Geburt Jesu
27 v.–14 n. Chr.	Kaiser Augustus	4 v. Chr.	Tod des Herodes *Teilung des Herodianischen Reichs*
		Judäa	
		4–6 n. Chr.	Archelaus, Ethnarch, abgesetzt
			Prokuratoren
		6–9	Coponius (Anas Hoherpriester)
		9–12	Ambivius
14–37 n. Chr.	Tiberius	12–15	Annius Rufus
		15–26	Valerius Gratus (seit 18 Kaiphas Hoherpriester)
		26–36	Pontius Pilatus (Auftreten des Täufers und Jesu)
37–41	Gajus (Caligula)	36	Marullus
		37–41	Herennius Capito Unruhen in Alexandria und Palästina (39/40)
41–54	Claudius	41–44	*Wiedervereinigtes Königreich* Agrippa I.
			Prokuratoren, 2. Abschnitt
		44–46	Cuspius Fadus
48?	Vertreibung der Juden aus Rom (Apg 18, 2)	46–48	Tiberius Alexander
		48–52	Ventidius Cumanus (Anas II. Hoherpriester 45–59, Apg 23, 2, 24, 1)
		52–60	Antonius Felix (Apg 23, 26)
		60–62	Porcius Festus (Apg 24, 27)
54–68	Nero	62–64	Clodius Albinus (Ananias II. Hoherpriester 61/62)
	Tod von Petrus und Paulus in Rom	64–66	Gessius Florus

		Vorderer Orient	
		54	Crassus zieht gegen die Parther
		43	Brutus und Cassius im Orient
		40–31	Antonius regiert im römischen Orient
		11–8	Quirinius Legat in Syrien
		6–4	Quintilius Varus Legat
Galiläa			
4–39	Herodes Antipas	4–34	Tetrarch Philippus von Ituräa
37	Agrippa Tetrarch		
		43/44	Paulus in Antiochia
		45–50	Cassius Longinus Legat von Syrien
50–93	Agrippa II. König der früheren Tetrarchien des Philippus und Lysanias (Apg 25, 13–22)	45–48	Erste Missionsreise des Paulus
		49–53	Zweite Reise des Paulus
		53–58	Dritte Reise des Paulus
		50–60	Ummidius Quadratus Legat
		60–62	D. Corbulo Legat

		66–73	*Jüdisch-römischer Krieg*
68/69	Galba, Otho, Vitellius	66/67	Feldzug in Galiläa
		68	Feldzug in Peräa (Jordanien)
70–79	Vespasian	70	Fall Jerusalems
		71	Judäa kaiserliche Provinz
		71/72	Lucilius Berosus Legat von Judäa
		73	Flavius Silva Legat von Judäa Fall von Masada
79–81	Titus		
81–96	Domitian Brief des Clemens Romanus		
96–98	Nerva		
98–117	Trajan		
117–138	Hadrian	131–135	Aufstand des Bar-Kochba

h) Die letzten Tage von Masada: Im Jahre 73 n. Chr. begann der römische Angriff. Als die äußere Mauer zusammenbrach, zogen sich die Verteidiger hinter eine zweite Mauer zurück, gegen die die Römer mit Feuerbränden vorgingen. Den Untergang vor Augen, zogen sich die Zeloten in den Palast des Herodes zurück, der auf der Spitze des Felsens unzugänglich errichtet war, wie **Abb. 693** zeigt. Ihre Lage war hoffnungslos. Sie konnten weder hoffen zu siegen, noch sich weiter zurückzuziehen. Anstatt sich den römischen Bedingungen zu beugen, folgten die Zeloten dem schrecklichen Vorschlag ihres Führers Eleasar: Sie töteten zuerst ihre Frauen und Kinder, dann gegenseitig sich selbst. Als die Römer am nächsten Tag den Palast betraten, fanden sie in der Festung, die ihnen so lange widerstanden hatte, nur Leichen. So berichtet Josephus das Ende der Zeloten und beruft sich dabei auf die Erzählung einer Frau, die mit ihren zwei Kindern allein überlebte. In einer Höhle des Felsens hat man zwanzig Gerippe gefunden, darunter ein ungeborenes Kind. Wahrscheinlich hatten die Römer hier Leichen der Zeloten gestapelt. In den Ruinen eines Warmbades am unteren Ende des Palastes fand man die Skelette eines Mannes, einer Frau und eines Kindes. Von der etwa 20 Jahre alten Frau war noch das Haar in glänzenden, braunen Flechten erhalten.

Mit der Einnahme von Masada schien der Sieg Caesars über das Reich Gottes vollendet zu sein. Die Römer nahmen im ganzen Land gräßliche Rache an den Juden. Nur ganz langsam kehrte in die jüdischen Siedlungen der südlichen Küstengegend und Galiläas unter der geistigen Führung der Rabbiner der Akademie von Jabne Leben zurück.

3. Todeskampf im 2. Jhdt. n. Chr.: *a) Veranlassung:* Flüchtlinge aus Palästina, die dem ersten römisch-jüdischen Krieg entkommen waren, verbreiteten ihre nationalistischen und messianischen Ideale in der Diaspora. Das gab eine neue Streitquelle in den gemischt besiedelten jüdisch-griechischen Städten. Außerdem setzten staatliche restriktive Maßnahmen ein, wenn auch im allgemeinen die jüdischen Rechte aufrechterhalten blieben. Der kleine Tempel des Onias in Ägypten wurde geschlossen (s. *Restauration und Perserzeit, Esra und Nehemia; *Hellenismus und jüdische Diaspora). An Stelle des halben Sekels, den bisher jeder Jude freiwillig alle Jahre an den Tempel von Jerusalem abgeliefert hatte, wurde eine Kopfsteuer in gleicher Höhe, der »Fiscus Judaicus« auferlegt, der an den Juppitertempel in Rom zu zahlen war. Das ist der Anfang der späteren antijüdischen Aktionen. Da diese Maßnahmen in einer Zeit kommunalpolitischer und wirtschaftlicher Belastungen für die Juden zusammentrafen mit erneuten messianischen Hoffnungen, die die Gemüter erhitzten, kam es 44 Jahre nach dem Untergang von Jerusalem zu einem neuen bewaffneten Aufstand. Während Trajan in einen gewaltigen Kampf gegen die Parther verwickelt war (114–117 n. Chr.), brachen Unruhen und Krieg in seinem Rücken wiederum aus (s. *Bar-Kochba).

b) Der zweite Krieg gegen Rom – Bar-Kochba (131 bis 136 n. Chr.): Dieser zweite Versuch zu »Gottes Endkrieg« (s. *Bar-Kochba) war nicht erfolgreicher als der erste. Der Aufstand wurde mit den

63–66	Cestius Gallus Legat
67–69	Lucinus Mucienus
105	Die Römer erobern Nabatäa
115–117	Jüdische Aufstände in den östlichen Provinzen

schwersten Verlusten niedergeworfen, die das Judentum jemals erlitten hat, die Zeloten vollständig ausgerottet. Zuletzt erkannten die Römer, daß die Wurzeln der jüdischen Aufsässigkeit in ihren religiösen, mystischen Träumen bestanden. So erließ Hadrian seine Unterdrückungs-»Edikte«, die die Vernichtung des Judentums anstrebten, und zwar sowohl in Palästina als auch in der Diaspora, wo sich jüdische Bevölkerungsteile dem Aufstand gegen Rom angeschlossen hatten. Auch nach der späteren Widerrufung der Edikte trugen die überlebenden Juden nur unwillig das römische Joch, erkannten zwar, daß für das »Reich des Bösen« einmal der Tag der Vernichtung kommen müsse, daß sie aber selbst nichts direkt dazu beitragen konnten.

c) Spätere Entwicklung (3. Jhdt. n. Chr.): Zwar bestand ein verborgener Gegensatz weiter, aber es kam zu keinen weiteren ernsten Auseinandersetzungen zwischen Juden und Rom. Das religiöse Leben der Juden blieb unbehelligt, nur das Werben von Proselyten war verboten. Aber zu dieser Zeit breitete sich der neue missionierende Glaube, der aus dem Judentum entsprungen war, im römischen Reich aus (s. *Christentum, Frühgeschichte; *Paulus [Saulus] von Tarsus). Schrittweise siegte das Christentum und schuf damit neue Bedingungen, die das soziale Leben und viele andere Lebensumstände der Juden in der Zeit der Kirche und Synagoge bestimmten.

4. Zeittafel siehe S. 1226–1229.

Ruth

Gliederung: 1. Inhalt. 2. Stil. 3. Datum der Abfassung. 4. Historischer Hintergrund.

Das Buch steht an zweiter Stelle unter den fünf kurzen Büchern, die man in der Synagoge liest, hinter den langen poetischen Werken der Psalmen, Sprüche und Job und an erster Stelle unter den Hagiographen (heiligen Schriften), weil es eine Episode aus der Richterzeit berichtet und dem Propheten Samuel zugeschrieben wird, dem angeblichen Autor des Richterbuches. Die Vulgata schloß sich an die Septuaginta an, wenn sie das Buch Ruth hinter das Richterbuch einordnete, und Josephus hielt es für einen Anhang zu der größeren Schrift.

1. Inhalt: Das Buch erzählt die Geschichte einer Ahnfrau von David, Ruth, einer Moabiterin, die in eine Familie aus Bethlehem einheiratete, die bei einer Hungersnot in Juda nach Moab ausgewandert war. Im Laufe der Zeit starben Ruths Gatte, dessen Bruder und Vater. Ihre Schwiegermutter Naemi kehrte in ihre Heimat zurück, und Ruth begleitete sie, obwohl Naemi sie drängte, in Moab zu bleiben. Naemi und Ruth kommen miteinander zur Erntezeit in Bethlehem an, und Ruth geht auf die Felder, um hinter den Schnittern nachzulesen. Der Eigentümer Boas bemerkt sie dort und findet sich im Lauf der Zeit bereit, als ihr Verwandter die Rolle des *go'el* zu spielen, d. h. das Gut ihres verstorbenen Gatten zu erstehen und sie zu heiraten. Er heiratet Ruth, die ihm Obed gebiert, der als der Großvater des David gilt.

2. Stil: Das Buch Ruth ist ein vorzügliches Beispiel einer biblischen Kurzgeschichte. Es ist in einem knappen, klassischen Hebräisch geschrieben, das dem ländlichen Hintergrund sehr angepaßt ist. Dazu ist bemerkenswert, daß in dem Buch kein negativer Charakter ist. Naemi, Ruth und

Abb. 694. Araberinnen bei der Ernte auf den Feldern um Bethlehem

Boas sind alle im heroischen Stil gehalten mit den Tugenden der Charakterstärke und des Mitgefühls. Aber auch die Nebenfiguren, Ruths Schwester Orpa und der nahe Verwandte, der sich zuerst weigern muß, Ruth zu heiraten, damit Boas das Recht dazu erhält, sind ebenfalls freundlich gezeichnet. Kurz, dieses ländliche Zwischenspiel bildet einen angenehmen Gegensatz zu den Kriegshändeln des Richterbuches.

3. Datum der Abfassung: Um das Datum für die Abfassung des Buches zu ermitteln, muß man zuerst feststellen, ob es sich um eine Erzählung wirklicher Begebenheiten handelt oder ob es eine Dichtung sein will und zu welchem Zweck das Buch geschrieben ist. Die kritische Schule der Bibelwissenschaft nimmt an, daß Ruth eine literarische Schöpfung aus der Zeit nach dem Exil ist. Sie begründet das auf eine Reihe von aramäischen Ausdrücken und Formulierungen im Buch. Diese sind jedoch nur in geringer Zahl vorhanden, und man kann zweifeln, ob sie allein ein Datum der Abfassung festlegen lassen, namentlich weil auch viele klassische Ausdrücke, die uns aus den Büchern Samuel und Könige bekannt sind, ebenfalls im Buch Ruth wiederkehren (z. B. 1,2; 3,13; 4,17). Als Tendenz des Werkes betrachten die Forscher, die das Buch in die Zeit nach dem Exil ansetzen, einen Protest gegen die Vertreibung der ausländischen Frauen, die Esra und Nehemia forderten (s. *Restauration und Perserzeit, Esra und Nehemia); aber auch dieser Beweisgrund verliert seine Kraft, wenn man das Buch selbst betrachtet. Es wirbt nicht für die Mischehe. Es gibt sich einfach als Erzählung.

4. Historischer Hintergrund: Aber auch wenn es nur eine romantische Dichtung ist, muß ein tatsächlicher Kern in der Erzählung sein. Ausländischer Bluteinschlag würde dem David schwerlich ohne eine Unterlage zugeschrieben worden sein. Daß er Familienbeziehungen zu Moab hatte, bestätigt tatsächlich 1 Sam 22,3 f, daß David für seine Eltern Zuflucht beim König von Moab findet. Der Zweck des Buches Ruth kann in diesem Fall sein, die bestehenden Beziehungen zwischen Israel und Moab zu vertiefen. Man müßte seine Abfassung in die Zeit der ersten Könige von Juda setzen, noch vor dem Aufstand des Mesa gegen Josaphat und Joram (s. *Moab), der einen tödlichen Haß zwischen den beiden Völkern zur Folge hatte. Die Erzählung mag um diese Zeit von einem Verfasser niedergeschrieben sein, der entweder in Bethlehem lebte oder die Geschichte dort erfuhr.

Aber auch wenn der Verfasser lange nach der Richterzeit lebte, hat er die Sitten dieser Zeit treulich bewahrt. Die Art, wie Ruth und ihr Familiengut »zurückgekauft« werden, unterscheidet sich z. B. von dem Verfahren, das in Lev 25,25 vorgeschrieben ist (s. auch Jer 32,6–8). Der Eheschluß mit Ruth ist an den Rückkauf des Landes geknüpft, das ihr Ehemann ehemals besaß, und das ist eine Ausweitung des Gesetzes über die Leviratsheirat (vgl. *Familie). Außerdem wird der Handel mit Boas durch den »Verwandten« bekräftigt durch das Ausziehen seines Schuhs (4,7). Das war ein alter Brauch, der allerdings noch beobachtet wurde, als das *Deuteronomium verfaßt wurde. Einige Forscher betonen, daß der Verfasser des Buches Ruth die Bedeutung dieser Handlung mißverstanden habe; aber das könnte umgekehrt vielmehr ein Anzeichen für die frühe Zeit der Abfassung des Buches sein.

Wie man das Buch Ruth auch auslegt, es ist eine rührende Erzählung von menschlicher Hingebung und ein schätzenswertes Bild des Lebens in einer kleinen Provinzstadt von Juda. Die arme Frau, die hinter den Schnittern Nachlese hält, der Landbesitzer, der die Arbeit seiner Taglöhner beaufsichtigt, und das Fest zum Abschluß der Ernte, das sind alles typische Züge einer Lebensweise, die sich über die wechselnden Jahrhunderte und Geschichtsperioden und Regierungen erhalten hat (s. **Abb. 694** die Araberfrauen, die im Feld von Bethlehem Ähren sammeln).

S

Sabbat

Gliederung: 1. Religiöse Bedeutung. 2. Alter der Gebote. 3. Spätere Auslegungen des Sabbatgebotes. 4. Ursprung des Sabbats. 5. Entwicklung und Begehung. 6. Der Sabbat bei den Rabbinern und Essenern. a) Bei den Rabbinern; b) In der Qumran-Gemeinde. 7. Jesus und der Sabbat, Sabbat und Sonntag.

1. Religiöse Bedeutung: Der Sabbat (hebr. *šabbāt*) als wöchentlicher arbeitsfreier Tag ist eine sehr alte Einrichtung, die bis zu den frühesten Ursprüngen des Jahwismus (s. *Moses) zurückreicht und vielleicht sogar noch älter ist. Die ungeheure religiöse Bedeutung, die der siebte Ruhetag in allen Pentateuchüberlieferungen erlangte, ist etwas Israel Eigentümliches. Diese Bedeutung eignet ihm nicht wegen des Verbots, das Arbeitsenthaltung impliziert (andere Religionen hatten ebenfalls einen Tag, der tabu war), sondern weil die Heiligkeit des Tages seiner Beziehung zu dem Jahwe des Bundes inhärent ist und weil der Sabbat ein Element in jenem Bunde ist. Der Sabbat war ein Jahwe in der Form eines Zeitzehnten geweihter Tag (vgl. den Gott geweihten Herden- und Erstfrüchtezehnten; s. *Feste und Feiertage). Aus diesem Grunde erscheint der Sabbat in der ältesten Gesetzgebung, dem Bundesschluß am Sinai und dem Pakt des Stämmebundes. Er wird auch in dem späteren Heiligkeitsgesetz (Lev 19,3.30; 23,3) und im Priesterkodex (Ex 31,12–17 und Num 28,9f) erwähnt.

2. Alter der Gebote: Das früheste, sicherlich sehr alte Gebot, erscheint in den beiden Bundeskodizes, nämlich im (elohistischen) Bundesbuch (Ex 23,12) und im jahwistischen sog. Kultdekalog (Ex 34,21), wie auch in der frühesten Aufzählung der zehn Gebote, d. h. im ursprünglichen Bundesschluß am Sinai (Ex 20,8–10; vgl. Dt 5,12–16). Die beiden Kodizes (Ex 23 und Ex 34) gehen auf den Beginn der Seßhaftwerdung in Kanaan zurück, während die zehn Gebote in ihrer ursprünglichen Form der mosaischen Zeit angehören. Wie die drei großen Feste (s. *Feste und Feiertage) haben die den Kodizes zugrunde liegenden Vorstellungen eine historische Entwicklung durchgemacht, die ältere Überlieferungen und Gebote mit späteren Motiven und Kommentaren verschmolz.

3. Spätere Auslegungen des Sabbatgebotes: Das Sabbatgebot wurde in der früheren Form des Dekalogs (Ex 20,8–10) erlassen. In der späteren Gesetzgebung wurden Motive und Erklärungen eingefügt; sie spiegeln zwei spätere Denkhintergründe, den priesterschriftlichen und den deuteronomischen.

Ex 20,11 fügt der ursprünglichen Form des Gebots die priesterschriftliche Form der Tradition von Gen 2,1–3 als Teil der Reihenfolge der Schöpfung hinzu, d. h. Gott ruhte am siebten Tage nach der Schöpfung des Universums (vgl. *Genesis). Die Beobachtung des Sabbats ist in dieser Tradition ein immerwährendes »Zeichen« des *Bundes und als solche gottgeweiht. Der priesterschriftliche Text legt den Nachdruck auf den Gott des Bundes und unterstreicht den religiösen Charakter des Sabbats.

Das deuteronomische Gebot (Dt 5,14–15) betont die sozialen Aspekte: Mensch und Tier sollen an einem Tage der Woche ruhen. Es verbindet den Ruhetag jedoch mit dem Heilsdogma Israels und mit seiner Errettung aus der Knechtschaft in Ägypten. Zum Andenken dieser Errettung wurde den Israeliten befohlen, am Sabbat zu ruhen. Anders als die theologische Erläuterung des priesterschriftlichen Textes, legt der Text den Nachdruck auf das Bundesvolk.

Die priesterliche Theologie des Sabbats wird in Ex 31, 12–17 weiterentwickelt: der Sabbat ist ewiges Zeichen zwischen Gott und seinem Volk, unzerbrechlicher Bund und gottgeweihter Ruhetag. Die Heiligkeit des Sabbat wird auch Lev 23, 3. 38 und Ex 31, 15 betont. Er ist Unterpfand des Heiles (Jes 58,13f; vgl. Jes 56,2; Jer 17,19–27). Die deuteronomische Erinnerung an die Errettung aus der Knechtschaft in Ägypten wird auch Dt 6,20–25 und 24,18.22 erwähnt; schließlich fand Israel dann Ruhe (*m·nûhā*) Dt 12,9. »Durch die einmalige Verknüpfung des mosaischen Sabbatgebotes mit dem Herausführungsthema wollte das Deuteronomium mit seinen starken Restaurationstendenzen das Sabbatgebot der Gefahr der Veräußerlichung entreißen, indem es das Sabbatgebot im gesamtisraelitischen Urbekenntnis von Jahwes Befreiungstat in Ägypten verankerte« (G. von Rad).

4. Ursprung des Sabbats: Die Frage, ob *šabbāt* eine Nominalform des Verbums *šābat* »aufhören, mit der Arbeit aufhören,

ruhen« ist oder vielmehr das Verbum *šābat* vom Nomen *šabbāt* im Sinne von »Sabbat halten« denominiert ist, läßt sich kaum mehr mit Sicherheit entscheiden.
Andere leiten *šabbāt* von akkadisch *šabattu/šapattu* ab, dem 15. Tag des Mondmonats im babylonisch-assyrischen Kalendarium, oder von dem semitischen Stamm *šb'* »sieben«. Manche (Meinhold, Mahler u. a.) schließen aus dem regelmäßigen Nebeneinander von Sabbat und Neumondfest (Am 8,5; Hos 2,13; Jes 1,13; 2 Kg 4,23), daß der Sabbat noch in vorexilischer Zeit der Vollmondstag und nicht der Schlußtag der Siebentagewoche gewesen sei. Erst Ezechiel oder Nehemia hätten ihn zum Schlußtag der Siebentagewoche und zu einem von Jahwe gebotenen Ruhetag umgestaltet. Ebenso sei der Kampf der vorexilischen Propheten gegen den Sabbat nur verständlich, weil man in seiner Anlehnung an den Mond eine Hinneigung zum Gestirnkult fand (Meinhold). Andere (Eerdmans, Budde, Köhler, North u.a.) sehen in dem Verbot, am Sabbat Feuer zu entfachen (Ex 35,3; vgl. Num 15,32), ein Arbeitsverbot der Keniter/Midianiter, die sich als wandernder Schmiedestamm am Saturnstag der Arbeit enthielten. Moses, der mit einer Midianiterin verheiratet war (Ex 2,11–21), habe diesen Ruhetag übernommen, legitimiert und als Jahwegebot auf alle Arbeit ausgedehnt. Wenngleich die Bedeutung der Keniter (»die zu den Kupferschmieden gehörenden«, arab. *qain*) als wandernde Kupferschmiede sowie die Beziehungen der Midianiter/Keniter zu Moses sehr zu beachten sind, so ist die Grundlage (Ex 35,3; Num 15,32), zu schwach, die Hypothese zu tragen: Daß die Keniter den Saturn (Kewan) verehrten und eine durchlaufende siebentägige Woche kannten, ist nicht belegt.
Wieder andere (F. Delitzsch, Dhorme, Eißfeldt, Langdon u. a.) sehen den Ursprung des alttestamentlichen Sabbats im akkadischen *šabattu* in Verbindung mit den Siebenertagen der Babylonier. Die sog. Siebenertage (7., 14., 21., 28. Monatstag), die in der babylonisch-assyrischen Hemerologie fast das gleiche Ritual aufweisen, gelten als »böser Tag« oder »Unheilstag« (*ūmu limnu, uḫulgallu*). Da man das Mißlingen eines Unternehmens oder die Unheilswirkung eines Tages der Ungunst der Götter zuschrieb, suchte man die Ungnade der Götter durch Einhalten der Ritualbestimmungen für diese *dies nefasti* abzuwenden: Der König als »Hirte der zahlreichen Menschen« darf an diesen Tagen kein gekochtes Fleisch und kein Brotgebäck essen, d. h. er muß sich schmackhafter Speisen enthalten, eine Art Fasten halten. Durch das Verbot, das Leibgewand zu wechseln und reine Kleider anzulegen, soll offensichtlich einer gewissen Trauer- und Bußstimmung Rechnung getragen werden. Außerdem darf der König kein Opfer darbringen; wie sich allerdings dieses Opferverbot mit dem später erwähnten (täglichen) Opfer vereinbaren läßt, ist nicht geklärt; vielleicht ist der Sinn so zu fassen, daß außer dem (täglichen) Opfer der Herrscher an diesen Tagen keine (anderen) Opfer darbringen darf. Auch in seiner Herrschertätigkeit ist der König beschränkt; er darf nicht auf dem Wagen fahren, d. h. nicht zum Krieg (oder zur Jagd?) ausziehen, und auch nicht als Herrscher sprechen, d. h. nicht befehlen oder entscheiden; die Ausübung und Entfaltung der königlichen Macht läßt sich mit dem Charakter der Siebenertage nicht vereinbaren. Der Weissagepriester (*bārū*) darf die Götter nicht befragen und kein Orakel geben, weil die Gottheit an diesem Tage den Menschen nicht hold ist (vgl. das Opferverbot für den König). Der Arzt darf sich mit den Kranken nicht abgeben, weil eben zur Heilung die Huld und Hilfe der Götter notwendig ist. Als stereotype Schlußcharakteristik folgt noch die Bemerkung, daß der Tag der Ausführung eines Vorhabens oder Wunsches nicht passend sei. Von einem generellen Arbeitsverbot für die Siebenertage kann also keine Rede sein. Der *šabattu*, der 15. Tag des Mondmonats, wird als »Tag der Herzensberuhigung« umschrieben, an dem das Herz der Götter beruhigt wird. Die inhaltliche Verschiedenheit des *šabattu*-Rituals gegenüber dem der sog. Siebenertage ist auffallend: Das Verbot für den Seher und den Arzt aus dem Ritual der Siebenertage ist in keiner Menologie des 15. Tages belegt. Während der König an ihnen kein Opfer darbringen darf, wird es am 15. ausdrücklich geboten. Gegenüber der Charakteristik als »Unheilstag«, an dem Opfer untersagt sind, sollen am »Tag der Herzensberuhigung« die Herzen der Götter durch Opfer beruhigt und versöhnt werden. Das alte Ritual des Monats Tammuz für den 15. Tag betont ausdrücklich, daß »Gott gnädig ist«. Gegenüber der partiellen Arbeitsbeschränkung der Siebenertage dürfen am *šabattu* keine Handelsgeschäfte abgewickelt werden. Sündenbekenntnis und Schwören sind dem Charakter des Tages nicht angemessen. Wohl darf der König

sein Gewand waschen. Das Motiv der partiellen Arbeitsbeschränkung des *šabattu* und der sog. Siebenertage ist vom alttestamentlichen Sabbat völlig verschieden. Außerdem ist die babylonisch-assyrische Hemerologie am Mondzyklus orientiert. Eine direkte Entlehnung des alttestamentlichen Sabbat aus Babylonien ist daher unmöglich.

N. H. Tur-Sinai (Torczyner) will mit Hilfe der *ḫamuštum*-Woche (Monatsfünftel = 6 Tage) der kappadokischen Rechtsurkunden dem alttestamentlichen Sabbat näher kommen. Der Glaube an einen Schöpfergott führte Israel zu der Annahme, daß Gott nach einer Amtsperiode von sechs Zeiten sein Werk abbricht und damit dem Menschen Vorbild sein will; dieser Ruhetag wurde den 6 Tagen hinzugefügt. Ein solches Feiern Gottes war analog auch am Mond erkennbar, der am 15. Monatstag regelmäßig abbricht; so galt auch dieser Vollmondstag als Sabbat. Der einer *ḫamuštum*-Woche folgende neue Amts- und Gerichtstag ist aber kein eigentlicher siebenter Tag, sondern der erste der beginnenden sechstägigen Woche.

H. Cazelles führt den alttestamentlichen Sabbat auf eine gemeinsemitische Tradition zurück, die bei den Babyloniern, den Arabern von Moab und den Israeliten überliefert sei. Ursprünglich sei jeder siebente Tag ein *dies nefastus* gewesen, jedoch sei daraus in Israel ein einfacher Ruhetag geworden, völlig unabhängig von den Mondphasen.

Als Ergebnis der verschiedenen sich widersprechenden Hypothesen ist festzustellen, daß die Idee und Institution des Sabbat außerhalb Israels kein echtes Analogon hat. Die alttestamentliche Überlieferung führt den Sabbat einhellig auf Moses zurück. Nach dem Auszug aus Ägypten ergab sich für die wieder autonomen Stämme die Notwendigkeit, den Lebensablauf kalendarisch zu gliedern und gesetzlich zu regeln. Dabei konnte Moses an bekannte Vorstellungen und Institutionen der Nachbarn, etwa die Sechstagewoche (*ḫamuštum*) oder an den Rhythmus von sieben Tagen oder Zeiträumen anknüpfen, um in ähnlicher Weise das Leben der Stämme den natürlichen Erfordernissen entsprechend zu regeln. Auch die altorientalische Vorstellung, daß bestimmte Tage einer Gottheit besonders heilig seien, mag ihm bekannt gewesen sein. So ordnet Moses die siebentägige Woche auf göttliche Weisung hin an, indem er jeweils auf sechs Arbeitstage einen Ruhetag (*šabbāt*) folgen läßt, der dem Gott Israels geweiht sein soll.

5. Entwicklung und Begehung: Nach der überwiegend priesterlichen Überlieferung des Manna-Wunders (Ex 16,22–30) galt das Sabbat-Gebot bereits vor dem Sinai-Ereignis. Die eigentliche Verpflichtung erfolgt für P Ex 31,12–17. Ob es sich bei diesem Sabbat-Gebot in Verbindung mit dem Manna-Bericht um einen literarischen Anachronismus handelt oder ob Moses bereits früher (vgl. Ex 16,4.28) oder erst hier aus Anlaß des Manna-Segens das Sabbat-Gebot zuerst einführte, läßt sich nicht entscheiden.

Das Verbot, am Sabbat Feuer anzuzünden (Ex 35,3), sowie der Bericht von der Steinigung des Mannes, den die Israeliten am Sabbat beim Holzlesen angetroffen hatten (Num 15,32), hat Gelehrte wie Eerdmans, Budde, Köhler, Noth veranlaßt, im Sabbat-Gebot ein Arbeitsverbot und im Sabbat eine Institution der Keniter zu sehen.

Das zunächst ganz allgemein formulierte apodiktische Gebot der Sabbat-Heiligung und des Verbotes der Arbeit am Sabbat wurde im Laufe der Pentateuch-Überlieferung durch gelegentliche Bestimmungen oder Geschichten konkretisiert. Als verbotene Arbeiten werden erwähnt: Backen und Kochen (Ex 16, 23), Holzsammeln (Num 15, 32), Feueranzünden (Ex 35, 23); selbst die Zeit des Pflügens und Erntens entbindet nicht von der Sabbat-Ruhe (Ex 34,21). Neben der Arbeitsruhe werden auch kultische Besonderheiten aufgeführt; neben dem täglichen Brandopfer werden am Sabbat noch zwei weitere Lämmer mit dem dazugehörigen Speise- und Trankopfer dargebracht (Num 28,9), die Schaubrote mußten erneuert werden (Lev 24,8). Alle Gläubigen sollten sich schließlich am Sabbat beim Heiligtum versammeln (Lev 19,30).

Nach Am 8,5 galt der Sabbat als Ruhetag, an dem die Kornspeicher geschlossen waren und keine Handelsgeschäfte getätigt werden durften. Die echte religiöse Einstellung des Volkes zur Sabbat-Ruhe fehlte jedoch weitgehend: man wartete sehnlichst auf das Ende des Sabbats, weil er doch nur Gewinnentgang einbrachte, oder man feierte ihn nur mehr veräußerlicht, ohne echte Jahwefrömmigkeit. Nach Hos 2,13 und Jes 1,13 galt er als ein religiöser und froher Festtag, an dem man die Heiligtümer besuchte (Jes 1,12). Wenn Jahwe nach Hos 2,13 Israels Festen, Neumonden, Sabbaten und Feiern »ein Ende bereiten« und an seinem Volke »die Tage der Baale ahnden« will oder nach Jes 1,13 Neumond und Sabbat sowie Festfeiern nicht mag, ja sogar haßt, so ist damit nicht grundsätzlich der Sabbat in Frage gestellt; der Kult mit all seinen Institutionen war entleert und der Sabbat durch Frevel und Sünde zum Baalstag geworden. Aus der Novelle von der Sunamitin dürfen wir entnehmen (2 Kg 4,23), daß am Sabbat die Arbeit zwar ruhte, aber eine Reise (Wallfahrt) zum Propheten am Sabbat nicht ungewöhnlich war. Nach 2 Kg 11,5 ff = 2 Chr 23,4 ff wählte der Hohepriester Jojada als Zeitpunkt seiner Empörung gegen Athalja von Juda den Sabbat, weil an ihm die Wachablösung beim Tempel geschah und er so die beiden Abteilungen der Tempelwache, die abziehende wie die neu aufmarschierende, zur Verfügung hatte und weil er außerdem bei dem großen Zustrom der Tempelbesucher leicht und unauffällig seine Helfer beiziehen konnte. So wurde am Sabbat die Königin umgebracht, der Baalstempel vernichtet und der junge Joas auf den Thron gehoben.

In der Zeit des Exils rückt der Sabbat infolge der völligen Auflösung der alten Ordnung und der Trennung von Kult und Kultstätte in den Mittelpunkt der noch erfüllbaren Gesetze und vertritt gleichsam Tempel und Kult. So erscheint bei Ez 20 und in einer sekundären Erweiterung des priesterlichen Sabbat-Gebotes Ex 31 der Sabbat als Zeichen zwischen Gott und seinen Bekennern (Ez 20,12); nach Ex 31,17 sollen sie für »ewige Zeiten« Zeichen der Zusammengehörigkeit zwischen Gott und Israel sein. Bereits in der Wüste aber hat Israel Jahwes Sabbat entweiht, so daß Gott dem Volk die Verbannung androhte (Ez 20,23; vgl. Lev 26,33 ff; Dt 28,36.64 ff). Diese Drohung ist nun für die Gola in Erfüllung gegangen. Im Exil ist der Sabbat neben der Beschneidung allein übriggebliebenes Zeichen (und Unterpfand) der Gnadennähe Gottes, das allein noch den Weiterbestand des Bundes garantiert. So »erhielt die Gegenwart das Signum einer vorübergehenden Zwischenzeit« (Noth), die durch getreue Heilighaltung des Sabbats und der anderen Bestimmungen überstanden werden mußte. Unter diesem zeitbedingten geschichtstheologischen Aspekt haben die ständigen Ermahnungen zur Sabbat-Heiligung (Ez 20, 12 ff; 8, 26; 23, 38; 44, 24) die Aufgabe, die Hoffnung auf Wiederherstellung wachzuhalten und den Glauben an Jahwe zu bewahren.

Nach Jes 55–61 gewährleistet die getreue Einhaltung der Sabbat-Ruhe und die rechte Wertschätzung des Sabbat als eines »hochgeehrten heiligen Tages der Wonne« den Trauernden in Sion »Freude an Jahwe« und dauernden Besitz des Erblandes Kanaan (Jes 58, 13); im Zuge einer universalistischen Ausweitung der Jahwe-Gemeinde haben selbst Fremdlinge und Verschnittene, wenn sie den Sabbat halten, Platz im neuen Sion (56, 2–7), zu dem in der Heilszeit alle Völker wallfahren, um am Neumond und am Sabbat vor Jahwe anzubeten (66,23).

Das chronistische Geschichtswerk berichtet entsprechend seiner levitisch-priesterlichen Tendenz gelegentlich von der Erneuerung der Schaubrote am Sabbat durch die Kahathiter (1 Chr 9,32), vom Brandopfer (1 Chr 23, 31; 2 Chr 2, 3), von Salomos Sabbat-Opfer (2 Chr 8,13) und Hiskias Festsetzung des königlichen Anteils für die Opfer (2 Chr 31,3).

Nehemia traf Anordnungen gegen die weit eingerissene Sabbat-Entweihung (10,32 ff; 13,15 ff). Bei einer Reise durch Juda traf er Leute an, die am Sabbat Kelter traten, Getreide einfuhren, Esel beluden und Lasten nach Jerusalem trugen (13,15); selbst in Jerusalem boten die syrischen Handelsleute Fische und andere Waren den Juden zum Verkauf an. Nehemia verwarnte die Sabbat-Schänder und tadelte vor allem die Vornehmen Judas unter Hinweis auf die Sünde der Väter: »Ihr bringt nur neues Zorngericht über Israel, wenn ihr den Sabbat entweiht« (13,18). So ließ er bei Sabbat-Anbruch die Stadttore schließen und bewachen. Wahrscheinlich geht das Verbot, am Sabbat mit Nichtjuden Geschäfte zu machen, auf Nehemias Erfahrungen 13,15 ff zurück.

Das letzte Zeugnis über den Sabbat zeigt eine geradezu sklavische Beobachtung des Sabbat-Gebotes unter gesetzestreuen Extremisten. Sie ließen sich lieber wehrlos von den Truppen des Antiochus Epiphanes abschlachten, als daß sie am Sabbat auch nur einen Finger zur Selbstverteidigung rührten (1 Makk 2,34 ff); es bedurfte eines eigenen Beschlusses durch Mattathias und seine Freunde, daß man sich auch am Sabbat verteidigen müsse, um nicht den Feinden wehrlos preisgegeben zu sein (1 Makk 2,41).

6. Der Sabbat bei den Rabbinern und Essenern: *a) Bei den Rabbinern:* Der Mischna-Traktat Sabbat hat 24 Kapitel, der Tosephta-Traktat 18 Kapitel. Der Sabbat erscheint als Tag, an dem die Israeliten sich ihrer Familie und dem Thora-Studium widmen können: »am siebten Tag aber ruht er sich aus und vergnügt sich mit seinen Kindern und seinen übrigen Angehörigen«; »Wenn ihr auch alle übrigen sechs Tage normal arbeitet, so soll der Sabbat zur Gänze dem Thora-Studium gewidmet sein« (Seder Elijahu rabba, Friedmann 1902, 4).

Am Sabbat sind alle *'abôt m·lā'kā* verboten, d. h. alle Arbeiten, die bei der Errichtung der Stiftshütte und dem Kult in ihr erforderlich sind. Sabbat 7,2 werden 39 solche verbotene Arbeiten aufgeführt: 1–11 behandelt die Zubereitung des Brotes: Pflügen, Säen, Ernten, Garbenbinden, Dreschen, Worfeln, Auslesen, Mahlen, Sieben, Kneten, Backen. 12–24 handelt von der Anfertigung der Kleider: Scheren, Bleichen, Hecheln, Färben, Spinnen, Weben, 2-Webefäden-Ziehen, 2-Fäden-Weben, 2-Fäden-Spalten, Knoten, Knüpfen und Auflösen, 2-Stiche-Nähen, Aufreißen mit der Absicht, 2 Stiche zu nähen. 25–31 betrifft profanes Schlachten eines Rehs: Jagen, Schlachten, Fell-Abziehen, Einsalzen, Gerben, Abschaben, Zerschneiden. 32–33 betrifft das Schreiben: 2-Buchstaben-Schreiben, Auslöschen mit der Absicht, 2 Buchstaben neu zu schreiben. 34–39 behandelt verschiedene Bedürfnisse des Alltags: Bauen, Niederreißen, Licht-Auslöschen, Licht-Anzünden, Mit-dem-Hammer-Schlagen, Tragen eines Gegenstandes von einem Platz auf den anderen. Gestattet ist die Heilung eines Kranken, der in Lebensgefahr schwebt. »Wer (am Sabbat) das Licht auslöscht, weil er sich vor den Heiden, vor Räubern oder vor einem bösen Geist fürchtet, oder wer es wegen eines Kranken tut, damit dieser besser schlafen kann, ist frei von Schuld. Wenn er aber nur die Lampe schonen will oder es ihm nur um das Öl, den Docht leid ist, ist er schuldig (Sabbat 2,5). So ist es (Sabbat 18,3) gestattet, einer Frau bei der Geburt zu helfen und dabei eine Hebamme von einem Platz an den anderen zu rufen. (Allerdings bestand keine einheitliche Meinung, ob es auch gestattet sei, die Nabelschnur abzuschneiden.) Eine allgemeine Regel bringt Joma 8,6; jede Lebensgefahr verdrängt den Sabbat. Joma 84 b (bar.) empfiehlt, dabei nicht ängstlich zu sein, sondern sofort und ohne Skrupel zuzugreifen. Als allgemeine Regel gilt (Sabbat 19,1): »Jede Arbeit, die auch vor Sabbat-Eingang (also Freitag abends) hätte getan werden können, verdrängt nicht den Sabbat. Die Beschneidung aber, die vor Sabbat-Eingang nicht verrichtet werden kann, verdrängt den Sabbat.« Hinweise für die erlaubte Erleichterung der besonders beschwerlichen Sabbat-Vorschriften beinhaltet der Traktat Erubin.

b) In der Qumran-Gemeinde: In den Qumrantexten, insbesonders im Damaskusdokument, ist eine deutliche Verschärfung festzustellen. Wenn z. B. verboten ist, am Sabbat dem Vieh beim Werfen zu helfen, so erlauben die Rabbiner, dem Vieh einen gewissen Beistand zu gewähren (Sabbat 18,3). Das Verbot, dem Ertrinkenden zu helfen, widerspricht der rabbinischen Regel (Joma 8,6), daß jede Lebensgefahr den Sabbat verdrängt.

7. Jesus und der Sabbat, Sabbat und Sonntag: Jesus hat nicht den Sabbat an sich, sondern nur die enge Auslegung (Lk 4,16; Mt 24,20) verworfen. Die Sabbat-Verpflichtung muß der Nächstenliebe weichen (Mk 3,4; Lk 13,15 f); der Sabbat ist für den Menschen gemacht worden und nicht umgekehrt (Mk 2,27).

Da »der Menschensohn Herr des Sabbats ist« (Mk 2,28), hat Jesus den Sabbat abgeschafft, da der Neue Bund den Alten Bund ablösen sollte: »Es gibt keine Kontinuität zwischen dem jüdischen Sabbat und dem christlichen Sonntag. Der eine beschloß die Woche, der andere eröffnet die Woche der Zeiten, die neu sind durch das Gedächtnis der Auferstehung und der Erscheinungen des auferstandenen Christus und in der Erwartung seiner letzten Wiederkehr. Dennoch bedeutet der Sonntag die Erfüllung der Verheißungen, deren Vorbild der Sabbat war. Wie die anderen Verheißungen des Alten Testaments verwirklichen sich diese nicht in einer Institution, sondern in der Person Christi, in dem sich das ganze Gesetz erfüllt. Der Sonntag ist der ›Tag des Herrn‹, dessen, der die Last erleichtert, durch den, in dem und mit dem wir in die Ruhe Gottes selbst eintreten, Hebr 4,1–11« (de Vaux).

Sacharja

Gliederung: 1. Erster Teil des Buches Sacharja, Kap 1–8. a) Sacharjas Nachtgesichte; b) Historischer Hintergrund. 2. Zweiter Teil des Buches Sacharja, Kap. 9–11. 12–14. a) Inhalt; b) Entstehungszeit.

Das elfte Buch der 12 kleinen Propheten kann mit ziemlicher Genauigkeit datiert werden. Sacharja wurde in Palästina nach der Rückkehr seiner Eltern aus Babylon geboren. Er hat sogar den Zeitpunkt seiner Prophezeiungen angegeben: »Im zweiten Jahr des Darius im achten Monat (also 521 v. Chr.) erging an den Propheten Sacharja, den Sohn Berechjas, des Sohnes Iddos, das Wort des Herrn« (1,1). Das 7. Kap. be-

ginnt mit den Worten: »Im vierten Jahr des Königs Darius ... am vierten Tage des neunten Monats, im Monat Kislew.«
Das Buch enthält 14 Kapitel. Viele Gelehrte sind jedoch der Meinung, lediglich die ersten acht Kapitel seien mit einiger Sicherheit dem Propheten Sacharja, der ein Zeitgenosse des Propheten *Haggai war, zuzuschreiben. Denn in Kap. 9–14 deutet nichts auf diese Entstehungszeit hin, so daß man sie für eine spätere Nachschrift hält.
Nach einer Einleitung (1,1–6), die zu Umkehr und Gehorsam gegenüber den Worten früherer Propheten aufruft, beschreibt Sacharja eine Reihe von Visionen, in denen Engel ihm das »Wort« Gottes erklären und deuten. Die Tatsache, daß hier Visionen und Engel die Botschaft vermitteln, steht, zusammen mit der apokalyptischen Symbolik des Buches, in deutlichem Gegensatz zu den Berichten der meisten früheren Propheten; freilich war *Ezechiel, etwa eine Generation vor Sacharja, ganz ähnlich aufgetreten.
1. Erster Teil des Buches Sacharja, Kap. 1–8: *a) Sacharjas Nachtgesichte:* Die erste Vision (1,7–17) zeigt ihm verschiedenfarbige Pferde; sie stellen die vier Nationen der Erde dar, die gekommen sind, um Juda zu zerstören. Es folgt ein zweites Gesicht (1,18–21), in dem die vier Pferde von vier Schmieden niedergeworfen werden. Die dritte Vision (2,1–5) symbolisiert den Wiederaufbau Jerusalems in einer Größenordnung, die es unmöglich macht, die Stadt mit einer Mauer zu umgeben. Das vierte Gesicht (Kap. 3) zeigt den Hohenpriester Josua, wie er über den Satan triumphiert. Er wird von Gott gerechtfertigt und gerettet wie »ein aus dem Feuer gerissenes Scheit« (3,2). Er ist damit das Symbol der neuen jüdischen Gemeinde, die in den Feuern der Widerwärtigkeiten geläutert wird.
Die fünfte Vision, vom siebenarmigen Leuchter (Kap. 4), symbolisiert den Wiederaufbau des Tempels, und die beiden Ölbäume bedeuten die gemeinsame Führung Israels durch den König und den Hohenpriester. Die Verse 6–10 dieses Kapitels bilden einen selbständigen und unabhängigen Textabschnitt. Hier ist allein vom messianischen Königreich die Rede, das dem Serubabel verheißen wird. Der Rest dieses Abschnittes bezieht sich auf eine spätere Zeit, als Serubabel verschwunden und Josua Hoherpriester war (s. *Haggai). Das sechste Gesicht mit der fliegenden Schriftrolle (5,1–4) stellt den Fluch dar, der alle Diebe und Meineidigen treffen soll. Darauf folgt die symbolische Gefangenschaft der Bosheit, dargestellt durch das Weib in dem mit einem Bleideckel verschlossenen Scheffelmaß (5,5–11).
Das achte Gesicht zeigt vier Wagen, deren Pferde verschiedenfarbig sind. Sie kommen zwischen Bergen aus Erz hervor und tragen die Botschaft Gottes zu den vier Enden der Erde. Sodann folgt die Weisung (6,9–15), Silber und Gold zu nehmen und Serubabel eine Krone zu machen; denn ihn hat Gott dazu bestimmt, den Tempel wieder aufzubauen.
Kap. 7 und 8, die über Geschehnisse aus dem vierten Regierungsjahr des Königs Darius (519/518 v. Chr.) berichten, enthalten die Antwort auf die Anfrage einer Gesandtschaft aus Samaria, ob die Fasten am Jahrestag der Zerstörung des Tempels noch immer zu beobachten seien, da doch sein Wiederaufbau nahezu vollendet sei. Sie erhalten die Antwort, wegen der Sünden des Volkes sei es notwendig zu fasten. Sie werden mit der endgültigen Errettung Anlaß zur Freude werden, und dies nicht nur für die Juden, sondern für alle Völker. Hier hat der erste Hauptteil des Buches seinen Höhepunkt, und hier finden sich einige stilistisch sehr schön gefaßte Verheißungen, daß Juda in die Huld Gottes zurückkehren und Gott seinen Segen über das Land ausgießen wird. »In jenen Tagen werden zehn Männer aus Völkern aller Zungen einen Juden beim Rocksaum fassen und sagen: ›Wir wollen mit euch gehen; denn wir haben gehört, daß Gott mit euch ist‹« (8,23).
b) Historischer Hintergrund: Sacharja lebte und wirkte als Prophet in einer sehr düsteren Epoche der Geschichte seines Volkes. Der größte Teil Judas lag in Schutt und Asche. Jerusalem war noch nicht wiedererstanden, und der Wiederaufbau des Tempels war noch nicht beendet. Das Land befand sich politisch und wirtschaftlich in einer mißlichen Lage. Die persische Herrschaft die sich – zumindest was die religiöse Freiheit betraf – recht wohlwollend verhielt, war nichtsdestoweniger eine unwillkommene Last. Während der ersten Jahre der Regierung des Darius, als Aufstände die Wurzeln des persischen Reiches bedrohten und überall nationalistische Bewegungen aufflammten, war auch Juda davon nicht verschont geblieben. Viele Juden, unter ihnen auch der Prophet *Haggai, ersehnten den unmittelbaren Zerfall des persischen Reiches.
Dagegen prophezeite Sacharja, daß die Perserherrschaft sich von größerer Dauer

erweisen könnte, als seine Landsleute es erhofften. Wohl war er sich der Vergänglichkeit irdischer Reiche bewußt. Aber es ging ihm darum, seinem Volk Trost zu bringen, sie zu ermutigen, sich ihrer Schwierigkeiten nicht durch politische Abenteuer zu entledigen. Vielmehr sollten sie den Grundsätzen ihres Glaubens die Treue halten, Gerechtigkeit üben, einander Güte und Verständnis entgegenbringen, sich der Witwen, der Waisen, der Fremden und der Armen annehmen und das Böse aus ihrem Herzen fernhalten.

Sacharja schaute ein Reich; aber es war das himmlische Reich, dessen irdische Hauptstadt in einem neuen Jerusalem bestand. Dieses allein würde von Dauer sein und die Erlösung über die ganze Erde bringen. Angesichts dieser Schau erwartete Sacharja einen eschatologischen Herrscher: »Der Herr unser Heil«, den »gerechten Sproß«. Diesen Namen hatte Jeremia dem kommenden Messiaskönig gegeben (Jer 23,5–7 ff), um damit anzudeuten, daß er die Rolle eines Vollstreckers des göttlichen Willens zur Erneuerung der Erde übernehmen wird. Im Sacharjatext bleibt die Rolle des lebenden Serubabel und seines symbolischen Gegenspielers unklar.

2. Zweiter Teil des Buches Sacharja, Kap. 9–11. 12–14: Die Kapitel 9–14 stellen ein völlig anderes Werk dar und verdienen es, eigens erörtert zu werden.

a) Inhalt: Kap. 9 enthält die Verheißung der Ankunft des Messiaskönigs. Er »reitet auf einem Esel, auf einem Füllen einer Eselin« (9,9), und wird den Frieden bis an die Grenzen der Erde bringen. Kap. 10 wiederholt das Versprechen, daß das verstreute Israel gesammelt und über die Mächte der Erde triumphieren wird.

Kap. 11 ist eine Allegorie der schlechten Hirten, die ihr Volk im Stich gelassen haben. Der historische Bezug bleibt hier allerdings undeutlich.

Kap. 12 enthält eine eschatologische Beschreibung eines heidnischen Überfalls auf Jerusalem und das Haus Davids; die aber gerettet werden, Buße tun und von der Unreinheit und den falschen Propheten befreit werden (13,1–6).

Nach Ansicht einiger Exegeten ist der Text der Verse 7–9 des Kap. 13 als eine Fortsetzung der Weissagung über den Hirten (11,4–17) zu betrachten, in der dem Hirten, der seine Herde verläßt, die Strafe und die Ausrottung von zwei Dritteln des Landes angedroht wird. Der dritte Teil wird ins Feuer gebracht und geläutert werden wie man Silber läutert (13,1), und dieser wird dann das folgsame Volk Gottes werden. Hier wird die Aussage des Propheten *Jesaja hörbar, wonach der Rest das Erbe Israels bewahren und weiterführen wird (Jes 37,32).

Im Kap. 14, mit dem das Prophetenbuch schließt, ist vom letzten Sturm auf Jerusalem die Rede. Dann wird Gott kommen, um für sein Volk zu streiten und die Fronten umkehren: Israels Feinde werden vernichtet, und schließlich wird Gottes Herrschaft über dem ganzen Erdkreis aufgerichtet werden.

Diese apokalyptischen Aussagen beziehen sich nicht, wie die vorhergehenden Kapitel, auf die historische Zeit der Restauration und auf die historischen Gestalten Serubabel und Josua; sie stehen in keiner Verbindung mit den Juden und auch nicht mit dem Wiederaufbau des Tempels und der Stadt. Sie scheinen eine ganz andere Welt und andere lokale Verhältnisse zu meinen als die der ersten acht Kapitel. Die darauffolgenden Kapitel stehen in keinem Verhältnis zu den tatsächlichen Nöten des Volkes zu jener Zeit. Außerdem ist ein merklicher Unterschied im Stil erkennbar. Die neue Überschrift (im hebr. Text) *massā d·bar Jahwe* (die Last des Wortes des Herrn) deutet ganz klar an, daß dieser Abschnitt später geschrieben worden ist als die ersten acht Kapitel.

b) Entstehungszeit: Die spätere Weissagung hinterläßt den allgemeinen Eindruck, als ob sie aus einer verhältnismäßig späten Epoche käme, wenn auch darin recht alte Vorlagen verwendet worden sind. Das genaue Entstehungsdatum ist unbekannt. Unter den vielen Theorien, die man hierüber aufgestellt hat, scheint die annehmbarste jene zu sein, die von vielen Bibelwissenschaftlern vertreten wird: demnach soll dieser Teil mehr oder weniger um die Zeit der Feldzüge Alexanders des Großen (vgl. besonders 9,1–8) entstanden sein. Ihn schaut der Prophet, wie er im Triumph vom Norden gegen Süden vormarschiert und sich die Erbfeinde Israels unterwirft. Mit ihrem Fall wird die Wiedererrichtung des alten Königtums Davids möglich, und zwar unter dem Messiaskönig, der geritten kommt auf einem Eselsfüllen, um der Welt den Frieden zu bringen. Diese herrliche Vision eines triumphalen Einzugs in Jerusalem, die frei von jeglichen kriegerischen Vorstellungen ist, wird bei Matthäus (21,5) zitiert und klingt bei Markus (11,1–10) und Lukas (19,29–38) an als die Erfüllung der Prophezeiung des Sacharja.

Sadduzäer

Gliederung: 1. Herkunft und Bedeutung. 2. Geschichte. 3. Informationsquellen. 4. Lehren.

Man nimmt allgemein an, daß der hebräische Name der Sadduzäer, *ṣedūqīm,* sich von Zadok ableitet, dem traditionellen Ahnherrn aller Hohenpriester von David bis ins Jahr 162 v. Chr., dem Jahr also, da die *Hasmonäer das Amt für sich beanspruchten und damit endgültig die zadokidische Hierarchie abschafften.

1. Herkunft und Bedeutung: Den Kern dieser Partei bildete die wohlhabende Schicht der Landbesitzer, Hofleute und großen Kaufherren, die eine ähnliche Stellung innehatten wie die Tobiaden in früherer Zeit (s. *Hasmonäer). Wenn es zutrifft, daß der Name Sadduzäer ursprünglich »Söhne Zadoks« bedeutete, dann ist dies schon ein Zeichen für den Zusammenhang, der zwischen ihnen und der alten Jerusalemer Aristokratie bestand. Doch haben wohl die verschiedensten Gruppen einander widersprechende Ansprüche auf Beziehungen zu den »Zadokiden« erhoben. Einige Gelehrte glauben, daß eine frühere Gruppe von Zadokiden der Usurpation des hohenpriesterlichen Amtes durch die Hasmonäer Widerstand entgegengesetzt habe. Von diesen Männern – die *Josephus und der Talmud Sadduzäer nennen – hätte sich aber ein Teil mit den Hasmonäern ausgesöhnt. Andere, die sich auch Zadokiden nannten, seien (nach dem sektiererischen Damaskus-Dokument; s. *Qumran) hinaus in die Wüste gegangen, wo sie am Toten Meer die Sekte von Qumran gegründet hätten.

Als Partei der Priester und der Tempelwache – der Tempel war Mittelpunkt des Judentums – hatten die Sadduzäer auf das religiöse und politische Leben ihres Volkes großen Einfluß. In der theokratischen jüdischen Gesellschaft gehörte die höhere Priesterschaft dem Adel an. Es waren Männer von hoher Kultur und Bildung. Ihre gesellschaftlichen Vorrechte und ihre konservative Einstellung machten sie beim Volk nicht sehr beliebt, aber dafür verfügten sie über enge Beziehungen zu den meisten Hasmonäerfürsten und übten zeitweise großen politischen Einfluß aus. Da sie die Kontrolle über den Tempelschatz innehatten, der – abgesehen von seinen goldenen und silbernen Kostbarkeiten – durch die Erhebung der alljährlichen Tempelsteuer von einem halben Sekel von jedem männlichen Juden sowie durch reiche freiwillige Spenden von frommen Juden aus aller Welt ein ungeheures Vermögen darstellte, erreichten sie auch wirtschaftlich eine Vormachtstellung im Land.

2. Geschichte: In hellenistischer Zeit trieben die politischen Interessen der Juden einem neuen, offensichtlich irreligiösen Trend zu. Der nationalistische Aufstand der Makkabäer (*Hasmonäer) machte ihm ein Ende und führte zu einer Wiederbelebung und Stärkung des religiösen Lebens. Die Pioniere dieser Bewegung waren die *Chasidäer, die den Makkabäern zu Hilfe kamen und den Grundstein für eine neue Partei der Frommen, der *Pharisäer, legten. Die Sadduzäer gehörten ursprünglich nicht zur Partei derer, die der Hellenisierung Vorschub leisteten; es ist vielmehr wahrscheinlich, daß auch sie ihren Ursprung von der chasidäischen Bewegung herleiten können.

Mit dem Verlust des hohenpriesterlichen Amtes sank der Einfluß der Sadduzäer beträchtlich, vor allem unter der Königin Alexandra Salome. Die Sadduzäer glaubten, nur dann ihre religiöse Vormachtstellung wiedererlangen zu können, wenn es ihnen gelänge, das Monopol der Interpretation des mosaischen Gesetzes, das ihre Rivalen, die Pharisäer, innehatten, zu brechen. Es ist möglich, daß die Sadduzäer nicht aus einem tieferen religiösen Gefühl heraus so starr am Buchstaben des mosaischen Gesetzes festhielten, sondern ihren Konservativismus als politische Waffe gegen die gesetzgeberische Gewalt der Pharisäer gebrauchten.

Die Sadduzäer hatten auch unter *Herodes I., dem Großen, zu leiden, der das Prinzip der Erblichkeit im hohenpriesterlichen Amt ablehnte. Aus dem NT und von *Josephus wissen wir aber, daß später alle Hohenpriester Sadduzäer waren. Da die Existenz und Macht der Sadduzäer so eng an das politische Geschehen sowie den Tempel und seine Hierarchie geknüpft waren, bedeutete die Zerstörung des Tempels im Jahre 70 n. Chr. zugleich die Auflösung der sadduzäischen Partei. Als den Juden alle politische Macht genommen war, blieben die Pharisäer die einzige religiöse Autorität für die Masse des Volkes.

3. Informationsquellen: Eine historisch zuverlässige Darstellung der Sadduzäer und ihrer Rolle im zeitgenössischen Judentum ist wegen des geringen und meist nicht unparteiischen Quellenmaterials kaum möglich.

*Josephus, der ihnen an sich nicht unfreundlich gegenübersteht, führt uns mit seiner Beurteilung in die Irre, denn er be-

schreibt sie seinem griechischen Publikum in den Begriffen der »philosophischen« Schulen seiner Zeit. So überliefert er uns ein Bild von den Sadduzäern, das dem der Jünger Epikurs nicht unähnlich ist.
Spätere talmudische Quellen, die im wesentlichen pharisäischer Herkunft sind, stellen die Sadduzäer fast als Heiden hin. Das ranghöhere sadduzäische Priestertum war jedoch in den Fragen der Religion und der Tempelliturgie gut bewandert. Es besteht kein Anlaß, sie als Freidenker oder *'apîkôrsîn* (ein Euphemismus für Hellenisten) abzustempeln.
Das NT ist gegen die Sadduzäer deutlich voreingenommen – aus vielen Gründen, nicht nur wegen des Prozesses Jesu und der Art, wie die Sadduzäer ihn in ein Gewebe priesterlicher Intrigen verwickelten.
Im allgemeinen muß man sowohl die Pharisäer als auch die Sadduzäer als ein Phänomen der jüdischen Geschichte beurteilen. Soweit die Sadduzäer einen Großteil der jüdischen Führerschicht stellten, verdanken wir ihrer konservativen Haltung einen wertvollen und dauernden Beitrag für das Judentum, da sie seine alten Traditionen bewahren halfen.
4. Lehren: Die Sadduzäer waren viel mehr mit materiellen Interessen befaßt als ihre Gegenspieler, die *Pharisäer. Dies mag zum Teil auch ihre konservativen Ansichten in religiösen und weltlichen Fragen erklären. Ihre Haltung resultierte vor allem aus dem starren Festhalten am geschriebenen Gesetz des Moses und den Büchern der Schrift. Sie lehnten den Glauben an eine zukünftige Welt sowie an eine Auferstehung von den Toten oder an die Unsterblichkeit der Seele ab, weil Moses nichts darüber gesagt hatte. Bei ihren Entscheidungen in Rechtsfragen hielten sich die Sadduzäer mehr an das geschriebene Wort der Thora als die Pharisäer. Dies ist deutlich aus den in der *Mischna überlieferten Disputationen herauszulesen.
Die Sadduzäer vertraten die Ansicht, daß die Menschen bestrebt sein müßten, in dieser Welt Gutes zu tun, ohne auf Lohn in einer zukünftigen Welt zu hoffen. Die pharisäische Vorstellung von einem göttlichen Eingreifen in die Angelegenheiten der Menschen lehnten sie ab. Sie glaubten vielmehr, daß der Mensch völlig frei zwischen Gut und Böse wählen könne, während Gott jenseits der irdischen Anliegen des Alltagslebens stehe.
Im Gegensatz zu ihren wendigeren Gegenspielern erkannten die Sadduzäer nur die traditionellen Gesetzesinterpretationen an (s. *Gesetz Israels; *Pharisäer 3 d). Sie betrachteten die Thora als bindend für alle auftauchenden Probleme und verwarfen neue Gesetze und Institutionen, weil ihnen die göttliche Autorität ermangle. Dem mündlichen Gesetz der Pharisäer sprachen sie jede Autorität ab, da dieses nur »aus der Autorität der Väter« stamme. Das Vergeltungsgesetz des »Aug' um Auge« legten sie im Gegensatz zu den Pharisäern buchstäblich aus, und bei mit Todesstrafe bedrohten Vergehen hielten sie sich strikt an das vorgeschriebene Strafmaß. Josephus berichtet uns aber, daß sie allmählich mehr dazu übergingen, sich den milderen Interpretationen der Pharisäer anzuschließen, schon allein um der Unzufriedenheit im Volk zu begegnen (s. *Pharisäer 3 e).
Auch in der Frage der Erwachsenenbildung vertraten die beiden Parteien gegensätzliche Standpunkte. Während die Pharisäer eine demokratischere Einstellung zeigten, gestatteten die Sadduzäer nur den Priestern, sich eine intensivere Kenntnis des Gesetzes anzueignen – eine recht starre Anwendung einer ehemals wertvollen Vorschrift (s. *Pharisäer).

Samaria

Gliederung: 1. Gründung und Lage. 2. Geschichte. 3. Archäologische Funde. a) Die Zeit von Omri und Ahab; b) Samarias Glanzzeit; c) Die Perserzeit; d) Die Stadt der Griechen und Römer.

1. Gründung und Lage: Nach der Bibel wurde Samaria vom König des Nordreiches Omri gegründet (1 Kg 16,24). Samaria war von 880–721 Hauptstadt des Nordreiches Israel. Der Name Samaria bezeichnet aber auch noch die Provinz von Mittelpalästina in der Perserzeit. Die Bibel leitet 1 Kg 16,24 den ursprünglichen Stadtnamen von Semer, dem früheren Eigentümer des Hügels, ab. Im Hügel haben sich Spuren einer vorübergehenden Besiedlung in der Zeit der ersten Städtebildung gefunden. Auch Reste einer kanaanäischen Siedlung kamen zum Vorschein. Daraus geht hervor, daß die israelitische Stadt Samaria wie viele andere über den Ruinen eines früheren, kanaanäischen Platzes erbaut war. Wie in einer anderen alten Erzählung die Bemühung geschildert ist, wie Abraham rechtlich unanfechtbares Eigentum an der Höhle von Machpela gewann, und im Gegensatz zu dem erfolglosen Versuch des Ahab, des Sohnes von Omri, den Weinberg des Naboth rechtlich in seinen Besitz zu bringen, diente die Erzählung, wie Semer seinen Besitz abtrat, dazu, den Ort Samaria als

persönliches Eigentum und Residenz des Königs rechtlich auszuweisen.
Samaria lag an der Haupt-Nord-Süd-Straße von Palästina. So war es günstig gelegen, Handel und friedlichen Kulturaustausch unter den zehn Stämmen des nördlichen Reiches zu vermitteln. Der Hügel von Samaria, 11 km nordwestlich der heutigen Stadt *nāblus* (*Sichem) und damit in der geographischen Mitte von Palästina, beherrscht die umliegende Landschaft, war allerdings in Kriegszeiten leichter anzugreifen als Jerusalem. Zum erstenmal eroberten es die Feinde Israels im Norden (*Aramäer), danach die Assyrer.

2. Geschichte: Über die Regierung Omris in der Stadt ist sehr wenig bekannt. Die paar kurzen Sätze, mit denen die Bibel über seine Regierung hinweggeht, stehen in keinem Verhältnis zu seiner tatsächlichen Bedeutung. Seinen Sohn Ahab schildert sie viel eingehender. Die Drohungen des Propheten Elia gegen die Ausbreitung der kanaanäischen Kultur und Religion, die Ahabs phönikische Gattin begünstigte, malen das städtische Wohlleben in Samaria und an seinem Hof mit lebhaften Farben. Der Dynastie Omris machte Jehu ein revolutionäres Ende. Samaria aber blieb der Mittelpunkt des nördlichen Israel unter den nachfolgenden Königen. Unter diesen ist Jerobeam II. einer der berühmtesten. Mit seinem Tod 748 v. Chr. endete die Zeit des Gedeihens für Samaria und das Nordreich (s. *Israel und Juda 2 d). Die assyrische Expansion bedrohte damals Israel. Als Tiglatpilesar Israel und Juda angriff, erlitt Israel eine Niederlage und verlor die Gebiete von Megiddo, Dor und Gilead. Sein neuer König Hosea regierte Samaria als assyrischer Vasall, aber Tiglatpilesars Tod erweckte Hoffnungen auf Unabhängigkeit. Hosea stellte die Tributzahlungen ein in der Hoffnung auf ägyptische Hilfe. Aber der neue assyrische Herrscher Salmanassar V. übte rasche Vergeltung. Hosea wurde gefangen, und ganz Israel fiel in assyrische Hand, mit einer einzigen Ausnahme: die Stadt Samaria selbst. Die Stadt war imstande, zwei Jahre lang der Belagerung durch Salmanassars Heer standzuhalten. Das ist ebensosehr ein Beweis für die Stärke der Verteidigungsanlagen wie für die Entschlossenheit der Bürger. Als es endlich 721 v. Chr. fiel, war dies auch das Ende des Reiches Israel (2 Kg 17). Die Assyrer taten, wie sie es in eroberten Ländern gewohnt waren: die einheimischen Bewohner wurden verschleppt und fremde an ihre Stelle gesetzt. Aus der neuen Mischbevölkerung von Samaria ging die jüdische Sekte der *Samaritaner hervor. Ihre Lebensweise vereinte altisraelitische Züge mit den Sitten der neu Angesiedelten. Das ergab eine synkretistische Form der Jahweverehrung. Als Verwaltungsmittelpunkt einer Provinz namens Samerina wurde Samaria wieder aufgebaut. Unter der Perserherrschaft blieb es Provinzhauptstadt (6. bis 4. Jhdt. v. Chr.).
Tatsächlich überwachte Samaria die ganze Gegend. Es hatte schon längst das alte Sichem überflügelt als politischer und religiöser Mittelpunkt des mittleren und nördlichen Israel. Sichem war im 8. Jhdt. v. Chr. zerstört worden, dann wieder besiedelt und diente den israelitischen Königen als Stapelplatz für die Einhebung der Naturalsteuern.
Als die Juden aus Babylon zurückkehrten, boten die Samaritaner, deren Hauptsitz damals Sichem war, für den Wiederaufbau von Jerusalem ihre Hilfe an. Die Zurückweisung des Angebots und anschließende Zusammenstöße führten eine starke und dauernde Gegnerschaft zwischen *Samaritanern und dem Volk von Judäa, den Juden, herbei.
Solange Nehemia lebte (Anfang der 2. Hälfte des 5. Jhdts. v. Chr.), war Sanballat Statthalter in der Provinz Samaria. Nach dem Zeugnis von Neh 2,19; 4,7 war er die bedeutendste Persönlichkeit im Lande westlich des Jordan und verwüstete Judäa (s. *Restauration und Perserzeit, Esra und Nehemia). In neuerlich gefundenen aramäischen Papyri aus Samaria aus dem 4. Jhdt. v. Chr. ist Sanballat und seine Familie genannt. In der 2. Hälfte des 4. Jahrhunderts bauten die Samaritaner Samaria als ihre Hauptstadt wieder auf (s. unten 3 c).
Alexander der Große nahm 332 v. Chr. Samaria ein. Es heißt, daß viele Samaritaner nach Sichem ausgewiesen wurden, während Samaria von syrischen und makedonischen Söldnern neu besiedelt wurde. Beide Städte blühten weiter, Sichem erstarkte wiederum als Mittelpunkt der Samaritaner, Samaria als heidnische, hellenistische Kolonie.
Der *Hasmonäer Johannes Hyrkan eroberte Samaria und zerstörte es 107 v. Chr., 20 Jahre nachdem er Sichem zerstört hatte. Die Hasmonäer zwangen den Samaritanern die jüdische Religion auf, so daß sie, abgesehen von geringfügigen älteren Überlieferungen, mit den Samaritanern der vorherigen Zeit nichts mehr zu tun haben. Sie bekannten im wesentlichen den

Abb. 695. Reste der Stadtmauern von Samaria

Abb. 696. Straße Samarias aus der Zeit der Herodier

Abb. 697. Mauern des von König Ahab in Samaria errichteten Palastes

Abb. 698–701. Elfenbeinschnitzereien aus Samaria (ca. Ende 8. Jhdt. v. Chr.)

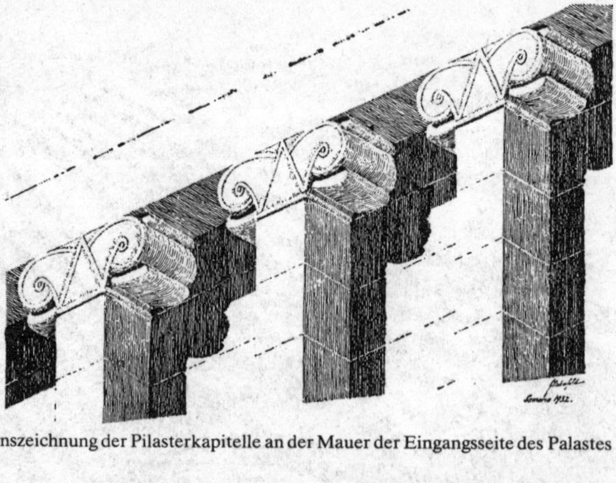

Abb. 702. Rekonstruktionszeichnung der Pilasterkapitelle an der Mauer der Eingangsseite des Palastes von Samaria

Abb. 703. Reste eines zur Zeit des Herodes in Samaria erbauten Theaters

Abb. 704. Freitreppe des Tempels, den Herodes zu Ehren des Kaisers Augustus in Samaria errichten ließ

jüdischen Glauben, gehörten aber keiner der größeren Sekten an (s. *Samaritaner). In der Römerzeit baute Gabinius, der Nachfolger des Pompeius, die Stadt wieder auf. Ihren größten Glanz erreichte sie unter der Regierung *Herodes I., des Großen. Zwischen 30 und 20 v. Chr. erbaute er eine neue Stadtmauer und einen Tempel zu Ehren des Augustus, ein Forum, eine Basilika und eine Wasserleitung. Herodes gab der Stadt zu Ehren seines Beschützers Caesar Augustus den neuen Namen Sebastia (griechische Übersetzung von Augustus), und der Name blieb an dem arabischen Dorf *sebasṭīje* haften, das heute an der Stelle steht. Zur Zeit des NT spielten Samaria und die Samaritaner eine wichtige Rolle. Im Gegensatz zur Haltung des offiziellen Judentums waren die frühen Christen willig, die Samaritaner als ihresgleichen aufzunehmen. Und sie boten den Christen das erste Feld für Missionstätigkeit dar. Hier wirkten Simon Magnus, Philippus, Petrus und Johannes (Apg 8,5–17).

3. Archäologische Funde: Samaria war fünfzehn Jahrhunderte lang ununterbrochen besiedelt, vom 9. Jhdt. v. Chr. bis in die byzantinische Zeit. Aus seiner langen Geschichte sind reiche Überreste an Architektur, Kunstwerken und Inschriften übriggeblieben.

Die Ausgrabungen begannen 1908 bis 1910 und dann wieder 1931 bis 1935. Die Harvard-Universität, der Palestine Exploration Fund und die hebräische Universität waren daran beteiligt. Diese Ausgrabungen lieferten Zeugnisse aus allen Perioden der Besiedlung.

Die Trümmerstätte bedeckte 10 ha, nämlich eine große Akropolis, umgeben von einer Kasemattenmauer. Auf der Akropolis war ein Königspalast in assyrischem Stil gebaut. Drei Hauptabschnitte der Geschichte Samarias sind auf den Abbildungen dargestellt.

a) Die Zeit von Omri und Ahab (880–850 v. Chr.): Die einfachen Mauern **(Abb. 695),** die Omris Stadt umgaben, waren auf dem Gipfel des Hügels festzustellen. Ein ummauertes Wasserbecken aus der Zeit erinnert an den »Teich«, in dem Ahabs Wagen nach seinem Tod gesäubert wurde (1 Kg 22,38). Ahabs Bautätigkeit übertraf die seiner Vorgänger bei weitem. Fast alle Mauern seines Palastes **(Abb. 697)** sind Kasemattenmauern. Spätere Könige bauten ihre Paläste im gleichen Gebiet wie die früheren. Die Pilasterkapitelle im protojonischen Stil **(Abb. 702,** restauriert) an der Mauer der Eingangsseite, beweisen die verfeinerte Kultur.

Zwei der wichtigsten Funde der ganzen Ausgrabungen kamen in diesem Gebiet zutage; zuerst die Elfenbeinschnitzereien **(Abb. 698–701).** Ihre Datierung ist unsicher, doch darf man sie ungefähr Ende des 8. Jhdts. v. Chr. ansetzen. Die Stücke der Elfenbeinvertäfelung, die man in Samaria gefunden hat, zeigen, daß es dort ein Gebäude gab, dessen Wände und Möbel üppig mit Elfenbeinschnitzereien verziert waren. Wenn es heißt, daß Ahab einen Elfenbeinpalast gebaut hat (1 Kg 22,39), so geben sie dazu eine glänzende Bestätigung.

Diese Elfenbeinschnitzereien sind für die Kunstgeschichte des alten Israel höchst aufschlußreich. Sie zeigen einen engen Zusammenhang mit der phönikischen Kunst und (durch diese vermittelt) mit der ägyptischen Kultur. Sie führen uns die Welt jener Zeit vor Augen, wie sie mindestens in den Königspalästen in Erscheinung trat.

b) Samarias Glanzzeit (810–745 v. Chr.): Der andere überragende Fund waren die Ostraka von Samaria (s. *Inschriften 4 d). Auch ihre Datierung ist umstritten. Man datiert sie in die Zeit des Königs Menahem von Israel (747–737 v. Chr.), aber eine andere Meinung setzt sie unter Jerobeam II. an (789–748 v. Chr.). Es handelt sich dabei um eine Reihe von Scherben, auf denen kurze Inschriften stehen. Diese lassen sich verschieden deuten. Y. Yadin hält sie für Rechnungen königlicher Beamter, die Lieferungen von Öl und Wein für die königlichen Vorratsräume in Empfang nahmen. Unter dieser Voraussetzung würde die Inschrift von Ostrakon 18 z. B. lauten: »Im 10. Jahr. Aus Hazeroth, dem Gaddijahu gehörig, ein Krug feines Öl.«

c) Die Perserzeit (6.–4. Jhdt. v. Chr.): 1963 kam ein neues Zeugnis für das Leben in Samaria gegen Ende der Perserzeit ans Licht. P. W. Lapp entdeckte etwa 40 Papyri in den Höhlen von *wādi ed-dālije* im Jordantal östlich von Samaria. Sie sind um 375–335 v. Chr. zu datieren. F. M. Cross hat die Papyri entziffert. Sie enthielten Geschäftsaufzeichnungen über Bodenbesitz, Anleihen, gebrochene Verträge, Ehescheidung (s. *Familie) und Kauf, Verkauf und Freilassung von Sklaven (s. *Sklaverei). Um diese Zeit regierten in Samaria verschiedene Angehörige des Hauses Sanballat. Der letzte in der Folge ist Sanballat III., der von Sanballat I. (um 445 v. Chr.) abstammte, der bei der Ankunft des Nehemia in Jerusalem der Statthalter von Samaria *pḥt šmrn* gewesen war.

d) Die Stadt der Griechen und Römer: Aus der hellenistischen Zeit sind gewaltige Befestigungen zutage gekommen; vor allem ein runder Turm, der fest gebaut und gut erhalten ist.
Die römische Stadt wurde von Herodes reich ausgeschmückt. Es haben sich eindrucksvolle Reste von säulengeschmückten Straßen **(Abb. 696),** Läden, einem Theater **(Abb. 703)** und von Tempeln erhalten. Von dem Tempel, den Herodes zu Ehren des Kaisers Augustus errichtet hat, ist nichts übrig als die großartige Freitreppe **(Abb. 704).** In frühchristlicher Zeit wurden Kirchen zu Ehren Johannes des Täufers errichtet, der angeblich in Samaria begraben war.
In der byzantinischen Zeit, 6. Jhdt. n. Chr., verlor Samaria seine frühere Bedeutung, und unter den Arabern schrumpfte die ehemals große Stadt zu einem kleinen Dorf zusammen, das mitten in den Ruinen der alten Stadt liegt.

Samaritaner
Gliederung: 1. Geschichte. a) Ursprünge; b) Die Samaritaner und die Restauration; c) Feindschaft zwischen Samaritanern und Juden; d) Die Samaritaner und das Christentum; e) Geschick der Samaritaner in der Zeit nach Christus. 2. Die literarische Tradition der Samaritaner. a) Schrift; b) Die Thora der Samaritaner; c) Palästinensische und masoretische Traditionen; d) Literarische Renaissance. 3. Die Religion der Samaritaner. a) Gesetzesbeobachtung, Kalender und Feste; b) Das Passahopfer; c) Samaritaner, Sadduzäer und Qumran.
1. Geschichte: *a) Ursprünge:* In 2 Kg 17, 24–41 lesen wir, daß nach der Eroberung Samarias, der Hauptstadt des Nordreiches, durch die Assyrer 721–720 v. Chr. die Einwohner ins Exil geführt wurden und an ihrer Statt ein Völkergemisch von Deportierten aus Babylon, Hamath (Nordsyrien) und anderen Ländern angesiedelt wurde. Nur ein Rest aus den israelitischen Stämmen Ephraim und Manasse war noch im Land verblieben (2 Chr 34,9; Jer 41,5). Die neuen Siedler nahmen die Religion des Heimatlandes an, doch berichtet 2 Kg 17,41: »So waren also diese Völkerschaften zwar Verehrer des Herrn, zugleich aber Diener ihrer Götzenbilder.«
Außer diesen wenigen Auskünften ist über die Geschichte der neuen Einwohnerschaft Samarias bis zur Perserzeit nichts bekannt.
b) Die Samaritaner und die Restauration: Als die Exulanten von Babylon nach Judäa zurückkehrten, erboten sich die Samaritaner, beim Wiederaufbau des Jerusalemer Tempels zu helfen (s. *Restauration und Perserzeit, Esra und Nehemia). Ihr Angebot wurde jedoch von Serubabel, Jesua und den anderen Führern zurückgewiesen. Auch Esra und Nehemia lehnten jeglichen Kontakt zwischen Juden und Samaritanern ab (Esr 4,1–3; 8 ff), obwohl diese oft nicht verhindert werden konnten. So war die hohepriesterliche Familie von Jerusalem durch Heirat mit der Familie Sanballats, des Gouverneurs von Samaria, verschwägert. Über Sanballat geben die Samariapapyri aus dem Ende des 4. Jhdts. v. Chr. (erst kürzlich von F. M. Cross erworben, doch noch nicht veröffentlicht), die man etwa fünfzehn Kilometer nördlich von Qumran entdeckte, weitere Auskünfte. Trotz mancher »Mischehen« waren die Beziehungen zwischen den beiden Völkern während des 5. und bis zum Ausgang des 4. Jhdts. v. Chr. mehr und mehr gespannt (s. unten).
Viele Gelehrte sind der Ansicht, daß die Ursprünge des Zwistes schon in der Trennung zwischen dem Nordreich Israel und dem Südreich Juda zu suchen sind (s. *Israel und Juda). Zur Zeit der Restauration lebte der alte Streit wieder auf und wurde weiter geschürt. Die Samaritaner beobachteten das Gesetz des Pentateuch wörtlich (eine theologische Einstellung, die sie mit dem Priestergeschlecht Zadoks und später mit den *Sadduzäern teilten; s. unten), aber über die Institutionen der Juden dachten sie nur geringschätzig. Zwar boten sie ihre Hilfe zum Wiederaufbau des Tempels an, betrachteten sich aber anderseits als die wahren Nachkommen des alten Israel, während sie die zurückgekehrten Juden für nicht viel besser als Usurpatoren hielten. Diese hingegen sahen die Samaritaner nicht für volle Juden an und beharrten darauf, daß ihnen allein der Titel gebühre.
Es wundert deshalb nicht, daß die Samaritaner Nehemias Widersachern unter den Juden Palästinas beistanden (Neh 4,7; 6,1–3) und sich – dem Bericht von Esr 4,8 ff zufolge – sogar an ihre babylonischen Oberherren wandten, um den Wiederaufbau Jerusalems zu verhindern. Einen tatsächlichen Bruch zwischen Juden und Samaritanern hat es jedoch während der Perserzeit nicht gegeben. Die Samaritaner hielten längst nicht mehr nur an den alten Traditionen fest, die die wenigen im Land zurückgebliebenen Bewohner des ehemaligen Königreiches Israel aufbewahrt hatten, sie übernahmen vielmehr die Thora der heimgekehrten Exulanten (s. unten).

Und als die Juden von Elephantine in Ägypten Hilfe für den Aufbau ihres zerstörten Tempels suchten, wandten sie sich sowohl an den Hohenpriester in Jerusalem als auch an Delaja und Schelomia, die Söhne Sanballats von Samaria (s. *Aramäer).

c) Feindschaft zwischen Samaritanern und Juden: Seit der ersten Abweisung, die die aus dem Exil zurückgekehrten Juden den Samaritanern erteilten, verschlechterten sich die Beziehungen zwischen den beiden Völkern, bis es zur völligen Trennung kam. Der Bruch wurde auch nach außen hin sichtbar, als gegen Ende der Perserzeit oder zur Zeit der Eroberungen Alexanders am Berg Garizim ein Tempel als Rivale des Jerusalemer Tempels errichtet wurde. Nehemia zufolge hat Sanballat diesen Tempel erbaut, als sein Schwiegersohn von Jerusalem verjagt wurde (Neh 13,28), aber das scheint uns eine zu frühe Zeit.

Seit dieser Zeit bestand ein tiefer Haß zwischen beiden Völkern. Die Samaritaner schufen sich ihre eigenen religiösen Traditionen mit dem Berge Garizim als ihrem Wahrzeichen und geistlichen Zentrum. Die jüdische Haltung gegenüber ihren nächsten Nachbarn wird gut im Buch *Sirach (im 3. Jhdt. v. Chr. geschrieben) illustriert, wo die Samaritaner »das gottlose Volk, das in Sichem wohnt« (50,26), genannt werden. Während der Verfolgungen unter Antiochus Epiphanes (s. *Hasmonäer) leugneten die Samaritaner jede engere Beziehung zu den Juden und ihrer Religion ab (Josephus, Altertümer XII,5,5), und in den nächsten Jahrzehnten kam es immer wieder zu neuen Streitigkeiten. Dennoch gab es zwischen dem 5. und 2. Jhdt. v. Chr. gewisse – wenn auch gespannte – Beziehungen auf verschiedenen Gebieten. Den endgültigen Bruch zwischen den beiden Gemeinden brachten nicht die tagtäglichen Reibereien und auch nicht der Streit um den Jerusalemer Tempel, er war vielmehr das Werk des Johannes Hyrkan, der die Stadt Samaria völlig zerstörte. Danach konnte es keine Hoffnung auf Versöhnung zwischen den beiden Völkern mehr geben. So weigerten sich auch die Samaritaner – im Gegensatz zu den Idumäern und Galiläern –, sich den Juden anzugleichen, sie behaupteten sich als Sekte weiter. Die Samaritaner blieben unter jüdischer Herrschaft, bis Pompejus ihr Gebiet der römischen Provinz einverleibte und eine Periode wachsenden Wohlstands herbeiführte. *Herodes I., der Große, baute die Stadt *Samaria als prächtige hellenistische Metropole wieder auf und nannte sie auf Griechisch *Sebastē* nach seinem Wohltäter, dem Kaiser Augustus. Während der Römerzeit spielten die Samaritaner in nationalen Fragen zunehmend eine wichtige Rolle, aber nach wie vor kam es zu heftigen Zusammenstößen mit den Juden. Die Samaritaner beherrschten das Gebiet zwischen Galiläa und Jerusalem und störten regelmäßig die Pilgergruppen, die an den großen jüdischen Festtagen nach Jerusalem zogen. Die Juden vergalten es auf die gleiche Weise und auch mit Schimpf. Sie nannten die Samaritaner geringschätzig *kûtîm* nach Kutah, einer der mesopotamischen Städte, deren Einwohner von den Assyrern nach Samaria deportiert worden waren.

Als Palästina den römischen Würgegriff immer heftiger zu spüren bekam, erging es den Samaritanern nicht besser als den Juden. Pontius Pilatus' Truppen metzelten im Jahre 36 n. Chr. eine große Anzahl von ihnen am Berg Garizim nieder. Die Samaritaner schlossen sich der jüdischen Rebellion im Jahre 67 n. Chr. zwar nicht an, doch fiel der Haß der Römer in gleicher Weise auf sie, so daß sie sich bei verschiedenen Anlässen unabhängig vom jüdischen Aufstand gegen ihre Oberherren auflehnten. Kurz vor dem Fall Jerusalems ließ Vespasian etwa 11600 Samaritaner in Sichem ermorden. Am Ende des Krieges errichtete er eine neue Stadt, römisch Neapolis (das heutige *nablūs*), da wo bisher Sichem gelegen hatte, Samaria aber versank in Bedeutungslosigkeit und war dem endgültigen Verfall preisgegeben.

Es scheint, daß in der Rebellion des *Bar-Kochba die Samaritaner zunächst mit den Juden zusammenwirkten, später verrieten sie aber die Juden. Seit dem Edikt Hadrians wurden die Samaritaner systematisch mit den Juden verfolgt, vor allem unter den Kaisern Septimius Severus und Decius.

Die Haltung des Talmud wechselt je nach dem Schriftgelehrten, der gerade zitiert wird. Der kleinere talmudische Traktat Kutim schließt, wo er von der Häresie der Sekte redet, mit den Worten: »Wann werden wir sie annehmen? Wann werden sie ihrem Glauben am Berge Garizim abschwören und sich zu Jerusalem und zur Auferstehung von den Toten bekennen?« Die Samaritaner leugneten jeden Glauben an eine Auferstehung und hielten am altisraelitischen Glauben an die Scheol fest (s. *Begräbnis).

d) Die Samaritaner und das Christentum: Das NT spiegelt die Einstellung der Juden

zu den Samaritanern ganz getreu wider, vor allem im Gleichnis vom »barmherzigen Samaritaner« (Lk 10,30–37), das die Unmenschlichkeit mancher überfrommer Juden anprangert. In der Aussendungsrede (Mt 10,5) verbietet Jesus den Zwölf, samaritanische Ortschaften zu betreten. Das Johannesevangelium berichtet von einem Gespräch Jesu mit einer Samaritanerin (4,5–42) und gebraucht dann den Ausdruck »Samaritaner« nach einem vermutlich jüdischen Sprachgebrauch zur Bezeichnung eines Schismatikers (8,48).
Die Apg erzählt von den Anfängen der christlichen Religion in Samaria (8,5–25) und läßt auch den Zauberer Simon sich zum Glauben bekehren. Wahrscheinlich bezieht sich die Geschichte auf eine frühe Phase des Gnostizismus, als dessen Erzvater den Kirchenvätern Simon Magnus galt. Vielleicht hat es schon in vorchristlicher Zeit unter den Samaritanern verschiedene Sekten gegeben. Epiphanius identifiziert die Samaritaner mit den Essenern und erwähnt die Dosithäer, Sabäer und Gorothener als ihre Nachbarn. Der im 14. Jhdt. n. Chr. schreibende samaritanische Historiker Abulfath beschreibt die Dosithäer als »Söhne Zadoks« – ein Begriff, mit dem die Qumransektierer sich selbst bezeichneten. In Wirklichkeit wissen wir doch kaum etwas über die Beziehung der Gnosis zu den Samaritanern und über samaritanische Sekten in frühchristlicher Zeit.
e) Geschick der Samaritaner in der Zeit nach Christus: Neben dem Stammland in Palästina hatten die Samaritaner eine weitverstreute Diaspora. Eine große samaritanische Gemeinde gab es in Ägypten schon in der Ptolemäerzeit. Sie bestand bis ins 18. Jhdt. n. Chr. fort. Zwischen dem 3. und 8. Jhdt. n. Chr. lebten Samaritaner in Babylonien und im 12. Jhdt. in Syrien.
Mit der Christianisierung des römischen Weltreichs begannen Judenverfolgungen, die in gleichem Ausmaß die Samaritaner trafen, und zwar sowohl in Palästina als auch in ihren ägyptischen, römischen und babylonischen Gemeinden. In den Augen der Heiden waren Juden und Samaritaner gleich. Ein Aufruhr unter Konstantin im Jahre 334 n. Chr. hatte harte Unterdrükkungsmaßnahmen zur Folge. Zeno (486 n. Chr.) zerstörte den zweiten samaritanischen Tempel am Berge Garizim und errichtete an seiner Statt eine christliche Kirche. Unter Anastasius (491–518) mußten die Samaritaner wieder Verfolgungen erdulden. Im Jahre 500 wurde in Rom eine samaritanische Synagoge zerstört. Schließlich riefen die Samaritaner im Jahre 529 während der Herrschaft Justinians ihren eigenen Kaiser aus, mußten aber diese Herausforderung schwer bezahlen. Viele wurden ermordet und etwa 20 000 in die Sklaverei verkauft. Damit war auch die autonome Existenz der Samaritaner effektiv beendigt. Die Sympathien der Parther nützten ihnen wenig, und Justinian II. (565–578) erklärte sie sogar offiziell zum »ungesetzlichen Volk«. In ihrer Verzweiflung traten viele Samaritaner zum Christentum über. Nur wenigen gelang es, als Samaritaner zu überdauern. Heute gibt es etwa 400 Samaritaner, von denen die Hälfte im arabischen *nablūs,* die andere Hälfte in *ḫirbet ʿillīn,* nahe Tel Aviv in Israel, lebt.
2. Die literarische Tradition der Samaritaner: *a) Schrift:* Schon in biblischer Zeit hatte es in Palästina althebräische und aramäische Abschriften des Pentateuch gegeben. Als sich aber nach der Zerstörung Samarias durch Johannes Hyrkan die beiden Gemeinden endgültig trennten, wählten – wie F. M. Cross nachweist – die Samaritaner die althebräische Schrift, die zuvor in Jerusalem wie in Samaria gleicherweise in Gebrauch gewesen war, zur ausschließlichen Schrift für ihre Thora. Daran halten sie bis zum heutigen Tage fest, wie **Abb. 705** zeigt. Die Jerusalemer Rabbinen meinten, daß diese Schrift nicht heilig genug sei (daß sie nicht »die Hände rein mache«; s. *Gesetz Israels); aber die Samaritaner waren gegenteiliger Ansicht und fällten sogar die Entscheidung, daß die althebräische Schrift allein als heilige Schrift zu gebrauchen sei. Daran hielten sie noch strenger fest als die Schriftgelehrten und Rabbinen von Jerusalem, die zwischen 70 und 135 n. Chr. die hebräische Quadratschrift, eine aus der alten aramäischen Schrift abgeleitete Form, als ausschließliche Schrift für biblische Dokumente einführten und den Schriftgelehrten (*sôf·rîm*) vorschrieben. Darüber mehr unter *Alphabet und Schrift; s. ferner die samaritanische biblische Inschrift aus Saalabin in Zentralisrael, **Abb. 706.**
b) Die Thora der Samaritaner: Der Wortlaut der samaritanischen Thora (des Pentateuch) unterscheidet sich leicht von dem der jüdischen Thora, wie sie im masoretischen Text überliefert ist. Die samaritanische Version ist im wesentlichen ein protomasoretischer Text, zu dem eine Anzahl Erweiterungen, Umstellungen, Einfügungen und Parallelen oder Entlehnungen aus anderen biblischen Büchern hinzugekom-

Abb. 705. Thora mit althebräischer Schrift

Abb. 706. Samaritanische biblische Inschrift aus Saalabim

Abb. 707 (links unten), 708. Passahopfer

men sind. Die meisten Gelehrten nehmen an, daß diese Entwicklung des Textes noch vor der Hasmonäerzeit (2. Jhdt. v. Chr.) erfolgt ist, als der protomasoretische Text noch nicht fixiert war (s. *Bibelkanon; *Bibeltext). Ferner gibt es noch ein oder zwei bezeichnende Fälle, wo die Samaritaner Sätze umgestellt oder geändert haben, um ihre spezifisch samaritanische Theologie zu rechtfertigen. So ändern sie zum Beispiel in Dt 27,2–7 »Berg Ebal« in »Berg Garizim« (das Sichem gegenüberliegende Gebirge), um ihr dortiges Heiligtum durch göttliche Autorität zu legitimieren (dies ist auch der Wortlaut der masoretischen Version von Dt 11,29).

c) Palästinensische und masoretische Traditionen: Wann diese Abänderungen vorgenommen wurden und ob sie eine allgemeine Textentwicklung oder nur einen spezifisch theologischen Wechsel widerspiegeln, sind Fragen, die unter den Gelehrten diskutiert werden. Viele Wissenschaftler datieren alle Änderungen in die Vorhasmonäerzeit, als die beiden Gemeinden streng voneinander getrennt und oft sogar in Feindschaft miteinander lebten. F. M. Cross und andere Gelehrte unterscheiden in dieser Entwicklung verschiedene Phasen. Danach wurden zwischen dem 5. und 2. Jhdt. v. Chr. an der vorherrschenden palästinensischen Thoraüberlieferung sowohl in Judäa als in Samaria geringfügige Änderungen vorgenommen, und zwar am gleichen protomasoretischen Text. In der Periode der *Rabbiner habe man jedoch eine andere protomasoretische Überlieferung gewählt, die älter als die in Palästina vorherrschende Tradition gewesen sei. Diese ebenfalls palästinensische Tradition, die nicht dem masoretischen Text zugrunde lag, habe sich nur auf den samaritanischen Thoratext, die Thora der *Qumran-Gemeinde (Pentateuch) und die Thorazitate innerhalb der Chronikbücher (die etwa zur Zeit Esras verfaßt wurden; s. *Restauration und Perserzeit, Esra und Nehemia) ausgewirkt. Einen Beleg für diese Rezension des Buches Exodus stellen die in Qumran gefundenen Fragmente dar, die eine Anzahl von Abweichungen vom üblichen Text enthalten. Die samaritanische Sprache ist das klassische Hebräisch des Pentateuch; es wurde von den Masoreten nie beeinflußt. Seine Aussprache, die sich vom Aschkenazi- (europäischen) wie vom Sephardi- (orientalischen) Hebräisch unterscheidet, stammt vermutlich aus sehr alter Zeit. Die Gutturale werden zum Beispiel nicht bezeichnet und voneinander unterschieden. Auch besteht die Neigung, in der Aussprache, selten jedoch in der Schreibung, den Wörtern ein *'alef* voranzusetzen oder anzuhängen. Wahrscheinlich handelte es sich um einen in Palästina vorhandenen Standardtext, den die Samaritaner übernahmen.

Eine endgültige, durchgreifende Änderung erfolgte im 2. Jhdt. (128) v. Chr., als Johannes Hyrkan (s. *Hasmonäer) Samaria eroberte und zerstörte. Man nimmt daher an, daß die Änderungen, die sich auf die samaritanische Theologie beziehen, aus dieser Zeit stammen und sich in ihrer Art von den Abweichungen unterscheiden, die in der anderen palästinensischen Tradition vorhanden sind.

Im Gegensatz zur jüdischen Tradition bedeutet der Pentateuch für die Samaritaner die ganze Bibel. Sie erkennen weder die Prophetenbücher noch die sonstigen Schriften und Bücher des Alten Testaments an (s. *Bibelkanon; *Bibeltext). Nach ihrer Überzeugung war Moses der einzige wahre Prophet, und sie allein sind die Hüter und Bewahrer der echten Version des Gotteswortes, wie er es den Juden geoffenbart hat, während die jüdische Pentateuchversion von Esra verfälscht worden ist. Diese ihre Ansicht ist jedoch historisch unbegründet. Die endgültige Lösung des samaritanischen Pentateuchtextes von der üblichen jüdischen protomasoretischen Überlieferung war erst zur Zeit des Johannes Hyrkan vollendet.

d) Literarische Renaissance: In der spätrömischen Periode (3. und 4. Jhdt. n. Chr.) und zu Beginn des byzantinischen Zeitalters bahnte sich eine samaritanische Renaissance an. Marka, der im 4. Jhdt. n. Chr. die ›Memar Marka‹, eine Art haggadischer Midrasch der Samaritaner, schrieb, kündigte sie an. Er schrieb Aramäisch, und zwar in einem eigenen Dialekt, der noch bis auf den heutigen Tag gesprochen wird. Im gleichen Dialekt schrieb auch Baba Rabba, ein Nationalheld der Samaritaner.

3. Die Religion der Samaritaner kann keinem Vergleich mit der Disziplin der Halacha bei den Juden standhalten.

a) Gesetzesbeobachtung, Kalender und Feste: Die 613 Gesetzesvorschriften (s. *Gesetz Israels) werden treu und buchstäblich beobachtet, doch konnten sich die Samaritaner – im Gegensatz zum modernen Judentum – nicht dazu aufraffen, sie neu und in Anpassung an die veränderte Situation zu interpretieren. So ist es verboten, am Sabbat die kleinste Reise zu unternehmen,

außer zur Synagoge, und die am Freitag vorbereitete Nahrung darf nicht einmal warmgehalten werden. Außenstehende dürfen bei aufkommenden religiösen Problemen nicht um Rat gefragt werden. Kein Samaritaner darf außerhalb seines Volkes heiraten, und alle Eheverbote werden streng eingehalten. So darf zum Beispiel ein Mann nicht seine Nichte heiraten (s. *Familie). Eine zweite Frau darf er nur nehmen, wenn die erste kinderlos ist. Eine dritte Frau ist unter allen Umständen verboten.
Die Samaritaner folgen einem Kalender, der vom rabbinischen abweicht. Zweimal im Jahr, an den Halbmondfesten Tzimmut-Pesach (15. Shebat; s. *Kalender) und Tzimmut Sukkôth (15. Ab) schreiben die samaritanischen Priester den Kalender für die kommenden sechs Monate vor.
Das Kirchenjahr der Samaritaner kennt die sieben im Pentateuch genannten Feste (s. *Feste und Feiertage): *pæsah, maṣṣôt* (Fest der ungesäuerten Brote), *šābūʻôt* (Pfingsten, das immer auf einen Sonntag fällt), *jôm t·rūʻa* (Neujahr oder Tag des Posaunenschalls, nicht wie bei den Juden *rôš haššānā* genannt), *jôm hakkippurîm* (Versöhnungstag), *sukkôt* (oder Laubhüttenfest, bei dem jedoch die *lūlāb* und *ʼætrôg* unbekannt sind) und *mōʻēd š·mînî* (der Oktavtag des Festes).
b) Das Passahopfer: Das wichtigste unter allen Festen ist das Passah (*pæsaḥ*). Das Passahopfer kann nur am Berg Garizim gefeiert werden und nach buchstäblicher Auslegung des Textes von Ex 23,15 am Tage nach dem Sabbat, also nicht nach dem Jerusalemer Kalender. Die ganze Opferfeier ist eine Wiederbelebung vorexilischer Riten, wie sie im Nordreich begangen wurden, obwohl auch der Einfluß jüdischer Riten aus nachexilischer Zeit bis zur Zeit der Hasmonäer erkennbar wird. Vorschriften und Zeremonien des rabbinischen oder gar zeitgenössischen Judentums haben sich nicht auf das Zeremoniell ausgewirkt.
Angeführt von ihrem Hohenpriester, zieht die ganze Gemeinde der Samaritaner in einer Pilgerprozession oder *ḥag* auf den Gipfel ihres heiligen Berges Garizim. Sie kommen dort am Abend des 14. Nisan an (Ex 12,2–6), der auf einen anderen Tag als das jüdische Pesach fällt. Am Altar des unter freiem Himmel gelegenen Heiligtums werden sieben Lämmer (für jede Familie der Gemeinde eins) geschlachtet. Dieser Altar besteht aus einem langen Steingraben, in dem ein Feuer brennt; am unteren Ende sind Becken mit Wasser. Wenn die Kehlen der Lämmer durchschnitten sind, nehmen die Mitglieder der Gemeinschaft einen Hysopzweig und besprengen sich zur rituellen Reinigung mit Blut. Die Türpfosten ihrer Häuser sowie die Augenlider ihrer Kinder werden mit dem Zeichen Gottes versehen, damit der Engel des Todes beim Anblick dieses Zeichens die Kinder Israels erkenne und vorüberziehe (s. *Auszug aus Ägypten).
Wenn das Wasser am Altar kocht, wird das Tier überbrüht und die Wolle entfernt. Die Wolle wird vergraben und die Haut nach Unreinheiten überprüft. Man achtet dabei sorgsam, ob die Tierleiche völlig rein von Blut ist. Die Lämmer werden dann auf lange Pfähle gespannt, die man jungen Männern auf die Schulter legt. Die Haut wird schnell abgezogen, das Tier aufgeschnitten und das Eingeweide herausgenommen. Es wird in frischem Wasser gespült, dann gesalzen und ins Feuer geworfen. Kein Knochen darf dabei gebrochen werden (Ex 12,46). Man bindet das vorbereitete Opfertier nach altem Brauch, salzt es und spießt es auf langen, spitzen Pfählen auf (s. **Abb. 707**). Die Opfertiere werden senkrecht in eine drei Meter tiefe Brennofengrube gelegt, wo ein Feuer brennt **(Abb. 708).** Die Grube wird mit einem hölzernen Deckel, mit Kräutern und Ton abgedeckt, wobei die Enden der Spieße herausschauen als sichtbares Zeugnis des Passahopfers. Das Feuer brennt drei Stunden, und um Mitternacht ist das Fleisch gar. Die Familien eilen mit großen, flachen Schüsseln herbei. Der Ton wird aufgebrochen und die Tiere herausgeholt. Sie werden an die Familien verteilt, wie sie gerade kommen, wobei jede Familie ihren Anteil des Opfertieres sowie der bitteren Kräuter, die mitgegessen werden müssen, erhält.
c) Samaritaner, Sadduzäer und Qumran: Da sich die Samaritaner ihrer von Zadok abstammenden Priesterschaft rühmen, überrascht es nicht, wenn zwischen ihren Bräuchen und denen der *Sadduzäer gewisse Ähnlichkeiten bestehen. Einige Gelehrte sind sogar der Ansicht, daß man bei den Samaritanern die Lehre der Sadduzäer, wenn auch in abgewandelter Form, wiederfindet. Andere haben auf enge Parallelen zwischen Samaritanern und den Sektierern von *Qumran hingewiesen, soweit es um die Auslegung der Bibel, die Sprache, religiöse Bräuche und Praktiken geht. Der samaritanische Kalender stimmt nicht mit dem von Qumran überein, beide

weichen aber vom rabbinischen ab. Die Samaritaner wollten von Juda und dem Hause Davids nichts wissen, während die Qumransektierer sich als das wahre Juda und das echte Haus Davids betrachteten. Der Messias, den die Samaritaner erwarteten – den Begriff gebrauchten sie allerdings nie –, war entweder der wiederkehrende Moses (unter dem Namen Taeb) oder ein zweiter Moses, der die wahre Anbetung Gottes im Zelt am Berge Garizim wieder herbeiführen würde. Taeb würde dann »seinen König« bringen, der dem »Messias Israels« der Qumransektierer entspricht.

Ob all diese Ähnlichkeiten wirklich auf eine enge Verbindung zwischen den Samaritanern und Qumransektierern in vorchristlicher Zeit hindeuten (oder zwischen Samaritanern und Essenern), ist jedenfalls eine nähere Untersuchung wert. Wir haben eine reiche samaritanische Literatur in Hebräisch, Aramäisch und Arabisch, die noch der Erforschung harrt. Die Werke der Samaritaner über Liturgie, Exegese, Midrasch, Halacha und den Kalender sind für das Studium der jüdischen Sekten von großer Bedeutung (s. *Qumran).

Samuel (Bücher)

Gliederung: 1. Inhalt. a) 1. Buch Samuel; b) 2. Buch Samuel. 2. Überlieferung und Redaktion. 3. Text.

Obwohl das Buch Samuel in der Septuaginta und in den späteren hebräischen Bibelausgaben zweigeteilt wurde, betrachteten die hebräischen Schreiber die beiden Bücher Samuels als ein Buch. Eine Randbemerkung zu 1 Sam 28,24 besagt, daß hier die »Hälfte des Buches« sei; die Erzählung des ersten Samuelbuches setzt sich kontinuierlich im 2. Buch fort.

Die Bücher Samuel beschreiben zusammen Israels Wandlung von einem Stammesbund zum Königtum. Das Buch umfaßt einen Zeitraum von wenig mehr als einem Jahrhundert, und zwar von etwa 1070 bis 950 v. Chr. Man kann diesen Zeitraum in etwa drei Abschnitte unterteilen, die das Leben und Handeln Samuels, Sauls und Davids beschreiben.

1. Inhalt: *a) 1. Buch Samuel:* 1) Samuels Kindheit und sein Verhältnis zur Priesterschaft von Silo (Kap. 1–3).

2) Der Verlust der Bundeslade, ihre Wanderschaft und Rückkehr (4, 1–7, 2; hier besteht eine Beziehung zu 2 Sam 6).

3) Samuel als »Richter« Israels; der Aufstieg Sauls und sein Konflikt mit Samuel (7,3–15,35).

4) Die Geschichte von David und Saul (Kap. 16–20), die mit der Salbung Davids durch Samuel beginnt (16,1–13) und den Sieg über Goliath erzählt (Kap. 17).

5) Die Kap. 21–31 setzen die Erzählung fort mit dem Bericht über Davids Flucht vor Saul sowie über seine Abenteuer, bis zur Niederlage Sauls und dessen Tod (1 Sam 31 und 2 Sam 1).

b) 2. Buch Samuel handelt hauptsächlich von der Herrschaft Davids und seinen Taten. Die Erzählung setzt sich fast ohne Unterbrechung fort (s. *David und Salomo). Gliederung:

1) Die Herrschaft Davids, zunächst von Hebron aus, dann von der neuen Hauptstadt Jerusalem; es werden die Eroberungszüge beschrieben, durch die er seine Herrschaft ausgedehnt und gefestigt hat (2 Sam 2–8).

2) Das Problem der Nachfolge Davids (Kap. 9–20).

3) Eine Vielzahl von Anhängen enthalten zusätzliche Einzelheiten, die sich auf frühere Kapitel beziehen, aber erst später angefügt wurden.

2. Überlieferung und Redaktion: Die Samuelbücher sind kein von einem einzigen Autor in einer kurzen Zeit verfaßtes, einheitliches Werk. Im Gegenteil, die Redaktoren oder Editoren verwendeten eine Vielfalt von Traditionen, die verschiedenen Kreisen angehörten. Das hat eine Reihe von Wiederholungen und Ungereimtheiten zur Folge, d. h. die zwei Traditionsgeschichten haben ihren eigenen, voneinander verschiedenen Gesichtspunkt, ihre eigene Art, das Material darzustellen. So befaßt sich 1 Sam 4–6 nur mit der Bundeslade und dem Bericht von ihrer wunderbaren Macht. Dann gibt es auch eine Traditionsschicht, nach welcher der Prophet Samuel der Held ist (1,1–28; 2, 11–4, 1; 7, 3–8, 22; 10, 17–27; 11, 12–12, 25; 15, 1–16, 13; 25, 1; 28, 3–25); in einer anderen Schicht wiederum erscheint Saul als der Held (1 Sam 9, 1–10. 16; 11, 1–11; 13, 1–18; 14, 1–52; 16,14–23), während von der Beziehung zwischen David und Saul (1 Sam 17, 55–19, 17; 20, 1–24, 22; 25–31; 2 Sam 1, 1–16) und von Davids Leben und seinem Hof (2 Sam 11, 1–12, 25; 13, 1–20, 22) verschiedene Traditionsschichten berichten. Das Thema von 2 Sam 9–20 ist die so beunruhigende Frage der Nachfolge Davids, und es stellt auch einen gesonderten Traditionsblock dar.

Diese verschiedenen Traditionen wurden gesammelt, weitergegeben und schließlich zu verschiedener Zeit niedergeschrieben.

So scheinen etwa die Erzählungen über Samuel ihre endgültige Gestalt erst lange Zeit nach den Ereignissen, die sie beschreiben, erreicht zu haben. Die Traditionen wurden zuerst in einer eher losen Form weitergegeben und erhielten ihre endgültige Gestalt sicher nicht vor der Regierungszeit Salomos oder gar erst während des 9. Jahrhunderts v. Chr. Diese lange Zeitspanne erlaubt verschiedenen Standpunkten, in verschiedenen Berichten desselben Ereignisses Ausdruck zu finden. So gibt es über die Monarchie zwei entgegengesetzte Meinungen – eine, welche die Aufrichtung des Königtums begrüßt, die andere, welche an den königlichen Praktiken Kritik übt – die zwei gegensätzliche Berichte von der Einsetzung des Königtums unter Saul (s. *Samuel, letzter »Richter«) schufen; beide blieben bewahrt von den Editoren, welche die Traditionen nicht verändern und keine Version unterdrücken wollten.

Von den Traditionen über David – außer jenen, die das Verhältnis zu Saul betreffen – nimmt man an, daß sie Erinnerungen von Augenzeugen oder Teilnehmern der betreffenden Ereignisse darstellten. Einige dieser Stücke könnten von einem Chronisten am Hof Davids aufgezeichnet sein. Sie waren sicher das Werk von jemandem, der eine gründliche Kenntnis der beschriebenen Epoche besaß und dem Buch eine sachkundige, nicht theologische, historische Ausrichtung gab, die einzigartig ist in der orientalischen Literatur der damaligen Zeit. Einige dieser Stellen scheinen direkt von offiziellen Berichten, zum Teil aus den Kriegsgeschichten und -erzählungen von den Heldentaten Davids und seiner Gefährten, genommen zu sein. David war der Mittelpunkt von so intensiven volkstümlichen Interessen und einem Heldenkult, daß man annehmen kann, daß viele Traditionen über ihn (z. B. die Erzählung von der Nachfolge) ihre gegenwärtige Gestalt noch während er selbst am Leben war – oder jedenfalls nicht später als in der Regierungszeit seines Sohnes Salomo – erlangten.

Im allgemeinen kann jedoch gesagt werden, daß das Material in seiner Gesamtheit – einiges davon ist ganz alt – im Wesen seine gegenwärtige Form im 10. oder 9. Jhdt. v. Chr. bekommen hat. Es erhielt noch seine Endredaktion, die vielleicht noch ein Jahrhundert später anzusetzen ist. Doch gibt es kein beweiskräftiges Zeugnis für die Annahme, daß noch im 5. Jhdt. v. Chr. Material dazukam – eine Theorie, an der man einmal festgehalten hat.

Abb. 709. Fragmente des Buches Samuel aus den Funden von Qumran

3. Text: Unter den Schriftfunden vom Toten Meer wurden einige guterhaltene Fragmente des Buches Samuel **(Abb. 709)** entdeckt. Es stellte sich heraus, daß man hier einen weit besseren Text vor sich hatte, als es der der Masoreten oder die sich davon in einigen Punkten unterscheidende griechische Fassung ist (die anerkanntermaßen hinsichtlich verschiedener Stellen eine bessere Vorlage abgab, als es der Masoretentext war). Diese Frage wird unter der Überschrift »Textkritik« in dem Artikel *Bibelkritik erörtert.

Samuel, letzter »Richter«

Gliederung: 1. Samuels Kindheit. 2. Die Niederlage bei Aphek und der Verlust der Bundeslade. 3. Samuels Auftrag. 4. Mangel an Führung und an eisernen Waffen. 5. Gruppen ekstatischer Propheten. 6. Samuel und das Königtum.

Als zwölfter und letzter in der Reihe der »Richter« gilt Samuel. Man betrachtete ihn auch als Propheten oder »Seher« (1 Sam 7. 10. 15), und die biblischen Überlieferungen schreiben ihm die Gründung des Königtums in Israel zu. Er hat Saul und, biblischer Tradition zufolge, wahrscheinlich auch David zum König gesalbt (s. *David und Salomo).

1. Samuels Kindheit: Samuel wurde zu Rama, einer Stadt auf der Hochebene, die an Ephraim und Benjamin grenzt, geboren. Seine Eltern haben ihn schon vor seiner Geburt durch ein naziräisches Gelübde dem Dienst Gottes geweiht (1 Sam 1, 11). Samuels Laufbahn begann unter dem alten Priester Eli in Silo, wo damals die Bundeslade stand (s. *Stiftshütte und Bundeslade).

2. Die Niederlage bei Aphek und der Verlust der Bundeslade: Diese Katastrophe ereignete sich zur Zeit der Ausbreitung der *Philister (im dritten Viertel des 11. Jahrhunderts v. Chr.). Die israelitischen Stämme hatten sich vereinigt, um den Philistern entgegenzutreten. Sie brachten die Bundeslade von Silo her auf das Schlachtfeld und hofften, die Gegenwart Jahwes würde ihnen zum Sieg verhelfen. Statt dessen erlitten sie in der Schlacht bei Aphek (etwa 1050 v. Chr.) eine entscheidende Niederlage. Die Heere der Israeliten wurden zerschlagen. Hophni und Pinehas, die Priester, die die Bundeslade trugen, wurden getötet, und die Bundeslade selbst fiel den Philistern in die Hände. Sodann schickten sich die Philister an, das ganze Land zu besetzen. Sie zerstörten Silo, die Hauptstadt des Bundes. Dieser biblische Bericht wurde durch archäologische Funde über die Zerstörung der Stadt und anderer Orte Südpalästinas während der zweiten Hälfte des 11. Jahrhunderts v. Chr. bestätigt.

Das Ende der Hauptstadt Silo (man hat das Heiligtum nach seiner Zerstörung verlassen) bedeutete auch zugleich das Ende des Bundes, der in den ersten eineinhalb Jahrhunderten nach der Landnahme entscheidend zur Volkwerdung Israels beigetragen hatte. Die Niederlage von Aphek und der Verlust der Bundeslade brachten auch das aaronitische Priestergeschlecht Pinehas' und Elis in Verruf. Eli starb an einem Herzschlag, als die Bundeslade in die Hände der Philister gefallen war. Seinem Tod folgte eine lange Zeit ohne priesterliche Führung, die etwa ein Jhdt., bis in die Zeit Davids, dauerte. Im Zusammenhang mit dem Aufstieg Sauls wird Elis Geschlecht überhaupt nicht mehr erwähnt. Sauls imposante Persönlichkeit überragte die Priesterschaft in Silo. Es war klar, daß die alte Ordnung versagt hatte; sie konnte auch nicht wiederbelebt werden.

3. Samuels Auftrag: In dieser Situation rief Samuel die Stämme in der heiligen Stadt Mizpa zusammen, um sie zu ermutigen und sie zum alten Glauben zurückzuführen, obwohl das Heiligtum zerstört war. Nach biblischer Überlieferung soll er in das Haus seiner Vorfahren nach Rama zurückgekehrt sein. Von dort hat er in regelmäßigem Turnus die wichtigen heiligen Städte Mizpa, Gilgal und Bethel besucht. Dort sprach er Recht nach dem Bundesgesetz (s. *Bund) und schlichtete Stammesstreitigkeiten, ganz nach Art der Kleinen Richter. Dadurch wurden, trotz der Bedrohung durch die Philister, ein nationales Selbstbewußtsein unter dem Volk geweckt und die hebräischen Bräuche lebendig erhalten.

Obwohl Israel unter der Herrschaft der Philister stand, war die Besetzung ihres Landes noch nicht abgeschlossen. Es ist unwahrscheinlich, daß Galiläa oder Transjordanien von den Philistern besetzt gewesen sind. Sie hatten die zentralen Höhen Ephraims nur unvollständig unter Kontrolle. Einige weitverstreute Widerstandsnester blieben in den Gebirgen von Ephraim und Benjamin in der Hand der Israeliten.

4. Mangel an Führung und an eisernen Waffen: Die hebräischen Stämme blieben trotzdem ohne zentrale Führung. Sie lebten in enger Verbindung mit den Kanaanäern und den Amoritern, die in einem Land

verblieben waren, das die hebräischen Stämme nur theoretisch in Besitz genommen hatten. Die übrigen Bewohner, die früher ebenfalls der Herrschaft der Philister unterworfen waren, waren in kleine »Stadtkönigtümer« zusammengefaßt, die von einer Militäraristokratie beherrscht wurden. Für die Israeliten bestand das Problem nicht darin, ihren locker gewordenen Bund wiederherzustellen, sondern im Aufbau einer starken Volkseinheit unter zentraler Führung, also einer Monarchie. Die Bibel betont immer wieder, daß der Philisterherrschaft durch die Uneinigkeit der Stämme und ihren Mangel an Waffen Vorschub geleistet wurde.
Eisen kam im 12. oder um die Mitte des 11. Jahrhunderts v. Chr. in Gebrauch, wie eine Pflugschar aus der Zeit Sauls zeigt, die man in Gibea ausgegraben hat (s. *Geräte und Werkzeuge). Die Philister besaßen jedoch das Eisenmonopol und, um dieses und ihre militärische Vormachtstellung zu sichern, unterwarfen sie jeden Ort in Israel, der Metallindustrie besaß, indem sie ihn hinsichtlich aller Geräte und Waffen in ihre Abhängigkeit brachten (1 Sam 13, 19–22).
5. Gruppen ekstatischer Propheten: Wir wissen wenig aus den Jahren der Philisterherrschaft. Als sich ihre militärische Oberherrschaft dem Ende näherte, war Samuel ein alter Mann. Der Wille zum Widerstand und die charismatische Überlieferung aus den Tagen der Richter (s. *Richter [Zeit und Buch]) ist lebendig geblieben; dies ist offensichtlich zum Teil den Anstrengungen umherziehender Prophetengruppen zu verdanken, die sich einige Zeit nach der Mitte des 11. Jahrhunderts v. Chr. gebildet hatten (nach W. F. Albright). Ihre leidenschaftlichen Beschwörungen (wie sie in 1 Sam 10, 5–13 und 19, 20–24 beschrieben werden) erfüllten das Volk mit Eifer für Jahwe und den Heiligen Krieg (s. *Kriegführung 1; *Numeri; *Qumran). Ohne diese Bewegung wären – nach Ansicht von W. F. Albright – sowohl der Jahwismus als auch das israelitische Volksbewußtsein allmählich geschwunden. Der Enthusiasmus dieser Prophetenscharen hat, zumindest im Hinblick auf den Jahwismus, diesen Niedergang verhindert.
Wenn Samuel auch nicht zu diesen Propheten gehörte, so hat er doch sicher mit ihnen zusammengearbeitet. Es ist nicht überliefert, wie oft solche patriotischen Wellen in einen bewaffneten Zusammenstoß mit den Philistern übergegangen sind. Die Stämme waren jedenfalls nicht imstande, die Eindringlinge zu verdrängen. Ihre Führer und das Volk werden sich dessen sehr wohl bewußt gewesen sein, daß ihre Lage hoffnungslos war, solange sich keine neue und stärkere Führung für sie fand.
6. Samuel und das Königtum: In dieser Situation wählte das Volk Saul zu seinem König und Befreier. Der Bericht über die Wahl Sauls ist eng mit dem über das Schicksal Samuels verknüpft. Daher ist auch die Stellung Samuels innerhalb der Überlieferung über den Anfang des Königtums recht undurchsichtig (s. *Saul). Sein Verhalten und die Rolle, die er bei der Wahl gespielt hat, ist in zwei Parallelerzählungen beschrieben (s. *Samuel [Bücher]), von denen eine (1 Sam 9–10) sich wie selbstverständlich zugunsten des neuen Führerprinzips des Königtums ausspricht, während die andere (Kap. 8 und 12) eine erbitterte Feindseligkeit verrät (z. B. in der Antwort Samuels auf das Begehren des Volkes nach einem König im 8. Kap.). Die Widersprüchlichkeiten in den Überlieferungen scheinen auf politische und jurisdiktionelle Probleme hinzuweisen, die sich damals in verschiedenen Kreisen und Traditionszentren gestellt hatten, aus denen diese Erzählungen hervorgegangen sind. Der Konflikt zwischen Saul und Samuel sowie der Bericht über die letzten Lebensjahre Samuels werden im Stichwort *Saul erwähnt. Denn die Persönlichkeit Sauls markiert eine bedeutsame Wandlung in der Geschichte Israels (s. *Samuel [Bücher]). Seine echte Jahwefrömmigkeit ist unbestritten.

Saul

Gliederung: 1. Saul als charismatischer Führer. 2. Die Salbung Sauls. 3. Samuels Warnung. 4. Widersprüchliche Berichte. 5. Sauls Erfolge. 6. Rivalität mit David. 7. Verwerfung Sauls und Salbung Davids. 8. Sauls Tod.

1. Saul als charismatischer Führer: Der erste König Israels war als Sohn des Kis zu Gibea im Lande Benjamin geboren. Der Krieger Saul, der sich zum typischen charismatischen Führer entwickelte (s. *Richter [Zeit und Buch]), kam in einer Zeit, in der sich gerade die Opposition gegen die allmählich erschlaffende Herrschaft der Philister formierte und auch auf die Stämme Benjamin und Ephraim übergriff. »Da kam der Geist Gottes über Saul« (1 Sam 11, 6). Er stellte die Stämme zur Schlacht gegen die *Philister auf und schlug sie bei Michmas und vertrieb sie aus den Gebirgen von Benjamin und Ephraim (um

1020 v. Chr.). Nach dieser Demonstration seiner militärischen Fähigkeiten kristallisierte sich der Wunsch der Israeliten nach einer starken Führerpersönlichkeit zu der Forderung, daß Saul König werden solle (s. *Samuel, letzter »Richter«).

2. Die Salbung Sauls: Zunächst galt es jedoch, die Opposition einer konservativen Minderheit zu überwinden, die sich für die Wiederbelebung des Stammesbundes einsetzte. Die Stellung, die der schon alternde Samuel in dieser Angelegenheit bezog, scheint nicht ganz eindeutig. Es gibt zwei Parallelberichte von der Wahl Sauls zum Königtum, von denen einer sich wie selbstverständlich positiv, der andere negativ äußerte. Der Text 1 Sam 9, 1–10, 16 berichtet, daß Saul schon zuvor in Rama von Samuel sozusagen »privat« zum *nāgīd* (ein besonderer Titel, der soviel wie Anführer, Prinz bedeutet) gesalbt wurde; dieser Bericht wird im Text von 1 Sam 13, 3b und 4b–15 fortgesetzt. Parallel zu dieser Erzählung erscheint ein eigener und ursprünglicher Bericht von dem Sieg Sauls über die Ammoniter bei Jabes und über die darauffolgende Proklamation zum »König« »durch das ganze Volk« zu Gilgal (1 Sam 11).

Der andere Bericht über die Wahl beläßt die Initiative bei den Stammesältesten und beim Volk: »Da versammelten sich alle Ältesten Israels, kamen zu Samuel nach Rama und sprachen zu ihm: Siehe, du bist alt geworden, deine Söhne aber wandeln nicht in deinen Wegen; so setze nun einen König über uns, daß er uns regiere, wie es bei allen Völkern Brauch ist« (1 Sam 8, 4–5). Dieser Überlieferung (1 Sam 8, 6–18; 10, 17–27; 12) zufolge, hat Samuel einem spontanen Volksbegehren nach einem König stattgegeben und verstand sich erst nach ungehaltenen Protesten dazu, die formelle Wahl zu leiten. Erst spät befaßten sich die Israeliten mit dem Gedanken des Königtums, und es mag wohl wie eine Versuchung zur Häresie ausgesehen haben, die heidnischen Nachbarn nachzuahmen.

3. Samuels Warnung: Das Hauptargument Samuels gegen die Einsetzung eines Königs (1 Sam 8, 6–8) läßt deutlich erkennen, daß er das Begehren des Volkes als eine Absage an Gott verstand. Er beriet sich mit seinem Gott und, obwohl er ihm empfahl: »Willfahre dem Begehren des Volkes in allem, was sie dir sagen«, so riet er ihm doch: »nur warne sie ausdrücklich, und tue ihnen kund die Gerechtsame des Königs« (1 Sam 8, 7f). Seine Warnung wurde zur berühmten Anklage gegen die Monarchie, in der die nun auftretenden politischen und sozialen Faktoren lebendig vor Augen gestellt wurden, die nun im Leben der Israeliten der damaligen Zeit mitbestimmend werden sollten. Samuel kündigte an, der König werde ihnen lastende Steuern auferlegen; er werde Fronarbeit vom gemeinen Volk und dessen Sklaven verlangen und so das ganze Volk zu Sklaven machen; er werde ein stehendes Heer von Wehrpflichtigen und Berufssoldaten unterhalten, das Volk enteignen und seine Diener damit bereichern (s. *Steuern). Samuel fürchtete den Umschwung, doch er gab dem Druck nach und fügte sich dem Wunsch des Volkes (1 Sam 8, 4–22).

4. Widersprüchliche Berichte: Vielen Exegeten erscheinen die Gegensätzlichkeiten zwischen beiden Berichten unvereinbar. Sie betrachten den antimonarchistischen Ausfall als einen späteren Zusatz, in dem sich die Enttäuschung über die Erfahrung mit den Königen Israels widerspiegelt. Neue Angaben aus den Funden von Ugarit (s. *Kanaanäische Kultur und Ugarit) und Alalach (ein nördliches Königreich) aus der Zeit zwischen dem 18. und dem 13. Jhdt. v. Chr. lassen jedoch, nach Ansicht von I. Mendelsohn, darauf schließen, daß die lebhaften Ausführungen zu den »Gerechtsamen des Königs« »eine authentische Schilderung der semifeudalen kanaanäischen Gesellschaft, wie sie vor und nach der Zeit Samuels tatsächlich existierte«, ist.

Die kanaanäischen Stadtstaaten unterhielten kleine Armeen, die aus einberufenen Fußsoldaten und Berufskriegern bestanden, die aus den Reihen der Aristokratie rekrutiert waren. Letztere waren die *marjannu* oder Ritter, welche die von Pferden gezogenen Kriegswagen lenkten. Die Ausübung des Militärdienstes befreite die Ritter von der Entrichtung von Zehnten und anderen Steuern. Die Könige waren Eigentümer des Kronlandes und verpachteten Weinberge, Obstgärten und Grundstücke an bestimmte Leute, die dafür dem Hof gewisse Steuern zu zahlen hatten. Das Gros des Volkes hatte einen Zehnten der Bodenerträge und des Viehbestandes als Steuer abzugeben. Ebenso hatte es Weidesteuern, Zölle und Sühnegelder zu entrichten. Zudem war es dem Frondienst unterworfen für den Straßenbau, den Festungsbau und den Tempelbau sowie für die Bearbeitung des Kronlandes.

Es erscheint daher, daß es sich beim Text 1 Sam 8 vielleicht nicht um eine Geschichtsneufassung durch einen späteren

Gegner des Königtums handelt, sondern um eine echte Warnung, die Samuel selbst oder ein Zeitgenosse ausgesprochen hat, um das Volk zu beschwören, sich nicht selbst eine fremde, kanaanäische Lebensart aufzuerlegen. Der Autor dieser Warnung könnte wohl der Prophet selbst gewesen sein oder aber auch der Wortführer der antimonarchischen Bewegung der damaligen Zeit.

Es ist aufgrund dieser voneinander abweichenden Berichte sehr schwer, die Reihenfolge der Ereignisse zu rekonstruieren. Beide Berichte schreiben Samuel eine führende Rolle bei den politischen Vorgängen zu. Ursprünglich hat er, wie es scheint, Saul zum *nāgid* gesalbt (dieser besondere Titel bedeutet eher »Jahwes kriegerischer Fürst«, als eigentlich »König«). Bis dahin ergab sich kein Konfliktstoff gegenüber den Anhängern des Stammesbundes. Ein solcher war erst vorhanden, als Saul sich wie ein kanaanäischer Monarch zu benehmen anfing. Doch selbst dann stand noch eindeutig fest, daß das Königtum, das er übernommen hatte, nicht unbedingt als erblich betrachtet wurde.

5. Sauls Erfolge: Nachdem er die Israeliten von der drohenden Gefahr der Philister errettet hatte, führte Saul zahlreiche Strafexpeditionen an, die sich gegen die Moabiter und die Aramäer richteten. Er setzte sich selbst tatkräftig dafür ein, die Reinheit des Glaubens Israels zu erhalten und versuchte, die Wahrsagerei zu unterdrücken, die in gleicher Weise bei den Kanaanäern wie auch bei den Hebräern praktiziert wurde.

6. Rivalität mit David: Gewisser Umstände zufolge, die sich sehr schwer aus den vorhandenen Unterlagen chronologisch erfassen lassen, hat sich der junge David dem Gefolge Sauls angeschlossen (s. *David und Salomo). Die Erzählung stellt immer wieder die heroische Gestalt Davids, seinen Charme und seine Beliebtheit der zunehmenden Depression Sauls gegenüber, die oft von Krämpfen begleitet war, die man nach dem Brauch der damaligen Zeit einem bösen Geist zuschrieb. Er konnte seine Temperamentsausbrüche nicht mehr zügeln und zeigte einen ernsthaft gestörten und oft grausamen Charakter. David, der sein Waffenträger und ein guter Freund seines Sohnes Jonathan war, hatte nun den König mit Saitenspiel zu beruhigen (1 Sam 16, 14–23).

Saul wurde immer eifersüchtiger auf Davids offenkundige militärische Erfolge und seine wachsende Beliebtheit. Die erbitterte Verfolgung durch Saul trieb David dazu, bei König Archis von Gath Zuflucht zu suchen und ihm, zusammen mit anderen Unzufriedenen, zu dienen. Dem zornigen Saul genügte es nicht, David und seine Anhänger zu verfolgen, sondern er belästigte auch die Priesterschaft, die er bisher gut behandelt hatte. Die Kluft, die ihn nun von vielen seiner Leute trennte, hatte sich noch mehr vertieft.

7. Verwerfung Sauls und Salbung Davids: Die Beziehung zwischen Saul und Samuel zeigt den König ebenfalls in einem recht tragischen Licht. Saul hatte die meiste Zeit seines Lebens kein gutes Einvernehmen mit den vom Volk verehrten religiösen Führern. Wenn auch hier wiederum die sich widersprechenden Berichte es sehr erschweren, über die Hintergründe Klarheit zu erlangen, so scheint doch der Gegensatz zwischen beiden aus der Frühzeit des Aufstiegs Sauls zu stammen. Gemäß einer Überlieferung (1 Sam 13, 4–15) hat sich Saul das Bundespriestertum angemaßt. Nach der anderen Vorlage soll er nach einem Sieg über die Amalekiter im Süden Judas die *ḥerœm*-Regel verletzt haben, die innerhalb des Gesetzes die Führung eines Heiligen Krieges festsetzt (s. *Reinheitsgesetz; *Kriegführung). Diese Regel verfügte den Bann über den besiegten Feind und über seinen Besitz. Weshalb auch immer, Samuel wandte sich von Saul ab und sah ihn »nicht wieder bis an den Tag seines Todes« (1 Sam 15, 35).

Es wird berichtet, Samuel habe vor seinem Tod von Gott die Weisung erhalten, den jungen David anstelle von Saul zum König zu salben. Nach der Überlieferung geschah dies, als David noch ein Hirtenjunge in Bethlehem war (1 Sam 16, 1–13). Manche sehen in dieser Handlung einen Versuch, der Opposition gegen Saul konkrete Gestalt zu verleihen durch das Haus Isais (s. *David und Salomo).

8. Sauls Tod: Wenige Jahre nachdem Saul David von seinem Hof vertrieben hatte, griffen die Philister, ermutigt durch die innere Schwäche des israelitischen Lagers, erneut an. Anstatt jedoch gegen Saul mitten ins Gebirge von Ephraim anzurücken, marschierten sie nach Norden auf Beth-Sean zu und teilten so das Land in zwei Teile. Dadurch verhinderten sie, daß sich die Stämme von Galiläa und Transjordanien mit Saul verbanden. Dadurch gewannen die Philister auch den Vorteil, in einer Gegend kämpfen zu können, die für ihre Kriegswagen besser geeignet war. Saul hatte keine Wagen und konnte dem hefti-

gen Ansturm der Philistermacht in der Ebene nicht widerstehen. Er zog hinauf zum Berg Gilboa (1 Sam 29–31). Heutzutage sind die Bibelwissenschaftler der Ansicht, die »Seevölker« der »Tjekker«, mit denen sie verwandt waren, hätten den Philistern beigestanden; diese lebten nämlich an der Nordküste in der Gegend von Dor und *Beth-Sean.
Nach der Überlieferung soll Saul ein Medium aufgesucht haben, nämlich die Hexe von Endor, die den Geist des verstorbenen Samuel aus der Unterwelt beschwor; aber er hörte nur den Bannfluch gegen den furchtsamen König (1 Sam 28, 16–19). Selbst nach dem Tod wollte der Prophet keine Versöhnung mit Saul.
Auf dem Berg Gilboa wurden Saul und seine drei Söhne, darunter auch Jonathan, getötet und ihre Leiber an den Stadtmauern von Beth-Sean aufgepfählt. Die Bewohner von Jabes holten die Leiber heimlich ab und setzten sie bei. Die Philister brachten das Land wieder unter ihre Kontrolle und beherrschten es bis lange in die Regierungszeit Davids (etwa 990 v. Chr.). Es war David (s. *David und Salomo) vorbehalten, die nationale Einheit der Israeliten herzustellen. Und er baute auf Fundamenten auf, die ungeachtet seines tragischen Endes und der vielen Widersprüche im Laufe seines Lebens, von Saul gelegt worden waren (s. *Samuel [Bücher]).

Schiffahrt

Gliederung: 1. Anfänge der Schiffahrt im Vorderen Orient. 2. Biblische Ausdrücke für Seefahrzeuge. 3. Israelitische Schiffahrt bis zur Zeit Salomos. 4. Salomos Flotte. 5. Archäologische Zeugnisse aus Ägypten. 6. Die griechische Flotte: a) Kriegsschiffe; b) Lastschiffe. 7. Handel im Römerreich. 8. Jüdische Seefahrt in der griechisch-römischen Zeit.

1. Anfänge der Schiffahrt im Vorderen Orient: Die Gegend nördlich des Karmelgebirges, das Küstengebiet von Syrien im östlichen Mittelmeer, wurde die Heimat der berühmtesten Seefahrer des Altertums, in der einige der bedeutendsten Häfen jener Zeit lagen (s. *Phönikien und seine Städte). Dagegen hatte Palästina südlich davon kaum mehr als einen Küstenhandel aufzuweisen, der hauptsächlich zwischen Phönikien und Ägypten hin und her ging. Das Land südlich des Karmel hatte wenig Bauholz, das für den Schiffsbau das wichtigste Rohmaterial war, während der Libanon solches in Mengen lieferte. Außerdem fehlen der Küste südlich des Karmel natürliche Buchten oder Flußmündungen fast ganz. Inzwischen haben die Ausgrabungen der jüngsten Zeit gezeigt, daß die Völker des Altertums sich jede Flußmündung zunutze machten, und Spuren von viel zahlreicheren Häfen aufgedeckt, als man bisher vermutete. Solche Spuren fanden sich am *tell abū ḥuwām* nördlich der Mündung des Kison bei Haifa; bei *tell quasīle* an der Mündung des Jarkon (nördlich von Tel Aviv), an der Mündung des Rūbīn beim *naḥal šoreq;* bei der Ausgrabung des *tell mōr* an der Mündung des Flusses von Lachis und anderswo.

2. Biblische Ausdrücke für Seefahrzeuge: Die Bibel besitzt eine Reihe von Ausdrükken für Seefahrzeuge, aber macht keinen klaren Unterschied zwischen ihnen: *'onijjā,* pl. *'onijjôt,* für Boot oder Flotte (1 Kg 10, 11. 22 u. ö.), *sefīnā* für ein Schiff mit Deck (Jon 1, 5). Das Buch Jona benutzt *sefīnā* offenbar in gleicher Bedeutung wie *'onijjā* (Joh. 1, 3). Jes 33, 21 erwähnt eine Galeere mit Rudern, offenbar ein ungewöhnlich großes Schiff. Anderswo wird ein Fahrzeug wegen seines außergewöhnlichen Baumaterials erwähnt (Jes 18, 2), es war nämlich aus Papyrus.

3. Israelitische Schiffahrt bis zur Zeit Salomos: Die nördlichen Stämme hatten einmal Berührung mit dem Meer, und zwar anscheinend in der Richterzeit; vgl. Gen 49, 13: »Sebulon wohnt am Ufer des Meeres; er liegt am Gestade der Schiffe und lehnt seinen Rücken an Sidon« oder Ri 5, 17: »Warum wohnt Dan unter den Schiffen? Asser saß am Gestade des Meeres und blieb gemächlich an seinen Buchten.« Außerdem heißt es über Isachar im Zusammenhang mit Sebulon, es werde den Reichtum des Meeres einsaugen (Dt 33, 19). All diese Stellen sind jedoch kaum hinreichend, um bedeutendere Beziehungen zur See in dieser Zeit zu bezeugen.
Der Küstenhandel begann in Palästina wahrscheinlich verhältnismäßig spät, sicher nicht vor den Anfängen des israelitischen Königtums. (Ausnahmen machen in gewissem Maße Asser und Sebulon an der nördlichen Küste.) Erst nach der Restauration wurde er für die Juden wichtig (s. Restauration und Perserzeit, Esra und Nehemia). Bis dahin waren sie fast ganz von der Küste abgeschnitten, deren südliche Gebiete von den Philistern, die nördlichen von den Kanaanäern bzw. Phönikern besetzt waren. Was wir über Schiffe und Schiffahrt in der früheren Zeit wissen, stammt daher hauptsächlich aus archäologischen Quellen (s. unten).

4. Salomos Flotte: Zur Zeit Salomos ist die Lage jedoch viel deutlicher. Obwohl er seine Aufmerksamkeit mehr auf Palästinas »Hintertür« am Roten Meer als auf die Mittelmeerküste richtete, erbaute er eine Flotte von »Tarsis-Schiffen« (s. *Phönikien und seine Städte), wofür ihm sein Verbündeter, Hiram, König von Tyrus, Material und Helfer lieferte (1 Kg 9,26–28; 10, 11. 12; 2 Chr 8, 18; 9, 21). Diese Schiffe fuhren von Ezeon-Geber bei Elath nach Ophir. Über die genaue Lage von Ophir haben die Gelehrten lange debattiert. *Josephus, Eusebius von Caesarea und Hieronymus (letztere lebten im 4. Jhdt. n. Chr.) lokalisierten es in Indien, während eine andere frühe Quelle, Eupolemos (2. Jhdt. n. Chr.), Ophir an die Küste von Eritrea, d. h. an das Rote Meer verlegt. Ein Ostrakon aus *tell qasīle* an der Mündung des Jarkon bei Tel Aviv, das jüngst entdeckt wurde, trug die Inschrift *zāhab ōfīr*, Gold aus Ophir **(Abb. 339).** B. Mazar hat daraus geschlossen, daß hier ein anderer Ort genannt sei, Salomos Äquivalent zu Ezeon Geber am Mittelmeer. Aber das ist unsicher. König Josaphat (1 Kg 22,49) macht einen Versuch, die Flotte der Tarsis-Schiffe wiederherzustellen, ob mit (2 Chr 20,35–37) oder ohne (1 Kg 22,49) Teilnahme Ahasjas, des Königs von Israel, ist nicht klar. Jedenfalls endete der Versuch unglücklich. Die Schiffe scheiterten, wahrscheinlich in einem Sturm.

Das ist schon fast das letzte Mal, daß wir von einem israelitischen Versuch hören, eine Flotte zu erbauen. Immerhin wurden die Israeliten durch die Berührung mit den Phönikern und Ägyptern mit dem Meer und den Problemen der Seefahrt vertraut. Ein einsames Schiff, den Wellen und Stürmen des weiten Meeres preisgegeben, wurde ein Lieblingsgleichnis der biblischen Autoren (Ps 104,25f; Spr 23,34; 30,18f; 31, 14 u. ö.). Ezechiels Klage über Tyrus (Kap. 27) enthält eine genaue Beschreibung eines phönikischen Handelsschiffes, und er vergleicht das Schicksal der Stadt mit einem Wrack im Sturm. Wir lernen aus diesem Kapitel die Ausdrücke für viele verschiedene Teile eines Schiffes kennen. Wir hören von Planken aus Zypressenholz von Senir, dem Mast aus einer Zeder vom Libanon, Rudern aus Eichenholz von Basan und dem Deck aus Buchsbaumholz von der zyprischen Küste (27,5f). Die Beschreibung scheint jedoch eine dichterische Synthese eines Kauffahrteischiffes zu sein, das mit einem einzigen Segel fuhr und einer Kampfgaleere, die von Ruderern nebst einem kleinen Hilfssegel fortbewegt wurde. So besteht die Besatzung aus Ruderern, Steuermännern, Matrosen und Kriegsleuten.

5. Archäologische Zeugnisse aus Ägypten: Ein Krug aus dem 4. Jahrtausend v. Chr. (rund 3500 v. Chr.) trug als Verzierung ein Bild eines Segelschiffes mit hohem Bug und Heck, einem einzigen Mast und Segel im Hinterschiff. Schon zur Zeit des Alten Reiches von Ägypten (2700–2200 v. Chr.) importierte man das Holz für den Schiffsbau von der syrischen Küste (s. *Ägypten und seine Beziehung zu Israel; *Phönikien und seine Städte). Die Annalen des Königs Snofru (um 2650 v. Chr.) erwähnen 40 Schiffe, je 63 m lang. Auf den Denkmälern des Pharaos Sahure (ungefähr 2500 v. Chr.) sieht man Gefangene abgebildet, die in Booten mit drei Seitenrudern und niedergelassenen Segeln verschifft werden. Aus der Zeit des Pharaos Pepi II. (2325 v. Chr.) stammt ein Bericht über einen Angriff auf Palästina von der Seeseite her, bei dem er seine Truppen in der Nähe des Karmel absetzte. Aber viel lehrreicher als alle Bilder und Beschreibungen sind die Reste wirklicher Schiffe, die sich in der Cheopspyramide bei Sakkara gefunden haben. Das Schiff, das man dem großen Pharao ins Grab mitgab, war gegen 40 m lang, aus Holz, mit Rohrmatten bekleidet und mit einem Deck zum Transport von Gütern. An der Fassade der Pyramide fand man Reste von fünf weiteren Schiffen.

Auch aus der Zwischenzeit und dem Mittleren Reich in Ägypten (2100–1800 v. Chr.) hat man allerlei wichtige Schiffsfunde gemacht. In No-Amon (11. Dynastie 2135–2000 v. Chr.) entdeckte man eine Reihe von Schiffsmodellen. Sie stellten hauptsächlich Flußboote dar, die man zum Transport auf dem Nil verwendete. Sie waren mit einem Segel zur Fahrt gegen den Strom und Rudern für die Fahrt stromabwärts ausgestattet. Sie hatten meistens eigene Steuerruder für den Steuermann und eine kleine Kabine für die Mannschaft am Heck **(Abb. 710).** Im 3. Jahrtausend v. Chr. nahmen kleine ägyptische Schiffe den Verkehr vom Nil nach Phönikien und nach Byblos der Küste entlang auf **(Abb. 712).**

R. D. Barnett hat gezeigt, daß die Urkunden dieser Zeit die Schiffe als *rbnt* bezeichnen, d. h. Byblosschiffe. Byblos war nämlich der Haupthafen von Phönikien, wo die meisten Güter verschifft wurden, die für Ägypten bestimmt waren (s. *Phönikien und seine Städte). Freilich ist nicht sicher, ob diese Bezeichnung Schiffe, die in Byblos erbaut waren, meint oder nur solche, die dorthin fuhren. Barnett nimmt an, daß die Ägypter sich damals nicht über das Delta des Nils hinauswagten und die Seefahrt ganz in den Händen der Phöniker lag – daß die Schiffe auf phönikischen Werften erbaut waren (Byblos, Arvad, Tyrus) und mit einer aus Phönikern und Ägyptern gemischten Besatzung bemannt waren.

Den Handel über See entwickelten die Phöniker, Ägypter und Kreter gegen Ende des dritten Jahrtausends v. Chr. Zuerst gebrauchten sie Ruderschiffe, dann Schiffe mit einem einzigen Segel. Führend bei dieser Entwicklung waren die Phöniker. Aber sie waren nicht die einzigen Seefahrer des Altertums. Seetüchtige Segelschiffe entwickelte Ägypten während des Neuen Reiches (15.–12, Jhdt. v. Chr.). In dieser Zeit erscheint eine neue Schiffsart, die »Keftiu-Boote« (d. h. Schiffe in kretischer Art). Die Philister hatten Kriegsschiffe mit einem Verdeck, wie sie auf dem ägyptischen Relief **(Abb. 663)** von *medînet hābu* aus dem 12. Jhdt. v. Chr. zu sehen sind. Die meisten Schiffe waren flach und ihr einziger Schutz gegen Wellen waren die hochgebogenen Bug- und Heckteile. Die ägyptischen Schiffe jener Zeit, die auf dem alten Handelsweg zwischen Ägypten und Phönikien im Einsatz blieben, waren mit einer niedrigen Bank für die Ruderer und einem einzigen, geschwungenen Segel ausgestattet. Auf solchen Booten pflegte man das Bauholz zu verfrachten, wie es der Ägypter Wen-Amun im 11. Jhdt. v. Chr. in Phönikien kaufen sollte.

Die Haupthindernisse für die Entwicklung des Seehandels waren der Mangel an Hilfsmitteln für die Schiffahrt, die geringe Größe der Fahrzeuge und die unbeholfene Art der Segel und Steuer. Das Reisen zur See war auf die Sommermonate beschränkt, wenn das Meer im allgemeinen ruhig und die Sicht gut war (von März bis Oktober).

Die akkadisch-ägyptische Wörterliste aus *tell el-ʿamārna* (um 1400 v. Chr.; s. *Amarnabriefe) übersetzt den akkadischen Ausdruck für Schiff *elippu* durch kanaanäisch *'anâji*, was dem biblischen Terminus *'onijjā* entspricht. Das genannte Wort ist nicht semitisch, sondern stammt von einer indoiranischen Wurzel und meint ein Schiff für das hohe Meer. Daraus schließt R. D. Barnett, daß der Begriff auch die Keftiu-Schiffe umfaßt. Auf vielen mykenischen Gegenständen sind solche Schiffe mit übertrieben langem Bug, der in einen Pferdekopf endet, gezeichnet. Genauere Gemälde gleicher Schiffe erscheinen auf den Mauern des Palastes Ramses' III. (ca. 1190 v. Chr.). Sehr ähnlich sind die phönikischen Schiffe der biblischen Zeit, von denen wir ebenfalls Abbildungen auf etlichen assyrischen Reliefs haben **(Abb. 713).** Schiffe dieser Art sind nach der Meinung von R. D. Barnett das Vorbild für die biblischen Tarsis-Schiffe (*'onijjôt taršîš*). Dieser Gelehrte sieht in Tarsis die Stadt Tarsus in Kilikien, einen Ort, der reichlich Zypressen- und Zedernholz lieferte, wie es bei der Ausbreitung des vielruderigen Schiffstypus im Mittelmeer eine wichtige Rolle spielte. Ein früherer Gelehrter, Farr, hatte schon dargelegt, daß Tarsus auf griechisch Ruderwerk bedeutet. Wie die »Schiffe von Tarsus« aussahen, sehen wir am besten auf den Reliefs Salmanassars III. (858–824 v. Chr.), auf denen das Volk von Tyrus auf Schiffen aus seiner eroberten Stadt flieht. Jüngst ist auch ein Relief im Palast Sargons II. (721–705 v. Chr.) in *ḫorsabad* entdeckt worden, auf dem ein Handelsschiff, beladen mit Holz, zu sehen ist **(Abb. 711).** Beide Male sind die Schiffe mit hohem Bug, der in Gestalt eines Pferdekopfes geschnitzt ist, zu sehen. Sie hatten Ruder, aber auch ein Segel an einem hohen Mast, an dessen Spitze ein Matrosenkorb für den Ausgucksposten war. Diese Schiffe waren das Vorbild für die Kriegsflotten, die die Griechen einige Zeit später erbauten. Noch ist kein phönikisches Relief mit Schiffsabbildungen zutage gekommen, aber auf den Reliefs Sanheribs (704–681 v. Chr.) sind hohe Kriegsschiffe mit zwei und drei Decks mit hohen Masten und Segeln und hohem Heck abgebildet. 15 bis 25 Matrosen auf beiden Seiten des unteren Decks führten die Ruder, während auf dem oberen Deck Soldaten saßen **(Abb. 713).**

6. Die griechische Flotte: Während des 8. und 7. Jahrhunderts v. Chr. gewann die griechische Flotte die Vorherrschaft auf dem Mittelmeer. Anfangs benutzte man sowohl für den Handel wie für den Krieg Biremen oder Pentakonteren (Schiffe mit 50 Rudern), aber vom 6. Jhdt. v. Chr. an wurden beide Aufgaben getrennt, und das Mittelmeer wurde die Heimat hoher, schwerer, langsamer Lastschiffe und schlanker, tiefgehender, rascher Kriegsschiffe. Das Handelsschiff war dazu bestimmt, Lasten auf weite Strecken zu befördern, Tag und Nacht hindurch, die Kriegsschiffe wurden so gebaut, daß sie rasch und leicht manövrieren konnten. Länge zu Breite verhielt sich bei den

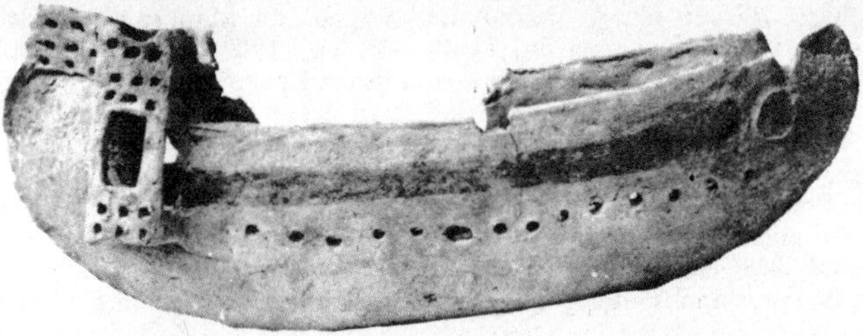

Abb. 710. Modell eines ägyptischen Bootes

Abb. 711. Mit Holz beladene Schiffe (Relief aus dem Palast Sargons II. in Dur-Scharrukin)

Abb. 712. Relief mit ägyptischen Schiffen

Abb. 713. Phönikisches Kriegsschiff mit mehreren Decks (assyrisches Relief)

Abb. 714. Trireme, Kriegsschiff des Altertums vom 6. bis zum 3. Jhdt. v. Chr.

Abb. 715. Griechisches Handelsschiff auf einem Sarkophag aus dem 2. Jhdt. n. Chr.

Abb. 716. Fresko aus Pompeji mit römischen Kriegsschiffen

Abb. 717. Mosaik aus Ostia mit einem Handelsschiff

Kriegsschiffen wie 7 zu 1, bei den Lastschiffen 4 zu 1.

a) Kriegsschiffe: Die Griechen gebrauchten vor allem Triremen **(Abb. 714).** Diese blieben die typischen Kriegsschiffe des Altertums vom 6. bis zum 3. Jhdt. v. Chr. Die Trireme war ein leicht gebautes Schiff mit drei Ruderbänken und keinem Verdeck, oft mit einem Segel, und erreichte unter gewöhnlichen Bedingungen eine Geschwindigkeit von 4 bis 5 Knoten. Wie eigentlich die Ruder angeordnet waren, sagen uns die Zeugnisse nicht deutlich. Man nahm bisher meist an, daß sie in drei Reihen übereinander saßen, neuerdings aber wird vermutet, daß immer drei Ruderer, jeder mit einem eigenen Ruder, auf derselben Bank saßen. Gegen Ende des 4. Jahrhunderts v. Chr. kam ein neuer Typ, die Quinquereme, angeblich auf Anregung Dionysos' I. von Syrakus auf. Dieser Typ blieb in den hellenistischen und römischen Flotten in Gebrauch. Sein Bau war dem der Trireme ähnlich, aber er hatte mehr Ruder und trug nach Polybios (I, 26, 7; 2. Jhdt. v. Chr.) 300 Mann Besatzung außer den Seeleuten. Wie die Sitze der Ruderer auf der Quinquereme angeordnet waren, ist unbekannt, aber die Ruderer waren offenbar in Gruppen zu fünf Mann eingeteilt, die jeweils zusammen ein großes Ruder antrieben.

b) Lastschiffe: Ein anderer Schiffstyp ist das griechische Lastschiff, von dem der Sarkophag **(Abb. 715)** aus der Nähe von Sidon ein sehr deutliches Bild gibt (2 Jhdt. n. Chr.). Ähnliche Darstellungen und entsprechende Funde kennt man aus Italien. Das Schiff hat kein Verdeck, sein glatter Rumpf ist teilweise unter Wasser. Sein Bug ist aufwärtsgebogen und hat einen Korb für den Ausguckposten an seiner Spitze. Er trug außerdem die Statue des Gottes oder der Göttin, die das Schiff beschützten. Das Heck ist schwanenhalsartig verlängert mit einem Fallreep zum Anlegen. Vorne schwer und mit leichtem Hinterteil, war das Schiff darauf eingerichtet, mit den Wellen zu gehen. Lastschiffe dieser Art hatten ein großes quadratisches Segel, später wurde noch ein Vordermast mit Segel hinzugefügt. Die Römer bauten Schiffe mit zwei oder drei Masten und Segeln. Solche Lastschiffe fuhren im Durchschnitt 3 bis 4 Knoten. Ihre Größe wechselte, so ist im 2. Jhdt. n. Chr. von einer »Alexandria« von 3100 Tonnen und einer »Isis« von 3250 Tonnen die Rede. Aber das waren ungewöhnliche Größen; die meisten Schiffe faßten etwa 50 Tonnen und waren vielleicht 30 m lang. Die Zahl der Passagiere, die sie fassen konnten, hing von der Größe ab, meistens waren es nur ein paar Dutzend Menschen. Josephus berichtet vom Schiffbruch eines Schiffes, auf dem 600 Leute waren (Biographie III). Das Schiff, in dem Paulus bei Malta Schiffbruch erlitt, trug 276 Personen (Apg 27, 37). Doch setzen viele Gelehrte des Altertums und der Neuzeit die Zahl auf nur 76 herab. Angetrieben wurden die Schiffe durch Segel. Die einzigen Ruder (im Schiff des Paulus) waren jene, die am Heck zum Steuern (27, 40) verwendet wurden. Mehrere zeitgenössische Erzählungen bestätigen die Beschreibung der Apg. (Zwei Paddelruder als Steuer blieben die allgemeine Methode des Lenkens bis ins 12. Jhdt. n. Chr.) Wie es scheint, festigte man im Fall eines Sturms das Gerüst des Bootes, indem man Ketten oder Seile rund herum band (das Schiff »umgürtete«; Apg 27, 17). Die Frachten wurden gewöhnlich in große, irdene Krüge verpackt und auf Deck oder im Schiffsbauch verladen. Die Segel konnten aus Leinen oder aus Leder hergestellt werden (Plinius d. Ä., Nat. Hist. 19).

Mit einem einzigen, großen Segel und ohne Kiel war es unmöglich, das Schiff gegen den Wind zu führen, wenn die Wellen gegen das Ufer schlugen. Das war besonders unangenehm, wenn man die syrische Küste in westlicher Richtung verlassen wollte, denn dort kommt der vorherrschende Wind von Westen. Darum hatten sich die Schiffe nahe der Küste zu halten und sich den Vorteil zunutze zu machen, den die Brise am frühen Morgen brachte, die vom Land zum Meer hinwehte (Apg 27, 4–8). Die Fortentwicklung während der Römerzeit machte es möglich, von den Häfen Griechenlands und Roms direkt nach Alexandria zu fahren. Von den Häfen des Roten Meeres aus segelte man nach Indien, wobei die neu gewonnenen Kenntnisse über den Monsum, den günstigen Fahrwind, ausgenutzt wurden.

7. Handel im Römerreich: Die Aufrichtung des Römerreiches und der *pax Romana* im größten Teil der damals bekannten Welt, brachten mit dem umfassend verbesserten Straßen- und Verkehrssystem, das die Römer schufen, ein großes Wachstum des Handels. Es gab keine staatlichen Einschränkungen für die Reisenden, und Reisen von einer Provinz des Reiches zur anderen wurden immer leichter und häufiger. Es gab römische Siedlungen in den Provinzen und syrische Niederlassungen in Italien. Dieser Zustand erklärt es, daß Paulus verhältnismäßig leicht durch Kleinasien und die osteuropäischen Provinzen reisen konnte. Das Reisen in der Römerzeit hatte weniger Schwierigkeiten und Gefahren als zu irgendeiner vorherigen Zeit, aber es gab noch mancherlei Gefahren, und der Reisende konnte oft in schwierige Lagen geraten (s. *Paulus [Saulus] von Tarsus; *Straßen, Beförderungsmittel, Handelswege). Schlechte Unterkünfte, Straßenräuber und Schiffbruch blieben auf Reisen noch viele Jahrhunderte lang regelmäßige Ereignisse. (S. etwa das Fresko von Pompeji **Abb. 716** und das Mosaik aus Ostia, dem Hafen von Rom, **Abb. 717**).

8. Jüdische Seefahrt in der griechisch-römischen Zeit: Die Eroberungen der *Hasmonäer (s. *Handel 4 b) brachten den Juden endlich einen Zugang zum Meer. Simon der Hasmonäer annektierte 142 v. Chr. Jaffa, und seitdem wurden der Seehandel und die Schiffahrt eifrig gefördert. Alexander Jannäus ließ einen Anker auf seine Münzen prägen, um diese Politik sichtbar zu bekunden und seine Siege über die früheren, hellenistischen Herrscher der Küstenstädte zu feiern. Bezeichnenderweise hat man die meisten Münzen dieser Prägung in und um Jaffa gefunden. Tatsächlich waren Symbole der Seefahrt auf den Münzen der phönikischen und jüdischen Küstenstädte seit Ende der Perserzeit immer sehr gebräuchlich.

In einem kürzlich aufgedeckten Grab der Hasmonäerzeit in Jerusalem zeigt ein Fresko, wie ein Kriegsschiff ein Handelsschiff angreift. Das ist ein weiteres Zeugnis für die Betriebsamkeit der Hasmonäer zur See. Ebenfalls aus dem 2. Jhdt. v. Chr. stammt eine Zeichnung auf einem Stein von Maresa, auf der ein Segelboot mit einer Bank Ruderer und zwei Ankern zu sehen ist, die vom Bug aus geworfen sind.

*Herodes I., der Große, setzte diese Seepolitik fort und baute sie aus. Der Hafen von Caesarea am Meer, den er erbaute, galt nicht nur als der beste an der Küste von Palästina, sondern als der größte der Umgebung und stand nur Alexandria nach. Von dem umfangreichen Kornhandel zwischen Ägypten, der römischen Kornkammer, und Rom, ging ein großer Teil über Caesarea. Einige Monate in jedem Jahr zwangen die Stürme die Kornschiffe, an der Küste Palästinas entlangzusegeln. Diese Tatsache gewann große Wichtigkeit, als die Juden etwa ein Jahrhundert später gegen die Römer kämpften (s. unten). Herodes feierte offenbar die Vollendung der Bauten von Caesarea durch Ausgabe einer Münze, auf der ein Anker zu sehen ist. Eine andere Münze des Herodes trägt auf der Vorderseite einen Anker und auf der Rückseite ein Kriegsschiff. Wie Josephus berichtet, erbaute Herodes eine Kriegsflotte, um Agrippa, den Admiral des Augustus, zu unterstützen (Altertümer XVI, 2,2).

Beim jüdischen Aufstand gegen Rom 66 n. Chr. begann der Prokurator Cestius Gallus seinen Feldzug, indem er Jaffa zerstörte. Kurz darauf fügten ihm die Juden eine Niederlage zu, und er floh aus dem Lande (s. *Rom und die Juden). Während der nächsten zwei Jahre (66–68 n. Chr.) hatten die Juden die Stadt und ihren Hafen wieder voll in Besitz. Wie Josephus berichtet (Jüdischer Krieg III, 9,2 f), benutzten die Juden diesen Vorteil, um Schiffe zu bauen und die Schiffe, die Korn nach Rom führten, anzugreifen. Das bedrohte die römische Wirtschaft und die Getreideversorgung so ernsthaft, daß der römische Feldherr Vespasian sich gezwungen sah, eine Abteilung seiner Armee von der Belagerung von Jotapata in Galiläa abzuzweigen und zur Rückeroberung von Jaffa auszuschicken. Die Juden entkamen auf ihre Schiffe, aber ein Sturm zerstörte die ganze Flotte an den Felsen längs der Küste. Wer dem Ertrinken entkam (etwa 4200 Mann), wurde von den Römern niedergemacht.

Der Sieg war für die Römer sehr bedeutsam. Zum Andenken daran wurden bei Vespasians Triumphzug Schiffsheckteile mitgeführt (Jüdischer Krieg VII, 5,5), und alle Kaiser des flavischen Hauses haben Münzen geprägt, um diesen Sieg zu feiern. Eine davon trägt die Inschrift *Judaea navalis* und zeigt Juden zu Füßen des Kaisers, der mit dem rechten Fuß auf dem Heck eines gestrandeten Kriegsschiffes steht und in seinen Händen eine Statue der Nike, der Siegesgöttin, hält. Auf einer anderen Münzserie steht die Inschrift *victoria navalis*. Als die Juden sich gegen Trajan erhoben (s. *Bar-Kochba), planten sie ebenfalls, die Verbindungslinien Roms mit dem Osten zur See abzuschneiden, aber es mißlang ihnen. Beim Aufstand Bar-Kochbas erhielt ein Offizier, der sich bei irgendeinem Seesieg über die Juden hervorgetan hatte, eine römische Auszeichnung, aber die Einzelheiten des Treffens sind nicht bekannt.

Es ist nicht wahrscheinlich, daß die Niederlage des 1. und 2. Jahrhunderts n. Chr. der jüdischen Seefahrertradition ein Ende gesetzt hat. In Galiläa und am Nordteil der

Küste gediehen auch in der Folgezeit jüdische Siedlungen. Ihre Einwohner beschäftigten sich weiterhin mit Fischerei und trieben Handel mit Meeresprodukten. Diese Tatsache wird bestätigt durch ein jüngst entdecktes Relief vom jüdischen Friedhof in Beth-Schearim, auf dem zwei Handelsschiffe aus dem 3. oder 4. Jhdt. n. Chr. abgebildet sind. In der späteren, byzantinischen Zeit veränderte sich die Lage – die jüdische Handelsschiffahrt hörte im 6. Jhdt. n. Chr. auf.

Sichem

Gliederung: 1. Frühgeschichte. 2. Patriarchenzeit. 3. Archäologische Zeugnisse aus der Mittel- und Spätbronzezeit. a) Mittlere Bronzezeit. (1) Der Tempel; (2) Der Palast; (3) Das Osttor; b) Spätbronzezeit. 4. Sichem als Mittelpunkt des Stämmebundes. 5. Das Haus des Baal-Berith. 6. Sichem als Levitenstadt. 7. Sichem in der Königszeit. 8. Samaritanische Besiedlung.

Sichem ist eine bedeutende kanaanäische und israelitische Stadt an der Ostseite des Passes zwischen den Bergen Garizim und Ebal in Mittelpalästina von Ägypten und Phönikien nach Syrien. Es war der Mittelpunkt zur Zeit des Zwölf-Stämme-Bundes, und in der frühen Königszeit stand es an zweiter Stelle direkt nach Jerusalem.

1. Frühgeschichte: Die ersten Einwohner von Sichem waren Halbnomaden, die sich an der Quelle des *tell balāṭa* in chalkolithischer Zeit zusammenfanden (4. Jahrtausend v. Chr.). Im 19. Jhdt. v. Chr. ist Sichem in den ägyptischen Ächtungstexten genannt als *skmm* (s. *Ägypten und seine Beziehung zu Israel).

Ein zweites Mal erscheint der Name fast zu gleicher Zeit auf einer Stele aus der Zeit Sesostris' III. (1848 bis 1843 v. Chr.), dessen General einen Krieg gegen das Volk von Sichem führte.

Die Stadt ist unter den Feinden von Ägypten verzeichnet und war offenbar ein Mittelpunkt für den Widerstand gegen die ägyptische Herrschaft. Aber aus dieser Zeit gibt es keine sicheren Spuren von irgendwelchen Gebäuden in Sichem (20.–19. Jhdt. v. Chr.). Die erste greifbare Bautätigkeit, die man bisher in Sichem feststellen konnte, stammt aus der mittleren Bronzezeit II (ca. 1800 v. Chr.). Am bedeutendsten und besten beurkundet ist jedoch die darauffolgende Zeit, die Stadt der Hyksos.

2. Patriarchenzeit (mittlere und späte Bronzezeit): In der Bibel wird Sichem zuerst in der Patriarchenzeit genannt. Es ist den Forschern in den letzten Jahren gelungen, die biblischen Traditionen und die ar-

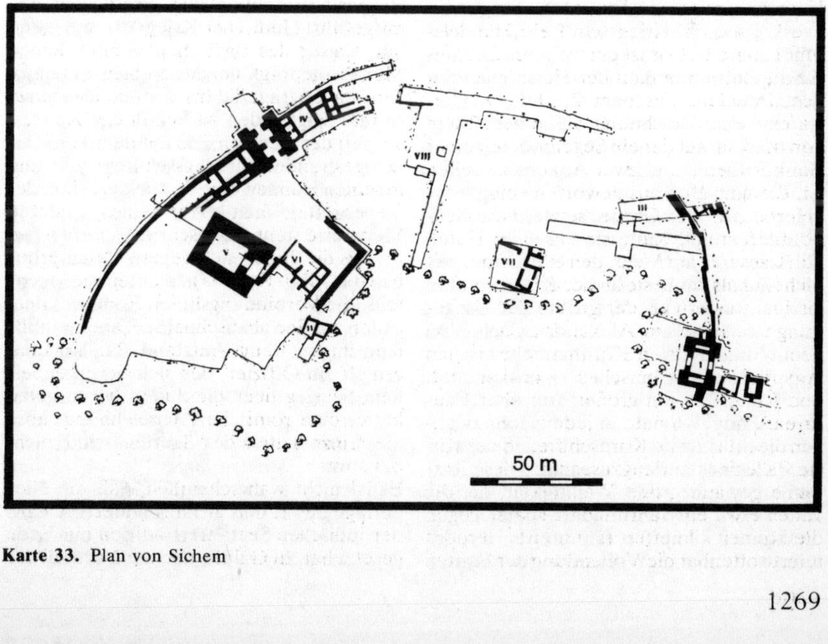

Karte 33. Plan von Sichem

chäologischen Zeugnisse der letzten 50 Jahre in Beziehung zueinander zu setzen. Nach Gen 12, 1–7 kam Abraham in Sichem zum erstenmal mit den Kanaanäern in Berührung. »Der Herr erschien ihm hier«, und er baute einen Altar. Aus den späteren Erzählungen über die Patriarchen (s. *Patriarchen, Geschichte; Gen 33, 18–34, 31; 48, 22ff u.ö.) geht hervor, daß Sichem vom 18. bis 14. Jhdt. v. Chr. ein Mittelpunkt des religiösen und politischen Lebens von Kanaan war. In dieser Zeit sind die Jahre der Hyksosherrschaft über Ägypten und das mittlere Kanaan einbegriffen (1720–1550 v. Chr.), in denen Sichem Mittelpunkt war, gleichrangig mit anderen, von den Hyksos erbauten Festungen wie *Jericho und *Hazor.

In vielen Überlieferungen der Patriarchenzeit spielt Sichem eine Rolle; aber das Bild, das die verschiedenen Berichte ergeben, ist sehr wenig einheitlich. Zum Beispiel stehen die Israeliten Gen 33, 18–20; 37, 12–14 in friedlicher Beziehung zu den Einwohnern von Sichem, während Gen 34 (vgl. auch 48, 22; 49, 5–7) die Stämme Simeon und Levi in heftigen Kampf mit dem Volk von Sichem gerieten. Vielleicht ereignete sich dies nach der Besiedlung durch die Hyksos, jedoch bevor der Stamm Simeon als Nachbar von Juda im Süden siedelte und bevor die Leviten zu einer Priesterklasse wurden (s. *Stämme Israels; *Priester und Leviten).

Diese frühen unklaren Andeutungen für eine Siedlung von Israeliten in Kanaan vor der Landnahme spiegeln vielleicht die Tätigkeit der *Chabiru, die nach den *Amarnabriefen das ganze mittlere Palästina bedrohten. Labaju, der ein kanaanäisches Fürstentum im Hügelland von Mittelpalästina beherrschte und einige von diesen Briefen geschrieben hat, scheint eine Hauptrolle bei den Intrigen gespielt zu haben, die die ägyptische Herrschaft in Kanaan im 14. Jhdt. untergruben.

3. Archäologische Zeugnisse aus der Mittel- und Spätbronzezeit: Die Ausgrabung von *tell balāṭa,* dem biblischen Sichem, begann unter deutscher Leitung 1913 bis 1914 sowie 1926 bis 1934 und wurde durch die Drew-McCormick-Expedition von 1956 bis 1962 und 1964 fortgesetzt. Vier Hauptbauabschnitte ließen sich unterscheiden: mittlere Bronzezeit; Spätbronzezeit; israelitische Königszeit (Eisenzeit); samaritanische und hellenistische Zeit.

a) Mittlere Bronzezeit: Die jüngsten Ausgrabungen haben einen großen Prozessionsweg aufgedeckt, der von der befestigten Unterstadt der Hyksos zu einem Tempel der mittleren Bronzezeit führte (auf **Karte 33** als V bezeichnet), der auf seiner Höhe die ganze Stadt beherrschte. Der Tempel ist das größte kanaanäische Heiligtum, das man bisher in Palästina entdeckt hat. Seine Entstehung fällt in die späte Hyksoszeit (ca. 1650–1550 v. Chr.; mittlere Bronzezeit II C).

Die Ausgrabungen zeigen, daß Sichem nach der frühen Hyksoszeit (mittlere Bronzezeit II B, ca. 1720–1650) um 1650 zerstört wurde und dann ein vollständiger Bruch in der Baugestaltung stattfand, ehe der Tempel und die anderen größeren Gebäude, der Palast und das Osttor, errichtet wurden.

(1) Der Tempel war ein Rechteck, 21 × 26 m, mit fünf Meter dicken Mauern. Er diente also wohl ebensosehr als Festung wie als Kultplatz. Die **Abb. 719** zeigt von der Nordseite her A zunächst die großen Steine der älteren, äußeren Stützmauer, B die spätere Mauer der Hyksos und C die Nordwestecke des Tempels. Den Eingang des Migdal-Tempels 1 a flankierten zwei Türme, zwischen denen sich ein großer, sorgsam behauener Felsblock fand, der ursprünglich eine Säule, die damit den Eingang bildete, getragen haben dürfte. Das Innere des Tempels war durch zwei Reihen von je drei Säulen dreigeteilt. Der Tempel 1 a, der in die Zeit 1650–1600 v. Chr. zu datieren ist, wurde zerstört und um 1600 ohne wesentliche architektonische Veränderungen wieder errichtet. Für diesen neuen Tempel 1 b sind 2 Masseben (*maṣṣebōt*) auf den beiden Seiten der Pforte und Ziegelfundamente eines Altars im Hof, die auf einer Seite die Länge von 3,5 m aufwiesen, kennzeichnend. Ursprünglich muß man die Erhöhung für den Altar von jedem Punkt der Stadt aus gesehen haben.

(2) Der Palast: Westlich von der L-förmigen Mauer lag der Palast (VI auf der **Karte 33**; in der Mitte und links im Hintergrund auf **Abb. 719**). In der mittleren Bronzezeit trennte die eben erwähnte, massive Steinmauer dieses Gebiet von der übrigen Stadt. Innerhalb des so befestigten Gebietes war ein Zwischenraum zwischen der äußeren Mauer und der Wand des Palastes, der Raum für einen Abzugsgraben und eine gepflasterte Straße bot. Neun Schichten von Pflastersteinen lagen hier übereinander. Auf **Abb. 718** sind die Gräben der Archäologen und die neun Räume des Palastes zu sehen, die 1960 aufgedeckt wurden. Die drei Räume entlang der Straße waren

Abb. 718. Reste des Palastes von Sichem

Abb. 719. Reste des Tempels von Sichem (nach 1650 v. Chr.). Das von Norden her aufgenommene Bild zeigt bei A die Reste der äußeren Stützmauer, B ist die spätere Hyksosmauer und C die Nordwestecke des Tempels

Abb. 720. Reste des Osttores von Sichem (mittlere Bronzezeit)

Abb. 721. Grab unter dem Boden des Palastes von Sichem mit den Gebeinen eines Kindes, das in einem steinernen Krug beigesetzt war

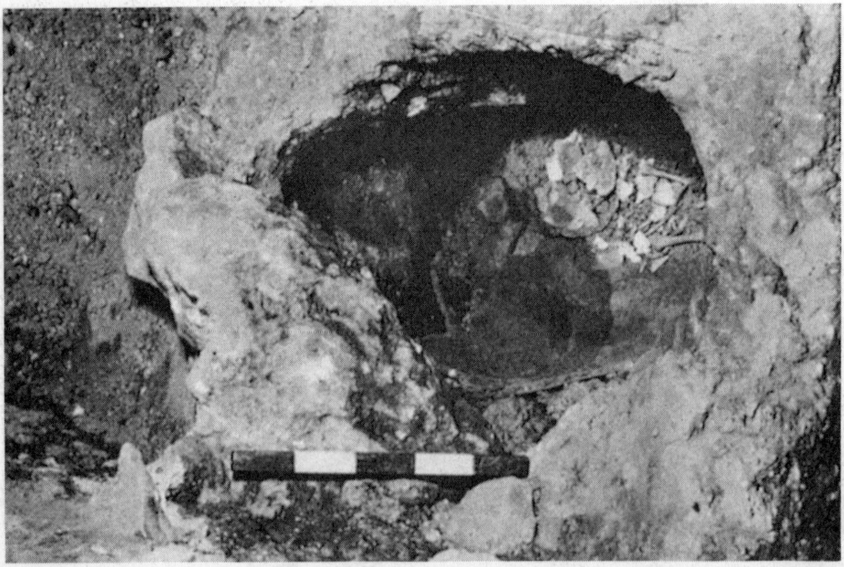

Abb. 722. Griechische Inschrift auf einem Ostrakon aus Sichem (3. Jhdt. v. Chr.)

Abb. 723. Haus eines samaritanischen Neubürgers in Sichem, das auf den Trümmern von israelitischen Bauwerken errichtet worden ist (ca. 4. Jhdt. v. Chr.)

Werkstätten; eine davon enthielt zwei Töpferöfen, einen Block zum Tonkneten und eine mit Steinen ausgekleidete Grube, um Getreide zu speichern.
Unter dem Boden des Palastes lag ein Grab mit den Knochenresten eines Kindes, die in einem steinernen Krug beigesetzt waren **(Abb. 721).** Es trug ein Halsband aus Perlen, und ringsherum standen Grabbeigaben in ausgesuchten Tongefäßen. Viele hier gefundene Gegenstände erweisen den Einfluß des damaligen Ägypten der Hyksoszeit auf Kanaan.
(3) Das Osttor: Das eindrucksvollste Stück im Verteidigungssystem der mittleren Bronzezeit II C war das Osttor (**Abb. 720** mit dem Blick nach Osten). Die Stufen im Vordergrund führen zu einem Durchgang mit Wachttürmen auf beiden Seiten des Tores (*Stadtanlage, israelitische). Die Spuren sind Zeichen mehrfacher Zerstörung zwischen der Hyksoszeit und der Zeit des Abimelech. Es ist offenbar das Tor, das in der Erzählung von Goal erwähnt ist (Ri 9, 34–41).
b) Spätbronzezeit: Nach 1570 v. Chr. ging die Bedeutung von Sichem zurück, als die Ägypter der 18. Dynastie Palästina zurückeroberten. Die Einwohner der Spätbronzezeit begnügten sich damit, die Stadt wieder aufzubauen, wobei sie die Bauten ihrer Vorgänger benutzten, wo immer es möglich war. Der Tempel 2 a (1450–1200) wurde an der gleichen Stelle wieder aufgerichtet, doch in stark veränderter Form. So hatte der neue Bau nicht die dicken Mauern des alten Tempels und wurde zudem um 33 Grad südöstlich gedreht, so daß er nach Sonnenaufgang orientiert war, wie der spätere Tempel von Jerusalem. Diese Stellung kann einen Zusammenhang mit den Bräuchen kanaanäischer Sonnenverehrung haben. Die Haupterneuerung war die Errichtung einer hohen Massebe auf einem Steinsockel dicht vor dem Tempeleingang; dieser Periode ist auch ein Ziegelaltar und die 1. Phase eines Podiums über dem ungebrauchten Teil des westlichen Steinsockels von Tempel 1 zuzuschreiben.
4. Sichem als Mittelpunkt des Stämmebundes: Nirgends ist erwähnt, daß die eindringenden Israeliten unter Josua Sichem erobert hätten (13. Jhdt. v. Chr.). Aber gleich nach der Landnahme ist Sichem der Ort, wo sich die Mitglieder des Stämmebundes zusammenfanden und wo Josua die Zeremonie der Bundeserneuerung vollzog (Jos 24). Die scheinbar friedliche Entwicklung Sichems von einem kanaanäischen Stadtstaat zum Mittelpunkt der israelitischen Stämme hat man dahin ausgelegt, daß es schon in Händen von Freunden war, als die Israeliten nach dem mittleren Palästina kamen. Sichem steht nicht in der Liste der Eroberungen Josuas und trägt auch nicht die archäologischen Spuren einer Zerstörung, wie sie bei anderen Städten den Übergang von der kanaanäischen in die israelitische Herrschaft kennzeichnen (s. *Hazor; *Lachis; *Bethel und Ai; s. auch *Landnahme; *Exodus [Buch]).
Damit ist die Frage nicht beantwortet, wie Sichem eine israelitische Stadt wurde. Viele Forscher nehmen an, daß Hebräer schon in der Spätbronzezeit langsam einwanderten und dieser friedliche Übergang sich in der Erzählung über Jakob abzeichnet; daß die Besetzung von Sichem sich also ohne Waffengewalt vollzog. So waren hebräische Familien schon neben kanaanäischen hier seßhaft, ehe die Landnahme in ihr letztes Stadium trat. Eine andere Möglichkeit ist, daß die eindringenden Israeliten sich mit einer Gruppe der *Chabiru zusammentaten, die die Stadt seit der Patriarchenzeit innehatten.
5. Das Haus des Baal-Berith: Der Tempel der Spätbronzezeit 2 b (1200–1100 v. Chr.) ist vermutlich mit dem »Haus des Baal-Berith« (Ri 9, 4), d. h. dem Tempel des Bundesbaal gleichzusetzen. Diesen zerstörte Abimelech nach der Eroberung der Unterstadt (s. *Richter [Zeit und Buch]). Neu für den Tempel 2 b ist ein großer Steinaltar mit den Ausmaßen 2,20 × 1,65 × 0,35 m. Der Boden des Tempels der Mittel- und Spätbronzezeit war mit Schutt bedeckt, der von der Zerstörung der Stadt und des kanaanäischen Heiligtums durch Abimelech stammen mag. Zu dieser Zeit war Sichem noch eine Stadt mit gemischter israelitisch-kanaanäischer Einwohnerschaft. Sie mag ein Ausstrahlungspunkt kanaanäischen Einflusses gewesen sein. Damit würde sich auch Abimelechs vergeblicher Versuch erklären, sich hier als König der Herrschaft zu bemächtigen (er war der Sohn eines Israeliten und einer kanaanäischen Mutter). »Der Malstein von Sichem«, neben dem er zum König ausgerufen wurde, ist möglicherweise die steinerne Massebe vor dem Heiligtum.
6. Sichem als Levitenstadt: Später erlangte Sichem die Stellung einer Leviten- und Asylstadt (Jos 20, 7) und spielte eine wichtige Rolle in der Religion und der politischen Organisation des frühen Israel. Wahrscheinlich war es tatsächlich noch bedeutender als die biblischen Berichte

andeuten; aber die spätere Zentralisation des Kultes in Jerusalem und der Dynastie Davids bewirkten, daß die Rolle von Sichem und seine Bedeutung für Israel in den Überlieferungen aus Juda im AT zurücktrat.

7. Sichem in der Königszeit: Am Vorabend der Trennung der Königreiche von Israel und Juda traf sich Rehabeam mit »ganz Israel« in Sichem, um sich hier krönen zu lassen (1 Kg 12, 1ff; s. *Israel und Juda 1). Nach der Reichsteilung gegen Ende des 10. Jahrhunderts v. Chr. machte Jerobeam, der erste König von Israel, Sichem zu seiner Hauptstadt und befestigte sie (1 Kg 12, 25). Später verlegte er die Hauptstadt nach Pnuel, und auch da blieb sie nicht, sondern der Regierungssitz war zuerst in Thirza, dann in Samaria.

Die israelitischen Häuser, die bei der Ausgrabung von Sichem zutage kamen (VII auf **Karte 33**), gehören dem 9./8. Jhdt. v. Chr. an. Sie messen ca. 10 × 12 m, hatten einen großen Zentralraum, der von einem engen Gang an drei Seiten umgeben war, auf den sich kleine Kammern öffneten (s. *Stadtanlage, israelitische). In der Nähe der Häuser wurden zwei schöne Siegel gefunden (beschrieben unter *Siegel). In der Nachbarschaft der großen Häuser fanden sich Reste von einem alten Elendsviertel, so daß wir Gedeihen und Armut nebeneinander erschließen können.

Zu dieser Zeit begannen die Israeliten, die Stätte des letzten Kanaanäertempels in eigenen Gebrauch zu nehmen. Über der Nordwestecke des alten Tempels fand man die Steinfundamente eines israelitischen Kornhauses (Eisenzeit II), das aber seinem Plan nach auch gut einfach ein Wohnhaus sein könnte (Albright). Diese Fundamente waren nicht direkt auf den Tempelruinen errichtet, sondern der Platz war mit Erde aufgefüllt worden, mit einer dicken Schicht Mörtel darüber, und darauf lagen die Fundamente. Das Kornhaus enthielt Gruben und Silos. Sichem war wahrscheinlich die Hauptstadt eines Regierungsbezirkes, und dies Gebäude mag ein Lagerraum der Verwaltung gewesen sein (s. *Verfassung, Verwaltung und Staatsformen 2 a/5).

Salmanassar V. machte 724 v. Chr. der israelitischen Stadt ein gewaltsames Ende. Der Fußboden der spätesten israelitischen Häuser ist mit den Scherben der Vorratskrüge bedeckt, die einmal auf den Dächern gestanden haben. Die jünsten Ausgrabungen haben gezeigt, daß Sichem später noch einmal angegriffen und zerstört wurde; denn eine Schicht Asche und versengte Keramik nebst Schleudersteinen und einer eisernen Pfeilspitze lagen in den Trümmern. Nach der Meinung von J. A. Callaway könnte diese Zerstörung König Josia von Juda zugeschrieben werden, der 621 v. Chr. die Provinz Samaria besetzte, um seine Herrschaft über das westliche und nördliche Palästina (das alte Reich Israel) auszudehnen und den Überresten der Israeliten seine Religionsreform aufzunötigen. Aus Jer 41, 4f geht hervor, daß fromme Juden aus Sichem nach dem Fall des Nordreiches weiterhin Pilgerfahrten nach Jerusalem machten.

8. Samaritanische Besiedlung: Gegen Ende des 8. Jahrhunderts v. Chr. ging das Leben in Sichem sehr zurück, bis es durch Zuwanderung von Samaritanern wieder auflebte. Was sich über die sozialen Einrichtungen im persischen Palästina (6.–4. Jhdt. v. Chr.) aus der Entdeckung der samaritanischen Papyri, Münzen und anderen Funde von 1963 ergibt, ist im Artikel *Samaria behandelt. Die jüngste archäologische Forschung in Sichem hat außerdem die unerwartete Tatsache ergeben, daß die Stadt im 4. Jhdt. v. Chr. als große starke Festung wiedererstand. Den Mauerzug der alten Hyksosstadt entlang erhob sich ein neues gewaltiges Befestigungssystem.

Kurz nach dieser Neubesiedlung überfielen die erobernden Makedonier unter Alexander dem Großen die Bürger von Samaria, ca. 332 v. Chr. Wer überlebte, mußte aus Samaria weichen und floh nach Sichem. Hier, in der Nähe des heiligen Berges der Samaritaner, des Garizim, siedelten sie sich wieder an. Der Wiederaufbau geschah in vier aufeinanderfolgenden Abschnitten, wobei die neuen Gebäude hauptsächlich auf den Ruinen der israelitischen Stadt entstanden. Rechts im Hintergrund auf **Abb. 723** ist ein samaritanisches Haus zu sehen, insbesondere die sorgfältig bearbeitete Türschwelle und der Türrahmen. Im 3. Jhdt. v. Chr. (s. *Hasmonäer) übernahmen die Seleukiden die Kontrolle über das Land der Ptolemäer, wobei auch Sichem zerstört wurde. Ein Samaritaner namens Simonides war unter den flüchtenden Einwohnern, wie man aus der griechischen Inschrift auf dem Ostrakon **Abb. 722** erschließen kann. Er ließ in einem Versteck einen Haufen ptolemäischer Münzen zurück.

Auch den letzten Teil der Geschichte von Sichem füllen Gewalttaten. Der *Hasmonäer Johannes Hyrkan zerstörte 128 v. Chr. die Stadt von neuem. Dann lag sie verlassen bis zur Römerzeit. Die Römer erbauten in der Nähe eine Siedlung, die sie

Neapolis nannten, die heutige arabische Stadt *nablūs*, wo noch immer eine kleine Gemeinde von Samaritanern lebt.

Siegel

Gliederung: 1. Name und Verwendung. 2. Siegeltypen. a) Rollsiegel; b) Skarabäensiegel oder Siegelringe; c) Stempelsiegel. 3. Namen auf den Siegeln. a) Siegel von Privatleuten; b) Königssiegel; c) Außerisraelitische Symbole.

1. Name und Verwendung: Das hebräische Wort für Siegel, *ḥōtām*, ist ein Lehnwort aus dem ägyptischen. Dort heißt ḥtm nicht nur »Siegel« und »zu versiegeln«, oder »zu verschließen«, sondern auch »Festung«. Im Hebräischen wird das Wort bildlich verwendet, um etwas Geheimgehaltenes, Verborgenes zu bezeichnen, während »besiegeln« auch (wie im Deutschen) »bestätigen« bedeutet.

Im alten Israel benützte man Siegel, um Urkunden zu beglaubigen, und das Siegel hatte die Rechtskraft einer Unterschrift. Keine Urkunde galt ohne Siegelabdruck als rechtskräftig. War die Urkunde nicht auf Ton geschrieben, sondern auf Papyrus oder sonst ein vergängliches Material, so drückte man das Siegel auf einen Tonklumpen und hängte diesen an die Urkunde.

Haustüren, Gräber und Deckel von Kästen und anderen Behältern wurden versiegelt. Wollte man Ursprung oder Eigentümer auf einem Tongefäß bezeichnen, so setzte man das Siegel auf dessen Oberfläche oder Henkel.

Man trug die Siegel entweder an einer goldenen oder silbernen Kette um den Hals oder als Ringe (Siegelringe; **Abb. 724, 725**). Man hat auch an Fibeln angebrachte Siegel gefunden. Der Gesang HL 8, 6 »lege mich wie ein Siegel an dein Herz, wie einen Ring an deinen Arm« bezieht sich auf die ägyptische Sitte, den Namensring des Herrschers als Zeichen der Treue und kindlichen Ergebenheit auf beiden Oberarmen und auf der Brust zu tragen. Sie hatte sich unter Fürsten und hohen Beamten aus dem älteren Brauch entwickelt, Sklaven den Namen ihres Herrn einzubrennen.

In anderen Erzählungen des Alten Testaments ist der Ring oder das Siegel das Abzeichen der Autorität: in der Erzählung von Joseph und dem Pharao (Gen 41, 42), bei Ahab (1 Kg 21, 8) und Darius (Dan 6, 17). Jer 32, 10 ist es Zeugnis für einen Vertrag.

2. Siegeltypen: Die Siegel aus den biblischen Ländern können in drei große Gruppen geteilt werden: Rollsiegel, Skarabäen und Stempelsiegel. Die Zeichnungen auf dem Petschaft sind für die israelitische Kunstgeschichte wichtig. Z. B. zeigen gewisse Skarabäen den Einfluß der Hyksos, der sich auf die gesamte israelitische Kunst auswirkte.

a) Rollsiegel (Siegelzylinder): Das Rollsiegel scheint fast die älteste Form zu sein; sie tritt schon in Schichten der frühen Bronzezeit auf. Hier wurde das Siegelbild auf einen Tonzylinder eingedrückt, der dann gebrannt wurde. Rollte man ihn auf weichem Ton ab, so ergab sich mühelos ein Band aus immer demselben Bild. Die Zeichnungen auf den ältesten Siegeln (Jagdszenen oder Bänder von laufenden Tieren) waren also für ein solches Verfahren besonders geeignet und ergaben eine »schöne Wiederholung« **(Abb. 726).** Später führten die Bilder geschlossene Gruppen vor – Tiere, Menschen und mythische Wesen, die einander anblicken **(Abb. 727–729).**

Nach Stil und Bildmotiv sind die ältesten Siegel deutlich aus Babylonien und Assyrien entlehnt. Die beliebtesten Szenen auf den Siegelbildern sind den Mythen und der Religion Mesopotamiens entnommen. Häufig erscheinen Gilgamesch und andere Helden und Götter **(Abb. 730, 731, 732).** Manche in Israel gefundene Stücke sind wahrscheinlich importiert, während die Mehrzahl sich durch Abweichungen in Stil und Bildform, gelegentlich mit ägyptischen Anklängen (ein Siegel aus Thaanach trägt zugleich eine Aufschrift in Keilschrift und Hieroglyphen) als einheimische Nachahmungen aus Palästina oder Syrien bzw. Phönikien erweisen.

Seit Beginn des 1. Jahrtausends v. Chr., der Eisenzeit, verdrängen Tonscherben, Papyrus und Pergament als Schreibmaterial die Tontafeln, und dementsprechend treten schrittweise die Stempelsiegel und Skarabäen an die Stelle der Rollsiegel.

b) Skarabäensiegel oder Siegelringe: Die Skarabäen waren die meistverbreitete Siegelform. Jede Ausgrabung eines Ortes, der vor der Zerstörung des ersten Tempels besiedelt war, bringt zahlreiche Exemplare ans Licht. Viele andere hat man bei Oberflächengrabungen alter Ruinenstätten gefunden.

Die Skarabäen gehören zum Typ der Petschaftssiegel. Man brauchte sie nur einmal auf den feuchten Ton zu drücken, das Bild bedurfte keiner Wiederholung. Die geläufigste Bildform war der heilige Käfer der Ägypter **(Abb. 733).** Man machte die Sie-

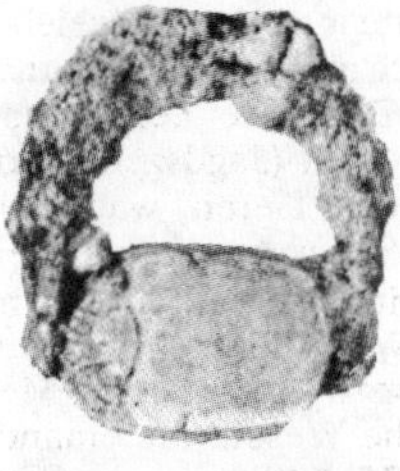

Abb. 724, 725. Siegelringe

Abb. 726. Mesopotamisches Zylindersiegel mit laufenden Tieren

Abb. 727–729. Zylindersiegel

Abb. 730–732. Rollsiegel mit Motiven aus der Mythologie Mesopotamiens

Abb. 733. Skarabäus (Nachzeichnung)

Abb. 734. Skarabäus, dessen Flügel über das Herz eines Verstorbenen ausgebreitet sind, mit Worten aus dem ›Totenbuch‹

Abb. 735. Skarabäus Ramses' II., gefunden in Asdod

Abb. 736. Siegel aus dem 8. Jhdt. v. Chr. mit dem Namen Samaria in Hebräisch; daneben in Hieroglyphen die Namen Thutmosis III. und Seti I.

Abb. 737. Löwensiegel aus Megiddo, das einem »Diener« Jerobeams gehörte

Abb. 738. Siegel mit Tiergestalten aus Israel

Abb. 739. Namenssiegel aus Israel (7. oder 6. Jhdt. v. Chr.)

Abb. 740, 741, 742, 743. Siegel, deren Abdrücke man auf Krughenkeln findet. Neben einem Stadtnamen tragen sie das Wort *lmlk* (»dem König«)

Abb. 744–748. Siegel mit hebräischen Inschriften und Symbolen nichtisraelitischer Religionen

Abb. 749. Sonnenwagen des Helios in dem Mosaik der Beth-Alpha-Synagoge

gel meist nicht mehr aus Ton, sondern aus dauerhafterem Material, aus Töpferware, Glas und hartem Stein, besonders Karneol und Jaspis.
Die Skarabäen wurden nicht nur zum Siegeln und als Amulette verwendet, sondern noch zu zwei weiteren Zwecken. Erstens um geschichtliche Begebenheiten festzuhalten; so feiert ein Skarabäus Amenophis' III. aus Lachis eine Löwenjagd. Andererseits legte man auf das Herz der Verstorbenen einen Skarabäus mit ausgebreiteten Flügeln, beschriftet mit Stellen aus dem »Totenbuch«, die ihm auf der Reise in die Unterwelt behilflich sein sollten **(Abb. 734).** Ein Skarabäus Ramses' II. aus Steatit **(Abb. 735)** stammt aus der spätbronzezeitlichen Schicht von *Asdod.
Raphael Giveon hat 1961 in Israel zwei bemerkenswerte Siegel gefunden und veröffentlicht. Das eine von der Südebene von Ajalon – ein gemeißelter Skarabäus aus Steatit – trägt die Darstellung eines Opfers für einen Gott oder König. Es war nicht möglich, den Sinn der Szene genau festzustellen; vielleicht wird eine symbolische ägyptische Figur dem Sonnenkind Horus dargebracht. Darüber steht in frühkanaanäischen Schriftzeichen des 12. oder 11. Jahrhunderts v. Chr. das Wort *l'aba* »(Siegel) des Aba«. Das andere Siegel stammt aus Dan in der Nähe der Jordanquelle. Es stellt eine Gestalt mit vier Flügeln dar, die bogenähnliche Gegenstände hält und auf dem Kopf die phönikische Form der Doppelkrone trägt. Seine Inschrift lautet *l'aza* »(Siegel) des Aza«. R. Giveon weist dazu auf die Beziehungen von Dan zu den Phönikern (Ri 18, 7) hin. Bis zum 5. Jhdt. v. Chr. sind die Skarabäensiegel aus Israel und Phönikien hauptsächlich in ägyptischem Stil gehalten, wenn auch nicht notwendig dortiger Herkunft. So kommen z. B. Siegel, die den Namen Thutmosis' III. (15. Jhdt. v. Chr.) tragen, noch viele Jahrhunderte später vor, sei es, daß man ihnen eine magische Kraft zuschrieb oder künstlerisches Gefallen an ihnen hatte; jedenfalls nicht darum, daß man ihn irgendwie besonders in Erinnerung behielt. **Abb. 736** zeigt ein israelitisches Siegel aus dem 8. Jhdt. v. Chr. mit der Beschriftung *šamarjû* (s. *Samaria 3 b), aber es trägt rechts und links auch die Namen Thutmosis' III. und Sethos' I. Später verdrängen griechische Anregungen in der Zeichnung die ägyptischen und asiatischen Einflüsse.
c) Stempelsiegel: Die Stempelsiegel stammten aus dem Norden, besonders aus dem hethitischen Gebiet. Sie hatten eine runde Siegelfläche mit einer wohlausgewogenen Zeichnung darauf. Bei vielen in Palästina gefundenen Siegeln haben wir einen Mischtypus vor uns. Meistens sind sie skarabäenartig: länglich wie die Skarabäen, aber ohne Käferformen auf der Oberseite.
Zur Zeit der Kanaanäer waren die auswärtigen Einflüsse so stark, daß man kaum von einer eigenen israelitischen Kunst sprechen kann. Als sich jedoch das Königtum in Israel gefestigt hatte, förderten die wachsende Kraft und das Nationalbewußtsein auch die Entstehung von Kunstformen, die zwar immer noch ausländische, besonders phönikische Einwirkung aufwiesen, aber doch einen eigenen Stil und Inhalt hatten. Die Brustplatte des Hohenpriesters trug nach Ex 28, 11 eingravierte Zeichen, und in Sir 38, 29 wird der Graveur als eigener Beruf aufgeführt.
3. Namen auf den Siegeln: *a) Siegel von Privatleuten:* Historisch gesehen sind diejenigen Siegel von Privatleuten die wichtigsten, die Männer- und Frauennamen aus Israel tragen. Solche Funde haben die Liste der israelitischen Namen beträchtlich über den biblischen Bestand hinaus erweitert. Sehr oft ist dem Namen des Eigentümers der Vatername beigefügt, nicht selten auch ein Titel, meist in der Form »Diener des . . .« So steht auf dem berühmten Löwensiegel aus Megiddo **(Abb. 737)** »Schema, Knecht des Jerobeam (des ersten)«. Jerobeam ist nicht die einzige bekannte geschichtliche Persönlichkeit, die erwähnt wird. Nur ist meistens Vorsicht geboten, daß man die Namen auf Siegeln nicht vorschnell mit biblischen Personen gleichsetzt. Es gab in Israel viele Namen, die sehr häufig waren, und die ausgegrabenen Siegel gehören nicht immer den gleichnamigen Leuten der Bibel. Aber manchmal, wenn weitere Bestätigung hinzukommt, ist die Gleichsetzung haltbar. – Diese Siegel scheinen erst seit dem 8. Jhdt. v. Chr. aufzutreten. Viele halten die Siegel, die mit Keruben, Käfern und anderen figürlichen Zeichnungen versehen sind, für den älteren Typ, während die Siegel, die nur einen Namen oder eine Inschrift von ein bis zwei Zeilen tragen, dem 7. und 6. Jhdt. v. Chr. angehören **(Abb. 738, 739).**
b) Königssiegel: Eine wichtige Sonderklasse der Siegel kennt man nur von ihrem Abdruck auf den Henkeln großer Gefäße **(Abb. 740–743).** Man hat sie in Lachis und anderen Städten von Judäa gefunden. Sie stammen aus dem letzten Abschnitt der Königszeit. Hunderte von solchen Ab-

drücken tragen nur die Inschrift *lmlk* (»dem König«) nebst dem Namen einer der vier Städte von Judäa: Hebron, Siph, Soko, Mamschit. Diese Stempel *lmlk* scheinen mit der Verwaltungstätigkeit zusammenzuhängen. Zum Beispiel enthielt eine Weinhandlung aus der Gegend von Hebron aus dem 7. und dem Anfang des 6. Jahrhunderts v. Chr. eine Reihe von großen Gefäßen in Einheitsmaß (jeder für 45 Liter Inhalt); sie mögen königliche Meßgefäße gewesen sein (vgl 1 Chr 4, 23). Oder aber sie sind für den Großhandel mit Wein und Öl oder vielleicht zum Abmessen von Naturalsteuern bestimmt gewesen. Auch aus der Perserzeit der *Restauration gibt es solche Siegelabdrücke (s. *Restauration und Perserzeit, Esra und Nehemia). Auf ihnen lautet die Inschrift *jehud(a)* oder »Jerusalem«.

c) Außerisraelitische Symbole: Hervorzuheben ist, daß die Siegel mit hebräischen Namen oft Symbole und Schriftzeichen nichtjüdischer Religion tragen, namentlich solche von ägyptischer Art; z. B. das Sonnenkind auf einer Blume, die Sphinx, die Lebenshieroglyphe, den Sonnenkäfer und die geflügelte Sonnenscheibe **(Abb. 744–748).** Dazu erscheint aus mesopotamischem Symbolschatz das vierflügelige Ungeheuer. Man nimmt an, daß hier wie bei der Elfenbeinschnitzerei der Künstler nur die Wahl hatte, entweder solche geläufige Symbole abzuwandeln oder auf jeden sinnvollen Schmuck zu verzichten. Irgendwie wurden die Symbole den religiösen Gedanken der Juden angepaßt. So erscheint auf jüdischen Sarkophagen aus der Römerzeit das Haupt des Zeus und auf dem Mosaikfußboden der Beth-Alpha-Synagoge das Viergespann des Sonnengottes **(Abb. 749),** ohne daß man ihnen religiöse Bedeutung beigelegt hätte. Andere Gelehrte, die sich sträuben, dieser Meinung zuzustimmen, nehmen an, daß die Art des Schmucks auf den Siegeln auf die Verfertiger Bezug habe, sei es, daß sie selbst Fremde waren oder von Fremden gelernt hatten.

Sintflut

Gliederung: 1. Die biblische Erzählung von der Flut. 2. Literarische und theologische Eigenart einer zweifachen Überlieferung. a) Literarkritische Analyse; b) Theologische Eigenart von J und P. 3. Mesopotamische Flutberichte und Flutsagen anderer Gebiete. a) Die sumerische Erzählung von Ziusudra; b) Die assyrisch-babylonische Erzählung von Utnapischtim; c) Das Atrachasis-Epos; d) Andere Flutsagen. 4. Geschlechter »vor der Flut«. 5. Parallelen und Unterschiede. 6. Zeugnisse für Überschwemmungen. 7. Verbindungsfäden zwischen den babylonischen Überlieferungen und der biblischen Erzählung.

1. Die biblische Erzählung von der Flut (Gen 6, 5–9, 17): Sie hat einfache Grundlinien, aber in ihren Einzelheiten stecken schwierige Probleme (s. unten). Nach den Verfassern der Bibel fällt Gott das Urteil, daß die Menschheit fast ganz verderbt sei und nur ein gerechter Mann auf Erden übriggeblieben sei, Noah. Darum mußte die Menschheit vernichtet werden. Aber Gott warnte Noah zuvor und befahl, die Arche zu bauen, in der er, seine Familie und ein Pärchen von jeder Art Lebewesen auf Erden gerettet werden konnte (6, 13–21). Er gab Noah genau die Maße an, in denen er die Arche zu bauen hatte, und Richtlinien für die mitzuführenden Vorräte. Noah »tat alles, was der Herr befohlen hatte«. Als die Flut einsetzte – Noah war damals 600 Jahre alt (7, 11) – belud er die Arche, wie befohlen war (7, 13–16). Die Schleusen des Himmels öffneten sich und »alle Quellen der Erdentiefe brachen auf«. Der Regen fiel 40 Tage und 40 Nächte lang, und das Wasser stieg, bis auch die Berggipfel überflutet waren und alle Lebewesen tot waren, außer Noah und was mit ihm in der Arche war (7, 17–24).

Nach 150 Tagen verlief sich das Wasser, und »am 17. Tag des 7. Monats« strandete die Arche auf dem Berg Ararat (8, 1–5). Als die Gipfel der Berge wieder sichtbar wurden, sandte Noah Vögel aus, wie das alle Seefahrer der alten Zeit zu tun pflegten, um nahes Land zu finden. Zuerst ließ er einen Raben fliegen, der zögerte und kehrte zurück. Dann sandte er eine Taube aus. Das erste Mal kam sie leer zurück, dann, sieben Tage später, brachte sie bei der Rückkehr einen Olivenzweig in ihrem Schnabel, und nochmals nach sieben Tagen kehrte sie nicht mehr zurück. Als trockenes Land unterhalb auftauchte, öffnete Noah den Deckel der Arche und kam heraus mit allem, was er gerettet hatte. Dann erbaute er einen Altar und brachte Gott ein Opfer. Dieser versprach, daß er die Erde nicht wieder um des Menschen willen verfluchen werde, »denn das Trachten des menschlichen Herzens ist böse von Jugend auf« (8, 20–22). Er segnete Noah und seine Söhne sogar, gab ihnen Gebote (die sieben noachitischen Gebote) und schloß einen Bund mit ihm. Er gab das Versprechen, daß niemals mehr eine Flut die Erde zerstören werde (9, 1–11). Zum Pfand dafür setzte Gott den Regenbogen in die Wolken als Zeichen des Bundes, den er mit allem Fleisch auf Erden geschlossen hatte (9, 12–17).

2. Literarische und theologische Eigenart einer zweifachen Überlieferung: *a) Literarkritische Analyse:* Der alttestamentliche Bericht von der Sintflut (hebr. *mabbul,* alt- und mittelhochdeutsch *sin-vluot* und *sintfluot*) weist mancherlei Widersprüche, Ungereimtheiten und Dubletten auf, was auf zwei verschiedene Überlieferungen hinweist, die ineinandergearbeitet wurden. Nach Gen. 7, 2 nahm Noah je sieben Paare reiner Tiere und ein Paar unreiner mit in die Arche, nach Gen 6, 19 und 7, 16 dagegen je zwei Stück reiner und unreiner Tiere. Die Flut wurde nach Gen 7, 12; 8, 6 durch einen vierzigtägigen Regen hervorgerufen und endete nach weiteren drei mal sieben Tagen; nach Gen 7, 11.24; 8, 3b. 13f dagegen kam die Flut aus den Quellen der Tiefe und den Fenstern des Himmels hervor und dauerte ein Jahr und zehn Tage. Aus diesen und anderen Kriterien in Verbindung mit den verschiedenen Gottesnamen hat die Literarkritik zwei verschiedene Quellen oder Überlieferungen herausgearbeitet, die jahwistische und die priesterliche Quelle bzw. Überlieferung. Nach weitgehender Übereinstimmung der Exegeten teilen sich die beiden Überlieferungen wie folgt auf:

Jahwist: Gen 6, 5–8
7, 1–5. 7. 16b. 8. 9. 10. 12. 17b. 22. 23
8, 6a. 2. b. 3a. 6b. 8–12. 13b. 20. 20–22
Priesterschrift: Gen 6, 9–22
7, 6. 11. 13–16a. 17 a. 18–21. 24
8, 1. 2a. 3b. 4. 5. 7. 13a. 15–19
9, 1–17

b) Theologische Eigenart von J und P: Das Anliegen des *Jahwisten* wird besonders im Prolog (Gen 6, 5–8) und im Epilog (Gen 8, 20–22) sichtbar. Bosheit und Verderbtheit der Menschen lassen Gott »bekümmern« und seine Schöpfung »gereuen«, so daß er in einem Strafgericht die verderbte Menschheit »vertilgen« will. An Noah wird aber Gottes Gnadenwille sichtbar: Er gehorcht dem göttlichen Befehl, eine Arche zu bauen, und besteht so die Gehorsams- und Glaubensprobe. Nach dem Abklingen der Flut baut der errettete Noah einen Altar für Gott und bringt ein Opfer dar. Gott »riecht den Geruch der Beruhigung«, er nimmt das Opfer an und gibt die feierliche Zusage, die Erde nicht noch einmal um des Menschen willen zu verfluchen und alles Lebendige nicht noch einmal zu vernichten; vielmehr soll der natürliche Kreislauf des Jahres mit »Saat und Ernte, Frost und Hitze, Sommer und Winter, Tag und Nacht nicht aufhören« (8, 22). Nach dem Strafgericht wird Gottes Gnade und Heilswille sichtbar in der Garantie des Bestandes der natürlichen Ordnungen. Der *priesterschriftliche* Flutbericht ist wesentlich theologischer konzentriert. Der »gerechte und vollkommene« Noah »wandelte *mit* Gott«. Gegenüber der plastisch-breiten Wirklichkeitsnähe charakterisiert P die übrige Menschheit mit der Sünde »Gewalttat« (*ḥāmās*): »die Erde füllte sich mit Gewalttat« (6, 11). Dies bedeutet nach G. von Rad: Bruch einer Rechtsordnung, gewalttätige Eigenmächtigkeit, Entweihung der »ganz vollkommen« geschaffenen Erde. Gottes Gericht heißt daher »Ende allen Fleisches«. Sehr auffallend sind die genauen Angaben für die Arche und über den Ablauf der Flut. Nach der priesterschriftlichen Auffassung kommt die Katastrophe über die Erde (6, 13; 9, 11). »Die Priesterschrift verliert kein Wort über die unausdenkbare Schrecklichkeit dieser Weltkatastrophe, auch der Glaube Noahs ist nicht der Gegenstand des Interesses; mit einer Konzentration ohnegleichen ist sie allein dem göttlichen Geschehen zugewandt; auch in dieser Hinsicht unterscheidet sich die Jahwistische Sintflutgeschichte beträchtlich« (G. von Rad).

Schließlich betont P die Erhaltung des ganzen noachitischen Äons und berichtet von dem Bund Gottes mit Noah.

3. Mesopotamische Flutberichte und Flutsagen anderer Gebiete: Die Erzählung von Noah und der Arche in der Bibel ist keineswegs der älteste Bericht über solch eine Katastrophe, aber kein anderer hat besondere Ähnlichkeit mit der Erzählung der Genesis mit Ausnahme derer, die aus Mesopotamien stammen. Es gibt deren drei. Der älteste ist die sumerische Erzählung von Ziusudra; außerdem haben wir das Atrachasis-Epos, und am ausführlichsten ist die assyrisch-babylonische Überarbeitung des Flutberichtes, in der der Held Utnapischtim heißt. Alle drei gestalten nach einer gemeinsamen Quelle, die auch dem biblischen Bericht Noah zugrunde liegen mag.

a) Die sumerische Erzählung von Ziusudra: Dieser Bericht stammt aus der ersten Hälfte des 2. Jahrtausends v. Chr. Er steht auf einer zerbrochenen fragmentarischen Tafel von sechs Kolumnen aus Nippur in Südmesopotamien **(Abb. 751)**. Diese Fluterzählung ist ein Teil eines sumeri-

Abb. 750. Die elfte Tafel des Gilgamesch-Epos aus der Bibliothek Assurbanipals in Ninive (7. Jhdt.)

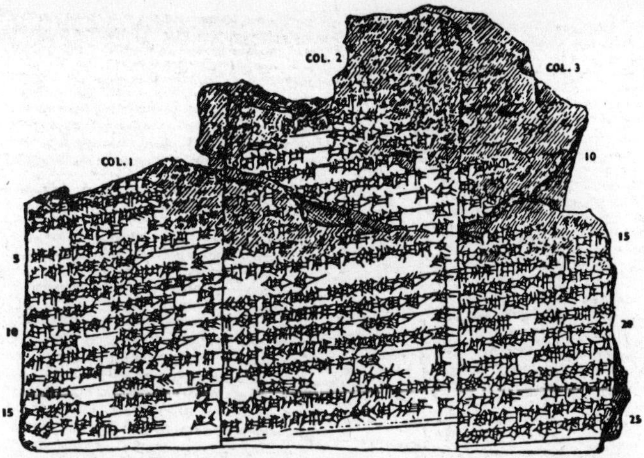

Abb. 751. Tontafel aus Nippur (Nachzeichnung): Flutbericht in der sumerischen Erzählung von Ziusudra, aus der ersten Hälfte des 2. Jahrtausends v. Chr.

Abb. 752. Steintafel aus Megiddo (14. Jhdt. v. Chr.) mit einem Teil des Gilgamesch-Epos

Abb. 753. Sumerische Königsliste; sie unterscheidet zwischen den Herrschern vor und nach der Flut

schen Epos, das mit der Schöpfung der Welt begann und die göttliche Grundlage der irdischen Reiche darstellte. Die Stellen, die sich auf die Flut beziehen, lauten:

»Die Flut . . .
Hör auf meine Anweisung
Nach unserem . . . wird eine Flut über die Kultstätten dahingehen;
Zu vernichten den Samen der Menschheit . . .
Ist der Beschluß, das Wort der Götterversammlung . . .
. . .
Alle Wirbelstürme, mit gewaltiger Kraft, kamen zusammen,
Zugleich ging die Flut über die Kultstätten.
Dann, nach sieben Tagen (und) sieben Nächten
Hatte die Flut das Land überflutet,
Und
. . .
Ziusudra öffnete ein Fenster des großen Bootes
Ziusudra, der König,
Warf sich nieder vor Utu (dem Sonnengott),
Der König tötete ein Rind, schlachtete ein Schaf.«

b) Die assyrisch-babylonische Erzählung von Utnapischtim: Man fand diese auf einer Tafel aus der Bibliothek des Assurbanipal in Ninive aus dem 7. Jhdt. v. Chr. Die Fluterzählung füllt den größten Teil der elften Tafel **(Abb. 750)** des Gilgamesch-Epos, dessen zwölf Tafeln George Smith 1872 veröffentlichte. Man hat jedoch schon Teile des Gilgamesch-Epos gefunden, die mindestens um die Mitte des 2. Jahrtausends v. Chr. entstanden, so daß man annehmen darf, daß dies Werk einschließlich der Flutgeschichte nicht viel jünger ist als der sumerische Text über die Flut.

Gilgamesch war ausgezogen, um das Geheimnis der Unsterblichkeit zu erfragen, und glaubte, es sei dem Utnapischtim offenbart; ihm, dem einzigen Überlebenden aus der großen Flut, war ewiges Leben gewährt worden. Um ihn zu finden, überquerte Gilgamesch die Wasser des Todes, und zuletzt erzählt Utnapischtim ihm die Geschichte von der Flut:

Die Götter der alten Stadt Schuruppak am Euphrat beschlossen, die Menschheit durch eine Flut zu vernichten (s. unten 3 c). Obwohl ihre Entscheidungen geheimzuhalten waren, warnte einer der Götter, Ea, seinen Günstling Utnapischtim durch eine List. Er sprach nicht direkt zu ihm, sondern zu der Wand seiner Schilfhütte:

»Rohrhütte, Rohrhütte! Wand, Wand!
Rohrhütte horch!
Wand, versteh!«

Er wies Utnapischtim an, ein Schiff zu bauen, gab ihm genaue Maße dafür und sagte, er solle »den Samen aller lebenden Dinge« an Bord nehmen. Ferner: »Gib den Besitz auf und suche das Leben, verachte Eigentum und bewahre deine Seele am Leben.« Utnapischtim führte mit Hilfe seiner Familie die Anweisungen aus: »Die kleinen brachten Teer, und die Erwachsenen brachten, was sonst nötig war.« Nach sieben Tagen war das Schiff fertig und wurde beladen:

»Was ich besaß, lud ich darauf,
Was ich an Silber hatte, lud ich darauf,
Was ich an Gold hatte, lud ich darauf,
Was ich an Lebewesen hatte, lud ich darauf . . .«

Mit seiner ganzen Familie ging Utnapischtim an Bord des Schiffes und hielt sich für das Unwetter bereit. Als es ausbrach, »wurde das weite Land zertrümmert wie ein Topf«, sogar »die Götter gerieten in Angst über die Flut«. Sie »verkrochen sich wie Hunde, die sich an die Außenmauer schmiegen«.

Die Flut dauerte sechs Tage. Am siebenten öffnete Utnapischtim eine Luke und erblickte ein Bild der Verwüstung:

»Ich schaute nach dem Wetter, Windstille war eingetreten,
Und die ganze Menschheit war zum Staub zurückgekehrt,
Die Gegend war eben wie ein flaches Dach.«

Utnapischtim »beugte sich zu Boden und weinte«. Selbst die Götter »saßen alle gebückt und in Tränen und ihre Lippen waren stumm geworden, einer wie der andere«. Zuletzt strandete jedoch das Schiff – so sagt die assyrische Version – auf dem Berge Nisir, der in der Gebirgsgegend nördlich der babylonischen Ebene liegt, 280 km nordöstlich von Bagdad.

Utnapischtim wartete sieben Tage, dann ließ er eine Taube fliegen, die zurückkehrte; darauf eine Schwalbe. Auch diese kehrte zurück. Zuletzt ließ er einen Raben los. Der »fraß, kreiste, krächzte und kehrte nicht zurück«. Da faßte Utnapischtim Mut und verließ mit den Seinen das Schiff und brachte ein Opfer dar, das die Götter wohl aufnahmen.

»Die Götter rochen den süßen Duft,
Die Götter drängten sich
Wie Fliegen um den Opferer.«

Zum Dank verliehen sie Utnapischtim und seiner Frau die Unsterblichkeit.

Utnapischtims Bericht an Gilgamesch verschweigt, wann die Flut stattfand, und erwähnt keine anderen Überlebenden, auch nicht, was die Flut in der menschlichen Geschichte bedeute.

c) Das Atrachasis-Epos ist eine ältere Fassung der babylonischen Erzählung. Sie steht auf verstreuten, akkadischen Bruchstücken, die erst kürzlich gefunden wurden und zu einem oder vielleicht zwei Epen gehören. Es erzählt von Atrachasis, dem »außerordentlichen Weisen«, wie die Übersetzung seines Namens heißt.

Auch dies Epos beginnt mit der Schöpfung des Menschen durch die großen Götter und berichtet weiter von den Anfängen der Zivilisation, der Gründung von fünf Städten. Mit dem Zunehmen der Menschen stört ihr Lärm den Schlaf des Gottes Enlil, der sich daraufhin an die »großen Götter« wendet, um ein Gegenmittel zu finden. Zuerst senden diese sechs Jahre lang eine Hungersnot. Aber sie hat nicht den Erfolg, die unbändigen Menschen zu zügeln. Darum schicken die Götter die Flut, um die Menschen zu vernichten. Der Gott Ea verrät den Plan seinem Günstling Atrachasis, der ein Fahrzeug nach den Maßgaben des Gottes erbaut und so mit seiner Familie dem Untergang entgeht.

J. J. Finkelstein hat darauf hingewiesen, daß der akkadische Ausdruck *huburum* Lärm oder Aufruhr bedeutet und daß auch das Wort *immāsu* Gewalttat vorkommt, wie in der Noaherzählung *ḥāmās* (Gen 6, 11. 13). Das läßt einen engen Zusammenhang zwischen der biblischen Erzählung und den viel älteren babylonischen Fassungen erschließen, doch ist es unwahrscheinlich, daß hebräische Schriftsteller bewußt aus mesopotamischem Volksgut entlehnten. Wahrscheinlicher waren Erzählungen über die große Flut in Mesopotamien weit verbreitet und erreichten frühe Vorfahren der Israeliten, so daß sie ein Teil ihrer Überlieferung wurden, ebenso wie sie in der sumerischen und babylonischen Literatur ihren Niederschlag fanden; neuerdings ist ein Bruchstück des Gilgamesch-Epos u. a. in Megiddo gefunden worden.

d) Andere Flutsagen: Man kennt Flutsagen aus vielen anderen Ländern. Zweitausend Jahre bevor die Tafeln aus Babylonien entdeckt waren, hatte Josephus den Bericht über die Flutsage von Berossos zitiert, einem babylonischen Priester des 3. Jahrhunderts v. Chr., der die Geschichte seines Landes in griechischer Sprache niedergeschrieben hatte. Bei ihm heißt der alte König vor der Flut Xisuthros, eine griechische Umformung des sumerischen Namens für den Fluthelden.

Es gibt auch eine griechische Erzählung über eine Flut, die Zeus verhängte, um die Menschen für ihre Sünden zu bestrafen, und aus der nur Deukalion und seine Frau gerettet wurden. Aber in den Einzelheiten sind hier wenige Ähnlichkeiten mit der babylonischen oder mesopotamischen Überlieferung.

4. Geschlechter »vor der Flut«: In der Bibel bildet die Erzählung von der Flut den tiefsten Einschnitt in der Vorgeschichte von Israel. Alle Völker der Erde stammten von den Abkömmlingen des Noah, aber vor seiner Zeit, vor der Flut, waren schon zehn Generationen Menschen dagewesen. Auch die Babylonier und andere Kulturvölker, die über Fluten erzählen, teilten ihre Geschichte in Geschlechter und Könige, die vor der Flut, und solche, die nachher regierten. Die sumerische Königsliste **(Abb. 753)** enthält einen Satz, der die Flut mit den bezeichnenden Worten erwähnt: »Lärm« und Gott Enlil, der durch ihn gestört wurde. Sie zählt acht (oder nach einer anderen Fassung zehn) Könige auf, die vor der Flut in fünf Städten Mesopotamiens gelebt hatten. Das steht den zehn Geschlechterfolgen vor der Flut in Gen 5 sehr nahe. Beide Male gehören die Helden zur zehnten Generation nach dem ersten Menschen. König Ziusudra regierte 36 000 Jahre, das sind 600 *nêr* in der Schreibweise der mesopotamischen Zahlen. Das ist die gleiche Zahl, die die Bibel für Noahs Alter beim Eintreten der Flut angibt. Danach scheint die ältere mythologische Überlieferung durch die Verfasser der Bibel auf ein vernünftiges Maß herabgesetzt worden zu sein.

5. Parallelen und Unterschiede: Allen Fluterzählungen ist gemeinsam, daß die Welt und die Menschheit vernichtet werden mit Ausnahme eines Mannes und seiner Familie. In allen wird diesem Mann die Weisung gegeben, ein Fahrzeug zu bauen und seine Familie und bestimmte Tiere und Pflanzen mitzunehmen, damit er und sie dem allgemeinen Verderben entrinnen. Der Regen fällt nach einer herkömmlichen Zahl von Tagen, sieben oder vierzig. Um das Ende der Flut zu bekunden, werden Vögel aus dem Schiff fliegengelassen: Utnapischtim schickt eine Taube, eine Schwalbe und einen Raben. Noah einen Raben und zweimal eine Taube. Wenn der Vogel nicht zurückkehrt, ist das ein Zeichen, daß das Wasser sich verlaufen hat. Dann steigt der Held aus dem Schiff, bringt

ein Opfer dar und genießt daraufhin eine besondere Beziehung zu den Göttern. Im sumerischen Epos wird er ein Gott, im babylonischen wird ihm ewiges Leben gewährt »gleich uns Göttern«, und mit Noah schließt Gott einen Bund, der für alle Menschen und alle Zeiten gilt.
Wie der größte Teil der Genesis ist auch die Noaherzählung aus mehreren Schichten zusammengefügt und enthält Wiederholungen und Widersprüche. In ihrer gegenwärtigen Form gehört sie in die Zeit, als Israel in Kanaan saß; aber eine Reihe von Parallelen zur mesopotamischen Fassung läßt die Art erschließen, wie die mesopotamische Kultur auf die Vorfahren der Israeliten wirkte und in der israelitischen Theologie und Volkssage umgedeutet wurde.
Ez 14, 14 zählt Noah mit Daniel und Job zusammen als Musterbeispiele der Gerechtigkeit auf. Daniel war ein Held der kanaanäischen Mythologie (s. *Kanaanäische Kultur und Ugarit). Die ugaritische Namensform konnte auch *danj'ēl* ausgesprochen werden (die biblische Form Daniel ist eine spätere Sprachform). Das kann ein Hinweis darauf sein, daß Noah ebenso wie die anderen Fluthelden nicht nur überlebte, sondern noch auf besondere Weise erhöht wurde.
Weitere Unterschiede in den Einzelheiten betreffen die Art der drei Vögel und die Zeitdauer der Flut. Der Erzähler der Bibel wollte das außerordentliche, übernatürliche Ereignis hervorheben und dehnte die Dauer der Flut auf ein Vielfaches der Zeit, die in den Berichten aus Mesopotamien angegeben ist. Im Zweistromland war man darin realistischer, wie man es von Leuten erwarten darf, die mit den wiederkehrenden Überschwemmungen von Euphrat und Tigris vertraut waren.
Die verschiedenen Erzählungen spiegeln auch unterschiedliche Entwicklungsstufen der Ethik und Religion. In den mesopotamischen Erzählungen beschließen die Götter, das Leben zu vernichten, weil sie vom Lärm gestört werden, den die Menschen machen. Der biblische Bericht nimmt Bezug auf Gottes Willen zur Besserung und zur Strafe und betrachtet die Sintflut als Strafgericht Gottes (Gen 6, 7 J; 6, 13 P). In der Genesis wählt Gott selbst seinen Schützling Noah aus und gibt ihm den Befehl zum Bau der Arche, in den mesopotamischen Texten verrät Ea-Enki den Plan und gibt Anweisung, wie Utnapischtim der Flut entkommen kann.
Obwohl die Ungerechtigkeiten der Menschheit ihn veranlassen, die Flut zu schicken, um sie zu vernichten, endet die Erzählung nicht nur mit Erneuerung der Schöpfung – das hat sie mit den mesopotamischen Fassungen gemeinsam –, sondern mit einem Bund, der Gesetze für die Menschheit einführt, nach denen sie künftig leben soll und so einer nochmaligen Vernichtung entkommen kann. Das beruht auf Gottes unwiderruflichem Zugeständnis an das Menschengeschlecht, dessen Sinnbild der Regenbogen ist, nicht nochmals eine Flut zu senden. Dies ist eine einseitige, unwiderrufliche Gnade, die den Hintergrund für den Erlaß der Gesetze bilden soll. Der logische Kern der Erzählung ist Gottes Kampf gegen das Böse, zuerst mit seiner vernichtenden Kraft, dann damit, daß er Noah Gesetze übermittelt, um die Menschen in Zucht zu halten.
6. Zeugnisse für Überschwemmungen: Es war naturgegeben, daß man nach der Entdeckung der verschiedenen Fluterzählungen nach archäologischen Zeugnissen suchte, um ihre tatsächliche Unterlage festzustellen. Überschwemmungen waren in Mesopotamien an der Tagesordnung. In vielen alten Orten hat man Schlammschichten unter den Ablagerungen gefunden. Unter den frühen Schichten aus der Besiedlung von Ur in Sumer (ungefähr zu Ende des 4. oder Anfang des 3. Jahrtausends v. Chr.) war eine solche Schlammschicht von beinahe drei Metern Dicke, und namentlich C. Wooley und S. Langdon wollten zeigen, daß die Zeit dieser Ablagerung sich recht gut mit den Fluterzählungen in Zusammenhang bringen ließ. Aber an benachbarten Hügeln fand sich bei der Ausgrabung keine Spur von solcher Schlammschicht, und in anderen Orten, wo solche wieder begegneten, gehörten sie in andere Schichten, hatten verschiedene Dicke und gehörten nicht zum selben Jahrhundert. Außerdem handelt es sich dabei nicht immer um die vollständige Zerstörung einer bestimmten Siedlung und ihren Ersatz durch eine neue. Manchmal setzt sich über der Schlammschicht dieselbe Kultur fort wie zuvor. Das zeigt, daß die Bevölkerung der Zeit vor der Flut nicht ausgetilgt war, wie groß auch immer der Schaden gewesen sein mag. Vernünftigerweise muß man daraus schließen, daß sich keine allgemeine Flut archäologisch bezeugen läßt. Örtlich begrenzte Fluten in der mesopotamischen Ebene können den Anlaß zu den Erzählungen gegeben haben, die dann mit all ihren Ausschmückungen und Übertreibungen ein Teil der Religion

und Mythologie Babyloniens wurden und ihren Einfluß bis zu den Verfassern der Bibel ausstrahlten.
Manche Forscher weisen noch auf eine andere Möglichkeit hin. Der erste Ursprung der Erzählung könnte auf Überlieferungen über die letzte große Pluvialzeit (Regenzeit) im paläolithischen Zeitalter zurückgehen. Durch eine Reihe von Völkerwanderungen hätten sich diese Überlieferungen über die ganze Welt verbreitet.
Noch andere Beispiele, wie sich mesopotamische Motive umgewandelt haben, sind in den Überlieferungen der Genesis zu finden. Der Turm von Babel z. B. hat sein Urbild in der Zikkurrat, dem hohen Tempelturm von Babylon (s. *Babylon und Israel). Beide Erzählungen sind sowohl historisch als auch kulturell und literarisch mit mesopotamischen Quellen verknüpft. Sie können in ihrer gegenwärtigen Gestalt aber schwerlich als wissenschaftlich oder geschichtlich genaue Berichte gewertet werden.
7. Verbindungsfäden zwischen den babylonischen Überlieferungen und der biblischen Erzählung: Über die Art und die Zeit, wann die Flut-Epen in das israelitische Erzählungsgut aufgenommen worden sind, gibt es unterschiedliche Meinungen. E. Meyer, S. Mowinckel und E. C. Kraeling setzen den Vorgang in die spätassyrische Zeit (7. Jhdt. v. Chr.). W. F. Albright widerspricht dem und weist daraufhin, daß nationale Sagen gewöhnlich auf einer sehr frühen Stufe der Volksgeschichte ihre Gestalt gewinnen. Die Erzählungen gehören zu den ältesten Prosaquellen im Pentateuch, die vor das 8. Jhdt. v. Chr. zurückreichen müssen. Außerdem sei der Kern der hebräischen Erzählung ein sehr frühes Epos. In den Versen von dichterischem Ton, z. B. 7, 11 und 8, 2 ließen sich Spuren einer epischen Form nachweisen, ebenso in den Eigennamen, die im Hebräischen selten sind, aber häufiger in der Literatur Mesopotamiens.
Die überwiegende Meinung ist heute, daß die Erzählung in ihren wesentlichen Zügen von den Vorfahren der Hebräer aus Mesopotamien nach Palästina mitgebracht worden sei. Es gibt auch eine weitere Möglichkeit: daß der Stoff der Erzählung den Israeliten von den Kanaanäern übermittelt worden ist, die sie selbst schon von ihren ursprünglichen östlichen Erfindern übernommen hatten. Für diese Theorie fällt neuestens die Entdeckung einer Tafel **(Abb. 752)** aus der späten Bronzezeit (14. Jhdt. v. Chr.) in Megiddo in die Waagschale, die einen Teil des Gilgamesch-Epos enthält. Sie stammt aus der Zeit, kurz bevor die Israeliten Kanaan eroberten. So kannten die Kanaanäer zu der Zeit, als die Israeliten bei ihrer Ansiedlung mit ihnen in Verbindung traten, schon Werke der babylonischen Literatur. Die Kontakte zwischen Israeliten und Kanaanäern waren ein Vorgang von langer Dauer und durchaus nicht nur kriegerisch. Die kanaanäische Kultur hatte sogar eine tiefe und nachhaltige Wirkung auf die hebräische (s. *Kanaanäische Kultur und Ugarit). Viele Forscher sehen in der Tafel aus Megiddo ein durchschlagendes Zeugnis dafür, daß die babylonischen Materialien in der Bibel durch die Kanaanäer übermittelt seien. Jedenfalls lehnt diese Theorie die Meinung ab, daß die Juden die mesopotamischen Erzählungen erst im Exil in Babylon kennengelernt und sie erst zu dieser späten Zeit oder noch später ihrer nationalen Literatur einverleibt hätten.
Um zusammenzufassen: Es scheint, daß die Fluterzählung ursprünglich aus mesopotamischen Epen stammt und dann in ein israelitisches oder kanaanäisches Epos über Noah überging. Dieses wurde später ausgelegt, überarbeitet und in Prosa umgeschrieben. Die »quellenscheidende« Schule der *Bibelkritik hat auch die Ansicht vertreten, daß die Erzählung in ihrer heutigen Gestalt aus zwei verschiedenen Urkunden zusammengearbeitet sei. Die Quellen J (Jahwist) enthalten das Volksepos, und die Priesterschrift P hätte den religiösen Ton und die Theologie der jetzigen Fassung geliefert. Bei dieser Theorie ist vorausgesetzt, daß ein Herausgeber aus dem Priesterkreis naturgemäß die ältere Erzählung überarbeitete und neu schrieb, um sie seinen Gesichtspunkten anzupassen. Es mag jedoch der Wahrheit näherkommen, wenn man seinen Einfluß eher in der Auslegung und Deutung als in der Erzählung findet. Solch ein Herausgeber konnte Zusätze zur alten Überlieferung machen, hätte sie aber nicht verändert oder ernstlich umgestaltet, was auch seine Quelle war. Manche Forscher finden, daß die bibelkritische Theorie für die Quellen der biblischen Fluterzählung keine zureichende Erklärung gibt. Der Fortschritt der archäologischen Forschung und Deutung wird vielleicht noch andere Erklärungen bringen.

Sirach (Buch)

Die Weisheit des Ben Sirach oder *Ecclesiasticus* (zu unterscheiden vom Buch *Eccle-*

siastes) wurde um 180 oder 200 v. Chr. in hebräischer Sprache geschrieben, und zwar vor den Verfolgungen und den Streitigkeiten, die der Makkabäerzeit vorausgingen. Bei diesem Buch erlaubt ein besonders glücklicher Fall, daß wir sowohl den Verfasser des hebräischen Urtextes als auch den Übersetzer ins Griechische aus dem Prolog zum Sirachbuch kennen – was sonst für kein Buch des Alten Testaments zutrifft –, eine sehr präzise Datierung sowohl des hebräischen Originals als auch seiner griechischen Übersetzung (vgl. *Deuterokanonische Bücher und Apokryphen). Daß die Datierung um 190 v. Chr. zutrifft, bestätigt auch Kap. 50, in dem das Walten eines Hohenpriesters Simon gerühmt wird, womit sicher Simon II., der Vater des um 173 von Antiochus IV. abgesetzten Onias III. gemeint ist.

Indem Ben Sirach »Weisheit« mit der Thora identifizierte (1, 14. 18. 20. 26), brachte er die klassische Weisheitsliteratur in den zentralen Strom mosaischer Tradition. Das Buch Sirach gehört wie das Buch der Sprüche, Weisheit und Job zur Weisheitsliteratur und umfaßt Mahnungen und Verheißungen, Erfahrungsssätze und Lebensregeln. Das Grundthema des Buches aber ist die Gottesfurcht. Sie ist die Wurzel der Weisheit (2, 20), Weisheit und Bildung bestehen in Gottesfurcht (2, 27); dieses Gottesverhältnis von der Grundforderung voller innerer Hingabe zu Gott entfaltet und konkretisiert sich in zwei dominierenden Linien: Vertrauen und Demut (2, 27). Gottesfurcht ist das wichtigste Bildungsanliegen. Besondere Häufung von Gottesfurchtstellen liegt in den beiden ersten Kapiteln des Buches bei gleichmäßiger Streuung in den weiteren Kapiteln vor. So wird die Gottesfurcht kategorisch als konkretes Gesamtanliegen des Buches deklariert. Von der Gottesfurcht aus visiert Sirach ganz überwiegend den religiös-sittlichen Lebensbereich an und unterstellt ihr alle personalen Beziehungen (J. Haspecker). Bei all dem zeigt das Buch Jesus Sirach einen neuen, typisch israelitischen Geist; die hellenistischen Begriffe von der Freiheit des Denkens und Fragens werden abgelehnt und »Weisheit« mit israelitischem Gesetz und Ethos gleichgesetzt.

Ben Sirach, ein erfahrener und weitgereister Weisheitslehrer (39, 1–11), der auch Schüler um sich scharte, gibt zu diesem Gesetz einen Führer. In dichterischer Parallele zum biblischen Buch der Sprüche gibt er für jede soziale und religiöse Lebenslage Vorschriften. Er betont die Notwendigkeit der Mäßigung und Selbstkontrolle und verteidigt die friedliche Annahme sozialer Unterschiede als den »Willen Gottes«: »Gutes und Schlimmes, Leben und Tod, Armut und Reichtum, kommen vom Herrn« (11, 14). Wegen seines weiten geistigen Horizonts stellt das Buch eine wichtige Quelle für das Denken, Leben und die Bräuche der Juden seiner Zeit dar.

Obgleich Sirach nicht im hebräischen Schriftkanon enthalten ist (s. *Deuterokanonische Bücher und Apokryphen), werden seine Aussprüche oft in der *Mischna und im Talmud erwähnt.

Die alten Rabbiner berufen sich darauf und verwenden seine Sprüche wie die Bücher der Bibel. Das Buch stand in höchstem Ansehen, und seine Maximen wurden von den Menschen, allerdings in einer volkstümlicheren Sprache, die mit gesprochenem Hebräisch oder sogar Aramäisch verwandt war, bewahrt. Diese Wiedergaben, die vom biblischen Stil ihres Originals verschieden waren, wurden zu einer Zahl kleiner volkstümlicher Sammlungen zusammengefaßt und übten sogar eine Wirkung auf spätere Fassungen des Originaltextes aus. Obgleich dieser erst im 10. Jhdt. n. Chr. verlorenging – zuletzt war er Saadja Gaon bekannt –, hatte er doch unter der Beinflussung und den leichten Verdrehungen durch die volkstümlichen Texte sowie durch unvermeidliche Abschreibfehler zu leiden. Man entdeckte das, als man spätere Sammlungen mit griechischen Übersetzungen und mit dem hebräischen Originaltext verglich, von dem man etwa drei Fünftel (im wesentlichen Kap. 3–16 und 30–51) 1896 in der Geniza von Kairo (einer Geheimkammer für alte Handschriften, die früher zum liturgischen Gebrauch bestimmt waren) fand. Die in Qumran, Höhle 2, gefundenen Rollenfragmente erbrachten u. a. Beispiele vom hebräischen Original von Sirach (6, 20–31); diese waren praktisch in der Form mit denen identisch, die in der Geniza von Kairo gefunden worden waren. Zusätzlich fand man noch ein anderes Kapitel des Buches in einer weiteren Rolle, und zwar aus Höhle 11. Im Jahre 1964 fand Y. Yadin im Kasemattenraum 1109 von Masada ein weiteres Fragment vom verlorenen hebräischen Original des Buches Sirach. Es war der Schrift nach in die erste Hälfte des 1. Jahrhunderts v. Chr. zu datieren, und ein Vergleich mit der Fassung aus der Geniza in Kairo ergab, daß beide Texte grundsätzlich identisch sind. Somit steht nun fest, daß der Text aus der Geniza in Kairo im großen und ganzen den originalen Ben Sirach wiedergibt. Als Vorbild beider Fassungen hat zweifellos der ursprüngliche Ben Sirach gedient (Y. Yadin).

Ecclesiasticus wurde 132 v. Chr. von Ben Sirachs Enkel ins Griechische übersetzt und der Septuaginta eingegliedert. Nach der Meinung von M. Z. Segal entstand der griechische Text aus einer fehlerhaften hebräischen Version, doch kann diese Ansicht durch einen Verweis auf die erhaltengebliebenen Fragmente des Originals revidiert werden. Die griechische Übersetzung ist auch gekennzeichnet durch Verdrehungen; außerdem ist die Anordnung der Kapitel und Verse beträchtlich durcheinandergeraten. Um 200 n. Chr. wurde eine revidierte griechische Version angefertigt, jedoch von einem hebräischen Text, der vom Original abwich, und späteren, verdorbenen hebräischen Fassungen näherstand. Der neue griechische Text beinhaltete eine noch zusätzliche Zahl von Maximen, von denen einige ursprünglich hebräisch, einige griechisch waren. Von dieser griechischen Fassung verfertigte man später lateinische und syrische Übersetzungen.

Sklaverei

Gliederung: 1. Tatsache der Sklaverei in Israel. 2. Von der Bibel anerkannte Ursachen der Versklavung. a) Krieg; b) Selbstverkauf; c) Verkauf von Kindern; d) Bestrafung von Dieben; e) Geburt in der Sklaverei. 3. Biblische Sklavengesetzgebung im Vergleich mit dem Vorderen Orient. a) Biblische Gesetzgebung; b) Einstellung gegenüber den Sklaven; c) Begrenzung der Sklaverei; d) Lebenslängliche Sklaverei; e) Sklavinnen. 4. Die Stellung der Sklaven im öffentlichen Leben. a) In der Gesellschaft; b) In der Wirtschaft; c) Staatssklaven. 5. Sklavenhandel. 6. Sklaverei im NT und in Qumran.

1. Tatsache der Sklaverei in Israel: Ein Sklave ist ein Mensch, der Eigentum oder Vermögensstück eines anderen ist. Diese Definition gilt für Israel und den ganzen Vorderen Orient in der biblischen Zeit. Aller Freiheit beraubt, war der Sklave dem Gesetz nach eine Sache, die man gebrauchen oder mißbrauchen, kaufen und verkaufen, freilassen oder vertauschen konnte. Der Sklave hatte weder Namen, Familie noch Abstammung. Er war ein hilfloses Stück der Wirtschafts- und Gesellschaftsordnung. Sklaven in diesem Sinn gab es in Israel, und manche waren selbst Israeliten. Auch die Gesetze über Freilassung setzen die Existenz von Sklaverei voraus (s. unten). Gewisse Schriftsteller haben jedoch verneint, daß es in Israel wirkliche Sklaverei gegeben habe. Sie rechtfertigten diese Ansicht durch den Vergleich zwischen Israel und dem Vorderen Orient sowie dem griechisch-römischen Altertum mit seinen ungeheuren Sklavenmassen. Überdies schützten in der biblischen Überlieferung religiöse Bestimmungen den Sklaven. Wir können die Lage besser verstehen, wenn wir die abstrakten, gesetzlichen Bestimmungen über die Sklaverei in der Bibel prüfen und den veränderlichen Wortschatz, mit dem Sklaven im Altertum bezeichnet werden, und dann damit die wirksamen Faktoren vergleichen. Dabei ergeben sich, wie sich zeigen wird, wichtige Unterschiede.

2. Von der Bibel anerkannte Ursachen der Versklavung: *a) Krieg:* Kriegsgefangene, die man auf dem Schlachtfeld schonte, wurden zu Sklaven gemacht. Bei ihrer Eroberung von Palästina versklavten die Israeliten viele ihrer kanaanäischen Gegner, und so blieb es auch in späterer Zeit der Brauch (Num 21, 26 ff; Ri 5, 30; 1 Sam 4, 9; 2 Chr 28, 8; Jo 3, 3 ff). Das Gesetz Dt 20, 16 verbietet, bei der Einnahme von Städten in dem Gelobten Land, Kriegsgefangene zu machen. Die Bevölkerung von Städten außerhalb des Heiligen Landes, die sich ergab, wurde zu Fronarbeit verurteilt. Das ist aber keine Sklaverei. Für die Versklavung von Kriegsgefangenen gibt es zahlreiche Beispiele im ganzen Verlauf der alten Geschichte. Die *Amarnabriefe (14. Jhdt. v. Chr.) sprechen von Kriegsgefangenen, die Fürsten aus Syrien und Palästina »als Tribut« an ihre ägyptischen Oberherren schicken. 2 Chr 28, 8–15 verbietet ausdrücklich, einen israelitischen Volksgenossen durch Gefangennahme im Krieg zum Sklaven zu machen. Das zeigt, daß solcher Brauch nicht unbekannt war, aber rechtlich denkende Menschen ihn verwarfen.

b) Selbstverkauf: Wen Krieg, Hungersnot oder wirtschaftliches Unglück von der Scholle trieb, der konnte sich selbst in Sklaverei verkaufen; das war die einzige Möglichkeit, nicht zu verhungern. Der Hauptteil der Leute dieser Art waren säumige Schuldner (Lev 25, 39–54), die sich zuerst gezwungen sahen, ihre Kinder zu verkaufen, dann sich selbst. Die Gläubiger hatten das Recht, die zahlungsunfähigen Schuldner zu packen und als Sklaven zu verkaufen, doch begrenzte das jüdische

Gesetz die Zeit ihrer Sklaverei auf sechs Jahre. 2 Kg 4, 1 f wendet sich die Witwe eines in Schulden verstorbenen Mannes, deren Kindern die Abführung an Zahlungs Statt drohte, mit Erfolg an Elisa. Die prophetische Literatur ist reich an Zeugnissen über die hilflose Lage dieser Sklaven (Am 2, 6; Jes 50, 1; Neh 5, 5).

c) Verkauf von Kindern: Waren die Eltern nicht imstande, ihre Schulden zu begleichen oder ihre Kinder zu ernähren, so konnten sie diese verkaufen (2 Kg 4, 1–7; Jes 50, 1; Neh 5, 5). Ein ähnlicher Brauch war der Verkauf von Jungen und Mädchen, den die Nuzi-Tafeln bezeugen (15. Jhdt. v. Chr.). Neben dem bedingungslosen Verkauf von Kindern gab es auch eine bedingte Form für die Töchter, wobei der Erwerber sich verpflichtete, sie entweder mit einem freien Mann oder mit einem Sklaven zu verheiraten, wenn die Mädchen das heiratsfähige Alter erreichten. In Nuzi hatten solche Verträge die Form einer Adoptionsvereinbarung, wobei die Eltern eine bestimmte Summe als »Geschenk« erhielten, während der Erwerber das Mädchen (ganz selten einen Knaben) als »Schwiegertochter« adoptierte, womit ihre Stellung im Haus des Erwerbers vertraglich festgelegt war. Der entsprechende Vorgang bei den Israeliten wird Ex 21, 7–11 beschrieben, und es werden gesetzliche Schutzmaßnahmen dafür getroffen.

d) Bestrafung von Dieben: Wurde ein Israelit des Diebstahls überführt und war er nicht imstande, das Gestohlene zu ersetzen und die Buße zu zahlen, so wurde er als Sklave verkauft (Ex 22, 3).

e) Geburt in der Sklaverei: Die Kinder eines israelitischen Sklaven und der Frau, die ihm sein Herr gab, blieben Eigentum des Herrn, auch wenn ihr Vater freigelassen wurde (Ex 21, 4). Für diesen Fall sieht jedoch das Gesetz vor, daß der Mann lebenslängliche Sklaverei vorzieht, um die Familie nicht zu verlassen (Ex 21, 5 f). Sklaven fremder Herkunft konnte man geradeswegs kaufen zu lebenslänglichem Dienst (Ex 12, 44; Lev 25, 44 f).

3. Biblische Sklavengesetzgebung im Vergleich mit dem Vorderen Orient: *a) Biblische Gesetzgebung:* Bestimmungen über die Freilassung von Sklaven stehen im Pentateuch an drei verschiedenen Stellen (Ex 21, 2–11.26 f; Lev 25, 39–55; Dt 15, 12–18). Andere Gesetze des Pentateuch handeln von den Sklaven in Hinsicht auf die Feiertage (Ex 20, 10; 23, 12) und auf geschlechtliche Vergehen (Lev 19, 20). Das israelitische Gesetz war nicht zu allen Zeiten das gleiche. Die drei erwähnten Gruppen biblischer Bestimmungen sind verschieden hinsichtlich der Frist, die die Sklaverei beendet, der Vorschriften über die Freilassung und der Arbeitsbedingungen. Viele Forscher sehen in diesen Verschiedenheiten eine Entwicklung der gesellschaftlichen Einstellung und gesetzlichen Regelung über die Sklaverei von der Zeit des Moses bis zum Exil, jedoch sind die Meinungen über die chronologische Ordnung des Gesetzesmaterials im Pentateuch nicht einig. Z. B. betrachtet die eine gelehrte Schule die Bestimmungen über die Sklaven in Leviticus als die spätesten unter den dreien, eine andere hält sie für die ältesten, und eine dritte behauptet, daß sie eine späte Zusammenfassung um einen Kern uralten Materials seien.

b) Einstellung gegenüber den Sklaven: Nach dem Gesetz von Mesopotamien war der Sklave Eigentum seines Herrn fast ohne irgendwelche Rechte und einer besonderen Strafgesetzgebung unterworfen, die ihm strengere Strafen auferlegte, als sie den Freigeborenen bei ähnlichen Vergehen trafen (vgl. Kodex Hammurabi § 203 bis 205 oder Artikel 93–99 des Hethitischen Gesetzes). Der Pentateuch behandelt den Sklaven zwar auch als Vermögensstück, ist aber trotzdem menschlicher gegen ihn als irgendein anderes Gesetzbuch des Vorderen Orients.

Nicht nur gab es keine eigene Strafgesetzgebung, die die Sklaven betraf, sondern das Gesetz schützte sie gegen Mißbrauch durch ihre Eigentümer. Schlug ein Herr seinem Sklaven das Auge oder einen Zahn aus, so mußte er diesen freilassen (Ex 21, 26 f). Starb ein Sklave infolge von Schlägen seines Herrn, so wurde dieser bestraft (Ex 21, 20). Im Pentateuch der *Samaritaner trifft den Herrn in diesem Fall die Todesstrafe. Andererseits entging der Herr der Strafe, wenn der Sklave noch ein oder zwei Tage lebte, denn »der Sklave ist sein Geld« (Ex 21, 21). Der Satz paßt besser in die Gedankenrichtung der anderen Gesetze des Vorderen Orients. Man unterstellte, daß die Schläge ein Zuchtmittel seien. Körperstrafe war bei Sklaven und Kindern allgemein üblich, z. B. hat nach dem Gesetz des Hammurabi ein Dritter für Verletzung, Verstümmelung oder Tod eines Sklaven dem Eigentümer und nicht dem Sklaven oder dessen Angehörigen eine Entschädigung zu zahlen. Dafür ist die einzige biblische Parallele die Bestimmung (Ex 21, 32): »Wenn ein stößiges Rind einen Sklaven tötet, so muß der Eigentümer des Rindes den

Herrn des Sklaven mit 30 Silberschekeln entschädigen.« Das war offenbar der übliche Preis für einen neuen Sklaven. Die Strafe ist viel geringer, als wenn ein freier Mann von einem Rind verletzt wird, das sich schon früher gefährlich gezeigt hatte (Ex 21, 28–31).

Nach dem Gesetz des Hammurabi erhielt ein Arbeiter ungefähr 10 Schekel Lohn im Jahr (s. *Gewichte und Maße). Wenn ungefähr das gleiche für Palästina zur Zeit der Israeliten galt, so erklärt sich der schwierige Text Dt 15, 18: »Für den halben Aufwand für einen Taglöhner hat er dir sechs Jahre lang gedient«, nur als eine einfache Feststellung der Tatsache. Der Preis eines Sklaven war die Hälfte des Lohnes für einen freien Taglöhner im Lauf von sechs Jahren (s. *Gesetz Israels 1–2).

c) Begrenzung der Sklaverei: Das mesopotamische Gesetz regelte eine »Freilassung durch Adoption«, wobei der Sklave frei wurde mit der Bedingung, daß er für seinen Herrn zu sorgen hatte, solange dieser lebte. Ex 21, 2 und Dt 15, 12 schreiben vor, daß ein israelitischer Sklave nach sechs Jahren ohne weitere Zahlung freizulassen ist; der Kodex Hammurabi gab rückständigen Schuldnern nach vier Jahren die Freiheit. Lev 25, 40.54 schreibt die Freilassung im Jobeljahr vor, das alle 49 Jahre, d. h. nach sieben Jahreswochen, eintrat (s. *Kalender). Dies Gesetz ist nie angewendet worden. Gewöhnlich diente ein Sklave israelitischer Herkunft sechs Jahre, ein fremder lebenslänglich.

Abgesehen von den Sklaven, die Körperschäden erlitten (s. oben), sollte auch ein frei geborenes Mädchen freigelassen werden, wenn es unter der Bedingung einer künftigen Heirat in Sklaverei verkauft worden war und dieser Vertrag nicht eingehalten wurde (Ex 21, 7–11). Wurde ein israelitischer Schuldner Sklave eines Volksfremden, so konnte ein Verwandter ihn loskaufen, indem er seine Freiheit von seinem Herrn »erkaufte« (Lev 25, 47–53).

d) Lebenslängliche Sklaverei: Vier Sorten von Sklaven konnten nicht freigelassen werden: (a) ein Sklave, der sich freiwillig weigerte, seinen Herrn und seine eigene Familie zu verlassen, oder der vielleicht die wirtschaftliche Sicherheit des Sklavendienstes vorzog (Ex 21, 5 f); (b) die Nachkommen von Sklaven, denen in der Sklaverei ein Weib zugeteilt worden war und das Weib selbst (Ex 21, 4); (c) Mädchen, die für Lebenszeit verkauft waren (Ex 21, 7); (d) Fremde (z. B. Kanaanäer; Lev 25, 44–46).

Leviticus unterscheidet ganz genau zwischen dem *'æbæd 'ibrī,* dem hebräischen Sklaven, und dem nichtisraelitischen *'æbæd,* für den er keine Freilassung im siebten oder Jobeljahr vorsah und dem der gesetzliche Schutz fehlte, der für den versklavten Israeliten galt. Die Israeliten konnten also nicht dauernd Sklaven werden. Das Gesetz erlaubte ihnen »Verkauf« als Sklaven nur für beschränkte Zeit und unter gewissen Schutzbedingungen. Es scheint recht wahrscheinlich, daß man den israelitischen Sklaven nicht als Vermögensstück betrachtete, sondern als Person unter beschränkten Rechten.

e) Sklavinnen: Sklavinnen bildeten eine gesonderte Gruppe und hatten eine andere gesetzliche Stellung als männliche Sklaven. Sie hatten eine wichtige Rolle im Haushalt ihrer Herren, sorgten für seine persönlichen Bedürfnisse und gebaren ihm in der Frühzeit sogar Kinder (Gen 16, 1 f; 30, 3 bis 12). Ihr Herr verfügte nach Belieben über ihre Heirat, wobei die einzige Einschränkung war, daß ein Mann, der eine Sklavin für sich oder seinen Sohn als Gattin kaufte, nicht nahher seinen Willen ändern und sie an eine andere Familie verkaufen konnte (es heißt nicht »an ein fremdes Volk«, wie man irrtümlich übersetzt hat), sondern seine Verpflichtungen, wie abgemacht, einhalten mußte.

Im Gegensatz zu Ex 21 machen die Gesetze im Deuteronomium über die Sklaverei keinen Unterschied in der Behandlung von männlichen und weiblichen Sklaven. Sklavinnen sollten im siebten Jahr freigelassen werden genau wie männliche Sklaven (Dt 15, 12). Das spätere Priestergesetz des Lev Kap. 25 erwähnt keine unfreien Konkubinen, und sie scheinen zur Zeit des Jeremia unbekannt gewesen zu sein. Nehemia (5, 5) spricht von der Schändung israelitischer Sklavinnen durch ihre Herren, aber erwähnt nicht, daß sie zu Konkubinen genommen werden könnten.

4. Die Stellung der Sklaven im öffentlichen Leben: *a) In der Gesellschaft:* Die Sklaverei war der Fluch der alten Welt. Sklave zu sein, war ein Unglück, oft eine Tragödie. Immerhin, solange ihr Zustand nicht unwiderruflich war und sie wenigstens theoretisch Freilassung erwarten konnten, waren sie zwar Glieder einer unterdrückten Klasse, aber noch keine Kaste. Solange sie Sklaven blieben, trugen sie die Abzeichen dieses Standes. In Babylonien hatten sie eine sichtbare Eigentumsmarke an ihrem Leib zu tragen. In Ägypten wurden Sklaven gebrandmarkt. Einem israelitischen

Abb. 754. Staatssklaven bei der Arbeit (assyrisches Relief)

Sklaven, der sich freiwillig der dauernden Sklaverei ergab, wurde das Ohr mit einer Ahle durchbohrt (Ex 21, 5 f); vielleicht wurde dann ein Stift hineingesteckt. Außerdem oder zum Ersatz konnte der Name seines Herrn an einer auffallenden Stelle eintätowiert werden; an der Hüfte, dem Nacken oder dem Handgelenk (Jes 44, 5). Das hebräische Gesetz erlaubte die Mißhandlung der Sklaven durch ihre Herren (s. oben); nur in den Fällen übertriebener oder vorbedachter Brutalität konnten diese bestraft werden. Aber die Stellung der Sklaven innerhalb der israelitischen Gesellschaft im allgemeinen stand unter dem Schutz des Gesetzes. Der Sklave hatte den Sabbat zu halten und die Feste mitzufeiern (Ex 20, 10; 23, 12), hatte teil an den Familienopfern und, wenn er beschnitten war, beim Verzehren des Passahlammes (Ex 12, 44).

Anders als die entsprechenden Gesetzgebungen des alten Vorderen Orients hat die Gesetzgebung des Alten Testaments über die Sklaverei einen stark ethischen Charakter. Trotz seiner gesetzlichen Stellung als Vermögensgut war die tatsächliche Stellung des Sklaven häufiger die eines Familienmitgliedes. Wenn keine anderen Erben vorhanden waren, konnte er seinen Besitzer beerben. Die nahe Beziehung der Sklaverei zur Adoption zeigt, daß die Stellung der Sklaven der der Hauskinder ähnlich war. In dieser Hinsicht sind die Sitten zu Nuzi parallel zu der Erzählung der Genesis (15, 2) über Abrahams Verhältnis zu seinem Verwalter und Sklaven Elieser (Gen 24).

b) In der Wirtschaft: Verglichen mit der Sklaverei in anderen Ländern des Altertums, und besonders der späteren, griechisch-römischen Zeit, hatte die private Sklaverei im Israel der biblischen Zeit geringen Umfang. Daß in der biblischen Zeit ein Klassengegensatz fehlte, wird durch die überlieferten Zahlen des Sklavenbesitzes bestätigt. Einer von Sauls Untergebenen, Ziba (nach 2 Sam 9, 10 ein freier Mann, der dem Dienst seines Fürsten anhing), hatte 15 Söhne und 20 Sklaven. Die 42 360 Juden, die aus dem Exil in Babylonien zurückkehrten, brachten 7337 Sklaven mit (Neh 7, 66 f), und an beiden Stellen, wie auch sonst, sind diese als »männliche und weibliche Sklaven« bezeichnet.

c) Staatssklaven: Wer als Kriegsgefangener in die Sklaverei geriet, ging in das dauernde Eigentum des Siegers über (Dt 20, 10–14; 21, 10; Ri 5, 30). In wirtschaftlicher Hinsicht war dies die wichtigste Sklavenklasse. Formell Eigentum des Königs, waren sie Staatssklaven, unterlagen der Fronarbeit (Corvé), die in Babylonien, Assyrien und den Stadtstaaten von Syrien und Palästina zum Bau von Straßen, Kanälen, Festungen, Tempeln und Palästen üblich war (s. **Abb. 754,** aus Assyrien), sowie der Arbeit auf Domänen und königlichen Werkstätten, in Mühlen, zum Spinnen und bei der Weinbereitung (s. *Ackerbau und Viehzucht). Davon gibt ein Brief des Königs von Taanae an den ägyptischen Hof Kunde (s. *Amarnabriefe) sowie der Mesastein (s. *Moab). Als sich unter David und Salomo eine zentralisierte Verwaltung entwickelte, nahm die Zahl der Staatssklaven in Israel gewaltig zu. Besonders unter Salomo wurden sie ein bedeutender Vermögenswert. Er gebrauchte sie zur Ausführung seiner Bauten (1 Kg 9, 15–21; 2 Chr 8, 1–8). Sie lieferten die billigen ungelernten Arbeitskräfte für die Bergwerke und Metallindustrie des Negeb und wurden nach Ophir (s. *Schiffahrt) exportiert als Begleitung der phönikischen Matrosen des Königs Hiram (1 Kg 9, 27; 2 Chr 8, 18; 9, 10). Man bezeichnete sie passend als Salomos Sklaven. Sie stammten aus Kriegsgefangenschaft, waren Abkömmlinge der Kanaanäer und bildeten eine Sklavenklasse, die die ganze Königszeit hindurch weiterexistierte »bis zum heutigen Tag« (1 Kg 9, 21).

5. Sklavenhandel: Der Sklavenhandel war im Vorderen Orient allgemein. Amos (1, 6.9) verdammt Gaza und Tyrus wegen ihres Handels mit Sklaven, und Joel schilt Tyrus und die Völker von Kleinasien, weil sie Juden verkauften. Dagegen erlaubt Lev 25, 44 f, daß Israeliten Sklaven fremder Herkunft kaufen. Die Phöniker, die bedeutendsten Kaufleute, die an Israel lieferten, handelten auch mit Sklaven. Zur hellenistischen Zeit begleiten Sklavenhändler die Heere des Antiochus Epiphanes, um die kriegsgefangenen Juden zu kaufen, auf die er rechnete (1 Makk 3, 41; 2 Makk 8, 10 f). Der Bericht gibt zugleich bemerkenswerte Angaben über den Sklavenpreis zu jener Zeit. Die Griechen boten diesen fremden Händlern 90 Gefangene für ein Talent (3000 oder 3600 Schekel). Sie setzten voraus, daß das Angebot ein großes sein würde, daß der Preis auf 33 bis 40 Schekel pro Kopf sinken würde, was sich den 30 Schekeln der früheren Zeiten nähert, aber im Vergleich zu den Rechnungen gleichzeitiger Papyri ein sehr niedriger Preis ist.

Nach dem Aufstand des *Bar-Kochba wurden von Hadrian gefangene Juden auf dem berühmten Sklavenmarkt von Hebron zu Tausenden verkauft – zu einem Preis, niedriger als Vieh. Wie sehr die Juden die Sklaverei verabscheuten, läßt sich an den Verzweiflungstaten der geschlagenen Verteidiger von Masada ablesen, die 73 n. Chr. sich selbst, ihre Frauen und Kinder töteten, um nicht in die römische Sklaverei zu geraten.

6. Sklaverei im NT und in Qumran: Die ganze spätere Gesetzgebung Israels und die Lehre der Rabbis strebten dahin, größere Humanität gegen die Sklaven zu erreichen. Die Rabbinen verlangten, daß dem Sklaven keine Arbeit aufgebürdet würde, die zu schwer für ihn sei oder ihn herabwürdige (so wie den Simson das Drehen der Mühle, Ri 16, 21). Das stand in direktem Gegensatz zu griechisch-römischem Gesetz und Brauch hinsichtlich der Sklaven. In Italien gab es weit mehr Sklaven als freie Männer, und obwohl manche hochgebildet waren und ihnen große Verantwortung anvertraut wurde, dauerten die alten Sklavengesetze fort, nach denen sie persönliches Eigentum ihrer Herren waren.

Daß sie in der Gesellschaft dieser Zeit eine eigene Klasse bildeten, läßt sich aus dem Ausdruck bei Paulus schließen (1 Kor 12, 13), der die zwei Begriffe Sklaven und Freie einander entgegensetzt. Ihm kam es dabei darauf an, daß in der kirchlichen Gemeinschaft keine Unterschiede in Rang und Stellung zwischen Sklaven und Freien sein sollten. Die Einrichtung als solche hat Paulus ebensowenig wie Jesus verurteilt (Mt 18, 25; Lk 17, 7 ff). So ziemlich jeder Brief des Paulus und Petrus mahnt sogar die Sklaven, auch wenn sie sich zum Christentum bekehrten, mit ihrer Lage zufrieden zu sein und ihren Herren zu gehorchen, während die Herren angewiesen werden, ihre Sklaven milde zu behandeln (1 Kor 7, 21 ff).

Paulus versucht nie, Sklaven zu befreien, sondern aus schlechten Sklaven gute zu machen (Eph 6, 5–9); aber dabei ist die Voraussetzung, daß eine innere Gleichheit besteht, die sich durch das Wort »Bruder« ausdrückt. Alle sollen Diener (Sklaven) Christi sein. Diese Haltung kommt im Brief an Philemon zu prägnantem Ausdruck, dem er einen bekehrten Sklaven als »einen Bruder« zurückschickt, aber nicht als einen freien Mann. Aus 1 Tim 6 und aus der weiteren Kirchengeschichte geht klar hervor, daß Christen von bestem Ruf und hoher Moral Sklaven besaßen.

Die Essener und *Qumran-Leute verwarfen die Sklaverei gänzlich. Das war die logische Folge ihres Ideals eines Gemeinschaftslebens mit Besitzgleichheit. Erleichtert wurde diese Haltung wohl durch ihre Abgeschiedenheit und Absonderung von der übrigen Welt, in der die Sklaverei eine unentbehrliche und unangefochtene Einrichtung der Gesellschaft war. Die Judenchristen in Jerusalem hatten ebenfalls gemeinsames Eigentum und deshalb wahrscheinlich wie die Essener keine Sklaven.

Sprachen der Bibel

Gliederung: 1. Hebräische Sprache. 2. Hebräische Schrift. 3. Entwicklung der Sprache. 4. Aramäisch. 5. Griechisch. 6. Die aramäischen Quellen der Evangelien.

Die Sprachen, in denen die Urtexte der Bibel geschrieben sind, sind Hebräisch, Aramäisch und Griechisch. Hebräisch und Aramäisch sind einander nahe verwandt. Sie gehören beide zu den semitischen Sprachen. Griechisch dagegen gehört zur indogermanischen Sprachfamilie, zu der Latein, Deutsch usw. ebenfalls zählen. Im Nebeneinander von drei biblischen Sprachen spiegelt sich die Kulturgeschichte von Palästina wider. In der Zeit des ersten Tempels sprachen die Juden Hebräisch, während der Zeit des zweiten Tempels nahm Aramäisch an Bedeutung zu, und in der hellenistischen (s. *Hellenismus und Judentum) und römischen Zeit (s. *Rom und die Juden) gewann das Griechische eine wichtige Stellung im Leben des Landes sowohl bei den Juden als auch bei den Heiden.

1. Hebräische Sprache: Diese ist die Sprache der meisten alttestamentlichen Schriften, der meisten Rollen von *Qumran, und wahrscheinlich die Ursprache einer großen Zahl von Apokryphen und Pseudepigraphen (s. *Deuterokanonische Bücher und Apokryphen). Eine Art Hebräisch war schon vor der israelitischen Landnahme die Sprache von Palästina. Das geht daraus hervor, daß im akkadischen Text der *Amarnabriefe eine Anzahl hebräischer Wörter eingestreut ist. Da die Israeliten von außerhalb nach Kanaan kamen, müssen sie dessen Sprache entweder in der Patriarchenzeit (s. *Patriarchen, Geschichte; *Patriarchen, Religion) oder nach der Landnahme angenommen haben. Manche Forscher sind der Meinung, daß das Hebräische, wie wir es kennen, eine Mischung von Kanaanäisch und der ursprünglichen israelitischen Sprache sei. Das Hebräische ist sehr nahe den verschiedenen Sprachen verwandt, die in der unmittelbaren Umge-

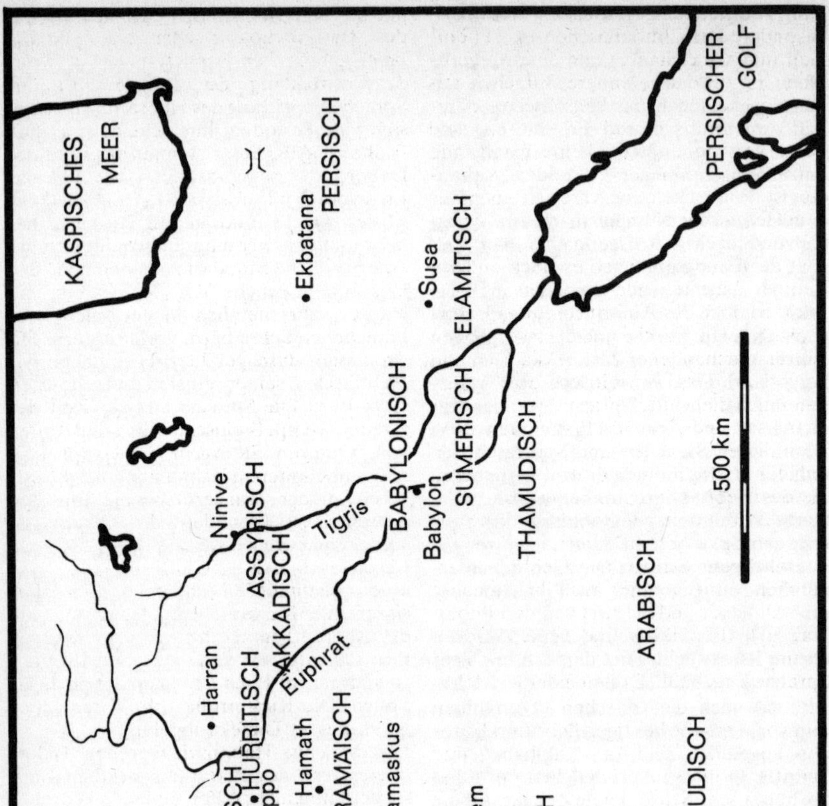

Karte 34. Sprachen im alten Orient (2000–500 v. Chr.)

bung von Kanaan gesprochen wurden, insbesondere dem Phönikischen (s. *Phönikien und seine Städte) und dem Moabitischen (s. *Moab). Andere Sprachen aus der Nachbarschaft des Hebräischen, nämlich Ammonitisch und Edomitisch, sind heute verschollen, weil keine genügende Anzahl geschriebener Urkunden vorhanden ist. Wahrscheinlich waren sie ebenfalls dem Hebräischen ähnlich, nach dem Zeugnis von Siegeln mit Eigennamen usw. Zur Zeit der Landnahme gab es noch andere, weniger nahestehende Sprachen in Palästina, nämlich das Amoritische, das Hethitische, das Hurritische und die zwei großen Kultursprachen jener Zeit, Akkadisch und Ägyptisch. Das Amoritische war wahrscheinlich die Muttersprache, von der Kanaanäisch und Aramäisch stammen. Von allen diesen Sprachen sind Spuren in den ungefähr 500 Fremdwörtern vorhanden, die das Hebräisch der Bibel enthält.

Karte 34 zeigt die geographische Verbreitung der Sprachen im Altertum.

2. Hebräische Schrift: Die Hebräer übernahmen wahrscheinlich auch ihr Alphabet (s. *Alphabet und Schrift) von den Phönikern (s. *Phönikien und seine Städte), darum ist es nicht ganz den Lauten ihrer Sprache angepaßt. Es ist dasselbe Alphabet, das auch die Griechen übernahmen und von dem alle heutigen Schriften Europas abgeleitet sind (s. *Alphabet und Schrift). In ihrer ursprünglichen Form hat die hebräische Schrift keine Zeichen für die Vokale; diese mußten erraten werden. In der biblischen Zeit begann man die Vokale i, u und o in unvollständiger und unsystematischer Weise anzudeuten. Auch für a und e wurden Zeichen zugefügt, wenn sie am Wortende standen. Erst im 7. bis 9. Jhdt. n. Chr. kam der Brauch auf, die Vokale auf verschiedene Weise durch Zeichen über oder unter den Konsonanten zu schreiben. Das »Punktierungssystem«, wie es in den gedruckten hebräischen Bibeln vorliegt, war Anfang des 10. Jhdts. n. Chr. durchgebildet. Die Gestalt der Buchstaben, wie man sie heute für das Hebräische anwendet, stimmt nicht mit dem ursprünglichen hebräischen Alphabet überein, sondern mit der Schrift, die kurz nach dem babylonischen Exil an die Stelle trat, sie war von den königlichen Schreibern in Babylonien zur Wiedergabe von Aramäisch entwickelt worden. Das alte hebräische Alphabet, wie es in den Inschriften und Briefen aus der Zeit vor dem Exil vorliegt (s. *Inschriften), erhielt sich jedoch nebenbei. Es ist in einigen Rollen von *Qumran und auf den Münzen der *Makkabäer und des *Bar-Kochba zu sehen. Die *Samaritaner gebrauchen es noch heute.

3. Entwicklung der Sprache: In der Sprachentwicklung des Hebräischen lassen sich vier Perioden unterscheiden: a) Die Frühzeit. Aus dieser stammt das Lied der Debora, der Segen Jakobs (Gen 49), das Lied vom Schilfmeer (Ex 15), das Lied des Moses (Dt 32) und andere Stücke früher hebräischer *Dichtung. Es scheint sich um eine nördliche Mundart zu handeln. b) Die klassische Sprache der Königszeit. Sie wurde wahrscheinlich in Jerusalem von königlichen Schreibern, von Priestern und Propheten durchgebildet. Hier haben wir Hebräisch in seiner reinsten und schönsten Gestalt. c) Die Sprache aus der Zeit des zweiten Tempels einschließlich der Rollen von *Qumran. Sie war in der Hauptsache eine unbeholfene Nachahmung der klassischen Sprache. Man lernte sie nur künstlich zu Schreibzwecken, denn die wirklich gesprochene Sprache war das Hebräisch der Mischna. d) Das Mischna-Hebräisch war eine volkstümliche Mundart, die die *Pharisäer und *Rabbiner nach der Zerstörung des zweiten Tempels als Schriftsprache für ihre Literatur verwendeten. Sein Einfluß ist spürbar im Buch Prediger und in Jesus Sirach. Die Kupferrolle vom Toten Meer ist in diesem Dialekt abgefaßt.

Das Mischna-Hebräisch war den Bibelübersetzern des Altertums bekannt, und sie deuteten nicht selten biblische Worte in einer Weise, die mehr dem Mischna-Hebräisch angemessen war. Um 200 n. Chr. hörte Hebräisch auf, eine gesprochene Sprache zu sein; aber als geschriebene Sprache dauerte es fort, und eine weitläufige Literatur des Mittelalters und der Neuzeit bediente sich seiner. Insbesondere sind viele wichtige Kommentare zur Bibel darin abgefaßt, z. B. von Raschi, Ibn Esra und David Kimchi (11.–12. Jhdt. n. Chr.). Seit 1880 n. Chr. bediente man sich des Hebräischen wieder zum Sprechen, und es ist jetzt im Staat Israel im Gebrauch in einer Gestalt, die von der Sprache der hebräischen Bibel nicht allzusehr abweicht. Das moderne Hebräisch ist eine Mischung von allen früheren Sprachstufen der Bibel und der Mischna, hat aber aus jeder nur übernommen, was ihm angemessen war und viele neue Wörter zugefügt, die von hebräischen Wurzeln abgeleitet sind.

4. Aramäisch: Es wurde zuerst in der Gegend von Damaskus im südlichen Syrien bis zum mittleren Euphrat um 1000 v. Chr. gesprochen. Die Inschriften von *Sefire*

Sūğin und von *Zincirli* bezeugen es. Von da verbreitete es sich stetig, bis es im mündlichen Umgang das Akkadische aus Assyrien und Babylonien verdrängte. Das Perserreich (549–331 v. Chr.) verwendete Aramäisch als Verwaltungssprache. Die aramäischen Teile des AT (Esr 4, 8–6, 18; 7, 11–26; Dan 2, 4–7, 28) sind in diesem »Reichsaramäisch« oder »Königlichem Aramäisch« abgefaßt. Durch einen Vorgang, der noch nicht genau bekannt ist, drang das Aramäische während der nächsten Jahrhunderte in die Sprache der meisten Siedlungen von Palästina ein. Dabei verwandelte es sich jedoch in »mittleres Aramäisch«. Es wurde notwendig, das AT in diese Mundart zu übertragen. Solche Übertragungen sind die verschiedenen Targume (s. *Bibelübersetzung). Die Bibel wurde auch in das christliche Aramäisch von Südpalästina übersetzt und in den Dialekt von Irak, den man Syrisch nennt und in dem eine umfangreiche christliche Literatur existiert. Die Sprache, deren sich Jesus bediente, von der etliche Worte im NT festgehalten sind, ist das mittlere Aramäisch von Galiläa, das der Sprache der Targume ähnelt, aber wahrscheinlich der volkstümlichen Sprache des Talmud von Jerusalem aus dem 3. bis 4. Jhdt. n. Chr. am nächsten verwandt ist. Wir besitzen jetzt aus Qumran in diesem Aramäisch das Genesisapokryphon und andere Stücke, auch Fragmente des Buchs Tobias in aramäischer Sprache haben sich gefunden, sowie Stücke der Henoch-Literatur (s. *Deuterokanonische Bücher und Apokryphen; *Qumran).

5. Griechisch: Es ist die Sprache des Neuen Testaments, das wir besitzen. Die ältesten uns bekannten Urkunden in griechischer Sprache sind die mykenischen Texte aus dem 15. bis 13. Jhdt. v. Chr., geschrieben im südlichen Griechenland in einer Silbenschrift, die aus Kreta übernommen war (s. *Ägäische Kultur; *Alphabet und Schrift). Später übernahmen die Griechen das phönikische Alphabet und vervollkommneten es, indem sie einige Konsonanten, die man im Griechischen nicht braucht, zum Schreiben der Vokale verwendeten und noch einige Buchstaben zufügten. Das Griechische verbreitete sich frühzeitig nach Kleinasien und anderen Gegenden des Mittelmeers. Man schrieb eine Anzahl verschiedener Mundarten. Infolge der Eroberungen Alexanders des Großen (4. Jhdt. v. Chr.) verbreitete sich Griechisch über den ganzen Vorderen Orient als Kultursprache in einer Form, die auf der Mundart von Athen beruhte, aber sich in mancher Beziehung weiterentwickelte. Man bezeichnet sie als hellenistisches Griechisch *(koiné)*. So ist die Sprache des Neuen Testaments recht abweichend von der der griechischen Klassiker. Sie wird erläutert durch zeitgenössische Urkunden auf Papyrus, die in Ägypten gefunden wurden. Ägyptisches Griechisch, wohl mit einer besonderen jüdischen Färbung, kennen wir auch durch die frühe griechische Übersetzung des Alten Testaments, die Septuaginta und ihre verschiedenen Überarbeitungen. Auf ihr beruht die monotheistische, religiöse Ausdrucksweise, deren sich das NT bedient. Das Griechische der ersten drei Evangelien und der Apostelgeschichte ist einfacher und mehr im Gesprächston als das der Briefe des Paulus und des vierten Evangeliums (s. *Hellenismus und Judentum; *Hellenismus und jüdische Diaspora).

6. Die aramäischen Quellen der Evangelien: Eine weitverbreite wissenschaftliche Theorie nimmt an, daß Teile der ersten drei Evangelien, vielleicht das ganze Markusevangelium, ursprünglich nicht auf griechisch, sondern im gesprochenen Aramäisch von Palästina abgefaßt sind. Diese Lehre schreibt manche Ausdrucksweisen in den Evangelien, die ungriechisch klingen, der Tatsache der Übersetzung ins Griechische zu und erklärt auch einige Schwierigkeiten im Text als Ergebnis falscher Übersetzung. Wie dem auch sei, der Geist des Griechischen im NT ist jedenfalls ohne Zweifel dem Hebräischen und Aramäischen nahe verwandt und, wie wir jetzt wissen, insbesondere der Sprache der Rollen vom Toten Meer.

Das geht so weit, daß man mit einigem Recht von einer einzigen biblischen Sprache reden kann, die sich ohne Unterschied in Hebräisch, Griechisch und Aramäisch ausdrückt.

Die Briefe aus der Zeit des *Bar-Kochba (132–134 n. Chr.), die man 1949 und 1961/62 n. Chr. in Höhlen in der Nähe des Toten Meeres gefunden hat, tun dar, wie die gleichen Personen sich auf Mischna-Hebräisch, Aramäisch und Griechisch gleich gewandt ausdrückten, wobei die Ausdrucksweise in allen drei Sprachen auffallend ähnlich ist.

Man hat diese Sprache als hebraisiertes Aramäisch und aramäisiertes Hebräisch bezeichnet; wir dürfen hinzufügen, auch semitisiertes Griechisch. Vielleicht hat auch Jesus bei seiner Predigt diese drei Sprachen alle verwendet.

Sprüche (Buch)
Gliederung: 1. Anliegen des Buches. 2. Literarische Gattungen. 3. Inhalt und Botschaft. a) Einleitung Spr 1–9; b) Die Sprüche Salomos Spr 10, 1–22, 16; c) Die »Worte von Weisen« Spr 22, 17–24, 34; d) »Hiskianische Sammlung« Spr 25, 1–29, 27; e) Worte Agurs Spr 30, 1–33; f) Worte an Lemuel Spr 31, 1–9; g) Lob der tüchtigen Hausfrau Spr 31, 10–31. 4. Verfasser und Entstehungszeit.

Das Buch der Sprüche *(mišlē)* ist das zweite im Abschnitt der Schriften der Hagiographen des hebräischen Kanons des Alten Testaments. Es ist wohl das charakteristischste unter den Werken der *Weisheitsliteratur. Es besteht aus einer Sammlung weiser Aussprüche und moralischen und religiösen Grundsätzen, die von verschiedenen Verfassern und zu verschiedenen Zeiten geschrieben wurden.

1. Anliegen des Buches: Das Anliegen ist sehr treffend in den Worten (Spr 1, 1–6) zusammengefaßt: »Belehrung ... die klug macht, Gerechtigkeit, Sinn für das Recht, Geradheit.« Das Buch befaßt sich mit den Einzelheiten des menschlichen Lebens und erhebt keinen Anspruch auf tiefsinniges Philosophieren nach Art der Griechen. Was darin an spekulativen Gedanken enthalten ist, hat die Weisheit selbst zum Gegenstand.

Die Grundsätze, die das Buch aufstellt, betreffen das Verhalten des einzelnen und haben nicht eigens etwas mit Politik oder mit dem Staat zu tun. Darin gleicht das Buch den frühen ägyptischen »Weisheits«-Sammlungen oder dem späteren babylonischen ›Buch des Weisen Achikar‹ (s. *Weisheitsliteratur).

2. Literarische Gattungen: Das hebräische Wort für Sprichwort, *māšāl,* hat eine ganze Reihe von Bedeutungen: Aphorismus, Parabel, Allegorie, Rätsel, Gleichnis, Beispiel. Der *māšāl* bezieht seine Beispiele und Lehren aus der vertrauten Umgebung der Natur und des Alltagslebens und drückt seine Lehren in direkten und leicht verständlichen Begriffen aus wie etwa: »Wie die Mutter, so die Tochter« (Ez 16, 44), oder in einer verblüffenden Gegenüberstellung: »Ein andrer ist's, der sät, und ein andrer, der erntet« (Joh 4, 37). Die dem Sinn entsprechende Hervorhebung konnte durch Wiederholung des Hauptgedankens in anderen Worten erreicht werden (z. B. Spr 3, 17), also in einer Art, die in der hebräischen *Dichtung üblich war. Man konnte auch die Gegensätzlichkeiten in der Schwebe halten (3, 33) oder aber auch durch das gewählte Versmaß die gewünschten Akzente setzen. Oft bediente man sich einer anschaulichen Hyperbel, um eine Lehre wirklich einprägsam zu machen (z. B. die berühmte Gegenüberstellung zwischen dem Kamel und dem Nadelöhr bei Mt 19, 24). Eine Neigung zur elliptischen Aussageform beruht vielleicht auf der allgemein schmeichelhaften Meinung, Lesern dieser Werke könnten schon einmal schwierige Formulierungen oder dunkle Anspielungen zugemutet werden. Diese Art von Sprichwörtern war unter der Bezeichnung »Worte von Weisen« bekannt; Jesus stellte diesen Brauch in Frage, indem er verkündete, die Geheimnisse des Gottesreiches seien den Weisen verborgen gewesen, jedoch Unmündigen geoffenbart worden (Mt 11, 25 u. ö.). Manchmal war der Sinn eines Spruches verborgen gehalten, dann wurde dieser zum »Rätsel« oder »Dunkelspruch«, der die Findigkeit des Deuters herausforderte (Spr 1, 6; 30, 15–31). Sowohl den Propheten als auch Jesus (Joh 16, 29) wurde vorgeworfen, sie sprächen in Rätseln. Allerdings wurde oft dann bewußt die Form des Rätsels gewählt, um eine Zuhörerschaft zur Auseinandersetzung herauszufordern und eine Darlegung aufzulockern (Spr 30, 15–31).

Der Spruch Bileams (Num 24, 15) und das »Spottlied auf den König von Babel« bei Jes 14, 4 wurden ebenfalls in die Kategorie der *mišlē* (Sprüche) eingestuft. »Weisheit« in Form von Aussprüchen und Sprichwörtern genoß im allgemeinen im Orient weit höheres Ansehen als im Westen. Heute liegt ihr Reiz als literarische Gattung in der Art und Weise, wie sie dasLeben im Orient widerspiegeln. Darüber hinaus stellen sie tatsächlich einen wertvollen Schatz an praktischer Lebensweisheit dar.

3. Inhalt und Botschaft: *a) Einleitung Spr 1–9:* Die verschiedenen Autoren der einzelnen Abschnitte der Anthologie sind durch deren Überschriften angegeben. Die Kap. 1–9 stellen eine Einleitung dar, die vor allem die Bedeutung der Weisheit herausstellt. Anders als in den nachfolgenden Kap. wird in diesem Abschnitt jeder Gedanke in einem kurzen dichterischen Essay ziemlich ausführlich erörtert; wir sehen in ihnen eine der vollendetsten Formen des *māšāl.* Hier wird der Gegensatz hervorgehoben, der zwischen dem Ergebnis der Weisheitssuche und einem Leben voll Torheit und Bosheit besteht. Der Weise warnt besonders vor folgenden Versuchungen: Gewalttaten (1, 10–19), leichtsinnige Bürgschaft (6, 1–5), Faulheit (6, 6–11),

Falschheit (6, 12–15) und vor allem vor Ausschweifung und Liederlichkeit (2, 16–19; 5, 3–20; 6, 23–35; 7, 4–27; 9, 13–18). Denen, die diesen Versuchungen widerstehen, verheißt die Weisheit ein Leben voll Glück, Reichtum und Ehre (3, 13–18). Der echte religiöse Ton dieses Abschnitts (z. B. 1, 7; 3, 5–12) und sein lehrhafter Stil erinnern sehr stark an das Buch *Deuteronomium. Sein Verfasser ist zwar unbekannt, aber man nimmt allgemein an, dieser Abschnitt gehöre zu den späteren Texten der Sammlung. Wenn dies jedoch vielleicht im Hinblick auf die Endredaktion zutrifft (etwa um 600 v. Chr.), so müssen viele der hier enthaltenen Vorlagen erheblich älter sein. W. F. Albright hat auf unzählige Parallelen aufmerksam gemacht, die zwischen diesem Abschnitt – besonders dem 8. und 9. Kap. – und der ugaritischen und phönikischen Literatur bestehen. Er hält es für leicht möglich, daß gewisse einzelne Aphorismen oder sogar längere Textabschnitte in ihrer gegenwärtigen Form während der kanaanäischen Bronzezeit entstanden sind. Man hat auch auf das bedeutende Problem des mythologischen Hintergrundes der protohebräischen Weisheitsliteratur und auf die kulturellen Bande hingewiesen, welche diese mit der oben erwähnten kanaanäischen Literatur verknüpfen.

Die Fragen, die sich im Anschluß an die merkwürdige Textstelle 8, 1–9 und 6 stellen, wo die Weisheit als eine Frau personifiziert ist, werden ebenfalls unter *Weisheitsliteratur erörtert.

b) Die Sprüche Salomos Spr 10, 1–22, 16: Der Abschnitt unter dieser Überschrift ist möglicherweise der älteste des ganzen Buches. Immer mehr neigen die Bibelwissenschaftler dazu, der Tradition Recht zu geben, wonach der historische König Salomo tatsächlich der bedeutendste Weise seiner Zeit gewesen ist (1 Kg 4, 29–34; Spr 1, 1; 10, 1; 25, 1). Der ihm zugeschriebene Abschnitt des Buches enthält etwa 375 kurze Sprüche, die ohne ein erkennbares Ordnungsprinzip zusammengestellt sind. Die Sprüche der Kap. 10–15 scheinen in der Hauptsache antithetischer Struktur zu sein, während die Kap. 16–22 synthetischer oder synonymer Art sind. Wenn auch religiöse Aussagen enthalten sind (15, 3.8–9; 16, 1–9 u. ö.), so betrifft der Hauptteil der Sprüche doch praktische Weisheit und kluges Handeln im Alltag. Im allgemeinen bildet jeder einzelne Spruch eine in sich abgeschlossene und selbständige Einheit. Allerdings lassen sich bei vielen ein gleicher Ausgangspunkt oder stilistische Ähnlichkeiten als gemeinsame Basis erkennen, wie z. B. bei 10, 2, 4 und 6; 16, 10–15 oder 11, 9–12, wo alle vier Verse (im Hebräischen) mit dem gleichen Buchstaben beginnen. Antithetischer Parallelismus herrscht auch in diesem Abschnitt vor. Fast jeder Vers bietet hierfür ein Beispiel.

c) Die »Worte von Weisen« Spr 22, 17–24, 34: Im (hebräischen) Masoretentext und in den englischen Bibelausgaben ging der Titel im Vers 22, 17 auf. Der Abschnitt besteht in Wirklichkeit nämlich aus zwei Sammlungen. Die »Worte von Weisen« sind im Text von 22, 17 bis 23, 14 enthalten, während der Text von 23, 15 bis 24, 24 von einem anderen Verfasser stammt. Der erste Abschnitt steht dem ›Weisheitsbuch des Amenophis‹ (aus dem 12. Jhdt. v. Chr.; s. dazu *Weisheitsliteratur) besonders nahe. Schon der Titel dieser »Worte von Weisen« (z. B. »Nicht wahr, dreißig Kapitel hab' ich dir aufgeschrieben« 22, 20) läßt an die ägyptischen Weisheitssprüche denken. Zumindest ein Drittel der Sprüche scheint entweder direkt aus dem Werk selbst oder aus einer gemeinsamen Quelle geschöpft zu haben. Andererseits stellen die Verse 23, 13–14 ein unmittelbares Zitat aus ›Worte des Achikar‹ dar. Diese beiden Abschnitte stammen nicht von Salomo, sondern sind ein gemeinsames Vermächtnis der Weisen von Israel (vgl. Pred 12, 9–11). Beide stellen eine viel zusammenhängendere Sammlung einander verwandter Grundsätze dar, die besonders das Folgende betonen: Rücksicht auf die Armen (22, 22 und 27), Ehrfurcht vor dem König (23, 1–3; 24, 21–22), der Wert der Züchtigung (23, 13 und 14), Zucht, Mäßigung (23, 19–21 und 29–35), Ehrfurcht vor den Eltern (23, 22–25), Keuschheit (23, 26–28) und Furcht Gottes (24, 21). Der kurze Zusatz (24, 23–34) ist ganz ähnlicher Art und drückt etwas mehr Sinn für soziale Verantwortlichkeit aus (z. B. 24, 28 und 29).

d) »Hiskianische Sammlung« Spr 25, 1–29, 27: Dieser Teil, der ebenfalls Salomo zugeschrieben wird, ähnelt sehr der ersten Sammlung seiner Weisheitssprüche (10, 1–22, 16), die eine gemischte Auswahl kurzer Aussprüche darstellen (128 von 1939 Versen sind vollständige Maximen!) und gute Ratschläge für die verschiedensten Lebenslagen erteilen. Hier ist der antithetische Parallelismus weniger verwendet als im ersten Teil (der Sprüche Salomos). Vergleiche, die im ersten Teil selten vorkommen, finden sich hingegen

hier häufig (z. B. 25, 3 und 11–14 sowie 18–20 usw.).
Die Aussage (25, 1), daß diese Sprüche durch »die Männer Hiskias, des Königs, von Juda«, gesammelt wurden, hat die Rabbiner (Baba Batra 15 a) zu der Annahme geführt, die Sprüche seien von Hiskia und seinen Schreibern verfaßt worden. Wir wissen nicht genau, welche Rolle sie nun wirklich bei der Herausgabe des Buches gespielt haben, aber wir haben keinen triftigen Grund, die Wahrheit des Schrifttextes in Frage zu stellen. Es ist bekannt (vgl 2 Chr 29, 25 ff), daß Hiskia sich sehr für die Überlieferungen und die Literatur Israels interessiert hat.
e) Worte Agurs Spr 30, 1–33: Mit diesem Abschnitt beginnt der heterodoxe Teil des Buches der Sprüche (s. *Weisheitsliteratur 2). Weder Agur selbst noch sein Vater Jakes oder seine Zuhörer Ithiel und Ukal (30, 1) können historisch nachgewiesen werden. Dies scheint darauf hinzuweisen, daß die Sprüche des vorliegenden Kapitels nicht zur rein israelitischen Überlieferung gehören und lange Zeit vor ihrer Niederschrift mündlich tradiert worden sind. Dieser Abschnitt enthält einige Gedanken, die an Job erinnern (vgl. Job 40, 5; 42, 6). Ihr Ton ist viel weniger rechtgläubig als die früheren Kapitel des Buches der Sprüche. Die ersten paar Verse (2–4) lassen sogar einen überzeugten Agnostiker als Verfasser vermuten. Doch in der meisterhaften Textpassage von 30, 7–9 lesen wir davon, daß der Reiche versucht sei, seinen Gott nicht mehr zu benötigen, und der Arme denken könnte, Gott habe ihn verlassen. Diese Gedanken werden jedoch mit der Feststellung der Existenz Gottes beantwortet. Die zweite Hälfte des Kapitels (V. 15–33) hat eine rhythmische, numerische Form; sie enthält Aphorismen über Dinge, die nicht satt werden; über vier kleinste Dinge, über vier erhabene Dinge, usw. Dies erinnert sehr stark an ugaritische Dichtung und findet sich auch anderswo im AT (z. B. Am 1–2).
f) Worte an Lemuel Spr 31, 1–9: Dieser König von Massa und seine Mutter, von der er seine Weisheit gelernt hat, sind ebenfalls unbekannt. Ihre Ermahnungen setzen sich aus Warnungen vor Wein und Frauen zusammen. Sie hält ihn auch dazu an, mit den Unglücklichen gütig zu verfahren. Wegen des hier deutlich erkennbaren aramäischen Einflusses (z. B. *bar* für Sohn, *m·lakîn* für Könige) vermuteten Bibelwissenschaftler, die Redaktoren hätten auf Grund oberflächlicher Ähnlichkeiten bekanntes, aber ausländisches Gedankengut in den Rahmen der Sprüche hineingenommen.
g) Lob der tüchtigen Hausfrau Spr 31, 10–31: Dieses berühmte akrostichische Gedicht (das eigentlich keinen Titel hat) zum Lob der tüchtigen Hausfrau, unterscheidet sich von dem vorausgehenden Text des Buches und stellt einen Anhang dazu dar. Das große Loblied, das der braven Hausfrau von ihrem Gatten und ihren Kindern gesungen wird, stellt einen passenden Abschluß für ein Buch dar, das dem praktischen Nutzen eines wohlgeordneten und gottesfürchtigen Lebens gewidmet ist.
4. Verfasser und Entstehungszeit: In der hebräischen Überlieferung war die Literatur von ganz Israel das Werk hervorragender Persönlichkeiten. So schrieb man den Pentateuch dem Mose zu, die Psalmen David und die große Weisheitssammlung der Bibel dem weisen König Salomo.
Der biblische Bericht schreibt Salomo den internationalen Ruf eines gerechten Administrators und eines Weisen zu, der durch die Abfassung der Sprüche berühmt geworden ist (1 Kg 4, 29–34). Ob nun die ihm zugeschriebenen Sprüche tatsächlich von ihm selbst stammen oder nicht, jedenfalls stimmt die biblische Forschung von heute darin überein, daß die israelitische Weisheitstradition schon während der Zeit der Könige eine Blüte erlebt hat. Es gilt als sicher, daß diese Literaturgattung schon um das 10. Jhdt. v. Chr. voll entwickelt war; vielleicht hatte man sich kanaanitisches Gedankengut zunutze gemacht. So haben z. B. alle Weisen am Hofe Salomos kanaanäische Namen: Ethan, der Esrahite, Heman, Chalchol und Darda (1 Kg 5, 11). Da Salomo während einer der wenigen friedlichen und blühenden Epochen regierte, konnte er auch Kontakte mit den kultiviertesten Fürstenhöfen seiner Zeit aufnehmen und sich kulturellen und geistigen Aufgaben in einem Ausmaß widmen, wie es seinen Nachfolgern nicht vergönnt war. Zweifellos hat er die beliebte Tradition der »Weisheitsliteratur« besonders gefördert und möglicherweise selber auf diesem Gebiet gewirkt.
Das Buch der Sprüche, wie es jetzt vorliegt, enthält Kompositionen aus verschiedenen Zeitepochen. Der Inhalt scheint durchweg aus der vorexilischen Zeit zu stammen; redigiert wurde das Buch jedoch wahrscheinlich bedeutend später. Auf Grund der Aussagen des apokryphen Buches Sirach (s. *Deuterokanonische Bücher und Apokryphen) muß das Buch der Sprüche schon existiert haben und bekannt gewesen

sein, bevor das spätere Werk um 200 v. Chr. geschaffen wurde. Es besteht jedoch kein Grund, die tatsächlichen Vorlagen des Buches irgendeiner späteren Epoche als der zuzuschreiben, in der Weisheitsliteratur gleicher Art in den übrigen Ländern des Nahen Ostens in Blüte stand. Im ganzen gesehen kann man die Anthologie als einen Überlieferungskomplex betrachten, dessen Einzelstücke sich dem zeitlichen Ursprung nach über fast die gesamte alttestamentliche Epoche erstrecken.

Stadtanlage, israelitische

Gliederung: 1. Gründung und Befestigung einer Stadt. a) Wasserversorgung; b) Maueranlagen; c) Befestigte Tore; d) Türme. 2. Stadtanlage. a) Bauweise; b) Stadtplanung; c) Wirtschaftliche Entwicklung; d) Das Stadtbild der späteren Königszeit; e) Wasserversorgung und Kanalisation. 3. Bevölkerung. 4. Städtenamen. 5. Soziale und politische Struktur. a) Gesellschafts- und Wirtschaftsleben; b) Verwaltung; c) Getreidespeicher; d) Königliche Bauten.

1. Gründung und Befestigung einer Stadt: Anders als die *kanaanäischen Städte waren die israelitischen Städte keine unabhängigen Staatswesen, sondern Teil eines größeren politischen Verbandes. In der *Richterzeit war dies der Stämmebund; später wurde es die Zentralregierung in Jerusalem und nach der Reichsteilung die beiden Hauptstädte (s. *Israel und Juda). Viele israelitische Städte wurden auf dem Gelände *kanaanäischer Städte erbaut; in diesen Fällen benutzten die Neuankömmlinge die vorhandenen Einrichtungen, soweit diese noch intakt waren oder repariert werden konnten. Solche Orte bekamen erst im Laufe der Zeit einen israelitischen Charakter (s. *Landnahme; *Stämme Israels). Viele andere wurden jedoch im unbevölkerten Bergland erbaut.

a) Wasserversorgung: Im unbevölkerten Bergland war die Schaffung einer verläßlichen Wasserversorgung das wichtigste Erfordernis. Diese Notwendigkeit führte zu der weitverbreiteten Benutzung verputzter Zisternen, die anscheinend zur Zeit der Seßhaftwerdung der Israeliten im Lande aufkamen. Das Vorhandensein von Wasser blieb, wie in der kanaanäischen Zeit, der ausschlaggebende Faktor bei der Wahl des Geländes für eine neue Stadt, während der Umfang der Wasserversorgung für die Entwicklung der Stadt entscheidend blieb. Die Anlagen in Megiddo zeigen, daß man sich schon in der kanaanäischen Zeit im Hinblick auf die Möglichkeit eines Angriffs auf die Stadt oder einer Belagerung um die Schaffung eines sicheren Zugangs zur Wasservorratsstelle bemühte. In *Lachis und *Jerusalem wurde das System der Schaffung unterirdischer Tunnel zur Versorgung der Zitadelle mit Wasser weiterentwickelt (für Einzelheiten s. *Wasserversorgung und unten 2 e).

b) Maueranlagen: Fanden die Israeliten die Befestigungen einer Stadt in gutem Zustand vor, so begnügten sie sich damit, sie instandzuhalten. Waren die Befestigungsanlagen zerstört oder handelte es sich um eine neue Siedlung, so errichteten die Israeliten ihr eigenes Verteidigungssystem. Wenn ein Platz keine natürliche Befestigung bot (z. B. einen Berghang), errichtete man einen dicken Erdwall und baute darauf die Mauer. Dies wird durch den Torweg von *Megiddo **(Abb. 467)** illustriert. In der vorköniglichen Zeit wurden Mauern aus ungebrannten Ziegeln auf einem Steinfundament errichtet. In der frühen Königszeit baute man Kasemattenmauern. Diese bestanden aus zwei parallelen Mauern, deren äußere dicker als die innere war und die durch eine Reihe von ca. 1,5–2 m langen Quermauern miteinander verbunden waren, was dem ganzen Gefüge das Aussehen einer Reihe von Räumen gab **(Abb. 755)**. Wurde die Stadt belagert, so füllte man diese Räume offenbar mit Erde, und sie waren dann eine starke Wehr gegen Sturmböcke und ähnliche »Belagerungsmaschinen«. Sie bildeten ferner eine die Stadt umkreisende innere Ringstraße, denn in mehreren palästinischen Städten wurden dicht an der Innenmauer längs dieser Straße Häuser errichtet (s. den verputzten Fußboden eines solchen Hauses in Gibeon, **Abb. 756**). Später stützten die Kasemattenmauern einer »königlichen« Stadt wie *Samaria, die Omri und Ahab von Israel errichteten (1 Kg 16, 24), massive Aufbauten **(Karte 35)**, Läden und einen Palast, von dem man auf einen gepflasterten Hof blickte. Die Mauern mit Strebepfeilern zu versehen, wurde anscheinend nicht versucht. In der Königszeit wurde das Befestigungssystem verbessert und eine andere, sehr beliebte Stadtmauer entwickelt, die aus einer festgefügten, »gebrochenen Linie« von wechselnden Vertiefungen und Vorsprüngen bestand. Dies bedeutete, daß Angreifer, die sich der Innenseite der Vertiefung näherten, den Verteidigern preisgegeben waren, die zu beiden Seiten auf den Vorsprüngen standen. In der frühen Zeit wurden derartige

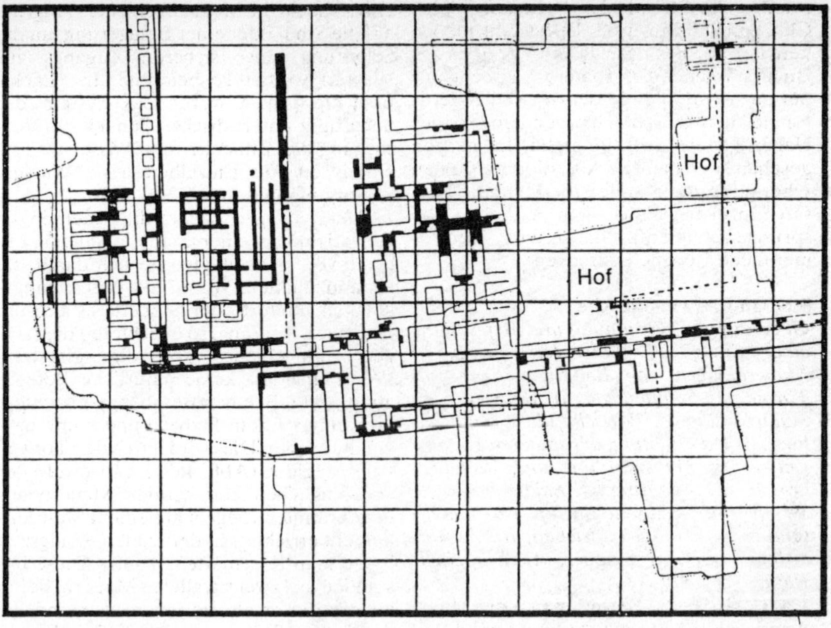

Karte 35. Plan des Palastes von Samaria

Mauern ohne Türme gebaut. Die Form wurde in *Megiddo zur Zeit der Dynastie Jehus benutzt. Vertiefungen in der von Salomo gebauten Mauer wurden auf der Innenseite blockiert und verstärkt, und die flankierenden Vorsprünge vergrößert, um als Fundament für einen Turm zu dienen. Dies ermöglichte eine wirksamere Verteidigung und ferner eine einfachere Konstruktion des massiven Tordurchganges.

c) Befestigte Tore: Das Tor war der Schlüssel zur Verteidigung einer Stadt und unter Umständen ihre schwächste Stelle. Nur sehr zögernd ging man daran, Mauern für Tordurchgänge einzureißen, und bedachte dann sehr sorgfältig ihre Lage. *Jerusalem hatte eine beachtliche Anzahl Tore, welche die Bibel alle mit Namen erwähnt, doch die meisten israelitischen Städte hatten nur zwei, eines für den Wagenverkehr und das andere, auf der gegenüberliegenden Seite, nur für Fußgänger. Beim Bau der zum Haupttor führenden Straße wurde nach Möglichkeit auf die Erfordernisse des Kriegsfalles wie des friedlichen zivilen Verkehrs geachtet. Wenn ein Heer zum Angriff vorging, trugen die Soldaten ihre Waffen in der rechten Hand und ihre Schilde in der linken. Ein Stadttor wurde demgemäß nach Möglichkeit so gebaut, daß jeder, der die Straße heraufkam, die Mauer und ihre Verteidiger zur ungeschützten Rechten (der sog. »Schwerthand«) hatte. Wo dies, wie in Megiddo, durch die Ortsbeschaffenheit unmöglich war, wurde zum Schutz des Stadteingangs ein zweites, äußeres Tor gebaut. Diese Bastion, die die Stadtzugänge bewachte, half, die spezifische Schwäche eines Systems auszugleichen und zu verhindern, daß feindliche, durch ihre Schilde geschützte Soldaten dicht an die Mauern herankommen konnten.

In der israelitischen Zeit waren Stadttore eingefügt in einen starken massiven Turm, durch den die Zugangsstraße führte, verengt durch zwei oder drei vorspringende Pfeiler in der Toröffnung, den sog. »Zangen«; daher nennt man sie auch Zangentore. Während der Nacht sowie in Kriegszeiten waren sie geschlossen. Die Tore selbst wurden durch zwei oder mehr Paare massiver Pfeiler gesichert, welche den Wachräumen, die sich zwischen ihnen befanden, ihre Gestalt gaben. Hinter der ersten Pfeilerreihe hing die Tür, die aus zwei gewaltigen Flügeln bestand, welche mit Bronzebeschlägen verstärkt waren. Sie bewegte sich durch einen mit dem Türflügel verbundenen Zapfen, der oben und unten

Abb. 755. Kasemattenmauern: zwei parallellaufende Mauern, die durch Quermauern verstärkt wurden

Abb. 756. Reste eines Wohnhauses an der Innenmauer (in Gibeon)

Abb. 757. Türschwelle eines Stadttores von Lachis

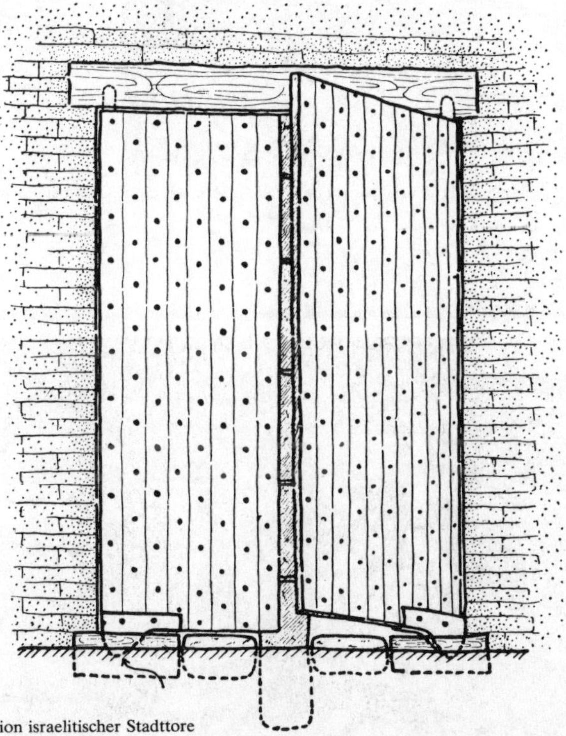

Abb. 758. Konstruktion israelitischer Stadttore

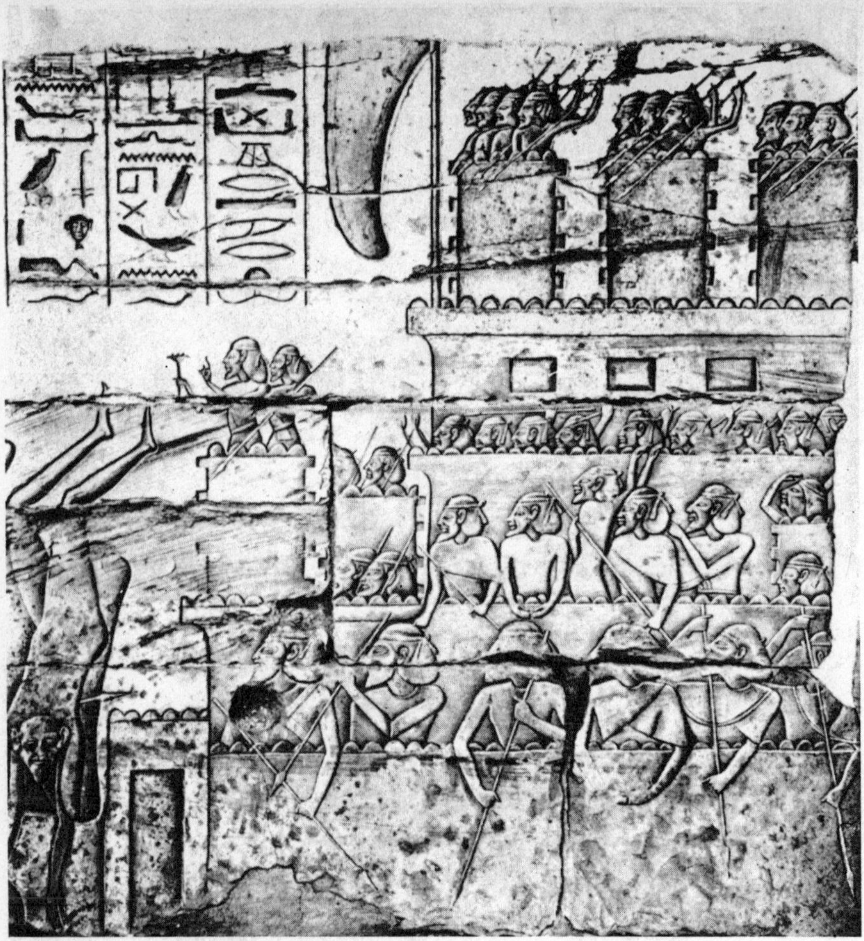

Abb. 759. Belagerung einer syrischen Stadt (ägyptisches Relief)

Abb. 760. Bronzezapfen in ausgeschliffenem Türsockel

Abb. 761. Israelitische Mauern aus roh behauenen Steinen

Abb. 762. Vorratsraum im Erdgeschoß eines israelitischen Hauses mit Krügen zur Aufbewahrung von Öl und Getreide

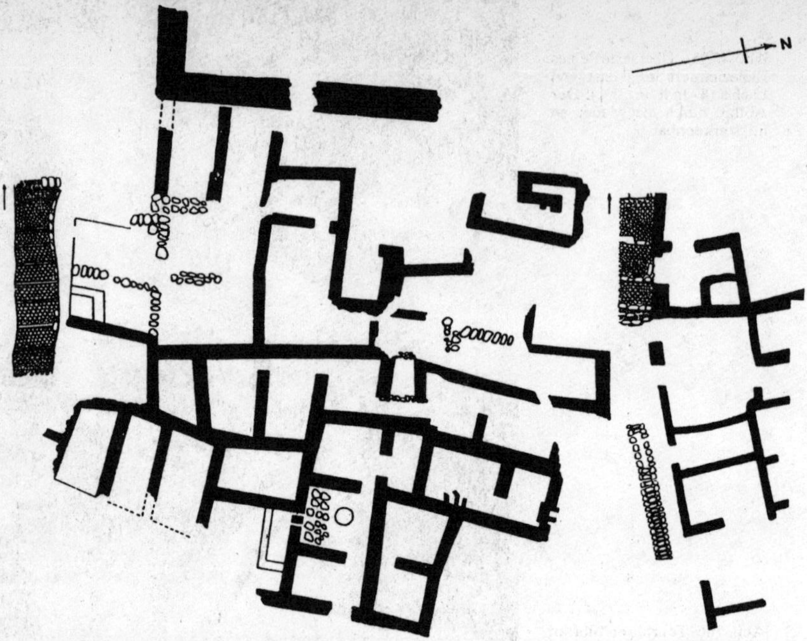

Abb. 763. Detail des Stadtplanes von Jericho

Abb. 764. Stadtanlage von Thirza *(tell el-fār'a)*

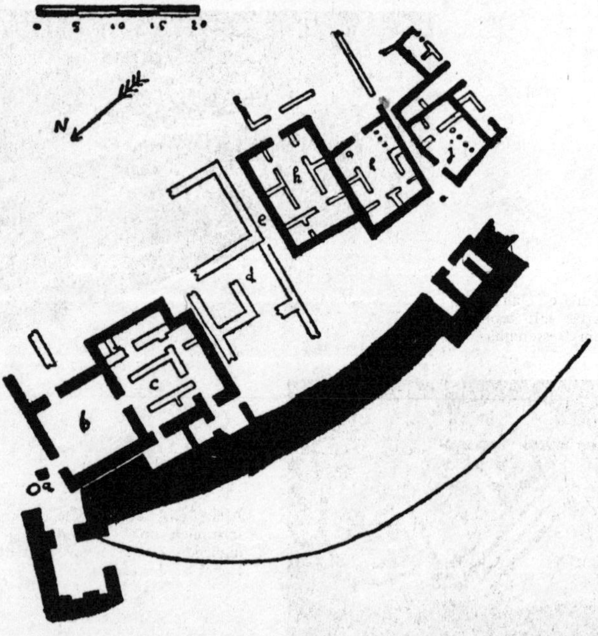

Abb. 765. Überreste eines Badezimmers im Palast von Lachis (8. Jhdt. v. Chr.). Der Abfluß durch die Mauer ist links erkennbar

Abb. 766. Tonröhren führten Abwässer und Fäkalien in eine Sickergrube, die in gewissen Zeitabständen von Sklaven gereinigt wurde

Abb. 767. Die äußere Umfassungsmauer Samarias mit typischem israelitischem Bossenmauerwerk

Abb. 768. Säulenkapitell, wahrscheinlich von der Fassade der königlichen Zitadelle von Ramath-Rahel bei Jerusalem

hervorragte. Oben wurde er von einem Angelband gehalten, unten ging er in einen Drehzapfen über, der sich in dem passend ausgehöhlten steinernen Türsockel bewegte (**Abb. 757** die Türschwelle eines Tores von Lachis). Die Reibung zwischen dem Drehzapfen und dem Sockel nutzte natürlich den Stein ab; so ging man, wie das Beispiel in Jaffa zeigt, daran, die Türsockel dadurch zu schützen, daß man die Drehzapfen mit Bronzeüberzügen verkleidete (**Abb. 758** der Sockel ist angedeutet durch gestrichelte Linien).

Die Sockel von Stadttoren und von Toren anderer bedeutender Gebäude mußten häufig erneuert werden. Deshalb hat man in israelitischen Städten auch viel mehr gebrauchte Türsockel als Stadttore ausgegraben. Einige der Sockelsteine wurden auch noch in späteren Bauten verwendet.

d) Türme: Der Torweg war für gewöhnlich überdies durch Türme geschützt. Sie wurden entweder über dem Toreingang errichtet, wie in Megiddo **(Abb. 467),** oder sie ragten vor, wie in Hazor. Eine Rampe oder Stiege führte vom Fuß der Anhöhe oder vom Grund des Erdfundaments, auf dem er stand, zum Turm hinauf. Die Turmspitze wies zuweilen ein Bollwerk auf, wie das hier wiedergegebene ägyptische Relief deutlich macht, das Ramses III. beim Angriff auf eine syrische Stadt zeigt **(Abb. 759).** Obschon in der Spätbronzezeit selten, wurden solche Vorrichtungen später allgemein. Zur Verteidigung und Überwachung der Stadt und ihrer Umgebung wurden oft in einiger Entfernung vom Tor an strategischen Punkten weitere Türme errichtet.

Die Hyksos schützten ihre Städte außerdem noch durch einen künstlichen Abgang (Glacis; **Abb. 306**) mit einem Graben am unteren Ende. Dieses System blieb in einigen israelitischen Städten, wie zum Beispiel Gath, erhalten.

2. Stadtanlage: *a) Bauweise:* Mauern und größere Gebäude wurden in den israelitischen Städten aus behauenen Steinen **(Abb. 761)** errichtet, die häufig schlechter als die der vorangegangenen kanaanäischen Bauten waren. Für den Hausbau wurden entweder gewöhnliche Feldsteine oder größere, roh behauene, mit viel Kalkmörtel zusammengehaltene Quader oder auch sorgfältig bearbeitete, behauene Quadersteine verwandt. Eine typische israelitische Mauer bestand aus einer Mischung von behauenen, geglätteten und unbehauenen Steinen; die geglätteten Steine wurden für Ecken benutzt (Ecksteine) und als Binder und Läufer in regelmäßigen Abständen; in Mörtel gebettete, roh behauene Steine füllten die Zwischenräume aus. Es war dies eine schnelle und billige Bauweise. Wie erwähnt, wiesen die Stadtmauern oben möglicherweise hölzerne Palisaden auf.

b) Stadtplanung: In den frühesten israelitischen Städten (Eisen I., 12. bis Mitte 10. Jhdt. v. Chr.) waren Straßen nahezu unbekannt. Obwohl die Kanaanäer-Städte Straßen und Abwässerkanäle hatten, verschwanden diese. Statt dessen wurde die Stadt zu einer mehr vom Zufall bestimmten Gruppierung von Familieneinheiten, *bēt-āb* oder Vaters-Haus. Jede von ihnen war eine Ansammlung von Wohnstätten, die um einen Innenhof herum gebaut waren. Dieser wurde für alle Küchenarbeiten, wie z. B. das Zubereiten und Kochen der Speisen, benutzt. Im Erdgeschoß war er von Werkstätten und Vorratsräumen umgeben, in denen sich zum Beispiel die zur Aufbewahrung von Öl und Korn dienenden großen Krüge **(Abb. 762)** befanden (s. *Töpferei), während das Obergeschoß der Familie im Winter als Schlafstätte, vier bis sechs Personen je Raum, diente. Im Sommer schlief man auf den kühlen Flachdächern. Diese Bauweise wurde anscheinend entwickelt, weil es im Land an langen, geraden Balken mangelte. Nutzholzbäume wie Pinie und Zypresse wurden meistens während des Aufschwungs der Hausbautätigkeit in der ersten Periode der Eisenzeit verwendet, als man in ganz Palästina zur Seßhaftigkeit überging und aus Dörfern Städte wurden.

Aus Nachbarländern wurde kein Holz importiert, ausgenommen für von den Königen (zum Beispiel *David und Salomo) errichtete öffentliche Gebäude. In den Bergregionen deutet manches darauf hin, daß man im 10. Jhdt. Mandelbäume zu Bauzwecken verwandte. Da Hausruinen dieser Zeit bei der Ausgrabung selten noch die oberen Mauerpartien und die Dächer aufweisen, ist man hinsichtlich des Aussehens der oberen Teile dieser Wohnstätten ziemlich im ungewissen.

Kanaanäische Notabeln bauten sich stabile Häuser **(Abb. 761);** ihre Dächer wurden durch die Steinpfeiler in der Mitte abgestützt.

Die Räume waren in den unteren Geschossen verputzt, mittelgroß (16–25 qm) und im allgemeinen quadratisch. Ein Haus diente für gewöhnlich einer ganzen Familie als Wohnung, von den Großeltern bis zu den Enkeln. Die begrenzte Anzahl von

Räumen in jeder Wohnstätte legt die Vermutung nahe, daß diese ein bis zwei Dutzend Menschen beherbergten. In einem der Räume im Erdgeschoß war meistens das Vieh untergebracht, während die Vorräte häufig in den Wohnräumen aufbewahrt wurden.

Die Häuser wurden wahrscheinlich entsprechend den Gruppierungen verschiedener Familien angeordnet, wobei dem *bēt-āb* für den ganzen Klan der beste oder auffälligste Standort vorbehalten blieb; ein ländliches Gefüge wurde allmählich in städtische Verhältnisse verpflanzt. Eine Anordnung war dadurch charakterisiert, daß eine Ansammlung von auf Säulen errichteten Räumen oder Hütten den Haupthof umgab. Daneben gab es andere, bescheidenere Wohnstätten, wie die hier wiedergegebenen Räume und Häusergruppen in Megiddo **(Abb. 467).** Derartige Häuser waren anscheinend zahlreicher. Ein Privatpfad verband das »große Haus« mit seinen kleineren Nebenhäusern, während jede Häusergruppe von der nächsten durch eine Gasse getrennt war. Der einzige Verbindungsweg durch die Stadt führte diese Gassen entlang oder, was wahrscheinlicher ist, über die Höfe. Auf strenge Abgeschlossenheit innerhalb der Familie konnte man in einer Stadt dieser Zeit nicht rechnen.

Die Anlage befestigter Städte dieser Zeit wiederholt sich oft. Drinnen und in geringer Entfernung von den Mauern befand sich die Ringstraße mit Häusern; die Lücke zwischen ihnen und der Mauer diente als Vorratsspeicher. Innerhalb dieses Rahmens folgte das Stadtzentrum keinem erkennbaren Plan, sondern war ein eng aneinandergebautes Labyrinth von verwinkelten Sträßchen und Wohnstätten. Das allgemeine Bild wird in der Stadtanlage von Megiddo und Jericho **(Abb. 763),** die keinerlei Plan erkennen läßt, sichtbar; ebenso in der von Thirza (*tell el-fār'a;* **Abb. 764**) in der zweiten Periode der Eisenzeit, die einige Gassen und Straßen zeigt.

Solange Familie und Clan die Grundeinheiten der hebräischen Gesellschaft blieben, war eine solche Stadtbildung zweckmäßig. Während des 12., 11. und 10. Jhdts. v. Chr. lockerten sich die Stammesbande jedoch, und eine Zentralregierung trat an ihre Stelle. Die Städte und ihre Organisation erhielten einen neuen Status, der sich in ihren Plänen widerspiegelt, die nunmehr öffentliche Gebäude und enge Straßen aufwiesen.

c) Wirtschaftliche Entwicklung: Die Ablösung des Stämmesystems war von wirtschaftlichen Entwicklungen innerhalb der Städte begleitet. In dem Maße, wie ihre Bevölkerung zunahm, wuchs ihr Wohlstand und weckte neue Bedürfnisse. Die Zahl der in nichtlandwirtschaftlichen Berufen tätigen Einwohner stieg an. Die Geschäfte in den Erdgeschossen der Häuser erzeugten und verkauften eine Reihe von Produkten, und Handwerker jeglicher Art tauchten allmählich in den Städten auf. Die einzelnen Handwerke und Industriezweige etablierten sich in bestimmten Vierteln, und unter den Arbeitern entwickelte sich eine Solidarität, die an die Zünfte einer späteren Zeit gemahnt. Dies stärkte gleichfalls die Bande, die die verschiedenen Einwohner einer Stadt miteinander verknüpften, lockerte die alten Stammesbindungen und begünstigte eine Interessengemeinschaft, die eine Stadt sogar verlocken konnte, eine von der Zentrale unabhängige eigene Außenpolitik zu versuchen oder sich gänzlich von ihr zu lösen. Im frühesten Stadium der Urbanisierung, während der Richterzeit, stand eine die Herrschaft ausübende Nationalregierung noch nicht zur Diskussion. Später war die von Jerobeam I. herbeigeführte Trennung Israels von Juda sowohl eine ökonomische als auch eine politische (s. *Israel und Juda 1 und 2). Gleichermaßen wurden die Städte östlich des Jordan am Beginn der Königszeit vollständig von ihrer eigenen begüterten Schicht gelenkt, die weit weg von Jerusalem herrschte. Die Sezession der *Samaritaner war ebenfalls die Folge nicht nur religiöser, sondern auch politischer und sozialer Faktoren.

d) Das Stadtbild der späteren Königszeit (II. Eisenzeit; Mitte 10.–6. Jhdt. v. Chr.): Auf die Verheerungen und Zerstörungen der Kriege des 9. und 8. Jahrhunderts v. Chr. (s. *Israel und Juda 2) folgte die glückliche Periode der Regierung Jerobeams II. im Nordreich und Usias und Asarjas in Juda. Die in dieser Zeit gebauten Städte zeigen eine für die zweite Eisenzeit charakteristische Struktur. Straßen tauchen wieder auf. Zuweilen folgen sie einem wohlerwogenen Plan, wie in Thirza (*tell el-fār'a,* **Abb. 764**), zuweilen der natürlichen Linie des Berges, wie in Debir *(tell bēt mirsim).* In Megiddo, Debir und anderwärts hat man auch Abwasserkanäle aufgedeckt. In der Nähe des Haupttors wurde häufig ein Statthalterpalast oder zentrales Verwaltungsgebäude errichtet, wie in Megiddo **(Abb. 467)** und Mizpa. Auf die breite Masse der Bevölkerung dürften sich diese

Neuerungen kaum ausgewirkt haben. Selbst in den »modernsten« Städten jener Zeit waren Gruppen von Gebäuden nach wie vor entsprechend der ursprünglichen einheimischen Tradition durch Gassen voneinander getrennt.

Die regelrechte Planung von Straßen und Häusern auf systematischer Grundlage setzte erst in der hellenistischen Zeit ein, als die unabhängige Verwaltung und Politik jeder Stadt ihren Höhepunkt erreichte (s. *Hellenistische Städte).

e) Wasserversorgung und Kanalisation: Mit Wasser wurden die Städte durch in Zisternen unter den Häusern gespeichertes Regenwasser (s. *Wasserversorgung) sowie durch öffentliche, innerhalb der Stadtgrenzen befindliche Quellen und Brunnen versorgt, von denen man täglich in Krügen und Tontöpfen Wasser holte (s. *Töpferei).

Des Kloakenwassers aus kombinierten Wasch- und Klosettanlagen, mit denen zur Hauptsache die Häuser der oberen Schichten versehen waren, entledigte man sich mittels Abzugskanälen und Rohren aus Ton und Stein, wie sie in den Fundamenten kanaanäischer und israelitischer Städte gefunden wurden. Die sanitären Einrichtungen – Badewannen und Hockklosette orientalischen Stils – dürften ganz ähnlich wie die Überreste des Badezimmers **(Abb. 765)** im Palast von Lachis (8. Jhdt. v. Chr.) ausgesehen haben. Unten lief ein Kanalisationsrohr durch die Mauer, an das an der anderen Seite ein Wasserklosett angeschlossen war (s. die parallelen Steine in der Mitte). In eine große Wanne kam kaltes Wasser, in die kleine heißes. Nach dem Bade konnte man das Wasser durch Tonrohre in einen Abzugskanal oder eine Senkgrube leiten. Der Abtritt wurde mit einem Wasserkrug ausgespült und mündete direkt in die Kloake. Kloaken und Rohre wurden von Zeit zu Zeit von Sklaven gereinigt **(Abb. 766).**

3. Bevölkerung: Die Einwohnerzahlen der israelitischen Städte lassen sich nur sehr schwer abschätzen. Jerusalem hatte zur Zeit Salomos ca. 10 000 Einwohner, in der späteren Königszeit aber offenbar doppelt soviel. *Megiddo mag etwa 5000 bis 6000 Einwohner gezählt haben, *Lachis 6000–7500, Debir *(tell bēt mirsim)* 2000–3000, Sichem ca. 5000. Nach der Wiederherstellung Palästinas in der hellenistischen Zeit nahmen die Städte an Ausdehnung und Bevölkerungszahl beträchtlich zu. Beispielsweise weiß man, daß das philistäische Askalon in der ersten Eisenzeit ca. 6000 Einwohner zählte, in der Römerzeit dagegen achtmal soviel. Jerusalem soll in der Römerzeit 120 000 Einwohner gehabt haben, wenngleich diese Zahl nicht sicher ist.

4. Städtenamen: Viele israelitische Städte behielten ihre kanaanäischen Namen – woraus erhellt, daß einige der ursprünglichen Einwohner blieben und ihn weitergaben. Lange vor der Landnahme verfaßte ägyptische Quellen haben die Namen vieler israelitischer Städte bestätigt. Andere Städtenamen wurden nach der Landnahme jedoch geändert. Das berühmteste Beispiel ist das kanaanäische Lais, das zu Dan wurde (Ri 18, 29).

Andere Städte wurden nach der Eroberung durch israelitische Könige umbenannt. Laut 2 Kg 14, 7 gab Amazja der Stadt Sela-Edom (Petra), nachdem er sie erobert, den Namen Joktheel.

Das in die Tempelwand in Karnak (s. *Ägypten und seine Beziehung zu Israel) eingehauene Verzeichnis der Eroberungen des Pharao Schoschenk enthält einen merkwürdigen Namen für eine Stadt der Zeit Salomos: *Jad-Hammælæk* (= Denkmal oder Stele des Königs). Anscheinend lag sie irgendwo in der Gegend von Megiddo; ihre genaue Lage ist nicht bekannt. Der Name deutet jedoch darauf hin, daß der König vom allerfrühesten Stadium der Königszeit an auf das Leben der Städte im allgemeinen, nicht nur auf seine Residenzstadt, Einfluß nahm (s. auch *Kanaanäische und *Hellenistische Städte).

5. Soziale und politische Struktur: *a) Gesellschafts- und Wirtschaftsleben:* Das Leben einer Stadt wurde damals – wie heute – von vielerlei Faktoren beeinflußt. War sie ein Wallfahrtsort oder ein Handelszentrum an einem der Hauptverkehrswege (s. *Straßen, Beförderungsmittel, Handelswege), so wurde ihre Entwicklung durch den daraus resultierenden Wohlstand sehr gefördert. Grenzstädte besaßen starke Befestigungen und Garnisonen; das Kommandantenhaus bildete dort eins der Zentren des städtischen Lebens. Hafenstädte spielten ebenfalls eine besondere Rolle (s. *Schiffahrt, *Handel). Einige andere Städte bildeten Mittelpunkte für eine bestimmte Tätigkeit, wie die in der Bibel erwähnten »Vorratsstädte« (s. *Ackerbau und Viehzucht und unten). Auf den königlichen Stempeln auf den bei Ausgrabungen gefundenen Henkeln von Vorratskrügen wurden die Namen von vier judäischen Städten entdeckt: Hebron, Soko, Siph und Mamschit. Sie deuten darauf hin, daß diese

Städte eine besondere Aufgabe hatten oder besonderes Ansehen genossen, über das die gegenwärtig verfügbaren Zeugnisse keinen Aufschluß geben (s. *Siegel).
Das Gesellschafts- und Wirtschaftsleben der Stadt spielte sich hauptsächlich am Tor ab. In Friedenszeiten war es weit mehr als bloß Stadteingang. Dort oder ganz in der Nähe war der Markt, wo Händler von auswärts ihre Waren feilbieten und Lebensmittel kaufen konnten. Dorthin kamen die Bürger, um ebenfalls zu kaufen und zu verkaufen, um sich zu treffen und miteinander zu schwatzen (s. *Verfassung, Verwaltung und Staatsformen 1 b/3).
Sicherheit und Stabilität im Inneren beschleunigten die Entwicklung der Städte, die wiederum neue Probleme aufwarf. Aufstieg und wachsende Macht einer Kaufmannsschicht (s. *Handel) schufen die Möglichkeit von Klassenkämpfen zwischen ihren Angehörigen und den ärmeren Einwohnern oder der Priesterschaft des Stadttempels, deren Stand sich ebenfalls hob. Von den derart geschaffenen Spannungen spricht der Prophet *Amos. Sie riefen auch stadtfeindliche Bewegungen wie die der Rechabiter ins Leben. K. Kenyon berichtet, die in das 8. Jhdt. v. Chr. datierte Schicht von Thirza *(tell el-fār'a)* zeigt »eine Gruppe vortrefflicher Privathäuser ... mit einem an drei Seiten von Wohnräumen umgebenen Hof; eine lange, gerade Mauer trennt sie von einem Viertel, in dem kleinere Häuser eng aneinandergebaut sind. Dieses Zeugnis für soziale Ungleichheit spiegelt die Anklagen, welche die Propheten gegen die Reichen wegen ihrer Unterdrückung der Armen schleuderten, wider« (s. oben 2 b).
b) Verwaltung: Die Stadt wurde von Ältesten regiert, die wiederum dem König Gehorsam schuldeten. Mit der Wahrung der königlichen Interessen, insbesondere mit der Überwachung der Steuereintreibung, wurde für gewöhnlich ein Statthalter beauftragt. Ein gutes Beispiel für dieses System ist König Salomos Verwaltung (s. *Verfassung, Verwaltung und Staatsformen; *Steuern). In vielen Städten hat man den Palast des Provinz-Statthalters gefunden, für gewöhnlich ein großes Gebäude mit vielen Räumen, in dem nicht nur der Statthalter und sein Gefolge untergebracht waren, sondern auch die städtische Garnison. In anderen Fällen lagen die Soldaten in der Nähe in Garnison, wie aus der Nachbildung der Stadt Megiddo **(Abb. 467)** ersichtlich wird. In der »königlichen Stadt«, wo der König selbst den Palast bewohnte, verhielt es sich ähnlich. Beispiele dafür fand man in Samaria, Jerusalem und in anderen Städten, die als königliche Residenzen dienten. Besonders gut erhalten ist der Plan des durch Kasemattenmauern geschützten Palastes von Samaria **(Karte 35).** In seinen Ruinen wurden die berühmten Elfenbeinschnitzereien von *Samaria gefunden.
Selbst als sich in wachsendem Maße andere Beschäftigungsmöglichkeiten boten, lebte die breite Masse der Bevölkerung weiterhin von ihrer Arbeit auf den Feldern, die sich um die Stadt herum ausbreiteten. Auch lebten viele Bauern außerhalb der Stadtmauern und begaben sich in ihren Schutz nur, wenn Gefahr im Verzug war. Im Distrikt gab es ferner »Tochterstädte« und kleine, unbefestigte Dörfer, die von der Stadt abhängig waren und von ihr kontrolliert wurden.
Die Steuereinziehung war dementsprechend oft eine recht komplizierte Angelegenheit, und es mußten zur Entgegennahme der von der Bevölkerung entrichteten Naturalien Vorratshäuser und -silos geschaffen werden.
c) Getreidespeicher: Überreste solcher Lagerhäuser wurden in *Jericho, *Gezer, *Meggido, *Beth-Semes, *Beth-Sean, *tell qasile* und in anderen Städten gefunden; in einigen fand man sogar noch Getreidespuren. Diese Speicher datieren zumeist aus der mittleren und späteren Bronzezeit (17.–14. Jhdt. v. Chr.) und waren aus dem weichen Felsen gehauen, auf dem die Stadt stand. Ihr oberer Teil dürfte die Form eines Bienenkorbs gehabt haben, doch ist der kuppelartige Aufbau in keinem Fall erhalten. Ihre Ausmaße variierten naturgemäß. Die besterhaltenen wiesen einen Durchmesser von 4–11 m auf, waren 3,75–7 m tief und faßten 40–450 m^3. Gewöhnlich wurden sie auf einem Steinfundament errichtet und hatten einen Ziegelfußboden. Sehr oft war der Getreidespeicher ein Teil der Verteidigungsanlagen der Stadt und diente dem Bedarf der örtlichen Garnison. Eins der besten Beispiele ist der in Megiddo aufgedeckte; er hat zwei Treppen; die eine diente jenen, die mit Lasten nach oben, und die andere denen, die nach unten stiegen.
d) Königliche Bauten: Von den königlichen Gebäuden Davids und Salomos in »Davids Stadt« ist nichts erhalten geblieben. Die besten Zeugnisse kommen aus Samaria, wo der Palast und andere innerhalb kurzer Zeit von Omri und Ahab erbaute Residenzen (1 Kg 16, 24) auf der Akropolis freige-

legt worden sind. Sie wurden nach einem systematischen Plan (s. **Karte 35**) aus äußerst sorgfältig gemeißelten Steinen **(Abb. 767)** auf guten Fundamenten und mit fast ganz rechtwinklig zueinander stehenden Mauern errichtet. Eine ähnliche Technik hat man in Ugarit (13. Jhdt. v. Chr.; – s. *Kanaanäische Kultur und Ugarit) beobachtet; sie bestätigt anscheinend, daß die Könige von Israel, von David bis Ahab und auch danach, phönikische Baufachleute und Steinmetzen aus Tyrus zuzogen oder deren Technik entlehnten. Mag sein, daß man sich eine Zeitlang während der Regierungszeit Jehus und seiner Dynastie (s. *Israel und Juda 2) dem phönikischen Einfluß widersetzte, doch erhellt aus anderen Entdeckungen, daß er nach Salomos Zeit tief in Juda eindrang.
Samarias königliche Gebäude schlossen die in der »Königsstadt«, der Hauptstadt, gebauten ein, sowie mehrere Getreidespeicher (s. o.), königliche Stallungen wie die von Megiddo und Befestigungsanlagen und Tore. Eine in die Regierungszeit Jojakims (609–598 v. Chr.) zu datierende königliche Zitadelle wurde in Ramath-Rahel bei Jerusalem ausgegraben; dieses Gebiet war seit dem 8. Jhdt. v. Chr. Erbbesitz der Könige von Juda. Die dekorative Fensterbrüstung und die protoäolischen Kapitelle **(Abb. 768),** die wahrscheinlich die Fassade dieses Gebäudes schmückten, deuten auf die Pracht, die es ursprünglich ausstrahlte. Es bewog Jeremia zu einer leidenschaftlichen Verdammung (Jer 22, 13 ff), bleibt aber ein treffliches Zeugnis einheimischer Leistungen auf dem Gebiet der Dekoration und Architektur in Israel lange vor der hellenistischen Zeit (s. *Samaritaner; *Herodes I. der Große; *Synagoge).
Die Stallungen von Megiddo waren in Form eines Rechtecks mit zwei Reihen von Ställen zu beiden Seiten eines gepflasterten Mittelgangs gebaut. Jede Box hatte eine steinerne Krippe, die sich zwischen den beiden das Dach stützenden Pfeilern befand. Das Pferd wurde durch ein Loch in der Kante des Pfeilers angebunden (**Abb. 537**; s. *Megiddo; *David und Salomo 3 b/1; *Waffen und militärische Rüstung).

Stämme Israels

Gliederung: 1. Der Stamm im alten Orient. 2. Die zwölf Stämme Israels. 3. Zusammenhalt und Organisation der israelitischen Stämme. 4. Die geographische Aufteilung der Stammesgebiete. a) Juda-Simeon und Benjamin; b) Haus Joseph; c) Nördliche Stämme; d) Gad und Ruben.

1. Der Stamm im alten Orient: Der Stamm ist im alten Orient eine Gruppierung von Familien, die durch gemeinsame Abstammung blutsmäßig untereinander verbunden sind oder sich freiwillig zusammenschließen. Die Vorgeschichte des Stammes wird in Genealogien dargestellt, von denen auch die Bibel zahlreiche Beispiele enthält. Ausgangspunkt ist der Stammvater, auf den sich der Überlieferung nach der ganze Stamm zurückführt und der dem Stamm den Namen gibt.
Bei den politischen Verhältnissen im Vorderen Orient fühlten sich häufig Volksgruppen, die in der gleichen Gegend wohnten, vor allem aus Gründen der gegenseitigen Sicherung und Verteidigung zu einer Vereinigung gedrängt. Ist eine Gruppe bedeutend schwächer als die anderen, so wird sie häufig vom stärkeren Nachbarn aufgesogen. In der Folge schaffte das Zusammenleben der verschiedenen Großfamilien in einigen Generationen gemeinsame Überlieferungen und erscheint nach und nach als regelrecht verwandtschaftliches Verhältnis. Gleichzeitig macht der gemeinsame Landbesitz die Gruppen zu geographischen und politischen Einheiten. Derartige Zusammenschlüsse waren in der Frühgeschichte hebräischer Stämme häufig.
Der Stamm ist die jeweils größte politische Einheit. Er untergliedert sich in Geschlechter oder Sippen, diese wiederum in Großfamilien. An der Spitze des Stammes steht das Stammesoberhaupt, dessen Autorität mehr moralischer Art ist und abhängig von der jeweiligen Person ihres Trägers. Auf Grund ihrer Eigenständigkeit dulden die Stämme keine nationale Zentralgewalt. Auch Israel machte erst im Verlauf der harten Auseinandersetzung mit den neuen Nachbarvölkern nach seiner Landnahme den ersten Versuch zur Errichtung eines Königtums.

2. Die zwölf Stämme Israels: Nach der Überlieferung des Alten Testaments besaß Israel die Verfassung eines Zwölf-Stämme- Verbandes. Die 12 Stämme werden zurückgeführt auf die 12 Söhne Jakobs, die dieser von seinen Frauen Lea und Rahel und deren Sklavinnen Bilha und Silpa erhielt (Gen 35, 22–26 u. ö.):

Lea-Söhne:	Rahel-Söhne:
Ruben	Joseph
Simeon	(Ephraim,
Levi	Manasse)
Juda	Benjamin
Isachar	
Sebulon	

Bilha-Söhne:	Silpa-Söhne:
Dan	Gad
Naphthali	Asser

Dieses Schema zeigt ungleiche Verwandtschaftsverhältnisse, in denen sich wohl frühe geschichtliche Erfahrungen widerspiegeln. Die realen politischen Verhältnisse nach der Landnahme geben dazu keine Entsprechung. Hier sind im Prinzip alle Stämme gleich. Wenn auch z. B. Juda und Joseph durch ihre bevorzugte Gebietslage schon bald eine Vorrangstellung einnehmen, so stellen doch auch die illegitimen Stämme (Dan, Naphthali) Führer für Gesamtisrael.

Die heutige Forschung (Noth, Bright u. a.) nimmt an, dieses Stämmesystem sei erst nach der Zeit des *Auszugs aus Ägypten Wirklichkeit geworden. Vor dem Auszug werden die einzelnen Stämme nicht erwähnt, vielmehr erscheinen die Hebräer als »wüster Haufe« ohne Zucht und Ordnung. Die Schilderung einer organisierten Stämmegemeinschaft in Num 1, 4 erfolgt ohne jede Vorbereitung.

Doch setzt das Debora-Lied (Ri 5) bereits im 12. Jhdt. das Stammessystem in Israel voraus. Die zeitgeschichtlichen Verhältnisse in Palästina legen nahe, daß es sich dabei zunächst noch um recht wandelbare Größen handelt. So haben die Stämme beim Einzug in Palästina große Teile der semitischen Urbevölkerung in sich aufgenommen. Erst nach der *Landnahme scheinen sich die einzelnen Stämme endgültig gegeneinander abgegrenzt und zu einem System, einer Amphiktyonie, zusammengeschlossen zu haben (Jos 24).

Die Zwölfzahl der Stämme war unantastbar. Seit Gen 49 wird sie nicht mehr geändert, obwohl die einzelnen Stammesnamen bei Aufzählungen vielfach wechseln. Der Stamm Levi verschwindet als weltlicher Stamm, Simeon geht in Juda auf, Joseph zerfällt in Ephraim und Manasse, in Ri 5 und 11 wird ein »Stamm Gilead« erwähnt, schließlich wird ein tatsächlich existierender Stamm Kaleb im Süden des Landes niemals offiziell aufgeführt.

Das Vorkommen der Zwölfzahl auch bei anderen Bundsystemen, wie beim Delphischen Bund und der Etruskischen Liga, aber auch bei den zwölf aramäischen (Gen 22), zwölf ismaelitischen (Gen 25) und zwölf edomitischen Stämmen (Gen 36) zeigt, daß sie nicht zufällig gewählt ist. Sie dürfte bedingt sein durch den wechselnden monatlichen Dienst jedes Stammes am gemeinsamen Heiligtum.

3. Zusammenhalt und Organisation der israelitischen Stämme: Die Einheit der Zwölf-Stämme-Amphiktyonie Israels beruhte nicht auf blutsmäßigen oder nationalen Bindungen, sondern auf dem Bund mit Jahwe als dem gemeinsamen Gott der zwölf Stämme.

Mittelpunkt dieses Bundes war das Heiligtum mit der Bundeslade, das sich in Silo befand (Jos 18, 1; Ri 18, 31; 1 Sam 1, 3 u.ö.). An Festtagen versammelten sich hier die Stämme Israels zur Bundeserneuerung und zur Klärung gemeinsamer rechtlicher oder politischer Angelegenheiten.

Den Dienst am Heiligtum versah ein organisierter Klerus, ohne daß im frühen Israel die Priester alle bestimmter Abstammung sein mußten (s. *Priester und Leviten). Erst später wurde dafür die Herkunft aus dem Stamm Levi gefordert. Die Priester unterwiesen im Bundesgesetz, das in seinem Ursprung sicher bis zum Bundesschluß zurückgeht, versahen den Opferdienst und wurden zu schwierigen Rechtsfällen hinzugezogen.

Die Stämme Israels hatten weder eine Zentralregierung noch eine gemeinsame Hauptstadt, selbst das Zentralheiligtum scheint seinen Standort gewechselt zu haben. Jeder Stamm lebte für sich. Die höchste Stammesautorität war der Stammesälteste, er nahm auch die Rechtsprechung vor.

In politischen Notzeiten übernahm ein *»Richter«, ein charismatisch begabter Führer, die Führung der Gesamtstämme gegen den Feind. Jeder Stamm war verpflichtet, sich am gemeinsamen Aufgebot zu beteiligen. Nach Beseitigung der Bedrohung kehrten die Stämme zur normalen Verfassung zurück. Weil der Richter vom »Geist des Herrn« berufen und geführt wurde (Ri 3, 10; 14, 6), wurden alle kriegerischen Erfolge allein Jahwes Macht zugeschrieben und an den großen Festen kultisch gefeiert. Nach J. Bright gehen die Anfänge dieser Amphiktyonie bis zum Sinai zurück. Hier wurde sie als sakraler Bund unter Jahwes Herrschaft gegründet.

4. Die geographische Aufteilung der Stammesgebiete: *a) Juda-Simeon und Benjamin:* Bei der Landnahme siedelte nach den biblischen Quellen der Stamm Juda auf dem westjordanischen Gebirge südlich von Jerusalem. Sein Zentrum lag in Bethlehem. Die Grenzangaben des Josuabuches (15, 1–12) umschreiben Juda in der größten Ausdehnung seiner Geschichte, wohl zur Zeit der Reichsteilung. Zu diesem Groß-Juda zählen auch der Rest des Stammes Si-

meon, der Stamm Kaleb (Zentrum: Hebron), die Keniter und die Othnieliter (Zentrum: Debir) im Negeb, im Gebirge die Kenizziter, im Niederland die Kanaanäer.
Der Stamm Simeon dagegen hat ursprünglich wie auch der Stamm Levi im mittelpalästinischen Bergland um Sichem gesessen (Gen 34), konnte sich aber vermutlich gegen den kanaanäischen Druck nicht behaupten. Während sich von Levi jede Spur verloren hat, wich Simeon in den äußersten Süden aus, wo er im Stamme Juda aufgeht. Nur 1 Chr 4, 42 f wird noch ein eigenes Unternehmen des Stammes Simeon zu Hiskias Zeit berichtet.
Nördlich von Jerusalem setzte sich der Stamm Benjamin fest (Jos 18, 11 ff). So klein sein Stammesgebiet auch war, es umfaßte doch bedeutende Städte wie Jericho, Bethel und das frühe Jerusalem.
b) Haus Joseph: In Mittelpalästina, zwischen Galiläa und den Südstämmen, waren die Stämme Ephraim und Manasse aus dem »Haus Joseph« eingerückt (Jos 17, 1–6). Sie scheinen, wie auch Benjamin, einer späteren Einwanderungswelle angehört und das nach dem Verschwinden von Simeon und Levi entstandene Vakuum aufgefüllt zu haben. Nach Num 32, 33 und Dt 3, 13–15 hat allerdings die eine Hälfte des Stammes Manasse zunächst im Ostjordanland gesiedelt. Heute nimmt man dazu an, daß nach der ursprünglichen Seßhaftwerdung im Westjordanland einige Geschlechter nachträglich nach Osten auswanderten, um sich neue Gebiete zu suchen.
c) Nördliche Stämme: Am Südrand des Galiläischen Gebirges haben sich nach Jos 19, 10–23 die Stämme Sebulon und Isachar niedergelassen. Das Gebiet Sebulons war klein, aber fruchtbar. Hier führten die wichtigsten Straßen vom Ostjordanland zum Mittelmeer entlang. Isachar dagegen wohnte zwischen der Jesreel-Ebene und dem Jordan; die Grenze im Westen war der Berg Tabor. Am Ostrand des Galiläischen Gebirges finden wir Naphthali (Jos 19, 32–39), westlich davon den Stamm Asser (Jos 19, 24–31). Am weitesten nördlich siedelte der Stamm Dan, der, zunächst sehr stark, sich im Kampf mit den Städten der südlichen Küstenebene aufgerieben hatte (Jos 19, 40–46), worauf er dann zum oberen Jordangraben zog und die Stadt Lais eroberte (Ri 18).
d) Gad und Ruben: Nach Num 32, 34–37 setzte sich der Stamm Gad im Ostjordanland fest, und zwar zwischen Jabbok und Arnon, in der Nachbarschaft der Moabiter. Später scheint dieser Stamm von den Ammonitern verdrängt worden zu sein. Der Stamm Ruben schließlich nahm nach Jos 13, 15–23 ebenfalls im Ostjordanland Wohnung; andererseits wird in Jos 15, 6 und 18, 17 wie auch im Debora-Lied (Ri 5, 15 f) ein westjordanisches Stammesgebiet vorausgesetzt. Nach der Weissagung Ez 48, 6 f soll Ruben zwischen Juda und Ephraim wohnen.

Steuern

Gliederung: 1. Besteuerung und Fronarbeit in der Alten Welt. a) Ägypten; b) Fronarbeit in Sumer und Babylon, Syrien und Palästina; c) Besteuerung in Kanaan und Syrien. 2. Ursprung und Arten der Steuern bei den Israeliten. a) Geschenke; b) Zwangstribute; c) Das Sekel-Opfer. 3. Besteuerung in der Königszeit. a) Unter Saul und David; b) Von Salomo bis zum Ende der Königszeit. 4. Besteuerung nach dem Exil. a) Restauration und Perserzeit; b) Hellenismus; c) Römerzeit. 5. Jesus und die Steuereinnehmer.

1. Besteuerung und Fronarbeit in der Alten Welt: Obwohl die Bibel nur wenig Angaben über das israelitische Finanzverwaltungssystem oder die dem Staat zur Verfügung stehenden Mittel enthält, geben die Steuerordnungen von Nachbarvölkern sowohl vor dem Auftauchen der Hebräer wie nach ihrem Eintritt in die Geschichte zusätzliche Aufschlüsse.
a) Ägypten: Der ägyptische Staat legte vom 3. Jahrtausend v. Chr. an allen seinen Untertanen von Rechts wegen Steuern und Fronarbeit auf, wenn auch nach ägyptischen Zeugnissen des 14. Jhdts. v. Chr. die Regierung offenbar einzugreifen pflegte, um »arme Leute« vor unredlichen Steuereinnehmern zu schützen.
Die Abgaben auf bestellte Felder wurden von staatlichen Steuerbeamten taxiert und in Form von Getreide eingetrieben, wie **Abb. 770** zeigt, die Schreiber darstellt, welche die Nichtbezahlung von Steuern protokollieren.
Eine Schriftrolle der 20. Dynastie (seit ca. 1200 v. Chr.) weist auf die ungeheuren Reichtümer hin, die in die Truhen, Schatzhäuser und Kornkammern der Pharaonen flossen. Mit diesen Mitteln wurden sämtliche Ausgaben für den Unterhalt des Heeres sowie die Kosten öffentlicher und königlicher Bauvorhaben bestritten; die beim Bau der Paläste und Nekropolen des Königs eingesetzten Arbeiter wurden in Naturalien bezahlt.
Die ägyptischen Tempel standen, was ihre

wirtschaftliche Macht und ihr Recht, Steuern zu erheben, betrifft, allein dem Pharao nach. Sie besaßen über ein Achtel des ägyptischen Ackerlandes und geboten über 450 000 Menschen. Überdies waren die Tempelpriester und -angestellten vom Frondienst (einer in Form von Arbeit zu entrichtenden Steuer) befreit, der auf allen anderen Ägyptern lastete.
Nach Gen 47 wurde das ägyptische Landsystem von *Joseph eingeführt. Der Erzähler äußert sein Erstaunen nicht über die Zahlung von Steuern an den König, sondern über die Tatsache, daß das ganze Land mit Ausnahme der Tempel und ihres Besitzes dem König gehörte und daß alle Ägypter Leibeigene der Krone waren. Dies stand im diametralen Gegensatz zum palästinensischen System des privaten Landbesitzes.
Nach griechischer Überlieferung machten die ägyptischen Könige des 3. Jahrtausends v. Chr. den Pyramidenbau zu einer drükkenden Last für die ägyptischen Volksmassen. Tausende wurden in die Arbeitskolonnen gepreßt, die, obwohl vorderhand vom König verpflegt, eine wirtschaftlich völlig unproduktive Tätigkeit ausübten. Das Buch *Exodus bewahrt die quälende Erinnerung an die den Ahnen der Hebräer in Ägypten auferlegte Zwangsarbeit, obwohl ihr Los nicht härter gewesen zu sein scheint als das aller Untertanen des Pharaos.
b) Fronarbeit in Sumer und Babylon, Syrien und Palästina: Zwangsarbeit war zudem im ganzen alten Orient üblich. Zeugnisse hierfür liegen aus Sumer und Babylonien (s. *Babylon und Israel) vom 3. Jahrtausend v. Chr. bis zur Perserzeit vor. In Assyrien gab es Zwangsarbeit für den König. Zwangsarbeits- und Staatssklaven (die sich aus Kriegsgefangenen rekrutierten) arbeiteten zusammen mit gemieteten Arbeitern beim Bau von Straßen, Kanälen, Festungen und Tempeln, bei der Bebauung der Kronländereien und in den dem Palast angeschlossenen königlichen Unternehmen.
In Syrien und Palästina wurde das gemeine Volk, soweit uns bekannt, bereits um die Mitte des 2. Jahrtausends v. Chr. (vor der israelitischen Landnahme) zum Frondienst herangezogen. In den *Amarnabriefen wird auf das Fronarbeitssystem Bezug genommen, während aus dem 18.–13. Jhdt. v. Chr. datierende Texte aus Ugarit (s. *Kanaanäische Kultur und Ugarit) berichten, daß ein einzelner oder eine Familie mit Genehmigung des Königs sowohl vom Frondienst als auch von der Steuerabgabe befreit werden konnte (s. *Kanaanäische Städte; *Saul).
c) Besteuerung in Kanaan und Syrien: Die Ugarit-Texte erweisen ferner, daß in den an Palästina angrenzenden Ländern die Könige die Abgabe des zehnten Teils der Erträgnisse von Ackerbau, Weinbau und Viehzucht erhoben. Der König war berechtigt, diese Einkommensquelle einem seiner Beamten zuzuerkennen, und konnte gleichfalls privilegierte Einzelpersonen von der Bezahlung ausnehmen. Außerdem forderte der König von Ugarit von denjenigen Steuern, die ihre Herden auf königlichem Boden weideten, und verlangte von allen Grundeigentümern, einerlei, ob sie ihr Land von der Krone gepachtet hatten oder ob es ihr eigen war, Mauten, Abstandsgelder und andere Abgaben.
Ein ähnliches System entwickelte sich in Israel in der Königszeit, wie Samuel prophezeit hatte, als er sich der Forderung des Volkes nach einem König zu widersetzen versuchte (Sam 8, 15.17; s. auch *Saul), obwohl von einem Steuersystem vor dieser Zeit nichts bekannt ist. Unvermeidlich schlichen sich auch die gleichen Mißbräuche ein. Amos (7, 1) weist auf das Weiderecht des Königs hin und (5, 11) auf die ungebührlichen Forderungen Hochstehender an die Armen. Begünstigte Familien wurden ebenfalls von Zehnten und Zwangsarbeit befreit (1 Sam 17, 25).
Die kanaanäischen Könige bezogen einen bedeutenden Teil ihrer Einkünfte aus den Kronländern, die sie sich durch Enteignung, Beschlagnahme, Kauf und Niederwerfung in Kriegen angeeignet hatten. Überdies traten sie als »Kaufmannsfürsten« hervor und betrieben laut den *Amarnabriefen (14. Jhdt. v. Chr.) Handelsunternehmungen aller Art. Die Urkunden aus dem Königspalast von Ugarit (s. *Kanaanäische Kultur und Ugarit) vermitteln ebenfalls ein lebensvolles Bild von der Verwaltung der königlichen Güter und von den Einkünften, die der Schatzkammer des Monarchen zuflossen.
2. Ursprung und Arten der Steuern bei den Israeliten: *a) Geschenke:* In den Erzvätererzählungen, zu welcher Zeit die Hebräer als Halbnomaden außerhalb der kanaanäischen Gesellschaft lebten, ist von keinerlei Steuerzahlung die Rede. Erwähnt werden dort freiwillige Geschenke, die z. B. als schützendes Friedopfer einer stärkeren von einer schwächeren Partei dargebracht wurden. In diesem Geist schenkte Jakob seinem Bruder Esau Schafe, Rinder und Kamele (Gen 32, 13–21) und befahl später

Abb. 769. Zwangsarbeiterkolonnen (assyrisches Relief)

Abb. 770. Steuereinnehmer, die nichtgezahlte Steuern protokollieren (ägyptisches Relief)

Abb. 771. Steuern zahlende Römer
(römisches Relief; 1. Jhdt. v. Chr.)

seinen Söhnen, als diese sich nach Ägypten aufmachten, um Futter und Getreide einzukaufen, die besten Früchte des Landes als Geschenke mitzunehmen (Gen 43, 11). Zu dieser Zeit war die Stellung der Hebräer mit der der *Chabiru (s. auch *Patriarchen, Geschichte; *Amarnabriefe) identisch, die als landlose, seit dem Anfang des 2. Jahrtausends v. Chr. am Rande der Gesellschaft der seßhaften vorderorientalischen Bevölkerungen lebende Wanderer beschrieben werden. Diese Lebensbedingungen spiegeln sich, was die Hebräer anbetrifft, in der berühmten Stelle Dt 26, 5, die die Ahnen der Hebräer beschreibt: »Ein umherirrender Aramäer war mein Vater; der zog hinab mit wenig Leuten nach Ägypten und blieb daselbst.«
Auch während der Richterzeit (s. *Richter [Zeit und Buch]) und zu Beginn der Königszeit wurden dem Machthaber weiterhin freiwillige Geschenke dargebracht, wenn sich auch zur Zeit Sauls die »Söhne Belials« (d. h. nichtswürdige Leute) der Zahlung von Naturalabgaben an den neuen König widersetzten, da sie glaubten, daß er nicht in der Lage oder gewillt sein würde, sie in Notzeiten zu unterstützen (Sam 10, 27). Hingegen erhielt Salomo z. B. von Leuten, die er empfing, reichliche Geschenke, wie Gefäße und Schmuck aus Silber und Gold, kostbare Gewänder, Waffen, Gewürze, Pferde und Maultiere. Derartige *Tribute wurden sämtlich über die vorgeschriebenen Steuern hinaus dargebracht.
b) Zwangstribute: Besteuerung oder Zwangstribute treten bei den Israeliten zum erstenmal in Erscheinung, als sie nach der Landnahme die besiegten Kanaanäer fronpflichtig machten und ihnen dafür gestatteten, im Lande zu bleiben (Jos 16, 10; 17, 13; Ri 1, 28–35).
Besiegten Feinden Steuern abzuverlangen, war in späteren Zeiten gang und gäbe, war es doch sowohl ein Siegesbeweis wie auch eine nützliche Einkommensquelle. Als Besteuerung kann man auch den Tribut ansehen, den zu Vasallen gemachte kleine Könige, z. B. König Hosea von Israel nach seiner Besiegung durch König Salmanassar von Assyrien (2 Kg 17, 4; s. *Tribut), entrichteten. Für gewöhnlich bestimmten die Sieger, in welcher Form der Tribut zu leisten war.
c) Das Sekel-Opfer: Die erste feststehende Steuer, die das AT erwähnt, hatte einen religiösen Ursprung und Zweck. Es war das von Moses jedem männlichen Israeliten von zwanzig Jahren und darüber auferlegte »Sühnegeld« in Höhe von einem halben Sekel, das zum Bestreiten der Ritualausgaben der Stiftshütte (Zelt der Begegnung; Ex 30, 11–16) diente. Es scheint, daß diese Abgabe, die man mit einer modernen Kopfsteuer vergleichen kann, in der Königszeit erlosch, eine Entwicklung, welche sich in der Erzählung von Joas' Versuch, sie für die Wiederherstellung des Tempels erneut einzuführen, widerspiegelt (2 Chr 24, 4–14). Nach dem *Exil wurde nur ein Drittelslot Silber für den Unterhalt der Gottesdienste entrichtet (Neh 10, 32). Während der ganzen Zeit des zweiten Tempels schickten die Diasporajuden jedoch weiterhin Geld nach Jerusalem (Josephus, Altertümer XIV, 7, 2); offenbar die volle Summe von einem halben Sekel, während die jüdischen Behörden in Jerusalem denselben Betrag von der ortsansässigen Bevölkerung eintrieben (Mt 17, 24).
3. Besteuerung in der Königszeit: *a) Unter Saul und David:* Samuels Prophezeiung der »Gerechtsame des Königs« (s. *Saul) wurde durch die Ereignisse vollauf bestätigt. In der Königszeit wurde ein sorgfältig ausgeklügeltes Steuersystem eingeführt, das die Bezahlung verschiedener Arten von Steuern sowie Fronarbeit umfaßte (1 Sam 8, 10–18). Naturgemäß führte dies zu Reibungen zwischen dem König und seinen Untertanen. Sauls Angebot, das Haus des Mannes, der den Philister Goliath beseitige, »steuerfrei zu machen« (Sam 17, 25), deutet darauf hin, daß damals eine Vermögenssteuer erhoben wurde.
Es existieren keine unmittelbaren Zeugnisse für Steuereinziehung während der Regierungszeit König Davids (s. *David und Salomo), obwohl es sie höchstwahrscheinlich gab. Sicherlich diente seine Volkszählung hauptsächlich der Eintreibung von Steuern (andererseits der Aushebung von Truppen), und Samuels Voraussagen über die »Gerechtsame des Königs« (s. *Saul) galten wahrscheinlich für David und spätere Könige ebensosehr wie für Saul. Zweifellos erbrachten Davids zahlreiche und ausgedehnte Eroberungen beträchtliche Einkünfte in Form von Tributzahlungen besiegter Völker, so daß die der örtlichen, eingeborenen Bevölkerung aufgebürdete Steuerlast entsprechend vermindert werden konnte.
Ein beträchtlicher Teil aller Einkünfte wurde dem Tempel, in der Sprache der Bibel Gott, geweiht (2 Sam 2. 7. 8. 10–12). Die Berichte über Davids Regierungszeit verzeichnen jedoch mehrere Arten königlicher Schatzkammern und Magazine.

Letztere waren häufig Türme (Silos), die zur Erfassung der als Naturalsteuern abgelieferten Ernteerträge und Produkte dienten. Vielleicht dienten sie auch dazu, die Produkte für einige Zeit zu lagern, oder zur Verpflegung der an verschiedenen Plätzen stationierten Garnisonen. Die für die Eintreibung und Lagerung dieser Steuern verantwortlichen Beamten hießen »oberste Beamte über das Vermögen König Davids« (1 Chr 27, 25–31).

b) Von Salomo bis zum Ende der Königszeit: Unter Salomo wurde die Steuereintreibung ausgeweitet und wirkungsvoller gestaltet. Er ernannte zwölf Statthalter, deren Distrikte den königlichen Hof je einen Monat im Jahr unterhalten mußten – keine leichte Aufgabe (1 Kg 4, 1–19).

Salomos kostspielige Bauunternehmungen, die nur mit großen Arbeitermassen zu bewältigen waren, führten zur Ausweitung des Fronarbeitssystems (1 Kg 5, 13–18). Ehedem hatten nur die Kanaanäer Fronarbeit leisten müssen. Jetzt wurden auch die israelitischen Untertanen des Königs dazu herangezogen. Es heißt, daß 30 000 Mann in die Arbeitsbataillone gepreßt wurden. Von diesen gingen abwechselnd jeden Monat 10 000 Mann zur Arbeit in den Libanon, um das von den Holzfällern des Königs von Tyrus geschlagene Holz wegzuschaffen. Überdies standen neben den phönikischen Zimmerleuten und Maurern des Königs 70 000 Lastträger und 80 000 Steinmetzen bei Salomo in Dienst (1 Kg 5, 27–30). Möglicherweise sind diese Zahlen übertrieben. Einige Gelehrte glauben, daß sie sich auf im ganzen Land tätige Arbeitsgruppen beziehen, nicht allein auf die beim Tempelbau beschäftigten. Das assyrische Relief **Abb. 769** zeigt Zwangsarbeiterkolonnen.

Die Bürde, die unter Salomos Regierung auf den Israeliten lastete, war schwer. Nach dem Tod Salomos bildete der Beschluß von dessen Sohn Rehabeam, die Steuern zu erhöhen, offenbar den ausschlaggebenden Faktor für Jerobeams Empörung und die Auflösung des Vereinigten Königreichs (s. *Israel und Juda 1). Hohe Steuern, die man den Armen abverlangte, wurden regelmäßig von den Propheten verdammt (Jes 3, 14; Am 5, 11; 8, 4; Mich 3, 1–4 u. ö.). Die Angabe in 2 Chr 17, 5, daß alle Judäer Josaphat Geschenke brachten, bezieht sich wahrscheinlich auf eine jährliche, dem *Tribut unterworfener Staaten ähnliche Steuer.

4. Besteuerung nach dem Exil: *a) Restauration und Perserzeit:* Zu Beginn der *Restauration sah sich der Perserkönig angesichts des Widerstrebens der Juden, ihm Steuern zu zahlen, veranlaßt, zur Vermeidung von Einkommenseinbußen die Einstellung aller Wiederaufbauarbeiten in Jerusalem anzuordnen (Esr 4, 17–21). Die Arbeit wurde erst im zweiten Regierungsjahr des Darius wiederaufgenommen, der für den Wiederaufbau eine Beihilfe aus den Mitteln der 5. Satrapie »westlich des Stromes« anwies.

Unter der Regierung Artaxerxes' I. wurden sowohl direkte wie indirekte Steuern erhoben; die direkte Steuer stellte den dem Perserkönig geschuldeten Tribut dar. Es existiert eine Meldung (Esr 4, 7–13) der Beamten »westlich des Stromes« an den Perserkönig, die Juden hätten die Zahlung des Tributs, der Abgaben und Zölle eingestellt. In der Zeit Nehemias waren die Zollsätze so hoch, daß sich die Leute zur Bezahlung Geld auf Zinsen borgen mußten (Neh 5, 1–4). Priester und sonstige Kultpersonen waren von diesen Steuern ausgenommen (Esr 7, 24).

Außer den Steuern für den Perserkönig mußten die Einwohner eine Sonderabgabe leisten, die für »Brot und Wein« der örtlichen Beamten erhoben wurde, und außerdem für jeden Beamten vierzig Sekel entrichten. Bei archäologischen Grabungen in Palästina wurden mehrere von jüdischen Beamten gestempelte Krughenkel gefunden. Diese zeigen, daß den Beamten die Eintreibung solcher Naturalsteuern oblag.

Als die Juden nach dem Exil erstmals nach Palästina zurückkehrten, wurden besondere Vorratshäuser errichtet, welche die Abgaben für den Tempelneubau aufnahmen (Esr 2, 63 f; Neh 7, 70 f). Als der Tempel für Gottesdienste zur Verfügung stand, wurde ein weiterer Speicher zur Einlagerung von Sonderbeiträgen gebaut (Neh 10, 33–39; Mal 3, 10). Derartige Schenkungen gingen zur Zeit Nehemias so reichlich ein, daß das Tempelvorratshaus sie nicht aufnehmen konnte und weitere Vorratsspeicher in anderen Städten errichtet werden mußten.

b) Hellenismus: Während der Ptolemäerherrschaft über Palästina (301–218 v. Chr.) wurde den Landeseinwohnern eine verhältnismäßig niedrige Steuer von nur 20 Talenten jährlich auferlegt (Josephus, Altertümer XII, 4, 1). Ihre Eintreibung wurde dem Meistbietenden, für gewöhnlich einem Angehörigen der jüdischen Oberschicht (s. *Hasmonäer 1 b), verpachtet, der der Zentralbehörde eine jährliche Pauschalsumme zu bezahlen pflegte und dann daran ging, soviel wie möglich aus der Bevölkerung herauszuholen. Die Differenz zwischen der Summe, die sie an die Regierung abführten, und der, die sie von den Steuerpflichtigen eintrieben, ergab für sie einen beträchtlichen Gewinn. Die Eroberung Palästinas durch Antiochus III., den Großen, im Jahre 202 v. Chr. brachte etwas Erleichterung (Altertümer XII, 3, 3). Er erstattete die zuviel bezahlten Steuern zurück und senkte den Steuersatz um ein Drittel. Die späteren Seleukiden erlegten den Juden später ungewöhnlich hohe Steuern auf (1 Makk 10, 26–30; 11, 34 f; 13, 19). Die Art dieser Steuern erhellt aus dem Brief des Demetrius, der sich von den Juden Unterstützung gegen seinen Rivalen Alexander Balas erhoffte (s. *Hasmonäer). Er versprach darin, die Juden von der Kopfsteuer, der Salzsteuer und der Kronsteuer zu befreien und ihnen den Steuerbetrag für den dritten Teil der Saatfrüchte und für die Hälfte der Baumfrüchte zu erlassen (1 Makk 10, 29 f). *c) Römerzeit:* Unter der Regierung des Herodes wurden die Steuern zunächst durch von ihm ernannte Personen eingetrieben und ihm sodann unmittelbar ausgehändigt (s. Tribut zahlende Römer der augusteischen Zeit, **Abb. 771**). Nach der Eingliederung Judäas in das Römische Reich im Jahre 6 n. Chr. wurde das Land von römischen Prokuratoren verwaltet; ihnen oblag die Eintreibung von Steuern, die dem NT zufolge der kaiserlichen Schatzkammer zuflossen (Mt 22, 17; Lk 20, 22). Da die örtlichen Tetrarchen (Regenten eines kleineren Territoriums) weiterhin Binnensteuern eintrieben, mußte das Volk doppelte Steuern entrichten.

Die Eintreibung von Zollgebühren auf Import- und Exportgüter wurde gleichfalls dem Meistbietenden verpachtet, der eine bestimmte Quote an die Schatzkammer abführen mußte. Nach dem NT inspizierte der Zolleinnehmer Waren auf den Straßen und Brücken (Mt 9, 9). Zollgebühren wurden in Caesarea, Kapharnaum und Jericho erhoben (Josephus, Jüdischer Krieg II, 14, 4).

5. Jesus und die Steuereinnehmer: Die in den Evangelien überlieferten Lehren Jesu über Steuern und Steuereinnehmer geben Aufschluß sowohl über sein eigenes Urteil wie auch über die damaligen Ansichten über sie. Steuereinnehmer (oder Zöllner) wurden gewöhnlich mit »Sündern« (hebr. *pošeʻ*) in Verbindung gebracht, einem tiefste Verachtung bezeugenden Ausdruck. Als Bevollmächtigte der römischen Provinzstatthalter von Judäa, die für eigenen Gewinn der ausländischen Macht dienten, wurden sie natürlich vom Volk gehaßt und von ihren rechtschaffenen Landsleuten, den Pharisäern, gering geschätzt.

Jesus lehrte, auch Zöllner seien der göttlichen Liebe teilhaftig, und ein bußfertiger Zöllner gefalle Gott besser als die Hochmütigen und Selbstgerechten.

Stiftshütte und Bundeslade

Gliederung: 1. Die Stiftshütte. a) Geschichtliche Problematik; b) Die Priestertraditionen; c) Überlieferte Beschreibung der Stiftshütte; (1) Vorhof; (2) Altar; (3) Heiliges; (4) Allerheiligstes; d) Zeugnis der Archäologie für die Stiftshütte. 2. Die Bundeslade. a) Die Lade als Thron Jahwes und als Behälter des Gesetzes; b) Geschichte und Wanderungen der Bundeslade. 3. Geschichte der Stiftshütte. a) Die Stiftshütte ist nicht das Zelt der Begegnung; b) Das Heiligtum von Silo; c) Die Legende des Heiligtums, die Verschmelzung von Stiftshütte und Zelt der Begegnung. 4. Sakramentale Bedeutung der Kerubim und der kappôræt; Jahwe, »der auf den Kerubim Thronende«.

1. Die Stiftshütte: Das Wort Stiftshütte, hebr. *mischkān,* bedeutete das tragbare heilige Zelt, in dem sich die Bundeslade befand und das die wandernden Israeliten vor der Landnahme mit sich führten. Nach der Überlieferung wurde sie beim Heiligtum von Silo als Behelfsbau aufgerichtet und dann von dem Gefolge Davids nach Jerusalem gebracht. Dort blieb sie, bis der Tempel Salomos erbaut war. Bundeslade und Stiftshütte bedeuteten zusammen die Wohnstätte Jahwes. Das Heiligtum, wo die Bundeslade sich befand, wurde jeweils ein Zentrum der Pilgerfahrten (s. *Feste und Feiertage). Es wurde Hauptsitz der Priesterschaft und, wenn nicht immer, so doch auf den meisten Entwicklungsstufen der israelitischen Geschichte, zugleich der jeweilige politische Mittelpunkt des Landes.

a) Geschichtliche Problematik: Seit dem 19. Jhdt. n. Chr. hat die biblische Wissenschaft schwere Zweifel an der Geschichtlichkeit der Überlieferung angemeldet, die in Ex 25–31 und 35–39 die Aufrichtung der priesterlichen Stiftshütte schildert (s. *Bibelkritik). Die umständlichen Angaben, die bis dahin buchstäblich verstanden wurden, konnten nicht als zuverlässige Grundlage einer Rekonstruktion des Zeltheiligtums vor und nach der Landnahme dienen. Die heutige Forschung geht nicht soweit wie Wellhausen, der den Schluß zog, die priesterliche Stiftshütte sei eine Phantasie der priesterlichen Schreiber nach dem Exil und in Wirklichkeit eine Beschreibung des Salomonischen Tempels oder eine Rückerinnerung an ihn, die in die Wüstenzeit zurückgespiegelt sei. Man kann eine geschichtliche Entwicklung der Stiftshütte nachzeichnen. Heute geben die Forscher zu, daß auf Grund alter Stellen, in Ex 33, 7–11 und sonst, sich ein Versammlungszelt der Urzeit erschließen läßt, das man aber nicht mit einem ebenso geschichtlichen Heiligtum der Wüste gleichsetzen darf, sondern das abhanden kam, noch ehe die Stämme Kanaan betraten. Dagegen hat man die späten Überlieferungen Ex 25–31 und 35–39 seit langem als Idealbilder später, priesterlicher Schreiber erkannt, in denen keine historischen Tatsachen über irgendeine Hütte und Bundeslade zu finden sind. Zuletzt hat die Archäologie es ermöglicht, ein Wüstenheiligtum zu zeichnen, wie es vielleicht ausgesehen hat. – Dieses schwierige Problem der Bibel und die Geschichte der Stiftshütte wird im Folgenden dargestellt.

b) Die Priestertraditionen: Die priesterliche Überlieferung aus der Königszeit und später bewahrte den alten Namen des »Versammlungszelts« der Wüste (*'ohæl mo'ēd;* Ex 33, 7–11), nannte es aber auch *miškān* (Aufenthalt), um damit anzudeuten, wie man sich vorstellen konnte, daß Gott, der im Himmel wohnte, auch ein Haus auf Erden haben könne. Nach Ansicht mancher Forscher liegt hier ein Entwicklungsprozeß vor: Zuerst kam die älteste Tradition (die man üblicherweise dem Elohisten zuschreibt; s. *Bibelkritik), die von einem Zelt des Moses erzählt, wo Jahwe mit Moses »Angesicht zu Angesicht« sprach (Ex 33, 11) oder »Mund zu Mund« (Num 12, 8); aber sie gab nicht an, wie das Zelt ausgesehen hatte oder ausgestattet war. Ex 25–31 und 35–39 seien eine spätere Überlieferung aus Priesterkreisen, die die ideale Wohnstatt – *miškān* oder »Stiftshütte« – zeichnete. Noch später wurde das Stiftshüttenzelt das Sinnbild eines zentralen Heiligtums, und das historische Zelt mit der Bundeslade wurde ganz überschattet von der neuen Bedeutung, die der Ausdruck gewann.

Allgemein anerkannt ist heute, daß diese Überlieferungen zu verhältnismäßig später Zeit ihre heutige Form gewonnen haben. Sie haben dabei so viele späte Einflüsse aufgenommen, daß die ursprüngliche Realität fast unerkennbar wurde. Trotzdem ist das Bild der Stiftshütte in der Priesterschrift nicht nur eine Rückspiegelung der Zustände und Gedanken der späteren Zeit. Es enthält eine Unterlage echter, alter Überlieferung aus der Zeit, bevor Jerusalem Kultmittelpunkt wurde, und man kann diese bis zu einem gewissen Maße aus all den später hinzugewachsenen Vorstellungen herausschälen und in der Überlieferung des Pentateuch und der historischen Bücher ausscheiden. Außerdem läßt sich das Zelt der Wüste, wie es auch ausgesehen haben mag, durch Analyse der biblischen Stellen und außerbiblischer Quellen herausarbeiten als der dauernde, religiöse Mittelpunkt von den ältesten Zeiten an ununterbrochen bis zum Zelt des David.

c) Überlieferte Beschreibung der Stiftshütte: Man betrachtet die Beschreibung der Stiftshütte in Ex 25–31 und 35–39 im allgemeinen als Schema eines priesterlichen Schreibers. Ihr Kennzeichen ist der zunehmende Grad der Heiligkeit vom Eingang zum äußeren Hof und über den heiligen Ort zum Allerheiligsten ganz in der Mitte.

(1) Vorhof: Die Stiftshütte stand in der Mitte des Lagers in einer rechteckigen Einfriedigung, die 100 mal 50 Ellen maß (ungefähr 44:22 m; s. *Gewichte und Maße). Den Eingang verschloß ein Schirm, der farbig bestickt war. Von Pfeilern, die in Bronzeuntersätzen standen, hingen gestickte Vorhänge herab, um den übrigen Platz abzuschirmen.

(2) Altar: In der Mitte des Hofes stand der Altar für die Brandopfer. Er bestand aus einer hohlen Kiste aus Akazienholz, beschlagen mit Bronze. An allen vier Ecken des Altars war ein Horn. Ein Bronzegitter umgab die untere Hälfte des Altars vom Boden bis zu einer vorspringenden Leiste in halber Höhe. Das ermöglichte es, das Blut der Opfertiere auf den Fuß und die Seiten des Altares zu spritzen. Der Altar war auch mit Ringen und Stangen versehen, so daß man ihn tragen konnte. Neben dem Altar stand ein Bronzebecken mit Wasser, damit sich die Priester waschen konnten.

(3) Heiliges: Das innere Heiligtum enthielt folgende Ausstattungsgegenstände: a) den Tisch der Schaubrote mit seinen goldenen Tellern, Schüsseln und Bechern für Weihrauch und andere für das Ritual gebrauchte Gefäße; b) einen goldenen Kerzenhalter, vielleicht siebenarmig wie die Menora, gegenüber dem Tisch der Schaubrote; ihn ergänzten goldene Lichtputzscheren, um die Dochte der Kerzen zu schnicken; c) den quadratischen Räucheraltar aus Akazienholz mit Gold überkleidet, der ebenfalls Ringe und Tragstangen hatte. Dieser stand

Abb. 772. Stangengerüst eines Zeltes (assyrisches Relief)

Abb. 773. Tragbares Zeltheiligtum (Relief des Bel-Tempels in Palmyra, 3. bis 1. Jhdt. v. Chr.)

Abb. 774. Kanaanäische Sphinx aus Arvad

vor dem Vorhang, der das Heilige vom Allerheiligsten schied. Auf ihm wurden Brandopfer von süßen Gewürzen Tag und Nacht dargebracht.

(4) Allerheiligstes: Dieses war ein quadratischer Raum von ungefähr 5 m Durchmesser, in dem die Bundeslade stand und die goldene Platte des *kappôrœt,* des Sitzes der Gnade, mit einem Cherub aus reinem, gehämmertem Gold an beiden Seiten (s. unten 4). Diese Priesterbeschreibungen von Gold-, Silber- und Bronzearbeiten, großartigen Gebäuden und luxuriösem Schmuck und Bildwerk bilden offensichtliche Schwierigkeiten. Sie passen nicht zu der materiell armen Gemeinde, die aus Ägypten befreit war, und die technische Geschicklichkeit, die sie voraussetzen, ist für die Zeit vor dem 10. Jhdt. v. Chr. ganz phantastisch. Daher betrachten viele Forscher die Beschreibung als ein Idealbild, das spätere, priesterliche Schriftsteller gezeichnet hätten, entweder als Modell für den Tempel, ehe er erbaut wurde, oder nach dem, wie Salomos Tempel wirklich aussah. Andererseits meint D. N. Freedman, daß die priesterlichen Erzählungen oder Beschreibungen aus verschiedenen Quellen zusammengeflossen seien und auch schon der Tempel Salomos Überlieferungen nachgebildet sein konnte, die mit der Stiftshütte zusammenhingen.

Daß der wirkliche Tempel Salomos als Modell für die phantastische Beschreibung der frühen Stiftshütte gedient hat, wie es die zuerst genannte Ansicht annimmt, ist besonders bei der Form der Altäre deutlich. Erstens kam Bronze in Israel für Bau und Schmuck erst unter Salomos Regierung in Gebrauch (1 Kg 7, 13 f). Weiter kamen die Hörner, die in den Berichten über den Altarschmuck im Vordergrund stehen (Ex 30, 3 f), nach den archäologischen Funden in Israel erst zu Beginn der Königszeit in allgemeinen Gebrauch. Auch die Bibel bestätigt das, die sie abgesehen von dieser einen Stelle nur im Zusammenhang derKönigszeit erwähnt (1 Kg 1, 50 f; Ps 118, 27; Jer 17, 1; Am 3, 14). Man darf daher wohl annehmen, daß sie zum Tempel, nicht zu seinem Vorläufer, der Stiftshütte, gehörten.

Auch viele andere Einzelheiten, die in der priesterlichen Beschreibung Ex 25–31 und 35–39 erwähnt sind, lassen sich nicht in ein reales Bild eines tragbaren Heiligtums einfügen, wie es Zelt und Bundeslade des Moses gewesen sind, die vor dem Volk Israel dahergetragen wurden (Num 10, 35 f); wahrscheinlicher ist es, daß dieses Wüstenheiligtum als ein zusammenklappbares Abbild des Tempels von Jerusalem erdacht worden war, genau im halben Maß von diesem Bau. Nur die festgewurzelte Überlieferung wurde festgehalten, daß Gottes Wohnung auf Erden ein Zelt war.

d) Zeugnis der Archäologie für die Stiftshütte: Wie das Zelt in Wirklichkeit ausgesehen hat, läßt sich vielleicht an einem Hochrelief am Tempel des Bel in Palmyra ablesen, das aus der Zeit vom 3. bis 1. Jhdt. v. Chr. stammt und ein tragbares Zeltheiligtum darstellt **(Abb. 773).** Dieses Relief erinnert wieder sehr an die Qubbah der vorislamischen Zeit, ein großes, rotes Lederzelt mit gewaltigem Dach, in welchem die Idole und Bethylen des Stammes untergebracht waren. Diese begleitete den Stamm in den Kampf und galt als ihr Schutz in Zeiten der Wanderung. Die Heiligkeit des Zeltes stand nur der Heiligkeit der Gegenstände, die es enthielt, nach. Es war zugleich ein Palladium und ein Ort des Gottesdienstes, an dem die Priester Orakel gaben. Das Hochrelief aus Palmyra zeigt noch Spuren der roten Bemalung, die ursprünglich das Bild schmückte.

2. Die Bundeslade: *a) Die Lade als Thron Jahwes und als Behälter des Gesetzes:* Die Priestertradition betrachtete die Bundeslade als festen, untrennbaren Teil der Stiftshütte. Das kann historisch richtig sein. Sie hatte ihren Platz im Allerheiligsten in der Mitte des Stiftszeltes und wurde nur vom Platz gerückt, wenn das ganze Heiligtum abgebaut wurde, um anderswo hingebracht zu werden.

Was die Bundeslade religiös bedeutete, darüber haben die Gelehrten zwei sich widersprechende Deutungen vorgebracht. Nach der einen Schule war sie ein Behälter, nach der anderen eine Art Thron. Beide Ansichten beziehen ihre Gründe aus verschiedenen Stellen innerhalb des Pentateuch. Ex 25, 10 f und 37, 1–9 wird sie als Kasten aus Akazienholz beschrieben, etwa 1, 2 m lang und 75 cm breit und hoch, beschlagen mit Goldplatten und mit Ringen versehen, durch die man Stangen stecken konnte, um sie zu tragen.

Über der Lade befand sich die *kappôrœt,* eine goldene Platte von gleicher Größe wie die Lade, in manchen Übersetzungen als Sitz der Gnade bezeichnet. An jedem Ende des Sitzes der Gnade war ein goldener Kerub, der ihn mit seinen ausgebreiteten Flügeln bedeckte. Diese Überlieferung ist deutlich den Gegebenheiten im Tempel Salomos nachgezeichnet, wo die Bundeslade im Allerheiligsten stand, beschirmt

von den Flügeln der Kerubim. Nach einer anderen Ansicht ist der Bauplan des Tempels der älteren Überlieferung nachgebildet.
Im Deuteronomium (10,1–8) wird einfach eine Lade aus Akazienholz beschrieben, in der sich die beiden Steintafeln mit dem Gesetz befanden. Sie erhält den Namen Bundeslade, und das Deuteronomium beschreibt sie nicht weiter und bringt sie weder mit einem Zelt noch mit einer Stiftshütte in Verbindung. Wir haben archäologisch viele Parallelen dazu, daß Gesetzestafeln im Heiligtum eines Volkes aufbewahrt wurden. Bei den Völkern des Altertums wurden gesetzliche Verpflichtungen und Urkunden häufig unter den Statuen der Götter niedergelegt, die auf diese Weise Zeugen der Vereinbarung wurden. Wenn man die widersprechenden Überlieferungen über die Bundeslade analysiert, die Ex 25 und 37 und Dt 10 stehen, nebst den Berichten 1 Sam 4–6; 2 Sam 6; 1 Kg 8 und die Vision des Ezechiel (Ez 8), in der die Lade als das sichtbare Zeichen von Gottes Gegenwart erscheint, so ergibt sich der Unterschied zwischen den Symbolen der Lade und *kappôræt.*
b) Geschichte und Wanderungen der Bundeslade: Die Lade war das älteste Symbol. Sie stand gleich zu Beginn der Eroberung im Lager von Gilgal (Jos 7, 6), offenbar durch kein Zelt verhüllt. Sie wurde nach Bochim bei Bethel verlagert (RI 2, 1–5), dann nach Bethel (Ri 20, 27) oder nach Jos 8, 33 auf den Berg Ebal bei Sichem. Zu Samuels Zeit befand sie sich in Silo (1 Sam 1–3), bis sie zur Schlacht bei Aphek mitgenommen wurde (1 Sam 4, 3) und den Philistern in die Hände fiel (4, 11). Diese gaben sie den Israeliten in Beth-Semes zurück (6, 1–11), und von da brachte man sie nach Kirjath-Jearim (7, 1), wo sie bis zu Davids Zeit verblieb. David brachte sie nach Jerusalem und stellte sie in »seiner« Stadt auf. Nach Erbauung des Tempels erhielt die Lade den Platz im innersten Heiligtum (1 Kg 8, 3–4. 6–8). Dort lag sie, bis sie zugleich mit dem Tempel 586 v. Chr. zerstört wurde. Im Allerheiligsten der Zeit nach dem Exil gab es keine neue Bundeslade, aber in der nachexilischen Stelle 1 Chr 28, 11 steht der Ausdruck »der Raum für den Sitz der Gnade (*kappôræt*)« für das Allerheiligste des Salomonischen Tempels. Die Erinnerung blieb, aber Josephus berichtet (Jüdischer Krieg V, 5, 5), daß im Tempel des Herodes das Allerheiligste leer war.
Die Überlieferung der Bibel betont, daß die Bundeslade in einem Zelt, der Stiftshütte, bewahrt war und daher offenbar tragbar war; aber nirgends steht eine Notiz, daß sie aus dem Heiligtum herausgeholt wurde. Ehe sich die Israeliten in Kanaan niederließen, hatten sie keine Heiligtümer (Dt 12, 8–11). So ist anzunehmen, daß die Israeliten, wenn sie auf ihren Wanderungen Halt machten, die Lade mit den Bundestafeln vorübergehend in Zelttücher einhüllten. Und so blieb es, bis die Lade einen dauerhafteren Sitz in Silo erhielt (Jos 18, 1). In Silo bildete die Lade den kulturellen Mittelpunkt des Stämmebundes. Zur Zeit, in der die ersten Kapitel von 1 Sam spielen, war sie in einem Heiligtum unter der Obhut des Priesters Eli untergebracht. Um die Mitte des 11. Jhdts v. Chr. schlugen die Philister die israelitischen Stämme, zerstörten Silo und erbeuteten die Bundeslade. Tatsächlich klafft in der Zeit nach der Zerstörung von Silo eine weite Lücke in den Berichten über das zentrale Heiligtum. Es scheint wahrscheinlich, daß die Lade nach ihrer Rückkehr bis zur Erbauung des Tempels in einem Zelt vorübergehend untergebracht war, nicht in einem festen Heiligtum. Aber 50 Jahre später schuf David sein neues, offizielles Kultzentrum, indem er die Lade, das Hauptkultobjekt des Stämmebundes und ihre in Israel verstreute Priesterschaft nach Jerusalem holte. Er knüpfte seinen neuen Gottesdienst an die alte Überlieferung des Wüstenzeltes und brachte die Lade in dies neue Heiligtum in Jerusalem (2 Sam 6, 17; 7, 2). So erhielt er alle Ehrfurcht und Autorität des alten Heiligtums aufrecht. Das Zelt in Jerusalem, unter dem die Lade aufgestellt wurde, sollte offenbar das Wüstenheiligtum nachbilden. Es war weder das alte Zelt der Versammlung, noch sollte es ein dauerndes Heiligtum sein.
3. Geschichte der Stiftshütte: *a) Die Stiftshütte ist nicht das Zelt der Begegnung:* Die Quellen widersprechen sich darin, ob Bundeslade und Stiftshütte ihrem Sinn nach eine dauernde Einrichtung sein sollten, eine Abwandlung des Gotteshauses, wie es so viele Religionen kennen, oder ob die Bundeslade von Anfang an als tragbarer Gegenstand gedacht war, der nur vorübergehend seinen Platz in einem Zelt fand. Das hat viel Verwirrung hervorgerufen. Die Priesterquelle setzt das Zelt der Versammlung oder Begegnung dem Heiligtum gleich. Das eine stand in der Mitte des Lagers, von den Priestern und den Stämmen rings zum Schutz umgeben, und die Wolke der Herrlichkeit steht nicht an seinem Tor, sondern wird dasselbe sein wie die Wolke

über dem Allerheiligsten. Diese Vorstellung bleibt in dieser ganzen Quelle sich grundsätzlich gleich, und bei der Form des Kultes, den sie beschreibt, vorausgesetzt.

b) Das Heiligtum von Silo: Dieser Zusammenhang erklärt die anachronistische, priesterliche Beschreibung des Heiligtums von Silo. Wie so viele andere biblische Erzähler hat der Autor die Schilderung, die ihm geläufig war, auf das Bild des Heiligtums von Silo übertragen und diesem folglich viele Züge des Salomonischen Tempels aus der Königszeit zugeschrieben. Die priesterliche Beschreibung des Heiligtums von Silo stattete dieses mit einem verschalten und durch Vorhänge abgegrenzten Zelt gleich dem Hekal des Salomonischen Tempels aus. Das würde einen massiven, dauerhaften Bau voraussetzen. Aber dies Bild steht im Widerspruch mit dem Zeugnis über den Zustand, das der Berater des David dem König gab (2 Sam 7, 6 f). Dieser stellt ganz ausdrücklich fest, daß die Bundeslade seit dem Auszug aus Ägypten nicht in einem Haus untergebracht war, sondern »in einem Zelt als Wohnung gewandert« sei. Der Widerspruch läßt sich freilich auflösen durch die Theorie, die M. Haran vorgeschlagen hat, daß das Heiligtum von Silo weder ein Haus noch ein wirkliches Zelt gewesen sei, sondern eine besondere Art von Unterbringung, die für nomadische Sitten typisch ist. Die Zelte dieser frühen Zeit bestanden in der Regel aus Zelttuch, das über verhältnismäßig dünne Stangen gespannt wurde, so wie es **Abb. 772** aus einem assyrischen Lager zeigt. Ein heiliges Zelt dagegen konnte so, wie es die Bibel beschreibt, hergestellt werden, indem man über vergängliche Wände von »Brettern« *(qerašîm)* dann Vorhänge spannte. Das war kein festes Bauholz, sondern eher ein Zaun von gekreuzten Stangen. Nach der Beschreibung der Tafeln von Ugarit war der Thronsaal des El aus *qerašîm* hergestellt, worunter W. F. Albright und F. M. Cross einen vergitterten Pavillon verstehen. Dübel und Seile befestigten solche Bauten genau wie bei gewöhnlichen Zelten, aber die *qerašîm* sind eine stabilere Bauweise, die trotzdem für nomadische Wohnungen typisch ist. Bei dieser Annahme müßte das tragbare Heiligtum nicht nur eine vorübergehende Einrichtung der Eroberungszeit sein, sondern könnte als ewige Wohnung gelten, die auch für kommende Generationen fest genug war.

c) Die Legende des Heiligtums, die Verschmelzung von Stiftshütte und Zelt der Begegnung: Bei dieser Auffassung der Stiftshütte ist jedoch das Zelt der Begegnung nicht berücksichtigt. Dies war eine alte Einrichtung, die zur frühen Jahwereligion gehörte, aber sich den Gedanken der priesterlichen und sonstigen späteren Erzähler nicht einfügen ließ. Für die Sicht der Priester mußte sich alles dem Heiligtum unterordnen. Für sie war das Zelt der Begegnung, das anscheinend gleiche Bedeutung hatte, ein Hindernis. Sie beseitigten es dadurch, daß sie es ganz in der Stiftshütte aufgehen ließen. Damit wurden beide Aufgaben vereinigt, aber der Hauptton lag auf der hierarchischen, priesterlich-kultischen Seite. Das prächtige Heiligtum, das die priesterlichen Quellen beschreiben (Ex 25–31 u. 35–39) ist nach M. Harans Ansicht nicht bloße Dichtung, wie es die Schule Wellhausens annahm, sondern eine heilige Legende, in der die schriftliche, priesterliche Tradition von Silo und später weitergegeben wird. Diese Legende beruht auf dem Glauben, daß die Bundeslade mehr oder minder direkt vom Sinai nach Silo gekommen war. Sie ließ die Erzählungen von der Erbeutung durch die Philister (um 1050 v. Chr.) und die wundersame Rückerstattung an die Israeliten vollständig unbeachtet. Nach der priesterlichen Sicht war es unmöglich, die Bundeslade von der Stiftshütte zu trennen. Überliefert jedoch wurde die Legende durch priesterliche Schriftsteller, die in Jerusalem lange nach der Zerstörung von Silo selbst lebten und die darum ihren Vorstellungen freie Zügel lassen konnten, wenn sie die Einzelheiten des ehemaligen Heiligtums und Altars beschrieben. Das Vorbild des Glanzes, den sie schilderten, war der Salomonische Tempel selbst. Sie erfanden nicht absichtlich irgend etwas, was sie nicht für wahr hielten. Sie nahmen es nur einfach für gewiß an, daß das Heiligtum der Vergangenheit nicht weniger eindrucksvoll gewesen sein konnte, als die Wirklichkeit zur Zeit Salomos, und trugen unwillkürlich ihre eigenen Erlebnisse in die Darstellung früherer Zeit ein.

4. Sakramentale Bedeutung der Kerubim und der *kappôræt;* Jahwe, »der auf den Kerubim Thronende«: Die Kerubim am *kappôræt* (vgl. die priesterliche Beschreibung der Bundeslade oben) erhielten überragende, symbolische Bedeutung als Thron, bisweilen auch Fußschemel von Gott. Man bezeichnete ihn sogar als den, »der auf den Kerubim thronte« (1 Sam 4, 4), und man glaubte, seine göttliche Gegenwart ruhe unsichtbar zwischen ihren Flügeln. Dies war der Mittelpunkt des gan-

zen Tempels. Hierhin zielte das Ritual, und hier stiegen die Gebete auf, und von dieser Stelle strahlte Gott seine Heiligkeit durch sein ganzes Haus.
Da die israelitische Religion Götterbilder verbot, war der Thron leer. Die Bundeslade erhielt die genauere Bedeutung als Gottes Fußschemel, »der Ort für meine Fußsohlen« (Ez 43, 7). Die Rollen konnten auch wechseln. Bundeslade und Kerubim waren beide nur unzureichende Symbole der göttlichen Gegenwart, der »Sitz seiner Gegenwart«, aber sie regten die Phantasie der Propheten lebhaft an (vgl. z. B. Jes 6, 1–13; Ez 10).
Ob Bundeslade und Kerubim, die in den Heiligtümern von Silo und Jerusalem den Thron Jahwes in zunehmend reicher Weise darstellten, schon im viel einfacheren Zelt der Wüstenzeit vorhanden waren, darüber sind die Meinungen geteilt. Sicherheit ist schwer zu erreichen. Die älteste Überlieferung im Pentateuch (Num 10, 35 f) verbindet die Bundeslade direkt mit den Wanderungen Jahwes und scheint sie als den materiellen Träger einer unsichtbaren Gottheit anzusehen. Nach häufiger Annahme war sie ein Kasten, in dem die Niederschrift des Bundes enthalten war. Man stellte ihn unter den Thron Gottes, so daß er auf diese Weise sein Fußschemel wurde. Die Vorstellung, daß eine Gottheit auf einem Tier oder mythischen Geschöpf stehe oder throne, war im alten Vorderen Orient von 2000 bis 700 v. Chr. gang und gäbe. Es ist also nicht weiter zu verwundern, daß man Israels Gott Jahwe zwischen 1300 und 900 v. Chr. sich thronend auf einem goldenen Kerub oder später auf einem goldenen Jungstier stehend vorstellte (s. *Götzendienst in Israel). Was der Kerub als Symbol in Israel ursprünglich bedeutete, zeigen am besten die beiden Stellen: »er fuhr auf dem Kerub und flog daher« (2 Sam 22, 11; Ps 18, 10) und »das Tier, das ich unter dem Gott Israels sah« (Ez 10, 20).
Seiner Gestalt nach war der Kerub ein Mischwesen aus Mensch, Tier und Vogel. Seine Beschreibung wandelt sich zu den verschiedenen Zeiten der alttestamentlichen Periode. Kerubim waren die Wächter des Gartens Eden (Gen 3, 24) und lebten dort (Ez 28, 14.). Vielleicht gleichen sie den Sphingen an den Seiten des Throns von König Hiram; wenngleich da, wo eine Sphinx als Schmuck im kanaanäischen Gebiet erscheint, wie in Arvad **(Abb. 774),** die Kanaanäer sie nicht als Kerub gedeutet haben können (s. **Abb. 698–701**; *Samaria). Der Kerub hatte wahrscheinlich seine Parallele in Assyrien – man findet das Wort *kāribu* in assyrischen Quellen –, aber auf welches Wesen sich dieses Wort bezieht, ist nicht klargestellt. Auch wenn sie sich äußerlich gleichsahen, bedeutet das nicht notwendig eine mechanische Entlehnung seitens der Israeliten. Wenn sie in Mesopotamien die Kerubim kennenlernten, so wahrscheinlich als Glieder einer großen Gruppe von Nomadenvölkern, die in den Anfängen der Patriarchenzeit die mesopotamischen Kulturländer durchzogen (s. *Patriarchen, Geschichte). So sind die Kerubim schon in der frühesten Schicht von Gen 3 genannt, die von mesopotamischen Erinnerungen erfüllt ist (s. *Genesis; *Heiligtümer; *Tempel).

Straßen, Beförderungsmittel, Handelswege

Gliederung: 1. Reisegründe. a) Wallfahrten; b) Handel; c) Diplomatie und Politik. 2. Beförderungsmittel. a) Tiere; b) Fahrzeuge. 3. Frage der Reisesicherheit. a) Karawanen; b) Sicherheit auf den Straßen. 4. Die verschiedenen Arten von Straßen. a) Termini in der Bibel; b) Straßenbau. 5. Internationale Hauptverkehrswege. 6. Straßen innerhalb Palästinas. a) Verbindungen im Zentrum Palästinas. b) Die Ost-West-Verbindung des Negeb; c) Straßen in nachexilischer und römischer Zeit; d) Das nabatäische Straßennetz. 7. Rastplätze.

Der Mensch der Frühzeit unternahm längere Reisen nur ungern und voll Sorge. Reisenden drohten vielerlei Gefahren: berufsmäßige Straßenräuber oder unfreundliche Fremde wie die Bürger von Sichem, die auf den Höhen naher Berge auflauerten, jeden ausraubten, der auf der Straße an ihnen vorüberzog (Ri 9, 25; Esr 8, 22), in den Wüsten Raubtiere (Jes 30, 6; Jer 2, 6 u. ö.) oder auf See Stürme und Schiffbrüche (Ps 107, 23ff; Jon 1, 4). Keine einzige Bibelstelle deutet auf Vergnügungs- oder Bildungsreisen. Reisen wurden nur zu einem ganz bestimmten Zweck unternommen; so die Wanderungen Jakobs oder des jungen Leviten (Ri 17, 7ff), der sein Haus in Bethlehem auf der Suche nach einem Lebensunterhalt verließ.

1. Reisegründe: *a) Wallfahrten:* Einer der häufigsten Reisegründe war die kultische Verehrung an einem vorgeschriebenen Ort. Seit den frühesten Zeiten hatten die Israeliten bestimmte Plätze, an denen sie ihrem Gott Opfer darbrachten. Die Bitte, die Mose als erste dem Pharao vortrug, als die Kinder Israel in Ägypten in der Knechtschaft lebten, lautete, er möge sie

Abb. 775. Reisende mit Tragtieren

Abb. 776. Nabatäische Wüstenstraße. Der Pfeil zeigt die Lage eines römischen Forts

Abb. 777. Römischer Pferdewagen

Abb. 778. Gepflastertes Straßenstück aus der Römerzeit zwischen Aleppo und dem syrischen Antiochia

»drei Tagereisen weit in die Wüste ziehen und dem Herrn opfern« lassen (Ex 5,3). Später wurde ihnen geboten, dreimal im Jahr an einem vorgeschriebenen Ort vor Gott zu erscheinen (Ex 34,23), und das konnte weite Reisen erfordern.

In nachexilischer Zeit lebten weitaus mehr Juden in der Diaspora als in Palästina, und an den großen Festen Passah und Pfingsten drängten sich in Jerusalem Zehntausende von Pilgern zusammen, die aus dem Ausland herbeigeströmt waren, um das Gebot zu erfüllen (s. *Feste und Feiertage). Auch Einzelpersonen unternahmen *Wallfahrten, um an bestimmten Plätzen oder Heiligtümern zu opfern, wo man Gott einen Altar errichtet hatte (1 Sam 1,3.21), oder man sandte Boten aus, um einen weit entfernten Gott um Rat zu fragen, wie Ahasja, der Baal-Zebub, den Gott von *Ekron, befragen ließ (2 Kg 1, 2).

b) Handel: Seit prähistorischer Zeit bereisten Händler den Vorderen Orient. Ausländische Kaufleute werden in der Josepherzählung erwähnt (Gen 37, 25–28); bedeutsam wurde der internationale Handel für Israels Wirtschaft aber erstmals in der Königszeit. Besonders Salomo förderte den Handel mit dem Ausland (1 Kg 10,28f), der später sehr beträchtliche Ausmaße annehmen sollte. Der Bau einer Handelsflotte in Ezeon-Geber am Golf von Elath brachte israelitische Kaufleute an die Küsten Afrikas und Arabiens, während im Norden israelitische Basare in Damaskus errichtet wurden (1 Kg 20,34).

c) Diplomatie und Politik: Abgesehen von einem häufigen Motiv wie Kriege und militärische Unternehmungen waren auch die Beziehungen zu ausländischen Herrschern ein wichtiger Grund für Reisen. Schon in der Richterzeit wurde Ehud entsandt, um König Eglon von Moab Geschenke zu überbringen (Ri 3,15). Später entrichteten israelitische Könige ihren Oberherren persönlich den fälligen Tribut (2 Kg 16,10; Jer 51,59), und dazu mußten sie sich auf die Reise begeben. Zur Zeit der *Hasmonäer-Fürsten entsandten die Juden diplomatische Missionen nach Sparta, Rom und Ägypten, während *Herodes I., der Große, in viele Teile des Römischen Reiches politische Missionen schickte.

2. Beförderungsmittel: Könige und wohlhabende Leute benutzten in biblischer Zeit auch von Tieren gezogene Fahrzeuge; die meisten Menschen legten weite Entfernungen jedoch auf dem Rücken von Zugtieren zurück **(Abb. 775).**

a) Tiere: Das erste Tier, das man in Dienst stellte, war der Esel; er wurde offenbar bereits im 4. Jahrtausend v. Chr. domestiziert. Pferde wurden sehr viel später eingeführt und fast ausschließlich zum Ziehen von Wagen benutzt. Die bedeutsamste Neuerung war die Domestizierung des Kamels, das Karawanen die Durchquerung von Wüsten ermöglichte. Tatsächlich können Kamele an einem Tage 200–250 kg 100–150 km weit befördern. Sie wurden nach der Spätbronzezeit die gebräuchlichsten und wichtigsten Zugtiere für den Ferntransport (für nähere Einzelheiten s. *Ackerbau und Viehzucht).

b) Fahrzeuge: Das gebräuchlichste Fahrzeug war der von Ochsen, Maultieren oder Eseln gezogene Karren. Er tauchte erstmals in Babylonien und Ägypten auf und beförderte sowohl Güter wie Menschen. Wagen, die zuerst in Syrien und Ägypten aufkamen, wurden im Krieg zu militärischen Aktionen und in Friedenszeiten von Königen, Regierungsbeamten und der Aristokratie für Reisen benutzt.

Das gewöhnliche Volk reiste auf Lastkarren oder ging zu Fuß nebenher. Ein sumerisches Mosaik **Abb. 844** zeigt flache, vierrädrige Frachtkarren; ähnliche Karren wurden in Assyrien und von den Philistern auf ihren Wanderungen benutzt. Die Bibel unterscheidet zwischen zwei Karrentypen: dem bedeckten Wagen (Num 7,3), der vermutlich zur Beförderung von Menschen diente, und dem für Frachten benutzten Karren oder Wagen (Num 7,7; Jes 66,20). Der Frachtkarren war besonders in der Schephela (Küstenebene) gebräuchlich, deren Einwohner ihn von den Philistern übernommen hatten (1 Sam 6,7ff; 2 Sam 6,3ff). Das einzige archäologische Zeugnis für israelitische Karren findet sich auf dem die Belagerung von Lachis darstellenden assyrischen Relief; es zeigt einen Steine befördernden zweirädrigen Karren mit zwei daraufsitzenden Frauen samt Kindern **(Abb. 502).** Der Karren wird von Ochsen gezogen, neben denen ein Antreiber geht. Mit Stoff oder Tierhäuten bedeckte Wagen sind aus Karkemisch und Assyrien bekannt, und einige Gelehrte glauben, daß dies dieselben sind wie die bedeckten Wagen der Bibel.

In der Perserzeit beförderten leichte, von Pferden gezogene Karren die königliche Post und amtliche Mitteilungen. In der Römerzeit waren Pferdewagen wie jener **Abb. 777** auf gepflasterten Straßen, so auf der von Aleppo nach Antiochia in Syrien führenden **(Abb. 778),** allgemein gebräuchlich.

3. Frage der Reisesicherheit: Reisen erforderten besondere Vorbereitungen. Als Nehemia vom persischen Hof nach Jerusalem aufbrach, hatte er Briefe des Königs an die Statthalter der persischen Provinzen, die er durchqueren mußte, mit der Anweisung, ihm freie Durchfahrt und eine bewaffnete Eskorte zu gewähren (Neh 2, 7 ff).
a) Karawanen: Einzelreisende waren jedoch praktisch unbekannt, denn Sicherheit bot nur eine große Anzahl von Reisenden. Noch wichtiger war die Frage der Sicherheit für Kaufleute, führten sie doch Warenmengen, häufig von hohem Wert, mit sich. Vom Ende der Steinzeit und vom Beginn der Bronzezeit an waren Handelskarawanen zwischen den ägäischen Inseln, Zypern, Ägypten, Kleinasien und Mesopotamien unterwegs. Israel lag an der Haupthandelsstraße, die von Ägypten nach Kleinasien und weiter nordwärts führte. Eine im Grabmal von *benī-ḥaṣan* **(Abb. 656)** gefundene Farbzeichnung aus der Zeit Sesostris' II. (1906–1887 v. Chr.) zeigt eine Handelskarawane aus dem Lande Seth (Gilead), die Antimon nach Ägypten schafft. Zwischen Ägypten und Gilead verkehrende ismaelitische und midianitische Karawanen werden in der Bibel erwähnt (Gen 39, 1; 37, 25.28), und Karawanen erscheinen auch in der Erzählung von der Königin von Saba (1 Kg 10). Karawanen, die von Ägypten durch Israel nach den nahöstlichen Ländern ziehen, erwähnen die *Amarnabriefe.
Wichtige Plätze waren auch die Oasen, wo die Karawanen eine Ruhepause einlegen und ihre Wasservorräte ergänzen konnten. Assyrische Urkunden aus dem 1. Jahrtausend v. Chr. erwähnen Karawanen, die die Oasen Arabiens – Teima, Duma, *neǧrān* und Dedan – passieren. Die Karawanen von Teima und die Wanderzüge von Saba erscheinen ebenfalls in der Bibel (Job 6, 19), während Jes 21, 13 die Karawanen von Dedan erwähnt.
b) Sicherheit auf den Straßen: Die wichtigste Voraussetzung für Karawanenreisen war Sicherheit auf den Straßen. Das Debora-Lied (Ri 5, 6) und die Amarnabriefe erwähnen Störungen auf normalen Karawanenwegen. In letzteren beschwert sich der König von Babylon über Straßenräuberei und Plünderei, begangen durch Sutatna, den von den Ägyptern eingesetzten Statthalter von Akko (vgl. Gen 49, 17). Selbst in den besten Zeiten ließen sich die örtlichen Potentaten die Garantie einer sicheren Durchreise für Karawanen und deren Güter bezahlen (1 Kg 10, 15).
Den Proviant für Menschen und Tiere mußten die Reisenden selbst liefern, nicht nur in der Wüste (Gen 21, 14), sondern auch bei Reisen durch bewohnte Gegenden (z. B. Jos 9, 4–6. 12–14; Ri 19, 19). Num 20, 17 ff nennt die Pflichten der Reisenden: »Wir wollen nicht durch Äcker noch durch Weinberge gehen . . . wir wollen weder zur Rechten noch zur Linken abbiegen, bis wir dein Gebiet durchzogen haben.«
4. Die verschiedenen Arten von Straßen:
a) Termini in der Bibel: Die Bibel benutzte für Straßen und Wege viele verschiedene Ausdrücke. *m·sillā* (2 Sam 20, 12 f; Jes 62, 10) meint eine Landstraße; und nach und nach verstand man darunter eine erhöhte, gepflasterte und dränierte Straße. Jes 26, 7 verwendet den Ausdruck *ma'gāl* für einen Fahrweg, der auch Ps 140, 6 und Spr 4, 26 begegnet. Jesaja erwähnt (30, 11; 33, 8 u. ö.) einen Weg oder Straße *'oraḥ,* während das Wort für Fußpfad oder Fußsteig in Ri 5, 6, Job 18, 10, Ps 77, 19, Spr 1, 15 und Jes 43, 16 vorkommt. Num 22, 24 benutzt einen Ausdruck *miš'ōl,* der (wörtlich übersetzt) einen »Hohlweg« meint; vermutlich handelte es sich um einen von Bäumen überwölbten Durchgang. Tatsächlich beziehen sich alle diese Ausdrücke für gewöhnlich auf die kleinen, örtlichen Fahrwege ländlicher Gegenden, die für die Überwindung größerer Entfernungen ohne Bedeutung waren.
b) Straßenbau: Straßen, die verschiedene Siedlungsgebiete und Länder miteinander verbanden, wurden schon in den frühesten Zeiten gebaut. Zuerst waren es lediglich enge, nur für Menschen und Lasttiere passierbare Wege und Bergpfade. In dem Maße, wie man anspruchsvollere Beförderungsmittel entwickelte, wurde der Straßenzustand eine Angelegenheit von größerer Wichtigkeit, und Regierungen und ähnliche Körperschaften sorgten für die Instandhaltung der regulären Landstraßen, hauptsächlich in der Nähe der größeren Städte. In Palästina nahm der Straßenbau in der Spätbronze- und in der Eisenzeit einen großen Aufschwung. Nach Aussage der *Amarnabriefe setzten die kanaanäischen Könige hierbei Zwangsarbeiter ein (s. *Steuern); diese Praxis wurde in der Königszeit besonders von David und Salomo fortgesetzt.
Zuerst bestand der Straßenbau in nichts anderem als der Beseitigung großer Steine und anderer Hindernisse. Die Einführung und ausgiebige Benutzung von Kriegswagen, Handelskarren und anderen Fahrzeu-

gen mag jedoch die Anlage dauerhafterer Kontruktionen veranlaßt haben. Die Bibel enthält keine direkten Belege für eine derartige Straßenbautätigkeit, und gepflasterte Straßen wurden in Palästina erst in der Römerzeit gebaut. Josephus' Mitteilung (Altertümer VIII, 7, 4), Salomo habe die nach Jerusalem führenden Wege mit schwarzen Steinen gepflastert, bezieht sich offensichtlich auf die Straßen seiner eigenen Zeit. Auf solchen Straßen reisten Paulus und die Apostel. Es ist möglich, daß stellenweise Straßen der Alten Welt zum Schutz von Privateigentum mit Steinmauern eingefriedet wurden.

Ägyptische Inschriften aus der Zeit des Neuen Reichs (14. Jhdt. v. Chr.) berichten, daß die gefährlichen Pfade der Schlucht *nahr el-kelb* bei Beirut (im Libanon) von Hindernissen befreit wurden; andererseits berichten jedoch andere Inschriften der 19. Dynastie (13. Jhdt. v. Chr.) von schlechten, durch Steine und Felsen blockierte und daher für Kriegswagen unpassierbaren Straßen. Die Mesa-Inschrift (9. Jhdt. v. Chr.) berichtet von dem Bau der »Straße« am Arnon, doch bleibt ungewiß, was damit im einzelnen gemeint ist. Die »Große Weststraße«, welche die Hethiterkönige von ihrer Hauptstadt zum Ägyptischen Meer bauten, war lediglich ein ungepflasterter Weg ohne Steine und sonstige Hindernisse. Von Straßen ist auch in den Amarnabriefen die Rede. Ein König von Kanaan verkündet: »Ich ebnete alle nach Buzruna (vielleicht Bozra im Basan) führenden Landstraßen.« Die ägyptischen Könige der 18. und 19. Dynastie, die Kanaan eroberten, besonders Thutmosis III., projektierten feste Wege für ihre nach Kanaan und Syrien vordringenden Heere. Einer von diesen war vielleicht die sehr alte Königsstraße (Num 20, 17–19), die das transjordanische Hochland durchquerte.

Der schwierigste Teil der Straße, auf der die Ägypter nach Palästina vorrückten, war der Abschnitt von *el-qanṭara* nach *el-ʿarīš* (das heute vom Suezkanal durchschnittene Gebiet). Sethos I. errichtete an dieser Straße acht Stützpunkte, deren jeder ein Fort und eine Zisterne aufwies. Diese Kombination von Verteidigungsposten mit einer viel benutzten Straße deutet auf den »Weg nach dem Philisterland« (Ex 13, 17), den die Hebräer bei ihrer Flucht aus Ägypten sorgfältig mieden (s. *Auszug aus Ägypten).

5. Internationale Hauptverkehrswege: Palästina lag an den Hauptrouten, die die Großreiche Ägypten und Mesopotamien und die kleinasiatischen Reiche miteinander verbanden. Die Hauptkreuzung dieser internationalen Routen befand sich in Aleppo in Syrien, wo der Euphrat sich westwärts gegen das Mittelmeer wendet. Von Aleppo führten in westlicher Richtung Straßen zur ägäischen Küstenlinie, in östlicher und südlicher nach Ninive und Babylon. Zuerst mußte, wer von Syrien aus ins Tal des Euphrat und Tigris wollte, um die syrische Wüste, die ihm den Weg versperrte, herumreisen.

Eine Urkunde aus Mari aus dem 18. Jhdt. v. Chr. erwähnt eine Straße, die von Qatna (*el-mišrīfe*) in Syrien über Palmyra, eine wichtige Kreuzung, wo sich eine andere, nach Damaskus führende Straße mit ihr vereinigte, zum Euphrat verlief. Die südlichste Straße verlief von Elath durch Süd-Edom nach Babylon und sodann durch das *wadī sirḥān* nach Damaskus. Eine andere Straße, die in Elath begann, verlief entlang der Ostküste des Roten Meeres, südwärts zum südarabischen Jemen, längs der Straße, auf der die Königin von Saba gereist war (vgl. *Araber, Arabien; *Nabatäer).

Ein anderer Hauptverkehrsweg – der auch in der Bibel erwähnt wird (Jes 9, 1) – war die *via maris,* der »Weg am Meer«, der Ägypten mit Babylon verband; er durchquerte die Wüste Sinai und verlief dann nordwärts entlang der philistäischen Küste – daher sein anderer Name oder seine Erweiterung: »der Weg nach dem Philisterland« (s. *Auszug aus Ägypten). Diese Straße verlief entlang der palästinischen Küste von Gaza, Askalon und Asdod nach Jaffa und wich dann vor den unpassierbaren Sümpfen der Küstenebene von Saron landeinwärts nach Aphek aus. Von Aphek führte sie nordwärts längs der Bergabhänge nach Megiddo, wo sie sich dreiteilte. Eine Abzweigung durchquerte Jokneam, Achsaph, Akko, Tyrus und Sidon und führte dann die Küste entlang nach Kleinasien. Eine zweite verlief längs den Ufern des Sees Genezareth über Hazor, Hamath und Kades und dann südlich von Abel-Beth-Maacha nach Damaskus, wo sie sich mit der dritten Straße vereinigte, die von Megiddo nach Jesreel, Beth-Sean und über den Jordan nach Damaskus führte. Von dort ging die Straße nach Duma in der syrischen Wüste und weiter nach Palmyra und Babylon.

Die Karawanen benutzten ursprünglich offenbar Esel, nach dem 11. Jhdt. v. Chr. jedoch an deren Stelle Kamele, die erstmals die Durchquerung von Wüsten er-

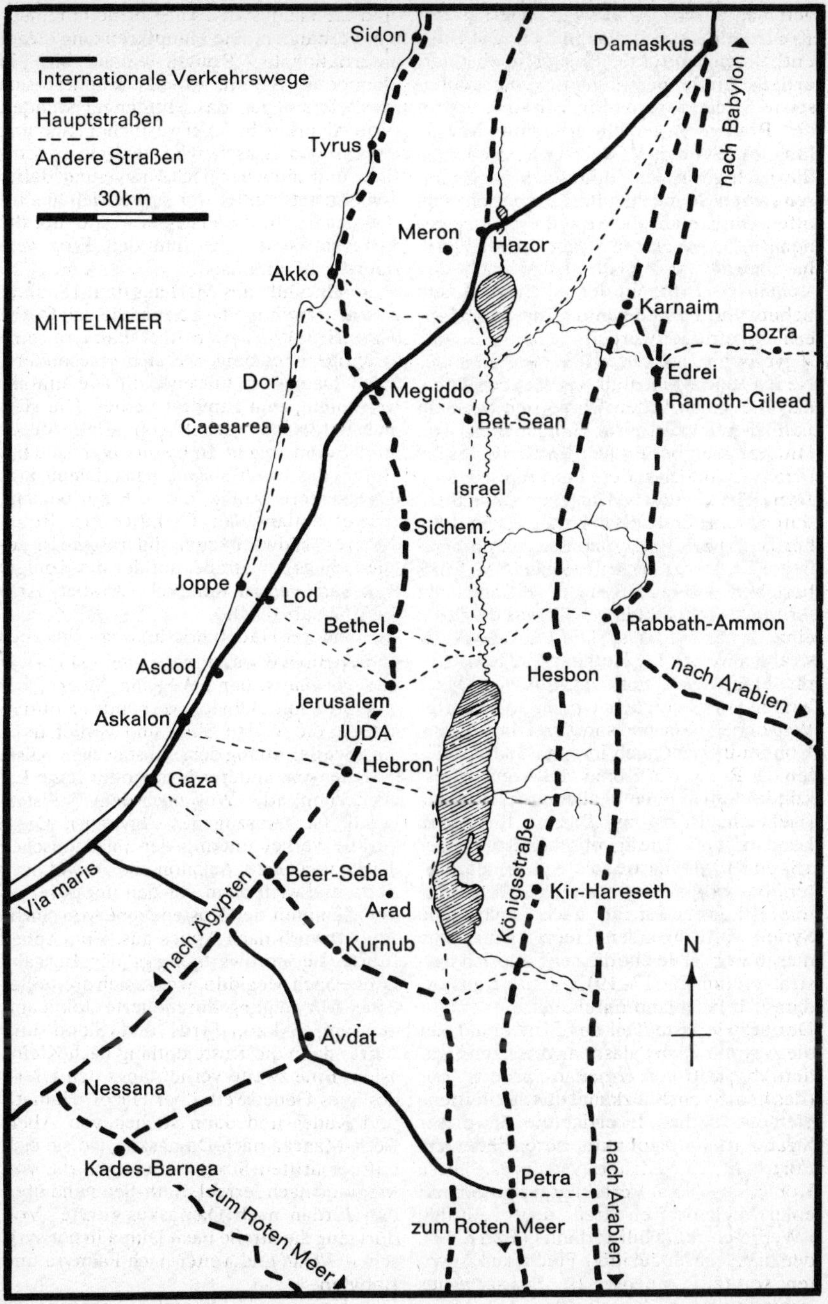

Karte 36. Straßen in Palästina

möglichten. Die Midianiter, die in der israelitischen Zeit praktisch ein Monopol auf den Handel auf den Hauptstraßen besaßen, benutzten nur Kamele (s. *Ackerbau und Viehzucht).

Eine andere Kreuzung in Damaskus war die zwischen der Küstenstraße und einer Straße, die das ganze Ostjordanland von Süden nach Norden durchquerte. Der südliche Abschnitt dieser als »Weg durch die Steppe von Edom« (2 Kg 3, 8) bezeichneten Straße hieß ursprünglich »Königsstraße« (Num 20, 17). Diese Straße und die *via maris* waren die Hauptverkehrsadern Palästinas östlich und westlich des Jordan. Ägypten und Kanaan waren neben dem an der Küste gelegenen »Weg durch das Philisterland« noch durch eine Anzahl weiterer Straßen miteinander verbunden. Eine Abzweigung dieses Weges führte von *wādī el-ariš* nach Migdol im Zentrum des Nildeltas. Ein Karawanenweg führte durch die Wüste, vereinigte sich in Kades-Barnea mit der zum Schilfmeer führenden Straße (Num 14, 25; 21, 4) und endete schließlich bei Elath (Ezeon-Geber).

Ein anderes Straßennetz, das von Elath ausging, verband den Hafen und Salomos Kupferminen (Num 33, 35; 2 Chr 8, 17) mit Beer-Seba und Jerusalem. Diese Straße war besonders wichtig, da sie die Verbindung mit der Süd- und Ost-Route nach Arabien, Ostafrika und Indien bildete.

6. Straßen innerhalb Palästinas: *a) Verbindungen im Zentrum Palästinas:* Palästina selbst besaß eine Anzahl wichtiger Binnenstraßen (s. **Karte 36**). Eine verlief längs der Wasserscheide der Berge von Juda und Samaria und passierte Samaria, Sichem, Bethel (Ri 21, 19), Jerusalem, Hebron und Beer-Seba. In Beer-Seba traf sie sich mit dem großen internationalen Hauptverkehrsweg nach dem Süden, der Sur-Straße (s. unten). Überdies verbanden viele Ost-West-Straßen, wie die von Askalon nach Hebron und Jerusalem, die Küstenebene mit Jerusalem und den Gebirgsregionen, während andere die kleineren Plätze mit den internationalen Hauptverkehrswegen verknüpften.

b) Die Ost-West-Verbindung des Negeb: Die »Königsstraße« (arab. *darb es-sulṭān*) war eine der meistbenutzten Routen durch den mittleren Negeb (den südlichen Zipfel Palästinas). Ein Teil dieser Straße wird durch die nach Ägypten führende Sur-Straße gebildet, die zur Zeit Abrahams benutzt wurde. Von Raphia nach Gaza führend, vermeidet die *darb es-sulṭān* die jäh ansteigenden, von NO nach SW verlaufenden Höhenzüge, indem sie der Araba über *naḥal ṣin* folgt (s. **Karte 36**), und durchquert dann die Araba südlich des Toten Meeres. Dies war der Weg, auf dem die Israeliten von Kades-Barnea nach Sin gelangten **(Abb. 127).**

Er ist mit den Ruinen alter Dörfer und Karawansereien besät, die Zeugen seiner Benutzung vom 4. Jahrtausend v. Chr. an bis zur römischen und byzantinischen Zeit sind. In der Zeit des Ottomanischen Reiches (15.–20. Jhdt. n. Chr.) brauchte ein Kamelreiter von Gaza bis Maan bei Petra etwa 5 Tage.

c) Straßen in nachexilischer und römischer Zeit: Die beiden das ganze Land durchquerenden Hauptstraßen wurden in der nachexilischen Zeit und unter römischer Herrschaft nach wie vor benutzt. Die erste führte längs der Küste von Alexandria über das heutige Raphia, Gaza, *Askalon nach *Asdod, sodann landeinwärts nach Lod, wo sie sich gabelte. Eine Abzweigung führte nach Jerusalem, die andere am Rande der Küstenebene über Antipatris nach Nerbata, dann zurück nach Caesarea am Meer und nordwärts nach Akko, Tyrus und Antiochien. Die andere Straße verlief entlang dem transjordanischen Hochland von Elath nach Madeba, Rabbath-Ammon (Philadelphia), Bozra und Damaskus – Binnenstraßen verbanden diese beiden miteinander und Beth-Sean mit Damaskus. Die Straße entlang des judäischen und samaritanischen Gebirges existierte noch, und viele andere kleinere Straßen verbanden die Städte des Landes miteinander.

d) Das nabatäische Straßennetz: In der Zeit der Nabatäer und Römer war die alte Ost-West-Route des *darb es-sulṭān* nur noch von untergeordneter Bedeutung. An ihrer Stelle führten Straßen von der Meeresküste über Nessana, *er-reḥēbe* und *el-ḫalaṣa,* dann nordwärts nach Beer-Seba und ostwärts nach Avdat und Kurnub, um sich mit dem nabatäischen Straßennetz nördlich, südlich und östlich von Petra zu vereinigen (s. **Karte 36**).

Im Jahre 106 n. Chr. annektierten die Römer Nabatäa und gaben ihm einen neuen Namen: Provinz Arabia. Petra, das große Wüstenhandelszentrum, blieb bis zum Ende des 2. Jahrhunderts n. Chr., als es von dem in der syrischen Wüste gelegenen Palmyra verdrängt wurde, eine der bedeutendsten Städte des alten Orients. Die römischen Legionen wurden nach Bozra, nördlich von Petra, gelegt, und römische Garnisonen waren längs der wichtigsten

Wüstenwege und -straßen stationiert (s. **Karte 36** und ein durch Pfeil bezeichnetes römisches Fort in der Araba, **Abb. 776**). Diese bildeten den *limes arabicus,* der das Binnenimperium und seine Verbindungswege schützte. Nach der Besetzung Nabatäas baute Trajan eine Nord-Süd-Verbindung, die den Meilensteinen zufolge **(Abb. 352, 353)** von Syrien über Bostra und Philadelphia (*Amman*) zum Roten Meer führte.

7. Rastplätze: Die Bibel enthält keinerlei Hinweise auf das Vorhandensein von Gasthäusern oder anderen Herbergen für die Annehmlichkeit der Reisenden. In der Perserzeit gab es an einigen Orten Logierhäuser, aber ohne Beköstigung. Proviant mußte der Reisende stets mit sich führen oder in den am Wege gelegenen Siedlungen kaufen. Gut ausgestattete Gasthäuser, in denen man Nahrungsmittel und Getränke kaufen konnte, kamen erst in späterer Zeit auf. Die des öfteren in der Bibel erwähnte »Herberge« (Gen 42, 27; 43, 21; Ex 4, 24; Jos 4, 3. 8; Jes 10, 29; Jer 9, 2) war möglicherweise ein Gasthaus, das Reisenden Wasser und Unterkunft oder eine Quelle bot, an der sie ihren Durst löschen konnten und vor Straßenräubern und Raubtieren geschützt waren. In einer solchen Herberge kehrten vielleicht Josephs Brüder ein (Gen 37, 25–28); dort konnten sie leicht auf eine Karawane von Ismaeliten stoßen. Waren sie weit von Hauptstraßen entfernt, so waren diese Gasthäuser oder Halteplätze rechteckige oder im Halbkreis angeordnete Steinhäuser ähnlich den im Negeb freigelegten und vielleicht jenem in Ex 4, 24 erwähnten. In Arabien stößt man noch heute auf ähnliche Gebäude.

Ein Reisender war jedoch den ihm begegnenden Fremden auf Gnade und Ungnade ausgeliefert. Das Gesetz des Moses macht den Israeliten Gastfreundschaft gegen Reisende nicht ausdrücklich zur Pflicht, doch scheint sie nach Gen 18, 1ff; 24, 31 und Ex 2, 20 ein Gebot der Höflichkeit gewesen zu sein, das man achtete, z. B. Job 31, 32: »Nie nächtigte der Fremdling auf der Gasse, dem Wandersmann tat ich auf meine Türen.«

Es gab in den großen Städten keine Logierhäuser, doch konnten die Karawanen dort stets Freunde unter den Bewohnern des Kaufleuteviertels finden. Die seltenen Einzelreisenden und kleinere Reisegruppen konnten auf die Gastfreundschaft der Ortsansässigen rechnen (2 Sam 17, 27–29; Jes 21, 14 f). Die Seewege von und nach Palästina s. *Schiffahrt.

Synagoge

Gliederung: 1. Ursprung und Organisation. a) Ursprung; b) Zweck der Synagoge; (1) Tempel und Synagoge; (2) Thoralesung; (3) Gebet; (4) Öffentliche Versammlung; c) Lage einer Synagoge; d) Organisation; e) Ausstattung; (1) Baustil; (2) Schrein und menorā. 2. Synagogen in Palästina. a) Zeugnisse des Neuen Testaments; b) Synagogen in Jerusalem; c) Synagoge von Caesarea; d) Synagogen in Galiläa; (1) Kapharnaum; (2) Beth-Schearim; (3) Mosaikfußboden. 3. Synagogen der Diaspora. a) Ägypten; b) Dura-Europos; c) Römerreich.

1. Ursprung und Organisation: *a) Ursprung:* Der genaue Ursprung der Einrichtung ist dunkel. Manche Gelehrte haben versucht, Zeugnisse dafür zu finden, daß sie schon in alttestamentlicher Zeit bestanden hat, jedoch wird das hebräische Wort für Synagoge (*bēt k·nessæt* = Versammlungshaus) nirgends verwendet. Ps 74, 7 f »sie haben Dein Heiligtum verbrannt... sie haben alle Gotteshäuser verbrannt« steht der Ausdruck *mōʿadē-'ēl* (Begegnungsort mit Gott), und die frühen Bibelübersetzer Symmachus und Aquila (Onkelos) haben das durch das griechische Wort Synagoge wiedergegeben. Viele Exegeten weisen diesen Psalm der Makkabäerzeit zu und beziehen den Ausdruck auf Synagogen. Anderen scheint diese Datierung des Psalms zu spät, und sie deuten die Stelle auf die Zerstörung des Tempels von 586 v. Chr. Aber ganz abgesehen von der Deutung dieses einen Verses ist es wahrscheinlich, daß lange vor der Makkabäerzeit Synagogen existiert haben.

Ein älterer griechischer Ausdruck, *proseuchē,* d. h. »Gebetsstätte«, begegnet in einer Inschrift aus Schedia (Ägypten) aus der Mitte des 3. Jahrhunderts v. Chr. (s. *Inschriften). Der gleiche Ausdruck ist in Apg 16, 13 verwendet und bezieht sich auf »Versammlungshaus« und »Synagoge« des Talmud. Als Gebäude, wo sich die Gemeinde zum Gottesdienst versammelte, erwähnen die Evangelien und die Apostelgeschichte die Synagoge etwa 50mal (von Mt 4, 23 an; s. unten).

Die Zerstörung des ersten Tempels bedeutete das Ende des Opferdienstes, denn dieser war nur in Jerusalem selbst möglich. Um die damit entstandene Lücke auszufüllen, versammelten sich die Juden, um die Thora zu lesen und um zu beten. Solche Zusammenkünfte konnten nicht den Tempel ersetzen, aber ein Teil des Rituals in der Synagoge galt als symbolisches Opfer, z. B.

sollte das Morgen- und Nachmittagsgebet die regelmäßigen Brandopfer im Tempel ersetzen. Davon, daß man den Tempel abschaffen könnte, war jedoch keine Rede. Man hat noch in späteren Zeiten die Zeugnisse, wie bedeutsam er für die Juden war (s. *Hasmonäer).

Die überwiegende Meinung geht heute dahin, daß die Synagogen in Babylon während der Zeit des *Exils aufkamen. Als Zeugnis für gemeinsame Gebetsorte dort führt man Ez 11, 16 b und Esr 8, 15–20 an. Eine andere Ansicht über den Ursprung der Synagoge trägt Prof. Y. Baer vor: daß sie in Palästina in der Zeit zwischen dem ersten und dem zweiten Tempel, wo das Volk an bestimmten Tagen zu öffentlichem Gottesdienst zusammenkam, ohne Opfer darzubringen, aufkam.

Aus den alten Texten läßt sich nichts Genaueres erschließen. Jeder Versuch, ein genaueres Datum anzugeben, muß Vermutung bleiben. Wahrscheinlich entstanden die Synagogen allmählich als Ergebnis zweier Ursachen: erstens infolge des starren Festhaltens am einzigen Heiligtum, während die Errichtung von Gebetsorten ohne Opfer außerhalb Jerusalems gestattet war, und zweitens infolge der außerordentlichen Bedeutung des *Gesetzes Israels für Erziehung und Gemeinschaftsleben. Die Belehrung war zu jeder Zeit im Rahmen der Synagoge so wichtig wie das Gebet. In der Zeit Esras und Nehemias (s. *Restauration und Perserzeit, Esra und Nehemia), als man auf das Lernen der Thora und die Ausbreitung ihrer Lehre unter dem Volk so großes Gewicht legte, scheinen passende Orte für diese Zwecke schon bestanden zu haben. Nirgends jedoch sind Synagogen ausdrücklich erwähnt; auch haben die Ausgrabungen keine Spuren von Synagogen aus dieser Zeit aufgedeckt.

Nach einer anderen Auffassung (Krauss) ist die Synagoge aus den *ma'amadōt* entstanden. Das sind Gruppen, die im Turnus wechseln, nämlich Priester und Laien, die zusammenkamen, wenn die Priester des betreffenden Distrikts das Opfer in Jerusalem darbrachten, der herkömmlichen Sitte gemäß, daß bestimmte Gruppen von Priestern von verschiedenen Orten in festgesetzten Abständen den Dienst am Tempel zu versehen hatten.

Geschriebene Zeugnisse bei *Josephus (gegen Apion II, 17) und Philo (Leben des Moses III, 27) sowie eine Reihe von Talmudstellen zeigen, daß damals die Synagogen schon lange bestanden haben. Sicher ist, daß im 1. Jhdt. n. Chr. die Synagogen, wo immer Juden lebten, sei es in Palästina oder sonstwo, eine feste Einrichtung waren. Die Inschrift Theodots (s. unten 2 b) bezeugt die Existenz einer Synagoge in Jerusalem auf dem Tempelberg schon für Ende des 1. Jahrhunderts n. Chr. Die ältesten Überreste von Synagogen aber haben sich in Ägypten, nicht in Palästina, und zwar seit dem 3. Jhdt. v. Chr. gefunden.

b) Zweck der Synagoge: (1) Tempel und Synagoge: Solange der Tempel stand, wurde in den Synagogen durch die *ma'amadōt* das Gesetz verlesen, nach dem die Riten im Tempel vollzogen wurden. So wurde dem Opferdienst im Tempel und den anderen gottesdienstlichen Handlungen Hingebung und Miterleben gesichert. Nach der Zerstörung des Tempels blieb dieses Gesetz die grundlegende Heilige Schrift der Synagoge und wirkte dahin, die Hoffnung auf die Wiederherstellung des Tempels lebendig zu erhalten. Der tägliche Gottesdienst in der Synagoge, der an die Stelle der Tempelriten trat, fand zur gleichen Tageszeit und unter dem gleichen Namen statt wie die drei täglichen Opfer im Tempel.

In keiner Weise war die Synagoge ein Wohnraum für die Gottheit. Sogar als Stätte des Gottesdienstes unterschied sie sich in jeder Weise von allem, was es bis dahin auf der Welt gegeben hatte. Man hielt dort religiöse Übungen ab, ohne das Privileg von Opfer oder einem Allerheiligsten und ohne daß die Gegenwart eines Priesters notwendig war.

Wenngleich die Synagoge niemals die Stellung des Tempels übernahm, veränderte sich allmählich das Schwergewicht. Im Tempel war das Zeremoniell der Mittelpunkt der Gottesverehrung, soweit Laien daran teilnahmen (das war zwar nicht die Absicht, wie die Lehre der Propheten zeigt, aber es wurde tatsächlich so). In der Synagoge dagegen galt alle Aufmerksamkeit dem Gesetz. Das regelmäßige Studium, das Sprechen und Ausüben von Gottes Willen erhielt hier eine Bedeutung für den Laien, wie sie unter den Bedingungen des Tempeldienstes unmöglich gewesen war. Das Lesen und die Auslegung der Thora war die Hauptaufgabe der Synagoge. Die christliche Sitte beim kirchlichen Gottesdienst aus der Heiligen Schrift zu verlesen, läßt eine ähnliche alteingewurzelte Sitte in den Synagogen erschließen. Später trat das Gebet mehr in den Vordergrund, aber beide Tätigkeiten bestanden nebeneinander.

Noch bezeichnender ist es, daß die Synagoge ihrem Wesen nach eine Einrichtung der Laien war. Sie ist das bedeutendste und dauerhafteste System einer Laienführerschaft in der Religionsgeschichte überhaupt. Jeder Jude konnte die Thora verlesen, die Versammlung leiten und, wenn er die Gabe hatte, zu seinen Genossen reden. Überall konnten zehn Juden eine beschlußfähige Vereinigung *(minjān)* bilden und eine Synagoge organisieren. War ein Priester zugegen, so wurde ihm Ehrerbietung erzeigt, aber er hatte keine besondere Rolle beim Gottesdienst. Im Gegensatz zum religiösen Leben im Tempel und zu allen heidnischen Religionen des Altertums, die alle von Priestern geleitet wurden, war dies eine einzigartige, bemerkenswerte Abweichung.

(2) Thoralesung: Esra hatte bestimmt, daß die Thora nicht nur am Sabbat und an den Festtagen gelesen werden sollte, sondern auch jeden Montag und Donnerstag. Man konnte die ganze Thora auf diese Weise im Laufe eines Jahres oder nach einem anderen Plan im Laufe von drei Jahren durchnehmen. Wo man das Hebräische nicht hinreichend verstand, las man die Thora Satz für Satz und erklärte sie sofort anschließend. Die Auslegung des Gesetzes bediente sich zuerst der aramäischen Sprache. Es ist wahrscheinlich, daß die mehr umschreibenden Übersetzungen, die heute Pseudo-Jonathan und die palästinische heißen, die älteren sind, während die heute meist gebrauchte, aramäische Fassung mit Namen Onkelos (Aquila) jüngeren, babylonischen Ursprungs ist, aus einer Zeit, als man strengere Genauigkeit der Übersetzung verlangte. Die Targume der Propheten usw. (s. *Bibelübersetzung) sind auch heute noch Ausmalungen. Wenn der »Abschnitt« verlesen war, folgte ein Kapitel aus den Propheten *(haftarāh)* als Gesang (Apg 13, 15).

Neben der Bibellesung entwickelte sich der Brauch, eine Predigt über die wichtigsten Punkte der eigentlichen Lesung anzufügen. Im NT wird an zahlreichen Stellen erwähnt, wie die Apostel von Gemeinde zu Gemeinde wanderten, um in den Synagogen zu predigen (Apg 16–18).

(3) Gebet: Eine vorgeschriebene Gebetsform ist zwar zuerst zur Zeit des Patriarchen Simon ben Gamaliel nach der Zerstörung des Tempels niedergeschrieben worden (Berakot 4, 3 f), aber das Gebot muß aus viel älterer Zeit stammen. Abraham, Hanna, Jeremia und andere beteten nach eigenem Antrieb. Das Buch der Psalmen ist zum Teil zu liturgischen Zwecken geschrieben. Aus Dan 6, 13 geht hervor, daß in der Hasmonäerzeit die Sitte, dreimal am Tag zu beten, schon fester Brauch war. Noch heute gebräuchliche Segensformeln, die hoffnungsvoll von der Erneuerung des alten Rituals in einem wieder aufgebauten Jerusalem reden, sind offenbar nach der Zerstörung des zweiten Tempels abgefaßt. Aus der gleichen Zeit stammt die Fluchformel gegen die *mīnīm* (Sektierer, Häretiker), die sich hauptsächlich gegen die Judenchristen richtete, die anfangs ebenso wie andere jüdische Sektierer ihrer Zeit weiterhin die Synagoge besuchten. Das Wort *mīnīm* wurde später durch *malšīnīm* (Verleumder) ersetzt, aber der ursprüngliche Gebetstext ist jetzt in der Geniza (Ablage von beschädigten Manuskripten) von Kairo gefunden worden.

(4) Öffentliche Versammlung: Abgesehen von ihrer Hauptaufgabe diente die Synagoge auch als Mittelpunkt des jüdischen Gemeindelebens. Man sammelte hier für Notleidende, und manchmal verteilten die Führer die gesammelten Gelder auf der Stelle. Es gibt auch Zeugnisse dafür, daß die Synagoge wie manche heidnische Kultstätten oft der Ort war, wo Sklaven freigelassen wurden. In direkter Nachbarschaft wurden Herbergen für Reisende und Bekken für rituelle Waschungen errichtet. Die Inschrift des Theodotus erwähnt, daß er neben seiner Synagoge eine Herberge und Becken errichtete.

c) Lage einer Synagoge: Es gab keine eigenen Regeln über die Lage oder Gestalt einer Synagoge; Pflicht war nur, daß eine Synagoge an jedem Ort errichtet werden sollte, wo zehn oder mehr männliche Juden waren. Das Gebäude mußte so angelegt sein, daß die Besucher gegen Jerusalem gerichtet waren. Gewöhnlich erbaute man die Synagogen auf Anhöhen (so die alte Synagoge von Esthemo südlich von Hebron, die jetzt eine Moschee ist), in den Küstenstädten am Meer oder am Ufer von Flüssen und Seen (so die Synagoge in Hamath-Tiberias; vgl. Apg 16, 13).

Man konnte auch ein Gebäude, das ursprünglich nicht als Synagoge gebaut war, zu diesem Zweck herrichten. War die Synagoge einmal eingeweiht, so war sie heiliger Boden, und man verlangte ehrerbietiges Benehmen in ihr und ihr gegenüber.

Man kann allgemein sagen, daß überall da, wo eine jüdische Gemeinde blühte, auch eine Synagoge vorhanden war, obwohl natürlich die Tatsache sich nicht immer archäologisch nachweisen läßt.

d) Organisation: Man erbaute die Synagoge aus privaten Spenden. War sie fertig, so konnte sie einem einzelnen gehören, häufiger aber wurde sie Eigentum der Gemeinde.

Zur Römerzeit leitete sie ein Archisynagogos (Synagogenvorsteher; vgl. Apg 18, 8; Mk 5, 22; Lk 8, 41), der das offizielle Haupt der Gemeinde war. Neben ihm standen andere Beamte *gérontes* (Älteste), Synagogenväter, und in nachtalmudischer Zeit ein Hazan. Der Hazan war ursprünglich ein höherer Tempelbeamter und ein wichtiges Glied der Gemeinde und hatte wenig Ähnlichkeit mit dem Kantor, auf den später der Titel überging.

e) Ausstattung: Im Laufe der Zeit änderte sich die Ausstattung der Synagoge. Die frühen Synagogen waren sehr einfach, wohl den strengen Grundsätzen der ersten großen Lehrer gemäß, doch bestanden schon sehr schöne Synagogen in der alexandrinischen und antiochenischen (frühchristlichen) Zeit. Die Thorarollen wurden in einem beweglichen Behälter aufbewahrt, unter Umständen hoch oben an der Wand. Dieser wurde unter Gebeten heruntergeholt und an einem bestimmten Platz, gewöhnlich weiter unten, niedergelegt. Die häufigste Form des Thoraschreins wies einen Spitz- oder Dreiecksgiebel bzw. einen Rundgiebel auf, der wiederum die Gestalt einer Muschel hatte. Der Schrein selbst darf nicht mit der Nische (etwa der Muschelnische von Kapharnaum) verwechselt werden. Die Nischen waren keine Schränke, sondern Abstellplatz für Thoraschreine (Galling).

(1) Baustil: Da der Gottesdienst keinen sakramentalen Mittelpunkt hatte, setzte sich ein basilikaartiger Baustil durch, bisweilen mit einer Säulenreihe auf der Eingangsseite und mit Bänken an den Wänden entlang. Der innere Raum blieb frei. Als einziger Schmuck konnte ein Relieffries die Eingangsseite verzieren oder in späteren Synagogen ein kunstvoller Mosaikboden. Ein gesonderter Platz war für die Frauen reserviert. Im 3. Jhdt. n. Chr. wurde eine Galerie über der Halle dazu bestimmt. Auch diese war oft verziert.

Im Detail gab es große Verschiedenheiten. Manche Basiliken bestehen aus einem einzigen Hallenraum mit dem Portikus und Türen an der Längsseite. Andere bilden einen Komplex von mehr als zehn Räumen. Nach J. W. Crowfoot waren die meisten größeren Kirchen in Syrien, Palästina und Griechenland ebenfalls nach dem üblichen römischen Plan einer dreischiffigen Basilika gebaut, so die Kirche in Bostra östlich des Jordan, deren Aufriß die Rekonstruktion **Abb. 781** zeigt.

(2) Schrein und menorā: Man hat gesagt, daß die Synagoge eine Nachahmung des Tempels gewesen sei. Das darf man zwar nicht buchstäblich nehmen, es ist aber richtig, daß sie gewisse Analogien in der Symbolik ihres Baues bewahrt hat, z. B. wird der Schrein für die Gesetzesrolle gewöhnlich von Löwen beiderseits eingefaßt (so in Chorazin und *kafr bir'im* **Abb. 785**). Nach M. Avi-Yona ist das wahrscheinlich eine Analogie zu den Keruben des Tempels. Ferner ist der siebenarmige Leuchter des Tempels (die *menorā;* **Abb. 787**) entweder als ein richtiger Leuchter oder unter den Verzierungen am Schmuck des Baues auch in den meisten Synagogen zu finden. Manche Gelehrte meinen, daß die Synagoge ursprünglich nichts mit dem Tempel zu tun hatte, aber allmählich, namentlich nach dessen Zerstörung, gewisse Vorbilder aus dem Tempel übernahm.

2. Synagogen in Palästina: Aus literarischen Quellen und archäologischen Funden geht als sicher hervor, daß es in ganz Palästina Synagogen gab.

a) Zeugnisse des Neuen Testaments: Wie bedeutsam die Synagogen in der Frühzeit des Judenchristentums waren, ergibt sich aus dem NT, das viele Namen erwähnt: in Antiochien, Damaskus, Ephesus, Thessalonich, Athen, Korinth u. a. Josephus berichtet, daß die heiligen Kupfergefäße aus dem Tempel zur Zeit des Antiochus Epiphanes in die Synagoge von Antiochien gebracht wurden. Antiochien war eine große Stadt mit einer bedeutsamen jüdischen Gemeinde. Dort entstand einer der ersten Sitze der frühen Christenheit (s. *Christentum, Frühgeschichte; *Paulus [Saulus] von Tarsus).

b) Synagogen in Jerusalem: Im Jerusalemer Talmud (83,4) steht als Ausspruch des Rabbi Josua ben Levi, daß es 480 Synagogen in Jerusalem gab. Eine andere Überlieferung (Ketubbot 105, 71) gibt die Zahl 394 an.

Die Mischna erwähnt (Joma 7, 1; Sota 7,7 f), daß im Tempelbezirk eine Synagoge stand, und die Inschrift des Theodotos auf dem Berg Ophel in Jerusalem bestätigt dies. Diese Inschrift **(Abb. 207)** in griechischer Sprache berichtet, daß Theodotos ben Vettenos, Sohn und Enkel eines Archisynagogos, die Synagoge für die Verlesung des Gesetzes und die Unterweisung in den Geboten, dazu ein Gasthaus, Räume und Wasserversorgung für unterkunftbedürftige Reisende errichten ließ. Offensichtlich wurde die Synagoge zwei Generationen vor der Zerstörung des Tempels errichtet, aber von ihr sind keine Spuren vorhanden. Man glaubt, daß die Synagogen für Leute aus der Diaspora, von denen Apg 6, 9 spricht (s. *Christentum, Frühgeschichte 1 i), von der gleichen Art waren und die Inschrift selbst aus der Synagoge der »Libertiner« stammt.

c) Synagoge von Caesarea: Diese Synagoge wurde wichtig bei den Ereignissen, die zum zweiten römischen Feldzug führten, der mit der Zerstörung des Tempels endete. Zwischen Juden und Griechen brach ein Zwist aus um das Recht auf Zuweg zur Synagoge (Josephus, Jüdischer Krieg II, 14, 4). Von einer Synagoge aus dem 3. Jhdt. n. Chr. sind bei der Ausgrabung von Caesarea 1961 Reste und Inschriften gefunden worden (s. *Caesarea am Meer). Vielleicht lag sie an derselben Stelle wie zur Zeit des Paulus **(Abb. 201, 202).**

d) Synagogen in Galiläa: Nach dem Talmud (Berakot 8, 71) gab es allein in Tiberias 13 Synagogen, und Josephus erzählt, daß eine darunter gewaltige Ausmaße hatte und eine große Versammlung fassen konnte. Nach dem Krieg des *Bar-Kochba war Tiberias eine Zeitlang die Hauptstadt von Galiläa. So braucht die Zahl der Synagogen nicht wunderzunehmen. In Hamath-Tiberias hat man eine Synagoge aus dem 4. Jhdt. n. Chr. ausgegraben **(Abb. 779, 780),** und unter ihr scheint eine Synagoge aus dem 1. Jhdt. n. Chr. zu liegen. Nach Tiberias folgte an Bedeutung Sepphoris, das ebenfalls mehrere Synagogen besaß. Unter der Kirche wurde eine Synagoge aufgedeckt, die man als die *kenīštā d·gofnā* (Synagoge des Weinstocks) bezeichnet. In ähnlicher Weise hat man in *ǧeraš* in Transjordanien eine Kirche über einer Synagoge aus dem Anfang des 2. Jahrhunderts n. Chr. gefunden. Auch hier war also die Synagoge in eine Kirche verwandelt worden.

Durch das NT sind die Synagogen von Kapharnaum **(Abb. 782,** Relief der Lade) und Chorazin berühmt. Man hat zwar reiche architektonische Verzierungen dort gefunden, aber die Synagogen beider Orte, von denen die Verzierungen stammen, sind nicht vor Ende des 2. Jahrhunderts oder Anfang des 3. Jahrhunderts n. Chr. errichtet. Man kann immerhin schließen, daß andere vorher vielleicht an derselben Stelle gestanden haben.

Ein besonders interessanter Fund aus der Synagoge von Chorazin ist ein Stein mit der Inschrift »Sitz des Moses« **(Abb. 786).** Er war für den höchstgelehrten, angesehensten Ältesten der Gemeinde bestimmt und stand offenbar dicht beim Schrein. Unter den übrigen ausgegrabenen Synagogen dieser Zeit sind die interessantesten die von *kafr bir'im* oder *k·far bar'ām* **(Abb. 791),** *Beth-Sean, Meron, *gus-ḥālāv* (Gischala), Hamath, Nirim **(Abb. 789),** Maon und Beth-Schearim 15 km westlich von Nazareth.

(1) Kapharnaum: Kapharnaum liegt an der Nordküste des Sees Genezareth. Der weiße Kalkstein seiner Synagoge hebt sich scharf gegen den schwarzen Basalt ab, aus dem die meisten Bauten der Stadt bestehen. Die Synagoge ist eine Basilika mit Säulenreihen, die an drei Seiten des Gebäudes die Galerie für die Frauen trugen. Der Eingang mit einem Hauptportal und zwei Seitenportalen ist nach Jerusalem gerichtet. Der Boden ist mit Mosaiksteinchen ausgelegt und an drei Außenwänden entlang verliefen je zwei Bänke. Die männlichen Teilnehmer des Gottesdienstes saßen entweder auf diesen Bänken oder auf Matten im Hauptschiff mit dem Gesicht gegen den Eingang. In die Mauern waren mehrere Fenster eingelassen und über dem Haupteingang ein großer, offener Bogen mit eingepaßtem Eisengitter. Die Kanzel *(bēmā),* von der aus die Predigten gehalten wurden, befand sich dicht bei den Pfeilern oder der Plattform an der Vorderseite der Synagoge. Der Hauptgegenstand der Einrichtung war der Schrein, in dem man die Gesetzesrollen aufbewahrte. Östlich des Gebäudes befand sich ein trapezförmiger Hof mit einer Eingangshalle. Man beachte den Davidstern, der in Stein gemeißelt ist **(Abb. 783). Abb. 784** zeigt Papst Paul VI. vor dem Mosaikfußboden.

(2) Beth-Schearim: Diese Synagoge bestand aus einer Basilika mit einem Innenhof, einer Terrasse an der Eingangsseite und einer Reihe von Seitenhöfen und Kammern. Mauern und Boden waren mit Marmorplatten verkleidet, die Reliefschmuck trugen. Die gefundenen Inschriften zeigen, daß die Synagoge auch als Gerichtsraum diente. Es gibt Anzeichen dafür, daß diese Synagoge an der Stelle eines einfachen Baues aus dem 2. Jhdt. n. Chr. steht, aus der Zeit des Rabbi Juda ha-Nassi (s. *Rabbiner; *Mischna).

(3) Mosaikfußboden: Die Synagoge von Hamath-Gadar aus dem 6. Jhdt. n. Chr. bewahrte einen wunderschönen Mosaikfußboden, auf dem auch die Anschriften der Spender stehen und ein großer Kreis

Abb. 779, 780. Reste einer Synagoge aus Hamath-Tiberias (4. Jhdt. n. Chr.) und ein dort gefundenes Mosaik: Frau als Jahreszeiten-Symbol

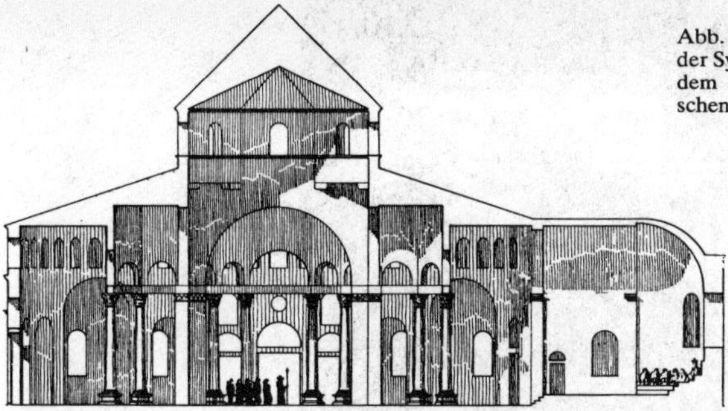

Abb. 781. Rekonstruktion der Synagoge in Bostra (nach dem Grundriß einer römischen Basilika erbaut)

Abb. 782. Teile der Baudekoration einer Synagoge von Kapharnaum (Ende 2. Jhdt. n. Chr.)

Abb. 783. In Stein gemeißelter Davidstern aus der Synagoge von Kapharnaum

Abb. 784. Papst Paul VI. bei der Besichtigung der Mosaiken der Synagoge von Kapharnaum

Abb. 785. Löwe am Gesetzesschrein der Synagoge von *kafr bir'im*

Abb. 786. Stein aus der Synagoge von Chorazin mit der Inschrift »Sitz des Moses«

Abb. 787. Der siebenarmige Leuchter, die Monora, als Dekoration in einer Synagoge

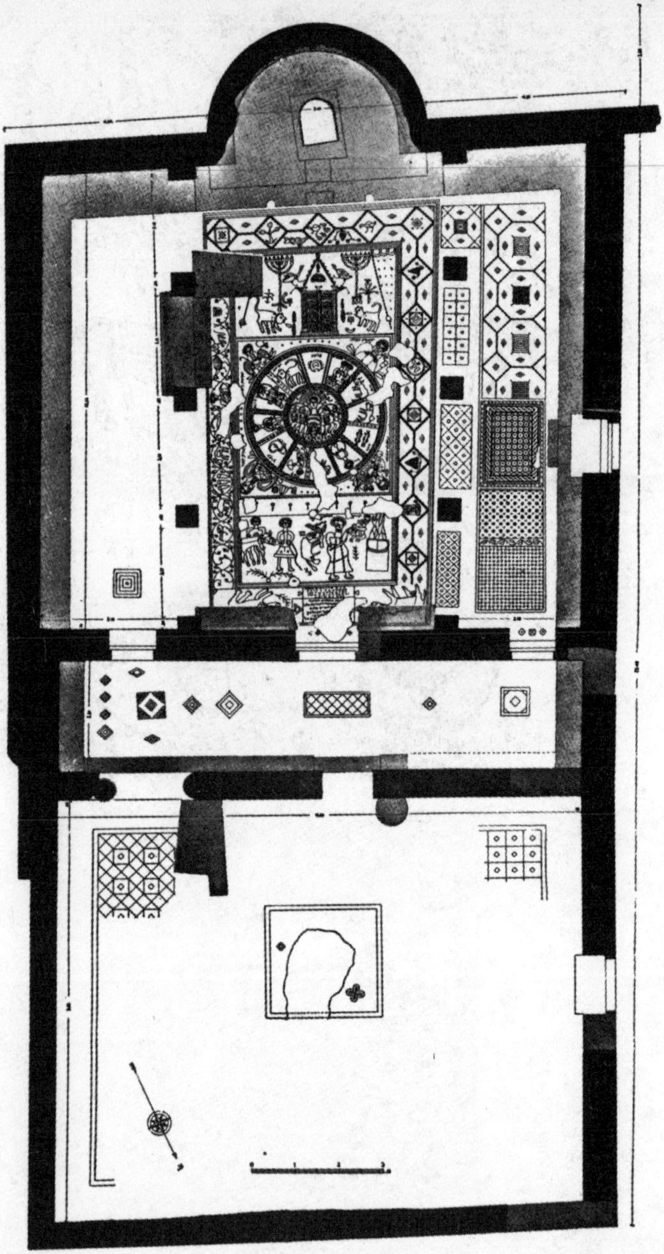

Abb. 788. Grundriß und Mosaik der Synagoge in Beth-Alpha aus dem 6. Jhdt. n. Chr. Das Mosaik zeigt einen Tierkreis

Abb. 789. Mosaik der Synagoge von Nirim (2. oder 3. Jhdt. n. Chr.)

Abb. 790. Fresken aus der Diaspora-Synagoge von Dura-Europos (3. Jhdt. n. Chr.)

Abb. 791. Torbogen der Synagoge von *kafr bir'im* (2.–3. Jhdt. n. Chr.)

mit den Sternbildzeichen des Tierkreises. Er erinnert an einen anderen aus der Beth-Alpha-Synagoge (Grundriß und Mosaik **Abb. 788;** vgl. **Abb. 120).** Wahrscheinlich stammt die Ähnlichkeit daher, daß dieselben Künstler die beiden Böden verfertigt haben und auch das Mosaik der Synagoge von Beth-Sean. Auf den Mosaiken in Hamath-Tiberias, die 200 Jahre älter sind als die von Beth-Alpha, ist der Plan der Zeichnung im ganzen derselbe, aber die Art der Arbeit ist gänzlich verschieden, und zwar beim älteren Beispiel weit besser (vgl. **Abb. 780,** die eine die vier Jahreszeiten symbolisierende Frau darstellt).

An mehr als 50 Orten des historischen Palästina (d. h. des heutigen Israel und Jordanien) sind Reste gefunden worden, die auf noch viel zahlreichere Synagogen schließen lassen, die bestanden haben müssen. Bis 1963 hat man von keiner Synagoge aus der Zeit vor dem 1. Jhdt. n. Chr. Funde machen können, vermutlich, weil die Gebäude im Verlauf der zwei Kriege mit Rom (66–73 und 131–135 n. Chr.) dem Boden gleichgemacht worden waren. Y. Yadin behauptet aber, jetzt die Reste einer Synagoge aus dem 1. Jhdt. n. Chr. in Masada aufgedeckt zu haben. Die Mehrzahl der gefundenen Synagogen stammt aus Galiläa. Dagegen wurden in *kafr bir'im* und *guš ḥālāv* mehr als eine Synagoge am selben Ort gefunden. Die ausgegrabenen Gebäude waren mit vielfarbigen Mosaiken, Steinmustern, korinthischen Kapitälen und sorgsam gearbeiteten Simsen und Giebeln geschmückt. Die Türstürze waren mit Reliefs verziert. Die Synagoge von *kafr bir'im* hat auch einen von Säulen umschlossenen Vorhof. Außer dem Tierkreis und geometrischen sowie anderen Tier- und Pflanzenmustern gab es auch Zeichnungen zu biblischen Erzählungen, z. B. in Beth-Alpha die nicht ausgeführte Opferung des Isaak (s. unterer Teil des Mosaiks **Abb. 788).**

Der Schutz, den die jüdische Religion und ihre Synagogen in der früheren Römerzeit genossen, wurde durchbrochen, als das Römerreich christlich wurde (4. Jhdt. n. Chr.). In der byzantinischen Zeit (5.–6. Jhdt. n. Chr.) wurden viele Synagogen zerstört, andere in Kirchen umgewandelt, und es wurde verboten, neue zu erbauen oder bestehende zu vergrößern.

3. Synagogen der Diaspora: Schon als der erste Tempel noch stand, gab es Juden im Exil, aber eine wesentliche Bedeutung erhielt die Diaspora erst seit der Perserzeit, und sie breitete sich in der hellenistischen und Römerzeit über das ganze Gebiet des Mittelmeers aus (s. *Hellenismus und jüdische Diaspora). Wie stark sie war, läßt sich daran ermessen, daß der römische Senat in der Zeit Simons des *Hasmonäers Briefe erließ, in denen die römischen Agenten in verschiedenen Gebieten davor gewarnt werden, an Ausschreitungen gegen die Juden teilzunehmen (1 Makk 15). Juden wohnten tatsächlich in der ganzen griechisch-römischen Welt und darüber hinaus in Mesopotamien. Es muß betont werden, wie sehr die Synagoge die Juden der Diaspora zusammenhielt und Nichtjuden zu ihrem monotheistischen Glauben heranzog. Die Synagogen der Diaspora standen unter staatlichem Schutz, waren dem König gewidmet und als unverletzlich erklärt (Elbogen). Im größten Teil der griechisch-römischen Welt außerhalb Palästinas wurde der Gottesdienst in griechischer Sprache gefeiert. Die Türen der Synagoge standen jeden Sabbat offen und übten eine große Anziehung auf die Heiden aus und boten heidnischen »Gottesfürchtigen« einen Zufluchtsort.

a) Ägypten: Die ältesten Reste von Synagogen sind in Ägypten ausgegraben worden. Nahe bei Alexandrien hat man in den Ruinen einer Synagoge eine griechische Inschrift gefunden, die Ptolemäus III. Euergetes und seiner Gemahlin gewidmet ist. Die Inschrift datiert das Gebäude in das 3. Jhdt. v. Chr. Eine andere Inschrift aus der gleichen Zeit erwähnt das Asylrecht der Synagoge. Noch berühmter war die große Synagoge von Alexandrien selbst. Sie ist bei Philo erwähnt (in der Gesandtschaft an Gajus) und war berühmt wegen ihrer Größe und Schönheit (Talmud, Sukka 46), wurde aber in der Zeit Trajans bei den Unruhen zwischen Juden und Griechen zerstört (s. *Bar-Kochba). Die jüdische Gemeinde in Alexandrien war groß und bedeutend und hatte noch eine Reihe anderer Synagogen in der Stadt. Wenn die Griechen die Juden ärgern wollten, so versuchten sie, Statuen des römischen Kaisers in den Synagogen aufzustellen.

Von Synagogen in anderen ägyptischen Städten kennen wir am besten die von Atribis im Süden des Delta.

b) Dura-Europos: Im östlichen Syrien, an der Grenze zwischen Parthern und Römern, ist bei der Ausgrabung der Stadt Dura-Europos die Ruine einer Synagoge, welche mit einer Reihe von eindrucksvollen Fresken dekoriert war **(Abb. 790),** zutage gekommen. Dort fanden sich Darstellungen aus den Lebensgeschichten von Jakob, Moses, Aaron, David, Salomo und

Esther; außerdem waren die Visionen Ezechiels, der Untergang der Ägypter im Roten Meer, der Prophet Elia und andere biblische Themen abgebildet. Der Versammlung gegenüber gab es zudem drei bedeutsame Darstellungen des Salomonischen Tempels. Dieser Bau stammt aus dem 3. Jhdt. n. Chr., war aber offensichtlich auf den Ruinen einer anderen Synagoge aus dem 2. Jhdt. n. Chr. erbaut, die aus einem Privathaus umgebaut war. Auch dort befand sich ein »Sitz des Moses«. Wahrscheinlich gehörte das Haus ursprünglich dem Samuel ben Jedaja, dem Älteren, der die Synagoge erbaut hat.

Die Gelehrten weisen auf viele Ähnlichkeiten zwischen den Darstellungen von Dura und frühchristlichen Kunstwerken hin. Die frühchristliche Kunst verdankt der Synagoge vieles. Synagogen und Kirchen wurden gleichermaßen gewöhnlich als Basiliken erbaut, und der Einfluß der Synagoge ließe sich in vielen Einzelheiten der christlichen Kunst nachweisen (s. oben 4e).

c) Römerreich: In Ostia, dem Hafen Roms, erwies die Ausgrabung von 1961 das Bestehen einer jüdischen Gemeinde schon im 1. oder 2. Jhdt. v. Chr. In einer dort entdeckten Synagoge aus dem 1. Jhdt. n. Chr. befand sich ein Sockelrelief in Marmor, das den goldenen Leuchter des Salomonischen Tempels darstellte. Größe und Ausführung der Synagoge weisen auf eine große und wohlhabende Gemeinde hin.

In Stobi (bei Monastir) in Jugoslawien bestand eine bedeutende jüdische Gemeinde vom 2. Jhdt. n. Chr. an. Natürlich errichtete sie eine Synagoge. Stobi gilt als ältestes Beispiel der sogen. »apsidalen« Synagoge, die gegen Ende des 4. Jahrhunderts vielleicht unter Einfluß der christlichen (apsidalen) Basilika auftauchte (Galling). Auf den Inseln Delos und Ägina gab es Synagogen schon aus dem 2. Jhdt. v. Chr. Auf einer Inschrift aus Delos steht, daß das Gebäude dem El Eljon geweiht war.

In Hammam-Lif, dem alten Naro in der Kyrenaika (Nordafrika), hat man ein schönes Mosaik und dazu eine lateinische Inschrift gefunden. Diese Synagoge erinnert durch die Motive und den Charakter der Dekorationen an die afrikanischen Villen aus der Kaiserzeit und scheint aus dem 3. oder 4. Jhdt. n. Chr. zu stammen (Elbogen). Lateinische Inschriften waren in den Synagogen selten. Gewöhnlich schrieb man dort griechisch oder aramäisch. Wir wissen auch von anderen Orten rund um das Mittelmeer, daß es dort Synagogen gab, z. B. in Milet und Priene.

Schon im 4. Jhdt. n. Chr. hat Rabbi Abin die Darstellung von Menschen auf Mosaiken erlaubt. Er gab damit wahrscheinlich nur die Bestätigung für einen schon allgemein üblichen Brauch. Da das jüdische Dogma streng zwischen dem Bild und dem Wesen des dargestellten Dinges unterscheidet, ließ es die Darstellung biblischer Szenen zu. Das sehen wir an den Mosaikböden der Synagogen von Beth-Alpha und Hamath. In der Spätzeit des Altertums, besonders nach dem 6. Jhdt. n. Chr., verlor die Kunst der Synagoge die frühere griechisch-klassische Schönheit und folgte dem orientalisierenden Zug der byzantinischen Kunst.

Synoptische Evangelien

Gliederung: 1. Der literarische Befund. 2. Ältere vorliterarische Formen. 3. Die Quelle Q und die Zweiquellentheorie. 4. Formgeschichte der Evangelien.

1. Der literarische Befund: Die drei ersten Evangelien sind eng miteinander verwandt, in Wortwahl und Aufbau des Stoffes stimmen sie weitgehend überein. Man kann deshalb die Texte spaltenweise nebeneinander stellen, um Übereinstimmungen und Unterschiede gleichsam mit einem Blick zu überschauen. Eine solche parallele Zusammenstellung der Texte nennt man »Synopse« (griech. Zusammenschau), und die drei ersten Evangelien heißen »synoptische Evangelien«, ihre Verfasser »Synoptiker«.

Die erste Synopse wurde 1774 von dem protestantischen Theologen Griesbach in Halle veröffentlicht. Bis um diese Zeit war man in kirchlichen Kreisen allgemein der Ansicht, daß die kanonische Reihenfolge der Evangelien (Matthäus, Markus, Lukas) auch der chronologischen Folge ihrer Abfassung entspreche. Das Markusevangelium hielt man mit Augustinus für einen verkürzten Auszug aus dem Matthäusevangelium.

Als die synoptischen Evangelien einem gründlichen Studium unterworfen wurden, zeigte es sich immer mehr, daß das *Markusevangelium vor den beiden anderen synoptischen Evangelien geschrieben sein müsse. Matthäus und Lukas stimmen meist gerade in den Abschnitten überein, die sie mit Markus gemeinsam haben, und dies oft noch in der gleichen Reihenfolge.

Der weitaus größte Teil des Markusstoffes findet sich auch bei Matthäus und Lukas. Ein genauer Vergleich hat ergeben, daß von den 661 Versen des Markusevangeliums über 600 im Matthäusevangelium und über 350 auch im Lukasevangelium zu lesen sind. Im allgemeinen folgen Matthäus und Lukas der von Markus gebotenen Anordnung des Stoffes, und oft genug ist auch am griechischen Wortlaut nur wenig verändert. Vom gesamten Markusevangelium (abgesehen vom späteren Zusatz Mk 16, 9–20) erscheinen nur etwa 30 Verse nicht bei den zwei anderen Synoptikern. Wenn das Markusevangelium uns plötzlich verlorengehen sollte, könnten wir es fast vollständig auf der Grundlage von Matthäus und Lukas rekonstruieren. Matthäus und Lukas haben etwa 240 Verse gemeinsam, die Markus nicht enthält. Vorwiegend handelt es sich dabei um Redestoff. Außerdem haben die drei Evangelien jeweils ihr eigenes Sondergut, Markus etwa 30, Matthäus 350 und Lukas 548 Verse. Dieser literarische Befund nötigt zu der Annahme, daß Matthäus und Lukas zumindest eine gemeinsame schriftliche Quelle benutzt haben, das Markusevangelium. Die Übereinstimmungen sind so zahlreich und oft so präzis, daß ein Zufall ausgeschlossen ist.

Trotz der auffallenden Ähnlichkeiten unterscheiden sich die drei synoptischen Evangelien doch ganz beträchtlich. Das Matthäusevangelium ist z. B. durch seine fünf großen Redekompositionen gekennzeichnet. Die erste und bekannteste von ihnen ist die Bergpredigt. Eine ähnliche, wenn auch kürzere Rede bietet auch das Lukasevangelium (»Feldrede«). Markus enthält dagegen nur wenig Redestoff, obwohl er die Tatsache, daß Jesus lehrte, sehr oft betont. Der neutestamentlichen Wissenschaft ist es längst klar geworden, daß wir in den Evangelien keine »Biographie« Jesu im neuzeitlichen Sinn des Wortes suchen dürfen, sondern »nur« das apostolische Kerygma (= Predigt) über das, was Jesus getan und gelehrt hat (vgl. Apg 1, 1). Die Evangelien sind Zeugnisse für den Glauben der ersten Christen (d. h. auch schon der zweiten und dritten christlichen Generation), aber sie gründen auf dem historischen Faktum der Erscheinung Jesu von Nazareth.

2. Ältere vorliterarische Formen: Es gibt auch andere Vorschläge zur Lösung der synoptischen Frage. Die sog. »Traditionshypothese« möchte alle drei Evangelien auf die gemeinsame mündliche Überlieferung zurückführen. Aus dieser Quelle hätten Matthäus, Markus und Lukas unabhängig voneinander geschöpft. Heutzutage wird diese Hypothese nur noch von wenigen Gelehrten, z. B. von J. Jeremias vertreten, auch wenn man die Rolle der mündlichen Tradition wieder höher einschätzt als in den vergangenen Jahrzehnten. Eine andere Hypothese, die schon von G. E. Lessing vorgetragen wurde und auch heute noch manche Anhänger findet, ist die Annahme eines aramäischen Urevangeliums. Da ein solches Dokument weder in der kirchlichen Tradition bezeugt wird, noch sich Spuren von ihm erhalten haben, bleiben viele Möglichkeiten, sich den Weg von dieser gemeinsamen aramäischen Quelle bis hin zu unseren griechisch geschriebenen Evangelien zu denken. Auch die in neuerer Zeit mit viel Gelehrsamkeit vorgelegte Hypothese eines der besten Kenner der aramäischen Sprache, des amerikanischen Philologen C. C. Torrey, die alle Evangelien als Übersetzungen aus dem Aramäischen erklären möchte, hat nicht überzeugt. Gewiß verrät sich hinter der griechischen Diktion unserer Evangelien oft genug ein aramäischer Sprachhintergrund, aber Übersetzungen oder auch nur Bearbeitungen von aramäischen Originalen sind sie nicht. Wie sollte man es sonst erklären, daß verschiedene Übersetzer unabhängig voneinander das gleiche griechische Wort, den gleichen griechischen Satz gewählt haben?

Richtig ist jedoch, daß die Synoptikerforschung viel mehr als bisher auf die den Evangelien zugrunde liegenden vorliterarischen Formen achten muß. Dies führt zunächst zu der schwierigen Frage der Markusquellen. Auch Markus hat seinen Stoff selbstverständlich nicht selber geformt, sondern schon zum größten Teil – wenn auch über viele Quellen und kleinere Zusammenstellungen verstreut – vorgefunden. Einige dieser vormarkinischen Einheiten lassen sich noch erkennen (Sammlung von Streitgesprächen, Wunderzyklen, Leidensgeschichte). Ein anderes nicht völlig geklärtes Problem bieten die immerhin zahlreichen Übereinstimmungen zwischen Matthäus und Lukas gegenüber Markus in den mit Markus gemeinsamen Abschnitten. Da nach fast allgemeiner Ansicht Matthäus und Lukas unabhängig voneinander entstanden sind, könnten diese oft frappanten Übereinstimmungen ihren Grund darin haben, daß beide Evangelisten neben ihrer Markusvorlage auch noch die Quelle kannten, aus der Markus den betreffenden Abschnitt entnommen hatte.

Man hat sich ferner gefragt, ob Matthäus und Lukas nicht vielleicht eine andere, frühere Ausgabe des Markusevangeliums vor sich hatten, in der etwa Mk 6, 45–8, 26 (die »große Auslassung« des Lukasevangeliums) gefehlt hat. Alle Versuche aber, einen »Urmarkus« zu rekonstruieren, sind erfolglos geblieben. Es erscheint deshalb sinnvoller, die Abweichungen der beiden anderen Synoptiker vom Markustext durch ihre bewußte Redaktionsarbeit zu erklären.

Wir können also annehmen, daß Markus von Matthäus und Lukas als Quelle benutzt wurde. Damit ist aber das synoptische Problem nur zum Teil gelöst, denn es bleibt die Frage, woher Matthäus und Lukas ihre etwa 240 gemeinsamen Verse, die nicht im Markusevangelium stehen, genommen haben. Da diese zweite Quelle der beiden Großevangelien nicht mehr als selbständiges Dokument erhalten ist, wird sie in der Synoptikerforschung mit dem Sigel »Q« (= Quelle) bezeichnet.

3. Die Quelle Q und die Zweiquellentheorie: Die Quelle Q muß eine Sammlung von zumeist Herrenworten gewesen sein, und es ist durchaus möglich, daß es verschiedene Rezensionen dieses hypothetischen Dokuments gegeben hat. Vielleicht erklären sich die Abweichungen innerhalb des Q-Materials zwischen Matthäus und Lukas durch das Vorhandensein solcher variierender Ausgaben. Man nimmt gewöhnlich an, daß Q älter als Markus ist und der mündlichen aramäischen Überlieferung nähersteht. Einige Gelehrte bestreiten Q überhaupt den Charakter einer schriftlichen Quelle und betrachten sie als eine wachsende mündliche Traditionsschicht.

Es ist jedoch sehr fraglich, ob die Annahme einer nur mündlichen Quelle Q dem literarischen Befund gerecht wird. Matthäus und Lukas stimmen auch in den Q-Abschnitten oft bis aufs Wort überein, und in vielen Fällen lassen sich die Abweichungen als bewußte redaktionelle Korrekturen verstehen. Die Quelle Q muß also zumindest eine in griechischer Sprache fixierte Tradition gewesen sein. Über ihren ursprünglichen Umfang ist nur zu sagen, daß man ihn nicht auf die Matthäus und Lukas gemeinsamen Abschnitte beschränken darf. Ob Markus Q gekannt hat, wird sich wohl nie mit Sicherheit entscheiden lassen (*Markusevangelium).

Der Kirchenhistoriker Eusebius (HE 3, 39, 15) hat eine Stelle aus den Büchern des Bischofs Papias von Hierapolis (um 140) aufbewahrt, über deren Sinn sich die Gelehrten seit Jahrhunderten streiten. Es heißt da, Matthäus habe die »Logien« in »hebräischer Sprache« zusammengestellt, und es habe sie »jeder interpretiert, wie er es konnte« (d. h. ins Griechische übersetzt). Lange Zeit war man der Ansicht, mit den »Logien« könne nur die Quelle Q gemeint sein; doch setzt sich immer mehr die Erkenntnis durch, daß Papias ohne jeden Zweifel unser kanonisches Matthäusevangelium ansprechen wollte. Da aber Matthäus ganz sicher eine originalgriechische Schrift und keine Übersetzung aus dem Hebräischen oder Aramäischen ist, bleibt die Notiz des Papias rätselhaft.

Obwohl die Theorie, daß Matthäus und Lukas hauptsächlich zwei Quellen, das Markusevangelium und Q, benutzt haben, fast in der gesamten neutestamentlichen Wissenschaft anerkannt wird, kann sie doch längst nicht alle Fragen der Synoptikerforschung beantworten. So gibt sie uns keine Auskunft, woher Matthäus und Lukas ihr umfangreiches Sondergut geschöpft haben, und auch nicht, welche Quellen hinter dem Markusevangelium selber stehen.

4. Formgeschichte der Evangelien: Die formgeschichtliche Methode ist entstanden aus einem Unbehagen an der bloßen Literarkritik. Aus dieser Einsicht heraus riefen mehrere Gelehrte nach dem Ersten Weltkrieg – unabhängig voneinander – eine neue Methode der Evangelienforschung ins Leben, die sog. Formgeschichte. Wie ihr Name sagt, geht es hier zunächst um die einzelnen »Formen« oder literarischen Gattungen, die sich in den Evangelien finden, z. B. Streitgespräche (z. B. Mk 3, 1–6 um die Sabbatheilung; 10, 1–9 um die Ehescheidung; 12, 13–17 um die Erlaubtheit der Kaisersteuer); Wundergeschichten (z. B. Mk 1, 40–45; 4, 35–41); Geschichten, die Ereignisse des Lebens Jesu zum Gegenstand haben (Taufe, Versuchung, Verklärung, Leidensgeschichte); ferner die verschiedenen Formen des Redestoffes; Weisheitsworte, Ichworte, Gesetzesworte, Gemeinderegel und schließlich die Gleichnisse. Mit der Einteilung des Stoffes ist es aber noch nicht getan. Die wichtigere Aufgabe besteht darin, das lebendige Werden dieser literarischen Formen, ihren Ursprung, ihre Entwicklung, kurz: ihre »Geschichte«, zu verfolgen. Zu diesem Zweck müssen die Traditionsstücke in ihr jeweiliges Ursprungsmilieu, die judenchristliche Urgemeinde oder die frühen hellenistischen Gemeinden, hineingestellt werden, und man muß nach den konkreten Anlässen fragen, die zur Entstehung und Bildung dieser oder jener Überlieferung geführt haben. Trotz mancher Übertreibungen und

Einseitigkeiten hat die Formgeschichte ihr Programm mit bewundernswertem Scharfsinn durchgeführt und in erheblichem Maße zum besseren Verständnis der synoptischen Evangelien beizutragen vermocht.

T

Tempel

Gliederung: 1. Erster, Salomonischer Tempel. a) Lage; b) Salomonischer Tempel; c) Teile des Tempels; (1) ūlām; (2) hēkāl; (3) d·bbīr; (4) die jāsīa'; d) Ausstattung; (1) Bundeslade; (2) Altäre; (3) Bronzenes Meer; (4) Jachin und Boas; e) Parallelen und Einflüsse; f) Göttliche Gegenwart; g) Der Tempel im Leben Israels; h) Gottesdienst. 2. Der zweite Tempel nach dem Exil und unter Herodes. a) Wiederaufbau; b) Tempelgottesdienst; c) Der Tempel in griechisch-römischer Zeit; d) Tempel des Herodes; e) Gebäude des Tempels; f) Widerstand der Sekten gegen den Tempel; g) Zerstörung des zweiten Tempels.

1. Erster, Salomonischer Tempel: Der erste Tempel in Jerusalem und seine Ausstattung ist im AT an drei Stellen beschrieben: 1) 1 Kg 5–7, 2) die entsprechenden Stellen in 2 Chr 2–4 (die noch ausführlicher sind), 3) Ez 40–43. Die ersten beiden Beschreibungen decken sich ziemlich; die Tatsache, daß die Chronikstelle mehr Einzelheiten gibt als das Königsbuch, schrieben einige Gelehrte dem Umstand zu, daß dem Chronisten Urkunden, die fast noch aus der Zeit des Baues stammen, zugänglich waren. Über die Beschreibung bei *Ezechiel sind die Meinungen geteilt. Manche Gelehrte halten sie für vollständig fingiert, während andere sie für einen Augenzeugenbericht aus der Zeit des Serubabel ansehen (s. *Restauration und Perserzeit, Esra und Nehemia). Es ist auch möglich, daß Ezechiel den Tempel so beschrieb, wie er kurz vor der Zerstörung 586 v. Chr. gewesen ist, nachdem er seit Salomos Regierung allerlei Veränderungen und Ausbesserungen erfahren hatte. Aus archäologischen Befunden an anderen Tempeln (s. unten) wird die Ansicht wahrscheinlich, daß Ezechiels Beschreibung den Tempel schildert, wie er ihn aus der Zeit vor dem Exil in Erinnerung hatte. Die biblischen Texte sind jedenfalls die einzigen Quellen über die Eigentümlichkeiten des Tempels, und einige ihrer technischen Ausdrücke sind in ihrer Bedeutung ungewiß. Der Vergleich mit den Ausgrabungen erleichtert es, die geschriebenen Zeugnisse zu verstehen (s. *Jerusalem).

a) Lage: Als Ort des Tempels kann man den Teil des östlichen Hügels von Jerusalem ansehen, den jetzt die breite Terrasse einnimmt (14 Hektar), die den Namen *ḥarām eš-šerīf* trägt (vornehmes Heiligtum). Viele Gelehrte verlegen den Tempel dicht an den heiligen Felsen *(eṣ-ṣaḥra,* **Abb. 793b**), um den herum der Felsendom gebaut ist, den man weniger passend auch Omar-Moschee nennt **(Abb. 793 a).** Der Kalif Abd el-Malek hat ihn im 7. Jhdt. n. Chr. errichtet **(Abb. 392).** Der Felsen könnte der Platz des Brandopferaltars gewesen sein, den 1 Chr 21, 22 mit dem Dreschplatz des Ornan (2 Sam 24, 16 Arauna genannt) gleichsetzt. Dann würde der Tempel gleich westlich von diesem Felsen gestanden haben. Diese Ansicht läßt sich nicht gut annehmen, denn die Höhe fällt von dem Felsen steil ab, so daß dann das Allerheiligste (*d·bbīr*) von einem gewaltigen Unterbau hätte getragen sein müssen. Eine andere, alte Ansicht (für die in gewissem Maß auch eine rabbinische Tradition spricht, daß die Oberfläche des Felsens im Allerheiligsten sichtbar war) setzt den großen Altar über den Felsen. Die zur Wahl stehende Lösung, den Felsen als den Ort des Allerheiligsten und nicht des Altars anzusetzen, begegnet auch unüberwindlichen Schwierigkeiten. Der Felsen hieß *æbæn štījā* (Grundstein) und galt als der Grundstein von Himmel und Erde. Manche meinen, daß das Jesuswort (Mt 16, 18) von dem Felsen, auf dem er seine Kirche bauen will, den Felsen meint, auf dem das Heiligtum der Bundeslade gestanden hatte. Aber auch das ist nur Vermutung.

b) Salomonischer Tempel: Nach der Bibel dauerte der Bau von Salomos Tempel sieben Jahre vom 5. bis zum 11. Jahr seiner Regierung (1 Kg 6, 37 f). Bei der Arbeit halfen ihm phönikische Handwerker, die ihm zu diesem Zweck Hiram, der König von Tyrus, überließ. Dieser lieferte ihm auch vertragsmäßig Bauholz vom Libanon. Die Israeliten wurden beordert, die Masse der Arbeitskräfte zu stellen, aber die gelernten Arbeiter waren Phöniker (2 Chr 2, 7–14). Einige Materialien, darunter die goldenen Barren, die für die heiligen Gegenstände verarbeitet wurden, hatte schon David bereitgestellt (1 Chr 22).

Aus allen Beschreibungen geht hervor, daß der Tempel ein Langhausbau aus drei Teilen war (den vermutlichen Grundriß gibt **Abb. 794):** dem *ūlām* (Vorhof A), dem *hēkāl,* dem Hauptheiligtum für den Gottesdienst, später das Heilige genannt, B, und dem *d·bbīr,* C, dem Allerheiligsten, das Jahwe vorbehalten war und die Bundeslade enthielt. Diese Teile standen hintereinander in gerader Linie. Der ganze Tempel hatte Ost-West-Orientierung, wobei die Vorhalle *ūlām* nach Osten schaute. Die Fundamente des Tempels bestanden aus behauenem Stein und aus Zedernholz, d. h. aus Pfosten auf der steinernen Unterlage, die das Mauerwerk zusammenhielten.

c) Teile des Tempels: (1) ūlām: Das Wort stammt aus dem akkadischen *ellamu*. Es bezeichnete die äußere Halle, die als Vorplatz diente, und hatte den Zweck, die weltlichen und die heiligen Teile des Heiligtums gegeneinander abzugrenzen. Sie war 10 Ellen lang und 20 Ellen breit (die Elle zu etwa 0,45 m; s. *Gewichte und Maße). Ihr Eingangstor lag auf der Breitseite und war 14 Ellen breit. Der Eingang stand der aufgehenden Sonne gegenüber und war flankiert von zwei freistehenden Pfeilern, Jachin und Boas genannt. Die Höhe des *ūlām* ist nicht angegeben, aber sie muß gegen 20 Ellen betragen haben.

(2) hēkāl: Auch das Wort *hēkāl* stammt aus dem Mesopotamischen von sum. *egal*, akk. *ekallu*, was ursprünglich großes Haus, dann Tempel und Heiligtum bedeutet. Vom *ūlām* führte ein Tor aus Zypressenholz 10 Ellen breit in das *hēkāl*. *Ūlām* und *hēkāl* werden als Einheit behandelt (1 Kg 6, 2), genauer gesagt, sie bildeten zusammen das Haus oder den Tempel. Das *hēkāl* war weitaus der größte Raum des Tempels, 40 Ellen lang, 20 Ellen breit und 30 Ellen hoch. Es war durch vergitterte Fenster schwach erleuchtet, deren Öffnungen nach außen breit, nach innen zu enger waren.

(3) d·bbīr: Der dritte, innerste Teil war das Allerheiligste. Sein Raum maß nach jeder Richtung 20 Ellen und war dazu bestimmt, die Bundeslade und die Cherubim aufzunehmen. Nach Jes 6, 1 war sein Fußboden höher als der übrige Tempel, und es hatte keine Fenster (in altorientalischen Tempeln stand die *cella* etwas höher als der sonstige Raum; wo das nicht der Fall war, stand das verehrte Götterbild selbst auf einer erhöhten Plattform). Vom *hēkāl* zum *d·bbīr* führten Stufen und eine Eingangstür von 6 Ellen Weite. Nach Meinung einiger Gelehrten trennte es eine dünne Mauer vom *hēkāl* (Ez 41, 3) oder ein Vorhang wie in der Stiftshütte, deren Bild durch die Erinnerung an den Salomonischen Tempel angeregt sein mag (s. *Stiftshütte und Bundeslade).

(4) Die jāṣīa' (Seitengebäude): Die *jāṣīa'* war ein Seitengebäude, das den Tempel stützte und ihn an drei Seiten umgab (abgesehen vom *ūlām* und der Front). Sie bestand aus drei ganz niedrigen Stockwerken, jedes Stockwerk um eine Elle breiter als das darauffolgende. So war das unterste Stockwerk 5 Ellen breit, das zweite 6, das dritte 7. Die gesamte Höhe der *jāṣīa'* betrug nur 15 Ellen. Sie war also niedriger als der Mittelraum. In jedem Stockwerk waren ungefähr 30 Räume oder Gewölbe, in denen man alle die Gefäße und Werkzeuge, die bei den Opferriten verwendet wurden, und andere Gegenstände, die nicht regelmäßig gebraucht wurden, nebst den Weihgeschenken für den Tempeldienst aufbewahrte. Wann die *jāṣīa'* gebaut worden ist, darüber sind die Meinungen geteilt. Manche Gelehrte halten sie für eine nachexilische Erweiterung am Tempel des Serubabel (s. *Restauration und Perserzeit, Esra und Nehemia). Andere nehmen an, daß sie mit dem übrigen Tempel zusammen zu Salomos Zeit oder vielleicht in der Königszeit nach Salomo (9.–8. Jhdt. v. Chr.) erbaut wurde.

Als Gesamtlänge des Tempels (s. Grundriß **Abb. 792)** werden 100 Ellen angegeben, als seine Breite 50 (mit *ūlām* 60 Ellen). Das Verhältnis von Länge zu Breite ist also 2:1, was bei Tempeln des Vorderen Orients im Altertum häufig ist. Es ist auch eine klare Proportion unter den Toren, die desto enger wurden, je weiter man nach innen kam. Der äußere Eingang war 14 Ellen breit, das mittlere Tor 10 und das innerste Tor 6.

Wie andere semitische Heiligtümer stand der Tempel in der Mitte eines Hofes, der der innere Vorhof hieß (1 Kg 6, 36) im Gegensatz zum großen Vorhof, der Tempel und Palast zugleich einschloß. Der innere Vorhof wurde später auf Kosten des großen Hofes erweitert (2 Chr 20, 5).

d) Ausstattung: (1) Bundeslade: Die Bundeslade ist eingehend im Artikel *Stiftshütte und Bundeslade behandelt. Sie stand im *d·bbīr* mit dem *kappôræt* und den Cherubim und repräsentierte den Thron Jahwes.

(2) Altäre: Es gab zwei Altäre im Tempel. Der kleinere bestand aus Zedernholz und war mit Blattgold geschmückt. Er stand im *hēkāl* vor dem Eingang zum Allerheiligsten und auf ihm wurden die Weihrauchopfer dargebracht. Der größere Altar bestand aus Bronze und diente für die Brandopfer. Er stand im inneren Vorhof vor der Fassade des Tempels und war von einem Graben umgeben. (Seine Beschreibung stammt hauptsächlich aus dem Buch Ezechiel.) Er war 10 Ellen hoch und in Stufen gebaut, eine über der anderen, wo-

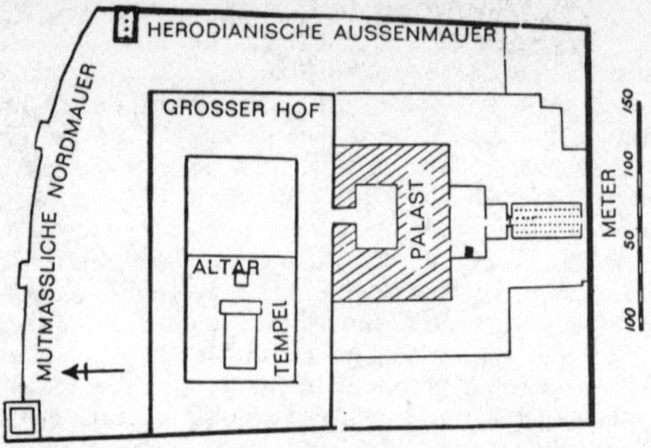

Abb. 792. Grundriß des Tempelplatzes in Jerusalem

Abb. 793 a, b (unten, rechts oben). Der heilige Felsen im Felsendom (Omar-Moschee) in Jerusalem (7. Jhdt. n. Chr.)

Abb. 794. Nach den Beschreibungen des Alten Testaments rekonstruierter Grundriß des ersten Tempels. A: Die Vorhalle; B: Das Heilige; C: Das Allerheiligste

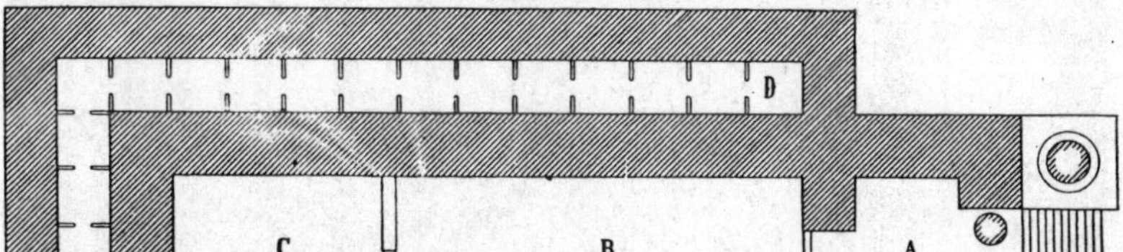

Abb. 795. Rekonstruktion des großen Altars, der sich auf dem Vorplatz des Jerusalemer Tempels erhob

Abb. 796 a. Nachbildung des Ehernen Meeres

Abb. 796 b. Steinbassin aus Zypern

Abb. 797. Zum Tempeldienst benötigte Kultgegenstände

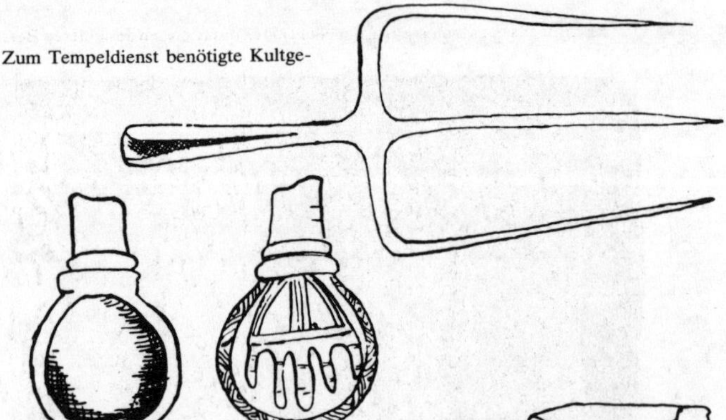

Abb. 798. Modelle der beiden Bronzesäulen Jachin und Boas, die den Eingang zum Tempel von Jerusalem flankierten

Abb. 799. Waschschüssel auf Gestell (für Opfer-Riten) aus Megiddo

Abb. 800. Gefäß auf Gestell aus Ugarit

Abb. 801. Säulenkapitell aus Megiddo

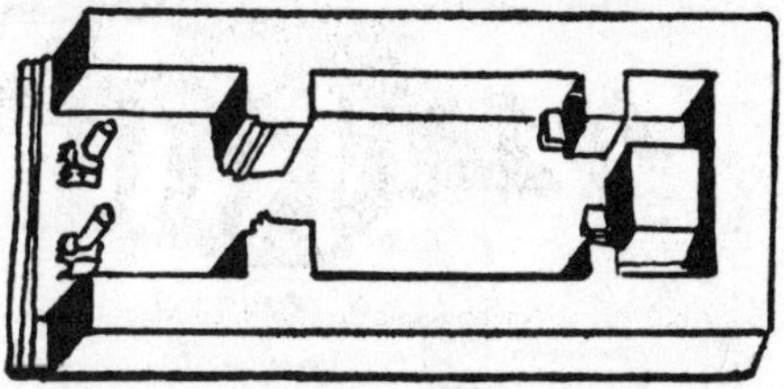

Abb. 802. Skizze des Kleinen Tempels von *tell ta'jīnāt*

Abb. 803. Inschrift aus der Römerzeit, in der Nichtjuden das Betreten des inneren Bezirks des Tempels verboten wird

Abb. 804. Der siebenarmige Leuchter, die Menora, wurde bei der Zerstörung des Herodianischen Tempels als Siegestrophäe mit nach Rom geschleppt (Darstellung auf der Titussäule)

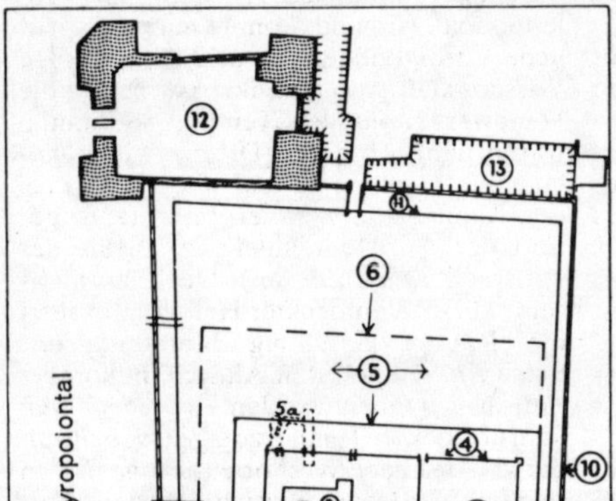

Abb. 805. Plan des Herodianischen Tempels. 1. Altar und Israelitenhof; 2. Heiliger Felsen und Tempelgebäude; 3. Frauenhof; 4. Tempelmauern, die den heiligen Bezirk abgrenzen; 5. Fremdenhof; 5a. Baptisterium; 6. Grenze des Tempelberges; 8.–11. *Tempelplattform des Herodes:* 8. Westmauer, 9. Südmauer, 10. Ostmauer, 11. Nordmauer; 12. Burg Antonia; 13. Teiche von Bethsea; 14. Aquädukt; 15. Wilson-Bogen; 16. Robinson-Bogen

bei immer ein kleiner Absatz von einer Stufe zur anderen führte **(Abb. 795).**
Die Unterlage oder unterste Stufe hieß »Schoß der Erde« (so ist die genaue Übersetzung des Ausdrucks bei Ez 43, 14), und die oberste hieß *har'el,* d. h. Berg Gottes. Das ist ein Rest von Weltsymbolik, die vielleicht von anderen altorientalischen Vorstellungen beeinflußt ist und den Tempel als Abbild der Welt betrachtete. An den vier Ecken des *har'el* waren vier Hörner befestigt in der Form von Auswüchsen. Wozu sie dienten, ist nicht deutlich (s. *Opfer). Ähnliche Hörner hat man in großer Anzahl oben auf Räucheraltären aus Kalkstein in *Megiddo, *Gezer und anderswo gefunden. Manche Gelehrte halten diesen Altar für eine spätere, zusätzliche Ausstattung durch König Ahas, der ihn dem Altar, den er in Damaskus gesehen hatte, als er dorthin gegangen war, Tiglatpilesar aufzuwarten (2 Kg 16, 10, s. *Israel und Juda 4; *Assyrien und Israel; *Aramäer), nachbildete. Die Namen der Altarteile bestätigen diese Ansicht, da eine ähnliche Ausdrucksweise auch in Mesopotamien vorkommt. (Die religiöse Bedeutung der Altäre wird im Artikel *Opfer behandelt. Über Altäre aus dem israelitischen Heiligtum von *tell 'arād* vgl. *Arad.)
(3) Bronzenes Meer: Im Hof südöstlich des Tempels stand aus Bronze gegossen ein großes »Meer, sein Rand war gestaltet wie der eines Bechers, wie die Blüte einer Lilie«. Vier Gruppen stilisierter Rinder, immer drei Rinder in einer Gruppe, trugen es (wie in **Abb. 796a**). Nach 1 Kg faßte es 2000 *bāt,* während 2 Chr von 3000 *bāt* spricht (W. F. Albright und R. B. Y. Scott rechnen 1 *bāt* = 22 Liter; s. *Gewichte und Maße). Die besten Erläuterungen dazu gaben die Steingefäße von *Amathus* in Zypern **(Abb. 796 b)** und von *Megiddo.
Die Bibel erwähnt auch zehn Gestelle mit Rädern (»Maschinen«); auf jedem lag ein Bronzewaschgefäß, in dem man die Opfertiere zu waschen pflegte. Solche Gestelle hat man auch in Zypern und Megiddo gefunden **(Abb. 799).** Unter der Tempelausstattung werden auch Schalen und Kohlenpfannen aufgeführt. Geräte wie auf **Abb. 797** und Kessel für rituelle Zwecke sind in den Heiligtümern in Mesopotamien und Syrien geläufig. Man hat bei den Ausgrabungen von Ugarit allerlei gefunden, was die biblischen Beschreibungen leichter verständlich macht. Oft setzte man die Behälter auf Standgerüste oder Räder **(Abb. 800).**
(4) Jachin und Boas: Auf der Eingangsseite des Tempels vor der Vorhalle standen 2 Bronzesäulen mit den Namen Jachin und Boas. Sie standen frei, waren also nur Schmuckstücke ohne einen konstruktiven Zweck im Bau, etwa wie das Modell **Abb. 798.** Sie waren sorgfältig verziert und trugen Bronzekapitäle, die man sich ähnlich vorstellt wie das Säulenkapitäl **Abb. 801** aus Megiddo. Sie waren 23 Ellen hoch und maßen 12 Ellen im Umfang. W. F. Albright hat vermutet, daß sie ungeheure Weihrauchständer gewesen seien, während R. de Vaux meint, sie seien die herkömmlichen Stelen *massebōt,* die bei allen altkanaanäischen Heiligtümern vorhanden waren. Der Name der Säulen bleibt ein Rätsel. R. B. Y. Scott hält sie für »Schlüsselworte« in irgendeinem Motto, das den Segen Gottes für Davids Dynastie erflehte.
e) Parallelen und Einflüsse: Die vorstehende Beschreibung gibt ein allgemeines Bild vom Plan und der Ausstattung des ersten Tempels. Wie und woher der Plan stammt, ist ungewiß. Früher suchten die Gelehrten das Vorbild in Ägypten (das zu Salomo in enger Beziehung stand), in der ägäischen Kultur oder in Mesopotamien, zumal viele Ausdrücke in der Beschreibung des Tempels vom Akkadischen abzuleiten sind. Nirgends konnte man das wirkliche Vorbild finden, bis schließlich einige Wissenschaftler in Phönikien, woher ja die Handwerker für den Tempel gekommen waren, danach suchten. Die dreiteilige Anlage aus *ūlām, hēkāl* und *d·bīr* war bei den Kanaanäern weit verbreitet (z. B. gehört der »Grabentempel« in Lachis der vorisraelitischen Zeit an). Der Plan mehrerer kürzlich entdeckter Heiligtümer setzt die Räume geradlinig hintereinander. Solch ein Tempel ist in Alalach in Nordsyrien ausgegraben worden. In *tell ta'jīnāt* kam ein kleiner Tempel zutage **(Abb. 802),** der von Ost nach West orientiert ist und in seinem Plan sogar hinsichtlich der Bauweise eine auffallende Ähnlichkeit zu Salomos Tempel aufweist. Beide bestanden aus Ziegelmauern, die durch Pfostenwerk aus Holz auf steinerner Basis zusammengehalten wurden. Auch der Tempel von *tell ta'jīnāt* steht dicht neben dem Königspalast. Nur bleibt bei der Parallele problematisch, daß der Tempel von *tell ta'jīnāt* aus dem 9. Jhdt. v. Chr. stammt, also ein Jahrhundert jünger ist als der Tempel Salomos; doch rechnen ihn die meisten Gelehrten noch zur selben chronologischen Periode. Er ist ein Beispiel für einen allgemein verbreiteten Typ, so daß der Unterschied im Datum nebensächlich ist. Es kann noch

mehr ähnliche Tempel gegeben haben. Jedenfalls darf man annehmen, daß der Tempel von Jerusalem durch die syrisch-kanaanäische Kultur beeinflußt wurde und von phönikischer Art war (s. *Kanaanäische Religion; *Phönikien und seine Städte). Das Heiligtum der Israeliten in *tell 'arād* (s. *Arad) war nach einem ganz ähnlichen Plan gebaut.

Ein anderer Tempel, der etwas besser als die übrigen erhalten ist, kam 1957/58 bei den Ausgrabungen in *Hazor zutage. Auch dieser Tempel enthielt drei Räume **(Abb. 308)**, von denen jeder zum nächsten führte. Sein Grundriß war fast identisch mit dem des Salomonischen Tempels. Er stammt aus der Spätbronzezeit (13. Jhdt. v. Chr.), geht also dem Tempel in Jerusalem voraus. Er kann demnach wohl die Vorform des Salomonischen Tempels dargestellt haben. Doch war er das nur der äußeren Form nach; hinsichtlich der Kultausstattung gab es keine Parallelen zum Tempel von Jerusalem im ganzen Orient (s. *Stiftshütte und Bundeslade).

f) Göttliche Gegenwart: In der jüdischen Religion gab es kein Pantheon gleichgeordneter Gottheiten. Es gab nur ein heiliges Haus und dieses wurde »das Haus« oder »das Haus des Herrn« (1 Kg 6, 1 u. ö.) genannt.

Gott wohnte nicht auf der Erde, aber es war ein Zeichen seiner Gnade, daß er sich entschlossen hatte, inmitten des Volkes in der Stiftshütte oder dem Zelt (ein altes Wort aus dem Nomadentum) gegenwärtig zu sein. Daraus erwuchs in Israel ein bewußtsein von dem Geheimnis seiner Anwesenheit beim Volk, das auch aus den Israeliten eine Nation geschaffen hat. Die Frage nach dem fernen, jenseitigen Gott, die Kunde von seiner Nähe und das Begehren danach, beantwortete der Tempel durch seinen reichen sakramentalen Symbolismus, der tiefe Bedeutung für diejenigen hatte, die ihn verstanden (s. *Stiftshütte und Bundeslade). Gott selbst hatte es bestimmt, daß er unter den Seinen wohnen wollte, und zwar in dieser Stadt und in diesem Tempel. Man kann darüber streiten, ob die Israeliten im Tempel eine Darstellung des Weltalls sahen, wie viele Gelehrte annehmen. Verschwommene, kosmische Symbolik durchzieht das biblische Denken von frühester Zeit an.

g) Der Tempel im Leben Israels: Zahlreiche Bibelstellen legen die Ansicht nahe, daß man Salomos Tempel als den Aufenthaltsort Gottes in der Weise verstand, daß er die irdische Repräsentation seines himmlischen Wohnsitzes darstellte. Dies blieb die herrschende Interpretation für die Bedeutung des Tempels mindestens in israelitischen Priesterkreisen. Aber es gibt auch ein Zeugnis vom Konflikt über die örtliche Festlegung Gottes und die Auffassung des Tempels als seiner Wohnung, der sich sogar in Salomos Weihgebet (1 Kg 8, 27–30) ausdrückt. Die Lösung des Problems seiner Transzendenz ging tiefer. Der Tempel war nicht nur Gottes Wohnung, sondern trug auch seinen Namen und war wichtig in seinen Augen, nicht weil er sein Palast war, sondern weil die Gebete ihn anflehten, ihn als solchen zu betrachten. Er hatte einen Tempel nicht notwendig, und daß er ihn wertschätzte, war ein Entgegenkommen an das Bedürfnis des Volkes.

Obwohl der Tempel ursprünglich als königliches Gotteshaus an den Königspalast angebaut war (wie es auch sonst im Vorderen Orient üblich war), so hatte er doch außerdem seine ganze Geschichte hindurch nationale Bedeutung, auch als zur Zeit der geteilten Reiche in Bethel und Dan Konkurrenzheiligtümer errichtet wurden (vgl. Am 7, 13; *Israel und Juda 2). Mehrmals haben fremde Eroberer die Gefäße und Ausstattung des Tempels geraubt oder als Tribut gefordert. Erst mit dem Zusammenbruch des Nordreiches und den Reformen des Hiskia und Josia gewann der Tempel die überragende Bedeutung als religiöser und symbolischer Mittelpunkt der Nation.

Es ist der Erwähnung wert, daß Salomos Tempel wie auch andere Tempel des alten Orients nur zu Ritualzwecken bestimmt war und nur Angehörige des Priesterstandes sein Inneres betreten durften. Der Verehrer aus Laienkreisen durfte den Tempel nicht betreten. In dieser Hinsicht unterschied sich der Tempel sehr von Synagogen und christlichen Kirchen, die später an seine Stelle traten. Die religiösen Bräuche, die das Buch *Leviticus beschreibt, waren im wesentlichen jene des Tempels. Lev. 27, 30–33 ebenso wie Dt 14, 28f schreiben einen Zehnten für den Unterhalt des Tempels vor. Dazu kommen ergänzend später Zuschüsse des Königtums und der Aristokratie, fromme Stiftungen von einzelnen und Kriegsbeute. Die Naturalzehnten und die Geschenke wurden im Seitengebäude (*jaṣia'*) aufgespeichert. Der Tempel diente dem täglichen Tieropfer und war zugleich der Mittelpunkt des volkstümlichen Gottesdienstes, zu dem die Massen strömten, um Opfer darzubringen, Buße zu tun und sich zu versammeln, namentlich an

den drei Wallfahrtsfesten und anderen Feiertagen.
h) Gottesdienst: Den Gottesdienst im Tempel vollzogen die *Priester und Leviten. Die Hohenpriester in Jerusalem waren alle Nachkommen des Zadok und waren tatsächlich Glieder der königlichen Verwaltungsministerien. Die Priester waren für ihren Beruf ausgebildet und bewahrten genaue Aufzeichnungen. Viele meinen, daß diese Aufzeichnungen im *liškāt ha-gazīt,* der »Halle der behauenen Steine«, aufbewahrt wurden.
586 v. Chr. zerstörte Nebukadnezar den ersten Tempel vollständig (s. auch *Stiftshütte und Bundeslade; *Arad; *Synagoge).
2. Der zweite Tempel nach dem Exil und unter Herodes: *a) Wiederaufbau:* Als der Perserkönig Kyros Babylon eroberte, erlaubte er den Juden, ihren zerstörten Tempel in Jerusalem wieder aufzubauen (538 v. Chr., s. *Restauration und Perserzeit, Esra und Nehemia). Im Vergleich zum ersten Tempel war der neue Tempel, der 515 v. Chr. fertig wurde, klein und unbedeutend. Aber er stand noch mehr im Mittelpunkt des Lebens der Nation. Er war jetzt der religiöse und rituelle Mittelpunkt aller Juden, ob in Palästina oder in der Diaspora, und die Pilger aus allen Ländern sammelten sich in ihm. Auch die allmähliche Entwicklung der *Synagoge als Ort der Gottesverehrung tat der einzigartigen Stellung des Tempels keinen Abbruch. In der nachbiblischen Literatur wird der zweite Tempel mit immer wachsender Ehrfurcht behandelt.
In der Zeit vor dem Exil bis beinahe zum Ende des Königtums brachte man auch in anderen Heiligtümern so wie im Tempel Opfer dar. In der Zeit nach dem Exil konnte man nur im Tempel Opfer darbringen (s. *Israel und Juda 5). Zur Zeit Simons des Gerechten (4. Jhdt. v. Chr.), der *Hasmonäer und *Herodes I., des Großen, wurden größere Umbauten ausgeführt, doch haben wir nur über den Neubau unter Herodes eingehende Kunde (s. unten).
b) Tempelgottesdienst: Die Priester des Tempels unter Leitung des Hohenpriesters hatten den obersten Rang in der theokratischen Führerschicht der Nation (s. *Priester und Leviten). Der Tempel hatte beträchtliche Einkünfte zu seinem Unterhalt aus Steuern, Zehnten, Beiträgen und gelegentlichen Geschenken fremder Könige. Ungeheure Scharen von Gläubigen trafen sich in Jerusalem bei den drei Wallfahrtsfesten (s. *Wallfahrten).
Die Priester, die im Tempel Dienst taten, waren wie in der alten, vorexilischen Zeit in 24 Ordnungen eingeteilt. Die Leviten waren Helfer der Priester, Musiker und Türhüter, während die *netīnīm* die Knechtsdienste verrichteten (s. *Verfassung, Verwaltung und Staatsformen). Laien waren mit dem regelmäßigen Kult durch die Organisation von 24 Laien-*ma'amadōt* (Laienwachen; s. *Opfer) verbunden. Für jede Gruppe war die bestimmte Zeit ihres Dienstes im Tempel vorgeschrieben, der entsprechenden Abteilung der Priester zugeordnet. Aufgabe der Laien war es, am öffentlichen Opfer teilzunehmen und die ersten Früchte darzubringen.
Seine überragende Bedeutung hatte der Tempel dadurch, daß er der Mittelpunkt war für die Erfüllung der im Pentateuch vorgeschriebenen Opfer. Jeder richtige Jude war verpflichtet, diesen Gesetzen nachzukommen (s. *Gesetz Israels 6f).
c) Der Tempel in griechisch-römischer Zeit: In den Jahren 167–164 v. Chr. erließ Antiochus IV. Epiphanes seine »verfluchten Edikte«, durch die der Tempel entweiht wurde. In der Folge setzten die Juden das heilige Ritual aus, solange sie im Bürgerkrieg mit den »hellenisierenden« Juden und im Aufstand gegen die Seleukidenherrschaft begriffen waren, die diese stützte (s. *Hasmonäer). Judas Makkabäus eroberte den Tempel zurück, baute den Altar wieder auf und reinigte und weihte den Tempel erneut. So erlangte er unter den Hohenpriestern des Hasmonäerhauses wieder seine zentrale Stellung im Leben des unabhängigen, jüdischen Staates.
Der Tempel war nicht nur das oberste jüdische Heiligtum. Er wurde auch Schauplatz des politischen Kampfes. Bei einem Aufruhr des Volkes gegen Alexander Jannäus »steinigte« die Menge der Gläubigen beim Laubhüttenfest diesen mit Zitronen. Als Pompejus in Palästina einmarschierte (63 v. Chr.), verschanzten sich die Anhänger des Aristobul hinter den Tempelmauern und bekämpften die Römer. Pompejus stürmte den Tempel und betrat das Allerheiligste.
d) Tempel des Herodes: Bis zum 1. Jhdt. v. Chr. blieb der zweite Tempel ein bescheidenes Heiligtum, das manche Spuren der Kämpfe trug. *Herodes I., dem Großen, war es beschieden, eines der berühmtesten architektonischen Unternehmen seiner Zeit zu vollenden, einer Zeit, die für ihre prächtigen Paläste und sonstigen Bauten berühmt war. Der Bau begann 20 v. Chr., im 17. oder 18. Regierungsjahr des Hero-

des. In zehn Jahren war der Großteil des Baues vollendet, aber noch viele Jahre dauerten die zusätzlichen Arbeiten. Der Tempel des Herodes war über und um das bestehende, kleine Gebäude errichtet. Er stand auf einer erhöhten Plattform und war von Säulen und schönen Toren umgeben. Der glänzend weiße Stein war nach allen Richtungen hin viele Meilen weit zu sehen. Herodes änderte nichts an der Größe des inneren Tempels, d. h. des Baues, den die Gemeinde nach dem Exil errichtet hatte, und der vermutlich den Tempel Salomos nachahmte (s. *Restauration und Perserzeit, Esra und Nehemia). Er änderte auch nichts an dem allgemeinen Grundriß, aber er verdoppelte die Fläche der Außenhöfe, indem er die Felsenfläche glättete und die steilen Südostschluchten auffüllte (womit schon in der Zeit Salomos begonnen worden war). Auch ebnete und füllte er das Gebiet, das zwischen dem Tyropoiontal und dem Tempelberg an der Südwestecke lag, auf (s. *Jerusalem). Reste der südöstlichen Stützmauer und ebenso diejenigen der Westseite der Plattform (der jetzigen »Klagemauer«) sind noch heute sichtbar (s. die großen Steine im unteren Teil von **Abb. 389**).

e) Gebäude des Tempels: Der Tempel war zugleich eine Festung. Das ganze Gebiet war zum Zweck der Verteidigung von einer starken Außenmauer umgeben. An der Innenseite dieser Mauer lag ein von Bauten freier Gürtel, der äußere Hof, den man zur Zeit des Herodes den Vorhof der Heiden nannte. Dann kam eine stärkere Barriere, die das innere Heiligtum abgrenzte. Kein Fremder durfte diese Grenze überschreiten, wie uns eine Inschrift aus der Römerzeit bezeugt **(Abb. 803)**, die da lautet: »Kein Fremdvölkischer soll hineingehen in die um das Heiligtum gezogene Schranke und Umfriedung. Wer aber [darin] ergriffen wird, der soll selbst schuld sein, weil darauf der Tod folgt« (vgl. Apg 21,31ff). Diesen großen Vorhof umgaben Säulenhallen, die bis zum Turm Antonia im Nordwesten reichten (s. *Herodes I., der Große; *Jesus von Nazareth). Die größte dieser Hallen war jene, wo Geldwechsler und Kaufleute ihre Geschäfte trieben (Mk 11,15–17). Der innere Tempelbezirk umschloß einen Frauenhof, einen anderen für das gewöhnliche Volk und noch einen weiteren Hof für die Priester. Dieser enthielt den Brandopferaltar, und um ihn her lagen Räume für die verschiedenen Zwecke, die mit dem heiligen Ritual, dem Opfer, den Waschungen usw., zusammenhingen. Mindestens acht Tore öffneten sich auf das heilige Gebiet. Man konnte es von Osten über zwei Brücken, ebenso von Westen her auf zwei Brücken betreten (s. den Grundriß des Tempelgebietes **Abb. 805**). Der Hof der Frauen hatte eine Verbindung über das Nikanortor zum Tor der Israeliten. Er war in der Tat ein Teil des Priesterhofes und bei den Festen der Schauplatz von großen Versammlungen. An ihn grenzten auch die Priesterräume und die »Halle aus behauenem Stein« (*liškat hagazīt*), wo der Sanhedrin tagte. Wie im ersten Tempel war der geweihteste Platz das Allerheiligste.

Der Tempel selbst war eingeteilt in die Halle (*ūlām*), das Heilige mit dem Weihrauchaltar, dem Schaubrottisch und dem siebenarmigen Leuchter (*menōrā*) und das Allerheiligste, das finster und leer war und das nur der Hohepriester am Versöhnungstag betreten durfte. Der Eingang war mit einem »Schleier« verhängt, der aus einem doppelten Vorhang bestand (vgl. Hebr 9, 6 ff). An der Nord-, West- und Südseite des Tempelbaues waren Schatzkammern. Sie wurden auch als Tresorgewölbe benutzt, vornehmlich unter dem Schutz der Heiligkeit des Ortes und der Ehrfurcht, die die heilige Umgebung einflößte.

Das gesamte Tempelgebiet hatte ein Ausmaß von 13,5 Hektar. Die Nordmauer hatte eine Länge von 351 m, die Südmauer 309 m, Ost- und Westmauer hingegen waren 518 und 536 m lang.

Trotz ihrer Erbitterung gegen *Herodes I., den Großen, als Persönlichkeit und als Herrscher, konnten die jüdischen Schriftsteller (in der *Mischna, im NT; vgl. auch *Josephus) seine Leistung beim Wiederaufbau des Tempels nicht schmälern. Das Sprichwort: »Wer den Tempel des Herodes nicht gesehen hat, hat nie ein prächtiges Gebäude gesehen« (Sukkah 516) war vom religiösen Standpunkt aus ohne Zweifel ebenso aufrichtig gemeint, wie es vom nationalistischen widerwillig gegeben war.

f) Widerstand der Sekten gegen den Tempel: Trotzdem war der Tempel nicht allen verschiedenen Richtungen des Judentums der passendste Ausdruck ihrer Vorstellungen, wie sie von vielen nonkonformistischen Gruppen, wie jenen der Essener (s. *Qumran) und der Judenchristen, gepflegt wurden. Das hing teilweise mit dem Ritual des Tieropfers und mit anderen altertümlichen Gebräuchen (vgl. *Opfer; *Jesus von Nazareth; *Paulus [Saulus] von Tarsus) zusammen. In der Hauptsache galt die Geg-

nerschaft der Sekten nicht dem Tempeldienst als solchem, sondern der Korruption der Priester, die am Tempel amtierten, und deren weltlichen Tendenzen, an denen ihr Reichtum und die Teilnahme an der weltlichen Verwaltung schuld waren.
Das Tempelgebiet, das eine militärische Festung war, war auch der Schauplatz für viele Belehrungen und Predigten Jesu. Im großen Außenhof trafen sich Juden aller Richtungen. Auch die ersten Judenchristen versammelten sich hier (Apg 5, 12). Wie sehr Jesus und die frühe apostolische Kirche den Tempel hochhielten und sich ihm nahe verbunden fühlten, ist bekannt genug (Mk 11, 15–17; Lk 2, 49; Joh 2, 13; 5, 1). Die ersten Christen fanden im Tempel eine Stätte des Gebetes, doch es waren Kräfte am Werk, diese Lage zu ändern (s. *Jesus von Nazareth; *Christentum, Frühgeschichte). Von seiten der Priesterpartei gab es eine heftige Opposition gegen die Judenchristen, andererseits suchte ein aufkommendes, kämpferisches Christentum den Tempel aus dem christlichen Denken und Gottesdienst als unwesentlich auszuschalten. Trotzdem blieben Bilder und Symbole, die mit dem Tempel zusammenhingen, im christlichen Denken lebendig.
g) Zerstörung des zweiten Tempels: Nach der Zeit des Herodes standen Jerusalem und der Tempel lange Zeit unter Fremdherrschaft. Die Hohenpriester waren Regenten für weltliche Dinge, eingesetzt von der obersten Behörde. Sie arbeiteten mit Rom zusammen, wurden verweltlicht und schädigten ihr Ansehen durch diese Verbindungen. Unter der Herrschaft der römischen Prokuratoren wurde das Tempelgebiet mehrfach der Schauplatz blutiger Zusammenstöße, die sich gewöhnlich bei den drei Wallfahrtsfesten (s. *Wallfahrten) ereigneten. Ein Akt offener Opposition gegen Rom war die Abschaffung des täglichen Opfers zu Ehren des römischen Kaisers. Das darf man als ein Vorspiel des großen Aufstandes ansehen (s. *Rom und die Juden).
Bei der Belagerung von Jerusalem war der Tempel der Hauptstützpunkt der Zeloten, die gegen die Römer einen Verzweiflungskampf führten. Aber alles Heldentum der Zeloten war vergebens. Nach langen, schweren Kämpfen, die große Verluste zur Folge hatten, stürmten die Römer das Tempelgebiet, und 70 n. Chr. ging der Tempel in Flammen auf. Die große *menōrā* **(Abb. 804)** und andere Beute aus dem Tempel wurden nach Rom verschleppt und fanden auf dem Titusbogen ihre Darstellung **(Abb. 691).**
Der Tag, an dem der zweite Tempel zerstört wurde, der 9. Ab, dasselbe Datum, an dem der erste Tempel zerstört worden war, wurde seitdem bei allen Juden ein Trauer- und Fasttag. Der eschatologische Glaube, daß er einmal wiedererstehen würde, blieb tief verwurzelt in den Herzen des orthodoxen Judentums durch alle Geschlechter. Er verbindet sich mit der Hoffnung auf das Kommen des Messias aus dem Hause Davids. Hadrian erbaute einen römischen Tempel an der Stätte des Tempels, und seit der arabischen Eroberung (7. Jhdt. n. Chr.) steht an dieser Stelle eine Moschee, der Felsendom (Omarmoschee; **Abb. 392;** s. *Jerusalem).

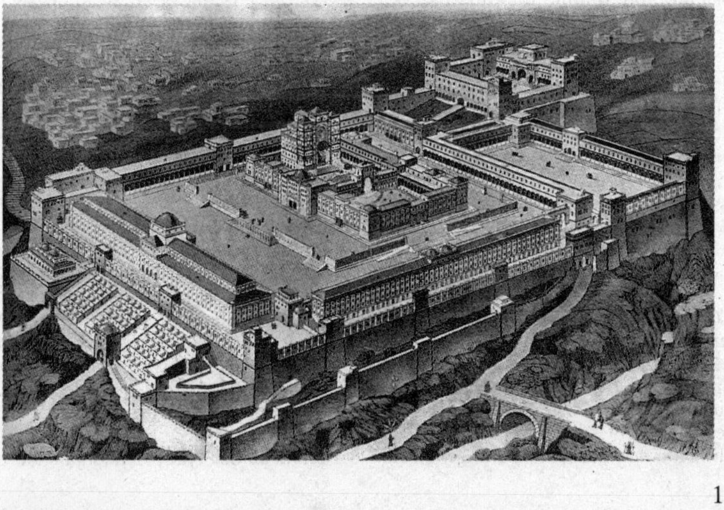

Abb. 805b. Phönizischer Armreif mit der geflügelten Astarte (Ischtar, Astoreth), der Fruchtbarkeits- und Kriegsgöttin bei den Phönikern, Moabitern und Philistern

Abb. 805c. Siegelzylinder mit der Darstellung des auf einem Adler in den Himmel fliegenden Etena, babylonisch, um 2000 v. Chr.

Abb. 805a (vorhergehende Seite). Der Tempel zu Jerusalem zur Zeit Christi (Rekonstruktion nach C. Schick), in der Mitte das eigentliche Tempelgebäude, im Hintergrund die Burg Antonia

Abb. 805 d. Priester beim Rauchopfer vor dem heiligen Apisstier, ägyptisches Wandrelief aus dem Neuen Reich (um 1580–1090 v. Chr.)

Abb. 805 e. Grabturm bei Palmyra

Abb. 805 f. Säulenruinen des Baaltempels von Baalbek

Tobias (Buch)
Das Buch Tobias ist eine moralistische Novelle, die wahrscheinlich in Persien geschrieben wurde. Die frühesten bekannten Fragmente fand man unter den Schriften vom Toten Meer, wo unvollständige Manuskripte entdeckt wurden. (Drei davon sind im »Reichsaramäisch« des Perserreiches geschrieben, eines in Hebräisch.) Man hält es für möglich, daß die aramäische Fassung im 4. Jhdt. v. Chr. entstanden ist, eher jedoch dürfte das Buch wohl um 200 v. Chr. zu datieren sein (O. Eißfeldt, B. Metzger u. a.). Nach der Ansicht Dommershausens ist es aber unmöglich, über das 2. Jhdt. v. Chr. zurückzugehen, da dies die stark betonte Verwandtenehe, das Fehlen spezifisch makkabäischer Tendenzen und das Vorhandensein der Tobiasschrift in Qumran untersagten. Ursprünglich war das Buch in hebräischer oder aramäischer Sprache geschrieben, aber abgesehen von den Qumranfragmenten ist es vollständig nur in griechischer Sprache, und zwar in drei Rezensionen: der Langform (Cod. Sinaiticus), der Kurzform (Cod. Vaticanus und Alexandrinus) und der Mittelform (Minuskeln 44, 106, 107, 610), erhalten.
Die Geschichte erzählt von Tobias, einem frommen Verbannten in Ninive, und seinem pflichtgetreuen Sohn Tobias. Auf einer langen Reise durch Mesopotamien und Persien, wo Tobias eine bei Gabael in Rages deponierte Geldsumme einlösen sollte, hilft ihm der Engel Raphael, unerkannt bleibend, seiner Familie ihr Gut und seinem Vater das Augenlicht wiederzugeben: Auf seiner Reise kehrt Tobias mit Raphael bei seinen Verwandten Raguel von Ekbatana ein und trifft hier seine einzige überlebende Kusine Sara, die unter einem verderbenden Dämon, namens Asmodäus, leidet. Von den sieben Männern, die ihr zur Ehe gegeben werden sollten, hatte keiner überlebt. Auf Anweisung des Engels Raphael verbrennt Tobias Herz und Leber eines am Tigris gefangenen Fisches und vertreibt so den Dämon. Nun kann er seine Kusine heiraten und erbt so ihres Vaters Vermögen. Nach zwei Wochen kehrt Tobias mit seinem Begleiter wieder in die Heimat zurück und heilt seinen blinden Vater, indem er ihm die Galle des gefangenen Fisches auf die Augen streicht. Sara kommt nach Ninive, eine Familienfeier wird veranstaltet, und schließlich, als man Raphael für dessen große Hilfe entlohnen will, gibt dieser sich zu erkennen. Tobias stimmt ein Dankgebet an, und abschließend wird noch erzählt, daß Tobias nach dem Tod seiner Eltern nach Ekbatana zieht und hier noch Ninives Untergang erlebt.
Die kunstvolle Erzählung, voll von Spannung, psychologischer Schilderung und lebensvoller Wirklichkeit, geprägt vom Geist jüdischer Gesetzesfrömmigkeit, gehört der Rahmengattung »Novelle« an. Auf unsere Erzählung haben besonders Motive des Märchens (Brautnacht-Parallelen mit dem Erzählungsstoff von Tobias weist ein aus Andersens ›Reisekamerad‹ von 1855 bekanntes Märchen vom dankbaren Toten auf) und der Legende (die Geschichte vom weisen Achikar) eingewirkt, Stoffe wie Folklore, Dämonenglaube und Angelologie fanden Verarbeitung. Dies alles aber wird durch das Hauptthema, der wunderbaren Fürsorge Gottes für die Frommen überhöht. Dem, der das Gesetz einhält, ist Gottes Huld sicher, sein Leid ist vorübergehend und dient zur Prüfung.
Der Eheabschluß zwischen Tobias und Sara wird in unserem Buch in der *ketubā*, einem schriftlichen Ehevertrag, festgehalten. Es ist dies die einzige Erwähnung der *ketubā* in der Bibel. Die früheste schriftliche Fixierung dieses Brauches in Israel stammt wohl aus der jüdischen Kolonie Elephantine des 5. Jahrhunderts v. Chr.
Die Erzählung enthält eine große Anzahl von Aphorismen oder Weisheitssprüchen, die zum Teil auf das babylonische Buch des Achikar verweisen; ein Weisheitsspruch, der hier zum erstenmal schriftlich fixiert wurde, ist die goldene Regel: »Was dir selber zuwider ist, das tue niemandem an« (Tob 4, 15), die von Hillel wiederholt und später in positiver Gestalt Teil der Lehre Christi wurde.

Töpferei
Gliederung: 1. Keramik als Datierungsmittel. 2. Keramik der Mittelbronzezeit. a) Töpferscheibe; b) Brennöfen; c) Keramikformen. 3. Spätbronzezeit – Eisenzeit I. 4. Eisenzeit II. 5. Perserzeit und Hellenismus. 6. Römische Tonwaren. 7. Töpferwerkstatt am Toten Meer.
1. Keramik als Datierungsmittel: Das der menschlichen Hand am billigsten und leichtesten erreichbare Material ist der Lehm oder der Ton des Bodens. Mit Wasser vermischt, wird er plastisch und läßt sich zu allen möglichen Gefäßen formen, die, wenn man sie brennt, hart und verhältnismäßig dauerhaft werden. Der Mensch hatte die Töpferkunst schon lange vor der biblischen Zeit erlernt. Ton wurde für Gefäße jeglicher Art, besonders für die zur

Aufbewahrung, zur Zubereitung und zum Servieren von Speise und Trank bestimmten, verwendet, doch auch für Vasen, Parfümkrüge, Hausidole und kultische Statuetten und sogar für Spielzeug.
Töpferwaren wurden entweder aus freier Hand oder unter Benutzung einer Töpferscheibe geformt. Die frühesten in Palästina entdeckten entstanden im Neolithikum (ca. 7000 bis Ende 5. Jahrtausend v. Chr.) und sind handgearbeitet. Die Töpferscheibe wurde zuerst in Ägypten und Mesopotamien etwa am Beginn des 3. Jahrtausends v. Chr. entwickelt. In Palästina kannte man Töpferscheiben erst in der zweiten Hälfte jenes Jahrtausends. Sie führten – durch einen Vorgang, den J. L. Kelso beschrieben hat – das Prinzip der Zentrifugalkraft in die Keramik der Alten Welt ein: »Eine Kugel guten, plastischen Tons wird auf die Mitte der Scheibe gelegt, die sodann schnell gedreht wird ... Die Wirkung der Zentrifugalkraft auf die Tonkugel erzeugt ebenso wie die Formung durch die gestaltende Hand des Töpfers die Form. Dies gibt gedrehten Töpferwaren eine formale Lebendigkeit und Ungezwungenheit, die sich mit keiner anderen Methode erreichen läßt.«
Die Tatsache, daß sich ein Fehler korrigieren läßt, indem man den Ton wieder zu einer Kugel formt und von neuem beginnt, inspirierte Jeremias berühmte Analogie (18,6), die das Haus Israel mit »Ton in der Hand des Töpfers« vergleicht.
Wird die Kunst erst beherrscht, so ist eine unendliche Reihe von Formen möglich. Aus diesem Grunde wurden Tonwaren zu einem bedeutsamen künstlerischen Ausdrucksmittel und spiegelten natürlich auch die sich wandelnden täglichen Bedürfnisse ihrer Hersteller. Die Lebensdauer eines täglich benutzten Topfes beträgt nur wenige Monate und auch bei wertvolleren Objekten und Erbstücken kaum mehr als 30 Jahre. Die Formen der Tonwaren änderten sich dementsprechend häufig, zumindest in jeder Generation.
Bei der Ausgrabung antiker Stätten stellen die Tonscherben (von ihren Eigdntümern weggeworfene Stücke von zerbrochenen Töpferwaren) stets die zahlreichsten Funde dar. Sie garantieren, daß der Archäologe über eine Fülle von Belegen der benutzten Keramiktypen verfügt. Genauso wie die weitgehende Benutzung ähnlicher Gefäßformen bei eng miteinander verbundenen Völkern ist auch die fast gleichzeitige Ausbreitung neu eingeführter Typen ein allgemeines menschliches Charakteristikum. Man kann daher sagen, daß bestimmte Menschengruppen beispielsweise im Kanaan der Frühbronzezeit, die denselben Keramiktyp benutzten, mehr oder weniger zur gleichen Zeit lebten. Das Auftauchen eines andersartigen Keramiktyps oder -stils an einer antiken Stätte bietet einen verläßlichen Fixpunkt für die Datierung. Mit Hilfe anderer Gebrauchsgegenstände, wie Werkzeuge und Messer, hat man ein ziemlich verläßliches Bild von der Abfolge der Keramikformen in Palästina erstellt, vom Chalkolithikum (Ende 5. Jahrtausend – 3200 v. Chr.) über die Stadien der Bronze- und Eisenzeit bis zur griechisch-römischen und den späteren Perioden. Form und Dekoration eines jeden Scherbens, Brenngrad und relative Qualität des Tons zeigen Ursprung und Herstellungsdatum an. Stilwandel weist auf ausländische Einflüsse oder neue Bevölkerungen. Technisches Können spiegelt sowohl Wohlstand und Geschmack wie das Ausmaß des Fortschritts.
Beispiele der wichtigsten Tonwaren aus jeder Periode von insgesamt vier Jahrtausenden zeigt die Tabelle **Abb. 815.** Neben der Unterscheidung nach Entstehungszeiten gibt es auch eine nach geographischen Bereichen. Selbst in prähistorischer Zeit existieren zwischen Norden und Süden des Landes Unterschiede in Form und Dekoration. In der Zeit der Reichsteilung hatten Israel und Juda nicht nur verschiedene Könige, sondern ebenso unterschiedliche Keramiktypen. Eines der bekanntesten Beispiele eines einem bestimmten Volk eigentümlichen Keramiktyps ist die sogenannte philistäische Tonware (s. *Philister 5 b).
2. Keramik der Mittelbronzezeit: *a) Töpferscheibe:* Am Beginn der Mittelbronzezeit (2300–1550 v. Chr.) waren die kanaanäischen Töpfer bereits Könner auf ihrem Gebiet. Eine Scheibe benutzen sie zunächst nur für die Ränder größerer Gefäße. Von der Hyksos-Zeit an (18. Jhdt. v. Chr.) wurden auf Scheiben hergestellte Tonwaren die Regel. Die Scheibe war ein runder Stein, der ursprünglich mit der Hand gedreht wurde. Später, in der Zeit des zweiten Tempels, wurde die Scheibe durch einen in der Mitte befindlichen Zapfen mit einem darunter befindlichen größeren Stein verbunden, den der Töpfer mit den Füßen gegen den Uhrzeigersinn bewegte. Die Töpferkunst hat sich seit dem Beginn des 2. Jahrtausends v. Chr. nur unwesentlich gewandelt. Handwerker in verschiedenen Teilen der Welt benutzen noch heute

Abb. 806. Ägyptische Darstellung einer Keramikwerkstatt. Seit der Hyksoszeit in Ägypten (18. Jhdt. v. Chr.) war der Gebrauch der Töpferscheibe allgemein bekannt

Abb. 807. Töpfer, der mit einer einfachen Scheibe ein Gefäß dreht (ägyptische Grabbeigabe; ca. 1500 v. Chr.)

Abb. 808. Kanaanäische Keramik aus der späten Bronzezeit (1500–1250 v. Chr.)

Abb. 809. Töpferscheibe aus dem Megiddo der frühen Bronzezeit. Der obere Stein wurde mit dem Dorn in die Vertiefung des unteren gesetzt und zum Rotieren gebracht

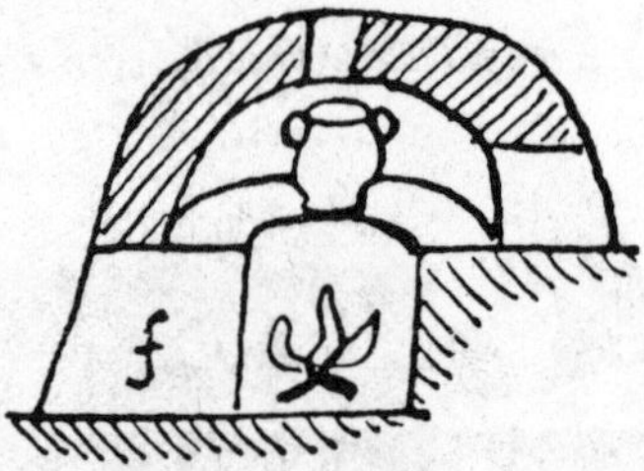

Abb. 811. Konstruktionsskizze eines Brennofens aus Qumran. Oberhalb der Feuerstelle befand sich der Ring, auf dem die Gefäße zum Brennen aufgestellt wurden

Abb. 810. Brennofen aus dem Gezer der Bronzezeit

Abb. 812. Keramik mit drei Füßen (Hyksoszeit)

Abb. 813. Keramik aus der ägyptischen Hyksoszeit

Abb. 814 a, b (oben und unten). Auf dieser Vase aus Megiddo finden sich in der Malerei ägäische Formenelemente

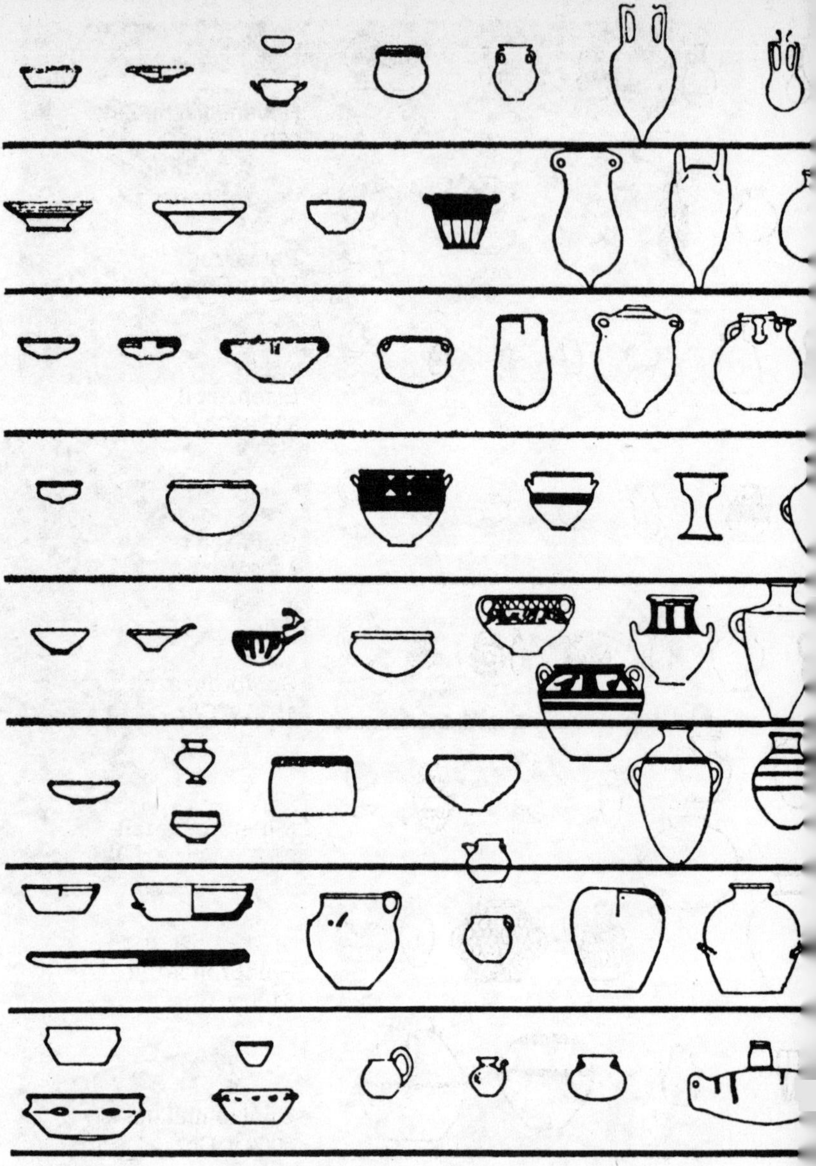

Abb. 815. Hauptformen der Keramik

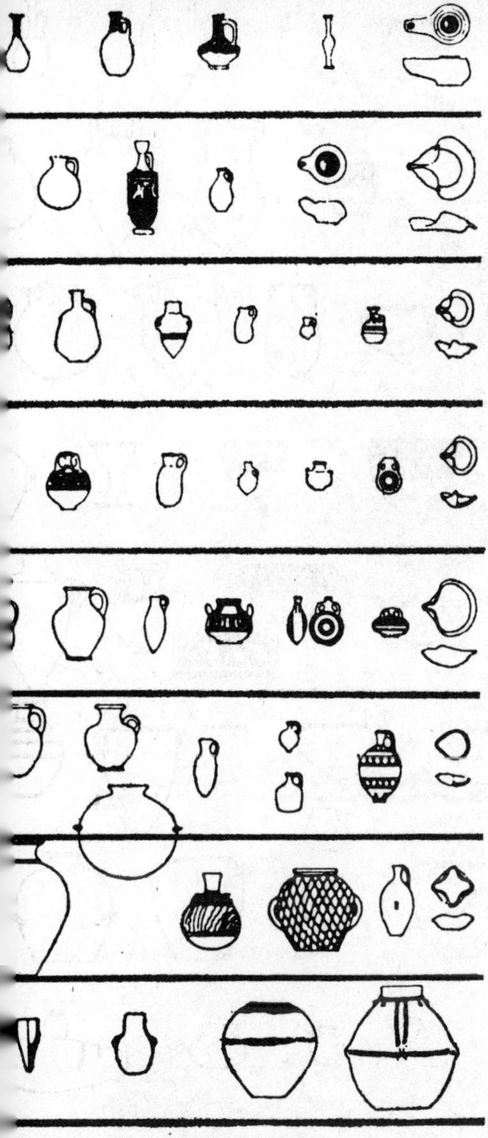

Hellenistische Zeit
330 v. Chr.

Perserzeit
586 v. Chr.

Eisenzeit II
930 v. Chr.

Eisenzeit I
1200 v. Chr.

Spätbronzezeit
1550 v. Chr.

Mittelbronzezeit
2100 v. Chr.

Frühbronzezeit
3100 v. Chr.

Chalkolithikum
4000 v. Chr.

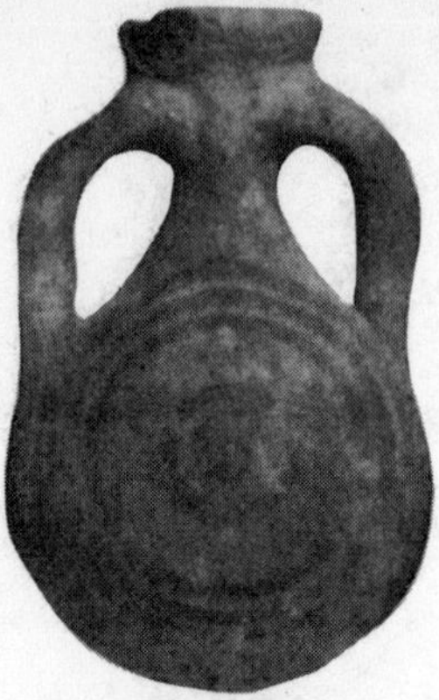

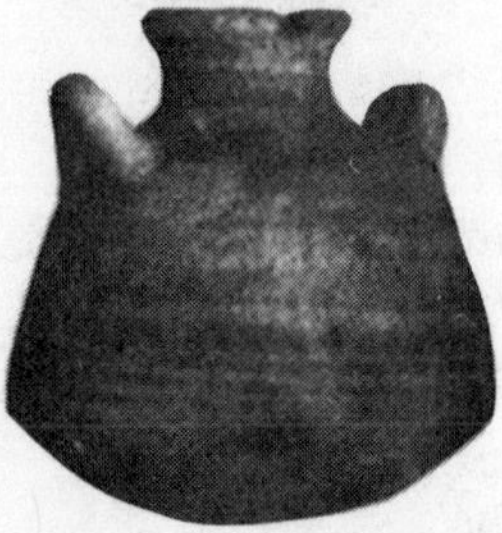

Abb. 818. Wasserkrug der frühen Eisenzeit (1200–930 v. Chr.)

Abb. 816, 817. Pilgerflaschen, Vorratskrüge in Miniaturausführung, in denen man auf der Reise Trinkwasser mit sich führen konnte

Abb. 819, 820. Gefäße aus Samaria, aus gelbem Ton gebrannt und mit roten Mustern verziert (späte Eisenzeit, 930–600 v. Chr.)

Abb. 821, 822. Von griechischen Formen beeinflußte Keramik aus Palästina

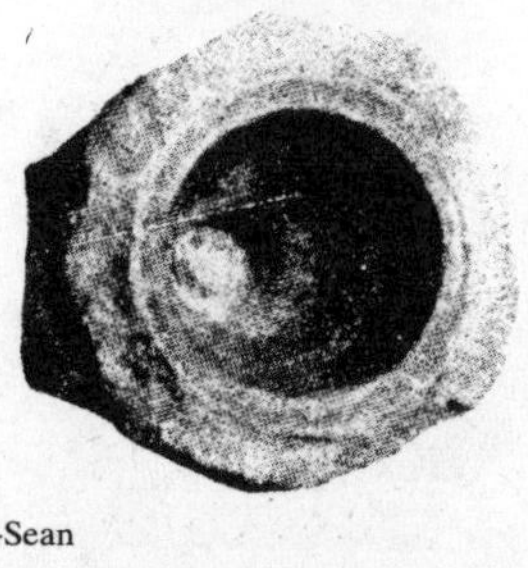

Abb. 823–825. Handgetriebene Töpferscheibe aus Beth-Sean

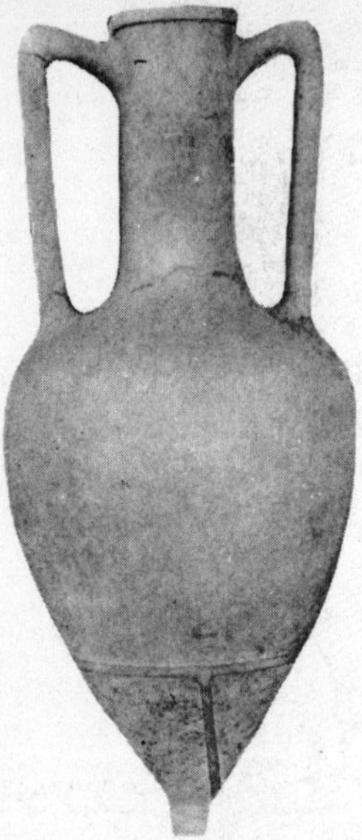

Abb. 826. Rhodesische Weinamphore

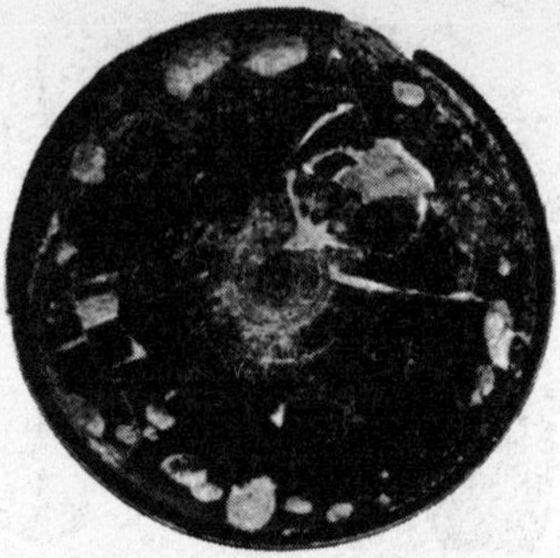

Abb. 827. Terra-sigillata-Keramik

Abb. 828–830. Luxusgegenstände aus Glas

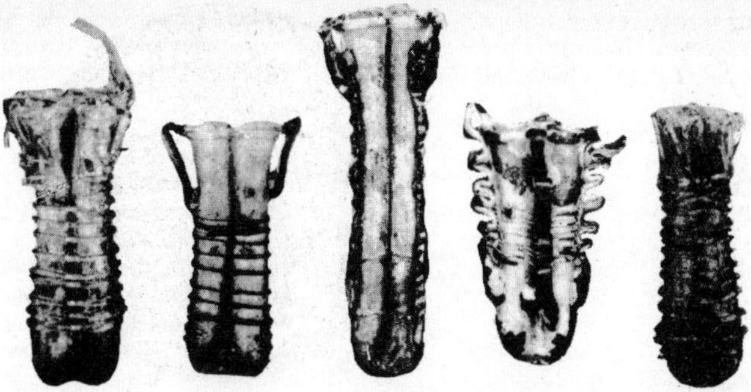

Abb. 831–835. Parfümbehälter und Salbengefäße aus Glas

Abb. 836, 837. Skizzen eines Brennofens
und einer Töpferscheibe aus Qumran

Abb. 838. Herodianische Lampen aus Palästina

die gleichen Werkzeuge **(Abb. 806)** und die gleichen Methoden. Der Unterschied zwischen handgemachten und auf der Scheibe hergestellten Tonwaren besteht darin, daß bei letzteren die horizontalen Linien auf der Innenseite fehlen, die von Hand gefertigte Töpfe stets aufweisen, und vollkommene Symmetrie ist nur bei Benutzung einer Scheibe möglich. Töpferscheiben hat man in *Megiddo, *Lachis und an anderen Ausgrabungsstätten gefunden. Die Figur eines Töpfers, der auf einer einfachen Scheibe eine Schüssel dreht **(Abb. 807)**, wurde in einem ägyptischen Grabmal aus der Zeit um 1500 v. Chr. gefunden. **Abb. 809** zeigt eine Töpferscheibe aus dem Megiddo der Frühbronzezeit (der untere Stein rechts, der obere links; vgl. mit **Abb. 824, 825**).

Die auf Scheiben hergestellten Töpferwaren der Hyksos **(Abb. 813)** waren zuerst Wiederholungen und Weiterentwicklungen der gebräuchlichen Formen. Viele der Stücke waren in Wirklichkeit Imitationen von Metallgefäßen. Die für den täglichen Gebrauch bestimmten Gefäße wurden genau imitiert, sogar die Metallniete, mit der der Henkel am Hals einer Vase befestigt worden war, wurde durch ein an derselben Stelle angebrachtes Tonklümpchen, das keinerlei Funktion oder dekorativen Zweck hatte, dargestellt. Knickwandige Gefäße (mit scharfen Kanten) sehen genauso aus wie die entsprechenden Kupferarbeiten.

b) Brennöfen: Die Tonwaren der Hyksos bedeuteten auch wegen der Verwendung eines leistungsfähigeren Brennofens eine Verbesserung gegenüber früheren Töpferwaren. Der bis zur Römerzeit gebräuchliche Brennofentyp wird durch den aus der Bronzezeit stammenden Töpferofen von Gezer **(Abb. 810)** und durch den in Qumran benutzten **(Abb. 811)** illustriert. Die Töpfe wurden oberhalb des Feuerraumes auf einem durch eine Anzahl Feuerzüge durchlöcherten Boden aufgestapelt.

c) Keramikformen: Eingeführt wurden Töpferwaren in dieser Zeit fast überhaupt nicht. Die Gebrauchsware wurde grau gefärbt, bessere Stücke blaßrot oder beige. Verzierungen sind bei beiden Arten selten. Trotz großer Variationsbreite gehören die Stücke eindeutig derselben Stilrichtung an. Die Krüge hatten lange, trichterförmige Hälse und ovoidische Körper mit zugespitzter Basis; sie ruhten zuweilen auf einer kleinen Flachbasis oder auf einem Dreibein **(Abb. 812)**. Die Henkel waren elegant gebogen, die Details sorgfältig modelliert. Am meisten fand man kleine Krüge (s. **Abb. 815**), Kannen mit Dreiblattöffnungen, Krüge mit Schnurband unterhalb des Randes, verschieden tiefe Vasen mit Standfuß, Schüsseln und Teller, darunter ganz einfache wie komplizierte, Kruken mit oder ohne Henkel und große Töpfe und Krüge (s. Mittelbronzezeit in **Abb. 815**).

3. Spätbronzezeit – Eisenzeit I: Die Töpferkunst in der Spätbronzezeit (1550–1220 v. Chr.): Mit roten und olivfarbenen Mustern reich verzierte Tonwaren **(Abb. 808)** stellen den Höhepunkt der kanaanäischen Phase dar. Während dieser Zeit war das Land unter ägyptischer Herrschaft und für ausländische Einflüsse aus der Ägäis und anderswoher offen. Eine hohe Zivilisationsstufe und ausgedehnter Handel brachten beträchtliche Tonwareneinfuhren und lokale Nachahmungen ausländischer Produkte. Siehe z. B. die anmutige Vase **(Abb. 814)** aus Megiddo, die deutliche Anklänge an mykenische (griechische) Tonwaren zeigt (s. auch **Abb. 623, 35, 38**). Nach der Eroberung Kanaans ließ die Qualität erheblich nach, und die erste Periode der Eisenzeit (1200–1000 v. Chr.) produzierte Töpferwaren von minderem technischen Niveau. Die alte Kultur war zerbrochen, der Kontakt mit der Außenwelt abgerissen, und ausländische Tonwaren übten eine Zeitlang keinen Einfluß aus. Aus dieser Periode stammen die philistäischen bemalten Töpferwaren, doch sind sie nicht durch das mindere Niveau des benachbarten israelitischen Gebiets charakterisiert. Sie sind in hohem Maße künstlerisch und zeigen deutliche Anklänge an die ägäischen Erzeugnisse. Ein neuer Zug dieser Periode war der kleine Krug mit an der Halsmitte angebrachten Henkeln **(Abb. 818, 38**; *Ägäische Kultur; *Philister).

Vor der Eisenzeit war die lokale Herstellung eines Kochtopfes eine hervorstechende Neuerung gewesen; sie muß beträchtliche Auswirkungen auf das tägliche Leben gehabt haben. Andere Neuentwicklungen waren die kleinen »Pyxiden« und Askoi oder »Pilgerflaschen« **(Abb. 816)**. Sie bestanden aus zwei zusammengefügten Hälften und hatten kleine Henkel oder Klappen, durch die man eine Schnur ziehen konnte; der Hals war becherartig erweitert. S. auch **Abb. 815**, Spätbronzezeit, rechts.

4. Eisenzeit II: Mit der zunehmenden Stärke Israels und der Errichtung einer mächtigen Monarchie (Eisenzeit II, 1000 bzw. 930–600) nahm die Töpferei einen neuen Aufschwung; die besten israelitischen Tonwaren wurden hergestellt. Nach dem Brennen wurde der Topf spiralförmig poliert, wobei sich polierte mit unpolierten Ringen abwechselten. Auch produzierte man immer kleinere Schüsseln, bis sie neuzeitlichem Tafelgeschirr gleichkamen oder als kleine Behälter für Salben und Parfüms verwendet wurden.

Gleichzeitig wurden schöne zyprisch-phönikische Töpferwaren eingeführt, die auch die in der Bibel so lebendig beschriebenen vielen anderen phönikischen Einflüsse widerspiegeln. In Samaria und Umgebung wurden die Töpferwaren damals aus feinem gelbem Ton hergestellt; mit roter Bemalung verziert, waren sie eher elegant zylindrisch als ovoidisch **(Abb. 819, 820).** Die Bibel erwähnt verschiedene Arten von Tonwaren aus dieser Zeit, die sich jedoch bisweilen nur schwer zu den Ausgrabungsfunden in Beziehung setzen lassen.

5. Perserzeit und Hellenismus: Diese Perioden sind durch blaßrote Schalen und Krüge und grünliche, »kiesige« Töpferwaren charakterisiert. In dieser Zeit wurden klassische attische Keramiktypen vom griechischen Festland importiert, besonders nach dem Alexanderzug. Darunter sind große rhodische Weinamphoren **(Abb. 826).** Sie wurden in Beth-Zur und Beth-Horon (s. *Hasmonäer; 1 Makk 4, 29) sowie in den tiefsten Schichten von *Qumran gefunden. Der Einfluß der hellenistischen Kultur führte auch zu Verbesserungen bei der Herstellung einheimischer palästinischer Tonwaren **(Abb. 821, 822).** Die Tabelle **Abb. 815** zeigt, daß Palästina von der Perserzeit an kulturelle Kontakte und Anregungen in steigendem Maße im Westen suchte, insbesondere in Griechenland, dessen Güter und Kultur überallhin exportiert wurden, wo es einen Hafen gab.

6. Römische Tonwaren: Römische Tonwaren haben ihre eigenen Besonderheiten. Klassisches und nachklassisches Formgut wurde nachgebildet, während die einheimischen Töpferwaren der Zeit gerippt oder geriffelt sind – ein Stil, der bis in die späteren arabischen Perioden hinein währte. Die Töpfereibetriebe der Römerzeit verwandten ferner in großem Umfang Stilformen der *terra sigillata* **(Abb. 827,** Asdod), die auch in Antiochien und an anderen östlichen Zentren bekannt waren (s. **Abb. 607,** nabatäische Ware).

In der griechisch-römischen Zeit bildete sich ein sehr deutlicher Unterschied zwischen Gebrauchs- und Luxusware heraus. Eine große Bevölkerungsdichte und relativ friedliche Zeiten bedeuteten, daß eine riesige Anzahl von Tonwaren verfertigt – und zerbrochen wurde. Hieraus erklärt sich eine gewaltige quantitative Steigerung, für die große Mengen römisch-byzantinischer Tonscherben, mit denen ganz Palästina übersät ist, Zeugnis ablegen. Die Töpferscheibe hatte sich inzwischen zu dem auf **Abb. 823–825** wiedergegebenen Typ (Beth-Sean) entwickelt.

Wenn diese späteren Tonwaren technisch und künstlerisch weniger qualitätvoll erscheinen, so dürfte sich dies daraus erklären, daß sich die begabteren Handwerker anderen Techniken, insbesondere Metallarbeiten, zugewandt hatten. Die Töpferei war zur Domäne einfacher Leute geworden, denen es hauptsächlich um schlichte Eleganz und Brauchbarkeit zu tun war (s. auch **Abb. 540**).

Als jedoch die Massenherstellung von geblasenem Glas einsetzte, wurden viele Tongefäße durch gläserne ersetzt **(Abb. 828–830),** besonders feine Gefäße wie Parfümkännchen und Salbenbüchsen **(Abb. 831–835). Abb. 150** (oben links) zeigt die Glasteller, die Bar-Kochbas Partisanen in ihre Schlupfwinkel in den Höhlen der judäischen Wüste mitnahmen. Tonlampen wurden um diese Zeit kleiner, wie das typische herodianische Beispiel **(Abb. 838)** zeigt. Die Formwandlungen der offenen tassenförmigen Lampen wie der geschlossenen Typen werden in der Tabelle **Abb. 815** rechts dargestellt.

7. Töpferwerkstatt am Toten Meer: Eine der besterhaltenen Töpferwerkstätten Palästinas ist die von Qumran **(Abb. 836, 837).** Bekanntlich wurden viele Schriftrollen vom Toten Meer in Krüge gelegt **(Abb. 681, 683).**

Zur Ausscheidung aller unreinen Bestandteile wurde der Ton zuerst in einem tiefen Graben getreten, sodann naß gemacht, zu Kugeln geformt und in einen anderen Graben geschafft. Die Töpferscheibe wurde in ein rundes Loch eingefügt. Der Töpfer saß am Rand und bearbeitete die untere Scheibe mit dem rechten Fuß und den Tonklumpen auf der oberen Scheibe mit den Händen. Nachdem sie kurze Zeit in der Luft getrocknet hatten, wurden die Töpfe in der oberen Hälfte des Töpferofens, über der Feuerung, gebrannt. Der Töpferofen war von einem gewölbten Dach mit Rauchabzug überdeckt (vgl. **Abb. 608**).

Tribut

Gliederung: 1. Allgemeines. 2. Tribut an die Assyrer. 3. Tribut (mas) im israelitischen Steuersystem.

1. Allgemeines: Tribut (hebr. *mas*) im

Abb. 839. Tributleistungen der eroberten Stadt Tyrus für Salmanassar III.

Sinne einer durch einen Staat an einen anderen zum Zeichen der Unterwerfung geleisteten Zahlung war in der alten westsemitischen Welt ein vertrauter Bestandteil zwischenstaatlicher Beziehungen. Er konnte von einer befreundeten Nation oder von einem Feind geleistet werden. Wurde er einem Feind abgefordert, so diente er dem doppelten Zweck, den tributpflichtigen Staat zu schwächen und den Reichtum des Siegers zu mehren, der den Tribut in Form von für ihn besonders wertvollen Materialien oder Produkten eintreiben konnte.

Die Auferlegung eines Tributs war eine einfache und im allgemeinen wirksame Verwaltungsmaßnahme. Der Sieger bürdete dem besiegten Staat die Zahlung einer bestimmten Jahressumme auf, und die Nichtbezahlung wurde als aufrührerischer Akt aufgefaßt, der entsprechende Bestrafung nach sich zog (vgl. Gen 14). Man hat festgestellt, daß schon zur Zeit der Sumerer (3. Jahrtausend v. Chr.) Tributzahlungen auferlegt wurden, doch ist nicht deutlich, wie dies in der Praxis geschah. Ein Banner aus Ur (s. *Babylon und Israel) zeigt auf der einen Seite einen Siegeszug und auf der anderen die Zahlung eines Tributs. **Abb. 839** zeigt den Tribut, den Salmanassar III. nach der Eroberung von Tyrus erhielt.

2. Tribut an die Assyrer: Das System der Tributzahlungen wurde im Assyrerreich vervollkommnet. Die ersten einschlägigen assyrischen Urkunden datieren aus der Regierungszeit Schamschi-Adads I. (18. Jhdt. v. Chr.), und der Ausdruck »Tribut« war bis zur neubabylonischen Periode allgemein gebräuchlich: Kyros registriert, alle Länder vom Mittelmeer bis zum Persischen Golf seien ihm tributpflichtig. Assyrische Quellen haben Einzelheiten über die dem Reich durch Israel entrichteten Tributzahlungen mitgeteilt. Der Schwarze Obelisk Salmanassars III. (858–824 v. Chr.; s. **Abb. 357, 358, 360**), ein instruktives Dokument, weist eine lebensvolle Darstellung einer Tributzahlung an den Assyrerkönig durch Jehu auf. Adadnirari (810–782 v. Chr.) registriert ebenfalls Tributzahlungen von Israel sowie von Tyrus, Sidon, Edom und Philistäa. Tiglatpilesar III. (745–727 v. Chr.) erhielt von König Menahem von Israel einen Tribut von 1000 Silbertalenten sowie weitere Zahlungen von König Ahas von Juda. Diese Mitteilung findet sich auch im AT (2 Kg 15, 17–20; 16, 7–8). Tiglatpilesar berichtet auch, er habe Pekah (von Israel) entthront und gegen Tributzahlungen in Gold und Silber Hosea an seine Stelle gesetzt. Später stellte Hosea die Zahlungen ein, woraufhin die Assyrer Vergeltungsmaßnahmen ergriffen. Sargon II. (722–705 v. Chr.) erlegte Israel Tributzahlungen auf und deportierte einen Teil der Bevölkerung von Samaria (2 Kg 17, 2–6; 18, 11; s. *Israel und Juda 4). Die ausführlichsten Angaben über Tributzahlungen finden sich in den Annalen Sanheribs (705–681 v. Chr.), der das Silber, Gold, die Elfenbeinbildwerke und Musiker schildert, die er erhielt.

3. Tribut (mas) im israelitischen Steuersystem: Obwohl die Bibel mehrmals Tribute oder Inlandsabgaben erwähnt, bezieht sich keiner dieser Hinweise auf Tributzahlungen, die die Hebräer von einem anderen Staat empfingen, wie es bei den Assyrern der Fall war. Wahrscheinlich erklärt sich dies daraus, daß Israel ein kleines Land

war, das nicht viele Gelegenheiten hatte, seinen Nachbarn Tributzahlungen aufzuerlegen. Allein in Psalm 72, 10 kommt der Ausdruck (hebr. *'æškār*) in der üblichen Bedeutung von Tribut vor. Von Tribut in diesem Sinne kann man noch an einer anderen Stelle – Ez 27, 15 – sprechen. Über das Steuersystem Israels und Judas ist nur wenig überliefert.

Das am meisten gebrauchte Wort ist *mas;* es kommt 22mal vor und meint entweder Auferlegung von Fronarbeit (s. *Steuern) oder die den Israeliten für den Tempelbau auferlegte Inlandsabgabe (1 Kg 5, 13 u. ö.). In 2 Chr 17, 11 brachten die Philister und Araber dem König Josaphat »Geschenke und Silber als Tribut«, nämlich Geschenke für den Monarchen, keinen Kriegstribut. Die Geldbuße, die der Pharao Necho dem Joahas auferlegte, scheint ein Tribut eines Staates an einen anderen gewesen zu sein (2 Kg 23, 33), und dies war anscheinend auch bei der *middā* genannten Abgabe der Fall (Esr 6, 8; 7, 24; Neh 5, 4).

V

Verfassung, Verwaltung und Staatsformen *Gliederung: 1. Administrative und gesetzgebende Institutionen Israels in der vorexilischen Zeit. a) Elemente primitiver Demokratie im alten Orient; (1) Kanaan und Syrien; (2) Mesopotamische Institutionen; (3) Hethitische Institutionen; b) Israelitische Institutionen vor und während der Monarchie; (1) Die Ältesten von Israel; (2) Die Stadtältesten; (3) Gerichtsbarkeit am Tor; (4) Berufsmäßige Richter und der oberste Gerichtshof; (5) Die »Geladenen«; (6) die ʿedā (Gemeinde) von Israel; (7) Die Versammlung (qahal); (8) Der ʿam-hā-ʾāræṣ (Volk des Landes); (9) Vorgang bei den Versammlungen der Volksvertreter; c) Die Monarchie; (1) Thronbesteigung; (2) Krönung; (3) Vergöttlichung des Königs; (4) Die Familie des Königs; (5) Das königliche Vermögen; (6) Der König und der Kult; (7) Der König als Gesetzgeber; (8) Der König als Richter. 2. Die Verwaltung des Königreiches. a) Unterteilung des Königreichs für Verwaltungszwecke; (1) Die Periode Sauls; (2) Die Periode von David und Salomo; (a) Die Verwaltungsbezirke; (b) Die Steuereinhebung im Reich Salomos; (c) Die Verwaltungsbezirke Judas; (d) Verwaltung der Bezirke; (3) Territoriale Unterteilung nach der Beschreibung im Buch Josua; (a) Theorien über die Datierung dieser Aufteilung; (b) Archäologisches Zeugnis; (4) Hiskias Verwaltungsreform in Juda; (5) Verwaltungsbezirke im Nordreich Israel; (6) Unter assyrischer Herrschaft; b) Beamte des Königs; (1) Die Minister Davids; (2) Das Verwaltungsvorbild; (3) Volkszählungen; (4) Die niederen Beamten; (5) Kader einer Bereitschaftsarmee; (6) Die Minister Salomos; (7) Königliche Beamte nach der Reichsteilung; c) Aufgaben der obersten Beamten in Israel; (1) Der Palastvorsteher; (2) Der königliche Sekretär; (3) Der mazkîr. 3. Nachexilische Institutionen. a) Verwaltung und soziale Entwicklung in der Perserzeit; b) Adlige und Beamte; c) Theokratische Herrschaft der Priester; d) Die Schriftgelehrten; e) Das hellenistische Vorbild; f) Der Rat der Ältesten (gerousia); g) Verwaltung in der ersten Periode der Makkabäer; h) Der qahal; i) Jüdische Stadtregierung; k) Die große Versammlung der Juden; l) Unterschiede zwischen dem hasmonäischen und dem herodianischen Königtum; m) Der Große Sanhedrin und seine Funktionen.*

Wenn man die Verwaltungs- und gesetzgebenden Institutionen des alttestamentlichen Zeitalters untersucht, wird offenbar, daß sie nicht in verschiedene Kategorien geschieden werden können, da die meisten der damaligen Institutionen verwaltende und gerichtliche Funktionen erfüllten. Dennoch wird hier eine Unterscheidung zwischen der Strukturbeschreibung der alten öffentlichen Körperschaften (1. Teil) und ihrer Funktion (2. Teil) gemacht. Der Artikel folgt hauptsächlich dem historischen Ablauf, obwohl auch gewisse Ausnahmen, verursacht von den verborgenen Ursprüngen der meisten Institutionen, vorkommen. Selbst wenn die Bibel eine Institution in Relation zu einem spezifischen historischen Hintergrund beschreibt, ist es noch bedeutsam zu wissen: a) welcher Unterschied zwischen der beschriebenen Zeit und dem Datum der Beschreibung besteht; b) ob die beschriebene Institution mit dem im Text erwähnten Zeitabschnitt oder mit der Epoche des Verfassers in Verbindung gebracht werden kann.

1. Administrative und gesetzgebende Institutionen Israels in der vorexilischen Zeit: *a) Elemente primitiver Demokratie im alten Orient: (1) Kanaan und Syrien:* Die politische Struktur in Kanaan und Syrien war gekennzeichnet durch kleine Stadtstaaten. An der Spitze eines jeden Staates standen ein König und ein Rat der Ältesten. Der König hatte gewöhnlich das Kommando über ein kleines Heer inne, aber seine Macht wurde von einem aus Vertretern der Aristokratie und der Handelsklasse zusammengesetzten Staatsrat beschränkt (s. *Kanaanäische Städte). Im Papyrus, der vom Leben des ägyptischen Staatsbeamten Wen-Amun (11. Jhdt. v. Chr.; s. *Phönikien) handelt, wird berichtet, daß Wen-Amun vor die Führer der Stadt Byblos, deren Rat über sein Schicksal entscheiden soll, geladen wird. Der Papyrus bestätigt die in Ez 27, 9 erwähnte Tatsache, daß die oberste Autorität von Byblos der Rat der Ältesten war. Die Stärke der republikanischen Regierungsform wird durch die Dauer ihres Bestehens seit ihrer Schaffung bezeugt. Die Macht zu regieren wurde den Vertretern des Volkes, in den Inschriften *ʿam* genannt, anvertraut. Die phönikischen Kolonien wurden von Vertretern des Volkes ähnlich regiert. In Palästina schickten die Ältesten der Gibeoniter

Vertreter, um ein Bündnis mit den Israeliten zu schließen (Jos 9, 11).

(2) Mesopotamische Institutionen: Die Wurzeln der primitiven Demokratie findet man auch in Mesopotamien. Die mesopotamische Mythologie berichtet, daß die »Versammlung der Götter« der Ursprung aller Autorität gewesen sei. Kein einzelner Gott besaß ausschließliche Macht, weil diese Welt, ihrer Meinung nach, nur ein Echo der Götterwelt war. Daher war der König zusammen mit den Vertretern seines Königreiches die höchste Autorität auf Erden. Der König war kein Autokrat, sondern nur ein Bevollmächtigter, der unter der Kontrolle einer höheren Autorität stand. Er war den Göttern und den Vertretern seines Königreiches verantwortlich. Nach dem Gilgamesch Epos erklärte Aka, der König von Kisch, nicht den Krieg, bis die Eltern aus Uruk damit einverstanden waren. Zur Zeit des babylonischen Reiches wurden Stadtoberhäupter (oder der Stadtrat) mit der Rechtsprechung beauftragt. In den assyrischen Handelskolonien in Anatolien (Kappadokien) war die Versammlung der Ansiedler mit dem Gerichtswesen beauftragt.

(3) Hethitische Institutionen: Die wenigen Angaben können in zwei Gruppen unterteilt werden: Unterlagen über das Alte Reich (17.–16. Jhdt. v. Chr.) und Unterlagen über das Neue Reich (14.–13. Jhdt. v. Chr.). Im Alten Reich existierte eine Institution namens *panku*, die Versammlung der adligen Hethiter. (**Abb. 840.**) Im Neuen Reich wird der *panku* nicht mehr erwähnt. Die Adligen wurden mit drei Namen bezeichnet: die Würdenträger, die Ältesten und die Magnaten (Granden). Die Ältesten, die der Autorität des Königs, dem sie Treue geschworen hatten, untertan waren, übten die Gerichtsbarkeit aus; ob sie ebenso verwaltende Funktionen innehatten, ist nicht bekannt. Sowohl das Alte als auch das Neue Reich beruhten auf einer feudalistischen Basis, Rechte wie Pflichten der Führer der Föderation sind unbestimmt. Es ist möglich, daß sie in der Außenpolitik wenig, hingegen innerhalb ihres eigenen Gebietes ein bedeutendes Maß an Autonomie besaßen.

b) Israelitische Institutionen vor und während der Monarchie: Dem Vorhergehenden kann man entnehmen, daß in den Nachbarländern Palästinas, besonders in Phönikien (Nordkanaan) verschiedene Formen der Oligarchie existierten. In Israel war die Machtgrundlage viel breiter. Die israelitische Monarchie war verhältnismäßig jung und eine lange Periode, in der Führer des Volkes regiert hatten, war ihr vorangegangen. Den Königen gelang es nie, die Führer des Volkes zu verdrängen, und sie waren immer von ihnen abhängig. Der Begriff »Volk« an sich ist bei den Israeliten bedeutend, da er irgendwie eine Art von Autorität in sich schließt.

(1) Die Ältesten von Israel: Ein weit verbreitetes Mißverständnis ist es zu glauben, daß das Wort »Älteste« alle freien erwachsenen Männer, die lange Bärte trugen und sich von Zeit zu Zeit trafen, umfaßte. Es ist viel wahrscheinlicher, daß die richtigen Ältesten besonders nominierte Einzelpersonen waren. Das AT erwähnt zwei Arten von Ältesten, die »Ältesten Israels«, die Familienhäupter in den verschiedenen Stämmen waren, und die »Ältesten der Städte«. Älteste der Städte gab es erst seit der Zeit der Landnahme und der Ansiedlung, aber es ist sehr wahrscheinlich, daß zu jener Zeit ein Ältester von Israel auch Ältester einer Stadt war.

In Mesopotamien (18.–8. Jhdt. v. Chr.) erscheinen die Ältesten als Vertreter des Volkes und als Verteidiger seiner Rechte, doch übten sie keine Verwaltungsfunktionen aus. Es scheint, daß Ältestenräte im Hethiterreich viele Pflichten der Stadtverwaltung erfüllten. Der Ältestenrat von Byblos (s. *Phönikien 3 a) wird in Ez 27, 9 und in der Geschichte von Wen-Amun erwähnt. Die Bibel spricht von den Ältesten von Moab, von den Ältesten von Midian (Num 22, 7), von den Ältesten der Gibeoniter (Jos 9, 11) und sogar von den Ältesten der Ägypter (Gen 50, 7). Man hört von den Ältesten Israels zum ersten Mal in der Episode der Offenbarung Gottes an Moses (Ex 3, 16). Moses wurde zu diesen Ältesten geschickt, um die Befreiung von der ägyptischen Knechtschaft anzukündigen. Von da an verband man die Ältesten mit jedem wichtigen Ereignis im Leben des Volkes, angefangen vom Exodus (s. *Auszug) über die Wüstenwanderung und der Zeit der Landnahme bis zum Zeitalter der Monarchie. Sogar nach dem Sturz der Monarchie blieb die Institution der Ältesten bestehen und wird während der exilischen (Ez 8, 1; 14, 1) und nachexilischen Zeit (Esr 10, 8. 14) erwähnt. Obwohl die Ältesten während der meisten Zeit, von der das AT berichtet, nicht gewählt wurden, betrachtete man sie im Prinzip doch als die höchste Autorität des Volkes. Während der Monarchie wurde ihre Macht natürlich stark beschnitten, und die Könige handelten öfters autokratisch.

Abb. 840. Hethiter auf einer ägyptischen Wandmalerei (1450 v. Chr.)

Abb. 841. Recht und Angelegenheiten der Stadt wurden in Palästina von den Stadtältesten am Tor der Stadt verhandelt, das in Friedenszeiten eine Art gesellschaftlichen Treffpunkt darstellte. Bänke und Stufen des Stadttores von Lachis

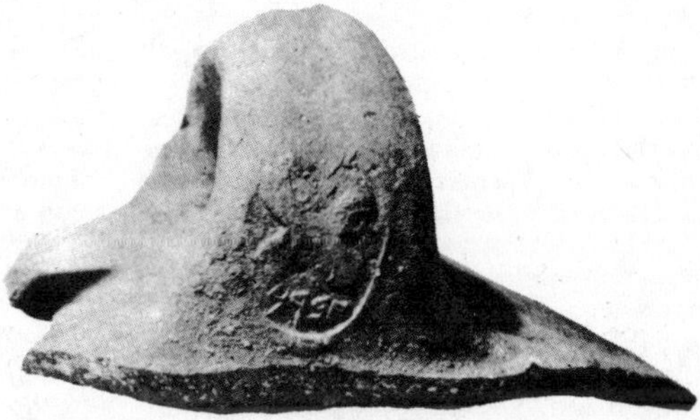

Abb. 842 a, b. Bei Ausgrabungen in Juda fanden sich gestempelte Krughenkel, die neben dem Wort »Für den König« einen Städtenamen trugen. Man glaubt, daß in diesen Städten die als Steuern zu zahlenden Naturalabgaben gesammelt wurden

Verträge zwischen Gott und dem Volk wurden entweder in Gegenwart des Volkes, des Volkes und der Ältesten, oder nur der Ältesten geschlossen. Der Bund vom Sinai (Ex 19, 7; 24, 1) wurde mit den Ältesten geschlossen und Moses gab ihnen vor seinem Tod die Anweisungen Jahwes (Dt 27, 1; 31, 28). Sie waren die Erben Moses und daher mit seinem Geist begabt (Num 11, 16). Josua führte die Zeremonie des Segens und des Fluches vor ganz Israel, den Ältesten und den Amtleuten aus (Jos 8, 33) und schloß vor Gott und dem Volk in Gegenwart der Ältesten einen Bund (Jos 24, 1).

Als Salomo daranging, die Bundeslade zu überführen und den Tempel zu weihen, versammelte er die Ältesten Israels, damit sie an der Zeremonie teilnähmen, um so dem Ereignis die angemessene gesetzliche und religiöse Feierlichkeit zu geben (1 Kg 8, 1; 2 Chr 5, 2). Josia schloß einen Bund mit den Ältesten (2 Kg 23, 1; 2 Chr 34, 29). Die Ältesten waren die religiösen Vertreter des Volkes. Die Warnungen der Propheten wurden gelegentlich nur an die Ältesten gerichtet (Jer 19, 1). Joel forderte die verantwortlichen Ältesten zum Gebet wegen des Bundesbruches zwischen Gott und dem Volk auf (Jo 1, 14; 2, 16).

Die Ältesten waren auch die politischen Vertreter des Volkes. Vor der Monarchie waren ihre Pflichten sehr übersichtlich, da es im Volk außer den Priestern und Richtern keine andere Autorität gab. Die Ältesten teilten ihre Autorität mit Moses während der Zeit der Wüstenwanderung. Auch die Landnahme war, nach dem Buch Josua, ein Zeitalter der Ältesten. Die Verhandlungen mit den transjordanischen Stämmen wurden, obwohl Josua noch lebte, von Pinehas und den Ältesten geführt (Jos 22). Während der Zeit der Ansiedlung werden die Ältesten nur zweimal ausdrücklich erwähnt: einmal während der Schlacht von Gibea und ein zweites Mal bei den Verhandlungen mit Jephtha. Nichtsdestoweniger kann man annehmen, daß die Stammesältesten das Leben der Stämme regelten. Es scheint hier eine allgemeine, obwohl nicht definierte, Autoritätsaufteilung zwischen dem charismatischen Führer, den Repräsentanten des bürgerlichen Lebens (Älteste), der religiösen Autorität (Priester) und dem ganzen Volk (männliche Erwachsene) gegeben zu haben.

Sogar während der Monarchie war die Autorität der Ältesten im Prinzip größer als die des Königs. Es waren die Ältesten, die darauf bestanden, daß Samuel einen König nominieren sollte (1 Sam 8, 4), obwohl seine Warnung an das Volk und die Geschichte, die in den Büchern Samuel und Könige überliefert ist, zeigen, daß ihre Autorität oft ignoriert wurde. Dennoch kann man mit Recht annehmen, daß jeder König die Zustimmung des Volkes oder seiner Vertreter für seine Thronbesteigung brauchte. Diese Zustimmung nahm die Form eines Abkommens zwischen dem König und dem Volk oder dessen Ältesten an. Als Abner Is-Boseth mit der Übertragung der Nachfolge an David drohte, brauchte er die Zustimmung der Ältesten (2 Sam 3, 17 ff), bevor er die Drohung verwirklichen konnte. Die Ältesten stimmten der Salbung Davids als König zu (2 Sam 2, 4), und er nahm die Herrschaft an, nachdem er einen Vertrag mit ihnen geschlossen hatte (2 Sam 5, 3). Die Ältesten waren auch am Aufstand Absaloms und an dessen Erfolg beteiligt (2 Sam 17, 4).

Die Ältesten, die in Verbindung mit der Teilung des Königtums zwischen Juda und Israel erwähnt werden, waren, im Gegensatz zu den jungen Ratgebern Rehabeams, wirklich alte Männer. Nach dem Zwischenfall Absalom scheinen die Ältesten nicht mehr aktiv an der Bestellung von Königen beteiligt gewesen zu sein, obwohl die häufigen Dynastiewechsel im Nordreich Israel vermuten lassen, daß die Ältesten als Stammesführer und Häupter von großen Familien dahinter standen. Ein Beweis für ihre fortdauernde Autorität ist die Tatsache, daß Ahab, der König von Israel, die Zustimmung der Ältesten brauchte, bevor er den Krieg erklären konnte, und er mußte sich dafür einsetzen, um diese Zustimmung zu bekommen (1 Kg 20, 7). Aber es gab auch sonst noch viele Ausnahmen.

Die Zahl der Ältesten scheint nicht festgelegt gewesen zu sein. Zur Zeit Moses, wo die Ältesten sehr oft zusammentrafen, wird ihre Zahl mit siebzig angegeben (Ex 24, 1. 9; Num 11, 16. 24), und siebzig war die traditionelle Zahl der nationalen Versammlung. Dennoch waren weder damals noch später nur diese die Ältesten Israels.

(2) Die Stadtältesten: Neben dem »Stadtoberhaupt« (*śar ha-ʿīr*) oder dem Mann, der über die Stadt gesetzt war (*ʾašœr ʿal ha-ʿīr*), bildete eine Gruppe von Ältesten eine ständige Institution in Städten und Dörfern. In den großen Städten, oder vielleicht nur in der Hauptstadt, gab es einen *śar,* aber in anderen Städten und Dörfern besaßen die Ältesten die absolute Macht. Diese waren die Familienhäupter und bildeten zusammen den Rat, so z. B. 1 Sam

30, 26–31 die Stadtältesten im südlichen Juda. Isebel z. B. schickte Briefe an die Ältesten von Jesreel und nicht an das Stadtoberhaupt. In Assyrien und Babylon erfüllten der *rab ali* und der *ḫazannu* solche Funktionen.

Die Stadtältesten bildeten eine Art Stadtrat, ihre Hauptaufgabe aber war die Gerichtsbarkeit. Wie in Babylon gab es in Israel zur Zeit der Monarchie drei Gruppen von Gerichtsbarkeit: die Volksautorität der Ältesten, die des Königs und diejenige der Priester. In Städten und Dörfern waren die Ältesten zuständig für den Urteilsvollzug aller Vergehen, von den leichtesten, für die eine Geldstrafe genügte (Dt 22, 18 f), bis zu den schwersten – etwa ein störrischer und trotziger Sohn zu sein (Dt 21, 18–21) oder bei vorsätzlichem Mord (Dt 19, 11–13) –, welche die Todesstrafe unweigerlich nach sich zogen.

(3) Gerichtsbarkeit am Tor: Alle Angelegenheiten der Stadt wurden von den Ältesten, die am Tor saßen und dort Recht sprachen, entschieden. Sogar König David saß am Tor, um Recht zu sprechen, und deshalb stellte sich auch Absalom auf dem Weg auf, der zum Tor führte, und versuchte jeden, der dem König seinen Fall vorlegen wollte, davon abzubringen (2 Sam 15, 2–6). Das Tor als Gerichtsstätte wird häufig im AT in den historischen Büchern, in Job 29, 7; 31, 21 und in Spr 22, 22; 31, 23 erwähnt. Unter den Propheten betont vor allem Amos die enge Beziehung zwischen dem Tor und der Rechtsprechung (Am 5, 10.12.15).

Ein Beispiel für die Tätigkeit dieser Gerichtsstätte am Tor findet man in Ruth Kap. 4. Boas kommt, setzt sich ans Tor, hält den nächsten Verwandten an *(go'el)* und sucht sich zehn der Ältesten Bethlehems aus, um mit ihnen am Tore zu sitzen. Boas und der *go'el* tragen den Ältesten ihre Fälle vor. Der *go'el* erklärt, daß er auf alle Forderungen verzichtet und Boas holt die Ältesten und das Volk herbei, um den geschlossenen Vertrag zu bezeugen. Diesem Bericht kann man entnehmen, daß beim Hören eines Falles viele Stadtbürger zugegen waren. Die Verhandlungen Abrahams mit Ephron wegen des Kaufes der Höhle von Machpela (Gen 23, 10 ff) spielen sich auch am Tor ab. Das Osttor **(Abb. 720)** von Sichem (17. Jhdt. v. Chr.) bestand aus zwei rechteckigen Türmen (23 × 42 Fuß) mit Wachstuben, die den Eingang flankierten. Das war der Mittelpunkt des Verteidigungssystems der Städte und in Friedenszeiten das gesellschaftliche Zentrum (s. Bank und Stufen am Tor von *Lachis, **Abb. 841**; s. auch **Abb. 307, 531**).

Ein Beispiel einer verbrecherischen Angelegenheit ist der Fall Naboth (1 Kg 21). Die Ältesten von Jesreel fordern Naboth auf, vor ihnen am Tor zu erscheinen. Zwei Menschen bezeugen, daß Naboth Gott und dem König geflucht habe – beides Verbrechen, die mit dem Tod bestraft wurden (Ex 22, 28; Lev 24, 14–16). Nach dem Urteilsspruch wird Naboth aus der Stadt hinausgeführt und zu Tode gesteinigt.

(4) Berufsmäßige Richter und der oberste Gerichtshof: Die Rechtsprechung war nicht nur Sache der Stadtältesten, sondern auch der berufsmäßigen Richter (s. *Gesetz). Unter den Gesetzessammlungen in der Thora werden sie in Dt 16, 18–20 erwähnt. Es scheint also, daß sie während der Monarchie tätig waren und vom König bestellt wurden. Man weiß nicht mit Sicherheit, ob diese Richter sich nur mit besonderen Fällen, die sich direkt auf Staatsangelegenheiten bezogen (z. B. Steuer), befaßten, oder ob sie zusammen mit den Stadtältesten tätig waren. Nach 2 Chr 19 wurden diese Richter zum ersten Mal von Josaphat bestellt.

Dt 17, 8–13 setzt fest, daß schwierige Fälle vor einem obersten Gerichtshof in der von Gott erwählten Stadt vorgebracht werden sollten. Dies bezieht sich auf 2 Chr 19, 4–11, wo berichtet wird, daß Josaphat Richter in Juda ernannte und den obersten Gerichtshof von Jerusalem gründete, der aus Priestern, Leviten und Familienhäuptern bestand. Dieser Gerichtshof beschäftigte sich sowohl mit religiösen als auch mit zivilrechtlichen Fällen. Der Hohepriester Amarja war Vorsteher des Gerichtshofes bei religiösen Fällen Sebadja, der Statthalter von Juda hingegen entschied in allen Angelegenheiten, die die Verordnungen des Königs betrafen. Es ist unmöglich, genau zu sagen, welchen Autoritätsbereich der bürgerliche Richter hatte, und welchen der Priester. Sicher ist jedoch, daß alle Angelegenheiten, die sich mit Ritual, Heiligkeit, Reinheit und Unreinheit befaßten, von einem Priester entschieden wurden.

Das AT macht keinen formalen Unterschied zwischen zivilrechtlichen und religiösen Fällen. Nach der Überlieferung Israels waren alle Fragen des Gesetzes religiöser Natur. Nichtsdestoweniger deutet die Zuteilung der Fälle an verschiedene Gruppen darauf hin, daß es doch einen Unterschied zwischen priesterlichen oder rituellen Angelegenheiten und den Fällen des zivilrechtlichen oder allgemeinen Gesetzes gegeben haben mag. Doch waren die Priester auch für solche Fälle zuständig, die man heute unter das Zivilgesetz einordnen würde (Lev 10, 11; Dt 21, 5; Ez 44, 24). Darunter fielen besonders Fälle, in denen keine Zeugen vorhanden waren und man durch Anrufung Gottes die endgültige Entscheidung zu treffen suchte (z. B. Beschwerden gegen eine angeblich untreue Ehefrau); aber auch alle Fälle, wo ein Eid geleistet werden mußte oder wo die Orakel »Urim und Thummim« zu Rate gezogen werden mußten (z. B. der Fall von Achan in der Wüste).

Einige Gelehrte sind der Ansicht, daß die kleinen Richter eigentliche Richter im heutigen Sinne, die anderen berühmten charismatischen Richter hingegen Führer im Heiligen Krieg ohne gerichtliche Funktion waren. Es muß aber daran erinnert werden, daß das hebräische Wort für »Richter« eine viel breitere Bedeutung als das entsprechende deutsche Wort hat.

(5) »Die Geladenen« (k·ru'īm, k·ri'ē mō'ēd, k·ri'ē ha-'ēdā): *k·ru'im* ist ein Gattungsname und wird mit »die Geladenen« übersetzt, obwohl die deutsche Bezeichnung nicht die volle Bedeutung des hebräischen Wortes wiedergibt. In der Geschichte der Salbung Sauls zum *nagîd* (1 Sam 9) wird von den *k·ru'īm* als einer ständigen Institution gesprochen, die am Mahl zu Ehren Sauls teilnahm und aus etwa dreißig Mann bestand. Sie werden beim Aufstand Adonias noch einmal erwähnt. Die Hofbeamten, priesterlichen Würdenträger und Kriegsführer, welche in 1 Kg 1, 9. 19. 25 erwähnt werden, fallen später alle unter den Gattungsnamen *k·ru'īm*. Dieser Name weist auf zwei andere hin, *k·ri'ē mō'ēd* und *k·ri'ē ha-'ēdā* *k·ru'īm* ist wahrscheinlich die abgekürzte Form der beiden anderen. Die *k·ri'ē mō'ēd* werden im Kapitel über Korah (Num 16, 2) zusammen mit den Fürsten und anderen einflußreichen Leuten erwähnt. In der Geschichte vom Aufstand Korahs (Num 26, 9) werden sie *k·ri'ē ha-'ēdā* genannt. Dies weist darauf hin, daß beide Namen synonym gebraucht wurden. Nach der Bibel nahmen die Priester am Aufstand Korahs und dessen anderer Anführer nicht teil. Dathan und Abiram waren nicht einmal Leviten. Dennoch wurden die Termini *k·ri'ē ha-'ēdā* und *k·ri'ēmō'ēd* für sie verwendet. G. B. Gray und R. Gordis betrachten die Institution der *k·ru'īm* als eine Körperschaft von Vornehmen, die bei besonders feierlichen Anlässen oder zu bestimmten Zeiten, daher die Verwendung des Wortes *mō'ēd,* das Zeit oder Datum bedeutet, um eine wichtige Funktion zu erfüllen, geladen wurden. Möglicherweise wurden die Versammlungen der Volksvertreter an religiösen Festtagen abgehalten (wenigstens unter der Regierung Hiskias und Josias).

(6) Die 'ēdā (Gemeinde) von Israel: Das Wort *'ēdā* (Gemeinde oder Gemeinschaft) meint im allgemeinen das ganze israelitische Volk, besonders in jenen Texten, die der Priesterschrift zugeschrieben werden, aber es kann sich auch, wie z. B. in Job 15, 34 und Ps 7, 7 auf kleinere Gruppen beziehen. Die Grundbedeutung von *'ēdā* meint eine Volksgruppe, die sich zu einem bestimmten Zweck traf. So z. B. in 1 Kg 12, 20, wo berichtet wird, daß ganz Israel hörte, Jerobeam sei aus dem Exil zurückgekommen, woraufhin sie ihn vor die *'ēdā* rufen ließen, die ihn zum König über ganz Israel machte. In diesem Fall ist die Versammlung offensichtlich eine zahlenmäßig beschränkte Körperschaft, da kaum anzunehmen ist, daß Jerobeam vor ganz Israel stand und mit allen wegen der Annahme der Königswürde verhandelte. Beim Vorfall des Holzsammlers am Sabbat (Num 15, 32–36) muß »Gemeinde« im Sinne von Volksvertretern verstanden werden. Der Schuldige wurde vor Moses, Aaron und die ganze Gemeinde, die als Richter und Strafvollstrecker tätig waren, gebracht. Andere Beispiele aus der Gerichtsbarkeit, wo *'ēdā* »Vertreter« bedeutet, sind der Mann, der Gott fluchte (Lev 24, 13–16) und der Fall des Mörders, der in eine Asylstadt floh (Num 35, 12; Jos 20, 6.9). Moses bestellte in Gegenwart des Hohenpriesters Eleasar und der Gemeinde (Num 27, 15–23), die hier wahrscheinlich nicht alle Auswanderer aus Ägypten meint, Josua zum Führer.

(7) Die Versammlung (qahal): Der Terminus *qahal* oder »Versammlung« bezieht sich hauptsächlich auf eine Gruppe, aber in manchen Stellen kann er nur als »Repräsentanten« verstanden werden. In 2 Chr 30, 2. 4. 23 beruft die Versammlung den König und seine Minister. Der Ausdruck bezog sich offensichtlich nicht auf alle Bewohner Jerusalems, sondern vielmehr auf die Versammlung, die zusammen mit dem König und seinen Ministern befugt war, bei religiösen Angelegenheiten zu entscheiden. Es scheint, daß diese Versammlung Würdenträger der Priesterschaft umfaßte, die unter Hiskia besonders in Verbindung mit dem Passahfest im »zweiten Monat« eine bedeutende Stellung erlangten (s. *Israel und Juda). Nach 2 Chr 1, 2.3.5 bestand die »Volksgemeinde«, die Salomo zum

Höhenheiligtum in Gibeon begleitete, aus ganz bestimmten, namentlich erwähnten Personen (aus Obersten der Tausendschaften und der Hundertschaften, Richtern, allen Fürsten Israels und den Familienoberhäuptern). Der Ausdruck kann hier nur bestimmte Gruppen meinen. Der in Neh 5, 13 erwähnte *qahal* bestand möglicherweise aus den Vornehmen und Vorstehern, die in 5, 7 genannt werden.

(8) Der 'am hā-'āræṣ (Volk des Landes): Der eigentliche Charakter des *'am hā-'āræṣ*, wörtlich »Volk des Landes«, war lange eine Streitfrage. Nach der Ansicht einiger Gelehrter war der *'am hā-'āræṣ* Nachfolger der *'ēdā* (Gemeinde), beide waren gesetzgebende Körperschaften und die obersten Richter des Volkes. Abraham verhandelte mit dem Volk des Landes, den Kindern Heths (Gen 23, 7.12). Das Volk des Landes nahm an der Proklamation von Joas, Asarja und Joahas teil; es wurde zusammen mit den Herrschern des Landes von den Propheten getadelt (Jer 34, 18 f; Ez 7, 24). Neh 8 und 10 wird das Gesetz den Priestern, den Leviten und den Führern des ganzen Volkes vorgelesen, das sich verpflichtet, die Gebote Jahwes zu erfüllen. Diese Ansicht führt zum Schluß, daß die Bezeichnung »das ganze Volk, ganz Juda, das ganze Volk von Juda, Älteste des Landes, das Volk« etc. nur verschiedene Bezeichnungen für dieselbe Körperschaft oder Institution waren. Diese Meinung wird von Urbach unterstützt, der vertritt, die widersprüchliche Stelle 2 Kg 25, 19.20 (vgl. Jer 52, 25), die berichtet, daß sechzig der Leute des Landes, die in der Stadt waren, gefangengenommen und nach Babylon verschickt wurden, spiele auf eine wichtige Körperschaft an, die gewöhnlich nicht in Jerusalem ansässig war. Neh 5, 17 berichtet, daß ihre Zahl vermutlich 150 betrug. Während der Monarchie war der *'am hā-'āræṣ* (welcher über 60 Personen zählte) berechtigt, zusammen mit dem König und seinen Ministern über Krieg und Frieden zu entscheiden. Eine andere These vermutet im *'am hā-'āræṣ* den Landadel. Lev 4 verzeichnet die Sünder nach einer von Priestern festgelegten Reihenfolge: gesalbter Priester, Mitglied der Gemeinde, Fürst oder Mitglied des gewöhnlichen Volkes; Jer 2, 8–10 unterscheidet hingegen zwischen den Königen von Juda, deren Fürsten und Priestern und dem Volk des Landes (nach Jer 19, 1 die Ältesten des Volkes). Nach Jer 39, 8 wurden der Palast des Königs und die Häuser des Volkes niedergebrannt und deren Besitzer in die Gefangenschaft geführt – die Armen des Volkes hingegen blieben, und man gab ihnen Weingärten und Felder. Auch bei Esra und Nehemia sieht man im *'am hā-'āræṣ* den Landadel, der Mischehen mit den Nachbarvölkern einging. M. Noth glaubt, daß *'am hā-'āræṣ* das freie Volk meint, das sich schon lange in Juda niedergelassen hatte und das die Rechte der Nachfolge des Hauses David aufrechterhielt.

Eine Reihe von anderen Gelehrten, unter ihnen Zietlin, R. de Vaux und R. Gordis, verwirft alle diese Theorien und hält die Meinung aufrecht, daß in der vorexilischen Zeit der *'am hā-'āræṣ* einfach die ganze Körperschaft der Dorfbewohner oder der Bauern des Landes war. Sie berufen sich zur Unterstützung ihrer Meinung auf tannaitische Quellen. Der Satz »es war kein Brot für die Leute des Landes da« (2 Kg 25, 3) würde bedeuten, daß selbst sie kein Brot hatten. Die obengenannte widersprüchliche Stelle von den 60 Leuten des Landes, die gefangengenommen wurden (2 Kg 25, 19), wird von diesen Gelehrten so interpretiert, als ob sie sich auf Dorfbewohner im Gegensatz zu Stadtbewohnern bezöge. In 2 Kg 11, 20 wird »alles Volk des Landes« erwähnt, wie auch die Stadtbewohner. In nachexilischer Zeit hatte der *'am hā-'āræṣ* eine verschiedene Bedeutung und bezeichnete Bewohner von nichtisraelitischer Herkunft.

(9) Vorgang bei den Versammlungen der Volksvertreter: Es gibt nur sehr wenige Belegstellen für die Zusammenkünfte der Volksvertreter. Nirgendwo in der Bibel finden wir eine genaue Beschreibung der Zeremonien und Vorgänge, die bei diesen Treffen stattfanden, obwohl hier und da Hinweise dafür gegeben werden. 1 Kg 22 berichtet von Zusammenkünften der Volksvertreter, die am Stadttor, dem allgemeinen Treffpunkt – und nicht beim Königspalast –, stattfanden. Der Vorsitzende (in diesem Fall der König) saß auf einem Thron, von seinem Gefolge halbmondförmig umgeben.

Die Zahl der Teilnehmer bei den Zusammenkünften der Volksvertreter wird im AT gewöhnlich auf 70 angesetzt, aber es ist nicht bekannt, ob diese Anzahl immer genau eingehalten wurde. Es ist billig anzunehmen, daß die Zahl von Zeit zu Zeit variierte, obwohl es vielleicht auch gewisse Perioden gab, in denen die Zahl genau festgelegt war. Wichtige Versammlungen begann man anscheinend mit Danksagung und mit Schlachtopfern (*zæbaḥ š·lamīm*, s. *Opfer). Die Teile des Opfertieres wurden offensichtlich an die Anwesenden nach der Bedeutung jeder Person verteilt. Bei der Zeremonie zu Ehren Sauls erhielt jener den Oberschenkel und andere ausgewählte Teile.

c) Die Monarchie: (1) Thronbesteigung: Im Nordreich herrschte wohl das dynastische Prinzip, nach dem jeder König seinem Sohn die Erbfolge sichern wollte; jedoch nicht in dem Sinne wie in Juda, wo eine dynastische Theologie verfügte, daß die Glieder einer bestimmten Familie regieren sollten. Die beste Informationsquelle über Nachfolgetheorien ist das Königreich Juda, wo die Lage viel klarer ist. Wie anderswo in der alten Welt nahm man an, daß die Thronbesteigung »von Gottes Gnaden« oder als Ergebnis der Wahl Gottes geschehe. Jeder neue König erneuerte den *Bund, der mit David geschlossen worden war. Obwohl das dynastische Prinzip gewöhnlich das Erstgeburtsrecht einschloß, scheint dies außer bei den Hethitern im Alten Orient nicht überall eine absolute Regel gewesen zu sein. In Israel waren Frauen von der Thronfolge ausgeschlossen. Der älteste Sohn hatte gewöhnlich Anspruch auf die Thronfolge, doch hing sein Anspruch von der Wahl des regierenden Königs ab, der das volle Recht hatte, seinen Erben aus einer Reihe von Söhnen auszuwählen. Möglicherweise wurde das Recht, einen Erben aus einer Reihe von Söhnen auszuwählen, nur nach dem Tod des ältesten Sohnes ausgeübt. So folgte z. B. Salomo erst, als Davids ältester Sohn Absalom tot war, anstelle seines älteren Bruders Adonia auf den Thron. Weil Töchter nicht gewählt werden konnten, folgte auf Ahasja, der keine Söhne hatte, sein Bruder Joram (2 Kg 1, 17). Saul und David wurden wegen ihrer charismatischen Eigenschaften gewählt, doch ab David hatte das dynastische Prinzip den Vorrang (festgelegt in Gottes Wort an den Propheten Nathan). Im Gegensatz dazu hielt man keines der israelitischen Herrscherhäuser für Gott besonders heilig, und es gab mehrere Dynastien, von denen keine erwählt worden war. Auch konnte in einer völlig verschiedenen Situation das charismatische Prinzip, wie es in den Tagen der Richter der Fall war, nicht angewendet werden (s. *Israel und Juda 2).

(2) Krönung: Die Bibel beschreibt die Krönungszeremonien von Salomo und Joas. Trotz der zeitlichen Differenz kann man sehr viele Ähnlichkeiten zwischen diesen beiden feststellen. Die Krönung bestand aus zwei Teilen. Die wichtigste Handlung im ersten Teil war die Salbung, die außerhalb des Palastes an einer heiligen Stätte vorgenommen wurde. Salomo wurde zur Gihonquelle geführt, wo die Bundeslade im Zelt aufbewahrt wurde (1 Kg 1, 38 f), und dort vom Hohenpriester Zadok gesalbt. Zur Zeit des Joas war zu diesem Zweck schon eine bestimmte Säule im Tempel vorgesehen. Joas stand nahe dieser Säule, während der Hohepriester Jojada ihm das Diadem *(nezær)* und das *'edût* (im Falle Salomos nicht erwähnt) anlegte (2 Kg 11, 14; 2 Kg 23, 3). Die Bedeutung von *'edût* ist nicht ganz klar. Einige glauben, daß es Armspangen waren, andere wieder halten es für ein Symbol der Adoption des Königs durch Jahwe, der dem König verhieß, ihm in Kriegszeiten zu Hilfe zu kommen. Die Salbung selbst zeigte an, daß der König ein Vasall Jahwes war. Nach der Zeremonie der Salbung wurden die Schofarhörner geblasen (1 Kg 1, 39; 2 Kg 9, 13), das Volk applaudierte (2 Kg 11, 12) oder zeigte seine Freude auf andere Weise und rief: »Lang lebe der König!« Vom Ort der Salbung schritt man zum Palast, zum zweiten Teil der Krönung, bei dem der König den Thron bestieg. Der Akt, wo der König sich auf den Thron setzte, war auch symbolisch für das Königtum selbst. Darauf folgte eine Huldigung von Hofbeamten und anderen Würdenträgern, die dem König Glück wünschten.

(3) Vergöttlichung des Königs: Eine Schule von Gelehrten in Skandinavien und England hat die Meinung geäußert, die Könige Israels seien in Anlehnung an gewisse Mythen und Rituale in einer Reihe von Königreichen im alten Nahen Osten vergöttlicht worden. Doch nicht alle dieser Parallelen sind überzeugend, und es verbleibt ein Rest unbewiesener Hypothese. Die Bibel erwähnt nichts Derartiges, ja selbst unter Israels Nachbarn war die Vergöttlichung des Herrschers nicht üblich. In Ägypten wurde der Pharao während seiner Lebenszeit als Gott verehrt, während dies in Mesopotamien nur bei einigen Dynastien in sehr alter Zeit zutraf. Die wenigen zur Verfügung stehenden Zeugnisse aus Syrien und Palästina – abgesehen von Israel – legen nicht die Vermutung nahe, daß die Könige vergöttlicht wurden. Viele Gelehrte vertreten die Ansicht, daß der König von Israel, der von Gottes Gnaden regierte, aus Fleisch und Blut war. Alle Belege für die enge Beziehung zwischen König und Gott wie etwa die göttliche Sohnschaft, die in Ps 2, 7; 110, 3 erwähnt wird, scheinen nach dieser Meinung einen rein stilistischen Effekt zu haben, der dazu dient, die

Heiligkeit des Königs als Gottes Gesalbten zu betonen.

(4) Die Familie des Königs: Ein großer Harem war das Zeichen großen Reichtums, und daher heirateten die Könige viele Frauen. Dt 17, 17 verbietet dem König in der Absicht, die Nachfolge zu sichern und sich eine mächtige königliche Partei zu schaffen (was sie natürlich nicht immer war), viele Frauen zu nehmen. Manchmal waren die Heiraten eines Königs politischer Natur und wurden mit berühmten Familien innerhalb des Landes oder mit königlichen Häusern des Auslandes geschlossen. Am Beginn der Monarchie ging der Harem eines toten Königs auf seinen Nachfolger über – eine Reihe von Stellen in den Büchern Samuel und Könige beziehen sich darauf. Eine Elfenbeinplakette aus Megiddo (12. Jhdt. v. Chr.) bringt die einzige Darstellung eines frühen kanaanäischen Fürsten **(Abb. 534),** der auf seinem Thron sitzt, einen Sieg feiert und Tribut empfängt.

(5) Das königliche Vermögen: Die Quellen des königlichen Reichtums waren: Erbbesitz, Steuern (einschließlich der Steuern aus dem Frondienst oder »corvée«), Beschlagnahmungen, Geschenke, Steuern aus Handel und Bergbau und Tribute von unterjochten Ländern. Wahrscheinlich übernahm der König auch den Besitz all jener, die das Land verließen. Alle diese Einkünfte waren natürlich geteilt in öffentlichen Besitz, den der König verwaltete, und in den persönlichen Besitz des Königs, der *s·gullā* (s. *Landbesitz).

(6) Der König und der Kult: Die Heiligkeit des Königs, die sich aus seiner Salbung und aus Gottes besonderer Haltung ihm gegenüber herleitete, gab ihm die Berechtigung, bei vielen Kulthandlungen zu amtieren. Beispiele, wo der König als Priester amtiert, begegnen in der Erzählung von Saul in Gilgal (1 Sam 13, 9 f), David (2 Sam 6, 14) und Usia (2 Chr 26, 16–20).

(7) Der König als Gesetzgeber: Offensichtlich war der König kein Gesetzgeber im formalen oder theologischen Sinn, und es gibt keinen Bericht über ein Gesetz, das direkt vom König erlassen worden wäre. Der einzige Gesetzgeber war Gott, die Thora war sein Gesetzbuch, und der König war diesen Gesetzen unterworfen und mußte sie befolgen (Dt 17, 2. 18–20). Weil jedoch alle Gesetze des AT auf eine nichtmonarchische, nichtkommerzielle Gesellschaft hinzielen, hält D. N. Freedman es für durchaus wahrscheinlich, daß die Könige deswegen selbst Gesetze verabschiedeten und gesetzliche Präzedenzfälle und Praktiken schufen. Israel und Juda lebten während der Monarchie nicht nach den Gesetzen, die heute aus dem Pentateuch bekannt sind, weil die königliche Gesetzgebung (so glaubt dieser Gelehrte) Angelegenheiten regelte, die zusammen mit der Monarchie verschwanden und in jedem Fall als vergänglich und nicht des Beibehaltens wert erachtet wurden.

(8) Der König als Richter: Eines der Hauptattribute des Königs war seine richterliche Gewalt. Das Volk von Israel verlangte, daß Samuel einen König stellen sollte, damit er sie richte. Daß Könige oft die Rolle des Richters übernahmen, kann aus vielen Inschriften des alten Nahen Ostens geschlossen werden, so daß diese Formulierung also nichts Ungewöhnliches enthielt. Anders als bei anderen Funktionen, die verschiedenen Beamten übertragen werden konnten, hatte der König persönlich das Recht zu richten (1 Sam 8, 20). Der König saß als Richter beim ersten Verhör gewisser Fälle und hörte auch die Einsprüche gegen die Entscheidungen anderer Richter (2 Sam 14). Jeder Israelit war berechtigt, seinen Fall dem König vorzutragen, und in den historischen Berichten der Bibel kommt eine Reihe von Fällen vor, die einem König vorgelegt wurden (2 Sam 12, 1–6; 14, 1–11; 1 Kg 3, 16–28; 2 Kg 6, 26–29).

Die richterliche Gewalt des Königs wird besonders in der prophetischen Literatur und in den Königspsalmen betont. David saß als Richter am Tor (2 Sam 15, 1–6), seit Salomo jedoch saß der König in der Gerichtshalle, die Salomo in seinem Palast errichtet hatte (1 Kg 7, 7). Es ist sehr wahrscheinlich, daß der König über den obersten Gerichtshof in Jerusalem den Vorsitz führte (s. *Gesetz); und gerichtliche Entscheidungen aus diesem Forum, besonders jene des Königs, pflegten selbstverständlich Präzedenzfälle für die weitere Rechtspraxis in Israel zu schaffen.

2. Die Verwaltung des Königreiches: Im ersten Stadium seiner Niederlassung in Kanaan bestand Israel aus einer Konföderation von zwölf Stämmen (s. *Stämme Israels). Manche Gelehrte (besonders M. Noth) vertreten die Theorie, daß es einen Rat von Stammesvertretern gab, der aus den zwölf Stammesfürsten bestand und einen gemeinsamen Rat für Israel darstellte, in dem auch der Richter und der Priester ihren Platz hatten. Weil die zwölf »Richter« (s. *Richterzeit) in der Regel als militärische Führer dargestellt werden, ist es sehr wahrscheinlich, daß dem Rat vorwiegend die militärische Verteidigung oblag. Diese Ansicht wird jedoch von anderen Gelehrten zurückgewiesen, die argumentieren, daß die Erzählungen im Buch der Richter die Konföderation als eine Körperschaft ohne organisierte Leitung und ohne realen politischen Zusammenhang darstellen; nichts wird dabei über die tatsächliche Funktion der Richter als Herrscher gesagt.

Mit der zentralen Regierung, die in Israel nach der Schaffung der Monarchie eingerichtet wurde, schuf man eine Basis für die administrative Organisation des Königreiches. Diese Organisation umfaßte die Unterteilung des Königreiches für Verwaltungszwecke und für die Steuereinhebung, die Errichtung eines Systems von hohen und niederen Beamten und die Regulierung des staatlichen Verwaltungssystems. Weil das AT über frühere Perioden nur Hinweise gibt, datiert ein einigermaßen gesichertes Wissen über die Verwaltung in Palästina erst aus der mittleren Periode des davidischen Königreiches. So weiß man nicht sicher, welche Autorität Saul abgesehen von seiner militärischen Funktion ausübte; der einzige Offizier, der in seinem Königreich namentlich genannt wird, ist Abner, der Befehlshaber der Armee (1 Sam 14, 50). Wahrscheinlich war die Monarchie zu dieser Zeit in ihrer Entwicklung begriffen. Außer der persönlichen Autorität Sauls, die er in seiner ländlichen Umgebung ausübte, gab es keine zentrale Regierung, und die Stämme und Sippen behielten ihre verwaltungsmäßige Autorität wie in früheren Zeiten. Mit der Herrschaft Davids sollte ein neuer und entscheidender Schritt getan werden.

a) Unterteilung des Königreichs für Verwaltungszwecke: (1) Die Periode Sauls: Obwohl es keine genauen Informationen über die administrative Teilung des Königreichs von Israel in den Tagen Sauls gibt, kann man in 2 Sam 2, 8 f, das die Distrikte des Sohnes Sauls Is-Boseth anführt, der nur kurze Zeit regierte, einen Hinweis darauf erblicken: »Abner aber, der Sohn Ners, Sauls Feldhauptmann, nahm Is-Boseth ... und machte ihn zum König über Gilead (östl. Transjordanien), über Asser (Galiläa), Jesreel (das Tal), Ephraim (das Gebirge) und Benjamin (Saul stammte aus dem Stamm Benjamin), kurz über ganz Israel.« Wenn man dieser Liste den Distrikt Juda hinzufügt, der ebenfalls zum Königreich Sauls, nicht aber zu dem Is-Boseths gehörte, scheinen sechs Distrikte auf, von denen jeder das Territorium von zwei Stämmen umfaßte: 1) Gad und Ruben; 2) Asser und Naphtali; 3) Isachar und Sebulon; 4) Ephraim und Manasse; 5) Benjamin und Dan; 6) Juda und Simeon.

(2) Die Periode von David und Salomo: (a) Die Verwaltungsbezirke: In 1 Kg 4, 7–19 werden die zwölf *niṣṣabīm* oder Statthalter unter Salomo aufgeführt. Auf den Namen jedes Statthalters folgt der Verwaltungsbezirk, den er innehatte. Einige Bezirke sind Stammesterritorien, während die anderen durch die Namen von Städten, die in kanaanäischen Gebieten lagen, welche unter David zu Israel kamen, beschrieben werden. Die angeführten Bezirke sind folgende (s. **Karte 37**): I. Das Gebirgsland Ephraim (das Territorium von Ephraim und Manasse); II. Makas, Saalabin, Beth-Semes und Elon-Beth-Hanan (das alte danitische Territorium); III. Arubboth, Soko und das ganze Gebiet von Hepher (die Ebene von Saron bis zum Land der Philister); IV. der Bezirk von Dor (Karmelküste); V. Thaanach, Megiddo und ganz Beth-Sean, das neben Sarthan unterhalb Jesreel liegt, und von Beth-Sean bis nach Abel-Mehola, bis jenseits von Jokneam (die kanaanäischen Gebiete des Tales Jesreel von der Umgebung Beth-Seans bis Jokneam); VI. Ramoth-Gilead, die Zeltdörfer Jairs und das Gebiet von Argob (der nordwestliche Teil von Gilead und Basan); VII. Machanaim (die Teile von Gilead nördlich und südlich des Jabbokflusses); VIII. Naphtali; IX. Asser und Bealoth (wahrscheinlich der der Küste zugewandte Teil des Tales Sebulon); X. Isachar; XI. Benjamin; XII. das Land Gilead (nach der Septuaginta war dies das Gebiet von Gad, offensichtlich der südliche Teil des östlichen Transjordanien). Juda wird erst viel später genannt (unter Josaphat), aber es scheint, daß es unter David ähnlicherweise in zwölf Distrikte unterteilt war.

(b) Die Steuereinhebung im Reich Salomos: Das Königreich Salomos scheint in zwei getrennte Verwaltungseinheiten, Israel und Juda, geteilt gewesen zu sein, wobei beide als die zwei Teile eines Doppelstaates einen verschiedenen Rechtsstatus hatten (ein anderes Beispiel ist das Königreich von Hamath und Luʿuš, das in einer aramäischen Inschrift aus dem 8. Jhdt. v. Chr. beschrieben wird). Nach 1 Kg 4, 7.27 war jeder der zwölf angeführten Statthalter je einen Monat für den Unterhalt des Königs und seines Haushaltes einschließlich der Versorgung der Ställe und Güter mit Hafer und Heu verantwortlich. Die Stellenanga-

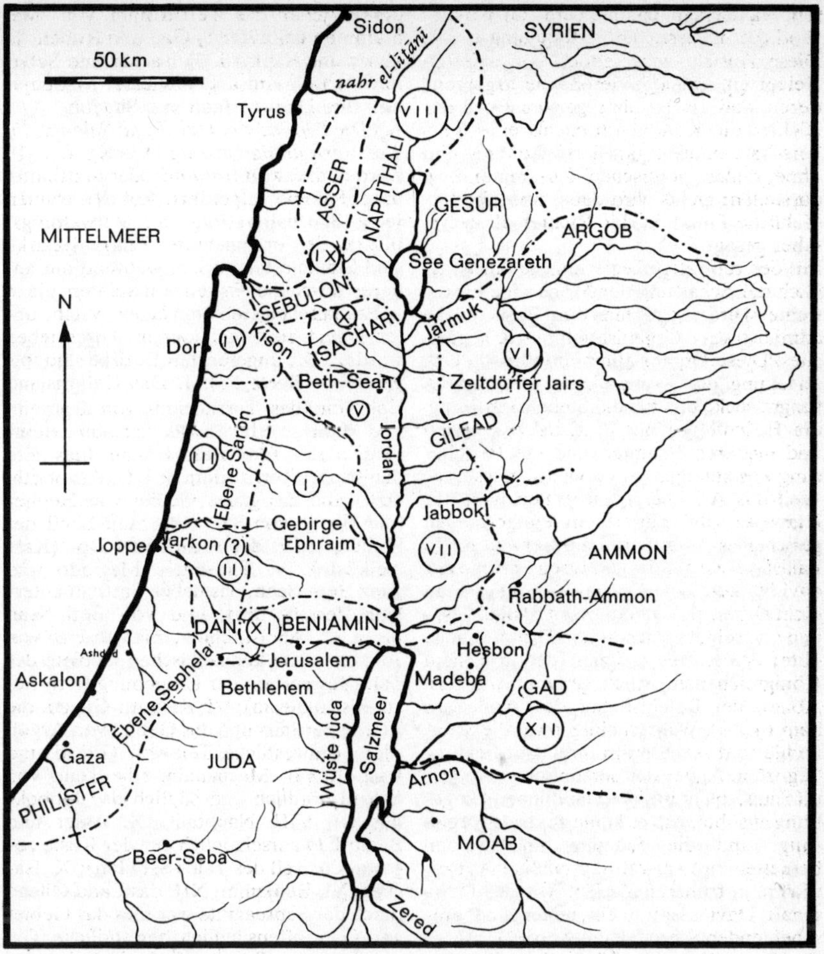

Karte 37. Die zwölf Distrikte des Vereinigten Königreiches und Juda

ben sind eher dunkel, denn es ist unmöglich, daß jedem Bezirk dieselbe Steuer auferlegt wurde – einem kleinen wie Benjamin ebenso wie einem großen wie Ephraim (s. * Steuern).

(c) Die Verwaltungsbezirke Judas: Juda wird nicht ausdrücklich in der Liste der Statthalter angeführt und mehrere Gelehrte haben daher versucht, es innerhalb der obenbeschriebenen Unterteilung unterzubringen, indem sie »Juda« in 1 Kg 4 vom Anfang des V. 20 an das Ende des vorhergehenden Verses setzten, der dann nach der Septuaginta folgendermaßen heißt: »und ein Statthalter im Lande Juda«. Um die geheiligte Zahl von zwölf Verwaltungsbezirken oder Distrikten aufrechtzuerhalten, lassen die Verfechter dieser Theorie den Namen von Gilead an einer der zwei Stellen (VV. 13.19) aus. Dennoch fällt es schwer, diese Theorie zu akzeptieren, und man nimmt besser an, daß das Land Juda eine gesonderte verwaltungsmäßige Einheit außerhalb des Steuersystems, das auf die anderen Verwaltungsbezirke angewendet wurde, darstellte und von einem besonderen Gouverneur geleitet war. Der Beweis für seine Unterteilung in zwölf Distrikte stammt aus den Listen im Buch Josua.

(d) Verwaltung der Bezirke: Die zwölf Verwaltungsbezirke, in die das Land unterteilt war, umfaßten nur die Bezirke, die von Israeliten bewohnt wurden; eroberte Gebiete außerhalb der Grenzen der Stammesgebiete wurden unter David und Salomo von Statthaltern oder Vasallenkönigen regiert (2 Sam 10, 19; 1 Kg 5, 1). Die geographische Anordnung in der Liste der Bezirke ist eher inkonsequent. Einige schreiben das System, das in der Liste beschrieben ist, der Zeit Davids zu, denn sie meinen, daß die Reihenfolge der Bezirke jene der Eroberungen Davids in Palästina und Transjordanien widerspiegle. Diese Theorie ist unwahrscheinlich; die Liste kann aus folgenden Gründen besser der salomonischen Zeit zugeschrieben werden: 1) im Text selbst wird die Liste Salomo zugeschrieben; 2) zwei der *niṣṣabīm* werden als Schwiegersöhne Salomos beschrieben (1 Kg 4, 11.15); 3) die Städte der Ebene von Akko sind nicht in der Liste enthalten, was daraus erklärt werden kann, daß Salomo sie Hiram, dem König von Phönikien, abgetreten hatte (1 Kg 9, 11–13).

(3) Territoriale Unterteilung nach der Beschreibung im Buch Josua: Die Listen der Territorien im Buch *Josua (ab Kap. 15) geben einen ausführlichen Bericht über die Anteile der Stämme im südlichen Palästina. Es werden Gruppen von Städten aufgezählt, denen noch die Zahl der in jeder Gruppe enthaltenen Städte folgt.

(a) Theorien über die Datierung dieser Aufteilung: Die meisten Gelehrten nehmen an, daß die Listen im Buch Josua nicht der Periode der *Landnahme und der Ansiedlung, sondern späteren Perioden angehören (s. *Stämme Israels). Nach dieser Theorie geben die territorialen Anteile der südlichen Stämme die Aufteilung des Königreiches von Juda in zwölf Bezirke nach der Unterteilung des Königreiches zum Zweck der Verwaltung und Steuereinhebung, ähnlich dem System unter Salomo wieder. Die Liste führt einen Bezirk im Negeb, drei in der Ebene Sephela, sieben im Bergland und einen in der Wüste an. Es herrscht jedoch eine Meinungsverschiedenheit bezüglich der Details der Unterteilung und der Datierung. Die Uneinigkeit bezieht sich hauptsächlich darauf, daß Jos 15 elf Gruppen von Städten im Teil von Juda anführt (nach der Überlieferung werden nur zehn Gruppen genannt, während die elfte, der Bezirk von Bethlehem, nur in der Septuaginta V. 59 erhalten ist), während die zwölfte sich in der Liste eines anderen Stammes befindet.

Verschiedene Gelehrte haben versucht, die Listen zeitlich einzuordnen, obwohl die Anhaltspunkte ungenügend sind, um die Sache nur einigermaßen sicher datieren zu können. A. Alt datiert Jos 15; 19, 41–46 in die Zeit des Königs Josia, während Kalai Jos 15, 21–44; 18, 25–28 in der Zeit des Königs Hiskia ansetzt. Kraus und G. E. Wright setzen Jos 15, 21–44. 48–62; 18, 21–24 zur Zeit Josaphats an; nach der Meinung von G. Aharoni sind alle Angaben, die im Buch Josua gemacht werden, in die Zeit Usias einzuordnen. Nach D. N. Freedmans Ansicht muß diese Einteilung bis auf David und Salomo zurückgehen.

Auch bei der Einteilung der Listen im Buch Josua stellt sich das Problem des Steueranteils der verschiedenen Verwaltungsbezirke, denn einige Bezirke hatten viele Städte (nach Jos 15, 21–32 hatte Beer-Seba 29), andere hingegen sehr wenige (der Wüstenbezirk hatte nach Jos 15, 61 f nur sechs).

(b) Archäologisches Zeugnis: Bei Ausgrabungen von verschiedenen Tells innerhalb der Grenzen des Königreiches Juda wurden Krughenkel gefunden, die ovale Siegel trugen, auf denen Symbole mit zwei oder vier Flügeln eingraviert waren. Oberhalb des Symbols stand das Wort *lmlk* ([Siegel]

des Königs) und darunter einer der vier Namen: *ḥbrn* (Hebron), Siph, Soko oder Mamschit. Es gab zwei Arten der vierflügeligen Symbole: die eine trug einen deutlich geformten Skarabäus **(Abb. 842 b)**, bei der anderen hingegen ist der Skarabäus verwischt und nur die allgemeinen Konturen sind erhalten. Mit dieser Unterscheidung war man sich einig, daß die vierflügeligen *Siegel dem Ende des 8. Jhdts. v. Chr., die zweiflügeligen Siegel hingegen dem Anfang des 7. Jhdts. zugeschrieben werden können. Die vier Namen auf diesen Siegeln spiegeln vermutlich eine verwaltungsmäßige Unterteilung des Königreiches von Juda wider und waren die Namen von Sammelzentren (Schatzstädten), wo die eingehobenen Steuern zusammenkamen.

(4) Hiskias Verwaltungsreform in Juda: Nach der oben beschriebenen Annahme führte Hiskia eine neue Unterteilung des Königreiches für Verwaltungszwecke durch. Vielleicht beruhte das neue System auf Salomos Unterteilung des Königreiches Juda in zwölf Verwaltungsbezirke. Bei dem neuen System wurde jede Gruppe von zwei früheren Bezirken um ein Sammelzentrum formiert. Soko war das Zentrum der drei Bezirke des Sephela (Bezirke II. III. IV.; s. **Karte 37**); Ziph war das Zentrum für den Negeb und die zwei südlichen Bezirke des Gebirgslandes (I. V. VII.); Hebron bildete das Zentrum für die drei zentralen Bezirke des Gebirgslandes (VI. VIII. IX.); und die drei restlichen Bezirke Jerusalem, Benjamin und der Wüstenbezirk (X. XI. XII.) wurden um Memschat gruppiert. Es ist möglich, daß Memschat, obwohl man das nicht allgemein akzeptiert, eine Abkürzung des hebr. Wortes *memšælæt* oder *memšalt* mit der Bedeutung: »Herrschaft« von Jerusalem (vgl. 2 Kg 20, 13; Jes 39, 2) war. In einem kleinen Königreich wie Juda war die Zentralisierung der Verwaltung um vier Städte praktischer als die umständliche Einteilung in zwölf Bezirke nach einer jetzt nicht mehr praktikablen Tradition.

Die oben beschriebene Theorie beruht auf der Annahme, daß die Stammesterritorien, welche ab Jos 15 angeführt sind, nicht später als in die Mitte des 8. Jhdts. v. Chr. datiert werden können (s. *Israel und Juda 3).

(5) Verwaltungsbezirke im Nordreich Israel: Es existiert keine vollständige Beschreibung von der Unterteilung des Nordreichs Israel, doch können 63 Ostraka (beschriebene Tonscherben), die bei den Ausgrabungen des königlichen Palastes von Samaria (s. *Inschriften) gefunden wurden, einige Anhaltspunkte geben. Diese Ostraka stammen aus der Zeit des Königreiches Jehus und werden entweder der Periode Mitte 9. Jhdt. bis Mitte 8. Jhdt. oder nach einer anderen Meinung nur dem 8. Jhdt. zugeschrieben. Sie waren Versand- (Lieferscheine) oder Empfangsbestätigungen, deren Aufschrift Datum, Orts- und Gebietsbezeichnungen, Eigennamen und manchmal Einzelheiten der Lieferung (etwa eines Kruges alten Weins oder Öls) trugen. Sechzehn der Ortsnamen stammen von sieben Gebieten, die in der Ahnenliste der Sippen Manasses (Num 26, 30–33; Jos 17, 2 f; 1 Chr 7, 14–19) erwähnt werden. Die Namen sind: Semida, Abieser, Helek, (E)sra(l), Sechem, Hogla und Noa. Die Ostraka waren wahrscheinlich nicht Empfangsbestätigungen, welche die reguläre Steuereinhebung innerhalb des Königreiches von Israel widerspiegeln. Diese Ostraka mögen sich auf den Versand von Wein und Spezereien aus verschiedenen Gegenden, in denen die königlichen Weingärten lagen, die von verschiedenen Vornehmen, welche auf den Ostraka genannt werden, geliefert wurden, oder auf Übersendungen, welche die Steuer bildeten, die von Großgrundbesitzern aus verschiedenen Bezirken an das Königshaus gezahlt und von verschiedenen Beamten eingezogen wurden, bezogen haben. Obwohl die eigentliche Bedeutung der Ostraka noch nicht entschieden ist, scheint es doch, daß alle Gebiete, die in ihnen erwähnt sind, entweder während der Regierung Jehus oder der Menahems als territoriale administrative Einheiten dienten. Da alle Gebiete nach Einheiten des Stammes Manasse benannt wurden, ist anzunehmen, daß sie territoriale Einheiten von Sippen waren, die als Verwaltungsgebiete innerhalb des breiten Rahmens des Bezirkes des Ephraimitischen Berglandes dienten.

(6) Unter assyrischer Herrschaft: Nach der assyrischen Eroberung Israels wurde das Königreich in drei Provinzen eingeteilt: Megiddo (Galiläa und Jesreel), Dor (die Ebene von Saron) und Samaria (Bezirk des Gebirgslandes Ephraim). Im östlichen Transjordanien wurden die Provinzen Gilead, Hauran und Karnain gegründet. Außerdem existierten in Palästina unter den Assyrern und später unter babylonischer Herrschaft im Küstengebiet und an den östlichen Grenzgebieten Vasallenstaaten (Edom, *Moab und Ammon). Das Königreich Juda war bis zu seiner Zerstörung ebenso ein Vasallenstaat.

b) Beamte des Königs: (1) Die Minister Davids: Mit der Errichtung der Monarchie und der Ausdehnung des Reiches und der königlichen Domänen wurde ein komplizierter Beamtenapparat, der für alle Angelegenheiten des Reiches zuständig war, eingerichtet. Im AT gibt es ausführliche Listen der hohen Beamten zur Zeit Davids und Salomos. Außerdem bringen Siegel und Ostraka viele Einzelheiten über verschiedene Beamte, wodurch unsere gegenwärtige Kenntnis der Verwaltungsorganisation Israels vervollständigt wird.

David legt die Grundlage für die Verwaltung und Regierung Israels; Salomo vervollkommnete das System. Die Kontinuität mit der davidischen Verwaltung ist offensichtlich, und es lohnt sich, das Beamtentum in der Zeit dieser zwei Könige ziemlich ausführlich zu behandeln.

Die Bibel enthält zwei Listen der hohen Beamten Davids. 1) Nach 2 Sam 8, 16–18 und nach 1 Chr 18, 15–17 war Joab, der Sohn der Zeruja, Oberbefehlshaber des Heeres; Josaphat, der Sohn des Ahilud, Herold; Zadok, der Sohn Ahitubs, und Ahimelech, der Sohn Abjathars, waren Priester; Seraja (Chronik: Sawsa) war königlicher Sekretär; Benaja, der Sohn Jojadas, war über die Kreter und Plether (ausländische Söldner) gesetzt; die Söhne Davids schließlich waren Priester (nach 1 Chr sind sie die ersten Beamten im Dienste des Königs). Änderungen in der aufgeführten Reihenfolge deuten darauf hin, daß es auch Änderungen im Rang der betreffenden Beamten gab. Die Funktionen dieser Beamten werden auch in Verbindung mit den Beamten Salomos erwähnt. Beide Listen spiegeln deutlich verschiedene Perioden wider, die erste von Anfang der Regierungszeit Davids, die zweite die Lage am Ende derselben. Außerdem zählt die Bibel die Minister, die Davids eigene Besitztümer und jene seiner engsten Anhänger verwalteten, auf. Vor Davids Thronbesteigung hatte der Edomiter Doeg die Herden Davids allein unter seiner Aufsicht (1 Sam 22, 9 ff), als aber der königliche Besitz unter David zunahm, wurde es notwendig, mehrere Minister zu ernennen, die für die verschiedenen Zweige der Ländereien Davids und für die Lagerung der Agrareinkünfte (1 Chr 27, 25–31) zuständig waren. Einige von diesen Ministern waren fremdländischer Abstammung (Ismaeliten, Haragiten), die unter den Bewohnern entfernter Distrikte ausgewählt und für die Einhebung der Steuern an Vieh verpflichtet wurden. 2) 1 Chr 27, 32–34 bringt eine Liste der Ratgeber Davids (einschließlich einiger seiner Verwandten). Unter ihnen findet man Jonathan und Ahitophel sowie den Arkiter Husai, »des Königs Freund«.

(2) Das Verwaltungsvorbild: Man nimmt allgemein an, daß David sein Beamtensystem nach in den Nachbarländern bereits vorhandenen Vorbildern geschaffen hat, doch gehen die Meinungen darüber auseinander, welches System er nun eigentlich seiner Organisation zugrundelegte. Einige Gelehrte (J. Begrich, R. de Vaux) nehmen an, daß David sein Verwaltungssystem nach ägyptischem Vorbild aufbaute und begründen diese Annahme mit der Analogie einiger Details in der Funktion des »königlichen Sekretärs« und des »königlichen Herolds« mit denen der obersten Beamten in Ägypten, die ähnliche Titel trugen. Doch sind diese Details verstreut, und es gibt keinen echten Beweis für die Existenz ägyptischer Verwaltungssysteme in den kanaanäischen Königreichen vor oder nach der Landnahme. Andere Gelehrte (B. Mazar, S. J. Yeivin) nehmen an, daß David das System seiner hohen Beamten nach der von ihm angenommenen Einrichtung der benachbarten, von ihm eroberten kanaanäischen Königreiche ausrichtete und in seine Beamtenschaft außerdem Männer ausländischer Herkunft, die in denselben Ämtern in den eroberten Königreichen gedient und Erfahrung in der Verwaltung erworben hatten, aufnahm. (Diese Annahme würde den ägyptischen Einfluß nicht ausschließen.) Diese Vermutung wird durch die fremden Namen einiger Beamter Davids bekräftigt; einige von ihnen sind wegen ihres nichtisraelitischen Klanges von den Schreibern völlig entstellt worden (wie Seraja, Sewa, Sia, Sawsa, Sisa, Adoram, Hadoram, Ahilud, Elihereph). Problematisch an dieser Theorie ist, daß die kanaanäischen Königreiche um Davids Reich verhältnismäßig klein waren und keine Veranlassung dazu gehabt hätten, ein so kompliziertes Beamtensystem, wie es im Reich Davids und Salomos bestand, einzurichten. So findet also D. N. Freedman in der philistäischen Verwaltungsorganisation, die das ganze Land unter ihrer Kontrolle hatte, den eigentlichen Hintergrund.

(3) Volkszählungen: Die vollständige administrative Organisation des Reiches, die Steuereinhebung im großen Ausmaß, die Mobilmachung eines großen Heeres und in einer späteren Periode die Einführung des Frondienstes erforderten die Durchfüh-

rung einer Volkszählung, die David für das ganze israelitische Gebiet verordnete (s. *Volkszählung; 2 Sam 24, 1–9). Volkszählungen wurden auch in späterer Zeit durchgeführt, so z. B. die Volkszählung unter Hiskia (1 Chr 4, 41; 2 Chr 31, 13). Die Ergebnisse dieser Zählungen und verschiedene andere Verwaltungsurkunden wurden in den königlichen Archiven aufbewahrt, und ein Teil des Stoffes in den Büchern Samuel, Könige und Chronik geht zweifellos auf diese Archive zurück.

(4) Die niederen Beamten: Die niederen Beamten dienten auch in der Hierarchie. 1 Chr 26, 30 berichtet, daß David die Leviten für alle Angelegenheiten des Herrn und den Dienst des Königs eingesetzt hatte. Das läßt vermuten, daß die Leviten nicht nur für Kultangelegenheiten zuständig, sondern auch Hofbeamte waren. Den Listen der Levitenstädte in Jos 21 und in 1 Chr 6, 49–66, die nach B. Mazar wahrscheinlich in die Zeit Davids zu datieren sind, kann man entnehmen, daß diese Städte Verwaltungs- und Sicherheitszentren waren. Dies war besonders der Fall in den entfernten Distrikten des Reiches und in den von David annektierten kanaanäischen Gebieten, deren Bevölkerung hauptsächlich nichtisraelitisch war und die den Hauptbesitz des Königs darstellten. Die Leviten taten ihre Pflicht für das Haus Davids; als sie aber nach der Reichstrennung Jerobeam ihrer Ämter enthob (2 Chr 11, 13 f) kehrten sie nach Jerusalem zurück (s. *Priester und Leviten).

(5) Kader einer Bereitschaftsarmee: 1 Chr 27, 2–15 bringt eine Liste über zwölf von David organisierte Abteilungen. Jede davon bestand aus 24000 Mann – obwohl diese Zahl unwahrscheinlich hoch ist. Die Abteilungen scheinen die Kader der Bereitschaftseinheiten, die nach dem Ende der davidischen Kriege aufgestellt wurden und von denen eine jede unter dem Kommando eines der Helden dieses Krieges standen (Y. Yadin), gewesen zu sein. Dasselbe Kapitel (VV. 16–22) zählt die Führer eines Stammes oder den Teil eines Stammes in der Zeit Davids auf (die Stämme Asser und Gad fehlen). Diese zwei Listen führen zur wahrscheinlichen Annahme, daß David seine Bereitschaftsarmee in zwei Kadern organisiert hatte: der Kader des Militärkommandos, der von einem Stab geleitet wurde und für die exekutive Seite der Militäreinheit verantwortlich war, und der Verwaltungskader, der auf der Stammesorganisation beruhte, welcher die Anzahl der Leute bestimmte, die von jeder Sippe eingezogen wurden, und sich um die Einzelheiten ihrer Mobilisierung kümmerte (Y. Yadin). Die Liste der Stammesführer und die Rolle, die sie in der Organisation der Bereitschaftsarmee spielten, weisen darauf hin (wenn die Theorie richtig ist), daß David, als er sein Verwaltungssystem festlegte, den Vertretern der Stammesinstitutionen viel Autorität überließ. Er spaltete die Stammesverbände nicht; sie bestanden weiter neben der königlichen Verwaltungsstruktur des Reiches.

(6) Die Minister Salomos: Die Liste der Minister Salomos 1 Kg 4, 2–6 zeigt, daß er die meisten hohen Beamten Davids beibehielt, doch wegen des größeren Bedarfes des Reiches und der Verbesserung seines Verwaltungssystems neue hinzufügte. Auf diese Weise entstand das oben beschriebene System der zwölf *niṣṣabīm* (Statthalter). Wie das System Davids geht auch dieses wahrscheinlich auf die Zwölf-Stämme-Konföderation zurück, wo jeder Stamm für die gemeinsame Verteidigung eine Truppe unter einem Stammesvorsteher oder *nasī* lieferte. In der Liste der Beamten Salomos wurden Asarja, Nathans Sohn, der die Aufsicht über die Statthalter hatte, und der Palastvorsteher Ahisar der Tabelle der Ämter hinzugefügt. Anstelle Joabs, der Adonia als König begünstigt hatte, wurde Benaja, Jojadas Sohn, der in der Zeit Davids die Söldner geführt hatte (und mit dessen Hilfe Salomo König geworden war), zum Oberbefehlshaber bestellt. Viele von den Söhnen der Minister und Freunde Davids finden sich auch unter den Ministern Salomos: Asarja, der Sohn des Priesters Zadok, Elihoreph und Ahia, die Söhne des königlichen Sekretärs Sisa, hatten die Ämter inne, die schon ihre Väter zur Zeit Davids bekleidet hatten. Asarja und Sabud waren wahrscheinlich die Söhne des Propheten Nathan, der Davids Hof sehr nahe gestanden hatte und einer derjenigen war, die Salomo auf den Thron geholfen hatten.

Die Ämter der Männer, welche die Verwaltungsbezirke und die Steuereinhebung unter ihrer Aufsicht hatten, waren typisch für die Periode, in der das Reich auf der Basis der Besteuerung und des Frondienstes organisiert wurde, d. h. während der Ausdehnung des Reiches in der Zeit Salomos. Da sie nach der Reichsteilung in der Bibel nicht mehr erwähnt werden, scheint es, daß ihre Ämter wegen der Verkleinerung des Reiches in zwei Königtümer und der Aufhebung des Frondienstes abgeschafft wurden.

(7) Königliche Beamte nach der Reichsteilung: Es gibt keine direkten Beamtenlisten für die Zeit nach der Reichsteilung. Dennoch bilden Hinweise auf Beamte an verschiedenen Stellen der Bibel sowie zahlreiche Inschriften und Siegel, die Namen und Titel von Beamten enthalten, eine reiche Informationsquelle über königliche Beamte während der Zeit der Monarchie. Diese Information zeigt die Fortdauer eines Beamtensystems in den geteilten Reichen nach dem allgemeinen Vorbild von David und Salomo. Die Verbindung aller bekannten Fakten zu einem bestimmten Titel macht es möglich, eine Liste von Beamten, die bestimmte Funktionen lange Zeit nach der Teilung des Reiches ausübten, aufzustellen. So wird z. B. der Palastvorsteher in 1 Kg 18, 3; 2 Kg 10, 5; 15, 5 (vgl. 2 Chr 26, 21); 18, 18; 19, 2 (vgl. Jes 36, 3; 37, 2) erwähnt. Zu diesen Quellen kommt eine Inschrift aus dem 7. Jhdt. v. Chr., die in Siloam am Grabstein des »... jahu, der über des Königs Haus (gestellt) ist« (einige meinen in ihm Sebna, den Palastvorsteher, der auch in Jes 22, 15 erwähnt wird, erkennen zu können; s. *Inschriften) entdeckt wurde. Eine andere Informationsquelle ist ein Siegel, das in Lachis gefunden wurde, mit der Aufschrift: »Gedalja, der über des Königs Haus (gesetzt) ist« (s. *Inschriften). Diese Aufschrift bezieht sich wahrscheinlich auf Gedalja, Ahikams Sohn, der ein hohes Amt im Südreich Juda bekleidet zu haben scheint. Nach der Zerstörung des Reiches Juda wurde Gedalja von der babylonischen Regierung über den Rest des Volkes, das im Land zurückblieb, gesetzt (2 Kg 25, 22; Jer 40, 5).

Außer den oben erwähnten Titeln nennt die Bibel auch einen »Kämmerer« (2. Kg 25, 19; vgl. 1 Chr 27, 1) und den Schreiber des Oberbefehlshabers (2 Kg 25, 19; Jer 52, 25), Stellen, die sicher mit der Mobilisierung des königlichen Heeres zu tun hatten. Unter den ausgegrabenen Siegeln sind viele, die einem »Diener des Königs«, z. B. »(Siegel) des Asanja, des Dieners des Königs«, oder »(Siegel) des Obadja, des Dieners des Königs« etc. zugeschrieben werden (s. *Siegel; *Inschriften). Gelegentlich wird der Name des Königs angeführt, so z. B. »(Siegel) des Sema, des Dieners Jerobeams«, »(Siegel) des Esna, des Dieners des Ahas«, »(Siegel) des Abia, des Dieners Usias« usw. Der Titel »Diener des Königs« bezeichnete ein hohes Amt (vgl. 1 Sam 29, 8; 2 Kg 22, 12; 2 Chr 13, 6 u. ö.). Diesem Titel ähnlich ist der Titel *na'ar* oder Verwalter, der in einem Siegel des »Eljakim, des Verwalters Jojachins« erscheint und auch einen Titel in der Beamtenskala der königlichen Domänen bezeichnet (vgl. 2 Sam 9, 9; 19, 14; Est 2, 2 u. ö.).

Die Namen der im AT und in den epigraphischen Quellen erwähnten Beamten tragen mit einem hohen Grad an Wahrscheinlichkeit dazu bei, die genealogischen Tafeln der vornehmen Familien, welche die hohen Ämter im militärischen und zivilen Beamtentum des Reiches Juda bis zu seiner Zerstörung bekleideten, zu ergänzen.

c) Aufgaben der obersten Beamten in Israel: Das AT gibt uns keine detaillierte Erklärung über die Aufgabengebiete der obersten Beamten des Reiches, und die Gelehrten sind sich über die genaue Art dieser Aufgaben nicht einig. Bis zu einem gewissen Grad wird die Untersuchung dieser Frage durch Analogien zu den Aufgabenbereichen ähnlicher Beamter in anderen Königreichen des alten Nahen Ostens erleichtert. Man sollte aber bemerken, daß diese Analogien nicht ganz klar sind. Die spezifischen Aufgabenbereiche der drei obersten Beamten des Reiches, des Palastvorstehers, des königlichen Sekretärs und des königlichen Herolds (*mazkîr;* vgl. die Liste der Beamten Salomos und 2 Kg 18, 18; Jes 36, 3) werden nun untersucht.

(1) Der Palastvorsteher (oder jener, der »über das Haus [gesetzt] ist«): Er steht an der Spitze der Liste der Abordnung Hiskias (2 Kg 19, 2; Jes 37, 2), sein Stand wird in Jes 22, 22 beschrieben, und er scheint der höchste Beamte im Königreich gewesen zu sein. Die bekannten sprachlichen Entsprechungen zu seinem Titel sind *ša pan ekalli* im Akkadischen und *mr pr* im Ägyptischen. Während die Reichweite der Tätigkeit nichtisraelitischer Beamter auf die Verwaltung des Palastes beschränkt war, umfaßte die Stellung dieses Palastbeamten alle Angelegenheiten des Staates. Daher wurde der israelitische Palastvorsteher manchmal mit dem ägyptischen Wesir, der eigentlich Vizekönig war, verglichen (vgl. Gen 41, 40–44). Da der Palastvorsteher weder in den Listen von Davids Beamten noch an der Spitze der Liste der Beamten Salomos erscheint, kann man vermuten, daß die ersten Beamten, die diesen Titel führten, nur für den königlichen Palast und für nicht mehr zuständig waren und ihre Autorität erst allmählich zunahm, bis sie die höchste Stellung im Königreich erlangten. Der Verwalter Sebna wird bei Jesaja als ein Beamter mit ähnlichen Funktionen

beschrieben, und es ist möglich, daß die Titel in dieser Zeit identisch waren (2. Hälfte des 8. Jhdts. v. Chr.). Der Titel »Palastvorsteher«, der in 2 Chr 28, 7 erscheint, ist wahrscheinlich dem Titel »über das Haus gesetzt« äquivalent. Parallelen zum Titel »Verwalter« (*sokēn*) sind: im Akkadischen *zukinu* (in den Amarnabriefen); *šaknu*, der Titel der Statthalter der eroberten Staaten in den assyrischen und babylonischen Reichen; und im Ugaritischen *skn*, der Titel des höchsten Beamten im Königreich.

(2) Der königliche Sekretär: Der königliche Sekretär war für die Korrespondenz des Königs und des Staates zuständig. Sein Amt scheint direkt nach dem des Palastvorstehers zu kommen (2 Kg 18, 18 ff; Jes 36, 3 ff). Ein Beweis dafür ist z. B. Sebnas Beförderung vom Amt des königlichen Sekretärs (Jes 36, 3) zum »Verwalter« (Jes 22, 15). Sein Amt übte er im königlichen Palast aus (Jer 36, 12.20.21). Neben seiner eigentlichen Stelle war er noch mit Aufgaben wie der Teilnahme an Delegationen, die politische Verhandlungen führte (2 Kg 18, 18.37; 19, 2 u. ö.) und der Verantwortung für die Kollekten zur Erneuerung des Tempels (2 Kg 12, 10 f; 2 Chr 24, 11) betraut.

(3) Der mazkîr: Es ist immer noch nicht klar, welche Aufgaben der *mazkîr* hatte. Einige vergleichen diesen Titel in Israel mit dem ägyptischen *whm.w* und meinen daher, daß der *mazkîr* der königliche Herold war. In Ägypten war dieser Beamte Zeremonienmeister am Hof des Pharao und diente als sein Sprecher, das Äquivalent des heutigen »Lord Chamberlain«. Dieser Beamte erstattete dem Pharao Bericht über alle Angelegenheiten des Reiches und begleitete ihn auf seinen Reisen.

3. Nachexilische Institutionen: Die politischen, wirtschaftlichen und sozialen Umstände hatten sich in der nachexilischen Zeit stark verändert, und die religiösen oder priesterlichen Bräuche hatten neue Ausmaße angenommen. Einige der alten Institutionen wurden, wenngleich in modifizierter Form, beibehalten, während neue Institutionen entstanden. Einer der wichtigsten sozialen und politischen Faktoren war der Hellenismus und sein direkter oder indirekter Einfluß auf die jüdischen Institutionen.

a) Verwaltung und soziale Entwicklung in der Perserzeit: Zur Zeit der Perserherrschaft war Palästina ein Teil der fünften Satrapie des Perserreiches, die Eber-Nahara (die Gebiete jenseits des Euphrat) hieß und *Phönikien, Syrien, Palästina und Zypern (Herodot 3. 91) umfaßte. Diese Satrapie war in verschiedene kleinere Gebiete, genannt *medinta* (= regierte Staaten) oder Untersatrapien geteilt, eine davon war Judäa (auf Münzen oder Siegeln, die von den persischen Behörden geprägt waren *jehud* oder wie in Esr 5, 8 *jehud medinta* genannt). Andere *medinta*, von denen man weiß, daß sie in dieser Zeit in Palästina existierten, waren Samaria, Idumäa (südlich von Judäa, verschieden vom biblischen Edom, das südöstlich vom Toten Meer lag) und *Asdod. Einige Gelehrte glauben, daß Asdod damals das Zentrum der persischen Regierung über das ganze Küstengebiet war, obwohl Ausgrabungen (1963/64) die persische Stadt noch nicht genau bestimmen konnten. Das eigentliche *jehud medinta* war nach Neh 3, 9–16 in fünf Distrikte geteilt: Jerusalem, Mispa, Beth-Zur, Kegila, Beth-Hakkerem und möglicherweise auch Jericho und Thekoa. Die Verwaltung der *medinta* wurde zwischen den Zivilen und den Beamten der religiösen Gemeinschaft geteilt. Die Juden genossen unter der Herrschaft ihrer Hohenpriester eine gewisse innere kulturelle und nationale Autonomie (s. *Restauration; *Priester und Leviten), aber sie hatten weder das Recht, Truppen auszuheben, wahrscheinlich auch nicht jenes, Münzen zu prägen, noch durften sie irgendwelche andere Funktionen eines autonomen Staates ausüben. Die bedeutendste Persönlichkeit in Judäa war nicht etwa der Hohepriester, sondern der Untersatrap oder der vom König bestellte zivile Statthalter.

b) Adlige und Beamte: Wenigstens in der frühen Perserzeit wurde das Volk von den Adligen (*ḥorīm*) und von den Vorstehern oder Beamten (*s·ganīm*), die oft im Buch Nehemia erwähnt werden – und nicht so sehr von den Priestern – beherrscht. Es ist möglich, daß unmittelbar nach der Rückkehr aus dem Exil die »Adligen« und die »Beamten« ihre Herkunft vom »Volk des Landes« (*'am hā-'ăræṣ*) – ein Ausdruck der auf verschiedene Weise interpretiert wurde – herleiteten. Die Bedeutung des Terminus änderte sich in der Zeit von Esra und Nehemia, wo er wahrscheinlich im Gegensatz zum »armen Volk von Juda« gebraucht wurde (weitere Hinweise zum Terminus *'am hā-'ăræṣ* in späterer nachexilischer Zeit s. *Pharisäer).

Die Adligen und Beamten werden von Nehemia öfters im Zusammenhang mit Beschwerden, welche das »Volk von Juda« zu ihm brachte, erwähnt. Es scheint, daß das Eigentum der Bauern als Pfand für gemachte Schulden in die Hände der Reichen fiel. Die Bauern waren so arm, daß ihre Söhne und Töchter von den Reichen zu Sklaven gemacht wurden. Die *ḥorīm* und die *s·ganīm* scheinen die Oberhäupter der reichen Familien gewesen zu sein, und ihre leitende Stellung resultierte aus ihren großen Besitztümern. Nehemia nannte diese Familienhäupter auch »Führer des Volkes« oder »Häupter des Volkes«, oder »Häupter des Landes«, und sie bekräftigten den neuen Bund zusammen mit den Priestern und Leviten. Viele Stellen bei Nehemia weisen darauf hin, daß diese Leute hohe Beamte waren, beauftragt mit der allgemeinen Verwaltung des Landes. Dies beweist die Forderung Nehemias an sie, Rechenschaft abzulegen, und die Anklage, die er gegen sie richtet, weil es scheint, daß sie ihre Pflichten nicht treu erfüllt hatten. Die Tatsache, daß viele dieser Beamten vom persischen Satrapen selbst oder von seinem Stellvertreter bewirtet wurden (Neh 5, 17), ist ein Beweis für ihre gehobene Stellung.

Der Beleg bei Nehemia weist schlüssig darauf hin, daß die großen Besitztümer sich zu seiner Zeit zu vermehren begannen, und obwohl gewisse Reformen die Lage verbesserten, ist die wirkliche Notwendigkeit der Reform ein Zeichen dafür, daß sich eine Klasse von Großgrundbesitzern gebildet hatte (s. *Landbesitz; *Ackerbau und Viehzucht).

c) Theokratische Herrschaft der Priester: Als Serubabel von der Bühne verschwand (s. *Restauration), wurde der Hohepriester Führer der jüdischen Gemeinde. Seine Aufgaben waren nicht politischer Natur – diese wurden nämlich vom Satrapen oder vom Untersatrapen ausgeübt. Der Hohepriester war der oberste Priester des Tempelkultes, und da verschiedene Lebensbereiche mit dem Tempelkult verknüpft waren, beherrschte sein Stand das Leben der jüdischen Gemeinde. Die Anhäufung großer Geldbeträge im Tempel (s. *Priester und Leviten) verlieh ihm automatisch eine große wirtschaftliche Macht. Folglich, oder vielleicht außerdem, wurde der Hohepriester Haupt der religiösen Oligarchie, die in der späteren Periode der nachexilischen Zeit die Aufsicht über die gesetzlichen und richterlichen Körperschaften einschloß. Hekataios von Abdera stellte den Hohenpriester am Ende der persischen und am Anfang der hellenistischen Zeit als den obersten Vertreter seines Volkes dar (s. *Priester und Leviten; *Restauration; *Hellenismus und Judentum).

Außer dem Tempelkult und der Regelung des religiösen Lebens umfaßte der Aufgabenbereich des Hohenpriesters auch wichtige interne Angelegenheiten. Ben-Sirach (Ecclesiasticus) pries das Werk, welches Simeon der Gerechte für sein Volk leistete, indem er den Tempel ausbesserte, die Stadt mit neuem Frischwasser versorgte, Stadtmauern baute etc. Der Hohepriester teilte jedoch seine Autorität mit dem Rat der Ältesten, der *gerousia.* Die Priester waren auf verschiedenen Gebieten führend, aus ihren Reihen kamen Richter und Führer der Nation, und ihre Stellung im Erziehungswesen war von größter Bedeutung. Noch bedeutender ist es, daß die bescheidene Priesterschaft der kleinen Städte und Dörfer neben ihrer Tätigkeit als Unterweiser im Gesetz und seiner Anwendung auch beliebte Führer des Volkes wurden. Einige der großen Bewegungen, die das ganze Land ergriffen, entstanden in priesterlichen Kreisen. Ein markantes Beispiel dafür ist die von der Familie der *Hasmonäer ins Leben gerufene Bewegung der Makkabäer, oder etwa auch die Bewegung, die *Johannes der Täufer ins Leben rief (andere Aspekte über Aufstieg und Niedergang der Priesterschaft s. Priester und Leviten 5 c, d).

In der ersten Periode des Hellenismus war der Hohepriester noch die wichtigste Persönlichkeit in Judäa (s. *Hellenismus und Judentum). Mittlerweile gab es keine Satrapen mehr, und die traditionelle Autorität war dem Hohenpriester übertragen worden, der jetzt umfassendere administrative Rechte erhielt als in der Perserzeit, wo Judäas Autonomie hauptsächlich kulturell und intellektuell ausgerichtet war. Der Hohepriester nahm den Charakter eines kleinen Monarchen an, der die *protasia,* die Stelle eines Volksvertreters vor dem ptolemäischen oder seleukidischen Souverän innehatte, und er wurde als Führer der Juden anerkannt.

Der Hohepriester verfügte über das große Einkommen aus dem Zehnten des Halb-Sekels, den alle Juden in Palästina und in der Diaspora an den Tempel bezahlen mußten, sowie über den Tempelschatz. Der Tempelschatz diente auch als ein privater Verwahrungsort für das Volk mit etwa denselben Funktionen wie eine Bank im modernen Sinn. Während die innere Autonomie der Juden sich in der Perserzeit um geistige Dinge konzentrierte, wurden die politischen Angelegenheiten erst viel bedeutender, als der Hohepriester ein richtiger Machthaber wurde.

Die ägyptischen Ptolemäer führten ihr bürokratisches Regime auch in Palästina ein. Im 3. Jhdt. v. Chr. verbreitete sich ein regelrechtes Netz von Beamten über Palästina und Syrien, deren Aufgabenbereiche das Überwachen der »königlichen Länder«, die Einziehung der Steuern von den Bewohnern und die Handelspolitik für die Krone waren (s. *Handel). Der oberste Finanzbeamte des Hohenpriesters war der *diorketēs* oder oberster Steuereintreiber. Schon vor der hellenistischen Zeit scheint der Name eines von ihnen, Hiskia, auf einer Münze aus der Perserzeit als *jehud* auf. Am Ende des Jahrhunderts hatte der Steuerpächter den Hohenpriester verdrängt. Mit dem Aufstieg Joseph ben Tobias und seiner Familie (230–200 v. Chr.; s. *Hasmonäer) und der Übertragung der größten wirtschaftlichen Macht an ihn nahm die politische Autorität des Hohenpriesters ab und wurde der Steuerpächter der Vertreter des Volkes vor dem König und der eigentliche *prostatēr* oder »Führer des Volkes«. Dies schuf neben der traditionellen theokratischen Autorität eine neue Macht, die auf der finanziellen Geschicklichkeit und Erfahrung Einzelner beruhte und eng verbunden war mit den Konsequenzen, die unter den Artikeln *Hellenismus oder *Hasmonäer beschrieben sind.

d) Die Schriftgelehrten: Als der Einfluß der Priester über das Volk nach der hellenistischen Zeit abnahm, gewann die Rolle des Schriftgelehrten (s. *Gesetz) eine neue Bedeutung. Die Priester begnügten sich mit einer am Buchstaben klebenden und formalen Interpretation des mosaischen Gesetzes, die Schriftgelehrten hingegen waren viel gründlicher bei der Interpretation des Gesetzes im Licht der täglichen Verhältnisse und Probleme. So wurden ihre Interpretationen allmählich viel tiefer und gehaltvoller als jene der Priester, deren Ansehen daher noch mehr schwand. Es ist möglich, daß die Schriftgelehrten auch in den *Synagogen gelehrt haben. (Es scheint, daß sich die Synagogen damals in Judäa entwickelten, obwohl die genaue Datierung, die Ursprünge und die Verbreitung der Synagogen noch im dunkeln liegen.) Dies war einer der Faktoren, die zur allmählichen Entwicklung der Gegensätzlichkeit zwischen Tempel und Synagoge führten. In der ersten Periode des Hellenismus (s. *Hellenismus und Judentum) war der Einfluß der Schriftgelehrten in verschiedenen Kreisen Jerusalems außerordentlich bedeutsam. Einige Gelehrte sind der Meinung, daß die Bewegung der *Chasidäer, deren Ideale Reinheit, Frömmigkeit und Unterricht in der Thora und deren stete Beobachtung waren, aus den Reihen der Schriftgelehrten kommt.

Die Schriftgelehrten spielten eine bedeutende Rolle bei der Entwicklung des Mündlichen Gesetzes (s. *Gesetz; *Mischna 2), das in der Zeit Simeons des Gerechten (s. *Restauration) von der Jerusalemer Gemeinde als die gültige offizielle Interpretation des mosaischen Gesetzes erklärt wurde. Ab der Proklamation von Antiochus III., als die Juden in Jerusalem und Judäa ihre öffentlichen Angelegenheiten nach den Gesetzen ihrer Ahnen (mosaisches Gesetz) regeln durften, kann man die Bedeutung dieser friedlichen Revolution erst richtig einschätzen. Der Stand der Schriftgelehrten, deren Hauptvertreter die Chasidäer waren, wurde zum Stand der autoritativen Gesetzgeber und Verwalter des Gesetzes, eine Stellung von höchster Bedeutung in der Theokratie der damaligen Zeit. Als die hellenistenfreundliche Partei, an deren Spitze der widerrechtliche Hohepriester Jason stand, die »Gesetze der Ahnen« abschaffte, lehnte man auch die Interpretationen des mosaischen Gesetzes von seiten der Schriftgelehrten ab und deren Partei wurde unhaltbar. Der unablässige Kampf, den die chasidäischen Schriftgelehrten gegen die Hellenisatoren ausfochten, war nicht nur ein ideologischer Zusammenstoß, der sich mit der Beobachtung der angestammten Gesetze befaßte, sondern auch ein Kampf um ihre Existenz. Sie erfreuten sich der dauernden Unterstützung des gewöhnlichen Volkes, und durch den Sieg der Makkabäer gewannen sie ihre Stellung als Führer des Volkes wieder zurück (s. *Pharisäer).

e) Das hellenistische Vorbild: Die Führung von öffentlichen Angelegenheiten folgte in der hellenistischen Welt und in einer griechischen Stadt Palästinas, die als *polis* konstituiert war – eine unabhängige Stadtgemeinschaft oder *dēmos* (Körperschaft der Bürger), die von einem Rat und einem vom Volk (welches das Recht auf Selbstverwaltung besaß) bestellten Magistrat verwaltet wurde – einem bestimmten Muster. Die Polis hatte die Vollmacht, ihre eigenen wirtschaftlichen, finanziellen, öffentlichen und religiösen Angelegenheiten, sowie das Prägen von Münzen selber zu besorgen. Sie wurde als Verbündete der zentralen Macht betrachtet und war frei von Steuer – ein bedeutsames Recht, weil man die Leistung von Tribut und Kopfsteuer immer noch als ein Zeichen der Unterjochung ansah. Im

Gegensatz dazu lebten die *ethnoi* (Völker) nach ihren eigenen »angestammten Gesetzen« ihr herkömmliches Leben, frei genug, ihre politischen Institutionen, ihre Form der Lokal-Regierung und ihre Methoden sozialer Organisation beizubehalten. Sie lebten getrennt vom hellenistischen Strom der Weltkultur und besaßen wenig Hoffnung auf wirtschaftliche Expansion oder auf Erlangung der »Bürgerrechte der griechischen Polis«.

Obwohl die jüdischen Institutionen und das öffentliche Leben nicht dem hellenistischen Vorbild folgten, so waren sie vor allem in den großen Städten, bei der wohlhabenden Aristokratie von Großgrundbesitzern und bei den herrschenden Priesterfamilien doch nicht gegen seinen Einfluß immun (s. *Hellenismus und Judentum). Der Slogan der jüdischen Hellenisierer: »Schließen wir einen Bund mit den Heiden!« war ein Zeichen dafür, daß sie in das hellenistische Gemeinwesen aufgenommen werden wollten. Als die hellenistenfreundlichen Aristokraten und die widerrechtlichen Hohenpriester (ab 175 v. Chr.) »Antiochia bei Jerusalem« als neue Polis gründeten, stellten sie sich dem König als die vertretende Körperschaft Judäas vor – doch sie waren nicht die Vertreter des traditionellen Judentums. Schließlich führten die weitreichenden Änderungen, welche die hellenistenfreundliche Bewegung in der Politik und Religion verursachte, zum Aufstand der Makkabäer (s. *Hasmonäer).

f) Der Rat der Ältesten (gerousia): Die oberste Verwaltungsinstanz im 3. u. 2. Jhdt. v. Chr. war der Rat der Ältesten, der dem Hohenpriester ständig beistand. Die Körperschaft war zusammengesetzt aus Vertretern der oberen Schicht des Priesterstandes – mit dem Hohenpriester an der Spitze – sowie der Aristokratie und den Großgrundbesitzern Jerusalems (wie Joseph ben Tobia; s. *Hellenismus im Nahen Osten). Die *gerousia* war in vieler Hinsicht eine Fortsetzung der vorexilischen Institution der Ältesten Israels.

Die syrischen Regierungsbeamten hatten die Vollmacht, wenn immer es nötig schien, sich in die internen Angelegenheiten Judäas einzumengen, doch in der Praxis begnügten sie sich damit, gelegentlich in Jerusalem kurze Visiten abzustatten.

g) Verwaltung in der ersten Periode der Makkabäer: Sogar nachdem die makkabäischen Brüder (s. *Hasmonäer) religiöse und zivile Rechte für die Juden zurückgewonnen hatten, blieb das Land ein Teil des seleukidischen Reiches. Die makkabäischen Führer der Nation betrachtete man als »Meridarchen« oder Statthalter Judäas oder als Vertreter der Lokalbevölkerung. Die *gerousia* oder der Rat der Ältesten wurde mit entsprechenden Änderungen – wie dem Einschluß einer Anzahl von Bürgern niedriger Herkunft – beibehalten, um sie den von den *Hasmonäern eingeführten Reformen anzupassen. Die Funktionen des Rates der Ältesten übernahm in der Zeit Simsons, des letzten der makkabäischen Brüder, offensichtlich die »große Versammlung«.

h) Der qahal: Eine andere vorexilische Institution, der *qahal* oder Versammlung bestand noch in der Makkabäerzeit. Er war eine Körperschaft von Volksvertretern und wird in einem Brief aus dem 2. Jhdt. v. Chr., der in 2 Makk 11, 16–21 in Verbindung mit einer Delegation von zwei Sendboten nach Antiochien angeführt wird, erwähnt. Der Brief beginnt: »Lysias grüßt den *qahal* der Juden. Eure Gesandten Johanan und Absalom haben euer (Antwort-) Schreiben übergeben ...«

i) Jüdische Stadtregierung: Viele Quellen weisen darauf hin, daß die Regierung einer Stadt von sieben Männern geführt wurde. Die Gerichtsbarkeit wurde nach den allgemein akzeptierten Vorschriften des Landes gehandhabt. Dies wird von Josephus bestätigt. Dieser berichtet, daß er, als er während der Rebellion im Jahre 66 n. Chr. in Galiläa zur Herrschaft kam, die öffentlichen Angelegenheiten im Distrikt zu regeln und die Nominierung von sieben Männern in jeder Stadt zu überwachen hatte. Auch die tannaitischen Rabbiner berichteten, daß die Regierung einer Stadt von sieben Vornehmen geführt worden sei. Die apostolische jüdisch-christliche Gemeinde von Jerusalem (s. *Christentum, Frühgeschichte) wurde in der Zeit von Jesu Tod von einem *ḥebær* (Rat) von sieben weisen Männern, im NT »Diakone« genannt, »die mit heiligem Geist erfüllt waren«, geleitet. Zweifelsohne übernahmen diese Vornehmen die Art einer lokalen Regierung, wie sie auch in anderen Städten und Gemeinden üblich war (s. *Pharisäer). Unter diesen sieben war ein kleinerer Kreis von drei Männern, die Fürsten (*śarīm*) oder Oberhäupter (Stadtbeamte) genannt werden, welche die täglichen Geschäfte der Stadt besorgten. Die sieben bildeten also eine Versammlung, in deren Namen die kleinere Körperschaft von drei Männern exekutive Aufgaben ausübte. Die frührabbinische Literatur erwähnt Beschwerden gegen den *ḥebær*, der die Stadt regierte. In einigen Fällen wurde er beschuldigt, das Volk zu unterdrücken, die Armen zu benachteiligen und die Reichen zu begünstigen. Teilweise gewannen diese Beamten offensichtlich durch ihre Fähigkeit, durch ihren wirtschaftlichen und sozialen Einfluß, durch Beziehungen zu einflußreichen Leuten der Stadt und durch die Tatsache, daß der Arme wirtschaftlich von ihnen abhängig war, bedeutend an Macht. In gewissen Perioden genossen die Führer auch noch direkte oder indirekte Unterstützung von fremden Herrschern, einem Griechen oder einem Römer und von der zentralen Regierung in Jerusalem.

Die Autorität der sieben Ältesten war jedoch begrenzt und der größeren Körperschaft der Stadtbewohner als Gesamtheit unterstellt. »Die leitende Körperschaft der Stadtbürger« bildete in der rabbinischen Literatur die höhere leitende Instanz der Stadt. Der *ḥebær* der sieben Ältesten war theoretisch der Gerichtsbarkeit der Bürgerversammlung unterstellt, obwohl bei vielen Gelegenheiten hochmütige Älteste es fertigbrachten, die Macht oder das Prestige der Bürgerversammlung zu bagatellisieren. Auch wenn die Versammlung ihre Vorrechte nicht immer vollständig ausübte, war sie zumindest im Prinzip von ziemlich großer Bedeutung. Sie spiegelte die Macht der öffentlichen Meinung wider und war bedeutsam als die demokratische Grundlage des öffentlichen Lebens.

Sogar die Synagoge diente manchmal als Versammlungsstätte der Bürger, wenn sich »das Volk der Synagoge« traf, um über Angelegenheiten des allgemeinen Wohls zu diskutieren. Dazu gehörte etwa die Zuteilung von Almosen, die Errichtung von städtischen Bauten usw. Die Institutionen der sieben Vornehmen und die Versammlung der Bürger scheinen die Fortsetzung einer dem babylonischen Judentum vertrauten Körperschaft gewesen zu sein und sie waren faktisch eine Nachbildung der alten Institutionen im vorexilischen Palästina.

k) Die große Versammlung der Juden: Als die Juden innerhalb des seleukidischen Reiches eine größere innere Autonomie gewannen, schufen sie eine neue gesetzliche Basis, um der veränderten politischen Situation innerhalb Judäa Rechnung zu tragen. Im Jahre 142 v. Chr. anerkannte die »große Versammlung *(kꞏnesæt)* der Priester und des Volkes, der Vorsteher des Volkes und der Ältesten des Landes« (1 Makk 14, 28) Simon als Hohenpriester *(kōhen gādōl)*, Oberbefehlshaber *(strategos)* und Führer des Volkes (griech. *ethnarch* oder *prostatēr*), mit dem Recht, seine Autorität seinem Sohn weiterzuvererben (s. *Priester 5 d). Dieses Manifest verkündete auch, daß kein Mensch ohne seine Erlaubnis eine Versammlung einberufen dürfte. Das bedeutete, daß nur Simon das ausschließliche Recht übertragen wurde, die *gerousia* oder den *ḥebær ha-jꞏhudīm* (Rat der Juden) einzuberufen.

Neue Regierungsformen und eine neue Epoche kennzeichneten die unabhängige Macht Simons. Sein Belehnungsschreiben trug deutlich hellenistischen Charakter, sein Vermögen war groß und sein Haushalt reich an silbernen und goldenen Gefäßen. Die chronologische Basis für Gesetzesentwürfe und Dokumente sollte sein Amtsantritt als Hoherpriester sein.

Johannes Hyrkan, der noch, bevor er syrischer Beamter wurde, erster unabhängiger makkabäischer Fürst (hebr. *naśī*) war, ließ *Münzen mit der Aufschrift: »der Hohepriester Johanan« auf der einen Seite und »Rat der Juden« auf der anderen Seite prägen. Die Dynastie ruhte auf einer festen gesetzlichen Basis und besaß die ausgedehnte Macht einer Monarchie. Die Juden waren frei vom Tribut an die syrischen Könige, sie waren also wirklich ein freies Volk. Johannes Hyrkan war der erste Hasmonäer, der fremde Söldner in seine Armee aufnahm, und darin folgten auch die späteren jüdischen Könige seinem Beispiel. Diese Maßnahme machte ihn zu einem Souverän gleich den hellenistischen Königen, der offensichtlich über dem Staat stand und dessen Macht auf einer dem Volk fremden und von ihm unabhängigen persönlichen Streitmacht beruhte (s. *Hasmonäer).

Simons Enkel Aristobul I. nannte sich »König der Juden« und trug den traditionellen Titel »Hoherpriester von Judäa« und »Rat der Juden«. Er gebrauchte den Titel »König« nach außen hin als Anlehnung an das hellenistische Vorbild, sein Sohn Alexander Jannäus aber ging noch einen Schritt weiter und ließ Münzen prägen mit der Aufschrift: »der König Jonathan« (s. *Münzen). Während die ersten Münzen nur hebräische Beschriftung trugen, wurden die Münzen ab Alexander Jannäus auch griechisch beschriftet. Alle hasmonäischen Priester-Könige führten nach dem Brauch ihrer unmittelbaren Umgebung Doppelnamen, in Griechisch und Hebräisch. Hätten die Hasmonäerfürsten völlig frei handeln können, wie sie es sich wünschten, so hätten sie die traditionelle jüdisch-theokratische Politik soweit wie nur irgend möglich unterminiert. Doch mußten die Könige seit Johannes Hyrkan dem hartnäckigen Widerstand der *Pharisäer gegen die säkulare Monarchie entgegentreten (s. *Hasmonäer 3 a). Der Konflikt, der daraus entstand, erreichte eine solche Intensität, daß während der Regierungszeit von Alexander Jannäus (dem Sohn von Johannes Hyrkan) der *ḥebær* oder Rat der Juden aufgehoben wurde. Der erste offene Bruch ereignete sich, als die Pharisäer verlangten, daß Hyrkan das Amt des Hohenpriesters niederlegen und sich mit dem weltlichen Königtum begnügen sollte. Diese Forderung war, wie V. Tcherikover zeigt, gleichbedeutend mit der Abschaffung der vorliegenden Grundlage der hasmonäischen Souveränität über das Volk, d. h. der König hätte damit die oberste Gewalt über den Tempel, dessen Schätze und dessen großes Einkommen (s. *Tempel), sowie auf den psychologischen Einfluß der Stellung des Hohenpriesters, die im Denken und Glauben des Volkes verwurzelt war, verzichtet. Die Pharisäer gewannen wieder die Oberhand in der Zeit der Königin Schelom-zion (Salome Alexandra), der Witwe von Alexander Jannäus, als sie alle hellenistischen Bestrebungen unterdrückten und den *ḥebær* wieder ins Leben riefen.

Nachdem der Staat unter den ersten Makkabäern seine Restauration erlebt hatte, erweiterten die Eroberungen von Johannes Hyrkan und Alexander Jannäus seine Grenzen fast bis an die Grenzen des alten davidischen Königreiches. Die Verwaltung des Landes wurde auf der Grundlage der 24 »Toparchien«, einer traditionellen Zahl, die auf die zwölf Bezirke von Israel und Juda zurückgeht, neu gestaltet. Außer Judäa umfaßten sie in der Reihenfolge ihrer allmählichen Aufnahme ins jüdische Reich die Toparchien von Ephraim, Lod, Ramathaim-Tirma, Gedor, Joppe (Jaffa in der Nähe des heutigen Tel Aviv), Gezer-Emmaus, Akraba, Nerbata, Östliches Idumäa (südliches Judäa), Westliches Idumäa (Maresa), Jabuch; im Norden Arbela, Migdal, Zipporin (Sephoris), Arab, Oberes Galiläa, Betharamath und Abel. Diese Teilung in 24 Toparchien erinnert auch an die 24 Priesterklassen, die während der Regierungszeit Davids eingeführt wurden (1 Chr 24, 7–18; s. *Priester und Leviten), und denen verschiedene Teile des Landes zugeteilt waren. Das ist auch ein Beweis für A. Schalits Ansicht, daß Alexander Jannäus versuchte, die Pharisäer unter seine Kontrolle zu bringen, indem er sein Königtum nach den religiösen Überlieferungen alter Zeit ausrichtete (s. *Hasmonäer, **Karte 13**).

l) Unterschiede zwischen dem hasmonäischen und dem herodianischen Königtum: In der Zeit Alexander Hyrkans und später der Königin Alexandra diente der *ḥebær ha-j·hudīm* als Staatsrat, dessen Autorität das ganze Land beherrschte. Offensichtlich war das Volk in seiner Gesamtheit während der Hasmonäerzeit keineswegs seiner politischen Macht beraubt, wie es etwa in anderen hellenistischen Ländern, deren Könige sich das Königtum durch das Recht der Eroberung widerrechtlich aneigneten und es als persönlichen Besitz betrachteten, der Fall war. (Die Rechte der Polis wurden allgemein respektiert.) Doch scheinen die Hasmonäer allmählich autokratischer geworden zu sein und verursachten dadurch eine ernste Spannung, da das Volk nicht bereit war, die Rechte, die es nach 25 Jahren des Kampfes gewonnen hatte, preiszugeben. Im Sanhedrin waren die Pharisäer als Wortführer des Volkes tätig und bildeten so, was Gesetzgebung, Gerichtsbarkeit und Steuerwesen betraf, ein wirksames Gegengewicht gegen die Monarchen. Die Hasmonäer waren nicht in der Lage, ein autokratisches Regime aufzurichten, da ihre Entscheidungen der Billigung von seiten der Gesetzesinterpreten, der Schriftgelehrten und der Rabbiner, die im *ḥebær ha-j·hudīm* vertreten waren, bedurften. Daran erinnerte man sich wohl, als man die durchgreifenden Änderungen, die *Herodes während seiner langen Regierungszeit einführte, miterlebte.

Anders als die Hasmonäer-Fürsten, deren Autorität und Gesetzgebung von den Parteien, welche die überlieferten Standpunkte des Volkes verteidigten, kontrolliert wurden, verwandelte Herodes sein Königtum in ein absolutes und einseitiges System, indem er die Autorität aller anderen nationalen öffentlichen Körperschaften aufhob. Sein Königtum war eine getreue Imitation des politischen Systems der Griechen und Römer (s. *Rom und die Juden), dem Judäa wesentlich angehörte. Herodes' Politik, die nach dem römischen imperialistischen System ausgerichtet war, war die eines wahren »Rex socius et amicus populi Romani« (verbündeter König und Freund des römischen Volkes). Unter Herodes wurde das Land von einem jüdischen König regiert, aber es trug keines von den nationalen Merkmalen eines jüdischen Königtums.

Herodes' erste Amtshandlung war es, die Körperschaft des Großen Sanhedrin abzuschaffen (nach A. Schalit war dies der Name, unter dem der *ḥebær* in der damaligen Zeit bekannt war) und ihn durch eine künstliche Körperschaft zu ersetzen, die aus verschiedenen Vornehmen bestand, für die sein Wort Gesetz war. Zudem hob er die Rechte der Erbfolge und die anderen Vorrechte des Hohenpriesters auf und verwandelte die nominierten Hohenpriester in bloße Staatsbeamte, die seiner Wahl unterworfen waren. Somit war die letzte Verbindung zwischen Königtum und Hohenpriestertum unterbrochen – die weltliche Macht hatte den Sieg davongetragen. Auf jeden Fall hatte die römische Okkupation Palästinas das jüdische Königtum im wesentlichen vernichtet – ein Faktum, das aus den Geschichten von Herodes und seinen Nachfolgern klar ersichtlich ist (s. *Rom und die Juden). Danach war das Land der Gewaltherrschaft der Prokuratoren und Statthalter unterworfen und genoß nur unter *Bar Kochba (Bar-Kosba) eine kurze Zeit der Unabhängigkeit. Bar Kochba war erfüllt von den alten Idealen und nannte sich auf Urkunden und auf Münzen, die er prägen ließ, *naśī* (Fürst). Der Terminus *naśī* geht auf die alten Stammesführer zurück und begegnet in Lev 4, 22 und in der Vision Ez 46, 16–18, obwohl Ezechiel auch den Terminus *śar* gebraucht. Nach diesen und nach vielen tannaitischen Quellen scheint das Wort *naśī* die Bedeutung »Herrscher-Führer« zu implizieren. Bar Kochba mag diesen Titel unter dem Einfluß der biblischen Quellen, oder weil Judäa nicht völlig unabhängig war, gewählt haben; vielleicht folgte er darin auch der Tradition der ersten Hasmonäer, die sich *naśī* nannten. Wie auch immer, Bar Kochba war das souveräne Oberhaupt des Volkes, der Oberbefehlshaber des Heeres und hatte auch die Wirtschaft des Landes unter seiner Oberhoheit.

m) Der Große Sanhedrin und seine Funktionen: Der Sanhedrin war zur Zeit des zweiten Tempels und in Perioden politischer Unabhängigkeit wie in Epochen der Abhängigkeit und Unterjochung die bedeutsamste und eindrucksvollste Institution der Juden. Solange er das jüdische Gesetz und die Tradition aufrechterhielt, betrachtete man ihn als die oberste gesetzgebende Körperschaft. Nach A. Schalit beruhte seine Autorität auf seiner Stellung als Volksvertreter, wahrscheinlich als Nachfolger des früheren *ḥebær*. Seine Autorität wird in Joma 73, 2 kurz beschrieben: »Die *'ēdā* als Gesamtheit, das ist der Sanhedrin«. Die Generationen der Vergangenheit betrachteten ihn als das Ergebnis und das Wesen der *k·nesæt Israel*, der Versammlung von Israel. Wie dem auch sei, in den Kreisen der modernen Bibelgelehrten war sein Wesen und die Zeit, in der er fungierte, Gegenstand andauernder Debatte, aber auch reichlichen Mißverständnisses.

Der Terminus *s·nædrîn* begegnet an vielen Stellen der jüdischen Literatur in seiner griechischen Form *synedrion*. Anderswo scheint dieses *synedrion* in Übersetzung das Kompositum Torgesetz (im Bezug auf die Rechtsprechung am Tor) oder unbekannte Dinge zu bezeichnen. Im Aristeasbrief (s. *Hellenismus und jüdische Diaspora) war es eine Bezeichnung für die Körperschaft, die mit der Übersetzung der Thora ins Griechische (Septuaginta) beauftragt war. In der griechischen Übersetzung des Buches Jesus Sirach, Ecclesiasticus, wird der Ausdruck für eine hohe gesetzgebende Versammlung gebraucht und anderswo meint es eine *gerousia* oder Senat. Man kann kaum mit Sicherheit sagen, ab wann dieser Terminus in Palästina in Gebrauch kam, obwohl es möglich ist, daß er bereits vor der hasmonäischen Zeit bekannt war. In historisch festlegbarem Rahmen erscheint er erstmals in einem Hinweis auf eine jüdische Institution der Zeit Herodes bei Josephus (Altertümer IV, 8, 14). H. B. Hoenig will diesen Beweis nicht gelten lassen, da er meint, daß Josephus wie alle hellenistischen Autoren den Terminus Sanhedrin generisch gebrauchte, um ein allgemeines Treffen, eine Versammlung, eine politische Zusammenkunft, einen Kriegsrat oder einen Gerichtshof zu bezeichnen.

Die Synoptischen Evangelien nehmen auf ihn Bezug als einen jüdischen Gerichtshof oder einen Rat für Gesetzgebung, so etwa in der Bergpredigt (Mt 5, 22 und in Mk 13, 9, dazu in Mt 10, 17; Mk 15, 1; Lk 22, 26; Apg 4, 15; 5, 21 u. ö.). Es wäre möglich, daß das Wort *synedrion* unbemerkt in den jüdischen Sprachgebrauch als ein Fachausdruck einging, der zu der Zeit dem hohen Gerichtshof des alten Judäa gleichgestellt wurde und die Form von *s·nædrîn* annahm. Die Meinungen differieren darüber, wann diese Institution ihre ständige Gestalt annahm, aber das Zeugnis vieler Quellen weist auf das Ende des 2. Jhdts. v. Chr. Auf jeden Fall müssen die Angaben der Mischna und des NT sorgfältig geprüft werden, denn beide Quellen enthalten innere Ungereimtheiten.

Stellung und Zusammensetzung des Sanhedrins kann von der Tatsache her, daß er den Brennpunkt für die inneren sozialen Auseinandersetzungen des jüdischen Volkes und für die politischen Ereignisse bildete, beurteilt werden. Der Sanhedrin war keine homogene Körperschaft, sondern umfaßte verschiedene und widerstreitende Richtungen über das Gesetzesverständnis und seine Anwendung. Die bedeutendsten davon waren jene der *Pharisäer und der *Sadduzäer. Wie weit genau sich der Streit zwischen diesen Parteien oder ihre Einstellung gegenüber den hasmonäischen Königen auf die Zusammensetzung des Sanhedrins auswirkte, ist nicht bekannt, da die Quellen in dieser Hinsicht nicht deutlich sind. Doch glauben viele Gelehrte, daß der Sanhedrin zumindest bis in die Zeit des Herodes, der die Pharisäer bevorzugte, von der priesterlichen Aristokratie der Sadduzäer beherrscht wurde. Auf jeden Fall spalteten sich die Pharisäer in der Zeit nach den Hasmonäer-Königen in zwei Gruppen: die Majorität einer konservativen Partei (Schammai-Schule) und die Minderheit eines liberalen Flügels (Hillel-Schule; s. *Rabbiner; *Mischna). Die Existenz dieser beiden Parteien oder Richtungen verursachte wahrscheinlich auch eine gewisse Dualität in der pharisäischen Führerschaft des Sanhedrin und war auch der Ursprung der fünf *zugōt* oder Rabbinerpaare, die nach der Tradition des Talmud den Sanhedrin leiteten. In welcher Zeit dies der Fall war, kann allerdings nicht sicher entschieden werden. Der Führer der Majorität fungierte als *naśi* (oder Präsident), der Vertreter der Minderheit hingegen als *'āb-bēt-dîn* (oberster Richter des Gerichtshofes). Gelegentlich wurde diese Regelung umgestoßen (Abot 1, 4–15).

Aufgabe des Sanhedrins war es, die halachischen Regeln (s. *Gesetz) nach einer Auslegung der Gebote der Thora aufzustellen. Daher waren nur jene, die in den Gesetzesüberlieferungen und im Gesetzesverständnis versiert waren, für diese Aufgabe qualifiziert, eine Qualifikation, die also nicht vom sozialen Stand der Betreffenden abhing. Dem Sanhedrin konnten Priester, Aristokraten oder auch Leute niedrigerer sozialer Schichten angehören. Der einzige gemeinsame Faktor war ihre gründliche Kenntnis des Gesetzes. Die Einsetzung als ordinierte Schriftgelehrte geschah durch die Zeremonie der *s·mîkā* oder Handauflegung (die auf einen alten Text Num 27, 15–23 zurückgeht). Einer solchen Installation wurde erst zugestimmt, nachdem der Kandidat geprüft worden war, seine Kenntnisse als ausreichend befunden wurden und sein Vorleben und Umgang sich vom religiösen Standpunkt her als annehmbar herausgestellt hatten. Während vor der Zeit Hillels der Präsident und der oberste Richter des Gerichtshofes von Mitgliedern des Sanhedrins gewählt wurden, wurde nach ihm dieses Amt erblich und bis 429 n. Chr. von Mitgliedern des Hauses Hillel besetzt.

Ein Hoherpriester war nach rabbinischer Tradition als Mitglied zulässig, nicht aber ein König (Sanhedrin 18, 72). Am Anfang der Regierungszeit des Herodes waren auch ordinierte Schriftgelehrte aus der Diaspora im Sanhedrin, ja einige von ihnen führten sogar den Vorsitz.

Die Mitglieder des Sanhedrins saßen in der Art eines Halbkreises, um einander sehen zu können und ihre Plätze änderten sich nicht. Der *naśī* (Präsident) saß in der Mitte, um ihn zu seiner Rechten und zu seiner Linken die schriftgelehrten Ältesten. Vor ihnen standen zwei Gerichtsschreiber, welche die Worte der Schuldigsprechenden und der Freisprechenden verzeichneten. Hinter den ordinierten Mitgliedern des Sanhedrins saßen deren Schüler in Dreierreihen. Diese Beschreibung (Sanhedrin 4, 3) entspricht genau den Verhältnissen des *bēt midraš* oder der Akademie von Jabne (Jamnia), die das jüdische Leben nach 70 n. Chr. (s. *Rom und die Juden) regelte. Das Material, welches die *Mischna über diese Einrichtung bringt, spiegelt möglicherweise eine spätere Zeit wider, die ihr eigenes Verhalten einem früheren Sanhedrin zuschreibt, von dem sie nur verschwommene Erinnerungen besitzt. Doch scheint die Beschreibung ein getreues Bild der Lage vor der Zerstörung des Tempels zu geben. Die Mitglieder – nach vielen Quellen 71 an der Zahl – trafen sich in der *liškat hagāzît*, der »Halle der behauenen Steine«, einer Kammer des Tempels, die sowohl vom Hof der Israeliten als auch vom Priesterhof betreten werden konnte.

Als die oberste religiöse Instanz für alle Juden Palästinas und der Diaspora, verantwortlich für alle Fragen, die mit dem mosaischen Gesetz zusammenhingen, war der Sanhedrin der letzte Appellationsgerichtshof und die höchste gesetzgebende Instanz. Diesbezüglich verlor er trotz der Macht, die Priester und Könige ausübten, nie seine Vorrechte, sondern behielt sie auch während der römischen Besetzung, als er als oberster einheimischer Gerichtshof weiterbestehen konnte.

Der Sanhedrin besaß die Vollmacht, Richter und Priester zu bestellen, sowie die niederen Gerichtshöfe, wo Zivilprozesse geführt wurden, zu überwachen. Seine Beamten konnten in eigener unabhängiger Vollmacht Verhaftungen vornehmen; der Sanhedrin als ganzer besaß zudem das Recht, Urteilssprüche, die über Haft und Todesstrafe lauten konnten, zu verkünden und sie auch auszuführen. Diese Rechte behielt der Sanhedrin auch – außer den Fällen, die sich mit Aufstand oder Straßenraub befaßten und von der römischen Autorität behandelt wurden – während der römischen Herrschaft bei. Eine der wichtigen Funktionen des Sanhedrins war auch die Verkündigung eines neuen Mondes (am Anfang eines jeden Monats), die sowohl in Palästina als auch in der Diaspora die Festlegung von Fest- und Feiertagen bestimmte. Außerdem hatte er die Aufgabe, die Schaltjahre festzulegen (s. *Kalender).

Als der Sanhedrin sein Ende fand, gingen seine Funktionen auf das *bēt-dîn*, den Gerichtshof, über. Die Überlegenheit dieser Körperschaften in Palästina gegenüber den religiösen Zentren, die in Babylon entstanden, drückt sich aus in der Verantwortlichkeit, die Israel in seinen Gesetzesentscheiden offenbarte. Der Sanhedrin war nicht nur dazu befugt, die *halakôt* (Regeln) zu interpretieren, sondern genoß auch innerhalb seiner Gerichtsbarkeit große Machtbefugnisse. Er konnte zu jeder Zeit zweifelhafte Fragen des jüdischen Gesetzes klären und Notstandsbestimmungen und -verordnungen erlassen.

Über die Datierung seines Endes diskutiert man noch; so wollen es einige mit der Ankunft des Gabinius verbinden (57 v. Chr.; s. *Rom und die Juden), andere meinen, daß es sich während der Regierungszeit von Herodes (37–34 v. Chr.), oder am Anfang der Prokuratorenzeit (4 v. Chr.) ereignete; wieder andere wollen es in das Jahr 30 n. Chr. verlegen. H. B. Hoenig ist der Ansicht, daß das Ende des Sanhedrins im Jahr 66 v. Chr. anzusetzen ist, vier Jahre vor der Zerstörung des Tempels, als der große Aufstand ihn an den Zusammenkünften an seinem gewohnten Platz in der »Halle der behauenen Steine« hinderte. Sicherlich fand er sein Ende mit der Zerstörung des Tempels; und einer der Trauerbräuche, die angesetzt wurden, um dieses traurigen Ereignisses zu gedenken, hatte sich im Spruch verewigt: »Mit dem Ende des Sanhedrins hörte auch der Gesang bei den Festmählern auf« (Sota 9, 11).

Volkszählung

Gliederung: 1. Ursprung und Praxis altorientalischer Volkszählungen. 2. Zweck und Methode der Volkszählungen. 3. Volkszählungen in der Bibel. a) Volkszählung im Buch Exodus; b) Volkszählungslisten in Num 1 und 26; c) Die Bedeutung von 'ælæf; d) Ursprung der Überlieferungen im Buche Numeri; e) Davids Volkszählung; f) Volkszählung und Sühne; g) Sonstige Volkszählungen der Königszeit; h) Volkszählungslisten der Restaurationszeit; i) Neutestamentliche Zeit.

1. Ursprung und Praxis altorientalischer Volkszählungen: Volkszählungen sind Ausdruck der Zivilisation. Jede organisierte Gesellschaft muß von Zeit zu Zeit Zählungen von Menschen, Vieh und anderen Dingen vornehmen. Die Urkunden über Volkszählungen in Ägypten wie auch in Mesopotamien sind sehr alt, sehr viel älter als die israelitischen.

In Ägypten nahmen die Pharaonen schon im Alten Reich (3. Jahrtausend v. Chr.) alle zwei Jahre (später jährlich) eine Vermögensschätzung vor, bei der zur Steuerveranlagung das Land vermessen wurde und Vieh und bewegliche Habe gezählt wurden. Die Steuern wurden in natura – Getreide, Felle, Gold – oder durch Zwangsarbeit entrichtet. Spätere Zeugnisse deuten darauf hin, daß jede Provinz die staatlichen Steuern für sich eintrieb, und dies führte möglicherweise zur Verpachtung der Eintreibung an Provinzunternehmer. Unter den Urkunden der Ramses-Administration des 12. Jhdts. v. Chr. befinden sich die Verzeichnisse der staatlichen Steuereinnehmer, aus denen hervorgeht, wie die Steuer pro Landeinheit oder pro Maß des angebauten Getreides festgesetzt wurde. Die biblische Erzählung von Joseph (Gen 47) erwähnt eine systematische Abschätzung der landwirtschaftlichen Erträge des Landes und der Anzahl der sich davon ernährenden Menschen. Anscheinend wollte man mit dieser Maßnahme Vorkehrungen für eine Hungersnot oder plötzliche Bodenmüdigkeit treffen, doch spiegelt sie die allgemeine behördliche Praxis wider.

In jüngster Zeit haben uns die Urkunden von Mari (Mesopotamien), Ugarit (*Kanaanäische Kultur und Ugarit) und Alalach (nördl. von Ugarit) Aufschluß über Volkszählungslisten aus fünf Jahrhunderten von der Zeit Hammurabis (18. Jhdt. v. Chr.) bis kurz vor Moses' Zeit gegeben.

2. Zweck und Methode der Volkszählungen: Volkszählungen bildeten nicht nur die wesentliche Grundlage für die Steuererhebung, sondern waren auch zur Erstellung eines Verzeichnisses der fronarbeits- oder, was noch wichtiger war, militärdiensttauglichen Männer unumgänglich. Über ihre Einziehung entschied das Los, da man jeweils nur einen Teil der Quote eines jeden Bezirks in das Heer einzureihen pflegte. Landzuweisungen erfolgten in ähnlicher Weise durchs Los. Anscheinend kamen für durchs Los vorgenommene Landzuweisungen allein Wehrpflichtige und/oder gediente Soldaten in Frage.

Die Verwendung von Losen brachte sogleich ein religiöses Element hinein, da man mit dem Zufall in Wirklichkeit die Götter anrief – wie in juristischen Streitfragen, die durch Beweise nicht zu entscheiden waren. Da die Einberufung zum Militärdienst aufgrund eines Losentscheids für die Dienstpflichtigen zumindest die Möglichkeit einschloß, dabei das Leben zu verlieren, kam ihr allergrößte Bedeutung zu – daher der schreckenerregende Aspekt der militärischen Schätzung. Eine Frage, bei der es um Leben oder Tod, Sieg oder Niederlage ging, ließ sich nicht einfach so abtun. Sühne- und Reinigungszeremonien, Geldopfer und andere Riten waren daher zur Vermeidung göttlichen Zornes notwendig.

Unter den Bedingungen der Alten Welt war die Durchführung einer Volkszählung unvermeidlich mit Seuchengefahr verbunden, sei es, daß die Schätzer ein Dorf nach dem anderen infizierten oder daß sich die Männer gegenseitig ansteckten, wenn sie zu Übungen oder zum Militärdienst zusammenkamen. Es steht fest, daß in der Militärgeschichte von jeher mehr Soldaten durch Krankheit als in der Schlacht umgekommen sind. D. N. Freedman glaubt, daß Reinigungs- und Sühneriten in erster Linie Schutzmaßnahmen gegen diese mit Volkszählungen verbundenen Gefahren darstellten.

Angesichts des Zusammentreffens folgender vier Faktoren: Widerstand gegen staatliche Einmischung, Groll wegen der Besteuerung, Furcht vor dem Heeresdienst und Seuchengefahr, ist es nicht verwunderlich, daß man der ganzen Prozedur mit Sorge entgegensah und ihr am liebsten ganz aus dem Wege gegangen wäre. Da die Volkszählung jedoch ein wesentlicher Bestandteil des Lebens war, mußten die umfassendsten Vorsichtsmaßnahmen, hauptsächlich kultischer Art, getroffen werden, um die Gottheit nicht zu erzürnen oder um sie zu versöhnen.

In Mari wurde eine Volkszählung *(tebibtum)* mit neuen Landzuweisungen und verschiedenen politischen Aktivitäten verknüpft. Um den damit verbundenen Gefahren zu begegnen, leistete man jedoch durch kultische Reinigungsakte Sühne, wonach »des Landes Herz in Frieden war«. J. F. Kupper und E. A. Speiser haben kürzlich unter Benutzung der Keilschriftbriefe aus Mari über Musterungen einige Aspekte dieser Frage untersucht. Ihre Forschungen haben eine Anzahl von Analogien zur biblischen Praxis aufgedeckt.

3. Volkszählungen in der Bibel: Die israelitischen Stämme und ihre Nachkommen in späteren Jahrhunderten empfanden nicht nur die allgemeine Abneigung gegen jede Zählung des Volkes, sondern sahen darin auch eine untragbare Beeinträchtigung der individuellen Freiheit. Wegen dieser traditionellen Gegnerschaft mußte jeder Hinweis auf eine derartige Tätigkeit sehr euphemistisch formuliert werden. Obwohl Hinweise auf eine Volkszählung in der Bibel, besonders in den Büchern Exodus und Numeri (das sogar seinen Namen einer Volkszählung verdankt) und in 2 Sam, beträchtlichen Raum einnehmen, ist der Wortlaut so irreführend gewesen, daß viele Angaben den Interpreten, deren Aufgabe durch Mißverständnisse und ungenaue Übersetzungen der termini technici weiter erschwert wurde, lange Zeit hindurch rätselhaft geblieben sind. Beispielsweise konnte man sich nicht darüber klar werden, warum »Sühne«-Opfer (*kōfær* in Ex 30, 12 f) zur Abwehr von Pestepidemien nötig waren oder warum Epidemien als Folge der Volkszählung auf die Zeit Davids zurückgeführt wurden (wie in 2 Sam 24).

a) Volkszählung im Buch Exodus: Nach einer Überlieferung (Ex 30, 13–16.20; 38, 25 f) mußte jeder Israelit, ob reich oder arm, jedes Jahr zur Unterhaltung des Heiligtums und seiner Dienste einen als »Sühnegeld« bezeichneten halben Schekel beitragen. Die Zählung der Schekel ergab auch die Zahl der Männer über zwanzig Jahre (d. h. der Wehrdienstpflichtigen).

b) Volkszählungslisten in Num 1 und 26: Nach den Paralleltraditionen Num 1, 1–54; 26, 1–51. 57–62 führte Moses in der Wüste zweimal Zählungen der Israeliten durch; die erste im zweiten, die zweite im vierzigsten Jahre nach dem Auszug. Die Ergebnisse waren einander bemerkenswert ähnlich. Die erste, die wahrscheinlich nach dem in Exodus geschilderten Verfahren vonstatten ging, ergab eine Zahl von

603 550 Männern. Eine besondere Zählung aller über einen Monat alten männlichen Personen im Stamme Levi ergab 22000 Mann, »die den Dienst am Heiligtum versahen« (Num 3, 15–43). Von diesen wurden überdies die 30–50 Jahre alten Kahathiter des Stammes gezählt, die den Dienst im Begegnungszelt versahen. Die Gersoniter, die die Stiftshütte zu tragen hatten, wurden ebenfalls besonders gezählt (Num 4, 22 f).

Die zweite Zählung fand statt (Num 26, 1–51), als das Volk am Vorabend der *Landnahme in den Steppen von Moab unweit Jericho lagerte, und ergab die Zahl von 601 700 Männern im Alter von über 20 Jahren sowie von 23 000 Leviten im Alter von mehr als einem Monat (Num 26, 62).

c) Die Bedeutung von 'ælæf: Num 1, 20–46 werden für jeden Stamm (*Stämme Israels) die Zahlen in Tausendschaften (*'alāfūm,* Plural von *'ælæf*) von »wehrfähigen« Männern angegeben, z. B. für Ruben: 46 *'alāfīm* und 500. Angesichts der Tatsache, daß sich diese in Buchstaben geschriebenen Zahlen nur auf Wehrfähige – Männer über 20 Jahre – beziehen, ist die implizierte Gesamtzahl der »Kinder Israel« offensichtlich unmöglich hoch. Das hebräische Wort *'ælæf* bezeichnet das Zahlwort tausend, doch sind die Forscher, die die Volkszählungslisten nachgeprüft haben, besonders Sir Flinders Petrie um die Jahrhundertwende und unlängst G. E. Mendenhall, zu dem Schluß gekommen, daß der Ausdruck *'ælæf* in diesen Verzeichnissen nicht das Zahlwort »tausend« meint, sondern irgendeine Unterabteilung eines Stammes oder die Kontingente, die sie in den Krieg schickten. Diese Interpretation wird durch die Erzählung von Gideons anfänglichem Widerstreben bestätigt, die militärische Führung gegen die Midianiter zu übernehmen, da (Ri 6, 15) sein *'ælæf* – Klan oder Dorf – der kleinste im Stamm Manasse war und daher nur wenige Krieger zu stellen vermochte. Wie dem auch sei, seine Feststellung macht deutlich, daß der Erzähler den Ausdruck *'ælæf* in einer – vermutlich weithin anerkannten – Bedeutung verwandte, die mit einer präzisen mathematischen Einheit nichts zu tun hatte. Er sprach von einer anerkannten Unterabteilung eines Stammes, aus der Militäreinheiten einberufen wurden. Solche Unterabteilungen mußten möglichst klein sein. Sehr viel später meinte Micha, Bethlehem sei zu klein um zu den *'alfē j·hudā* (den »Unterabteilungen Judas«) zu gehören.

G. E. Mendenhall greift diese Interpretation des Ausdrucks *'ælæf* auf und folgert, daß die Volkszählungslisten in Numeri »aus einer Aufzählung der Anzahl der Einheiten *('alāfīm)* bestehen, in die jeder Stamm unterteilt ist, und daran anschließend die Gesamtzahl der von dem Stamm auszuhebenden Männer angeben«. Dies voraussetzend, reduziert er die aufgeführten Zahlen auf eine sehr viel wahrscheinlichere Angabe: 600 Einheiten aus allen zwölf Stämmen stellten ca. 6000 Mann zum Wehrdienst bereit. Das Verzeichnis sieht folgendermaßen aus:

	Num 1		*Num 26*	
Stamm	*Einheiten*	*Männer*	*Einheiten*	*Männer*
Ruben	46	500	43	750
Simeon	59	300	22	200
Gad	45	650	40	500
Juda	74	600	76	500
Isachar	54	400	64	300
Sebulon	57	400	60	500
Ephraim	40	500	32	500
Manasse (halber Stamm)	32	200	52	700
Benjamin	35	400	45	600
Dan	62	700	64	400
Asser	41	500	53	400
Naphtali	53	400	45	400
Gesamtzahl	598	5550	596	5750

Daneben gibt es natürlich zahlreiche Stellen, wo *'ælæf* »tausend« im hergebrachten Sinne bedeutet (z. B. bei der Angabe der Stärke eines Heeres, der Gefallenenzahl, des Viehbestandes usw.). Man muß diese Ungewißheit jedoch bei der Erörterung der in Numeri beschriebenen Zählungen bedenken.

d) Ursprung der Überlieferungen im Buche Numeri: Die zweite Frage, die die Volkszählungslisten des Buches Numeri aufwerfen, ist ihre Entstehungszeit. Ihre Datierung in die Moseszeit erscheint unrichtig, und E. A. Speiser hat die Ansicht geäußert, daß die Zählungen tatsächlich in der sehr viel späteren Richterzeit aus hauptsächlich militärischen Gründen vorgenommen wurden (Num 1, 3; 26, 2). Wahrscheinlich wurden sie auch als Grundlage für die Landverteilung durchs Los benutzt. Wir wissen (Num 26, 55; 33, 54; Jos 18, 6), daß das Land nach der Landnahme durchs Los unter den Stämmen aufgeteilt wurde. Da die Zahl der Israeliten seither, im Vergleich zu ihrer Stärke zur Zeit des Auszugs aus Ägypten, gestiegen war, erklärt dies die relative Höhe der Ziffern, selbst wenn man sie, wie oben, auf annehmbare Ausmaße reduziert.

Nach D. N. Freedman wäre es falsch, die Volkszählungen und ihre Ergebnisse als nicht historisch echt abzutun, doch habe die biblische Überlieferung die Zählungen und die anschließende Landverteilung durchs Los einer zu frühen Periode zugeschrieben. Die Landverteilung konnte der Landnahme nur folgen und sie begleiten. Sie paßt nicht in die Zeit Josuas. Die Zählungsergebnisse und die Landverteilung basieren beide auf dem Zwölfstämmesystem, was für ihre Datierung in die Richterzeit zu sprechen scheint. Auf der anderen Seite wurde in der Königszeit ein neues Verwaltungssystem eingeführt (s. *Verfassung, Verwaltung und Staatsformen 2).

Im allgemeinen stimmen die Angaben über Organisation, Größe der Einheiten und Gesamtstärke der Heere in Israel (gemäß obiger Vermutung interpretiert) mit dem überein, was wir über die Heeres- und Gesellschaftsstruktur in den Nachbarländern zur Mittel- und Spätbronzezeit wissen. Hieraus erhellt, daß die biblischen Verzeichnisse authentisch sind, aber in den späteren Jahrhunderten, als man sie ins Buch Numeri aufnahm, dessen Komposition zum wenigsten teilweise priesterschriftlichen Quellen (s. *Bibelkritik) zugeschrieben wird, mißverstanden wurden. Die unmöglich hohen Zahlen entstanden dadurch, daß man die größeren Heereseinheiten dieser späteren Zeit in Zählungslisten des Stämmebundes rückprojizierte.

e) Davids Volkszählung: Die erste königliche Zählung des Reichsvolkes wurde durch David (s. *David und Salomo), nach Ansicht von B. Mazar zum Zweck der Aushebung von Truppen und Fronarbeitern und der Erhebung des Zehnten (oder von *Steuern), vorgenommen. Mit der Durchführung des Vorgangs, die anscheinend auf beträchtlichen Widerstand stieß, wurde Joab betraut. Da ihre Folge in den Augen des Volkes eine dreijährige Dürreperiode war, an die sich eine Pestepidemie von ungewöhnlicher Heftigkeit anschloß, die Tausenden das Leben kostete (2 Sam 24), bestätigte sich die Auffassung, daß Jahwe einen Herrscher, der so tollkühn war, »die Kinder Israel zu zählen«, bestrafen würde. Das Ergebnis dieser Volkszählung lautete: 800tausend Mann im wehrfähigen Alter in Israel (dem nördlichen Teil) und 500tausend in Juda. Bei oberflächlicher Betrachtung erscheinen diese Zahlen stark übertrieben und kaum für die Bevölkerung des Reiches zur Zeit Davids repräsentativ. Als *'alāfīm* im Sinne von Heereseinheiten interpretiert, klingen sie jedoch durchaus plausibel: 800 Einheiten zu 10 Mann je Einheit würden 8000 für Israel und 5000 für Juda, insgesamt also 13 000 ergeben. Zum Vergleich sei erwähnt, daß Aram im Jahre 853 v. Chr. bei Karkar 20 000 Soldaten gegen die Assyrer ins Feld führte.

f) Volkszählung und Sühne: Es bleibt die Frage der Versöhnung der göttlichen Macht. Das Ritual der Darbringung eines Sühne-*kōfær,* d. h. des von jeder gezählten männlichen Person bezahlten halben Schekels, kann mit den kultischen Reinigungen verglichen werden, die die Volkszählungen in Mari in der ersten Hälfte des 2. Jahrtausends v. Chr. begleiteten. Nach E. A. Speiser ist der Zusammenhang zwischen dieser Opfergabe und der Furcht, durch so etwas wie die verheerende Pest, die auf Davids Volkszählung folgte, »zur Verantwortung gezogen« zu werden, eindeutig. Das Volk haßte die Volkszählung, schickte sich aber ins Unvermeidliche. Das einzige Überbleibsel der furchteinflößenden Vorstellungen, die sich um die Volkszählungen gerankt hatten, war die gewohnheitsmäßige Bezahlung des *kōfær* in Höhe von einem halben Schekel. Speiser vermutet, das Volk habe zwischen der Pest und Davids Unterlassung der Vorsichtsmaßnahme einen Kausalzusammenhang hergestellt und die Volkszählung für alles verantwortlich gemacht. In der Erzählung von 2 Sam war es Jahwe, der David dazu gereizt hatte, die Volkszählung vorzunehmen, obwohl die Handlung seinen Zorn und seine Strafe hervorrief. Späteres Denken konnte sich mit einem solchen Jahwebild nicht abfinden und änderte die Erzählung in 1 Chr 21 dahin ab, daß Satan, nicht Jahwe, David überredet hatte, die Volkszählung durchzuführen.

g) Sonstige Volkszählungen der Königszeit: Volkszählungen der Israeliten östlich vom Jordan wurden »zur Zeit des Königs Jotham von Juda und zur Zeit des Königs Jerobeam von Israel« vorgenommen (1 Chr 5, 17). Eine von König Amazja von Juda (800–783 v. Chr.; 2 Chr 25, 5) veranstaltete Volkszählung ergab die Zahl von 300 *'ælæf* Mann im wehrdienstfähigen Alter. 300 Wehreinheiten erscheint für die Zeit durchaus plausibel. Die Chronik erwähnt noch weitere Zählungen, die ebenfalls diesem Modell entsprechen.

h) Volkszählungslisten der Restaurationszeit (s. auch *Restauration und Perserzeit, Esra und Nehemia): Der Chronist dieser Periode hatte Zugang zu Urkunden, von denen die Bibel nichts berichtet, und gibt uns in 1 Chr 9, 1–9 genealogische Verzeichnisse der Clans Juda und Benjamin an die Hand, die sich in der Zeit der Restauration erneut in Juda ansiedelten.

Wichtiger sind die (im wesentlichen identischen, aber in Einzelheiten voneinander abweichenden) Volkszählungslisten von Esr 2 und Neh 7. Esra und Nehemia verzeichnen 42 360 Freie. Beide Quellen nennen die Namen der mit Serubabel aus dem Exil zurückgekehrten Familien und scheinen sie wirklichen Volkszählungslisten entnommen zu haben, die von den Vertretern und Urhebern der Restauration erstellt wurden. Diese Listen lieferten ein Präzedens für die in der Zeit des zweiten Tempels vorgenommenen Volkszählungen. Ihre Bedeutung erhellt aus der Tatsache, daß die Listen im Tempel aufbewahrt wurden. Eine unter den Aufzeichnungen des »Statthalters« Nehemia bewahrte Abschrift enthielt eine Notiz über seine Geschenke bei der Gelegenheit der Volkszählung (Neh 7, 5.70). Ein weiterer Bericht aus der Perserzeit ist die von Nehemia (11, 4–8) befohlene Zählung »der Judäer und Benjaminiten«, die dem Ziel diente, je einen von zehn der im Lande Lebenden dazu zu bringen, sich den in der heiligen Stadt wohnenden Pionieren zuzugesellen.

i) Neutestamentliche Zeit: Das NT erwähnt zwei Volkszählungen. Die eine (Apg 5, 37) wurde im Jahre 6 n. Chr. von den Römern vorgenommen, als Judäa der römischen Provinz einverleibt wurde. Die für die Veranlagung des aufzuerlegenden Steuerbetrages notwendige Volkszählung wurde unter dem Befehl des römischen Legaten von Syrien, Sulpicius Quirinius, durchgeführt. Der Widerstand der Juden gegen römische Volkszählungen rührte zur Hauptsache von ihrer gegenüber Volkszählungen traditionell feindlichen Einstellung her. Zudem war Judäa der Gedanke, einem fremden Herrscher Steuer zahlen zu müssen, genausowenig sympatisch wie irgendeinem anderen Volk in der Geschichte. Die der Besteuerung vorausgehende Registrierung führte zu einem Volksaufstand und brachte die Zeloten als bedeutsame soziale und militärische Gruppierung in den Vordergrund (s. *Rom und die Juden).

Eine Volkszählung, die auf Geheiß des Kaisers Augustus als Teil einer allgemeinen Volkszählung im ganzen Reich stattfand, wird von Lukas (2, 1 ff) erwähnt. Die neutestamentliche Überlieferung berichtet, Maria und Joseph hätten sich wegen dieser Volkszählung in Josephs Geburtsstadt Bethlehem begeben müssen, wo Jesus geboren wurde (Lk 2, 3). Diese Erzählung ist aus mancherlei Gründen angezweifelt und diskutiert worden. Bei der Volkszählung scheint es sich um die von Quirinius vorgenommene zu handeln, wobei dann Lukas die Daten verwechselt hätte. Über bestimmte Punkte herrscht allgemeine Einigkeit: a) eine Volkszählung wurde möglicherweise gegen Ende von Herodes' Regierungszeit durchgeführt, obschon sie b) dann nicht im Zuge einer allgemeinen Volkszählung des Römischen Reiches vorgenommen wurde; c) wurden Volkszählungen durchgeführt, so mußte jedes Familienoberhaupt, das seinen Wohnort gewechselt hatte, in seinen Geburtsort zurückkehren.

Wir verfügen über eine Fülle von Zeugnissen für Volkszählungen in verschiedenen Teilen des Römischen Reiches zwischen den Jahren 11 und 8 v. Chr. 10/9 v. Chr. wurde in Ägypten eine Volkszählung durchgeführt, und danach wurde alle 14 Jahre eine vorgenommen. Das hierzu auffordernde Edikt enthält auch die Bestimmung, daß Familienoberhäupter an ihrem Geburtsort zu registrieren sind.

Die in der Apostelgeschichte erwähnte Volkszählung wurde mit an Sicherheit grenzender Wahrscheinlichkeit von Quirinius durchgeführt. Die Erzählung im Lukasevangelium bezeichnet Quirinius jedoch ebenfalls als Statthalter von Syrien. Dies hat zu mancherlei Zweifeln Anlaß gegeben. Einige Gelehrte meinen, Quirinius habe das Amt des Legaten von Syrien vielleicht zweimal bekleidet, wiewohl andere diese Vermutung zurückweisen. Die Ungewißheit bleibt.

W

Waffen und militärische Rüstung
Gliederung: 1. Waffen im alten Orient. a) Chalkolithikum; b) Frühbronzezeit; c) Mittelbronzezeit; d) Kriegswagen der vorisraelitischen Zeit; e) Panzer. 2. Waffen in Israel bis zum Exil. a) Verteidigungswaffen; (1) Schild; (2) Panzer und Helm; b) Angriffswaffen; (1) Nahkampf; (2) Kampf auf mittlere Entfernung; (a) Streitaxt; (b) Schwert; (c) Lanze und Speer; (3) Kampf auf weite Entfernung; (a) Bogen; (b) Pfeil; (c) Schleuder; (4) Mauerbrecher; c) Die Kriegsrüstung Israels. 3. Rüstung der Assyrer. a) Belagerungsmaschinen; b) Reiterei und Kriegswagen; c) Rüstung und Waffen. 4. Entwicklung vom 5. Jhdt. v. bis zum 2. Jhdt. n. Chr. a) Perserzeit; b) Hellenistische Ausrüstung; c) Hellenistische Belagerungsmaschinen; d) Die Kriegselefanten der Seleukiden; e) Römerzeit; f) Römische Belagerungsmaschinen; g) Militärische Ausdrücke in der Kriegsrolle von Qumran.

Waffen gehörten zu den ersten Hilfsmitteln, die sich der Mensch für seinen Kampf ums Dasein schuf. Ursprünglich dienten sie der Jagd und der Abwehr der wilden Tiere, später zum Krieg Mann gegen Mann. Die ältesten Waffen der vorgeschichtlichen Zeit waren aus Stein hergestellt; ähnliche Stücke blieben bis weit in die geschichtliche Zeit hinein in Gebrauch. Im 4. Jahrtausend v. Chr. begann man Waffen aus Kupfer zu fertigen, später kam die Bronze auf. Die *Philister brachten gegen Ende des 2. Jahrtausends v. Chr. die eisernen Waffen nach Palästina; aber bis zur Zeit der Könige machten die Israeliten nur spärlich Gebrauch von solchen.

1. Waffen im alten Orient: *a) Chalkolithikum:* Nach den Funden aus der chalkolithischen Zeit (2. Hälfte des 4. Jahrtausends v. Chr.) war die Hauptwaffe damals die Kriegskeule. Sie bestand aus einem hölzernen Griff und einem Keulenkopf aus Stein oder Kupfer. Gelegentlich war der Keulenkopf aus Hämatit, der offenbar aus Ägypten eingeführt wurde. Metallwaffen waren zuerst sehr selten. Sie kommen in Ägypten gegen Ende des 4. Jahrtausends weithin in Gebrauch. König Narmer wird gezeigt, wie er einem Feind mit der Kriegskeule den Schädel zertrümmert **(Abb. 843)**. Im Gebiet von Beer-Seba kamen Keulen mit Bronzekopf zutage. Dutzende von Keulenköpfen verschiedener Ausgestaltung aus Stein, Kupfer und Hämatit hat man in den Höhlen der Wüste Juda gefunden (besonders um das *naḥal mišmar). b) Frühbronzezeit (3. Jahrtausend v. Chr.):* Während dieser Zeit tauchen neue Waffentypen auf, die auf zeitgenössischen Darstellungen aus Mesopotamien und aus Ägypten erscheinen. Aus ihnen wird ersichtlich, daß sich die Waffen in den beiden Gebieten verschieden entwickelten. Der Bogen als Werkzeug für Krieg und Jagd war in Ägypten seit Beginn der Bronzezeit (wahrscheinlich noch früher) bekannt, während er in Mesopotamien erst ganz gegen Ende dieser Periode von den (semitischen) Eroberern, den Akkadern, eingeführt wurde. Die sumerischen Soldaten waren mit Brustpanzer und schweren Helmen ausgerüstet und führten die Keule und die Streitaxt als Hauptwaffen. Schon frühzeitig wurden die Axtklingen mit scharfer Schneide angefertigt, die dazu bestimmt war, den Panzer zu durchhauen. Einige sumerische Abbildungen zeigen auch Kriegswagen, aber sie waren noch zu schwerfällig, als daß sie viel erreicht hätten. Sie hatten hölzerne Räder ganz ohne Schutznaben und wurden von Wildeseln gezogen. Die Soldaten, die auf solchen Wagen standen, stachen nach den Feinden mit langen Spießen oder schleuderten Wurfspeere gegen sie. Die Fußtruppen trugen Spieße und Bogen. Sie bildeten eine dichtgefügte Phalanx; jeder einzelne war geschützt durch einen rechteckigen gekrümmten Schild und ausgestattet mit einem langen Spieß. Wir besitzen sehr alte Darstellungen aus der Zeit der ausgehenden Dynastie von Akkad (23. Jhdt. v. Chr.). Naramsin, einer der Könige dieses Herrscherhauses (s. *Babylon und Israel), ließ sich auf seiner berühmten Siegesstele darstellen **(Abb. 845)**, ausgerüstet mit Bogen und Köcher, Keule und Streitaxt. Auch die »Standarte von Ur«, ein Mosaik aus dem 25. Jhdt. v. Chr., die den Triumph eines Königs über seine Feinde darstellt, vermittelt ein gutes Bild von den Waffen dieser Zeit **(Abb. 844)**. Oben links sieht man einen Kriegswagen mit Wildeseln bespannt, die von einem mit Helm und Axt versehenen Krieger angetrieben werden. Vor dem Wagen stehen ein Bursche sowie drei Soldaten mit Axt und Speer. Auf dem mittleren Bildstreifen sieht man behelmte Soldaten mit kurzen Speeren. Die Helme waren aus Leder oder Metall, je nach

Rang. Auf dem unteren Streifen sieht man vier Streitwagen über ein mit Leibern überstreutes Schlachtfeld dahinfahren.

Über die Belagerungstechnik des älteren Mesopotamien ist nichts bekannt. Dagegen gibt es ein ägyptisches Relief aus dieser Zeit, wo die Soldaten Leitern an eine Stadtmauer angelegt haben und sie ersteigen, während andere das Tor mit langen Balken einstoßen.

In Palästina war im 3. Jahrtausend v. Chr. die Hauptwaffe ein langes, gerades Schwert aus Bronze. Das Metall wurde durch abwechselndes Erhitzen und Abkühlen gehärtet, dann ausgehämmert zu einer Klinge, die mit Nägeln am Griff befestigt wurde. Schwerter dieser Art hat man bisher im südlichen *tell fāre'*, in *tell en-naṣbe,* *Lachis, *Megiddo, *Jericho und in *givatajim* bei *Tel Aviv* gefunden. Y. Yadin meint, daß man solche Schwerter ausschließlich in Palästina gebrauchte. Die anderen Waffenfunde dieser Zeit aus Palästina sind von der gleichen Art wie jene aus den zeitgenössischen altorientalischen Ländern. Später erhielten die Bronzeschwerter von Palästina einen kurzen Bolzen, um den Griff mit der Klinge zu verbinden (s. unten 2 b).

In den untersten Schichten der Kanaanäerstadt von *tell el-ḥesī* hat man eine Anzahl von Kupferwaffen gefunden **(Abb. 846).** Darunter ist eine halbmondförmige Axt aus der gleichen Periode, wie sie aus dem frühbronzezeitlichen *Jericho ans Licht gekommen sind (Nr. 1 der **Abb. 846;** Nr. 2–5 stammen aus *tell el-ḥesī*).

Manche Speerspitzen aus *tell el-ḥesī* und Jericho wiesen in der Mitte des unteren Endes zwei schmale Löcher auf. Offenbar waren sie mit Riemen, die durch diese Löcher gezogen waren, am Schaft befestigt.

Bei *k·far monāš* in der Saron-Ebene fand man im Jahre 1962 eine hochinteressante Sammlung von 37 Waffen und Werkzeugen aus dem Anfang der Frühbronzezeit. Sie waren alle aus Kupfer gearbeitet und ungewöhnlich gut erhalten. Ähnliche Waffen wurden in Mesopotamien, Syrien und Kleinasien gefunden.

c) Mittelbronzezeit: Die Waffen aus den ersten Jahrhunderten der Mittelbronzezeit (2100–1900 v. Chr.), die man in Palästina findet, scheinen zwei Gruppen zu bilden. Die eine setzt die Tradition der früheren Periode fort: dazu gehören vor allem die Schwerter aus Bronze, nur haben diese jetzt keinen Zapfen mehr – oder nur einen sehr kleinen. Die andere Waffengruppe weicht merklich ab und scheint aus nördlicheren Gegenden importiert zu sein. Man findet sie in Nordpalästina, nämlich in *Megiddo und *Beth-Sean, außerdem in *Jericho, *Lachis und in den Gräbern von *tell el-'aǧǧūl* bei Gaza, dem alten Beth-Eglaim. Die Bronzeschwerter unter diesen importierten Waffen sind den einheimischen ähnlich, nur haben sie einen weit vorspringenden Zapfen; die Speerspitzen sind blattförmig und haben einen langen gedrehten Dorn, um sie am Schaft zu befestigen.

d) Kriegswagen der vorisraelitischen Zeit: Die wichtigste Neuerung der ersten 2 bis 3 Jahrhunderte zu Beginn des 2. Jahrtausends v. Chr. war das Aufkommen der mit Pferden bespannten Kriegswagen in Palästina. Das erste sichere Zeugnis für einen mit Pferden bespannten Wagen stammt von König Schulgi von Ur (2000 v. Chr.); weitere Zeugnisse liefern die Urkunden aus Mari (18./17. Jhdt. v. Chr.); doch darüber, wie das alles vor sich ging, wissen wir sehr wenig. Viele Gelehrte verbinden das Aufkommen der Kriegswagen mit dem Eindringen der Hyksos, von denen man glaubt, daß sie das Pferd in diese Gegenden mitgebracht haben. Nach Ägypten scheint der Wagen über Kanaan gelangt zu sein; denn viele ägyptische Ausdrücke, die sich auf Streitwagen beziehen, sind kanaanäische Lehnwörter. Auf ägyptischen und mesopotamischen Denkmälern treten die Wagen seit dem 16. Jhdt. v. Chr. auf, und zwar sogleich in technisch sehr durchgebildeter Form. Die verschiedenen Völker unterscheiden sich dabei in den benutzten Typen. Die ägyptischen Kriegswagen waren leicht gebaut, wurden von zwei Pferden gezogen und mit zwei Mann, dem Lenker und einem Bogenschützen, besetzt. Die Hethiter dagegen hatten schwere Wagen mit drei Mann Besatzung. Das Gewicht der Wagen läßt sich nach der Zahl der Speichen an den Rädern abschätzen. Nach diesem Merkmal zu schließen, ging die Entwicklung dahin, gegen Ende dieser Periode das Gewicht zu vergrößern. Anfangs hatten die Wagen in Ägypten und Kanaan vier Speichen an den Rädern, spätere Wagen besaßen Räder mit sechs Speichen. Das Gemälde **Abb. 847** aus dem Grab des Thutenchamun (14. Jhdt. v. Chr.) zeigt den König, der mit gespanntem Bogen auf seinem Wagen steht und seine Truppen gegen die Asiaten in die Schlacht führt. Infolge ihrer langen Radachsen und ihrer elastischen Räder ließen sich die ägyptischen Wagen so ziemlich auf jedem Gelände benutzen.

Abb. 843. König Narmer zertrümmert mit einer metallenen Kriegskeule einem Feind den Schädel

Abb. 844. Die »Standarte von Ur« (25. Jhdt. v. Chr.) zeigt das ganze Arsenal früher Kriegskunst. Oben links erkennt man einen mit Onagern (Halbeseln) bespannten Kampfwagen. Die Hauptwaffen sind Speere, Pfeil und Bogen. Die Helme waren aus Leder oder Metall gefertigt. Im unteren Feld sieht man Streitwagen über ein mit Leichen bedecktes Schlachtfeld fahren

Abb. 845. Siegesstele des Naramsin (Akkad; 2300 v. Chr.): der König in voller Rüstung, mit Bogen und Köcher, Keule und Streitaxt

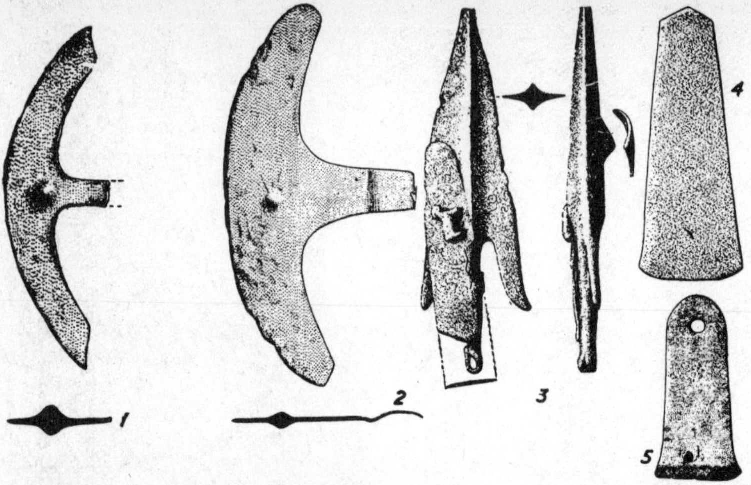

Abb. 846. Kupferwaffen (2–5) aus den unteren Grabungsschichten der kanaanäischen Stadt *tell el-ḥesī*. Die halbmondförmige Axt (1) wurde im bronzezeitlichen Jericho gefunden

Abb. 847. Kampfwagendarstellung im Grab Thutenchamuns (14. Jhdt. v. Chr.)

Abb. 848. Schild und Helm eines assyrischen Königs. Ähnlich waren die israelitischen Krieger geschützt, wenn auch die genaue Form israelitischer Helme nicht bekannt ist

Abb. 849. Spitzen spießartiger Lanzen aus Gezer

Abb. 850. Spitzen von Wurflanzen aus Gezer

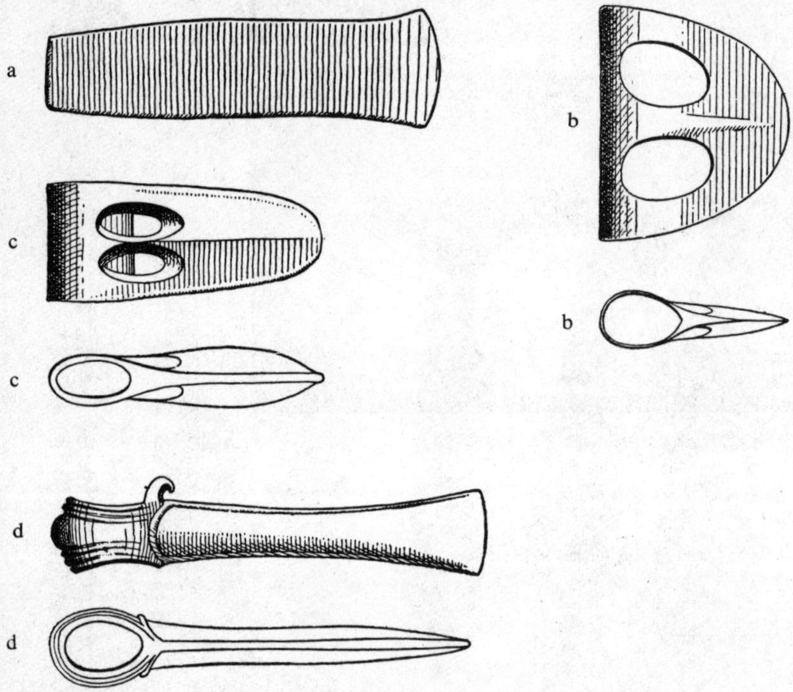

Abb. 851 a–d. Die Entwicklung der Streitaxt in der Bronzezeit. a) Frühe Bronzezeit ca. 2500 v. Chr.; b) und c) Mittlere Bronzezeit 1900–1600 v. Chr.; d) Späte Bronzezeit 1600–1200 v. Chr.

Abb. 852. Assyrische Bogenschützen mit »zusammengesetzten« Bögen

Abb. 853. Schleudersteine

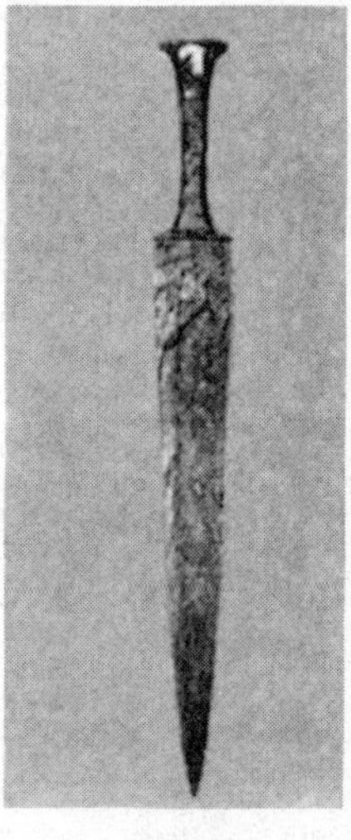

Abb. 855. Dolch

Abb. 854 (unten). Ägyptisches Sichelschwert

Abb. 856. Streitäxte (Beginn des 2. Jahrtausends)

Abb. 857. Reliefdetail mit zustoßendem Dolch

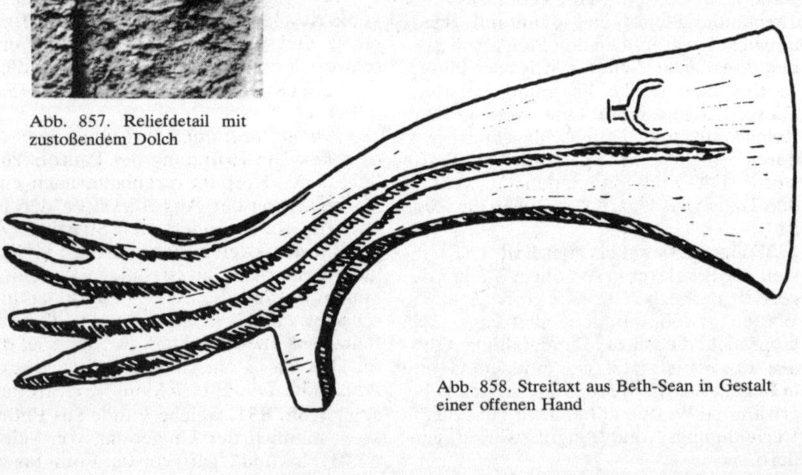

Abb. 858. Streitaxt aus Beth-Sean in Gestalt einer offenen Hand

Auch die Bibel erwähnt häufig die »eisernen Wagen« der Philister – vermutlich sind darunter Wagen mit eisenbeschlagenen Rädern zu verstehen (s. *Straßen, Beförderungsmittel, Handelswege). Ebenso oft redet sie von Wagen für Kriegszwecke (Jos 17, 18; Ri 1, 19; 4, 3; 1 Kg 10, 26; 2 Chr 9, 25 u. ö.).

e) Panzer: Über den Schutz des Soldaten durch einen Panzer, der seit Anfang des 2. Jahrtausends v. Chr. aufkam, hören wir in Ägypten und Palästina zuerst um die Mitte dieses Jahrtausends, während die Sumerer ihn schon einige Jahrhunderte früher kannten. Der Panzer bestand gewöhnlich aus Metallschuppen, die am Rand rund waren und auf eine leinene oder lederne Unterlage genäht waren. Ein einziger Panzeranzug konnte bis zu tausend solcher Schuppen enthalten. Zur Ergänzung des Panzers trugen die Soldaten zu dieser Zeit auch Helme aus Metall. Aus Urkunden, die man in Ugarit (s. *Kanaanäische Kultur und Ugarit; 15./14. Jhdt. v. Chr.) gefunden hat, geht hervor, daß man auch die Pferde durch besondere Panzer schützte.

Die Bogen der Frühzeit, seit dem 3. Jahrtausend in Gebrauch , waren sehr einfach gemacht, lang und wahrscheinlich schwer, mit nur geringer Schußweite. Ein kleinerer, leichterer Bogen mit elastischerer Bogensehne kam im 2. Jahrtausend v. Chr. auf. Die Bogensehnen wurden aus getrockneten Därmen von Rindern und Schafen, später von Kamelen, gefertigt. Diese Bogenart nennt man »zusammengesetzten« Bogen. Er hatte dreieckige oder doppelt gekrümmte Gestalt **(Abb. 852)** und bestand aus Teilen von Horn oder Holz, die aneinandergeleimt und dann mit Rinde umwickelt waren. Um den Pfeil abzuschießen, zog man die Sehne kräftig nach hinten, so daß eine starke Spannung entstand. Dieser Bogen hatte eine weit größere Reichweite und Durchschlagskraft, wodurch er zu einer gefährlichen Waffe wurde. Dies muß man bedenken, wenn in den Texten aus Ugarit von Bogen die Rede ist.

2. Waffen in Israel bis zum Exil: Die Umwelt der Bibel war in so hohem Maße kriegerisch, daß sich in ihr eine große Zahl von Waffen erwähnt finden, allerdings noch lange nicht die ganze Mannigfaltigkeit dessen, was wir jetzt über die in jenem Gebiet üblichen Waffen wissen. Die in der Bibel erwähnten Waffen können wir zunächst in Verteidigungs- und Angriffswaffen gliedern.

a) Verteidigungswaffen: (1) Schild: Die Soldaten der israelitischen Stämme und ihre späteren Nachkommen unter den Königen trugen, wie uns berichtet wird, Schilde von verschiedener Gestalt und Größe. Oft waren dies Schildbuckel, die gewöhnlich aus mehreren Lagen von Leder, welche über einen hölzernen Rahmen gespannt waren, bestanden. Solch ein Schild heißt hebräisch *magēn* (Ri 5, 8; 2 Sam 1, 21; 2 Kg 19, 32 u. ö.) oder *ṣinnā* (Ez 23, 24; 1 Chr 12, 8; 2 Chr 14, 8 u. ö.) Offenbar sind diese Ausdrücke synonym mit *soḥerā,* der seinem Namen nach offensichtlich ein Rundschild war, wie ihn das assyrische Flachrelief **Abb. 848** aus dem 7. Jhdt. v. Chr. zeigt; vielleicht auch mit dem kleinen Rundschild, der *šœlœt* hieß (2 Kg 11, 10; 2 Chr 23, 9; Jer 51, 11).

(2) Panzer und Helm: Die Soldaten trugen eine Rüstung, die aus dem *širjōn,* d. h. Brustplatte – ein ledernes oder leinenes Hemd, das mit Metallschuppen bedeckt war (1 Kg 22, 34; 2 Chr 18, 33 u. ö.) – und einem Helm, *kōba',* der meistens aus Bronze war (1 Sam 17, 5; 2 Chr 26, 14), bestand. Über die Gestalt der israelitischen Helme ist nichts bekannt, während wir von den Helmen anderer Völker eine Fülle von Darstellungen haben. **Abb. 848** zeigt einen assyrischen Helm.

b) Angriffswaffen: Hier sind die Waffen für den Nahkampf, Mann gegen Mann, für mittlere Entfernung und den Kampf auf weite Entfernung zu unterscheiden.

(1) Nahkampf: Die entscheidenden Waffen für den Nahkampf trug jeder Soldat bei sich. Die primitivste war der Schlagstock (Ez 39, 9) oder der *mappēṣ* **(Abb. 843;** Spr 25, 18), wie eine Bezeichnung der Kriegskeule ist. Dazu kamen Streitaxt oder Beilhacke und vor allem Dolch oder Kurzschwert. Letzteres trug jeder Soldat dicht am Leib (Ri 4, 16; 1 Sam 25, 13; Ps 45, 3 u. ö.).

(2) Kampf auf mittlere Entfernung: (a) Streitaxt: Die Erfindung des Panzers zum Schutz des Körpers veranlaßte auch eine Verbesserung der Angriffswaffen der Infanterie, so besonders der Streitaxt. Zu Beginn des zweiten Jahrtausends v. Chr. hatten die Äxte noch lange Schneiden. Später wurden die Schneiden kürzer und schärfer, so daß sie auch das Metall eines Panzers spalten konnten. Ein Beispiel dafür sind die in Gezer gefundenen Stücke, **Abb. 856.** Die Entwicklung der Streitaxt zeigt **Abb. 851,** welche Funde aus Phönikien, nämlich der Umgebung von Sidon, aus Byblos und Ugarit von der Früh- bis zur Spätbronzezeit (um 2500-1200 v. Chr.)

aneinanderreiht. Ein anderer Fund aus Beth-Sean **(Abb. 858)** in Gestalt einer offenen Menschenhand ähnelt hethitischen Äxten.

(b) Schwert: In ähnlicher Weise wandelt sich das Schwert. Zu Beginn des 3. Jahrtausends v. Chr. hatte es eine gebogene Form mit langem Griff, bestimmt zum Hauen und Schneiden. Es war am wirksamsten in schnell wechselnden Kampflagen (z. B. vom Kriegswagen aus). Dieses Schwert heißt nach seiner Gestalt in der Literatur gewöhnlich »Sichelschwert« **(Abb. 854).** Der ägyptische Name ist ḫepesch. Im Laufe der Zeit wurde die Schneide länger, bis schließlich der bekannte Krummsäbel der Kavallerie daraus hervorging. Die Stufen dieser Entwicklung belegen die Funde aus Sichem, Gezer und Byblos sowie zahlreiche Reliefs und Bilder aus Ägypten.

Die Seevölker (s. *Philister) brachten gegen Ende des 2. Jahrtausends v. Chr. das lange gerade Eisenschwert mit. Die kurzen Dolche dieser Zeit wurden durch dicke Eisenzacken verstärkt, um zu verhindern, daß sie beim Schlag auf einen Panzer abbrächen **(Abb. 855, 857).**

(c) Lanze und Speer: Die Waffen für mittlere Entfernung sollten den Feind daran hindern, dem Soldaten zu nahe auf den Leib zu rücken. Dazu diente der *rōmaḥ,* d. h. der Spieß (Num 25, 7; Ri 5, 8; Jer 46, 4), eine mächtige schwere Stange mit einer scharfen Metallspitze. **Abb. 849** zeigt bronzene Lanzenspitzen aus Gezer. Die wichtigste Waffe dieser Art war der Wurfspeer, der *ḥanīt,* dazu bestimmt, auf den Feind geworfen zu werden (1 Sam 13, 19; 21, 8; 26, 16.22; 2 Sam 23, 7. 21; Nah 3, 3 u. ö.). Die Speerspitzen **Abb. 850** stammen ebenfalls aus Gezer. Die Bibel nennt auch noch den *qaîn,* eine Art Lanze (2 Sam 21, 16) und den *šelaḥ,* einen kurzen Speer (2 Chr 23, 9; Neh 4, 13), dessen genauer Typ sich noch nicht sicher hat bestimmen lassen. Unter dem *kīdōn* (Jos 8, 18. 26; 1 Sam 17, 7. 45; Jer 6, 23) verstand man bisher einen Spieß, das heißt eine lange Stange mit scharfer Spitze, wie die oben erwähnten aus Gezer. Neuerdings hat Y. Yadin aus der neuen Beschreibung des *kīdōn* in der Schriftrolle vom ›Krieg der Kinder des Lichts gegen die Kinder der Finsternis‹ (s. unten 4 g; *Qumran) geschlossen, daß der *kīdōn* nichts anderes war, als ein langes Schwert, anderthalb Ellen lang und vier Finger breit (s. *Gewichte und Maße). Die Rolle enthält auch die Beschreibung weiterer Waffen und Gegenstände der militärischen Ausrüstung; dadurch lassen sich viele Ausdrücke des AT nach ihrer Bedeutung in jener späteren Periode besser verstehen.

(3) Kampf auf weite Entfernung: (a) Bogen: Für den Kampf auf weite Entfernung waren Pfeil und Bogen die geeignete Waffe. Man trug die Pfeile in einem Köcher, hebräisch *'ašpā* (Jes 22, 6) oder *telī* (Gen 27, 3). Die Bibel nennt Bogen und Pfeile sehr häufig und hat zahlreiche hebräische Verben, um ihre Handhabung zu beschreiben (Gen 21, 20; 49, 23; 2 Kg 9, 24; 1 Chr 5, 18; 10, 3; Jes 66, 19; Am 2, 15; Jer 4, 29; 46, 9; Ps 7, 13; 76, 3; 78, 9; Jes 5, 28; 21, 15). Die Bogen waren »Langbogen« **(Abb. 497).** Sie wurden gespannt, indem man das untere Ende auf den Boden stemmte und mit dem Fuß niederdrückte, während man das obere Ende herunterbog, um die Sehne in einer Kerbe zu befestigen. Dies nannte man hebräisch *darok qœschœt,* »den Bogen treten« (Jer 50, 14; Jes 5, 28; 21, 15; Ps 7, 12).

(b) Pfeil: Auch die Pfeile wurden verbessert. Die Einführung des Panzers (oder der festen Brustplatte) als verbesserte Rüstung des Fußsoldaten, erforderte einen stärkeren, schärferen Pfeil, der das Metall durchschlug, ohne abzubrechen. Eiserne Pfeilspitzen mit dreieckiger Spitze, wie sie **Abb. 859** zeigt, dienten diesem Zweck. Gegen Ende der Königszeit in Palästina (6. Jhdt. v. Chr.) waren drei blattförmige Pfeilspitzen aus den nördlicheren Gegenden übernommen worden, die dann in der hellenistischen Zeit allgemein in Gebrauch kamen.

(c) Schleuder: Die andere Fernwaffe war die *qela',* die Schleuder, mit der David Goliath erschlug (1 Sam 17, 40). Die Schleuder bestand aus einem Lederriemen oder Wollgeflecht, das in der Mitte eine 5–6 cm breite Schleuderpfanne aufwies (bzw. sich in der Mitte verbreiterte), in die der Schleuderstein gelegt wurde. Das eine, stärkere Ende war etwa 65 cm lang und hatte eine 4 cm breite Schlinge, durch die man den Mittelfinger der rechten Hand steckte. Das andere, ein wenig längere und schmalere Ende wurde in der gleichen Hand gehalten (van den Born). (**Abb. 853** zeigt in einer israelitischen Stadt gefundene Schleuderkugeln). Dann wirbelte man die Schleuder im Kreise, um ihr den nötigen Schwung zu geben, und der Stein flog ab, wenn man den einen Riemen losließ (1 Sam 25, 29; Sach 9, 15; Job 41, 28 u. ö.).

(4) Mauerbrecher: Ebenfalls im 2. Jahrtausend vor Chr. kam für die Belagerung

eine verbesserte Form des Mauerbrechers in Gebrauch. Die Ägypter scheinen nach ihren Reliefs nur eine ganz primitive Form des Rammpflocks gehabt zu haben: einen einfachen Balken mit einer Metallspitze wie bei einer Lanze. Dieser war nicht in einem Rammwidder eingebaut, wie es später üblich war, sondern wurde einfach mit den Händen angetrieben. Die Urkunden aus Mari dagegen tun dar, daß die Syrer schon im 18. Jhdt. v. Chr. eine viel wirksamere Form der Mauerbrecher gebrauchten. Sie waren oft an Türmen angebracht, von denen zugleich die Bogenschützen auf und über die Mauer der belagerten Stadt schießen konnten (s. *Kriegführung).

c) Die Kriegsrüstung Israels: Die ersten Könige, Saul und besonders David, der Söldnertruppen anwarb, gliederten die israelitische Armee in geordnete Abteilungen. Salomo verdankte Israel besonders die Entwicklung der Streitwagentruppe; er erbaute eigene »Streitwagen-Städte« und befestigte Lager, um seine Pferde unterzubringen (1 Kg 10, 26). Nach der Teilung des Reichs trat namentlich Ahab in Salomos Fußstapfen. Die berühmten Ställe von *Megiddo, die man anfangs Salomo zuschrieb, weist man jetzt Ahab zu, der nach der Angabe Salmanassars III. in der Schlacht von Karkar 853 v. Chr. 2000 Streitwagen – das größte Aufgebot unter den gegen die Assyrer vereinten Streitkräften – ins Feld schickte. Wo die assyrischen Reliefs die Einnahme von Städten in Palästina darstellen (z. B. auf dem berühmten Siegesdenkmal Sanheribs, das die Belagerung von Lachis 701 v. Chr. zeigt), sehen wir, daß die Israeliten ähnliche Waffen gebrauchten wie die Assyrer. Gegen Ende der Königszeit nach dem Untergang des Nordreichs Israel wendeten die sehr geschwächten Könige von Juda all ihre Aufmerksamkeit auf Rüstung für den Fall der Verteidigung. Ihre militärischen Anstrengungen richteten sich im wesentlichen darauf, ihre Städte zu befestigen.

3. Rüstung der Assyrer: Gegen Ende des 2. Jahrtausends v. Chr. setzen unsere Quellen für die Entwicklung der Waffen für mehrere Jahrhunderte aus. Mit der Regierung von Assurnasirpal II. von Assyrien (884–858) beginnt jedoch eine lange Reihe von assyrischen Reliefs, die Kriegsszenen darstellen und uns fast für die ganze Assyrerzeit eingehende Kunde übermitteln. Auch die Ausgrabungen in neohethitischen Städten Syriens haben uns Aufschlüsse über die Entwicklung der Waffen gegeben (s. *Kriegführung). Da Assyrien die führende Militärmacht dieser Epoche war, darf man wohl annehmen, daß die Verbesserung der Waffen von dort ausging und die anderen Gebiete – Kleinasien, Syrien und Palästina – von diesem Land lernten.

Die assyrischen Reliefs des 8. Jhdts. v. Chr. zeigen uns ein Heer mit so hoch entwickelter Ausrüstung, daß man wohl sagen darf, daß danach bis zur Erfindung des Schießpulvers keine wesentlichen Fortschritte in der Art und Herstellung der Waffen gemacht wurden. Es handelt sich bei den Neuerungen der Assyrer hauptsächlich um drei Gebiete:

a) Belagerungsmaschinen: Wenige Gegner waren stark und mutig genug, den Assyrern in offenem Feld entgegenzutreten. Meist hatten die Assyrer gegen ummauerte Städte zu kämpfen. Neben den wohlbekannten Belagerungstechniken des 2. Jahrtausends v. Chr. – Ersteigen der Mauern mit Hilfe von Leitern, Miniergänge unter den Mauern oder dem Breschenschlagen mittels Beilhacken und Feuer – besaßen die Assyrer auch sehr wirksame Belagerungsmaschinen (Ez 4, 2; 21, 22), wie sie die Skulptur auf **Abb. 860** zeigt. Man nannte sie wegen ihrer Rammfunktion Sturmböcke, wenn sie auch keine Widderköpfe, wie später die römischen Sturmböcke, trugen (s. unten 4 f). Die assyrischen Mauerbrecher hatten entweder eine Speerspitze, wie die ägyptischen Kriegsmaschinen, oder waren vorne flach und mit Metall beschlagen. Der mächtige Schaft war am Dach eines verhüllten Rahmens in wohlberechnetem Gleichgewicht aufgehängt und wurde von einer Gruppe von Männern unter dem Schutz der über den Rahmen gehängten Felle und großer Holztürme, die auf vier oder sechs Rädern montiert waren und von denen aus Bogenschützen die Verteidiger der Mauern unter dauerndem Beschuß hielten, gemeinsam in Bewegung gesetzt. Da man den Sturmbock auseinandernehmen konnte, ließ er sich leicht von einem Ort zum anderen transportieren.

b) Reiterei und Kriegswagen: Vor den Assyrern hatte man das Pferd im fruchtbaren Halbmond im Krieg nur als Zugtier vor dem Streitwagen verwendet. Der Grund dafür ist noch nicht klar. Die Assyrer behielten den Gebrauch der Streitwagen, meist sehr schweren, teils gepanzerten Wagen mit acht Rädern, bespannt mit drei Pferden und mit drei oder vier Soldaten bemannt, bei. Als jedoch die Vorstellung von berittenen Soldaten von auswärts ein-

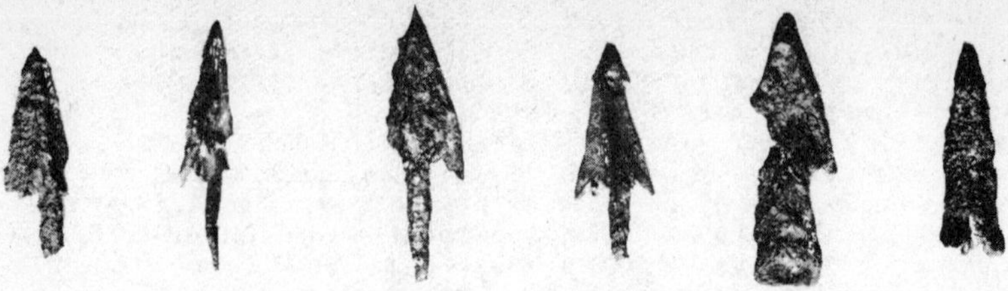

Abb. 859. Pfeilspitzen

Abb. 860 (unten). Belagerungsmaschine der Assyrer

Abb. 861. Assyrisches Relief mit Kavallerie und einem befestigten Feldlager

Abb. 862. Fragment eines in Pompeji gefundenen Wandmosaiks der Schlacht von Issos zwischen Alexander und den Persern

Abb. 863. Statue eines griechischen Kriegers, der durch Helm und Rüstung geschützt ist

Abb. 864 (unten). Hoplit mit ovalem Bronzeschild

Abb. 865. Plastik eines toten Hopliten. Deutlich kann man Beinschienen, Brustpanzer und Helm erkennen

Abb. 866. Kriegselefant

Abb. 867. Hauptwaffen der Römer waren der kurze Speer, *pilum*, und das kurze Schwert zum Hauen und Stechen, *gladius*. Dem Schutz dienten Helm, Brustpanzer und hoher, fast rechteckiger Schild

Abb. 868. In Palästina gefundene Grabskulptur eines römischen Kriegers

Abb. 869. Modell eines römischen Mauerbrechers. Im Einsatz war er mit Lederhäuten bespannt und bot so Schutz vor Pfeilschüssen

drang (das ist jetzt zuerst bei den Hanäern, einem Nomadenstamm am Nordrand der arabischen Wüste, nachweisbar), haben sie die Assyrer als erste angenommen und gründeten ihre Feldzugspläne auf diese neue Waffe. Eine leichtbewegliche Kavallerie war besonders in unzugänglichen Gebirgsgegenden einsatzfähig, und Kavallerie und Streitwagen in ihrem Zusammenwirken gaben den Assyrern eine überwältigende Überlegenheit über alle anderen Heere ihrer Zeit. In Israel dagegen kam die Kavallerie erst in sehr später Zeit auf.

c) Rüstung und Waffen: Die Infanterie blieb das Rückgrat der assyrischen Armee. Aus den unterworfenen Stämmen und Völkern wurden die Fußsoldaten ausgehoben. Sie wurden teils als schwer bewaffnete gewöhnliche Infanterie, teils als leichter bewaffnete Bogenschützen ausgebildet und organisiert. Die Panzer, die diese Soldaten – und ebenso die Kriegsrosse – trugen, ähneln sehr der Ausrüstung der mittelalterlichen Heere. Die Hauptwaffe der Infanterie war ähnlich dem zusammengesetzten Bogen, der nun noch mit einer runden Buchse (um den Pfeil aufzulegen) versehen war. Die Pfeilspitzen hatten Widerhaken, um ihren Flug durch die Luft zu beschleunigen, besonders aber wohl, um ein Herausziehen des Pfeiles aus der Wunde zu erschweren. Um ein Überschlagen des Pfeiles zu verhindern, setzte man an das untere Ende des Schaftes Federn an (Galling).

Kurze feste Eisendolche, Wurfspeere und Lanzen von verschiedenen Typen, wie sie **Abb. 857** zeigt, blieben im Gebrauch. Außerdem machten die Assyrer große Fortschritte in der militärischen Pioniertechnik. Sie lernten z. B., ungefährdet einen Fluß zu überschreiten und in kürzester Zeit ein befestigtes Lager aufzuschlagen, das durch besondere Vorrichtungen vielfältig gesichert wurde (**Abb. 861**; rechts Befestigung, links Kavallerie).

4. Entwicklung vom 5. Jhdt. v. bis zum 2. Jhdt. n. Chr: *a) Perserzeit:* Was die Assyrer an Waffen und Ausrüstung ausgebildet hatten, behielten die Perser bei. Nur legten sie den Hauptwert auf die Ausbildung von Einheiten geübter Bogenschützen und bildeten aus ihnen die Kerntruppen ihrer Armee. Reiter und Pferde waren durch gepanzerte Brustplatten geschützt, und die Reiter trugen Schild, Bogen und Schwert. Die Perserkönige führten auch Wagen ein, bei denen aus den Radnaben Sichelschwerter hervorragten. Solche Wagen waren eine vernichtende Waffe gegen massive Formationen der Infanterie. Die Perser brachten auch als erste die Kriegselefanten aus Indien nach Westasien, hauptsächlich, um in den Reihen der gegnerischen Infanterie Panik zu erregen. Außerdem entwickelte das Perserreich ein System des raschen und zuverlässigen Transports und Nachrichtendienstes. Die Kampfweise des 4. Jhdts. v. Chr. ist auf dem Mosaik aus Pompeji, das die Schlacht bei Issos zwischen Alexander und den Persern zeigt, dramatisch dargestellt (**Abb. 862**).

b) Hellenistische Ausrüstung: Griechische Söldner kamen zu Anfang des 6. Jhdts. v. Chr. zum erstenmal nach Palästina. Von da ab bis zum Eingreifen der Römer (1. Jhdt. v. Chr.), während der Perserzeit und der hellenistischen Zeit war Palästina der Schauplatz zahlreicher Kriege, die von griechischen Truppen in klassisch griechischer Rüstung ausgefochten wurden. Diese Rüstung zeigt die abgebildete Statuette (**Abb. 863**) eines Kriegers aus dem 6. Jahrhundert v. Chr. mit Helm und Panzer.

Die Kerntruppe war die schwerbewaffnete Infanterie, die Hopliten, wie sie nach ihren schweren Bronzeschilden hießen. Diese Schilde hatten die Form eines konvexen Rechtecks und wurden an einem Ring in der Mitte der Innenseite in der linken Hand getragen (**Abb. 864**). Darstellungen auf etlichen Denkmälern lassen annehmen, daß dies die normale Rüstung der griechischen Soldaten schon vor dem 7. Jhdt. v. Chr. war. Der Schild deckte den ganzen Rumpf des Soldaten. Außerdem aber trug ein Soldat noch einen Brustpanzer, einen verschlossenen Helm mit hohem Kamm und Beinschienen aus Metall, um seine Füße zu schützen. Eine solche Rüstung ist an der Plastik **Abb. 865** zu erkennen, die einen toten Krieger über einer Rückenstütze zeigt. In seiner rechten Hand trug der Soldat einen etwa 3 Meter langen, schweren Speer mit eiserner Spitze. Dieses war die Hauptwaffe, aber daneben führte er auch ein kurzes stählernes Schwert. Die Kampfformation der Hopliten war die Phalanx, in welcher der Soldat seine linke Seite durch den eigenen Schild deckte, während die rechte durch den Schild des Nebenmannes geschützt wurde. Die Kampfkraft der Phalanx hing von der Tapferkeit der ersten Reihe ab, die dem Feind Aug in Auge entgegenzutreten hatte, während die Soldaten der hinteren Reihen sie deckten und vorwärtsschoben.

Seit der Zeit des Peloponnesischen Krieges (Ausgang des 5. Jhdts. v. Chr.) trat ein neuer Typ der Infanterie auf: die Peltasten, leichtbewaffnete Fußsoldaten ohne Panzer am Leib und mit einem Rundschild; ihre Hauptwaffe war eine kleine Wurflanze, die sie gegen den Feind schleuderten. Zur makedonischen Zeit wurde die Stoßlanze noch mehr verlängert, bis zu sechs Metern. Das heißt, die Soldaten in den verschiedenen Gliedern der Phalanx trugen Spieße von verschiedener Länge, damit der Feind beim ersten Zusammenstoß auf die Gesamtzahl der Lanzenspitzen stieß. Dagegen waren die Schilde nicht mehr so groß und unhandlich wie früher. Abgesehen von Kreta wurde der Bogen in der klassischen Zeit wenig verwendet; aber in der hellenistischen Zeit (seit Ende des 4. Jhdts. v. Chr.) brachte der orientalische Einfluß ihm eine wichtigere Rolle. Berittene Bogenschützen erhielten nun die Aufgabe, mit einem Pfeilhagel die Flanken der Phalanx zu decken.

Streitwagen wurden in klassischer Zeit in Griechenland nicht verwendet; im gebirgigen Gelände waren sie unbrauchbar. Dagegen war die Reiterei in manchen Städten ein Hauptbestandteil des Heeres, besonders in denen, die in Ebenen gelegen waren.

Die Makedonen waren das erste Volk des Westens, das die Kavallerie während des 4. Jhdts. zweckvoll entwickelte. Später wurde sie eine Hauptwaffengattung, besonders für Attacken von der Flanke oder der Rückseite her, oder um während der Schlacht einen taktischen Vorteil rasch auszunutzen und dann den fliehenden Feind zu verfolgen. Noch später führten die Parther zum Manövrieren Zügel und Sporen ein; der feste Sattel, der für eine wirksame Aktion ebenso wichtig ist, kam in der Römerzeit auf. In den letzten Jahrhunderten v. Chr. waren auch die Kriegswagen wieder in beschränktem Umfang in Gebrauch.

c) Hellenistische Belagerungsmaschinen: Vor dem 4. Jhdt. v. Chr. enthalten die griechischen Quellen kein Zeugnis für die Verwendung von Belagerungsmaschinen. Befestigte Städte wurden entweder ausgehungert oder durch Verrat oder Handstreich eingenommen. Anfang des 4. Jhdts. v. Chr. jedoch begegnen wir in Sizilien einem primitiven Katapult, um Pfeile gegen eine feindliche Stadt zu schießen, und zwar in Syrakus. Anscheinend ahmte es eine karthagische Erfindung nach. Spätere Beispiele waren weit vollkommener; Darmsaiten und Pferdehaar erhöhten die Elastizität des Geschützes und damit die Reichweite der Geschosse. Alexander der Große verwendete diese Erfindung als erster bei der Belagerung von Tyrus (332 v. Chr.). Das läßt wieder auf phönikischen Ursprung der Maschine schließen. Andere Belagerungsmaschinen dieser Zeit waren der riesige Standbogen und die Steinschleudermaschine mit einer Reichweite von 200 Metern, die auch Feuerbälle (Körbe voll brennender Materialien) schleudern konnte, um die Mauern und Verteidigungswerke der feindlichen Stadt in Brand zu setzen. Sie konnte umgekehrt von der belagerten Stadt verwendet werden, um Angriffe abzuwehren. Es waren schwerbewegliche Maschinen, aber Angreifer und Verteidiger nützten sie bei einer Belagerung aus.

d) Die Kriegselefanten der Seleukiden: Nach dem Zusammenbruch des Perserreiches breitete sich die Verwendung von Kriegselefanten aus. Alexander brachte von seinem indischen Feldzug hundert Tiere zurück, und Seleukus I. importierte mehr als 500. Anfangs wurden sie gegen die feindliche Kavallerie eingesetzt und dem leichtbewaffneten Fußvolk als Schutz gegeben. Oder man stellte sie zwischen den Phalanxabteilungen der Infanterie auf, um deren Flügel zu decken. In der Schlacht von Gaza (312 v. Chr.) verteidigten sich die Soldaten des Ptolemäus, der keine Elefanten besaß, indem sie den Boden vor den Elefanten mit aufwärtsgerichteten Nägeln durchsetzten. Das ist das erste Minenfeld in der Kriegsgeschichte. Kriegselefanten **(Abb. 866)** setzten die Seleukiden auch in ihren Kriegen gegen die Hasmonäer ein (Elieser, einer der fünf Söhne des Mattathias, wurde getötet, als er in der Schlacht bei Beth-Sacharja einen Elefanten erlegte: 1 Makk 6, 43–47). Die Stelle gibt Einblick in die Art, wie die Elefanten für den Kampf vorbereitet wurden. Man gab ihnen ein Getränk aus dem Saft von Trauben und Maulbeeren (wie im Orient den Rennpferden vor einem Wettrennen: 1 Makk 6, 34). Die Römer verwendeten keine Elefanten; sie fanden diese Kampfweise zu beschwerlich.

e) Römerzeit: Abgesehen davon, daß sie keine Elefanten hatten, scheinen die Hasmonäer ihre Armeen nach hellenistischem Muster organisiert zu haben. Herodes hingegen organisierte seine Streitmacht nach hellenistischen und römischen Erfahrungen. Das Erscheinen der Römer in Palästina im Jahr 63 v. Chr. brachte dort einige grundsätzliche Änderungen im Kriegswesen betreffs Waffen, Organisation und

Taktik. Man hat sehr wenig römische Waffen in Palästina gefunden – nur einige Pfeilspitzen, Wurfspeere und ganz wenig Schwerter. Dagegen hat man die Überreste zahlreicher militärischer Bauten der Römer ausgegraben oder ihre Ausgrabung steht bevor. Dazu gehören die berühmten Heereslager um Masada (s. *Rom und die Juden) und von *naḥal ḥever,* dem letzten Rückzugspunkt von *Bar-Kochbas Partisanen. Reste von weiteren Bauten haben sich in Transjordanien erhalten. Außerdem sind bei Masada und *bittīr* noch Wälle und Dammschüttungen sichtbar, die die Römer angelegt haben. Auch einige Grabdenkmäler von römischen Soldaten **(Abb. 868)** – vollständig, mit beschreibenden Reliefs – haben sich erhalten; der Hauptteil des archäologischen Materials über die Art der römischen Kriegstätigkeit und Ausrüstung stammt allerdings von anderen Kriegsschauplätzen. Trotzdem macht das Zeugnis der »Kriegsrolle« aus Qumran gewiß, daß die jüdischen Streitkräfte sich römischer Kriegsausrüstung und römischer Taktik bedienten.

Zur Zeit der Republik (bis 44 v. Chr.) verwendete das römische Heer hauptsächlich die griechischen Waffen und Techniken in verbesserten Formen. Seine Hauptwaffe war die *hasta,* der Spieß. Die gewöhnlichen Soldaten trugen Brustpanzer und Metallhelme (*galeae*), während die Offiziere Helme mit Kamm sowie Schilder trugen. Im 2. Jhdt. v. Chr. wurde die *hasta* durch das *pilum,* einen leichten Speer, 60–100 cm lang, der nur 600 Gramm wog, ersetzt. Die zwei vorderen Reihen der Phalanx führten dieses, und weil es so leicht war, konnte es sich leicht verbiegen und brechen, so daß die geworfenen *pila* für die Feinde unbrauchbar waren. Zum Nahkampf gebrauchten die Römer das kurze spanische Schwert, *gladius* **(Abb. 867**; am Gürtel). Dieses hatte eine gerade zweischneidige Klinge und war als Hieb- und Stichwaffe geeignet. Ein rechteckiger konvexer Schild kam auch wieder auf (das *scutum*), doch trugen die leichtbewaffneten *velites* einen kleinen Schild (*parma*) und dazu einen leichten Wurfspeer (*iaculum*).

Alle Fußsoldaten trugen mit eisernen Spitzen versehene Sandalen (*caliga*), die mit langen Lederstreifen geschnürt wurden. Man sieht sie auf der **Abb. 868**, die einen römischen Soldaten darstellt. Die Reiterei trug einen kleinen runden Schild (*clipeus*) und einen zweischneidigen Speer (*hasta tragula*), aber kein Schwert. Diese Ausrüstung der Legionssoldaten blieb während der ganzen Kaiserzeit ziemlich unverändert. Dagegen sind einige Wandlungen bei den Hilfstruppen erwähnenswert. Bei ihnen wurde eine neue Form des Panzers eingeführt. Sie bestand aus vier runden Eisenplatten; zwei wurden über der Brust getragen, zwei deckten den Rücken. Lederstreifen über die Schultern hielten sie zusammen. Statt *gladius* und *pilum* führten die Hilfstruppen und die Artillerie die *hasta* und die *spatha,* ein Schwert von ca. 75 cm Länge. Außerdem wurden viele Abteilungen mit Spezialwaffen zu besonderen Zwecken ausgerüstet und nach diesen Waffen auch benannt.

f) Römische Belagerungsmaschinen: Lange Zeit behielten die Römer die griechischen Geschütze und Belagerungsmaschinen ziemlich unverändert bei. Nur die Reichweite der Steinschleuder wuchs bis auf 400 m. In der Hauptsache benutzten die Römer das Katapult, um Pfeile direkt gegen die Feinde zu schießen, die *balista* hingegen, um Steine im Bogen zu werfen. Bei ihren vielen Belagerungen gebrauchten die Römer zweierlei Mauerbrecher oder »Widder«, beide durch ein Gestell geschützt, das mit Leder eingehüllt war. Der eine war der *aries* **(Abb. 869),** der dazu diente, ein Loch in die Mauer zu bohren, der andere die *falx muralis,* der die Steine aus den oberen Teilen der Befestigungen herausbrach. Die Römer besaßen auch bewegliche Schießtürme, die sie z. B. bei der Belagerung von Jerusalem verwendeten. Eine andere Art, durch eine Mauer hindurch zu gelangen, war, sie zu unterminieren, und auch dafür vervollkommneten die Römer die gebräuchliche Methode. Ein Gestell, *musculus* genannt, bestehend aus einem Holzrahmen auf Rädern mit einem schrägen Dach, das mit nassen Fellen bedeckt war, wurde nahe an die Mauer herangerollt, um die Miniersoldaten während ihrer Arbeit zu schützen.

Bei einer andern Abart, *vinea* genannt, war die eine Seite offen.

g) Militärische Ausdrücke in der Kriegsrolle von Qumran: Wie Y. Yadin dargelegt hat, beschreibt die Rolle ›Vom Krieg der Söhne des Lichts gegen die Söhne der Finsternis‹ aus *Qumran Waffen, Heeresorganisation und Taktik in Ausdrücken, die den in der römischen Armee des 1. Jhdts. v. Chr. üblichen entsprechen. Sie passen weder in die Verhältnisse einer früheren Zeit noch in die, die in den hellenistischen Staaten um Palästina herum herrschten: wohl aber spiegeln sie die Verhältnisse in der jüdischen Armee des Herodes, die nach dem

römischen Muster ausgebildet wurde, wider.
Die Kriegsrolle verwendet biblische Termini für die von ihr erwähnten Waffen, was auf eine ununterbrochene Tradition schließen läßt. Wir erhalten zugleich dadurch eine Art von Handbuch der Militärsprache und Taktik aus dem 1. Jhdt. v. Chr. Obwohl man die Kriegsrolle wegen ihrer späten Abfassungszeit mit Vorsicht benutzen muß, hat sie wesentlich dazu beigetragen, gewisse schwierige Stellen und militärische Fachausdrücke des AT aufzuhellen und eine Anzahl herkömmliche Fehlübersetzungen zu berichtigen (s. *Kriegführung).

Wallfahrten

Gliederung: 1. Patriarchenzeit. 2. Nach der Seßhaftwerdung. 3. Drei Wallfahrten in der Königszeit. 4. Wallfahrt zum zweiten Tempel. 5. Überreste von Wallfahrten.

1. Patriarchenzeit: Viehzüchter, die keinen festen Wohnsitz haben, sind gänzlich von ihren Schaf-, Ziegen- und Rinderherden abhängig. Wenden sie sich der Viehzucht und sogar primitivem Ackerbau zu, so müssen sie Zentren errichten, zu denen sie jedes Jahr für einige Zeit zurückkehren können. Derartige Zentren wurden die Totenstätten des Stammes, was nach A. Alt und M. Noth für gewöhnlich zur Verehrung von Stammvätern am gleichen Ort führte. Dieser geweihte Boden wurde während der Abwesenheit der Stammesgenossen der Ahnen von den anderen Landeseinwohnern respektiert. Es war dies eine allgemeine, keineswegs auf die frühen Hebräer beschränkte Entwicklung. In Jericho wurden Totenstätten der Kanaanäer aus einer Zeit entdeckt, als sie noch Voll- oder Halbnomaden waren und keinerlei Spuren städtischer Überreste hinterließen. Das Vorhandensein einer zu einem Stamm gehörigen Totenstätte gab jenem das Recht, den Bezirk zu besitzen und zu benutzen. Die Erzählung von Abrahams Kauf der Höhle von Machpela (Gen 23) macht diese Tatsache sehr deutlich.
In einem Lande wie Palästina, wo kleine Täler und eine spärliche Vegetation den ganzen Stamm nicht zu unterhalten vermochten, bedurfte es eines Ortes für periodische Zusammenkünfte seiner zerstreut lebenden Angehörigen. Eine solche Stätte mußte Wasser und Bäume aufweisen, und für gewöhnlich befand sich dort das Grabmahl eines Ahnen. Die Bäume von Mamre waren ein solcher Versammlungsort. Andere waren Bethel, Sichem, Hebron bei Mamre, Gilgal und Beer-Seba. Im Laufe der Zeit bekamen die Naturmale der Orte – Bäume, Steine, Quellen – für die Kinder Israel eine quasi-religiöse Bedeutung. So wurden megalithische Denkmäler (wie Gilgal) oder alte kanaanäische *Höhenheiligtümer, wie in *Gezer, die schon vor Israels Ankunft existierten, beim Gedenken an die Ahnen mit Plätzen verknüpft, an denen sich der Gott Israels geoffenbart.
Das Gedenken an »El« unter verschiedenen Bezeichnungen (s. *Götzendienst in Israel; *Patriarchen, Religion) an mehreren Heiligtümern wurde zu einem einzigen Gott verfestigt, der sich an verschiedenen Plätzen und zu verschiedenen Zeiten den Erzvätern von Abraham an offenbarte. Im ganzen Land gab es nur einen Gott, wenn auch verschiedene heilige Stätten eine Reihe von Wallfahrtsorten boten (vgl. auch *Patriarchen, Religion; *Heiligtümer).

2. Nach der Seßhaftwerdung: Den Übergang von den patriarchalischen, halbnomadischen Traditionen der frühesten Zeit zu den neuen Bedingungen eines seßhafteren Lebens veranschaulicht sehr gut die Geschichte Elkanas, des Vaters von Samuel. Er unternahm die jährliche Wallfahrt nach Silo zum Festmahl und traf dort mit anderen Mitgliedern seiner Familie zusammen, die nicht zu seinem Haushalt zählten. War das Aufsuchen der heiligen Stätten für Halbnomaden von unmittelbarer wirtschaftlicher Bedeutung, so wurde der Besuch einer sakralen Stätte später zu einer geselligen Zusammenkunft. So konnte Elkana beispielsweise einem Mahl erwartungsvoll entgegensehen, an dem ein großer Familienkreis teilnahm, für den die gemästeten Kälber geschlachtet werden konnten. Dies war ein Luxus, der angesichts der damaligen Verhältnisse für eine einzelne Familie nicht in Betracht kam. Das Zelt wurde in Silo aufgestellt (s. *Heiligtümer). Die biblische Überlieferung (Jos 22, 12) berichtet auch, daß der Widerstand gegen die Errichtung eines neuen Altars östlich vom Jordan von Silo ausging.

3. Drei Wallfahrten in der Königszeit: Mit der Errichtung einer königlichen Zentralgewalt wurde eine Wallfahrt eine nationale rituelle Handlung – nicht lediglich eine Stammesnotwendigkeit. Jedem männlichen Israeliten wurde zur Pflicht gemacht, dreimal jährlich den Tempel in Jerusalem aufzusuchen (1 Kg 12, 26–33; 2 Chr 5, 3 u. ö.; s. *Feste und Feiertage): zum Fest der Ungesäuerten Brote (*massōt*), zum Ernte- oder Wochenfest und zum Lese- oder Laubhüttenfest (Ex 23, 14–17; 34, 18–23;

Dt 16, 1–17). Die Tempelverwaltung wurde derart durch Leistungen aus dem ganzen Lande erhalten. Diese drei Wallfahrten konzentrierten die Aufmerksamkeit auf die heiligen Aspekte von Jerusalem und trugen somit dazu bei, dem Reich Juda in den Augen aller Jahwegläubigen besonderes Ansehen zu verleihen.

Aus diesem Grunde mußte Jerobeam Ausweichkultstätten in Bethel (s. *Bethel und Ai) und Dan errichten, für die er die von dem Erzähler (1 Kg 12, 26–33) und den Propheten so heftig verdammten »goldenen Kälber« machen ließ. Die Reichstrennung wandelte die Form der Wallfahrten, aber nicht die offizielle Haltung dazu. Die Wahl fiel auf Bethel und Dan wegen ihrer religiösen Bedeutung für das Volk von Ephraim und Nordisrael. Die Bibel kritisiert Jerobeam nicht allein der »Kälber« wegen, sondern hauptsächlich, weil seine neuen Heiligtümer die religiöse Einheit des Volkes bedrohten, die durch den Brauch nationaler Wallfahrten nach Jerusalem gefördert worden war.

Als das Nordreich Israel unterging, versuchten die um Reformen bemühten Könige Hiskia und Josia (s. *Israel und Juda 5) durch eine glänzende Begehung des Passahfestes Wallfahrer von den Konkurrenzheiligtümern wegzulocken. Josia tat sogar noch mehr, indem er das Konkurrenzheiligtum in Bethel entfernte.

4. Wallfahrt zum zweiten Tempel: Zur Zeit des zweiten Tempels war über eine Million Juden in weit von Palästina entfernten Ländern ansässig (s. *Hellenismus und jüdische Diaspora). Gleichwohl hielten sich die Juden der Diaspora ebenfalls für verpflichtet, zum wenigsten gelegentlich in Jerusalem zu opfern. Jedes Jahr strömten, besonders am Passahfest, Zehntausende von Wallfahrern aus Mesopotamien (Babylon), Persien, Ägypten, Kyrene, Kleinasien und den ägäischen Inseln in Jerusalem zusammen. Josephus schätzt ihre Zahl auf drei Millionen, was gewaltig übertrieben ist und die Gesamtzahl der Juden der Alten Welt sein mag (nach einigen betrug diese vier oder fünf Millionen). Daß sie eine ansehnliche und farbenreiche Versammlung darstellten, wird durch die Schilderung des Pfingstereignisses am Wochenfest Apg 2, 9–11 bezeugt: »Parther und Meder und Elamiter und die, welche Mesopotamien, Judäa und Kappadozien, Pontus und Asia, Phrygien und Pamphylien, Ägypten und die Gebiete Libyens bei Kyrene bewohnen, und die hier weilenden Römer, Juden und Judengenossen.« Sie trafen mit den vorgeschriebenen Geschenken für den Tempel ein (s. *Feste) und blieben eine lange Zeit. Ihre Besuche stellten einen bedeutsamen ökonomischen Posten für das Land dar. Sie reisten in Karawanen und betraten die Heilige Stadt in ausgelassener und malerischer Prozession. Auch der Einzug Jesu in Jerusalem steht mit der Passahwallfahrt im Zusammenhang (Mt 20, 29; 21, 8 par.). Das Johannesevangelium erwähnt noch Jesu Wallfahrten am Passah- (Joh 2, 13) und Laubhüttenfest (Joh 17, 1 ff). Die *Mischna beschreibt Pfingstpilger: »Und der Ochse geht vor ihnen her, und seine Hörner sind mit Gold überzogen, und ein Kranz aus Ölbaumzweigen ist auf seinem Kopfe, und die Flöte gibt vor ihnen den Ton an« (Bikkurim 3, 3).

Auch nach der Zerstörung des zweiten Tempels befürworteten die Weisen Wallfahrten nach Jerusalem, mit denen sie starke Bande zwischen den verschiedenen Diasporagemeinden und der palästinischen Judenschaft zu knüpfen suchten. Der Drang, an der Stätte des Tempels zu beten, bestand nach seiner Zerstörung noch Generationen hindurch. Bis in die allerjüngste Zeit hinein pflegten die Frommen große persönliche Risiken auf sich zu nehmen, um, besonders während des Laubhüttenfestes, dorthin zu ziehen und die Gebete zu verrichten.

5. Überreste von Wallfahrten: In den ersten nachchristlichen Jahrhunderten strömten jüdische, christliche und heidnische Wallfahrer weiterhin in großen Scharen zu den Eichen von Mamre, um dort Abraham zu huldigen. Römische und byzantinische Ruinen von Mamre existieren noch in *ḥarām rāmet el-ḫalīl,* 3 km nördlich von *Hebron. Möglicherweise fand der Ort in den späteren biblischen Büchern deshalb keine Erwähnung, weil ihre Verfasser den dort geübten synkretistischen Kult mißbilligten und seine religiöse Bedeutung zu verkleinern suchten. Mamre war mit einem jährlichen, vermutlich mit dem Batha-Markt verknüpft, den die Juden wegen der götzendienerischen Praktiken meiden sollten.

Wasserversorgung

Gliederung: 1. Die klimatischen Faktoren in Palästina. 2. Alttestamentliche Zeit. a) Brunnen in der Patriarchenzeit; b) Kalkverputzte Zisternen; c) Reservoire (Teiche); d) Wasserversorgung in Kriegszeiten. (1) Die kanaanäische Tunnelanlage Jerusalems; (2) Der Siloah-Kanal und -Tunnel; e)

Wasserversorgung in Friedenszeiten. (1) Gezer; (2) Megiddo; (3) Gibeon (el-ǧīb). 3. Hellenistische und römische Periode. a) Aquädukte in Caesarea, Samaria und Jerusalem; b) Masada; c) Qumran; d) Dammbau der Nabatäer.

Das Vorhandensein einer ständigen Wasservorratsstelle war in alter Zeit eine Grundvoraussetzung für die Entwicklung einer Dauersiedlung. Die großen Zentren der Kultur der Frühzeit lagen daher in wichtigen Flußtälern: das vom Nil bewässerte Ägypten; Mesopotamien mit Euphrat und Tigris und Indien an den Ufern des Indus. Von frühester Zeit an wurde in diesen Ländern ein für die Landwirtschaft lebenswichtiges, weitverzweigtes Netz von Bewässerungskanälen und künstlichen Wasserrinnen entwickelt. Eine leistungsfähige Zentralbehörde erwies sich zur Überwachung des komplizierten Wassernetzes als notwendig, und diese wurde später eine der wichtigsten Regierungsstellen.

1. Die klimatischen Faktoren in Palästina: In Palästina waren die klimatischen Faktoren völlig andersartig und erforderten daher auch andersartige Bewässerungsmethoden. Das Land lag am Rande der Wüste und die Wasserversorgung hing zur Hauptsache von den Regenfällen ab, die sich im Laufe des kurzen Winters häufig und verhältnismäßig reichlich einstellten. Diese Regenfälle wurden jedoch nicht vom Boden aufgesaugt, sondern flossen in plötzlichen, reißenden Sturzbächen zum Meer (2 Kg 3, 16 f). Kam die lange regenlose, heiße Jahreszeit, so trockneten die meisten Wasserläufe (*wādī*) aus (Jo 1, 20), und nur eine kleine Anzahl Quellen spendete weiterhin Wasser. Tatsächlich waren sie in diesem Lande während der meisten Monate die Hauptwasserstellen, einem »Land mit Wasserbächen, Quellen, Fluten, die in den Tälern und an den Bergen hervorströmen« (Dt 8, 7). Dies waren die klimatischen Bedingungen, die zu allen Zeiten die Bewässerungstechnik in Palästina bestimmten; nur die einzige Ausnahme war das Jordantal, besonders sein nördlicher Teil, wo die Bedingungen denen der großen Stromtäler ähnelten.

In allen Perioden der Geschichte Palästinas war das Vorhandensein einer Quelle der Faktor, der eigentlich darüber entschied, wo eine Siedlung gegründet werden sollte (Einzelheiten s. unter *Ackerbau und Viehzucht); z. B. wurde die älteste Stadt der Welt, *Jericho, in der Nähe einer Quelle errichtet.

2. Alttestamentliche Zeit: *a) Brunnen in der Patriarchenzeit:* Die wenigen ständig fließenden Quellen bestimmten auch die Bewegungen der halbnomadischen Stämme in der Wüste, denn diese Stämme zogen von einer Wasserquelle zur anderen (Num 33, 9 u. ö.). Nach dem Bericht der Bibel lernten die Einwohner Palästinas anscheinend erst in der Patriarchenzeit, d. h. in der ersten Hälfte des 2. Jahrtausends v. Chr., wie man Brunnen gräbt und zu den unterirdischen Wasserquellen gelangt (s. *Ackerbau und Viehzucht). Zeugnisse für eine frühere Benutzung derartiger Quellen bieten weder die Bibel noch der archäologische Befund. Vor dem Aufkommen von Brunnen konnten die Menschen ihren Wasserbedarf nur decken, wenn es ihnen gelang, die Austritte der Quellen zu erweitern und derart ihren Fluß zu steigern sowie Steinreservoire zur Wasserspeicherung zu benützen. Das Graben von Brunnen war zuerst mit der Daseinsweise der Halbnomaden und Hirten verknüpft. In Gen 21, 30; 26, 15. 18–22. 32. 33 findet man lebendige Schilderungen der Lebensweise dieser Halbnomaden, der Schwierigkeiten, auf die sie beim Graben der Brunnen stießen, und ihrer häufigen Streitigkeiten wegen der schlechten und unzulänglichen Wasserversorgung. Im allgemeinen wurden diese Brunnen in der Nähe von Beer-Seba und Gerar in den trockenen Flußbetten jener Gegend gegraben. Beim Hügel von *tell es-seba'* (das alte *Beer-Seba; **Karte 9**) gibt es noch heute zahlreiche Brunnen, die von den Beduinen der Gegend nach wie vor zum Tränken ihrer Schafe, Kamele und Ziegen benutzt werden. Einige Forscher sind der Ansicht, daß die Brunnen von *tell el-mešāš* sehr alt sind (s. *Arad). Jeder Brunnen (z. B. **Abb. 870**) hatte seinen eigenen Namen und wurde zum Mittelpunkt von Hirtenüberlieferungen; auch gab es genaue Tränkvorschriften (Gen 29, 2 f), die jedem Hirten ein festgesetztes Quantum Wasser sicherten.

Die Mädchen der Stadt pflegten täglich mit Krügen zu den Brunnen zu gehen, um das Wasser für die Familie zu holen (Gen 24, 13; 1 Sam 9, 11), doch wurde diese Arbeit oft auch von Männern besorgt, zumeist von Sklaven oder Freien aus den ärmsten Schichten, da Wasserschöpfen zu den niedrigsten Verrichtungen zählte (Dt 29, 11; Jos 9, 27).

b) Kalkverputzte Zisternen: In der Eisenzeit entdeckte man die Verwendbarkeit von Putz aus gelöschtem Kalk. Allerorts war man imstande, Zisternen auszuheben und sie mit einem wasserundurchlässigen

Kalkputz auszukleiden. In früheren Zeiten wurden Zisternen mit Gips oder einem Wassermörtel ausgekleidet, was jedoch wenig Sinn hatte, da das Wasser schon bald durchsickerte. Nach der Entdeckung des Kalkputzes erhöhte sich in der israelitischen Zeit die Anzahl der Wasserzisternen sehr beträchtlich (so in *tell bēt mirsim,* Beth-Semes, Gezer und anderwärts). Die Möglichkeit, Wasservorräte anzulegen, gestattete die Ansiedlung selbst in gebirgigen, von ständigen Wasservorratsstellen weit entfernten Gegenden. In dieser Zeit wuchs die Zahl der Gebirgssiedlungen; überdies wurde eine Reihe bedeutsamer Städte wie *Samaria, Mizpa u.a. an von Quellen weit entfernten Plätzen angelegt und war daher hauptsächlich von Wasserversorgung aus Zisternen abhängig. Eine private Zisterne war der sehnlichste Wunsch eines jeden (2 Kg 18, 31). Die Aushebung von Zisternen in unbewohnten Gegenden (besonders Wüstengebieten) zur Förderung ihrer Besiedlung oblag jedoch der Regierung (2 Chr 26, 10). Der Mesa-Stein (s. *Moab; *Inschriften) aus dem 9. Jhdt. v. Chr. berichtet, der König habe den Einwohnern der Stadt befohlen, jeder solle sich eine Zisterne in seinem Hause machen (Z. 24–25), während er selbst offenbar mit irgendwelchen öffentlichen Bauvorhaben beschäftigt war, bei denen er die von ihm gefangengenommenen Israeliten einsetzte (Z. 25–26). Große öffentliche Zisternen wurden in der Nähe fast jeder größeren Stadt ausgehauen. Die Bibel erwähnt den »Brunnen am Tor von Bethlehem« (2 Sam 23, 15), und ein 48 m tiefer Stadtbrunnen des gleichen Typs wurde bei den Ausgrabungen in Lachis freigelegt **(Abb. 871).** Um seinen Einsturz zu verhindern, hatte man die ersten 8 m dieses Brunnens mit großen Steinen ausgekleidet. Die Brunnenöffnung war mit einem großen ringähnlichen Stein bedeckt, der von den Seilen, mit denen man die Schöpfeimer emporgezogen hatte, Einkerbungen aufwies. Weitere Zisternen sind in Beth-Semes, Beth-Sean, *tell el-'aǧǧūl* und anderwärts freigelegt worden. Der im NT (Joh 4, 6) erwähnte Jakobsbrunnen (23 m tief, 2,5 m Durchmesser) bei Sichem ist sehr alt; sein oberer Abschnitt ist durch Strebepfeiler abgestützt und seine Sohle im Kalkstein ausgehauen.

c) Reservoire (Teiche): Außer Zisternen und Brunnen bauten die Bewohner von Städten in der israelitischen Zeit Teiche oder große Reservoire, in denen sie das Wasser von Quellen und Überschwemmungen speicherten, das in den trockenen Jahreszeiten zur Bewässerung von Gemüsegärten, zum Waschen und zum Tränken von Haustieren diente. (Teiche dieses Typs findet man noch heute in vielen arabischen Dörfern). Die Bibel erwähnt den Teich zu Hebron, an dem die Mörder des Is-Boseth aufgehängt wurden (2 Sam 4, 12); in Samaria gab es einen großen Teich, an dem man den Wagen, in dem Ahab den Tod fand, wusch (1 Kg 22, 38), und es gab eine Anzahl Teiche in Jerusalem (2 Kg 18, 17; Jes 7, 3; 22, 11; Neh 2, 14; 3, 16).

Der berühmteste Teich war anscheinend der in Gibeon (2 Sam 2, 13), der auch zur Zeit Jeremias bekannt war (Jer 41, 12). Der Teich von Gibeon wurde vor einigen Jahren bei Ausgrabungen, die dort in den Jahren 1956/58 von I. B. Pritchard durchgeführt wurden, unter den Trümmern und dem Schutt von 25 Jahrhunderten in bestem Zustand entdeckt. Der Teich **(Abb. 872)** ist rund, und an seinem Rand verläuft eine 1,8 m breite, mit einem ebenfalls aus dem anstehenden Felsen gehauenen Geländer versehene Wendeltreppe. Für den Bau des Teiches waren schätzungsweise 3000 Tonnen Kalkstein herausgehauen worden. Als die Ausgräber den Teich bis zum Grund gesäubert hatten, stellten sie fest, daß man ihn zwar als Wasserspeicher konstruiert hatte, seine Erbauer aber gleichzeitig seine Quelle am Fuß des Berges erreichen wollten, auf dem die Stadt errichtet worden war (s. unten). Zuerst hatten sie eine runde Zisterne von 11,30 m Durchmesser und 10,80 m Tiefe ausgehoben. »Der gewaltige Durchmesser des Treppenbeckens erklärt sich damit, daß man in der durch die Rundtreppe erreichbaren Tiefe das Grundwasser zu erreichen hoffte. Aber das war ein Irrtum. So mußte man noch einmal 13,60 m auf einer Treppe in die Tiefe gehen. Für diese Treppe grub man einen Tunnel (mit zwei Lichtlöchern nach oben) aus. Dort stieß man auf ein nierenförmiges Grundwasserbecken« mit den Ausmaßen 3,6 × 7,6 m. »Die 24,40 m Gesamttiefe entsprechen dem Niveau der Quelle, deren Quellbecken nur 5 m von dem Grundwasserbecken entfernt lag« (Galling). Auf Grund verschiedener stratigraphischer Berechnungen hat man geschätzt, daß der Teich im 12. oder 11. Jhdt. v. Chr. gebaut wurde und daß er etwa bis zur Zeit der Zerstörung des ersten Tempels im Jahre 589 v. Chr.in Gebrauch war. Galling sieht im Treppenbecken von Gibeon eine Anlage des 8. Jhdts. zur Sicherung der Stadt und bringt es – was bislang übersehen

Abb. 870. Brunnen in Palästina

Abb. 871. Bei Lachis ausgegrabener 48 Meter tiefer Brunnen

Abb. 872. Teich von Gibeon, zu dessen Bau man 3000 Tonnen Kalkstein benötigte

Abb. 873. Der von Hiskia erbaute Siloahtunnel durch den Berg Ophel. Seine Länge beträgt 513 Meter

Abb. 874. Römischer Aquädukt über den *wādi nu'ēme*

Abb. 875. Der Doppelteich von Seteruthion, eine unterirdische Regenwasserzisterne in Jerusalem in der Nähe des Tempelbezirks

Abb. 876. Zisterne innerhalb der Gebäude von *ḫirbet qumrān*

Abb. 877. Zisterne der Festung Masada am Toten Meer (wahrscheinlich aus Herodianischer Zeit)

Abb. 878. Staudamm der Nabatäer bei Kurnub im nördlichen Negeb (in byzantinischer Zeit erneuert)

wurde – mit der Inschrift des Königs Mesa von Moab (um 840 v. Chr.; s. *Inschriften) in Zusammenhang. Dort heißt es Zeile 9, Mesa habe den Ort Baal-Meon wiederaufgebaut und das Wasserbecken wiederherstellen lassen, in Zeile 22 wiederum wird gesagt, Mesa habe nach dem Bau des Königspalastes in Qériho »das zweietagige Becken« machen lassen »für die Grundwasserquellen inmitten der Stadt«. Galling meint, das Becken sei nur ein Jahrhundert lang in Gebrauch gewesen, und vermutet gegen Pritchard, der im Auflassen der Anlage eine Strafmaßnahme von seiten eines feindlichen Königs (Sanherib oder eher Nebukadnezar) sieht, darin einfach sehr praktische Gründe: Das Wasser konnte man nun auch unter der Besatzung von außerhalb der Stadt holen, der Ausbau zur Zisterne durch vollständiges Verputzen scheiterte an den Ausmaßen, und da war es dann wohl besser, den gefährlichen »Brunnen« zuzuschütten, bevor jemand hineinfiel. Der Teich von Gibeon ist ein vortreffliches Beispiel für die in der Bibel erwähnten Teiche.

d) Wasserversorgung in Kriegszeiten: Außer den üblichen Systemen der Wasserversorgung für Friedenszeiten wurden in Palästina große, für Belagerungsbedingungen ersonnene Anlagen für Wasserzufuhr geschaffen. Die Tunnel und unterirdischen Schächte sollten eine belagerte Stadt auch dann mit dem Wasser außerhalb gelegener Quellen versorgen, wenn der Feind vor ihren Toren lagerte (s. *Israel und Juda 4). Sechs solche Tunnel sind freigelegt worden: zwei in *Jerusalem und je einer in *Gezer, *Megiddo, Jibleam und Gibeon (abgesehen vom oben erwähnten Teich). Ein großer, tiefer Graben zum Sammeln von Regenwasser, dessen Bau begonnen, aber nie vollendet wurde, wurde in *Lachis aufgedeckt.

(1) Die kanaanäische Tunnelanlage Jerusalems: In *Jerusalem wurde ein vertikaler Tunnel (nach seinem Entdecker Warren-Schacht genannt) freigelegt. Er führt von der außerhalb der Stadt im Kidrontal gelegenen Gihon-Quelle in den Osten von Jerusalem und war in der israelitischen Zeit die einzige ständige Wasservorratsstelle der Stadt (vgl. 1 Kg 1, 45; 2 Chr 32, 30 u.ö.). Das obere Ende des Tunnels befand sich an einer von der Stadt aus in Richtung der Quelle gebauten Treppe. Diese Treppe war zusammen mit dem Tunnel in der Form eines Bogens ausgehauen, an dessen Ende ein tiefer Schacht ausgehoben war. Das Quellwasser floß zum Grund eines Schachts; der Austritt der Quelle selbst war von einer Mauer umgeben, so daß sich ein Teich bildete und zur Erleichterung des Schöpfens der Wasserspiegel gehoben wurde. Die Forschung hat die Bauzeit dieses Tunnels in der Jebusiterzeit angesetzt (12.–11. Jhdt. v. Chr.); nach allgemeiner Auffassung ist dies der Schacht (*ṣinnōr* genannt), durch den Joab in die Stadt hinaufkletterte, um sie zu erobern (2 Sam 5, 8; s. *Jerusalem).

(2) Der Siloah-Kanal und -Tunnel: In der Königszeit wurden weitere Versuche unternommen, zur Ableitung des Wassers des Gihon Kanäle auszuheben. Das Wasser wurde südwärts das Kidrontal entlang ins Innere der am östlichen Hang des Berges Ophel gelegenen Davidsstadt geleitet und dort in für diesen Zweck gebauten großen Reservoiren gesammelt (s. **Karte 38**). Zuerst grub man, vermutlich in Salomonischer Zeit, einen offenen Felsaquädukt, welcher das Wasser von der Quelle südwärts entlang dem Abhang im Südosten führte, bis dahin, wo Kidron- und Tyropoiontal aufeinandertreffen (s. **Karte 38**). Dies wurde dadurch erreicht, daß man innerhalb des Teiches um die Gihon-Quelle eine weitere Mauer baute, um den Wasserspiegel noch weiter zu erhöhen. Der Kanal war ursprünglich ca. 400 m lang gewesen; durch Ausgrabungen wurden drei Abschnitte mit einer Gesamtlänge von etwa 150 m freigelegt. Um das Wasser vor Verunreinigung zu schützen, hatte man den Kanal mit Steinplatten überdeckt. (Er wird für gewöhnlich mit dem Jes 7, 3 erwähnten Siloah-Aquädukt, nicht dem Siloah-Tunnel, gleichgesetzt.) Doch lag er längs dem Hang des Kidrontals außerhalb der Wälle und hätte eher dem Feind als der Stadt genutzt. Unter Hiskia wurde diese alte Wasserversorgungsanlage später im Zuge der Vorbereitungen für den Aufstand gegen die Assyrer aufgegeben und der Siloah-Tunnel unter dem Berg Ophel gegraben; dieser leitete das Wasser in einen neuen, innerhalb der Stadt im Tyropoiontal (s. *Jerusalem) gebauten Teich und sicherte ihre Wasserversorgung im Belagerungsfall (2 Kg 20, 20). Alle übrigen außerhalb der Stadt befindlichen Wasserstellen legten die Israeliten trocken, einschließlich des dem Feind zugänglichen offenen Siloah-Kanals (2 Chr 32, 2–4). Die Länge des unterirdischen Tunnels **(Abb. 873)** betrug vom Gihon bis zum Teich innerhalb der Stadt ca. 513 m; in der Luftlinie wäre er nur 320 m lang gewesen. Der Grund für diesen beachtlichen Unterschied liegt darin, daß sich

die Mineure das weichere Felsgestein aussuchten und der Verlauf des Tunnels kurvenreich und ausgedehnt wurde. Er war gleichwohl eine Meisterleistung, und der Tunnel liefert noch heute Wasser. Eine Inschrift in althebräischen Schriftzeichen, die den Verlauf der Tunnelarbeiten beschreibt (s. *Inschriften 4 f), wurde zur Erinnerung an dieses Ereignis in den Fels geritzt und in 2 Kg 20 und 2 Chr 32 wird die Geschichte mit Stolz erzählt. Die Inschrift berichtet, daß sich die Mineure von beiden Seiten vorarbeiteten und einander immer näher kamen, bis sie einander trafen. Das Wasser des Tunnels wurde innerhalb der beiden Festungswälle in einem 26 × 6 m großen Teich gesammelt. In neuerer Zeit wurde dieser durch einen anderen Teich ersetzt, der andere Ausmaße hat und von den Arabern *al-birke* genannt wird.

Derartige Wasservorräte erleichterten es belagerten Städten offensichtlich, längeren Zernierungen zu widerstehen: Samaria hielt 723–721 v. Chr. zwei Jahre lang gegen die Assyrer aus, Jerusalem leistete Nebukadnezar 587 v. Chr. anderthalb Jahre hindurch Widerstand. Die Städte wurden schließlich eher durch Aushungerung als durch Wassermangel zur Übergabe gezwungen. Hätte man solche Vorsichtsmaßnahmen nicht ergriffen, so wäre eine Katastrophe gleich zu Anfang unvermeidlich gewesen.

e) Wasserversorgung in Friedenszeiten: (1) Gezer: Ein Wassertunnel wurde auch in Gezer in der Schephela (der Niederung am Fuß des judäischen Gebirges) entdeckt. Die Quelle befand sich dort in einer Tiefe von 31 m. Um dorthin zu gelangen, wurde im Winkel von 39° über eine Entfernung von 58 m eine unterirdische Treppenflucht angelegt. Da sich die Quelle innerhalb der Stadt befand, brauchte man sie nicht von außen zu verschließen. I. Macalister, der die Ausgrabungen in Gezer durchführte, datierte diesen Tunnel in das 20. Jhdt. v. Chr. Keramikfunde aus der Spätbronzezeit (1400–1200) widersprechen dieser Datierung und die Quelle wurde möglicherweise erst zu Beginn der israelitischen Zeit benutzt.

(2) Megiddo: **Abb. 535** zeigt den Tunnel von Megiddo. Um zur Quelle zu gelangen, wurde ein 24 m tiefer Schacht gegraben. Das Quellwasser floß durch den Kanal in den Schacht und konnte von dort in Schöpfeimern hochgezogen werden. Der äußere Zugang zum Tunnel wurde durch eine Steinmauer versperrt, welche die Ausgräber ins 12. Jhdt. v. Chr. datiert haben. Y. Yadin hat jedoch aus neuen Tatsachen, die im Verlauf der 1960 in Megiddo durchgeführten Ausgrabungen ans Licht kamen, den Schluß gezogen, daß die Anlage in die letzten Jahre Salomos oder in den Anfang der Regierungszeit Rehabeams (10. Jhdt. v. Chr.) zu datieren ist. In der kanaanäischen Zeit und später gebaute Tunnelanlagen sind in Etham (Judäa) und Jibleam im Jesreeltal entdeckt, aber nicht genügend erforscht worden, so daß sie sich nicht mit Sicherheit datieren lassen.

(3) Gibeon (el-ǧīb): Außer dem oben erwähnten riesigen Reservoir entdeckte I. B. Pritchard in Gibeon kürzlich einen weiteren Schacht. Er fiel schräg zu einer Quelle in einer Höhle ab, in der Wasser vom Felsen tropfte. Einem Tunnel ähnlich waren Stufen ausgehohlt, ausgenommen im mittleren Teil, der ein tiefer, von Steinplatten überdeckter Graben war. Längs des Tunnels wurden in regelmäßigen Abständen kleine Tonlampen entdeckt, die den Weg der Wasserholer beleuchteten. Die Ausgräber datierten diesen Tunnel in das 10. Jhdt. v. Chr.

Die meisten der soeben beschriebenen Wassertunnel wurden gegen Ende der späteren kanaanäischen und in der israelitischen Zeit gebaut. Bedenkt man die Primitivität der Werkzeuge, die den Gräbern zur Verfügung standen, so kann man die für ihre Erstellung aufgewandte Mühe und Arbeit ermessen. Der Ursprung dieses Wasserversorgungssystems ist unbekannt; aufgrund der Entdeckung zweier ähnlicher Wassertunnel in Mykene und Athen, die den palästinensischen Tunneln zeitlich vorangehen (man hat sie ins 13./12. Jhdt. v. Chr. datiert), vermuten viele Forscher heute, daß die Tunnelgrabungstechnik in der Mitte oder am Ende der Bronzezeit von Griechenland nach Palästina gelangte. Man kann die Tunnel in zwei Typen einteilen: der eine verkürzte die Entfernung von der Quelle zu den Verbrauchern und leitete das Wasser, um es zugänglicher zu machen, zum Fuß eines Schachts; der andere war ein Tunnel, den die Wasserholer passierten, um zur tiefer gelegenen Quelle selbst zu gelangen.

3. Hellenistische und römische Periode: Eine weitere umwälzende Neuerung im Wasserversorgungssystem der palästinensischen Städte begann in der hellenistischen Zeit und wurde zur Hauptsache während der Römerzeit benutzt. Es war dies die Einführung des langen Aquädukts, d. h. eines offenen, gut verputzten Kanals, der Wasser durch etwas Gefälle über eine

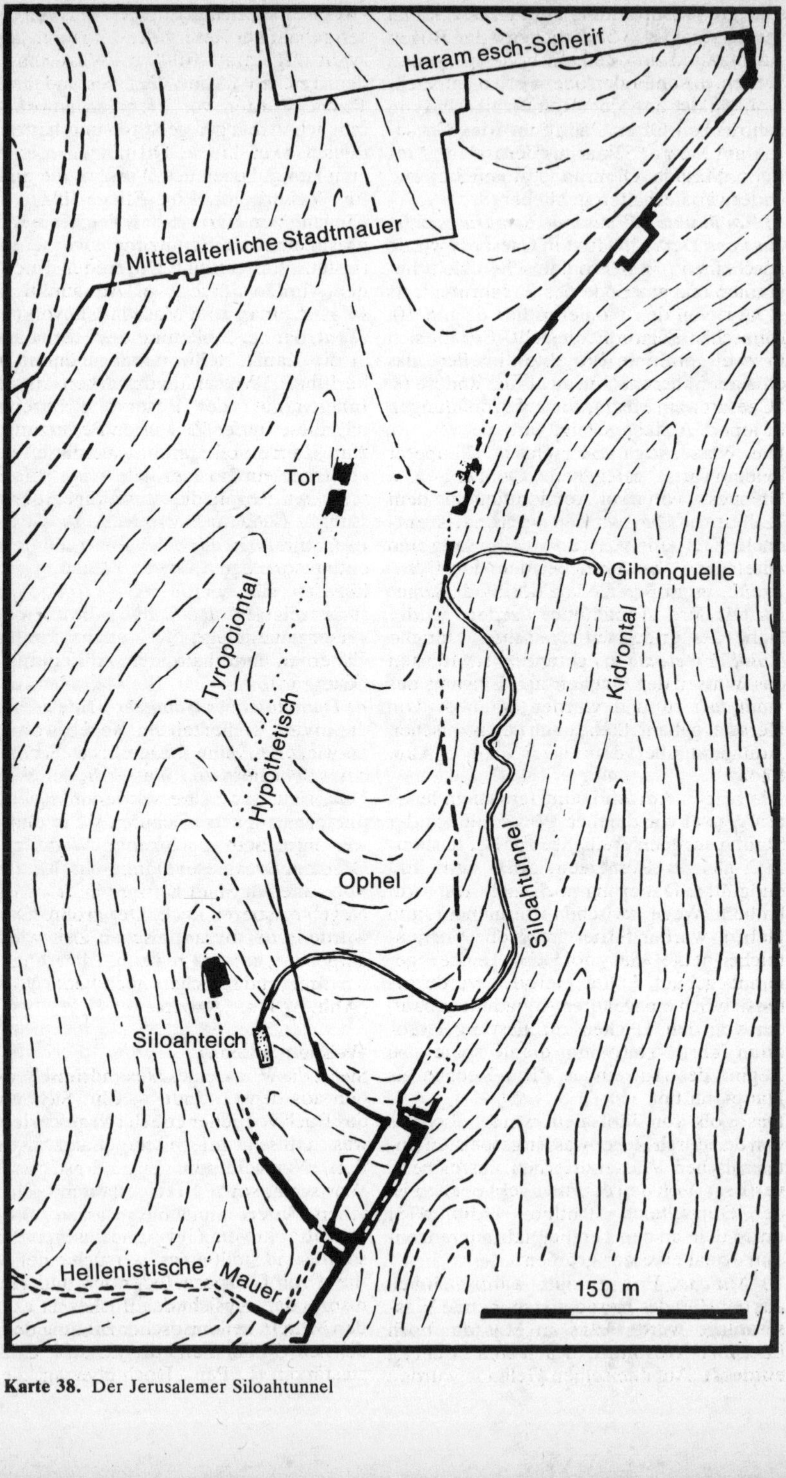

Karte 38. Der Jerusalemer Siloahtunnel

sehr große Entfernung leitete. Der Kanal wurde zum Teil von Brücken oder Bogen gestützt und zum Teil, an höhergelegenen Stellen, in den Boden oder Felsen gehauen. Aquädukte aus der Römerzeit sind an zahlreichen Orten Palästinas wie *Caesarea am Meer, *Samaria, *Jerusalem, *Jericho, Masada, Qumran (s. unten 3 c) und anderwärts erhalten geblieben.

a) Aquädukte in Caesarea, Samaria und Jerusalem: Der Aquädukt in Caesarea wurde anscheinend in Herodianischer Zeit begonnen und am Ende des 2. Jahrhunderts n. Chr. von den Pionieren der 6. und 10. römischen Legion hergestellt. Er läßt sich in zwei getrennte Projekte einteilen, das eine auf höherem Niveau als das andere (s. *Caesarea am Meer), wie auf Abbildungen in jenem Artikel gezeigt wird.

Das Wasser kam von mehrere Kilometer landeinwärts gelegenen Quellen. Die Überreste von zwei Aquädukten aus dem 2. Jhdt. n. Chr. wurden in Samaria entdeckt. Der eine war ca. 4400 m lang und leitete von *'ēn-ḥorān* bei dem Dorf *'en-unsūb,* in größerer Nähe der Stadt Samaria. Andere Aquädukte wurden in der Nähe des griechisch-römischen *Jericho (*tulūl abū el-'alā'iq*) gefunden sie führten das Wasser der Quellen am Eingang des *wādi qelt* zu und wurden offenbar von Herodes gebaut. Siehe auch den römischen Aquädukt über dem *wādi nu'ēme* **Abb. 874.**

Die beiden Aquädukte in Jerusalem leiteten Wasser von einer ca. 30 km südlich der Stadt gelegenen Stelle her zu. Beide stammen aus der Römerzeit, doch steht ihre endgültige Datierung noch nicht fest. Auf halbem Wege zwischen Bethlehem und Hebron wurden ferner drei große Vorratsteiche, heute »Salomonische Teiche« genannt, gebaut. Unter Herodes wurde offensichtlich ein weiterer Aquädukt gebaut, der von den Teichen zur Festung Herodium führte. Herodium diente später, zu Beginn des Aufstandes, *Bar-Kochba als Hauptquartier.

Das Volk von Jerusalem wurde überdies von den durch Regenwasser gespeisten unterirdischen Wasserzisternen ausreichend versorgt. Von den erhalten gebliebenen ist der Doppelteich Struthion **(Abb. 875)** unter dem an den Tempelplatz angrenzenden Areal eine der größten.

b) Masada: Eine riesige, wahrscheinlich aus der Zeit des Herodes stammende Wasseranlage wurde 1956 in Masada, hoch über der Westküste des Toten Meeres, entdeckt. Auf demselben Gelände wurden zwei Reihen riesiger, in den massiven Felsen gehauener Reservoire entdeckt, die aus zwölf insgesamt 40000 m^3 Wasser fassenden Teichen **(Abb. 877)** bestanden. Die Teiche wurden vor Fremden soweit wie möglich verborgen gehalten und hatten lediglich zwei kleine Öffnungen, die eine zum Hereinlassen des Wassers, die andere für Wasserholer. Eine Stiege führte vom Eingang zum Grund des Teiches und ermöglichte seine Benutzung auch bei niedrigstem Wasserstand. Die beiden Teichreihen wurden durch zwei Aquädukte versorgt, die man vom Masada-Canyon (*wādi sāba*), der zur Ableitung des Hochwassers in die Kanäle teilweise abgedämmt war, herführte. Wasserstandsmarken auf dem Innenverputz der Reservoire bezeugen, daß diese in der Zeit ihrer Benutzung bis zum Rande voll waren. Auf diese Weise versorgte ein einziger, allerdings seltener, schwerer Regen die Verteidiger der Festung Masada für einige Jahre mit Wasser.

c) Qumran: In *ḫirbet qumrān,* dem Aufenthaltsort der Qumran-Gruppe, wurde kürzlich ein kompliziertes Aquäduktsystem freigelegt **(Abb. 876)**; ihre Wasserversorgungsanlage füllte acht verputzte Zisternen innerhalb der Ansiedlung (s. *Qumran).

d) Dammbau der Nabatäer: Die Nabatäer, die in der Römerzeit im Negeb wohnten, entwickelten eine beachtliche Fertigkeit beim Speichern von Wasser in der Wüste. Um sich die Überschwemmungsfluten nutzbar zu machen, bauten sie in den unweit ihrer Städte gelegenen Wadis große Dämme. Drei dieser Dämme im *wādi kurnub* nahe der Stadt Kurnub im nördlichen Negeb existieren noch. Der größte Damm wurde in der byzantinischen Zeit wiederaufgebaut; er ist 11 m hoch, 24 m lang und 8 m breit und speichert noch heute Wasser (**Abb. 878**; s. *Nabatäer).

Weisheit Salomos

Sie ist das Werk eines alexandrinischen Juden aus dem 1. Jhdt. v. Chr. Sicher war das Buch von jeher griechisch geschrieben, was typisch griechische Satzkonstruktion, Wortverbindungen und griechischer Wortschatz sowie Vertrautheit mit griechischen Sitten annehmen lassen. Es ist durchtränkt vom Geist griechischer Philosophie und stellt einen Versuch einer Synthese von Diaspora-Judentum und Hellenismus dar. Absicht des Buches ist es, mit den Mitteln hellenistischer Bildung den jüdischen Glauben und die jüdische Geduld zu stärken (L. Pap). Doch überragt die le-

bendig personale Gottesidee des Buches der Weisheit, das darin die Botschaft des Propheten *Hosea aufgreift und sie ins Universale weiterführt, bei weitem die der griechischen Philosophie.
Mit dem üblichen literarischen Kunstgriff der Zeit wird Salomo als der Autor dieses Buches ebenso wie als Autor der *Sprüche und des Buches *Prediger angesehen und als der größte Vertreter jener Weisheit gepriesen, die die Menschheit leiten soll und die eine solch wichtige Rolle in der jüdischen Geschichte gespielt hat. Unter anderem handelt das Buch von Gottes Universalismus, der Präexistenz der Seele (ein Gedanke, der griechischem Gedankengut entliehen wurde) und einer Unsterblichkeit, die nach dem Tode ohne Zwischenzustand folgt. Das religiöse Gedankengut, das in dem Buch ausgedrückt wird, gehört zum Vortrefflichsten, was während jener Zeit entstanden ist und findet noch Widerhall im NT.

Weisheitsliteratur

Gliederung: 1. Wesen und Aufgabe der Weisheitsliteratur. 2. Gattungen hebräischer Weisheitsliteratur. 3. Geschichte der Weisheitsliteratur. 4. Anliegen der Weisheitsliteratur. 5. Mythologie und Symbolik. 6. Die Bibel und die Weisheitsliteratur des Nahen Ostens. 7. Das Weisheitsbuch des Achikar.

Die Weisheitsliteratur oder die Schriften der »Weisen« bildet eine Gruppe innerhalb des dritten Hauptteils des Alten Testaments unter der Bezeichnung »Schriften« oder »Hagiographa«. Zu den biblischen Weisheitsschriften gehören: das Buch der *Sprüche, *Job, *Prediger und die sogenannten Weisheitspsalmen (32, 34, 19–22, 37, 49, 73, 94 und 127). Auch anderswo in der Bibel finden sich Weisheitselemente. Nachbiblische Schriften sind in den sog. Apokryphen (s. *Deuterokanonische Bücher und Apokryphen) und den minaischen ›Pirke Abbot‹ (›Sprüche der Väter‹) zusammengefaßt.

1. Wesen und Aufgabe der Weisheitsliteratur: Es war die Aufgabe der »Weisheits«-Autoren, ihre Leser mit einem Wegweiser für die praktische Lebensführung zu versehen. Im Grunde ist Weisheit die Kunst, im Leben voranzukommen und Erfolg zu haben. Wahre Weisheit ist göttlich (Spr 3, 19). Neuere Forschungen haben nachgewiesen, daß die Weisheit eine sehr große Rolle im Alltagsleben gespielt hat und wie sehr sie dem Lehren und Wirken der Priester und Propheten verwandt war. Aufgabe des Priesters war es, das Volk in religiösen Dingen zu unterrichten und es darin zu führen. Den Propheten oblag die Verkündung des Wortes Gottes, das er ihnen geoffenbart hatte (*dābār*); und die Weisen (*ḥākām*) bewahrten und lehrten die Schätze uralter Weisheit über das menschliche Dasein. Dabei befaßten sie sich ebensosehr mit praktischen Einzelfragen wie mit Grundprinzipien der Lebensführung. Alle drei »Stände« haben einander wechselseitig beeinflußt. Dabei bildeten und bewahrten sie jedoch ihre jeweils eigentümliche literarische Tradition, die im Kanon der Bibel erhalten geblieben ist. Die Weisheitsliteratur blieb vom spezifischen Gedankengut der Priester und Propheten verhältnismäßig wenig beeinflußt. Dagegen hat J. Lindblom Anzeichen eines recht deutlichen Einflusses der »Weisheit« und der »Weisen« in den Lehren der Propheten festgestellt. »Weise« beriefen sich im Gegensatz zu den Propheten nicht auf göttliche Offenbarung. »Weisheit« hatte man aus der Erfahrung zu lernen. Sie diente dazu, hebräische Ideale im Alltag zu verwirklichen. Daher ermöglicht die Weisheitsliteratur der Bibel auch einen wertvollen Einblick in die hebräische Psychologie. Man hat ihre Lehrer, die Weisen, die »hebräischen Humanisten« genannt. Es ist auch verständlich, daß zwischen ihnen und den Propheten – zumindest in vorexilischer Zeit – gewisse Spannungen bestanden haben.

2. Gattungen hebräischer Weisheitsliteratur: Innerhalb der hebräischen Weisheitsliteratur lassen sich zwei Hauptgattungen erkennen. Die eine war lehrhaft, profanweisen und konservativen Charakters; sie ist durch kurze, pointierte Sätze gekennzeichnet. Dieser Stil findet sich im Buch der *Sprüche (ausgenommen lediglich ein Beitrag daraus), in den Reden der Freunde Jobs und in den Psalmen (34, 12–22; 37; 127). Er bedient sich der allgemeinen literarischen Formen der internationalen Weisheitsliteratur (s. unten 6).
Die andere Gattung bestand eher aus Reflexionen, die sich mit dem metaphysischen Sinn des Lebens befaßten. Sie war mehr skeptisch und weniger strenggläubig ausgerichtet. Diese Haltung findet sich in den Worten Agurs (Spr. 30, 1–4; s. *Sprüche [Buch]) und in den poetischen Teilen des Buches *Job ausgedrückt, wo sich Job bemüht, seinen Glauben an Gott wiederherzustellen, selbst als die gesamte sittliche Ordnung des Weltalls zusammengebrochen zu sein scheint. (Im Vergleich zu den

heidnischen Parallelen erhält die hebräische Weisheitsliteratur, und da besonders das Buch Job, ihre größte Durchschlagskraft durch ihre Betonung der Notwendigkeit eines unerschütterlichen Gottesglaubens.) Das Musterbeispiel dieser Gattung ist das Buch *Prediger, dessen Verfasser sich von der Suche nach dem letzten Sinn des Lebens, wie es in allen übrigen biblischen Schriften verstanden wird, gänzlich abgewandt zu haben scheint.

Große Teile der hebräischen Weisheitsliteratur lassen eine unverhohlene utilitaristische Einstellung erkennen. R. Gordis teilt die Ansicht L. Finkelsteins, der glaubt, daß derartige Schriften die Geisteshaltung der jüdischen Oberschicht repräsentieren, die im Grunde konservativ ist und sich letztlich mit dem Status quo zufriedengibt. Wenn sie den wirtschaftlichen Wohlstand besonders betont, so ist dies keinesfalls ein Zeichen minderer moralischer Prinzipien. Vielmehr sieht sie im materiellen Erfolg den Lohn moralischen Wohlverhaltens, während Armut in ihren Augen zu den größten Übeln zählt, die dem Menschen zustoßen können. Man findet nur wenige Hinweise auf den Bund mit Gott, auf die Rolle Gottes in der Menschheitsgeschichte, auf die Juden als das auserwählte Volk, auf den Tag des Herrn oder einen Messias aus dem Stamme Davids. Rechtschaffenheit und Gerechtigkeit wird hier in ähnlichen Begriffen erwähnt, wie sie in der Weisheitsliteratur anderer Völker gebräuchlich sind (s. unten 6). Doch bei genauerer Betrachtung zeigt es sich, daß selbst die »utilitaristischsten« Prinzipien (s. *Sprüche) mit den dem Volk Israel eigentümlichen religiösen und sittlichen Grundsätzen durchsetzt sind. Der scheinbare Widerspruch läßt sich teilweise darauf zurückführen, daß sich die Entwicklung der Weisheitsliteratur in verschiedenen Etappen vollzogen hat.

3. Geschichte der Weisheitsliteratur: Bis zur Zeit des frühen Königtums hatte sich so etwas wie eine eigene Gesellschaftsklasse von »Weisen« gebildet (zweifellos gab es auch schon vorher Weise). Der Text bei Jeremia (8, 8) läßt vermuten, daß die Weisen zu seiner Zeit bereits neben den Priestern und Propheten sowohl in der Gesellschaft, in religiösen Kreisen und als Erziehungsfaktor allgemein anerkannt waren (vgl. 2 Sam 8, 17; 20, 25). Die »Hofschreiber« (Sekretäre und Verwalter), die Berater und Ratsherren kamen aus den Kreisen der Weisen (s. *Verfassung, Verwaltung und Staatsformen 2 b). Die Lehrer der Weisheitstradition gehörten wahrscheinlich ebenso wie andere Berufsgruppen zum Hof- und zum Tempelpersonal. Das waren die Schriftgelehrten, die später die Bücher der Könige zusammengestellt haben. (Die Bedeutung Salomos und seiner Zeit für die Entstehung der Weisheitsliteratur wird im Artikel über das Buch der *Sprüche erörtert.)

Weisheitsschriften finden sich innerhalb der nachexilischen biblischen Bücher nur unter den apokryphen Schriften des Ecclesiasticus, in 4 Makk, in 1 Esr 2, 1–4, 63, im Buch Tobit, Baruch 3, 9–4, 4 und in der Weisheit Salomos. Diese Schriften scheinen eine eigene Gattung innerhalb der Weisheitsliteratur darzustellen, die sich formell von den Büchern der klassischen Propheten des AT und den Priesterschriften der nachexilischen Zeit unterscheidet. Im allgemeinen sind die kanonischen Schriften bedeutend älter; selbst Prediger entstand zweihundert Jahre vor Ecclesiasticus und den übrigen oben erwähnten Büchern. Der Tatsache, daß sie in hebräischer Sprache abgefaßt waren, verdanken sie es, noch erhalten geblieben zu sein; ebenso war der Umstand von Nutzen, daß man die Schriften einer alten Heldenpersönlichkeit zuschrieb (vgl. *Job).

In der Zeit zwischen den beiden Testamenten waren die »Weisheits«-Vorschriften bereits ausdrücklich mit der Kenntnis der Thora und des *Gesetzes Israels verbunden (s. *Deuterokanonische Bücher und Apokryphen). Die Schriftgelehrten lehrten ihre »Weisheit« allen, die Muße hatten, zum »Lehrhaus« (Sir 51, 23) zu kommen. Selbst heute bleibt es unklar, weshalb die rabbinischen Synoden wohl die Weisheitsbücher im AT, nicht aber jene in den Apokryphen erhaltenen Schriften in den Kanon aufgenommen haben. Möglicherweise trug der Umstand, daß einige der letzteren Schriften in griechischer Sprache abgefaßt waren, zu der Entscheidung bei.

4. Anliegen der Weisheitsliteratur: Beide Gattungen der Weisheitsliteratur haben gemeinsame Grundzüge. Beide lassen einen gewissen Ordnungssinn erkennen, einen Hang zu einer durch anerkannte Grundsätze geregelten Lebensweise, deren Bahnen durch Belohnung und Strafe von seiten einer allmächtigen Vorsehung festgelegt sind. Die Weisen der vorexilischen Zeit scheinen sich hauptsächlich damit zu befassen, welche Rolle die Weisheit im praktischen Alltagsleben zu spielen hat. »Weisheit« wurde keinesfalls als abstraktes Wissen betrachtet. Vielmehr war es eine Angelegenheit praktisch nutzbarer Ratschläge, die auf der Furcht Gottes (Spr 1, 7) und der Kenntnis der Gebote (2, 1–15) beruhten. Während auch viel profane und kosmopolitische »weltliche Weisheit« darin enthalten ist, vermochten es die jüdischen Lehrer dennoch, mit dieser intellektuellen Tätigkeit auch dem Anliegen eines Lebens »unter dem *Gesetz« zu dienen. Die Berührungspunkte zwischen israelitischer und allgemeiner nahöstlicher Weisheit zeigen, daß es im Hintergrund eine vollentwickelte Weisheitsmythologie gab, die in strenggläubigen Kreisen natürlich unterdrückt wurde; in vorexilischen Texten, wie etwa in Spr 8 und anderen, ist sie jedoch angedeutet.

5. Mythologie und Symbolik: Die Personifizierung der Weisheit, die in Job 28 vorweggenommen ist, stellt in diesem Zusammenhang ein Problem eigener Art dar. Im Text Spr 1, 20–33; 3, 13–20 und 8, 1–36 wird Weisheit zunächst mit einer Frau verglichen, die Männer einlädt, sich zu ihr zu wenden, um von ihr Sicherheit und Belehrung zu empfangen; dann wird sie als der Stolz der Schöpfung Gottes (Spr 8, 27–31) dargestellt. Nach diesem Text entstand die Weisheit mit Gott selbst und war Zeuge des Schöpfungswerkes. Sie hatte ihr »Ergötzen an den Menschenkindern« (8, 31). Die so personifizierte Weisheit könnte sehr wohl den Platz einer ursprünglichen Göttin der Weisheit einnehmen. Den Hebräern schien diese Ausdrucksweise jedoch weniger anthropomorph (der mythologische Hintergrund wird unter dem Stichwort *Sprüche [Buch] erörtert). Keinesfalls sah man die Weisheit als eine eigene, untergeordnete Gottheit. Die Aufzählung der Merkmale der Weisheit sollte lediglich die Menschen darauf aufmerksam machen, auf »sie« zu hören. Diese stilistische Form findet sich durchweg in hebräischer Dichtung. Im Buch Sirach wird die Weisheit mit dem Gesetz identifiziert, in dem Gott sich als Schöpfer und Erlöser offenbart. Diese Begriffe werden später als passend empfunden, um auf Jesus Christus angewendet werden zu können. In der ›Weisheit Salomos‹ (s. *Deuterokanonische Bücher und Apokryphen) findet sich eine Darstellung der Weisheit, die dem sehr nahe kommt, was von späteren Christen eine »Hypostase« genannt wird. Diese Vorstellung der Weisheit als göttliche Aktivität (aber wohl kaum als göttliche Agens) taucht wieder auf, und zwar im Kolosserbrief (1, 15–20) und im Hebräerbrief (1, 3). Manche glauben sogar, diese Grundkonzeption sei als eine der Hauptquellen des Begriffes vom fleischgewordenen Wort bei Johannes anzusehen.

Gott bleibt der Ursprung der Weisheit (Spr. 2, 6), die er ebenso den Geringsten unter seinen Geschöpfen (Spr 6, 6) wie auch dem »weisen« König Salomo (1 Kg 3, 9 und 12) verleiht. Mit der Zeit bildet sich eine anerkannte Wechselbeziehung zwischen geoffenbartem Wissen, wie es in der Thora steht, und dem Wissen heraus, das durch den Menschenverstand allein, also Weisheit, erlangt wird.

6. Die Bibel und die Weisheitsliteratur des Nahen Ostens: Im ganzen Mittleren Osten galt es als eine alte und ehrenvolle Aufgabe, nach Weisheit zu streben. Eine Reihe von Hinweisen in der Bibel (z. B. 1 Kg 4, 30; Jer 49, 7; 50, 35; Ez 28, 2–5; Ob v. 8) deuten darauf hin, daß die Israeliten die Weisheit anderer Länder gekannt und geschätzt haben. Es ist sehr nützlich, die hebräischen Schriften mit der Literatur ihrer Nachbarn, besonders der Sumerer, Babylonier, Ägypter und der Kanaaniter von Ugarit, zu vergleichen. Wie bei den Hebräern, so kann man auch innerhalb deren umfangreicherer Literatur zwei Formen unterscheiden: die didaktische, die gewöhnlich aus einer Reihe von Maximen besteht, und die meditative, die längere Abhandlungen über den Sinn des Lebens enthält und oft eine pessimistische Grundstimmung verrät.

Schon im 2. Jahrtausend v. Chr. gab es bei den Sumerern, den Babyloniern, in Ägypten und in Kanaan eine Spruchliteratur. Die Briefe von El-Amarna und die Texte von Ugarit enthalten schon Sprüche. Indessen glauben viele Bibelwissenschaftler, ganze Abschnitte aus dem Buch der Sprüche (Kap. 8–9) seien einem kanaanitischen Original nachgebildet worden, das zwischen dem 10. und 7. Jhdt. v. Chr. im Umlauf war und auf einen viel früheren, kanaanitischen Ursprung zurückzuführen ist. Von der im Buch *Job erwähnten »Weisheit Edoms« ist nichts erhalten geblieben; ebensowenig ist uns von den ursprünglichen Beispielen der arabischen Literatur überliefert, die einen bedeutenden Einfluß auf die hebräischen Weisheitsbücher ausgeübt haben soll (Spr 30, 1–14 und 30, 1–9 sind arabischen Ursprungs; s. *Sprüche [Buch]). Teile aus Spr. 22–24 haben viel Ähnlichkeit mit den aus dem 12. Jhdt. v. Chr. stammenden Weisheitslehren und Maximen des Amenophis: »Der wahrhaft Schweigende von Abydos.« Man erkennt z. B., daß Spr 22, 17–23, 11 sehr stark dem

ägyptischen Werk gleicht; wobei die Frage offen bleibt, wer hier wen beeinflußt hat. Nach Ansicht der meisten Wissenschaftler dürfte die ägyptische Fassung mit ziemlicher Sicherheit die ursprünglichere sein, wenn auch die Verbindung zwischen beiden möglicherweise eine indirekte ist. E. Drioton glaubt, die ägyptische Version sei eine Übersetzung einer ursprünglich hebräischen Schrift ›Worte der Weisen‹ gewesen, die den Sprüchen unabhängig davon als Vorbild gedient hätten. Jedenfalls ist der betreffende Text im Buch der Sprüche so sehr von echtem hebräischen Glauben und Empfinden erfüllt, daß er eindeutig zur Weisheitsüberlieferung des Alten Testaments gehört.
Man weiß, daß es eine Reihe anderer akkadischer Weisheitssammlungen gegeben hat, die sich in ganz ähnlicher Weise wie die biblischen Schriften mit den wichtigeren menschlichen Grundfragen befaßt haben. Eines dieser Werke war eine Gedichtsammlung: *ludlul-bēl-nīmeqi* (›Lobpreis des Gottes der Weisheit‹), das man einen »mesopotamischen *Job« genannt hat.
7. Das Weisheitsbuch des Achikar: Weisheitsvorschriften, die in einer Reihe von Erzählungen und Parabeln enthalten waren, kannte man bei den späteren Assyrern und Babyloniern ebenso wie in der hebräischen Literatur. Ein typisches Beispiel ist das Buch des Weisen Achikar, eine aramäische Sammlung weiser Aussprüche aus dem 7. oder 6. Jhdt. v. Chr. Dem Buch zufolge war Achikar Sekretär und Siegelbewahrer des Königs Sanherib von Assyrien und seines Sohnes Asarhaddon. Das Buch war zwar aramäisch geschrieben, doch glauben die meisten Wissenschaftler, es sei assyrisch-babylonischen Ursprungs. Das Buch enthält eine Anzahl von Sprüchen und Fabeln aus der Tier- und Pflanzenwelt. Es war in der damaligen Welt weit verbreitet, und man hatte es in mehrere andere Sprachen übersetzt. Man fand unter den Schriften der jüdischen Gemeinde in Elephantine eine aramäische Abschrift eines akkadischen Originals; die dortigen Juden hatten in ihrem Schriftwechsel mit Palästina einige dieser Sprüche zitiert.
Der Einfluß dieses Weisheitsbuches ist in vielen der apokryphen und biblischen Weisheitsschriften wie auch in der talmudischen Literatur – wo sich ähnliche »weise« Aussprüche finden – erkennbar. Seine Vorschriften haben eine Parallele im Buch der Sprüche (besonders Spr 23, 13–14; 25, 15 und 27, 13 passim), wenn auch W. F. Albright freilich darauf hingewiesen hat, daß auf Grund literarischer Kriterien der Inhalt des Buches der Sprüche in die Zeit vor die Entstehung der aramäischen Weisheitssprüche des Weisen Achikar zu datieren ist. Im Buch Tobias wird der Neffe des Tobias, Achikar, als Mundschenk und Siegelbewahrer des Asarhaddon bezeichnet (Tob 1, 21–22).
Während jedoch Israel und die Juden ihren Platz in der internationalen Arena innehatten und obwohl Reste sowohl ägyptischen als auch babylonischen Literaturgutes mit den hebräischen Schriften verglichen werden können, so behauptete doch die Literatur Israels im allgemeinen ihre eigenen charakteristischen Grundzüge, die das religiöse Weltbild der Israeliten widerspiegelten (siehe auch: *Deuterokanonische Bücher und Apokryphen, *Prediger, *Job, *Sprüche und *Psalmen).

Z

Zephanja

Gliederung: 1. Historischer Hintergrund. 2. Botschaft. a) Der Tag Jahwes als Tag des Gerichtes; b) Untergang der Fremdvölker, Hoffnung für den Rest Judas. 3. Bedeutung der eschatologischen Vision Zephanjas.

Zephanja, der neunte unter den Kleinen Propheten des hebräischen Kanons, übte sein Prophetenamt gegen Anfang der Regierungszeit Josias, des Sohnes Amons, aus; wahrscheinlich war er ein Zeitgenosse Jeremias.

1. Historischer Hintergrund: Aufgrund der Tatsache, daß dieses Buch die Reform Josias noch nicht erwähnt, sondern vielmehr auf den ständigen und ungehinderten Verfall des Kultes hinweist, hat man auf die oben angegebene Entstehungszeit geschlossen. Während der Regierungszeit von Ahas, Manasse und Amon ist es einerseits durch den von assyrischen Beherrschern Judas ausgeübten Druck und die natürlichen Auswirkungen fremden kulturellen Einflusses andererseits zu einer Verbreitung der Verehrung fremder Götter gekommen. Andere datieren die Tätigkeit des Propheten Zephanja in die viel spätere Zeit während der Herrschaft Jojachins, des Sohnes Josias.

Das erste Orakel (1, 2–6) enthält eine Aufzählung aller Taten der Untreue und des Abfalls, die das Volk begangen hat: Anbetung des Himmelsheeres (Gestirne) oder des Milkom, Dämonenglaube, ausgesprochene Gottesleugnung oder Gleichsetzung Gottes mit Baal und Kultausübung nach heidnischen Riten. Die Priester dieses synkretistischen Kultes werden *k·marīm* genannt, ein Name, der allein für nicht Strenggläubige, also Heiden, galt. Zephanja spottet über die Verirrung jener, »die sich niederwerfen vor dem Herrn und doch bei Milkom schwören«. Der Prophet bezeichnet vor allem die Angehörigen der Oberschicht als die schlimmen Übeltäter; damit sind vielleicht die Höflinge und Gesellschaftsparasiten aus der Umgebung des Herrschers gemeint, sowie die Minister, die während der Minderjährigkeit des Königs die Regierung innehatten. Es sind jene, »die sich kleiden in fremdländische Kleider«, »die über die Schwelle springen, die das Haus ihres Herrn mit Gewalttat anfüllen«.

Wenn Zephanja die Orte aufzählt, die Mittelpunkte heidnischen Einflusses waren, gibt er damit auch ein lebendiges Bild von den Reichen und ihren Verbindungen mit Ausländern. Er erwähnt die Geschäftsviertel von Jerusalem (1, 10–13), das Fischtor, die Neustadt und die Mulde, wo Silberhändler Juda in die Maschen der heidnischen Welt lockten.

Indem er das unter Manasse begünstigte Heidentum angreift, trug Zephanja (wie auch Jeremia) weitgehend dazu bei, den Boden für jene große Reform zu bereiten, die Josia durchführte, sobald er die Macht im Staate übernommen hatte.

2. Botschaft: *a) Der Tag Jahwes als Tag des Gerichtes:* Die einleitenden Sätze bauen eine dramatische Spannung auf, ehe die Ankündigung des Tages des Herrn (1, 14 ff) erfolgt. Der Tag des Gerichtes bedroht Juda. Dieses Thema hatten frühere Propheten wie Amos und Jesaja bereits behandelt. Zephanja beschreibt eine Katastrophe sehr großen Ausmaßes, in der sich nicht nur Juda, sondern die ganze Welt dem Zorngericht des Herrn beugen wird. Früher hatte man vermutet, die Beschreibung des kommenden Unglücks sei auf die Invasionen der Skythen (630–625 v. Chr.) gerichtet, die das Land vom Kaspischen Meer aus über weite Strecken des Nahen Ostens verwüsteten. Wenn man auch nicht nachweisen kann, daß dies tatsächlich der Fall gewesen ist, so haben doch die Ergebnisse neuester Forschungen gezeigt, welch wichtige Rolle die Skythen in den Wirren der damaligen Zeit gespielt haben. Vielleicht hatte Zephanja auch kein tatsächliches Ereignis vor Augen, sondern kündigte lediglich den Tag des allgemeinen Jüngsten Gerichtes an, den die Völker durch ihre Sünden herbeiführen. Anders als Jeremia, der voraussagte, das endgültige Verhängnis nehme im Norden seinen Anfang, macht Zephanja keinerlei geographische Angaben. Sein Bild, das er vom Niedergang des assyrischen Reiches macht, weist auch auf einen Zeitpunkt dafür hin, und dies unmittelbar vor dem Zusammenbruch des großen Reiches, das dem Druck der Meder und Babylonier, möglicherweise auch der Skythen (s. *Assyrien und Israel; *Babylon und Israel), nicht mehr standzuhalten vermochte.

b) Untergang der Fremdvölker, Hoffnung für den Rest Judas: Vor dem Hintergrund des Tages des Herrn und der allgemeinen Weltkatastrophe (1, 2–8) predigt Ze-

phanja die Hoffnung auf Judas Errettung, die in sofortiger und echter Reue liegt (2, 1–3). Die Völker, die Juda umgeben und es bedrohen, sind jedoch zum Untergang verdammt (2, 4–15): die Philister, die Moabiter, die Amoniter sowie Äthiopien und Assyrien – niemand wird dem Gericht Gottes entgehen (s. unten).
Die Hauptsorge des Propheten gilt jedoch Juda. Das Volk hat keine Reue gezeigt (3, 1–7). Die Verderbtheit seiner Führer hat auch auf das Volk übergegriffen. Sie werden alle für ihre Sünden büßen müssen. Der Herr wird in seiner Gerechtigkeit nichtsdestoweniger dem Rest, der gerecht sein wird, die Rettung anbieten (3, 8–13 ff). Diese Vorstellung eines Restes, der aus dem Gericht Gottes gezüchtigt und gewandelt hervorgeht, entspricht ganz der des Jesaja. Zephanja fährt dann fort und jubelt über den Ruhm Israels, da der Herr in seiner Mitte zu Jerusalem wohne und alle aus der Gefangenschaft heimkehren und Juda Ruhm und Ehre erlangt hat in den Augen aller Völker (3, 14–20).
3. Bedeutung der eschatologischen Vision Zephanjas: Der Gegensatz zwischen den unheilschwangeren Weissagungen der ersten zweieinhalb Kapitel und der abschließenden eschatologischen Schau (3, 14–20) hat viele Wissenschaftler zu dem Schluß verleitet, der zweite Teil stamme aus der Zeit der Restauration (s. *Restauration und Perserzeit, Esra und Nehemia). Aber die Bilder vom Tag des Herrn und vom schließlichen Triumph Israels, die Zephanja in diesem Text heraufbeschwört, beziehen sich auf laufende Ereignisse und nicht auf irgend etwas in ferner Zukunft. Er bringt die Wiederherstellung Israels mit dem Strafgericht Gottes über die Feinde in Zusammenhang. Und die Namen jener Feinde – die Philister, Ägypter, die Ammoniter, die Moabiter und die Assyrer – stehen in keiner unmittelbaren oder logischen Verbindung zur nachexilischen Epoche (Assyrien bestand nicht mehr). Zudem war eine Vision von der Sammlung des wiederhergestellten Restes von Israel in der Zeit, da Zephanja als Prophet wirkte, ebenfalls von aktueller Bedeutung. Denn das Nordreich Israel war bereits zerstört und viele seiner Bewohner im Exil. Ihr Rest konnte Schutz und Trost unter den Glaubenstreuen in Juda finden (3, 8–13 ff). Viele Propheten hatten vor ihm die Gefangenschaft vorausgesagt, und seine Trostbotschaft bildet ein bekanntes Thema innerhalb der Bibel. Sein Orakel im 2. Kapitel (13 ff) schaut auf die Zerstörung Ninives zurück (s. *Assyrien und Israel), das als verlassene Ruine beschrieben wird. Hier stellt er ein Ereignis der Vergangenheit vor Augen, um zu zeigen, daß Gott in die Weltgeschichte eingreifen kann. Zephanja war, wie *Ezechiel, Nahum und Habakuk, Zeuge bedeutender Ereignisse, die das politische Leben des Nahen Ostens gegen Ende des 7. und am Anfang des 6. Jhdts. v. Chr. umgestaltet und die Zerstörung Jerusalems und die Gefangenschaft eingeleitet haben (s. *Israel und Juda 5).

Verzeichnis der Karten des dritten Bandes

Anhang

Abb. 879 (oben). Ruinen der alten Nabatäerstadt Avdat in der Wüste Negev

Abb. 880 (unten). Tempel des kanaanitischen Gottes Baal in Baalbek

Abb. 881 (nächste Doppelseite). Die alte Synagoge in Kapharnaum, 2. Jhdt. n. Chr.

Abb. 882 (oben). Grab des Lazarus in Bethanien

Abb. 883 (unten). Ruinen in Kapharnaum

Abb. 884 (nächste Seite). Straße der Statuen in Caesarea

Abb. 885. Die Hirtenfelder bei Bethlehem

Abb. 886. Blick auf Nazareth

Abb. 887. Golgatha

Abb. 888. Magdala am See Genezareth, der Heimatort Maria Magdalenas

Bibliographie

Gliederung

I. Abkürzungsverzeichnis
1. Abkürzungen der Kommentare
2. Abkürzungen der wichtigsten Reihen und Zeitschriften

II. Literatur zu den Schriften des Alten Testamentes
1. Textausgaben, Konkordanzen, Apokryphen und Lexika
2. Einleitungen in das Alte Testament
3. Pentateuch
4. Gattungen der israelitischen Erzählung
5. Gattungen des israelitischen Rechts
6. Form- und Überlieferungsgeschichte
7. Jahwistisches Geschichtswerk
8. Elohistisches Geschichtswerk
9. Priesterschrift
10. Deuteronomium
11. Das sog. Deuteronomistische Geschichtswerk
12. Das Buch Josua
13. Das Buch Richter
14. Die Samuelbücher
15. Die Königsbücher
16. Chronikbücher
17. Esra und Nehemia
18. Das Buch Ruth
19. Das Buch Jona
20. Das Buch Esther
21. Gattungen der prophetischen Rede
22. Israels Propheten
23. Amos
24. Hosea
25. Micha
26. Jesaja (1–39)
27. Zephanja
28. Nahum
29. Habakuk
30. Jeremia
31. Ezechiel
32. Obadja
33. Deuterojesaja (Jes 40–55)
34. Tritojesaja (Jes 56–66)
35. Haggai
36. Sacharja
37. Joel
38. Maleachi
39. Deutero- und Tritosacharja
40. Zur hebräischen Poesie
41. Das Buch der Psalmen
42. Gattungen der israelitischen Weisheit
43. Das Buch der Sprüche Salomos
44. Das Buch Job
45. Das Buch Prediger (Koheleth)
46. Die Klagelieder
47. Das Hohe Lied
48. Daniel
49. Das Buch Baruch
50. Das Buch Tobias
51. Das Buch Judith
52. Die Makkabäerbücher (I–II)
53. Das Buch der Weisheit Salomos
54. Das Buch Jesus Sirach

III. Literatur zu den Schriften des Neuen Testamentes
1. Einleitungswissenschaft
2. Matthäusevangelium
3. Markusevangelium
4. Lukasevangelium
5. Johannesevangelium
6. Apostelgeschichte
7. Römerbrief
8. 1.–2. Korintherbrief
9. Galaterbrief
10. Epheserbrief
11. Philipperbrief
12. Kolosserbrief
13. 1.–2. Thessalonicherbrief
14. Philemonbrief
15. Pastoralbriefe
16. Hebräerbrief
17. Jakobusbrief
18. 1.–2. Petrusbrief
19. Judasbrief
20. 1.–3. Johannesbrief
21. Johannesapokalypse

IV. Religion und Theologie des Alten und Neuen Testamentes
1. Geschichte der israelitischen Religion
2. Theologie des Alten Testamentes
3. Theologie des Neuen Testamentes

V. Geschichte der Bibel und ihrer Umwelt
1. Geschichte Israels
2. Neutestamentliche Zeitgeschichte
3. Gesamtdarstellungen. Geschichte und Kultur des alten Orients
4. Sumerer
5. Babylonien und Assyrien
6. Ägypten
7. Hethiter
8. Aramäer
9. Philister
10. Phönikien und seine Städte
11. Kanaan und Ugarit
12. Persien
13. Hellenismus
14. Rom

VI. Geographie und Archäologie
1. Atlanten
2. Geographie
3. Handbücher zur biblischen Altertumskunde
4. Texte
5. Archäologie
6. Ai
7. Arad
8. Asdod
9. Askalon
10. Beer-Seba
11. Bethel
12. Bethlehem
13. Beth-Sean
14. Beth-Semes
15. Caesarea am Meer
16. Ekron
17. En-Gedi

18. Gerasa
19. Gezer
20. Hazor
21. Hebron
22. Jericho
23. Jerusalem
24. Lachis
25. Megiddo
26. Samaria
27. Sichem

VII. Ausgewählte Themen
1. Ehe und Familie
2. Feste und Feiertage
3. Heiliger Krieg
4. Heiligtümer und Höhenheiligtümer
5. Jesus
6. Kriegführung und Waffen
7. Landnahme
8. Opfer
9. Patriarchen
10. Priester und Leviten
11. Qumran
12. Sabbat
13. Tempel

I. Abkürzungsverzeichnis

1. Abkürzungen der Kommentare

AB	The Anchor Bible, Garden City, N. Y.
ATD	Das Alte Testament Deutsch, Göttingen
BAT	Die Botschaft des Alten Testaments, Stuttgart
BC	Biblischer Commentar über das AT, Leipzig
BK	Biblischer Kommentar, AT, Neukirchen
BNTC	Black's NT Commentaries, London
BOut	De Boeken van het Oude Testament, Roermond en Maaseik
CAT	Commentaire de l'Ancien Testament, Neuchâtel
CB	The Century Bible, London-Edinburgh
CGTC	Cambridge Greek Testament Commentary, Cambridge
Charles	The Apocrypha and Pseudepigrapha of the OT in English . . . edited in Conjunction with many Scholars by R. H. Charles, London
CNT	Commentaire du NT, Neuchâtel-Paris
EB	Echter-Bibel, Würzburg
EH	Exegetisches Handbuch zum AT, Münster
EK	Einzelkommentar
EtBi	Etudes Bibliques, Paris
HAT	Handbuch zum AT, Tübingen
HerderB	Herders Bibelkommentar, Freiburg i. Br.
HK	Handkommentar zum AT, Göttingen
HNT	Handbuch zum NT, Tübingen
HS	Die Heilige Schrift des AT, Bonn
HSAT	Die Heilige Schrift des AT (Kautzsch), Tübingen
HThK	Herders Theologischer Kommentar zum NT, Freiburg i. Br.
IB	The Interpreter's Bible, New York, Nashville (Tenn.)
ICC	The International Critical Commentary, Edinburgh
JB	La sainte Bible, traduite en français sous la direction de l'Ecole Biblique de Jérusalem, Paris
Kahana	Kahana, Tel Aviv
KAT[1]	Kommentar zum AT, Leipzig
KAT[2]	Kommentar zum AT, Gütersloh
KeH	Kurzgefaßtes exegetisches Handbuch zum AT, Leipzig
KHC	Kurzer Hand-Commentar zum AT, Freiburg-Leipzig-Tübingen
LStB	L. Pirot & A. Clamer: La Sainte Bible, Paris
Meyer	Kritisch exegetischer Kommentar über das NT, begründet von H. A. W. Meyer, Göttingen
Moffatt	The Moffatt New Testament Commentary, London
Montserrat	La Biblia. Versio dels textos originals i comentari pels monjos de Montserrat, Montserrat
NIC	The New International Commentary, London
NTD	Das Neue Testament Deutsch, Göttingen
RNT	Regensburger NT, Regensburg
SAT	Die Schriften des AT, Göttingen
SB	La Sacra Bibbia, Turin-Rom
ThHK	Theologischer Handkommentar zum NT, Leipzig-Berlin
Torch	Torch Bible Commentaries, London
Ty	Tyndale NT Commentaries, London
UB	Die urchristliche Botschaft. Eine Einführung in die Schriften des NT, Hamburg
Zahn	Kommentar zum NT, hrsg. von Th. Zahn, Leipzig
ZB	Zürcher Bibelkommentare, Zürich

2. Abkürzungen der wichtigsten Reihen und Zeitschriften

AA	Archäologischer Anzeiger
AASOR	Annual of the American School of Oriental Research
ABR	Australian Biblical Review
AcOrB	Acta Orientalia Budapest
AcOrH	Acta Orientalia Havniae
AcRBelg	Académie Royale de Belgique
ActArch	Acta Archaeologica
ADAJ	Annual of the Department of Antiquities of Jordan
ÄgA	Ägyptologische Abhandlungen
AfO	Archiv für Orientforschung
AJA	American Journal of Archaeology
AJSL	American Journal of Semitic Languages and Literatures
AnBib	Analecta Biblica

Ang	Angelicum
AnglTR	Anglican Theological Review
AnLov	Analecta Lovaniensia Biblica et Orientalia
AnOr	Analecta Orientalia
Ant	Antiquity
Anth	Anthropos
Arch	Archaeology
ArOr	Archiv Orientalni
ARW	Archiv für Religionswissenschaft
AS	Asiatische Studien
AsbSem	The Asbury Seminarian
ASTI	Annual of the Swedish Theological Institute
AtA	Alttestamentliche Abhandlungen
ATANT	Abhandlungen zur Theologie des Alten und Neuen Testaments
AusBiR	Australian Biblical Review
BA	The Biblical Archaeologist
BASOR	The Bulletin of the American School of Oriental Research
BBB	Bonner Biblische Beiträge
BEvt	Beiträge zur Evangelischen Theologie
BFChTh	Beiträge zur Förderung Christlicher Theologie
BHTh	Beiträge zur Historischen Theologie
Bib	Biblica
BiBe	Biblische Beiträge
BIES	The Bulletin of the Israel Exploration Society
BibO	Bibbia e Oriente
BIFAO	Bulletin de l'Institut Français d'Archéologie Orientale
BiLe	Bibel und Leben
BiLi	Bibel und Liturgie
BiOr	Bibliotheca Orientalis
BiR	Biblical Research
BJPES	Bulletin of the Jewish Exploration Society
BJRL	The Bulletin of the John Rylands Library
BMusBeyr	Bulletin du Musée de Beyrouth
BRL	Biblisches Reallexikon
BSt	Biblische Studien, Neukirchen
BSt(F)	Biblische Studien, Freiburg
BTS	Bible et Terre Sainte
BWANT	Beiträge zur Wissenschaft vom Alten und Neuen Testament
BZ	Biblische Zeitschrift
BZAW	Beihefte zur ZAW
BZNW	Beihefte zur ZNW
Cath	Catholica
CB	Cahiers de Byrsa
CBQ	The Catholic Biblical Quarterly
CGC	Catalogue Général des Antiquités égyptiennes du Musée de Caire
ClassPh	Classical Philology
CRAI	Comtes Rendus de l'Académie des Inscriptions et Belles Lettres
DBS	Dictionnaire de la Bible, Supplément
DThC	Dictionnaire de la théologie catholique
EA	Erbe und Auftrag
EBB	Encyclopaedia biblica
EncArteAntOr	Enciclopedia Universale dell'Arte Antica e Orientale
Eranos	Eranos Jahrbuch

ET	The Expository Time
ETL	Ephimerides Theologicae Lovanienses
Evid	Evidences
EvT	Evangelische Theologie
FF	Forschungen und Fortschritte
FrancLA	Studii Biblici Franciscani. Liber Annuus
FRLANT	Forschungen zur Religion und Literatur des Alten und Neuen Testamentes
HUCA	The Hebrew Union College Annual
IEJ	Israel Exploration Journal
Interpr	Interpretation
IrTQ	The Irish Theological Quarterly
JAAR	Journal of the American Academy of Religion
JAOS	The Journal of American Oriental Society
JAs	Journal Asiatique
JBL	The Journal of Biblical Literature
JBR	The Journal of Bible and Religion
JEA	The Journal of Egyptian Archaeology
JEOL	Jaarbericht van het Vooraziatisch Egyptisch Genotschap Ex Oriente Lux
JHS	Journal of Hellenic Studies
JJS	The Journal of Jewish Studies
JNES	The Journal of Near Eastern Studies
JPOS	The Journal of the Palestine Oriental Society
JQR	The Jewish Quarterly Review
JRAS	Journal of the Royal Asiatic Society of Great Britain and Ireland
JRH	Journal of Religious History
JSS	The Journal of Semitic Studies
JTS	The Journal of Theological Studies
Jud	Judaica
KeDo	Kerygma und Dogma
KlSchr	Kleine Schriften (Eißfeldt; Noth)
Lg	Language
MIOr	Mitteilungen des Instituts für Orientforschung
MJ	The Museum Journal
Mus	Le Muséon
MUSJ	Mélanges de l'Université Saint Joseph
MüTZ	Münchener Theologische Zeitschrift
NChIr	Nouvelles Chrétiennes d'Israel
NRT	Nouvelle Revue Théologique
NT	Novum Testamentum
NtA	Neutestamentliche Abhandlungen
NTS	New Testament Studies
OLZ	Orientalische Literaturzeitung
Or	Orientalia
OrAnt	Oriens Antiquus
OTMSt	The Old Testament and Modern Studies, ed. H. H. Rowley
OTS	Oudtestamentische Studien
PEFA	Palestine Exploration Fund Annual
PEFQS	Palestine Exploration Fund Quarterly Statements

PEQ	The Palestine Exploration Quarterly
PJ	Palästina Jahrbuch
Prot	Protestantesimo
PWRE	Pauly-Wissowa, Realenzyklopädie
RA	Revue d'Assyriologie et d'Archéologie Orientale
RAC	Reallexikon für Antike und Christentum
RArch	Revue d'Archéologie
RB	Revue Biblique
RBib	Revista Biblica (Buenos Aires)
RBibIt	Revista Biblica (Italiana)
REJ	Revue des Etudes Juives
RH	Revue Historique
RHittAs	Revue Hittite et Asianique
RHPhilRel	Revue d'Histoire et de Philosophie Religieuses
RHR	Revue de l'Histoire des Religions
RQumran	Revue de Qumran
RScPhilT	Revue des Sciences Philosophiques et Théologiques
RScRel	Revue des Sciences Religieuses
RSOr	Rivista degli Studi Orientali
RSR	Recherches de Science Religieuse
Saec	Saeculum
SAH	Sitzungsberichte der Heidelberger Akademie der Wissenschaften
SAL	Sitzungsberichte der Sächsischen Akademie der Wissenschaften zu Leipzig
SBT	Studies in Biblical Theology
SEA	Svensk Exegetisk Arsbok
Sef	Sefarad
Sém	Sémitica
SKGG	Schriften der Königsberger Gelehrten Gesellschaft
SKHVL	Skrifter utgivna av kungl. Humanistiska Vetenskapssamfundet i Lund
SNVAO	Skrifter utgitt av Det Norske Videnskaps-Akademi i Oslo
SOr	Studia Orientalia
SP	Sacra Pagina
SS	Studi Semitici
ST	Studia Theologica
StANT	Studien zum Alten und Neuen Testament
StBibOr	Studia Biblica et Orientalia
StBSt	Stuttgarter Bibelstudien
StZ	Stimmen der Zeit
Sum	Sumer
Syr	Syria
Tarb	Tarbiz
TB	Theologische Bücherei
TerS	Terra Santa
TGl	Theologie und Glaube
ThStKr	Theologische Studien und Kritiken
ThW	Theologisches Wörterbuch zum NT
TLZ	Theologische Literaturzeitung
TQ	Tübinger Theologische Quartalschrift
TR	Theologische Revue
TRu	Theologische Rundschau
TS	Theological Studies
TSt	Theologische Studien
TTZ	Trierer Theologische Zeitschrift
TZ	Theologische Zeitschrift
VD	Verbum Domini
VT	Vetus Testamentum
VTS	Supplements to Vetus Testamentum
WMonANT	Wissenschaftliche Monographien zum Alten und Neuen Testament
WO	Die Welt des Orients
WUNT	Wissenschaftliche Untersuchungen zum Neuen Testament
WZHalle	Wissenschaftliche Zeitschrift der Martin-Luther-Universität
WZJena	Wissenschaftliche Zeitschrift der Universität Jena
ZA	Zeitschrift für Assyriologie und vorderasiatische Archäologie
ZAW	Zeitschrift für die Alttestamentliche Wissenschaft
ZÄS	Zeitschrift für ägyptische Sprache und Altertumskunde
ZDMG	Zeitschrift der Deutschen Morgenländischen Gesellschaft
ZDPV	Zeitschrift des Deutschen Palästinavereins
ZKT	Zeitschrift für Katholische Theologie
ZNW	Zeitschrift für die Neutestamentliche Wissenschaft
ZRelGg	Zeitschrift für Religion und Geistesgeschichte
ZST	Zeitschrift für Systematische Theologie
ZTK	Zeitschrift für Theologie und Kirche

II. Literatur zu den Schriften des Alten Testamentes

1. Textausgaben, Konkordanzen, Apokryphen und Lexika

Textausgaben

H. B. Swete: The Old Testament in Greek, Cambridge 1887–1891

H. v. Soden: Die Schriften des NT in ihrer ältesten erreichbaren Textgestalt II, Göttingen 1913

Septuaginta. Vetus Testamentum Graecum. Auctoritate Societatis Litterarum Gottingensis editum, Göttingen 1931ff

S. C. E. Legg: Novum Testamentum Graece secundum textum Westcotto-Hortianum, Oxford (Mk) 1935, (Mt) 1940

A. Huck-H. Lietzmann: Synopse der drei ersten Evangelien, Tübingen [10]1950

H. J. Vogels: Novum Testamentum Graece et Latine, Freiburg i. Br. [4]1955

A. Merk: Novum Testamentum Graece et Latine, Rom [8]1957

R. Kittel (Hrsg.): Biblia Hebraica, Stuttgart [13]1962

A. Rahlfs (Hrsg.): Septuaginta, Stuttgart [7]1962 (Neuauflage in Vorbereitung)

E. Nestle-K. Aland: Novum Testamentum Graece, Stuttgart [25]1963

K. Aland: Synopsis Quattuor Evangeliorum, Stuttgart 1964

J. Schmid: Synopse der drei ersten Evangelien. Mit Beifügung der Johannes-Parallelen, Regensburg [4]1964

C. Tischendorf: Novum Testamentum Graece. Editio octava critica maior, Leipzig 1869 bis 1872, Neudruck 1965

A. Frhr. v. Gall: Der Hebräische Pentateuch der Samaritaner, Gießen 1918, Neudruck 1966

Konkordanzen

Calwer Bibelkonkordanz, Stuttgart [3]1922

E. Hatch-H. Redpath: A Concordance to the Septuagint and the other Greek Versions of the OT, Graz [2]1954

S. Mandelkern: Veteris Testamenti Concordantiae hebraice atque chaldaice, Graz [2]1955

Elberfelder Bibel-Konkordanz, Elberfeld 1957

G. Lisowsky-L. Rost: Hebräische Wortkonkordanz, Stuttgart 1958

Bremer Biblische Handkonkordanz, Bremen [2]1959

A. Schmoller: Handkonkordanz zum griechischen NT, Stuttgart [13]1963

W. F. Moulton-A. S. Geden: A Concordance to the Greek New Testament, Edinburgh [4]1963

Apokryphen

E. Hennecke: Ntl. Apokryphen, Tübingen-Leipzig [2]1924

O. Blumenthal: Formen und Motive in den apocryphen Apostelgeschichten, Leipzig 1933

C. C. Torrey: The Apocryphical Literature. A Brief Introduction, New Haven 1946

J. Jeremias: Unbekannte Jesusworte, Gütersloh 1951

J. Bonsirven: Genres littéraires dans la littérature juive postbiblique, Bib 35 (1954) 328–345

B. M. Metzger: An Introduction to the Apocrypha, New York 1957

W. Michaelis: Die apokryphen Schriften zum NT, Bremen [2]1958

W. Schneemelcher-E. Hennecke: Ntl. Apokryphen in dt. Übersetzung, Tübingen [3]1959

W. C. van Unnik: Evangelien aus dem Nilsand, Frankfurt 1960

E. Kautzsch: Die Apokryphen und Pseudepigraphen des AT, Darmstadt [2]1962

P. Riessler: Altjüdisches Schrifttum außerhalb der Bibel, Darmstadt [2]1966

O. Karrer: Altchristliche Erzählungen, München 1967

J. B. Bauer: Die neutestamentlichen Apokryphen, Düsseldorf 1968

Lexika

F. Vigouroux (Hrsg.): Dictionnaire de la Bible, Paris 1895–1912

T. K. Chayne – J. Black (Hrsg.): Encyclopaedia Biblica 1899–1903

Jüdisches Lexikon, Berlin 1927–1930

Encyclopaedia Judaica, Charlottenburg 1928 bis 1934

L. Pirot (Hrsg.): Dictionnaire de la Bible, Supplément, Paris 1928ff

K. Galling: Bibl. Reallexikon, Tübingen 1937

Harper's Bible Dictionary, New York 1952

W. Corswant: Dictionnaire d'Archéologie Biblique, Neuchâtel-Paris 1956

Calwer Bibellexikon, Stuttgart 1959

J. E. Steinmüller-K. Sullivan: Catholic Biblical Encyclopedia, New York 1959

B. Reicke-L. Rost: Biblisch-historisches Handwörterbuch, Göttingen 1962–1966

Enciclopedia de la Biblia, Barcelona 1963

Encyclopaedia Biblica, Jerusalem 1965–1967

Encyclopaedia Hebraica, Jerusalem-Tel Aviv

R. J. R. J. Zwi Werblowsky-G. Wigoder (Hrsg.): The Encyclopedia of the Jewish Religion, Jerusalem-Tel Aviv 1966

H. Haag: Bibellexikon, Einsiedeln-Zürich-Köln [2]1968

2. Einleitungen in das Alte Testament

S. R. Driver: An Introduction to the Literature of the Old Testament, Edinburg 1891; [9]1913 (1961); Einleitung in die Litteratur des Alten Testaments, hrsg. J. W. Rothstein, Berlin 1896

W. W. Graf Baudissin: Einleitung in die Bücher des Alten Testamentes, Leipzig 1901

K. Budde: Geschichte der althebräischen Litteratur, Leipzig 1906; [2]1909

H. Gunkel: Die israelitische Literatur, in: Kultur der Gegenwart, hrsg. Hinneberg I, 7, Leipzig 1906, 51ff; [2]1925, 53ff = Einzeldruck Darmstadt 1963

E. Sellin: Einleitung in das Alte Testament, Leipzig 1910; [7]1935; hrsg. L. Rost, Heidelberg [8]1950

C. Steuernagel: Lehrbuch der Einleitung in das Alte Testament mit einem Anhang über die Apokryphen und Pseudepigraphen, Tübingen 1912

J. A. Bewer: The Literature of the Old Testament, New York 1922; [2]1933 (1957)

J. Hempel: Die althebräische Literatur und ihr hellenistisch-jüdisches Nachleben, Wildpark-Potsdam 1930–1934; Berlin [2]1968

O. Eissfeldt: Einleitung in das Alte Testament unter Einschluß der Apokryphen und Pseudepigraphen, Tübingen 1934; ... sowie der apokryphen und pseudepigraphen Qumran-Schriften ^{2}1956; ^{3}1964
W. O. E. Oesterley und Th. H. Robinson: An Introduction to the Books of the Old Testament, London 1934 (1958)
A. Weiser: Einleitung in das Alte Testament, Stuttgart 1939; Göttingen ^{6}1966
R. H. Pfeiffer: Introduction to the Old Testament, New York (und London) 1941 (1957)
A. Bentzen: Introduction to the Old Testament I–II, Kopenhagen ^{2}1952 (^{4}1958)
A. Lods: Histoire de la littérature hebraique et juive depuis les origins jusqu'à la ruine de l'état juif (135 après J.-C.), Paris 1950
H. H. Rowley: The Old Testament and Modern Study, Oxford (1951) 1956
H. H. Rowley, ed: The Old Testament and Modern Study. A Generation of Discovery and Research, Oxford 1951 (1961)
C. Kuhl: Die Entstehung des Alten Testaments, München 1953; hrsg. G. Fohrer ^{2}1960
A. Robert und A. Feuillet: Introduction à la Bible I. Introduction générale. Ancien Testament par P. Auvray et al., Tournai 1957; ^{2}1959; Einleitung in die Heilige Schrift I, Wien, Freiburg, Basel 1963
G. W. Anderson: A Critical Introduction to the Old Testament, London 1959 (1960)
J. Scharbert: Das Sachbuch zur Bibel, Aschaffenburg 1965
(Sellin-)L. Rost: Einleitung in das Alte Testament, Heidelberg ^{9}1959
(Bewer-)E. G. Kraeling: The Literature of the Old Testament, New York und London ^{3}1962
(Sellin-)G. Fohrer: Einleitung in das Alte Testament, Heidelberg ^{10}1965
R. Mayer: Einleitung in das Alte Testament I-II, München 1965–1967
J. Schreiner: Wort und Botschaft. Eine theologische und kritische Einführung in die Probleme des Alten Testaments, Würzburg 1967
O. Kaiser: Einleitung in das Alte Testament, Gütersloh 1969

3. Pentateuch
H. Holzinger: Einleitung in den Hexateuch, Freiburg und Leipzig, 1893, 25ff
C. A. Simpson: The Early Traditions of Israel, Oxford 1948, 19ff
O. Eissfeldt: Die neueste Phase in der Entwicklung der Pentateuchkritik, TRu 18 (1950), 91ff, 179ff und 267ff
C. R. North: Pentateuchal Criticism, OTMSt, Oxford 1951 (1961), 48ff
R. de Vaux: A propos du second centenaire d'Atruc, réflexions sur l'état actuel de la critique du Pentateuque, VTS I. Leiden 1953
M. Noth: Überlieferungsgeschichte des Pentateuch, Stuttgart ^{3}1966, 20ff
Kommentare
Gn) KeH Dillmann ^{6}1892
KHC Holzinger 1898
HK Gunkel ^{3}1910 (= ^{7}1966)
SAT Gunkel ^{2}1921
KAT^{1} Proksch $^{2-3}$1924
HS Heinisch 1930
ICC Skinner ^{2}1930 (1956)
ATD v. Rad 1949ff ($^{4-8}$1967)
AB Speiser 1964
BK Westermann 1966 ff
EK Delitzsch 1887
König $^{2-3}$1925
Cassuto I (hebr. 1944 =) 1961, II (1949 =) 1964
Ex) KeH Dillmann-Ryssel (Ex-Lev) ^{3}1897
KHC Holzinger 1900
HK Baentsch (Ex-Num) 1903
SAT Gressmann (Ex-Dtn) ^{2}1922
HS Heinisch 1934
HAT Beer-Galling 1939
ATD Noth ^{4}1968
Lev) KHC Bertholet 1901
HS Heinisch 1935
ATD Noth ^{2}1966
HAT Elliger 1966
CB Snaith (Lev-Num) 1967
Num) KeH Dillmann ^{2}1886
ICC Gray 1903 (1956)
KHC Holzinger 1903
HS Heinisch 1936
ATD Noth 1966
Dtn) KeH Dillmann ^{2}1886
KHC Bertholet 1899
ICC Driver ^{3}1902 (1951)
KAT^{1} König 1917
HK Steuernagel ^{2}1923
HS Junker 1933
ATD v. Rad ^{2}1968

4. Gattungen der israelitischen Erzählung
H. Gunkel: Genesis, HK I, 1, Göttingen ^{7}1966, VII ff
ders.: Die israelitische Literatur, in: Kultur der Gegenwart I, 7, Leipzig 1925 = Einzelnachdruck Darmstadt 1963, 15ff
A. Jolles: Einfache Formen, Halle 1930 = Tübingen ^{2}1958
W. Richter: Traditionsgeschichtliche Untersuchungen zum Richterbuch, BBB 18, Bonn ^{2}1966, 345ff
J. Hempel: Geschichten und Geschichte im Alten Testament bis zur persischen Zeit, Gütersloh 1964, 60ff
C. Westermann: Arten der Erzählung in der Genesis, in: Forschung am Alten Testament, TB 24, München 1964, 9ff
K. Koch: Was ist Formgeschichte? Neukirchen ^{2}1967, 182ff

5. Gattungen des israelitischen Rechts
L. Köhler: Die Hebräische Rechtsgemeinde (1931), in: Der Hebräische Mensch, Tübingen 1953, 143ff
A. Alt: Die Ursprünge des israelitischen Rechts, SAL 86 (1934) = Kleine Schriften I, München ^{3}1963, 278ff
M. Noth: Die Gesetze im Pentateuch, SKGG 17 (1940) 2 = Gesammelte Studien zum Alten Testament, TB 6, München ^{3}1966, 9ff
D. Daube: Studies in Biblical Law, Cambridge 1947
ders.: The Exodus Pattern in the Bible, London 1963
J. J. Stamm: Der Dekalog im Lichte der neueren Forschung, Bern und Stuttgart ^{2}1962
F. Horst: Gottes Recht. Gesammelte Studien zum Recht im AT, TB 12, München 1961
E. Gerstenberger: Wesen und Herkunft des »apo-

diktischen Rechts« (Diss. ev. theol. Bonn 1961), WMonANT 20, Neukirchen 1965
H. Graf Reventlow: Kultisches Recht im Alten Testament, ZTK 60 (1963) 267 ff
G. Fohrer: Das sogenannte apodiktisch formulierte Recht und der Dekalog, KeDo 11 (1965) 49ff
G. J. Botterweck: Form- und überlieferungsgeschichtliche Studie zum Dekalog, Concilium 1 (1965) 392–401
D. J. McCarthy: Der Gottesbund im Alten Testament, StBSt 13, Stuttgart 1966
H. Gese: Der Dekalog als Ganzheit betrachtet, ZTK 64 (1967), 121ff
H. Schulz: Das Todesrecht im Alten Testament, Diss. theol. Marburg 1967 (= BZAW 1969)

6. Form- und Überlieferungsgeschichte

A. Alt: Der Gott der Väter, BWANT III, 12, Stuttgart 1929 = Kl. Schriften I, 1ff
G. v. Rad: Das formgeschichtliche Problem des Hexateuch, BWANT IV, 26, Stuttgart 1938 = Gesammelte Studien zum Alten Testament, TB 8, München ³1965, 9ff
M. Noth: Überlieferungsgeschichte des Pentateuch, Stuttgart ³1966
A. Weiser: Einleitung, Göttingen ⁶1966, 79ff
A. Jepsen: Zur Überlieferungsgeschichte der Vätergestalten, WZ Leipzig 3 (1953/54), Festschrift A. Alt, 139ff
C. Westermann: Arten der Erzählung in der Genesis, in: Forschung am Alten Testament, TB 24, München 1964, 9ff
S. Herrmann: Die prophetischen Heilserwartungen im Alten Testament, BWANT V, 5, Stuttgart 1965, 64ff
H.-J. Zobel: Stammesspruch und Geschichte, BZAW 95, Berlin 1965
H. Seebass: Der Erzvater Israel, BZAW 98, Berlin 1966
H. Weidmann: Die Patriarchen und ihre Religion im Licht der Forschung seit Julius Wellhausen, FRLANT 94, Göttingen 1968

7. Jahwistisches Geschichtswerk

M. Noth: Überlieferungsgeschichtliche Studien, Halle 1943 = Tübingen (Darmstadt) ³1967, 180ff, 211ff
ders.: Überlieferungsgeschichte des Pentateuch, Stuttgart 1948 = Stuttgart (Darmstadt) ³1966, 20ff, 256ff
G. Hölscher: Geschichtsschreibung in Israel. Untersuchungen zum Jahvisten und Elohisten, SKHVL 50, Lund 1952, 20ff
O. Eissfeldt: Die Genesis der Genesis, Tübingen ²1961
S. Mowinckel: Tetrateuch, Pentateuch, Hexateuch. Die Berichte über die Landnahme in den drei altisraelitischen Geschichtswerken, BZAW 90, Berlin 1964
ders.: Erwägung zur Pentateuch-Quellenfrage (Oslo), 1964
G. Fohrer: Einleitung in das Alte Testament, Heidelberg 1965, 159ff, 173ff
R. Kilian: Die vorpriesterlichen Abrahams-Überlieferungen, BBB 24, Bonn 1966
G. v. Rad: Der Anfang der Geschichtsschreibung im alten Israel, AfK 32 (1944), 1ff = Gesammelte Studien zum Alten Testament, TB 8, München ³1965, 148ff
ders.: Theologie des Alten Testaments I, München ⁵1965, 62ff
M.-L. Henry: Jahwist und Priesterschrift, ATh I, 3, Stuttgart 1960
H. W. Wolff: Das Kerygma des Jahwisten, EvT 24 (1964), 73ff = Gesammelte Studien zum Alten Testament, TB 22, München 1964, 345ff
O. Eissfeldt: Hexateuch-Synopse, Darmstadt ²1962

8. Elohistisches Geschichtswerk

O. Procksch: Das nordhebräische Sagenbuch. Die Elohimquelle, Leipzig 1906
P. Volz und W. Rudolph: Der Elohist als Erzähler – ein Irrweg der Pentateuchkritik? BZAW 63, Gießen 1933
W. Rudolph: Der »Elohist« von Exodus bis Josua, BZAW 68, Berlin 1938
O. Eissfeldt: Die Komposition von Exodus 1–12. Eine Rettung des Elohisten, ThBl 18 (1939) 224ff = Kleine Schriften II, Tübingen 1963, 160ff
M. Noth: Überlieferungsgeschichte des Pentateuch, Stuttgart ³1966, 40ff, 247ff
G. Hölscher: Geschichtsschreibung in Israel, SKHVL 50, Lund 1952, 136ff
S. Mowinckel: Erwägungen zur Pentateuch Quellenfrage, Oslo 1964, 59ff

9. Priesterschrift

G. v. Rad: Die Priesterschrift im Hexateuch, BWANT IV, 13, Stuttgart und Berlin 1934
P. Humbert: Die literarische Zweiheit des Priester-Codex in der Genesis, ZAW 58 (1940/41) 30ff
M. Noth: Überlieferungsgeschichtliche Studien, Tübingen ³1967, 180ff
ders.: Überlieferungsgeschichte des Pentateuch, Stuttgart ³1966, 7ff, 259ff
K. Elliger: Sinn und Ursprung der priesterlichen Geschichtserzählung, ZTK 49 (1952) 121ff = Kleine Schriften zum Alten Testament, TB 32, München 1966, 174ff
R. Rendtorff: Die Gesetze in der Priesterschrift, FRLANT 62, Göttingen ²1963
K. Koch: Die Eigenart der priesterschriftlichen Sinaigesetzgebung, ZTK 55 (1958) 36ff
G. v. Rad: Theologie I, München ⁵1966, 245ff
K. Koch: Die Priesterschrift von Exodus 25 bis Leviticus 16, FRLANT 71, Göttingen 1959
M.-L. Henry: Jahwist und Priesterschrift, ATh I, 3, Stuttgart 1960, 20ff
W. Zimmerli: Sinaibund und Abrahambund. Ein Beitrag zum Verständnis der Priesterschrift, TZ 16 (1960) 268ff = Gottes Offenbarung, TB 19, München 1963, 205ff
S. Mowinckel: Erwägung zur Pentateuch Quellenfrage, Oslo 1964, 9ff
O. Eissfeldt: Hexateuch-Synopse, Darmstadt ²1962
R. Smend jr.: Biblische Zeugnisse. Literatur des alten Israel, FB 817, Frankfurt und Hamburg 1967, 88ff

10. Deuteronomium

C. Steuernagel: Der Rahmen des Deuteronomiums, Berlin 1894
ders.: Die Entstehung des deuteronomischen Gesetzes, Berlin ²1901
J. Cullen: The Book of the Covenant in Moab. A

Critical Inquiry into the Original Form of Deuteronomy, Glasgow 1903
A. Klostermann: Der Pentateuch. Beiträge zu seinem Verständnis und seiner Entstehungsgeschichte. Neue Folge, Leipzig 1907
F. Puukko: Das Deuteronomium. Eine literarkritische Untersuchung, BWANT 5, Leipzig 1910
J. Hempel: Die Schichten des Deuteronomiums. Ein Beitrag zur israelitischen Literatur- und Rechtsgeschichte, Leipzig 1914
G. Hölscher: Komposition und Ursprung des Deuteronomiums, ZAW 40 (1922) 161ff
Th. Oestreicher: Das deuteronomische Grundgesetz, BFChTh 27, 4, Gütersloh 1923
ders.: Reichstempel und Ortsheiligtümer in Israel, BFChTh 33,3, Gütersloh 1930
A. C. Welch: The Code of Deuteronomy. A New Theory of its Origin, London 1924
ders.: Deuteronomy. The Framework to the Code, London 1932
M. Löhr: Das Deuteronomium, SKGG Gew.Kl. 1, 6, Berlin 1925
A. Bentzen: Die josianische Reform und ihre Voraussetzungen, Kopenhagen 1926
W. Baumgartner: Der Kampf um das Deuteronomium, TRu 1, 1929, 7ff
G. v. Rad: Das Gottesvolk im Deuteronomium, BWANT III, 11, Stuttgart 1929
ders.: Das formgeschichtliche Problem des Hexateuch, BWANT IV, 26, Stuttgart 1938 = Gesammelte Studien zum Alten Testament, TB 8, München ³1965, 9ff
ders.: Deuteronomium-Studien, FRLANT 58, Göttingen ²1968
F. Horst: Das Privilegrecht Jahwes. Rechtsgeschichtliche Untersuchungen zum Deuteronomium, FRLANT 45, Göttingen 1930 = Gottes Recht, TB 12, München 1961, 17ff
H. Breit: Die Predigt des Deuteronomisten, München 1933
M. Noth: Überlieferungsgeschichtliche Studien, Tübingen ³1967
J. H. Hospers: De Numeruswisseling in het Boek Deuteronomium, Diss. phil. Utrecht 1947
A. Alt: Die Heimat des Deuteronomiums, Kl. Schriften II, München 1953, 250ff
B. Maarsingh: Onderzoek naar de Ethiek van de Wetten in Deuteronomium (Inquiry into the Ethics of the Laws in Dt.), Diss. theol. Utrecht 1961, Winterswijk 1961
O. Bächli: Israel und die Völker. Eine Studie zum Deuteronomium, ATANT 41, Zürich und Stuttgart 1962
G. Minette de Tillesse: Sections »tu« et sections »vous« dans le Deutéronome, VT 12 (1962) 29ff
N. Lohfink: Das Hauptgebot. Eine Untersuchung literarischer Einleitungsfragen zu Dtn 5–11, AnBib 20, Rom 1963
S. Loersch: Das Deuteronomium und seine Deutungen, StBSt 22, Stuttgart 1967
J. G. Plöger: Literarkritische, formgeschichtliche und stilkritische Untersuchungen zum Deuteronomium, BBB 26, Bonn 1967
H. Schulz: Das Todesrecht im Alten Testament, Diss. theol. Marburg 1967
P. Merendino: Das Deuteronomische Gesetz. Eine literarkritische, gattungs- und überlieferungsgeschichtliche Studie zu Dt 12–26, BBB 31, Bonn 1969

11. Das sog. Deuteronomistische Geschichtswerk

M. Noth: Überlieferungsgeschichtliche Studien, Tübingen ³1967
O. Eissfeldt: Geschichtsschreibung im Alten Testament, Berlin 1948
A. Jepsen: Die Quellen des Königsbuches, Halle ²1956
H. W. Wolff: Das Kerygma des deuteronomistischen Geschichtswerks, ZAW 73 (1961) 171ff = Gesammelte Studien zum Alten Testament, TB 22, München 1964, 308ff
E. Jenni: Zwei Jahrzehnte Forschung an den Büchern Josua bis Könige. III. Das deuteronomistische Geschichtswerk, TRu 27 (1961), 97ff

12. Das Buch Josua

A. Alt: Judas Gaue unter Josia, PJ 21 (1925), 100ff = Kl. Schriften II, 276ff
ders.: Das System der Stammesgrenzen im Buche Josua, in: Festschrift Sellin, Leipzig 1927, 13ff = Kl. Schriften I, 193ff
ders.: Josua, in: Werden und Wesen des Alten Testaments, BZAW 66 (1936), 13ff = Kl. Schriften I, 176ff
W. Rudolph: Der »Elohist« von Exodus bis Josua, BZAW 68 (Berlin 1938)
M. Noth: Überlieferungsgeschichtliche Studien, Halle 1943 = Tübingen ³1967, 40ff
S. Mowinckel: Zur Frage nach dokumentarischen Quellen in Josua 13–19, ANVAO II (1946), Oslo 1946
C. A. Simpson: The Early Traditions of Israel, Oxford 1948
M. Noth: Überlieferungsgeschichtliches zur zweiten Hälfte des Josuabuches, in: Festschrift F. Nötscher, BBB 1, Bonn 1950, 152ff
G. Hölscher: Geschichtsschreibung in Israel, SKHVL 50, Lund 1952
E. Jenni: Zwei Jahrzehnte Forschung an den Büchern Josua bis Könige. IV. Josuabuch, ThR NF 27 (1961) 118ff

Kommentare

KHC Holzinger 1901
HK Steuernagel ²1923
HS Schulz 1924
NAT Noth ²1953
ATD Hertzberg ³1965
CB Gray 1967

13. Das Buch Richter

K. Budde: Die Bücher Richter und Samuel, ihre Quellen und ihr Aufbau, Gießen 1890
O. Eissfeldt: Die Quellen des Richterbuches, Leipzig 1925
M. Noth: Überlieferungsgeschichtliche Studien, Tübingen ³1967
ders.: Das Amt des »Richters Israels«, in: Festschrift A. Bertholet, Tübingen 1950, 404ff
G. Hölscher: Geschichtsschreibung in Israel, SKHVL 50, Lund 1952
C. A. Simpson: Composition of the Book of Judges, Oxford 1957
E. Jenni: Zwei Jahrzehnte Forschung an den Büchern Josua bis Könige. V. Richterbuch TRu 28 (1961) 129ff
W. Beyerlin: Gattung und Herkunft des Rahmens im Richterbuch, in: Tradition und Situation. Festschrift Weiser, Göttingen 1963, 1ff

W. Richter: Traditionsgeschichtliche Untersuchungen zum Richterbuch, BBB 18, Bonn ^{2}1966
ders.: Die Bearbeitungen des »Retterbuches« in der deuteronomischen Epoche, BBB 21, Bonn 1964
ders.: Zu den »Richtern Israels«, ZAW 77 (1965) 40ff

Kommentare

ICC Moore ^{2}1898 (1949)
KHC Budde 1897
HK Nowack 1900
Burney ^{2}1920
EH Zapletal 1923
HS Schulz 1926
ATD Hertzberg ^{3}1965
CB Gray 1967

14. Die Samuelbücher

K. Budde: Die Bücher Richter und Samuel, ihre Quellen und ihr Aufbau, Gießen 1890, 167ff
L. Rost: Die Überlieferung von der Thronnachfolge Davids, BWANT III, 6, Stuttgart 1926 = Das kleine Credo und andere Studien zum Alten Testament, Heidelberg 1965, 199ff
O. Eissfeldt: Die Komposition der Samuelisbücher, Leipzig 1931
M. Noth: Überlieferungsgeschichtliche Studien, Tübingen ^{3}1967, 54ff
E. Jenni: Zwei Jahrzehnte Forschung an den Büchern Josua bis Könige. VI. Samuelbuch, TRu 27 (1961) 136ff
F. Mildenberger: Die vordeuteronomistische Saul-David-Überlieferung, Diss. ev. theol. Tübingen 1962
A. Weiser: Samuel. Seine geschichtliche Aufgabe und religiöse Bedeutung, FRLANT 81, Göttingen 1962
ders.: Die Legitimation des Königs David. Zur Eigenart und Entstehung der sogen. Geschichte von Davids Aufstieg, VT 16 (1966), 325ff
L. Delekat: Tendenz und Theologie der David-Salomo-Erzählung, in: Festschrift Rost, BZAW 105, Berlin 1967, 26ff
H. J. Stoebe: Gedanken zur Heldensage in den Samuelbüchern, ebd., 208ff

Kommentare

HK Nowack 1902
KHC Budde 1902
ICC Smith 1912 (1953)
EH A. Schulz 1919/20
KAT Caspari 1925
HS Leimbach 1936
ATD Hertzberg ^{3}1965

15. Die Königsbücher

I. Benzinger: Jahvist und Elohist in den Königsbüchern, BWANT NF 2, Berlin, Stuttgart und Leipzig 1921
G. Hölscher: Das Buch der Könige, seine Quellen und seine Redaktion, in: Eucharisterion. Festschrift H. Gunkel, FRLANT 36, 1, Göttingen 1923, 158ff
J. Begrich: Die Chronologie der Könige von Israel und Juda und die Quellen des Rahmens der Königsbücher, BHTh 3, Tübingen 1929
M. Noth: Überlieferungsgeschichtliche Studien, Tübingen ^{3}1967, 66ff
G. von Rad: Die deuteronomistische Geschichtstheologie in den Königsbüchern, in: Deuteronomium-Studien, FRLANT 58, Göttingen ^{2}1948, 51ff
G. Hölscher: Geschichtsschreibung in Israel SKHVL 50, Lund 1952
A. Jepsen: Die Quellen des Königsbuches, Halle ^{2}1956
E. Janssen: Juda in der Exilszeit, FRLANT, 69, Göttingen 1956, 12ff
G. Fohrer: Elia, ATANT (31) 53, Zürich ^{2}1958
E. Jenni: Zwei Jahrzehnte Forschung an den Büchern Josua bis Könige. VII. Königsbücher, TRu 27 (1961), 142ff
A. Jepsen und R. Hanhart: Untersuchungen zur israelitisch-jüdischen Chronologie, BZAW 88, Berlin 1964
J. Debus: Die Sünde Jerobeams. Studien zur Darstellung Jerobeams und der Geschichte des Nordreichs in der deuteronomistischen Geschichtsschreibung, FRLANT 93, Göttingen 1967
O. H. Steck: Überlieferung und Zeitgeschichte in den Elia-Erzählungen, WMonANT 26, Neukirchen 1968

Kommentare

KHC Benzinger 1899
HK Kittel 1902
EH Šanda 1911/12
HS Landersdorfer 1927
ICC Montgomery-Gehman 1951
BK Noth 1964 ff
EK J. Gray 1964

16. Chronikbücher

G. von Rad: Das Geschichtsbild des chronistischen Werkes, BWANT IV, 3, Stuttgart 1930
ders.: Die levitische Predigt in den Büchern der Chronik, in: Festschrift O. Procksch, Leipzig 1934, 113ff = Gesammelte Studien zum Alten Testament, TB 8, München ^{3}1965, 248ff
A. C. Welch: The Work of the Chronicler. Its Purpose and its Date, London 1939
M. Noth: Überlieferungsgeschichtliche Studien, Tübingen ^{3}1967, 110ff
J. G. Botterweck: Zur Eigenart der chronistischen Davidgeschichte, TQ 136 (1956) 402ff

Kommentare

KHC Benzinger 1901
HK Kittel 1902
ICC Curtis-Madsen 1910 (1952)
KAT^{1} Rothstein-Hänel I, 1927
HS Goettsberger 1939
ATD Galling 1954 (1958)
HAT Rudolph 1955
CAT Michaeli 1967

17. Esra und Nehemia

E. Meyer: Die Entstehung des Judenthums, Halle 1896
C. C. Torrey: Ezra Studies, Chicago 1910
G. Hölscher: Die Bücher Esra und Nehemia, in: HSAT II, Tübingen ^{4}1923, 491ff
H. H. Schaeder: Esra der Schreiber, BHTh 5, Tübingen 1930
A. S. Kapelrud: The Question of Authorship in the Ezra-Narrative, SNVAO II, 1944, 1, Oslo 1944
H. H. Rowley: The Chronological Order of Ezra and Nehemia, in: I. Goldziher Memorial Volume I, Budapest 1948, 117ff = The Servant of the Lord, Oxford ^{2}1965, 135ff

S. Mowinckel: Erwägungen zum chronistischen Geschichtswerk, TLZ 85 (1960), 1ff
ders.: Studien zu dem Buche Ezra-Nehemia. I. Die nachchronische Redaktion des Buches. Die Listen, SNVAO II. NS 3, Oslo 1964; II. Die Nehemia-Denkschrift, SNVAO II, NS 5, Oslo 1964; III. Die Ezrageschichte und das Gesetz Moses, SNVAO II. NS 7, Oslo 1965
G. v. Rad: Die Nehemia-Denkschrift, ZAW 76 (1964), 176ff = Ges. Studien zum Alten Testament, TB 8, München ³1965, 297ff
U. Kellermann: Nehemia. Quellen, Überlieferung und Geschichte, BZAW 102, Berlin 1967

Kommentare
HK Siegfried 1901
KHC Bertholet 1902
ISS Batten 1949
HAT Rudolph 1949
ATD Galling 1954 (1958)
HS Schneider ⁴1959
CAT Michaeli 1967

18. Das Buch Ruth

H. Gunkel: Ruth, DR 32 (1905) 50ff = Reden und Aufsätze, Göttingen 1913, 65ff
W. E. Staples: The Book of Ruth, AJSL 53 (1936/37), 145ff
P. Humbert: Art et leçon de l'histoire de Ruth, RTPhil 26 (1938) 257ff
H. H. Rowley: The Marriage of Ruth, HThR 40 (1947) 77ff = The Servant of the Lord, Oxford ²1965, 169ff
J. M. Myers: The Linguistic and Literary Form of the Book of Ruth, Leiden 1955
S. Bertman: Symmetrical Design in the Book of Ruth, JBL 84 (1965) 165ff
O. Eissfeldt: Wahrheit und Dichtung in der Ruth-Erzählung, Sal 110, 4, Berlin 1965, 23ff

Kommentare
KHC Bertholet 1898
KAT¹ Rudolph 1939
HAT Haller 1940
ATD Hertzberg 1953 (³1965)
BK Gerleman 1960
KAT² Rudolph 1962
CB Gray 1967
HAT Haller-Würthwein 1969

19. Das Buch Jona

Hans Schmidt: Jona. Eine Untersuchung zur vergleichenden Religionsgeschichte, FRLANT 9, Göttingen 1907
O. Loretz: Herkunft und Sinn der Jonaerzählung, BZ 5 (1961) 18ff
N. Lohfink: Jona ging zur Stadt hinaus (Jona 4, 5), BZ 5 (1961) 185ff
U. Steffen: Das Mysterium von Tod und Auferstehung. Formen und Wandlungen des Jona-Motivs, Göttingen 1963
E. J. Bickerman: Les deux erreurs du prophète Jonas, RHPhilRel 45 (1965), 232ff
H. W. Wolff: Studien zum Jonabuch, BSt 47, Neukirchen 1965

Kommentare
KHC Marti 1904
ICC Bewer 1951
HK Nowack ³1922
KAT¹ Sellin ²⁻³1929
HS Lippl 1937
HAT Robinson ³1964
CAT Keller 1965
ATD Weiser ⁵1967

20. Das Buch Esther

H. Gunkel: Esther, RV II 19/20, Tübingen 1916
J. Hoschander: The Book of Esther in the Light of History, Philadelphia 1923
H. Striedl: Untersuchung zur Syntax und Stilistik des hebräischen Buches Esther, ZAW 55 (1937) 73ff
H. Ringgren: Esther and Purim, SEA 20 (1955) 5ff
R. Stiehl: Das Buch Esther, WZKM 53 (1956), 4ff
S. Thalmon: »Wisdom« in the Book of Esther, VT 13 (1963) 419ff
G. J. Botterweck: Die Gattung des Buches Esther im Spektrum neuerer Publikationen, BiLe 5 (1964) 274ff
G. Gerleman: Studien zu Esther, BSt 48, Neukirchen 1966
W. Dommershausen: Die Estherrollc. Stil und Ziel einer atl. Schrift, Stuttgart 1968

Kommentare
KHC Wildeboer 1898
HK Siegfried 1901
ICC Paton 1908
HAT Haller 1940
HS Schildenberger 1941
ATD Ringgren ²1962
KAT² Bardtke 1963
HAT Haller-Würthwein 1969

21. Gattungen der prophetischen Rede

H. Gunkel: Die Propheten als Schriftsteller und Dichter, in: H. Schmidt: Die großen Propheten, SAT II, 2, Göttingen ²1923, XXXIV ff
L. Köhler: Deuterojesaja (Jesaja 40–55) stilkritisch untersucht, BZAW 37, Gießen 1923
J. Lindblom: Die literarische Gattung der prophetischen Literatur, Uppsala 1924
E. Balla: Die Droh- und Scheltworte des Amos. Leipziger Reformationsprogramm 1926, Leipzig 1926
H. W. Wolff: Die Begründung der prophetischen Heils- und Unheilssprüche, ZAW 52 (1934), 1ff = Gesammelte Studien zum Alten Testament, TB 22, München 1964, 9ff
ders.: Das Zitat im Prophetenspruch, EvTB 4, München 1937 = TB 22, 36ff
J. Begrich: Studien zu Deuterojesaja, BWANT IV, 25, Stuttgart 1938 = TB 20, München 1963
R. B. Y. Scott: The Literary Structure of Isaiah's Oracles, in: Studies in Old Testament Prophecy. Festschrift Th. H. Robinson, Edinburgh 1950, 175ff
G. Fohrer: Die Gattung der Berichte über symbolische Handlungen der Propheten, ZAW 64 (1952), 101ff = Studien zur alttestamentlichen Prophetie, BZAW 99, Berlin 1967, 92ff
E. Würthwein: Der Ursprung der prophetischen Gerichtsrede, ZTK 49 (1952) 1ff
ders.: Kultpolemik oder Kultbescheid?, in: Tradition und Situation. Festschrift Weiser, Göttingen 1963, 115ff
F. Hesse: Wurzelt die prophetische Gerichtsrede im israelitischen Kult?, ZAW 65 (1953) 45ff
E. Pfeiffer: Die Disputationsworte im Buche Maleachi, EvT 19 (1959) 546ff
H. J. Boecker: Redeformen des Rechtslebens im

Alten Testament, WMonANT 14, Neukirchen 1964
F. Horst: Die Visionsschilderungen der alttestamentlichen Propheten, EvT 20 (1960) 193ff
C. Westermann: Grundformen prophetischer Rede, BEvT 31, München ²1964
ders.: Das Heilswort bei Deuterojesaja, EvT 24 (1964) 355ff
ders.: Sprache und Struktur der Prophetie Deuterojesajas, in: Forschung am Alten Testament, TB 24, München 1964, 92ff
E. Gerstenberger: The Woe-Oracles of the Prophets, JBL 81 (1962) 249ff
H. J. Boecker: Bemerkungen zur formgeschichtlichen Terminologie des Buches Maleachi, ZAW 78 (1966) 78ff
R. Rendtorff: Botenformel und Botenspruch, ZAW 74 (1962) 165ff
E. v. Waldow: Der traditionsgeschichtliche Hintergrund der prophetischen Gerichtsreden, BZAW 85, Berlin 1963
G. Wanke: ôj und hôj, ZAW 78 (1966) 215ff
J. H. Hayes: The Usage of Oracles Against Foreign Nations in Ancient Israel, JBL 87 (1968) 81ff

22. Israels Propheten

H. Hölscher: Die Propheten, Leipzig 1914
H. Gunkel: Die Propheten, Göttingen 1917
J. Skinner: Prophecy and Religion, Cambridge 1922
B. Duhm: Israels Propheten, Tübingen ²1922
J. Lindblom: Die literarische Gattung der prophetischen Literatur, Uppsala 1924
A. Jepsen: Nabi, München 1934
A. R. Johnson: The Cultic Prophet in Ancient Israel, Cardiff 1944, ²1962
A. Haldar: Associations of Cult Prophets Among the Ancient Semites, Uppsala 1945
S. Mowinckel: Prophecy and Tradition, Oslo 1946
ders.: Psalmenstudien, Amsterdam 1961 (Oslo 1921–1924)
G. Widengren: Literary and Psychological Aspects of the Hebrew Prophets, Uppsala 1948
H. H. Rowley (Hrsg.): Studies in Old Testament Prophecy, Edinburgh 1950
ders.: The Nature of Old Testament Prophecy in the Light of Recent Study, in: The Servant of the Lord and other Essays, London 1952
G. Fohrer: Neuere Literatur zur alttestamentlichen Prophetie, TRu 19 (1951) 277ff; 20 (1952) 193ff. 295ff
O. Eissfeldt: The Prophetic Literature, in: OTMSt, Oxford 1951 (1961), 115ff
A. C. Welch: Prophet and Priest in Old Israel, Oxford 1953
R. Hentschke: Die Stellung der vorexilischen Schriftpropheten zum Kultus, Berlin 1957
C. Westermann: Grundformen prophetischer Rede, BEvT, München 1960
G. Fohrer: Zehn Jahre Literatur zur alttestamentlichen Prophetie, in: TRu 28 (1961) 1–75. 235–297. 301–374
A. J. Heschel: The Prophets, New York 1962
E. Würthwein (Hrsg.): Tradition und Situation. Studien zur alttestamentlichen Prophetie. Festschrift Weiser, Göttingen 1963
G. Fohrer: Studien zur alttestamentlichen Prophetie, BZAW 99, Berlin 1967

23. Amos

E. Balla: Die Droh- und Scheltworte des Amos. Leipziger Reformationsprogramm 1926
F. Horst: Die Doxologien im Amosbuch, ZAW 47 (1929) 45ff = Gottes Recht, TB 12, München 1961, 155ff
A. Weiser: Die Profetie des Amos, BZAW 53, Gießen 1929
E. Würthwein: Amos-Studien, ZAW 62 (1950) 10ff
V. Maag: Text, Wortschatz und Begriffswelt des Buches Amos, Leiden 1951
A. S. Kapelrud: Central Ideas in Amos, SNVAO II, 1956, 4, Oslo ²1961
ders.: New Ideas in Amos, VTS 15, Leiden 1966, 193ff
G. J. Botterweck: Zur Authentizität des Buches Amos, BZ NF 2 (1958) 176–189
H. Graf Reventlow: Das Amt des Propheten bei Amos, FRLANT 80, Göttingen 1962
R. Smend: Das Nein des Amos, EvT 23 (1963) 404ff
H. W. Wolff: Amos' geistige Heimat, WMonANT 18, Neukirchen 1964
W. H. Schmidt: Die deuteronomistische Redaktion des Amosbuches, ZAW 77 (1965) 168ff

Kommentare

KHC Marti 1904
ICC Harper 1905 (1953)
HK Nowack ³1922
KAT¹ Sellin ²·³1929
HS Theiss 1937
HAT Robinson ³1964
CAT Amsler 1965
ATD Weiser ⁵1967
BK Wolff 1967 ff
EK Wellhausen ⁴1963

24. Hosea

B. Duhm: Anmerkungen zu den zwölf Propheten, Gießen 1911, 18ff = ZAW 31 (1911) 18ff
P. Humbert: Osée la prophète bedouin, RHPhilRel 1 (1921) 97ff
A. Allwohn: Die Ehe des Propheten Hosea in psychoanalytischer Beleuchtung, BZAW 44, Gießen 1926
H. S. Nyberg: Studien zum Hoseabuch, UUA 1935, 6, Uppsala 1935
N. H. Snaith: Mercy and Sacrifice. A Study on the Book of Hosea, London 1953
G. Fohrer: Umkehr und Erlösung beim Propheten Hosea, TZ 11 (1955) 161ff = Studien zur alttestamentlichen Prophetie, BZAW 99, Berlin 1967, 222ff
G. Östborn: Jahwe and Baal, LUA 1, 51, 6 Lund 1956
H. H. Rowley: The Marriage of Hosea, BJRL 39, 1 (1956) 200ff
H. W. Wolff: Hoseas geistige Heimat, TLZ 81 (1956) 83ff = Gesammelte Studien zum Alten Testament, TB 22, München 1964, 232ff
H. Frey: Der Aufbau der Gedichte Hoseas, WuD 5 (1957) 9ff
A. Caquot: Osée et la royauté, RHPhilRel 41 (1962) 123ff
W. Rudolph: Eigentümlichkeiten der Sprache Hoseas, in: Studia biblica et semitica Th. Ch. Vriezen dedicata, Wageningen 1966, 313ff
H. Donner: Israel unter den Völkern, VTS 11, Leiden 1964

E. Jacob: Der Prophet Hosea und die Geschichte, EvT 24 (1964) 281ff

Kommentare

KHC Marti 1904
ICC Harper 1905 (1953)
HK Nowack ^{3}1922
KAT^{1} Sellin $^{2-3}$1929
HS Lippl 1937
HAT Robinson ^{3}1964
BK Wolff ^{2}1965
CAT Jacob 1965
KAT^{2} Rudolph 1966
ATD Weiser ^{5}1967
EK Wellhausen ^{3}1898 (1963)

25. Micha

B. Duhm: Anmerkungen zu den zwölf Propheten, Gießen 1911, 43ff = ZAW 31 (1911) 81ff
H. Gunkel: Der Micha-Schluß, ZS 2 (1924) 145ff
J. Lindblom: Micha literarisch untersucht (Acta Academiae Aboensis Humaniora VI, 2) Abo 1929
K. Elliger: Die Heimat des Propheten Micha, ZDPV 57 (1934) 81ff = Kleine Schriften zum Alten Testament, TB 32, München 1966, 9ff
A. Jepsen: Kleine Beiträge zum Zwölfprophetenbuch 2, ZAW 56 (1938) 96ff
W. Beyerlin: Die Kulttraditionen Israels in der Verkündigung des Propheten Micha, FRLANT 72, Göttingen 1959
E. Hammershaimb: Einige Hauptgedanken in der Schrift des Propheten Micha, ST 15 (1961) 11ff = Some Aspects of Old Testament Prophecy from Isaiah to Malachi, Rosenkilde og Bagger (o. O.), 1966, 29ff
A. S. Kapelrud: Eschatology in the Book of Micah, VT 11 (1961) 392ff
B. Renaud: Structure et attaches littéraires de Michée IV–V, CRB 2, Paris 1964
Th. Lescow: Micha 6, 6–8. Studien zu Sprache, Form und Auslegung, ATh I, 25, Stuttgart 1966

Kommentare

KHC Marti 1904
ICC Smith 1911 (1948)
HK Nowack ^{3}1922
KAT^{1} Sellin $^{2-3}$1929
HS Lippl 1937
HAT Robinson ^{3}1964
ATD Weiser ^{5}1967
EK Ryssel 1887
Wellhausen ^{3}1898 (1963)

26. Jesaja (1–39)

F. Giesebrecht: Beiträge zur Jesajakritik, Göttingen 1890
Th. K. Cheyne: Introduction to the Book of Isaiah, London 1895 = Einleitung in das Buch Jesaja, Gießen 1897
H. Cornill: Die Komposition des Buches Jesaja, ZAW 4 (1884) 83ff
S. Mowinckel: Die Komposition des Jesajabuches Kap. 1–39. AcOr(L) 11 (1933) 267ff
R. B. Y. Scott: The Literary Structure of Isaiah's Oracles, in: Studies in Old Testament Prophecy. Festschrift Th. H. Robinson, Edinburgh 1950, 175ff
S. H. Blank: Prophetic Faith in Isaiah, London 1958
G. Fohrer: Entstehung, Komposition und Überlieferung von Jesaja 1–39, ALOS 3 (1961/62) 3ff = Studien zur alttestamentlichen Prophetie, BZAW 99, Berlin 1967, 113ff
R. Fey: Amos und Jesaja, WMontANT 12, Neukirchen 1963
H. Donner: Israel unter den Völkern, VTS 11, Leiden 1964
B. S. Childs: Isaiah and the Assyrian Crisis, SBT II, 3, London 1967

Kommentare

BC Delitzsch ^{4}1889
HK Duhm ^{5}1967
KeH Dillmann-Kittel ^{6}1898
KHC Marti 1900
ICC Gray 1912 (1956)
EH Feldmann 1925
KAT^{1} Procksch 1930
HS Fischer 1937
ATD Herntrich 1950 (1954)
ZB Fohrer I ^{2}1966; II ^{2}1967
ATD Kaiser I ^{2}1963 (Lit.)
BAT Eichrodt I 1960; II 1967
BK Wildberger 1965 ff
EK König 1926
Kissane I 1941 (1960)
Bentzen 1943

27. Zephanja

B. Duhm: Anmerkungen zu den zwölf Propheten, ZAW 31 (1911) 93ff
G. Gerleman: Zephanja textkritisch und literarisch untersucht, Diss. theol. Lund 1942
J. Ph. Hyatt: The Date and Background of Zephaniah, JNES 7 (1948) 25ff
L. P. Smith und E. L. Lacheman: The Autorship of the Book of Zephaniah, JNES 9 (1950) 137ff
D. L. Williams: The Date of Zephaniah, JBL 82 (1963) 77ff

Kommentare

KHC Marti 1904
ICC Smith 1911 (1948)
HK Nowack ^{3}1922
KAT^{1} Sellin $^{2-3}$1930
HS Junker 1938
HAT Horst ^{3}1964
ATD Elliger ^{6}1967
EK Wellhausen ^{3}1898 (1963)

28. Nahum

H. Gunkel: Nahum 1, ZAW 13 (1893) 223ff
P. Kleinert: Nahum und der Fall Ninives, ThStKr 83 (1910) 501ff
B. Duhm: Anmerkungen zu den zwölf Propheten, Gießen 1911, ZAW 31 (1911) 100ff
P. Humbert: Le problème du livre de Nahoum, RHPhilRel 12 (1932) 1ff
A. Haldar: Studies in the Book of Nahum, UUA (1946) 7, Uppsala u. Leipzig 1947
J. L. Mihelic: The Concept of God in the Book of Nahum, Interpr 2 (1948) 199ff
S. J. de Vries: The Acrostic of Nahum in the Jerusalem Liturgy, VT 16 (1966) 476ff

Kommentare

KHC Marti 1904
ICC Smith 1911 (1948)
HK Nowack ^{3}1922
KAT^{1} Sellin $^{2-3}$1930
HS Junker 1938
HAT Horst ^{3}1964
ATD Elliger ^{6}1967
EK Wellhausen ^{3}1898 (1963)

29. Habakuk

K. Budde: Die Bücher Habakuk und Zephanja, ThStKr 66 (1893) 383ff
ders.: Habakuk, ZDMG 84 (1930) 139ff
J. W. Rothstein: Über Habakkuk, Kap. 1 u. 2, ThStKr 67 (1894) 51ff
W. W. Cannon: The Integrity of Habakkuk cc. 1.2, ZAW 43 (1925) 62ff
C. C. Torrey: Alexander the Great in the Old Testament Prophecies, in: Festschrift K. Marti, BZAW 41, Gießen 1925, 281ff
M. J. Gruenthaner: Chaldeans or Maccedonians? A Recent Theory on the Prophecy of Habakkuk, Bib 8 (1927) 129ff. 257ff
W. Staerk: Zu Habakuk 1,5–11. Geschichte oder Mythos? ZAW 51 (1933) 1ff
P. Humbert: Problèmes du livre d'Habacuc, Mémoires de l'Université de Neuchâtel 18, Neuchâtel 1944
H. Schmidt: Ein Psalm im Buche Habakuk, ZAW 62 (1950) 52ff
E. Nielsen: The Righteous and the Wicked in Habaqquq, StTh 6 (1953) 54ff
W. Vischer: Der Prophet Habakuk, BSt 19, Neukirchen 1958
J. H. Eaton: The Origin and Meaning of Habakkuk 3, ZAW 76 (1964) 144ff

Kommentare

KHC Marti 1904
ICC Ward 1911 (1948)
HK Nowack [3]1922
KAT[1] Sellin [2-3]1930
HS Junker 1938
HAT Horst [3]1964
ATD Elliger [6]1967
EK Duhm 1906
Wellhausen [3]1898 (1963)

30. Jeremia

F. Schwally: Die Reden des Buches Jeremia gegen die Heiden. XXV.XLVI-LI, ZAW 8 (1888) 177ff
B. Stade: Bemerkungen zum Buche Jeremia, ZAW 12 (1892) 276ff
W. Erbt: Jeremia und seine Zeit, Göttingen 1902
G. Jacoby: Zur Komposition des Buches Jeremia, ThStKr 79 (1906), 1ff
S. Mowinckel: Zur Komposition des Buches Jeremia, VS II 5 (1913), Kristiania 1914
W. Baumgartner: Die Klagegedichte des Jeremia, BZAW 32, Gießen 1917
P. Volz: Studien zum Text des Jeremia, BWANT 25, Leipzig 1920
H. W. Hertzberg: Prophet und Gott, BFChT 28,3, Gütersloh 1923
F. Horst: Die Anfänge des Propheten Jeremia, ZAW 41 (1923) 94ff
Th. H. Robinson: Baruch's Roll, ZAW 42 (1924) 209ff
A. C. Welch: Jeremiah. His Time and His Work, Oxford 1928 (1955)
J. Skinner: Prophecy and Religion. Studies in the Life of Jeremiah, Cambridge 1930[3] (1936)
H. Bardtke: Jeremia der Fremdvölkerprophet, ZAW 53 (1935) 209ff; 54 (1936) 240ff
C. C. Torrey: The Background of Jeremiah 1–10, JBL 56 (1937) 193ff
J. Ph. Hyatt: Jeremiah and Deuteronomy, JNES 1 (1942) 156ff
ders.: The Beginning of Jeremiah's Prophecy, ZAW 78 (1966) 204ff
H. G. May: Towards an Objective Approach to the Book of Jeremiah: The Biographer, JBL 61 (1942) 139ff
ders.: The Chronology of Jeremiah's Oracles, JNES 4 (1945) 217ff
H. Wildberger: Jahwewort und prophetische Rede bei Jeremia, Diss. theol. Zürich 1942
H. H. Rowley: The Prophet Jeremiah and the Book of Deuteronomy, in: Festschrift H. Robinson, Edinburgh 1950, 157ff = From Moses to Qumran, London 1963, 187ff
ders.: The Early Prophecies of Jeremiah in Their Setting, BJRL 45 (1962/63) 198ff = Men of God, London 1963, 133ff
J. Bright: The Date of the Prose Sermons of Jeremiah, JBL 70 (1951) 15ff
R. Rendtorff: Zum Gebrauch der Formel ne'um jahwe im Jeremiabuch, ZAW 66 (1954) 27ff
E. Vogt: Jeremias-Literatur, Bib 35 (1954) 357ff
F. Augustin: Baruch und das Buch Jeremia, ZAW 67 (1955) 50ff
W. Holladay: Prototype and Copies: A New Approach to the Poetry-Prose Problem in the Book of Jeremiah, JBL 79 (1960) 351ff
ders.: Style, Irony and Authenticity in Jeremiah, JBL 81 (1962) 44ff
A. Neher: Jeremias, Köln 1961
S. H. Blank: Jeremiah, Man and Prophet, Cincinnati 1961
F. Baumgärtel: Zu den Gottesnamen in den Büchern Jeremia und Ezechiel, in: Festschrift Rudolph, Tübingen 1961, 1ff
O. Eissfeldt: Jeremias Drohorakel gegen Ägypten und gegen Babel, ebenda, 31ff = Kl. Schriften IV, Tübingen 1968, 32ff
ders.: Baruchs Anteil an Jeremia 38,28b–40,6, OrAnt 4 (1965) 31ff = Kl. Schriften IV, 176ff
ders.: Unheils- und Heilsweissagungen Jeremias als Vergeltung für ihm erwiesene Weh- und Wohltaten, WZ Halle-Wittenberg 14 (1965) 181ff = Kl. Schr. IV, 181ff
E. Gerstenberger: Jeremiah's Complaints. Observations on Jer 15,10–21.JBL 82 (1963) 393ff
H. Graf Reventlow: Liturgie und prophetisches Ich bei Jeremia, Gütersloh 1963
H. J. Stoebe: Jeremia, Prophet und Seelsorger, TZ 20 (1964) 385ff
C. F. Whitley: The Date of Jeremiah's Call, VT 14 (1964) 467ff
S. Herrmann: Die prophetischen Heilserwartungen im Alten Testament, BWANT V, 5, Stuttgart 1965, 159ff
C. Rietzschel: Das Problem der Urrolle, Gütersloh 1966
M. Kessler: Jeremiah Chapters 26–45 Reconsidered, JNES 27 (1968) 81ff

Kommentare

KHC Duhm 1901
HK Giesebrecht [2]1907
KAT[1] Volz 1922
HS Nötscher 1934
IB Hyatt 1956
ATD Weiser [5]1966
HAT Rudolph [3]1968
EK Graf 1862
Cornill 1905
Leshlie 1954

31. Ezechiel
J. Herrmann: Ezechielstudien, BWANT 2, Leipzig 1908
L. Dürr: Die Stellung des Propheten Ezechiel in der israelitisch-jüdischen Apokalyptik, ATA IX, 1, Münster 1923
G. Hölscher: Hesekiel, der Dichter und das Buch, BZAW 39, Gießen 1924
M. Burrows: The Literary Relations of Ezekiel, New Haven 1925
W. Kessler: Die innere Einheitlichkeit des Buches Ezechiel, Herrnhut 1926
S. Sprank: Studien zu Ezechiel, BWANT III, 4, Stuttgart 1926
C. C. Torrey: Pseudo:Ezekiel and the Original Prophecy, YOS 18, New Haven 1930
ders.: Certainly Pseudo-Ezekiel, JBL 53 (1934) 291ff
S. Spiegel: Ezekiel or Pseudo-Ezekiel?, HarvTR 24 (1931) 245ff
J. Smith: The Book of the Prophet Ezekiel, London 1931
V. Herntrich: Ezechielprobleme, BZAW 61, Gießen 1932
C. Kuhl: Zur Geschichte der Hesekiel-Forschung, TRu 5 (1933) 92ff
ders.: Neuere Hesekiel-Literatur, TRu 20 (1952) 1ff
W. A. Irwin: The Problem of Ezekiel, Chicago 1943
ders.: Ezekiel Research Since 1943, VT 3 (1953), 54ff
N. Messel: Ezechielfragen, SNVAO II, 1945, 1, Oslo 1945
H. W. Robinson: Two Hebrew Prophets: Studies in Hosea and Ezekiel, London 1948
C. G. Howie: The Date and Composition of Ezekiel, JBL (Mon Ser) 4, Philadelphia 1950
J. G. Aalders: Gog en Magog in Ezechiël, Kampen 1951
G. Fohrer: Die Glossen im Buche Ezechiel, ZAW 63 (1951) 33ff = Studien zur alttestamentlichen Prophetie, BZAW 99, Berlin 1967, 204ff
ders.: Die Hauptprobleme des Buches Ezechiel, BZAW 72, Berlin 1952
ders.: Das Symptomatische der Ezechielforschung, TLZ 83 (1958) 241ff
W. Zimmerli: Erkenntnis Gottes nach dem Buche Ezechiel, ATANT 27, Zürich 1954 = Gottes Offenbarung, TB 19, München 1963, 41ff
ders.: Das Gotteswort des Ezechiel, ZTK 48 (1951) 249ff = TB 19, 133ff
ders.: Die Eigenart der prophetischen Rede des Ezechiel, ZAW 66 (1954) 1ff = TB 19, 148ff
ders.: »Leben« und »Tod« im Buche des Propheten Ezechiel, TZ 13 (1957) 494ff = TB 19, 178ff
ders.: Der »neue Exodus« in der Verkündigung der beiden großen Exilspropheten, in: Festschrift Vischer, Montpellier 1960, 216ff = TB 19, 192ff
ders.: Der Wahrheitserweis Jahwes nach der Botschaft der beiden Exilspropheten, in: Festschrift Weiser, Göttingen 1963, 133ff
H. H. Rowley: The Book of Ezekiel in Modern Study, BJRL 36 (1953/4) 146ff = Men of God, London 1963, 169ff
K. v. Rabenau: Die Entstehung des Buches Ezechiel in formgeschichtlicher Sicht, WZ Halle 5 (1955/6), 659ff
ders.: Die Form des Rätsels im Buche Hesekiel, WZ Halle 7 (1957/8), 1055ff
ders.: Das prophetische Zukunftswort im Buch Hesekiel, in: Festschrift v. Rad, Neukirchen 1961, 61ff
H. Gese: Der Verfassungsentwurf des Ezechiel (Kap. 40–48) traditionsgeschichtlich untersucht, BHTh 25, Tübingen 1957
H. Graf Reventlow: Die Völker als Jahwes Zeugen bei Ezechiel, ZAW 71 (1959), 33ff
ders.: Wächter über Israel, Ezechiel und seine Tradition, BZAW 82, Berlin 1962
S. Herrmann: Die prophetischen Heilserwartungen im Alten Testament, BWANT V, 5, Stuttgart 1965, 241ff
W. Eichrodt: Der neue Tempel in der Heilshoffnung Hesekiels, in: Festschrift Rost, BZAW 105, Berlin 1967, 37ff
H. Schulz: Das Todesrecht im Alten Testament, BZAW 114, Berlin 1969
Kommentare
KeH Smend ²1880
KHC Bertholet 1897
HK Kraetzschmar 1900
HS Heinisch 1923
KAT¹ Herrmann 1924
HAT Bertholet-Galling 1936
ICC Cooke 1936 (1951)
HAT Fohrer-Galling 1955
IB May 1956
BK Zimmerli 1956 ff
ATD Eichrodt I ²1965, II 1966
EK Cornill 1886
Jahn 1905
Matthews 1939

32. Obadja
A. Condamin: L'unité d'Abdias, RB 9 (1900) 261ff
H. Bekel: Ein vorexilisches Orakel über Edom in der Klageliederstrophe – die gemeinsame Quelle von Obadja, 1–9 und Jeremia 49, 7–22, ThStKr 80 (1907) 315ff
B. Duhm: Anmerkungen zu den zwölf Propheten, Gießen 1911, 87ff = ZAW 31 (1911) 175ff
Th. R. Robinson: The Structure of the Book of Obadiah, JTS 17 (1916) 402ff
W. W. Cannon: Israel and Edom: The Oracle of Obadiah, Theology 15 (1927) 129ff. 191ff
W. Rudolph: Obadja, ZAW 49 (1931) 222ff
M. Bic: Ein verkanntes Thronbesteigungsfestorakel im Alten Testament, ArOr 19 (1951) 568ff
ders.: Zur Problematik des Buches Obadjah, VTS 1 (1953), 11ff
J. Gray: The Diaspora of Israel and Judah in Obadiah v. 20, ZAW 65 (1953) 53ff
G. Fohrer: Die Sprüche Obadjas, in: Festschrift Vriezen, Wageningen 1966, 81ff
Kommentare
KHC Marti 1904
ICC Bewer 1911 (1948)
HK Nowack ³1922
KAT¹ Sellin ²⁻³1929
HS Theis 1937
HAT Robinson ³1964
CAT Keller 1965
ATD Weiser ⁵1967

33. Deuterojesaja (Jes 40–55)
H. Gressmann: Die literarische Analyse Deuterojesajas, ZAW 34 (1914) 254ff

L. Köhler: Deuterojesaja (Jesaja 40–55) stilkritisch untersucht, BZAW 37, Gießen 1923

J. Hempel: Vom irrenden Glauben, ZST 7 (1930) 631ff = Aproxysmata, BZAW 81, Berlin 1961, 174ff

S. Mowinckel: Die Komposition des deuterojesajanischen Buches, ZAW 49 (1931) 87ff. 142ff

ders.: Neuere Forschungen zu Deuterojesaja, Tritojesaja und dem Äbäd-Jahwä-Problem, AcOr(L) 16 (1938) 1ff

K. Elliger: Deuterojesaja in seinem Verhältnis zu Tritojesaja, BWANT IV, 11, Stuttgart 1933

W. Caspari: Lieder und Gottessprüche der Rückwanderer (Jes 40–55), BZAW 65, Gießen 1934

L. Glahn: Die Einheit von Kap. 40–66 des Buches Jesaja, in: L. Glahn und L. Köhler: Der Prophet der Heimkehr (Jesaja 40–66), Kopenhagen und Gießen 1934

J. Begrich: Studien zu Deuterojesaja, BWANT IV, 25, Stuttgart 1938 = TB 20, München 1963

S. Smith: Isaiah Chapters XL–LV. Literary Criticism and History, The Schweich Lectures 1940, London 1944

C. R. North: The »Former Things« and the »New Things« in Deutero-Isaiah, in: Studies in Old Testament Prophecy. Festschrift Th. H. Robinson, Edinburgh 1950, 111ff

K. Elliger: Der Begriff »Geschichte« bei Deuterojesaja, in: Festschrift Schmitz, Witten 1953, 26ff = Kleine Schriften zum Alten Testament, TB 32, München 1966, 199ff

H. E. v. Waldow: Anlaß und Hintergrund der Verkündigung des Deuterojesaja, Diss. ev. theol. Bonn 1953

R. Rendtorff: Die theologische Stellung des Schöpfungsglaubens bei Deuterojesaja, ZTK 51 (1954) 3ff

E. Jenni: Die Rolle des Kyros bei Deuterojesaja, TZ 10 (1954) 241ff

B. J. v. d. Merwe: Pentateuchtradisies in die prediking van Deuterojesaja, Groningen und Djakarta 1955

P. A. H. de Boer: Second-Isaiah's Message, OTS 11, Leiden 1956

L. G. Rignell: A Study of Isaiah Ch. 40–55, LUA 1, 52, 5, Lund 1956

J. Morgenstern: The Message of Deutero-Isaiah in its Sequential Unfolding, HUCA 29 (1958) 1ff. 30ff; 30 (1959) 1ff

ders.: Isaiah 49–55, HUCA 36 (1965) 1ff

A. S. Kapelrud: Levde Deuterojesaja i Judaea?, NorTT 61 (1960) 23ff

W. Zimmerli: Der »neue Exodus« in der Verkündigung der beiden großen Exilspropheten, in: Festschrift Vischer, Montpellier 1960, 216ff = Gottes Offenbarung, TB 19, München 1963, 192ff

ders.: Der Wahrheitserweis Jahwes nach der Botschaft der beiden Exilspropheten, in: Festschrift Weiser, Göttingen 1963, 133ff

B. W. Anderson: Exodus Typology in Second Isaiah, in: Israel's Prophetic Heritage. Festschrift Muilenburg, New York 1962, 177ff

O. Eissfeldt: The Promises of Grace to David in Isaiah 55, 1–5, ebd., 196ff

M. Haran: The Literary Structure and Chronological Framework of the Prophecies in Is. XL–XLVIII, SVT 9, Leiden 1963, 127ff

C. Westermann: Das Heilswort bei Deuterojesajas, EvT 24 (1964) 355ff

ders.: Sprache und Struktur der Prophetie Deuterojesajas, in: Forschung am Alten Testament, TB 24, München 1964, 92ff

ders.: Jesaja 48 und die »Bezeugung gegen Israel«, in: Festschrift Vriezen, Wageningen 1966, 356ff

E. Heßler: Die Struktur der Bilder bei Deuterojesaja, EvT 25 (1965) 349ff

H. M. Orlinsky und N. H. Snaith: Studies on the Second Part of the Book of Isaiah, VTS 14, Leiden 1967

Kommentare

BC Delitzsch ^{4}1894

KeH Dillmann-Kittel ^{6}1898

KHC Marti 1900

HK Duhm ^{5}1968

HSAT^{4} Budde 1922

EH Feldmann 1926

KAT^{1} Volz 1932

HS Fischer 1939

IB Muilenburg 1956

ATD Westermann 1966

ZB Fohrer ^{2}1967

EK König 1926

Kissane 1943

Bentzen 1948

North 1964

Knight 1965

Smart 1965 (1967)

34. Tritojesaja (Jes 56–66)

E. Littmann: Über die Abfassungszeit des Tritojesaja, Freiburg, Leipzig, Tübingen 1899

K. Cramer: Der geschichtliche Hintergrund der Kap. 56–66 im Buche Jesaja, Dorpat 1905

A. Zillessen: »Tritojesaja« und Deuterojesaja, ZAW 26 (1906) 231ff

R. Abramowski: Zum literarischen Problem des Tritojesaja, ThStKr 96/97 (1925) 90ff

K. Elliger: Die Einheit des Tritojesaja (Jesaja 56–66), BWANT III, 9, Stuttgart 1928

ders.: Der Prophet Tritojesaja, ZAW 49 (1931) 112ff

H. Odeberg: Trito-Isaiah (Isaiah 56–66). A Literary and Linguistic Analysis, UUA 1931, Teologi 1, Uppsala 1931

W. S. McCullough: A Re-Examination of Isaiah 56–66, JBL 67 (1948) 27ff

W. Zimmerli: Zur Sprache Trito-Jesajas, Schweiz. Theol. Umschau 20, 3/4 (Festschrift L. Köhler), 1950, 110ff = Gottes Offenbarung, TB 19, München 1963, 217ff

W. Kessler: Studien zur religiösen Situation im ersten nachexilischen Jahrhundert und zur Auslegung von Jes 56–66, WZ Halle 6 (1956/57) 41ff

D. Michel: Zur Eigenart Tritojesajas, TViat 10 (1965/66), Berlin 1966, 213ff

F. Maass: Tritojesaja?, in: Festschrift Rost, BZAW 105, Berlin 1967, 153ff

35. Haggai

K. Budde: Zum Text der drei letzten kleinen Propheten, ZAW 26 (1906) 1ff

J. W. Rothstein: Juden und Samaritaner, BWANT 3, Leipzig 1908

B. Duhm: Anmerkungen zu den zwölf Propheten, Gießen 1911, 69ff = ZAW 31 (1911) 107ff

F. James: Thoughts on Haggai and Zechariah,

JBL 53 (1934) 229ff
P. R. Ackroyd: Studies in the Book of Haggai, JJS 2 (1951) 163ff; 3 (1952) 1ff
ders.: The Book of Haggai and Zechariah, JJS 3 (1952) 151ff
H. W. Wolff: Haggai, BSt 1, Neukirchen 1951
F. S. North: Critical Analysis of the Book of Haggai, ZAW 68 (1956) 25ff
R. T. Siebeneck: The Messianism of Aggeus and Proto-Zacharias, CBQ 19 (1957) 312ff
F. Hesse: Haggai, in: Verbannung und Heimkehr. Festschrift W. Rudolph, Tübingen 1961, 109ff
K. Galling: Serubbabel und der Hohepriester beim Wiederaufbau des Tempels in Jerusalem, in: Studien zur Geschichte Israels im persischen Zeitalter, Tübingen 1964, 127ff
K. Koch: Haggais unreines Volk, ZAW 79 (1967) 52ff
W. A. M. Beuken: Haggai-Sacharja 1–8. Studien zur Überlieferungsgeschichte der frühnachexilischen Prophetie, Studia Semitica Neerlandica 10, Assen 1967

Kommentare
KHC Marti 1904
ICC Mitchell 1912 (1951)
HK Nowack ^{3}1922
KAT^{1} Sellin $^{2-3}$1930
HS Junker 1938
HAT Horst ^{3}1964
ATD Elliger ^{6}1967
EK Wellhausen ^{3}1898 (1963)

36. Sacharja
J. W. Rothstein: Die Nachtgesichte des Sacharja, BWANT 8, Leipzig 1910
B. Duhm: Anmerkungen zu den zwölf Propheten, Gießen 1911, 73ff = ZAW 31 (1911) 161ff
H. G. May: A Key to the Interpretation of Zechariah's Visions, JBL 57 (1938) 173ff
A. Jepsen: Kleine Beiträge zum Zwölfprophetenbuch III, ZAW 61 (1945/48) 95ff
L. G. Rignell: Die Nachtgesichte des Sacharja, Lund 1950
K. Galling: Die Exilswende in der Sicht des Propheten Sacharja, in: Studien zur Geschichte Israels im persischen Zeitalter, Tübingen 1964, 109ff
M. Bič: Die Nachtgesichte des Sacharja, BSt 42, Neukirchen 1964
W. A. M. Beuken: Haggia-Sacharja 1–8. Studien zur Überlieferungsgeschichte der frühnachexilischen Prophetie, Studia Semitica Neerlandica 10, Assen 1967

Kommentare
KHC Marti 1904
ICC Mitchell 1912 (1951)
HK Nowack ^{3}1922
KAT^{1} Sellin $^{2-3}$1930
HS Junker 1938
HAT Horst ^{3}1964
ATD Elliger ^{6}1967
EK Wellhausen ^{3}1898 (1963)
Bič 1962

37. Joel
A. Merx: Die Prophetie des Joel und ihre Ausleger von den ältesten Zeiten bis zu den Reformatoren, Halle 1879
W. Baumgartner: Joel 1 und 2, in: Festschrift Budde, BZAW 34, Gießen 1920, 10ff
L. Dennefeld: Les problèmes du livre de Joel, Paris 1926
A. Jepsen: Kleine Beiträge zum Zwölfprophetenbuch, ZAW 56 (1938), 85ff
A. S. Kapelrud: Joel Studies, UUA (1948) 4, Uppsala und Leipzig 1948
M. Treves: The Date of Joel, VT 7 (1957) 149ff
E. Kutsch: Heuschreckenplage und Tag Jahwes in Joel 1 und 2, TZ 18 (1962) 81ff
J. M. Myers: Some Considerations Bearing on the Date of Joel, ZAW 74 (1962) 177ff
O. Plöger: Theokratie und Eschatologie, WMonANT 2, Neukirchen ^{2}1962, 177ff
H. W. Wolff: Die Botschaft des Buches Joel, Theol. Existenz heute 109, München 1963
W. Rudolph: Wann wirkte Joel?, in: Das ferne und nahe Wort. Festschrift L. Rost, BZAW 105, Berlin 1967, 183ff

Kommentare
KHC Marti 1904
ICC Bewer 1911 (1948)
HK Nowack ^{3}1922
KAT^{1} Sellin $^{2-3}$1929
HS Theis 1937
HAT Robinson ^{3}1964
BK Wolff 1963
CAT Keller 1965
ATD Weiser ^{5}1967
EK Wellhausen ^{3}1898 (1963)
Bič 1960

38. Maleachi
C. C. Torrey: The Prophecy of »Malachi«, JBL 17 (1898) 1ff
O. Holtzmann: Der Prophet Maleachi und der Ursprung des Pharisäerbundes, ARW 29 (1931) 1ff
D. Cameron: A Study of Malachi, Glasgow University Oriental Society. Transactions 8 (1936/37), Glasgow 1938, 9ff
E. Pfeiffer: Die Disputationsworte im Buche Maleachi, EvT 19 (1959) 546ff
H. J. Boecker: Bemerkungen zur formgeschichtlichen Terminologie des Buches Maleachi, ZAW 78 (1966) 78ff
G. Wallis: Wesen und Struktur der Botschaft Maleachis, in: Das ferne und nahe Wort. Festschrift L. Rost, BZAW 105, Berlin 1967, 229ff

Kommentare
KHC Marti 1904
ICC Smith 1912 (1951)
HK Nowack ^{3}1922
KAT^{1} Sellin $^{2-3}$1929
HS Junker 1938
HAT Horst ^{3}1964
ATD Elliger ^{6}1967
EK Wellhausen ^{3}1898 (1963)
v. Bulmerincq, I 1921–1926 II 1929–1932, Acta et Commentationes Universitatis Dorpatensis B I, 2, Dorpat 1921; B III, 1, 1922; B IV, 2, 1923; B VII, 1, 1926; B XV, 1, 1929; B XIX, 1, 1930; B XXIII, 2, 1931; B XXVI, 1, 1932 und B XXVII, 2, 1932
J. G. Botterweck BiLe 1 (1960) 28ff. 100ff. 179ff. 253ff

39. Deutero- und Tritosacharja
B. Stade: Deuterozacharja. Eine kritische Studie, ZAW 1 (1881) 1ff; 2 (1882) 151ff. 152ff
B. Duhm: Anmerkungen zu den zwölf Propheten,

Gießen 1911, 101ff = ZAW 31 (1911) 189ff
A. Jepsen: Kleine Beiträge zum Zwölfprophetenbuch II, ZAW 57 (1939) 242ff
P. Lamarche: Zacharie IX–XIV. Structure littéraire et messianisme, Etudes Bibliques, Paris 1961
D. R. Jones: A Fresh Interpretation of Zechariah IX to XI, VT 12 (1962) 241ff
B. Otzen: Studien über Deuterosacharja. Acta Theologica Danica 6, Kopenhagen 1964
H.-M. Lutz: Jahwe, Jerusalem und die Völker. Zur Vorgeschichte von Sach 12, 1–8 und 14, 1–5, WMonANT 27, Neukirchen 1968
O. Plöger: Theokratie und Eschatologie, WMonANT 2, Neukirchen ²1962, 97ff

40. Zur hebräischen Poesie

K. Budde: Das hebräische Klagelied, ZAW 2 (1882) 1ff
E. Sievers: Metrische Studien I. Studien zur hebräischen Metrik, Leipzig 1901
G. Hölscher: Elemente arabischer, syrischer und hebräischer Metrik, BZAW 34, Festschrift K. Budde, Gießen 1920, 93ff
J. Begrich: Zur hebräischen Metrik, TRu 4 (1932) 67ff
S. Mowinckel: Zum Problem der hebräischen Metrik, Festschrift A. Bertholet, Tübingen 1950, 379ff
F. Horst: Die Kennzeichen der hebräischen Poesie, TRu 21 (1953) 97ff
G. Fohrer: Über den Kurzvers, ZAW 66 (1954) 199ff = BZAW 99, Berlin 1967, 59ff
S. Segert: Problems of Hebrew Prosody, VTS VII (1960), 283ff
S. Mowinckel: The Psalms in Israel's Worship, II, Oxford 1962, 159ff

41. Das Buch der Psalmen

H.-J. Kraus: Geschichte der historisch-kritischen Erforschung des Alten Testaments von der Reformation bis zur Gegenwart, Neukirchen 1956
M. Haller: Ein Jahrzehnt Psalmforschung, TRu 1 (1929) 377ff
A. R. Johnson: The Psalms, OTMSt, Oxford 1951 (1961), 162ff
J. J. Stamm: Ein Vierteljahrhundert Psalmenforschung, TRu 23 (1955) 1ff
A. S. Kapelrud: Scandinavian Research in the Psalms after Mowinckel, ASTI 4 (1965) 74ff
ders.: Die skandinavische Einleitungswissenschaft zu den Psalmen, VerkF 11 (1966) 62ff
H. Gunkel: Ausgewählte Psalmen, Göttingen ⁴1917
ders.: Artikel Psalmen, in: RGG IV¹, Tübingen 1913, 1927ff
E. Balla: Das Ich der Psalmen, FRLANT 16, Göttingen 1912
P. Volz: Das Neujahrsfest Jahwes (Laubhüttenfest), SGV 67, Tübingen 1912
S. Mowinckel: Psalmenstudien I. Awän und die individuellen Klagepsalmen; II Das Thronbesteigungsfest Jahwäs und der Ursprung der Eschatologie; III Kultprophetie und prophetische Psalmen; IV Die technischen Termini in den Psalmenüberschriften; V Segen und Fluch in Israels Kult und Psalmdichtung; VI Die Psalmdichter, SNVAO, Kristiania (Oslo) 1921–1924 = Amsterdam 1961
ders.: Offersang og sangoffer, Oslo 1951; englisch überarbeitet = The Psalms in Israel's Worship I–II, Oxford 1962
ders.: Zum israelitischen Neujahr und zur Deutung der Thronbesteigungspsalmen, ANVAO II (1952) 2, Oslo 1952
G. Quell: Das kultische Problem der Psalmen, BWANT II, 11, Stuttgart 1926
Hans Schmidt: Die Thronfahrt Jahves am Fest der Jahreswende im alten Israel, SGV 122, Tübingen 1927
ders.: Das Gebet der Angeklagten im Alten Testament, BZAW 49, Gießen 1928
N. Nicolsky: Spuren magischer Formeln in den Psalmen, BZAW 46, Gießen 1927
H. Gunkel und J. Begrich: Einleitung in die Psalmen, Göttingen 1933 (²1966)
H. Birkeland: ʿAnî und ʿAnāw in den Psalmen, SNVAO II (1932) 4, Oslo 1933
ders.: Die Feinde des Individuums in der israelitischen Psalmenliteratur, Oslo 1933
ders.: The Evildoers in the Book of Psalms, ANVAO II, 2, Oslo 1955
G. Widengren: The Accadian and Hebrew Psalms of Lamentations as Religious Documents, Diss. Uppsala 1936
ders.: Sakrales Königtum im Alten Testament und im Judentum. F. Delitzsch Vorlesungen 1952, Stuttgart 1955
I. Engell: Studies in Divine Kingship in the Ancient Near East, Uppsala 1943; Oxford ²1967
A. Lauha: Die Geschichtsmotive in den alttestamentlichen Psalmen, AASF 56, 1, Helsinki 1945
Chr. Barth: Die Errettung vom Tode in den individuellen Klage- und Dankliedern des Alten Testaments, Zollikon b. Zürich 1947
N. H. Snaith: The Jewish New Year Festival. Its Origin and Development, London 1947
A. Weiser: Zur Frage nach den Beziehungen der Psalmen zum Kult: Die Darstellung der Theophanie in den Psalmen und im Festkult, in: Festschrift Bertholet, Tübingen 1950, 513ff = Glaube und Geschichte im Alten Testament und andere ausgewählte Schriften, Göttingen 1961, 303ff
H.-J. Kraus: Die Königsherrschaft Gottes im Alten Testament, BHTh 13, Tübingen 1951
ders.: Gottesdienst in Israel. Studien zur Geschichte des Laubhüttenfestes, BEvT 19, München 1954
ders.: Gottesdienst in Israel, München ²1962
C. Westermann: Das Loben Gottes in den Psalmen, Göttingen ⁴1968
ders.: Struktur und Geschichte der Klage im Alten Testament, ZAW 66 (1954), 44ff = Forschung am Alten Testament, TB 24, München 1964, 266ff
A. R. Johnson: Sacral Kingship in Ancient Israel, Cardiff ²1967
E. Kutsch: Das Herbstfest in Israel. Diss. ev. theol. (masch.), Mainz 1955
D. Michel: Studien zu den sogenannten Thronbesteigungspsalmen, VT 6 (1956) 40ff
K.-H. Bernhardt: Das Problem der altorientalischen Königsideologie im Alten Testament, VTS 8, Leiden 1961
G. Wanke: Die Zionstheologie der Korachiten, BZAW 97, Berlin 1966

Kommentare

BC Delitzsch ⁵1894

KHC Duhm ²1922
HK Baethgen ³1904
ICC Briggs I 1906 (1952) II 1907 (1951)
SAT² Stärk 1920
HK Gunkel 1926 (²1968)
KAT¹ Kittel ⁵⁻⁶1929
HAT Schmidt 1934
HS Herkenne 1936
ATD Weiser ⁷1966
BK Kraus ³1966

42. Gattungen der israelitischen Weisheit
O. Eissfeldt: Der Maschal im Alten Testament, BZAW 24, Gießen 1913
P. Humbert: Recherches sur les sources égyptiennes de la littérature sapientiale d'Israël, Neuchâtel 1929
W. Baumgartner: Israelitische und altorientalische Weisheit, SGV 166, Tübingen 1933
ders.: Die israelitische Weisheitsliteratur, TRu 5 (1933) 259ff
ders.: The Wisdom Literature, OTMSt, Oxford 1951 (1961), 210ff
J. Fichtner: Die altorientalische Weisheit in ihrer israelitisch-jüdischen Ausprägung, BZAW 62, Gießen 1933
W. Zimmerli: Zur Struktur der alttestamentlichen Weisheit, ZAW 51 (1933) 177ff
A. Alt: Die Weisheit Salomos, TLZ 76 (1951) 139ff = Kl. Schriften II, 90ff
Wisdom in Israel and in the Ancient Near East, Festschrift Rowley (ed. M. Noth and D. W. Thomas), VTS 3, Leiden 1955
G. v. Rad: Theologie des Alten Testaments I, München ⁵1966, 431ff
H. Gese: Lehre und Wirklichkeit in der alten Weisheit, Tübingen 1958
E. G. Bauckmann: Die Proverbien und die Sprüche des Jesus Sirach. Eine Untersuchung zum Strukturwandel der israelitischen Weisheitslehre, ZAW 72 (1960) 33ff
G. Sauer: Die Sprüche Agurs, BWANT V, 4, Stuttgart 1963
W. M. W. Roth: Numerical Sayings in the Old Testament, VTS 13, Leiden 1965
Ch. Kayatz: Studien zu Proverbien 1–9, WMonANT 22, Neukirchen 1966
W. Richter: Recht und Ethos, StANT 15, München 1966
H. H. Schmid: Wesen und Geschichte der Weisheit, BZAW 101, Berlin 1966

43. Das Buch der Sprüche Salomos
G. Boström: Paronomasi i den äldre hebreiska Maschallitteraturen, LUA I, 23, 8, Lund und Leipzig 1928
ders.: Proverbiastudien. Die Weisheit und das fremde Weib in Spr. 1–9, LUA I, 30, 3, Lund 1935
G. Kuhn: Beiträge zur Erklärung des salomonischen Spruchbuches, BWANT III, 16, Stuttgart 1931
G. Wallis: Zu den Spruchsammlungen Prov. 10, 1–22, 16 und 25–29, TLZ 85 (1960) 147f
U. Skladny: Die ältesten Spruchsammlungen in Israel, Göttingen 1962
R. N. Whybray: Wisdom in Proverbs. The Concept of Wisdom in Proverbs 1–9, SBT, London 1965
ders.: Some Literary Problems in Proverbs I–IX, VT 16 (1966) 482ff
J. Conrad: Die innere Gliederung der Proverbien, ZAW 79 (1967), 67ff
Kommentare
KHC Wildeboer 1897
HK Frankenberg 1898
ICC Toy 1899 (1948)
HS Wiesmann 1923
ATD Ringgren 1962 (²1967)
HAT Gemser ²1963

44. Das Buch Job
K. Budde: Beiträge zur Kritik des Buches Hiob, Bonn 1876
L. Köhler: Die Hebräische Rechtsgemeinde (1931), in: Der Hebräische Mensch, Tübingen 1953, 152ff
F. Baumgärtel: Der Hiobdialog, BWANT IV, 9, Stuttgart 1933
A. Alt: Zur Vorgeschichte des Buches Hiob, ZAW 55 (1937) 265ff
E. Würthwein: Gott und Mensch in Dialog und Gottesreden des Buches Hiob, Hab. (masch.), Tübingen 1938/39
W. B. Stevenson: The Poem of Job, London ²1948
H. W. Hertzberg: Der Aufbau des Buches Hiob, in: Festschrift A. Bertholet, Tübingen 1950, 233ff
W. Baumgartner: The Wisdom Literature. III. Job, OTMSt, Oxford 1951 (1961), 216ff
K. Kuhl: Neuere Literaturkritik des Buches Hiob, TRu 21 (1953) 163ff, 257ff
ders.: Vom Hiobbuche und seinen Problemen, TRu 22 (1954) 261ff
C. Westermann: Der Aufbau des Buches Hiob, BHTh 23, Tübingen 1956
H. Gese: Lehre und Wirklichkeit in der alten Weisheit, Tübingen 1958
H. H. Rowley: The Book of Job and its Meaning, BJRL 41 (1958), 167ff = From Moses to Qumran, London 1963, 141ff
H. Richter: Studien zu Hiob, ThA 11, Berlin 1959
G. Fohrer: Studien zum Buche Hiob, Gütersloh 1963
A. Jepsen: Das Buch Hiob und seine Deutung, ATh I, 14, Berlin 1963
H. H. Schmid: Wesen und Geschichte der Weisheit, BZAW 101, Berlin 1966, 173ff
Kommentare
HK Budde 1896
KHC Duhm 1897
ICC Driver-Gray 1921 (1950)
SAT Volz ²1921
EH Peters 1928
HS Szczygiel 1931
HAT Hölscher ²1952
BK Horst (-Kutsch) 1960 ff
ATD Weiser ⁴1963
CAT Terrien 1963
KAT² Fohrer 1963
EK Buttenwieser 1925
Dhorme 1926
König 1929
Torczyner (Tur Sinai) 1957
Stier 1954

45. Das Buch Prediger (Koheleth)
K. Galling: Kohelet-Studien, ZAW 50 (1932), 276ff
ders.: Stand und Aufgabe der Kohelet-Forschung,

TRu 6 (1934) 355ff
W. Zimmerli: Zur Struktur der alttestamentlichen Weisheit, ZAW 51 (1933) 177ff
ders.: Die Weisheit des Predigers Salomo, Berlin 1936
W. Baumgartner: The Wisdom Literature. IV. Ecclesiastes, OTMSt, Oxford 1951 (1961) 221ff
R. Gordis: Koheleth. The Man and His World, New York ²1952
M. Dahood: Qoheleth and Recent Discoveries, Bib 39 (1958), 302ff
H. Gese: Die Krisis der Weisheit bei Koheleth, in: Les sagesses du Proche-Orient Ancien, Paris 1963, 139ff
R. Kroeber: Der Prediger, hebräisch und deutsch, Schriften und Quellen der Alten Welt 13, Berlin 1963
O. Loretz: Qohelet und der Alte Orient, Freiburg, Basel und Wien 1964
H. H. Schmid: Wesen und Geschichte der Weisheit, BZAW 101, Berlin 1966, 186ff
F. Ellermeier: Qohelet I, 1. Untersuchungen zum Buche Qohelet, Herzberg/Harz 1967

Kommentare

BC Delitzsch 1875
KeH Nowack 1883
HK Siegfried 1898
KHC Wildeboer 1898
ICC Barton 1908 (1947)
EtBi Podechard 1912
SAT Volz ²1922
HS Allgeier 1925
KAT¹ Hertzberg 1932
HAT Galling 1940
ATD Zimmerli 1962 (²1967)
KAT² Hertzberg 1963
EK Zapletal ²1911

46. Die Klagelieder

M. Löhr: Der Sprachgebrauch des Buches der Klagelieder, ZAW 14 (1894) 31ff
ders.: Threni III. und die jeremianische Autorschaft des Buches der Klagelieder, ZAW 24 (1904) 1ff
H. Jahnow: Das hebräische Leichenlied im Rahmen der Völkerdichtung, BZAW 36, Gießen 1923, 168ff
H. Wiesmann: Die literarische Art der Klagelieder des Jeremias, TQ 110 (1929) 381ff
ders.: Der geschichtliche Hintergrund des Büchleins der Klagelieder, BZ 23 (1935/36) 20ff
ders.: Der Verfasser des Büchleins der Klagelieder ein Augenzeuge der behandelten Ereignisse?, Bib 17 (1936) 71ff
H. Gunkel und J. Begrich: Einleitung in die Psalmen, Göttingen 1933 (= ²1966) 101ff
N. K. Gottwald: Studies in the Book of Lamentations, London 1954
E. Janssen: Juda in der Exilszeit, FRLANT 69, Göttingen 1956, 9ff
B. Albrektson: Studies in the Text and Theology of the Book of Lamentations, StThL 21, Lund 1963

Kommentare

HK LÖHR ²1906
KHC Budde 1898
HS Paffrath 1932
KAT¹ Rudolph 1939
HAT Haller 1940
BK Kraus 1956; ³1968
ATD Weiser 1958 (²1967)
KAT² Rudolph 1962
EK Wiesmann 1954
Gordis, JQR 58 (1967), 14ff

47. Das Hohe Lied

K. Budde: Was ist das Hohe Lied?, PrJ 78 (1894), 92ff
Th. J. Meek: Canticles and the Tammuz Cult, AJSL 39 (1922/23) 1ff
F. Horst: Die Formen des althebräischen Liebesliedes, in: Festschrift E. Littmann, Leiden 1935, 43ff = Gottes Recht, TB 12, München 1961, 176ff
C. Kuhl: Das Hohelied und seine Deutung, TRu 9 (1937) 137ff
H. Schmökel: Zur kultischen Deutung des Hohenliedes, ZAW 64 (1952) 148ff
ders.: Heilige Hochzeit und Hohes Lied, Wiesbaden 1956
F. Ohly: Hohelied-Studien. Grundzüge einer Geschichte der Hoheliedauslegung des Abendlandes bis um 1200, Wiesbaden 1958
R. Gordis: The Song of Songs, New York 1954
O. Loretz: Zum Problem des Eros im Hohenlied, BZ 8 (1964) 191ff
L. Krinetzki: Das Hohe Lied. Kommentar zu Gestalt und Kerygma eines atl. Liebesliedes, Düsseldorf 1964
H. H. Rowley: The Interpretation of the Song of Songs, in: The Servant of the Lord, Oxford ²1965, 197ff
E. Würthwein: Zum Verständnis des Hohenliedes, TRu 32 (1967), 177ff

Kommentare

KHC Budde 1898 (vgl. HSAT ⁴1923)
HK Siegfried 1898
HS Miller 1927
HAT Haller 1940
ATD Ringgren ²1962
KAT² Rudolph 1962
BK Gerlemann 1965
HAT Haller-Würthwein 1969

48. Daniel

A. Freiherr v. Gall: Die Einheitlichkeit des Buches Daniel, Gießen 1895
H. Gunkel: Schöpfung und Chaos in Urzeit und Endzeit, Göttingen 1895
G. A. Barton: The Composition of the Book of Daniel, JBL 17 (1898) 62ff
C. Julius: Die griechischen Danielzusätze und ihre kanonische Geltung, BSt(F) VI, 3/4, Freiburg 1901
H. Preiswerk: Der Sprachenwechsel im Buche Daniel, Diss. phil. Bern 1902, Bern 1903
P. Volz: Jüdische Eschatologie von Daniel bis Akiba, Tübingen und Leipzig 1903 = Die Eschatologie der jüdischen Gemeinde im neutestamentlichen Zeitalter, Tübingen 1934
A. Bertholet: Daniel und die griechische Gefahr, RV II, 17, Tübingen 1907
G. Hölscher: Die Entstehung des Buches Daniel, ThStKr 92 (1919) 113ff
W. Baumgartner: Das Buch Daniel, Aus der Welt der Religion. Alttestamentliche Reihe, Heft 1, Gießen 1926
ders.: Das Aramäische im Buche Daniel, ZAW 45 (1927) 81ff

ders.: Ein Vierteljahrhundert Danielforschung, TRu 11 (1939) 59ff, 125ff, 201ff
M. Noth: Zur Komposition des Buches Daniel, ThStKr 98/99 (1926) 143ff
ders.: Das Geschichtsverständnis der alttestamentlichen Apokalyptik, AFLNW 21, Köln und Opladen 1954 = Gesammelte Studien zum Alten Testament, TB 6, München ³1966, 248ff
ders.: Die Heiligen des Höchsten, NorTT 56, 1–2, 1955. Festschrift S. Mowinckel, 146ff = TB 6, 274ff
C. Kuhl: Die drei Männer im Feuer (Daniel Kapitel 3 und seine Zusätze), BZAW 55, Gießen 1930
H. Junker: Untersuchungen über literarische und exegetische Probleme des Buches Daniel, Bonn 1932
H. H. Rowley: The Bilingual Problem of Daniel, ZAW 50 (1932) 256ff
ders.: Darius the Mede and the Four World Empires in the Book of Daniel, Cardiff 1935 (1959)
ders.: The Unity of the Book of Daniel, HUCA 23, 1 (1950/51), 233ff = The Servant of the Lord, Oxford ²1965, 247ff
ders.: The Composition of the Book of Daniel, VT 5 (1955) 272ff
ders.: The Relevance of Apocalyptic, London ³1963 = Apokalyptik. Ihre Form und Bedeutung zur biblischen Zeit, Einsiedeln, Zürich, Köln 1965
M. A. Beek: Das Danielbuch. Sein historischer Hintergrund und seine literarische Entwicklung, Diss. theol. Leiden 1935
E. Bickermann: Der Gott der Makkabäer, Berlin 1937
F. Zimmermann: The Aramaic Origin of Daniel 8–12, JBL 57 (1938) 255ff
H. L. Ginsberg: Studies in Daniel, New York 1948
ders.: The Composition of the Book of Daniel, VT 4 (1954) 246ff
Th. W. Manson: The Son of Man in Daniel, Enoch and the Gospels, BJRL 32 (1949/50) 171ff
O. Eissfeldt: Die Menetekel-Inschrift und ihre Deutung, ZAW 63 (1951; 1952), 105ff = Kleine Schriften III, Tübingen 1966, 210ff
ders.: Daniels und seiner drei Gefährten Laufbahn im babylonischen, medischen und persischen Dienst, ZAW 72 (1960) 134ff = Kl. Schr. III, 513ff
S. B. Frost: Old Testament Apocalyptic. Its Origins and Growth, London 1952
O. Plöger: Theokratie und Eschatologie, WMonANT 2, Neukirchen ²1962
K. Koch: Die Weltreiche im Danielbuch, TLZ 85 (1960) 829ff
ders.: Spätisraelitisches Geschichtsdenken am Beispiel des Buches Daniel, HZ 163 (1961) 1ff
A. Jepsen: Bemerkungen zum Danielbuch, VT 11 (1961) 386ff
R. Meyer: Das Gebet des Nabonid, SAL 107, 3, Berlin 1962
F. König: Zarathustras Jenseitsvorstellungen und das Alte Testament, Wien, Freiburg, Basel 1964
W. Dommershausen: Nabonid im Buche Daniel, Mainz 1964
G. v. Rad: Theologie II, München ⁴1965, 315ff
D. J. Wiseman, T. C. Mitchell u. a.: Notes on Some Problems in the Book of Daniel, London 1965
A. Caquot: Les quatres bêtes et le »Fils d'homme« (Daniel, 7), Sém 17 (1967) 37ff
H. Hanhart: Die Heiligen des Höchsten, in: Hebräische Wortforschung. Festschrift W. Baumgartner, SVT 16, Leiden 1967, 90ff
M. Delcor: Les sources du chapitre VII de Daniel, VT 18 (1968), 290ff

Kommentare

HK Behrmann 1894
KHC Marti 1901
SAT Haller ²1925
HS Goettsberger 1928
ICC Montgomery 1936 (1950)
HAT Bentzen ²1952
KAT² Plöger 1965
ATD Porteous ²1967
EK Bevan 1892
Charles 1929

49. Das Buch Baruch

W. Stoderl: Zur Echtheitsfrage von Baruch 1–3, 8, Münster 1922.
H. St. J. Thackeray: The Septuagint and Jewish Worship, London ²1923, 80–111
W. Pesch: Die Abhängigkeit des 11. salomonischen Psalms vom letzten Kapitel des Buches Baruch, ZAW 67 (1955) 251–263
B. N. Wambacq: Les prières de Baruch (1,15–2,19) et de Daniel (9,5–19), Bib 40 (1959) 463–475
ders.: L'unité littéraire de Baruch 1–3,8, BEThL 12 (1959) 455–460

Kommentare

BOuT Wambacq 1957
Charles Whitehouse (I, 569–595)
CSS Knabenbauer ²1907
EB Hamp 1950
HerderB Schneider 1954
HS Kalt 1932
JB Gelin ²1959
Kahana Kahana ²1956
Kautzsch Rothstein (I, 213–225)
EK J. J. Kneucker, Das Buch Baruch, 1879

50. Das Buch Tobias

M. Plath: Zum Buch Tobit, ThStKr 74 (1901) 377–414
J. Müller: Beiträge zur Erklärung und Kritik des Buches Tobit, BZAW 13 (1908) 1–53
A. Schulte: Beiträge zur Erklärung und Kritik des Buches Tobias, BSt 2 (1914)
C. C. Torrey: »Niniveh« in the Book of Tobit, JBL 41 (1922) 237–245
S. Liljeblad: Die Tobiasgeschichte und andere Märchen mit toten Helfern, London 1927
E. Sereni: Il libro di Tobit, RicRel 4 (1928) 43.55.97–117. 420–439; 5 (1929) 35–49
H. Bévenot: The Primitive Book of Tobit, BS 83 (1926) 55–84
J. Prado: La indole literaria del libro de Tobit, Sefarad 7 (1947) 373–394
ders.: Historia, enseñanzas y poesia en el libro de Tobit, Sefarad 9 (1949) 27–51
T. F. Glasson: The Main Source of Tobit, ZAW 71 (1959) 275–277
J. T. Milik: La patrie de Tobie, RB 73 (1966) 522–530

Kommentare

Charles Simon (I, 174–241)
EB Stummer (1950) ²⁻⁵1956

EH Schumpp 1953
HerderB Bückers 1953
HS Miller 1940
JB Pautrel ²1957
Kahana Heller ²1956
Kautzsch Löhr (I, 135–147)
MontserratB Estradé-Girbau 1960
LStB Clamer 1949
EK F. Zimmermann, New York 1958

51. Das Buch Judith

C. Meyer: Zur Entstehungsgeschichte des Buches Judith, Bib 3 (1922) 193–203
J. de Vuippens: Darius I. le Nabuchodonosor du livre de Judith, EstFr 31 (1927) 351–369
J. Lewy: Enthält Judith I–IV Trümmer einer Chronik zur Geschichte Nebukadnezars und seiner Feldzüge von 597 und 591?, ZDMG 81 (1927) LII–LIV
J. Schwartz: Un fragment Grec du Livre de Judith, RB 53 (1946) 534–537. Taf. VII
F. Stummer: Geographie des Buches Judith, Stuttgart 1947
A. Colunga: El género literario de Judith, Ciencia Tomista 74 (1948) 98–125
A. Bentzen: Der Hedammu-Mythus, das Judithbuch und ähnliches, ArOr 18, III (1950) 1–2
H. Cazelles: Le personnage d'Achoir dans le livre de Judith, RScR 39 (1951) 125–137
J. Steinmann: Lecture de Judith, Paris 1953
A. M. Dubarle: Les textes divers du livre de Judith, VT 8 (1958) 344–373
ders.: La mention de Judith dans la littérature ancienne, juive et chrétienne, RB 66 (1959) 514–549
ders.: Rectification: Sur un texte hébreu de Judith, VT 11 (1961) 86–87
G. Brunner: Der Nabuchodonosor des Buches Judith. Berlin 1940, ²1959
K. H. Rengstorf: Die Stadt der Mörder (Matth. 22,7), BZNW 26 (1960) 106–129
E. Haag: Studien zum Buche Judith, TrThSt 16, Trier 1963

Kommentare

Charles Cowley (I, 242–267)
EB Groß 1967
EH Schumpp 1953
HerderB Bückers 1953
HS Miller 1940
JB Barucq ²1959
Kahana Simon ²1956
Kautzsch Löhr (I, 147–164)
MontserratB Estradé e Girbau 1960
LStB Soubigou 1949
EK Grintz, The Book of Judith, 1957

52. Die Makkabäerbücher (I–II)

B. Niese: Kritik der beiden Makkabäerbücher, Berlin 1900
C. C. Torrey: Art. »Maccabees«, EBB 3 (1902) 2857–2879
R. Laqeur: Kritische Untersuchungen zum Zweiten Makkabäerbuch, Straßburg 1904
J. M. Lagrange: Le Messianisme chez les Juifs, Paris 1909
C. Gutberlet: Das Erste Buch der Machabäer, AA VIII, 3–4, Münster 1920
D. de Bruyne: Le texte grec des deux premiers livres de Machabées, RB 31 (1921) 31–54
H. W. Ettelson: The Integrity of I Maccabees, TCA 27 (1925) 249–384
W. Kolbe: Beiträge zur syrischen und jüdischen Geschichte. Kritische Untersuchungen zur Seleukidenliste und zu den beiden ersten Makkabäerbüchern, BWANT II 10, Stuttgart 1926
V. Aptowitzer: Parteipolitik der Hasmonäerzeit im rabbinischen und pseudepigraphischen Schrifttum, Wien 1927
C. Gutberlet: Das Zweite Buch der Machabäer, AA X, 3–4, Münster 1927
L. Bigot: Art. »Machabées«, DThC 9 (1927) 1479–1502
E. Bickermann: Art. »Makkabäerbücher«, PWRE, 1. Reihe 27 (1928) 779–797
ders.: Zur Datierung des Pseudo-Aristeas, ZNW 29 (1930) 280–298
A. Momigliano: Prime linee di storia della tradizione maccabaica, Rom 1930
J. M. Lagrange: Le Judaïsme avant Jésus-Christ, Paris 1931
C. Mugler: Remarques sur le second livre des Macchabées, RHPhR 11 (1931) 419–423
E. Bickermann: Ein jüdischer Festbrief vom Jahre 124 v. Chr. (II Makk 1,1–9), ZNW 32 (1933) 233–254
ders.: Die Makkabäer, Berlin 1935
ders.: Der Gott der Makkabäer, Berlin 1937
F. M. Abel: Les lettres préliminaires du 2nd livre des Maccabées, RB 53 (1946) 513–533
ders.: La Fête de la Hanukka, ebd., 538–544
H. H. Rowley: The Relevance of Apocalyptic, London ²1946
F. M. Abel: Les livres des Maccabées, Paris 1949
S. Zeitlin: The First Book of Maccabees. English Translation by S. Tedesche, Introduction and Commentary by S. Zeitlin, New York 1950
H. Bietenhard: Die himmlische Welt im Urchristentum und Spätjudentum, WUNT 2, Tübingen 1951
M. Grandclaudon: Les livres des Macchabées, Paris 1951
P. R. Ackroyd: Criteria for the Maccabean Dating of OT Literature, VT 3 (1953) 113–132
M. B. Dagut: II Macc and the Death of Antiochus IV Epiphanes, JBL 72 (1953) 149–157
W. Mölleken: Geschichtsklitterung im I. Makkabäerbuch, ZAW 65 (1953) 205–228
K. D. Schunck: Die Quellen des I. und II. Makkabäerbuches, Halle 1954
C. C. Torrey: Alexander Jannaeus and the Archangel Michael, VT 4 (1954) 208–211
S. Zeitlin: The Second Book of Maccabees. Edited by S. Zeitlin, with Introduction and Commentary. English Translation by S. Tedesche, New York 1954
I. Lévy: Les deux livres des Maccabées et le livre hebraïque des Hasmonéens, Sém 5 (1955) 15–26
J. Schaumberger: Die neue Seleukiden-Liste BM 35 603 und die makkabäische Chronologie, Bib 36 (1955) 423–435
W. R. Farmer: Maccabees. Zealots and Josephus, New York 1956
W. Marchel: De resurrectione et de retributione statim post mortem secundum 2 Mach comparandum cum 4 Mach, VD 34 (1956) 327–341
R. Martin-Achard: De la mort à la résurrection d'après l'Ancien Testament, Neuchâtel 1956
J. Christoph: L'âme du peuple juif dans le deuxième livre des Maccabées, Diss. (masch.) Lille 1957

A. Lefèvre: Art. »Maccabées«, DBS 5 (1957) 597–612
W. R. Farmer: Judas Simon and Athronges, NTS 4 (1957/58) 147–155
R. Martin-Achard: Israel et les nations, CahTh 42, Neuchâtel 1959
O. Plöger: Theokratie und Eschatologie, WMonANT 2, Neukirchen 1959
M. Hengel: Die Zeloten, Leiden/Köln 1961
B. Renaud: La loi et les lois dans les livres des Maccabées, RB 68 (1961) 39–52
J. Starcky: Les livres des Maccabées. Traduction de F. M. Abel; Introduction de F. M. Abel et J. Starcky. Notes de J. Starcky, Paris 1961
K. Schubert: Die Entwicklung der Auferstehungslehre von der nachexilischen bis zur frührabbinischen Zeit, BZ NF 6 (1962) 177–214
D. Arenhoevel: Die Eschatologie der Makkabäerbücher, TTZ 72 (1963) 257–269
ders.: Die Theokratie nach dem 1. und 2. Makkabäerbuch, Mainz 1967
F. M. Heichelheim: HdO IV, 2,2 Leiden 1966, 119–192

Kommentare
BC Keil 1875
EB Schötz 1948
EK Dancy 1954
EK Laconi 1960
GP Penna 1953
HS Bévenot 1931
HerderB Bückers 1939
Kahana[1] 1931

53. Das Buch der Weisheit Salomos

G. Kuhn: Beiträge zur Erklärung des Buches der Weisheit, ZNW 28 (1929) 334–341
ders.: Exegetische und textkritische Anmerkungen zum Buche der Weisheit, ThStKr 103 (1931) 445–452
A. Dupont-Sommer: Les »impies« du livre de la sagesse sont-ils des Epicuriens?, RHR 111 (1935) 90–109
St. Lange: The Wisdom of Salomon and Plato, JBL 55 (1936) 293–302
D. B. MacDonald: The Hebrew Philosophical Genius, London 1936
H. Bückers: Die Unsterblichkeitslehre des Weisheitsbuches, AtA 13,4 Münster 1938
E. H. Blakeney: The Praises of Wisdom; being Part I of the Book of Wisdom, Oxford 1937
J. Fichtner: Die Stellung der Sapientia Salomonis in der Literatur- und Geistesgeschichte ihrer Zeit, ZNW 36 (1938) 113–132
H. Eising: Die theologische Geschichtsbetrachtung im Weisheitsbuch, 1. Erg.Bd. der NtA (1951) 28–40
G. Ziener: Die theologische Begriffssprache im Buche der Weisheit, BBB 11 (1956)
ders.: Die Verwendung der Schrift im Buche der Weisheit, TTZ 66 (1957) 138–151
M. Philomenko: Le Maître de justice et la Sagesse de Salomon, TZ 14 (1958) 81–88
E. des Places: Un emprunt de la »Sagesse« aux »Lois« de Platon? Bib 40 (1959) 1016–1017
H. Eising: Der Weisheitslehrer und die Götterbilder, Bib 40 (1959) 393–408
T. Finan: Hellenistic Humanism in the Book of Wisdom, IrTQ 27 (1960) 30–48
R. T. Siebeneck: The Midrasch of Wisdom 10–19, CBQ 22 (1960) 176–182
P. Grelot: L'eschatologie de la Sagesse et les apocryphes juives, in: Mém. Gelin, Le Puy, 1961, 165–178
P. Blanchamp: Le salut corporel des justes et la conclusion du livre de la Sagesse, Bib 45 (1964) 491–526
R. Taylor: The Eschatological Meaning of Life and Death in the Book of Wisdom I–V, ETL 42 (1966) 72–137
A. G. Wright: Numerical Patterns in the Book of Wisdom, CBQ 29 (1967) 524–538
ders.: The Structure of the Book of Wisdom, Bib 48 (1967) 165–184

Kommentare
BOuT Drubbel 1957
Charles Holmes (I, 518–568)
EB Fischer 1950
EH Heinisch 1912
HAT Fichtner 1938
HerderB Kalt 1938
HS Feldmann 1926
JB Osty [2]1957
Kahana Stein [2]1956
Kautzsch Siegfried (I, 476–507)

54. Das Buch Jesus Sirach
Texte
N. Peters: Der jüngst wiederaufgefundene Text des Buches Ecclesiasticus, Freiburg i. Br. [2]1905
H. L. Strack: Die Sprüche Jesus', des Sohnes Sirachs, Leipzig 1903
R. Smend: Die Weisheit des Jesus Sirach, hebräisch und deutsch, Berlin 1906
J. Marcus: The Newly Discovered Original Hebrew of Ben Sira, Philadelphia 1931
M. Z. Segal: Sefer ben Sira ha-schalem, Jerusalem [2]1958 (hebr.)
ders.: Additional Leaves from Ecclesiasticus in Hebrew, Tarb 29 (1960) 313–323
H. Schirmann: Ein neues Blatt aus dem hebräischen Buch des Ben Sira, Tarb 27 (1958) 440–443
ders.: Some Additional Leaves from Ecclesiasticus Hebrew, Tarb 29 (1960) 125–134
E. Vogt: Vovum folium Hebr. Sir 15,1–16,7 MS B, Bib 40 (1959) 1060–1062
ders.: Novi textus hebraici Libri Sira, Bib 41 (1960) 184–190
Y. Yadin: The Ben Sira Scroll from Masada. With Introduction, Emmendations and Commentary, Jerusalem 1965

Literatur
R. Smend: Griechisch-Syrisch-Hebräischer Index zur Weisheit des Jesus Sirach, Berlin 1907
G. Kuhn: Beiträge zur Erklärung des Buches Jesus Sirach, ZAW 47 (1929) 289–296; 48 (1930) 100–121
C. C. Torrey: The Hebrew of the Geniza Sirach, in: Festschrift Marx, New York 1950, 585–602
P. Kahle: The Age of the Scrolls, VT 1 (1951) 38–48
J. Trinquet: Les liens »sadocites« de l'ecrit de Damas, des manuscrits de la Mer Morte et de l'Ecclesiastique, VT 1 (1951) 287–292
C. Roth: Ecclesiasticus in the Synagogue Service, JBL 71 (1952) 171–178
H.-L. Ginsberg: The original Hebrew of Ben Sira 12, 10–14, JBL 74 (1955) 93–95

P. Winter: Ben Sira and the Teaching of »Two Ways«, VT 5 (1955) 315–318
S. Mowinckel: Die Metrik bei Jesus Sirach, ST 9 (1955) 137–165
M. Baillet u. a.: Le travail d'édition des fragments manuscrits de Qumran, RB 63 (1956) 49–67
M. Treves: Studi su Gesù ben Sirach, in: La Rassegna Mensile di Israel 22 (1956) 387–397. 464–473
E. Jacob: L'histoire d'Israël vue par Ben Sira, La Rassegna Mensile di Israel 22 (1956) 288–294
J. Ziegler: Zum Wortschatz des griechischen Sirach, BZAW 77 (1958) 274–287
ders.: Hat Lukian den griechischen Sirach rezensiert? Bib 40 (1959) 210–229
ders.: Die hexaplarische Bearbeitung des griechischen Sirach, BZ N.F. 4 (1960) 174–185
ders.: Zwei Beiträge zu Sirach, BZ N.F. 8 (1964) 277–284
D. Michaelis: Das Buch Jesus Sirach als typischer Ausdruck für das Gottesverhältnis des nachat.lichen Menschen, TLZ 83 (1958) 601–608
O. Kaiser: Die Begründung der Sittlichkeit im Buche Jesus Sirach, ZTK 55 (1958) 51–53
R. T. Siebeneck: May their Bones return to Life! – Sirach's Praise of the Fathers, CBQ 21 (1959) 1–9
F. Hartmann: Sirach in Hebrew and Greek, CBQ 23 (1961) 443–451
M. R. Lehmann: Ben Sira and the Qumran Literature, RQumrân 3 (1961/62) 103–116
J. Carmignac: Les rapports entre l'Ecclesiastique et Qumrân, RQumrân 3 (1961/62) 209–218
R. Pautrel: Ben Sira et le stoicisme, RScRel 51 (1963) 535–548
A. A. Di Lella: Authenticity of the Geniza Fragments of Sirach, Bib 44 (1963) 171–200
ders. The Recently Identified Leaves of Sirach in Hebrew, Bib 45 (1964) 153–167
ders.: The Hebrew Text of Sirach, Den Haag 1966
H. Conzelmann: Die Mutter der Weisheit, in: Festschrift Bultmann, Tübingen 1964, 225 bis 234
J. D. Purvis: Ben Sira and the Foolish People of Shechem, JNES 24 (1965) 88–94
J. Haspecker: Gottesfurcht bei Jesus Sirach, Rom 1967

Kommentare

Charles Box and Osterley (I, 268–517)
CSS Knabenbauer 1902
EB Hamp 1951
EH Peters 1913
HS Eberharter 1925
HerderB Schilling 1956
JB Duesberg et Auvray ²1958
Kahana Kahana ²1956
Kautzsch Ryssel (I, 230–475)
SAT Volz ²1921
EK R. Smend 1906

III. Literatur zu den Schriften des Neuen Testamentes

1. Einleitungswissenschaft

Th. Zahn: Forschungen zur Geschichte des ntl. Kanons und der altkirchlichen Literatur 1–10, Erlangen 1881–1929

H. J. Holtzmann: Lehrbuch der historisch-kritischen Einleitung in das NT, Freiburg ³1892

B. Weiss: Lehrbuch der Einleitung in das NT, Berlin ³1897

C. R. Gregory: Textkritik des Neuen Testamentes, Leipzig 1900–1909

O. Pfleiderer: Das Urchristentum, seine Schriften und Lehren, Berlin ²1902

M.-J. Lagrange: La methode historique, Paris ²1904

H. v. Soden: Urchristliche Literaturgeschichte, Berlin 1905

J. C. Hawkins: Horae Synopticae, Oxford ²1909

R. Bultmann: Der Stil der paulinischen Predigt und die kynisch-stoische Diatribe, Göttingen 1910

J. Wellhausen: Einleitung in die drei ersten Evangelien, Berlin ²1911

H. v. Soden: Die Schriften des NT in ihrer ältesten erreichbaren Textgestalt I, Göttingen ²1911

Th. Soiron: Die Logia Jesu. Eine literarkritische und literarhistorische Untersuchung zum synoptischen Problem, Münster 1916

J. Moffatt: An Introduction to the Literature of the New Testament, Edinburg ³1918

M. Albertz: Die Synoptischen Streitgespräche. Ein Beitrag zur Formgeschichte des Urchristentums, Berlin 1921

M. Goguel: Introduction au Nouveau Testament, Paris 1922–1926

G. Bertram: Die Leidensgeschichte Jesu und der Christuskult, Göttingen 1922

K. L. Schmidt: Die Stellung der Evangelien in der allgemeinen Literaturgeschichte. In: Eucharisterion, H. Gunkel dargebracht, Göttingen 1923, II, 50–134

M. Dibelius: Stilkritisches zur Apostelgeschichte. In: Eucharisterion, H. Gunkel dargebracht, Göttingen 1923, II, 27–49

S. A. Deißmann: Licht vom Osten, Tübingen ⁴1923

Th. Zahn: Einleitung in das NT, Leipzig ⁴1924

E. Fascher: Die formgeschichtliche Methode, Gießen 1924

B. H. Streeter: The Four Gospels. A Study of Origins, London 1924

H. J. Vogels: Grundriß der Einleitung in das NT, Bonn 1925

W. Bussmann: Synoptische Studien, Halle I, 1925, II, 1929, III, 1931

W. Larfeld: Die neutestamentlichen Evangelien nach ihrer Eigenart und Abhängigkeit, Gütersloh 1925

O. Cullmann: Les récentes études sur la formation de la tradition évangélique, RHPhilRel 5 (1925) 459–477. 564–579

M. Dibelius: Geschichte der urchristlichen Literatur, Berlin 1926

J. Schniewind: Evangelion. Ursprung und erste Gestalt des Begriffs Ev., BFChTh II, 13.25, I, 1927, II, 1931

L. Köhler: Das formgeschichtliche Problem des NT, Tübingen 1927

Th. Zahn: Grundriß der Einleitung in das NT, Leipzig 1928

M. Dibelius: Zur Formgeschichte der Evangelien, TRu NF 1 (1929) 185–216

J. Schmid: Matthäus und Lukas. Eine Untersuchung des Verhältnisses ihrer Evangelien, Freiburg i. Br. 1930

A. Jülicher-E. Fascher: Einleitung in das NT, Tübingen ⁷1931

M. Dibelius: Zur Formgeschichte des NT (außerhalb der Evangelien), TRu NF 3 (1931) 207–242

O. Roller: Das Formular der paulinischen Briefe, Stuttgart 1933

O. Perels: Die Wunderüberlieferung der Synoptiker in ihrem Verhältnis zur Wortüberlieferung, Stuttgart 1934

K. Grobel: Formgeschichte und synoptische Quellenanalyse, Göttingen 1937

E. J. Goodspeed: An Introduction to the NT, Chicago 1937

J. Jermias: Der gegenwärtige Stand der ntl. Textkritik, ThBl 17 (1938) 10ff

W. G. Kümmel: Textkritik und Textgeschichte des NT 1914–1937, TRu NF 10 (1938) 206ff, 292ff; 11 (1939) 84f

Kirsopp-Silva Lake: An Introduction to the NT, New York 1938

C. T. Craig: The Study of the NT, New York 1939

O. Cullmann: Die Pluralität der Evangelien als theologisches Problem im Altertum, TZ 1 (1945) 23ff

P. Benoit: Réflexions sur la »Formgeschichtliche Methode«, RB 53 (1946) 481–512

M. Albertz: Die Botschaft des NTs, Zollikon-Zürich 1947–1957

R. Knopf-H. Weinel-H. Lietzmann: Einführung in das NT, Berlin ⁵1949

M. Meinertz: Einleitung in das NT, Paderborn ⁵1950

F. C. Grant: An Introduction to the NT, New York 1950

R. Bultmann: Das Problem der Hermeneutik, ZTK 47 (1950) 47ff

B. C. Butler: The Originality of St. Matthew. A Critique of the two-document Hypothesis, Cambridge 1951

E. Hirsch: Frühgeschichte des Evangeliums I, Tübingen ²1951, II, Tübingen 1941

R. Heard: An Introduction to the NT, London 1951

K. Th. Schäfer: Grundriß der Einleitung in das NT, Bonn ²1952

W. L. Knox: The Sources of the Synoptic Gospels, Cambridge 1953–1957

J. Schmid: Markus und der aramäische Matthäus. In: Synoptische Studien, München 1953, 148–183

E. Fascher: Textgeschichte als hermeneutisches Problem, Halle 1953

A. H. McNeile: An Introduction to the Study of the New Testament, Oxford ²1953

J. Huby-H. Léon-Dufour: L'Evangile et les Evangiles, Paris 1954

J. Levie: L'Evangile araméen de S. Matthieu est-il la source de l'Evangile de S. Marc?, Tournai-Paris 1954
L. Vaganay: Le problème synoptique: Une hypothèse de travail, Paris 1954
K. Stendahl: The School of St. Matthew, Uppsala 1954
H. J. Vogels: Handbuch der ntl. Textkritik, Bonn ^{2}1955
M. Karnetzki: Textgeschichte als Überlieferungsgeschichte, ZNW 47 (1956) 170–180
G. Iber: Zur Formgeschichte der Evangelien, TRu NF 24 (1956/57) 283–338
D. Daube: The New Testament and Rabbinic Judaism, London 1956
D. T. Rowlingson: Introduction to the NT Study, New York 1956
H. Riesenfeld: The Gospel Tradition and its Beginnings. A Study in the Limits of »Formgeschichte«, London 1957
V. Taylor: The Formation of the Gospel Tradition, London ^{4}1957
Th. Henshaw: New Testament Literature in the Light of Modern Scholarship, London ^{2}1957
W. G. Kümmel: Das NT. Geschichte der Erforschung seiner Probleme, Freiburg-München 1958
A. v. Harnack: Geschichte der altchristlichen Literatur, Leipzig ^{2}1958
G. Lindeskog-A. Fridrichsen-H. Riesenfeld: Inledning till Ny Testament, Stockholm ^{2}1958
J. Duplacy: Où en est la critique textuelle du NT?, Paris 1959
T. R. Rosché: The Words of Jesus and the Future of the »Q« Hypothesis, JBL 79 (1960) 210ff
W. Schmithals: Zur Abfassung und ältesten Sammlung der paulinischen Hauptbriefe, ZNW 51 (1960) 225–245
K. Th. Schäfer: Der Ertrag der textkritischen Arbeit seit der Jahrhundertwende, BZ NF 4 (1960) 1–18
W. Michaelis: Einleitung in das NT, Bern ^{3}1961
A. Wikenhauser: Einleitung in das NT, Freiburg i. Br. ^{4}1961
F. G. Kenyon-A. W. Adams: Der Text der griechischen Bibel, Göttingen ^{2}1961
M. Kähler: Der sogenannte historische Jesus und der geschichtliche biblische Christus, München ^{3}1961
H. Höpfl-B. Gut: Introductionis in s. utriusque Testamenti libros compendium, Vol. III: Introductio specialis in NT, Neapel-Rom ^{6}1962
W. Marxsen: Einleitung in das NT, Gütersloh 1963
E. Fuchs: Hermeneutik, Bad Cannstatt ^{3}1963
R. Schnackenburg: Zur formgeschichtlichen Methode in der Evangelienforschung, ZKT 85 (1963) 16–32
A. Robert-A. Feuillet: Einleitung in die Hl. Schrift II, Freiburg i. Br. 1964
K. L. Schmidt: Der Rahmen der Geschichte Jesus, Berlin 1919, Neudruck Darmstadt 1964
B. Gerhardsson: Memory and Manuscript. Oral Tradition and Written Transmission in Rabbinic Judaism and Early Christianity, Uppsala ^{2}1964
K. Koch: Was ist Formgeschichte?, Neukirchen 1964
P. Feine-J. Behm-W. G. Kümmel: Einleitung in das NT, Heidelberg ^{14}1965
M. Dibelius: Die Formgeschichte der Evangelien, Tübingen ^{5}1966
R. Bultmann: Die Erforschung der synoptischen Evangelien, Berlin ^{5}1966
H. Zimmermann: Neutestamentliche Methodenlehre, Stuttgart 1966
J. Rohde: Die redaktionsgeschichtliche Methode, Hamburg 1966
W. Wilkens: Zur Frage der literarischen Beziehung zwischen Matthäus und Lukas, NT 8 (1966) 48–57
R. H. Fuller: A critical Introduction to the NT, London 1966
K. H. Schelkle: Das NT. Seine literarische und theologische Geschichte, Kevelaer ^{3}1966
R. Bultmann: Die Geschichte der synoptischen Tradition, Göttingen ^{7}1967
M. E. Boisnard: Evangile des Ebionites et problème synoptique, RB 73 (1967) 321–352
X. Léon-Dufour: Interprétation des Evangiles et problème synoptique, ETL 43 (1967) 5–16
S. McLoughlin: Les accord mineurs Mt-Lc contre Mc et le problème synoptique, ETL 43 (1967) 17–40
H. Ph. West: A primitive Version of Luke in the Composition of Matthew, NTS 14 (1967/68) 75–95
A. F. J. Klijn: An Introduction to the NT, Leiden 1967
W. C. van Unnik: Einführung in das NT, Wuppertal 1967

2. Matthäusevangelium

E. v. Dobschütz: Matthäus als Rabbi und Katechet, ZNW 27 (1928) 338–348
K. Thieme: Matthäus, der schriftgelehrte Evangelist, Jud 5 (1949) 130–152. 161–182
O. Michel: Der Abschluß des Mt, Ev T 10 (1950) 16–26
E. K. Winter: Das Evangelium der jerusalemitischen Mutterkirche, Jud 9 (1953) 1–33
K. Stendahl: The School of St. Matthew and its Use of the Old Testament, Uppsala 1954
N. A. Dahl: Die Passionsgeschichte bei Mt, NTS 2 (1955/56) 17–23
J. Gnilka: Die Kirche des Mt und die Gemeinde von Qumran, BZ NF 7 (1963) 43–63
R. Hummel: Die Auseinandersetzung zwischen Kirche und Judentum im Matthäusevangelium, München 1963
W. Trilling: Das wahre Israel, München ^{3}1964
G. Bornkamm-G. Barth-H. J. Held: Überlieferung und Auslegung im Matthäusevangelium, Neukirchen ^{4}1965
A. Vögtle: Die Genealogie Mt 1,2–16 und die matthäische Kindheitsgeschichte, BZ NF 8 (1964) 45–58. 239–262; 9 (1965) 32–49
ders.: Das Schicksal des Messiaskindes, BiLe 6 (1965) 246–279
G. Strecker: Das Geschichtsverständnis des Mt, EvT 26 (1966) 57–74
ders.: Der Weg der Gerechtigkeit, Göttingen ^{2}1966
R. Walker: Die Heilsgeschichte im Matthäus-Evangelium, Göttingen 1967
C. St. Petrie: The Autorship of »The Gospel according to Matthew«, NTS 14 (1967/68) 15–32

Kommentare

BNTC Filson 1960
EB Staab ^{2}1967

EtBi Lagrange 71948
HNT Klostermann 31938
ICC Allen 31912, Nachdruck 1951
IB Johnson 1951
JB Benoit 31961
Meyer Lohmeyer 41961
Moffatt Robinson 1928
NTD Schniewind 111964
RNT Schmid 51965
Torch Cox 1952
Ty Tasker 1961
UB Wilkens I-II 1934/37
Zahn Zahn 41922
ZB Michaelis I-II 1948/49
A. Schlatter: Der Evangelist Matthäus, Stuttgart 51959

3. Markusevangelium

O. Bauernfeind: Die Worte der Dämonen im Markusevangelium, Stuttgart 1927
H. J. Ebeling: Das Messiasgeheimnis und die Botschaft des Markusevangeliums, Berlin 1939
Ch. Maurer: Knecht Gottes und Sohn Gottes im Passionsbericht des Markus, ZTK 50 (1953) 1–38
H. Riesenfeld: Tradition und Redaktion im Markusevangelium. In: Ntl. Studien für R. Bultmann, Berlin 1954, 157–164
W. Marxsen: Redaktionsgeschichtliche Erklärung der sog. Parabeltheorie des Markus, ZTK 52 (1955) 255–271
J. M. Robinson: Das Geschichtsverständnis des Markus-Evangeliums, Zürich 1956
H. Conzelmann: Geschichte und Eschaton nach Mk 13, ZNW 50 (1959) 210–221
ders.: Gegenwart und Zukunft in der synoptischen Tradition, ZTK 57 (1960) 272–296
J. Schoeps: Ebionitische Apokalyptik im NT, ZNW 51 (1960) 101–111
J. Schreiber: Die Christologie des Markusevangeliums, ZTK 58 (1961) 154–185
E. Schweizer: Anmerkungen zur Theologie des Markus. In: Neotestamentica et Patristica (Festschrift f. O. Cullmann), Leiden 1962, 35–46
W. Wrede: Das Messiasgeheimnis in den Evangelien, Göttingen 1901 (Nachdruck 1963)
E. Schweizer: Die theologische Lehre des Markus, EvT 24 (1964) 337–355
P. Vielhauer: Erwägungen zur Christologie des Markusevangeliums. In: Zeit und Geschichte (Dankesgabe an R. Bultmann), Tübingen 1964, 155–169
K. G. Reploh: Markus und die Gemeinde, Diss. Würzburg 1967
J. Schreiber: Theologie des Vertrauens, Hamburg 1967
G. Strecker: Die Leidens- und Auferstehungsvoraussagen im Markusevangelium, ZTK 64 (1967) 16–39
R. Pesch: Naherwartungen. Tradition und Redaktion in Mk 13, Düsseldorf 1968

Kommentare

BNTC Johnson 1960
CGTC Cranfield 1959
EB Staab 21967
EtBi Lagrange 41929, Nachdruck 1947
HNT Klostermann 41950
ICC Gould 1896, Nachdruck 1955
IB Grant 1951
JB Huby 21953
Meyer Lohmeyer 141957
Moffatt Branscomb 1937
NTD Schniewind 101963
NTD Schweizer 1967
RNT Schmid 51963
ThHK Grundmann 31964
Torch Hunter 1949
Ty Cole 1961
UB Dehn 61953
Zahn Wollenberg 3-41930
A. Schlatter: Markus, der Evangelist für die Griechen, Stuttgart 1935
W. Marxsen: Der Evangelist Markus, Göttingen 21959
E. Haenchen: Markusevangelium, Berlin 1960
K. Marti: Das Markus-Evangelium, Basel 1967

4. Lukasevangelium

A. Harnack: Lukas der Arzt, Leipzig 1906
K. Bornhäuser: Studien zum Sondergut des Lukas, Gutersloh 1934
H. Sahlin: Der Messias und das Gottesvolk, Uppsala 1945
R. Morgenthaler: Die lukanische Geschichtsschreibung, Zürich 1948
J. Blinzler: Die literarische Eigenart des sog. Reiseberichts im Lukas-Evangelium. In: Synoptische Studien, München 1953, 20–52
J. Schneider: Zur Analyse des lukanischen Reiseberichtes. In: Synoptische Studien, München 1953, 207–229
H. Schürmann: Die Dubletten im Lukasevangelium, ZKT 75 (1953) 338–345
E. Lohse: Lukas als Theologe der Heilsgeschichte, EvT 14 (1954) 254–275
H. Schürmann: Die Dublettenvermeidungen im Lukasevangelium, ZKT 76 (1954) 83–93
E. Grässer: Das Problem der Parusieverzögerung in den synoptischen Evangelien und in der Apostelgeschichte, Berlin 1957
K. H. Rengstorf: Die Weihnachtserzählung des Evangelisten Lukas. In: Festschrift H. Lilje, Berlin 1959, 15–30
U. Luck: Kerygma, Tradition und Geschichte bei Lukas, ZTK 57 (1960) 51–66
H. Conzelmann: Die Mitte der Zeit, Tübingen 51964
E. Krafft: Die Vorgeschichte des Lukas. In: Festschrift Bultmann, Tübingen 1964, 217–223
H. J. Degenhardt: Lukas, Evangelist der Armen, Stuttgart 1965
H. Flender: Heil und Geschichte in der Theologie des Lukas, München 1965
A. George: Tradition et rédaction chez Luc, ETL 43 (1967) 100–129
R. Laurentin: Struktur und Theologie der lukanischen Kindheitsgeschichte, Stuttgart 1967

Kommentare

BNTC Leaney 1958
EB Staab 21967
Et Bi Lagrange 71950
HNT Klostermann 21929
HThK Schürmann 1968, Kap. 1–9,5
ICC Plummer 31922, Nachdruck 1956
IB Gilmour 1952
Meyer Weiss 91901
Moffatt Manson 81955
NIC Geldenhuys 1950
NTD Rengstorf 111966

RNT Schmid ^{4}1960
ThHK Grundmann ^{5}1966
Torch Browning 1960
UB Fendt 1937
Zahn Zahn $^{3-4}$1920
ZB Lüthi 1962
A. Schlatter: Das Evangelium des Lukas, Stuttgart ^{2}1960
G. Bouwman: Das dritte Evangelium, Düsseldorf 1968

5. Johannesevangelium

A. Schlatter: Sprache und Heimat des 4. Evangelisten, Gütersloh 1902
G. Stählin: Zum Problem der johanneischen Eschatologie, ZNW 33 (1934) 225–259
K. Kundsin: Charakter und Ursprung der johanneischen Reden, Riga 1939
E. Percy: Untersuchungen über den Ursprung der johanneischen Theologie, Lund 1939
F. Mußner: ZOH, Die Anschauung vom »Leben« im vierten Evangelium unter Berücksichtigung der Johannesbriefe, München 1952
B. Noack: Zur johanneischen Tradition, Kopenhagen 1954
E. Haenchen: Aus der Literatur zum Johannesevangelium 1929–1956, TRu (1955) 295ff
H. Becker: Die Reden des Johannesevangeliums und der Stil der gnostischen Offenbarungsreden, Göttingen 1956
E. Käsemann: Aufbau und Anliegen des johanneischen Prologs. In: Festschrift Delekat, München 1957, 75–99
R. Schnackenburg: Logos-Hymnus und johanneischer Prolog, BZ NF 1 (1957) 69–109
J. Schniewind: Die Parallelperikopen bei Lukas und Johannes, Hildesheim ^{2}1958
W. Wilkens: Die Entstehungsgeschichte des vierten Evangeliums, Zollikon-Zürich 1958
E. Haenchen: Johanneische Probleme, ZTK 56 (1959) 19–54
S. Schulz: Komposition und Herkunft der johanneischen Reden, Stuttgart 1960
ders.: Die Bedeutung neuer Gnosisfunde für die nt.liche Wissenschaft, TRu NF 26 (1960) 209–226. 301–334
Th. Müller: Das Heilsgeschehen im Johannesevangelium, Zürich 1961
R. E. Brown: The Problem of Historicity in John, CBQ 24 (1962) 1–14
A. Feuillet: Etudes Johanniques, Paris 1962
R. Formeseyn: Le sémeion johannique et le sémeion hellénistique, ETL 38 (1962) 856–894
C. H. Dodd: Historical Tradition in the Fourth Gospel, Cambridge 1963
R. Schnackenburg: Die Messiasfrage im Johannesevangelium. In: Nt.liche Aufsätze, Regensburg 1963, 240–263
J. Blank: KRISIS, Untersuchungen zur johanneischen Christologie und Eschatologie, Freiburg i. Br. 1964
J. Blinzler: Johannes und die Synoptiker, Stuttgart 1965
O. Böcher: Der johanneische Dualismus im Zusammenhang des nachbiblischen Judentums, Gütersloh 1965
C. H. Dodd: The Interpretation of the Fourth Gospel, Cambridge ^{7}1965
W. Gericke: Zur Entstehung des Johannes-Evangeliums, TLZ 90 (1965) 807–820
E. Schweizer: Ego eimi, Göttingen ^{2}1965
C. Dekker: Grundschrift und Redaktion im Johannesevangelium, NTS 13 (1966/67) 66–80
Ch. Denke: Der sog. Logos-Hymnus im johanneischen Prolog, ZNW 58 (1967) 45–67
R. Bultmann: Der religionsgeschichtliche Hintergrund des Prologs zum Johannesevangelium. In: Exegetica, Tübingen 1967, 10–35
ders.: Die Bedeutung der neuerschlossenen mandäischen und manichäischen Quellen für das Verständnis des Johannesevangeliums, ebd. 55–104
ders.: Untersuchungen zum Johannesevangelium, ebd. 124–197
ders.: Johanneische Schriften und Gnosis, ebd. 230–254
J. Jeremias: Der Prolog des Johannesevangeliums, Stuttgart 1967
H. Schlier: Der Offenbarer und sein Werk nach dem Johannesevangelium. In: Besinnung auf das NT, Freiburg i. Br. ^{2}1967, 254–263
F. E. Williams: Fourth Gospel and Synoptic Tradition, JBL 86 (1967) 311–319
H. Zimmermann: Struktur und Aussageabsicht der joh. Abschiedsreden (Jo 13–17), BiLe 8 (1967) 279–290
H. Leroy: Rätsel und Mißverständnis, Bonn 1968

Kommentare

EB Schick ^{2}1967
EtBi Lagrange ^{8}1948, Nachdruck 1964
HNT Bauer ^{3}1933
HThK Schnackenburg 1965
ICC Bernard 1928
IB Howard 1952
Meyer Bultmann ^{18}1964
Moffatt Macgregor 1928
NIC Tenney 1948
NTD Strathmann ^{10}1963
RNT Wikenhauser ^{3}1961
Torch Richardson 1959
Ty Tasker 1960
UB Brandt ^{3}1940
Zahn Zahn $^{5-6}$1921
ZB Spörri I–II 1950
A. Schlatter: Der Evangelist Johannes, Stuttgart ^{2}1948
H. van den Bussche: L'Evangile de Jean, Brügge 1958

6. Apostelgeschichte

W. Schmid: Die Rede des Apostels Paulus vor den Philosophen und Areopagiten in Athen, Philologus 95 (1942) 79–120
P. Vielhauer: Zum »Paulinismus« der Apg, EvT 10 (1950/51) 1–15
E. Lohse: Die Bedeutung des Pfingstberichtes im Rahmen des lukanischen Geschichtswerkes, EvT 13 (1953) 422ff
E. Haenchen: Tradition und Komposition in der Apg, ZTK 52 (1955) 205–225
W. Nauck: Tradition und Komposition der Areopagrede, ZTK 53 (1956) 11–52
E. Haenchen: Zum Text der Apg, ZTK 54 (1957) 383–387
B. Reicke: Glaube und Leben der Urgemeinde, Zürich 1957
W. Bieder: Die Apg in der Historie, Zürich 1960
J. Dupont: Les sources du livre des Actes, Bruges 1960

E. Gräßer: Die Apostelgeschichte in der Forschung der Gegenwart, TRu 26 (1960) 93–167
C. K. Barrett: Luke the Historian in Recent Study, London 1961
M. Dibelius: Aufsätze zur Apg, Göttingen ^{4}1961
E. Haenchen: Das »Wir« in der Apostelgeschichte und das Itinerar, ZTK 58 (1961) 329ff
U. Wilckens: Die Missionsreden der Apostelgeschichte, Neukirchen ^{2}1963
A. J./M. B. Matill: A Classified Bibliography of Literature on the Acts of the Apostles, Leiden 1966
R. Bultmann: Zur Frage nach den Quellen der Apostelgeschichte. In: Exegetica, Tübingen 1967, 412–423

Kommentare

BNTC Williams 1957
EB Kürzinger ^{2}1968
EtBi Jacquier 1926
HNT Conzelmann 1963
IB Macgregor 1954
JB Cerfaux-Dupont ^{3}1964
Meyer Haenchen ^{5}1965
Moffatt Foakes-Jackson 1932
NIC Bruce 1951
NTD Beyer ^{9}1959
NTD Stählin ^{2}1967
RNT Wikenhauser ^{4}1961
ThHK Bauernfeind 1939
Torch Williams 1958
Ty Blaiklock 1959
UB Dibelius ^{5}1951
Zahn Zahn I-II ^{4}1927
J. Munck: The Acts of the Apostles 1967

7. Römerbrief

J. Schniewind: Das Seufzen des Geistes. Röm 8, 26f. In: Nachgelassene Schriften und Aufsätze, Berlin 1952, 81–103
G. Harder: Der konkrete Anlaß des Römerbriefes, TViat 1954/8, 13ff
G. Bornkamm: Das Ende des Gesetzes, München ^{2}1958
K. H. Schelkle: Paulus – Lehrer der Völker, Düsseldorf 1958
E. Brandenburger: Adam und Christus; exegetisch-religionsgeschichtliche Untersuchung zu Röm 5,12–21 (1 Kor 15), Neukirchen 1962
E. K. Klee: A Study in Romans, London 1962
G. Wagner: Das religionsgeschichtliche Problem von Röm 6,1–11, Zürich 1962
Ch. Müller: Gottes Gerechtigkeit und Gottes Volk, Göttingen 1964
R. Walker: Studie zu Röm 13,1–7, München 1966
R. Bultmann: Röm 7 und die Anthropologie des Paulus. In: Exegetica, Tübingen 1967, 198–209
ders.: Glossen im Römerbrief, ebd. 278–284
ders.: Adam und Christus nach Röm 5, ebd. 424–444
N. Gäumann: Taufe und Ethik, München 1967
G. Schunack: Das hermeneutische Problem des Todes. Im Horizont von Röm 5 untersucht, Tübingen 1967
P. Stuhlmacher: Theologische Probleme des Römerbriefpräskripts, EvT 27 (1967) 374–389
J. Blank: Der gespaltene Mensch. Zur Exegese von Röm 7,7–25, BiLe 9 (1968) 10–20

Kommentare

BNTC Barrett 1957
CNT Leenhardt 1961
EB Kürzinger ^{2}1968
EtBi Lagrange ^{4}1931
HNT Lietzmann ^{4}1933
ICC Sanday-Headlam ^{5}1902
IB Knox 1954
Meyer Michel ^{4}1966
Moffatt Dodd 1932
NIC Murray 1960
NTD Althaus ^{10}1966
RNT Kuss 1957ff
ThHK Schmidt 1963
Torch Hunter 1955
Zahn Zahn ^{3}1925
ZB Gaugler I, ^{2}1959, II, 1952
A. Schlatter: Gottes Gerechtigkeit, Stuttgart ^{3}1959
K. Barth: Der Römerbrief, Zollikon-Zürich 1919, Nachdruck 1963
A. Nygren: Der Römerbrief, Göttingen ^{4}1965

8. 1.–2. Korintherbrief

E. Käsemann: Die Legitimität des Apostels, ZNW 41 (1942) 33–71
H. Schlier: Das Hauptanliegen des 1 Kor, EvT 8 (1948/49) 462–473
E. Dinkler: Zum Problem der Ethik bei Paulus, ZTK 49 (1952), 157–200
W. Schmithals: Die Gnosis in Korinth, Göttingen 1956
A. Schlatter: Paulus, der Bote Jesu, Stuttgart ^{2}1958
P. A. v. Stempvoort: Paulus und die Spaltungen zu Korinth. In: Festschrift Karrer, Stuttgart 1959, 83–93
U. Wilckens: Weisheit und Torheit, Tübingen 1959
W. Bieder: Paulus und seine Gegner in Korinth, TZ 17 (1961) 319–333
G. Bornkamm: Die Vorgeschichte des sogenannten zweiten Korintherbriefes, Sitzungsberichte Heidelberg 1961, 2.
G. Friedrich: Die Gegner des Paulus im 2. Korintherbrief. In: Festschrift Michel, Leiden 1963, 181–215
ders.: Christus, Einheit und Norm der Christen. Das Grundmotiv des 1 Kor, KeDo 9 (1963) 235–258
D. Georgi: Die Gegner des Paulus im 2. Korintherbrief, Neukirchen 1964
K. Niederwimmer: Erkennen und Lieben. Gedanken zum Verhältnis von Gnosis und Agape im 1 Kor, KeDo 11 (1965) 75–102
E. Haller: Die Struktur paulinischer Eschatologie in den Korintherbriefen, Diss. Heidelberg 1966/67
R. Bultmann: Exegetische Probleme des zweiten Korintherbriefes. In: Exegetica, Tübingen 1967, 298–322
K. Maly: Mündige Gemeinde, Stuttgart 1967
J. Kremer: Das älteste Zeugnis von der Auferstehung Christi, Stuttgart 1967

Kommentare

BNTC Barrett 1968 (1 Kor)
CNT Héring ^{2}1959
EB Kürzinger ^{2}1968
EtBi Allo ^{2}1956
HNT Lietzmann-Kümmel ^{4}1949
ICC Robertson-Plummer ^{2}1914 (1 Kor)
ICC Plummer 1925 (2 Kor)

IB Craig 1953 (1 Kor)
IB Filson 1953 (2 Kor)
Meyer Weiss ^{10}1925 (1Kor)
Meyer Windisch ^{9}1924 (2 Kor)
Moffatt Moffatt 1938 (1 Kor)
Moffatt Strachan 1941 (2 Kor)
NIC Grosheide 1957 (1 Kor)
NIC Hughes 1962 (2 Kor)
NTD Wendland ^{12}1968
RNT Kuss 1941
Torch Simon 1959 (1 Kor)
Torch Hanson ^{2}1968 (2 Kor)
Ty Morris 1958 (1 Kor)
Ty Tasker 1958 (2 Kor)
UB Schmitz 1939/40
Zahn Bachmann ^{4}1936 (1 Kor)
Zahn Bachmann ^{4}1922 (2 Kor)
ZB Meyer I, 1947, II, 1945

9. Galaterbrief

H. Asmussen: Theologisch-kirchliche Erwägungen zum Galaterbrief, München ^{2}1935

O. Bauernfeind: Die Begegnung zwischen Paulus und Kephas Gal 1,18–20, ZNW 47 (1956) 268–276

W. Schmithals: Die Häretiker in Galatien, ZNW 47 (1956) 25–67

A.-M. Denis: L'investiture de la fonction apostolique par »Apocalypse«. Etude thématique de Gal 1,16, RB 64 (1957) 335–362. 492–515

J. Dupont: Pierre et Paul à Antioche et à Jérusalem, RScRel 45 (1957) 42–60. 225–239

G. Klein: Galater 2,6–9 und die Geschichte der Jerusalemer Urgemeinde, ZTK 57 (1960) 275–295

F. Mußner: Hagar, Sinai, Jerusalem. Zum Text von Gal 4,25a, TQ 140 (1960) 56–60

J. W. Doeve: Paulus der Pharisäer und Galater 1,13–15, NT 6 (1963) 170–181

W. Foerster: Abfassungszeit und Ziel des Galaterbriefes. In: Festschrift Haenchen, Berlin 1964, 135–141

G. Klein: Individualgeschichte und Weltgeschichte bei Paulus. Eine Interpretation ihres Verhältnisses im Galaterbrief, EvT 24 (1964) 126–165

R. Bring: Der Mittler und das Gesetz, KeDo 12 (1966) 292–309

U. Maurer: Galater 3,20: Die Universalität des Heils, NTS 13 (1966/67) 258–269

J. T. Sanders: Paul's »Autobiographical« Statements in Galatians 1–2, JBL 85 (1966) 335–343

G. M. Taylor: The Function of PISTIS CHRISTOU in Galatians, JBL 85 (1966) 58–76

R. Bultmann: Zur Auslegung von Gal 2,15–18. In: Exegetica, Tübingen 1967, 394–399

P. Parker: Once More, Acts and Galatians, JBL 86 (1967) 175–182

Kommentare

CNT Bonnard 1953
EB Kürzinger ^{2}1968
EtBi Lagrange ^{6}1952
HNT Lietzmann ^{3}1932
ICC Burton 1921
IB Stamm 1953
Meyer Schlier ^{14}1965
Moffatt Duncan 1934
NIC Ridderbos 1953
NTD Beyer-Althaus ^{10}1965
RNT Kuss 1941
ThHK Oepke ^{2}1959
Torch Allan 1951
UB Dehn ^{3}1938
Zahn Zahn ^{3}1922
ZB Maurer 1943

10. Epheserbrief

W. Michaelis: Die Gefangenschaftsbriefe des Paulus und antike Gefangenenbriefe, NKZ 36 (1925) 586–595

H. Schlier: Christus und die Kirche im Epheserbrief, Tübingen 1933

P. Benoit: L'horizon paulinien de l'Epitre aux Ephésiens, RB 46 (1937) 342–361, 506–525

E. Percy: Zu den Problemen der Kolosser- und Epheserbriefe, ZNW 43 (1950/51) 178–194

ders.: Die Probleme der Kolosser- und Epheserbriefe, Lund 1946

N. A. Dahl: Adresse und Proömium des Epheserbriefes, TZ 7 (1951) 241–264

C. L. Mitton: The Epistle to the Ephesians. Its Authorship, Origin and Purpose, Oxford 1951

F. L. Cross (Hrsg.): Studies in Ephesians, London 1956

F. Mußner: Christus, das All und die Kirche, Trier 1957

G. Schille: Der Autor des Epheserbriefes, TLZ 82 (1957) 321–334

H. J. Cadbury: The Dilemma of Ephesians, NTS 5 (1958/59) 91–102

H. Chadwick: Die Absicht des Epheserbriefes, ZNW 51 (1960) 145–153

M. Barth: Solidarität mit den Sündern: Wesen und Auftrag der Gemeinde nach dem Epheserbrief, Kassel 1961

E. Käsemann: Adresse und Proömium des Epheserbriefes, TZ 7 (1951) 241–264

Kommentare

CGTC Thompson 1967
CNT Masson 1953
EB Staab ^{2}1968
HNT Dibelius-Greeven ^{3}1953
ICC Abbott 1897
IB Beare 1953
Meyer Haupt ^{2}1902
Moffatt Scott 1930
NIC Simpson 1957
NTD Conzelmann ^{10}1965
RNT Staab ^{3}1959
Torch Allan 1959
UB Mittring 1936
Zahn Ewald ^{2}1910
ZB Gaugler 1966

M. Zerwick: Der Brief an die Epheser, Düsseldorf 1962

H. Schlier: Der Brief an die Epheser, Düsseldorf ^{5}1965

11. Philipperbrief

W. Lütgert: Die Vollkommenen im Philipperbrief und die Enthusiasten in Thessalonich, Gütersloh 1909

E. Käsemann: Kritische Analyse von Phil 2,5–11, ZTK 47 (1950) 313–360

E. Peterson: Apostel und Zeuge Christi, Freiburg i. Br. ^{3}1952

W. Schmithals: Die Irrlehrer des Philipperbriefes, ZTK 54 (1957) 297–341

W. Michaelis: Teilungshypothesen bei Paulusbriefen: Briefkompositionen und ihr Sitz im Leben, TZ 14 (1958) 321–326
B. D. Rahtjen: The Three Letters of Paul to the Philippians, NTS 6 (1959/60) 167–173
B. S. Mackay: Further Thoughts on Philippians, NTS 7 (1960/61) 161–170
H. Koester: The Purpose of the Polemic of a Pauline Fragment: Phil 3, NTS 8 (1961/62) 317–332
G. Bornkamm: Der Philipperbrief als paulinische Briefsammlung. In: Festschrift O. Cullmann, Leiden 1962, 192–202
A. Feuillet: L'hymne christologique de l'Epître aux Philippines, RB 72 (1965) 352–380. 481–507
R. P. Martin: Phil 2,5–11 in Recent Interpretation and in the Setting of Early Christian Worship, London-New York 1967
Ch. H. Talbert: The Problem of Pre-Existence in Philippians 2,6–11, JBL 86 (1967) 141–153
Kommentare
BNTC Beare 1959
CGTC Grayston 1967
CNT Bonnard 1950
EB Staab ²1968
HNT Dibelius ³1953
HThK Gnilka 1968
ICC Vincent 1897
IB Scott 1955
Meyer Lohmeyer ¹²1961
Moffatt Michael 1928
NIC Müller 1955
NTD Friedrich ¹⁰1965
RNT Staab ³1959
ThHK Michaelis 1935
Torch Synge 1951
Ty Martin 1960
UB Schmitz ⁵1934
Zahn Ewald ⁴1923
K. Barth: Erklärung des Philipperbriefes, Zollikon-Zürich ⁶1959

12. Kolosserbrief
G. Bornkamm: Die Häresie des Kolosserbriefs, TLZ 73 (1948) 11–20
E. Käsemann: Eine urchristliche Taufliturgie. In: Festschrift für R. Bultmann, Stuttgart 1949, 133–148
W. Bieder: Die kolossische Irrlehre und die Kirche von heute, TSt 33 (1952)
G. Bornkamm: Die Hoffnung im Kolosserbrief – zugleich ein Beitrag zur Frage der Echtheit des Briefes. In: Festschrift Klostermann, Berlin 1961, 56–64
P. Benoit: Rapports littéraires entre les épîtres aux Col. et aux Eph. In: Festschrift Schmid, Regensburg 1963, 11–22
E. Lohse: Christologie und Ethik im Kolosserbrief. In: Festschrift Haenchen, Berlin 1964, 156–168
E. P. Sanders: Literary Dependence in Colossians, JBL 85 (1966) 28–45
N. Kehl: Der Christushymnus Kol 1,12–20, Stuttgart 1967
S. Lyonnet: S. Paul et le gnosticisme. StHistRel 12 (1967) 538–550
Kommentare
CGTC Moule 1957
CGTC Thompson 1967
CNT Masson 1950
EB Staab ²1968
HNT Dibelius-Greeven ³1953
ICC Abbott 1897
IB Beare 1955
Meyer Lohmeyer ¹²1961
Moffatt Scott 1930
NIC Bruce 1957
NTD Conzelmann ⁹1962
RNT Staab ³1959
Torch Synge 1951
Ty Carson 1960
Zahn Ewald ²1910
ZB Bieder 1943

13. 1.–2. Thessalonicherbrief
W. Wrede: Die Echtheit des zweiten Thessalonicherbriefes, Leipzig 1903
H. Braun: Zur nachpaulinischen Herkunft des zweiten Thessalonicherbriefes, ZNW 44 (1952/53) 152–156
E. Bammel: Judenverfolgung und Naherwartung, ZTK 56 (1959) 294–315
K.-G. Eckart: Der zweite echte Brief des Apostels Paulus an die Thessalonicher, ZTK 58 (1961) 30–44
O. Betz: Der Katechon, NTS 9 (1962/63) 276–291
W. G. Kümmel: Das literarische und geschichtliche Problem des ersten Thessalonicherbriefes, NT Suppl. 6, Leiden 1962, 213–227
J. Munck: 1 Thess 1,9–10 and the Missionary Preaching of Paul, NTS 9 (1962/63) 95–110
H. Schlier: Auslegung des ersten Thessalonicherbriefes, BiLe 3 (1962) 16–25. 89–97. 174–184. 240–248; 4 (1963) 19–30. 96–103
L. Dewailly: La jeune Eglise de Thessalonique, Paris 1963
L. Sirard: La parousie de l'Antéchrist 2 Thess 2,3–9. In: Stud. Paul. Congr. II, Roma 1963, 89–100.
L. Dewailly: Course et Gloire de la Parole. 2 Thess 3,1, RB 71 (1964) 25–41
W. Schmithals: Die Thessalonicherbriefe als Briefkompositionen. In: Festschrift Bultmann, Tübingen 1964, 295–315
Ch. H. Giblin: The Threat to Faith. An Exegetical and Theological Re-examination of 2 Th 2, Rom 1967
W. Henneken: Verkündigung und Prophetie im ersten Thessalonicherbrief, Diss. lic. Würzburg 1967
A. Schulz: Auslegung des zweiten Thessalonicherbriefes, BiLe 8 (1967) 33–42. 110–120. 179–185. 256–264
Kommentare
CNT Masson 1957
EB Staab ²1968
EtBi Rigaux 1956
HNT Dibelius ³1937
ICC Frame 1912
IB Bailey 1955
Meyer v. Dobschütz ⁷1909
Moffatt Neil 1950
NIC Morris 1959
NTD Oepke ¹⁰1965
RNT Staab ³1959
Torch Neil 1957
Ty Morris 1959
UB Schneider 1932 (1 Thess)

UB Helbig ²1955 (2 Thess)
Zahn Wohlenberg ²1909

14. Philemonbrief

P. J. Verdam: St. Paul et un serf fugitiv. In: Symbolae van Oven, Leiden 1946, 211–230
P. N. Harrison: Onesimus and Philemon, AnglTR 32 (1950) 268–294
Th. Preiss: Vie en Christ et éthique sociale dans l'épître à Phm. In: Mélanges Goguel, Neuchâtel 1950, 171–179
H. Greeven: Prüfung der These von J. Knox zum Philemonbrief, TLZ (1954) 373–378
U. Wickert: Der Philemonbrief – Privatbrief oder apostolisches Schreiben?, ZNW 52 (1961) 230–238

Kommentare

CGTC Moule 1957
CGTC Thomson 1967
EB Reuss ²1968
HNT Dibelius-Greeven ³1953
ICC Vincent 1897
IB Knox ²1959
Meyer Lohmeyer ¹²1961
Moffatt Scott 1930
NIC Müller 1955
NTD Rendtorff ⁷1955
NTD Friedrich ¹⁰1965
RNT Staab ³1959
Torch Leaney 1960
Ty Carson 1960
Zahn Ewald ²1910
ZB Bieder 1944

15. Pastoralbriefe

F. Torm: Über die Sprache in den Pastoralbriefen, ZNW 18 (1917/18) 225–243
P. N. Harrison: The Problem of the Pastoral Epistles, Oxford 1921
H. Windisch: Die Christologie der Pastoralbriefe, ZNW 34 (1935) 213–238
W. Michaelis: Pastoralbriefe und Wortstatistik, ZNW 28 (1929) 69–76
O. Michel: Grundfragen der Pastoralbriefe. In: Festschrift Th. Wurm, Stuttgart 1948, 83–99
W. Nauck: Die Theologie der Pastoralbriefe I, Diss. Göttingen 1950
H. Frhr. v. Campenhausen: Polycarp von Smyrna und die Pastoralbriefe, Heidelberg 1951
J. Gewieß: Die ntl. Grundlagen der kirchlichen Hierarchie, Historisches Jahrbuch der Görresgesellschaft 72 (1953) 1–24
P. N. Harrison: The Pastoral Epistles and Duncan's Ephesian Theorie, NTS 2 (1955/56) 250–261
E. Käsemann: Das Formular einer neutestamentlichen Ordinationsparänese. In: Neutestamentliche Studien für R. Bultmann, Berlin ²1957, 261–268
W. Foerster: Eusebeia in den Pastoralbriefen, NTS 5 (1958/59) 213–218
A. Schlatter: Die Kirche der Griechen im Urteil des Paulus, Stuttgart ²1958
J. McRay: The Authorship of the Pastoral Epistles, Restoration Quaterly 7,1f (1963) 2–18
H. W. Bartsch: Die Anfänge urchristlicher Rechtsbildungen, Hamburg 1964
P. N. Harrison: Paulines and Pastorals, London 1964
J. Kohl: Verfasser und Entstehungszeit der Pastoralbriefe im Lichte der neueren Kritik, Diss. Wien 1964
C. F. D. Moule: The Problem of the Pastoral Epistles, BJRL 47 (1964/65) 430–452
H. Schlier: Die Ordnung der Kirche nach den Pastoralbriefen. In: Die Zeit der Kirche, Freiburg ⁴1966, 129–146
H. Binder: Die historische Situation der Pastoralbriefe. In: Festschrift F. Müller, Stuttgart 1967, 70–83

Kommentare

EB Reuss ²1968
EtBi Spicq 1947
HNT Dibelius-Conzelmann ³1953
ICC Lock 1924
IB Gealy 1955
JB Dornier 1951
Meyer Weiss ⁷1902
Moffatt Scott ²1949
NTD Jeremias ⁸1963
RNT Freundorfer ³1959
ThHK Holtz 1965
Torch Leany 1960
Ty Guthrie 1957
UB Brandt 1941
Zahn Wohlenberg ³1923
W. Michaelis: Pastoralbriefe und Gefangenschaftsbriefe, Gütersloh 1930
Falconer: The Pastoral Epistles, Oxford 1937
B. S. Easton: The Pastoral Epistles, New York 1947

16. Hebräerbrief

E. Käsemann: Das wandernde Gottesvolk, Göttingen ⁴1961
F. F. Bruce: »To the Hebrew« or »To the Essenes«?, NTS 9 (1962/63) 217–232
J. Coppens: Les affinités qumraniennes de l'Epître aux Hébreux, NRT 84 (1962) 128–141. 257–282
O. Michel: Zur Auslegung des Hebräerbriefes, NT 6 (1963) 189–191
A. Vanhoye: La structure littéraire de l'Epître aux Hébreux, Paris-Brügge 1963
ders.: Structure littéraire et thèmes théologiques de l'Epître aux Hébreux, Stud. Paul. in. Congr. II, Roma 1963, 175–181
A. Feuillet: Les points de vue nouveaux dans l'eschatologie de l'Epître aux Hébreux. In: Studia Evang. II, Berlin 1964, 369–387
E. Grässer: Der Glaube im Hebräerbrief, Marburg 1964
A. Vanhoye: Les indices de la structure littéraire de l'Epître aux Hébreux, In: Studia Evang. II, Berlin 1964, 493–509
H. Zimmermann: Die Hohepriester-Christologie des Hebräerbriefes, Paderborn
E. Ahlborn: Die Septuaginta-Vorlage im Hebräerbrief, Diss. Göttingen 1966/67
O. Glombitza: Erwägungen zum kunstvollen Ansatz der Paraenese im Brief an die Hebräer 10, 19–25, NT 9 (1967) 132–150
F. J. Schierse: Der Brief an die Hebräer erläutert, Düsseldorf 1968
F. Schröger: Der Verfasser des Hebräerbriefes als Schriftausleger, Regensburg 1968

Kommentare

CGTC Davies 1967
CNT Héring 1954

EB Reuss [2]1968
EtBi Spicq 1952/53
HNT Windisch [2]1931
ICC Moffatt [2]1948
IB Purdy 1955
Meyer Michel [12]1966
Moffatt Robinson [7]1953
NTD Strathmann [8]1963
RNT Kuss [2]1966
Torch Neil 1955
Ty Hewitt 1960
UB Loew [3]1941
Zahn Riggenbach [2-3]1922

17. Jakobusbrief

A. Meyer: Das Rätsel des Jakobusbriefes, Gießen 1930
G. Hartmann: Der Aufbau des Jakobusbriefes, ZKT 66 (1942) 63–70
G. Kittel: Der geschichtliche Ort des Jakobusbriefes, ZNW 41 (1942) 71–105
K. Aland: Der Herrenbruder Jakobus und der Jakobusbrief, TLZ 69(1944) 97ff
A. T. Cadoux: The Thought of St. James, London 1944
E. Lohse: Glaube und Werke – zur Theologie des Jakobusbriefes, ZNW 48 (1957) 1–22
W. Bieder: Christliche Existenz nach dem Zeugnis des Jakobus, TZ 5 (1949) 93–113
G. Kittel: Der Jakobusbrief und die Apostolischen Väter, ZNW 43 (1950/51) 54–112
G. Eichholz: Jakobus und Paulus, München 1953
ders.: Glaube und Werk bei Paulus und Jakobus, München 1961
G. Braumann: Der theologische Hintergrund des Jakobusbriefes, TZ 18 (1962) 401–410
B. Noack: Jakobus wider die Reichen, ST 18 (1964) 10–25
O. J. F. Seitz: James and the Law. In: Stud. Evang. II, Berlin 1964, 472–486
K. Kürzdorfer: Der Charakter des Jakobusbriefes. Eine Auseinandersetzung mit den Thesen von A. Meyer und M. Dibelius, Diss. Tübingen 1966
W. Stringfellow: Count It All Joy. Reflections on Faith, Doubt, and Temptation. Seen through the Letter of James, Grand Rapids 1967

Kommentare

EB Reuss [2]1968
EtBi Chaine 1927
HNT Windisch-Preisker [3]1951
HThK Mussner 1964
ICC Ropes 1916
IB Easton 1957
Meyer Dibelius-Greeven [11]1964
Moffatt Moffatt [7]1953
NIC Ross 1954
NTD Schneider [10]1967
RNT Michl [2]1968
Torch Blackman 1957
Ty Tasker 1956
UB Rendtorff 1956
Zahn Hauck 1926
J. Marty: L'Epître de Jacques, Paris 1935
A. Schlatter: Der Brief des Jakobus, Stuttgart [2]1956
B. Reicke: The Epistles of James, Peter, and Jude, Garden City 1964

18. 1.–2. Petrusbrief

R. Perdelwitz: Die Mysterienreligion und das Problem des 1. Petrusbriefes, Gießen 1911
W. Bornemann: Der erste Petrusbrief – eine Taufrede des Silvanus?, ZNW 19 (1919/20) 143–165
L. Rademacher: 1 Pt und Silvanus, ZNW 25 (1936) 287–290
E. Krafft: Christologie und Anthropologie im 1 Petr., EvT 10 (1950/51) 120–126
E. Käsemann: Eine Apologie der urchristlichen Eschatologie, ZTK 49 (1952) 272ff
F. L. Cross: 1 Peter, A Paschal Liturgy, London 1954
E. Lohse: Paränese und Kerygma im 1 Petr., ZNW 45 (1954) 68–89
K. Heussi: Die römische Petrustradition in kritischer Sicht, Tübingen 1955
C. F. Moule: The Nature and Purpose of I Peter, NTS 3 (1956/57) 1–11
E. G. Selwyn: Eschatology in I Peter. In: The Background of the N. T. and its Eschatology, Cambridge 1956, 394–401
W. Nauck: Probleme des frühchristlichen Amtsverständnisses (1 Petr 5,2f), ZNW 48 (1957) 200–220
O. Cullmann: Petrus, Jünger – Apostel – Märtyrer, Zürich [2]1960
M.-E. Boismard: Quatre hymnes baptismales dans la première épître de Pierre, Paris 1961
A. Strobel: Untersuchungen zum eschatologischen Verzögerungsproblem, Leiden 1961
C.-H. Hunzinger: Babylon als Deckname für Rom und die Datierung des 1. Petrusbriefes. In: Festschrift Hertzberg, Göttingen 1965, 66–77
J. H. Elliott: The Elect and the Holy. An Exegetical Examination of 1 Peter 2:4-10 and the Phrase basileion hierateuma, NT Suppl. 12, Leiden 1966
R. H. Gundry: »Verba Christi« in 1 Peter, NTS 13 (1966/67) 336–350
R. Bultmann: Bekenntnis- und Liedfragmente im ersten Petrusbrief. In: Exegetica, Tübingen 1967, 285–297

Kommentare

EB Reuss [2]1968
EtBi Chaine 1939
HNT Windisch-Preisker [3]1951
HThK Schelkle [2]1964
ICC Bigg [2]1922
IB Hunter 1957 (1 Petr)
IB Barnett 1957 (2 Petr)
Meyer Knopf [7]1912
Moffatt Moffatt 1928
NTD Hauck [10]1957
NTD Schneider [10]1967
RNT Michl [2]1968
Torch Cranfield 1960
Ty Stibbs-Walls 1959
Zahn Wohlenberg [3]1923
UB Rendtorff [7]1951
ZB Schweizer [2]1949
B. Reicke: The Epistles of James, Peter, and Jude, Garden City 1964
C. Spicq: Les Epîtres de S. Pierre, Paris 1966

19. Judasbrief

K. Pieper: Zur Frage nach den Irrlehrern des Judasbriefes. In: Neutest. Untersuchungen, Paderborn 1939

A. M. Dubarle: Le péché des anges dans l'Epître de Jude. In: Mém. Chaine, Lyon 1950, 145–148
O. J. du Plessis: The Authorship of the Epistle of Jude. In: Biblical Essays, Potchefstroom 1966, 191–199

Kommentare

EB Reuss ²1968
EtBi Chaine 1939
HNT Windisch-Preisker ³1951
HThK Schelkle ²1964
ICC Bigg ²1910
IB Barnett 1957
Meyer Knopf ⁷1912
Moffatt Moffatt ⁷1953
NTD Schneider ¹⁰1967
RNT Michl ²1968
Torch Cranfield 1960
Zahn Wohlenberg ³1923

20. 1.–3. Johannesbrief

E. v. Dobschütz: Johanneische Studien, ZNW 8 (1907) 1–8
W. G. Wilson: An Examination of the Linguistic Evidence adduced against the Unity of the First Ep. of John and the Fourth Gospel, JTS 49 (1948) 147–156
H. Braun: Literar-Analyse und theologische Schichtung im ersten Johannesbrief, ZTK 48 (1951) 262–292
E. Käsemann: Ketzer und Zeuge. Zum johanneischen Verfasserproblem, ZTK 48 (1951) 292–311
W. Nauck: Die Tradition und der Charakter des 1. Joh., Tübingen 1957
J. A. de la Potterie: L'onction du chrétien par la foi, Bib 40 (1959) 12–69
E. Haenchen: Neue Literatur zu den Johannesbriefen, TRu 26 (1960) 1–43, 267–291
J. A. T. Robinson: The Destination and the Purpose of the Johannine Epistles, NTS 7 (1960/61) 58–65
R. Bergmeier: Zum Verfasserproblem des II. und III. Johannesbriefes, ZNW 57 (1966) 93–100
R. Bultmann: Analyse des ersten Johannesbriefes. In: Exegetica, Tübingen 1967, 105–123
R. Schnackenburg: Zum Begriff der »Wahrheit« in den beiden kleinen Johannesbriefen, BZ NF 11 (1967) 253–258
K. Weiss: Orthodoxie und Heterodoxie im 1. Johannesbrief, ZNW 58 (1967) 247–255
R. W. Funk: The Form and Structure of II and III John, JBL 86 (1967) 424–430

Kommentare

EB Reuss ²1968
EtBi Chaine 1939
HNT Windisch-Preisker ³1951
HThK Schnackenburg ³1965
ICC Brooke 1912, Nachdruck 1957
IB Wilder 1957
JB Braun 1953
Meyer Weiss ⁶1900
Meyer Bultmann 1967
Moffatt Dodd ²1947
NIC Ross 1954
NTD Hauck ¹⁰1957
NTD Schneider ¹⁰1967
RNT Michl ²1968
ThHK Büchsel 1933
Torch Alexander 1962
UB Asmussen ³1957

21. Johannesapokalypse

A. Wikenhauser: Der Sinn der Apokalypse des hl. Johannes, Münster 1931
ders.: Das Problem des 1000jährigen Reiches in der Johannes-Apokalypse, RQ 40 (1932) 13–25; 45 (1937) 1–25
E. Lohmeyer: Die Offenbarung des Johannes 1920–1934, TRu 6 (1934) 269–314; 7 (1935) 28–62
G. Bornkamm: Die Komposition der apokalyptischen Visionen in der Offenbarung Johannis, ZNW 36 (1937) 132–149
A. Wikenhauser: Weltwoche und 1000jähriges Reich, TQ 127 (1947) 390–417
K. L. Schmidt: Die Bildsprache der Apokalypse, TZ 3 (1947) 161–177
L. Goppelt: Heilsoffenbarung und Geschichte nach der Offenbarung des Johannes, TLZ 77 (1952) 513–522
M. Rissi: Zeit und Geschichte in der Offenbarung des Johannes, Zürich 1952
H. Bietenhard: Das Tausendjährige Reich, Zürich 1955
W. Bowman: The Revelation to John: Its Dramatic Structure and Message, Interpr 9 (1955) 436–453
A. Ehrhardt: Das Sendschreiben nach Laodicea, EvT 17 (1957) 431–445
M. Rissi: Das Judenproblem im Lichte der Johannes-Apokalypse, TZ 13 (1957) 241–259
G. Delling: Zum gottesdienstlichen Stil der Johannesapokalypse, NT 3 (1959) 107–137
A. Feuillet: Le Messie et sa Mère d'après le chapitre XII de l'Apocalypse, RB 66 (1959) 55–86
M. Hubert: L'architecture des lettres aux sept églises, RB 67 (1960) 349–353
S. Läuchli: Eine Gottesdienststruktur in der Johannesoffenbarung, TZ 16 (1960) 359–378
H. P. Müller: Die Plagen der Apokalypse. Eine formgeschichtliche Untersuchung, ZNW 51 (1960) 268–278
E. Schmitt: Die christologische Interpretation als das Grundlegende der Apokalypse, TQ 140 (1960) 257–290
M. H. Shepherd: The Paschal Liturgy and the Apocalypse, Richmond 1960
H. Zimmermann: Heilsgeschichte und Weltgeschichte in der Johannesapokalypse, BiLe 1 (1960) 75–86
E. Lohse: Die at.liche Sprache des Sehers Johannes, ZNW 52 (1961) 122–126
A. Helmboldt: A Note on the Authorship of the Apocalypse, NTS 8 (1961/62) 77–79
O. Cullmann: Urchristentum und Gottesdienst, Zürich-Stuttgart ⁴1962
T. Holtz: Die Christologie der Apokalypse des Johannes, Berlin 1962
E. Käsemann: Zum Thema der urchristlichen Apokalyptik, ZTK 59 (1962) 257–284
A. Vanhoye: L'utilisation du livre d'Ezechiel dans l'Apocalypse, Bib 43 (1962) 436–476
A. Feuillet: L'Apocalypse. Etat de la question, Paris 1963
P. Prigent: Apocalypse et Liturgie, Neuchâtel 1964

E. Schmitt: Das apokalyptische Weib als zentrale Enthüllung der Apokalypse, Köln 1965

A. Satake: Die Gemeindeordnung in der Johannes-Apokalypse, Neukirchen 1966

H. Schlier: Vom Antichrist. In: Die Zeit der Kirche, Freiburg [4]1966, 16–29

A. Vögtle: Tō angélō tēs Ekklēsias (Apoc 2, 1ff), ObrhPastBl 67 (1966) 323–337

J. Kallas: The Apocalypse – An Apocalyptic Book? JBL 86 (1967) 69–80

E. Pax: Jüdische und christliche Funde im Bereich der »Sieben Kirchen« der Apokalypse, BiLe 8 (1967) 264–278

H. Schlier: Jesus Christus und die Geschichte nach der Offenbarung des Johannes. In: Besinnung auf das NT, Freiburg [2]1967, 358–373

B. Schwank: Der Zeitbegriff der Apokalypse, EA 43 (1967) 279–293

W. Thüsing: Die theologische Mitte der Weltgerichtsvisionen in der Johannesapokalypse, TTZ 77 (1968) 1–16

ders.: Die Vision des »neuen Jerusalem« (Apk 21,1–22,5) als Verheißung und Gottesverkündigung, TTZ 77 (1968) 17–34

Kommentare

EB Schick [2]1968
EtBi Allo [4]1933
HNT Lohmeyer [2]1953
ICC Charles 1920
IB Rist 1957
Meyer Bousset [6]1906, Nachdruck 1966
Moffatt Kiddle [4]1946
NTD Lohse [9]1966
RNT Wikenhauser [3]1959
ThHK Hadorn 1928
Torch Preston-Hanson 1949
UB Lilje [5]1958
Zahn Zahn [3]1924/26
ZB Brütsch 1955

IV. Religion und Theologie des Alten und Neuen Testamentes

1. Geschichte der israelitischen Religion

A. Kuenen: De godsdienst van Israel tot den ondergang van den Joodschen staat, Haarlem 1869f
E. Sellin: Beiträge zur israelitisch-jüdischen Religionsgeschichte I–II, Leipzig 1897–1899
R. Smend: Lehrbuch der alttestamentlichen Religionsgeschichte, Freiburg i. Br. (1893) ²1899
K. Budde: Die Religion des Volkes Israel bis zur Verbannung, Gießen 1900
F. Giesebrecht: Die Grundzüge der israelitischen Religionsgeschichte, Leipzig 1904
B. Stade: Biblische Theologie des Alten Testaments I, Tübingen 1905
K. Marti: Geschichte der israelitischen Religion, Straßburg ³1907
E. Sellin: Die alttestamentliche Religion im Rahmen der andern orientalischen Religionen, Leipzig 1908
K. Budde: Die altisraelitische Religion, Gießen (1905) ²1912
E. König: Geschichte der alttestamentlichen Religion, Gütersloh ²1915
A. Bertholet: Kulturgeschichte Israels, Göttingen 1920
G. Hölscher: Geschichte der israelitischen und jüdischen Religion, Gießen 1922
O. Eißfeldt: Israelitisch-jüdische Religionsgeschichte und alttestamentliche Theologie, ZAW 44 (1926) 1–12 = Kl.Schr. I, 105–114
P. Humbert: Le génie d'Israel, RHPhR 7 (1927) 493–515
R. Kittel: Die Religion des Volkes Israel, Leipzig (1921) ²1929
B. D. Eerdmans: De godsdienst van Israel, 2 Bde., Huis ter Heide 1930
J. Kaufmann: Probleme der israelitisch-jüdischen Religionsgeschichte, ZAW 48 (1930) 23–43; 51 (1933) 35–47
J. Hänel: Die Religion der Heiligkeit, Gütersloh 1931
O. Eißfeldt: Werden, Wesen und Wert geschichtlicher Betrachtung der israelitisch-jüdisch-christlichen Religion, ZMR 46 (1931) 1–24 = Kl.Schr. I, 247–265
F. Baumgärtel: Die Eigenart der alttestamentlichen Frömmigkeit, Schwerin 1932
E. Sellin: Israelitisch-jüdische Religionsgeschichte, Leipzig 1933
S. H. Hooke: Myth and Ritual, London 1933
A. Wendel: Säkularisierung in Israels Kult, Gütersloh 1934
W. Wardle: The History and Religion of Israel, Oxford 1935
W. C. Graham-H. G. May: Culture and Conscience. An Archaeological Study of the New Religious Past in Ancient Palestine, Chikago 1936
St. A. Cook: The Development of the Religion of Israel, AIPh 4 (1936) 539–550
W. O. E. Oesterley-Th. H. Robinson: Hebrew Religion, London (1930) ²1937
A. Lods: La religion d'Israel, Paris 1939
W. F. Albright: The Ancient Near East and the Religion of Israel, JBL 59 (1940) 85–112
I. Engnell: Studies in Divine Kingship in the Ancient Near East, Uppsala 1943
I. G. Matthews: The Religions Pilgrimage of Israel, New York 1945
H. Ringgren: Word and Wisdom. Studies in the Hypostatization of Divine Qualities in the Ancient Near East, Lund 1947
W. F. Albright: Von der Steinzeit zum Christentum, Bern 1949
A. Jepsen: Anmerkungen zur Phänomenologie der Religion, in: Festschrift Bertholet, 1950, 267–280
G. W. Anderson: Hebrew Religion, in: The Old Testament and Modern Study, Oxford 1951, 283–310
J. Muilenburg: The Way of Israel. Biblical Faith and Ethics, New York 1961
S. Mowinckel: Religion und Kultus, Göttingen 1953
W. F. Albright: Die Religion Israels im Lichte der archäologischen Ausgrabungen, München 1956
A. R. Johnson: Sacral Kingship in Ancient Israel, Cardiff 1955
G. Widengren: Sakrales Königtum im Alten Testament und Judentum, Stuttgart 1955
J. Hempel: Altes Testament und Religionsgeschichte, TLZ 81 (1956) 259–280
W. A. Irwin: The Study of Israel's Religion, VT 7 (1957) 113–126
A. Penna: La religione di Israele, Brescia 1958
S. H. Hooke (Hrsg.): Myth, Ritual and Kingship, Oxford 1958
R. Rendtorff: Kult, Mythos und Geschichte im alten Israel, in: Festschrift-Rendtorff (1958), 121–129
J. Finegan: Light from the Ancient Past, Princeton (1946) ²1959
E. L. Ehrlich: Die Kultsymbolik im Alten Testament und im nachbiblischen Judentum, Stuttgart 1959
Y. Kaufmann: The Religion of Israel (translated and abridged by M. Greenberg), London 1961
R. H. Pfeiffer: Religion in Old Testament, New York 1961
G. E. Wright: Cult and History, Interpr 16 (1962) 3–20
J. Gray: Archaeology and the Old Testament, Edinburgh 1962
H. Ringgren: Israelitische Religion, Stuttgart 1963
Th. C. Vriezen: De godsdienst van Israel, Arnheim 1963
G. W. Ahlström: Aspects of Syncretism in Israelite Religion, in: Horae Soederblomianae 5, Lund 1963
R. Rendtorff: Die Entstehung der israelitischen Religion als religionsgeschichtliches und theologisches Problem, TLZ 88 (1963) 735–746
C. Westermann: Das Verhältnis des Jahweglaubens zu den außerisraelitischen Religionen, in: Forschung am Alten Testament 1914, 189–218
J. Hempel, Das Ethos des Alten Testaments, Berlin (1938) ²1964
ders.: Die alttestamentliche Religion (HdO I, 8, 1) 1964, 122–146

A. S. Kapelrud: The Role of the Cult in Old Israel, in: Festschrift Albright 1965, 44–56
G. W. Anderson: The History and Religion of Israel, Oxford 1966
O. Eißfeldt: Die israelitisch-jüdische Religion, in: Saeculum-Weltgeschichte II, Freiburg i. Br. 1966, 217–260
G. Fohrer: Geschichte der israelitischen Religion, Berlin 1969
ders.: Israels Religion und die Religionen seiner Umwelt, NZSysT 9 (1967) 8–27

2. Theologie des Alten Testamentes

P. Heinisch: Theologie des Alten Testaments, Bonn 1940
O. Procksch: Theologie des Alten Testaments, Gütersloh 1950
P. van Imschoot: Théologie de l'Ancien Testament I-II, Tournai 1954–1956
E. Jacob: Théologie de l'Ancien Testament, Neuchâtel-Paris 1955
A. B. Davidson: The Theology of the Old Testament, Edinburgh 1904, [9]1955
Th. Vriezen: Theologie des Alten Testaments in Grundzügen, Wageningen-Neukirchen (1956)
G. von Rad: Theologie des Alten Testaments, I [5]1966 II [4]1965 München
L. Köhler: Theologie des Alten Testaments, Tübingen [4]1966
W. Eichrodt: Theologie des Alten Testaments, I [8]1968 II/III [5]1964 Stuttgart-Göttingen

3. Theologie des Neuen Testamentes

W. Beyschlag: Neutestamentliche Theologie, Halle [2]1895
B. Weiß: Lehrbuch der Biblischen Theologie des NT, Stuttgart-Berlin [7]1903
H. J. Holtzmann: Lehrbuch der neutestamentlichen Theologie, Tübingen [2]1911
A. Schlatter: Die Theologie der Apostel, Stuttgart [2]1922
ders.: Die Geschichte des Christus, Stuttgart [2]1923
H. Weinel: Biblische Theologie des NT, Tübingen [4]1928
Th. Zahn: Grundriß der neutestamentlichen Theologie, Leipzig 1928
A. Lemmonyer: Théologie du Nouveau Testament, Paris 1928
E. Lohmeyer: Grundlagen paulinischer Theologie, Tübingen 1929
G. Kittel-G. Friedrich: Theol. Wörterbuch zum NT, Stuttgart 1933ff
W. Boussett: Kyrios Christos, Göttingen [4]1935
F. Büchsel: Theologie des NT, Gütersloh [2]1937
O. Kuss: Die Theologie des NT, Regensburg 1937
M. Burrows: An Outline of Biblical Theology, Philadelphia 1946
J. Bonsirven: L'Evangile de Paul, Paris 1948
E. Stauffer: Die Theologie des NT, Stuttgart [4]1948
F. Prat: La Théologie de Saint Paul, Paris [38]1949
M. Meinertz: Theologie des NT, Bonn 1950
F. C. Grant: An Introduction to New Testament Thought, New York 1950
J. Bonsirven: Théologie du Nouveau Testament, Paris 1951
P. Feine: Theologie des NT, Berlin [8]1951
M. Albertz: Die Botschaft des NT II, Zollikon-Zürich 1954–1957
A. Schweitzer: Die Mystik des Apostels Paulus, Tübingen [2]1954
A. M. Hunter: Introducing New Testament Theology, London 1957
H. J. Schoeps: Paulus. Die Theologie des Apostels im Lichte der jüdischen Religionsgeschichte, Tübingen 1959
X. Léon-Dufor: Vocabulaire de Théologie Biblique, Paris 1962
F. Amiot: Die Theologie des Hl. Paulus, Mainz 1962
O. Cullmann: Christus und die Zeit, Zollikon-Zürich [3]1962
A. Lemmonyer-L. Cerfaux: Théologie du NT, Paris 1964
X. Léon-Dufour: Wörterbuch zur biblischen Botschaft, Freiburg i. Br. 1964
Q. Quesnell: This Good News. An Introduction to the Catholic Theology of the NT, Milwaukee 1964
R. H. Knudsen: Theology in the NT, Vally Forge 1964
R. Schnackenburg: Neutestamentliche Theologie, München [2]1965
R. C. Dentan: The Design of the Scriptures, New York 1965
R. Bultmann: Theologie des NT, Tübingen [5]1965
L. Coenen-E. Beyreuther-H. Bietenhard: Theologisches Begriffslexikon zum NT, Wuppertal 1965ff
A. Richardson: In Introduction to the Theology of the NT, London [3]1966
J. B. Bauer: Bibeltheologisches Wörterbuch, Graz [3]1967
H. Conzelmann: Grundriß der Theologie des NT, München 1967
K. H. Schelkle: Theologie des NT I, Düsseldorf 1968

V. Geschichte der Bibel und ihrer Umwelt

1. *Geschichte Israels*

Gesamtdarstellungen

L. Desnoyers: Histoire du peuple hébreu: des juges à la captivité, 3 Bde., Paris 1922–30

A. Lods: Israël des origines au milieu du VIIIe siècle, Paris 1930

R. Rittel: Geschichte des Volkes Israel, Stuttgart I ^{7}1932, II ^{7}1925, III $^{1-2}$1927–29

W. O. E. Oesterley und T. H. Robinson: A History of Israel, 2 Bde., Oxford 1932

A. T. Olmstead: History of Palestine and Syria, New York 1931

A. Allgeier: Biblische Zeitgeschichte, Freiburg i. Br. 1937

E. Auerbach: Wüste und Gelobtes Land, Berlin I ^{2}1938, II 1936

P. Heinisch: Geschichte des Alten Testaments, Bonn 1950

F. M. Abel: Histoire de la Palestine depuis la conquete d'Alexandre jusqu'à l'invasion arabe, 2 Bde., Paris 1952

A. Alt: Kleine Schriften zur Geschichte des Volkes Israel, München 1953

G. Ricciotti: Geschichte Israels, 2 Bde., Wien 1953–55 (aus dem Italienischen)

H. M. Orlinsky: Ancient Israel, Ithaca N. Y. 1954

Cl. Schedl: Geschichte des Alten Testaments, Innsbruck I ^{2}1964, II ^{2}1969, III–IV 1959–1968

E. L. Ehrlich: Geschichte Israels. Von den Anfängen bis zur Zerstörung des Tempels (70 n. Chr.), Leipzig 1958 (Göschen 231/231a)

C. H. Gordon: Geschichtliche Grundlagen des Alten Testaments, Einsiedeln-Köln ^{2}1961

R. K. Harrison: A History of Old Testament Times, London 1957

J. Bright: Altisrael in der neueren Geschichtsschreibung, ATANT 40, Zürich 1961

H. H. Rowley (Hrsg.): The OT and Modern Research. A Generation of Discovery and Research, London ^{2}1961

A. Weiser: Glauben und Geschichte im Alten Testament und andere ausgewählte Schriften, Göttingen 1961

A. et R. Neher: Histoire biblique du peuple d'Israel, Paris 1962

M. A. Beek: Geschichte Israels. Von Abraham bis Bar Kochba (Urban-Taschenbücher 47), Stuttgart 1962

H. J. Kraus: Israel (Propyläen Weltgeschichte, II 237–350), Berlin 1962

O. Eißfeldt: Kleine Schriften, Tübingen I 1962, II 1963, III 1966, IV 1968

A. Jirku: Geschichte Palästina-Syriens im orientalischen Altertum, Aalen 1963 (Urgeschichte bis Eisenzeit)

F. F. Bruce: Israel and the Nations. From the Exodus to the Fall of the Second Temple, Exeter (Devon)/Grand Rapids 1963

M. Metzger: Grundriß der Geschichte Israels, Neukirchen ^{2}1967

H. H. Rowley: From Moses to Qumran, London 1963

H. Ringgren: Israelitische Religion, Stuttgart 1963

M. Noth: Geschichte Israels, Göttingen ^{6}1966

J. Hempel: Geschichten und Geschichte im Alten Testament bis zur persischen Zeit, Gütersloh 1964

2. *Neutestamentliche Zeitgeschichte*

J. Felten: Neutestamentliche Zeitgeschichte, 2 Bde., Regensburg ^{2}1925

G. F. Moore: Judaism in the First Centuries of the Christian Era, 3 Bde., Cambridge 1927–1930

C. Schneider: Einführung in die neutestamentliche Zeitgeschichte, Leipzig 1934

H. Preisker: Neutestamentliche Zeitgeschichte, Berlin 1937

W. Foerster: Neutestamentliche Zeitgeschichte, I: Der zeitgeschichtliche Hintergrund des Lebens und der Verkündigung Jesu, Berlin 1940 (^{2}1955); II 1956

U. Holzmeister: Historia aetatis Novi Testamenti, Rom ^{2}1938

F. J. Jackson und K. Lake (Hrsg.): The Beginnings of Christianity, Part I: The Acts of the Apostels. Prolegomena I: The Jewish, Gentil and Christian Backgrounds, London 1920

R. H. Pfeiffer: History of New Testament Times with an Introduction to the Apocrypha, New York 1949

C. K. Barrett: Die Umwelt des Neuen Testaments. Ausgewählte Quellen, übersetzt und hrsg. von C. Colpe, Tübingen 1958

Bo Reicke: Neutestamentliche Zeitgeschichte. Die biblische Welt 500 v. bis 100 n. Chr., Berlin 1965

F. V. Filson: Geschichte des Christentums in neutestamentlicher Zeit, Düsseldorf 1967

I. Abrahams: Studies in Pharisaism and the Gospels, 2 Bde., 1917–1918

T. Herford: Die Pharisäer, Leipzig 1928

W. Foerster: Der Ursprung des Pharisäismus, ZNW 35 (1935) 35–51

L. Finkelstein: The Pharisees, Philadelphia 1938

ders: The Pharisees and the Gospels, New York 1938

T. W. Manson: Sadducee and Pharisee: The Origin and Significance of the Name, BJRL 22 (1938/39) 144–159

St. Perowne: Herodier, Römer und Juden, dt. Übertrag. H. Schmökel, Stuttgart 1958

W. Beilner: Christus und die Pharisäer, Wien 1959

M. Avi-Yonah: Geschichte der Juden im Zeitalter des Talmud, Studia Judaica II, Berlin 1962

C. Roth: The Pharisees in the Jewish Revolution of 66–73, JSS 7 (1962) 63–80

A. Finkel: The Pharisees and the Teacher of Nazareth, Leiden 1964

R. Meyer: Tradition und Neuschöpfung im antiken Judentum, dargestellt an der Geschichte des Pharisäismus, Berlin 1965

H. F. Weiß: Der Pharisäismus im Lichte der Überlieferung des NT, Berlin 1965

V. Eppstein: When and How the Sadducees were Excommunicated, JBL 85 (1966) 213–224

J. Morgenstern: The Hasîdîm – Who Where They, HUCA (1967) 59–73

H. Merkel: Jesus und die Pharisäer, NTS 14 (1967/68) 194–208

A. Schalit: König Herodes. Der Mann und sein Werk, Studia Judaica IV, Berlin 1969

3. Gesamtdarstellungen
Geschichte und Kultur des alten Orients
H. Junker-L. Delaporte: Die Völker des Antiken Orients, Freiburg i. Br. 1933
V. Christian: Altertumskunde des Zweistromlandes I (Tafeln), II (Text), Leipzig 1940
B. Hrozny: Die älteste Geschichte Vorderasiens und Indiens, Prag 1943
E. Cavaignac: Histoire générale de l'Antiquité, Straßburg 1946
P. van der Meer: The Ancient Chronology of Western Asia and Egypt, Leiden 1947
K. Bittel: Grundzüge der Vor- und Frühgeschichte Kleinasiens, Tübingen ²1950
F. Cornelius: Geschichte des Alten Orients, Stuttgart 1950
H. Frankfort: The Birth of Civilization in the Near East, Bloomington 1951
V. Gordon Childe: New Light on the Most Ancient East, New York 1953
B. Spuler (Hrsg.): Semitistik (HdO III), Leiden 1954
H. Schmökel: Geschichte des Alten Vorderasien (HdO II, 3), Leiden 1957
S. Moscati: Le antiche divinità semitiche, Rom 1958
ders.: Die altsemitischen Kulturen, Stuttgart ³1961
S. N. Kramer: Mythologies of the Ancient World (Anchor Books), New York 1961
J. A. H. Potratz: Die Kunst des Alten Orient, Stuttgart 1961
H. Schmökel (Hrsg.): Kulturgeschichte des Alten Orient, Stuttgart 1961
E. Strommenger: Fünf Jahrtausende Mesopotamien, München 1962
H. W. F. Saggs: Mesopotamien. Assyrer – Babylonier – Sumerer (Kindlers Kulturgeschichte), Zürich 1966
The Cambridge Ancient History, Cambridge (Die einzelnen Beiträge werden jeweils am Ort zitiert)
Fischer Weltgeschichte, Frankfurt a. M.: Bd. 2 (Altorientalische Reiche I): 1965; Bd. 3 (Altorientalische Reiche II): 1966; Bd. 4 (Altorientalische Reiche III): 1967; Bd. 5: 1965; Bd. 6: 1965; Bd. 7: 1966; Bd. 8: 1966
Historia Mundi. Ein Handbuch der Weltgeschichte in zehn Bänden, begr. von F. Kern, hrsg. von F. Valjavec, München: Bd. I: 1952; Bd. II: 1953; Bd. III: 1954; Bd. IV: 1956
Saeculum Weltgeschichte, hrsg. von H. Franke-H. Hoffmann-H. Jedin u. a., Freiburg-Basel-Wien. Bd. I: 1965; Bd. II: 1966; Bd. III: 1967
E. Meyer: Geschichte des Altertums, Darmstadt. Bd. I, 1: ⁶1953; Bd. I, 2: ⁷1954; Bd. II, 1: ⁴1965; Bd. II, 2: ⁴1965; Bd. III: ³1954; Bd. IV, 1: ⁵1954; Bd. IV, 2: ⁴1956; Bd. V: ⁴1958

4. Sumerer
E. A. Speiser: Mesopotamian Origins, Philadelphia 1930
Ch. J. Jean: La religion sumérienne, Paris 1931
H. Frankfort: Archaeology and the Sumerian Problem, Chicago 1932
S. N. Kramer: Sumerian Mythology, Philadelphia 1944
A. Moortgat: Die Entstehung der sumerischen Hochkultur, Leipzig 1945
ders.: Tammuz, Der Unsterblichkeitsglaube in der altorientalischen Bildkunst, Berlin 1949
ders.: Geschichte Vorderasiens bis zum Hellenismus, in: Scharff-Moortgat, Ägypten und Vorderasien im Altertum, München 1950
ders.: Inannes Descent to the Nether World, JCS 4 (1950) 220ff; 5 (1951) 1ff
ders.: Enmerkar and the Lord of Aratta, Philadelphia 1952
A. Parrot: Archéologie mésopotamienne, Bd. I Paris 1946; Bd. II Paris 1953
H. Lenzen: Die Sumerer, Berlin 1948
N. Schneider: Die Religion der Sumerer und Akkader, in: Christus und die Religionen der Erde, Freiburg i. Br. 1951, II 383–439
A. Falkenstein-W. v. Soden: Sumerische und akkadische Hymnen und Gebete, Zürich-Stuttgart 1953
J. J. A. van Dijk: La sagesse suméro-accadienne, Leiden 1953
H. Schmökel: Das Land Sumer, Zürich-Wien 1955
S. N. Kramer: Geschichte beginnt mit Sumer (aus dem Amerikanischen), München 1959
A. Falkenstein: Das Sumerische (HdO II, 1–2), Leiden 1959
ders.: Die Haupttypen der sumerischen Beschwörung (Leipziger semitistische Studien N. F. 1) Leipzig 1931
ders.: Archaische Texte aus Uruk, Berlin 1936
ders.: Ibbisin-Išbierra, ZA N. F. XV, 59ff
ders.: Inannas Gang zur Unterwelt, AfO 1943/44, 113ff
ders.: Der »Sohn des Tafelhauses«, WO 3 (1948) 172ff
ders.: Die Ibbisin-Klage, WO 1950, 377ff
A. Parrot: Sumer, München 1960
V. Christian: Die Herkunft der Sumerer (Sitzungsberichte der Akademie der Wissenschaften), Wien 1961
S. N. Kramer: The Sumerians. Their History, Culture and Character, Chicago 1963
M. E. L. Mallowan: The Development of Cities. From Al-Ubaid to the End of Uruk (CAH I, 8), Cambridge 1967

5. Babylonien und Assyrien
B. Meißner: Babylonien und Assyrien, Heidelberg I 1920; II 1925
B. Furlani: La Religione Babilonese-Assira, 2 Bde., Bologna 1928f
R. H. Parker und W. H. Dubberstein: Babylonian Chronology, 625 B. C. – A. D. 75, Chicago 1936
K. Tallquist: Akkadische Götterepitheta, Helsingfors 1938
H. Frankfort-Th. Jacobsen u. a.: Frühlicht des Geistes, Stuttgart 1954 (Titel des amerikanischen Originals: The Intellectual Adventure of Ancient Man, Chicago 1946)
E. Dhorme: Les religions de Babylonie et d'Assyrie, Paris 1949
F.M. Th. de L. Böhl: Die Religion der Babylonier und Assyrer, in: Christus und die Religionen der Erde, Freiburg i. Br. 1951, II 441–498
J. Bottéro: La religion babylonienne, Paris 1952
S. H. Hooke: Babylonian and Assyrian Religion, London 1953

F. M. Th. de L. Böhl: King Hammurabi of Babylon, Groningen 1953
H. Schmökel: Ur, Assur und Babylon, Stuttgart 1955
D. J. Wisemann: Chronicles of Chaldaean, London 1956
J. R. Kupper: Les nomades en Mésopotamie au temps des roi de Mari, Paris 1957
G. Rinaldi: Storia delle letterature dell' antica Mesopotamia, Mailand 1957
H. Schmökel: Geschichte des Alten Vorderasien (HdO II, 3), Leiden 1957
G. Conteneau: Die alten Religionen des Vorderen Orients, in: Die Religionen des Alten Orients (Der Christ in der Welt XVII, 2), Zürich 1958
B. Landsberger-W. von Soden: Die Eigenbegrifflichkeit der babylonischen Welt. Leistung und Grenze sumerischer und babylonischer Wissenschaft, Darmstadt 1965
C. J. Gadd: The Dynasty of Agade and the Gutian Invasion (CAH I, 19) Cambridge 1965
ders.: Hammurabi and the End of this Dynasty (CAH II, 5), Cambridge 1965
H. Lewy: Assyria c. 2600 – 1818 B. C. (CAH I, 2), Cambridge 1966

6. Ägypten

J. H. Breasted: Ancient Records of Egypt I-V, Chicago 1906–1907
W. Wreszinski: Atlas zur ägyptischen Kulturgeschichte I-III, Leipzig 1923–1940
H. Junker: Die Ägypter, Freiburg i. Br. 1933
A. Erman: Die ägyptische Religion, Berlin ^{3}1934
J. H. Breasted: Geschichte Ägyptens, Wien o. J. (1936)
G. Steindorff und K. C. Seele: When Egypt Rules the East, Chicago 1942
H. Stock: Studien zur Geschichte und Archäologie der 13.–17. Dynastie Ägyptens, Glückstadt-Hamburg 1942
J. Vandier: La religion égyptienne, Paris 1944
E. Drioton und J. Vandier: L'Egypte, Paris ^{2}1946
H. Frankfort: Ancient Egyptian Religion, New York 1948
Desroches-Noblecourt: Les religions égyptiennes dans l'histoire général des religions, Paris 1948
H. Junker: Pyramidenzeit, Einsiedeln-Zürich-Köln 1949
A. Scharff und A. Moortgat: Ägypten und Vorderasien im Altertum, München 1950
E. Friedell: Kulturgeschichte Ägyptens und des Alten Orients, München 1951
J. A. Wilson: The Burden of Egypt, Chicago 1951
H. Junker: Die Religion der Ägypter, in: Christus und die Religionen der Erde, Freiburg i. Br. 1951, II 565–606
H. Bonnet: Reallexikon der ägyptischen Religionsgeschichte, Berlin 1952
H. Kees: Das Priestertum im ägyptischen Staat, Leiden 1953
F. K. Kienitz: Die politische Geschichte Ägyptens vom 7. bis zum 4. Jahrhundert vor der Zeitenwende, Berlin 1953
J. Vandier: Manuel d'archéologie égyptienne, Paris 1952
L. Cerny: Ancient Egyptian Religion, London 1952
A. Alt: Die Herkunft der Hyksos in neuer Sicht, Berlin 1954
W. Wolf: Die Welt der Ägypter (Große Kulturen der Frühzeit), Stuttgart ^{2}1954
H. Kees: Der Götterglaube im Alten Ägypten, Berlin ^{2}1956
E. Drioton: Die ägyptische Religion, in: E. Drioton, J. Duchesne-Guillemin, G. Contineau: Die Religionen des Alten Orients (Der Christ in der Welt XVII, 2), Zürich 1958, 7–37
H. Kees (Hrsg.): Ägyptologie (HdO I,1), Leiden 1959
G. Roeder: Die ägyptische Religion in Text und Bild, Zürich-Stuttgart I-IV 1959–61
S. Morenz: Ägyptische Religion, Stuttgart 1960
A. Gardiner: Egypt of the Pharaohs, Oxford 1961
J. Pirenne: Histoire de la civilisation de l'Egypte Ancienne, Neuchâtel-Paris I 1961, II 1962, III 1963
W. Helck: Die Beziehungen Ägyptens zu Vorderasien im 3. und 2. Jahrtausend v. Chr. (Ägyptolog. Abh. 5), Wiesbaden 1962
O. Kaiser: Israel und Ägypten, Hildesheim 1963
E. Otto: Die Religion der alten Ägypter (HdO I, 8), Leiden-Köln 1964, 1–75
E. Hornung: Grundzüge der ägyptischen Geschichte, Darmstadt 1965
A. Gardiner: Geschichte des Alten Ägypten, Stuttgart 1965
K. Lange-M. Hirmer: Ägypten. Architektur, Plastik, Malerei in drei Jahrtausenden, München ^{4}1967

7. Hethiter

L. Delaporte: Les Hittites, Paris 1936
A. Goetze: Hethiter, Churriter und Assyrer, Oslo 1936
H. Th. Bossert: Alt-Anatolien, Berlin 1942
F. Sommer: Hethiter und Hethitisch, Stuttgart 1947
R. Dussaud: Les Religions des Hittites et des Hourittes, des Phéniciens et des Syriens, Paris ^{2}1949
H. G. Güterbock: Hittite Religion, in: V. Ferm: Forgotten Religions, New York 1950
E. Cavaignac: Les Hittites, Paris 1950
O. R. Gurney: The Hittites, Harmondsworth 1952 (^{3}1961)
R. Dussaud: Prélydiens, Hittites et Achéens, Paris 1953
M. Riemenschneider: Die Welt der Hethiter, Stuttgart 1954
H. Schmökel: Geschichte des Alten Vorderasien (HdO II, 3), Leiden 1957, 119–153
A. Goetze: Kleinasien, München ^{2}1957
H. G. Güterbock: Hittite Religion, in: S. N. Kramer: Mythologies of the Ancient World, New York 1961, 139–179
E. Akurgal und M. Hirmer: Die Kunst der Hethiter, München 1961
H. Otten: Die Religionen des Alten Kleinasien (HdO I, 8), Leiden-Köln 1964, 92–121
F. Imparati: I Hurriti, Florenz 1964
J. Mellaart: Anatolia before c. 4000 B. C. and c. 2300–1750 (CAH I, 7. 24) Cambridge 1964
A. Götze: The Struggle for the Domination of Syria (1400–1300 B. C.) Anatolia from Shuppiluliumash to the Egyptian War of Muwatallish. The Hittites and Syria (1300–1200 B. C.) (CAH II, 17.21.24) Cambridge 1965
H. Lewy: Anatolia in the Old Assyrian Period (CAH II, 24), Cambridge 1965

E. von Schuler: Die Kaskäer. Ein Beitrag zur Ethnographie des alten Kleinasien, Berlin 1965
O. R. Gurney: Anatolia c. 1600–1380 B. C. (CAH II, 15), Cambridge 1966
A. Götze: Muršiliš, Leipzig 1933 = Darmstadt 1967
R. D. Barnett: Phrygia and the Peoples of Anatolia in Iron Age² (CAH II, 30) Cambridge 1967
R. de Vaux: Les Hurrites de l'histoire et les Horites de la Bible, RB 74 (1967) 481–503

8. Aramäer

E. G. Kraeling: Aram and Israel, or the Arameans in Syria and Mesopotamia, New York 1918
R. T. O'Callaghan: Aram Naharaim (AnOr 26), Rom 1948 (1961)
A. Dupont-Sommer: Les Araméens, Paris 1949
M. Noth: Die Aramäer, in: Beiträge zur biblischen Landes- und Altertumskunde 68 (1949) 19–36
A. Malamat: The Arameans in Aram Naharaim and the Rise of their States, Jerusalem 1952
M. F. Unger: Israel and the Arameans of Damascus, London 1957
M. McNamara: De populi Aramaeorum primordiis, VD 35 (1957) 129–142
E. Anati: Palestine before the Hebrews, New York 1963
B. Mazar: The Aramaean Empire and its Relations with Israel, BA 25 (1962) 98–120
H. Tadmor: The Southern Border of Aram, IEJ 12 (1962) 114–122

9. Philister

R. A. S. Macalister: The Philistines, London 1913, Chicago 1965
W. J. Phitian Adams: Philistine Origins in the Light of Palestinian Archaeology, BBSAJ 3 (1923), 20 ff
A Burn: Minoans, Philistines, and Greeks, London 1930
E. Grant: The Philistines, JBL 55 (1936) 175–194
W. A. Heurtley: The Relationship between Philistine and Mycenaean Pottery, QDAP 5 (1936), 90ff
O. Eißfeldt: Philister, PW RE 38 (1938), 2390–2401
E. Schultze: Die Seeschiffahrt der Philister, Internat. Arch. für Ethnographie 35 (1938) 1–13
R. Herbig: Philister und Dorier, JDAI 55 (1940) 58–89
A. Furumark: The Chronology of Mycenaean Pottery, Stockholm 1941, 118–122
G. Bonfante: Who were the Philistines, AJA (1946), 251ff
A. H. Gardiner: Ancient Egyptian Onomastica. Text I (1947) 200*–205*
V. Georgiev: Sur l'origine et la langue des Pélasges, des Philistins, des Danaens et des Achéens. Le déchiffrement des inscriptions minoennes, Ann. Univers. Soph. Fac. hist. phil. 1948–1949, 4
ders.: Sur l'origine et la langue des Pélasges, des Philistins, des Danaens et des Achéens, JKlF 1 (1950), 136–141
J. Bérard: Philistins et Préhellenes, RArch (1951) 129–142
C. H. Gordon: The role of the Philistines, Antiquity 30 (1956) 22–26
S. Weinberg: The Aegean and the Near East, in: Studies presented to Hetty Goldman, New York 1956
T. Dothan: Archaeological Reflections on the Philistine Problem (Antiquity and Survival), Vol. II 2/3 (1957), 151–164
G. E. Wright: Philistine coffins and mercenaries, BA 22 (1959) 53–66
ders: Fresh evidence for the Philistine Story, BA 29 (1966) 70–86
M. L.-H. Erlenmeyer: Über Philister und Kreter, Or 29 (1960) 121–150. 241–272; 30 (1961) 269–293; 33 (1964) 199–237
M. Delcor: Jahweh et Dagon, VT 14 (1964) 136–154
B. Hrouda: Die Einwanderung der Philister in Palästina, in: Moortgat-Festschrift, Berlin 1964, 126–135
J. Prignaud: Caftorim et Kerétim, RB 71 (1964) 215–229
B. Mazar: The Philistines and the rise of Israel and Tyre, Proc. Isr. Ac. Sc. H. I, 7 1964
B. D. Rahtjen: Philistine and Hebrew amphictyonies, JNES 25 (1965) 100–104
H. E. Kassis: Gath and the Structure of the »Philistine« Society, JBL 84 (1965) 259–271
K. Galling: Goliath und seine Rüstung, VTS 15 (1966) 150–169
M. L. et H. Erlenmeyer – M. Delcor: Philistins, DBS 7 (1966) 1233–1288
H. Tadmor: Philistia under Assyrian rule, BA 29 (1966) 86–102
T. Dotan: *Ha-pelištim we-tarbutam ha-ḥomrit,* Jerusalem 1967

10. Phönikien und seine Städte

F. C. Eiselen: Sidon. A Study in Oriental History, New York 1907
W. W. Baudissin: Adonis und Esmun, Leipzig 1911
P. Ronzevalle: Traces du culte de Tanit en Phénicien, MUSJ 5 (1912) 75–83
W. B. Fleming: History of Tyre, New York 1915
L. Poinssot-R. Lantier: Un sanctuair de Tanit à Carthage, RHR 77 (1923) 32–68
G. Contenau: Mission archéologique à Sidon, Paris 1921–1924
P. Montet: Byblos et l'Egypte, Paris 1928
O. Eißfeldt: Baal Zaphon, Zeus Kasios und der Durchzug der Israeliten durchs Meer, Halle 1932
O. Eißfeldt: Philister und Phönizier, Leipzig 1936
L. Hennequin: Fouilles et champs de fouilles en Phénicie, DBS 3 (1938) 438–485
C. Clemen: Die phönikische Religion nach Philo von Byblos, Leipzig 1939
O. Eißfeldt: Baalšamem und Jahwe, ZAW 5 7(1939) 1–31
ders.: Ras Schamra und Sanchunjaton, Halle 1939
A. Poidebard: Tyr, un grand port disparu, Paris 1939
G. Bonfante: The Name of the Phoenicians, ClassPh 36 (1941) 1–20
O. Eißfeldt: Phoiniker und Phoinikia, PW RES 20,1 (1941) 350–380
A. Garcia y Bellido: Fenicos y Carthaginenses en Occidente, Madrid 1942
R. Dussaud: L'art phénicien du IIe millénaire, Paris 1948
ders.: Melqart, Syr 25 (1946ff) 205–230
D. B. Harden: The Phoenicians on the West Coast of Africa, Ant 22 (1948) 141–150

G. Contenau: La civilisation phénicienne, Paris 1949

R. Dussaud: La religion des Hittites et des Hourites, des Phéniciens et des Syriens, Paris ²1949

J. G. Février: L'ancienne marine phénicienne et les découvertes récentes, La Nouvelle Clio I-II (1949/50) 128–143

A. Poidebard-J. Lauffray: Sidon. Aménagements antiques du port de Saida, Beyrouth 1951

R. Charlier: La nouvelle série de stèles puniques de Constantine et la question des sacrifices dits »molchomor« en relation avec l'expression »BSRM BTM«, Karthago 4 (1953) 1–48

J. Liver: The Chronology of Tyre at the Beginning of the First Millenium B. C., IEJ 3 (1953) 113–120

M. Chéhab: Les terres cuites de Kharayeb, Paris 1951–1954

C. Decamps de Mertzenfeld: Inventaire commenté des ivoires phéniciens et apparentés découverts dans le Proche Orient, Paris 1954

M. Dunand: Fouilles de Byblos, Paris 1939–1954

G. C. Picard: Les religions de l'Afrique antique, Paris 1954

E. Kukahn: Anthropoide Sarkophage in Beyrouth, Berlin 1955

J. Pirenne: A propos de droit commercial phénicien antique, Bulletin de l'Académie Royale de Belgique V^{e} série 41 (1955) 588–614

M. Astruc: Traditions funéraires de Carthago, CB 6 (1956) 29–58

B. Birot-J. Dresch: La Méditerranée et le Moyen Orient, Bd. II, Paris 1956

R. D. Barnett: A Catalogue of the Nimrud Ivories, London 1957

T. J. Dunbabin: The Greeks and their Eastern Neighbours, London 1957

R. Dussaud: Melquart d'après de récentes travaux, RHR 151 (1957) 1–21

R. D. Barnett: Early Shipping in the Near East, Ant 32 (1958) 220–230

R. Carpenter: Phoenicians in the West, AJA 62 (1958) 35–53

M. Haran: The Bas-Reliefs on the Sarcophages of Ahiram in the Light of Archaeological and Literary Parallels from the Ancient Near East, IEJ 8 (1958) 15–25

S. Moscati: Sulla storia del nome Canaan, StBibOr 3 (1959) 266–269

O. Eißfeldt: Phönikische und griechische Kosmogonie, in: Eléments orientaux dans la religion grecque ancienne, Paris 1960, 1–15

G. Garbini: Il semitico di nord-ovest, Neapel 1960

O. Masson: Cultes indigènes, cultes grecs et cultes orientaux dans la religion grecque ancienne, in: Eléments orientaux dans la religion grecque ancienne, Paris 1960, 129–142

E. H. Warmington: Carthage, London 1960

W. Culican: Aspects of Phoenician Settlements in the West Mediterranean, in: Abr-Nahrain I, Leiden 1961, 36–55

D. Harden: The Phoenicians, London 1962

K. Galling: Eschmunazar und der Herr der Könige, ZDPV 79 (1963) 140–151

G. Garbini: L'espansione fenicia nel Mediterraneo, Cultura e Scuola 7 (1963) 92–97

R. du Mesnil du Buisson: Origine et évolution du panthéon de Tyr, RHR 164 (1963) 133–163

S. Moscati: La questione fenicia, Rendiconti dell'Academia Nazionale dei Lincei 8, 18 (1963) 483–506

F. Barreca: La civiltà de Cartagine, Cagliari 1964

M. L. Buhl: Anfang, Verbreitung und Dauer der phönikischen Steinsarkophage, ActArch 30 (1964) 61–80

R. Mouterde: Regards sur Beyrouth phénicienne, hellénistique et romaine, MUSJ 40 (1964) 145–190

B. Peckham: The Development of the Late Phoenician Scripts, Diss. Harvard Univ. Cambridge 1964

M. Dunand: Byblos. Son histoire, ses ruines, ses légendes, Beirut 1965

M. H. Pope-W. Röllig: Syrien. Die Mythologie der Ugariter und Phönizier, in: Wörterbuch der Mythologie I, hrsg. von H. W. Haussig, Stuttgart 1965, 217–312

S. Moscati: Die Phöniker. Von 1200 v. Chr. bis zum Untergang Karthagos, Kindlers Kulturgeschichte, Zürich 1966

L. Delekat: Phönizier in Amerika, BBB 32, Bonn 1969

11. Kanaan und Ugarit

D. Nielsen: Ras-šamra-Mythologie und biblische Theologie, Leipzig 1936

R. Dussaud: Les découvertes de Ras Shamra (Ugarit) et l'Ancien Testament, Paris 1937

ders.: Les origines cananéennes du sacrifice israelite, Paris ²1941

ders.: Le sanctuaire et les dieux phéniciens de Ras Shamra, RHR 105 (1932) 245–302

ders.: Le mythe de Ba'al et d'Aliyan d'après des documents nouveaux, RHR 3 (1935) 5–65

ders.: Phéniciens, in: »Mana«. Introduction à l'histoire des religions, I/II, Paris ²1947

ders.: L'Art Phénicien du IIe Millénaire, Paris 1949

ders.: Yawé Fils de El, Syria 34 (1957) 232–242

C. H. Gordon: Ugaritic Literature. A Comprehensive Translation of the Poetic and Prose texts, Rom 1949

ders.: Ugaritic Manual, Rom 1954

ders.: Ugaritic Textbook, Rom 1963

A. van Selms: Marriage and Family Life in Ugaritic Literature, London 1954

G. R. Driver: Canaanite Myths and Legends, Edinburgh 1956

J. Aistleitner: Die mythologischen und kultischen Texte aus Ras Schamra, Budapest 1959

ders.: Die Anat-Texte aus Ras Schamra, ZAW 57 (1939) 193–211

ders.: Die Nikkal-Hymne aus Ras-Schamra, ZDMG 93 (1939) 52–59

ders.: Götterzeugung in Ugarit und Dilmun, AcOrB 3 (1953) 285–312

ders.: Ein Opfertext aus Ugarit (1929 No 2), AcOrB 4 (1954) 259–270

ders.: Ein Opfertext aus Ugarit (No 53) mit Exkurs über kosmologische Beziehungen der ugaritischen Mythologie, AcOrB 5 (1955) 1–23

A. Jirku: Kanaanäische Mythen und Epen aus Ras Schamra-Ugarit, Gütersloh 1962

O. Eißfeldt: Kanaanäisch-ugaritische Religion (HdO I, 8), Leiden-Köln 1964, 76–91

ders.: Baal Zaphon, Zeus Kasios und der Durchzug der Israeliten durchs Meer, Halle 1932

ders.: Ras Schamra und Sanchunjaton, Halle 1939

ders.: El im ugaritischen Pantheon, Berlin 1951
ders.: Taautos und Sanchunjaton, Berlin 1952
ders.: Sanchunjaton von Berut und Ilumilku von Ugarit, Halle 1952
ders.: Art und Aufbau der phönizischen Geschichte des Philo von Byblos, Syria 33 (1956) 88–98
ders.: Ba'al Saphon von Ugarit und Amon von Ägypten, FF 36 (1962) 338–340
Cl. F.-A. Schaeffer: Les Fouilles de Ras Shamra-Ugarit, I-XVII campagnes 1929–1953, Syria 10 (1929–31) 1954
ders.: The Cuneiform Texts of Ras Shamra-Ugarit, London 1939
ders.: Ugaritica. Etudes relatives aux découvertes de Ras Shamra. Première Série, in: Mission de Ras Shamra, III, Paris 1939
ders.: Ugaritica II. Nouvelles Etudes relatives aux découvertes de Ras Shamra, in: Mission de Ras Shamra, V, Paris 1949
ders.: Ugaritica III. Sceaux et cylindres Hittites, épée gravée du cartouche de Mineptah, tablettes chyprominoennes et autres découvertes nouvelles de Ras Shamra, in: Mission de Ras Shamra, VIII, Paris 1956
H. L. Ginsberg: The Legend of King Keret, New Haven 1946
J. Gray: Cultic Affinitiers between Israel and Ras Shamra, ZAW 62 (1949–50) 207–220
ders.: The Hunting of Ba'al. Fraticide and Atonement in the Mythology of Ras Shamra, JNES 10 (1951) 146–155
ders.: The God Yw in the Religion of Canaan, JNES 12 (1953) 278–283
ders.: The Legacy of Canaan, VTS 5 (1957)
A. Haldar: The Notion of the Desert in Sumero-Accadian and Westsemitic Religions, Uppsala 1950
E. Jacob: Ras Shamra-Ugarit et l'Ancien Testament, in: Cahiers d'Archéologie Biblique, No 12, Neuchâtel 1960
V. Jacobs and I. Rosensohn: The Myth of Môt and 'Al'eyan Ba'al, HarvTR 38 (1945) 77–109
A. S. Kapelrud: Baal in the Ras Shamra Texts, Kopenhagen 1952
ders.: Ras Shamra-funnene og det Gamle Testament, Oslo 1953
ders.: Ba'als kamp med havets fyrste i Ras Sjamra-tekstene, NorTT 61 (1960) 241–251
R. de Langhe: Les textes de Ras Shamra-Ugarit et leurs rapports avec le milieu biblique de l'Ancien Testament, I-II., Gembloux 1945
ders.: La Bible et la litterature ugaritique, in: Orientalia et Biblica Lovanensia, I, 1957, S. 65–87
ders.: Myth, Ritual and Kingship in the Ras Shamra Tablets, in: S. H. Hooke, Myth, Ritual and Kingship, London 1958, 122–148
J. Gray: The Canaanites, London 1964
R. Amiran: A Note on Figurines with »Disks« (hebr.), Eretz Israel 8 (1965) 99f
M. H. Pope-W. Röllig: Syrien. Die Mythologie der Ugariter und Phönizier, in: Wörterbuch der Mythologie, Bd. I, hrsg. von H. W. Haussig, Stuttgart 1965, 219–312
R. A. Rosenberg: The God Sedeq, HUCA 36 (1965) 161–177
K. L. Vine: The Establishment of Baal at Ugarit, Diss. Michigan Univ. 1965
H. P. Eydoux: The Buried Past: A Survey of Great Archaeological Discoveries, New York 1966
A. Jirku: Von Jerusalem nach Ugarit, Graz 1966
K. M. Kenyon: Amorites and Canaanites, London 1966
B. W. Anderson: Creation versus Chaos: The Reinterpretation of Mythical Symbolism in the Bible, New York 1967
K. H. Bernhardt: Aschera in Ugarit und im AT, MIOr 13 (1967) 163–174
H. Möbius: Die Göttin mit dem Löwen, in: Festschrift W. Eilers, Wiesbaden 1967
W. F. Albright: Yahweh and the Gods of Canaan, London 1968
J. Hoftijzer: Religio aramaica. Godsdienstige verschijnselen in aramese teksten, Leiden 1968
H. Klengel: Geschichte Syriens im 2. Jahrtausend v. u. Z., Teil I: Nordsyrien, Berlin 1965; Teil II: Mittel- und Südsyrien, Berlin 1969

12. Persien

E. Flandin-P. Coste: Voyage en Perse pendant les années 1840–1842, 6 Bde., Paris 1843–1854
Th. Nöldeke: Geschichte der Perser und Araber zur Zeit der Sassaniden. Aus der arabischen Chronik des Tabari übersetzt und mit ausführlichen Erläuterungen und Ergänzungen versehen, Leiden 1879
M. Dieulafoy: L'art antique de la Perse, Paris 1884
Chr. Bartholomae: Die Gatha's des Awesta, Straßburg 1905
I. von Prašek: Geschichte der Meder und Perser, Gotha 1906, 2 Bde.
F. Sarre-E. Herzfeld: Iranische Felsreliefs, Berlin 1910
E. Meyer: Der Papyrusfund von Elephantine. Dokumente einer jüdischen Gemeinde aus der Perserzeit und das älteste erhaltene Buch der Weltliteratur, Leipzig 1912
J. D. C. Pavry: The Zoroastrian Doctrine of a Future Life, New York 1926
E. Benveniste: The Persian Religion according to the Greek, Paris 1929
A. Christensen: Die Iranier, München 1933
G. von Wesendonk: Das Weltbild der Iranier, München 1933
G. Cameron: History of Early Iran, Chicago 1935
E. Herzfeld: Archaeological History of Iran, London 1935
A. U. Pope (Hrsg.): A Survey of Persian Art, London-New York 1938, 6 Bde.
E. Herzfeld: Iran in the Ancient East, London 1941
H. H. Schaeder: Das Persische Weltreich, Breslau 1941
S. Wikander: Die Feuerpriester in Kleinasien und Iran, Lund 1946
G. Contenau: Arts et styles de l'Asie antérieure, Paris 1948
A. T. Olmstead: History of the Persian Empire, Chicago 1948
L. van den Berghe: De stand van de archaeologische onderzoekingen in Iran, JEOL 13 (1953/54) 347–393
V.-G. Childe: L'Orient Préhistorique, Paris 1953
R. G. Kent: Old Persian, New Haven [2]1953
K. Galling: Von Naboned zu Darius, ZDPV 69 (1953) 42–64; 70 (1954) 4–32
N. S. Nyberg: Das Reich der Achämeniden, in: Historia Mundi III, Zürich 1954, 56–115

E. Meyer: Geschichte des Altertums IV, 12: Die Perser, Stuttgart 1939
R. C. Zaehner: Zurvan: a. Zoroastrian Dilemma, Oxford 1955
S. Nadjmbadi: Die Jenseitsvorstellungen bei Zaratustra, Tübingen 1956
R. Mayer: Monotheismus in Israel und in der Religion Zarathustras, BZ NF 1 (1957) 23–58
W. B. Henning: Mitteliranisch, HdO IV, 2, Leiden-Köln 1958
J. de Menasce: Les religions de l'Iran et l'A. T., SP I, 280–287
I. van den Berghe: Archéologie de l'Iran ancien, Leiden 1959
H. Humbach: Die Gathas des Zarathustra, Heidelberg 1959, 2 Bde.
G. Widengren: Iranisch-semitische Kulturbegegnung in parthischer Zeit, Köln 1960
W. Hinz: Zarathustra, Stuttgart 1961
J. Duchesne-Guillemin: La religion de l'Iran Ancien, Paris 1962
R. Frye: The Heritage of Persia, London 1962
R. Ghirsman: Iran-Parther und Sasaniden, München 1962
A. Godard: L'art de l'Iran, Paris 1962
A. Borisov-V. Lukonin: Sassanidskie gemmy, Leningrad 1963
R. Ghirsman: Perse, Protoiraniens, Médes, Achéménides, Paris 1963
W. Hinz: Persia c. 2400–1800 B. C. (CAH 19), Cambridge 1963
N. Pigulevskaja: Les villes de l'état iranien aux époques parthe et sassanide, Paris 1963
F. Altheim: Persien von der iranischen Einwanderung bis zum Untergang der Achaimeniden, in: Die große illustrierte Weltgeschichte 1, Gütersloh 1964, 410–455
K. Galling: Studien zur Geschichte Israels im persischen Zeitalter, Tübingen 1964
W. Hinz: Persia c. 1850–1550 B. C. (CAH 21), Cambridge 1964
F. König: Zarathustras Jenseitsvorstellungen und das A. T., Wien 1964
R. M. Afnan: Zoroaster's Influence on Greek Thought, New York 1965
J. P. Asmussen: Xvastvanift. Studies in Manichaeism, Acta Theol. Danica 7, Kopenhagen 1965
J. S. Croatto: Persia, EncBib 5 (1965) 1051–1057
W. Culican: The Medes and Persians. Ancient Peoples and Places, London 1965
J.-L. Huot: Persien I. Von seinen Ursprüngen bis zu den Achämeniden, dt. Bearb. E. H. Fischer. Archaeologia Mundi, Genf 1965
R. Mayer: Der Auferstehungsglaube in der iranischen Religion, Kairos 7 (1965) 194–207
E. Poradá: Ancient Iran – The Art of Pre-Islamic Times, London 1965
H. W. Ritter: Diadem und Königsherrschaft. Untersuchungen zu Zeremonien und Rechtsgrundlagen des Herrschaftsantrittes bei den Persern, bei Alexander dem Großen und im Hellenismus, München 1965
G. Widengren: Die Religionen Irans, Stuttgart 1965
J. Duchesne-Guillemin: Symbols and Values in Zoroastrianism. Their Survival and Renewal, New York 1966
B. M. Mitchell: Cyrene and Persia, JHS 86 (1966) 99–113
N. S. Nyberg: Die Religionen des alten Iran, Leipzig 1938, Nachdruck 1966
B. Brentjes: Die iranische Welt vor Mohammed, Heidelberg 1967
R. N. Frye: Iran und Israel, in: Festschrift W. Eilers, Wiesbaden 1967, 74–84
W. C. Lukonin: Persien II, dt. Bearb. W. Hinz. Archaeologia Mundi, Genf 1967
G. Mayer: Das achämenidische Weltreich, BZ NF 12 (1968) 1–16

13. Hellenismus

J. G. Droysen: Geschichte des Hellenismus, Gotha ²1877f, Neuausg. v. E. Bayer, Darmstadt-Basel, 1952f
M. Holleaux: Rome, la Grèce et les monarchies hellénistiques au IIIe siècle av. J. C. (273–205), Paris 1921
J. B. Bury u. a.: The Hellenistic Age, Cambridge 1923
U. v. Wilamowitz-Moellendorff: Staat und Gesellschaft der Griechen, Leipzig-Berlin ²1923
P. Jouguet: L'impérialisme macédonien et l'hellénisation de l'Orient, Paris 1926
B. Niese: Geschichte der griechischen und makedonischen Staaten seit der Schlacht bei Chäronea, Gotha 1893–1903
J. Kaerst: Geschichte des Hellenismus, Leipzig-Berlin I³ 1927, II² 1926, Neudruck Darmstadt 1968
P. Roussel: La Grèce et l'Orient, Paris 1928
U. Wilcken: Alexander der Große, Leipzig 1931
G. Radet: Alexandre le Grand, Paris 1931
U. v. Wilamowitz-Moellendorff: Der Glaube der Hellenen, Berlin 1931f, Neudruck Darmstadt 1959
M. Cary: History of the Greek World from 323 to 146 B. C., London 1932
M. Rostovtzeff: A History of the Ancient World I, Oxford 1926; dt. v. H. H. Schaeder, Geschichte der Alten Welt, Leipzig-Wiesbaden 1941 u. ö.
R. Cohen: La Grèce et l'hellénisation du monde antique, Paris 1934
F. Altheim: Weltgeschichte Asiens im griechischen Zeitalter, Halle 1947f
F. Schachermeyr: Alexander der Große, Ingenium und Macht, Stuttgart 1949
U. Kahrstedt: Geschichte des griechisch-römischen Altertums, München ²1952
T. A. Sinclair: A History of Greek Political Thought, London 1952
F. Altheim: Alexander und Asien. Geschichte eines geistigen Erbes, Tübingen 1953
H. I. Bell: Cults and Creeds in Graeco-Roman Egypt, Liverpool 1953
P. Meloni: Perseo e la fine della monarchia macedone, Roma 1953
Historia Mundi, hrsg. v. F. Kern-F. Valjavec, III 1954
A. Momigliano: Genesi storica e funzione attuale del concetto di ellenismo, in: Contributo alle storia delli studi classici, Rom 1955
M. P. Nilsson: Geschichte der griechischen Religion I² 1955, II² 1961
H. E. Stier: Roms Aufstieg zur Weltmacht und die griechische Welt, Köln-Opladen 1957
F. Taeger: Charisma, Studien zur Geschichte des antiken Herrscherkults, Stuttgart 1957/60

H. H. Schmitt: Rom und Rhodos, in: Münchner Beiträge zur Papyrusforschung und antiken Rechtsgeschichte, Heft 40, München 1957
F. Hampl: Alexander der Große, Göttingen 1958
F. Taeger: Das Altertum, Stuttgart [6]1958
V. Tscherikover: Hellenistic Civilisation and the Jews, Philadelphia 1959
U. Wilcken-G. Klaffenbach: Griechische Geschichte, München-Berlin [9]1962
Propyläen-Weltgeschichte, hrsg. v. G. Mann-A. Heuß, III 1962
M. Hadas: Hellenistic Culture, New York 1959, dt. v. E. Schmalzriedt, Stuttgart 1963
H. Bengtson: Griechische Geschichte (Hb. d. Altertumswiss. III 4), [3]1965
V. Ehrenberg: Dar Staat der Griechen, Zürich-Stuttgart [3]1965
W. Tarn-G. T. Griffith: Die Kultur der hellenistischen Welt, Darmstadt 1966
C. Schneider: Kulturgeschichte des Hellenismus, München 1966ff
Saeculum Weltgeschichte, hrsg. v. H. Franke u. a., II 1966
W. Tarn: Alexander der Große, I-II Darmstadt 1968
M. Hengel: Judentum und Hellenismus (WUNT 10), Tübingen 1969

14. Rom

E. Gibbon: History of the Decline and Fall of the Roman Empire, London 1776ff; Neuausgabe von J. B. Bury in 7 Bdn., London 1896–1914
Th. Mommsen: Römische Geschichte, Berlin 1857, 1888
G. Ferrero: Grandezza e decadenza di Roma, 6 Bde, Mailand 1902ff
A. H. J. Greendidge: A History of Rome during the later Republic and the early Principate, Bd. I, London 1904
O. Seek: Geschichte des Untergangs der antiken Welt, 6 Bde., Stuttgart 1910–1921
R. Sohm: Wesen und Ursprung des Katholizismus, Leipzig [2]1912
E. Meyer: Ursprung und Anfänge des Christentums, Stuttgart 1921–1923
A. v. Domaszewski: Geschichte der römischen Kaiser, 2 Bde., Leipzig [3]1922
B. Niese: Grundriß der römischen Geschichte nebst Quellenkunde, München [5]1923
T. Rice Holmes: The Roman Republic, Oxford 1927
A. v. Harnack: Die Mission und Ausbreitung des Christentums in den ersten drei Jahrhunderten, Leipzig [4]1924
H. Dessau: Geschichte der römischen Kaiserzeit, Berlin 1924–1930
H. Achelis: Das Christentum in den ersten drei Jahrhunderten, Leipzig [2]1925
M. Rostovtzeff: A History of the Ancient World, Bd. II, Rom 1927
S. Gsell: Histoire ancienne de l'Afrique du Nord, Bde. VII, VIII, Paris 1928
C. Jullian: Histoire de la Gaule, Bd. III, Paris 1928
E. Stein: Geschichte des spätrömischen Reiches I, Wien 1928
M. Rostovtzeff: Gesellschaft und Wirtschaft im römischen Kaiserreich, 2 Bde., Leipzig 1931
H. Lietzmann: Geschichte der alten Kirche, 4 Bde., Berlin 1932–1944
Prosopographia imperii Romani saec. I-III, hrsg. v. A. Stein-E. Groag, Berlin [2]1933ff
H. M. D. Parker: A History of the Roman World from 138 to 337 A. D., London 1935
G. Bloch-J. Carcopino: La République romaine de 133 à 44 avant J.-C., Paris 1935–1936
E. Albertini: L'Empire romain, Paris [3]1938
E. Kornemann: Römische Geschichte, Stuttgart [5]1964
R. Syme: The Roman Revolution, Oxford 1939
E. T. Salmon: A History of the Roman World from 30 B. C. to A. D. 138, London 1944
A. Piganiol: Histoire de Rome, Paris [3]1949
E. Buonaiuti: Geschichte des Christentums I, Bern 1948
J. Vogt: Die Römische Republik, Freiburg [2]1951
F. B. Marsh: A History of the Roman World from 146 to 30 B. C., London [2]1953
C. Schneider: Geistesgeschichte des antiken Christentums, 2 Bde., München 1954
K. Latte: Römische Religionsgeschichte (= Handbuch der Altertumswissenschaft V, 4), München 1960
K. Baus: Von der Urgemeinde zur frühchristlichen Großkirche (= Handbuch der Kirchengeschichte I), Freiburg 1962
E. Meyer: Römischer Staat und Staatsgedanke, Zürich [3]1964
H. Bengtson: Römische Geschichte I (= Handbuch der Altertumswissenschaft III 5, 1), München 1967

VI. Geographie und Archäologie

1. Atlanten

P. Lemaire-D. Baldi: Atlante Storico della Bibbia, Turin 1955

E. K. Kraeling-R. McNally: Bible Atlas, London 1956

G. E. Wright-F. V. Filson: The Westminster Historical Atlas to the Bible, Philadelphia ^{2}1956

L. H. Grollenberg: Kleiner Bildatlas zur Bibel, Gütersloh 1960

G. E. Wright-F. V. Filson: Kleiner historischer Bibelatlas, Stuttgart 1960

M. A. Beek: Bildatlas der assyrisch-babylonischen Kultur, Gütersloh 1961

H. G. May: Oxford Bible Atlas, London 1962

L. H. Grollenberg: Bildatlas zur Bibel, Gütersloh ^{4}1963

Y. Aharoni: 'Atlas Karta' liteqûfat ha-miqra, Jerusalem 1964

H. H. Rowley: Atlas zur Bibel, Wuppertal 1965

M. Avi-Yonah-S. Safrai: Atlas Carta le-tequfat bayit sheni, ha-Mishna ve-ha-Talmud, Jerusalem 1967

D. H. K. Amiran u. a.: Atlas of Israel, New York-Barking-Amsterdam 1970

2. Geographie

G. Dalmann: Hundert deutsche Fliegerbilder aus Palästina, Gütersloh 1925

A. Musil: Arabia Petraea I-II, Wien 1907/8

H. Guthe: Palästina, Monographien zur Erdkunde, Bielefeld 1927^{2}

F. M. Abel: Geographie de la Palestine, Paris I 1933 II 1938

J. Press: Meḥqarim b'yidiat ha-areṣ ve-topografya miqrait (Studies in Palestinology and Biblical Topography) I-XI, Jerusalem 1951–1961

A. Reifenberg: The Struggle Between the Desert and the Sown, Jerusalem 1955

M. du Buit: Geographie de la Terre Sainte, Paris 1958

M. Avi-Yonah: Geographia historit shel Eretz-Israel, Jerusalem 1962

D. Baly: Geografisches Handbuch zur Bibel, Neukirchen 1966

G. A. Smith: The Historical Geography of the Holy Land, London und Glasgow ^{26}1966

Y. Aharoni: The Land of the Bible, London ^{2}1967

3. Handbücher zur biblischen Altertumskunde

Ch.-F. Jean: Le Milieu Biblique avant Jésus-Christ, Paris: Tom. I: 1922; Tom. II: 1923; Tom. III: 1936

S. Krauss: Synagogale Altertümer, Berlin 1922

J.-A. Jaussen: Coutumes Palestiniennes, Paris 1927

K. Galling: Biblisches Reallexikon, HAT 1, Tübingen 1937

F. Nötscher: Biblische Altertumskunde, HS Ergbd. III, Bonn 1940

G. Dalman: Arbeit und Sitte, Gütersloh. Bd. I, 1: 1927; Bd. I, 2: 1928; Bd. II: 1932; Bd. III: 1933; Bd. IV: 1935; Bd. V: 1937; Bd. VI: 1939; Bd. VII: 1942

A.-G. Barrois: Manuel d'Archéologie Biblique, Paris: Tom. I: 1939; Tom. II: 1953

R. de Vaux: Das Alte Testament und seine Lebensordnungen, Freiburg-Basel-Wien: Bd. I: 1960; Bd. II: 1962

4. Texte

M. Lidbarski: Handbuch der nordsemitischen Epigraphik, Weimar 1898

ders.: Ephemeris für semitische Epigraphik, Gießen 1902, 3 Bde.

G. A. Cooke: A textbook of Northsemitic inscriptions, Oxford 1903

H. Gressmann (Hrsg.): Altorientalische Texte zum Alten Testament, Berlin 1926

Corpus Inscriptionum Semiticarum ab Academia Inscriptionum et Litterarum humaniorum conditum atque digestum, Paris, Tom. I, II, IV 1881–1929

D. Diringer: Inscrizioni antico–ebraiche palestinesi, Florenz 1934

S. Moscati: L'epigraphia ebraicha antica, Rom 1951

J.-B. Freye: Corpus Inscriptionum Iudaicarum, Roma: Vol. I: 1936; Vol. II: 1952

R. Borger: Handbuch der Keilschriftliteratur, I, Berlin 1967

H. Donner-W. Röllig: Kanaanäische und aramäische Inschriften. Mit einem Beitrag von O. Rössler. Bd. I: Texte, Wiesbaden ^{2}1966; Bd. II: Kommentar, Wiesbaden ^{2}1968; Bd. III: Glossare und Indizes, Tafeln, Wiesbaden 1964

K. Galling in Verbindung mit E. Edel und R. Borger: Textbuch zur Geschichte Israels, Tübingen ^{2}1968

J. B. Pritchard (ed.): Ancient Near Eastern Texts relating to the Old Testament, Princeton Univ. Press ^{3}1969

5. Archäologie

H. Gressmann: Die Ausgrabungen in Palästina und das AT, Tübingen 1908

R. Kittel: Studien zur hebräischen Archäologie, Leipzig 1908

S. Krauss: Talmudische Archäologie, Bd. I-III Leipzig 1910/12

Ch. F. Jean: Le Milieu Biblique avant Jésus-Christ, Paris I 1922, II 1923

G. Dalman: Orte und Wege Jesu, Gütersloh ^{2}1924

J. Benzinger: Hebräische Archäologie, Leipzig 1927

H. Gressmann: Altorientalische Bilder zum AT, Berlin-Leipzig ^{2}1927

G. Conteneau: Manuel d'Archéologie Orientale, Paris I 1927, II 1931, III 1931

W. Borée: Die alten Ortsnamen Palästinas, Leipzig 1930

B. Maisler: Untersuchungen zur alten Geschichte und Ethnographie Syriens und Palästinas, Gießen 1930

G. Duncan: Digging up Biblical History I/II, London 1931

P. Thomsen: Palästina und seine Kultur in fünf Jahrtausenden, Leipzig ^{3}1932

C. Watzinger: Denkmäler Palästinas, Leipzig I 1933, II 1935

N. Glueck: Explorations in Eastern Palestine I/IV AASOR Vol. 14, 15, 18/19, 25–28, 1934–1951

J. Simons: Opgravingen in Palästina, Roermond-Maaseik 1935

S. L. Caiger: Bible and Spade, London 1936

K. Galling: Biblisches Reallexikon HAT I, 1, Tübingen 1937
G. E. Wright: The Pottery of Palestine from the Earliest Times to the End of the Early Bronze Age, New Haven 1938
A. G. Barrois: Manuel d'Archeologie biblique, Paris I 1939, II 1953
C. Kopp: Grabungen und Forschungen im Heiligen Land 1867–1938, Köln 1939
N. Glueck: The Other Side of Jordan, ASOR XVIII 1940
F. Nötscher: Biblische Altùrtumskunde, Bonn 1940
M. Burrows: What Mean These Stones? The Significance of Archaeology for Biblical Studies, ASOR XVI 1941
L. H. Vincent: L'Archéologie et la Bible, Mélanges E. Podechard 1945
N. Glueck: The River Jordan, BASOR 102, 1946
R. T. O'Callaghan: Aram Naharaim, AIOr 26, 1948
J. L. Kelso: The Ceramic Vocabulary of the Old Testament, BASOR Supp. Nos. 5–6, New Haven 1948
C. F. A. Schaeffer: Stratigraphie Comparée et Chronologie de l'Asie Occidental, London 1948
W. F. Albright: Von der Steinzeit zum Christentum (From the Stone Age to Christianity, Baltimore ²1946), Bern 1949
J. P. Free: Archaeology and Bible History, Wheaton (Illin.) 1952
Eretz Israel, Archaeological, Historical and Geographical Studies Vol. 1–9ff, Jerusalem 1951–1968ff
A. Parrot: Entdeckung begrabener Welten, Bibel und Archäologie, Einführungsband, Zollikon-Zürich 1954
A. Parrot: Sintflut und Arche Noahs; Der Turm zu Babel; Ninive und das AT; Bibel und Archäologie I, Zollikon-Zürich 1955
W. F. Albright: Die Religion Israels im Lichte der archäologischen Ausgrabungen, München 1956
A. Jirku: Die Ausgrabungen in Palästina und Syrien, Halle 1956
D. J. Wisemann: Chronicles of Chaldeau Kings (626–556 B.C.), London 1956
W. F. Albright: Die Bibel im Licht der Altertumsforschung, Stuttgart 1957
K. Kenyon: Digging up. Jericho, New York 1957
Y. Aharoni-R. Amiran: A New Scheme for the Sub-Division of the Iron Age in Palestine, IEJ 8 (1958) 171–184
Y. Aharoni: The Negeb of Judah, IEJ 8 (1958) 26–38
M. A. Yona: Ten Years of Archaeology in Israel, IEJ 8 (1958) 52–65
C. H. Gordon: The World of the Old Testament, New York 1958
J. B. Pritchard: Die Archäologie und das AT (Archaeology and the Old Testament, Princeton 1958), Wiesbaden 1961
J. A. Thompson: Archaeology and the Pre-Christian Centuries, Grand Rapids 1958
R. de Vaux: Les institutions de l'Ancien Testament Bd. I-II; Paris 1958–60
G. E. Wright: Biblische Archäologie, Göttingen 1958
R. Amiran: Ancient Pottery of Erez-Jisrael, Jerusalem 1959
M. Avi-Yonah - A. Malamat - B. Mazar - S. Talmon: Views of the Biblical World, Vol. I-V, Jerusalem-Ramat Gan 1959–61
N. Glueck: Rivers in the Desert. The Exploration of the Negeb, New York 1959
J. Finegan: Light from the Ancient Past, Princeton ²1959
C. Kopp: Die heiligen Stätten der Evangelien, Regensburg 1959
R. Amiran: The Pottery of the Middle Bronze Age I in Palestine, IEJ 10 (1960) 204–225
K. Kenyon: Archaeology in the Holy Land, London 1960
P. Montet: Das alte Ägypten und die Bibel; Bibel und Archäologie IV, Zollikon-Zürich 1960
J. A. Thompson: Archaeology and the New Testament, Grand Rapids 1960
R. de Vaux: Das Alte Testament und seine Lebensordnungen, Bd. I u. II, Freiburg 1960–62
Sh. Yeivin: A Decade of Archaeology in Israel 1948–1958, Leiden 1960
D. N. Freedman-G. E. Wright: The Biblical Archaeologist Reader, New York 1961
C. H. Gordon: Geschichtliche Grundlagen des Alten Testaments, Zürich-Köln ²1961
J. E. S. Edwards - C. J. Gadd - N. G. L. Hammond: The Cambridge Ancient History (passim), Rev. Ed. Cambridge 1961ff
V. Maag: Syrien-Palästina, in: Kulturgeschichte des Alten Orients, hrsg. von H. Schmökel, Stuttgart 1961
G. E. Wright: The Bible and the Ancient Near East, Essays... W. E. Albright, London 1961
W. F. Albright: The Chronology of Middle Bronze I, BASOR 168, 1962
ders.: Archäologie in Palestina, Einsiedeln 1962
E. Anati: Palestine before the Hebrews, London 1962
G. L. Harding: Auf biblischem Boden; Die Altertümer in Jordanien, Wiesbaden 1962
M. Noth: Die Welt des Alten Testaments, Berlin 1962
J. A. Thompson: The Bible and Archaeology, Exeter 1962
W. F. Albright: Some Books on the Bible in the Light of Archaeology, BASOR 170, 1963
R. Amiran: The Ancient Pottery of Erez-Yisrael from its Beginnings in the Neolithic Period to the End of the First Temple (hebr.), Jerusalem 1963
H. J. Franken-C. A. Franken-Battershill: A Primer of Old Testament Archaeology, Leiden 1963
P. Lapp: Palestine: Known But Mostly Unknown BA XXVI 4, 1963
Y. Yadin: The Art of Warface in Biblical Lands, London 1963
W. F. Albright: The Eighteenth – Century Princes of Byblos and the Chronology of Middle Bronze, BASOR 176, 1964
A. Eisenberg - D. P. Elkins: Worlds Lost and Found; Discoveries in Biblical Archaeology, New York, London, Toronto 1964
J. Finegan: Handbook of Biblical Chronology, Princeton 1964
L. Cohen: Buried Treasure in Bible Lands, Menlo Park 1965

R. Ehrich: Chronologies in Old World Archaeology, Chikago-London 1965
W. G. Williams: Archaeology in Biblical Research, New York 1965
W. F. Albright: Archaeology, Historical Analogy and Early Biblical Tradition, Baton Rouge 1966
W. F. Albright: New Horizons in Biblical Research, New York, Toronto 1966
R. D. Barnett: Illustrations of Old Testament History, London 1966
C. Epstein: Palestinian Bichrome Ware, Leiden 1966
A. Jirku: Von Jerusalem nach Ugarit, Graz 1966
K. M. Kenyon: Amorites and Canaanites, London 1966
A. Negev: 'Arim ba-midbar, Tel Aviv 1966
C. F. Pfeiffer (ed.): The Biblical World; a Dictionary of Biblical Archaeology, Grand Rapids 1966
M. W. Prausnitz: A Study in Terminology: The Kebaran, the Natufian and the Tahunian, IEJ 16/1966
H. O. Thompson: Science and Archaeology, BA XXIX, 4, 1966
K. H. Bernhardt: Die Umwelt des Alten Testaments, Berlin 1967
P. E. Bonnard: Poterie Palestinienne, DBS Paris 1967
K. Kenyon: Archäologie im Heiligen Land, Neukirchen 1967
A. Negev: Mavo le-arkheologia shel Eretz-Israel, Jerusalem 1967
A. Parrot: Le Musée du Louvre et la Bible, Neuchâtel-Paris 1967
W. Thomas: Archaeology and the Old Testament Study, Oxford 1967
K. Katz, P. P. Kahane, M. Broshi: Von Anbeginn; Vier Jahrtausende Heiliges Land im modernsten Museum der Welt, Stuttgart 1968
B. Mazar: The Middle Bronze Age in Palestine, IEJ 18/1968
J. Perrot: Préhistoire Palestinienne DBS, Paris 1968
J. Thimme - P. Aström - G. Lilliu - J. Wiesner: Frühe Kulturen des Mittelmeerraumes, Baden-Baden 1968
J. B. Pritchard: The Ancient Near East in Pictures (ANEP), Princeton [2]1969

6. Ai

J. Marquet-Krause: Les fouilles de Ay (et-Tell) 1933–1935, Paris 1938
dies.: La résurrection d'une grande cité biblique. Les fouilles de Ay (et-Tell) 1933–1935, Paris 1949
J. A. Callaway: The 1964 Ai (et-Tell) Excavations, BASOR 178 (1965) 13–40
G. H. Livingston: Special Report. The Excavations of et-Tell (Ai) in 1966, AsbSem 21 (1967) 31–37
M. Noth: Bethel und Ai, PJ 31 (1935) 7–29
J. Callaway: Ai et-Tell, RB 72 (1965) 409–415
R. Amiran: Kh. Kerak Ware at Ai, IEJ 17 (1967) 185f
J. Callaway: New Evidence on the Conquest of Ai, JBL 87 (1968) 312–320

7. Arad

Y. Aharoni-R. Amiran: Excavations at Tel-Arad. Preliminary Report on the First/Second Season, IEJ 14 (1964) 131–147
dies.: Arad: a Biblical city in southern Palestine, Arch 17 (1964) 43–53
V. Fritz: Arad in der biblischen Überlieferung und in der Liste Schoschenks I., ZDPV 80 (1964) 331–342
R. Amiran: A Preliminary Note on the Synchronisms between Early Bronze Strata of Arad and the First Dynasty, BASOR 179 (1965) 30–33
Y. Yadin: A Note on the Stratigraphy of Arad, IEJ 15 (1965) 180
Y. Aharoni-R. Amiran: Hebrew Ostraca from Tel Arad, IEJ 16 (1966) 1–7
A. J. Brawer: Kittim or Cuthaeans in the Arad Ostracon (hebr.), Yediot 30 (1966) 258ff
S. Yeivin: A Hieratic Ostracon from Tel Arad, IEJ 16 (1966) 153–159
Y. Aharoni: Arad, IEJ 17 (1967) 270–272

8. Asdod

M. Dothan: Ashdod. Preliminary Report on the Excavations in Seasons 1962/1963, IEJ 14 (1964) 79–95
M. Dothan-D. N. Freedman: Ashdod I. The First Season of Excavations, 1962, Atiqot, Engl.Ser. 7, Jerusalem 1967
D. W. Thomas: A Pun of the Name Ashdod in Zeph 2, 4, ET 74 (1963/64) 63
M. Dothan: Ashdod, RB 70 (1963) 569f
F. M. Cross Jr. - D. M. Freedman: The Name of Ashdod, BASOR 175 (1964) 48–50
M. Dothan - N. D. Freedman: Ashdod, RB 71 (1964) 401–405
M. Dothan: Ashdod, IEJ 15 (1965) 258–261
M. T. Fortuna: La storia di Ashdod e dei Filistei alla luce dei piu reventi scavi, BibO 8 (1966) 80–85
M. Dothan: Ashdod, RB 74 (1967) 78–80
J. Kaplan: Yavneh-Yam and Ashdod-Yam, IEJ 17 (1967) 269f
H. Tadmor: Fragments of a Stele of Sargon II from the Excavations of Ashdod, erected after 712 B. C. E. (hebr.), Eretz Jisrael 8 (1967) 241–245

9. Askalon

J. Garstang: The Fund's Excavation of Askalon, PEFQS (1921) 12–16
ders.: The Excavation of Askalon, 1920–1921, PEFQS (1921) 73–75
J. Garstang-W. J. Phythian-Adams: Askalon Reports, PEFQS (1921) 162–169
W. J. Phythian-Adams: Report on the Stratification of Askalon, PEFQS (1923) 60–84
ders.: History of Askalon, PEFQS (1921) 76–90
J. D. Quinn: Alcaeus (B16) and the Fall of Ascalon, BASOR 164 (1961) 19f

10. Beer-Seba

A. Barrois: Bersabée, DBS I (1928) 963–968
W. Zimmerli: Geschichte und Tradition von Beerseba im A. T., Gießen 1932
H. Haag: Erwägungen über Beer-Seba, SP I (1959) 335–345
J. Perrot: Statuettes en ivoire et autres objects en ivoire et en os provenant des gisements préhistoriques de la région de Béershéba, Syr 36 (1959) 8–19

J. Perrot: Beershéba il y a 5000 ans, Ariel 11 (1965) 23–28
Z. Vilnay: Beer-Seba (hebr.), Jerusalem 1967

11. Bethel

G. Sternberg: Bethel, ZDPV 38 (1915) 1–40
W. F. Albright: A Trial Excavation in the Mound of Bethel, BASOR 29 (1928) 9–11
ders.: The First Month of Excavation at Bethel, BASOR 55 (1934) 23–25
ders.: The Kyle Memorial Excavation at Bethel, BASOR 56 (1934) 2–15
ders.: Observations on the Bethel Report, BASOR 57 (1935) 27–30
J. Kelso: The Second Campaign at Bethel, BASOR 137 (1955) 5–10
ders.: The Third Campaign at Bethel, BASOR 151 (1958) 3–8
ders.: The Fourth Campaign at Bethel, BASOR 164 (1961) 5–19
O. Eißfeldt: Der Gott Bethel, AfO 28 (1930) 1–30
M. Noth: Bethel und Ai, PJ 31 (1935) 7–29
J. P. Hyatt: The Deity Bethel and the Old Testament, JAOS 59 (1939) 81–98
W. Ross: Is Beitin the Bethel of Jeroboam?, PEQ 1941, 22–27
K. Galling: Bethel und Gilgal, ZDPV 6 (1943) 140–155; 67 (1944/45) 21–43
M. Bič: Bethel – Le sanctuaire du roi, Symb. Hrzoný I (1949) 46–63
C. A. Keller: Über einige alttestamentliche Heiligtumslegenden I. C.: Die Legende von Bethel, ZAW 67 (1955) 162–168
A. Jamme-G. W. Van Beek: The South Arabian Clas Stamp from Bethel Again, BASOR 163 (1961) 16–18
J. Dus: Ein richterzeitliches Stierheiligtum zu Bethel?, ZAW 77 (1965) 268–286
W. Röllig: Bethel, in: Wörterbuch der Mythologie I. Götter und Mythen im Vorderen Orient, hrsg. v. H. W. Haussig, Stuttgart 1965, 274
A. M. Lutfiyya: Baytin, a Jordanian Village. A Study of Social Change in a Folk Community, Studies in Social Anthropology, The Hague 1966

12. Bethlehem

A. Barrois: Bethléem, DBS 1 (1928) 970–975
L. H. Vincent: Bethléem. Le Sanctuaire de la Nativité, RB 45 (1936) 544–574; 46 (1937) 93–121
R. W. Hamilton: A Guide to Bethlehem, Jerusalem 1939
ders.: The Church of the Nativity Bethlehem, Jerusalem 1947
A. M. Schneider: Bethlehem, RAC 2 (1954) 224–228
D. Baldi: Enchiridion Locorum Sanctorum, Jerusalem ²1955, 82–165
J. Michl: Die Geburtsgrotte zu Bethlehem, MüTZ 7 (1956) 115–119
B. Bagatti: Jerusalem et Bethléhem dans les mosaiques anciennes, Terre Sainte 1964, 41–45
E. D. Stockton: Stone Age Factory Site at Arafa Near Bethlehem, Franc LA 15 (1964/65) 124–130
M. Adinolfi: Scavi recenti a Bethlemme, RBiblt 13 (1965) 309–314
J. Bagatti: Bethléem, RB 72 (1965) 270–272
S. Perowne: Jerusalem and Bethlehem, Cities of the World 4, London 1965
S. Sandoli: De la decorazione crociata della basilica della Natività a Betlemme, simbolo d'unione, TerS 41 (1965) 216–221
J. B. Hennessy: An Early Bronze Age Tomb Group from Beit Sahur (Bethlehem), ADAJ 11 (1966) 19–40
M. Adinolfi: Le sacre grotte di Bethlemme, TerS 40 (1967) 338–347
V. Corbo: L'Herodian di Giabal Fureidis. Relazione preliminare della terza e quarta campagna di scavi archaeologici, FrancLA 17 (1967) 65–121
E. D. Stockton: The Stone Age at Bethlehem, FrancLA 17 (1967) 129–148
A. Brunot: Bethléem, basilique de l'oecumenisme, BTS 100 (1968) 12–14. 16–17

13. Beth-Sean

A. Rowe: The Topography and History of Beth-Shan with Details of the Egyptian and other Inscriptions found on the Site, Philadelphia 1930
ders.: The Four Canaanite Temples of Beth-Shan. I. The Temples and Cult Objects, Philadelphia 1940
G. M. FitzGerald: The Four Canaanite Temples of Beth-Shan. II. The Pottery, Philadelphia 1930
ders.: Beth-Shan Excavations 1921–1923. The Arab and Byzantine Levels, Philadelphia 1931
ders.: A Sixth Century Monastery at Beth-Shan (Scythopolis), Philadelphia 1939
A. Rowe: The Discoveries at Beth-Shan, PEFQS 1927, 67–84. 148f
ders.: Excavations at Beisan during the 1927 Season. Two Temples of Thotmes III, etc., PEFQS 1928, 73–90
ders.: Palestine Expedition of the Museum of the University of Pennsylvania. Third Report – 1928 Season, PEFQS 1929, 78–94
G. M. FitzGerald: Excavation at Beth-Shan in 1930, PEFQS 1931, 59–70
A. Rowe-L. H. Vincent: New Light on the Evolution of Canaanite Temples as exemplified by Restorations of the Sanctuaries found at Beth-Shan, PEFQS 1931, 12–21
G. M. FitzGerald: Excavations at Beth-Shan in 1931, PEFQS 1932, 138–148
ders.: The Earliest Pottery of Beth-Shan, MJ 24 (1933) 5–32
ders.: Excavations at Beth-Shan in 1933, PEFQS 1934, 123–134
H. Comfort - F. O. Waagé: Selected Pottery from Beth-Shan (Roman Date), PEFQS 1936, 221–224
B. Maisler: Die Chronologie der Tempel in Beth-Sean (hebr.), BIES 16: 3/4 (1951), 14–19
F. James: The Iron Age at Beth Shan. A Study of Levels VI-IV, Museum Monographs, Philadelphia 1966
A. Alt: Zur Geschichte von Beth Sean 1500–1000 v. Chr., PJ 22 (1926) 108–120 = Kl.Schr. I, 246–255
J. Ben-Dor: Guide to Beisan, Jerusalem 1943
B. Lifshitz: Der Kult des Zeus Akraios und des Zeus Bakchos in Beisan, ZDPV 77 (1961) 186–190
M. Avi-Yonah: Scythopolis, IEJ 12 (1962) 123–134

H. Seyrig: Notes sur les Cultes des Scythopolis à l'époque romaine, Syr 39 (1962) 207–211
N. Tsori u. a.: Biq'at Beth-Shean (hebr.), Jerusalem 1962
H. Thompson: A Study of the Evidence for the Identification of Mekal, God of Beth-Shan, Diss. Drew Univ. Madison, Ann Arbor 1964
N. Tsori (Zori): Tombs from the End of the Israelite Period at Beth-Shean (hebr.), Yediot 30 (1966) 88–97
G. M. Fitzgerald: Beth-Shean, in: Archaeology and Old Testament Study, Oxford 1967, 185–196
H. O. Thompson: Tell el Husn-Biblical Beth-Shan, BA 30 (1967) 110–135
N. Tsori (Zori): The Ancient Synagogue at Beth-Shean (hebr.), Eretz Israel 8 (1967) 149–167
ders.: Beth-Shean, RB 74 (1967) 92f

14. Beth-Semes

D. Mackenzie: The Excavations at Ain Shems, 1911, PEFA 1 (1911) 41–94
ders.: The Excavations at Ain Shems (Beth-Shemesh), PEFA 2/3 (1912/13)
E. Grant: Ain Shems Excavations (Palestine). I. II, Haverford 1931 u. 1932
ders.: Rumeileh, Being Ain Shems Excavations (Palestine), Part III, Haverford 1934
E. Grant - G. E. Wright: Ain Shems Excavations (Palestine). Part IV (Pottery), Haverford 1938
E. Power: Bethsamès, DBS 1 (1928) 975–981
W. F. Albright: The Beth-Shemesh Tablet in Alphabetic Cuneiform, BASOR 173 (1964) 51–53
J. A. Emerton: Beth-Shemesh, in: Archaeology and Old Testament Study, ed. by D. W. Thomas, Oxford 1967, 197–206

15. Caesarea am Meer

A. Frova u. a.: Scavi di Caesarea Maritima, Milano 1965
L. Haefeli: Caesarea am Meer, NtA 10,5, Münster i. W. 1923
A. Reifenberg: Caesarea. A Study in the Decline of a Town, IEJ 1 (1950) 20–32
A. Negev: Caesarea Maritima (gall.), NChrIsr 11, 4 (1960) 17–22
A. Calderini: L'inscription de Ponce Pilate à Césarée, BiTerS 57 (1963) 8–19
D. Barag: An Inscription from the High Level Aquaeduct of Caesarea Reconsidered, IEJ 14 (1964) 250–252
A. Negev: The High Level Aquaeduct at Caesarea, IEJ 14 (1964) 237–249
M. Weippert: Archäologischer Jahresbericht, ZDPV 80 (1964) 150–193, hier 156–158
E. Stauffer: Die Pilatusinschrift von Caesarea. Erlanger Universitätsreden 12 (1965), Erlangen 1966
B. Bagiatti: S. Pietro a Caesarea, TerS (1967) 174–180
B. Lifshitz: Inscriptions de Césarée, RB 74 (1967) 50–59

16. Ekron

G. Beyer: Ekron, ZDPV 54 (1931) 159–170
J. Naveh: Khirbat al Muqanna - Ekron. An Archaeological Survey, IEJ 8 (1958) 87–100. 165–170
B. Mazar: The Cities of the Territory of Dan, IEJ 10 (1960) 65–77
ders.: The Israel Academy of Sciences and Humanities, Proceedings, I No. 7, Jerusalem 1964
G. E. Wright: Fresh Evidence for the Philistine Story, BA 29 (1966) 70–86

17. En-Gedi

B. Mazar-T. Dothan-I. Dunayevsky: En Gedi, Archaeological Excavations 1961–1962, repr. from Atiqot, Engl. Ser. 5, Jerusalem 1966
B. Mazar-I. Dunayevsky: En-Gedi. Third Season of Excavations. Preliminary Report, IEJ 14 (1964) 121–130
dies.: En-Gedi. Fourth and Fifth Seasons of Excavations. Preliminary Report, IEJ 17 (1967) 133–143
R. Ubach: Engaddi RB 53 (1946) 251f
G. Burchard: Pline et les Esséniens, RB 69 (1962) 533–569
E.-M. Laperrousaz: »Infra nos Engadda«, RB 69 (1962) 368–380
B. Mazar: En-Gedi, in: Archaeology and Old Testament Study, ed. by D. W. Thomas, Oxford 1967, 197–206

18. Gerasa

C. H. Kraeling: Gerasa, City of the Decapolis, New Haven 1938
N. Glueck: The Earliest History of Jerash, BASOR 75 (1939) 22–31
G. L. Harding: Jerash, Amman 1948
ders.: Auf biblischem Boden. Die Altertümer Jordaniens, Wiesbaden 1961, 85–115
C. M. Horain: L'identité de l'Antioche Epidaphne. Etude de topographie historique, Gand 1963
H. Seyrig: Alexander le Grand, fondateur de Gérasa, Syr 42 (1965) 25–28
H. P. Eydoux: Djérach cité aux mille colonnes, Arch 19 (1967) 50–52

19. Gezer

R. A. S. Macalister: The Excavation of Gezer 1902–1905 and 1907–1909. I-III, London 1912
A. Rowe: The 1934 Excavations at Gezer, PEFQS 1935, 19–33
Y. Yadin: Salomon's City Wall and Gate at Gezer, IEJ 8 (1958) 80–86
G. E. Wright: A Salomonic City Gate at Gezer, BA 21 (1958) 103f
B. Bagatti: La Gezer chrétienne, Terre Sainte 1962, 42–46
J. A. Callaway: The Gezer Crematorium re-examined, PEQ 94 (1962) 104–117
A. R. Millard: A Letter from the Ruler of Gezer, PEQ 97 (1965) 140–143
W. G. Dever: Excavations at Gezer, BA 30 (1967) 47–62
H. Darrell Lance: Gezer in the Land and in the History, BA 30 (1967) 34–47
A. Parrot: Reprise des fouilles de Gezer, Syr 42 (1967) 412
J. F. Ross: Gezer in the Tell el-Amarna Letters, BA 30 (1967) 62–70
G. E. Wright: Gézer, RB 74 (1967) 72f

20. Hazor
Y. Yadin u. a.: Hazor I. An Account of the First Season of Excavations, 1955, Jerusalem 1958
Y. Yadin u. a.: Hazor II. An Account of the Second Season of Excavations, 1956, Jerusalem 1960
Y. Yadin u. a.: Hazor III-IV. An Account of the Third and Fourth Seasons of Excavations, 1957–58, Jerusalem 1965
Y. Yadin: Excavations at Hazor, 1955. Preliminary Communiqué, IEJ 6 (1956) 120–125
ders.: Excavations at Hazor, 1956. Preliminary Communiqué, IEJ 7 (1957) 118–123
ders. Excavations at Hazor, 1957. Preliminary Communiqué, IEJ 8 (1958) 1–14
ders.: Excavations at Hazor, 1958. Preliminary Communiqué IEJ 9 (1959) 74–88
ders.: Some Aspects of the Material Culture of Northern Israel during the Canaanite and Israelite Periods in the Light of Excavations at Hazor AS 2:2/3 (1957) 165–186
F. Maaß: Chazor und das Problem der Landnahme, BZAW 77, Berlin 1958, 105–117
K. Galling: Erwägungen zum Stelenheiligtum von Hazor, ZDPV 75 (1959) 1–13
O. Tufnell: Hazor, Samaria and Lachish. A Synthesis, PEQ 91 (1959) 90–105
F. M. Tocci: Hazor nell'étà del medio e del tardo bronzo, RSOr 37 (1962) 1–59
B. Landsberger - H. Tadmor: Fragments of Clay Liver Models from Hazor, IEJ 14 (1964), 201-218
A. Malamat: Hazor, »The Head of all those Kingdoms«, JBL 79 (1960) 12–19
J. Gray: Hazor, VT 16 (1966) 26–52
Y. Yadin: Hazor, in: Archaeology and Old Testament Study, ed. by D. W. Thomas, Oxford 1967, 245–263

21. Hebron
Ph. C. Hammond: Hebron, RB 72 (1965) 267–270
ders.: Hébron, RB 73 (1966) 566–569
ders.: Hébron, RB 75 (1968) 253–258
G. A. Larue: The American Expedition to Hebron, JBR 33 (1965) 337–339
Ph. C. Hammond: Ancient Hebron, the City of David, Natural History 75,5, New York 1966, 42–49
ders.: Hébron, cité de Juda et premiere capitale de David, BiTerS 80 (1966) 6–8
M. Weippert: el–Halil, ZDPV 82 (1966) 282f
Machpela
C. F. Arden-Close: The Cave of Machpelah, PEQ 83 (1951) 69–77
R. de Vaux: Macpélah, DBS 5 (1957) 618–627
A. Brunot: Tombe des Patriarches, la caverne secrète de Makpéla, BTS 80 (1966) 10–16
Mamre
R. de Vaux: Mambré, DBS 5 (1957) 753–758
E. Mader: Mambre. Die Ergebnisse der Ausgrabungen im heiligen Bezirk Ramet el-Halil in Südpalästina, Freiburg i. Br. 1957 (2Bde.)

22. Jericho
E. Sellin - C. Watzinger: Jericho. Die Ergebnisse der Ausgrabungen, WVDOG 22, Leipzig 1913
C. Watzinger: Zur Chronologie der Schichten von Jericho, ZDMG 80 (1926) 131–136
J. Garstang: Jericho – City and Necropolis, AAA 19 (1932) 3–22. 35–54; 20 (1933) 3–42; 21 (1934) 99–136; 22 (1935) 143–184; 23 (1936) 67–128
ders.: The Date of the Destruction of Jericho, PEFQS 1927, 96–100
ders.: Jericho. Sir Charles Marston's Expedition of 1930, PEFQS 1930, 123–132
R. Dussaud: La chronologie de Jéricho et les nouvelles fouilles de M. J. Garstang, Syr 11 (1930) 390–392
L. H. Vincent - J. Garstang: The Chronology of Jericho, PEFQS 1931, 104–107
J. Garstang: The Walls of Jericho. The Marston-Melchett Expedition of 1931, PEFQS 1931, 186–196
ders.: A Third Season at Jericho: City and Necropolis, PEFQS 1932, 149–153
ders.: The Fall of Bronze Age Jericho, PEFQS 1935, 61–68
A. Rowe - J. Garstang: The Ruins of Jericho, PEFQS 1936, 170
J. Garstang: The Story of Jericho. Further Light on the Biblical Narrative, AJSL 58 (1941) 368–372 = PEQ 1941, 168–171
J. u. J. B. E. Garstang: The Story of Jericho, London u. Edinburg ²1948
K. M. Kenyon: Some Notes on the History of Jericho in the Second Millenium B. C., PEQ 1951, 101–138
dies.: British School of Archaeology in Jerusalem Excavations at Jericho 1952. Interim Report, PEQ 1952, 4–6
dies.: Excavations at Jericho, 1952, PEQ 1952, 62–82
dies.: Excavations at Jericho, 1953, PEQ 1953, 81–95
dies.: Excavations at Jericho, 1954, PEQ 1954, 45–63
dies.: Excavations at Jericho, 1955, PEQ 1955, 108–117
dies.: Excavations at Jericho, 1956, PEQ 1956, 67–82
dies.: Excavations at Jericho, 1957, PEQ 1957, 101–107
dies.: Excavations at Jericho, 1957–58, PEQ 1960, 88–108
dies.: Digging up Jericho, London 1957
dies.: Excavations at Jericho. I. The Tombs Excavated in 1952–4, London 1960
dies.: Excavations at Jericho. II. The Tombs Excavated in 1955–8, London 1965
R. North: Les fouilles dans le région de Jéricho, Rom 1967
J. L. Kelso - D. C. Baramki: Excavations at N.T. Jericho, AASOR 29–30, New Haven 1955
J. B. Pritchard: The Excavations at Herodian Jericho 1951, AASOR 32–33, New Haven 1958
F. E. Zeuner: The Goats of Early Jericho, PEQ 1955, 70–86
ders.: Notes on the Bronze Age Tombs of Jericho I, PEQ 1955, 118–128
J. W. Cornwall: The Pre-Pottery Neolithic Burials, Jericho, PEQ 1956, 110–124
M. Wheeler: Walls of Jericho, London 1956
F. E. Zeuner: Dog and Cat in the Neolithic of Jericho, PEQ 1958, 52–55
A. Vincent: Jéricho, une hypothèse, MUSJ 37 (1961) 81–90

J. C. Trevor: Preliminary Notes on the Skeletons from Tomb P 19 at Jericho, PEQ 1960, 109f
R. Amiran: Myths of the Creation of Man and the Jericho Statues, BASOR 167 (1962) 23–25
E. Anati: Prehistoric Trade and the Puzzle of Jericho, BASOR 167 (1962) 25–31
H. J. Franken: Tell es-sultan and O. T. Jericho, OTS 14 (1965) 189–200
M. Baillet: Nitla et Jéricho, DBS 6 (1966) 506–511
J. M. Blake: Jericho: Joshua's Curse and Elisha's Miracle. One possible Explanation, PEQ 99 (1967) 88–97
J. Kaplan: The Correlation of Jericho IX and Mersin XXIV, Yediot 31 (1966/67) 92–96
J. Robinson: Who Cares about Jericho, ET 78 (1966/67) 83–86

23. Jerusalem

C. Warren - C. R. Conder: The Survey of western Palestine: Jerusalem, London 1884
F. J. Bliss - A. C. Dickie: Excavations at Jerusalem, 1894–1897, London 1898
L. H. Vincent: Jérusalem sous terre: les récentes fouilles d'Ophel, London 1911
ders.: Jérusalem antique, Paris 1912
R. Weill: La cité de David, Paris I 1920, II 1947
R. A. S. Macalister - J. G. Duncan: Excavations on the Hill of Ophel Jerusalem, 1923–25. Being the Joint Expedition of the Palestine Exploration Fund and the »Daily Telegraph«, PEFA 4 (1926)
J. W. Crowfoot - G. M. Fitzgerald: Excavations in the Tyropoean Valley, Jerusalem, 1927, PEFA 5 (1929)
G. Dalman: Jerusalem und sein Gelände, Gütersloh 1930
J. Simons: Jerusalem in the Old Testament: Researches and Theories, Leiden 1952
L. H. Vincent - M.-A. Steve: Jérusalem de l'Ancient Testament, Recherches d'archéologie et d'histoire, Paris 1954–56
M. Avi-Yonah (ed.): Sepher Yerushalayim (hebr.), Jerusalem 1956
K. M. Kenyon: Excavations in Jerusalem, 1961, PEQ 1962, 72–89
dies.: Excavations in Jerusalem, 1962, PEQ 1963, 7–21
dies.: Excavations in Jerusalem, 1963, PEQ 1964, 7–18
dies.: Excavations in Jerusalem, 1961–1963, BA 27 (1964) 34–52
dies.: Excavations in Jerusalem, 1964, PEQ 1965, 9–20
dies.: Excavations in Jerusalem, 1965, PEQ 1966, 73–88
A. Parrot: Gólgota y el S. Sepulcro. Tr. de S. Bartina: Cuadernos de arqu. bíblica, 6, Barcelona 1963
S. J. Saller: The Excavations at Dominus Flevit II: The Jebusite Burial Place, Jerusalem 1964
K. M. Kenyon: Jerusalem. Die heilige Stadt von David bis zu den Kreuzzügen, Ausgrabungen 1961–1967, Bergisch Gladbach 1968
C. F. Pfeiffer (ed.): Jerusalem through the Ages, Baker Studies in Biblical Archaeology 6, Grand Rapids 1967
G. Beer: Jerusalem, PWRE 9 (1914) 928–958
K. Galling: Jerusalem, BRL (Tübingen 1937) 297–307
H. S. Nyberg: Studien zum Religionskampf im Alten Testament, AfO 35 (1938) 329–387
H. H. Rowley: Zadok and Nehustan, JBL 58 (1939) 113–141
A. Bentzen: The Cultic Use of the Story of the Ark in Samuel, JBL 67 (1948) 37–53
L. H. Vincent: Jérusalem, DBS 4 (1949) 897–966
H. H. Rowley: Melchizedek and Zadok, in: Festschrift Bertholet, Tübingen 1950, 461–472
H. Schmidt: Jahwe und die Kulttradition von Jerusalem, ZAW 67 (1955) 168–197
O. Eißfeldt: Silo und Jerusalem, in: Volume du Congrès Strasbourg, VTS 4, Leiden 1957, 138–147
A. Alt: Archäologische Fragen zur Baugeschichte von Jerusalem und Samaria in der israelitischen Königszeit, Kl. Schriften III (München 1959) 303–325
G. Ahlström: Natan och tempelbygget, in: Svensk Exegetisk Arsbok 25 (1960) 5–22
B. Bagatti: Autenticità del S. Sepulcro, TerS 38 (1962) 299–302
J. Jeremias: Jerusalem zur Zeit Jesu, Göttingen [3]1963
E. Fascher: Jerusalems Untergang in der vorchristlichen und altkirchlichen Überlieferung. TLZ 89 (1964) 81–98
R. de Vaux: Les hôpitaux de Justinien à Jérusalem d'apres les dernières fouilles, CRAI 1964, ed. 1965, 202–207
B. Bagatti: La posizione del tempio erodiano di Gerusalemme, Bib 46 (1965) 428–444
D. Catarivas - N. Bonnetain - J. Moatti: Histoire de Jérusalem d'Abraham à nos jours, Paris 1965
J. Jeremias: Das neugefundene Höhlen-Baptisterium bei Jerusalem, in: Misc. pro arte, Festschrift H. Schnitzler, Düsseldorf 1965, 341–353
S. Perowne: Jerusalem and Bethlehem, Cities of the World 4, London 1965
R. B. Y. Scott: The Scale Weights from Ophel, 1964–65, PEQ 97 (1965) 128–139
H. Campenhausen - H. Chadwick: Jerusalem and Rome. The Problem of Authority in the Early Church, Philadelphia 1966
J. J. Glueck: The Conquest of Jerusalem in the Account of 2 Sam 5,6a–8 with Special Reference to »the Blind and the Lame« and the Phrase »w·yigga' ba ṣṣinnor«, Biblical Essays 1966, 98–105
E. W. Hamrick: New Excavations at Sukenik's »Third Wall«, BASOR 183 (1966) 19–26
H. van der Kwaak: Die Klage über Jerusalem Matth. XXIII, 37–39, NT 8 (1966) 156–170
W. F. Stinespring: Wilson's Arch Revisited, BA 29 (1966) 27–36
R. de Vaux: Jérusalem et les prophètes, RB 73 (1966) 481–509
D. R. Ap-Thomas: Jerusalem, in: Archaeology and Old Testement Study, ed. by. D. W. Thomas, Oxford 1967, 277–285
D. Barag: Brick Stamp-Impressions of the Legio X Fretensis (hebr.), Eretz Israel 8 (1967) 168–182
H. Gaubert: Davide e l'avvento di Gerusalemme. Tr. di M. Ghisalberti Poma i Coll. »Introd. alla Bibbia«, Torino 1967
L. Y. Rahmani: Jason's Tomb, IEJ 17 (1967) 61–100

E. Vogt: Neue Forschungen über Jerusalem und den Tempel, StZ 180 (1967) 411–418
M. Avi-Yonah: The Third Walls of Jerusalem, IEJ 18 (1968) 98–125

24. Lachis

The Wellcome Archaeological Research to the Near East Lachish (Tell ed Duweir)
Bd. I: Torczyner - L. Harding - A. Lewis: The Lachish Letters, London 1938
Bd. II: O. Tufnell - Ch. H. Inge - L. Harding: The Fosse Temple, London 1940
Bd. III: O. Tufnell - M. A. Murray - D. Diringer: The Iron Age, London 1953
Bd. IV: O. Tufnell u. a.: The Bronze Age, London 1958
G. L. Harding: Guide to Lachish – Tell ed-Duwer, Jerusalem 1943
M. A. van den Oudenrijn: Les fouilles de Lakis et l'étude de l'A.T., Fribourg 1943
D. W. Thomas: »The Prophet« in the Lachish Ostraca, London 1945
G. E. Wright: Judaean Lachish, BA 18 (1955) 9–17
R. D. Barnett: The Siege of Lachish, IEJ 8 (1958) 161–164
D. W. Thomas: Again »The Prophet« in the Lachish Ostraca, in: Festschrift O. Eißfeldt, BZAW 77, Berlin 1958, 244–249
H. Donner - W. Röllig: Kanaanäische und aramäische Inschriften, Bd. I: Texte, Wiesbaden [2]1966
A. Brunot: L'héroique forteresse du S-O palestinien: Lakish, BiTerS 90 (1967) 6–17
O. Tufnell: Lachish, in: Archaeology and Old Testament Study, ed. by D. W. Thomas, Oxford 1967, 296–308
R. de Vaux: Les ostraka de Lachis, in: R. de Vaux: Bible et Orient, Paris 1967
H. Donner - W. Röllig: Kanaanäische und aramäische Inschriften, Bd. II: Kommentar, Wiesbaden 1968

25. Megiddo

Tell el-Mutesellim. Bericht über die 1903 bis 1905 mit Unterstützung Sr. Majestät des Deutschen Kaisers und der Deutschen Orient-Gesellschaft vom Deutschen Verein zur Erforschung Palästinas veranstalteten Ausgrabungen.
Bd. I: G. Schumacher: Fundbericht, Leipzig 1908
Bd. II: C. Watzinger: Die Funde, Leipzig 1929
R. S. Lomon - G. M. Shipton: Megiddo I. Seasons of 1925–34, Strata I–V, OIP 42, Chicago 1939
G. Loud, Field Director: Megiddo, II. Seasons of 1935–39, OIP 62, Chicago 1948
H. G. May: Material Remains of the Megiddo Cult. With a Chapter by R. M. Engberg, OIP 26, Chicago 1935
R. S. Lamon: The Megiddo Water System, OIP 32, Chicago 1935
P. L. O. Guy: Megiddo Tombs. With Contributions by R. M. Engberg, OIP 33, Chicago 1938
G. Loud: The Megiddo Ivories, OIP 52, Chicago 1939
C. S. Fisher: The Excavation of Armageddon, OIC 4, Chicago 1929
P. L. O. Guy: New Light from Armageddon. Second Provisional Report (1927–29) on the Excavations at Megiddo in Palestine. With a Chapter on an Inscribed Scaraboid, by W. E. Staples, OIC 9, Chicago 1931
R. M. Engberg - G. M. Shipton: Notes on the Chalcolithic and Early Bronze Age Pottery of Megiddo, SAOC 10, Chicago 1934
A. G. Barrois: Les Installations hydrauliques de Megiddo, Syr 18 (1937) 237–244
G. M. Shipton: Notes on the Megiddo Pottery of Strata VI-XX, SAOC 17, Chicago 1939
W. E. Staples: An Inscribed Scaraboid from Megiddo, Chicago 1939
J. W. Crowfoot: Megiddo – A Review, PEQ 1940, 132–147
G. E. Wright: The Dicoveries at Megiddo 1935–1939, BA 13 (1950) 28–46
A. Alt: Megiddo im Übergang vom kanaanäischen zum israelitischen Zeitalter, in: Kl. Schriften I, München 1953, 256–273
M. Dothan: Some Problems of the Stratigraphy in Megiddo XX, Eretz Israel 5 (1958) 85
K. M. Kenyon: Some Notes on the Early and Middle Bronze Age Strata of Megiddo, Eretz Israel 5 (1958) 51–60
Y. Yadin: New Light on Salomon's Megiddo, BA 23 (1960) 62–68
C. Epstein: An Interpretation of the Megiddo Sacred Area During Middle Bronze II, IEJ 15 (1965) 204–221
I. Dunayevsky - A. Kampinski: Megiddo, IEJ 16 (1966) 142
O. Eißfeldt: Zur Deutung von Motiven auf den 1937 gefundenen phönizischen Elfenbeinarbeiten von Megiddo, in: Kl. Schriften 3, Tübingen 1966, 85–93
D. Ussishkin: King Salomon's Palace and Building 1723 in Megiddo, IEJ 16 (1966) 174–186
J. N. Schofield: Megiddo, in: Archaeology and Old Testament Study, ed. by W. D. Thomas, Oxford 1967, 309–328
Y. Yadin: Megiddo, IEJ 16 (1966) 278–280
ders.: Megiddo, IEJ 17 (1967) 119–121

26. Samaria

G. A. Reisner - C. S. Fisher - D. G. Lyon: Harvard Excavation at Samaria. I. Text, II. Plans and Plates, Cambridge 1924
Samaria-Sebaste. Reports on the Work of the Joint Expedition in 1931–1933 and of the British Expedition in 1935
Bd. I: J. W. Crowfoot - K. M. Kenyon - E. L. Sukenik: The Buildings at Samaria, London 1942
Bd. II: J. W. Crowfoot - G. M. Crowfoot: Early Ivories from Samaria. With a Note by E. L. Sukenik, London 1938
Bd. III: J. W. Crowfoot - G. M. Crowfoot - K. M. Kenyon: The Objects from Samaria, London 1957
L. Hefeli: Geschichte der Landschaft Samaria von 722 v. Chr., AtA 8, 1–2, Münster i. W. 1922
J. W. Jack: Samaria in Ahab's Time. Harvard Excavations and their Results, Edinburgh 1929
E. L. Sukenik: Inscribed Hebrew and Aramic Potsherds from Samaria, PEFQS 65 (1933) 152–156
ders.: Inscribed Potsherds with Biblical Names from Samaria, PEFQS 65 (1933) 200–204
D. Diringer: Le inscrizioni antico-ebraiche palestinesi, Firenze 1934, 66–68
E. C. Luk: Potsherds from Samaria, Inscribed with the Divin Name, PEFQS 68 (1936) 34–37
R. W. Hamilton: Guide to Samaria/Sebaste, Jerusalem 1944

B. Maisler: The Historical Background of the Samaria Ostraca, JPOS 22 (1948) 117–133
S. Moscati: L'epigrafia ebraica antica 1935–1950, Roma 1951
R. Bach: Zur Siedlungsgeschichte des Talkessels von Samaria, ZDPV 74 (1958) 41–54
E. Vogt: Samaria a. 722 et 720 ab Assyriis capta, Bib 39 (1958) 535–541
A. Alt: Der Stadtstaat Samaria, in: Kl. Schriften III, München 1959, 258–302
ders.: Archäologische Fragen zur Baugeschichte von Jerusalem und Samaria in der israelitischen Königszeit, in: Kl. Schriften III, München 1959, 303–325
G. E. Wright: Samaria, BA 22 (1959) 67–78
Y. Yadin: Recipients or Owners. A Note on the Samaria Ostraca, IEJ 9 (1959) 184–187
F. M. Jr. Cross: Epigraphic Notes on Hebrew Documents on the Eight-Sixt Centuries B. C., I. A New Reading of a Placa Name in the Samaria Ostraca, BASOR 163 (1961) 12–15
W. Schmidt: Ein »Haus Omris« bei Samaria, ZDPV 78 (1962) 30–33
W. F. Albright: The Original Account of the Fall of Samaria in II Kings, BASOR 174 (1964) 66f
M. Avi-Yonah: Samaria, EncArteAntOr 6 (1965) 1088f
B. Bagatti: Nuovi apporti archaeologici sul pozzo di Giacobbe in Samaria, FrancLA 16 (1965f) 127–164
F. Zayadin: Early Hellenistic Pottery from the Theatre Excavations at Samaria, ADAJ 11 (1966) 53–64
P. R. Ackroyd: Samaria, in: Archaeology and Old Testament Study, ed. by D. W. Thomas, Oxford 1967, 334–354
W. F. Albright: The Original Account of the Fall of Samaria in II Kings, BASOR 174 (1967) 66f
H. Donner - W. Röllig: Kanaanäische und aramäische Inschriften, Bd. I Text, Bd. II Kommentar, Wiesbaden ²1966, ²1968

27. Sichem

E. Sellin: Die Ausgrabung von Sichem, ZDPV 49 (1926) 229–236. 304–327; 50 (1927) 205–211. 266–274
ders.: Die Masseben des El-Berit in Sichem, ZDPV 51 (1928) 119–123
G. E. Wright: The First Campaign at Tell Balaṭah (Shechem), BASOR 144 (1956) 9–20
ders.: The Second Campaign at Tell Balaṭah (Shechem), BASOR 148 (1957) 11–28
L. E. Toombs - G. E. Wright: The Third Campaign at Tell Balaṭah (Shechem), BASOR 161 (1961) 11–54
G. E. Wright: Selected Seals from the Excavations at Balaṭah (Shechem), BASOR 167 (1962) 5–13
I. E. Toombs - G. E. Wright: The Fourth Campaign at Tell Balaṭah (Shechem), BASOR 169 (1963) 1–61
N. Lapp: Pottery from Some Hellenistic Loci at Balaṭah (Shechem), BASOR 175 (1964) 14–26
G. E. Wright: Shechem: The Biography of a Biblical City, New York 1965
R. J. Bull - J. A. Callaway - E. J. Campbell - F. J. J. Ross - G. E. Wright: The Fifth Campaign at Balaṭah (Shechem), BASOR 180 (1965) 7–41
G. E. Wright - E. F. Campbell: Sichem, RB 72 (1965) 415–422
G. R. H. Wright: Fluted Columns in the Bronze Age Temple of Baal-Berith at Shechem, PEQ 97 (1965) 66–84
G. R. H. Wright: Some Cypriote and Aegean Pottery Recovered from the Shechem Excavations 1964, Opusc. Athen. 7, Lund 1967, 47–75
R. J. Bull - E. F. Campbell: The Sixth Campaign at Balaṭah (Shechem), BASOR 190 (1968) 2–41
J. Simons: Topographical and Archaeological Elements in the Story of Abimelech, OTS 2 (1943) 35–78
A. Alt: Die Wallfahrt von Sichem nach Bethel, in: Kl. Schriften I, München 1953, 79–88
E. Nielsen: Shechem. A Traditio-Historical Investigation, Kopenhagen 1955
C. A. Keller: Über einige alttestamentliche Heiligtumslegenden I. A.: Die Legenden um Sichem, ZAW 67 (1955) 143–154
W. Harrelson - B. W. Anderson - G. E. Wright: Shechem, »Navel of the Land«, BA 20 (1957) 2–32
J. T. Milik: Le sanctuaire de Ba'al Berit à Sichem, RB 66 (1959) 560–562
J. A. Soggin: Zwei umstrittene Stellen aus dem Überlieferungskreis um Shechem, ZAW 72 (1961) 78–87
M. Delcor: Vom Sichem der hellenistischen Epoche zum Sychar des N.T., ZDPV 78 (1962) 34–38
J. L'Hour: L'Alliance de Sichem, RB 69 (1962) 5–36. 161–184
E. F. Campbell - J. F. Ross: The Excavations of Shechem and the Bible Traditions, BA 26 (1963) 2–27
S. Gevirtz: Jericho and Shechem, VT 13 (1963) 52–62
G. Schmitt: Der Landtag von Sichem, Stuttgart 1964
S. H. Horn: Shechem; History and Excavations of a Palestinian City, JEOL 18. Leiden 1965, 284–306
ders.: Scarabs and Scarab impressions from Shechem, JNES 21 (1962) 1–14; 25 (1966) 48–56
H. Reviv: The Government of Shechem in the El-Amarna Period and in the Days of Abimelech, IEJ 16 (1966) 252–257
J. A. Soggin: Bemerkungen zur alttestamentlichen Topographie Sichems mit besonderem Bezug auf Jdc. 9, ZDPV 83 (1967) 183–198
G. E. Wright: Shechem, in: Archaeology and Old Testament Study, ed. by D. W. Thomas, Oxford 1967, 355–370
G. R. H. Wright: The Place Name Balaṭah and the Excavations at Shechem, ZDPV 83 (1967) 199–202
ders.: Temples at Shechem, ZAW 80 (1968) 1–35

VII. Ausgewählte Themen

1. Ehe und Familie

W. Robertson Smith: Kinship and Marriage, London ²1903

G. B. Gray: Studies in Hebrew Proper Names, London 1896

L. Köhler: Die Adoptionsform von Rt 4, 16, in: ZAW 29 (1909) 312–314

A. Jaussen: Le ğôz musarrib, RB 19 (1910) 237–249

J. Scheftelowitz: Die Leviratsehe, ARW 18 (1915) 250–256

M. Löhr: Die Stellung des Weibes zu Yahve-Religion und Kult, Leipzig 1918

G. Beer: Die soziale und religiöse Stellung der Frau im israelitischen Altertum, Tübingen 1919

J. Neubauer: Beiträge zur Geschichte des bibl.-talmudischen Eheschließungsrechts (Mitteilungen der vorderasiatisch-ägyptischen Gesellschaft 29–34), Leipzig 1919–1920

J. Döller: Das Weib im Alten Testament, Münster i. W. 1920

P. Cruveilhier: Le lévirat chez les hébreux et chez les assyriens, RB 34 (1925) 524–546

V. Aptowitzer: Spuren des Matriarchats im jüdischen Schrifttum, HUCA 4 (1927) 207–405; 5 (1928) 261–297

P. Cruveilhier: Le droit de la femme dans la Genèse et dans la recueil de lois assyriennes, RB 36 (1927) 350–376

M. David: Die Adoption im altbabylonischen Recht, Leipzig 1927

M. Tschernowitz: The Inheritance of Illegitimate Children According to Jewish Law, in: Jewish Studies in Memory of Isaac Abrahams, New York 1927 402–415

S. Bialoblocki: Materialien zum islamischen und jüdischen Eherecht, Gießen 1928

M. Noth: Die israelitischen Personennamen im Rahmen der gemeinsemitischen Namengebung, Stuttgart 1928

J. Morgenstern: Beena Marriage (Matriarchat) in Ancient Israel and its Historical Implications, ZAW N. F. 6 (1929) 91–110; 8 (1931) 46–58

K. H. Rengstorf: Die Mishna, Traktat Jebamot, Gießen 1929, mit historischer Einführung und Kommentar

A. Causse: La crise de la solidarité famille et de clan dans l'Ancien Israel, RHPR 10 (1930) 24–60

E. A. Speiser: New Kirkuk Documents Relating to Family Laws, AASOR 10 (1930) besonders 23ff

S. Feigin: Some Cases of Adoption in Israel, JBL 50 (1931) 186–200

E. M. Macdonald: The Position of Women as Reflected in Semitic Codes, Toronto 1931

H. Grandquist: Marriage Conditions in a Palestine Village. I-II, Helsingfors 1931–1935

L. Dürr: Das Erziehungswesen im Alten Testament und im Antiken Orient (Mitteilungen der vorderasiatisch-ägyptischen Gesellschaft 36, 2), Leipzig 1932

P. Koschaker: Fratriarchat, Hausgemeinschaft und Mutterrecht in Keilschriftrechten, ZA 41 (1933) 1–89

ders.: Zum Levirat nach hethitischem Recht, RHitAs 2 (1933) 77–89

J. J. Rabinowitz: Marriage Contracts in Ancient Egypt in the Light of Jewish Sources, HTR 46 (1933) 91–97

P. van der Meer: Tirhatu, RA 31 (1934) 121–123

J. Mittelmann: Der altisraelitische Levirat, Leipzig 1934

G. R. Driver - J. C. Miles: The Assyrian Laws, Oxford 1935, 126–271. 240–250

R. Dussaud: Le »mohar« israélite, in: Comtes Rendus de l'Académie des Inscriptions et Belles-Lettres (1935) 142–151

C. H. Gordon: Fratriarchy in the Old Testament, JBL 54 (1935) 223–231

ders.: The Status of Women as Reflected in the Nuzi Tablets, ZA 43 (1936) 146–169, besonders 157–158

A. Margolius: Mutter und Kind im altbiblischen Schrifttum, Berlin 1936

M. Burrows: The Complaint of Laban's Daughters, JAOS 57 (1937) 259–276

A. Causse: Du groupe ethnique à la communauté religieuse, Strasbourg 1937; Kap. 2: L'évolution politique et culturelle et la désintégration des anciens groupes

C. H. Gordon: The Story of Jacob and Laban in the Light of the Nuzi Tablets, BASOR 66 (1937) 25–27

M. Burrows: The Basis of Israelite Marriage, New Haven 1938

E. M. Cassin: L'adoption à Nuzi, Paris 1938

M. Burrows, Levirate Marriage in Israel, JBL 59 (1940) 23–33

ders.: The Ancient Oriental Background of Hebrew Levirate Marriage, BASOR 77 (1940) 2–15

ders.: The Marriage of Booz and Ruth, JBL 59 (1940) 445–454

L. M. Epstein: Marriage Laws in the Bible and the Talmud, Cambridge Mass. 1942

J. Henninger: Die Familie bei den heutigen Beduinen Arabiens und seiner Randgebiete, InternatArchEth 42 (1943) 1–188

E. Neufeld: Ancient Hebrew Marriage Laws, London 1944

A. Gelin: Le passage de la polygamie à la monogamie, in: Mélanges Podechard, Lyon 1945, 135–146

J. Pedersen: Israel, its Life and Culture. I-II. London, ²1946, 46–60. 89–96

H. Granquist: Birth and Childhood among the Arabs, Helsingfors 1947

H. H. Rowley: The Marriage of Ruth, HTR 40 (1947) 77–99 abgedruckt auch in: The Servant of the Lord and Other Essays on the Old Testament, London 1952, 161–186

J. Mendelsohn: The Family in the Ancient Near East, BA 11 (1948) 24–40

A. F. Puukko: Die Leviratsehe in den altorientalischen Gesetzen, ArOr 17, 2 (1949) Festschrift Hrozny, 296–299

H. Granquist: Child Problems among the Arabs, Helsingfors 1950

W. Kornfeld: L'adultère dans l'Orient antique, RB 57 (1950) 92–109

P. Koschaker: Eheschließung und Kauf nach alten Rechten, ArOr 18,3 (1950) Festschrift Hrozny, 210–296
A. van Selms: The Best Man and Bride, JNES 9 (1950) 65–75
G. R. Driver - J. C. Milik: The Babylonian Laws, III, Oxford 1952, 245–324
W. Kornfeld: Studien zum Heiligkeitsgesetz, Wien 1952, 89–134
W. H. Rossell: New Testament Adoption – Graeco-Roman or Semitic?, JBL 71 (1952), 233–234
D. R. Mace: Hebrew Marriage, London 1953
W. Kornfeld: Mariage dans l'Ancien Testament, DBS 5, Paris 1954, 905–926
J. Leipoldt: Die Frau in der Antiken Welt und im Urchristentum, Leipzig 1954, 69–114
A. van Selms: Marriage and Family Life in Ugaritic Literature, London 1954
E. Volterra: Osservazioni sul divorzio nei documenti aramaici, in: Studi Orientalistici in onore di Giorgio Levi della Vida II, Rom 1956, 586–600
K. Elliger: Das Gesetz Leviticus 18, ZAW 67 (1955) 1–25

2. Feste und Feiertage

G. Beer: Pesachim (Die Mischna ... II, 3), Gießen 1912
P. Volz: Das Neujahrsfest Yahwes, Tübingen 1912
J. G. Frazer: The Scapegoat, London 1913
J. Meinhold: Joma (Die Mischna ... II, 5), Gießen 1913
P. Fiebig: Rosch ha-schana (Die Mischna ... II, 8), Gießen 1914
F. Thureau-Dangin: Rituels akkadiens, Paris 1921
H. Höpfl: Das Chanukafest, Bibl 3 (1922) 165–179
S. Mowinckel: Psalmenstudien, II. Das Thronbesteigungsfest Jahwes und der Ursprung der Eschatologie, Kristiania 1922
R. Kittel: Osirismysterien und Laubhüttenfest, OLZ 27 (1924) 385–391
S. Landersdorfer: Studien zum biblischen Versöhnungstag, Münster i. W. 1924
M. Löhr: Das Ritual von Lev. 16, Berlin 1925
J. A. Wensinck: Arabic New Year and the Feast of Tabernacles (Verhandelungen d. kon. Akad. v. Watenskap, Letterkunde, N. R. XXV, 2), Leyden 1925, 1–41
H. Schmidt: Die Thronfahrt Jahves am Fest der Jahreswende im alten Israel, Tübingen 1927
F. Horst: Das Privilegrecht Yahves. Rechtsgeschichtliche Untersuchungen zum Deuteronomium, Göttingen 1930
H. Kaupel: Die Dämonen in Alten Testament, Augsburg 1930, 81–91
O. S. Rankin: The Origins of the Festival of Hanukkah, Edinburg 1930
J. Jeremias: Die Passahfeier der Samaritaner und ihre Bedeutung für das Verständnis der alttestamentlichen Passahüberlieferung, Gießen 1932
E. Bickermann: Ein jüdischer Brief vom Jahre 124 v. Chr. (II Macc. 1, 1–9), ZNW 32 (1933) 233–254
N. S. Doniach: Purim, or the Feast of Esther. An Historical Study, Philadelphia 1933
S. H. Hooke (Hrsg.): Myth and Ritual, Oxford 1933
L. J. Pap: Das israelitische Neujahrsfest, Kampen 1933
J. Pedersen: Passahfest und Passahlegende, ZAW 52 (1934) 161–175
J. Schur: Versöhnungstag und Sündenbock (Soc. scient. Fennica, Comm. Hum. Litt., VI, 3), Helsingfors 1934
H. Bornhäuser: Sukka (Die Mischna ... II, 6), Berlin 1935
G. Ormann: Das Sündenbekenntnis des Versöhnungstages, Bonn 1935
O. S. Rankin: The Festival of Hanukkah, in: S. H. Hooke (Hrsg): The Labyrinth, London 1935, 159–209
J. Morgenstern: Amos Studies, HUCA 12–13 (1937–1938) 20–34
G. von Rad: Das formgeschichtliche Problem des Hexateuchs, Stuttgart 1938, 30–37 = Gesammelte Studien zum Alten Testament, München 1958, 41–48
E. Brögelmann: Pfingsten in Altisrael, in: Monatsschrift für Gottesdienst und kirchliche Kunst 44 (1939) 119–128
J. Lewy: The Feast of the 14th Day of Adar, HUCA 14 (1939) 127–151
ders.: Old Assyrian puru'um and purum, in: Revue Hittite et Asiatique V (1939) 117–124
A. Bea: Die origine vocis pûr, Bibl 21 (1940) 198–199
J. Pedersen: Israel. Its Life and Culture III-IV, London 1940. Appendice I: The Crossing of the Dead Sea and the Paschal Legend, 728–737
K. H. Rengstorf: Christliches und jüdisches Pfingstfest, in: Monatsschrift für Gottesdienst und kirchliche Kunst 45 (1940) 75–78
L. Rost: Weidewechsel und altisraelitischer Festkalender, ZDPV 61 (1943) 205–216
R. de Vaux: Le schisme religieux de Jéroboam Ier, Aug 20 = Biblica et Orientalia R. P. Vosté dicata, 77–91
F. M. Abel: La fête de la Hanoucca, RB 53 (1946) 538–546
A. Dupont-Sommer: Sur la fête de Pâque dans les documents araméens d'Eléphantine, REJ 107 (1946) 39–51
N. H. Snaith: The Jewish New Year Festival. Its Origin and Development, London 1947
A. Bentzen: The Cultic Use of the Story of the Ark in Samuel, JBL 67 (1948) 37–53
J. Morgenstern: The Chanukkah Festival and the Calendar of Ancient Israel, HUCA XX (1947) 1–136; XXI (1948) 365–496
Th. H. Gaster: Passover. Its History and Traditions, New York 1949
A. Alt: Zelte und Hütten, in: Alttestamentliche Studien (Festschrift Nötscher), Bonn 1950, 16–25
V. Christian: Zur Herkunft des Purim-Festes, in: Alttestamentliche Studien (Festschrift Nötscher), Bonn 1950, 33–37
Th. H. Gaster: Purim and Hanukkah in Custom and Tradition, New York 1950
J. Henninger: Les fêtes du printemps des Arabes et leurs implications historiques, in: Revista do Museu Paulista (Sao Paulo) 4 (1950) 389–432
R. Pettazoni: Der babylonische Ritus des Akitu und das Gedicht der Weltschöpfung, Eranos 19 (1950) 403–430

Th. C. Vriezen: The Term hizza: Lustration and Consecration, OTS 7 (1950) 201–235
A. Feuillet: Les Psaumes eschatologiques du Règne de Yahvé, NRT 73 (1951) 244–260. 352–363
H. J. Kraus: Die Königsherrschaft Gottes im Alten Testament. Untersuchungen zu den Liedern von Jahwes Thronbesteigung, Tübingen 1951
ders.: Gilgal, VT 1 (1951) 181–199
J. Engnell: Paesaḥ-Maṣṣot and the Problem of »Patternism«, in: Orientalia Suecana 1 (1952) 39–50
F. Köcher: Ein mittelassyrisches Ritualfragment, ZA 1 (1952) 192–202
S. Mowinckel: Die vermeintliche »Passahlegende«, Ex 1–15, ST 5 (1952) 66–88
J. Morgenstern: Two Prophecies from the Fourth Century B.C. and the Evolution of Yom Kippur, HUCA 24 (1952–1953) 1–74
J. de Fraine: L'aspect religieux de la royauté israélite, Rom 1954
P. Grelot: Etudes sur le »Papyrus Pascal« d'Eléphantine, VT 4 (1954) 349–384
H. Haag: Ursprung und Sinn der alttestamentlichen Paschafeier, in: Luzerner Theologische Studien 1 (1954) 17–46
H. J. Kraus: Gottesdienst in Israel. Studien zur Geschichte des Laubhüttenfestes, München 1954
B. Couroyer: L'origine égyptienne du mot »Pâque«, RB 62 (1955) 481–496
Th. H. Gaster: Festivals of the Jewish Year, New York ²1955
P. Grelot: Le Papyrus d'Eléphantine et le problème du Pentateuque, VT 5 (1955) 250–265
A. R. Johnson: Sacral Kingship in Ancient Israel, Cardiff 1955
E. Kutsch: Das Herbstfest in Israel, Diss. masch; Mainz 1955
H. Ringgren: Esther and Purim, SEA 20 (1955) 5–24
G. Widengren: Sakrales Königtum im Alten Testament und im Judentum, Stuttgart 1955
G. R. Driver: Three Technical Terms in the Pentateuch (für Azazel), JSS 1 (1956) 97–98
J. Henninger: Zum Verbot des Knochenzerbrechens bei den Semiten, in: Studi Orientalistici in onore di G. Levi della Vida I, Rom 1956, 448–458
D. Michel: Studien zu den sogenannten Thronbesteigungspsalmen, VT 6 (1956) 40–68
S. Mowinckel: He that Cometh, Oxford 1956
H. Otten: Ein Text zum Neujahrsfest aus Boğazköy, OLZ 51 (1956) 101–105
E. Auerbach: Die Feste im alten Israel, VT 8 (1958) 1–18
ders.: Neujahrs- und Versöhnungs-Fest in den biblischen Quellen, VT 8 (1958) 337–343
S. H. Hooke (Hrsg.): Myth, Ritual and Kingship, Oxford 1958
H. J. Kraus: Zur Geschichte des Passah-Massot-Festes im Alten Testament, EvT 18 (1958) 47–67
E. Kutsch: Erwägungen zur Geschichte der Passahfeier und des Massotfestes, ZTK 55 (1958) 1–35
S. Talmon: Divergences in Calendar-Reckoning in Ephraim and Juda, VT 8 (1958) 48–74
H. Cazelles: Nouvel An en Israël, DBS 6, Paris 1959, 620–645
P. Grelot - J. Pierron: Osternacht und Osterfeier im Alten und Neuen Bund, in: Die Welt der Bibel 4, Düsseldorf 1959
H. Haag: Pâque, DBS 6 (1960) 1120–1149
G. W. McRae: The Meaning and Evolution of the Feast of Tabernacles, CBQ 22 (1960) 251–276
J. Gray: The Kingship of God in the Prophets and Psalms, VT 11 (1961) 1–29
N. Füglister: Die Heilsbedeutung des Pascha, StANT 8 (1963)
J. B. Segal: The Hebrew Passover, from the Earliest Times to A.D. 70, London Oriental Series 12, London 1963
P. Laaf: Die Pascha-Feier Israels. Eine literar-kritische und überlieferungsgeschichtliche Studie, Diss.masch. Bonn 1969

3. Heiliger Krieg

F. Schwally: Semitische Kriegsaltertümer, I: Der heilige Krieg im alten Israel, Leipzig 1901
F. Bickermann: Der Gott der Makkabäer, Berlin 1937
H. Fredriksson: Jahwe als Krieger, Lund 1945
P. Humbert: La »terou'a«. Analyse d'un rite biblique, Neuchâtel 1946
O. Eißfeldt: Jahwe Zebaoth, in: Miscellanea Academica Berolinensia II, 2, Berlin 1950, 128–150
H. Kruse: Conceptus interdicti in Levitico 27, 28–29, VD 28 (1950) 43–50
G. von Rad: Der Heilige Krieg im alten Israel, Zürich 1951
Y. Yadin: Le Rouleau de la Guerre des Fils de Lumière contre les Fils de Ténèbres, Jerusalem 1955 (hebräisch)
A. Dupont-Sommer: »Règlement de la Guerre des Fils de Lumière«, traduction et notes, RHR 148 (1955) 25–43. 141–180
G. von Rad: The Origin of the Concept of the Day of Yahweh, JSS 4 (1956) 97–108
J. van der Ploeg: La guerre sainte dans la »Règle de la Guerre« de Qumrân, in: Mélanges Bibliques rédigés en l'honneur de André Robert, Paris 1957, 326–333
J. Carmignac: La Règle de la Guerre des Fils de Lumière contre les Fils de Ténèbres, Paris 1958
C. H. W. Brekelmans: Le Herem chez les prophètes du royaume du Nord et dans le Deutéronome, in: Sacra Pagina, Miscellanea Biblica Congressus Internationales Catholici de Re Biblica I, Gembloux 1959, 377–383
J. van der Ploeg: Le Rouleau de la Guerre, traduit et annoté avec introduction (Studies on the Texts of the Desert of Judah, II), Leiden 1959
R. Smend: Jahwekrieg und Stämmebund, Göttingen 1963

4. Heiligtümer und Höhenheiligtümer

W. W. Baudissin: Heilige Gewässer, Bäume und Höhen bei den Semiten, insbesondere bei den Hebräern, in: Studien zur semitischen Religionsgeschichte, II, Leipzig 1878, 145–269
M.-J. Lagrange: Etudes sur les religions sémitiques, Paris ²1905, 158–180, 180–187
G. Dalman: Der Gilgal der Bibel und die Steinkreise Palästinas, PJB 15 (1915) 5–26
J. Jeremias: Der Gottesberg, Gütersloh 1919

M. Gaudefroy-Demombynes: Le pèlerinage à la Mekke, Paris 1923
T. Canaan: Mohammedan Saints and Sanctuaries, London 1927
W. Andrae: Das Gotteshaus und die Urformen des Bauens im Alten Orient, Berlin 1930
Th. Dombart: Der babylonische Turm, AO 29,2 Leipzig 1930
O. Eißfeldt: Baal Zaphon, Zeus Casios und der Durchzug der Israeliten durchs Meer, Halle 1932
B. Alfrink: Der Versammlungsberg im äußersten Norden, Bib 14, 41–67
O. Eißfeldt: Der Gott Tabor und seine Verbreitung, ARW 31 (1934) 14–41
J. Boehmer: Der Gottesberg Tabor, BZ 23 (1935–1936) 333–341
H. Danthine: Le palmier-dattier et les arbres sacrés dans l'iconographie de l'Asie Occidentale ancienne, Paris 1937
N. Perrot: Les représentations de l'arbre sacré sur les monuments de Mésopotamie et d'Elam, Paris 1937
J. d'A. Waechter: The Excavations at Wadi Dhobaï, JPOS 18 (1938) 174, Taf. XLIII
W. Andrae: Kultbau im Alten Orient, in: Mélanges Syriens offerts à M. R. Dussaud II, Paris 1939, 867–871
K. Elliger: Chammânim = Masseben?, ZAW 57 (1939) 256–265
H. Ingholt: Le sens du mot ḥammân, in: Mélanges Syriens offerts à M. R. Dussaud II, Paris 1939, 795–802
H. J. Lenzen: Die Entwicklung der Ziggurat von ihren Anfängen bis zur Zeit der III. Dynastie von Ur (Ausgrabungen in Uruk-Warka, IV), Leipzig 1941
R. de Vaux: Les prophètes de Baal sur le mont Carmel, in: Bulletin du Musée de Beyrouth 5 (1941) 7–20
W. F. Albright: Archaeology and the Religion of Israel, Baltimore 1942, 105–107. 202–204
K. Elliger: Der Sinn des Wortes Chammân, ZDPV 66 (1943) 129–139
H. H. Nelson - L. Oppenheim - G. E. Wright: The Significance of the Temple in the Ancient Near East, BA 7 (1944) 41–63. 66–77
R. de Langhe: Les Textes de Ras-Shamra-Ugarit et leurs Rapports avec le Milieu Biblique de l'Ancien Testament, Gembloux 1945, II, 217–245
L.-H. Vincent: De la Tour de Babel au Temple, RB 53 (1946) 403–440
G. Loud: Megiddo II, Chicago 1948, 73–81
D. Neiman: Pgr, A Canaanite Cult-Object in the Old Testament, JBL 67 (1948) 55–60
L.-H. Vincent: La notion biblique du haut lieu, RB 55 (1948) 245–278. 438–445
A. Parrot: Ziggurats et Tour de Babel, Paris 1949
W. F. Albright: Baal-Zaphon, in: Festschrift Bertholet, Tübingen 1950, 1–14
C. C. McCown: Hebrew High-Places and Cult Remains, JBL 69 (1950) 205–219
J. Lewy: Tabor, Tibar, Atabyros, HUCA 23,1 (1950–1951) 357–386
R. Mouterde: Antiquités de l'Hermon et de la Beqa', in: Mélanges de l'Université S. Joseph (Beirut) 29 (1951–1952) 22–37
M. Avi-Yonah: Mount Carmel and the God of Baalbek, IEJ 2 (1952) 118–124
P. Amiet: Ziggurats et culte en hauteur, RA 47 (1953) 23–33
O. Eißfeldt: Der Gott Karmel, SAB 1953
K. Galling: Der Gott Karmel und die Ächtung der fremden Götter, in: Geschichte und Altes Testament (Festschrift Alt), Tübingen 1953, 105–125
A. Parrot: La Tour de Babel, Neuchâtel-Paris 1953
H. G. Q. Wales: The Sacred Mountain in the Old Asiatic Religion, JRAS (1953) 23–30
R. Amiran: Excavations in the Tumuli West of Jerusalem, BIES 18 (1954) 44–59 (auf hebräisch mit englischer Zusammenfassung)
F. Hvidberg: The Massebah and the Holy Seed (Is 6, 13), in: Interpretationes ad Vetus Testamentum pertinentes (Festschrift Mowinckel), Oslo 1954, 96–99
S. Yeivin: Art. bamah, EBB 2, Jerusalem 1954
M. Avi-Yonah - S. Yeivin: Les Antiquités d'Israël (auf hebräisch) I, Tel-Aviv 1955: Kap. II, Lieux de culte et sanctuaires, 145–204
A. Dupont-Sommer: Les autels à encens de Lakish, in: Mélanges Isidore Lévy (Annuaire de l'Institut de Philologie et d'Histoire Orientales et Slaves 13) (1955) 135–152
M. Dothan: Excavations at Nahariyah, IEJ 6 (1956) 14–25
R. Ghirshman: Cinquième campagne de fouilles à Tchoga-Zanbil, près Suse, in: Comptes Rendus de l'Académie des Inscriptions, Paris 1956, 335–344
W. F. Albright: The High Place in Ancient Palestine, in: Volume du Congrès, Strasbourg, VTS 4, Leiden 1957, 242–258
S. Iwry: Maṣṣebah and Bamah in IQ Isaiah 6,13, JBL 76 (1957) 225–232
R. Amiran: The Tumuli West of Jerusalem, IEJ 8 (1958) 205–227
D. R. Ap-Thomas: Elijah on Mount Carmel, PEQ (1960) 146–155
H. H. Rowley: Elijah on Mount Carmel, BJR 18 (1960–61) 190–219

5. Jesus

A. Schweitzer: Das Messianitäts- und Leidensgeheimnis, Tübingen 1901
W. Wrede: Das Messiasgeheimnis in den Evangelien, Göttingen 1901
J. Klausner: Die messianischen Vorstellungen des jüdischen Volkes im Zeitalter der Tannaniten, Berlin 1904
G. P. Wetter: Der Sohn Gottes, Göttingen 1916
K. L. Schmidt: Der Rahmen der Geschichte Jesu, Berlin 1919
W. Foerster: Herr ist Jesus, Gütersloh 1924
J. B. Aufhauser: Antike Jesuszeugnisse, Bonn ²1925
M. Dibelius: Jungfrauensohn und Krippenkind, Heidelberg 1932
L. Bieler: Theós anér, 2 Bde., Wien 1935–1936
P. Seidelin: Der 'Ebed Jahwe und die Messiasgestalt im Jesajatargum, ZNW 35 (1936) 194–231
M. Zobel: Gottes Gesandter. Der Messias und die messianische Zeit in Talmud und Midrasch, 1938
E. Sjöberg: Gott und die Sünder im palästinischen Judentum, Stuttgart 1938

J. Jeremias: Jesu Verheißung für die Völker, Stuttgart 1956
ders.: Das Lösegeld für Viele (Mk 10,45), Jud 3 (1947/48) 249–264
K. H. Schelkle: Die Passion Jesu in der Verkündigung des NT, Heidelberg 1949
J. Schmitt: Jésus Resuscité dans la prédication apostolique, Paris 1949
J. Bieneck: Sohn Gottes als Christusbezeichnung der Synoptiker, Zürich 1951
R. Bultmann: Jesus, Berlin [2]1951
R. P. Gagg: Jesus und die Davidssohnfrage, TZ 7 (1951) 18–30
J. Jeremias: Unbekannte Jesusworte, Gütersloh [2]1951
A. Vögtle: Die Adam-Christus-Typologie und »Der Menschensohn«, TTZ 60 (1951) 309–328
C. H. Dodd: The Parables of the Kingdom, London [3]1952
J. Klausner: Jesus von Nazareth. Seine Zeit, sein Leben und seine Lehre, Jersualem [3]1952
E. Lohmeyer: Gottesknecht und Davidssohn, Göttingen [2]1953
Ch. Maurer: Knecht Gottes und Sohn Gottes im Passionsbericht des Mk-Evangeliums, ZTK 50 (1953) 1–53
E. Percy: Die Botschaft Jesu, Lund 1953
H. Schürmann: Der Paschamahlbericht, Münster 1953
E. Käsemann: Das Problem des historischen Jesus, ZTK 51 (1954) 125–143
F. Scheidweiler: Das Testimonium Flavianum, ZNW 45 (1954) 230–243
E. Schweizer: Das Herrenmahl im NT, TLZ 79 (1954) 577–592
V. Taylor: The Life and Ministry of Jesus, London 1954
N. A. Dahl: Der historische Jesus als geschichtswissenschaftliches und theologisches Problem, KeDo 1 (1955) 104–132
E. Lohse: Martyrer und Gottesknecht, Göttingen 1955
F. Mußner: Christus, das All und die Kirche, Trier 1955
H. Schürmann: Der Einsetzungsbericht Lk 22, 19–20, Münster 1955
E. Sjöberg: Der verborgene Menschensohn in den Evangelien, Lund 1955
F. X. V. Filson: Jesus Christ the Risen Lord, New York 1956
G. Friedrich: Beobachtungen zur messianischen Hohepriestererwartung in den Synoptikern, ZTK 53 (1956) 265–311
E. Fuchs: Die Frage nach dem historischen Jesus, ZTK 53 (1956) 210–229
J. Jeremias: Jesu Verheißung für die Völker, Stuttgart 1956
W. G. Kümmel: Verheißung und Erfüllung, Zürich [3]1956
E. Stauffer: Messias oder Menschensohn?, NT 1 (1956) 81–102
H. Braun: Spätjüdisch-häretischer und frühchristlicher Radikalismus, 2 Bde., Tübingen 1957
H. Conzelmann: Gegenwart und Zukunft in der synoptischen Tradition, ZTK 54 (1957) 277–296
W. Grundmann: Die Geschichte Jesu Christi, Berlin 1957
H. U. Instinsky: Das Jahr der Geburt Jesu, München 1957
A. Jaubert: La Date de la Cène, Paris 1957
H. Köster: Die außerkanonischen Herrenworte, ZNW 58 (1957) 220–237
E. Schweizer: Der Glaube an Jesus den »Herrn« in seiner Entwicklung von den ersten Nachfolgern bis zur hellenist. Gemeinde, EvT 17 (1957) 7–21
ders.: Jesus Christus, Herr über Kirche und Welt: Libertas Christiana, BEvT 26 (1957) 175–187
E. Stauffer: Jesus. Gestalt und Geschichte, Bern 1957
H. von Campenhausen: Der Ablauf der Osterereignisse und das leere Grab, Heidelberg [2]1958
R. P. Casey: The Earliest Christologies, JTS 9 (1958) 253–277
G. Ebeling: Jesus und der Glaube, ZTK 55 (1958) 64–110
E. Fuchs: Jesus und der Glaube, ZTK 55 (1958) 170–188
V. Taylor: The Person of Christ in the NT Teaching, London 1958
A. Vögtle: Das öffentliche Wirken Jesu auf dem Hintergrund der Qumranbewegung, in: Freiburger Universitätsreden NF 27, Freiburg 1958, 13–20
W. Beilner: Christus und die Pharisäer, Wien 1959
D. Bosch: Die Heidenmission in der Zukunftsschau Jesu, Zürich 1959
M. Dibelius: Die Formgeschichte des Evangeliums, Tübingen [3]1959
G. Ebeling: Die Frage nach dem historischen Jesus und das Problem der Christologie, ZTK Beiheft 1 (1959) 14–30
R. Schnackenburg: Jesusforschung und Christusglaube, Cath 13 (1959) 1–17
J. Blinzler: Der Prozeß Jesu, Regensburg [3]1960
G. Bornkamm: Jesus, Stuttgart [5]1960
M. Dibelius: Jesus, Berlin [3]1960
J. Jeremias: Die Abendmahlsworte Jesu, Göttingen [3]1960
H. Ristow-K. Matthiae (Hrsg.): Der historische Jesus und der kerygmatische Christus, Berlin 1960
W. Thüsing: Die Erhöhung und Verherrlichung Jesu im Johannesevangelium, Münster 1960
R. Bultmann: Das Verhältnis der urchristlichen Christusbotschaft zum historischen Jesus, Heidelberg [2]1961
A. Vögtle: Der Einzelne und die Gemeinschaft in der Stufenfolge der Christusoffenbarung, in: Sentire Ecclesiam (Festschrift H. Rahner), Freiburg 1961, 50–91
O. Winter: On the Trial of Jesus, in: Studia Judaica 1, Berlin 1961
H. Braun: Der Sinn der ntl. Christologie, in: Gesammelte Studien zum NT und seiner Umwelt, Tübingen 1962, 243–282
H. v. Campenhausen: Die Jungfrauengeburt in der Theologie der alten Kirche, Heidelberg 1962
H. Grass: Ostergeschehen und Osterberichte, Göttingen [2]1962
F. Mußner: Der historische Jesus und der Christus des Glaubens, in: Exegese und Dogmatik, hrsg. von H. Vorgrimler, Mainz 1962, 153–188
K. Schubert (Hrsg.): Der historische Jesus und der Christus unseres Glaubens, Wien 1962

E. Schweizer: Erniedrigung und Erhöhung bei Jesus und seinen Nachfolgern, Zürich ²1962
R. Bultmann - R. Schnackenburg: Ntl. Theologie. Der Stand der Forschung, Mainz 1963
O. Cullmann: Die Christologie des NT, Tübingen ³1963
H. Grass - W. G. Kümmel: Jesus Christus. Das Christusverständnis im Wandel der Zeiten, Marburg 1963
F. Hahn: Das Verständnis der Mission im NT, Neukirchen-Vluyn 1963
W. Kramer: Christos Kyrios Gottessohn, Zürich 1963
E. Ruckstuhl: Die Chronologie des Letzten Mahles und des Leidens Jesu, Einsiedeln 1963
L. Sabourin: Les Noms et les Titres de Jésus, Brügge 1963
H. E. Tödt: Der Menschensohn in der synoptischen Überlieferung, Gütersloh ²1963
A. Vögtle: Exegetische Erwägungen zum Wissen und Selbstbewußtsein Jesu, in: K. Rahner: Gott in Welt II, Graz ²1963, 608–666
R. Bultmann: Zur Frage der Christologie, in: R. Bultmann: Glauben und Verstehen I, Tübingen ⁵1964, 85–113
ders.: Die Christologie des NT, in: R. Bultmann: Glauben und Verstehen I, Tübingen ⁵1964, 245–267
ders.: Die Geschichte der synoptischen Tradition, Göttingen ⁶1964
D. Georgi: Die Gegner des Paulus im 2 Kor, Neukirchen 1964
B. van Iersel: »Der Sohn« in den synoptischen Jesusworten, Leiden ²1964
E. Lohse: Die Geschichte des Leidens und Sterbens Jesu Christi, Gütersloh 1964
W. Marxsen: Die Auferstehung Jesu als historisches und theologisches Problem, Gütersloh 1964
W. Bousset: Kyrios Christos, Göttingen ⁵1965
J. R. Geiselmann: Jesus der Christus: I. Die Frage nach dem historischen Jesus, München 1965
F. Hahn: Christologische Hoheitstitel, Göttingen ²1965
J. Jeremias: Die Gleichnisse Jesu, Göttingen ⁷1965
R. Schnackenburg: Gottes Herrschaft und Reich, Freiburg ⁴1965
Ph. Vielhauer: Gottesreich und Menschensohn in der Verkündigung Jesu, in: Aufsätze zum NT, München 1965, 55–91
ders.: Jesus und der Menschensohn, in: Aufsätze zum NT, München 1965, 92–140
A. Feuillet: Le Christ Sagesse de Dieu d'après les épîtres pauliniennes, Paris 1966
G. Haufe: Das Menschensohn-Problem in der gegenwärtigen wissenschaftlichen Diskussion, EvT 26 (1966) 130ff
W. Marxsen: Das Abendmahl als christologisches Problem, Gütersloh ³1966
A. Nisin: Die Geschichte von Jesus dem Christus, Graz 1966
A. Schweitzer: Geschichte der Leben-Jesu-Forschung, München 1966
W. Trilling: Fragen zur Geschichtlichkeit Jesu, Düsseldorf 1966
Sch. Ben Chorin: Bruder Jesus. Der Nazarener in jüdischer Sicht, München 1967
R. H. Fuller: Die Wunder Jesu in Exegese und Verkündigung, Düsseldorf 1967
F. Hahn: Die atl. Motive in der urchristlichen Abendmahlsüberlieferung, EvT 27 (1967) 337–374
W. Marxsen: Anfangsprobleme der Christologie, Gütersloh ⁵1967
J. M. Robinson: Kerygma und historischer Jesus, Zürich ²1967
D. Flusser: Jesus, Hamburg 1968

6. Kriegführung und Waffen

B. Gray: The Meaning of the Hebrew Word dègèl, JQR 11 (1899) 92–101
B. Meissner: Babylonien und Assyrien I, Heidelberg 1920, 80–114
F. M. Abel: Topographie des campagnes maccabéennes, RB 32 (1923) 495–521; 33 (1924) 201–217. 371–387; 34 (1925) 194–216; 35 (1926) 206–222. 510–533
S. Tolkowsky: Gideon's 300, JPOS 5 (1925) 69–74
H. Bonnet: Die Waffen der Völker des Alten Orients, Leipzig 1926
M. Löhr: Ägyptische Reiterei im Alten Testament?, OLZ 31 (1928) 923–928
R. P. Dougherty: Sennacherib and the Walled Cities of Palestine, JBL 49 (1930) 160–171
A. Moortgat: Der Kampf zu Wagen in der Kunst des alten Orients, OLZ 33 (1930) 842–854
F. Albright: Mitannian maryannu »Chariot-Warrior« and the Canaanite and Egyptian Equivalents, AfO 6 (1930–1931) 217–221
S. B. Finesinger: The Shofar, HUCA 8–9 (1931–1932) 193–228
K. Elliger: Die dreißig Helden Davids, PJB 31 (1935) 29–75
W. J. Martin: Tribut und Tributleistungen bei den Assyrern (Studia Orientalia VIII, 1), Helsinki 1936
E. Junge: Der Wiederaufbau des Heerwesens des Reiches Juda unter Josia, Stuttgart 1937
G. Dossin: Signaux lumineux au pays de Mari, RA 35 (1938) 174–186
A. G. Barrois: Manuel d'Archéologie Biblique I, Paris 1939, Kap. IV: La fortification
ders.: Manuel d'Archéologie Biblique I, Paris 1939, Kap. V: Installations hydrauliques
R. S. Lamon: Megiddo I, Chicago 1939, 28–32. 74–83
J. Wiesner: Fahren und Reiten in Alteuropa und im Alten Orient, AO 38,2–4, Leipzig 1939
R. O. Faulkner: Egyptian Military Standards, JEA 27 (1941) 12–18
J. van der Ploeg: Le sens de gibbôr ḥaïl, in: Vivre et Penser 1 (RB 50) (1941) 120–125
W. F. Albright: The Excavations of Tell Beit Mirsim III, AASOR 21–22 (1943) §§ 5–8. 26–31
J. Simons: Topographical and Archaeological Elements in the Story of Abimelech, OTS 2 (1943) 35–78
L. Köhler: Kleine Lichter, Zürich 1945, 6. Wohnturm statt Palast, 30–32
P. Humbert: La »terou'a«. Analyse d'un rite biblique, Neuchâtel 1946
Y. Sukenik (Yadin): »Engins inventés par des hommes habiles« (2 Ch 26, 15), BJPES 13 (1946–1947) (auf hebräisch)
G. E. Wright: The Literary and Historical Problem of Joshua 10 and Judges 1, JNES 5 (1946) 105–114

C. C. McCown: Tell en-Nasbeh I, Berkeley 1947, 182–205
G. Loud: Megiddo II, Chicago 1948, 46–57
Y. Sukenik (Yadin): »Let the young men, I pray thee, arise and play before us«, JPOS 21 (1948) 110–116
F. M. Abel: Stratagèmes dans le livre de Josué, RB 56 (1949) 321–339
Y. Yadin: La réorganisation de l'armée de Juda sous Josias, BJPES (1949–1950) 86–98 (hebräisch)
J. R. Kupper: Le recensement dans les textes de Mari, in: A. Parrot, Studia Mariana, Leiden 1950, 99–110
A. Malamat: The Last Wars of the Kingdom of Juda, JNES 9 (1950) 218–227
E. A. Speiser: On Some Articles of Armor and Their Names, JAOS 70 (1950) 47–49
S. Yeivin: Canaanite and Hittite Strategy in the Second Half of the Second Millenary B.C., JNES 9 (1950) 101–107
B. Maisler: The Excavations at Tell Qasîle. Preliminary Report, Jerusalem 1951, 39–41 = IEJ 1 (1950–1951) 200–202
R. T. O'Callaghan: New Light on the Maryannu as »Chariot-Warrior«, in: Jahrbuch für kleinasiatische Forschung 1 (1950–1951) 309–321
G. Beyer: Das Festungssystem Rehabeams, ZDPV 54 (1951) 113–134
A. Malamat: Introduction à l'histoire militaire d'Israël, in: 'Athidôt 4, 12 (1951) 1–11 (auf hebräisch)
A. Salonen: Die Landfahrzeuge des alten Mesopotamien (Annales Acad. Scient. Fennicae, ser. B, 72/73), Helsinki 1951
O. R. Gurney: The Hittites, London 1952, 104–116
H. Kruse: Ethos Victoriae in Vetere Testamento, VD 30 (1952) 3–13. 65–80. 143–153
A. Alt: Festungen und Levitenorte im Lande Juda, in: Kl. Schriften II, München 1953, 306–315
H. von Deines: Die Nachrichten über das Pferd und den Wagen in den ägyptischen Texten, MIO 1 (1953) 3–15
R. O. Faulkner: Egyptian Military Organization, JEA 39 (1953) 32–47
A. Malamat: The War of Gideon and Midian. A Military Approach, PEQ (1953) 61–65
O. Tufnell: Lachish III. The Iron Age, London 1953, 87–102. 92–93. 158–163
J. T. Milik - F. M. Cross: Inscribed Javelin-Heads from the Period of the Judges, BASOR 134 (1954) 5–15
J. van der Ploeg: Les šoṭerim d'Israël, OTS 10 (1954) 185–196
L. A. Sinclair: An Archaeological Study of Gibeah (Tell el-Fûl), AASOR 34–35, 1954–56 (1960) 1–52
O. Eißfeldt: Zwei verkannte militär-technische Termini, VT 5 (1955) 232–238
M. Noth: Das alttestamentliche Bundschließen im Lichte eines Mari-Textes, in: Mélanges Isidore Lévy, Brüssel 1955, 433–444 = Gesammelte Studien zum Alten Testament, München 1957, 142–154
Y. Yadin: Goliath's Javelin and the menôr 'orgîm, PEQ (1955) 58–69
ders.: Hazor I. An Account of the First Season of Excavations 1955, Jerusalem 1958
ders.: Some Aspects of the Strategy of Achab and David, Bib 36 (1955) 322–351
Y. Aharoni: Excavations at Rameth Rahel, IEJ 6 (1956) 138–141
A. Alt: Bemerkungen zu den Verwaltungs- und Rechtsurkunden von Ugarit und Alalach, WO 2, 1 (1954) 10–15; 2, 3 (1956) 234–237
F. M. Cross: A Typological Study of the El Khadr Javelin and Arrow-Heads, in: Annual of the Department of Antiquities of Jordan 3 (1956) 15–23
F. Hančar: Das Pferd in prähistorischer und früher historischer Zeit, Wien 1956, 472–535
J. T. Milik: An Unpublished Arrow-Head with Phoenician Inscription of the 11th–10th Century B.C., BASOR 143 (1956) 3–6
G. Molin: What is a Kidon?, JSS 1 (1956) 334–337
J. B. Pritchard: The Water System at Gibeon, BA 19 (1956) 66–75
A. Salonen: Hippologica Akkadica (Annales Acad. Scient. Fennicae, ser. B, 100), Helsinki 1956
Y. Yadin: Le Rouleau de la Guerre des Fils de Lumière contre les Fils de Ténèbres, Jérusalem 1956 (auf hebräisch)
A. Aymard: Le partage des profits de la guerre dans les traités d'alliance antiques, RH 217 (1957) 233–249
A. Malamat: Military Rationing in Papyrus Anastasi I and the Bible, in: Mélanges Bibliques rédigés en l'honneur de André Robert, Paris 1957, 114–121
A. R. Schulman: Egyptian Representations of Horsemen and Riding in the New Kingdom, JNES 16 (1957) 263–271
G. F. Mendenhall: The Census Lists of Numbers 1 and 26, JBL 77 (1958) 52–66
E. A. Speiser: Census and Ritual Expiation in Mari and Israel, BASOR 149 (1958) 17–25
F. Willesen, The Yalid in Hebrew Society, ST 12 (1958) 192–210
F. Willesen: The Philistine Corps of the Scimetar of Gath, JSS 3 (1958) 327–335
Y. Yadin: Solomon's City Wall and Gate at Gezer, IEJ 8 (1958) 80–86
Y. Aharoni: The Date of the Casemate Walls in Judah and Israel and Their Purpose, BASOR 154 (1959) 35–39
R. de Vaux: Les combats singuliers dans l'Ancien Testament, in: Studia Biblica et Orientalia I. Vetus Testamentum, Rom 1959, 361–374 = Bib 40 (1959) 495–508
Y. Yadin: The Art of Warfare in Biblical Lands in the Light of Archaeological Study, Jerusalem 1963
J. Liver (ed.): The Military History of the Land of Israel in Biblical Times (hebr.), Tel-Aviv 1964
P. J. Parr: The Origin of the Rampart Fortification of Middle Bronze Age Palestine and Syrie, ZDPV 84 (1968) 88–45

7. Landnahme

E. Meyer: Kritik der Berichte über die Eroberung Palästinas (Num. 20,12. bis Jud. 2,5), ZAW 1 (1881), 117–146; 3 (1883) 306–309
W. Spiegelberg: Die Inschrift des Merneptah, ZÄS 34 (1896) 1–25

C. Steuernagel: Die Einwanderung der israelitischen Stämme in Kanaan. Historisch-kritische Untersuchungen, Berlin 1901
E. Meyer: Die Israeliten und ihre Nachbarstämme, Halle a. d. Saale 1906
P. Lacau: Stèles du Nouvel Empire, CGC 45 I, Kairo 1909
R. Leonhard: Die Transhumanz im Mittelmeergebiet, in: Festschrift L. Brentano, München 1916, 327–349
C. F. Burney: Israel's Settlement in Canaan, London 1918
Ch. Kuentz: Le double de la Stèle à Karnak, BIFAO 21 (1923) 113–117
A. Jirku: Die Wanderungen der Hebräer im dritten und zweiten vorchristlichen Jahrtausend, AO 24,2, Leipzig 1924
M. Noth: Das System der zwölf Stämme Israels, BWANT IV, 1, Stuttgart 1930
W. F. Albright: Archaeology and the Date of the Hebrew Conquest of Palestine, BASOR 58 (1935) 10–18
ders.: Further Light on the History of Israel from Lachish and Megiddo, BASOR 68 (1937) 22–26
K. Möhlenbrink: Die Landnahmesagen des Buches Josua, ZAW 56 (1938) 241–245
W. F. Albright: The Israelite Conquest of Canaan in the Light of Archaeology, BASOR 74 (1939) 11–23
G. E. Wright: Two Misunderstood Items in the Exodus-Conquest Cycle, BASOR 86 (1942) 32–34
L. Rost: Weidewechsel und altisraelitischer Festkalender, ZDPV 66 (1943) 205–215
G. E. Wright: The Literary and Historical Problem of Joshua 10 and Judges 1, JNES 5 (1946) 105–114
T. Ashkenazi: La tribu arabe: ses éléments, Anthropos 41–49 (1946–1949) 662–666
C. Levi-Strauss: Les structures élémentaires de la parente, Paris 1949
G. P. Murdoch: Social Structure, New York 1949
J. T. Meek: Hebrew Origins, New York [2]1950
J. Schwartz: Le »Cycle de Petoubastis« et les commentaires égyptiens de l'Exode, BIFAO 49 (1950) 75–83
G. von Rad: Der heilige Krieg im alten Israel, Zürich 1951
A. Alt: Erwägungen über die Landnahme der Israeliten in Palästina, in: Kl. Schriften I, München [2]1959, 126–175
ders.: Die Landnahme der Israeliten in Palästina, in: Kl. Schriften I, München [2]1959, 89–125
Y. Kaufmann: The Biblical Account of the Conquest of Palestine, Jerusalem 1953
J. Bottéro (ed.): Le problème de Ḫabiru à la 4e Recontre Assyriologique Internationale, Cahiers de la Société Asiatique 12, Paris 1954
O. Eißfeldt: Die Eroberung Palästinas durch Altisrael, WO 2 (1955) 158–171 = Kl. Schriften III, Tübingen 1966, 367–383
M. Greenberg: The Ḫab/piru, AOS 39, New Haven 1955
G. E. Mendenhall: Law and Convenant in Israel and the Ancient Near East, New York 1955
A. Alt: Utopien, TLZ 81 (1956) 521–528
Y. Kaufmann: Tôledōt hā-œmūnā ha-jiśra'elît, mîmē qœdœm 'ad sōf bajit šēni I–VIII, Tel Aviv 1937–1956
S. Mowinckel: »Rahalstämme« und »Leastämme«, in: BZAW 77, Berlin 1958, 129–150
G. von Rad: Es ist noch eine Ruhe vorhanden dem Volke Gottes. Eine biblische Begriffsuntersuchung. Gesammelte Studien zum Alten Testament, ThB 8, München [2]1965, 10–108
H. H. Rowley: From Joseph to Joshua. Biblical Traditions in the Light of Archaeology, London [4]1958
E. Täubler: Die Epoche der Richter, Tübingen 1958
A. Alt: Die Staatenbildung der Israeliten in Palästina, in: Kl. Schriften II, München [2]1959, 1–66
A. Alt: Die Staatenbildung der Israeliten in Palästina, in: Kl. Schriften II, München [2]1959, 1–66
Y. Kaufmann: Sefœr jehôšūa' 'im māwō' lî hôsūa' w šofœtīm 1–3, Jerusalem 1959
S. Moscati: The »Aramean Ahlamu«, JSS 4 (1959) 303–307
S. Yeivin: The 'Amu (hebr.), Atiqot 2 (1959) 163f
C. D. Matthews: Beduin Life in Contemporary Arabia, RSOr 35 (1960) 32f
J. B. Pritchard: Gibeon's History in the Light of Excavation, VTS 7 (1960) 1–3
W. F. Albright: Abram the Hebrew: A New Archaeological Interpretation, BASOR 163 (1961) 36–54
W. F. Albright: The Role of the Canaanites in the History of Civilisation, in: The Bible and the Ancient Near East: Essays in Honor of W. F. Albright, Garden City 1961
J. Bright: Altisrael in der neuen Geschichtsschreibung. Eine methodologische Studie, ATANT 40, Stuttgart 1961
E. Gerstenberger: Wesen und Herkunft des sog. apodiktischen Rechtes im Alten Testament, Bonn 1961
G. Hebert: When Israel Came Out of Egypt, London 1961
E. Jenni: Zwei Jahrzehnte Forschung an den Büchern Josua bis Könige, TRu 27 (1961) 1–32. 97–146
W. Helck: Die Beziehungen Ägyptens zu Vorderasien im 3. und 2. Jahrtausend v. Chr., ÄgA 5, Wiesbaden 1962
G. E. Mendenhall: The Hebrew Conquest of Palestine, BA 25 (1962) 66–87
H. M. Orlinsky: The Tribal System of Israel and Related Groups in the Period of the Judges, OrAnt 1 (1962) 11–20
J. A. Soggin: La conquista israelitica della Palestina nei sec XIII e XII e le scoperte archaeologiche, Protestantismo 17 (1962) 208
J. J. Stamm: Der Dekalog im Lichte neuer Forschung, Bern [2]1962
ders.: Dreißig Jahre Dekalogforschung, TRu 27 (1961) 189–239
W. F. Albright: The Biblical Period from Abraham to Ezra, New York 1963
D. J. McCarthy: Treaty and Convenant: A Study in Form in the Ancient Oriental Documents and in the O. T., AnBib 21, Rom 1963
W. Richter: Traditionsgeschichtliche Untersuchungen zum Richterbuch, BBB 18, Bonn 1963
M. Weber: Gesammelte Aufsätze zur Religionssoziologie. III Das antike Judentum, Tübingen [3]1963
W. Richter: Die Bearbeitung des »Retterbuches« in der deuteronomistischen Epoche, BBB 21, Bonn 1964

G. Schmitt: Der Landtag von Sichem, Stuttgart 1964
S. Mowinckel: Tetrateuch, Pentateuch, Hexateuch. Die Berichte über die Landnahme in den drei israelitischen Geschichtswerken, BZAW 90, Berlin 1964
O. Eißfeldt: Jakob-Lea und Jakob-Rahel, in: Festschrift H. W. Hertzberg, Göttingen 1965, 50–55
S. Yeivin: The Israelitic Conquest of Canaan, Publ. Inst. Nérl. Stamboul 21 (1965)
F. Ch. Fensham: The Treaty between Israel and the Gibeonites, JAOS 86 (1966) 113–126
S. Herrmann: Der alttestamentliche Gottesname, EvT 26 (1966) 281–293
A. Malamat: Syrien-Palästina in der zweiten Hälfte des zweiten Jahrtausends, in: Fischer Weltgeschichte. Die Altorientalischen Reiche II, Frankfurt a. M. 1966
R. Smend: Jahwekrieg und Stämmebund, FRLANT 84, Göttingen ²1966
Z. Kallai: The Tribes of Israel (hebr.), Jerusalem 1967
M. Weippert: Die Landnahme der israelitischen Stämme in der neueren wissenschaftlichen Diskussion, Göttingen 1967

8. Opfer

J. Wellhausen: Reste arabischen Heidentums, Berlin ²1897
G. B. Gray: Sacrifice in the Old Testament. Its Theory and Practice, Oxford 1925
M. Löhr: Das Räucheropfer im AT. Eine archäologische Untersuchung, Halle 1927
A. Wendel: Das Opfer in der altisraelitischen Religion, Leipzig 1927
A. Bertholet: Zum Verständnis des alttestamentlichen Opfergedankens, JBL 49 (1930) 218–233
D. Schötz: Schuld- und Sündopfer im Alten Testament, Breslau 1930
E. Dhorme: Le sacrifice accadien à propos d'un ouvrage récent, RHR 106 (1932–A) 107–125
G. Furlani: Il sacrificio nella religione dei Semiti di Babilonia e Assiria, Rom 1932
F. Blome: Die Opfermaterie in Babylonien und Israel, Rom 1934
O. Eißfeldt: Molk als Opferbegriff im Punischen und Hebräischen und das Ende des Gottes Moloch, Halle a. d. Saale 1935
W. O. E. Oesterley: Sacrifices in Ancient Israel. The Origin, Purposes and Development, London 1937
A. Vincent: La religion des judéo-araméens d'Eléphantine, Paris 1937, 212–223
P. Volz: Die radikale Ablehnung der Kultreligion durch die alttestamentlichen Propheten ZST 14 (1937) 63–85
Th. H. Gaster: The Service of the Sanctuary: A Study in Hebrew Survivals, in: Mélanges Syriens offerts à M. R. Dussaud II, Paris 1939, 577–582
A. Vincent: Les rites de balancement (tenoûphah) et de prélèvement (teroûmâh) dans le sacrifice de communion de l'Ancien Testament, in: Mélanges Syriens offerts à M. R. Dussaud I, Paris 1939, 267–272
J. E. Coleran: The Prophets and Sacrifice, TS 5 (1944) 411–438
G. Furlani: Riti babilonesi e assiri, Udine 1940
A. Metzinger: Die Substitutionstheorie und das alttestamentliche Opfer, Bib 21 (1940) 159–187. 247–272. 353–377
R. Dussaud: Les origines cananéennes du sacrifice israélite, Paris ²1941
ders.: Les découvertes de Ras Shamra et l'Ancien Testament, Paris ²1941
C. Lattey: The Prophets and Sacrifice: A Study in Biblical Relativity, JTS 42 (1941) 155–165
A. Bertholet: Der Sinn des kultischen Opfers, in: Abhandlungen der preußischen Akademie der Wissenschaften 1942, Phil.-hist. Klasse 2, Berlin 1942
H. Wheeler Robinson: Hebrew Sacrifice and Prophetic Symbolism, JTS (1942) 129–139
J. Henninger: Das Opfer in den altsüdarabischen Hochkulturen, Auth 37–40 (1942–1945) 779–810
J. E. Coleran: Origins of the Old Testament Sacrifice, CBQ 2 (1940) 130–144
E. Dhorme: Les religions de Babylonie et d'Assyrie, in: Mana. Introduction à l'Histoire des Religions I, 2, Paris 1945, 220–233
R. Labat: Le sort des substituts royaux en Assyrie au temps des Sargonides, RA 40 (1945–1946) 123–142
R. Dussaud: Précisions épigraphiques touchant les sacrifices puniques d'enfants, in: Comptes Rendus de l'Académie des Inscriptions et Belles-Lettres (Paris), 1946, 371–387
P. Saydon: Sin-Offering and Trespass-Offering, CBQ 8 (1946) 393–398
H. H. Rowley: The Prophets and Sacrifice, ET 58 (1946–1947) 305–307
N. H. Snaith: The Prophets and Sacrifice and Salvation, ET 58 ((1946–1947) 152–153
A. George: Le sacrifice d'Abraham, in: Etudes de Critique et d'Histoire Religieuse (Mélanges Vaganay), Lyon 1948, 99–110
J. Henninger: Le sacrifice chez les Arabes; in: Ethnos (Stockholm) 13 (1948) 1–16
G. Goossens: Les substituts royaux en Babylonie, ETL 25 (1949) 383–400
D. M. L. Urie: Sacrifice among the West Semites, PEQ (1949) 67–82
J. Gray: Cultic Affinities between Israel and Ras Shamra, ZAW 62 (1949–1950) 207–220
H. W. Hertzberg: Die prophetische Kritik am Kult, TLZ 75 (1950) 219–226
W. B. Stevenson: Hebrew 'olah and zebach Sacrifices, in: Festschrift Bertholet, Tübingen 1950, 488–497
H. H. Rowley: The Meaning of Sacrifice in the Old Testament, BJRL 33 (1950–1951) 74–110
G. Ryckmans: Le sacrifice DBH dans les inscriptions ṣafaïtiques, HUCA 33, 1 (1950–1951) 431–438
ders.: Les religions arabes préislamiques, Louvain ²1951
W. Kornfeld: Der Moloch, eine Untersuchung zur Theorie O. Eißfeldts, in: Wiener Zeitschrift für die Kunde des Morgenlandes 51 (1952) 287–313
R. K. Yerkes: Sacrifice in Greek and Roman Religions and Early Judaism, New York 1952
J. M. Baumgartner: Sacrifice and Worship among the Jewish Sectarians of the Dead Sea (Qumrân) Scrolls, HarvTR 46 (1953) 141–159

F. M. Th. Böhl: Das Menschenopfer bei den alten Sumerern, in seinen Opera Minora, Groningen 1953, 162–173. 488–490
R. Charlier: La nouvelle série des stèles puniques de Constantine et la question des sacrifices dits »molchomor« en relation avec l'expression »bšrm btm«, Karthago 6 (1953) 3–48
J. G. Février: Molchomor, RHR 143 (1953–A) 8–18
H. Kruse: Die »dialektische Negation« als semitisches Idiom, VT 4 (1954) 385–400
H. Cazelles, David's Monarchy and the Gibeonite Claim, II Sam. XXI, 1–14, PEQ (1955) 165–175
Th. Chary: Les prophètes et le culte à partir de l'Exil, Paris-Tournai 1955
J. Chalhod: Le sacrifice chez les Arabes, Paris 1955
J. G. Février: Le vocabulaire sacrificiel punique, JAs 243 (1955) 49–63
ders.: Un sacrifice d'enfants chez les Numides, in: Annuaire de l'Institut de Philologie et d'Histoire Orientales et Slaves XIII (Mélanges Isidore Lévy), Brüssel 1955, 161–171
J. Gray: Royal Substitutes in the Ancient Near East, PEQ (1955) 180–182
A. de Guglielmo: Sacrifice in the Ugaritic Texts, CBQ 17 (1955) 76–96
J. Henninger: Ist der sogenannte Nilus-Bericht eine brauchbare religionsgeschichtliche Quelle?, Anth 50 (1955) 81–148
A. S. Kapelrud: King and Fertility. A Discussion of II Sam 21, 1–14, in: Interpretationes ad Vetus Testamentum pertinentes S. Mowinckel ... missae, Oslo 1955, 113–122
J. Carmignac: L'utilité ou l'inutilité des sacrifices sanglants dans la »Règle de la Communauté« de Qumrân, RB 63 (1956) 524–532
E. Dhorme: Le dieu Baal et le dieu Moloch dans la tradition biblique, in: Anatolian Studies 6 (1956) 57–61
G. R. Driver: Three Technical Terms in the Pentateuch for 'azkârah and tenûpah, JSS 1 (1956) 97–105
J. Henninger: Zur Frage des Haaropfers bei den Semiten, in: Die Wiener Schule der Völkerkunde, Festschrift zum 25jährigen Bestand, 1929–1954, Wien 1956, 359–368
G. van der Leeuw: Phänomenologie der Religion, Tübingen ²1956, 393–406
L. Moraldi: Espiazione sacrificiale e riti espiatori nell'ambiente biblico e nell'Antico Testamento, Rom 1956
W. von Soden: Beiträge zum Verständnis der assyrischen Briefe über die Ersatzkönigsriten, in: Festschrift V. Christian, Wien 1956, 100–107. [(1957) 109–112]
H. Cazelles: Art. Molok, DBS 5, Paris 1957, 1337–1346
J. Gray: The Legacy of Canaan, VTS 5, Leiden 1957
R. Hentschke: Die Stellung der vorexilischen Schriftpropheten zum Kultus, Berlin 1957
L. Moraldi: Terminologica cultuale israelitica, RSOr 32 (1957) (Scritti in onore di Giuseppe Furlani I) 321–337
N. H. Snaith: Sacrifices in the Old Testament (for zebach, minchah, chatta't), VT 7 (1957) 308–317
G. W. van Beek – A. Jamme: An Inscribed South Arabian Clay Stamp from Bethel, BASOR 151 (1958) 9–16
J. Henninger: Menschenopfer bei den Arabern, Anth 53 (1958) 721ff. 776ff
J. Hoftijzer: Eine Notiz zum punischen Kinderopfer, VT 8 (1958) 288–292
R. Press: Die Gerichtspredigt der vorexilischen Propheten und der Versuch einer Steigerung der kultischen Leistung, ZAW 70 (1958) 181–184
L. Rost: Erwägungen zum israelitischen Brandopfer, in: Von Ugarit nach Qumran (Festschrift Eißfeldt), Berlin 1958, 177–183
J. G. Février: Remarques sur le grand tarif dit de Marseille, in: Cahiers de Byrsa 8 (1958–59) 35–40
A. Charbel: Virtus sanguinis non expiatoria in sacrificiis šelamîm, in: Sacra Pagina I, Vetus Testamentum, Gembloux 1959, 366–376
J. G. Février: Essai de reconstitution du sacrifice molek, JAs 248 (1960) 167–187
M. Haran: The Use of Incense in the Ancient Israelite Ritual, VT 10 (1960) 113–129
W. Herrmann: Götterspeise und Göttertrunk in Ugarit und Israel, ZAW 72 (1960) 205–216
R. Rendtorff: Studien zur Geschichte des Opfers im Alten Israel, Neukirchen 1967

9. Patriarchen

J. Wellhausen: Prolegomena zur Geschichte Israels, Berlin ⁶1927
L. Pirot: Abraham, DBS I, Paris 1928, 8–28
A. Alt: Der Gott der Väter, in: Kl. Schriften I, München ²1959, 1–78 = BAWNT III, 12
G. v. Rad: Das formgeschichtliche Problem des Hexateuchs, Stuttgart 1938
J. G. Matthews: The Religious Pilgrimage of Israel, New York 1947
H. Junker: Die Patriarchengeschichte, TTZ 57 (1948) 38–45
M. Noth: Überlieferungsgeschichte des Pentateuch, Stuttgart 1948
C. A. Simpson: The Early Traditions of Israel, Oxford 1948
H. H. Rowley: Recent Discovery and the Patriarchal Age, BJRL 32 (1949/50) 44–79 = The Servant of the Lord..., London ²1965, 283–318
O. Eißfeldt: Die ältesten Traditionen Israels, BZAW 71, Berlin 1950
L. H. Vincent: Abraham à Jérusalem, RB 58 (1951) 360–371
F. M. T. de L. Böhl: Das Zeitalter Abrahams, Groningen 1953
N. Schneider: Die religiöse Umwelt Abrahams in Mesopotamien, Misc. Ubach, Montserrat 1953, 49–67
A. Jepsen: Zur Überlieferungsgeschichte der Vätergestalten, in: Wissenschaftl. Zeitschrift d. Karl-Marx-Univ. Leipzig 3 (1953/54) 139–155
N. Glueck: The Age of Abraham in the Negeb, BA 18 (1955) 2–9
J. Hoftijzer: Die Verheißungen an die drei Erzväter, Leiden 1956
A. Rasco: Migratio Abrahae circa annum 1650, VD 35 (1957) 143–154
C. H. Gordon: Abraham and the Merchants of Ura, JNES 17 (1958) 28–31

J. Vergote: Joseph en Egypte. Genèse 37–50 à la lumière des études egyptologiques récentes, Löwen 1959
L. Rost: Die Gottesverehrung der Patriarchen im Lichte der Pentateuchquellen, VTS 7 (1960) 346–359
W. F. Albright: Abraham the Hebrew. A New Archaeological Interpretation, BASOR 163 (1961) 36–54; vgl. 184 (1966) 34f: Abraham als Karawanenführer (dagegen E. A. Speiser, BASOR 164 [1961] 23–28).
C. H. Gordon: Geschichtliche Grundlagen des AT, Einsiedeln ²1961, 108–128
C. F. Pfeiffer: The Patriarchal Age, Grand Rapids 1961
R. de Vaux: Die hebräischen Patriarchen und die modernen Entdeckungen, Düsseldorf 1961
L. R. Fisher: Abraham and his Priest-King, JBL 81 (1962) 264–270
E. Jacob: Abraham et sa signification pour la foi chrétienne, RHPhilRel 42 (1962) 148–156
A. Parrot: Abraham et son temps, Neuchâtel 1962
J. Schreiner: Segen für die Völker in der Verheißung an die Väter, BZ N. F. 6 (1962) 1–31
O. Eißfeldt: Jahwe, der Gott der Väter, TLZ 88 (1963) 481–490
F. van Trigt: Die Geschichte der Patriarchen, Mainz 1963
J. M. Holt: The Patriarchs of Israel, Nashville 1964
N. A. van Uchelen: Abraham de Hebreër, Diss., Amsterdam 1964
B. Z. Wacholder: How Long Did Abraham Stay In Egypt?, HUCA 35 (1964) 43-56
M. Haran: The Religion of the Patriarchs, ASTI 4 (1965) 30–55
L. Ruppert: Die Josephserzählung der Genesis. Ein Beitrag zur Theologie der Pentateuchquellen, München 1965
R. H. Smith: Abraham and Melchisedek: Gn 14, 18–20, ZAW 77 (1965) 129–153
R. de Vaux: Die Patriarchenerzählungen und die Geschichte, Stuttgart 1965
H. Cazelles: Patriarches. DBS 7 (1966) 81–156
H. Seebass: Der Erzvater Israel, BZAW 98, Berlin 1966
N. Lohfink: Die Religion der Patriarchen und die Konsequenzen für eine Theologie der nichtchristlichen Religionen, in: Bibelauslegung im Wandel, Frankfurt 1967, 107–128
H. Weidmann: Die Patriarchen und ihre Religion, Göttingen 1968
R. Kilian: Die vorpriesterlichen Abrahamsüberlieferungen, Bonn 1965 (s. dort weitere Literatur)

10. Priester und Leviten

W. W. von Baudissin: Die Geschichte des alttestamentlichen Priesterthums, Leipzig 1889
A. van Hoonaèer: La sacerdoce lévitique dans la loi et dans l'histoire des Hébreux, London-Louvain 1899
E. Sellin: Das israelitische Ephod, in: Orientalistische Studien Th. Nöldeke ... II, Gießen 1906, 699–717
E. Schürer: Geschichte des jüdischen Volkes im Zeitalter Jesu-Christi II, Leipzig ⁴1907, 297–317
M. Löhr: Die Stellung des Weibes zu Yahwe-Religion und -Kult, Leipzig 1908
W. R. Arnold: Ephod and Ark (Harvard Theological Studies, 3), Cambridge, Mass. 1917
O. Eißfeldt: Erstlinge und Zehnten im Alten Testament, Leipzig 1917
F. Küchler: Das priesterliche Orakel in Israel und Juda, in: Abhandlungen zur semitischen Religionskunde und Sprachwissenschaft (Festschrift Baudissin), Gießen 1918, 285–301
K. Budde: Ephod und Lade, ZAW 39 (1921) 1–42
J. Döller: Die Wahrsagerei im Alten Testament, Münster i. W. 1923
S. Mowinckel: Psalmenstudien III: Kultprophetie und prophetische Psalmen, Kristiania (Oslo) 1923
H. Grimme: Der südarabische Levitismus und sein Verhältnis zum Levitismus in Israel, Mus 37 (1924) 169–199
G. B. Gray: Sacrifice in the Old Testament. Its Theory and Practice, Oxford 1925, 179–270
G. Hölscher: Art. Levi, in: Pauly-Wissowa, RE XII, 2, Stuttgart 1925, 2155–2208
L. Gautier: Prêtre ou sacrificateur?; in: Etudes sur la religion d'Israël, Lausanne 1927, 247–276
Th. J. Meek: Aaron and the Sadocides, AJSL 45 (1928–1929) 149–166
G. von Rad: Das Geschichtsbild des chronistischen Werkes, Stuttgart 1930
E. Auerbach: Die Herkunft der Sadokiden, ZAW 49 (1931) 327–328
A. Bentzen: Studier over det Zadikidiske Praesterkabs historie, Kopenhagen 1931
ders.: Zur Geschichte der Sadokiden, ZAW 51 (1933) 173–176
J. Gabriel: Untersuchungen über das alttestamentliche Priestertum, mit besonderer Berücksichtigung des hohenpriesterlichen Ornates, Wien 1933, 44–70
R. Press: Das Ordal im Alten Testament, II, ZAW 51 (1933) 227–231
J. Begrich: Das priesterliche Heilsorakel, ZAW 52 (1934) 81–92
K. Budde: Die Herkunft Sadok's ZAW 52 (1934) 42–50, vgl. 160
K. Möhlenbrink: Die levitischen Überlieferungen des Alten Testaments, ZAW 52 (1934) 184–231
E. Sellin: Ephod und Terafim, JPOS 14 (1934) 185–194
J. Begrich: Die priesterliche Tora, in: Werden und Wesen des Alten Testaments, Berlin 1936, 63–88
H. Thiersch, Ependytes und Epod. Gottesbild und Priesterkleid im Alten Vorderasien, Stuttgart 1936
E. Sellin: Zu Efod und Terafim, ZAW 55 (1937) 296–298
L. Waterman: Some Determining Factors in the Northward Progress of Levi, JAOS 57 (1937) 375–380
R. Meyer: Levitische Emanzipationsbestrebungen in nachexilischer Zeit, OLZ 41 (1938) 721–728
J. Morgenstern: A Chapter in the History of the High-Priesthood, AJSL 55 (1938) 1–24. 183–197. 360–377
H. G. May: Ephod and Ariel, AJSL 56 (1939) 44–69
Th. J. Meek: Moses and the Levites, AJSL 56 (1939) 113–120

H. H. Rowley: Zadok and Nehustan, JBL 58 (1939) 113–141
A. C. Welch: The Work of the Chronicler. Its Purpose and Its Date, London 1939
W. F. Albright: Are Ephod and Terafim Mentioned in the Ras Shamra Texts?, BASOR 83 (1941) 39–42
B. A. Brooks: Fertility Cult Functionaries in the Old Testament, JBL 60 (1941) 227–253
B. D. Eerdmans: Thoda-Songs and Tempel-Singers, OTS 1, 2 (1942) 162–175
J. Morgenstern: The Ark, the Epod and the Tent of Meeting. HUCA 18 (1943–1944) 1–17
A. R. Johnson: The Cultic Prophet in Ancient Israel, Cardiff 1944
H. H. Rowley: Early Levite History and the Question of the Exodus, JNES 3 (1944) 73–78
W. F. Albright: The List of Levitic Cities, in: Louis Ginzberg Jubilee Volume I, New York 1945, 49–73
A. Haldar: Associations of Cult Prophets among the Ancient Semites, Uppsala 1945
G. Östborn: Tora in the Old Testament, Lund 1945
W. F. Albright: Archaeology and the Religion of Israel, Baltimore ²1946, 125–128
M. Noth: Überlieferungsgeschichte des Pentateuch, Stuttgart 1948, 195–199
J. Goettsberger: Das alttestamentliche Priestertum und Ezechiel, in: Episcopus, Festgabe Faulhaber, Regensburg 1949, 1–19
A. E. J. Rawlingson: Priesthood and Sacrifice in Judaism and Christianity, ET 60 (1949) 115–121
F. Stummer: Gedanken über die Stellung des Hohenpriesters in der alttestamentlichen Gemeinde, in: Episcopus, Festgabe Faulhaber, Regensburg 1949, 19–49
M. Greemberg: A New Approach to the History of the Israelite Priesthood, JAOS 70 (1950) 41–47
A. Lefèvre: Notes d'exégèse sur les généalogies des Qehatites, RSR 37 (1950) 287–292
H. H. Rowley: Melchizedek and Zadok, in: Festschrift Bertholet, Tübingen 1950, 461–472
N. W. Porteous, Prophet and Priest in Israel, ET 62 (1950–1951) 4–9
A. de Buck: La fleur au front du Grand Prêtre, OTS 9 (1951) 18–29
E. Lohse: Die Ordination im Spätjudentum und im Neuen Testament, Göttingen 1951
O. Plöger: Priester und Prophet, ZAW 63 (1951) 157–192
E. Würthwein: Ursprung der prophetischen Gerichtsrede, ZTK 49 (1952) 1–16
A. Alt: Bemerkungen zu einigen judäischen Ortslisten des Alten Testaments, in: Beiträge zur biblischen Landes- und Altertumskunde (= ZDPV) 68 (1951) 193–210 = Kl. Schriften II, München 1953, 289–305
ders.: Festungen und Levitenorte im Lande Juda, in: Kl. Schriften II, München 1953, 306–315
F. Hesse: Wurzelt die prophetische Gerichtsrede im israelitischen Kult?, ZAW 55 (1953) 45–53
A. Jirku: Die Mimation in den nordsemitischen Sprachen und einige Bezeichnungen der altisraelitischen Mantik, Bib 39 (1953) 78–80
F. S. North: Aaron's Rise in Prestige, ZAW 66 (1954) 191–199
G. E. Wright: The Levites in Deuteronomy, VT 4 (1954) 325–330
M. Haran: L'éphod d'aprés les sources bibliques (auf hebräisch), Tarb 24 (1955) 380–391
E. Nielsen, Shechem. A Traditio-Historical Investigation, Kopenhagen 1955, 264–286
H. G. Judge: Aaron, Zadok and Abiathar, JTS n. s. 7 (1956) 70–74
M. Noth: Remarks on the Sixth Volume of Mari Texts, JJS 1 (1956) 327
J. P. Asmussen: Bemerkungen zur sakralen Prostitution im Alten Testament, ST 11 (1957) 167–192
Ch. Hauret: Aux origines du sacerdoce danite, à propos de Jud. 18, 30–31, in: Mélanges Bibliques . . . A. Robert, Paris 1957, 105–113
R. Hentschke: Die Stellung der vorexilischen Schriftpropheten zum Kultus, Berlin 1957
A. Robert: Art. Méditation dans l'Ancien Testament, DBS 6, Paris 1957, 1004–1008
M. Haran: The Gibeonites, the Nethinim and the Servants of Salomon, in: Judah and Israel, Jerusalem 1957, 37–45 (auf hebräisch mit englischer Zusammenfassung)
ders.: The Levitical Cities: Utopia and Historical Reality, Tarb 27 (1957–1958) 421–439 (auf hebräisch mit englischer Zusammenfassung)
S. Zeitlin: The Titles High Priest and the Nasi of the Sanhedrin, JQR 48 (1957–1958) 1–5
K. Elliger: Ephod and Choschen, VT 8 (1958) 19–35 (wieder abgedruckt in: Festschrift F. Baumgärtel, Erlangen 1959, 9–23)
J. Jeremias: Jerusalem zur Zeit Jesu, Stuttgart ²1958 (nahezu unverändert gegenüber der Auflage von 1923), vor allem B 3–59
L. Kopf: Arabische Etymologien und Parallelen zum Bibelwörterbuch, VT 8 (1958) 181–182
M. Noth: Amt und Berufung im Alten Testament, Bonn 1958
H. H. Rowley: Ritual and the Hebrew Prophets, in: S. H. Hooke (Hrsg.) Myth, Ritual and Kingship, Oxford 1958, 236–260
M. A. Beek: Hasidic Conceptions of Kingship in the Maccabean Period, in: The sacral Kingship (Supplement IV to Numen), Leiden 1959, 349–355
E. Čothenet: Art. Onction, DBS 6, Paris 1959, 701–732
B. Mazar: The Cities of the Priest and Levites, in: Congress Volume, Oxford 1959, VTS 7, Leiden 1960, 193–205
J. Lindblom: Lottdragning och Lottkastning i Gammeltestamentliga Texter, in: Septentrionalia et Orientalia Studia B. Karlgren dedicata, Lund 1960, 262–269
S. Yeivin: The Exodus, Tarb 30 1–7 (auf hebräisch)
R. de Vaux: 'Lévites 'minées et lévites israélites, in: Festschrift Junker, Trier 1961, 265–273
A. Gunneweg: Leviten und Priester. Hauptlinien der Traditionsbildung und Geschichte des israelitisch-jüdischen Kultpersonals, Göttingen 1965

11. Qumran

Bibliographien

C. Burchard: Bibliographie zu den Handschriften vom Toten Meer I, BZAW 76 (1957), II, BZAW 89 (1965), ergänzt bis Sommer 1966 durch H. Stegemann, ZDPV 83 (1967) 95–101

W. S. LaSor: Bibliographie of the Dead Sea Scrolls 1948–1957, Pasadena 1958
RQ 1958ff

Gesamtübersetzungen

Th. Gaster: The Dead See Scrolls in English Translation, New York 1956
H. A. Brongers – A. S. van der Woude, Handschriften van de Dode Zee in Nederlandse Vertaling, Amsterdam 1957/60, 4 Bde.
A. Dupont–Sommer: Die essenischen Schriften vom Toten Meer, Tübingen 1960
J. Maier: Die Texte vom Toten Meer, Basel 1960, 2 Bde.
J. Carmignac u. a.: Les textes de Qumrân traduits et annotés, Paris 1961/63, bisher 2 Bde.
G. Vermes: The Dead Sea Scrolls in English, Harmondsworth 1962
E. Lohse: Die Texte aus Qumran hebräisch und deutsch, München 1964

Literatur

A. Dupont-Sommer: Aperçus préliminaires sur les manuscrits de la Mer Morte, Paris 1950
P. Kahle: Die hebräischen Handschriften aus der Höhle, Stuttgart 1951
H. Bardtke: Die Handschriftenfunde am Toten Meer, Berlin ²1953, 1958, 2 Bde.
A. Dupont-Sommer: Nouveaux aperçus sur les manuscrits de la Mer Morte, Paris 1953
G. Vermès: Les manuscrits du désert de Juda, Paris 1953
A. H. Edelkoort: De handschriften van de Dode Zee, Baarn ²1954
A. Michel: Le Maître de justice d'après les documents de la Mer Morte, la littérature apocryphe et rabbinique, Avignon 1954
J. M. Allegro: The Dead Sea Scrolls, Harmondsworth ²1956
F. Nötscher: Zur theologischen Terminologie der Qumran-Texte, Bonn 1956
H. E. del Medico: L'énigme des manuscrits de la Mer Morte, Paris 1957
J. T. Milik: Dix ans de découvertés dans le désert de Juda, Paris 1957
A. S. van der Woude: Die messianischen Vorstellungen der Gemeinde von Qumran, Assen 1957
Y. Yadin: The Message of the Scrolls, London 1957
M. Burrows: Die Schriftrollen vom Toten Meer, München ²1958
ders.: Mehr Klarheit über die Schriftrollen, München 1958
M. Martin: The Scribal Character of the Dead Sea Scrolls, Louvain 1958, 2 Bde.
C. Rabin u. a.: Aspects of the Dead Sea Scrolls (= Scripta Hierosol. 4) Jerusalem 1958
R. Mayer - J. Reuss: Die Qumranfunde und die Bibel, Regensburg 1959
J. van der Ploeg: Funde in der Wüste Juda, Köln 1959
ders.: La secte de Qumran et les origines du Christianisme, Paris 1959
R. de Vaux: L'archéologie et les manuscrits de la Mer Morte, Schweich Lectures 1959, London 1961
O. Betz: Offenbarung und Schriftforschung in der Qumransekte, Tübingen 1960
S. Wagner: Die Essener in der wissenschaftlichen Diskussion vom Ausgang des 18. bis zum Beginn des 20. Jh., BZAW 79 (1960)
H. Bardtke u. a.: Qumran-Probleme, = Symposion Leipzig 1961; 1963
F. M. Cross: The Ancient Library of Qumran, New York ²1961
ders.: The Development of the Jewish Scripts in the Bible and the Ancient Near East, in: Festschr. Albright, Garden City 1961, 133–202
G. R. Driver: The Judaean Scrolls. The Problem and a Solution, Oxford 1965
H. Haag: Die Handschriftenfunde in der Wüste Juda, Stuttgart ²1966
H. H. Rowley: The History of the Qumran Sect, BJRL 49 (1966/67) 203–232
H. Haag: Das liturgische Leben der Qumrangemeinde, AfL 10,1 (1967) 78–109

12. Sabbat

J. Meinhold: Sabbat und Woche im Alten Testament, Göttingen 1905
J. Hehn: Siebenzahl und Sabbat (Leipziger semitische Studien, II, 5), Leipzig 1907
J. Meinhold: Die Entstehung des Sabbats, ZAW 29 (1909) 81–112
T. J. Meek: The Sabbath in the Old Testament, JBL 33 (1914) 201–212
B. D. Eerdmans: Der Sabbat, in: Vom Alten Testament (Festschrift Marti), Gießen 1925, 79–83
W. W. Cannon: The Weekly Sabbath, ZAW 49 (1931) 325–327
E. J. Kraeling: The Present Status of the Sabbath Question, AJSL 49 (1932–1933) 218–228
S. Langdon: Babylonian Menologies and the Semitic Calendars, London 1935
H. M. Féret: Les sources bibliques, in: Le Jour du Seigneur (Congrès de Pastorale Liturgique, Lyon), Paris 1948, 41–404
N. H. Tur-Sinai: Sabbat und Woche, BiOr 8 (1951) 14–24
H. H. Rowley: Moses and the Decalogue, BJRL (1951–1952) 81–118
G. J. Botterweck: Der Sabbat im Alten Testament, TQ 134 (1954) 134–147. 448–457
Th. H. Gaster: Le jour du repos, Evid 43 (Nov. 1954) 43–48
R. North: The Derivation of Sabbath, Bibl 36 (1955) 182–201
E. Jenni: Die theologische Begründung des Sabbatgebotes im Alten Testament, Zürich 1956
E. Vogt: Hat ›šabbat‹ im AT den Sinn von »Woche«?, Bib 40 (1959) 1008–1011
D. Gilat: The Thirty-nine Classes of Work forbidden in the Sabbath, Tarb 29 (1959–60) 222–228 (hebräisch)
E. Lohse: Art. *sábbaton,* ThW 7 (1960) 1–34
A. Caquot: Remarques sur la fête de la »néoménie« dans l'ancien Israël, RHR 158 (1960–61) 1–28
N. A. Barack: A History of the Sabbath, New York 1965

13. Tempel

P. Dhorme - L.-H. Vincent: Les Chérubins, RB 35 (1926) 328–358. 481–495
K. Galling: Das Allerheiligste in Salomos Tempel, JPOS 12 (1932) 43–46
J. Jeremias: Das orientalische Heiligtum, in: Archiv für neutestamentliche Zeitgeschichte 4 (1932) 56–69

K. Moehlenbrink: Der Tempel Salomons, Stuttgart 1932

H. Schmidt: Der heilige Fels in Jerusalem, Tübingen 1933 (zweite These)

L. Hennequin: Eléphantine, DBS 2 (1934) 962–1032

J. Jeremias: Hesekieltempel und Serubbabeltempel, ZAW 52 (1934) 109–112

C. W. McEwan: The Syrian Expedition of the Oriental Institute of the University of Chicago, AJA 41 (1937) 9–13 (Tell Tainat)

R. de Vaux: Les décrets de Cyrus et de Darius sur la reconstruction du Temple, RB 46 (1937) 29–57

W. F. Albright: What Were the Cherubins?, BA 1 (1938) 1–3

A. Alt: Verbreitung und Herkunft des syrischen Tempeltypus, PJB 35 (1939) 83–99 = Kl. Schrift. II, München 1955, 100–115.

R. B. Y. Scott: The Pillars Jachin and Boaz (1939) 143–149

S. Smith: Timber and Brick or Masonery Construction, PEQ (1941) 5–17

W. F. Albright: Two Cressets from Marissa und the Pillars of Jachin and Boaz, BASOR 85 (1942) 18–27

ders.: Archaeology and the Religion of Israel, Baltimore 1942, 142–155

J. Daniélou: Le Signe du Temple ou de la Présence de Dieu, Paris 1942

H. G. May: The Two Pillars before the Temple of Solomon, BASOR 88 (1942) 19–27

W. J. Phytian-Adams: The People and the Presence, London 1942, 142–155

L. Waterman: The Damaged »Blueprints« of the Temple of Solomon, JNES 2 (1943) 284–294

A. Lods: Les cuisines du Temple de Jérusalem, RHR 127 (1944–A) 30–34

R. de Vaux: Notes sur le Temple de Salomon, Qedem 2 (1945) 48–58 (auf hebräisch)

E. Bickerman: The Edict of Cyrus in Ezra I, JBL 65 (1946) 249–275

S. Smith: Foundations: Ezra IV, 12; V, 16; VI, 3, in: Essays Presented to J. H. Hertz (1946) 385–396

E. Bickerman: Une proclamation séleucide relative au Temple de Jérusalem, Syr 25 (1946–1948) 67–85

K. Galling: Königliche und nichtkönigliche Stifter beim Tempel von Jerusalem, ZDPV 68 (1946–1951) 134–142

R. Patai: Man and Temple in Ancient Jewish Myth and Ritual, London 1947

L. Waterman: The Treasuries of Solomon's Private Chapel, JNES 6 (1947) 161–163

M. Schmidt: Prophet und Tempel. Eine Studie zum Problem der Gottesnähe im Alten Testament, Zollikon-Zürich 1948

L. Waterman, A Rebuttal, JNES 7 (1948) 54–55

G. E. Wright: Dr. Waterman's View concerning the Solomonic Temple, ebd., 53

G. Fohrer: Jeremias' Tempelwort, 7, 1–15, TZ 5 (1949) 401–417

L.-H. Vincent: L'autel des holocaustes et le caractère du Temple d'Ezechiel, AB 67 (1949) (Mélanges Paul Peeters I) 7–20

C. G. Howie: The East Gate of Ezekiel's Temple Enclosure and the Salomonic Gateway of Megiddo, BASOR 117 (1950) 13–19

P. L. Garber: Reconstructing Solomon's Temple, BA 14 (1951) 2–24

M. Simon: La prophétie de Nathan et le Temple, RHPR 32 (1952) 41–58

J. Daniélou: Le symbolisme cosmique du Temple de Jérusalem, in: Symbolisme cosmique et Monuments religieux, Paris 1953, 61–64

K. Elliger: Die großen Tempelsakristeien im Verfassungsentwurf des Ezechiel, in: Geschichte und Altes Testament (Festschrift Alt), Tübingen 1953, 79–103

L.-H. Vincent: Les bassins roulants du Temple de Salomon, in: Miscellanea B. Ubach, Montserrat 1953, 147–159

A. Parrot: Le Temple de Jérusalem, Neuchâtel-Paris 1954

Th. Chary: Les Prophètes et le culte à partir de l'Exil, Paris-Tournai 1955

L. Woolley: Alalakh, An Account of the Excavations at Tell Atchana, London 1955, 82–89

G. E. Wright: The Steven's Reconstruction of the Solomonic Temple, BA 18 (1955) 41–44

L.-H. Vincent - A.-M. Steve: Jérusalem de l'Ancien Testament II-III, Paris 1956, 373–610. 587–595

A. Barucq: Léontopolis, DBS 5 (1957) 359–372

H. Gese: Der Verfassungsentwurf des Ezechiel (Kap. 40–48), Tübingen 1957

B. Mazar: Jerusalem – »King's Chapel« and »Royal City«, in: Judah and Jerusalem, Jerusalem 1957, 25–32 (auf hebräisch mit englischer Zusammenfassung)

J. Trinquet: Art. Kerub, DBS 5, 161–186

L.-H. Vincent: Le caractère du Temple de Salomon, in: Mélanges Bibliques ... A. Robert, Paris 1957, 137–148

Y. Yadin: Excavations at Hazor, 1957, IEJ 8 (1958) 11–14

W.-F. Albright - G. E. Wright: Comments on Professor Grabers Article, JBL 77 (1958) 129–133

F. J. Andersen: Who built the Second Temple, AusBiR 6 (1958) 3–35

M. J. Congar: Le Mystère du Temple ou l'Economie de la Présence de Dieu à sa créature de la Genèse a l'Apocalypse, Paris 1958

P. L. Garber: Reconsidering the Reconstruction of Solomon's Temple, JBL 77 (1958) 123–129

P. Grelot: La reconstruction du temple juif d'Eléphantine, Or 36 (1967) 173–177

A. Kuschke: Der Tempel Salomos und der »syrische Tempeltypus«, BZAW 105, Berlin 1967, 124–132

R. Patai: Man and Temple (Reprint), New York 1967

V. W. Rabe: Israelite Opposition to the Temple, CBQ 29 (1967) 228–233

S. H. Steckoll: The Qumran Sect in relation to the Temple of Leontopolis, RQumran 6 (1967ff) 55–69

R. de Vaux: Notes sur le temple de Salomon, in: R. de Vaux: Bible et Orient, Paris 1967, 203–216

W. Zimmerli: Ezechieltempel und Salomostadt, in: Festschrift Baumgartner, VTS 16, Leiden 1967, 389–414

N. Poulsen: König und Tempel im Glaubenszeugnis des A. T., Stuttgart 1968

Th. A. Busink: Der Tempel von Jerusalem von Salomo bis Herodes, Leiden 1969

M. Haran: The Ark of the Covenant and the Che-

rubs, in: Eretz-Israel 5 (Volume Mazar), 1958, 83–90 (auf hebräisch mit englischer Zusammenfassung)
S. Yeivin: Jachin and Boaz, in: Eretz-Israel, 5 (Volume Mazar) 1958, 97–104 (auf hebräisch mit englischer Zusammenfassung)
E. L. Ehrlich: Kultsymbolik im Alten Testament und im nachbiblischen Judentum, Stuttgart 1959, 24–33
M. Haran: The Ark and the Cherubim, IEJ 9 (1959) 30–38. 89–94
M. Avi-Yona: Reply to the Article by J. Brand, Tarb 29 (1959–60) 218–221 (Hebräisch)
J. Brand: Some Observations on the Second Temple Edifice, in: Tarb 29 (1959–60) 210–217 (Hebräisch)
G. Widengren: Aspetti simbolici dei templi e luoghi di culto del Vicino Oriente Antico, in: Numen, VII (1960) 1–25
B. Couroyer: Le temple de Yaho et l'orientation dans les papyrus araméens d'Eléphantine, RB 68 (1961) 524–540
R. de Vaux: Das Alte Testament und seine Lebensordnungen II (dt.), Freiburg i. Br. 1962, 136–149
Th. A. Busink: Les origines du temple de Salomon, JEOL 17 (1963) 56–62
A. S. Kapelrud: Temple Building, a Task for Gods and Kings, Or 32 (1963) 56–62
K. Galling: Serubabel und der Hohepriester beim Wiederaufbau des Tempels in Jerusalem, Studien zur Geschichte Israels im persischen Zeitalter, Tübingen 1964, 127–148
H. Schult: Der Debir im salomonischen Tempel, ZDPV 80 (1964) 46–54
B. Bagatti: La posizione del tempio erodiano di Gerusalemme, Bib 46 (1965) 428–444
B. Gärtner: The Temple and the Community in Qumran and the NT, New York 1965
L. A. Snijders: L'orientation du temple de Jérusalem, OTS 14 (1965) 214–234
A. Gelston: The Foundations of the Second Temple, VT 16 (1966) 232–235
J. Jeremias - A. M. Schneider: Das westliche Südtor des herodianischen Tempels, Göttingen 1966, 353-360
A. Muehsam: Coin and Temple. A Study of the Architectural Representation of Ancient Jewish Coins, Leiden 1966
C. Thoma: Die Zerstörung des jerusalemischen Tempels im Jahre 70 n. Chr., Diss. Wien 1966
D. Ussishkin: Building IV in Hamath and the Temples of Salomon and Tell Tayanat, IEJ 16 (1966) 104–110
P. Welten: Die Königstempel. Ein Beitrag zur Militärpolitik Judas unter Hiskia und Josia. Diss. Tübingen 1966/67
L. Delekat: Asylie und Schutzheiligtum am Zionheiligtum, Leiden 1967
W. Eichrodt: Der neue Tempel in der Heilshoffnung Hesekiels, BZAW 105, Berlin 1967, 37–48
D. W. Gooding: Temple specifications: a dispute in logical arrangement between the MT and the LXX, VT 17 (1967) 143–172

Stichwort- und Abbildungsverzeichnis

Die von Prof. Botterweck für die deutsche Ausgabe neuverfaßten Artikel sind durch einen Stern gekennzeichnet.
Hinter dem Artikel-Stichwort wird jeweils die Seite genannt, auf der der Artikel beginnt, darunter die Nummern der zugehörigen und dort zu findenden Abbildungen und Karten.

Abbildungsnachweis

Die in diesem Verzeichnis angeführten Zahlen sind die Nummern der Abbildungen.

Alinari, Rom: 86, 311, 313, 314, 316, 411, 526, 716, 771, 777, 866, 868, 869; American Foundation for the Study of Man: 91; American Schools for Oriental Research: 119, 639, 640; Anderson, Rom: 302, 588, 654, 690, 691, 804; Archiv für Kunst und Geschichte, Berlin: 150b–d, 432d; e, 805e–f, 880; Archives Photogr., Paris: 17, 22, 25, 29, 109, 114, 129, 133, 165, 234, 301, 317–319, 371, 416, 437, 438, 451, 452, 458, 490, 494, 584, 585, 633, 653, 670, 678, 796b, 799; Ashmolean Museum, Oxford: 753; A. Berger, Tel Aviv: 174, 206, 410, 782; Biblical Archaeologist: 195, 259, 424, 425, 478–480, 498, 659, 795; Bildarchiv Photo Marburg: 28, 44, 71, 98, 216, 227, 583, 772; Bodleian Library, Oxford: 190; British Museum: 16, 20, 27, 52, 53, 61, 64, 67, 68, 75, 79, 90, 112, 113, 115–117, 121, 128, 135, 136, 138, 139, 191, 192, 232, 235, 246, 255, 256, 260, 271, 273, 340, 357, 358, 360–362, 365, 368, 369, 372, 385, 454, 456, 469, 487, 489, 500–502, 509–511, 515, 517, 521, 522, 524, 541, 549–561, 563, 564, 568, 569, 571, 573, 587, 615, 624, 625, 628, 629, 635, 636, 638, 644, 649, 652, 666, 669, 687, 710, 713, 726, 727, 730–732, 750, 754, 769, 775, 828–830, 839, 842a, b, 844, 849, 857, 859–861, 865; British School of Archaeology, Jerusalem: 405; Brooklyn Museum: 77; Cambridge University Library: 231; F.M. Cross, R.P.J.T. Milik, R.P.J. Starcky: 57, 62, 76, 145, 215, 341, 504, 677, 679–682, 684–686, 709; R.P. Virgilo Corbo, Jerusalem: 144, 325; Cyprus Museum, Nicosia: 38, 39, 159, 230, 331, 334, 463, 466; Robert David, Paris: 132, 332, 570; N. de G. Davies, London: 667; Alexander J.U. Déuss, Frankfurt: 882–885, 887, 888; Do. (Y. Aharoni): 92–95, 366, 616–621, 776; M. & T. Dothan, Jerusalem: 464, 470, 471, 473, 474; dpa, Düsseldorf: 150e, 432c, 881; Ecole Biblique, Jerusalem: 873, 875; Giraudon, Paris: 72, 175, 283, 342, 488, 497, 548, 586, 631, 714, 774; Raphael Giveon, Mishmar Haemeq: 320, 439, 537, 752, 821, 826; Nelson Glueek Cincinnati: 592, 593, 870, 874; Glyptotek, Kopenhagen: 520; D. Harris, Jerusalem: 146, 148–150, 693; Hebrew University, Jerusalem: 408; Hebrew University Press, Jerusalem: 120, 788, 789; Historia-Photo, Hamburg: 150a, 282a–b, 805a–d, 886; Israel Department of Antiquities, Jerusalem: 31, 150, 157, 158, 160, 173, 270, 330, 338, 343, 344, 352, 353, 482, 492, 493, 496, 531, 623, 634, 658, 664, 715, 768, 809, 816, 817, 828–830; Israel Exploration Society, Jerusalem: 164, 168, 744–748; Israel Government Press Division: 10, 21, 110, 127, 151, 155, 169–170, 187, 188, 199, 208, 210, 304, 310, 409, 467, 606, 609, 692, 706, 779, 783, 784, 787, 818; Jerusalem Excavation Fund und Thames & Hudson, London: 396, 398, 400–404; John Rylands Library, Manchester: 322; Jordan Department of Antiquities: 251, 254, 545, 546, 591, 597–604, 607; Y. Kaplan, Jaffa Museum: 757, 758, 760; J. L. Kelso, Pittsburgh: 177; Kathleen Kenyon, Institute of Archaeology, London: 2, 153, 373–377, 382, 383, 499, 635, 637, 665, 762, 763, 792; Keystone, Hamburg: 879; Louvre Museum, Paris: 134, 137, 142, 245, 284, 434, 436, 445, 457, 484, 508, 645, 655, 689, 711, 803, 845, 848; Malben, J. D. C., Tel Aviv: 237, 483; Metropolitan Museum of Art, New York: 15, 18, 19, 26, 30, 45, 74, 78, 81, 89, 96, 312, 427, 429, 472, 491, 506, 507, 525, 575–582, 589, 590, 614, 622, 626, 632, 643, 646, 658, 729, 806, 831–850, 852, 863, 864; Micha P., Jerusalem: 101–107, 735, 822, 827; Ministry of Tourism and Inform., Ankara: 81–87, 97, 417–420, 432a, 647; P. Montet, Paris: 126, 512, 513; Musée d l'Homme, Paris: 688, 773; Musée du Bardo, Tunis, 606, 650, 676 b; Musees Royaux, Brüssel: 43; Museo Archeologico, Madrid: 465; Museum von Aleppo: 499; A. Negev, Jerusalem: 196, 201, 202, 594–596, 605, 608; A. Negev und A. Volk, Jerusalem: 198, 203; J. O'Dell, Jerusalem: 107, 389, 394; Orient Press Photo, Tel Aviv: 527, 528; Oriental Institute, University of Chicago: 5, 6, 73, 80, 141, 152, 154, 222–225, 228, 229, 247, 252, 261, 263, 266–269, 272, 275, 276, 278–281, 327, 329, 453, 476, 485, 529, 530, 532–535, 538, 574, 642, 659, 663, 683, 724, 725, 734, 759, 770, 796 a, 798, 800, 801, 807, 814 a, b, 855; Oxford University Press (Lachish Rep.): 60, 257, 264, 265, 269, 277, 281, 282, 431, 486, 733, 757, 765, 841, 871; Palestine Arch. Museum, Jerusalem: 51, 55, 185, 212, 238, 326, 440–448, 455, 462, 547, 613, 627, 630, 698–701, 736, 737, 812, 813; Palestine Exploration Fund, London: 2, 4, 12, 13, 24, 147, 156, 181, 233, 240, 272, 274, 276, 278, 296, 300, 324, 328, 333, 335–337, 348, 350, 351, 384, 399, 407, 459, 536, 543, 610–612, 641, 648, 695, 696, 703, 705, 755, 768, 781, 785, 808, 810, 819, 836, 837, 849, 850, 856; Prior, Tel Aviv: 305; J. B. Pritchard, School of the Pacific, Berkeley: 7, 8, 297, 346, 756, 761, 872; Revue d'Assyriologie: 367; Revue Biblique: 764, 811, 838; Beno Rotenberg, Tel Aviv: 209, 211, 213, 217, 364 a, b; J. E. Ross & L. A. Toombs, Drew University, Madison: 354–356, 718–723, 738, 739, 820; Roth Collection, Oxford: 236; St. Joseph University, Beirut: 715; Scala, Florenz: 862; O. B. Sellers, Santa Fe: 124; Service des Antiquités, Kairo: 176; Sopritendenza alle Antichita, Neapel: 315, 430, 486, 519, 572; Staatliche Museen zu Berlin: 46–49, 108, 175, 226, 242, 243, 385, 468, 481; E. Stern, Jerusalem: 218, 221; Custodia Terra Santa, Jerusalem (Guillot): 161, 379, 381, 391, 392, 397, 412, 413, 415, 542; Thames and Hudson, London: 396, 398, 400–404; University Museum, Philadelphia: 140, 182; University of Michigan Press: 193; Roger Viollet, Paris: 3, 40, 194, 252, 253, 323, 378, 426, 540, 662, 717; L. Vineberg, Montreal: 143; Y. Yadin, The James A. de Rotschild Exped. at Hazor: 306–309, 343, 460, 461; Yale University News Bureau: 504. Alle übrigen Abbildungen entstammen dem Archiv Gaalyahu Cornfeld, Tel Aviv.

Index

Die Stichwörter sind alphabetisch geordnet, getrennt nach Personen, Orten und Sachen. Im *Sachregister* sind wegen des Zusammenhangs mit den Stichwörtern der Geschichte und Archäologie auch die Völker- und Ländernamen eingeordnet; ebenso sind hier wegen des Bezugs zur Religionsgeschichte auch die Gottes- und Götternamen (GN) sowie die religionsgeschichtlichen und theologischen Begriffe aufgeführt.
Die halbfett gedruckten Seitenzahlen bezeichnen die Stellen, die für das Stichwort am bedeutsamsten sind. Seitenzahlen mit vorgesetztem K sind Verweise auf Karten.
Wegen der unterschiedlichen Schreibweisen der Übersetzungen können folgende Konsonanten wechseln: Ch – H, Ch – K, H – Ch, K – Ch, K – Q, Q – K, S – Sch, S – Z, Sch – S, Z – S. Was also unter einem Buchstaben nicht gefunden wird, möge unter den Varianten gesucht werden.
An der Erstellung des Index' und der Bibliographie haben mitgewirkt: Stud.Ref. E. Schütz, OberAss. F. J. Stendebach, Ass. H. Madl, cand. theol. R. Geuter, W. Rastetter; ihnen allen sei herzlich gedankt.

I. Personenregister

A

B

C

K

Q

R

S

II. Sachregister

A

C

D

G

L

Q

R

T

U

V

W

Z

III. Ortsregister

A

B

C

D

H

K

L

N

O

Q

R

S

U

Stammtafel der Familie Herodes' des Großen

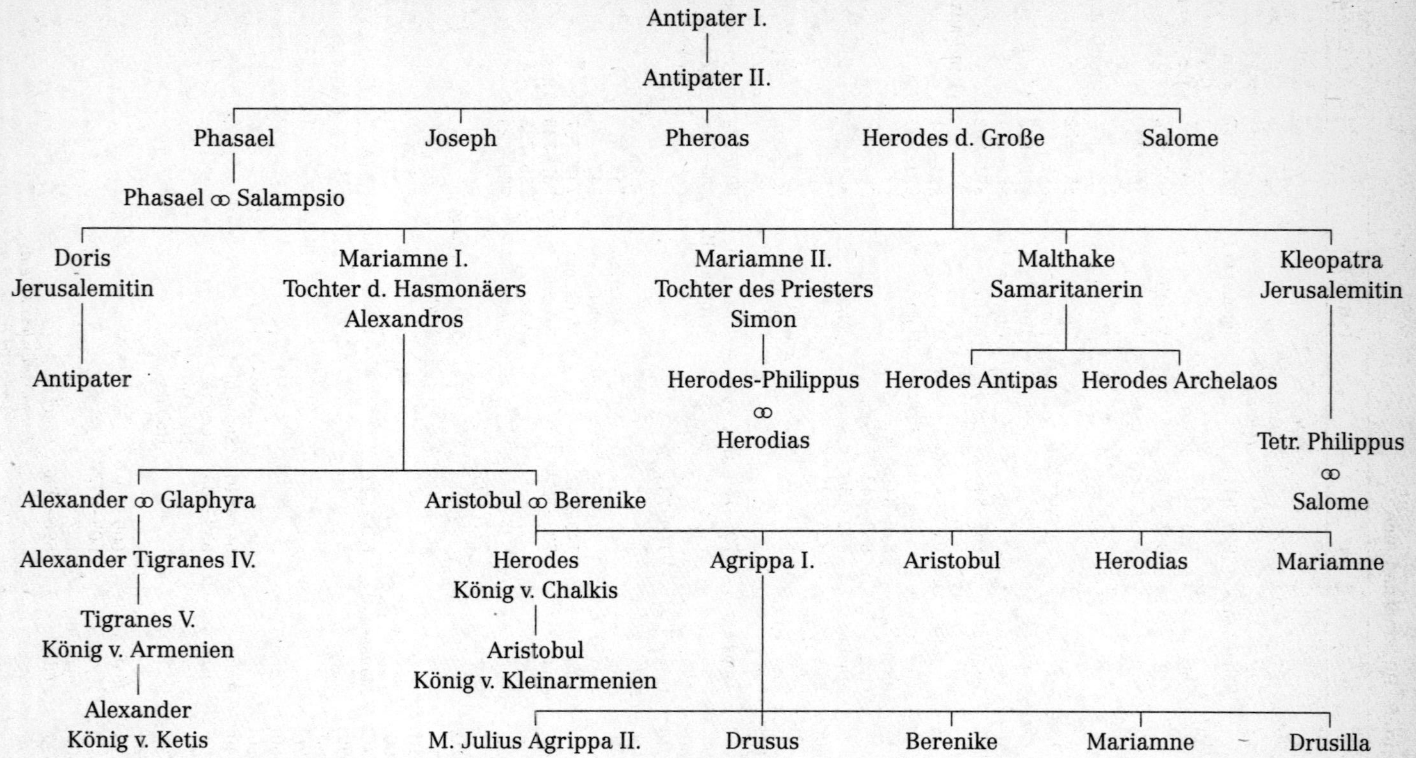

Zeittafel III: Israel und Juda

	JUDA			ISRAEL		ARAMÄER	
930			926 *Reichs-teilung*				930
	Rehabeam	928–911		Jerobeam I.	928–907	Rezon	
920						Chesjon	920
910	Abia	911–908				Tab-Rimmon	910
	Asa	908–867		Nadab	907–906		
				Baesa	906–883		
900							900
890						Ben-Hadad I.	890
				Ela	883–882		
				Simri	882		
				Thibni	882–878		
880				Omri	882–871		880
870	Josaphat	867–846		Ahab	871–852		870
860						Ben-Hadad II.	860
				Ahasja	852–851		
850				Joram	851–841		850
	Joram	846–843					
	Ahasja	843–842					
	Athalja	842–836		Jehu	841–814	Hazael	
840	Joas	836–798					840
830							830
820				Joahas	814–800		820
810							810
800	Amasja	798–769		Joas	800–784	Ben-Hadad III.	800
790			Jesaja	Jerobeam II.	784–748	Hosea	790
780			Micha			Amos	780
770	Usia	769–733					770
760							760
750				Sacharja	748		750
				Sallum	747		
	Jotham	743–733		Menahem	747–737		
740	Ahas	733–727		Pekahja	737–735	Resin	740
				Pekah	735–733		
730				Hosea	733–723		730
	Hiskia	727–698					
720				721 *Eroberung Samarias*			720
710							710
700							700
	Manasse	698–642					
690							690
680							680
670							670
660							660
650							650
640	Amon	641–640	Sephanja				640
	Josia	639–609	Jeremia				
			Nahum				
630			Habakuk				630
620							620
610	Joahas	609					610
	Jojakim	608–597					
600	Jojachim	597					600
590	Zedekia	596–586	Ezechiel				590
			Zerstörung Jerusalems				

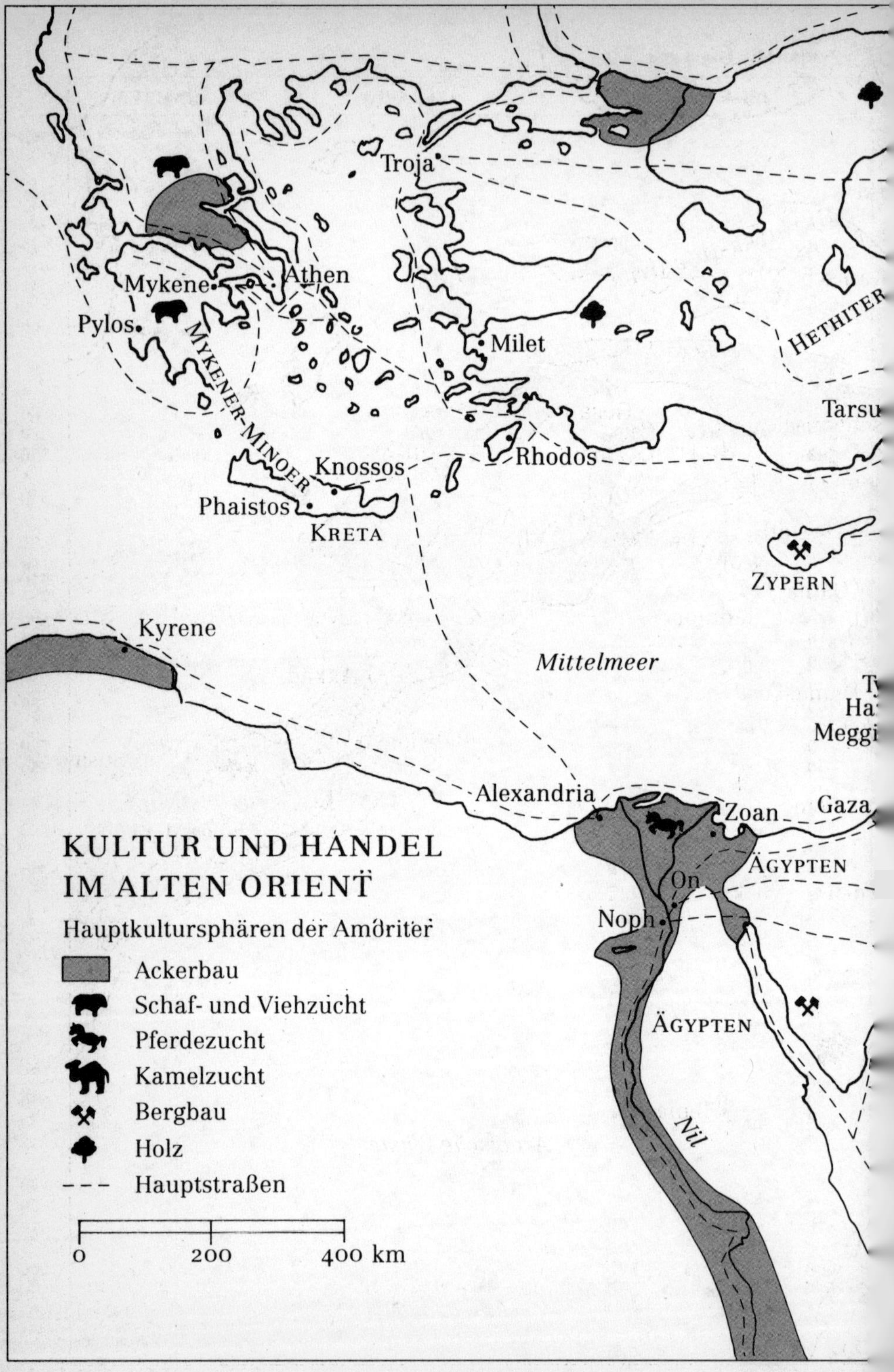

Troja
Athen
Mykene
Pylos
MYKENER-MINOER
Milet
HETHITER
Knossos
Rhodos
Phaistos
KRETA
ZYPERN
Kyrene
Mittelmeer
Alexandria
Zoan
Gaza
ÄGYPTEN
On
Noph
ÄGYPTEN
Nil
KULTUR UND HANDEL
IM ALTEN ORIENT
Hauptkultursphären der Amoriter
Ackerbau
Schaf- und Viehzucht
Pferdezucht
Kamelzucht
Bergbau
Holz
Hauptstraßen
0
200
400 km

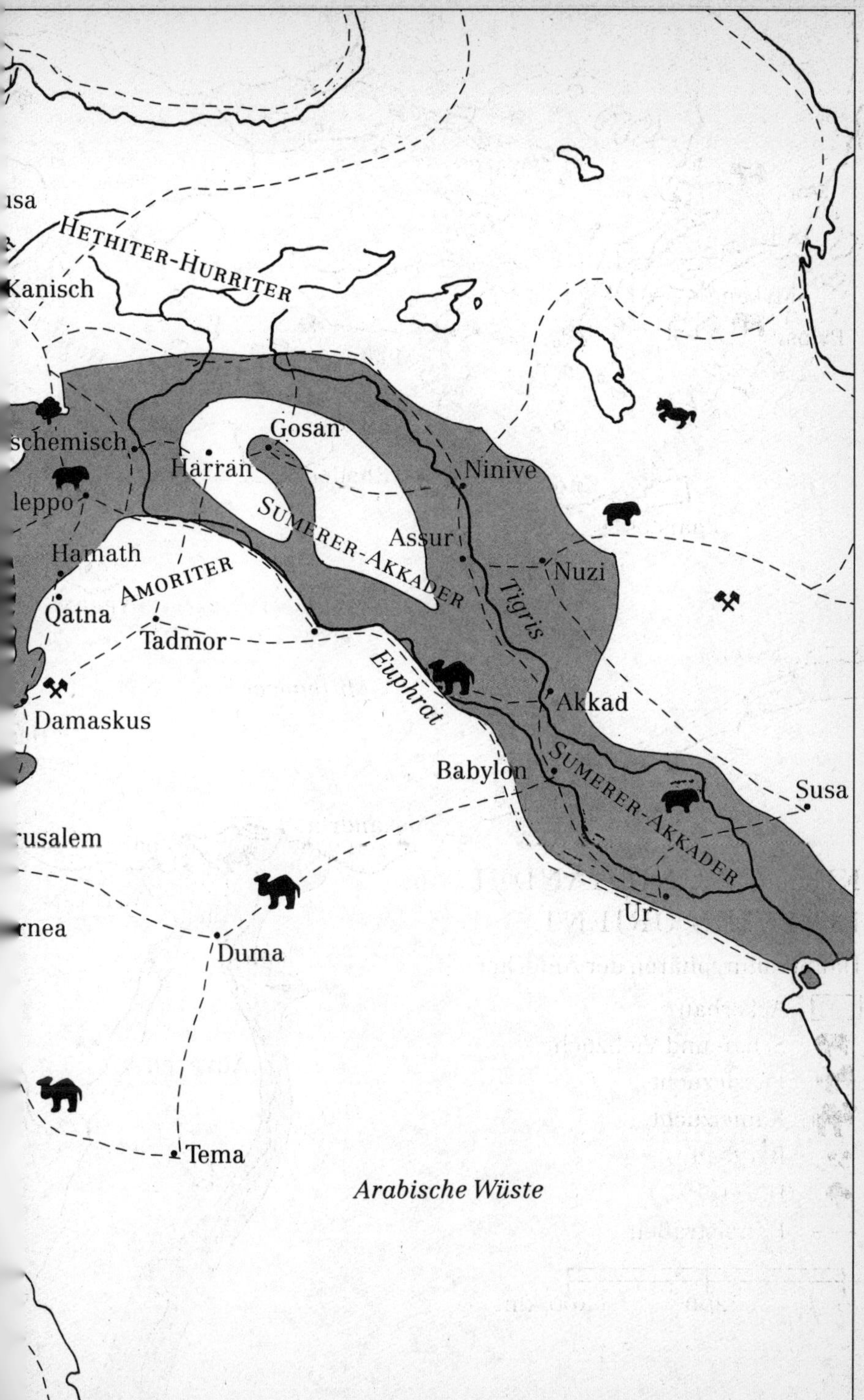

HETHITER-HURRITER
Kanisch
schemisch
Gosan
Harran
Aleppo
Ninive
SUMERER-AKKADER
Assur
Hamath
AMORITER
Nuzi
Qatna
Tigris
Tadmor
Euphrat
Damaskus
Akkad
Babylon
SUMERER-AKKADER
Susa
rusalem
Ur
rnea
Duma
Tema
Arabische Wüste